本报告的出版得到

陕西省重点文物保护专项资金资助

陕西省考古研究院田野考古报告　　第81号

咸阳东郊秦墓

陕西省考古研究院　编著

科　学　出　版　社
北　京

内 容 简 介

《咸阳东郊秦墓》考古报告上编公布了西耳村52座、尹王村134座中小型秦墓的发掘资料，包括墓葬形制、葬具葬式、出土器物的客观描述以及墓葬分期、墓葬统计、年代推定、文化因素分析等；下编涵盖咸阳周边发现、发掘的建筑遗址、公王陵墓、中小型秦墓墓葬资料的梳理、研究。

本书适宜历史、考古、美术以及其他从事社会科学研究人员、大专院校师生及历史、考古爱好者使用。

图书在版编目（CIP）数据

咸阳东郊秦墓 / 陕西省考古研究院编著. —北京：科学出版社，2018.9
（陕西省考古研究院田野考古报告. 第81号）
ISBN 978-7-03-059037-4

Ⅰ. ①咸…　Ⅱ. ①陕…　Ⅲ. ①墓葬(考古)–发掘报告–咸阳–秦代　Ⅳ. ①K878.85

中国版本图书馆CIP数据核字（2018）第225557号

责任编辑：王琳玮 / 责任校对：邹慧卿
责任印制：肖　兴 / 封面设计：陈　敬

科学出版社 出版
北京东黄城根北街16号
邮政编码：100717
http://www.sciencep.com

中国科学院印刷厂 印刷
科学出版社发行　各地新华书店经销

*

2018年9月第　一　版　　开本：889 × 1194　1/16
2018年9月第一次印刷　　印张：35　插页：23
字数：990 000

定价：398.00元
（如有印装质量问题，我社负责调换）

目　录

上编　咸阳东郊秦墓发掘资料

下编　咸阳周边秦墓研究

插图目录

插表目录

图版目录

上编　咸阳东郊秦墓发掘资料

第一章 西耳村秦墓资料

第一节 发掘经过与以往考古工作回顾

为缓解西安周围铁路货运压力，2004年前后铁路部门计划穿越西安、咸阳北部建设一条铁路货运专线。西安、咸阳作为历史文化名城，地上、地下蕴藏着丰富的文物资源，特别是西安、咸阳北部分布有秦都咸阳、汉长安城、秦公王陵及西汉帝陵等重要历史文化遗迹。经过反复论证与实地勘察，最终确定线路大体行经咸阳东郊的三级台地、西咸交界的张家湾南，穿越渭河，进入西安市高陵县南，最后与西安货运西站连接。

2005年夏文物部门在铁路穿行地点进行勘探，分别发现了数处秦汉时期墓葬、遗址，咸阳市渭城区渭阳镇西耳村是一处秦代墓葬区。2005年9月，陕西省考古研究所、咸阳市文物保护考古研究所、渭城区文物局等单位组成考古队，历时3个月，至2005年12月初在咸阳市渭城区西耳村北面塬上，铁路北环线5300～5800段，发掘战国晚期至汉代墓葬56座，出土文物百余件。其中秦墓52座。参加现场发掘的人员来自陕西省考古研究所、渭城区文物局。陕西省考古研究所技工有罗录会、李建锋、杨产量等，领队为肖健一。

尹王村秦墓，主要集中于咸阳市渭城区渭阳镇尹王村西，西南距西耳村秦墓不过一千米，是在咸阳市城建局修建渭城西路（后又改名望贤路）时经文物部门勘探出来的，当时勘探出秦汉墓葬100余座，还有汉代建筑遗址一处。2006年11月，在西耳村秦墓发掘结束一年后开始了该地的考古工作，还是由陕西省考古研究所、咸阳市文物考古研究所、渭城区文物局联合组建考古队，截止2007年3月总计发掘墓葬150座，其他时代墓葬16座，汉代建筑1处，发掘面积800平米，出土文物600余件。参加发掘的人员有陕西省考古研究院肖健一、程根荣，咸阳市文物考古所陈秋歌，陕西省考古研究院技工靳拉田、张卫平、翟成周、雷磊、袁乐等。

西耳村秦墓、尹王村秦墓，处于秦都咸阳城的西郊，东距秦都咸阳宫遗址约11.2千米（图一）。二十世纪六十年代以来，考古工作者在此区域内开展了不少工作，主要为相关建筑遗址、窖藏坑及中小型墓葬的调查、发掘及外郭城的寻找，但截至目前秦都咸阳城外郭城的有无、城内布局、公王陵墓等问题并没有完全解决。在以往工作中，中小型墓葬的发掘主要有黄家沟秦墓、塔尔坡秦墓（含咸阳涤纶纤维厂6座、铁一局新运处服装厂43座）及任家咀秦墓。

黄家沟秦墓，1975～1984年期间由秦都咸阳工作队发掘，墓地范围西起渭城镇摆旗寨，东至窑店镇毛王沟西侧，东西长4、南北宽3千米，经过4次发掘，清理墓葬136座，出土器物623件。墓葬形制有竖穴土坑、直线洞室、偏洞室，葬具为一棺一椁或一棺，屈肢葬为主要葬式，陶器组合为

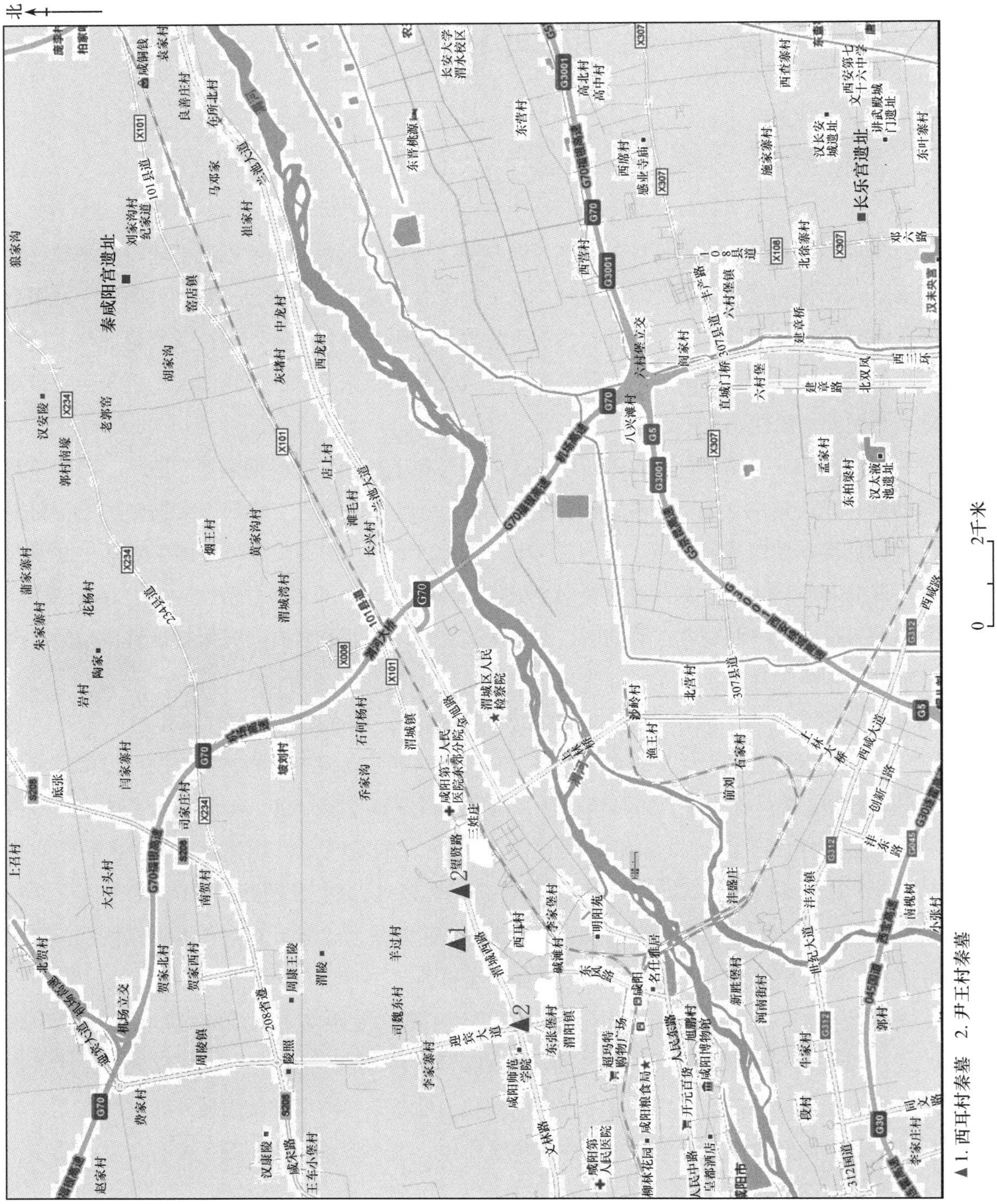

图一　西耳村秦墓、尹王村秦墓与秦咸阳宫地理位置

鼎、盒、壶、罐为主，时代为战国中晚期①。毛王沟西侧最近东距聂家沟不超过2千米。

任家咀秦墓，1984年清理一座殉人秦墓②。1990年底，长庆石油集团咸铜铁路南侧修建石油助剂厂时，咸阳市文物考古研究所在任家咀发掘285座墓葬，其中242座为秦墓③。

1987年咸阳市文管会在咸阳涤纶纤维厂发现6座秦墓；1989年，咸阳市文管会在一墙之南的铁一局新运处发现秦墓43座，其中洞室墓30座，竖穴墓13座。1995年，咸阳市文管会在渭阳乡（渭城镇）塔尔坡村东北侧、李家堡村北边钢管钢绳厂发掘399座墓葬，其中秦墓381座④。

以上秦都咸阳西郊中小型秦墓的发掘与研究，对西耳村、尹王村秦墓的发掘、资料整理具有重要的指导意义。

第二节　地理位置与墓葬分布

西耳村秦墓位于咸阳市渭城区渭阳镇西耳村西北，望贤路以北约570米，南距西耳村约1200米，新建西咸铁路北环线53000～58000米段。铁路线在此处呈东西走向，路基南北宽40米，实际发掘区从铁路线53650米处，向西500米。

此处地层堆积可分3层。

第1层：耕土层，厚约30厘米，土色灰褐，土质松散，含大量植物根系与生活垃圾。

第2层：秦汉代堆积层，厚约70厘米，内含少量灰星，汉代板瓦、筒瓦残片。

第3层：次生土层，土质浅黄色，内含白色钙丝，自然孔分布均匀，垂直向下。

发掘秦墓皆开口于第1层下，此处自然地层被破坏。

在此区域内发掘墓葬56座，秦墓52座，其他时代4座。M37墓葬形制为斜坡墓道、砖券穹窿顶，出土陶狗、陶灶、釉陶壶，为典型东汉墓；M60墓室为砖券洞室，出土釉陶壶、釉陶仓，为西汉墓；M18有带台阶斜坡墓道，出土陶罐1件，打破M17。M57竖穴墓道，回纹砖块封门，墓室回纹砖铺地，未出器物。52座判断为秦墓的，主要靠出土器物，没有出土器物的依据墓葬形制与骨骼葬式判断。

52座秦墓集中分布于铁路线53650～53850米与54000～54150米两处。同时代墓葬有打破关系。墓葬方向有南北向，也有东西向（图二）。

---

① 秦都咸阳考古队：《咸阳市黄家沟战国墓地发掘简报》，《考古与文物》1982年6期。

② 咸阳市博物馆：《咸阳任家咀殉人秦墓清理简报》，《考古与文物》1986年6期。

③ 咸阳市文物考古研究所：《任家咀秦墓》，科学出版社，2005年。岳起、谢高文：《任家咀秦墓主要收获》，《咸阳师范学院学报》，2006年3期。

④ 咸阳市考古所：《塔尔坡秦墓报告》，三秦出版社，1998年。

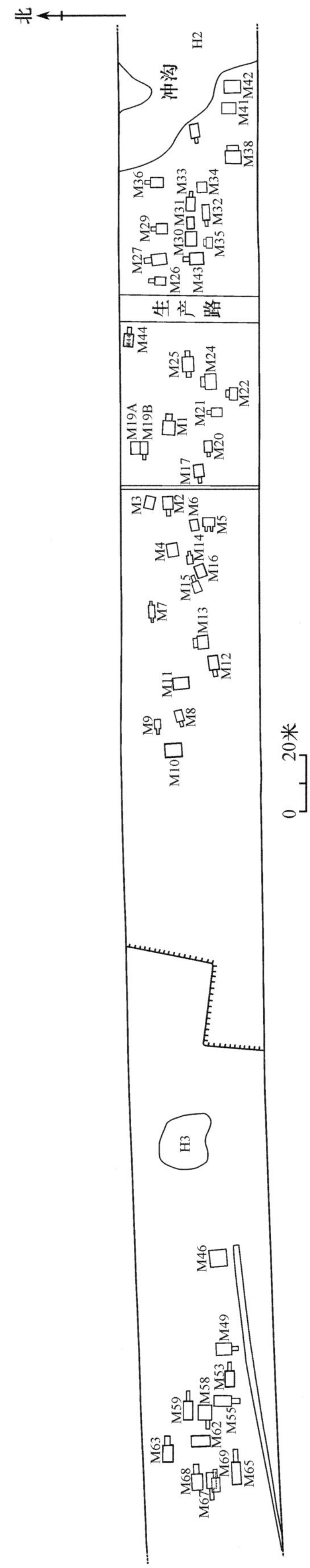
北
H2
冲沟
生产路
H3
M1 M2 M3 M4 M5 M6 M7 M8 M9 M10 M11 M12 M13 M14 M15 M16 M17 M19A M19B M20 M21 M22 M24 M25 M26 M27 M29 M30 M31 M32 M33 M34 M35 M36 M38 M41 M42 M43 M44 M46 M49 M53 M55 M58 M59 M62 M63 M65 M67 M68 M69
0 20米

图二　西耳村秦墓分布图

第三节　西耳村秦墓资料

M1

1. 墓葬形制

位于发掘区中部偏北，北邻M19。方向265°，由竖穴墓道和土洞墓室组成，东西向，墓道在西，墓室居东（图三）。

墓道　平面呈长方形，竖穴土坑，口大底小，口长5.2、宽4.1、距地表深0.8米，底长3.5、宽2.4、深4.5米。四壁收分约为0.8～0.9米。

封门　未见封门痕迹。

墓室　位于墓道东壁，拱顶土洞，平面呈长方形，宽1.4、高1.7、进深2.66～3米，墓室南壁距墓底0.4米处有一方形小龛，进深、宽、高各为0.3米，内置1陶壶。

葬具葬式　葬具为木棺，棺灰痕迹明显，长2.2、宽0.8、厚约0.1米。骨架保存较好，头向西，

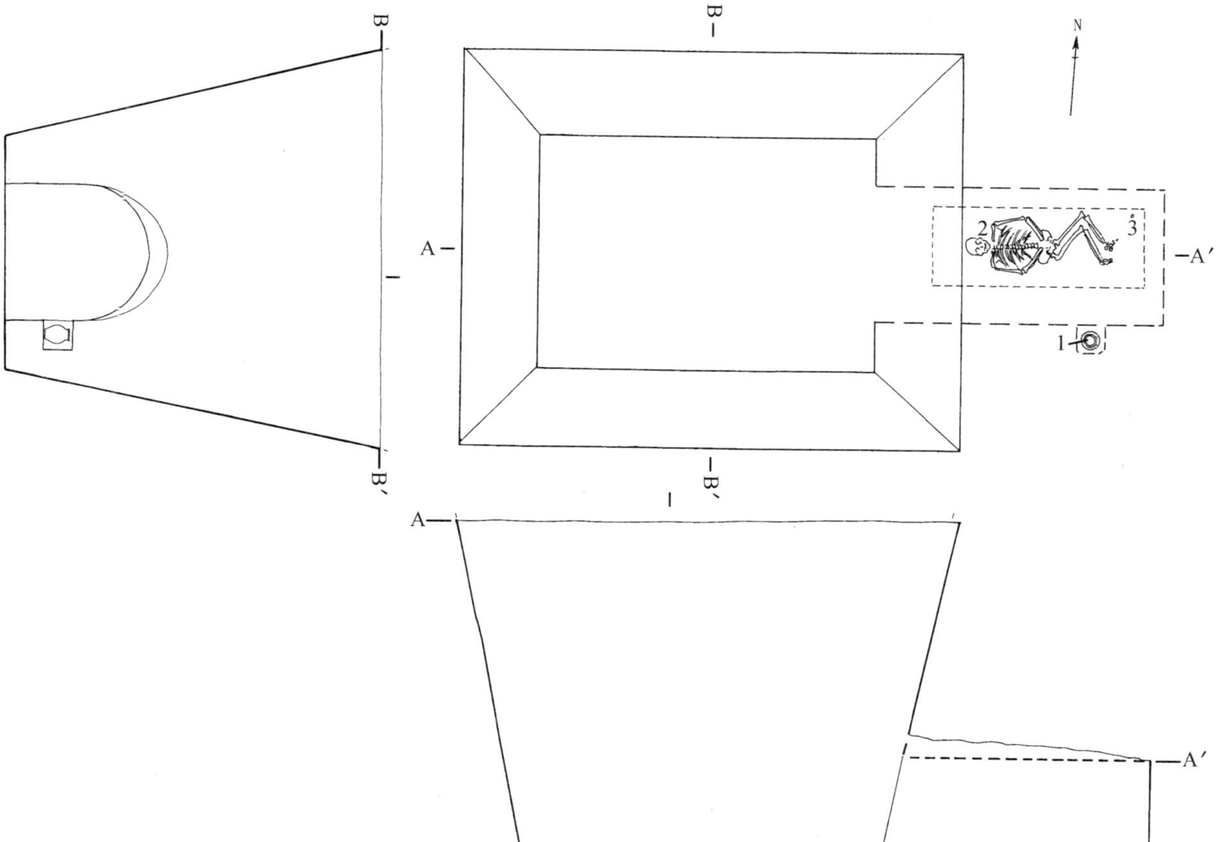

图三　M1平、剖面图

1. 陶壶　2. 玉晗　3. 蚌壳

面向上，仰身屈肢，膝盖向北弯曲。口中含玉，棺东北角发现1件蚌壳。

2. 随葬器物

共3件，陶壶、玉晗、蚌壳各1件。

陶壶　1件。标本M1：1，泥质灰陶，腹壁部分残。尖圆唇，侈口斜沿，长颈，溜肩，扁鼓腹，假圈足较高，底内凹。颈部饰两圈凹弦纹，肩、腹部饰数道凸弦纹。口径10.5、腹径16、底径9.5、通高26厘米（图四，1）。

玉晗　1件。标本M1：2，完整。圆形薄片，中部稍凹，整体剖面楔形，一侧见楔形缺口。一面有较模糊刻划痕。径长1.5、厚0.2、缺口长0.35厘米（图四，3；图版三二，2）。

蚌壳　1件。标本M1：3，仅存单片，完整。椭圆形，生长纹清晰，外表较平，有光泽。壳内平整，色白，质薄易碎，未见加工痕。长8、宽6.8、厚0.2～0.6厘米（图四，2）。

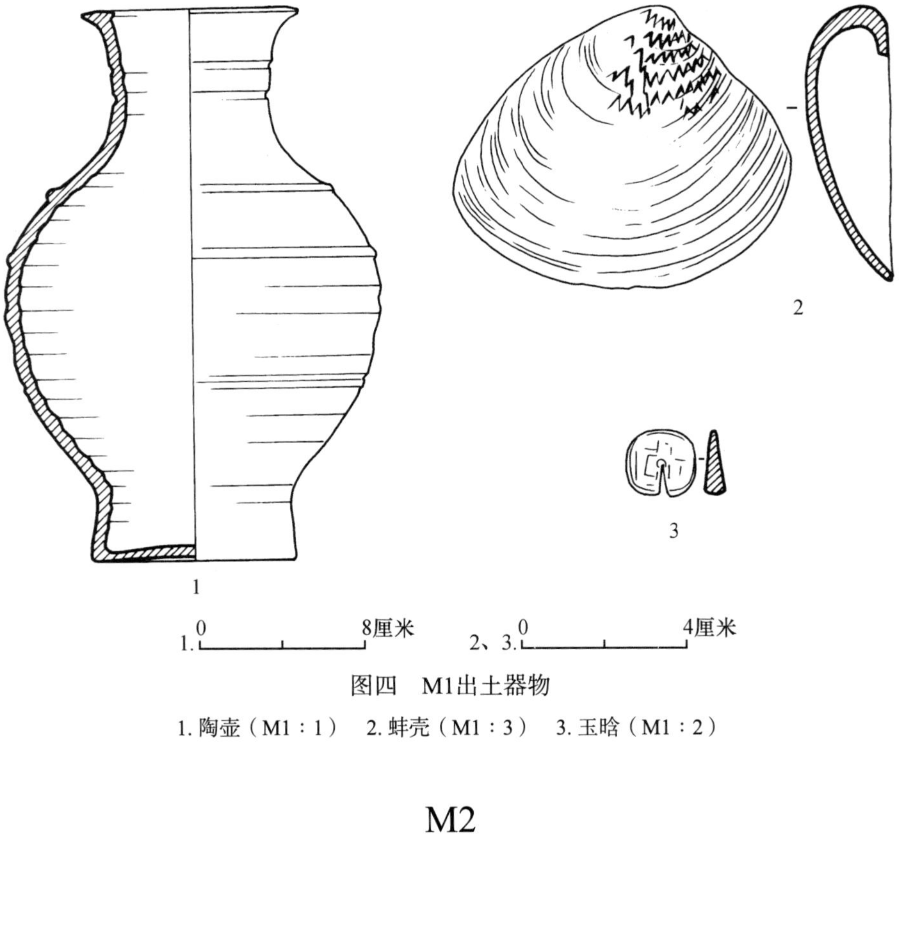

图四　M1出土器物

1. 陶壶（M1：1）　2. 蚌壳（M1：3）　3. 玉晗（M1：2）

M2

1. 墓葬形制

位于发掘区中部，北邻M3。方向85°，由竖穴墓道和土洞墓室组成，东西向，墓道在东，墓室居西（图五；图版一，1）。

墓道　平面略呈梯形，竖穴土坑，口大底小，开口长3.9、西宽3、东宽3.2、距地表0.7、距底深2.7米。南、北、东三壁距开口1.9米处有二层台，二层台宽约0.4～0.6米，二层台上三壁收分为

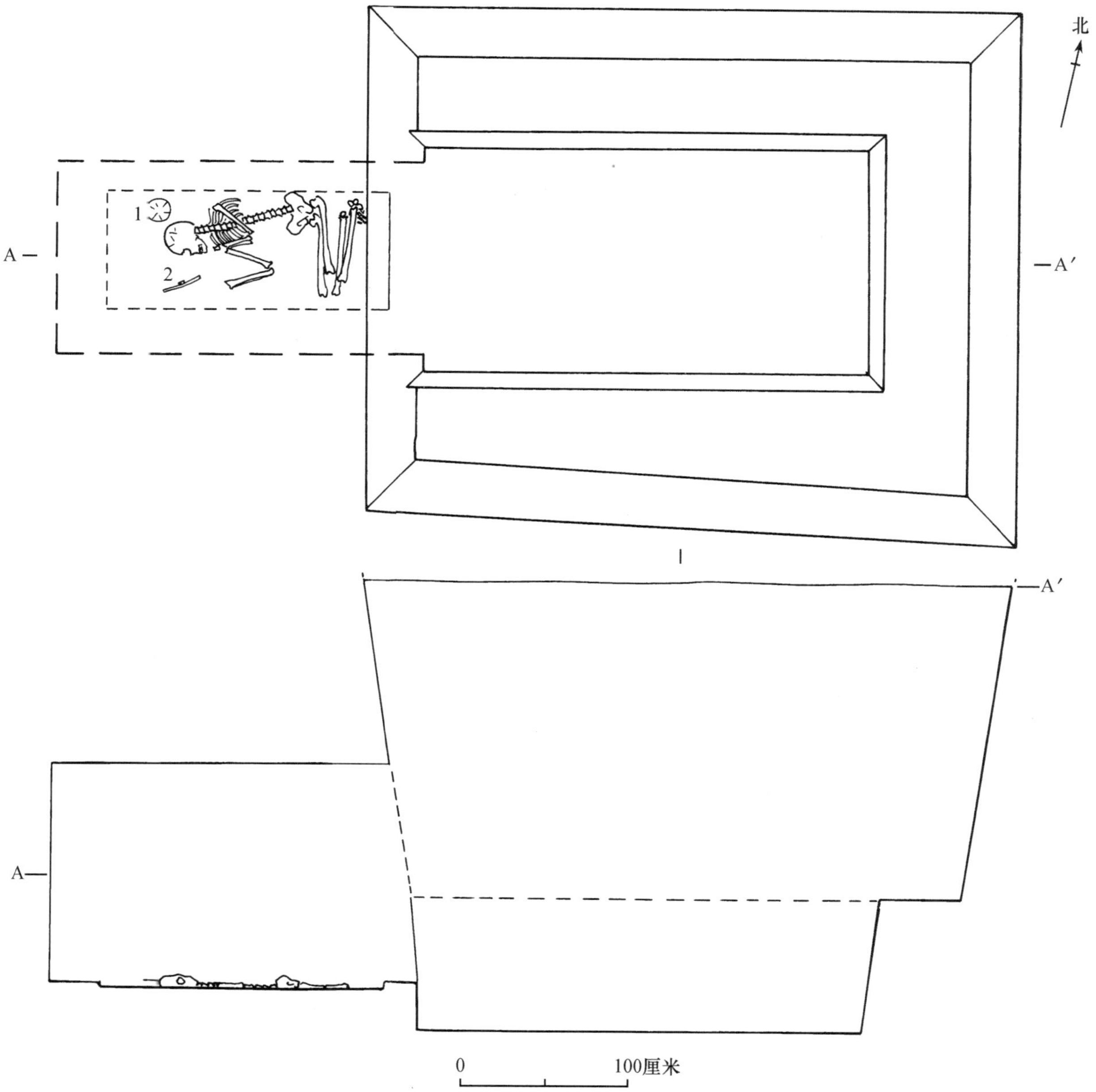

图五　M2平、剖面图
1. 铜镜　2. 铜带钩

0.3米，二层台下三壁收分为0.1米，西壁收分0.38米。墓道底部平面呈长方形，长2.66、宽1.33米。

封门　未发现封门痕迹。

墓室　位于墓道西壁，平面长方形，土洞拱顶，宽1.16、高1.3、进深2～2.2米。墓室底高出墓道0.3米。

葬具葬式　葬具为木棺，棺灰痕迹明显，长1.7、宽0.68米，内见骨架和2件器物。骨架保存较好，头向西，面向南，侧身屈肢，双膝向南弯曲。在头骨左上发现1件铜镜，面前方发现1件铜带钩。

2. 随葬器物

共2件，铜镜1面、铜带钩1件。

铜镜　1面。标本M2：1，圆形，圆座桥形纽，三角形缘较厚，镜面平。镜背饰一周弦纹，龟裂状残损。径长9.7、纽高2、厚0.2厘米（图六，1、2）。

铜带钩　1件。标本M2：2，表面轻微锈蚀，靠钩尾处有一裂痕。钩首兽头状，尾部较尖。钩体细长，面较窄，背弯曲，圆扣形纽，纽柱较粗。通长17.5、腹宽1.1、纽径1.65、纽高1.1厘米（图六，3）。

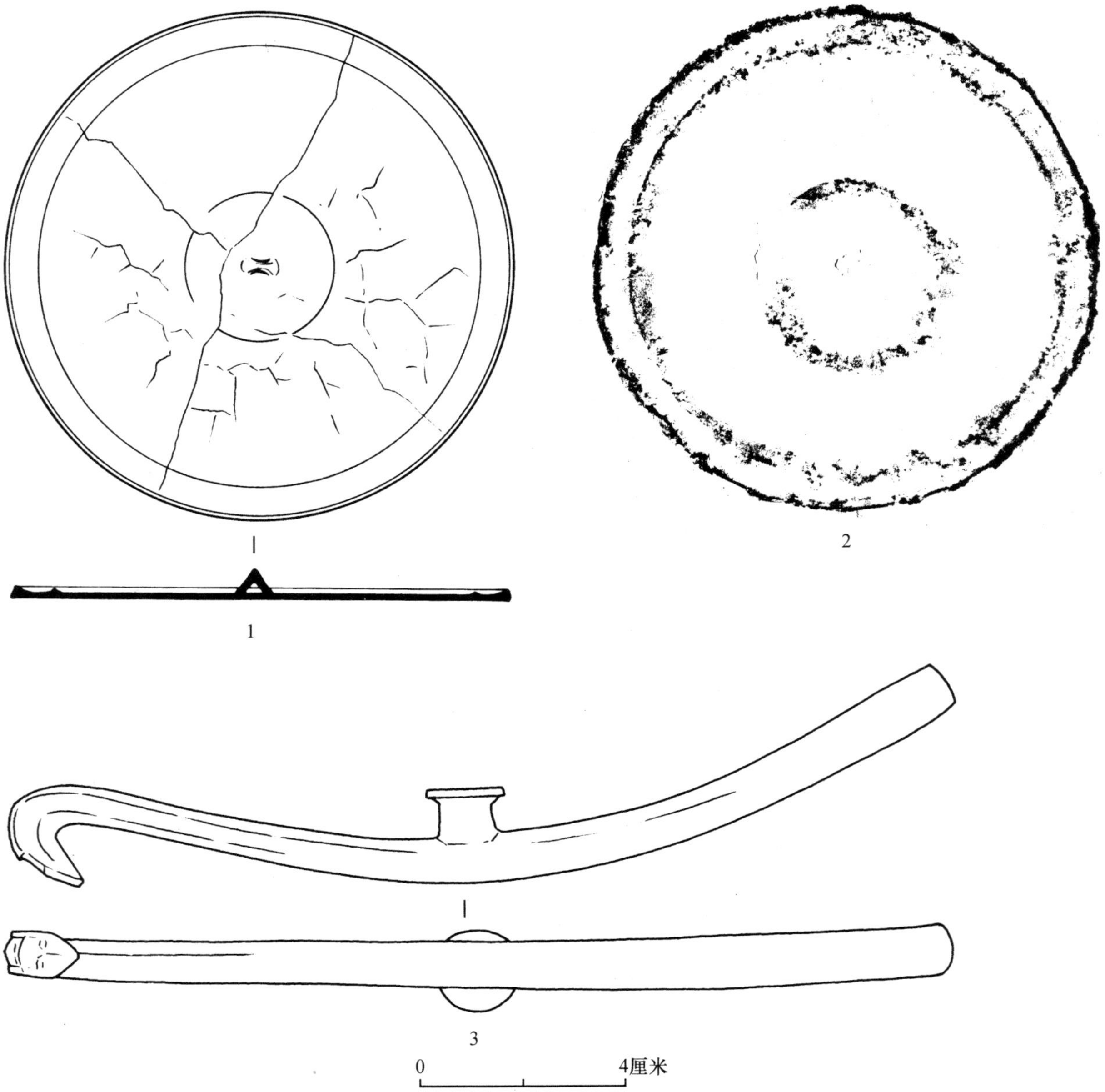

图六　M2出土器物及铜镜拓片

1. 铜镜（M2：1）　2. 铜镜拓片（M2：1）　3. 铜带钩（M2：2）

M3

1. 墓葬形制

位于发掘区北部，南邻M2。方向285°，长方形竖穴土圹墓，东西向（图七；图版一，2）。

墓道、墓室　平面呈长方形，竖穴土坑，开口长3.92、宽2.9、开口距地表0.9、距二层台1.6米，距墓道底2.98米。南北两壁收分为0.24米，东西两壁收分0.2米。墓道底部有二层台，二层台东宽0.5米，西、南、北宽各0.6米。墓室平面长方形，长2.4、宽1.2、深1.38米。

葬具葬式　葬具为木棺，棺灰痕迹明显，棺灰较厚，靠近墓室北壁。长方形，长2、宽0.7米，内见1副骨架，头西面上，仰身屈肢，下肢折后弯曲。头部两侧发现较多随葬器物，棺外南侧发现1套铜环。

2. 随葬器物

共7件，分别为铜镜、铜环、铜带钩、铜蒂花、铜带扣、铜刀形器、铁器各1件。

铜镜　1面。标本M3：1，锈蚀较严重。圆形，圆座桥形纽，尖缘较厚。镜背一弦纹，镜面平。径长9.4、纽高0.3、缘厚0.2厘米（图八，1、3）。

铜环　1套，2件。标本M3：3，完整，表面轻微锈蚀。两环相套，环径大小相近。环粗0.7～1、内径3厘米（图八，7；图版三五，2）。

铜带钩　1件。标本M3：2，完整，表面轻微锈蚀。鸭形带钩，体形较小。钩首鸭头形，脖颈细长弯曲，鸭腹背作钩身。圆扣形纽处背部，纽柱较短。鸭腹部有几道弦纹。通长4.6、腹宽1.8、纽高0.9、纽径1.5厘米（图八，2）。

铜蒂花　4件。完整，表面轻微锈蚀。4件形制相同。标本M3：6，薄片被压成内凹外凸。中部一圆孔，外围8瓣圆形花。径长3.4、孔径0.9、高0.6厘米（图八，4）。

铜带扣　1件。标本M3：5，完整，表面轻微锈蚀。扣体为横长方形，一边向外伸出一弯钩。长2.3、宽1.6、高1.3厘米（图八，5）。

铜刀形器　1件。标本M3：4，残。近方形，三边有刃，刀刃较锋利。一端突出，残断。残长6.4、宽2.9、厚0.5厘米（图八，8）。

铁器　1件。标本M3：7，残损，锈蚀严重。两端圆环，中间以环相连，锈死。长1.2、环径4.7厘米（图八，6）。

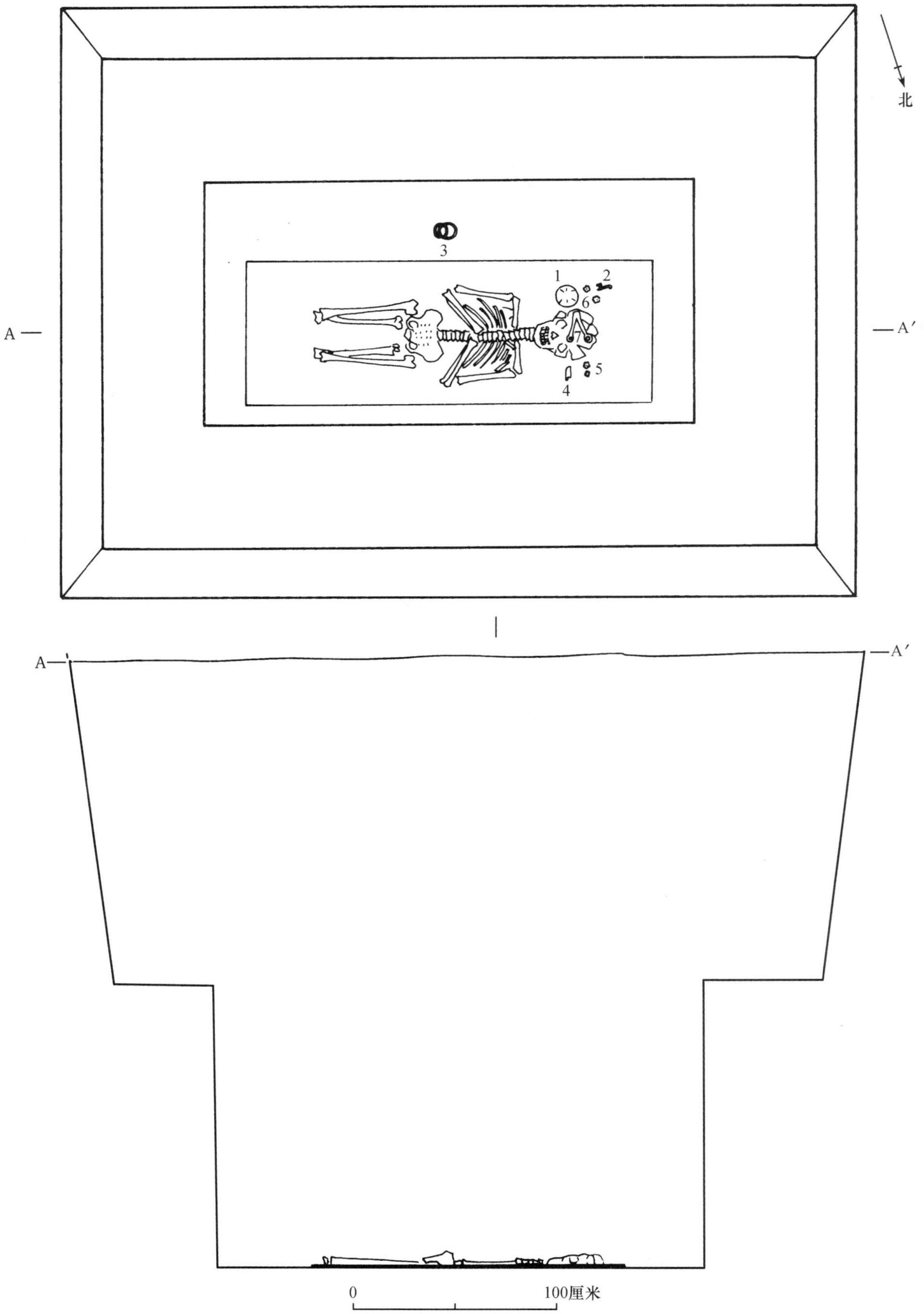

图七　M3平、剖面图

1. 铜镜　2. 铜带钩　3. 铜环　4. 铜刀形器　5. 铜带扣　6. 铜蒂花　7. 铁器

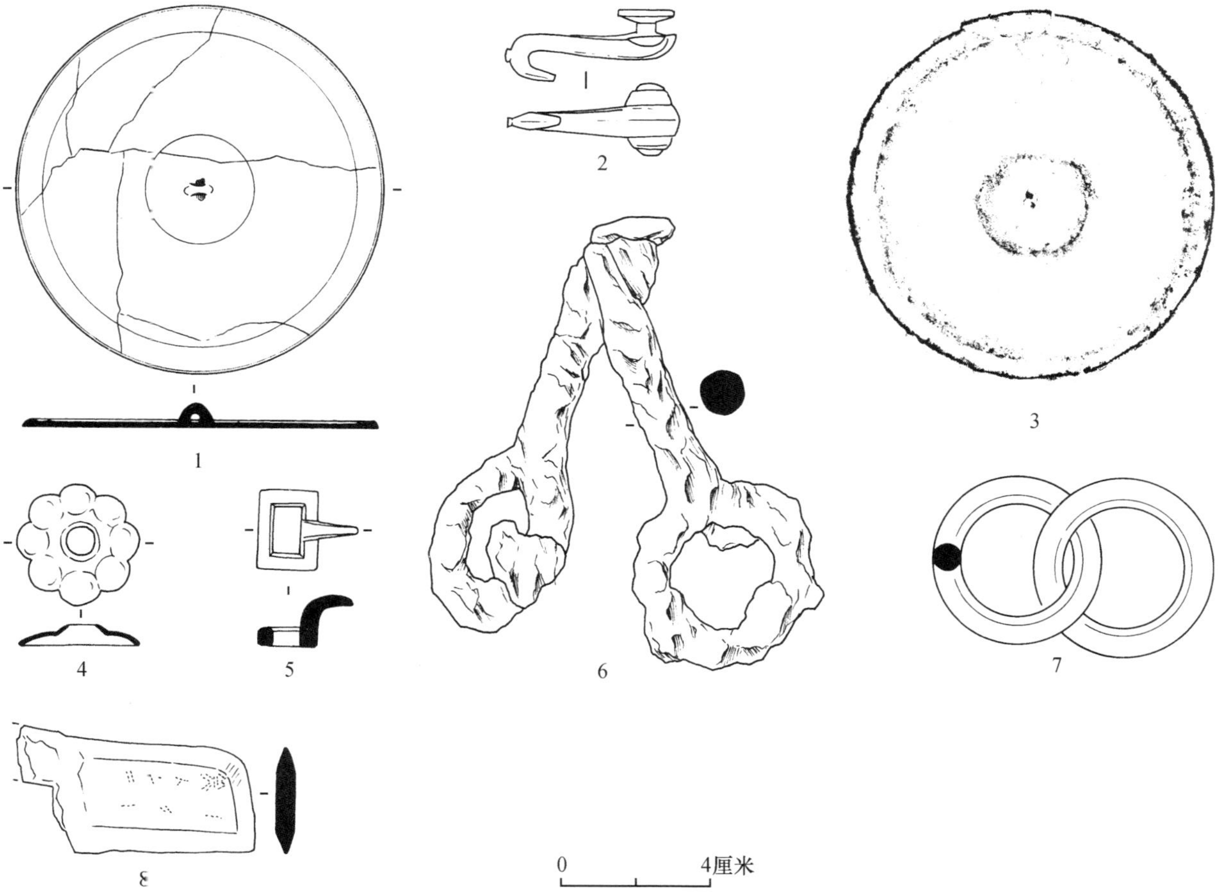

图八　M3出土器物及铜镜拓片

1. 铜镜（M3：1）　2. 铜带钩（M3：2）　3. 铜镜拓片（M3：1）　4. 铜蒂花（M3：6）　5. 铜带扣（M3：5）　6. 铁器（M3：7）　7. 铜环（M3：3）　8. 铜刀形器（M3：4）

M4

1. 墓葬形制

位于发掘区中部，东邻M2，西南邻M14。方向250°，长方形竖穴土圹墓，东西向（图九；图版二，1）。

墓道、墓室　竖穴土坑，平面呈长方形，口长3.7、宽2.8、开口距地表0.9、距二层台0.9米，距墓道底2.2米。墓道与二层台四壁收分为0.2米。墓道底部有二层台，东宽0.4米，西、南、北三面宽0.5米。墓室平面长方形，长2.2、宽1.24、深1.3米。

葬具葬式　葬具为木棺，棺灰痕迹明显，靠近墓室南壁，长方形，长1.74、宽0.72米，内见1副骨架，保存较好，头向西，面向北，仰身屈肢，右臂放于胸前，左臂平向外伸，下肢向北弯曲。墓室除骨架和棺灰外，无其他明显遗迹。

2. 随葬器物

墓道、墓室未见随葬器物。

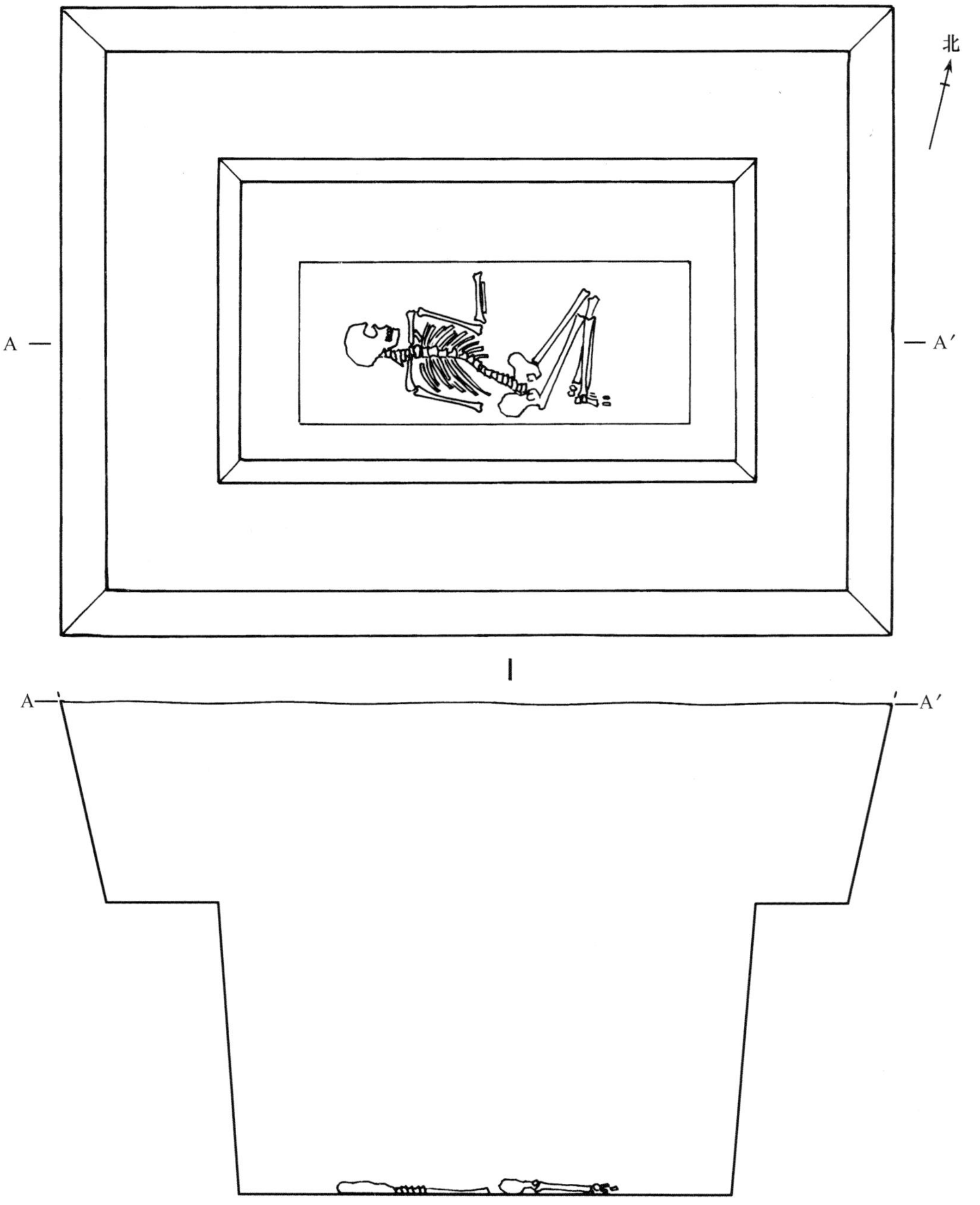

图九　M4平、剖面图

M5

1. 墓葬形制

位于发掘区南部，北邻M6。方向85°，由长方形竖穴墓道和两个土洞墓室组成，东西向，墓道在东，墓室居西（图一〇；图版二，2）。

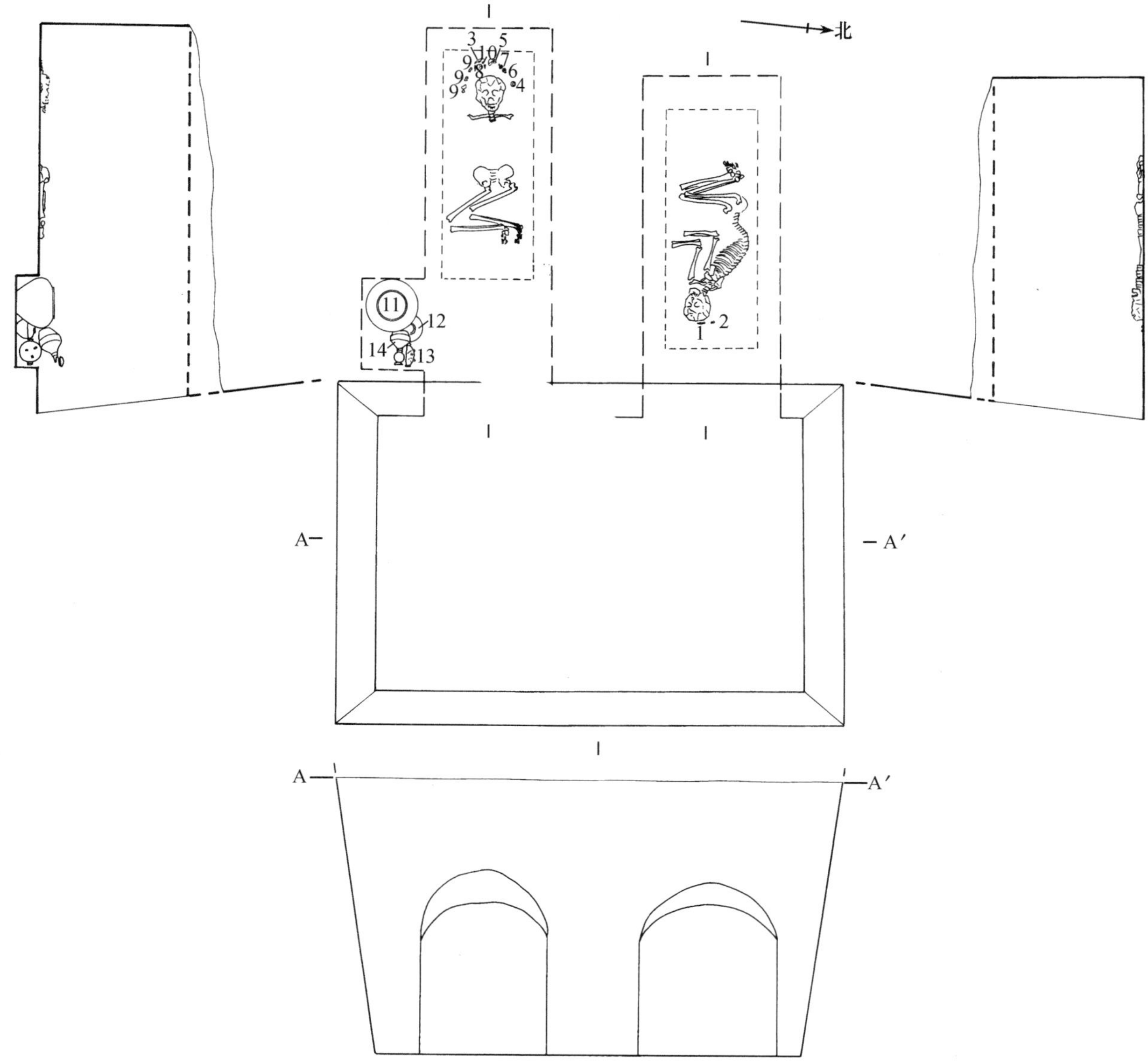

图一〇　M5平、剖面图

1、2. 铜带钩　3. 错银带钩　4. 玉璧　5. 铜镜　6. 铜环首刀　7. 兽头铜饰　8. 石墨塞　9. 铁器残件　10. 铜珠　11. 陶罐　12. 陶壶　13. 陶鼎　14. 陶盒

墓道　平面呈长方形，竖穴土坑，口大底小，口长4.4、宽3、开口距地表1.1、距墓底2.4米，墓道底长3.7、宽2.4米。南、北两壁收分为0.36米，东、西两壁收分为0.3米。

封门　未见封门遗迹。

墓室　两墓室均位于墓道西壁，拱顶土洞，平面呈长方形。北墓室，宽1.2、高1.3～1.5、进深3米；南墓室，宽1.1、高1.3～1.6、进深3.4米，靠墓室口南壁有一小龛，高、宽各0.8、进深0.56米，其内发现随葬陶器。

葬具葬式　葬具均为木棺，棺灰痕迹明显。北墓室木棺长1.9、宽0.8米，发现1副骨架，保存较好，头东向，侧身屈肢，膝盖向南，头部发现2件随葬器物。南侧墓室木棺长2.2、宽0.8米，发现1副骨架，部分骨架缺失，头西向，面上，仰身屈肢，膝盖向南，头部发现随葬器物较多。

2. 随葬器物

共14件，陶鼎、陶盒、陶壶、陶罐各1件，铜镜1面、铜带钩2件、铜刀1件、兽头铜饰1件、铜珠1件，铁器2件，玉璧1件，石墨塞1件。

陶鼎　1件。标本M5：13，泥质灰陶，鼎盖部分残缺。覆碗形盖，顶有三扁棱状乳突，中心纹饰为压印圆卷纹，外为一周波折锯齿纹。鼎身，圆唇敛口，腹部较直，外附两耳，深圜底，蹄形足。器身中腹饰一道凸弦纹。通高16、口径15、腹径18.5、腹深8.5、足高4.5厘米（图一一，4）。

陶盒　1件。标本M5：14，泥质灰陶，完整。覆碗形盖，圈足形捉手，弧壁，浅腹。盒身，尖圆唇，敛口，直深腹，上腹短直，下腹内收，平底。器周身饰数道凸弦纹。通高15.5、口径18、腹径20、腹深9、底径8厘米（图一一，2）。

陶壶　1件。标本M5：12，泥质灰陶，口沿残。长颈，斜肩，上腹较直，下腹斜内收，底内凹。颈部饰4周较宽凸弦纹，肩腹部饰有数周凹弦纹。残高25、腹径17、底径8厘米（图一一，3）。

陶罐　1件。标本M5：11，泥质灰陶，修复完整。圆唇外卷，敛口，宽肩，上腹圆鼓，下腹斜内收，平底。肩部饰一道、腹部两道凹弦纹，腹部凹弦纹中间及下腹部饰斜向细绳纹。通高33.6、口径24、腹径44、底径22.4厘米（图一一，1）。

铜镜　1件。标本M5：5，残甚。弦纹镜，镜面平，缘较厚。径残长5、厚0.25厘米（图一一，5）。

错银铜带钩　1件。标本M5：3，铜质，钩首残，表面轻微锈蚀。琵琶状，较长，面较宽，尾扁平。钩背有一细长瓜子形凸棱，内外镶嵌3行瓜子形错银纹饰。纽近中部，圆扣形纽较大，纽柱短粗。残长9、腹宽1.6、纽高1.3、纽径1.2厘米（图一一，13）。

铜带钩　1件。标本M5：1、M5：2，铜质，锈蚀、残成两段，为M5：1、M5：2拼接而成。体较长，钩首残缺，面较宽，背弯曲。纽圆扣形，近中部，纽柱较短。残长11、腹宽1.8厘米（图一一，14）。

铜环首刀　2件。残。标本M5：6，刀首椭圆形，刀身残。通长3.3、环径3.2、刀身宽0.9厘米（图一一，9）。

兽头铜饰　1件。残。标本M5：7，薄片裁成兽头侧影，其上錾刻眼等纹饰。兽眼圆睁，嘴大张。残长3.5、宽3.9、厚0.2厘米（图一一，11）。

铜珠　1件。标本M5：10，基本完整，表面轻微锈蚀。圆球状，中有穿孔，穿孔两端较平。直径0.8、孔径0.23厘米（图一一，10）。

铁器残件　表面锈蚀严重，残缺，不可拼接。可辨大体半圆状，上下两层，疑是被铁锈黏结。部分铁器上还粘有朽木痕迹。标本M5：9-1，最大标本残长6、宽2.2厘米（图一一，7）。标本M5：9-2，扁长铁条，单面刃，表层有木质剑鞘痕，剑鞘底色黄色，有红色颜料，最大标本残长9.5、宽1.5厘米（图一一，6）。

玉璧　1件。标本M5：4，完整。圆形，中空，外缘、内缘方正。青灰色，玉质较差，薄厚不均。直径4、内径1.9、厚0.3厘米（图一一，12）。

石墨塞　1件。标本M5：8，残。棒形，一端较粗。通体黑色有光泽。残长3.6、径1.2厘米（图一一，8）。

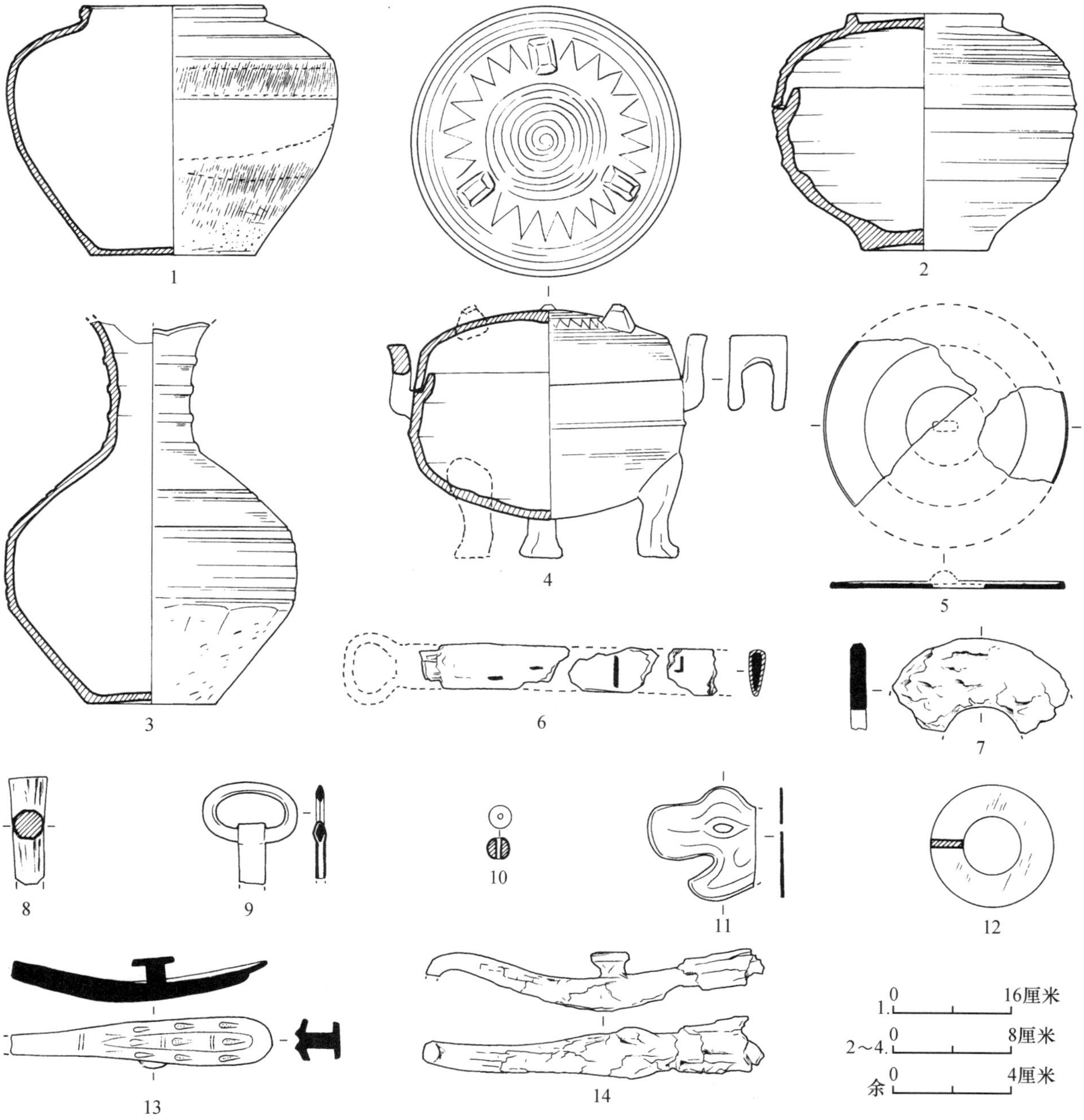

图一一　M5出土器物

1. 陶罐（M5：11）　2. 陶盒（M5：14）　3. 陶壶（M5：12）　4. 陶鼎（M5：13）　5. 铜镜（M5：5）　6、7. 铁器残件（M5：9-2、9-1）　8. 石墨塞（M5：8）　9. 铜环首刀（M5：6）　10. 铜珠（M5：10）　11. 兽头铜饰（M5：7）　12. 玉璧（M5：4）　13. 错银带钩（M5：3）　14. 铜带钩（M5：1、M5：2）

M6

1. 墓葬形制

位于发掘区中部，M5之北。方向250°，长方形竖穴土圹墓，东西向（图一二）。

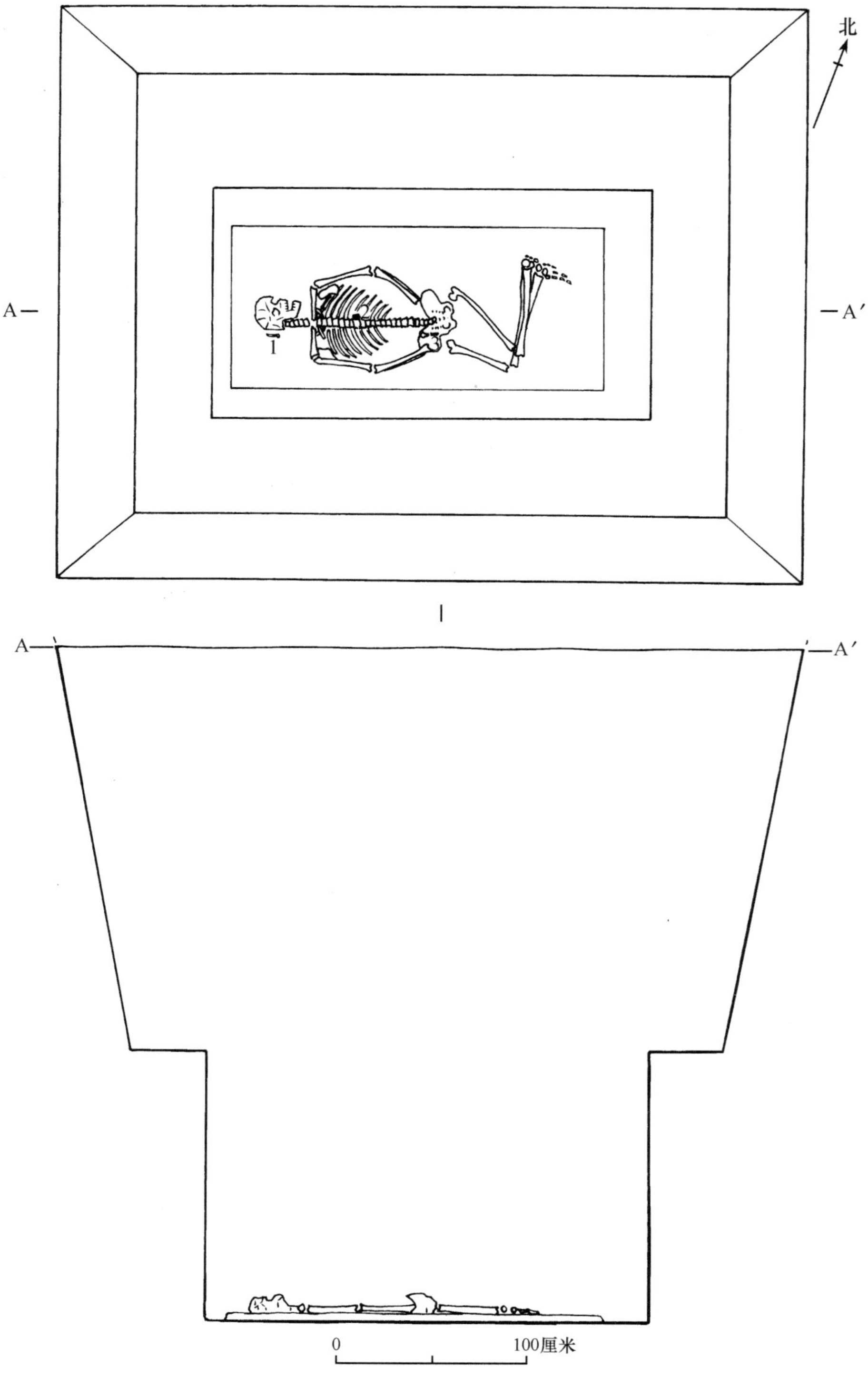

图一二　M6平、剖面图

1. 铜带钩　2. 铜纽钟　3. 铁刀残块

墓道、墓室　平面呈长方形，竖穴土坑，口大底小，开口长3.92、宽3、距地表1、距二层台2.1、距墓道底3.5米。南北两壁收分为0.34米，东西两壁收分0.4米。墓道底部有二层台，东、西台宽0.4、北宽0.6、南宽0.5、高1.4米。墓室底长2.3、宽1.2米。

葬具葬式　葬具为木棺，棺灰痕迹明显，长方形，长1.97、宽0.84、棺灰厚0.05米，靠近墓室西壁。棺内发现1副骨架，保存较好，头向西，仰身屈肢，下肢自然向南弯曲，棺内头骨右侧置有1件带钩，胸部置有1件纽钟，右胯骨处置有1件铁环刀。

2. 随葬器物

共3件，铜带钩1件、铜纽钟1件，铁刀1件。

铜带钩　1件。标本M6：1，表面轻微锈蚀。钩首残，身细长较直，圆弧形钩尾突变宽，两侧伸出见凸弦纹，似为钩身缠绕而成。背后圆形纽，纽柱短粗。残长4.3、腹宽1.6、纽高0.7、纽径1.3厘米（图一三，3）。

铜纽钟　1件。标本M6：2，表面轻微锈蚀。细长圆柱状，钟口较粗，内无悬舌，纽与身铸成一体，孔较小。通高4.3、口径1.5、纽高0.9厘米（图一三，2；图版四〇，1）。

铁刀残块　1件。标本M6：3，表面严重锈蚀，残断成2节。刀首环形，单面刃，刀背较厚，刀尖残。残长12、宽1.9、环径2.6厘米（图一三，1）。

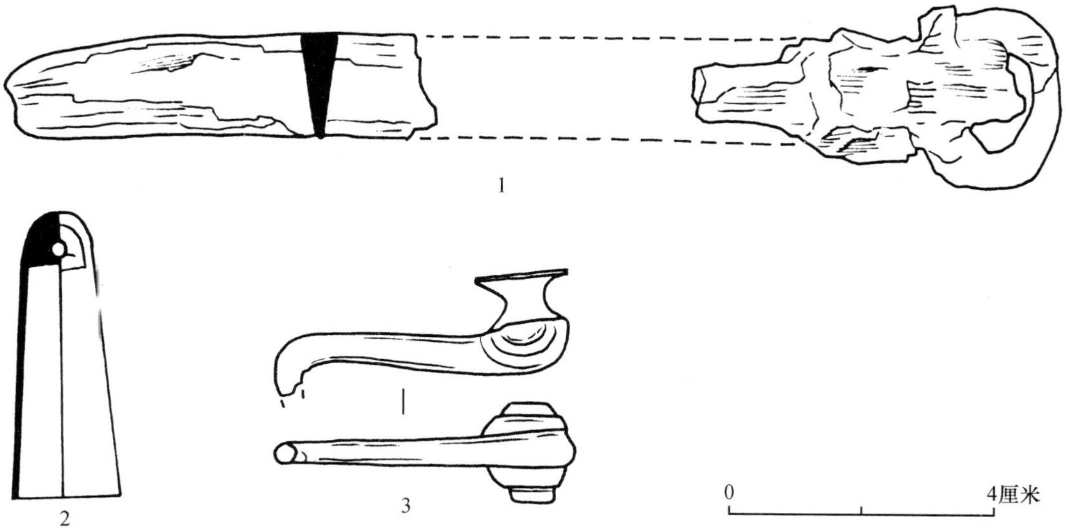

图一三　M6出土器物

1. 铁刀残块（M6：3）　2. 铜纽钟（M6：2）　3. 铜带钩（M6：1）

M7

1. 墓葬形制

位于发掘区北部，东南邻M15，西南邻M13，方向93°，由长方形竖穴墓道和两个土洞墓室组成，东西向，墓室位于墓道东、西两侧（图一四）。

墓道　平面呈长方形，竖穴土坑，口大底小，开口长3.4、宽2.2、距墓道底1.1米，墓道底长3、1.8米。四壁收分皆为0.2米。

墓室　两墓室分别位于墓道东西两端，形制为拱顶土洞，平面呈长方形。西墓，上顶坍塌，宽1.2、高1.2、进深2.3米。墓室南壁有一小龛，高0.4、宽0.9、进深0.4米，内置陶鼎、陶壶各1件。东墓室，高1.2、宽1、进深2.2米。

葬具葬式　葬具均为木棺，棺灰痕迹明显。西棺长1.6、宽0.8米。骨架零乱，头向东，屈肢，下肢向北弯曲。棺内发现玉饰、铜饰、料珠。东棺长1.56、宽0.7米，棺痕外有凌乱骨架残块、头向不清。随葬陶器发现于墓室口、木棺与墓壁之间。

2. 随葬器物

共9件，陶鼎2件，陶盒、陶长颈壶、陶蒜头壶、陶罐各1件，铜带钩1件，料珠2件。

陶鼎　2件。泥质灰陶，修复完整。标本M7：5，钵形盖，弧顶折腹，顶上3扁棱状纽均匀分布，外饰同心缠绕弦纹和波折锯齿暗纹。器身敛口方唇，上腹斜直，附外撇双耳，下腹较深，圜底，蹄足。腹部饰有一周凸棱纹和一周凹弦纹。通高16、口径14.5、腹径17、腹深9、足高6厘米（图一五，9）。标本M7：7，鼎体宽扁。钵形盖，弧顶折腹，顶上3扁棱状纽均匀分布，外饰同心缠绕弦纹和波折锯齿暗纹。器身敛口方唇，直上腹附外撇双耳，下腹较浅，圜底，蹄足。腹部饰两周凹弦纹。通高15.5、口径14、腹径17、腹深7、足高3厘米（图一五，2）。

陶盒　1件。标本M7：9，泥质灰陶，完整。碗形盖，方唇，斜折腹，圈足形捉手。盖身饰同心旋转暗弦纹。器身，敛口，直上腹，下腹内收，假圈足，平底内凹。腹部见两周凸弦纹。通高13.5、口径15、腹径18、底径8厘米（图一五，11）。

陶长颈壶　1件。标本M7：3，泥质灰陶，修复完整。弧形盖，子口。器身圆唇侈口，长颈，溜肩，圆鼓腹，下腹斜直，平底。器身饰4周凸棱纹。通高25、口径9、腹径16.5、底径8厘米（图一五，3）。

陶蒜头壶　1件。标本M7：6，泥质灰陶，完整。圆唇直口，蒜头部较大，细长颈，溜肩，腹部较扁，鼓腹，平底。器身见数道弦纹，肩部有一周波折纹。通高23、口径3.5、腹径18、底径7.5厘米（图一五，1）。

陶罐　1件。标本M7：8，泥质灰陶，修复完整。尖圆唇，平折沿，侈口，短束颈，斜肩圆折腹，下腹斜直内收，平底内凹。肩部见压印暗弦纹。通高30、口径12、腹径35、底径16.5厘米（图一五，10）。

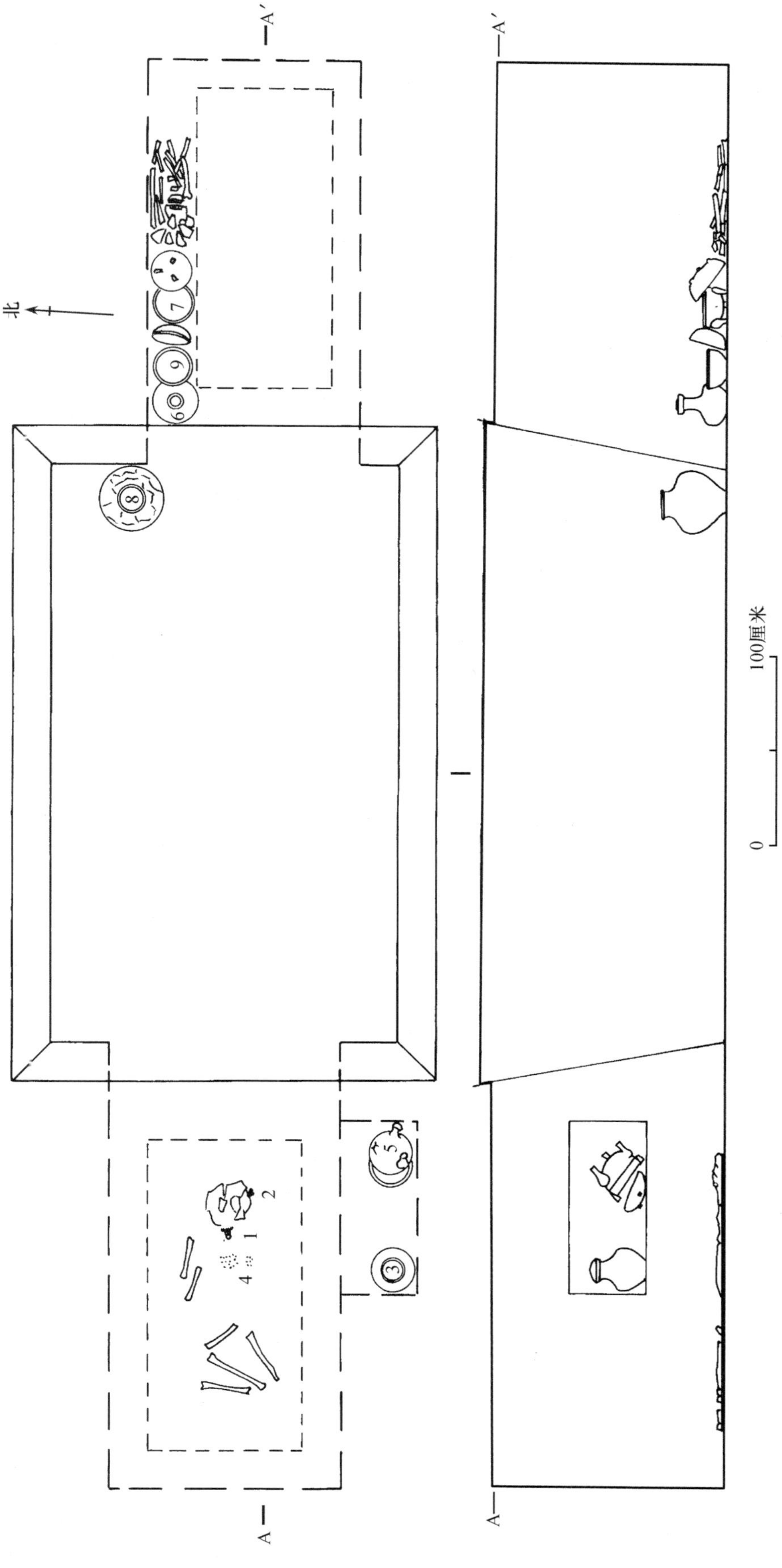

图一四　M7平、剖面图

1、4. 料珠　2. 铜带钩残块　3. 陶长颈壶　5、7. 陶鼎　6. 陶蒜头壶　8. 陶罐　9. 陶盒

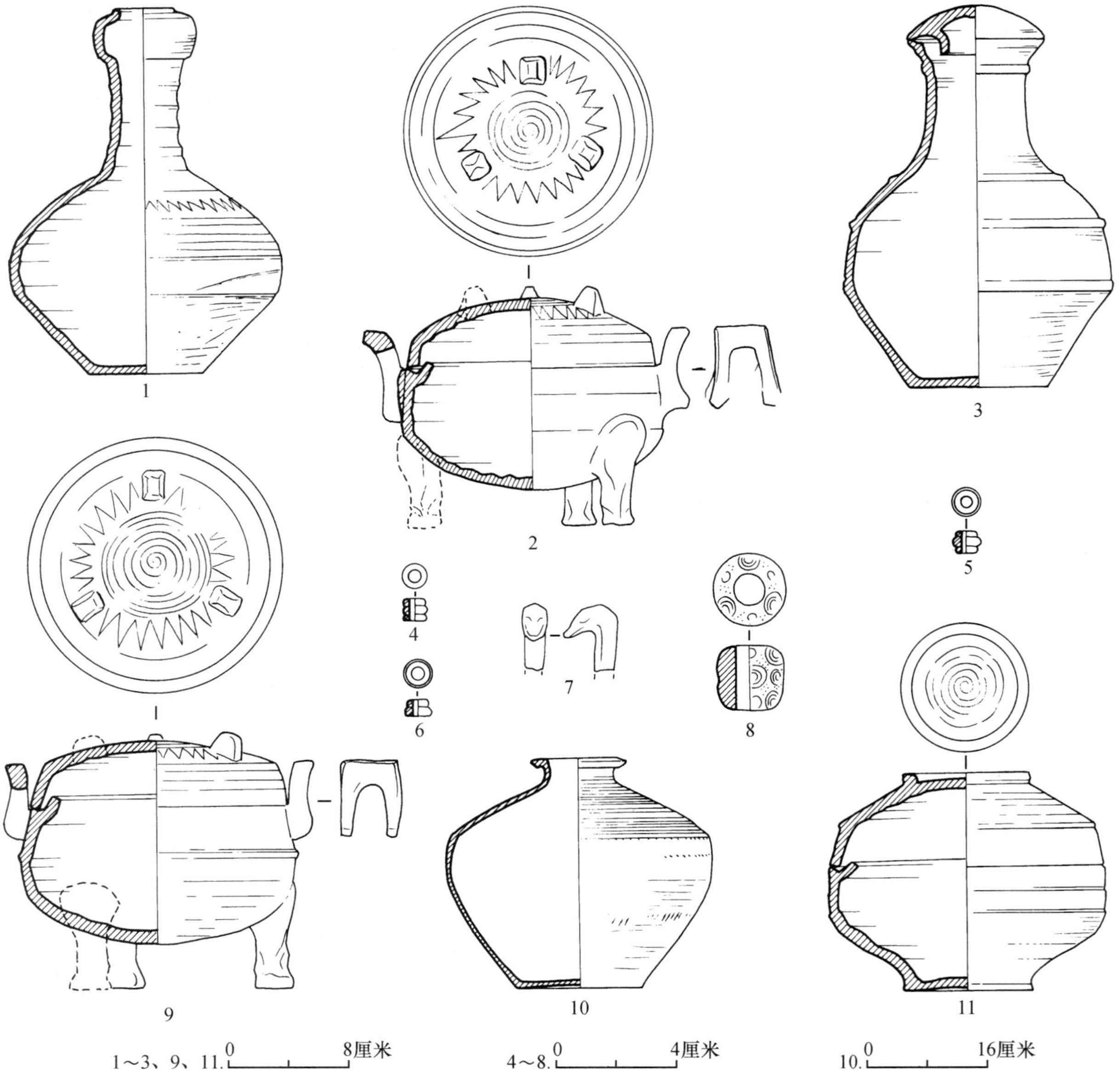

图一五　M7出土器物

1. 陶蒜头壶（M7：6）　2、9. 陶鼎（M7：7、M7：5）　3. 陶长颈壶（M7：3）　4～6、8. 料珠（M7：4-1、M7：4-2、M7：4-3、M7：1）　7. 铜带钩残块（M7：2）　10. 陶罐（M7：8）　11. 陶盒（M7：9）

铜带钩残块　1件。标本M7：2，仅见钩首。钩首呈兽头状，弯折，其余残缺。残长1.8厘米（图一五，7）。

料珠　1件。标本M7：1，质地不明。体呈方圆，矮粗，中有穿孔，外缘弧状。器表刻画球形凹槽，部分凹槽四周有同心圆围绕，凹槽之间以菱形图案连接。器呈深灰蓝色。径2、高2.2、孔径0.9厘米（图一五，8）。

料珠　1袋。当时工地就地采集，标本M7：4，整理时根据形状再行分类。质地不明。圆柱形，中有穿孔，外表面被制作成环状。可分为单环柱状、二环柱状和三环柱状。标本M7：4-3，二环柱状，完整3件，1件外表呈两个大小相近的单环，其余两件有外表为一大环和一小环。高0.6厘米。标本M7：4-1、M7：4-2，三环柱状，2件完整。一件外表呈3个大小相近的单环，一件外表为两个小环和一个大环。高0.7～0.8厘米（图一五，4～6）。

M8

1. 墓葬形制

位于发掘区中部，北邻M9，西邻M10。方向85°，由竖穴墓道和土洞墓室两部分组成，东西向，墓道在东，墓室居西（图一六）。

墓道　平面呈长方形，竖穴土坑，口大底小，口长3.52、宽2.6米，开口距地表1.1、距墓底2.6米。四壁收分均为0.3米。墓道底长2.9、宽2米。

封门　未见封门痕迹。

墓室　位于墓道西壁，拱顶土洞，平面呈长方形，高1.3、宽1.3、进深2.6米。墓室口部坍塌。

葬具葬式　葬具为木棺，棺灰痕迹明显，呈长方形，长2、宽0.7米。墓室内仅存草木灰痕迹，草木灰厚0.04～0.05米。骨架朽蚀难辨，葬式不详。未见有出土器物。

2. 随葬器物

墓道、墓室未见随葬器物。

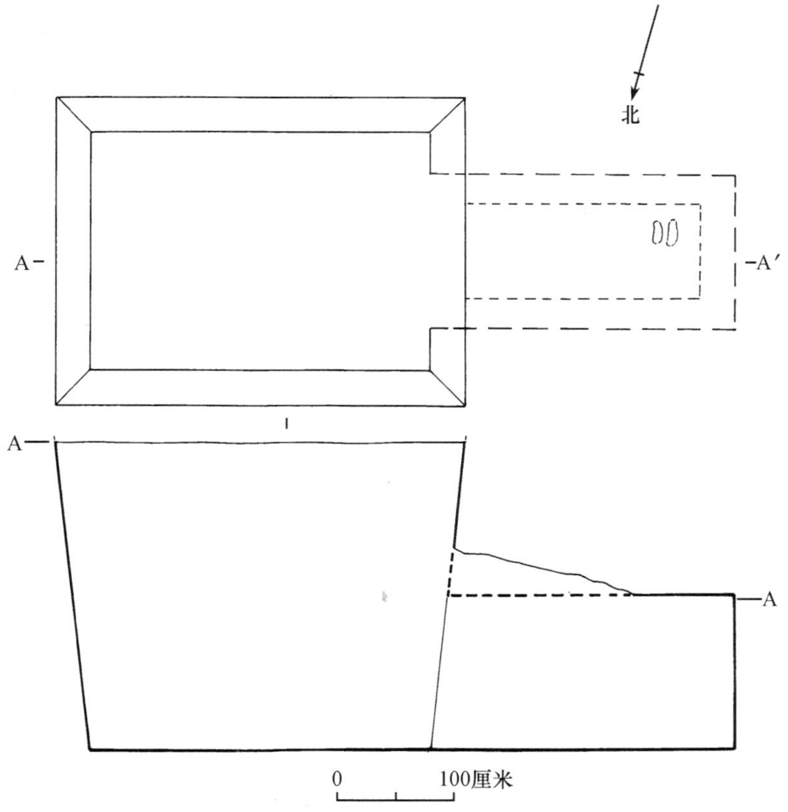

图一六　M8平、剖面图

M9

1. 墓葬形制

位于发掘区中部，南邻M8，西邻M9，方向90°，由竖穴墓道和土洞墓室两部分组成，东西向，墓道在东，墓室居西（图一七）。

墓道　平面呈长方形，竖穴土坑，口大底小，口长3.1、宽2.3、开口距地表1、距墓道底1.7米，南北两壁收分为0.26米，东壁收分0.2米，西壁收分0.4米。墓道底长2.5、宽1.8米。墓道填土有夯打痕迹。在墓道填土中出土石凿1件。

封门　未见封门痕迹。

墓室　墓室位于墓道西壁，拱顶土洞，平面呈长方形，高1.2、宽1、进深2.72米。

葬具葬式　葬具为木棺，棺灰痕明显，呈长方形，长2、宽0.7米。墓室内仅存棺木灰痕迹，草木灰厚0.03米。骨架不可辨。

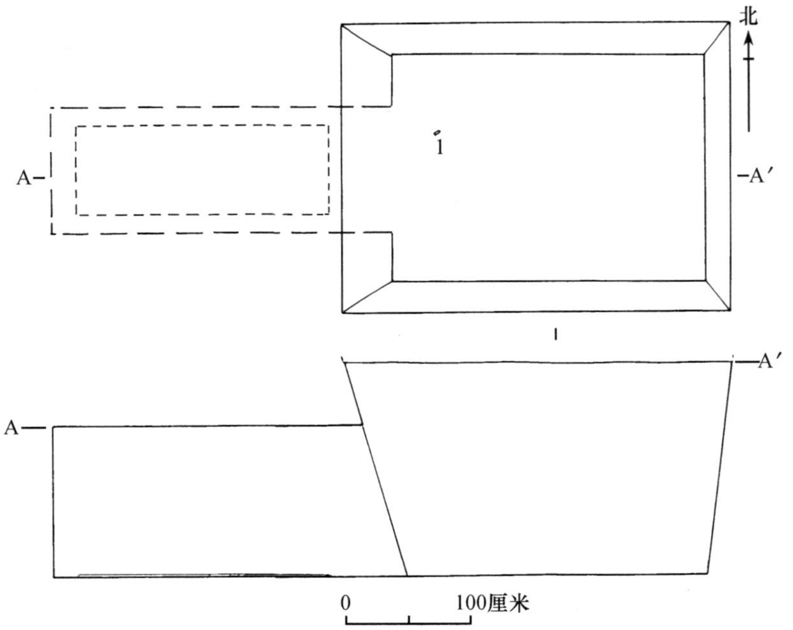

图一七　M9平、剖面图
1. 石凿

2. 随葬器物

石凿　1件。标本M9：1，残。宽扁，下端有刃，上端残。两面光滑，剖面楔形。残长3、宽0.9、厚0.6厘米（图一八）。

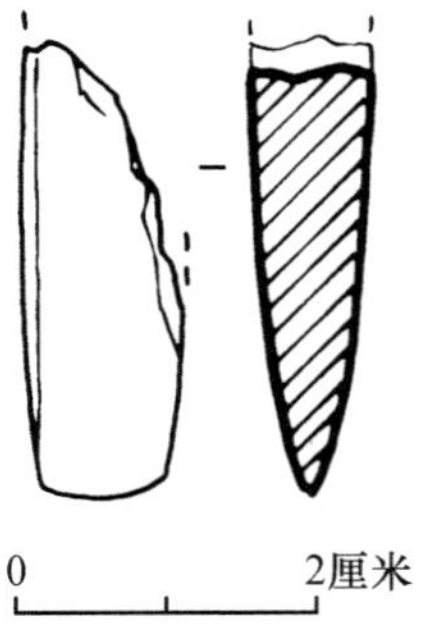

图一八　M9出土石凿（M9：1）

M10

1. 墓葬形制

位于发掘区中部，东邻M8、M9。方向175°，长方形竖穴土圹墓，南北向（图一九）。

墓道　平面呈长方形，竖穴土坑，口大底小，开口长4.8、宽3.5、开口距地表1、距二层台1.4、距墓道底2.8米。四壁收分为0.2米。墓道西北角处有一直径约0.85米的盗洞。

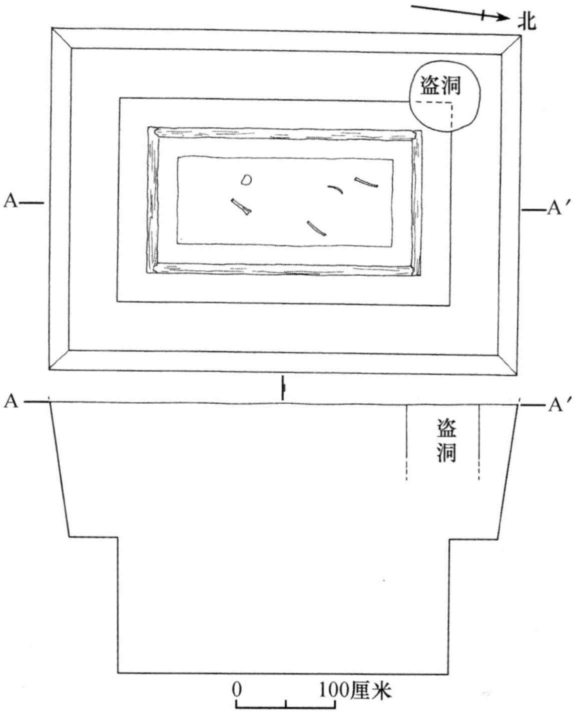

图一九　M10平、剖面图

墓室　墓道底部有二层台，与墓室底垂直，宽0.5米。墓室长3.4、宽2.1、深1.4米。

葬具葬式　葬具当为一椁一棺，灰痕明显，可见椁板为榫卯连接，椁长2.8、宽1.5米，棺板厚。椁内为棺，长方形，长2.2、宽0.9米。该墓因盗扰严重，头向南，墓室除骨架残片和棺灰痕外，无其他明显遗迹。

2. 随葬器物

墓道、墓室未见随葬器物。

M11

1. 墓葬形制

位于发掘区中部，西邻M8，东南邻M12。方向340°，长方形竖穴土圹墓，南北向（图二〇；图版三，1）。

墓道、墓室　平面呈长方形，竖穴土坑，口大底小，口长4.1、宽3、开口距地表1、距墓底2.3米。四壁收分均为0.3米。墓道底长3.5、宽2.4米。

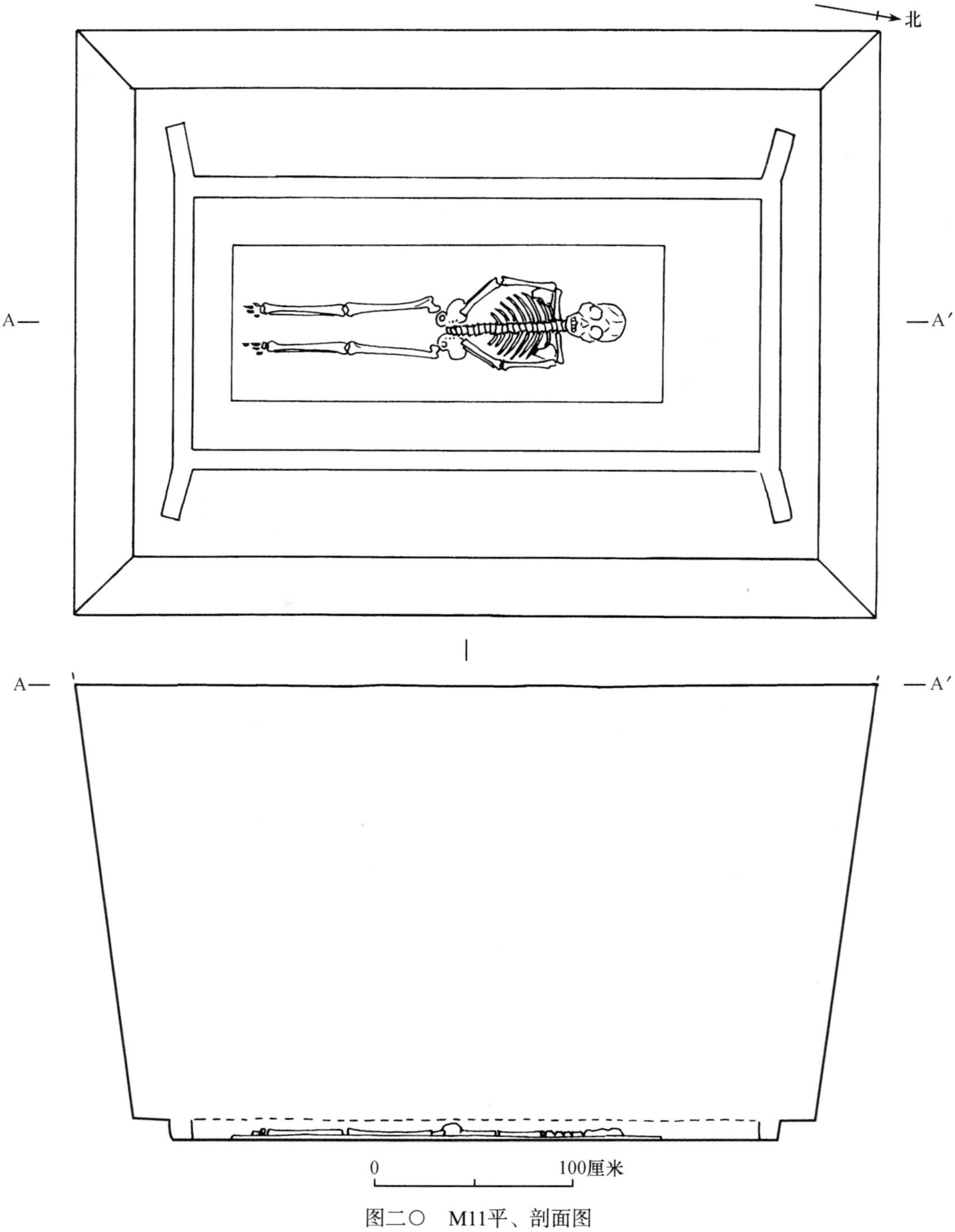

图二〇　M11平、剖面图

葬具葬式　墓室内中部有一棺一椁，灰痕明显，椁四角向外伸出，长约0.15～0.2米的斜木痕迹，椁长3.1、宽1.5米，椁板厚0.1米，高度不详。棺痕长方形，长2.2、宽0.8米。棺内1副骨架，保存较好。头向北，面上，仰身直肢，双手置于小腹部，两腿自然伸展。除棺椁、棺木灰迹和骨架外无其他明显遗迹。

2. 随葬器物

墓道、墓室未见随葬器物。

M12

1. 墓葬形制

位于发掘区南部，西北邻M11，东北邻M13，方向85°，由竖穴墓道和土洞墓室两部分组成，东西向，墓道在东，墓室居西（图二一；图版三，2）。

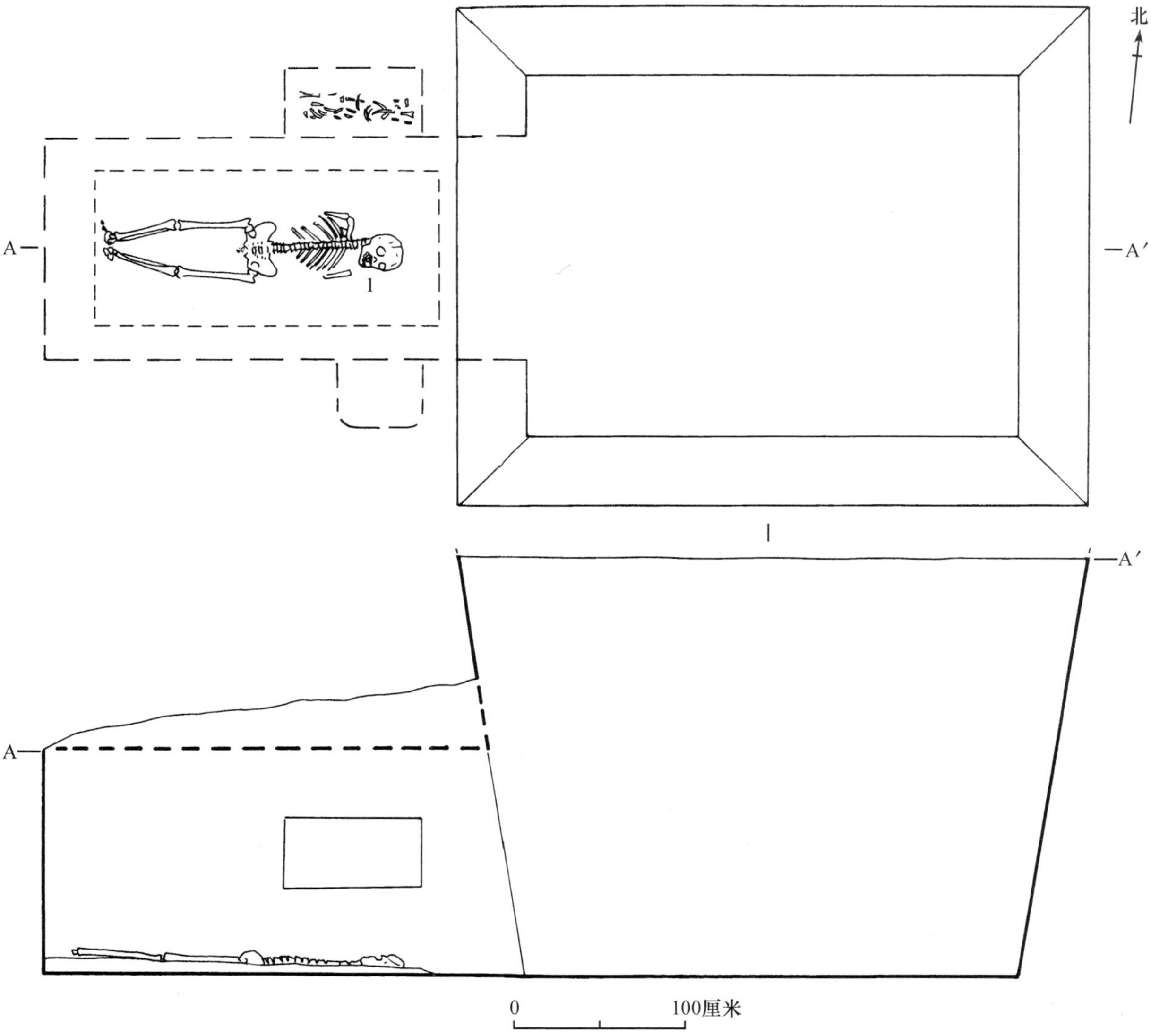

图二一　M12平、剖面图

1. 石珠

墓道　平面呈长方形，竖穴土坑，口大底小，口长3.7、宽2.9、开口距地表1、距墓底2.4米。四壁收分皆为0.4米。墓道底长2.85、宽2.1米。

封门　未见封门痕迹。

墓室　位于墓道西壁，平面呈长方形，拱顶土洞，坍塌。高1.3、宽1.3、进深2.8米。墓室东南角有一小龛，高0.5、宽0.5、进深0.4米，内无器物。墓室西北角距墓底0.5米处有一方形小龛，高0.4、宽0.8、进深0.4米，内见兽骨残片。

葬具葬式　葬具为木棺，棺痕长方形，长2、宽0.9米，内见1副骨架，保存较好，上肢两残缺。头向东，面向南，仰身直肢，下肢自然伸直。头骨部位见1件石珠。

2. 随葬器物

石珠　1件。标本M12：1，基本完整。算珠形，中有穿孔，外表见3层同心圆装饰。径长1.7、孔径0.5厘米（图二二）。

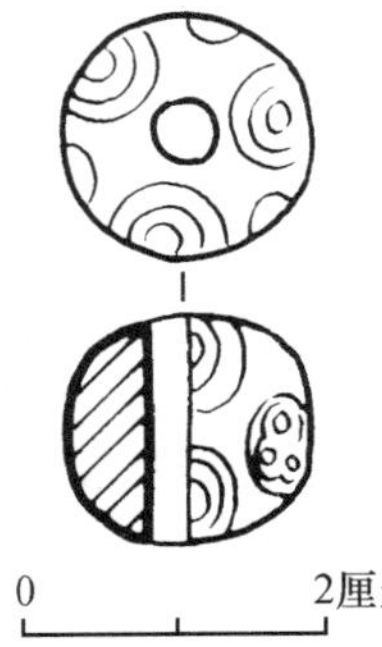

图二二　M12出土石珠（M12：1）

M13

1. 墓葬形制

位于发掘区中部，西邻M12，东邻M7，方向170°，由竖穴墓道和土洞墓室两部分组成，南北向，墓道在南，墓室居北（图二三；图版四，1）。

墓道　平面呈长方形，竖穴土坑，口大底小，口长2.8、宽2.2、开口距地表1、距墓道底0.9米。四壁收分皆为0.1米，墓道底长2.6、宽2米。

墓室　位于墓道北壁，偏洞室，部分坍塌，平面呈长方形，底长2.2、宽1.1、高0.8米。墓室西北角有一小龛，宽0.4、高0.5、进深0.5米，内置陶器3件。墓室底部高出墓道0.1米。

葬具葬式　葬具为木棺，灰痕长方形，长1.75、宽0.8米。内见1副骨架，保存较好，头西向，面北，侧身屈肢，膝盖向北弯曲，棺西南部见1件铁器残片。

2. 随葬器物

共4件，陶盒、陶釜、陶罐各1件（图版一九，1），铁器残片1件。

陶盒　1件。标本M13：3，泥质灰陶，盖缺失。尖圆唇，敛口，腹较深，上腹较直，下腹斜收，平底。腹部饰两道凸弦纹。高8.5、口径16.5、腹径18.5、腹深7.5、底径7.5厘米（图二四，4）。

陶釜　1件。标本M13：2，夹砂灰陶，基本完整。方唇，侈口，短颈，凸肩，深腹，圜底。腹部饰斜绳纹，底部饰有篮纹。通高12、口径15、腹径16、腹深10厘米（图二四，2）。

陶罐　1件。标本M13：1，泥质灰陶，基本完整。斜方唇，侈口，短束颈，溜肩，圆鼓腹，下腹斜内收，平底。肩腹部饰竖绳纹与凹弦纹。通高21、口径9.5、腹径24、底径11.5厘米（图二四，1）。

铁器残片　1件。标本M13：4，残成2段，不可拼接。铁质，锈蚀严重。细棒状，一段中间有凸出小钉，疑为铁带钩。残高2.5、宽1.2厘米（图二四，3）。

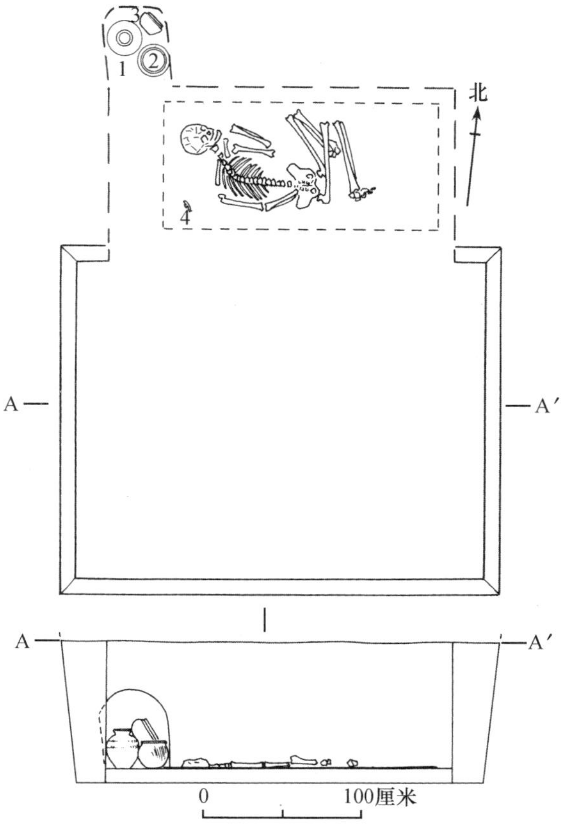

图二三　M13平、剖面图

1. 陶罐　2. 陶釜　3. 陶盒　4. 铁器残片

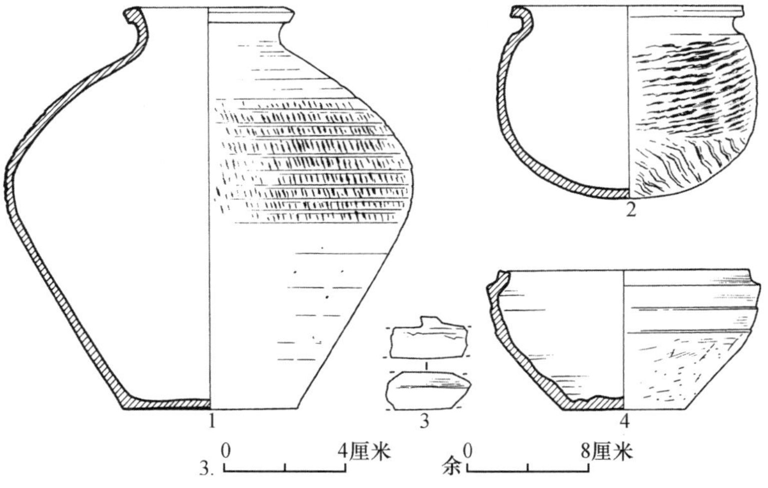

图二四　M13出土器物

1. 陶罐（M13：1）　2. 陶釜（M13：2）　3. 铁器残片（M13：4）　4. 陶盒（M13：3）

M14

1. 墓葬形制

位于发掘区中部，西邻M15，南邻M16。方向255°，由竖穴墓道和土洞墓室两部分组成，东西向，墓道在西，墓室居东（图二五）。

墓道　平面呈长方形，竖穴土坑，口大底小。口长3.2、宽2.4、开口距地表1、距墓底1.15米。四壁收分皆为0.2米。墓道底长2.8、宽2米。

封门　未见有封门痕迹。

墓室　位于墓道东壁，土洞拱顶，平面呈长方形，宽1、高1.5、进深2.4米，部分坍塌。墓室底部高出墓道0.1米。

葬具葬式　葬具为木棺，棺痕长方形，长1.8、宽0.8米，内见1副骨架，保存较好，头向西，面向东南，侧身屈肢，膝盖向南弯曲，骨骼头部见1件带钩，左上部有1件水晶石。

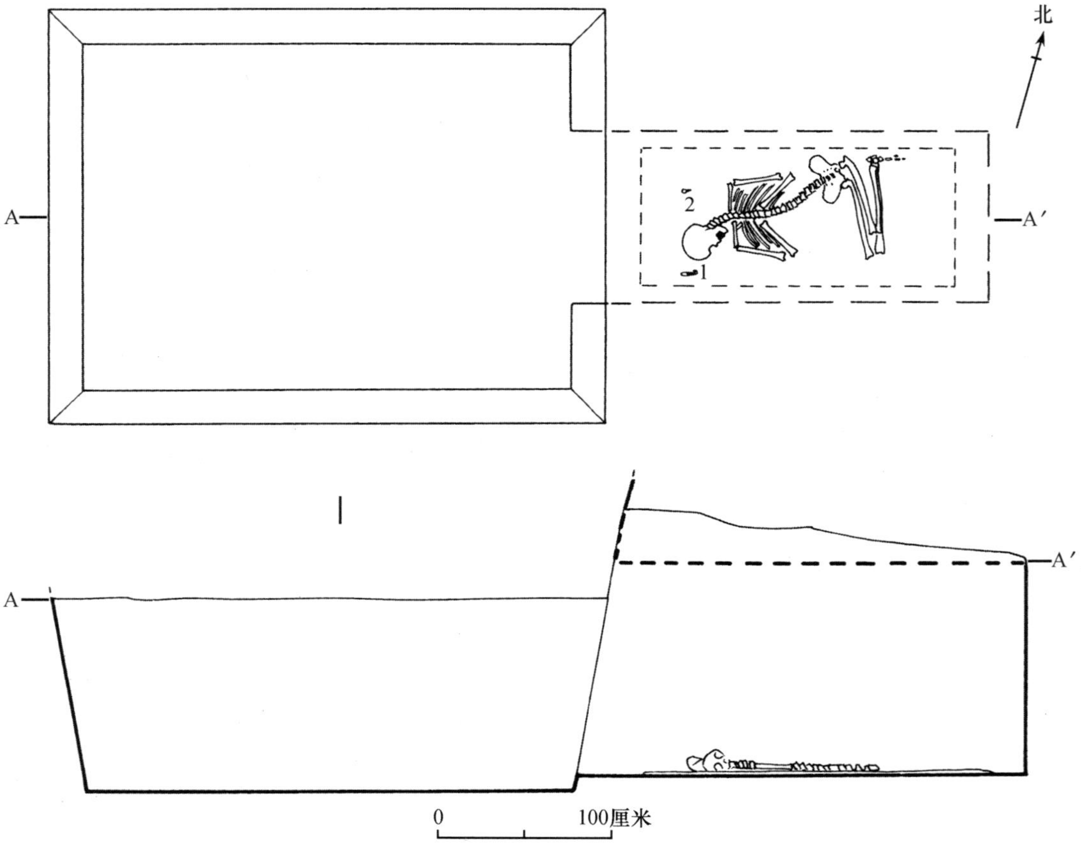

图二五　M14平、剖面图
1. 铜带钩　2. 水晶石

2. 随葬器物

共2件，铜带钩1件，水晶石1件。

铜带钩　1件。标本M14：1，仅见钩尾与部分钩身。钩身棱状，中部起脊，钩尾半圆形。纽处尾部，圆扣形纽较大，纽柱较短。残长3.8、腹宽2.6、纽高1、纽径1.3厘米（图二六，1）。

水晶石　1件。标本M14：2，薄片状，平面呈四边形。长1.7、宽1.2、厚0.5厘米（图二六，2）。

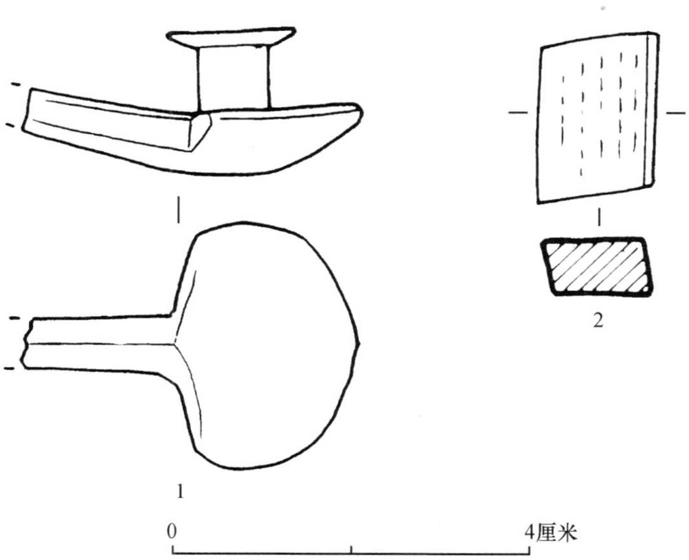

图二六　M14出土器物

1. 铜带钩（M14：1）　2. 水晶石（M14：2）

M15

1. 墓葬形制

位于发掘区南部，西邻M7，南邻M16，方向245°，由竖穴墓道和土洞墓室两部分组成，东西向，墓道在西，墓室居东（图二七；图版四，2）。

墓道　平面呈梯形，竖穴土坑，口大底小，口长3.9、西宽2.8、东宽2.5、开口距地表1、距墓道底1.8米。东、西两壁收分为0.4米，南、北两壁收分为0.36米。墓道底长3.1、西宽2.1、东宽1.8米。

封门　未发现封门痕迹。

墓室　位于墓道东壁，拱顶土洞，部分塌方。平面呈长方形，宽1.3、高1.2、进深2.44～2.8米。墓室南壁距墓室底0.2米处有一小龛，宽0.5、高0.25、进深0.4米，内置随葬器物。

葬具葬式　葬具为木棺，灰痕长方形，长2.3、宽0.8米，内见1副骨架和5件器物。骨架保存较好，头西，面上，仰身直肢，下肢自然伸直。

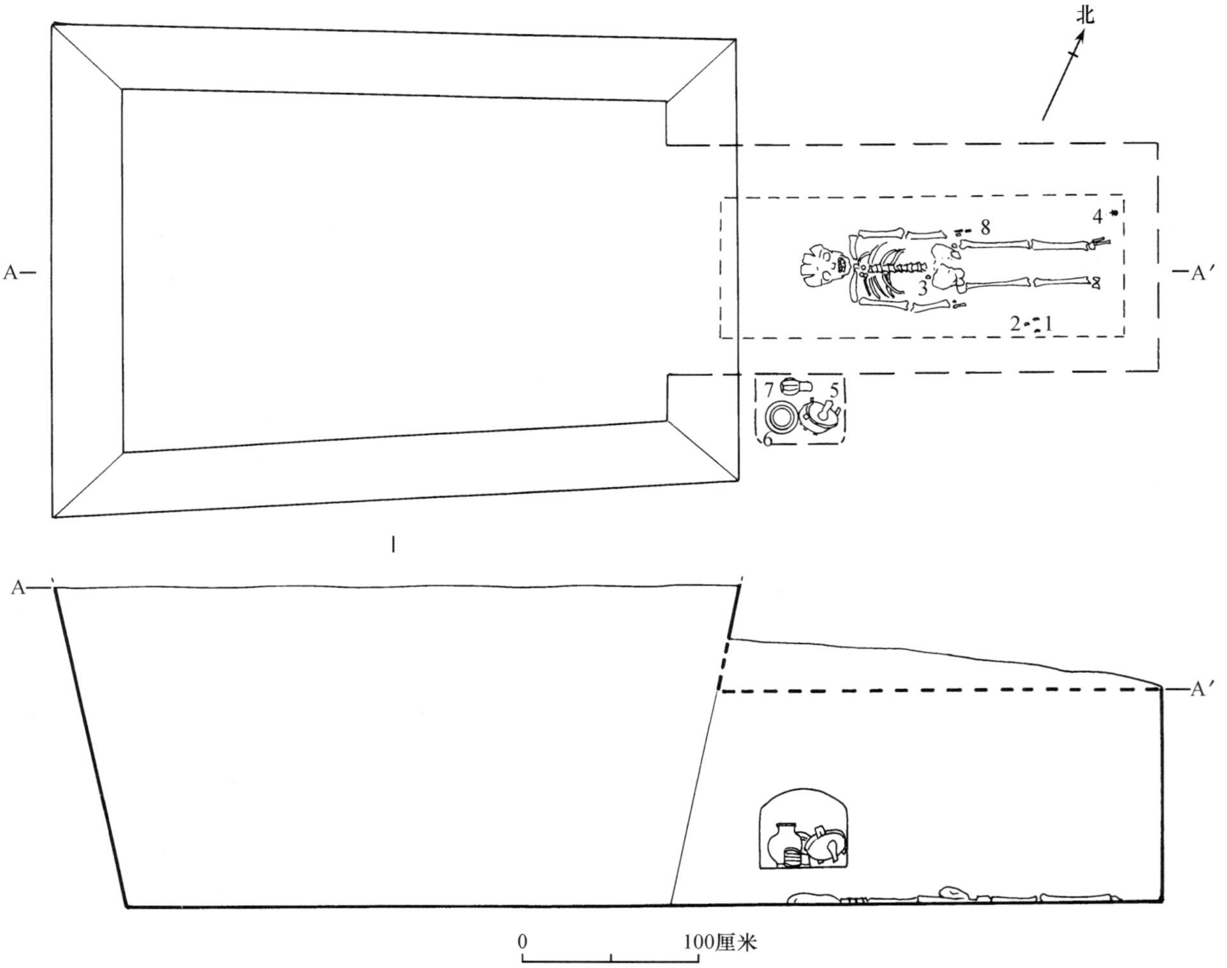

图二七　M15平、剖面图

1. 铜卷云形饰　2. 铜耳扳　3、8. 方形管饰　4. 铜葫芦形饰　5. 陶鼎　6. 陶壶　7. 陶三耳杯

2. 随葬器物

共8件，陶鼎、陶壶、陶三耳杯各1件（图版一九，2），铜卷云形饰2件、铜葫芦形饰1件、铜耳扳1件，方形管饰2件。

陶鼎　1件。标本M15：5，泥质灰陶，修复完整。体较宽扁，钵形盖，平顶弧腹，方唇，三扁棱盖纽均匀分布。盖顶见同心缠绕暗弦纹。器身圆唇敛口，上腹外斜，双附耳微外撇，深腹，圜底，蹄形足较高。鼎身有一戳印纹，可识读为“咸□”。通高17.5、口径16、腹径19、腹深8.5、足高5厘米（图二八，5）。

陶壶　1件。标本M15：6，泥质灰陶，基本完整。尖圆唇，侈口，长颈，溜肩鼓腹，下腹内收，平底内凹，假圈足较高。颈部见两周凹弦纹，肩腹部见3周凸棱纹。通高24、口径10.5、腹径17、底径9.5厘米（图二八，1）。

陶三耳杯　1件。标本M15：7，泥质灰陶，修复完整。圆唇，侈口，颈斜直，肩外撇，腹斜直内收，平底。3条宽扁条附耳围绕器身均匀分布，附耳顶部见两小乳钉。肩、腹饰斜绳纹。通高

12、口径9.5、底径6厘米（图二八，2）。

铜卷云形饰　2件。基本完整，表面轻微锈蚀。两件大小形制相同，大体呈“8”字状。标本M15：1，上下大小相近，下部扁条状短伸出，似为插。通高3.1、插长0.7、厚0.3厘米（图二八，9；图版三九，2）。

铜葫芦形饰　1件。标本M15：4，基本完整，表面轻微锈蚀。体呈葫芦形，顶有一“V”形口。通高3.5、宽1.6厘米（图二八，8）。

铜耳扳　1件。标本M15：2，基本完整，表面轻微锈蚀。环形，外为一竖直扁平薄片，尾宽扁伸出。长4.4、径长2.2、厚0.25厘米（图二八，7）。

方形管饰　2件。料质，形制相同。标本M15：8，外方柱形，中为圆孔，两头相通。外侧可见半弧形凹槽。残长2、宽1.05、高、孔径0.7厘米（图二八，3）。标本M15：3与标本M15：8形制基本相同，下端残。残长1.8、宽1、孔径0.6厘米（图二八，4）。

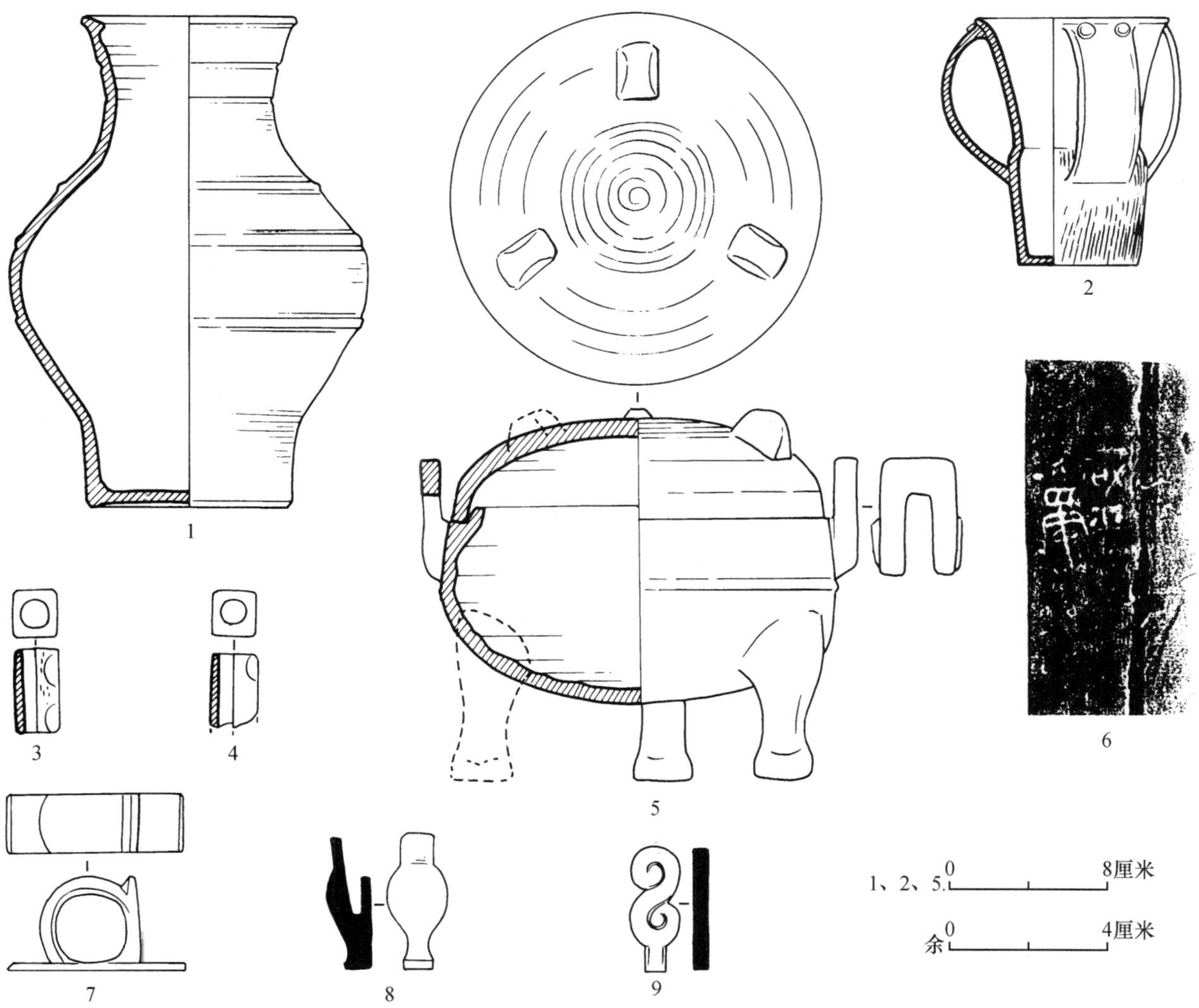

图二八　M15出土器物及戳印纹拓片

1. 陶壶（M15：6）　2. 陶三耳杯（M15：7）　3、4. 方形管饰（M15：8、M15：3）　5. 陶鼎（M15：5）　6. 陶鼎戳印纹拓片（M15：5）　7. 铜耳扳（M15：2）　8. 铜葫芦形饰（M15：4）　9. 铜卷云形饰（M15：1）

M16

1. 墓葬形制

位于发掘区偏南部，M15东南。方向245°，长方形竖穴土圹墓，东西向（图二九；图版五，1）。

墓道、墓室　平面呈长方形，竖穴土坑，口大底小，口长4、宽3.4、开口距地表1、距二层台1.3、距墓底2.6米。四壁收分均为0.2米。墓道底部有二层台，二层台垂直于墓室底，东、西台宽0.6米，南、北台宽0.8、高1.3米。墓室长2.4、宽1.4米。

葬具葬式　棺木靠近西壁。葬具为木棺，棺灰痕长方形，长2、宽0.9、厚0.03米。内见1副骨架，保存较好。头向西，面向上，双手相交于胸前，仰身屈肢，下肢向北弯曲。头骨左右发现随葬器物。

2. 随葬器物

共7件，铜带钩2件、铜镦2件，铁器2件，玉璧1件。

铜带钩　2件。琵琶状，表面部分锈蚀。标本M16：1，钩首残。体型较长弯曲，背较宽，圆弧形尾，纽近中部，圆扣形纽较大，纽柱较细略长。残长8.5、腹宽1.3、纽高0.74、纽径1.05厘米（图三〇，7）。标本M16：2 形制近似M16：1。残长7.8、腹宽1.35、纽高0.9、纽径1.6厘米（图三〇，3）。

铜镦　2件。表面轻微锈蚀，基本完整。标本M16：4，顶呈蘑菇状，下部柱状，中空圆銎，下端有一对小方孔，銎孔内有朽木。高8.6、口径2.3、厚0.1厘米（图三〇，1）。标本M16：3，筒形，平口圆銎，两头相通，底端斜收，上中部有一对小方孔。出土时銎孔内有朽木痕迹。长7.6、口径2.5、内径1.8厘米（图三〇，2）。标本M16：4、标本M16：3当为长约1.48米器物的两端，置于墓主身体南侧，推测为兵器或杖类。

铁刀残片　1件。标本M16：7，残断成2节，铁质，锈蚀严重。长条状，刀身较窄，单面刃，刀背直。残长8.9、宽1.8、厚0.5厘米（图三〇，6）。

铁器　1件。锈蚀严重。标本M16：6，扁长条状，面较窄，渐细。残长6.3、宽1.3、厚0.6厘米（图三〇，4）。

玉璧　1件。石质，修复完整。标本M16：5，圆形，方唇。正面中心刻画3条首尾相接的戏水鱼纹，图案规整，鱼纹将圆三等分。其外为两道弦纹，弦纹之间饰谷纹。背面中心有一道环形凹槽。径长5、厚0.8厘米（图三〇，5；图版三二，1）。

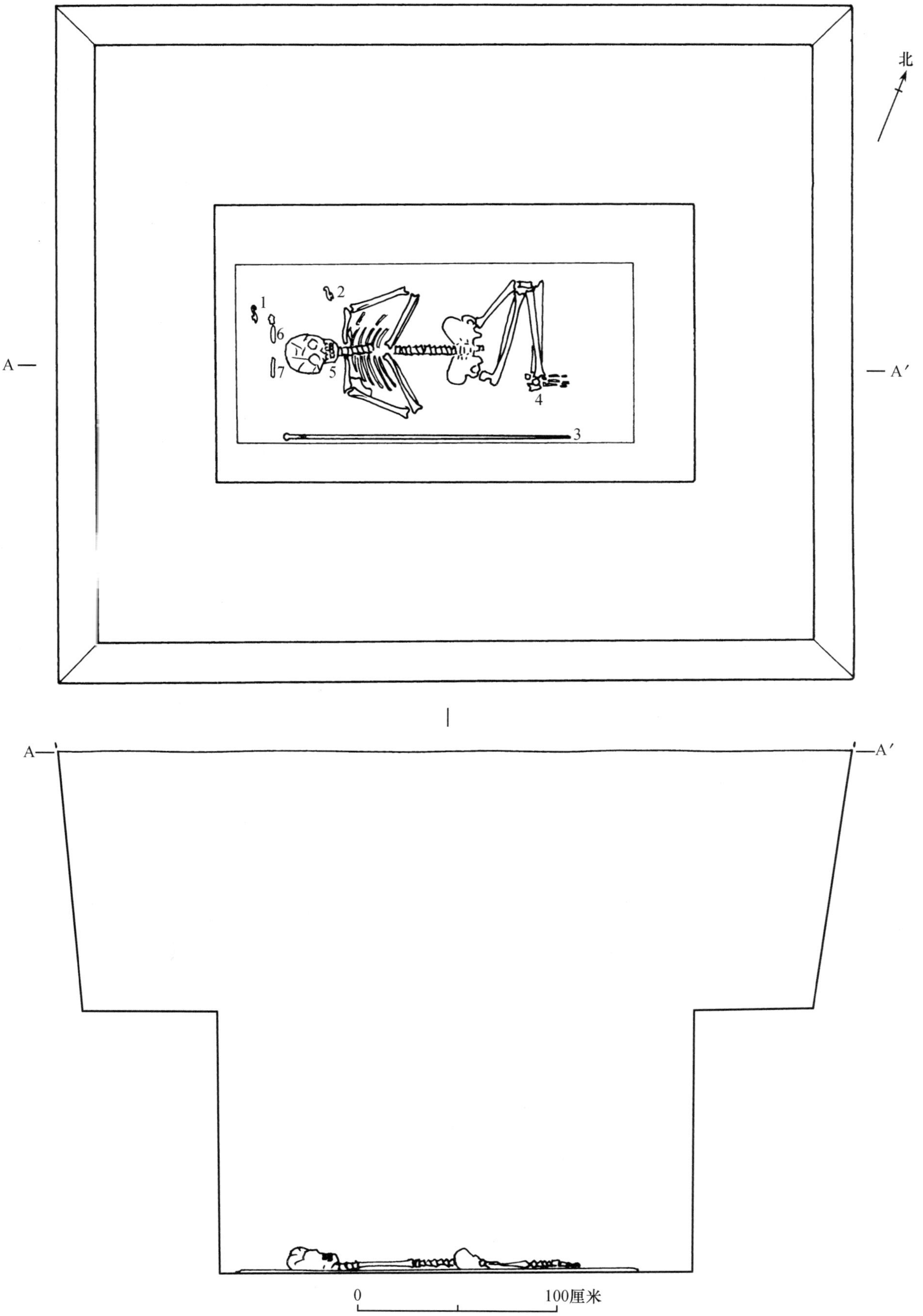

图二九　M16平、剖面图

1、2. 铜带钩　3、4. 铜镦　5. 玉璧　6. 铁器　7. 铁刀残片

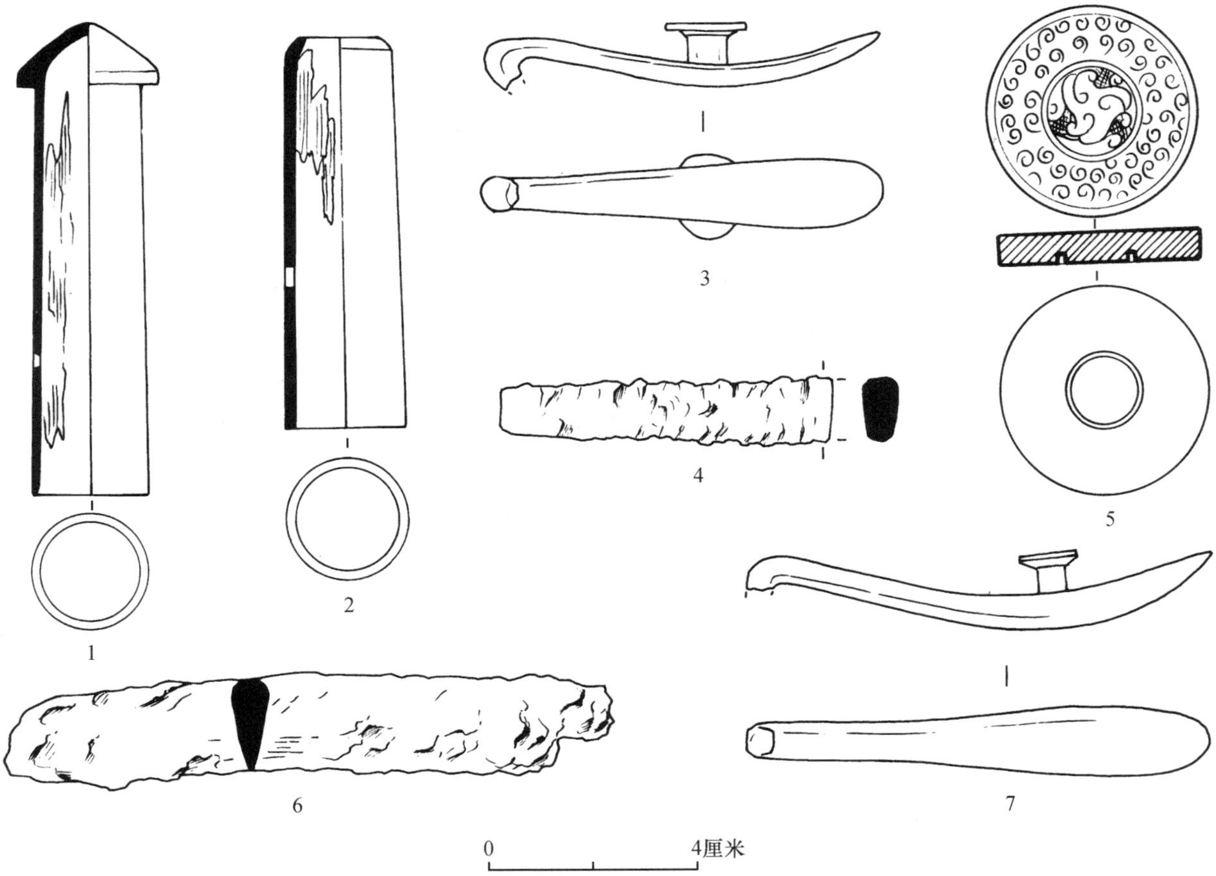

图三〇　M16出土器物

1、2. 铜镦（M16：4、M16：3）　3、7. 铜带钩（M16：2、M16：1）　4. 铁器（M16：6）　5. 玉璧（M16：5）　6. 铁刀残片（M16：7）

M17

1. 墓葬形制

位于发掘区中部，西邻M18，方向70°，由竖穴墓道和土洞墓室两部分组成，东西向，墓道在东，墓室居西（图三一）。

墓道　平面呈梯形，竖穴土坑，口大底小，口长3.2、西宽2.6、东宽2.4、开口距地表0.8、距墓道底3米。墓道东壁距墓底0.8米处有凹字形二层台，南、北两边长1.34、西宽2.2、东宽2.1米。东壁为弧形壁，顶端距东壁0.74米。

封门　未发现封门痕迹。

墓室　位于墓道西壁，拱顶土洞。平面呈长方形，高1.2、宽1、进深1.9米。

葬具葬式　葬具为木棺，棺灰痕明显，西宽东窄，长1.5、西宽0.7、东宽0.6米。棺内东部发现2件随葬器物。

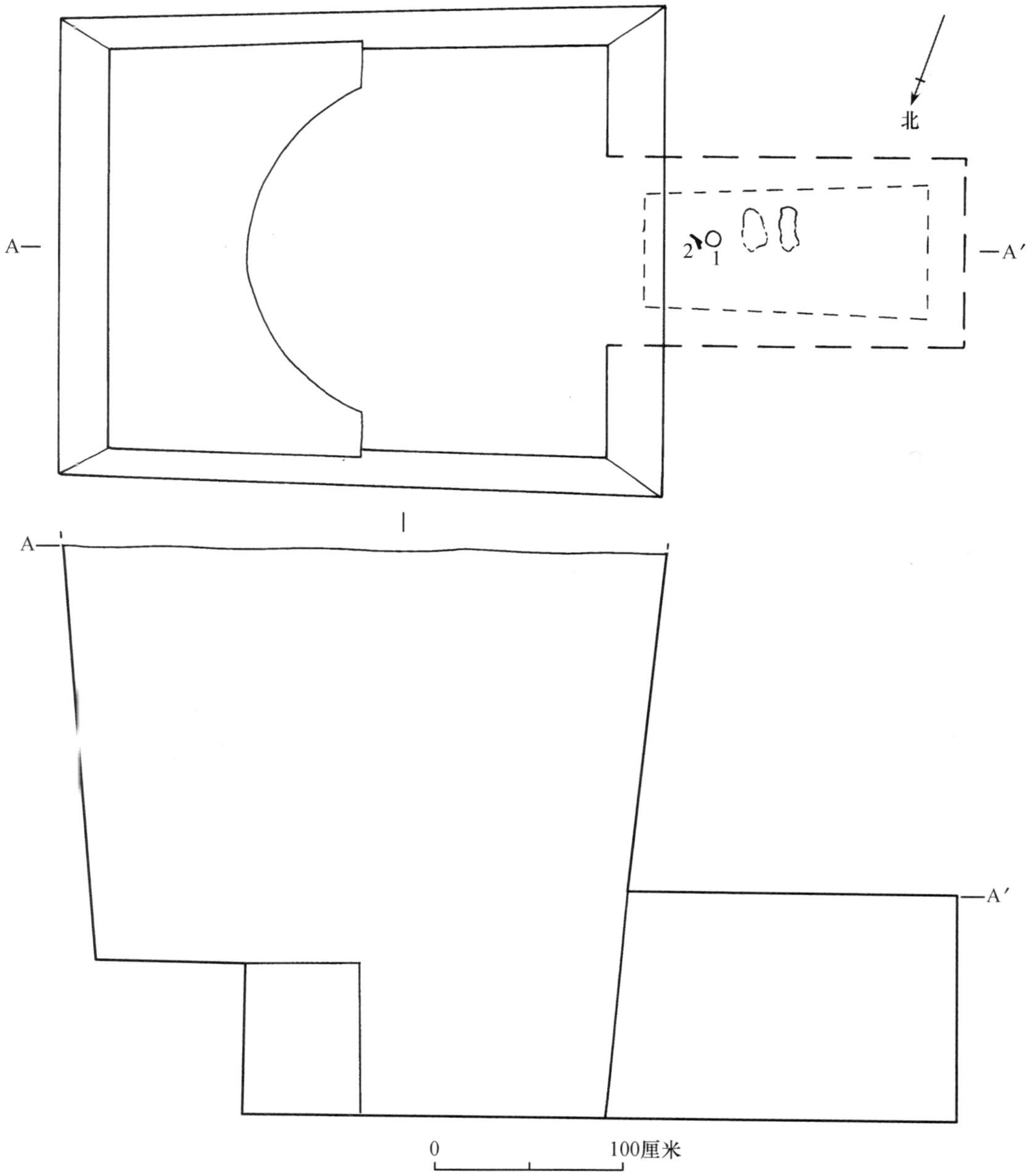

图三一　M17平、剖面图

1. 铜镜　2. 石棒

2. 随葬器物

共2件，铜镜1面，石棒1件。

铜镜　1面。标本M7：1，残。圆形，斜方唇，镜面平，桥形纽，无座。镜面较平。径长9.3、缘厚0.3、肉厚0.1、纽高0.4厘米（图三二，1、2）。

石棒　1件。标本M17：2，残， 修复完整。六棱柱状，质地灰白泛绿。通长7.2、径0.7厘米（图三二，3）。

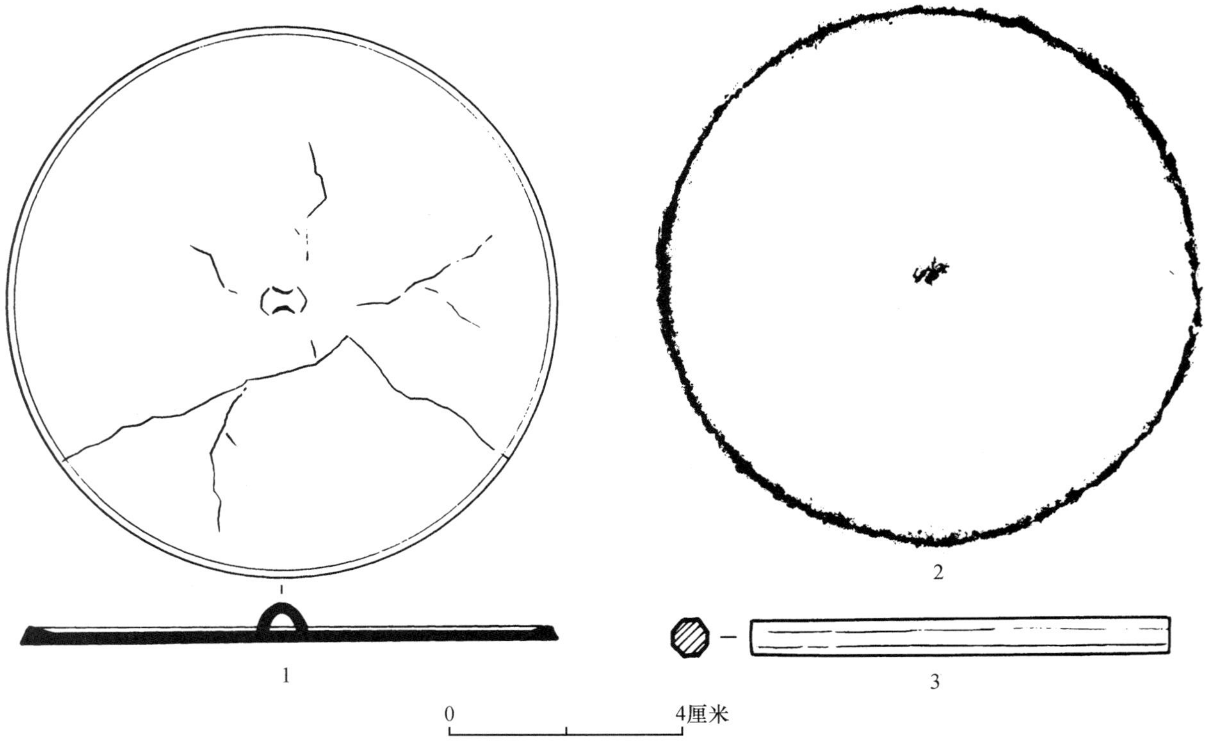

图三二　M17出土器物及铜镜拓片

1. 铜镜（M17：1）　2. 铜镜拓片（M17：1）　3. 石棒（M17：2）

M19A

1. 墓葬形制

位于发掘区中部偏北，西邻M3，东南临M1。M19A墓打破M19B，方向85°，竖穴土圹墓（图三三）。

墓道、墓室　平面呈长方形，竖穴土坑，口大底小，口长2.5、宽2、开口距地表0.7、距墓道底1.7米。四壁收分皆为0.2米。墓室底长2.1、宽1.6米。

葬具葬式　葬具为陶瓮，位于墓室中心偏北。陶瓮倒置，口部向东，顶上覆盖陶盆。陶瓮内部发现1副骨架和6件随葬器物。骨架保存较好，头向东，面向下，仰身屈肢，四肢蜷曲呈蹲坐状，陶瓮南北放置陶盆、陶盒。

2. 随葬器物

共8件。陶瓮棺1件、陶盒1件、陶罐1件、陶直口罐1件，铜镜1面、铜钱3枚，骨塞3件，泥珠1件。

陶瓮棺　1件。标本M19A：8，泥质灰陶，下半部残。方圆唇，侈口，短颈，圆广肩，圆鼓腹较大。口沿上为盖，疑似陶瓮底部。平底，壁斜下，见残断痕迹。瓮腹部饰几周绳纹与锥刺纹，与盖上纹饰相似。盖底内见饰不规则绳纹。残高 50、口径40、腹径96、盖底径48、最宽72厘米（图三四）。

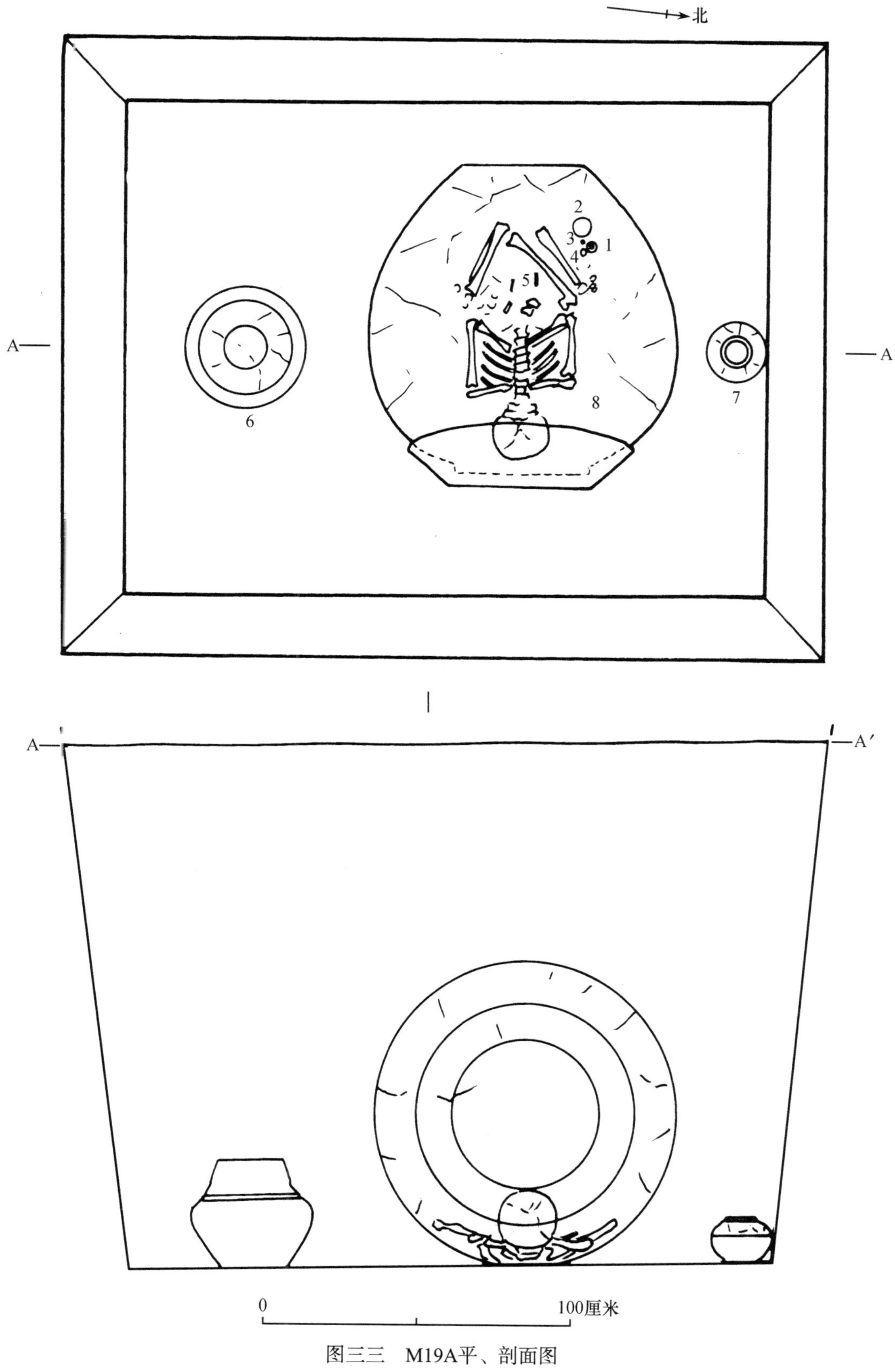

图三三　M19A平、剖面图
1. 直口罐　2. 铜镜　3. 泥珠　4. 铜钱　5. 骨塞　6. 陶罐　7. 陶盒　8. 瓮棺

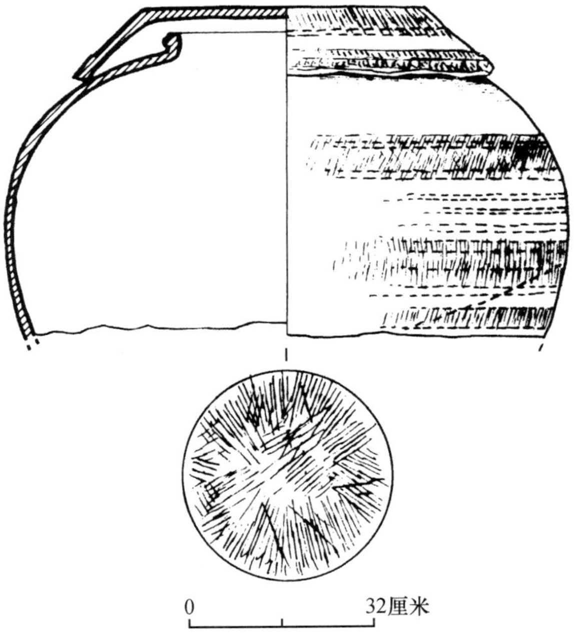

图三四　M19A瓮棺（M19A：8）

陶盒　1件。标本M19A：7，泥质灰陶，完整。碗形盖，方唇，折腹，斜壁，圈足形捉手。盖上可见暗弦纹。器身圆唇，敛口，直沿，弧腹，平底，圈足。腹部见数道凸弦纹。通高15.5、口径17、腹径20、腹深9、底径8.5厘米（图三五，9）。

陶罐　1件。标本M19A：6，泥质灰陶，基本完整。方唇，卷沿，短束颈，圆广肩，上腹较鼓，下腹斜内收，平底。腹部饰有竖绳纹。高30、口径21、腹径35、底径18厘米（图三五，1）。

陶直口罐　1件。标本M19A：1，泥质灰陶，完整。双圆唇，直颈，鼓肩，上腹较直，下腹内收，平底。器身见多道凸弦纹，下腹有明显刀削痕。通高6.1、口径3.4、腹径6.4、底径2.6厘米（图三五，11）。

铜镜　1面。标本M19A：2，纽残，锈蚀较严重。圆形，斜方缘较厚，镜面平，背饰二弦纹。直径10.5、边厚0.2、肉厚0.13厘米（图三五，6）。

铜钱　3枚。表面轻微锈蚀，完整。圆形方孔，不甚规整，文字笔画粗拙。标本M19A：4-1，钱文宽扁，“两”字上横较短，竖划较长。钱径2.8、孔径0.8、厚0.1厘米，重3.14克。标本M19A：4-2，钱文较方，两字中“人”字较长。钱径3、穿径0.7、厚0.1厘米，重3.2克。标本M19A：4-3，“两”字上横较短，“人”字较短。钱径2.8、穿径0.8、厚0.1厘米，重3.14克（图三五，2～4；图版四二，1）。

骨塞　3件。1件较完整，2件残。按形状可分为八棱柱状、圆柱状。标本M19A：5-1，八棱柱状，上部略有残缺，底较平，一端渐细。通体漆黑有光泽。残长6.8、径1厘米（图三五，5）。标本M19A：5-2，较残（图三五，7）。标本M19A：5-3，两端粗，中部细。表面有红色颜料痕迹。长5.3、粗径1.3厘米（图三五，10）。

泥珠　1件。标本M19A：3，较完整。圆饼状，中部有一穿孔，孔中部细。径长2.6、孔径0.5、厚0.9厘米（图三五，8）。

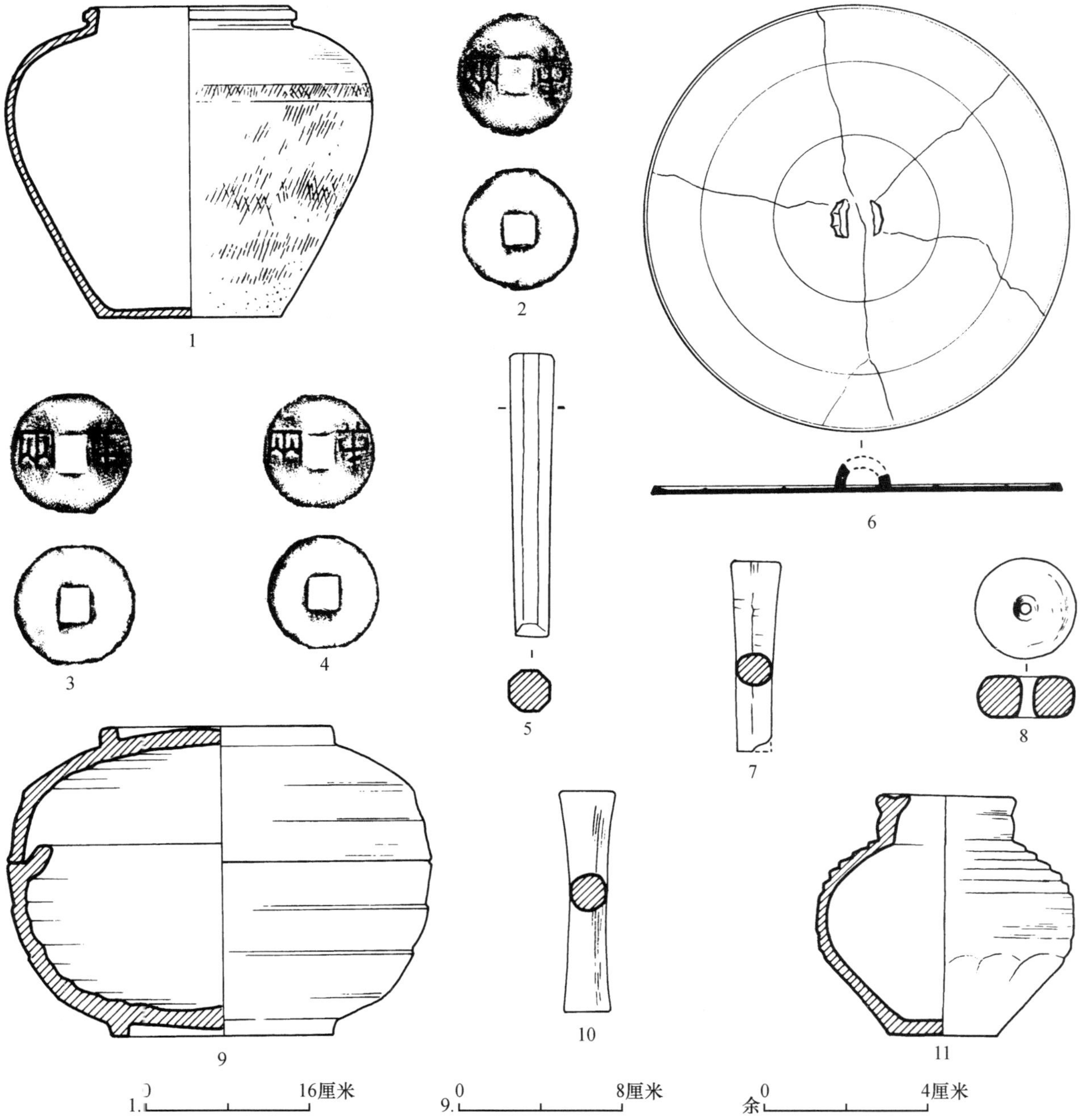

图三五　M19A出土器物

1. 陶罐（M19A：6）　2～4. 铜钱（M19A：4-1、M19A：4-2、M19A：4-3）　5、7、10. 骨塞（M19A：5-1、M19A：5-2、M19A：5-3）　6. 铜镜（M19A：2）　8. 泥珠（M19A：3）　9. 陶盒（M19A：7）　11. 陶直口罐（M19A：1）

M19B

1. 墓葬形制

位于发掘区中部偏北，西邻M3，东南邻M1。方向85°，由竖穴墓道和土洞墓室组成，东西向，墓道在东，墓室居西。被M19A打破（图三六）。

墓道　平面呈长方形，竖穴土坑，口大底小，口长4.43、宽3、开口距地表0.7、距二层台3.2、距墓道底3.4米。墓道东壁距墓道底0.2米处，有二层台，南、北两壁长1.5、宽2.4米，西边为半圆形弧壁。二层台上墓道东壁收分为0.3米，南、西、北三壁（至墓底）收分为0.36米。墓道底最长3.2、宽2.3米。

封门　未发现封门痕迹。

墓室　位于墓道西壁，拱顶土洞，部分坍塌。平面呈长方形，高1.2、宽1.1、进深2.5米。墓室东南部有一方形小龛，龛内置两件陶器。

葬具葬式　葬具为木棺，棺灰痕长方形，长1.86、宽0.7米。棺灰见置1副骨架，保存较好，仰

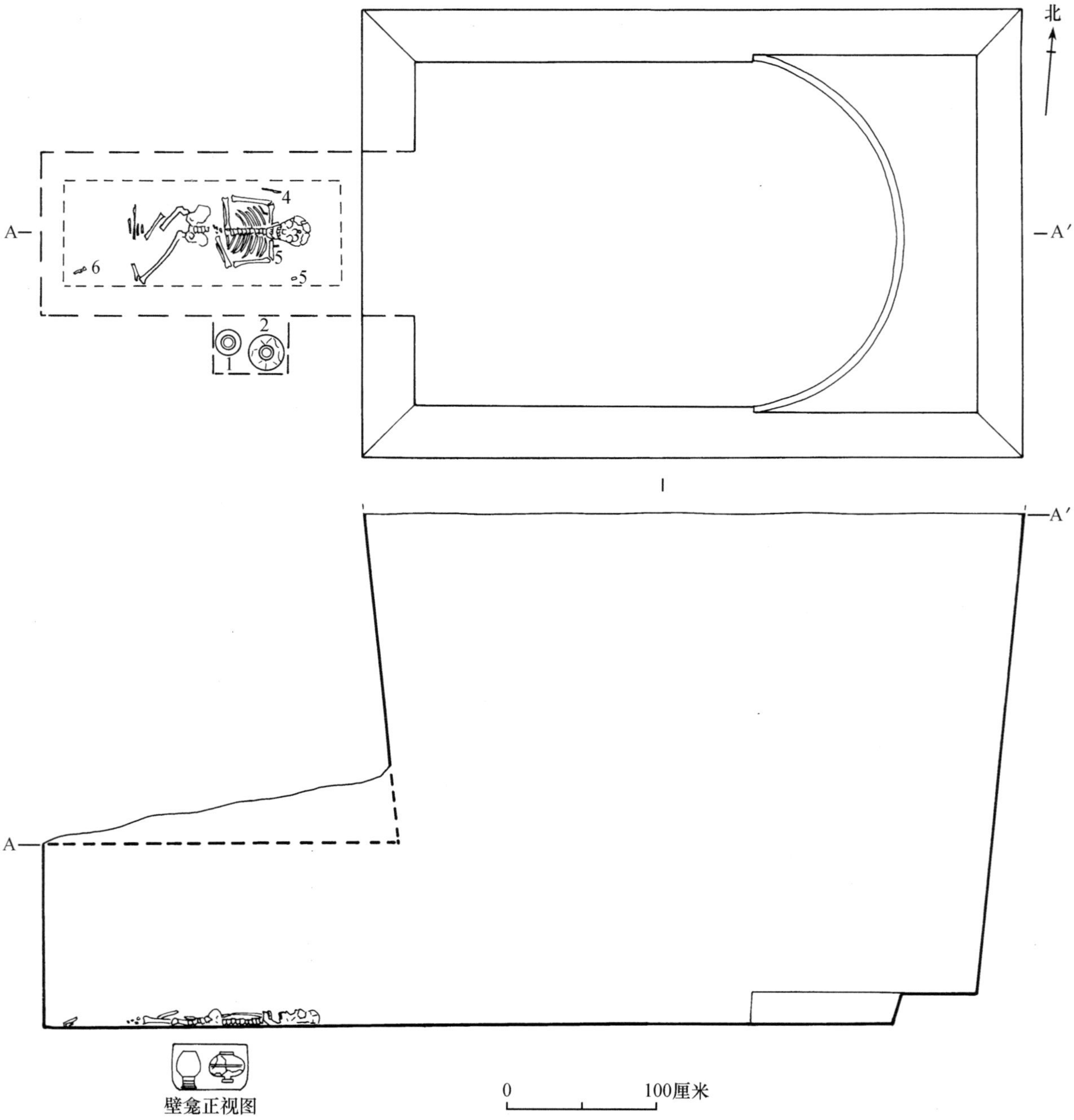

图三六　M19B平、剖面图

1、2. 陶壶　3. 玉饰　4. 铁器　5. 铜管饰　6. 铜带钩

身屈肢，头向东，面向上，双手放于腹部，两腿弯曲不明显。头骨部位、右肩、左肩上部、棺内西南发现其他随葬器物。

2. 随葬器物

共6件　陶壶2件，铜带钩1件、铜管饰1件，铁器1件，玉饰1件。

陶壶　2件。泥质灰陶，修复完整。标本M19B：1，盖平顶，斜腹。器身斜方唇，侈口，长直颈，斜肩，上腹较直，下部斜直内收，平底。颈部见几周凸弦纹，腹下部见两道凹弦纹。通高25、口径11.2、腹径16.6、底径7.8厘米（图三七，3）。标本M19B：2，尖圆唇，平沿内凹，短束颈，斜肩，圆鼓腹，假圆足较低。颈、腹部见数圈凹弦纹。通高23.6、口径7.2、腹径20.4、底径10.2厘米（图三七，1）。

铜带钩　1件。标本M19B：6，表面轻微锈蚀，基本完整。兽琵琶形。背弯曲，面较宽，圆弧状尾，纽近中部，圆扣形纽较大，纽柱较长。钩腹以银错“H”与“◇”重叠纹饰，中部由点状饰填充。钩首部也有错银纹饰。通长7.8、腹宽1.6、纽高1、纽径1.4厘米（图三七，6；图版三六，1）。

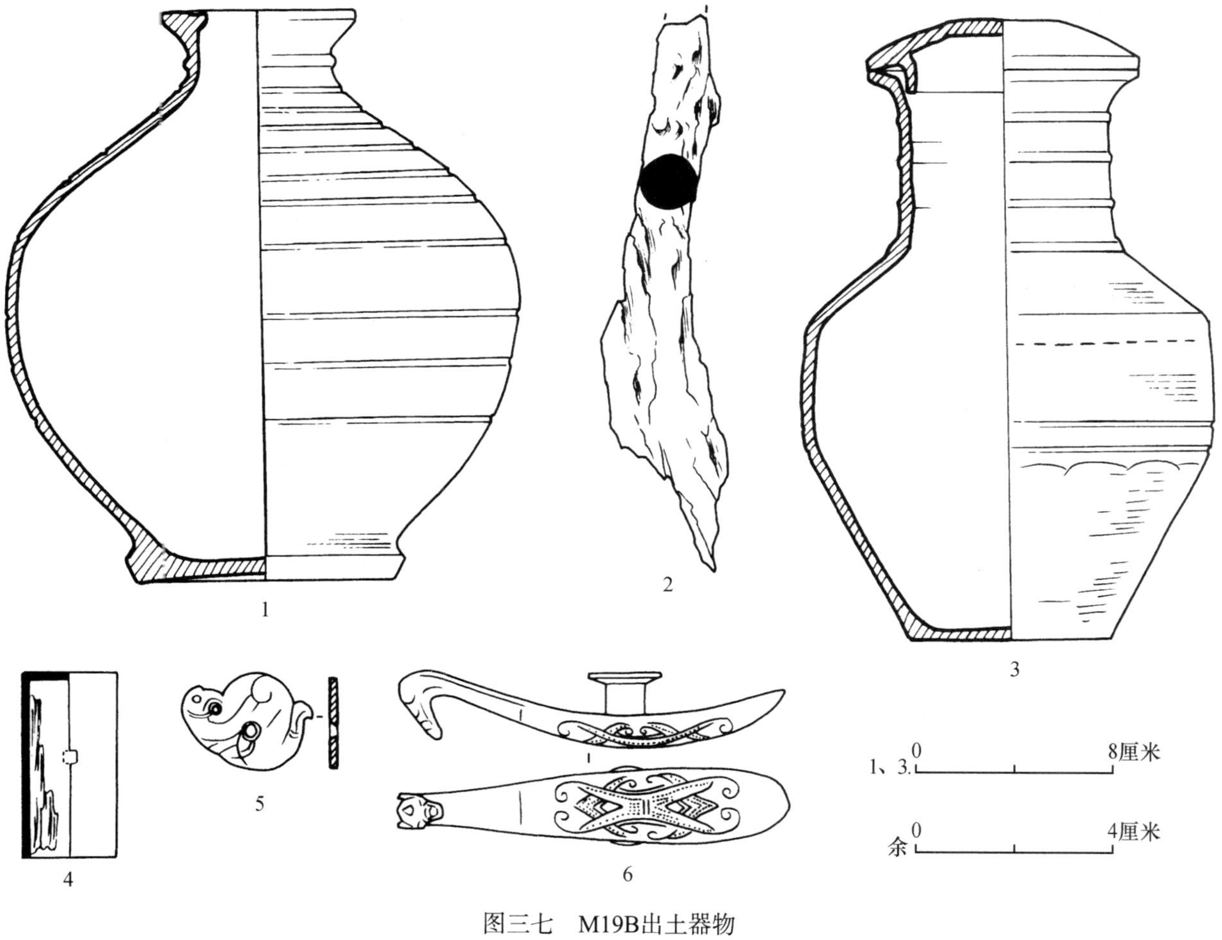

图三七　M19B出土器物

1、3. 陶壶（M19B：2、M19B：1）　2. 铁器（M19B：4）　4. 铜管饰（M19B：5）　5. 玉饰（M19B：3）　6. 铜带钩（M19B：6）

铜管饰　2件。表面轻微锈蚀。大小形制相同，基本完整。标本M19B：5，圆柱状，中空，下端开口，平口圆銎，靠上部有一对不规则小方孔。出土时内壁残存朽木痕迹。用途不详。高3.1、口径1.7、壁厚0.13厘米（图三七，4）。

铁器　1件。标本M19B：4，表面锈蚀严重，残成3段。长条状，背部弯曲，正面较宽。似带钩，无首，无纽。残长10.5、宽1.2厘米（图三七，2）。

玉饰　1件。石质，残。标本M19B：3，薄片状，似为兽头。残长1.9、宽2.4、厚0.2厘米（图三七，5；图版三三，2）。

M20

1. 墓葬形制

位于发掘区南部，西邻M17，东邻M21。方向80°，由竖穴墓道和土洞墓室组成，东西向，墓道在东，墓室居西（图三八）。

墓道　平面呈长方形，竖穴土坑，口大底小，口长2.7、宽1.9、开口距地表1、距墓道底2.4米。四壁收分均为0.2米。墓道底长2.3、宽1.5米。

封门　未发现封门痕迹。

墓室　位于墓道西壁，土洞拱顶。平面呈长方形，宽0.9、高1.2、进深1.8米。

葬具葬式　葬具为木棺，棺灰痕长方形，长1.4、宽0.7米。葬式不明，但可看出头向东，似为侧身。棺内发现1件陶纺轮。

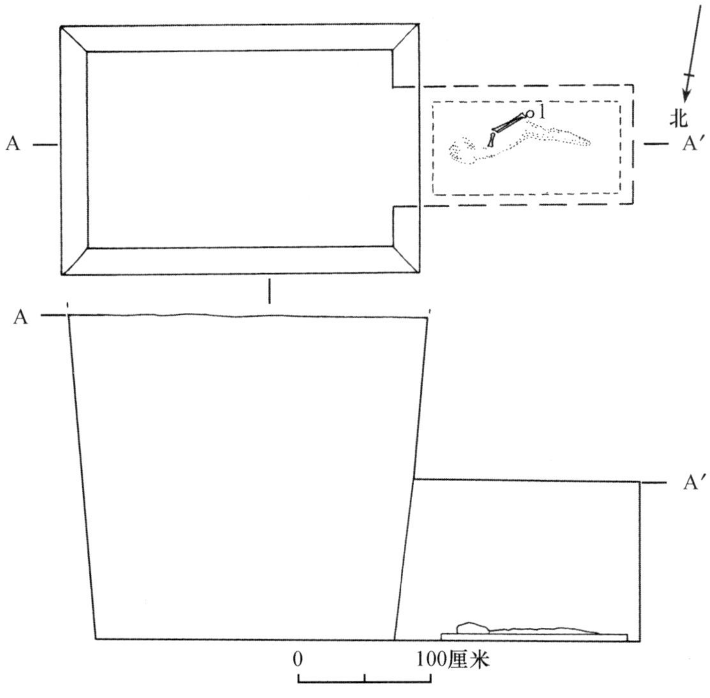

图三八　M20平、剖面图

1. 陶纺轮

2. 随葬器物

陶纺轮　1件。标本M20：1，泥质灰陶，基本完整。圆饼状，中部较厚，四周较薄，中间有一穿孔，制作较粗糙。直径5、高1.9、孔径0.8厘米（图三九）。

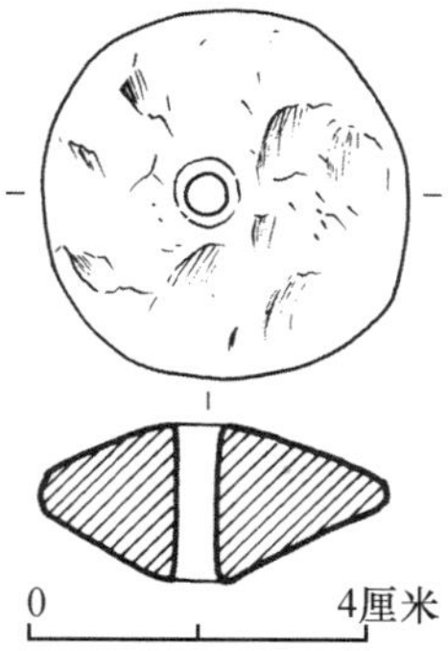

图三九　M20出土陶纺轮（M20：1）

M21

1. 墓葬形制

位于发掘区中部偏南，M22之西。方向175°，由竖穴墓道和土洞墓室两部分组成，南北向，墓道在南，墓室居北（图四〇；图版五，2）。

墓道　平面呈梯形，竖穴土坑，口大底小。口长3.7、北宽2.8、南宽3、开口距地表1.1、距墓底3.2米。四壁收分均为0.3米。墓道底长3.1、北宽2.2、南宽2.4米。

封门　墓室口部有宽1.2、厚0.1、高1.4米木质痕迹，发掘时可见部分朽木残迹，应为木质封门。

墓室　位于墓道北壁，拱顶土洞，部分塌方。平面呈长方形，高1.2、宽1、进深2.3米。

葬具葬式　葬具为木棺，棺灰痕长方形，长1.6、宽0.6米，内见1副骨架，保存较好，头向北，面向上，仰身屈肢。头骨右部有1件铜质发簪，发簪下有1件料珠。

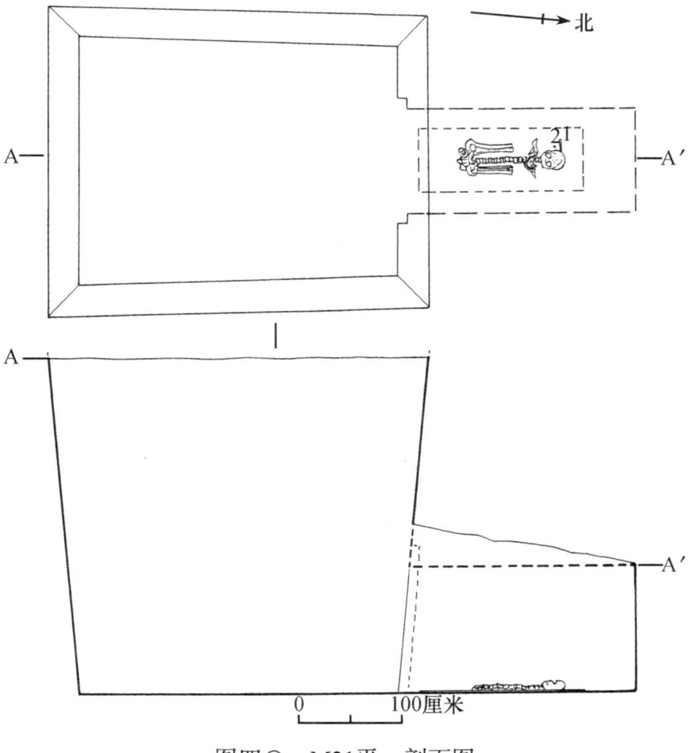

图四〇　M21平、剖面图

1. 铜簪　2. 料珠

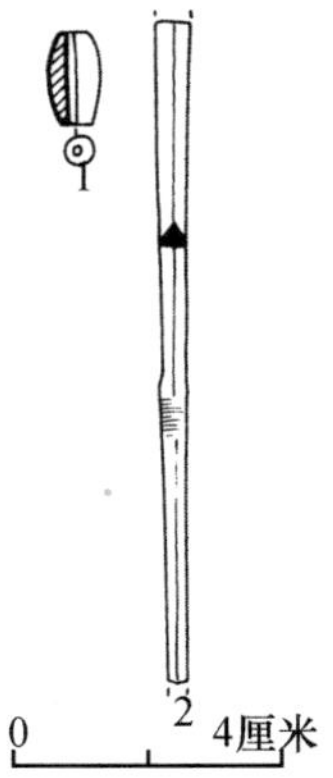

图四一　M21出土器物
1. 料珠（M21：2）　2. 铜簪（M21：1）

2. 随葬器物

共2件　铜簪1件，料珠1件。

铜簪　1件。标本M21：1，残。细长三棱锥状，一端渐细，残长9.75、径0.2～0.6厘米（图四一，2）。

料珠　1件。标本M21：2，基本完整。米粒状，中部粗两端渐细，中有穿孔。修饰平整，通体黑色，有光泽。长1.4、孔径0.2厘米（图四一，1）。

M22

1. 墓葬形制

位于发掘区中部偏南，西邻M21，东邻M24。方向175°，由竖穴墓道和土洞墓室组成，南北向，墓道在南，墓室在北（图四二；图版六，1）。

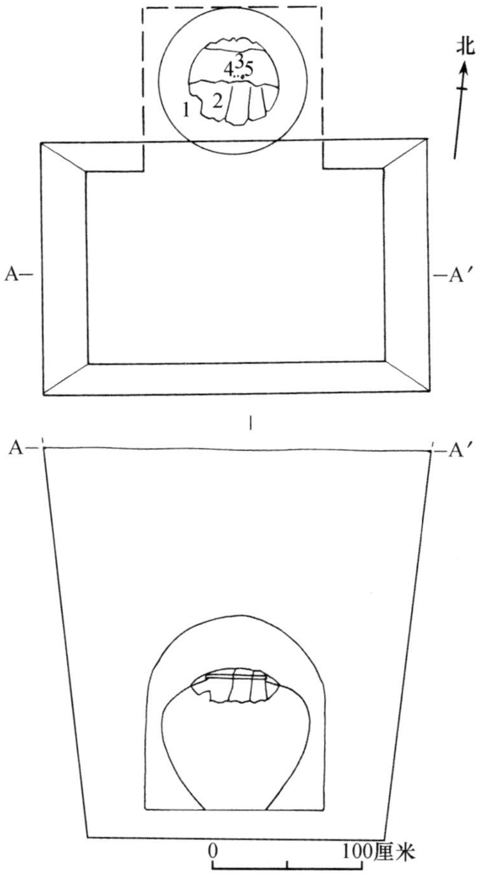

图四二　M22平、剖面图
1. 瓮棺　2. 棺盖　3、4. 陶串珠　5. 小陶壶

墓道　平面呈长方形，竖穴土坑，口大底小，长2.6、宽1.6、开口距地表1、距墓底2.6米。南北两壁收分为0.2、东西两壁收分0.3米。墓道底长2、宽1.3米。

封门　未见封门遗迹。

墓室　位于墓道北壁，拱顶土洞。平面呈长方形。宽1.2、高1.3、进深1.1米，墓室高出墓道0.2米。

葬具葬式　葬具为瓮棺，位于墓室北壁。高0.9、腹径1、口径0.4米。瓮内骨架成粉状，头向、葬式不详。棺内出土有小陶壶1件和陶串珠2件。

2. 随葬器物

共5件　陶瓮棺1件、小陶壶1件、陶串珠2件。

陶瓮棺　1件。标本M22：1，泥质灰陶，完整。方唇内凹，侈口。短束颈，圆广肩，圆鼓腹较大，下腹弧冈收，平底。肩部见一圈凹弦纹，腹部见五段绳纹及锥刺纹。瓮棺高90、腹径100、口径40厘米（图四三，1）。标本M22：2，翁棺盖，残损严重，无法修复。

小陶壶　1件。标本M22：5，泥质红陶，基本完整。方唇，平沿，直口，弧颈，折肩，上腹斜直，下腹折内收，平底。上腹饰有两圈凹弦纹。 通高2、口径0.9、腹径2.6、底径1厘米（图四三，4）。

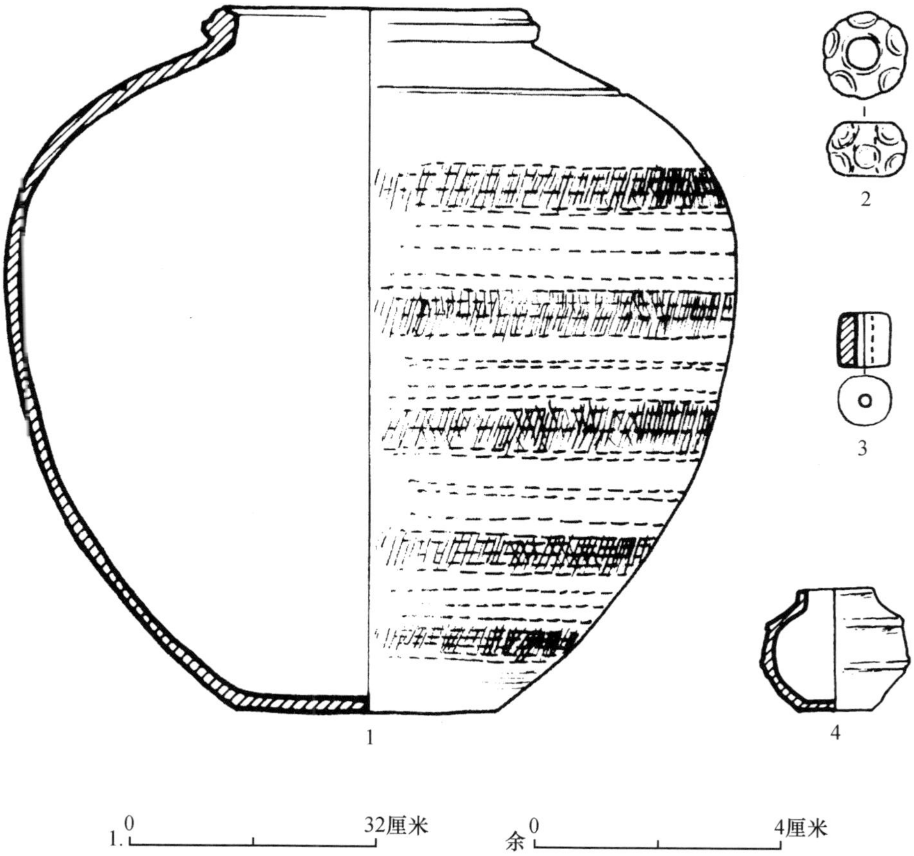

图四三　M22出土器物

1. 陶瓮棺（M22：1）　2、3. 陶串珠（M22：4、M22：3）　4. 小陶壶（M22：5）

陶串珠　2件。泥质红陶，较完整。标本M22：4，扁圆形，上下较平，中间有较大穿孔。外表饰扁平状圆形乳突，乳突之间有绿色小圆点相连。高0.7、直径1.3、孔径0.65厘米（图四三，2）。标本M22：3，石质，基本完整。圆柱状，中有穿孔。灰白色，天蓝色底。高0.9、径长0.65、孔径0.23厘米（图四三，3）。

M24

1. 墓葬形制

位于发掘区中部偏南，西邻M22。方向170°，由竖穴墓道和土洞墓室组成，南北向，墓道在南，墓室居北（图四四；图版六，2）。

墓道　平面呈长方形，竖穴土坑，口大底小，口长3.5、宽2.6、开口距地表1、距墓道底3.1米。南北两壁收分均为0.45米，东西两壁收分0.4米。墓道底长2.7、宽1.7米。

封门　未见封门痕迹。

墓室　位于墓道北壁，土洞拱顶，部分坍塌。平面呈长方形，宽2.1、高0.8、进深0.9米。

葬具葬式　葬具为木棺，棺灰痕迹明显，略低于墓室底0.04米，长方形，长1.9、宽0.6米，内发现1副骨架，保存较好，头西向，面上，仰身屈肢，右臂向上弯曲放于胸前，左臂自然下垂直至胯骨处。左腿膝盖处有1件玉璧。

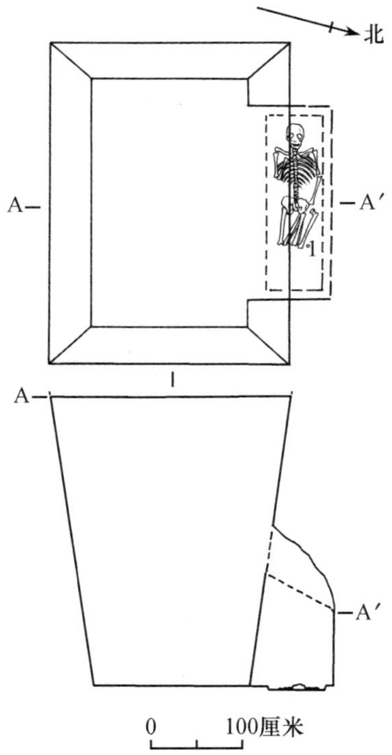

图四四　M24平、剖面图

1. 玉璧

2. 随葬器物

玉璧　1件。标本M24：1，石质，基本完整。圆形，缘方厚，中部一孔。墨绿色，玉质较差。径4、厚0.7、孔上径1.8、孔下径1.4厘米（图四五；图版三四，1）。

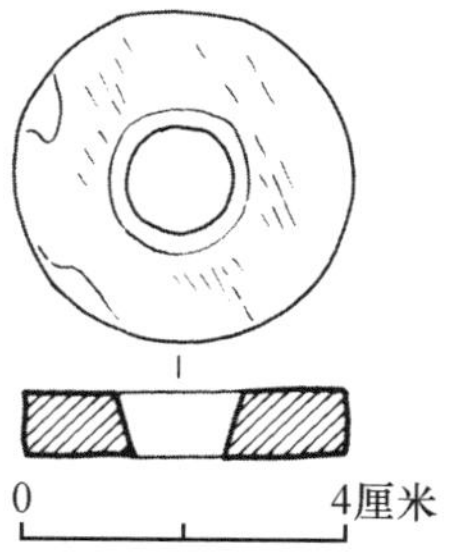

图四五　M24出土玉璧（M24：1）

M25

1. 墓葬形制

位于发掘区东部偏南，M24之东。方向83°，由长方形竖穴墓道和两个土洞墓室组成，东西向，墓室位于墓道东、西两侧（图四六；图版七，1）。

墓道　平面呈长方形，竖穴土坑，口大底小，口长2.45、宽2.28、开口距地表1.3、距墓底1.5米。四壁收分皆为0.4米。墓道底长1.7、宽1.5米。

封门　未见封门遗迹。

墓室　位于墓道东西两侧，均为拱顶土洞，平面呈长方形。西墓室，高1.07、宽0.98、进深1.6米。东墓室，高1.07、宽0.98、进深1.6米。

葬具葬式　葬具均为木棺，灰痕平面长方形。西木棺长1.2、宽0.6米。内发现1副骨架，保存较好，头向东，面向上，仰身屈肢，下肢向南弯曲。东木棺，长1.2、宽0.6米。内发现1副骨架，保存较好，头向西，面向上，仰身屈肢，双膝向南弯曲。除棺灰、骨架外两墓室内无其他明显遗迹。

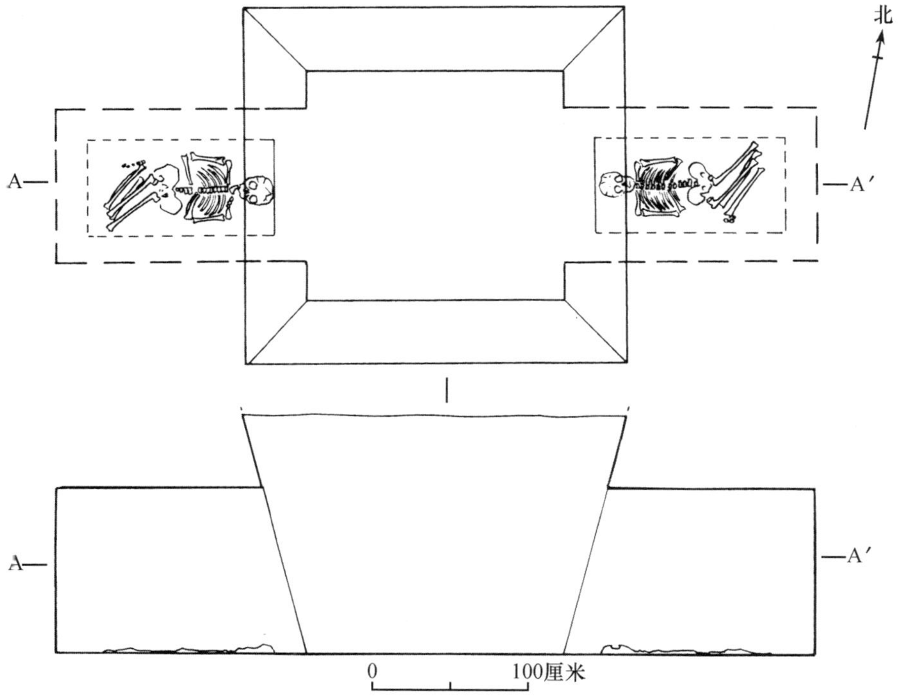

图四六　M25平、剖面图

2. 随葬器物

墓道、墓室未见随葬器物。

M26

1. 墓葬形制

位于发掘区东部，东邻M27。方向170°，由竖穴墓道和土洞墓室组成，南北向，墓道在南，墓室居北（图四七）。

墓道　平面呈梯形，竖穴土坑，口大底小，口长3.6、南宽2.5、北宽2.7米，开口距地表1、距墓底2.2米，墓道底长3、宽1.8～2米。四壁收分皆为0.3米。

封门　未见封门遗迹。

墓室　位于墓道北壁，拱顶土洞。平面呈长方形，宽1.2、高1.5、进深1.9米。

葬具葬式 葬具为木棺，棺灰痕长方形，长1.6、宽0.78米。棺内发现1副骨架，保存较好，头北面西，侧身屈肢，双臂置于胸前，下肢向东弯曲。除棺灰、骨架外，无其他明显遗迹。

2. 随葬器物

墓道、墓室未见随葬器物。

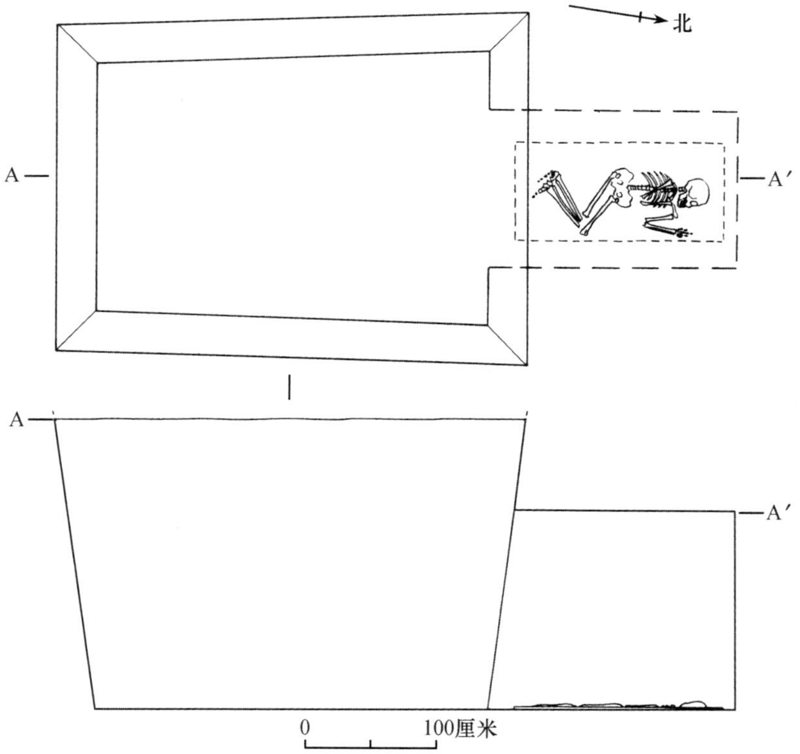

图四七　M26平、剖面图

M27

1. 墓葬形制

位于发掘区东部偏北，M26之东。方向170°，由竖穴墓道和土洞墓室组成，南北向，墓道在南，墓室居北（图四八）。

墓道　平面呈长方形，竖穴土坑，口大底小，口长4.1、宽3、开口距地表1、距墓道底3.3米。四壁收分皆为0.4米。墓道底长3.3、宽2.2米。墓道西北角置1件随葬陶器。

封门　未发现封门痕迹。

墓室　位于墓道北壁，拱顶土洞，部分坍塌。平面呈长方形，宽1.1、高1.14、进深1.6米。墓室高出墓道0.08米。

葬具葬式　葬具为木棺，棺灰痕长方形，长1.3、宽0.85米。棺内1副骨架，头北面东，屈肢葬，下肢向西弯曲。

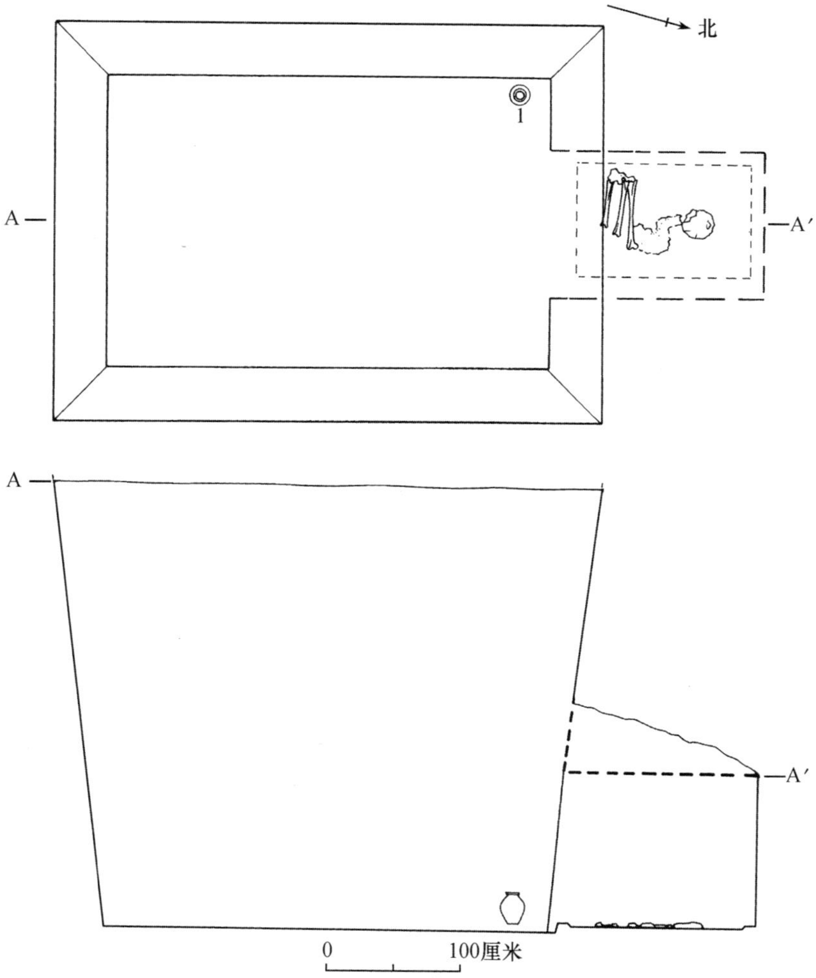

图四八　M27平、剖面图

1. 陶壶

2. 随葬器物

陶壶　1件。标本M27：1，泥质灰陶，修复完整。方唇侈口，双唇，长颈，斜肩，长鼓腹，平底。颈、肩、腹部见数周3道凹弦纹。通高22、口径10、腹径16、底径8厘米（图四九）。

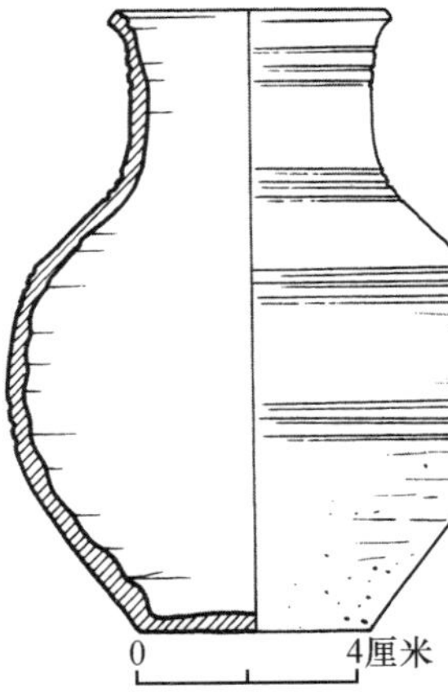

图四九　M27出土陶壶（M27：1）

M29

1. 墓葬形制

位于发掘区东部偏北，M27之东。方向175°，由竖穴墓道和土洞墓室组成，南北向，墓道在南，墓室居北（图五〇；图版七，2）。

墓道　平面呈长方形，竖穴土坑，口大底小，口长3.9、宽3.1、开口距地表0.6、距墓底3.7米。南、北两壁收分0.6米，东西收分0.5米。墓道底长2.7、宽2.1米。

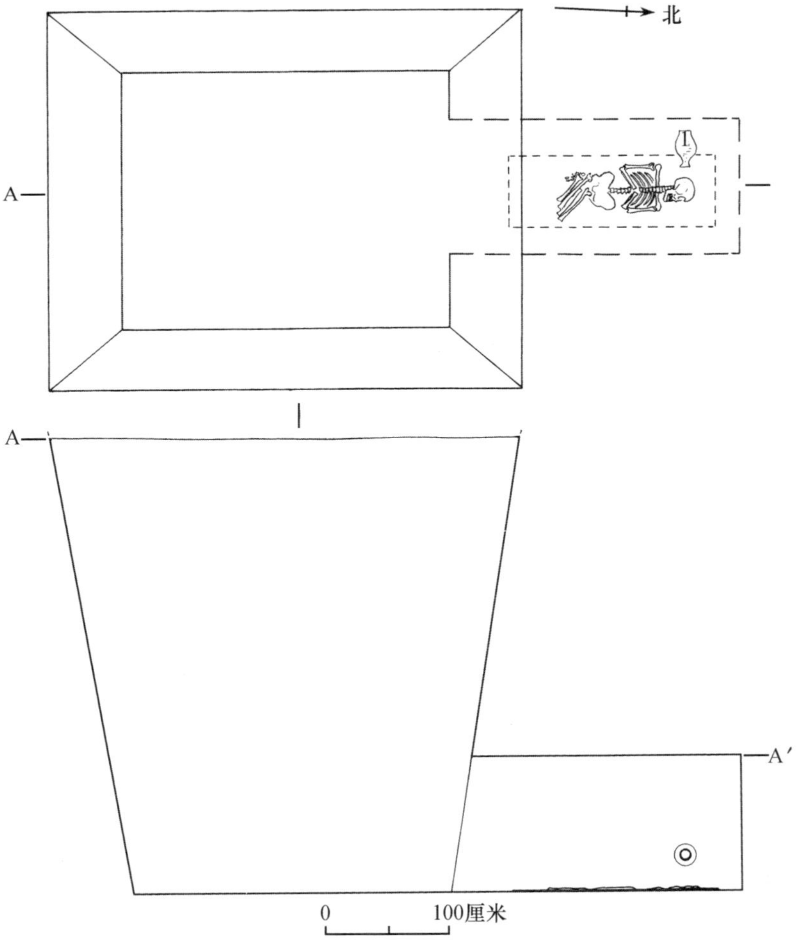

图五〇　M29平、剖面图

1. 陶壶

封门　未见有封门痕迹。

墓室　位于墓道北壁，拱顶土洞，壁面部分坍塌。平面呈长方形，宽 1.1、高1.1、进深2.4米。

葬具葬式　葬具为木棺，棺灰痕长方形，长1.7、宽0.6米，棺内见1副骨架，保存较好，头北面东，仰身屈肢，下肢向东弯曲，墓室西北发现1件陶器。

2. 随葬器物

陶壶　1件。标本M29：1，泥质灰陶，基本完整。方唇，斜沿，侈口，溜肩，长鼓腹，平底。腹部见3周凹弦纹。通高22、口径9.5、腹径14、底径8.5厘米（图五一）。

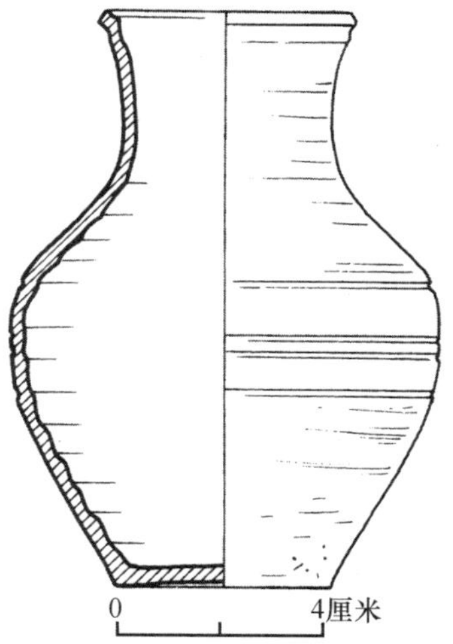

图五一　M29出土陶壶（M29：1）

M30

1. 墓葬形制

位于发掘区东部，M29之南。方向265°，长方形竖穴土圹墓，东西向（图五二；图版八，1）。

墓道、墓室　平面呈长方形，竖穴土坑，口大底小，口长4、宽3.6、开口距地表0.7、距二层台3.1、距墓底4.4米。开口东边被扰土破坏，墓道底部有二层台，西、北、南三壁收分为0.4米，东壁被扰土破坏。二层台垂直于墓底，南北宽0.7、西宽0.44、东宽0.4、高1.3米。墓室底长2.64、宽1.4米。西北角处见随葬陶器。

葬具葬式　葬具为木棺，棺灰痕略低于墓底，长方形，长2、宽0.85米，棺内见1副骨架，保存较好，头西面上，仰身屈肢，双手置于胸前，下肢向北稍弯曲。棺内南部有1件带钩。

2. 随葬器物

共4件，陶鼎1件、陶盒1件、陶壶1件（图版二〇，2），铜带钩1件。

陶鼎　1件。标本M30：2，泥质灰陶，基本完整。覆钵形盖，平顶，弧壁，浅腹，扁棱“L”形纽。盖下腹见凹弦纹。器身方唇，直口，上腹高直，附两方形外撇耳，下腹斜收，圜底，蹄足外凹。通高18、口径18、腹径20.5、腹深9.5、足高6厘米（图五三，3）。

陶盒　1件。标本M30：4，泥质灰陶，修复完整。碗形盖，方唇，弧壁，浅腹，圈足捉手。盖上可见暗弦纹。器身方唇，敛口，深腹，子母扣，圈足平底。腹部饰有两道较凸弦纹。通高15.5、口径17.5、腹径20、腹深9.5、足高0.5厘米（图五三，2）。

陶壶　1件。标本M30：3，泥质灰陶，完整。覆钵形盖，平顶，弧腹，子母口。器身方唇，侈口，平沿，束颈，溜肩，鼓腹，下腹内收，平底圈足。肩、腹部见3周凸弦纹，凸弦纹之间为波浪

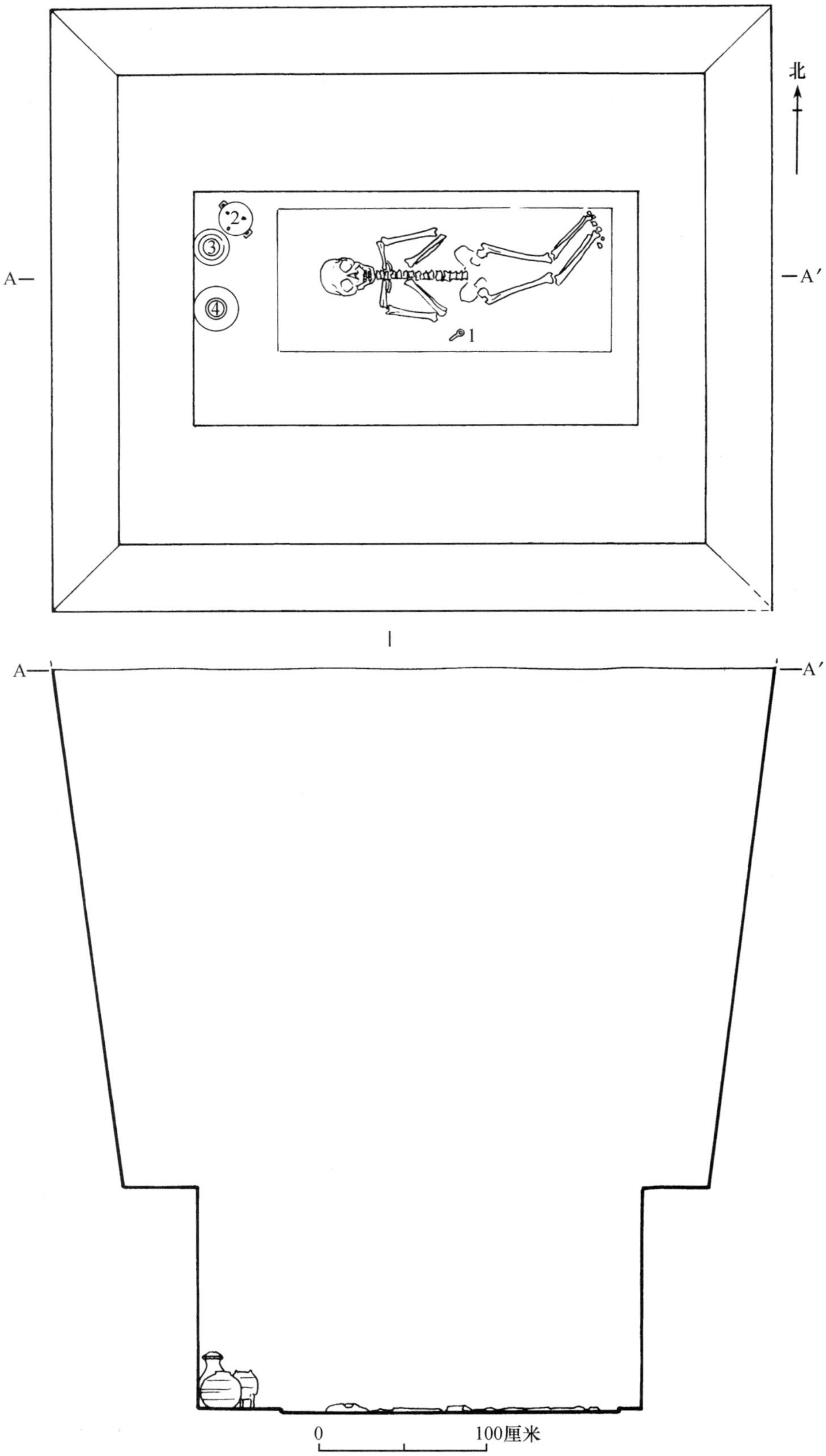

图五二　M30平、剖面图

1. 铜带钩　2. 陶鼎　3. 陶壶　4. 陶盒

状锯齿纹。通高28.5、口径12、腹径20、底径11.5、足高1.5厘米（图五三，1）。

铜带钩　1件。标本M30：1，表面轻微锈蚀，基本完整。剖面琵琶状。兽头形钩首，钩身细长，尾圆形，上饰外卷云纹、中菱纹饰。圆扣形纽较大，纽柱较长。通长7.4、腹宽3.4、纽径1.85、纽高1.2厘米（图五三，4；图版三六，2）。

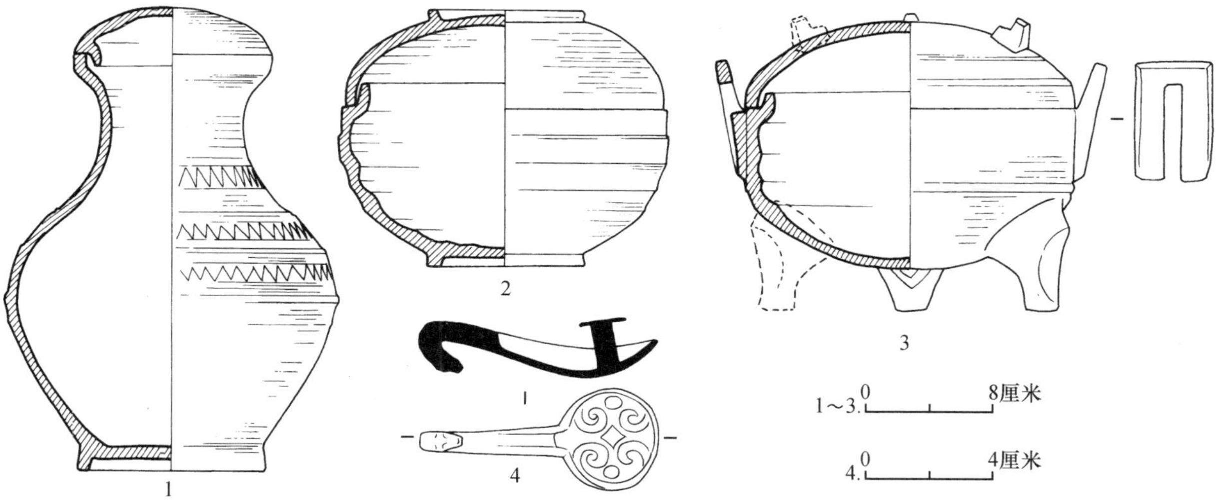

图五三　M30出土器物

1. 陶壶（M30：3）　2. 陶盒（M30：4）　3. 陶鼎（M30：2）　4. 铜带钩（M30：1）

M31

1. 墓葬形制

位于发掘区东南部，M33之南，M32之西。方向265°，长方形竖穴土坑墓，东西向（图五四）。

墓道、墓室　平面呈长方形，竖穴土坑，口大底小，口长2.1、宽1.4、开口距地表1.3、距二层台0.5、距墓室底1米。墓道下部生土二层台宽0.3、高0.5米。四壁收分皆为0.1米。墓室底长1.3、宽0.6米。墓室底西壁见随葬陶器。

葬具葬式　葬具为木棺，棺灰痕长方形，长0.9、宽0.4米，棺内见1副骨架，保存较好，头向西，侧身屈肢，双膝向南弯曲。

2. 随葬器物

共2件，陶茧形壶1件、陶壶1件（图版二一，1）。

陶茧形壶　1件。标本M31：2，泥质灰陶，底部残。方唇，平折沿，侈口，高领束颈，圆鼓腹，两头脚尖，高圈足。颈部见三周凸弦纹，器身饰数周凹弦纹，三道为一组。足部饰数圈凹弦纹。通高28.2、口径8.4、长腹径29.6、底径11.4、足高1.8厘米（图五五，1；图版二九，1）。

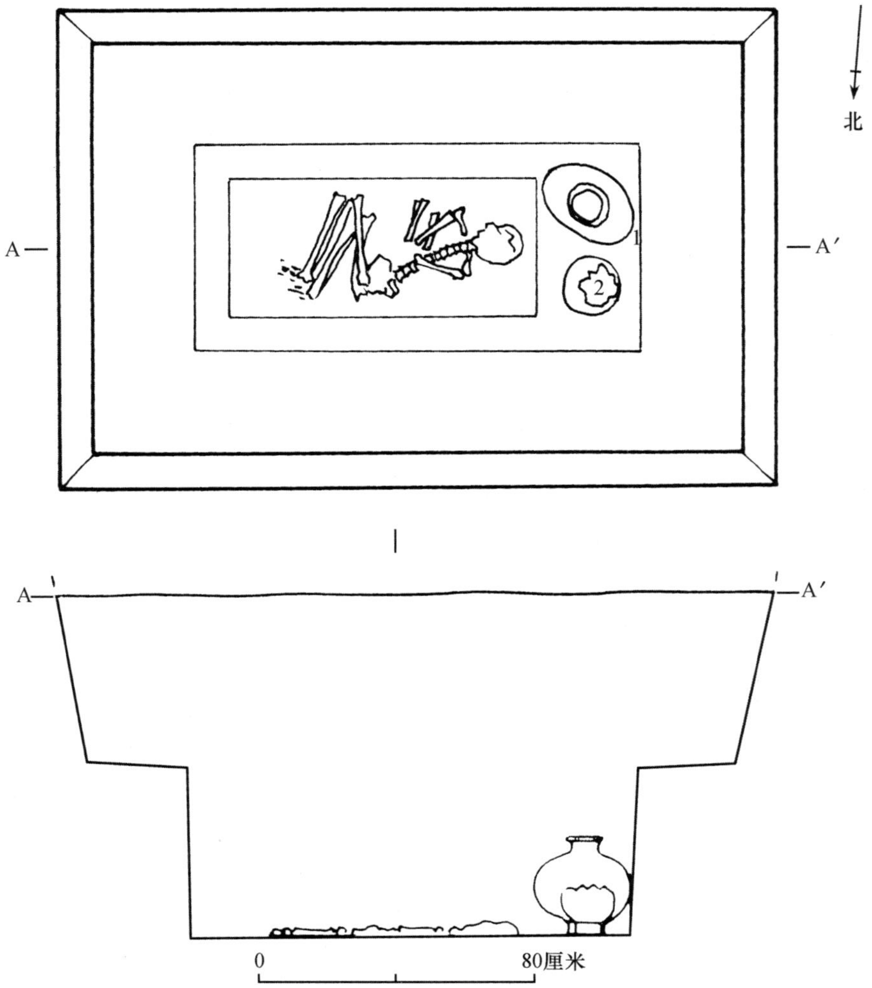

图五四　M31平、剖面图

1. 陶壶　2. 茧形壶

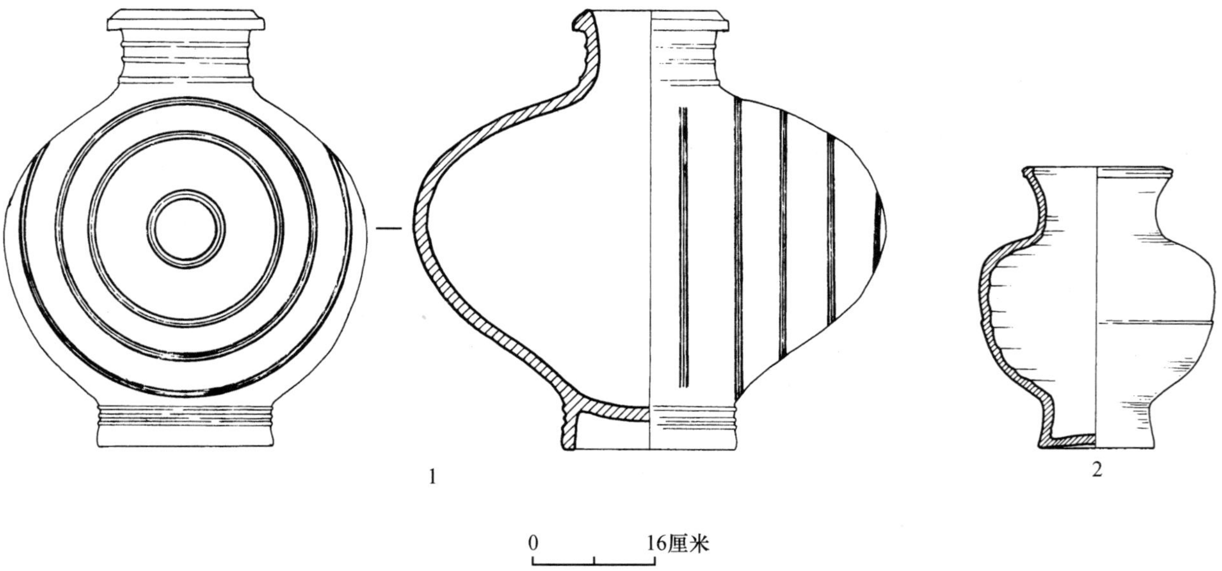

图五五　M31出土器物

1. 陶茧形壶（M31：2）　2. 陶壶（M31：1）

陶壶　1件。标本M31：1，泥质灰陶，修复完整。斜沿，侈口，束颈，平肩，横鼓腹，假圈足较高，平底内凹。腹中见一周凸弦纹。通高18、口径10.5、腹径16.5、底径8、足高0.3厘米（图五五，2）。

M32

1. 墓葬形制

位于发掘区东部，M31之东南。方向85°，由竖穴墓道和土洞墓室组成，东西向，墓道在东，墓室居西（图五六）。

墓道　平面呈长方形，竖穴土坑，口大底小，口长3、宽1.8、开口距地表1、距墓道底1.8米。四壁收分皆为0.2米。墓道底长2.6、宽1.4米。

封门　未见封门痕迹。

墓室　位于墓道西壁，拱顶土洞。平面呈长方形，宽1、高1.2、进深1.7米。墓室口（靠墓道处）见1件陶器。墓室底部高于墓道0.2米。

葬具葬式　葬具葬式不详。

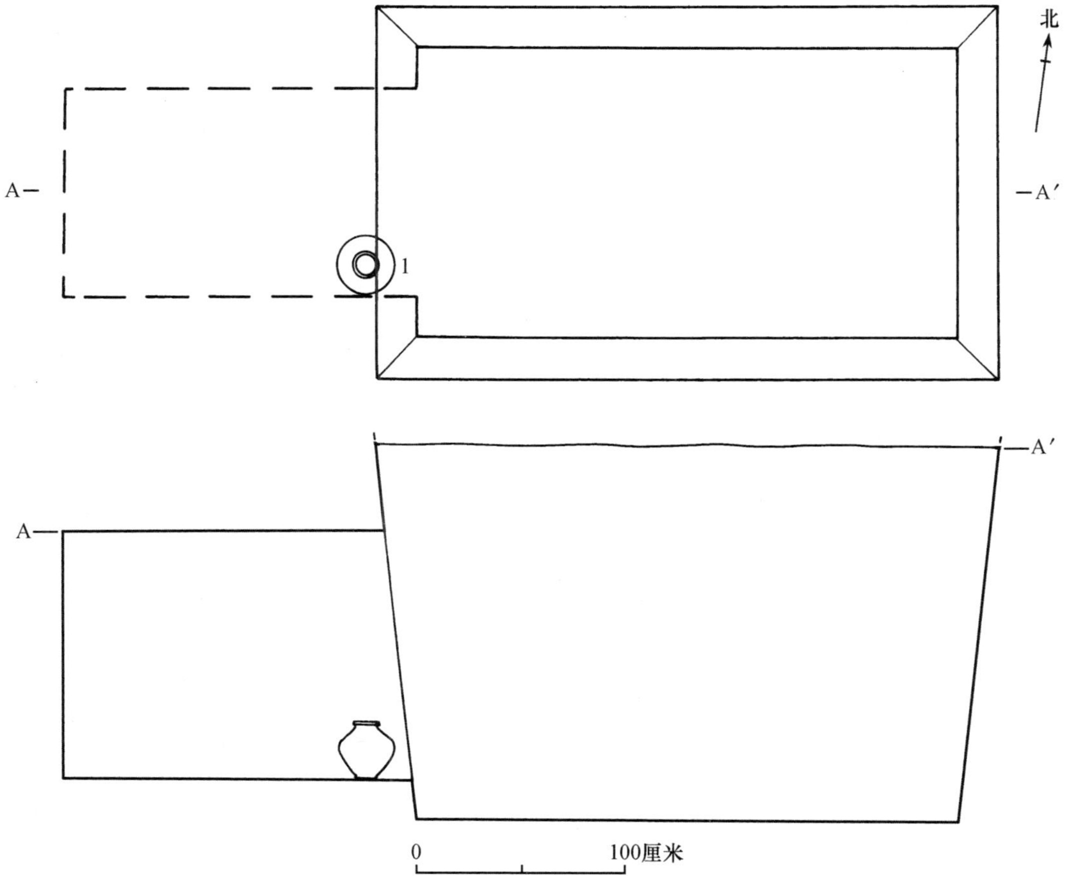

图五六　M32平、剖面图

1. 陶罐

2. 随葬器物

陶罐　1件。标本M32：1，泥质灰陶，基本完整。尖圆唇，平沿，侈口，短颈，斜肩，折腹，下腹内收，小平底。肩部见数周暗弦纹、腹部竖绳纹。肩部刻画两个箭头状纹饰。通高25、口径11、腹径26、底径12厘米（图五七）。

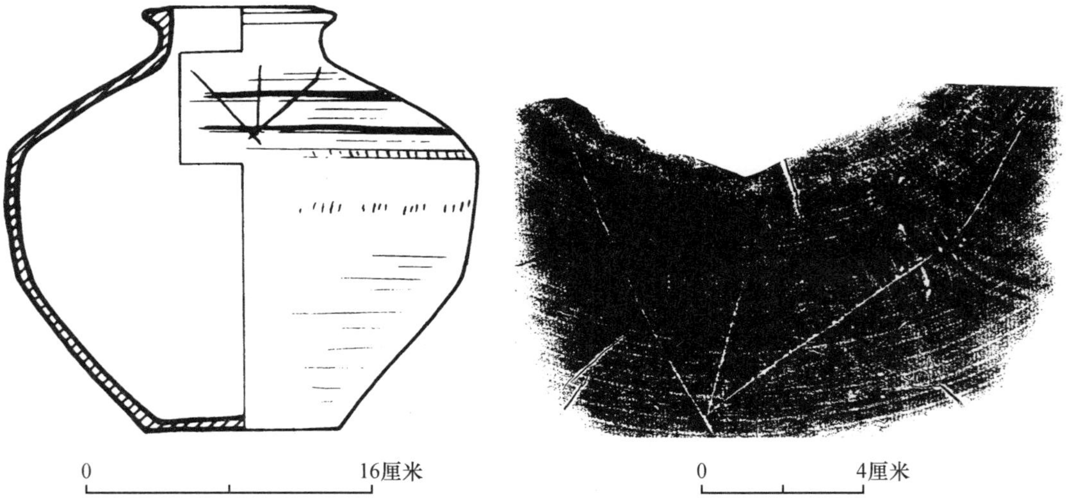

图五七　M32出土陶罐及刻划纹拓片（M32：1）

M33

1. 墓葬形制

位于发掘区东部，北邻M34，南邻M31。方向265°，由竖穴墓道和土洞墓室组成，东西向，墓道在西，墓室居东（图五八）。

墓道　平面呈长方形，竖穴土坑，口大底小，口长3.3、宽2.6、开口距地表1、距墓道底2.8米。四壁收分为0.3米。墓道底长2.7、宽2米。

封门　未发现封门痕迹。

墓室　位于墓道东壁，拱顶土洞。平面呈长方形，宽1、高1.3、进深2.5米，墓室底高出墓道0.1米。3件随葬器物位于墓道和墓室连接处。

葬具葬式　葬具为木棺，棺灰痕长方形，长1.9、宽0.8米，棺内见1副骨架，保存较好，左手自然下垂，右手向上弯曲。头向西，面向北，仰身屈肢，双膝向南弯曲。

2. 随葬器物

共5件，陶罐2件、陶鬲1件、陶珠2件（图版二一，2）。

陶罐　2件。泥质灰陶，基本完整。标本M33：1，尖圆唇，斜沿，侈口，短束颈，斜肩，折

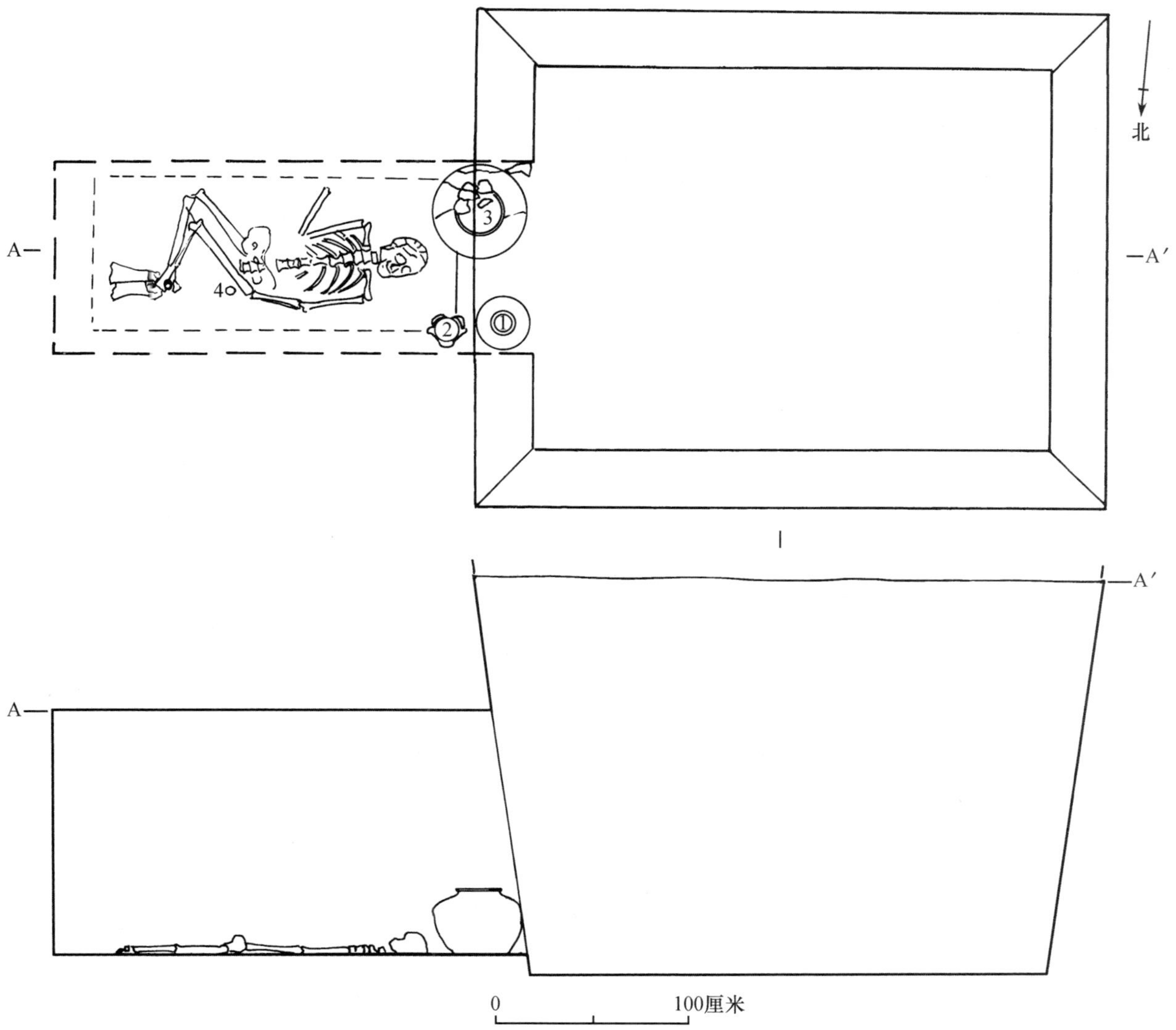

图五八　M33平、剖面图
1、3. 陶罐　2. 陶鬲　4. 陶珠

腹，下腹斜内收，平底。肩部见数圈暗弦纹，下腹见竖绳纹，肩部刻画有两个箭头状纹饰。通高28、口径12、腹径26、底径11厘米（图五九，2；图六〇）。标本M33：3，圆唇，侈口，短颈，广圆肩，折鼓腹，腹最大径较高，下腹内收，大平底。腹部见细竖绳纹和凹弦纹。通高33、口径24、腹径40、底径21厘米（图五九，3）。

陶鬲　1件。标本M33：2，夹砂红陶，基本完整。圆唇外卷，内斜沿，直肩，下接3袋足，足尖较圆。颈饰两桥耳，通体可见细绳纹，袋足、裆部可见烟炱痕。通高19、口径15、足高9厘米（图五九，1）。

陶珠　2件。基本完整。标本M33：4-1，不规则圆球状，均为素面。径长1.7厘米（图五九，4）。标本M33：4-2与M33：4-1基本形同，体型较小一点。径长1.3厘米（图五九，5）。

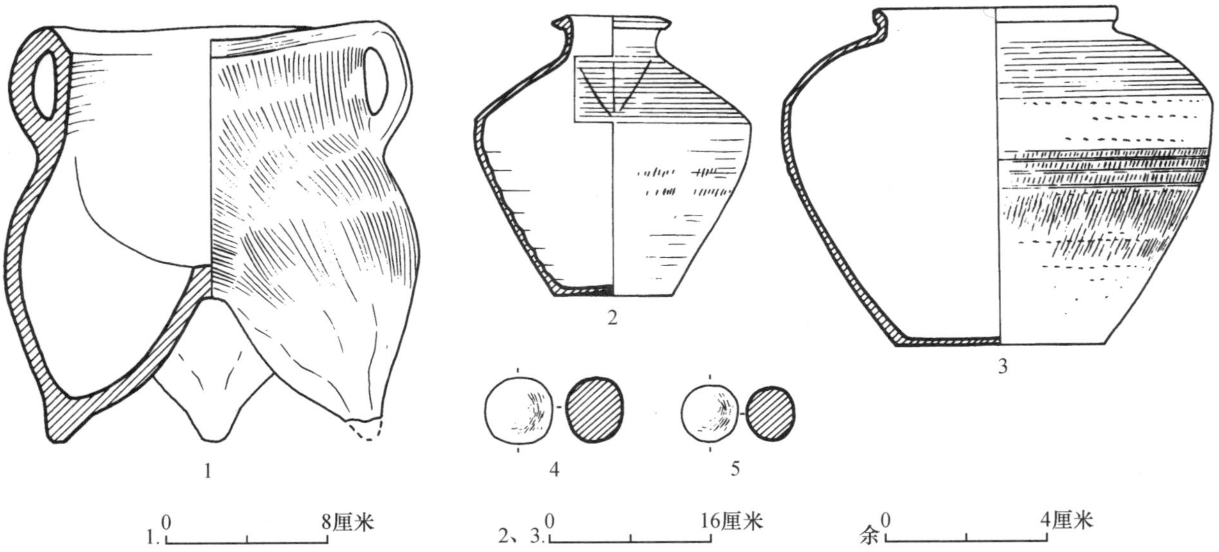

图五九　M33出土器物

1. 陶鬲（M33：2）　2、3. 陶罐（M33：1、M33：3）　4、5. 陶珠（M33：4-1、M33：4-2）

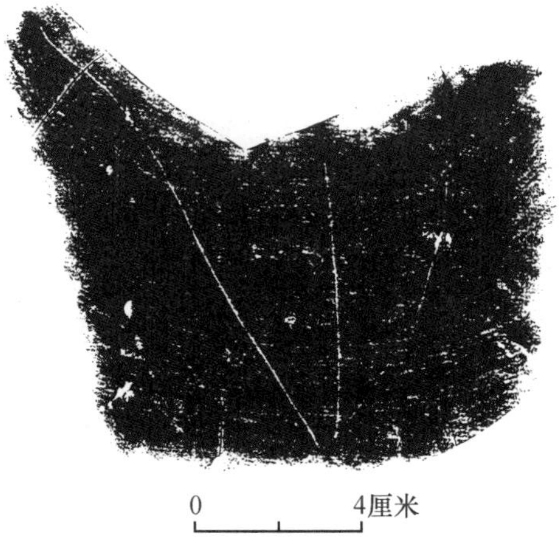

图六〇　M33出土陶罐刻划纹拓片（M33：1）

M34

1. 墓葬形制

位于发掘区东部，M33之北。方向345°，正方形竖穴土坑墓，南北向。墓道北壁被M37墓道打破（图六一）。

墓道、墓室　平面呈正方形，竖穴土坑，口大底小，口长2.3、宽2.3、开口距地表1、距墓室底2.5米。东南西三壁收分皆为0.2米，北壁不详。墓室底长1.9、宽1.9米。

葬具葬式　葬具、葬式不详。

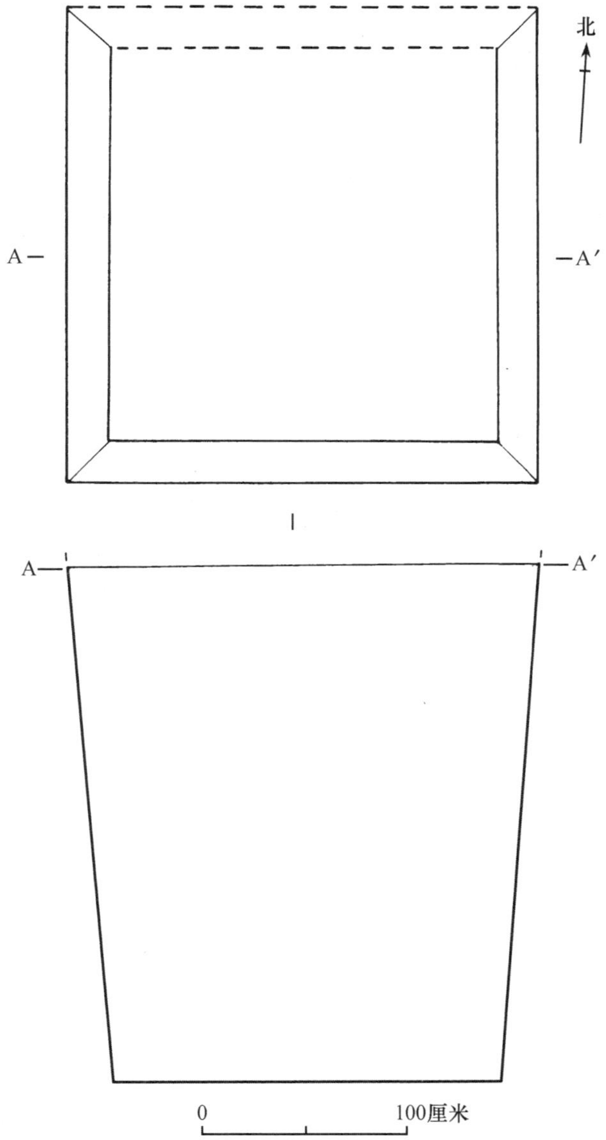

图六一　M34平、剖面图

2. 随葬器物

墓道墓室未见随葬器物。

M35

1. 墓葬形制

位于发掘区东部，M31之西南。方向180°，由竖穴墓道和土洞墓室组成，南北向，墓道在南，墓室居北（图六二；图版八，2）。

墓道　平面呈长方形，竖穴土坑，口大底小，口长2.8、宽2、开口距地表0.8、距墓道底2.1

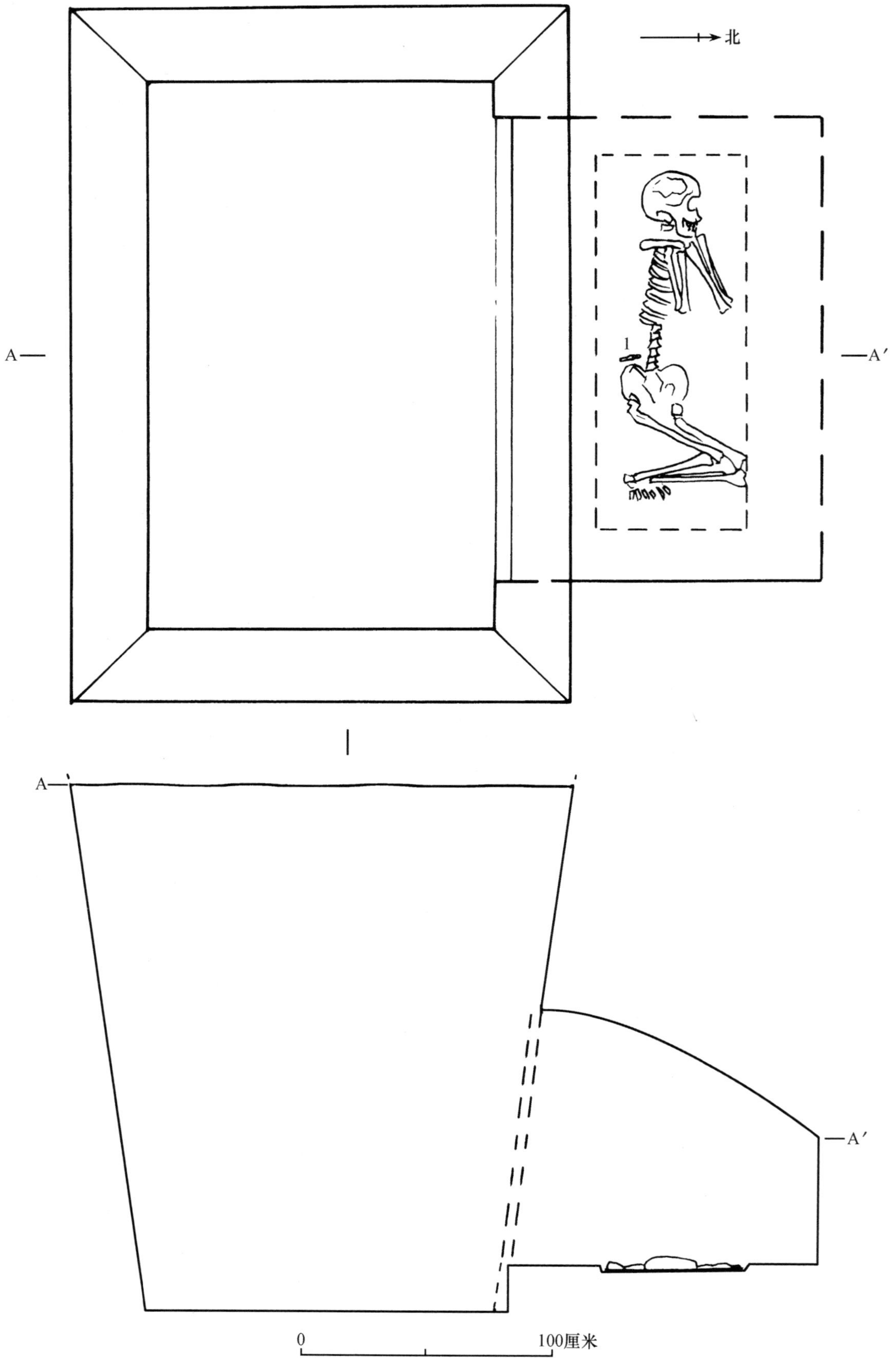

图六二　M35平、剖面图
1. 铜带钩

米。四壁收分皆为0.3米。墓道底长2.2、宽1.4米。

封门　墓室口有宽0.06、长1.85米横向凹槽，发掘时可见少量朽木痕迹，推测封门应为板封，高度不详。

墓室　位于墓道北壁，弧顶土洞。平面呈长方形，长1.85、高1、进深1.25米。墓室底高出墓道0.2米。

葬具葬式　葬具为木棺，棺灰痕长方形，长1.5、宽0.6米，内见1副骨架和1件带钩。骨架保存较好，头西面北，侧身屈肢，两臂向上弯曲放于颔部，双膝向北弯曲。

2. 随葬器物

铜带钩　1件。标本M35：1，表面轻微锈蚀，基本完整，布满黄褐色锈和部分铜绿。琵琶状，体短小，钩首兽头状，钩腹较宽，尾尖圆，纽近尾部偏中，圆扣形纽较大，纽柱短粗。钩面四周又一圈细小凹弦纹。通长5.2、腹宽1.3、纽高0.6、纽径1.2厘米（图六三）。

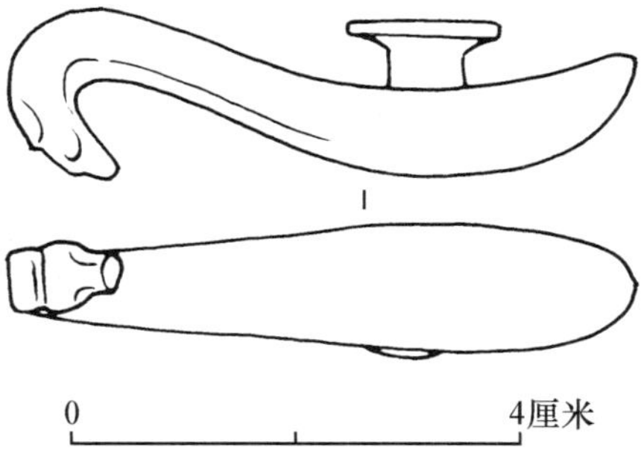

图六三　M35出土铜带钩（M35：1）

M36

1. 墓葬形制

位于发掘区东部，M34之北。方向175°，由竖穴墓道和土洞墓室组成，南北向，墓道在南，墓室居北（图六四）。

墓道　平面呈长方形，竖穴土坑，口大底小，口长3.9、宽2.96、开口距地表0.6、距二层台1.9、距墓道底3.4米。墓道底四壁收分均为0.5米。距墓道底1.5米处有宽0.04米生土二层台。墓道底长2.9、宽1.96米。

封门　发掘时墓室口有凹槽残留灰痕。封门宽1.24、厚约0.04米，高度不详。

墓室　位于墓道北壁，土洞拱顶。平面呈长方形，高1.2、宽1.1、进深2.6米。

葬具葬式　葬具为木棺，棺灰痕长方形，长2.1、宽0.84米，棺内见1副骨架，部分残缺。头北面西，腿骨斜放，应为仰身屈肢，两臂自然下垂。除棺痕和骨架外，无其他明显遗迹。

2. 随葬器物

墓道、墓室未见随葬器物。

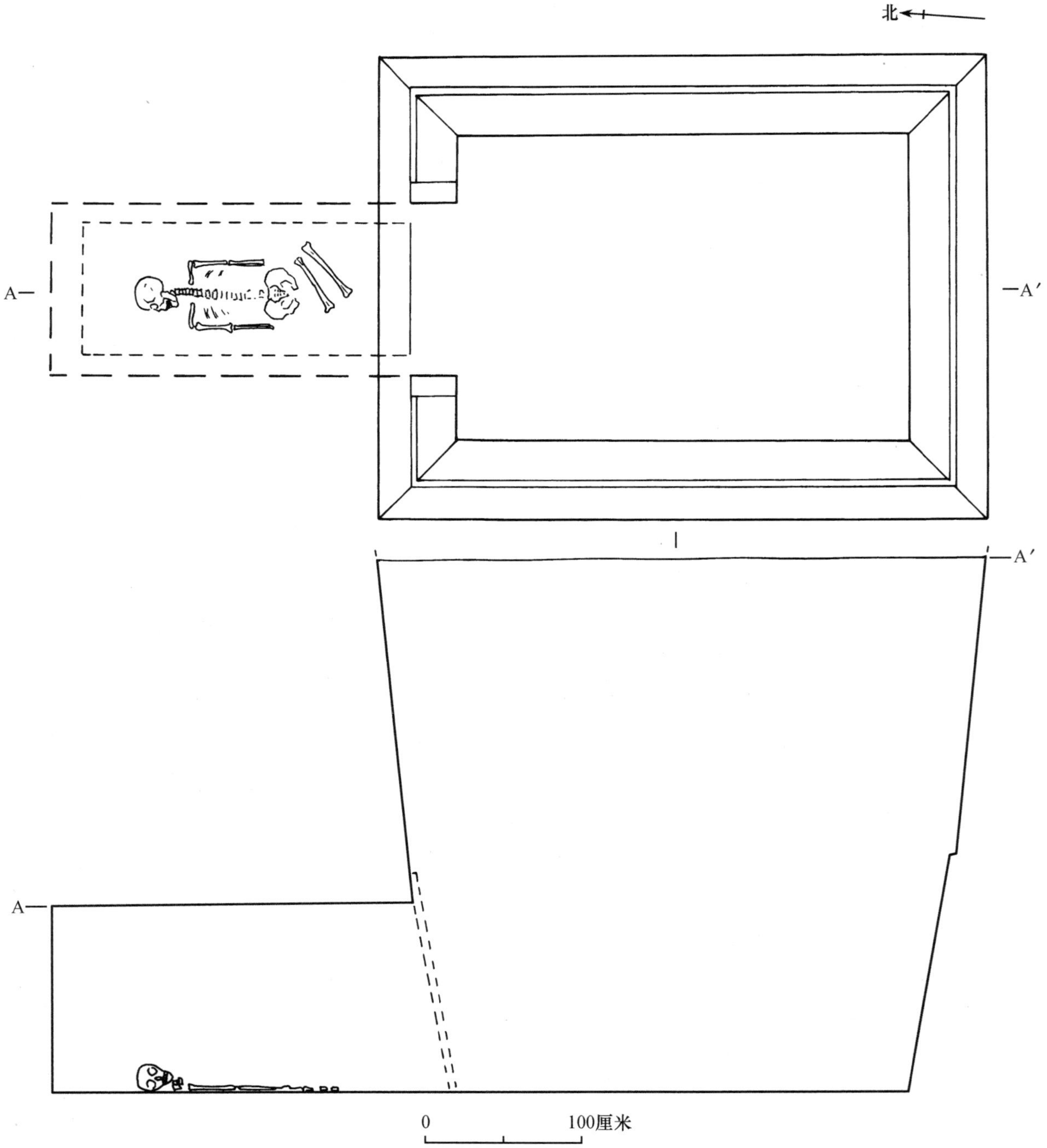

图六四　M36平、剖面图

M38

1. 墓葬形制

位于发掘区东部偏南，西邻M32。方向265°，由竖穴墓道和土洞墓室组成，东西向，墓道在西，墓室居东（图六五；图版九，1）。

墓道　平面呈长方形，竖穴土坑，口大底小，口长4.1、宽3.3、开口距地表0.8、距墓底3.4米。

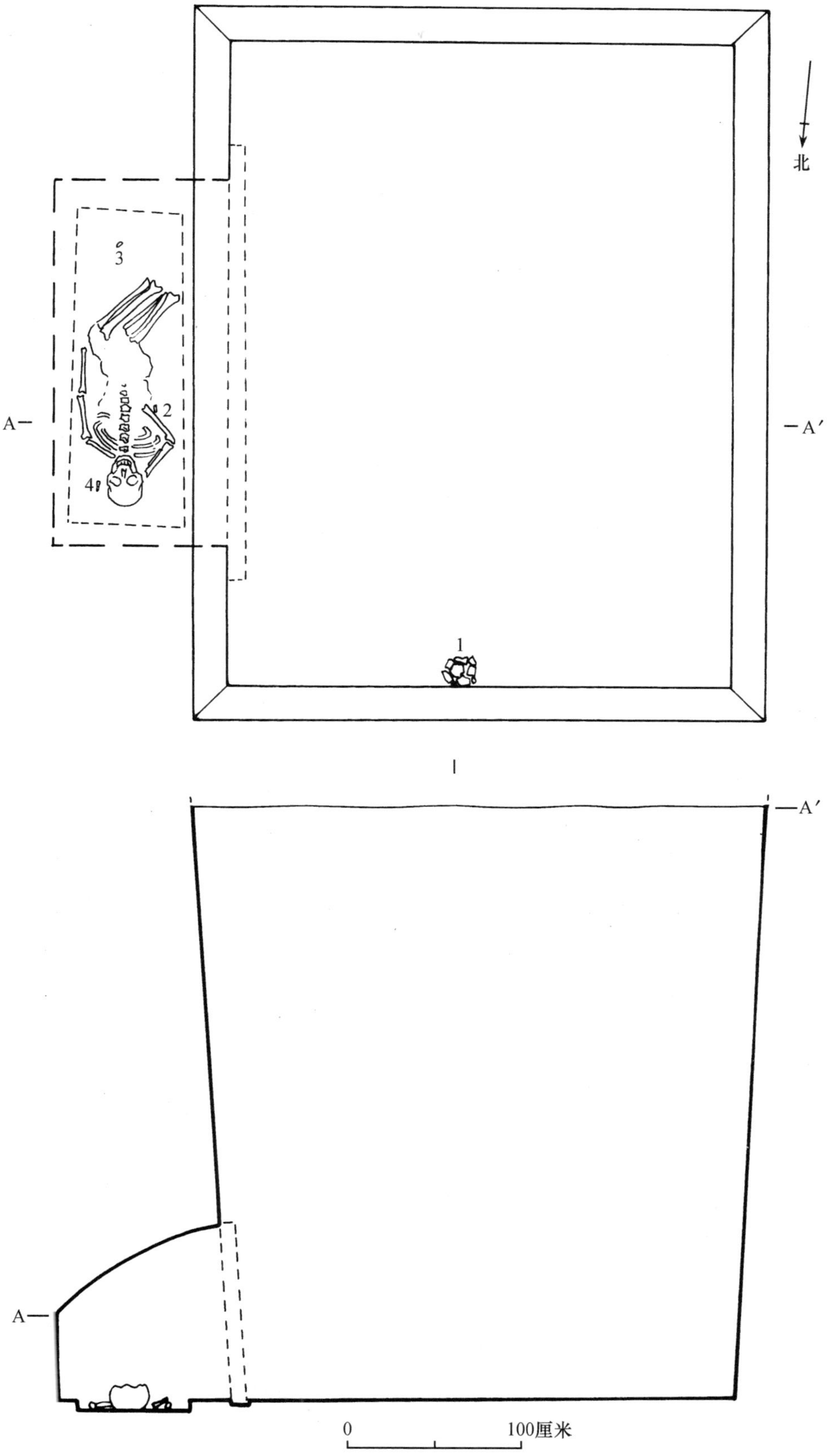

图六五　M38平、剖面图

1. 陶鬲　2. 料塞　3. 小扁石　4. 铜带钩

四壁收分均为0.2米，墓道底长3.7、宽2.9米。在墓道北壁底发现1件残陶器。

封门　墓室口见长约2.5、宽0.02米的浅凹槽，发掘时内部有少量朽木痕迹，应为木板封门，高度不详。

墓室　位于墓道东壁，拱顶土洞。平面呈长方形，高1、宽2.1、进深1米。

葬具葬式　葬具为木棺，棺灰痕长方形，略低于墓室平面0.06米，木棺长1.8、宽0.6米，内置1副骨架，骨架保存较好，头向北，面向上，仰身屈肢，右臂略向上弯曲，左臂自然下垂。膝盖向西弯曲。头骨左侧发现1件带钩，棺灰南有1件石块。

2. 随葬器物

共4件，陶鬲1件，铜带钩1件，料塞1件，小扁石1件。

陶鬲　残缺不全，未能修复。

铜带钩　1件。标本M38：4，基本完整，表面轻微锈蚀。琵琶状，钩首鸭头回首状，身较短，圆弧形尖尾较宽。纽近尾部，圆扣形纽较大，纽柱细长。钩面左右4个半圆内有点装饰。通长4.6、腹宽1.1、纽高0.8、纽径1.2厘米（图六六，3）。

料塞　1件。标本M38：2，残。体型较小，八棱柱状。残长2.5、径长0.5厘米（图六六，2）。

小扁石　1件。标本M38：3，完整。不规则圆状，扁平。高4.7、宽3.4、厚0.2～1.4厘米（图六六，1）。

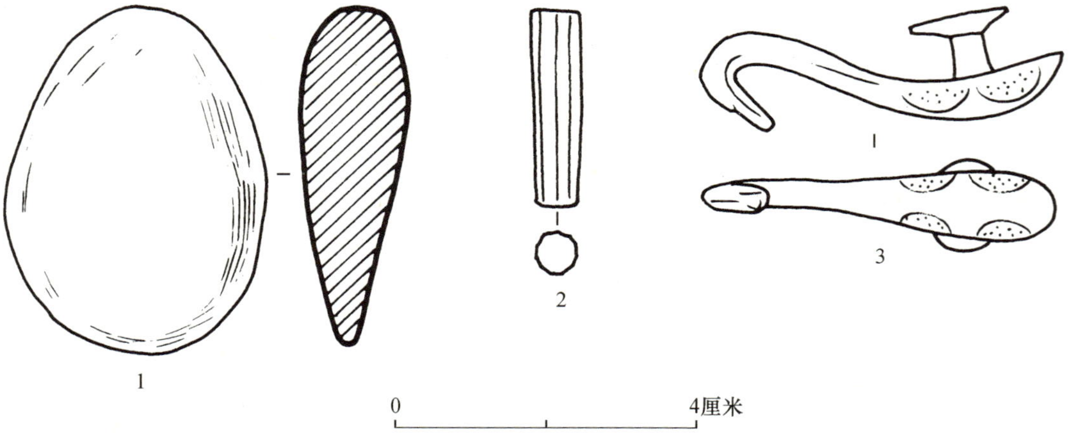

图六六　M38出土器物

1. 小扁石（M38：3）　2. 料塞（M38：2）　3. 铜带钩（M38：4）

M39

1. 墓葬形制

位于发掘区东部，M38之东北。方向75°，由竖穴墓道和土洞墓室组成，东西向，墓道在东，墓室居西（图六七）。

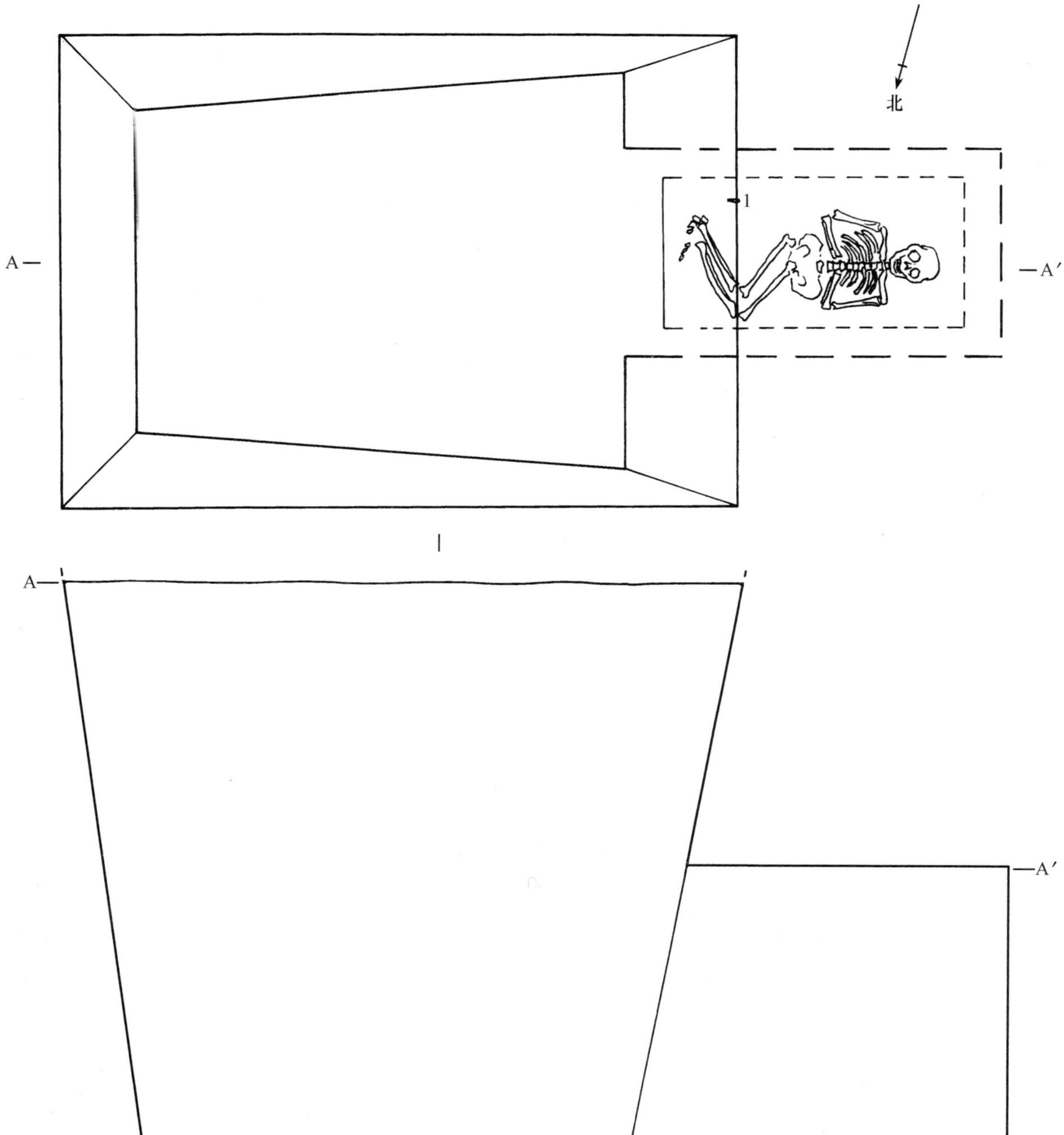

图六七　M39平、剖面图
1. 铜带钩

墓道　平面呈长方形，竖穴土坑，口大底小，口长3.6、宽2.5、开口距地表1、上口距墓底3米。南北两壁收分为0.2～0.4米，东壁收分0.4米，西壁收分0.6米。墓道底西宽东窄，平面梯形，长2.6、西宽2、东宽1.7米。

封门　未见封门痕迹。

墓室　位于墓道西壁，墓室土洞拱顶。平面呈长方形，长2、宽1.1、洞高1.5米。

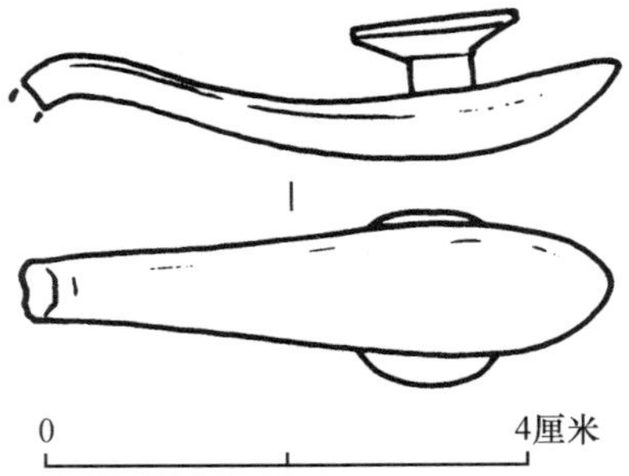

图六八　M39出土铜带钩（M39：1）

葬具葬式　葬具为木棺，棺灰痕长方形，长1.9、宽0.6米，内置1副骨架，保存较好，头西面上，仰身屈肢，两臂向上置于腹部，膝盖向北弯曲，足跟处发现1件带钩。

2. 随葬器物

铜带钩　1件。钩首残。标本M39：1，琵琶状，钩腹较宽，圆弧形尖尾，圆扣形纽较大，纽柱较短。残长4.9、腹宽1.2、纽径1.4、纽高0.75厘米（图六八）。

M41

1. 墓葬形制

位于发掘区东部，东邻M42，北为断崖。方向356°，长方形竖穴土圹墓，南北向（图六九；图版一〇）。

墓道、墓室　平面呈长方形，竖穴土坑，口大底小，口长4.4、宽3、开口距地表0.9、距二层台2.9、距墓室底4.1米。墓道南北两壁收分为0.36米，东西两壁收分为0.24米。墓道底部有二层台，南北宽为0.6、东西宽为0.55、高1.2米。墓室长2.5、宽1.4、高1.2米。

葬具葬式　葬具为一棺一椁。简化木椁，在二层台东西两壁分别发现3个长方形槽，高1.2、宽0.04、深0.06米，木椁底部也有三个凹槽，高1.2、宽0.04、深0.06米。椁内一棺，梯形，长2.1、前挡板宽0.8、后挡板宽0.96、厚0.08米。内见1副骨架，骨架保存较好，头北面东，仰身屈肢，膝盖向东弯曲。头骨部位发现1件鼻塞和1件石珠，胯骨部1件带钩，木棺西南部2件陶饼。

2. 随葬器物

共4件，陶饼2件，铜带钩1件，石珠1件，鼻塞1件。

陶饼　2件。泥质灰陶，基本完整。标本M41：4-1，圆饼状，上下面平，略弧。四周经敲打成圆形，参差不齐。由瓦片制作。径3.9、厚1.2厘米（图七〇，1）。标本M41：4-2，泥质，圆饼状，两面较平。径4.7、厚1.7厘米（图七〇，2）。

铜带钩　1件。标本M41：2，钩首残。体型较小，钩身细长，圆弧形钩尾突变大，左右饰两圈台棱似缠绕而成。纽近尾部，圆扣形纽较大，纽柱较短。残长3.7、腹宽1.6、纽径1.5、纽高0.7厘米（图七〇，3）。

石珠　1件。标本M41：3，基本完整。近圆柱状，上下面较平，中有穿孔。灰色，质硬。径1.2、高1、孔径0.2厘米（图七〇，5）。

鼻塞　1件。标本M41：1，料质，稍残。八棱柱状，色灰白。通长2.25、径0.6厘米（图七〇，4）。

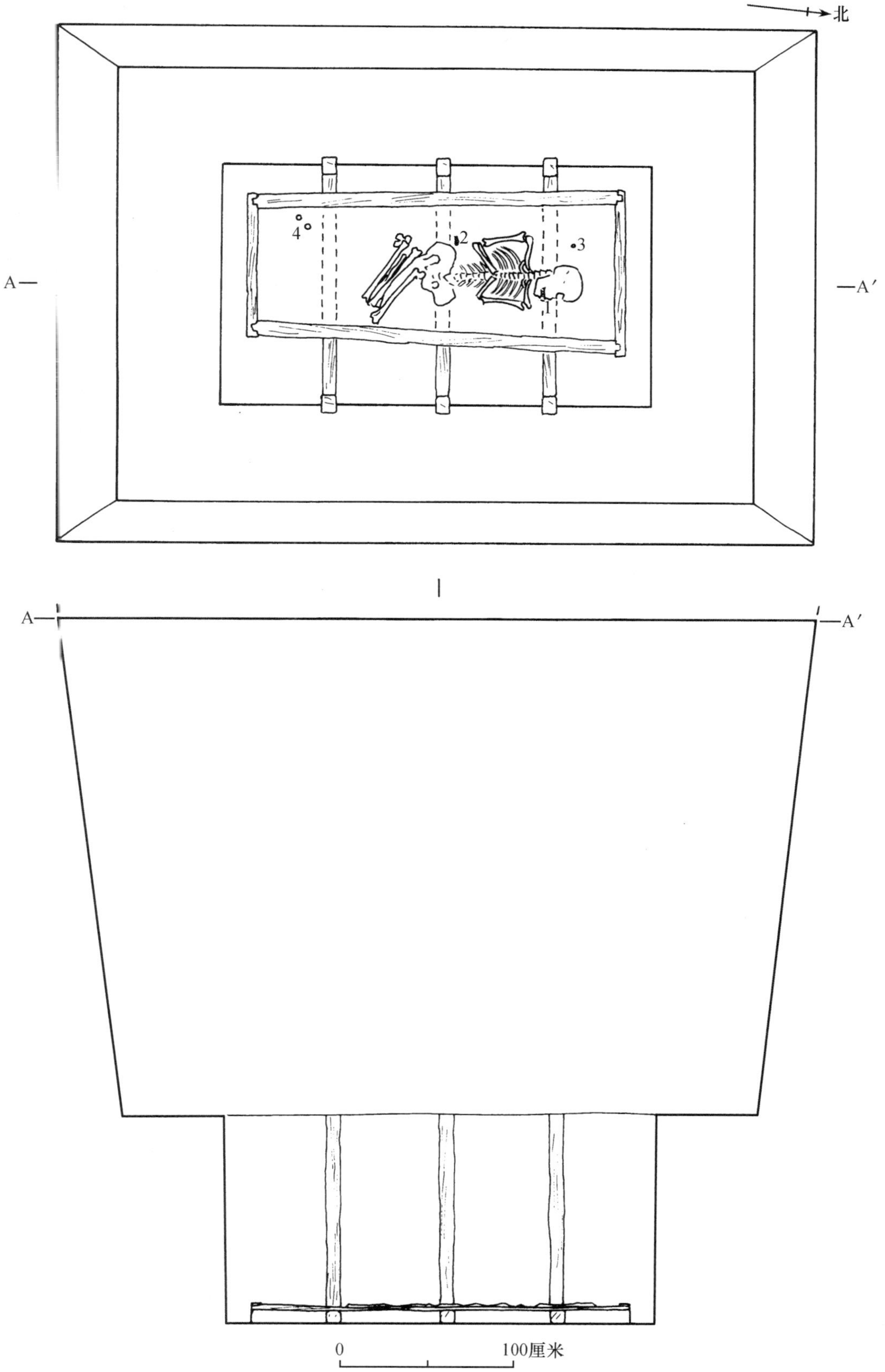

图六九　M41平、剖面图
1. 鼻塞　2. 铜带钩　3. 石珠　4. 陶饼

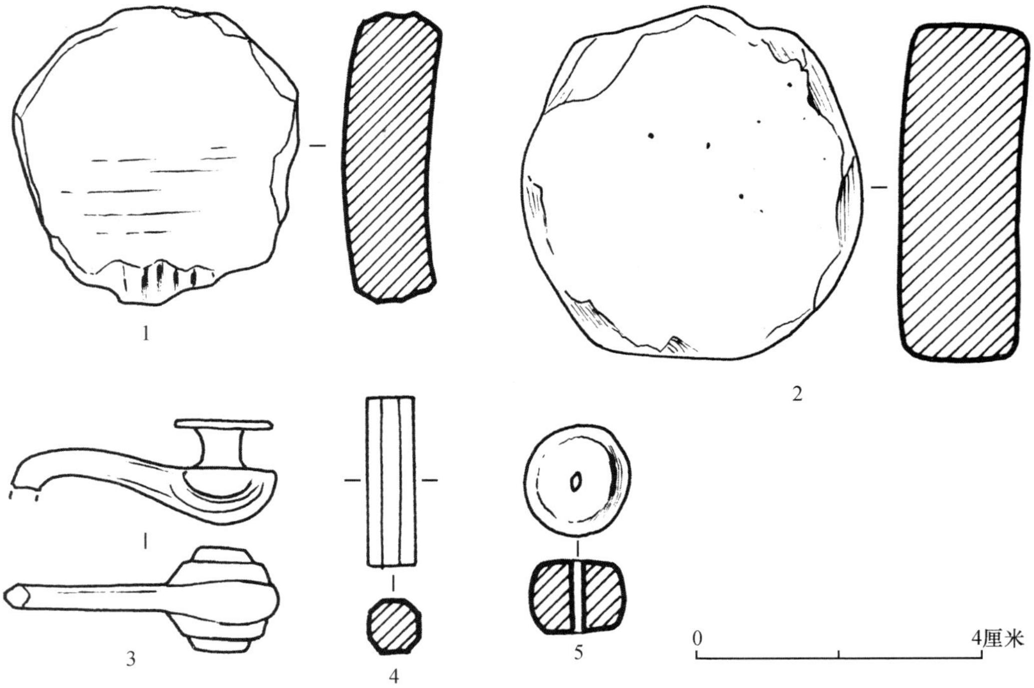

图七〇　M41出土器物

1、2. 陶饼（M41：4-1、M41：4-2）　3. 铜带钩（M41：2）　4. 鼻塞（M41：1）　5. 石珠（M41：3）

M42

1. 墓葬形制

位于发掘区东部，西邻M41，东为断崖。方向348°，长方形竖穴土圹墓，南北向（图七一；图版一一）。

墓道、墓室　平面呈长方形，竖穴土坑，口大底小，口长4.9、宽3.9、开口距地表1.3、距二层台3.3、距墓道底4.4米。墓道南北两壁收分为0.7米，东西两壁收分为0.6米。墓道底部有二层台，垂直于墓底，宽0.1、高1.1米。墓室底长3.3、宽2.1米。墓室东西两壁靠近北壁处各有一方形小龛，宽、高0.42、进深0.3米，西龛随葬2件陶鼎，东龛随葬1件陶缶。

葬具葬式　葬具为一棺一椁。简化木椁，长方形，长3.2、宽2、高1.1米，由12根立木及3根垫木组成。四角立木较粗，长13、宽13、高11厘米。垫木长13、宽0.8、高11厘米。木棺痕长方形，长2.5、宽0.8米，其内发现1副骨架和3件随葬器物。骨架保存较好，头北面上，仰身直肢，四肢自然下垂。

2. 随葬器物

共13件，陶鼎2件、陶缶1件、陶盆1件，铜盆1件，石器6件，蚌壳1件、料珠1件。

陶鼎　2件。泥质灰陶，修复完整。标本M42：1，钵形盖，平顶，圆折浅腹，扁棱纽。盖上见暗弦纹和波折状锯齿纹。器身子母敛口，深腹，上腹较斜直，附两方形外撇耳，圜底，蹄足。腹部饰一圈凸棱纹。通高18、口径15、腹径18、腹深9、足高7厘米（图七二，13）。标本M42：2形制

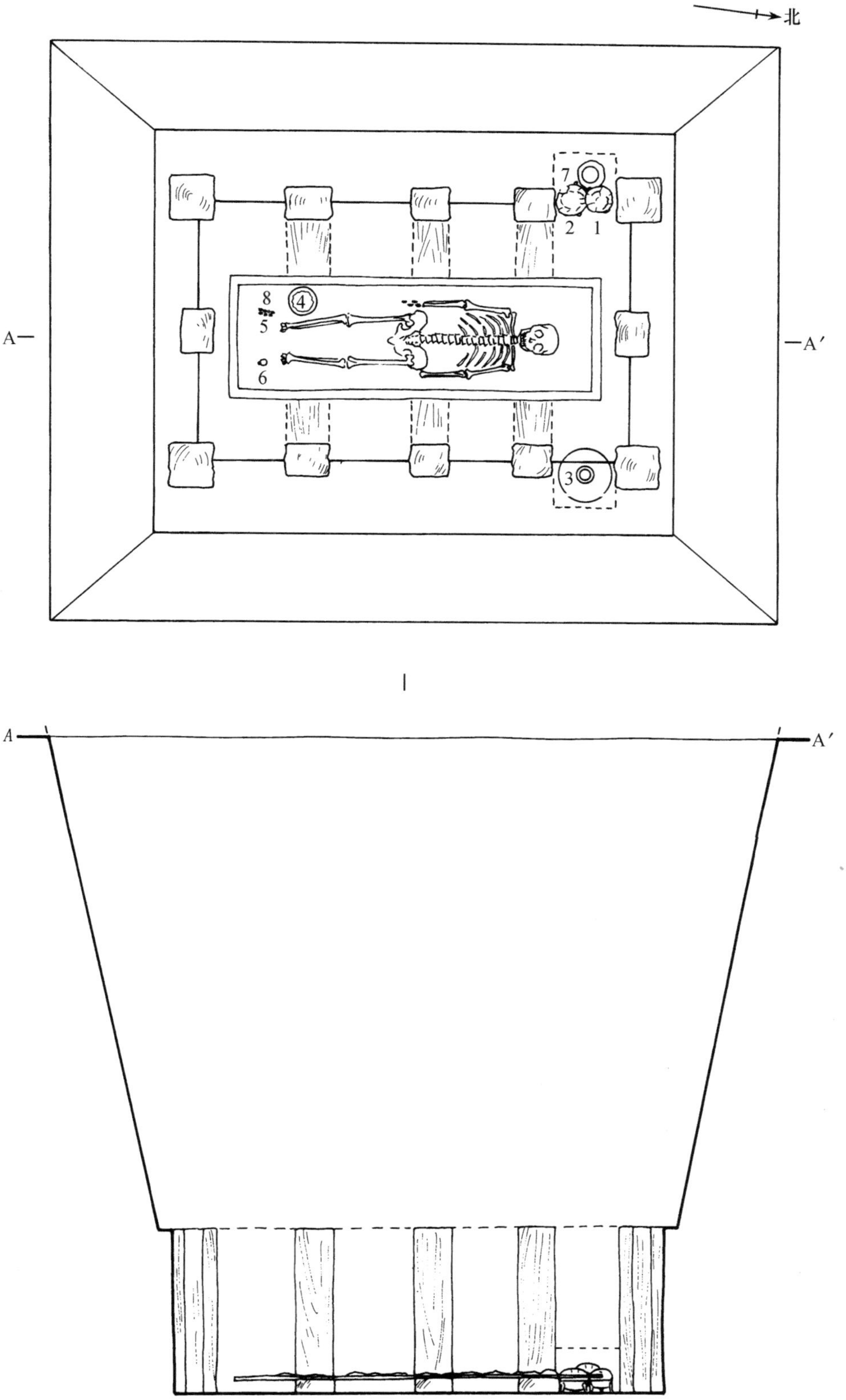

图七一 M42平、剖面图
1、2. 陶鼎 3. 陶缶 4. 铜盆 5. 石器 6. 蚌壳 7. 陶盆 8. 料珠

与标本M42：1大体一致。体型较高深。通高18.5、口径14.7、腹径19.2、腹深9.3、足高6.7厘米（图七二，12）。

陶缶　1件。标本M42：3，泥质灰陶，修复完整。尖圆唇，斜沿，侈口，束颈，斜肩，折鼓腹，下腹内收，平底。肩部饰数圈暗弦纹，腹部饰竖绳纹带。通高36、口径12、腹径40、底径17厘米（图七二，4）。

陶盆　1件。标本M42：7，泥质灰陶，修复完整。尖圆唇，窄沿，侈口，折腹，小平底。上腹部饰两道瓦棱纹。通高9、口径21.5、腹深8、底径10厘米（图七二，1）。

铜盆　1件。标本M42：4，下部残。尖唇，斜折沿，直腹。出土时内壁有谷物残壳。沿宽1.3、口径约18厘米（图七二，2）。

石器　6件。基本完整。长方体，大小接近。标本M42： 5-3、5-4、5-6为黑色。表面光滑平整，质细密且轻。长约1.55、宽约1.8、高约1.2厘米（图七二，5、7、9）。标本M42：5-1、5-2、5-5为白色，大体形质与黑色相同。其中两件应为半成品，可明显辨出为石质。长1.34、宽1.8、高

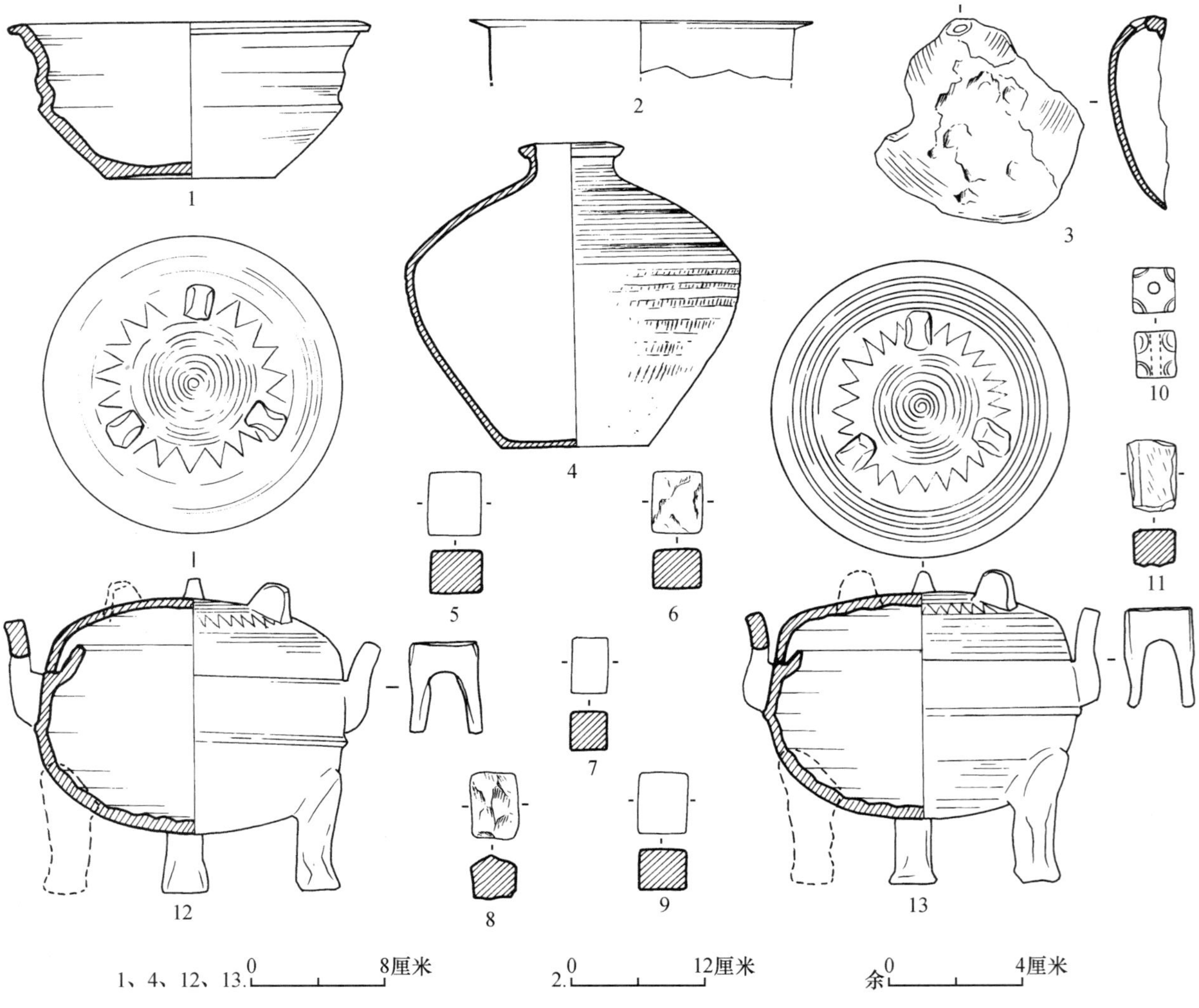

图七二　M42出土器物

1. 陶盆（M42：7）　2. 铜盆（M42：4）　3. 蚌壳（M42：6）　4. 陶缶（M42：3）　5～9、11. 石器（M42：5-3、M42：5-1、M42：5-4、M42：5-2、M42：5-6、M42：5-5）　10. 料珠（M42：8）　12、13. 陶鼎（M42：2、M42：1）

1.1厘米（图七二，6、8、11）。

蚌壳　1件。标本M42：6，天然蚌壳，残。仅存单叶，椭圆形。尾部有一穿孔，可穿挂。白色，质脆。长6、厚0.7厘米（图七二，3）。

料珠　1件。标本M42：8，完整。方形，中间有一孔，四角见两圈弧纹。长1.3、宽1.3、高1.4厘米（图七二，10）。

M43

1. 墓葬形制

位于发掘东部，M30之西，M27之南。方向175°，由竖穴墓道和土洞墓室组成，南北向，墓道在南，墓室居北（图七三）。

墓道　平面呈长方形，竖穴土坑，口大底小，口长3.5、宽3米。开口距地表1、距墓底2.6米。南壁底部有层台阶，台阶高0.2、宽0.3米，墓道底长2.7、宽1.2米。

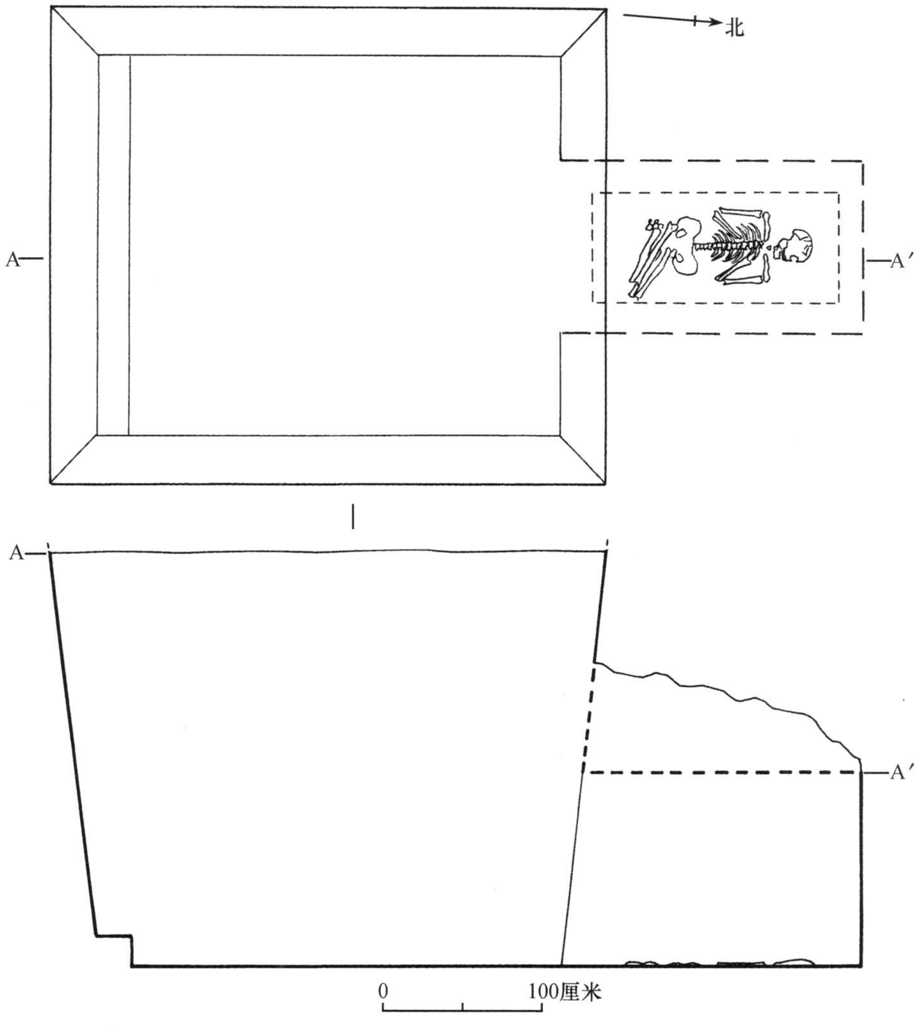

图七三　M43平、剖面图

封门　未见封门痕迹。

墓室　位于墓道北壁，拱顶土洞，墓室塌方。平面呈长方形，宽1.1、进深1.6米，高度不详。

葬具葬式　葬具为木棺，棺灰痕长方形，长1.55、宽0.7米，内见1副骨架，保存较好，头向北，面向东，仰身屈肢，双手置于胸前，双膝向东弯曲。除棺木灰痕和骨架外无其他明显遗迹。

2. 随葬器物

墓道、墓室未见随葬器物。

M44

1. 墓葬形制

位于发掘区东部偏北，东邻生产路，南部为M25。方向265°，由竖穴墓道和土洞墓室组成，东西向，墓道在西，墓室居东（图七四；图版九，2）。

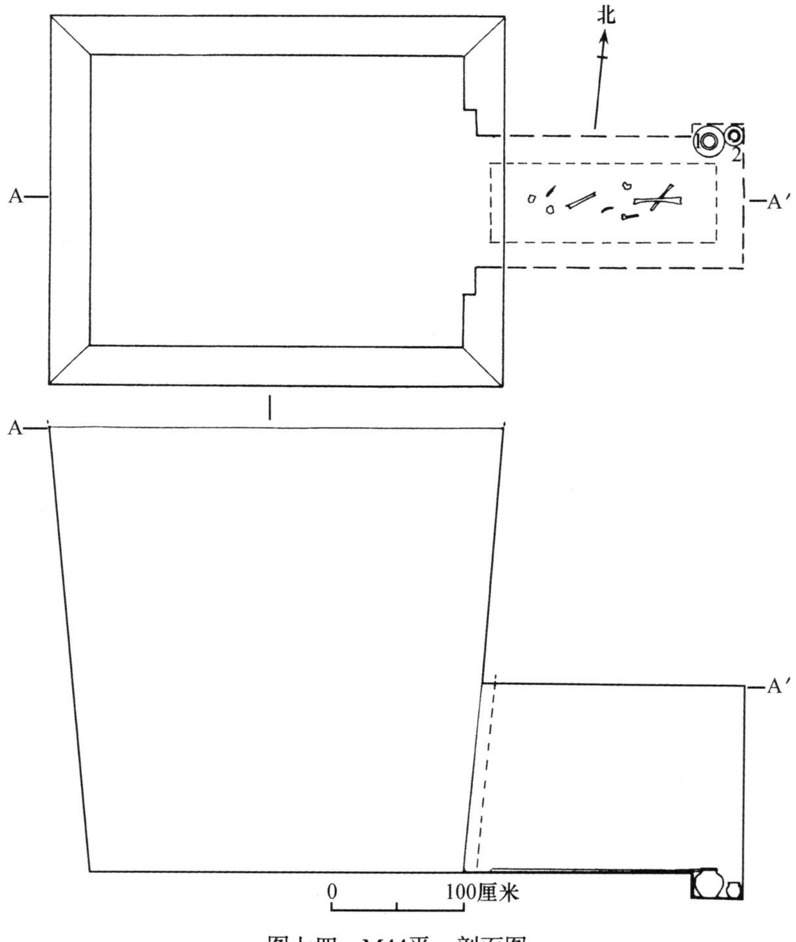

图七四　M44平、剖面图

1、2. 陶罐

墓道　平面呈长方形，竖穴土坑，口大底小，口长3.4、宽2.8、开口距地表0.9、距墓道底3.3米。四壁收分为0.3米，墓道底长2.8～2.9、宽1.4～2.2米。

封门　墓室口底部有缺口，长1.4、宽0.1米，为封门痕迹。

墓室　位于墓道东壁，土洞拱顶。平面呈长方形，宽1、高1.4、进深2米。墓室东北角有一方形小龛，低于墓室底0.2米，进深0.4、宽0.1米，龛内置有随葬陶器2件。

葬具葬式　葬具为木棺，棺灰痕长方形，长1.7、宽0.6米，内见少量零乱骨架，头向、葬式不详。

2. 随葬器物

陶罐　2件。泥质灰陶，修复完整。标本M44：1，圆唇，侈口，束颈，圆肩，长鼓腹，下腹内收，平底。肩、腹部饰3周竖绳纹带和2周凹弦纹。通高23、口径11、腹径20、底径11厘米（图七五，1）。标本M44：2，圆唇，侈口，束颈，圆肩，鼓腹，下腹内收，平底。颈、肩、腹部见数道凹弦纹，下腹有一周凸弦纹。通高13、口径8.5、腹径12、底径6.5厘米（图七五，2）。

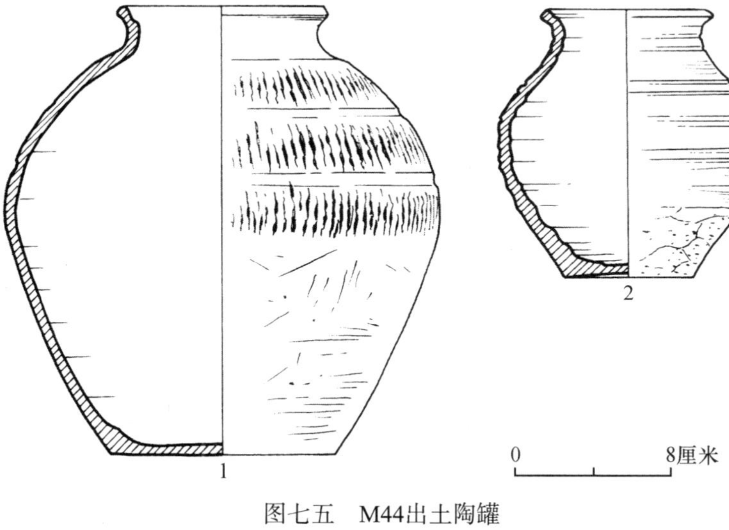

图七五　M44出土陶罐

1. M44：1　2. M44：2

M46

1. 墓葬形制

位于发掘区中部偏西，西邻M68。方向90°，长方形竖穴土圹墓（图七六）。

墓道、墓室　平面呈长方形，竖穴土坑，口大底小。口长3、宽2.9、开口距地表1.2、距墓道底1.2米。四壁收分为0.15米。墓室底长2.7、宽2.6米。开口上部为扰土。

葬具葬式　墓室内无明显痕迹。

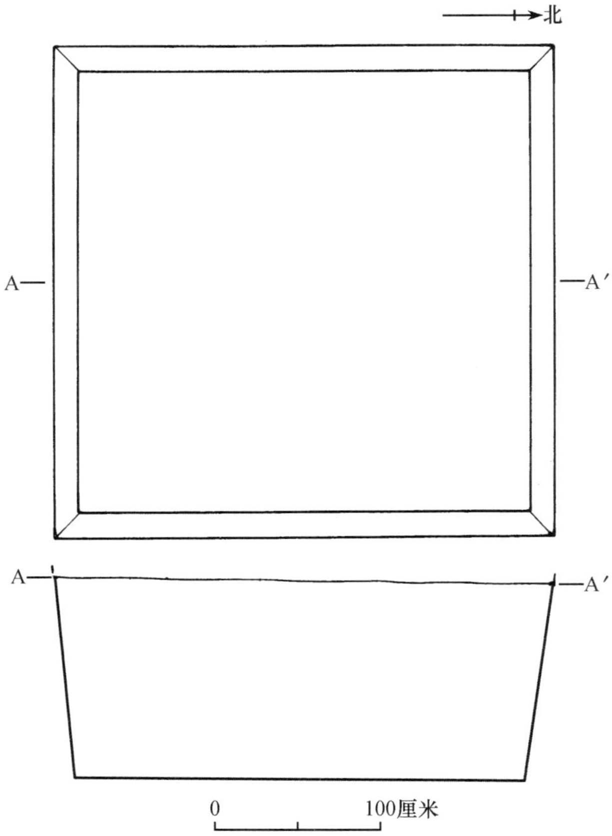

图七六　M46平、剖面图

2. 随葬器物

墓道、墓室未见随葬器物。

M49

1. 墓葬形制

位于发掘区中部偏西，M53之东，开口被机械取土损坏。方向358°，由竖穴墓道和土洞墓室组成，南北向，墓道在北，墓室居南（图七七）。

墓道　平面呈长方形，竖穴土坑，口大底小，口部残长4.2、宽3.1、深1.3、四壁收分皆为0.25米，墓道底长3.7、宽2.6米。

封门　墓室口底部有宽0.14、深0.06米的缺口，应为封门板所留。

墓室　位于墓道南壁，土洞拱顶。平面呈长方形，宽1.2、高1.4、进深3.3米。墓室东西两壁各有大小相似小龛，宽0.9、高0.6、进深0.6米。内见零星骨片和陶器残片。墓道、墓室发现直径为0.7米的盗洞三个。

葬具葬式　盗扰严重，葬具、葬式不详。

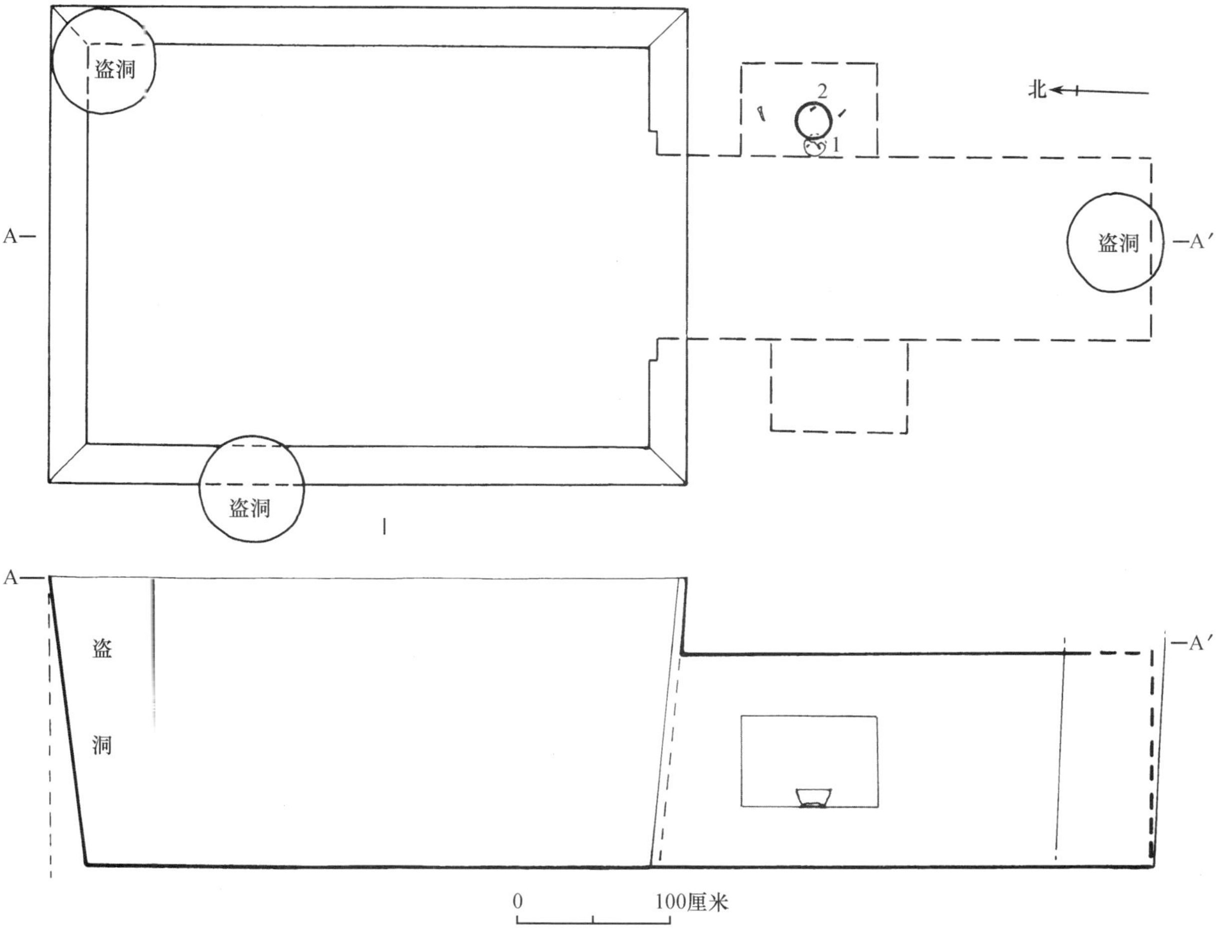

图七七　M49平、剖面图

1. 陶鼎盖　2. 陶盒

2. 随葬器物

共2件，陶鼎盖1件、陶盆1件。

陶鼎盖　1件。标本M49：1，泥质灰陶，残。为陶鼎盖，钵形盖，弧顶，折壁，浅腹，扁棱状盖纽。外见同心缠绕弦纹。通高4、腹深3、口径15厘米（图七八，1）。

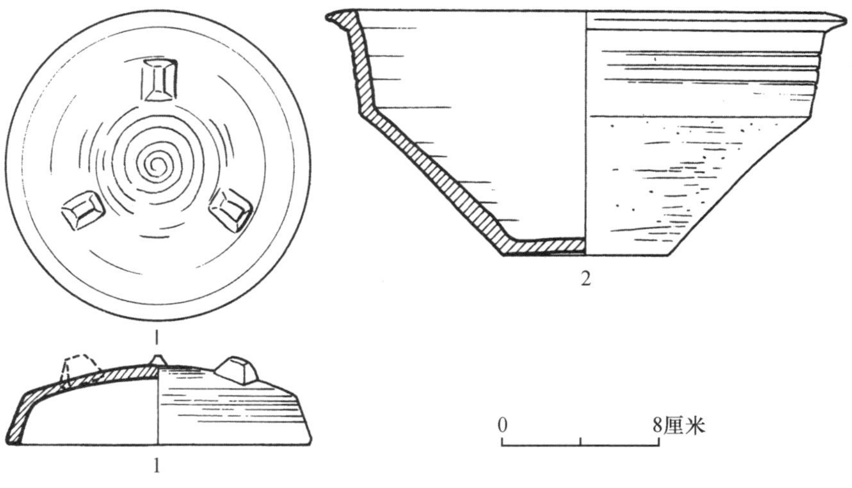

图七八　M49出土器物

1. 陶鼎盖（M49：1）　2. 陶盆（M49：2）

陶盆　1件。标本M49：2，泥质灰陶，修复完整。尖唇，折沿，侈口，窄沿，折腹，下腹斜收，平底。下腹见数道凹弦纹。通高11、口径26、腹深10.5、底径8.5厘米（图七八，2）。

M53

1. 墓葬形制

位于发掘区西部偏东，东邻M49，开口被机械损坏。方向275°，由竖穴墓道和土洞墓室组成，东西向，墓道在西，墓室居东（图七九）。

墓道　平面呈长方形，竖穴土坑，残长4.1、宽3.1、深0.2米。

墓室　位于墓道东壁，宽1.2、残高0.2、进深2.7米。

葬具葬式　葬具为木棺，灰痕长方形，长2.4、宽0.8米。棺木灰中有少量残骨片。除骨片和棺木灰外再无其他遗迹。

2. 随葬器物

墓道、墓室未见随葬器物。

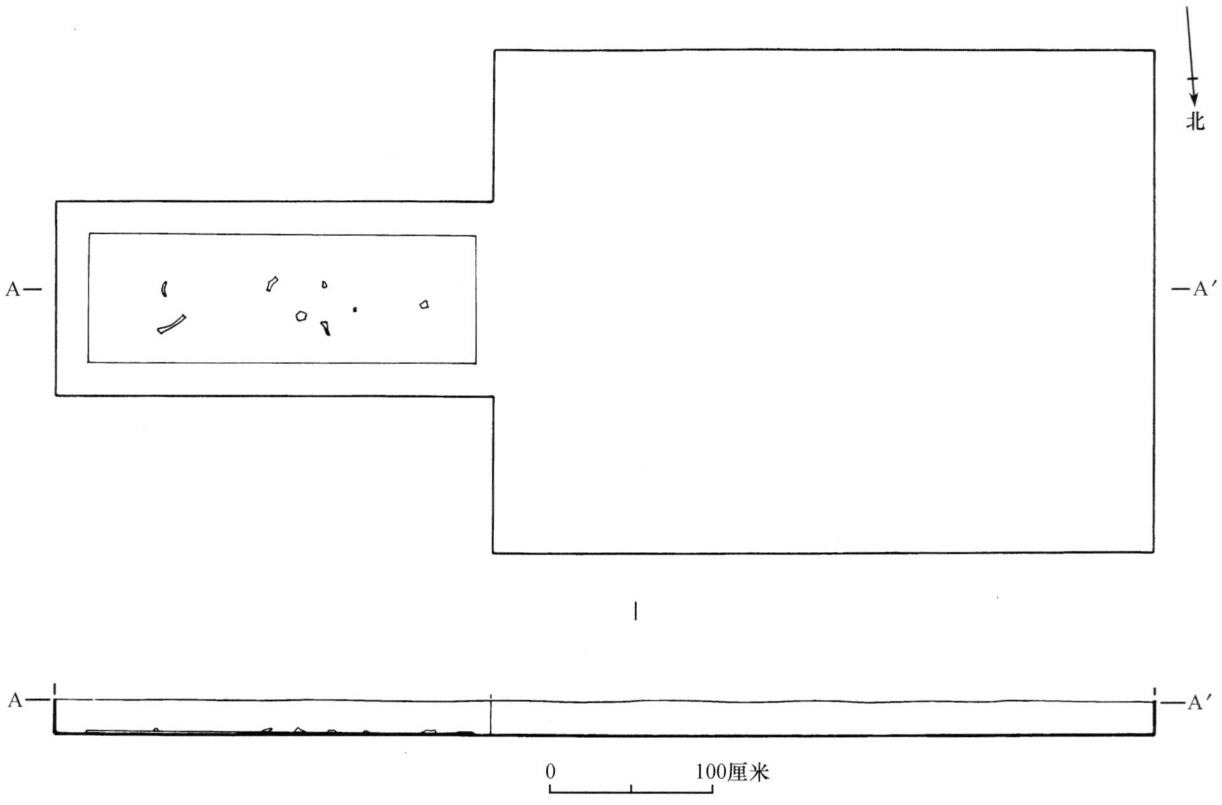

图七九　M53平、剖面图

M55

1. 墓葬形制

位于发掘区西部，东邻M53，西邻M57，开口被机械损坏。方向355°，由竖穴墓道和土洞墓室组成，南北向，墓道在北，墓室居南（图八〇）。

墓道　平面呈长方形，竖穴土坑，口大底小，长3.7、宽2.4、残深0.9米。四壁收分为0.1米，墓道底长3.5、宽2.2米。

封门　墓室口见封门板痕迹，宽约1.26～0.9、厚约0.06米。

墓室　位于墓道南壁，土洞拱顶。平面呈长方形，宽1.1、残高0.5～1.3、进深3.1米。墓室底前半部低于墓道0.4米，后半部高于墓道0.4米，主要放置木棺。东壁有一方形小龛，宽0.8、残高0.5、进深0.64米，内发现兽骨。西壁有一方形小龛，宽0.62、残高0.48、进深0.65米，内随葬有2件陶器和兽骨，东壁下发现3件陶器。

葬具葬式　葬具为木棺，位于墓室后半部，灰痕长方形，长1.75、宽0.8米，见1副骨架，保存较好，仰身直肢，头北面上，两臂置于胯上。骨架上发现1件带钩、1件玉饰。

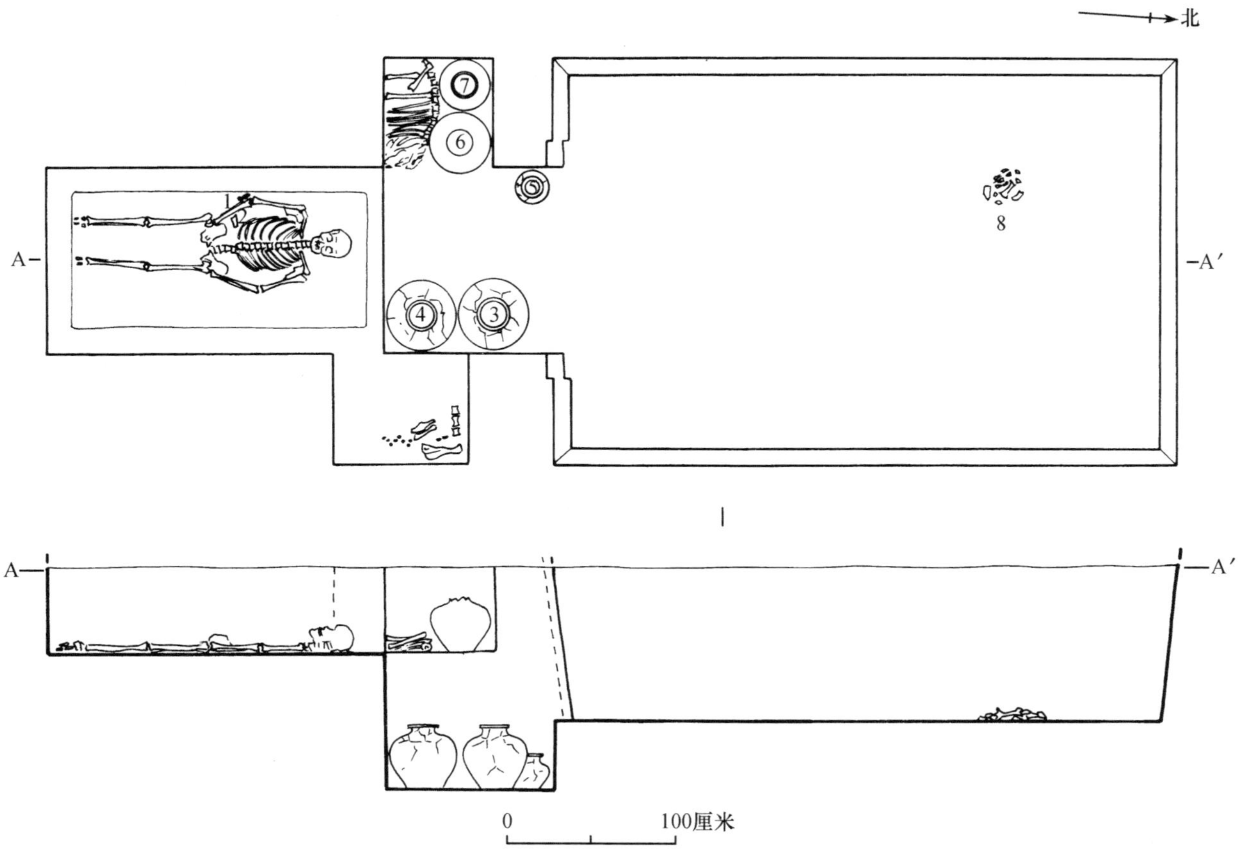

图八〇　M55平、剖面图

1. 铜带钩　2. 玉饰　3、6. 陶缶　4、5、7. 陶罐　8. 陶豆

2. 随葬器物

共8件，陶罐3件、陶缶2件、陶豆1件，铜带钩1件，玉饰1件。

陶罐　3件。泥质灰陶，基本完整。标本M55：4，修复完整。尖圆唇，平折沿，侈口，短束颈，斜广肩，上腹较直，下腹斜收，平底。肩部饰一圈锯齿纹、下腹竖绳纹。通高35、口径13、腹径40、底径18.5厘米（图八一，1）。标本M55：5，基本完整。尖唇，斜沿，侈口，束颈，圆肩圆鼓腹，下腹内收，平底。肩、腹部见数周竖绳纹与凹弦纹组成纹饰带。通高30、口径13、腹径31、底径15厘米（图八一，2）。标本M55：7，方唇，斜沿，侈口，短束颈，斜肩，圆折腹，平底。通体素面。通高18、口径9、腹径24、底径8.7厘米（图八一，5）。

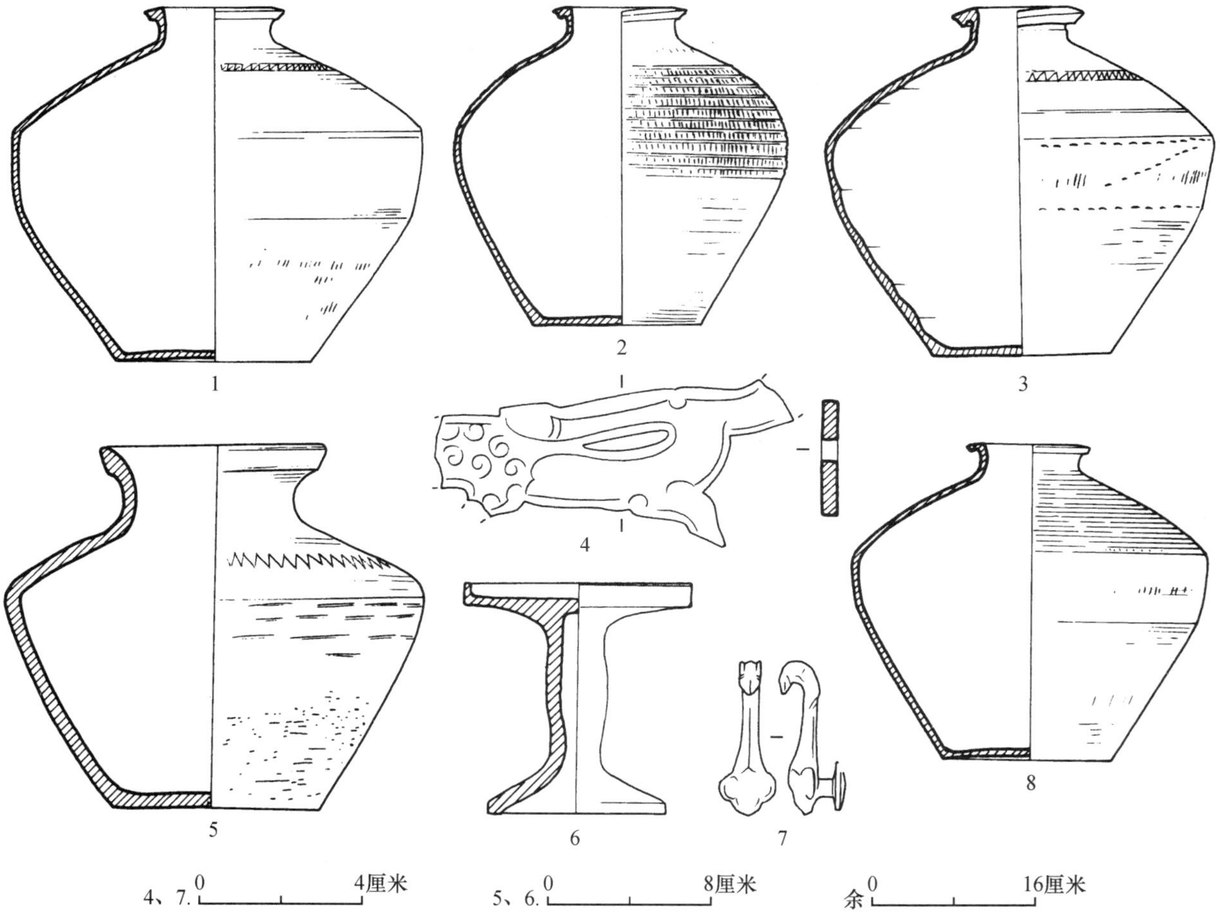

图八一　M55出土器物

1、2、5. 陶罐（M55：4、M55：5、M55：7）　3、8. 陶缶（M55：3、M55：6）　4. 玉饰（M55：2）　6. 陶豆（M55：8）　7. 铜带钩（M55：1）

陶缶　2件。泥质灰陶，修复完整。标本M55：3，尖圆唇，斜折沿，短束颈，广肩，圆折腹，下腹内收，平底。肩部饰锯齿纹、腹部一圈篦点纹、下腹见绳纹。通高33、口径12.8、腹径37.8、底径16.8厘米（图八一，3；图八二）。标本M55：6，修复完整。斜方唇，圆折沿，短束颈，广肩，折腹，上腹较直，下腹内收，平底。肩部饰暗弦纹，见刻画一“米”字符。通高31、口径12、腹径35、底径17厘米（图八一，8）。

陶豆　1件。标本M55：8，泥质灰陶，残。方唇，直口，折腹，豆盘较浅，柄较长，中粗，喇叭状底座。通高11、盘径11.5、底径8.8厘米（图八一，6）。

铜带钩　1件。标本M55：1，表面轻微锈蚀，基本完整。钩首兽头状，细身较直，尾似花瓣状，纽近尾端，圆扣形纽较小，纽柱较短，纽面外凸。通长3.7、腹宽1.3、纽径0.9、纽高0.7厘米（图八一，7）。

玉饰　1件。标本M55：2，石质，残。薄片状，表面有谷纹及细线刻画，纹饰不可辨。两面相同。通体墨绿色。残长9.6、厚0.4、高3.9厘米（图八一，4）。

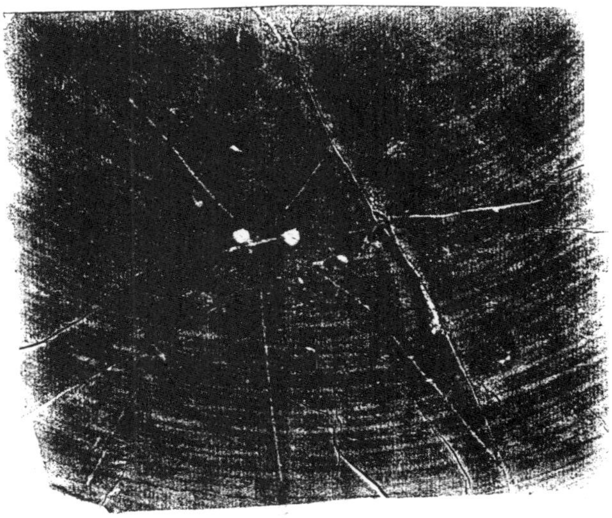

图八二　M55出土陶缶刻划纹拓片（M55：6）

M58

1. 墓葬形制

位于发掘区西部，北邻M59，开口被机械损坏。方向85°，由竖穴墓道和土洞墓室两部分组成，东西向，墓道在东，墓室居西（图八三）。

墓道　平面呈长方形，竖穴土坑，口大底小，口长3.8、宽3.6、残深2.4米。四壁收分为0.1米。墓道底长3.6、宽3.4米。

封门　未发现封门痕迹。

墓室　南北两墓室均位于墓道西壁。南墓室土洞拱顶，平面呈长方形，宽1、高1.5、进深3米。墓室南壁有一方形小龛，宽0.74、高0.7、进深1米，内有零星骨骼残片和3件陶器。北墓室为假墓室，宽0.9、高1.5、进深0.3米。

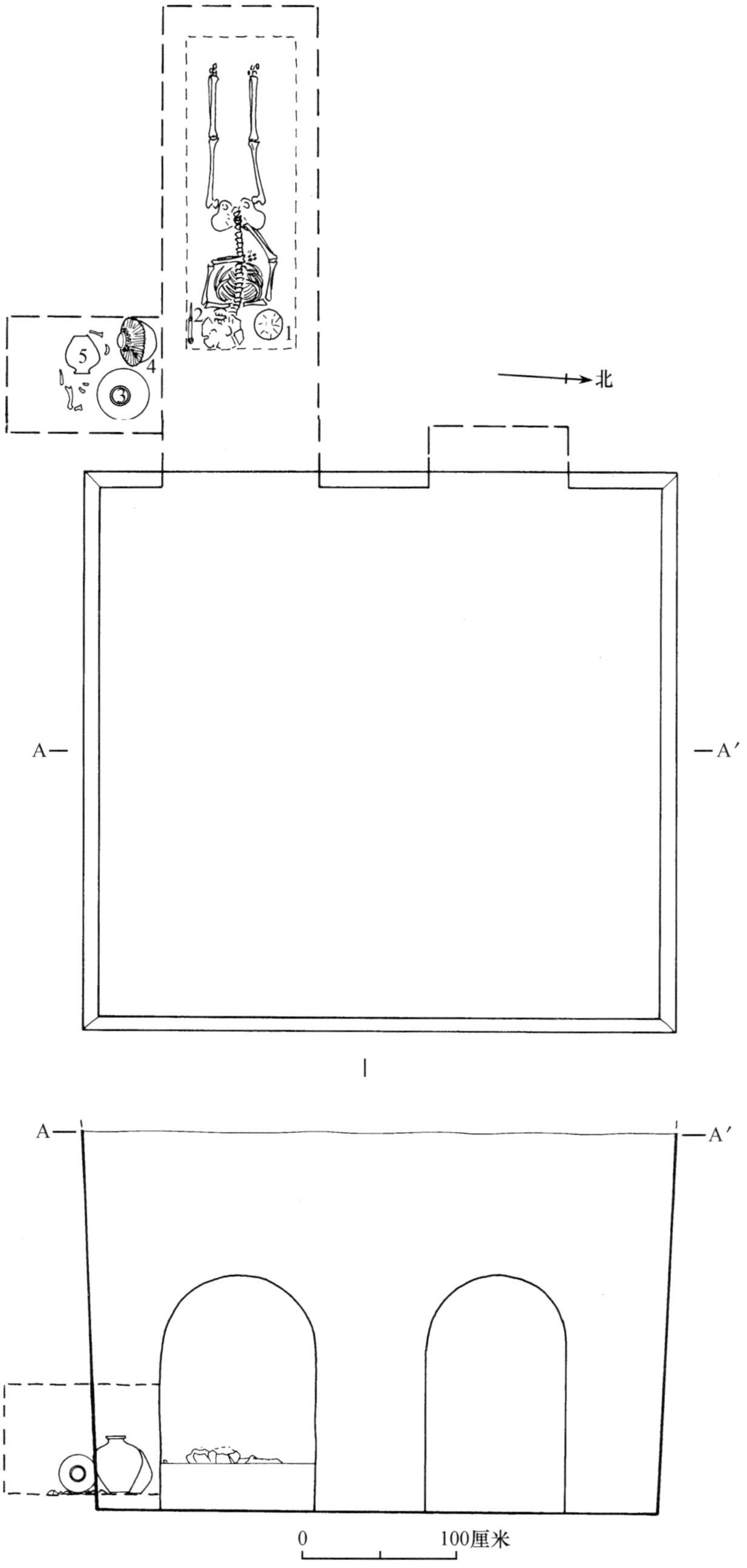

图八三　M58平、剖面图

1. 铜镜　2. 铁削　3. 陶缶　4. 陶囷　5. 陶罐

葬具葬式　葬具为木棺，板灰痕长方形，长2、宽0.7米，内有1副骨架，保存较好，头东，仰身直肢，右手置于腹部，左手置于胸前。右肩上方见1件铜镜，左肩上方见1件铁器。

2. 随葬器物

共5件，陶罐1件、陶缶1件、陶囷1件（图版二二，1），铜镜1枚，铁削1件。

陶罐　1件。标本M58：5，泥质灰陶，基本完整。方唇，侈口，短束颈，圆肩，鼓腹，下腹斜收，平底。肩部饰数圈暗弦纹，肩、腹部有竖绳纹和数圈凹弦纹。通高24.5、口径10.5、腹径25、底径11厘米（图八四，2）。

陶缶　1件。标本M58：3，泥质灰陶，基本完整。尖圆唇，平折沿，侈口，短束颈，斜广肩，下腹斜收，平底。肩部饰数圈凹弦纹和一圈波锯齿纹，腹部见一圈篦点纹。肩部刻画有两个陶文，“昌”字较大笔画粗壮；“䊜”字笔画较细。通高34、口径12.5、腹径37、底径18厘米（图八四，5；图八五）。

陶囷　1件。标本M58：4，泥质灰陶，完整。带瓦棱圆形顶，中央圆孔覆以碗形盖，上腹较直，下腹斜为收，平底内凹。腹上部紧贴檐下开工字形仓门，门壁上饰交叉斜线纹。器身饰几道云纹和锯齿纹。通高28、腹最大径35、底径16厘米（图八四，1；图版三〇，1）。

铜镜　1件。标本M58：1，铜质，残损严重。连弧纹镜。当为圆形，斜方缘，镜面较平。镜背为两周较宽凹弦纹带，之间为连弧纹带。直径14.7、缘厚0.23、肉厚0.15厘米（图八四，3）。

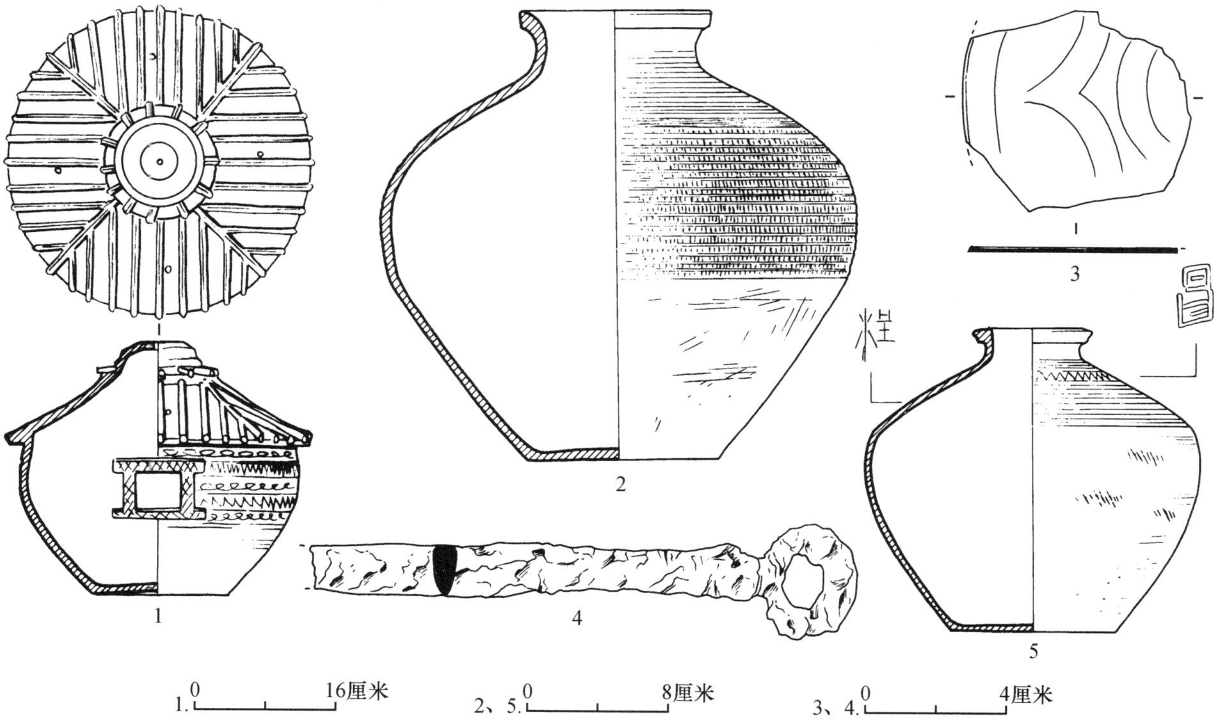

图八四　M58出土器物

1. 陶囷（M58：4）　2. 陶罐（M58：5）　3. 铜镜（M58：1）　4. 铁削（M58：2）　5. 陶缶（M58：3）

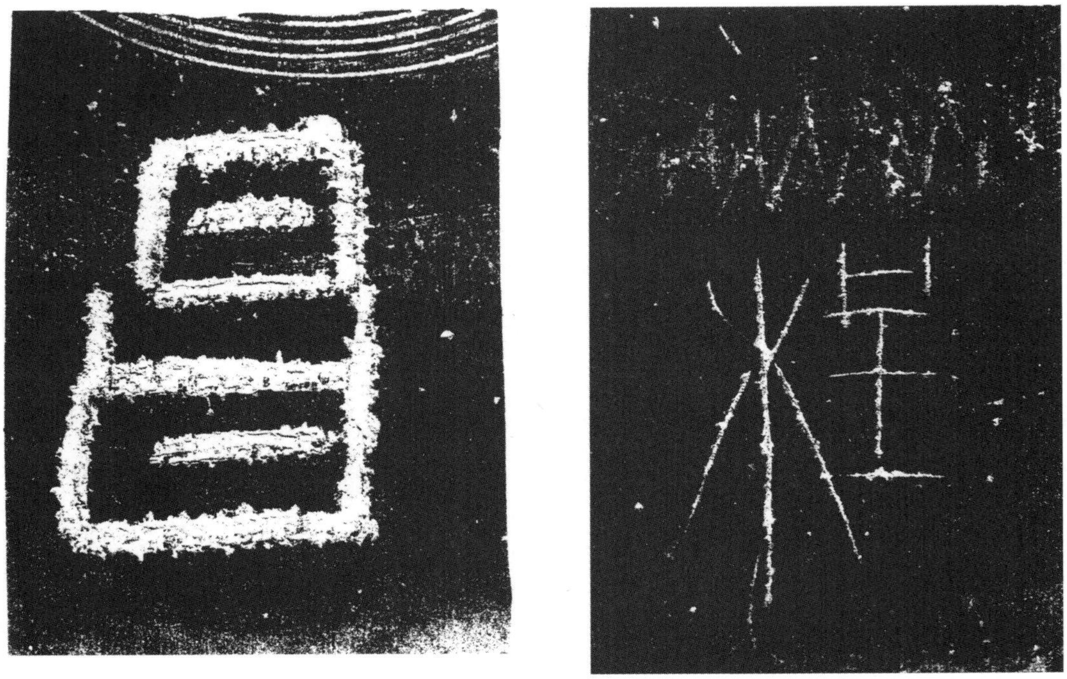

1　　2

0　　4厘米

图八五　M58出土陶缶文字拓片（M58：3）

1. M58：3-1　2. M58：3-2

铁削　1件。标本M58：2，表面锈蚀较严重，刀尖残。环首，刀身较窄，直背，单面刃。残长15、环首径长3.1、刀身宽1.3厘米（图八四，4）。

M59

1. 墓葬形制

位于发掘区西部，南邻M58，开口被机械损坏。方向265°，由竖穴墓道和土洞墓室组成，东西向，墓道在西，墓室在东（图八六）。

墓道　平面呈长方形，竖穴土坑，口大底小，口长3.5、宽2.2、残深0.78米。四壁收分为0.1米，墓道底长3.3、宽2米。墓道东南角见1件陶器。墓道中部靠北壁处有一直径0.9米盗洞。

封门　未发现封门痕迹。

墓室　位于墓道东壁，拱顶土洞。平面呈长方形，宽1、残高0.65、进深3米。墓室底高于墓道0.1米。墓室南壁有一方形小龛，宽0.8、残高0.3、进深0.7米，内有兽骨和3件随葬器物。

葬具葬式　葬具为木棺，板灰痕迹明显，呈长方形，长2.3、宽0.8米，内置有1副骨架和3件随葬器物。骨架保存较好，头向西，面向上，仰身直肢，四肢自然下垂。

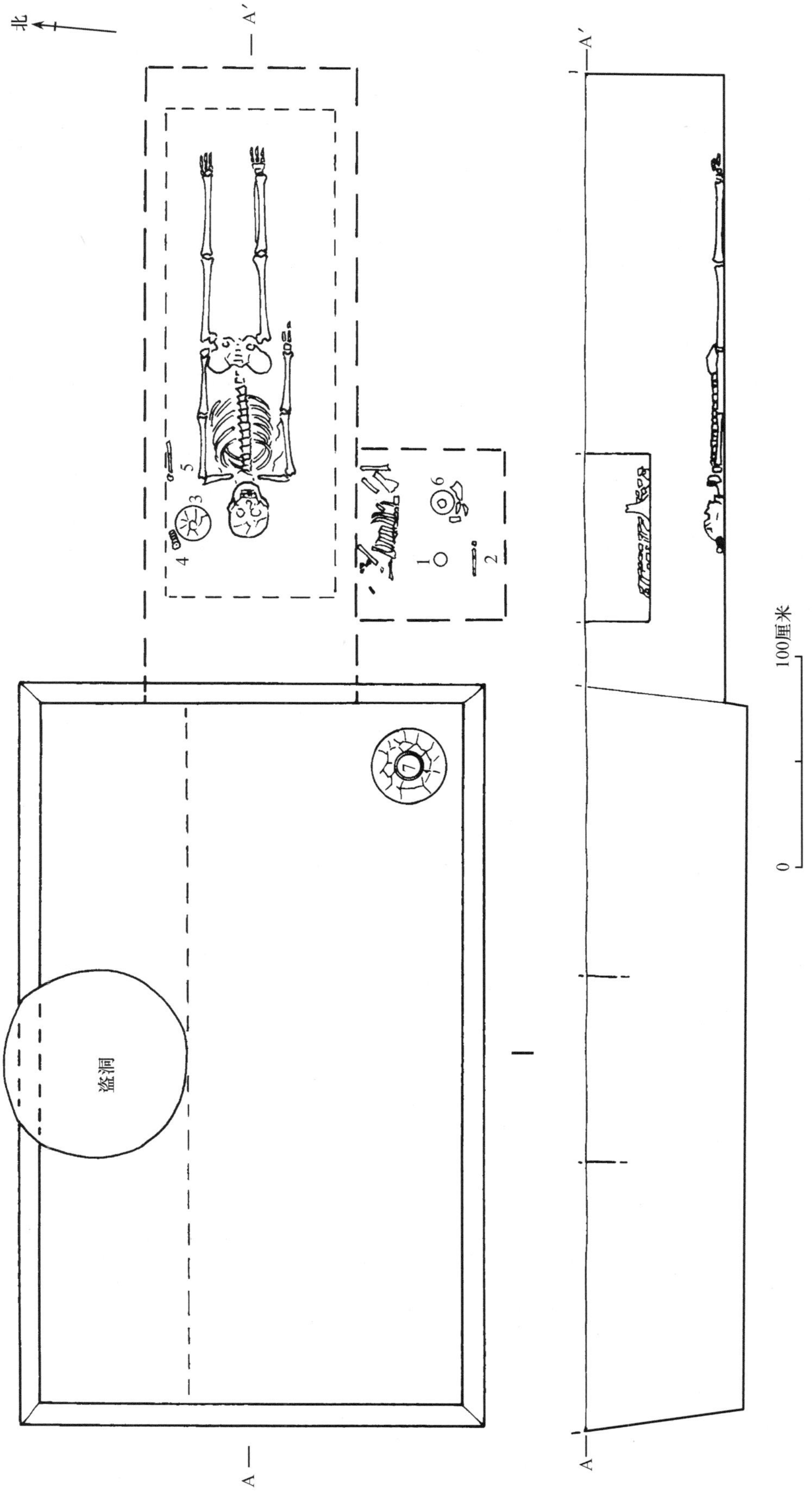

图八六　M59平、剖面图

1. 铜环　2、5. 铁削　3. 铜镜　4. 铜钱　6. 陶豆　7. 陶罐

2. 随葬器物

共7件，陶罐1件、陶豆1件，铜环1件、铜镜1件、铜钱24枚，铁削2件。

陶罐　1件。标本M59：7，泥质灰陶，修复完整。尖圆唇，平沿，侈口，束颈，斜广肩，圆折腹，上腹较直，下腹斜收，平底。肩部见按压弦纹与锯齿纹，腹部有两周凹弦纹与绳纹。通高34、口径13、腹径37、底径17厘米（图八七，4）。

陶豆　1件。标本M59：6，泥质灰陶，修复完整。尖圆唇，浅折腹，喇叭状豆柄中空。通高9、口径10.5、盘深1.3、柄高5.5厘米（图八七，5）。

铜镜　1件。标本M59：6，残成数片，无法复原，腐朽严重，图案不清。

铜环　1件。标本M59：1，表面轻微锈蚀，基本完整。圆环，剖面梯形。正、背面光滑平整。直径5.2、环宽1.03、厚0.4厘米（图八七，1）。

铜钱　24枚，保存完整。依钱径大小不同分为三型。

A型：边郭较窄的，钱形较规范，穿孔为方孔。钱径较小。“半两”字体较瘦长，“半”字上部方折，下横较长；“两”字上横略短，内呈“人”。共10枚，编号分别为M59：4-7、M59：4-8、M59：4-17、M59：4-18、M59：4-19、M59：4-20、M59：4-21、M59：4-22、M59：4-23、M59：4-24。钱径2.4～2.5、穿径0.7～0.8厘米（图八八，7、8；图八九，2～9）。

B型：边郭较窄，钱形较规范，穿孔为方孔。“半两”字体较大，“半”字上部方折，下横较长，“两”字上横较长，内呈“人”形。共9枚，编号分别为M59：4-1、M59：4-2、M59：4-3、M59：4-4、M59：4-5、M59：4-6、M59：4-13、M59：4-14、M59：4-15。钱径2.7～2.8、穿径0.7～0.8厘米（图八八，1～3、5、6、13～15）。

C型：边郭较窄，钱形较规范，穿孔为方孔。钱径、穿径最大。“半两”字体较大，“半”字上部方折，下横较短，“两”字上横较短，内呈“人”形。共5枚，编号分别为M59：4-9（图版

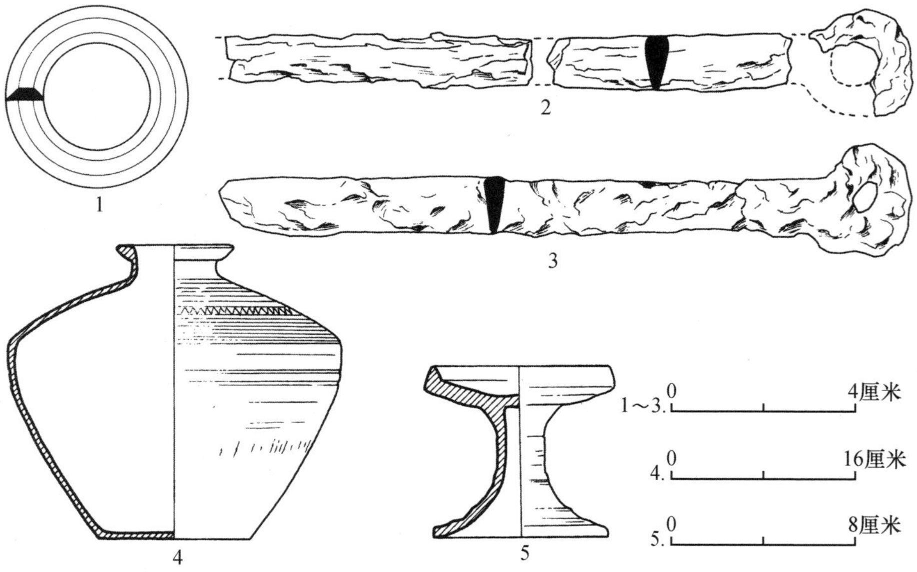

图八七　M59出土器物

1. 铜环（M59：1）　2、3. 铁削（M59：2、M59：5）　4. 陶罐（M59：7）　5. 陶豆（M59：6）

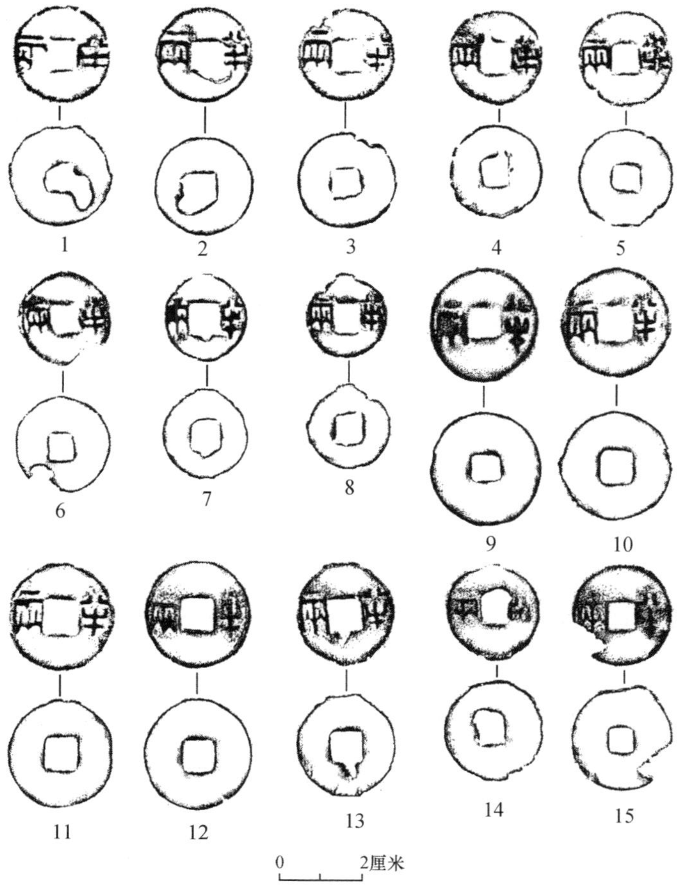

图八八　M59出土铜钱拓片

1～15. M59：4-1～M59：4-15

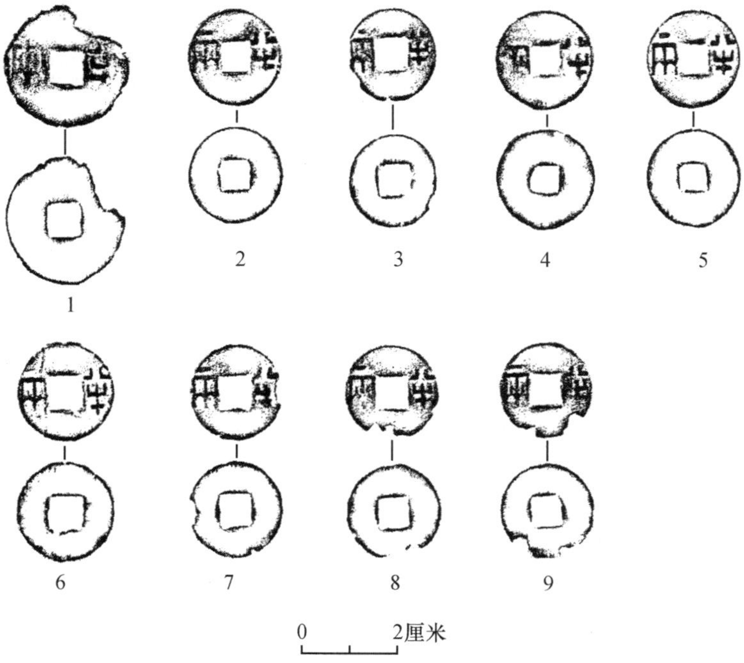

图八九　M59出土铜钱拓片

1～9. M59：4-16～M59：4-24

四二，2）、M59：4-10（图版四三，1）、M59：4-11、M59：4-12、M59：4-16。钱径3～3.1、穿径0.9～1厘米（图八八，9～12、14）。

铁削 2件。锈蚀严重，修复。标本M59：2，残断成3节。环首，身较直，剖面三角形。残长19、环首径3.2、刀宽1.7厘米（图八七，2）。标本M59：5，残成2节。环首，刀身较窄，刀背较直，单面刃，弧形尖。刀身有朽木痕。残长20、环首径3.2、刀宽1.7厘米（图八七，3）。

M62

1. 墓葬形制

位于发掘区东部，南邻M22、M21。方向355°，长方形竖穴土圹墓，南北向（图九〇）。

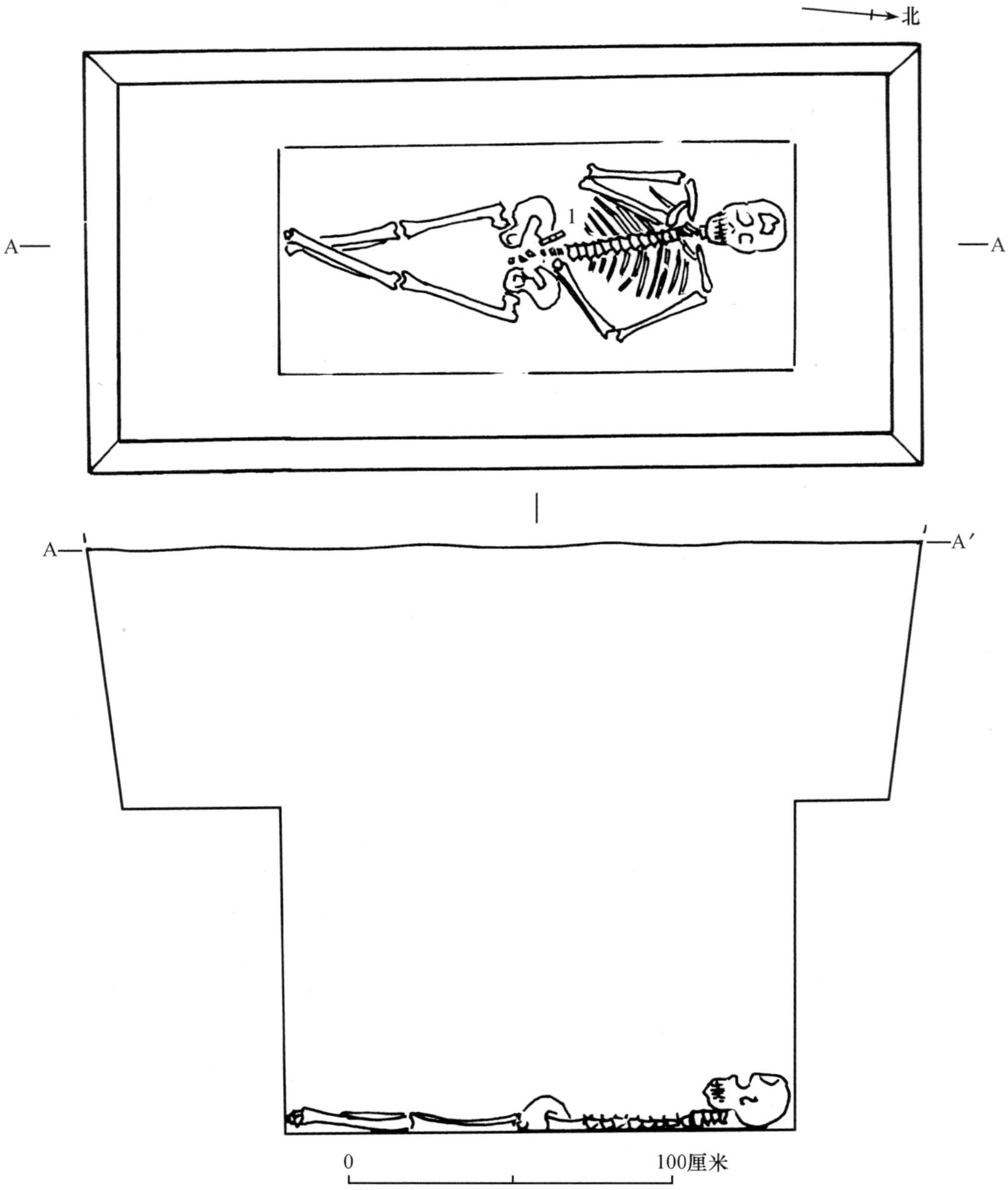

图九〇 M62平、剖面图

1. 铜带钩

墓道、墓室　平面呈长方形，竖穴土坑，口大底小，口长2.6、宽1.3、开口距地表0.8、距二层台0.8、距墓室底1.8米。墓道底部有二层台，北宽0.3、南宽0.5、东西宽0.2、高1米。四壁收分皆为0.1米。生土二层台垂直于墓底。墓室长1.6、宽0.7米。

葬具葬式　未见葬具痕迹。墓室底见1副骨架，保存尚好，头北面上，仰身直肢，右臂向上弯曲置于胸前，左臂置于胯骨部。下肢伸展，两脚交叠。胯部见1件带钩。

2. 随葬器物

铜带钩　1件。标本M62∶1，表面轻微锈蚀，基本完整。琵琶状。钩首兽头状，眼睛凸出，身较长，尾宽大。纽近中部，圆扣形纽较大，纽柱短粗。通长9.4、腹宽1.6、纽径1.2、纽高0.6厘米（图九一；图版三七，1）。

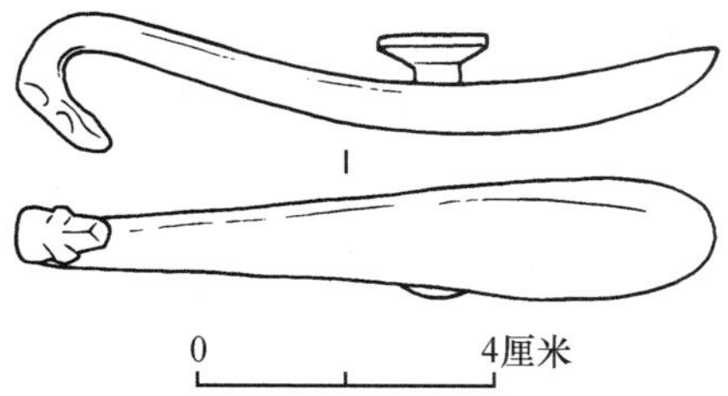

图九一　M62出土铜带钩（M62∶1）

M63

1. 墓葬形制

位于发掘区西部偏北，南邻M59，开口被机械损坏。方向275°，由竖穴墓道和土洞墓室组成，东西向，墓道在西，墓室居东（图九二）。

墓道　平面呈长方形，竖穴土坑，口大底小，口长6.5、宽4.4、开口距墓道底6、四壁收分为0.4～0.5米。墓道底长5.5、宽3.4米。墓道北壁东部有一直径0.8米盗洞直达墓底。

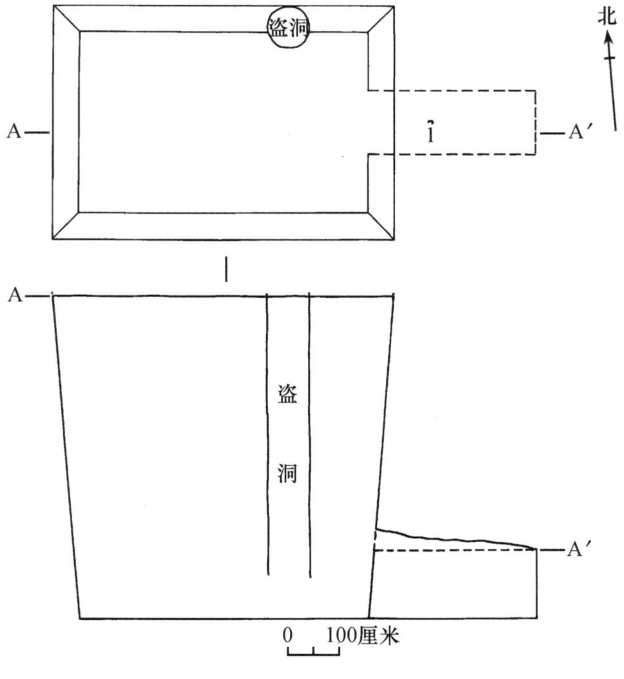

图九二　M63平、剖面图
1. 玉饰

墓室　位于墓道东壁，拱顶土洞。平面呈长方形，高1.3、宽1.2、进深3.2米。墓室口部坍塌。

葬具葬式　未见葬具痕迹，葬式不详。

2. 随葬器物

玉饰　1件。标本M63：1，应为玉璧残块，内厚外薄。色灰白，玉质较差。表面部分见红色颜料痕迹。宽2.1、径约7.3、厚0.13厘米（图九三）。

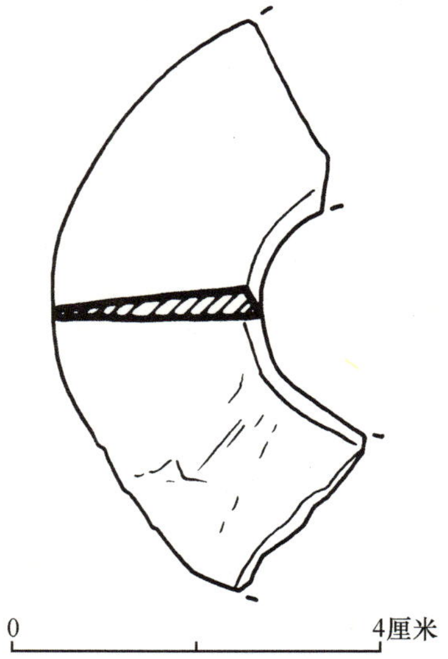

图九三　M63出土玉饰（M63：1）

M65

1. 墓葬形制

位于发掘区西端，北邻M58，开口被机械损坏。方向265°，由竖穴墓道和土洞墓室组成，东西向，墓道在西，墓室居东（图九四）。

墓道　平面呈梯形，竖穴土坑，口大底小，口长4、宽2、残深0.6米。四壁收分为0.05米。墓道底长3.9、宽1.9米。

墓室　位于墓道东壁，拱顶土洞。平面呈长方形，宽1.1、残高0.8、进深2.7米。墓道东壁（墓室口部）随葬有7件陶器。

封门　未发现封门痕迹。

葬具葬式　葬具为木棺，灰痕长方形，长2、宽0.9米，内见1副骨架，保存较好，头西，仰身直肢，右手置于腹部，左手垂于跨间。胯部有1件带钩、左肩斜上方见1件铁锛。

2. 随葬器物

共7件，陶鼎1件、陶盒1件、陶罐1件、陶缶1件、陶豆1件，铜带钩1件，铁锛1件。

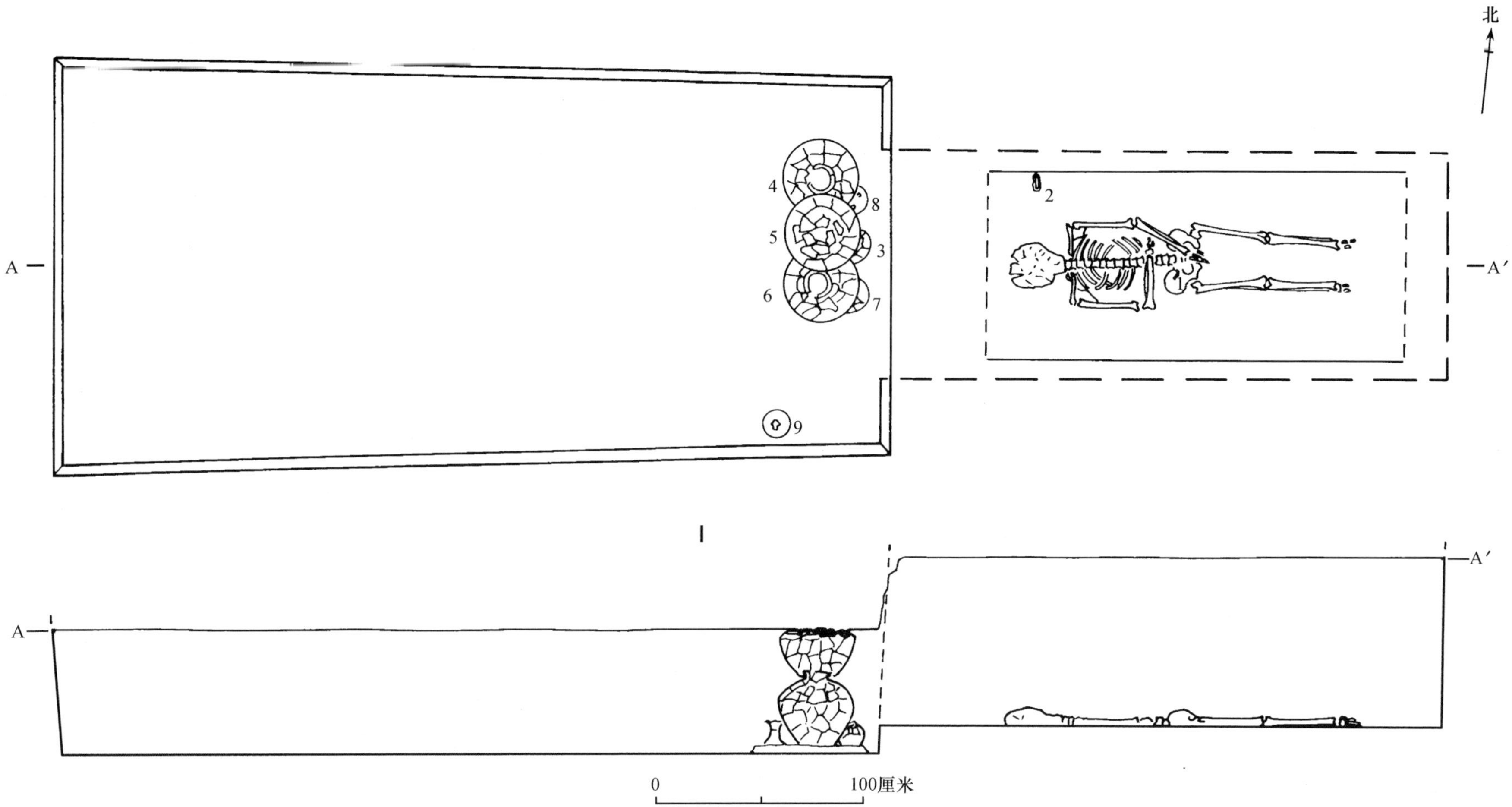

图九四　M65平、剖面图

1. 铜带钩　2. 铁锛　3. 陶盒　4～6. 陶罐　7. 陶缶　8. 陶鼎　9. 陶豆

陶鼎　1件。标本M65：8，泥质灰陶，修复完整。覆钵形盖，弧顶，折壁，浅腹。三扁棱状纽均匀分布，顶上见压印暗弦纹和波折状锯齿纹。器身敛口，斜沿，上腹较直，附两方形外撇耳，下腹较深，圜底，蹄足。腹部见一周凸棱纹。通高15、口径13.5、腹径16.5、腹深8、足高3.5厘米（图九五，2）。

陶盒　1件。标本M65：3，泥质灰陶，修复完整。覆碗形盖，方唇，弧壁，圈足形捉手。外见按压缠绕弦纹及两周凸弦纹。器身直口，平沿，子母扣，上腹较直，下腹斜内收，假圈足，平底内凹。器身见两周凸弦纹。通高11.5、口径14、腹径16、腹深6.6、足高0.3、底径6.5厘米（图九五，6）。

陶罐　1件。标本M65：6，泥质灰陶，完整。尖圆唇，斜沿，侈口，束颈，斜广肩，折腹，下腹斜内收，大平底。肩部见一刻画“東”字。肩部见宽弦纹，下腹见细绳纹。通高32、口径12.8、腹径36.8、底径18.4厘米（图九五，3）。

陶缶　1件。标本M65：7，泥质灰陶。尖圆唇，斜沿，侈口，短束颈，斜广肩，折腹，下腹

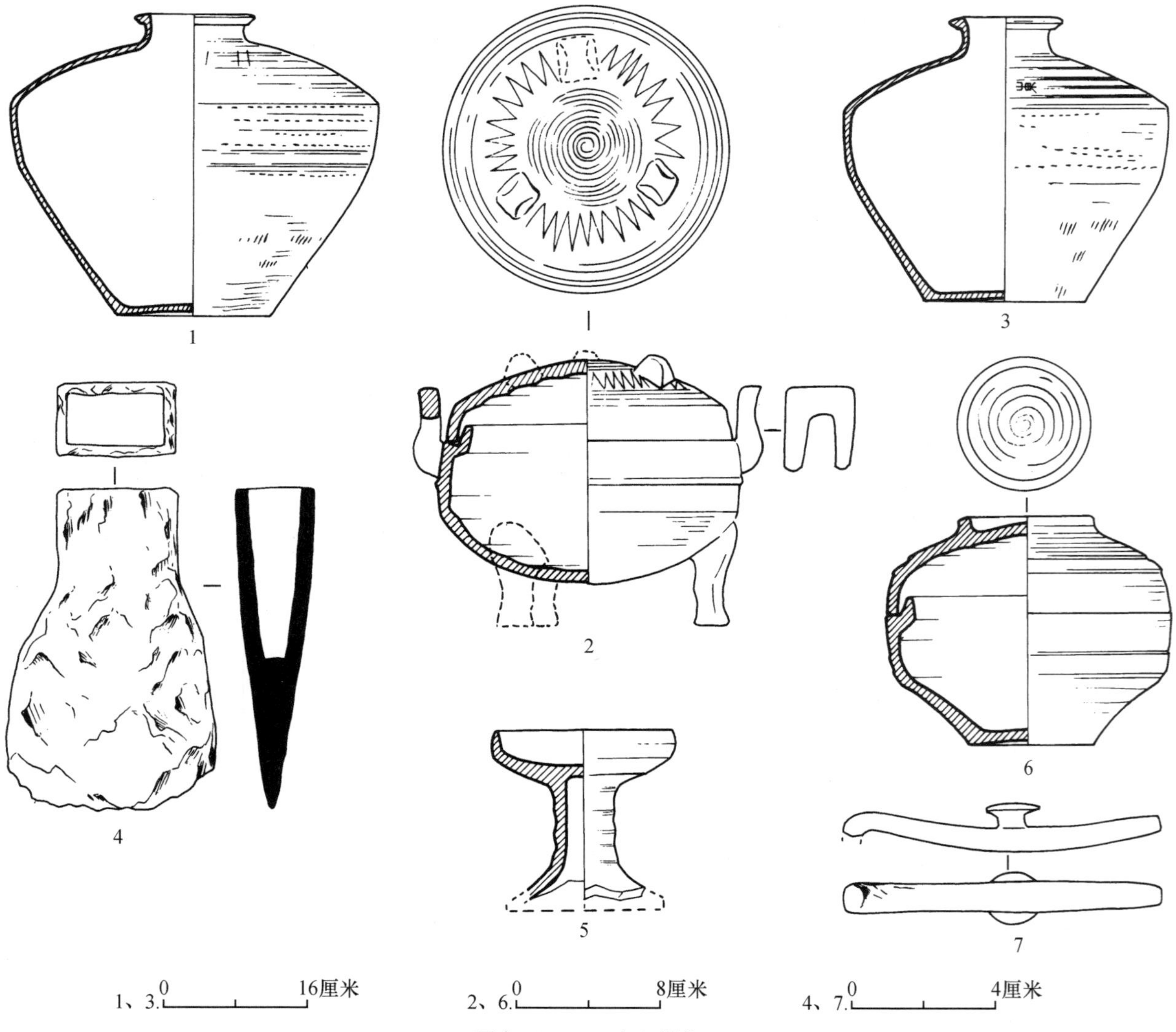

图九五　M65出土器物

1. 陶缶（M65：7）　2. 陶鼎（M65：8）　3. 陶罐（M65：6）　4. 铁锛（M65：2）　5. 陶豆（M65：9）　6. 陶盒（M65：3）　7. 铜带钩（M65：1）

斜内收，较深，大平底。肩部见数圈暗弦纹，腹部饰锥刺纹与细绳纹。通高34、口径13.6、腹径41.6、底径17.6厘米（图九五，1）。

陶豆　1件。标本M65：9，泥质灰陶，底部已残。尖圆唇，直壁，底圆折，圆柱状豆柄较粗，中空。残高8.8、盘径10、盘深1.6厘米（图九五，5）。

铜带钩　1件。标本M65：1，表面轻微锈蚀，钩首残。细棒状，纽近中部，圆扣形纽较大，纽柱较短。残长9.2、腹宽1、纽径1.3、纽高0.5厘米（图九五，7）。

铁锛　1件。标本M65：2，表面锈蚀较严重。上窄下宽，方形銎孔，内留朽木痕迹，刃部薄宽，刃口尖锐。通高9.2、刃宽6.3、銎孔长2.8、宽1.4厘米（图九五，4）。

M67

1. 墓葬形制

位于发掘区东部，南邻M23、M62。方向85°，由竖穴墓道和土洞墓室组成，东西向，墓道在东，墓室居西。M67被M69打破（图九六）。

墓道　平面呈长方形，竖穴土坑，口大底小，口长3.7、宽2.6米，开口距地表1、距墓道底4.3米。四壁收分为0.3米。墓道底长3.1、宽2米。

封门　未见封门。

墓室　位于墓道西壁，土洞拱顶。平面呈长方形，宽0.9、高1.2、进深3米。墓室高出墓道0.1米。

葬具葬式　葬具为木棺，板灰痕长方形，长1.6、宽0.6米，见1副骨架，保存较好，头东面上，仰身屈肢。

2. 随葬器物

墓道、墓室未见随葬器物。

M68

1. 墓葬形制

位于发掘区中部，M46、M49中间，开口被机械损坏。方向265°，由竖穴墓道和土洞墓室组成，东西向，墓道在西，墓室居东（图九七）。

墓道　平面呈长方形，竖穴土坑，口大底小，口长4.7、宽3.7、深4.7米。南北两壁收分为0.5米，东西两壁收分0.4米。墓道底长3.9、宽2.9米。墓道南壁有一直径0.8米盗洞。

封门　未见封门痕迹。

墓室　位于墓道东壁，土洞拱顶。平面呈长方形，宽1.2、高1.4、进深3.1米。墓室口部上端也

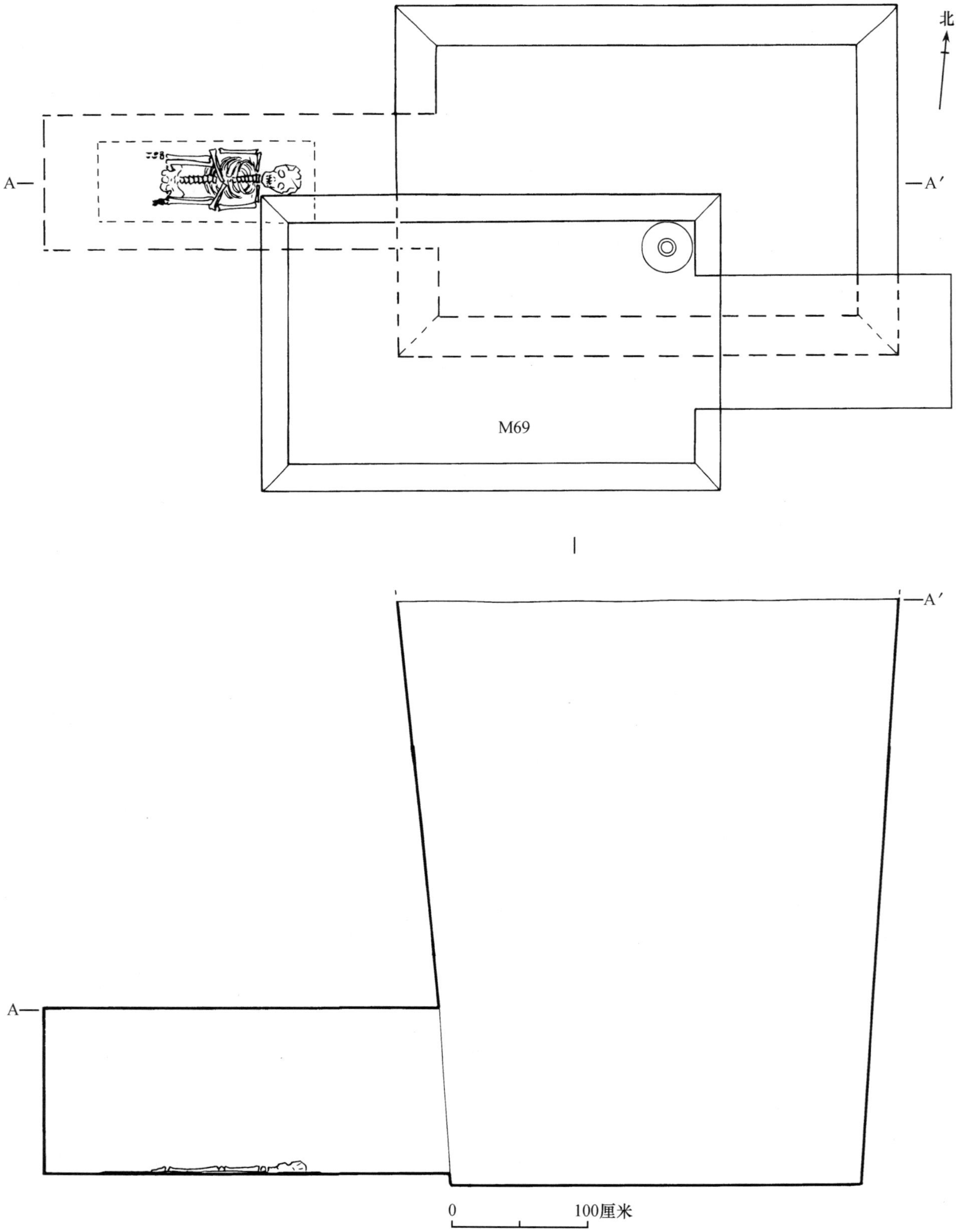

图九六　M67平、剖面图

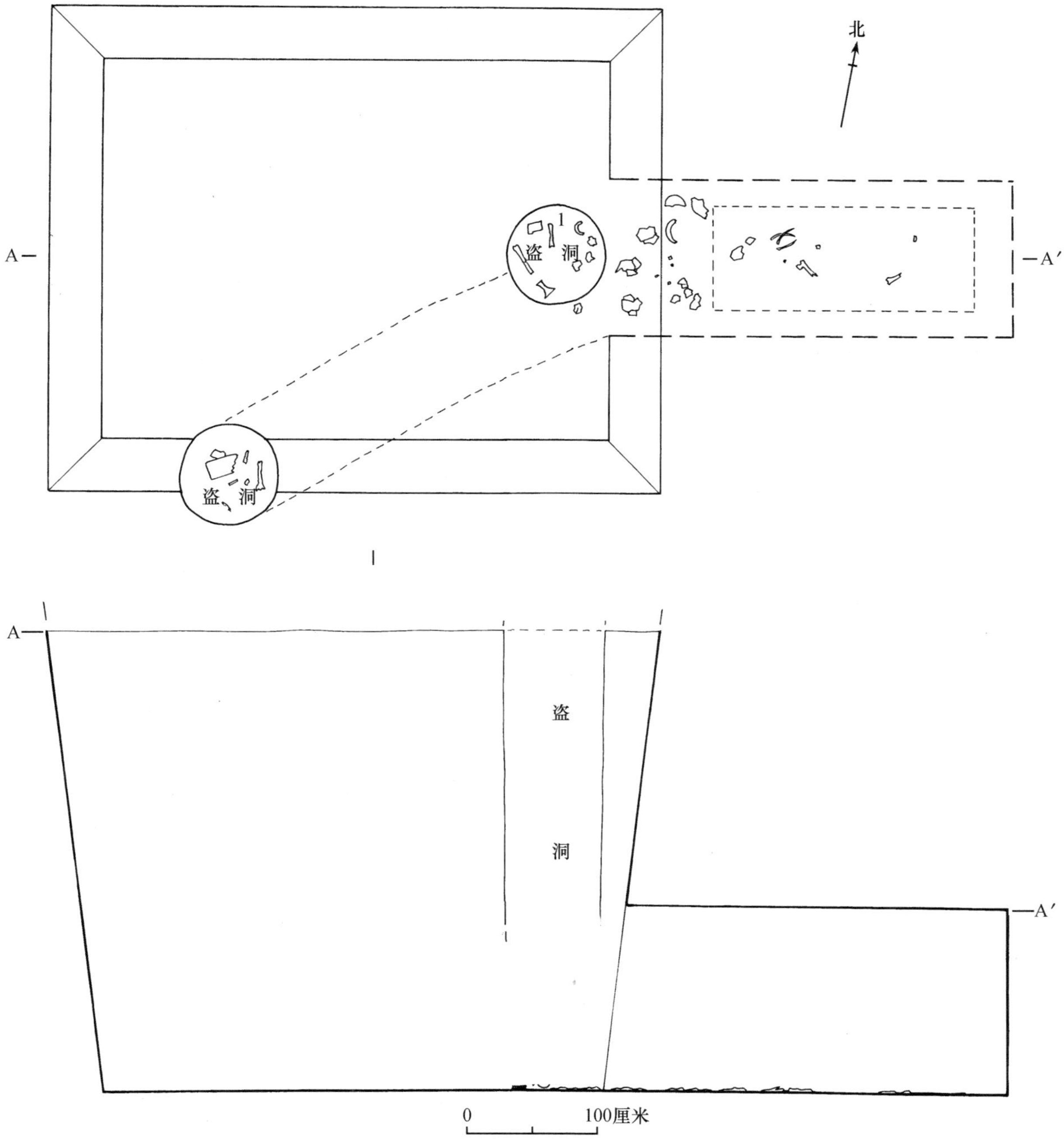

图九七　M68平、剖面图

1. 陶豆

有一直径0.8米盗洞。

葬具葬式　葬具为木棺，板灰痕长方形，长2、宽0.8米。因严重盗扰，盗洞口可见大量陶器残片和骨架残片，葬式不详。在墓室口盗洞处见1件陶豆。

2. 随葬器物

陶豆　1件。标本M68：1，泥质灰陶，修复完整。豆盘较大 圆唇，侈口，浅腹，折壁，弧底，豆柄较粗；底座喇叭口。器身见数周弦纹。通高9、盘径10.2、深0.8、底座径8厘米（图九八）。

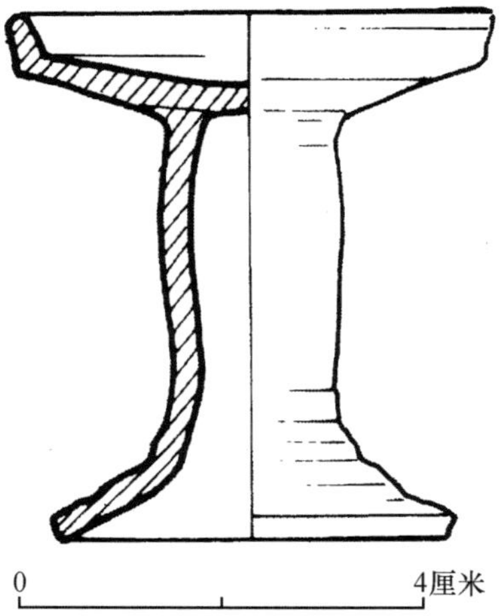

图九八　M68出土陶豆（M68：1）

M69

1. 墓葬形制

位于发掘区东部，南邻M23、M62。方向265°，由竖穴墓道和土洞墓室组成，东西向，墓道在西，墓室居东。M69打破M67（图九九）。

墓道　平面呈长方形，竖穴土坑，口大底小，口长3.5、宽2.2米，开口距地表1、距墓道底2.6米。四壁收分为0.2米。墓道底长3.1、宽1.84米。

封门　未见封门痕迹。

墓室　位于墓道东壁，土洞拱顶。平面呈长方形，宽1、进深1.95、墓室口坍塌现高1.2米。

葬具葬式　葬具葬式不详。

2. 随葬器物

陶罐　1件。标本M69：1，泥质灰陶，基本完整。尖唇，斜沿，短束颈，溜肩，折腹，下腹内收，平底。肩部饰有暗弦纹和波折状锯齿纹，腹部饰有一圈篦点纹。通高32、口径13、腹径38、底径18厘米（图一〇〇）。

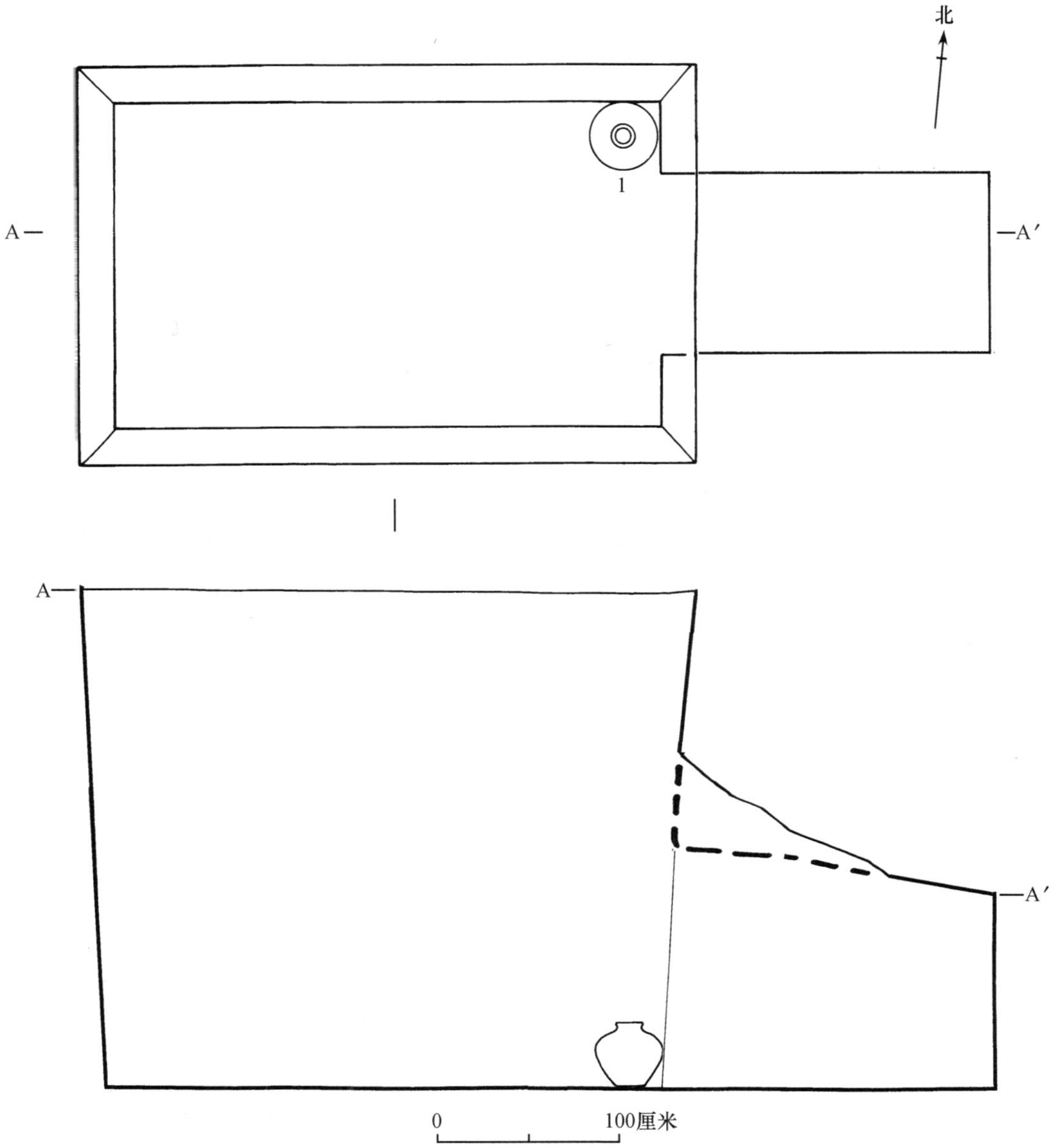

图九九　M69平、剖面图

1. 陶罐

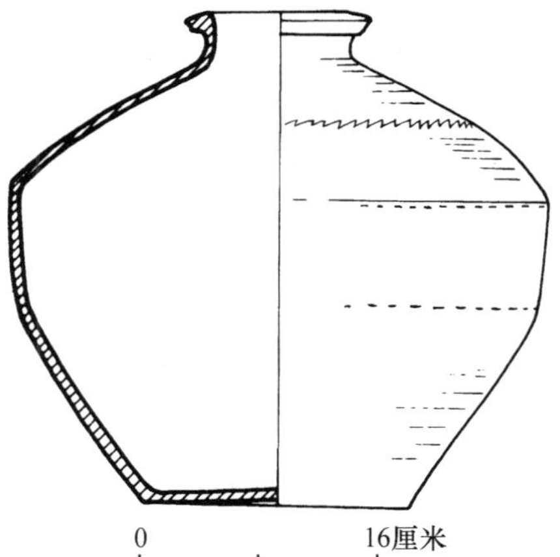

图一〇〇　M69出土陶罐（M69：1）

第二章　尹王村秦墓资料

第一节　地理位置与墓葬分布

2006年在咸阳市东郊望贤路（当时暂名为渭城西路）进行考古发掘时，先在渭城区渭阳镇塔尔坡三组东北，望贤路与东风路夹角东北、南距中五台道观约100米处（望贤路AD段）发掘四座墓葬。后来命名为第一发掘区，墓葬编号从M1开始。其中2座为秦墓，1座为汉墓，秦墓编号为M1、M8（图一〇一）。接下来在咸阳市渭城区渭阳镇尹王村西南，东距尹王村、南距咸铜铁路约200米处考古发掘，命名为第二发掘区，墓葬编号从M101开始，因此第一、第二发掘区墓葬编号不会混淆。此处路基南北宽100米，发掘区呈西南、东北走向。

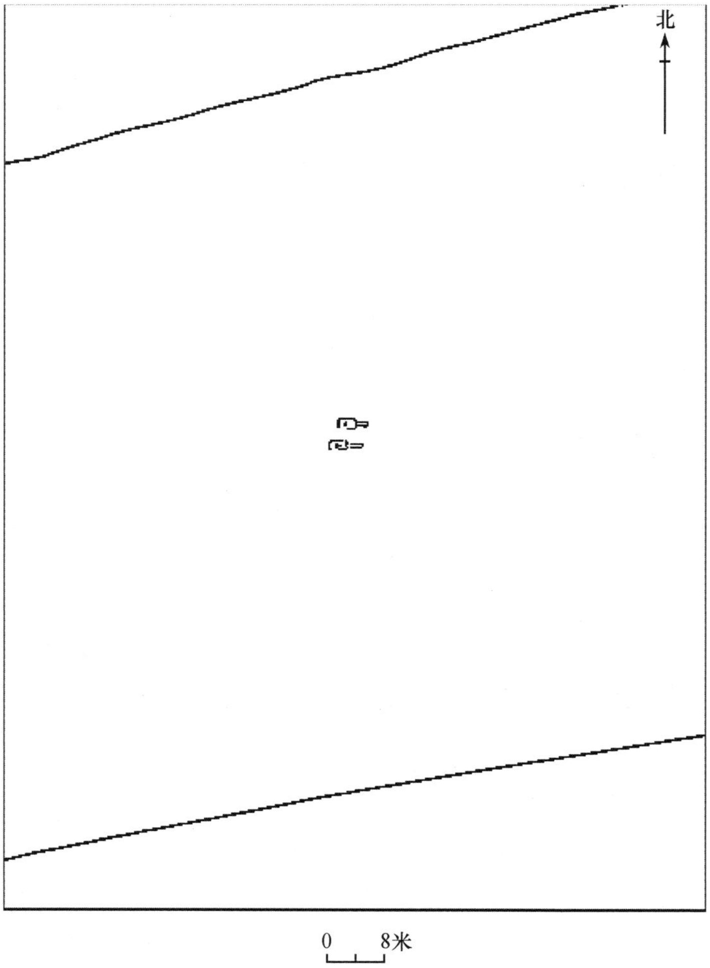

图一〇一　尹王村秦墓第一发掘区分布图

地层堆积可分四层。

第1层：耕土层，厚约20厘米，土色为褐色，土质松散，含大量植物根系、砖石块。

第2层：近代堆积层，厚约30厘米，黄褐色，土质较硬，内含少量瓦片。

第3层：唐宋堆积层，厚约30厘米，土质黑褐色。

第4层：秦汉文化层，厚约55厘米，土质红褐色，较硬。所有秦墓皆开口于3层下。

第二发掘区域内发掘墓葬146座，秦墓132座，其他时代墓葬14座。132座秦墓，主要分布于两处，没有出土器物的，依据墓葬形制与葬式推断为秦墓（图一〇二）。

第二节　尹王村秦墓资料

M1

1. 墓葬形制

位于发掘区AD段，南邻M5。方向265°，由竖穴墓道和土洞墓室两部分组成（图一〇三）。

墓道　平面呈长方形，竖穴土坑，口大底小，开口距地表约3米，距墓底1.4米。开口残长3.52、宽2.3、墓底长3.16、宽1.94、四壁收分0.18米。

墓室　位于墓道东壁，墓室顶部已坍塌。平面呈长方形，进深3.02、宽1.3、高1.18、墓室底高于墓道0.14米。墓室南壁靠近墓道处有一壁龛，向东南延伸，平顶。高0.46、宽0.6、进深0.45米。龛内未见器物。

封门　墓室口部未见封门痕迹。

葬具葬式　葬具为木棺，棺痕明显，平面长方形，残长1.7、宽约0.7、灰厚0.06米。内见1副骨架，保存较好。头向西、面向南，仰身直肢，四肢自然下垂。骨架内发现3件料珠和1件铜带钩，棺灰内发现2件铜管饰。

2. 随葬器物

共6件，计有铜管饰2件、铜带钩1件，料珠3件。

铜管饰　2件。铜质，表面轻微锈蚀。标本M1：1，管状，体型较短，一端封闭。管内见木质残留。通长3.1、口径2.6、壁厚0.1～0.2厘米（图一〇四，1）。标本M1：2，形状与标本M1：1相似，较长。中部有两小孔，可对望。管内见木质残留。通长5.8、口径2.5、壁厚0.1厘米（图一〇四，3）。

铜带钩　1件。标本M1：3，铜质，钩首残缺，表面轻微锈蚀。钩体窄长，钩背弯曲较小，纽近尾部偏中。圆扣形纽较大，纽柱短粗。残长6.2、腹宽1.2、纽高0.6、纽径1.2厘米（图一〇四，2）。

料珠　3件。材质不详，表面稍残。标本M1：5，珠体扁圆形，中部有较大穿孔。底色灰白泛兰。直径1.3、孔径0.6、厚0.5厘米（图一〇四，4）。标本M1：4、标本M1：6与标本M1：5形制相近（图一〇四，5、6）。

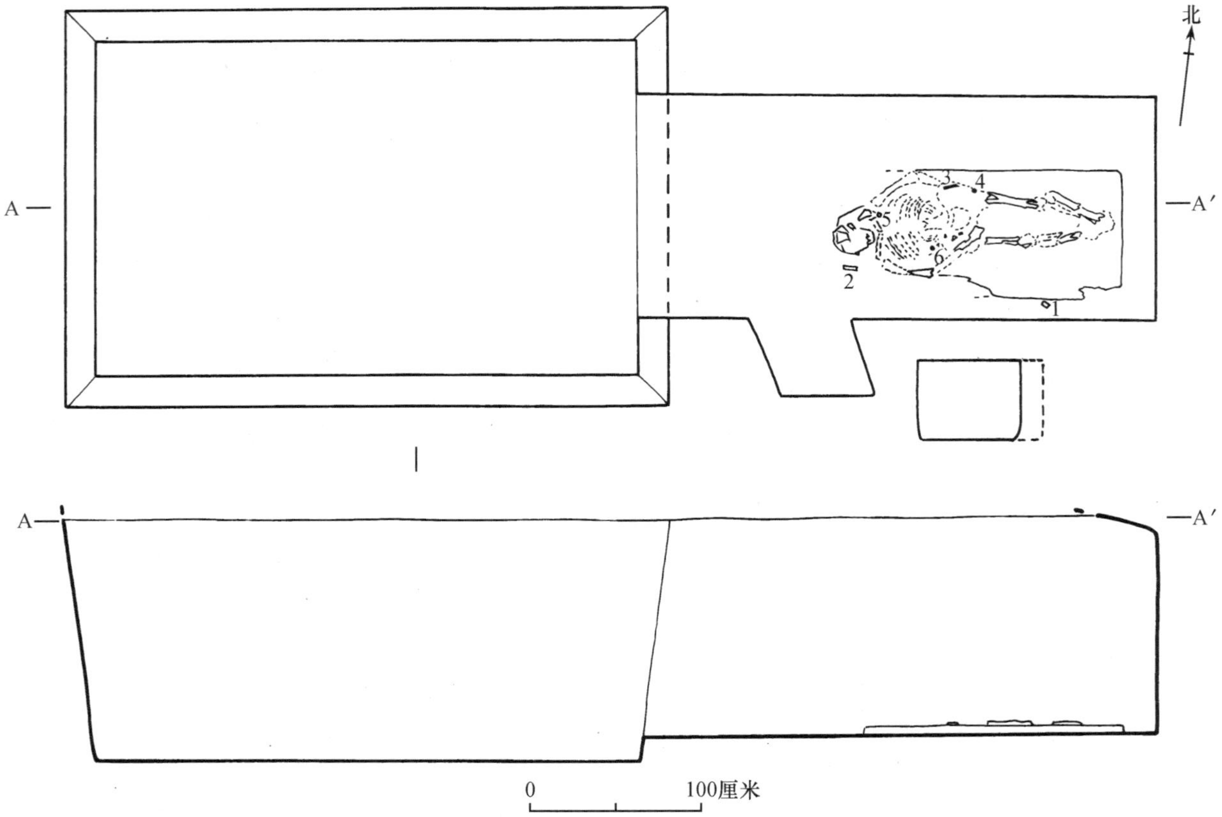

图一〇三　M1平、剖面图

1、2. 铜管饰　3. 铜带钩　4～6. 料珠

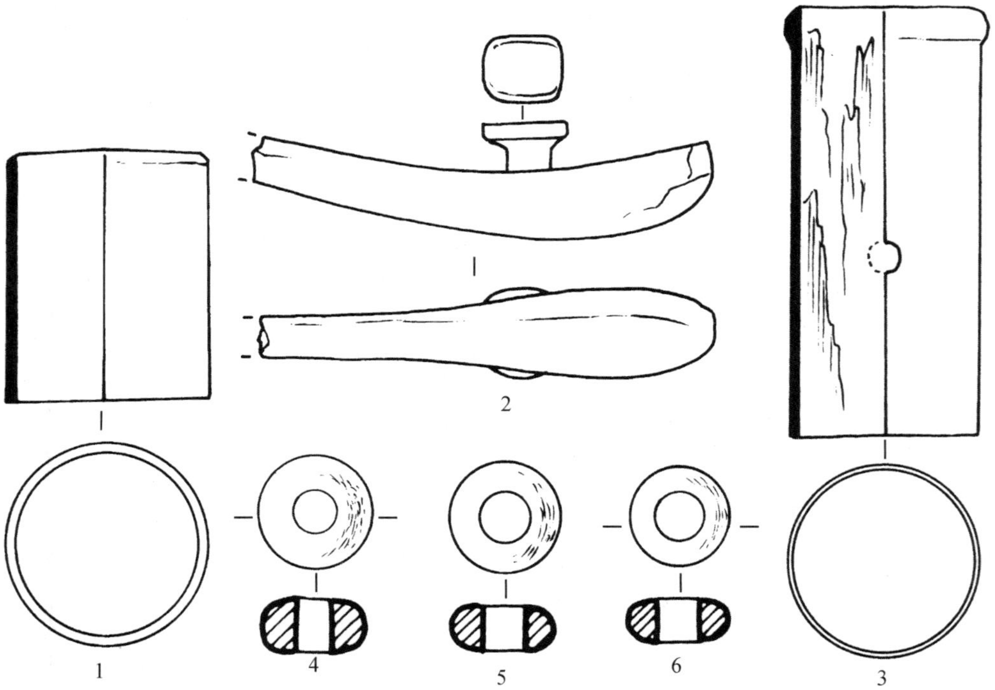

图一〇四　M1出土器物

1、3. 铜管饰（M1∶1、M1∶2）　2. 铜带钩（M1∶3）　4～6. 料珠（M1∶5、M1∶4、M1∶6）

M8

1. 墓葬形制

位于发掘区AD段，南邻M5。方向265°，由竖穴墓道和土洞墓室两部分组成（图一〇五）。

墓道　位于墓室西部，顶部残。平面呈长方形，开口距地表约3、距墓底0.96、长2.97、宽1.7米。墓道东南角见一陶豆。

墓室　位于墓道东壁，平面呈不规则长方形，西宽1、东宽1.06、进深约3.1米。墓室北壁西北角有一小龛，进深0.45、宽0.6、高0.4米，龛内置4件陶器。

封门　墓室口土坯封门，残留3层。高约0.3、长0.94、宽0.38米。

葬具、葬式　葬具不详，仅见少量灰痕，其内骨架保存较差，可辨头向西，仰身屈肢。头西部见1件陶釜，骨架中发现铜钱和残瓦。

2. 随葬器物

共8件，陶鼎1件、陶盒1件、陶蒜头壶1件、陶罐1件、陶釜1件、陶豆1件，铜钱（半两）1枚，残瓦3块。

陶鼎　1件。标本M8：1，泥质灰陶，残。盖方唇，圆折腹，平顶。器身，尖唇，敛口，平沿，上腹较直，下腹圆收平底，双附耳外撇。马蹄状足，短粗。盖顶扁棱三角形纽，居中分布；盖上饰压印同心圆弦纹及锯齿纹。腹外见数道弦纹。通高16、口径14、腹径17.8、腹深9.8、足高5厘米（图一〇六，4）。

陶盒　1件。标本M8：2，泥质灰陶，残。覆碗形盖，方唇，圆折腹，圈足形捉手。盒体尖圆唇，敛口，平沿，上腹较直，下腹斜收，平底。盖捉手内见压印同心弦纹，腹外壁见数道弦纹。通高13、口径14.4、腹径16.8、腹深8.4、底径8厘米（图一〇六，6）。

陶蒜头壶　1件。标本M8：3，泥质灰陶，残。口部蒜头形，颈较粗，斜广肩，上腹圆鼓，下腹斜内收，大平底。颈、肩部见数道弦纹，腹部见两周绳纹。通高21、腹径18.6、底径9.6厘米（图一〇六，3）。

陶罐　1件。标本M8：4，泥质灰陶，残。方唇宽平沿侈口，短颈，斜肩，圆鼓腹，下腹斜内收，平底。肩、腹部见竖绳纹和数道凹弦纹及一刻画“中”字。高23.3、腹径28.9、底径11.6厘米（图一〇六，1）。

陶釜　1件。标本M8：7，夹砂红陶，残。斜沿，侈口，短束颈，上腹圆鼓，下腹圜收。肩部见断耳痕，下腹及底部见方格纹。口径8.4、高9、腹径12、壁厚4厘米（图一〇六，2）。

陶豆　1件。标本M8：5，泥质灰陶，修复完整。豆盘尖圆唇敞口，折腹，平底。竹节状柄短粗，底部喇叭状，中空。通高7.9、盘径10.5、盘深1.4、底径7.8厘米（图一〇六，9）。

铜钱　1枚。标本M8：6，铜质，基本完整。圆形，周边稍残，钱径较小，方形穿孔较大。

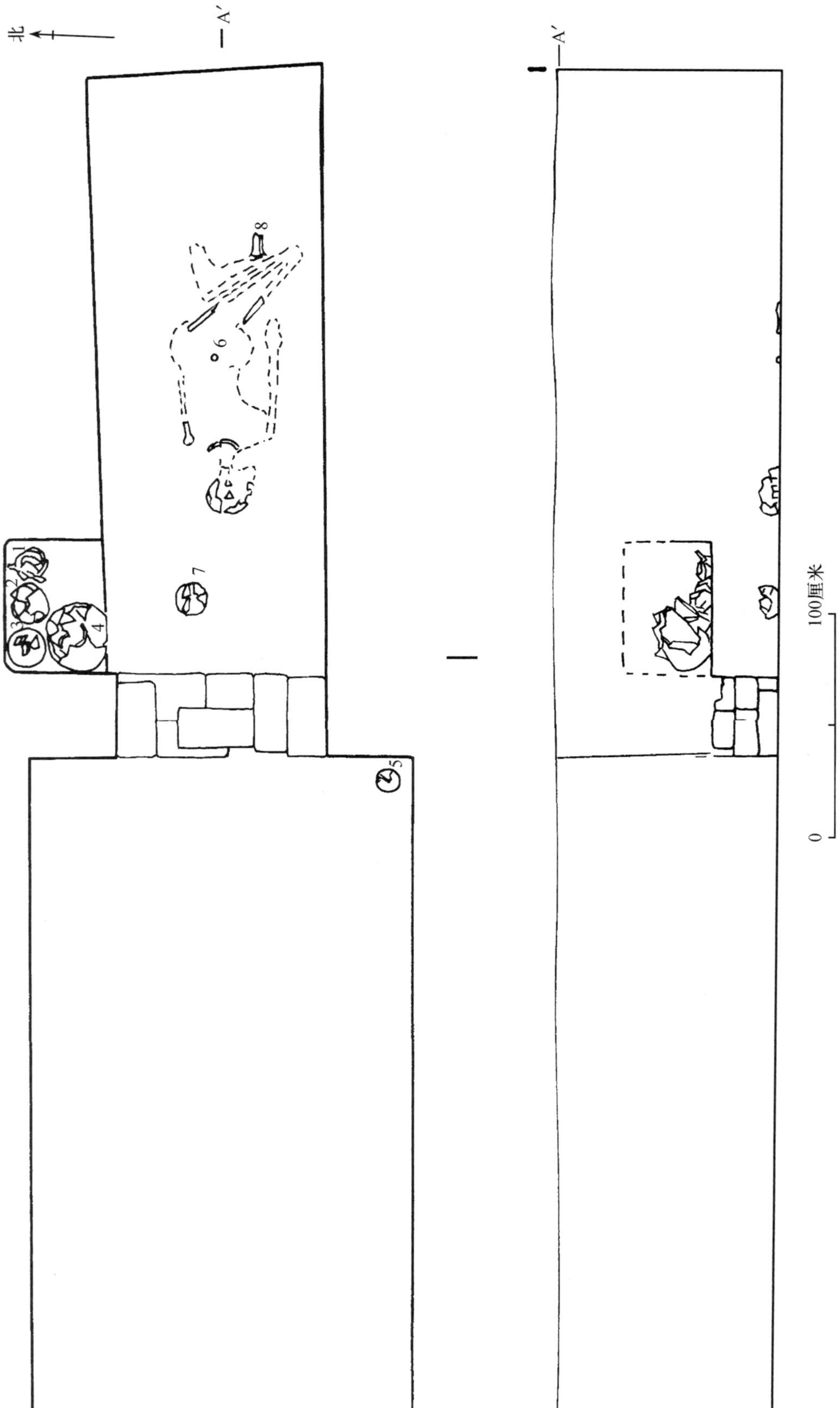

图一〇五　M8平、剖面图

1. 陶鼎　2. 陶盒　3. 陶蒜头壶　4. 陶罐　5. 陶豆　6. 铜钱　7. 陶釜　8. 残瓦

"半"字上部为八字形，下横笔较短；"两"字上横右偏。径2.5、孔径0.9～1.02厘米（图一〇六，8）。

残瓦　3块。皆残。标本M8：8，半弧形，瓦面有绳纹。残高4、宽7厘米（图一〇六，7）。

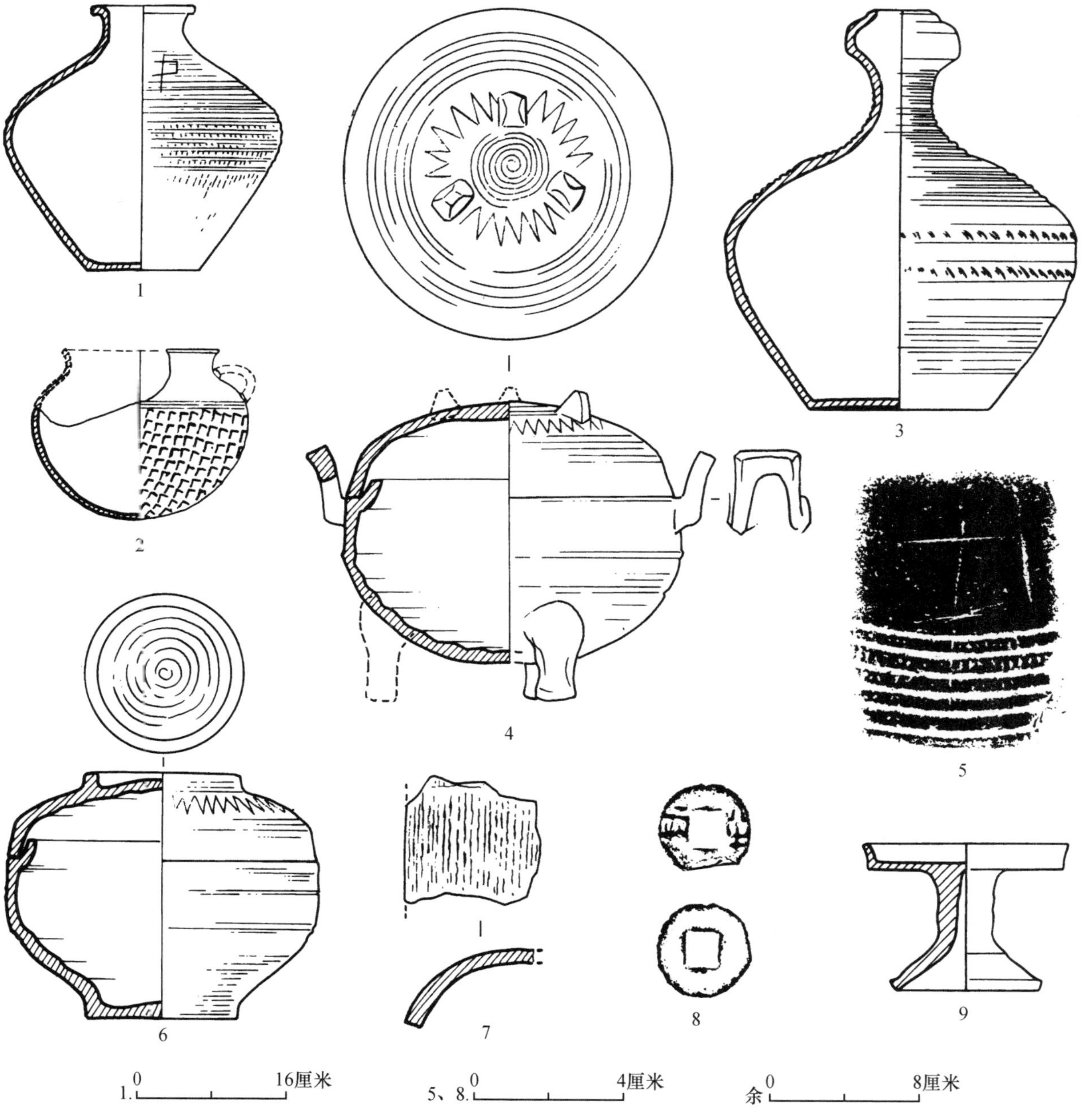

图一〇六　M8出土器物及刻划纹拓片

1. 陶罐（M8：4）　2. 陶釜（M8：7）　3. 陶蒜头壶（M8：3）　4. 陶鼎（M8：1）　5. 陶罐刻划纹拓片（M8：4）　6. 陶盒（M8：2）　7. 残瓦（M8：8）　8. 铜钱（M8：6）　9. 陶豆（M8：5）

M101

1. 墓葬形制

位于发掘区中段，南邻M102、M109。方向270°，长方形竖穴土圹墓，东西向（图一〇七；图版一二，1）。

墓道、墓室　平面呈长方形，竖穴土坑，四壁竖直，开口距地表1.3米，长0.9、宽0.56、深0.76米。墓底中部一小坑，不规则，深0.24米。瓮棺口和底分别置一陶盆。

葬具、葬式　葬具为陶瓮，东西倒置于墓底小坑中，略偏东。瓮棺口部有骨架1副，头向西，经判断似为二次葬。瓮棺采集，作为出土器物。随葬物有铜带钩1件和料珠1件（23粒）。

2. 随葬器物

共5件，陶瓮棺1件、陶鬲1件、陶盆1件，铜带钩1件，料珠1件（23粒）。

陶瓮棺　1件。标本M101：4，泥质灰陶，残。圆唇，侈口，短颈，鼓腹，下腹圆弧内收。颈部饰一圈锥刺纹，腹部饰七道宽度不一交叉细绳纹。口径0.34、腹径0.98、底径0.4、通高1米（图一〇八，1）。

陶鬲　1件。标本M101：3，夹砂灰陶，残。子母敛口，束颈，圆肩直腹，袋足钝圆，裆底较平。腹上半部饰斜错粗绳纹，下半部及足、裆部饰压印方格纹。口径29.6、腹径43.2、足高0.6、壁厚0.6、通高28.8厘米（图一〇八，3）。

陶盆　1件。标本M101：2，泥质灰陶，基本完整。方圆唇，斜沿侈口，深腹。上腹略内收，中腹外凸，下腹斜内收，平底微内凹。上腹饰两周凹棱纹，中腹饰一周凸棱。口径21.3、腹深9.1、底径7.9、通高9.5厘米（图一〇八，2）。

铜带钩　1件。标本M101：1，完整。钩首兽面形，顶有角，长颈宽腹。圆扣钩纽，纽柱短粗。素面无纹饰。腹宽1.6、纽高1.5、通长4.5厘米（图一〇九，2）。

料珠　1件（大小20余粒），皆为不规则圆形，中部穿孔。以形体大小、颜色、纹饰分三类。第一类 17粒，灰白色，形体小于1厘米。第二类4粒，红色。标本M101：5-1，外径1、高0.7、孔径0.2厘米（图一〇九，5）。标本M101：5-2，外径1、高0.5、内径0.2厘米（图一〇九，1）。标本M101：5-3，外径1、高0.8、内径0.2厘米。第三类2粒， 灰白色，外饰乳钉纹（图一〇九，3）。标本M101：5-4，外饰乳钉纹，孔较大。外径1.6、高1.3、内径0.5厘米（图一〇九，4）。标本M101：5-5外表似有乳钉纹。径1、高0.6、孔径0.4厘米（图一〇九，6）。

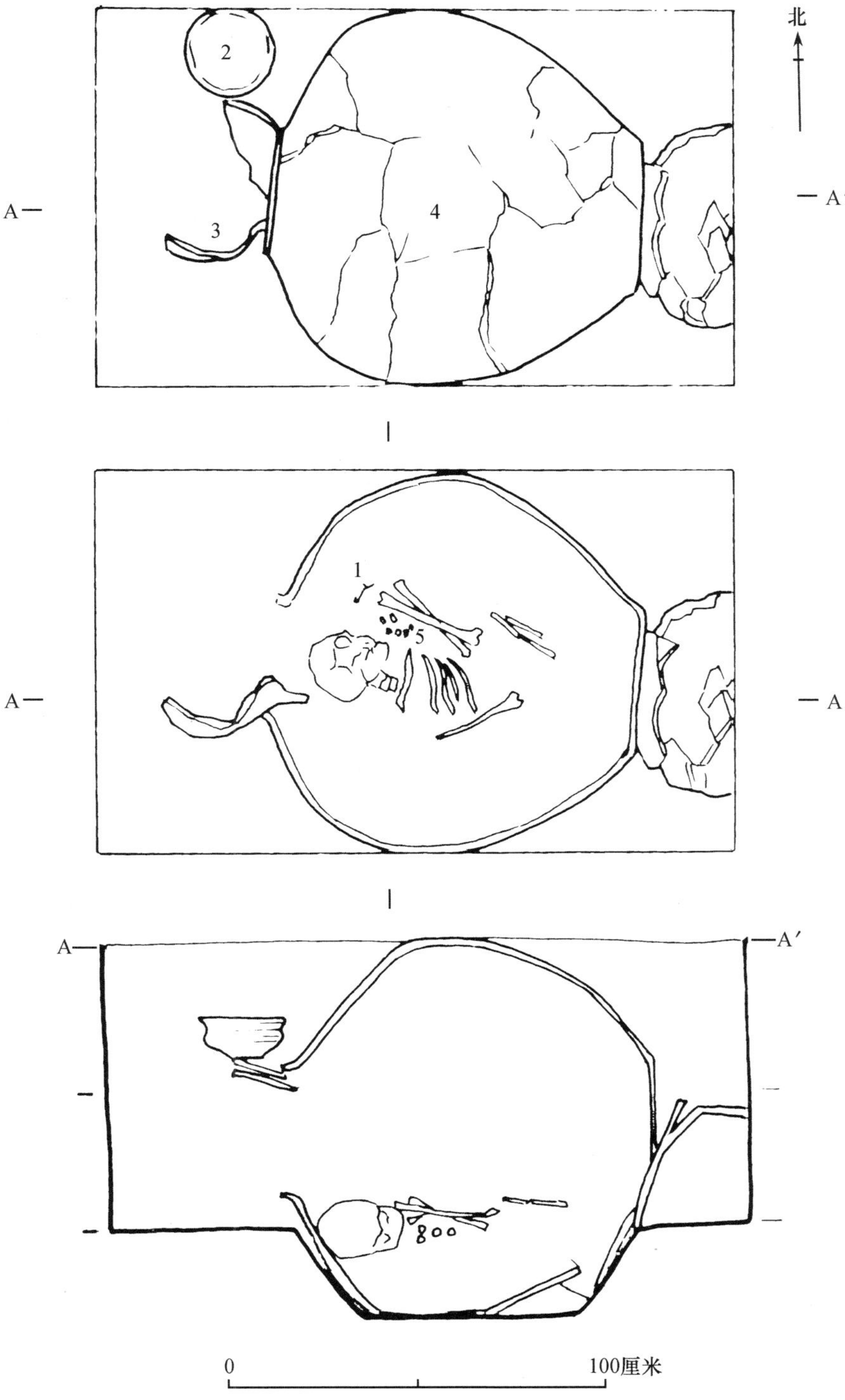

图一〇七　M101平、剖面图

1. 铜带钩　2. 陶盆　3. 陶鬲　4. 陶瓮棺　5. 料珠

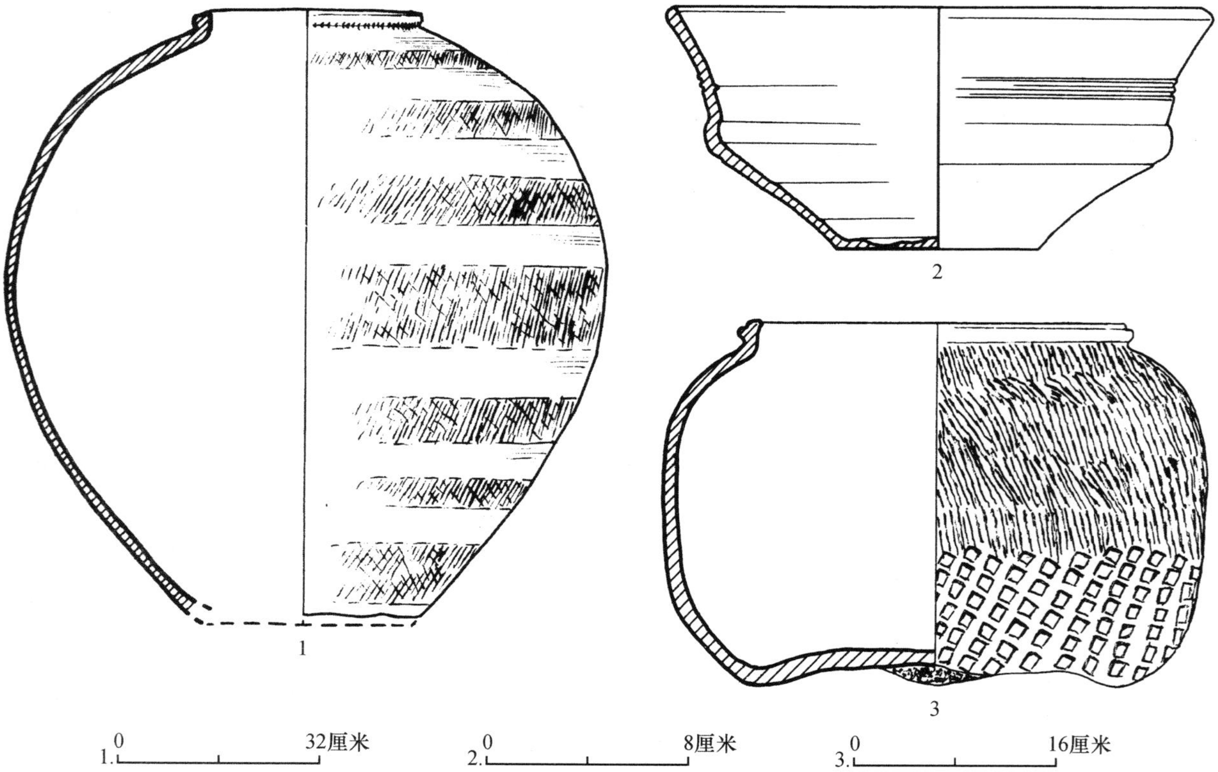

图一〇八　M101出土器物

1. 陶瓮棺（M101：4）　2. 陶盆（M101：2）　3. 陶鬲（M101：3）

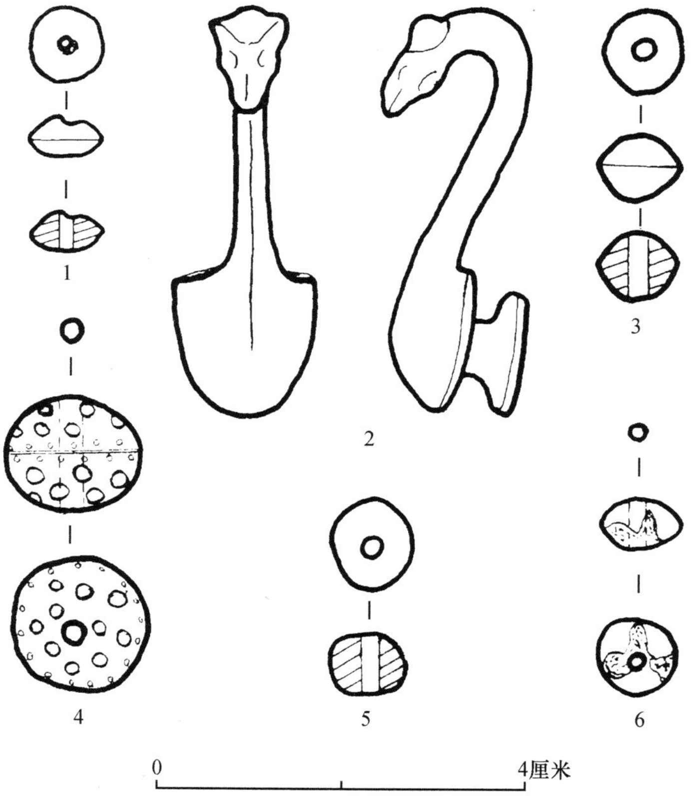

图一〇九　M101出土器物

1、3～6. 料珠（M101：5-2、M101：5-3、M101：5-4、M101：5-1、M101：5-5）　2. 铜带钩（M101：1）

M102

1. 墓葬形制

位于发掘区西段，西邻M113，南邻M109。方向185°，由竖穴墓道和土洞墓室两部分组成，东西向。墓道在南，墓室在北（图一一〇）。

墓道　平面呈长方形，竖穴土坑，口大底小。开口距地表1.1米，口长2.66、宽2、墓底长2.4、宽1.9、深3.2米。东壁收分0.16、西壁收分0.1米。南壁收分0.05米。

封门　封门痕迹不清。

墓室　位于墓道北壁，土洞拱顶。平面呈长方形，进深1、宽1.66、底部高0.9米，口部因坍塌

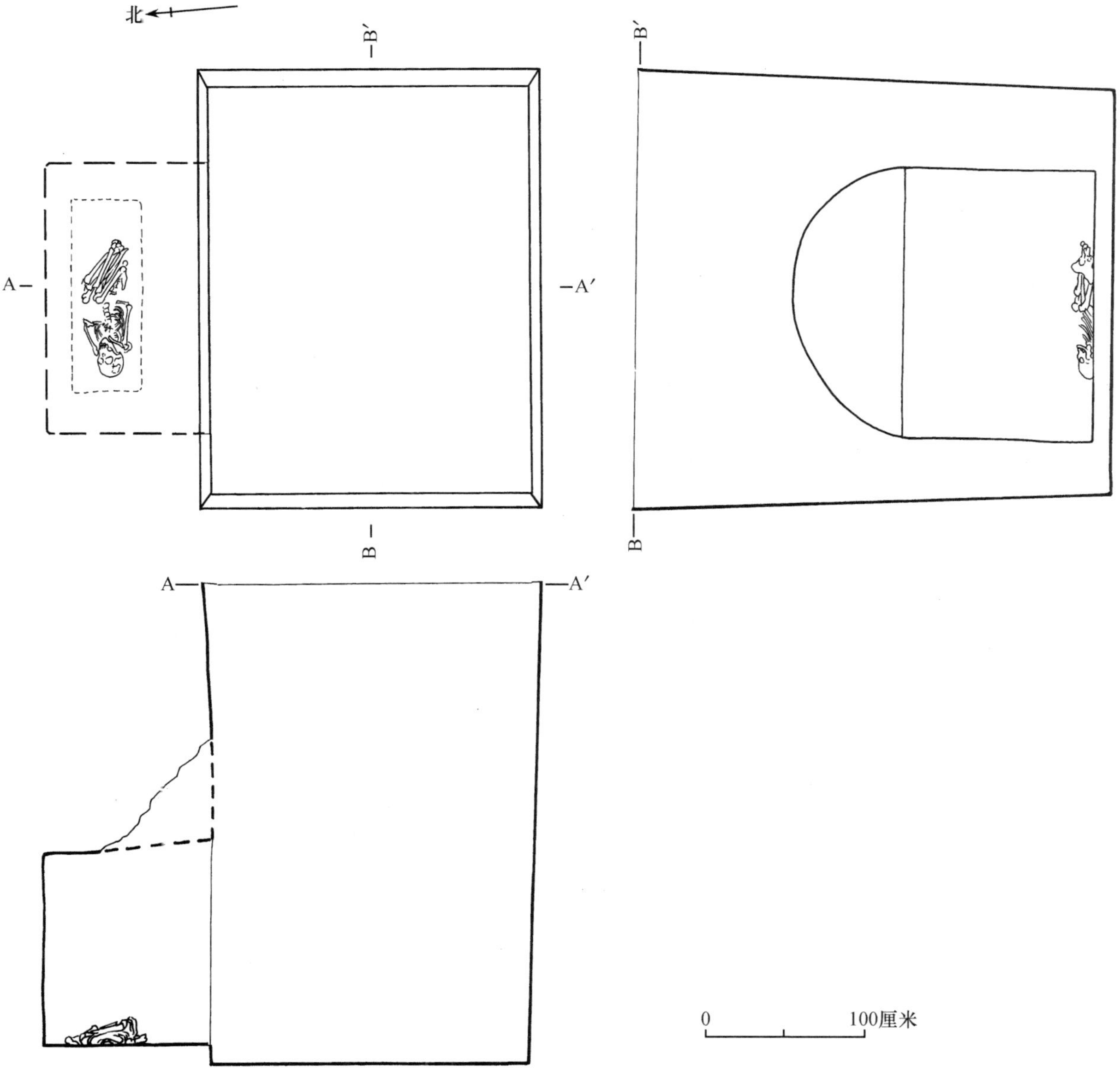

图一一〇　M102平、剖面图

现高1.74米。

葬具葬式　葬具为木棺，灰痕明显，平面呈长方形，长1.26、宽0.52米。内置骨架1副，骨架保存较好，头向西，面向北，仰身屈肢，双手曲于胸前，下肢向东弯曲。

2. 随葬器物

墓室、墓道无出土器物。

M103

1. 墓葬形制

位于发掘区中段，南邻M108。方向95°，由竖穴墓道和土洞墓室两部分组成，东西向。墓道在东，墓室在西（图一一一）。

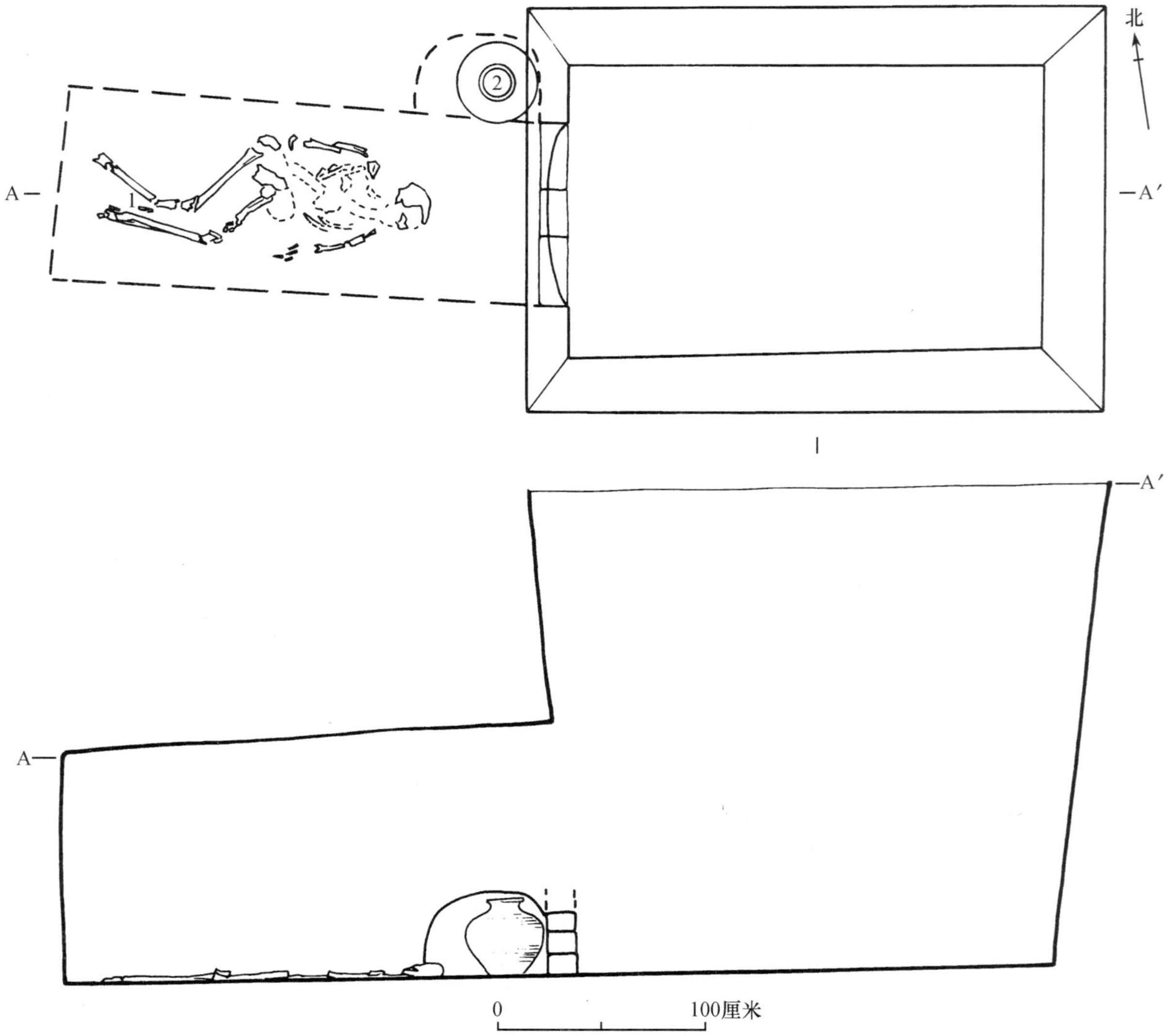

图一一一　M103平、剖面图
1. 石窍塞　2. 陶缶

墓道　平面呈长方形，竖穴土坑，口大底小，开口距地表1.3米，口长2.8、宽1.96、墓底长2.3、宽1.42、深2.2米。东、南、北三壁各收分0.3、西壁收分0.2米。

封门　为土坯封门。残存3层，高约0.3、宽0.88、厚0.14米。

墓室　位于墓道西壁，土洞拱顶。平面呈不规则长方形，墓室偏斜，进深2.48、宽0.88～0.94、高1.1米。墓室北壁东北角有一小龛，进深0.45、宽0.6、高0.4米，龛内置1件陶缶。

葬具葬式　葬具不详。墓室内见1副零散骨架，可辨头东面南，侧身屈肢。骨架中见2件石窍塞。

2. 随葬器物

共2件，陶缶1件，石窍塞2件。

陶缶　1件。标本M103：2，泥质灰陶，修复完整。圆唇斜沿，直口，短束颈，广肩，上腹圆鼓，下腹斜直内收，底稍内凹。肩部见暗弦纹和波折状锯齿纹。肩部刻划符号似为“丹”（图一一二，1、4）。

石窍塞　2件。石质，细棒状，一端较粗，细端有孔。两件形制大体相同。颜色灰白，表面不平整。标本M103：1，通长1.5、径长0.75、孔径0.26厘米（图一一二，2、3）。

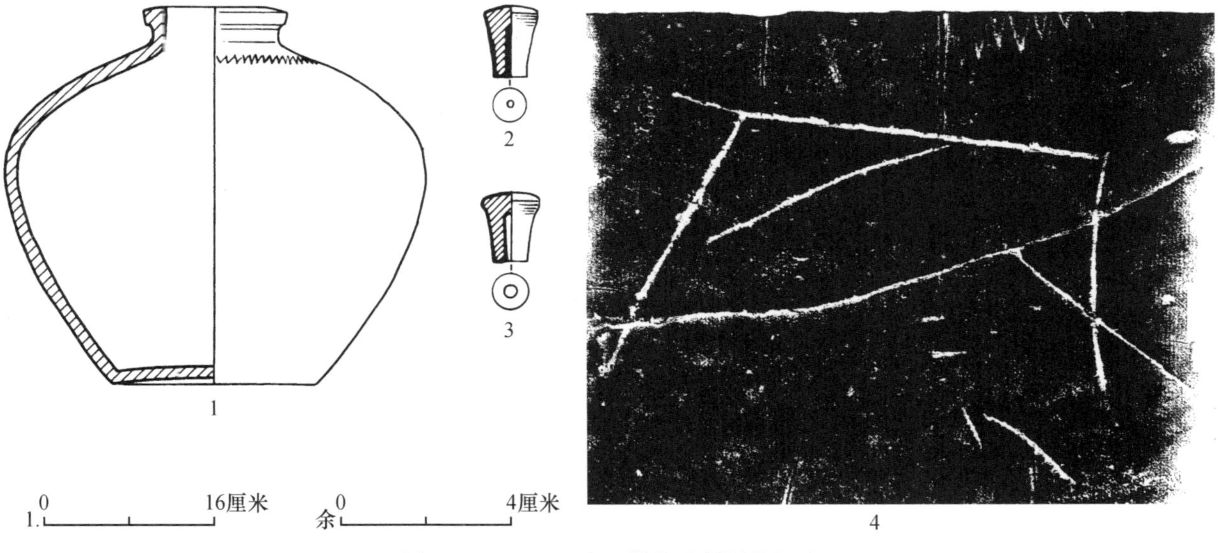

图一一二　M103出土器物及刻划纹拓片

1. 陶缶（M103：2）　2、3. 石窍塞（M103：1-1、M103：1-2）　4. 陶缶刻划纹拓片（M103：2）

M105

1. 墓葬形制

位于发掘区西部偏东，东南邻M158、北邻M104。方向180°，由竖穴墓道和土洞墓室两部分组成（图一一三；图版一二，2）。

墓道　平面呈长方形，竖穴土坑，口大底小，开口距地表1.24米，口长2.98、宽2.2、墓底长2.45、宽1.6、深3米。东、南、西三壁各收分0.24、北壁收分0.34米。

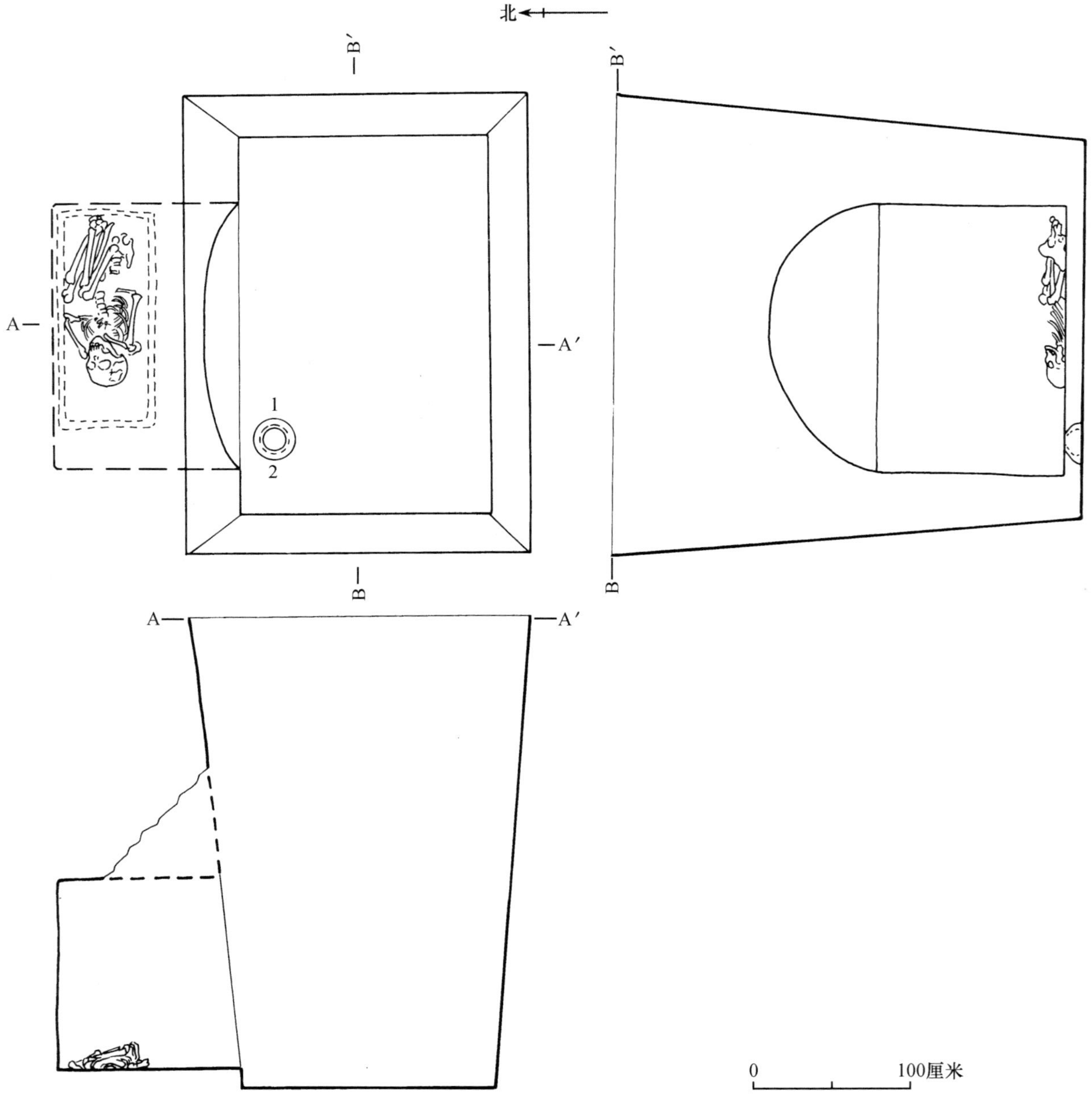

图一一三　M105平、剖面图

1. 陶盆　2. 陶釜

封门　迹象不清。

墓室　位于墓道北壁，土洞拱顶。平面呈长方形，进深1.2、长1.74、高1.2～1.9米。墓室底高于墓道底0.1米。靠墓室口处见2件随葬陶器。

葬具葬式　葬具为木棺，灰痕明显，为长方形，长1.38、宽0.62、厚0.04米。内置骨架1副，骨架保存较好，头西面北，仰身屈肢，双手曲于胸前，下肢向北弯曲。

2. 随葬器物

共2件。陶盆、陶釜各1件。

陶盆　1件。标本M105：1，泥质灰陶，完整。圆唇，宽斜沿，侈口，束颈，上腹微鼓，下腹斜直内收，凹底。腹部饰斜绳纹。口径23.1、沿宽0.9、腹深11.4、底径11.9、通高12.1厘米（图一一四，1）。

陶釜　1件。标本M105：2，夹砂红陶，修复完整。尖圆唇，敛口，短束颈，圆鼓腹，尖圜底。腹部及下底饰致密斜绳纹。通体可见烟炱痕。口径15.3、腹径19.2、腹深10.9、通高11.1厘米（图一一四，2）。

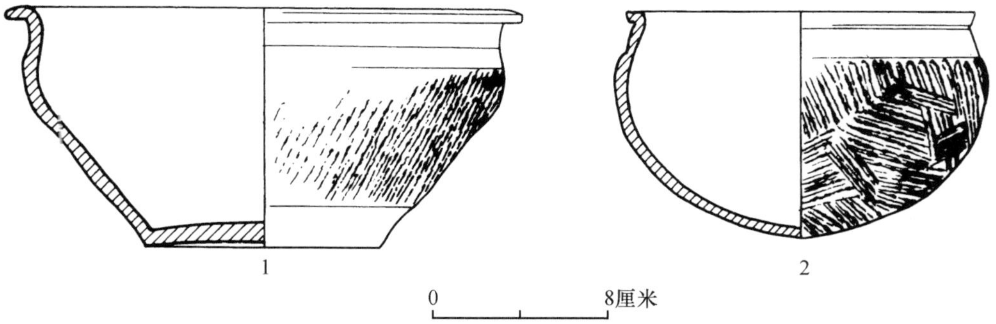

图一一四　M105出土器物

1. 陶盆（M105：1）　2. 陶釜（M105：2）

M106

1. 墓葬形制

位于发掘区西部偏东，西邻M158，方向280°，由竖穴墓道和土洞墓室两部分组成。该墓被M122打破（图一一五）。

墓道　平面呈长方形，竖穴土坑，口大底小，开口距地表1.5米，口长2.9、宽2.05、底长2.9、宽1.5、深3.2米。南、北两壁各收分0.15米，东、西两壁各收分0.25米。

墓室　位于墓道长壁一侧，土洞拱顶，平面呈长方形，长2.2、宽1、残高1.2～2.8米（墓室口部坍塌）。

封门　封门痕迹不清。

葬具、葬式　木棺，平面呈长方形，长1.3、宽0.72米。棺内有朽骨痕迹，头向难辨，葬式

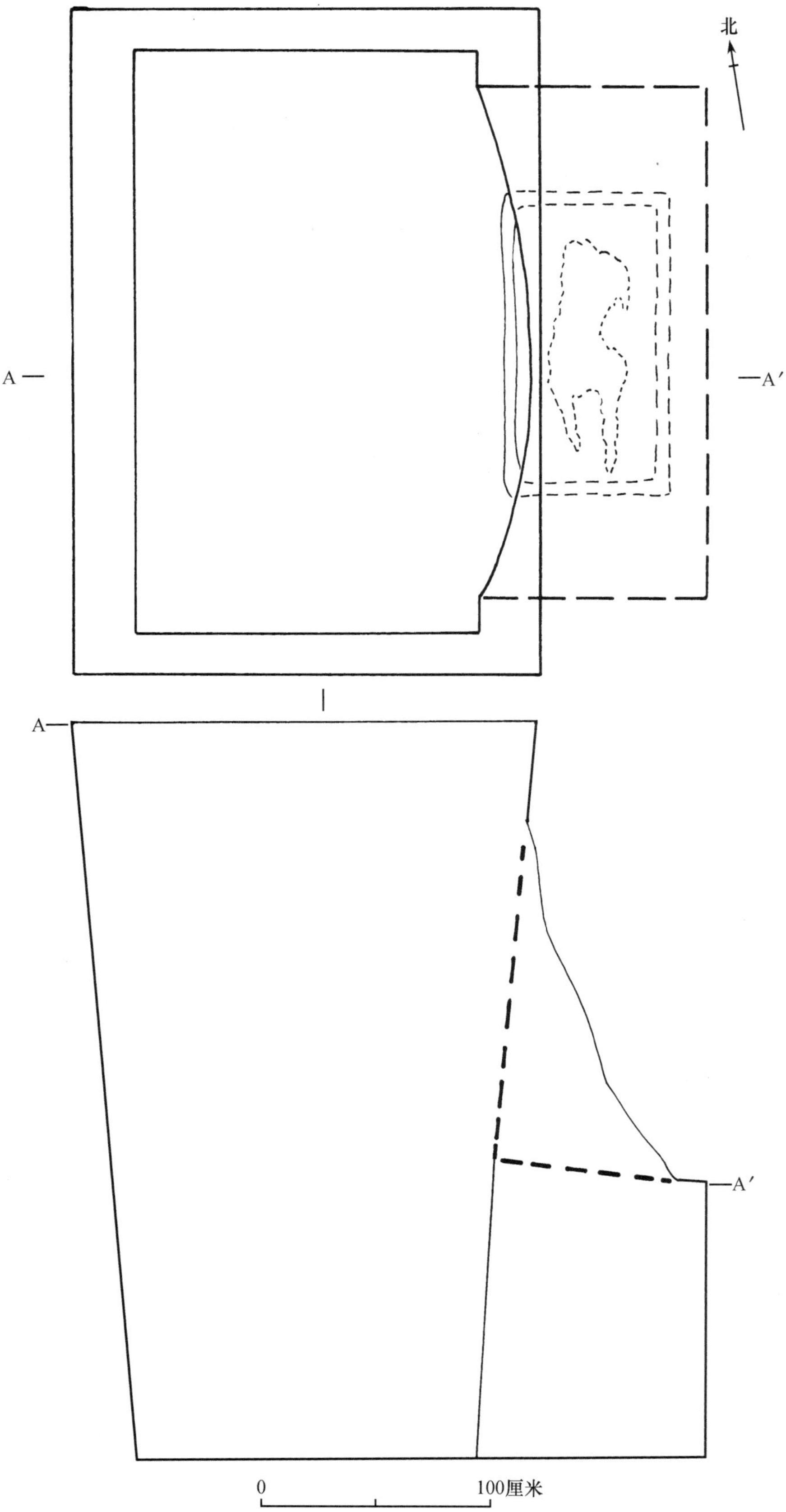

图一一五　M106平、剖面图

不清。

2. 随葬器物

墓室、墓道无出土器物。

M107

1. 墓葬形制

位于发掘区西段，北邻M108，方向180°。由竖穴墓道和土洞墓室两部分组成，墓道在南，墓室在北（图一一六）。

墓道　平面呈长方形，竖穴土坑，口大底小，东西长3、宽2.3、开口距地表1.5、距墓底2.7米。墓道底长2.38、宽1.64米。四壁收分0.3～0.4米。

封门　未见封门痕迹。

墓室　位于墓道北壁，土洞拱顶，平面长方形。东西长1.7、进深1.1、高1.5米。墓室口部坍塌，墓室底高出墓道0.1米。

葬具葬式　葬具为木棺，棺灰痕较模糊，平面长方形，棺灰内见1副骨架，保存较好，仰身屈肢，头西面北，下肢向北弯曲。

2. 随葬器物

墓室、墓道无出土器物。

M108

1. 墓葬形制

位于发掘区西部偏东，南邻M107。方向175°，由竖穴墓道和土洞墓室两部分组成，墓道在南，墓室在北（图一一七）。

墓道　平面呈长方形，竖穴土坑，口大底小，东西长28、宽2、开口距地表1.5、距墓底2.5米。墓道底长2.56、宽1.52米。东壁收分0.1米，南壁收分0.18米，西、北两壁收分0.3米。

封门　墓室口未见封门痕迹。

墓室　位于北壁，拱顶土洞。平面呈长方形，东西长1.4、进深1、残高1.56米、墓室口部坍塌。

葬具葬式　木棺，平面呈长方形，长1.2、宽0.56米。棺痕内见1副骨架，保存较好，头西面上，仰身屈肢，双手叠于胸前，双膝收于腹部。头骨右侧见1件带钩。

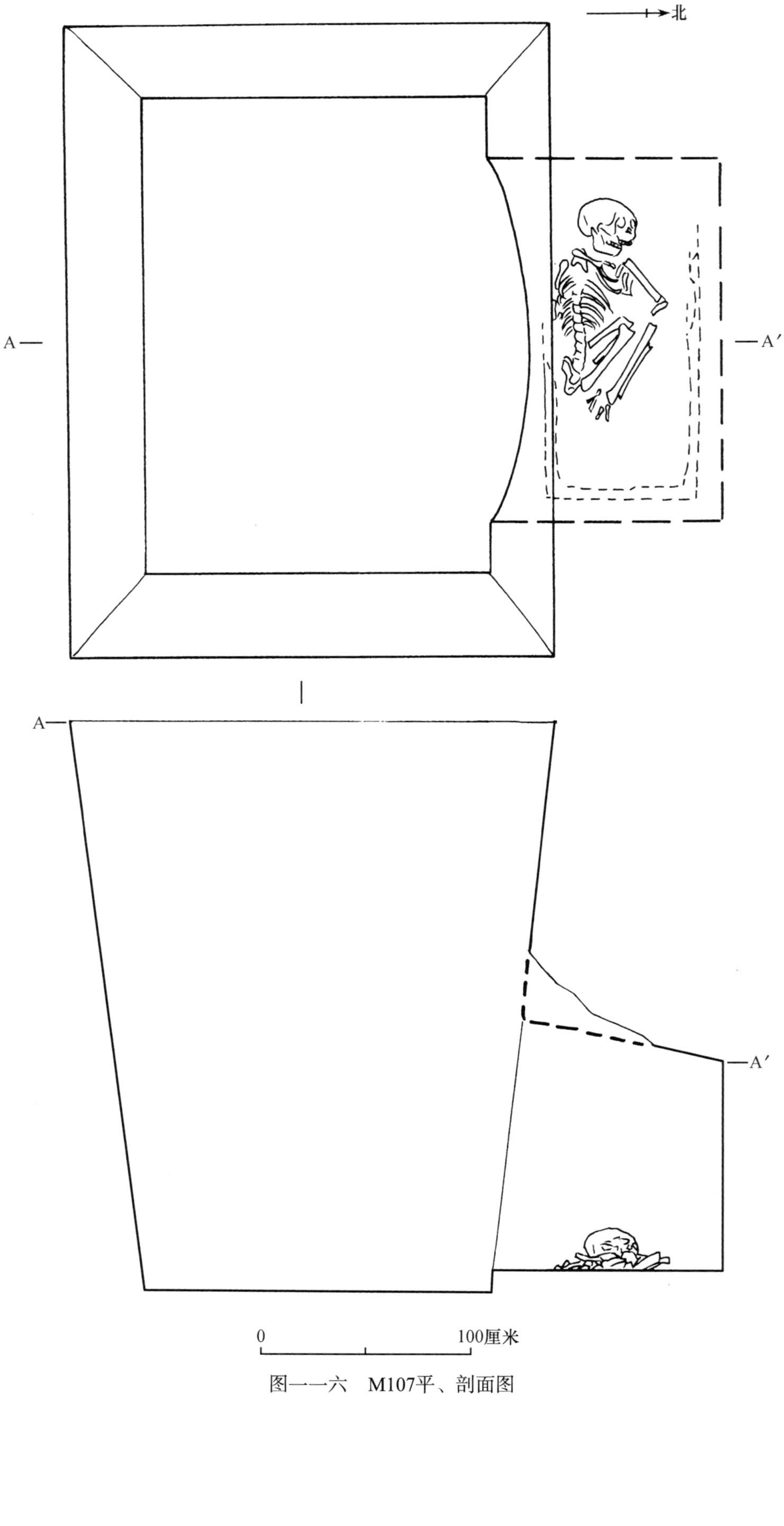

图一一六　M107平、剖面图

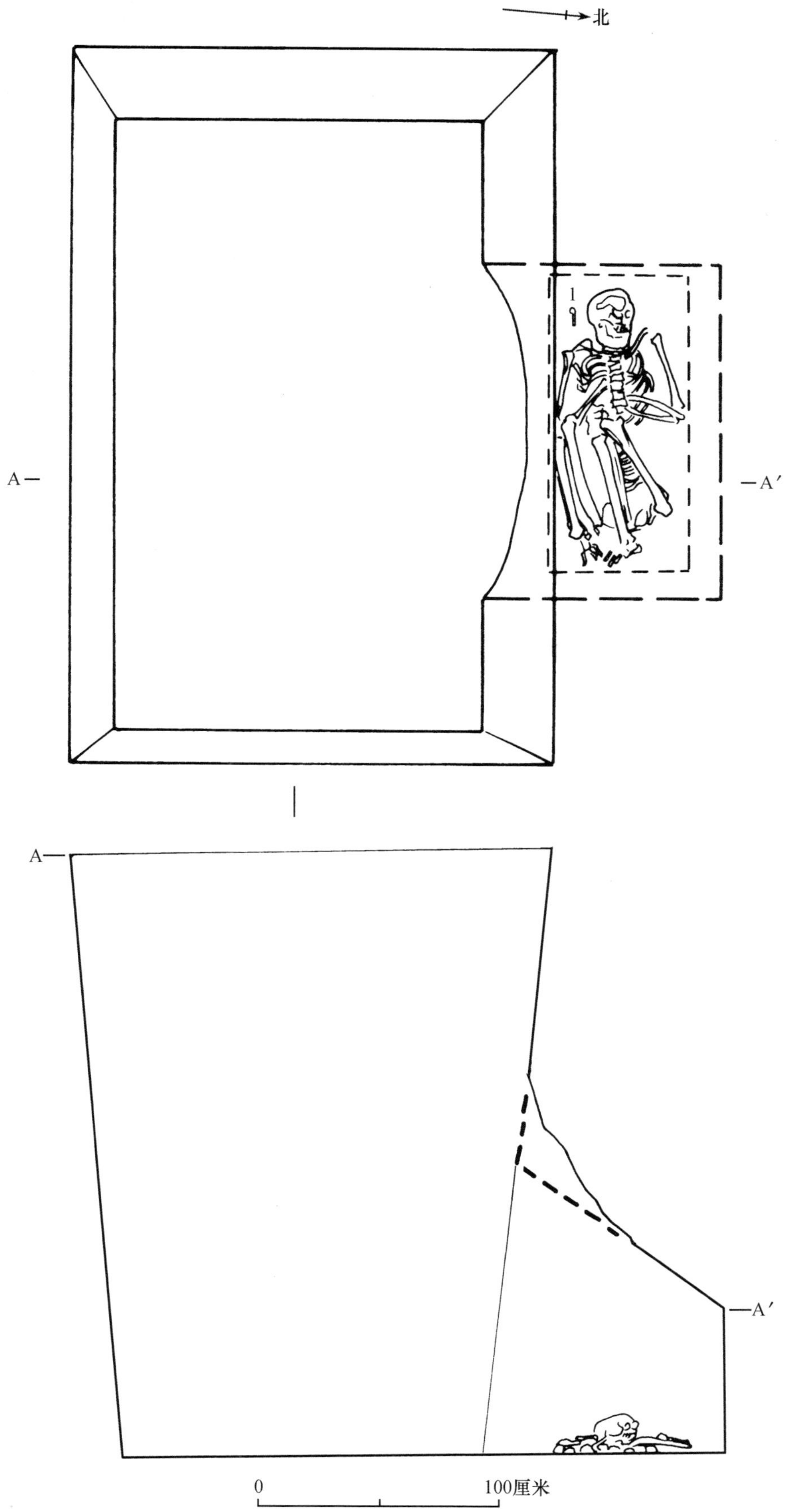

图一一七　M108平、剖面图
1. 铜带钩

2. 随葬器物

铜带钩　1件。标本M108：1，铜质，基本完整，表面轻微锈蚀。体较短，钩首兽头状，较窄，长颈宽腹，圆弧尾，钩背弯曲，纽近尾部，圆形纽扣较大，纽柱短粗。通长5.1、腹宽1.2、纽高0.8、纽径1.02厘米（图一一八；图版三七，2）。

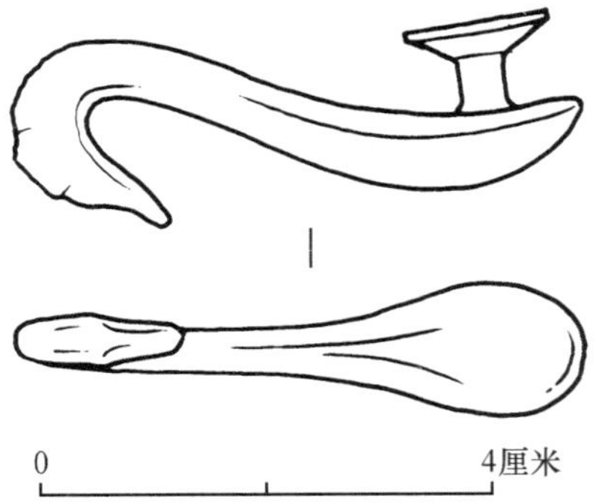

图一一八　M108出土铜带钩（M108：1）

M109

1. 墓葬形制

位于发掘区西部偏东，南邻M103，北邻M101，打破M125。方向90°，由竖穴墓道和土洞墓室两部分组成，东西向，墓道在东，墓室在西（图一一九）。

墓道　平面呈长方形，竖穴土坑，口大底小，口长3.7、宽2.8、开口距地表1.3、距墓底4.2米。墓道底长2.9、宽1.66米。东西两壁收分0.4米，南壁收分0.48米，北壁收分0.7米。

封门　土坯封门。土坯9层，高约1.08、宽0.92、厚0.24米。

墓室　位于墓道西壁，拱顶土洞，平面呈长方形，进深2.7、宽0.8、高2米。墓室东南角有一小龛，进深0.55、宽0.76、高0.6米，内置2件陶器。墓室底部高于墓道0.2米。

葬具、葬式　灰痕不清。室内见1副骨架，可辨头东面南，屈肢。头骨上方见4件料珠。

2. 随葬器物

共4件，陶罐2件、陶缶1件（图版二二，2），料珠4枚。

陶罐　2件。标本M109：1，泥质灰陶，基本完整。尖唇斜沿，直口，束颈，斜肩，鼓腹，下腹内收，平底。颈、肩部见暗弦纹和一圈锯齿纹，腹部见一圈锥刺纹。肩部刻划有文字“目”。通高32.4、口径8.8、腹径37、底径18.4厘米（图一二〇，2）。标本M109：2，泥质红陶，完整。方唇侈口，短颈，圆肩，长鼓腹，下腹弧内收，平底。肩腹部见数圈凹弦纹。通高17.7、口径5.4、腹径16.2、底径9.3厘米（图一二〇，3）。

陶缶　1件。标本M109：3，泥质灰陶，完整。尖唇斜沿，侈口短颈，斜肩较广，鼓腹，下腹圆收，小平底。肩、腹部见多道凹弦纹。肩部刻划有符“父”字。通高32.4、口径8.7、腹径34.8、底径13.6厘米（图一二〇，1、4～6）。

料珠　4件。基本完整。皆为圆形，中有穿孔。3件外表有纹饰，一件素面。标本M109：4-1，海蓝色，表面饰球形浅凹槽。体形最小。径1.2、高1、孔径0.3厘米（图一二〇，7）。标本M109：4-2，素面，体形最大。径2.7、高1.4、孔径0.98厘米（图一二〇，8）。标本M109：4-3，白色，外表饰同心圆线刻。径2.4、高1.8、孔径0.5厘米（图一二〇，9）。标本M109：4-4，纹饰、颜色同 M109：4-3体形较扁。径1.7、高0.9、孔径0.6厘米（图一二〇，10）。

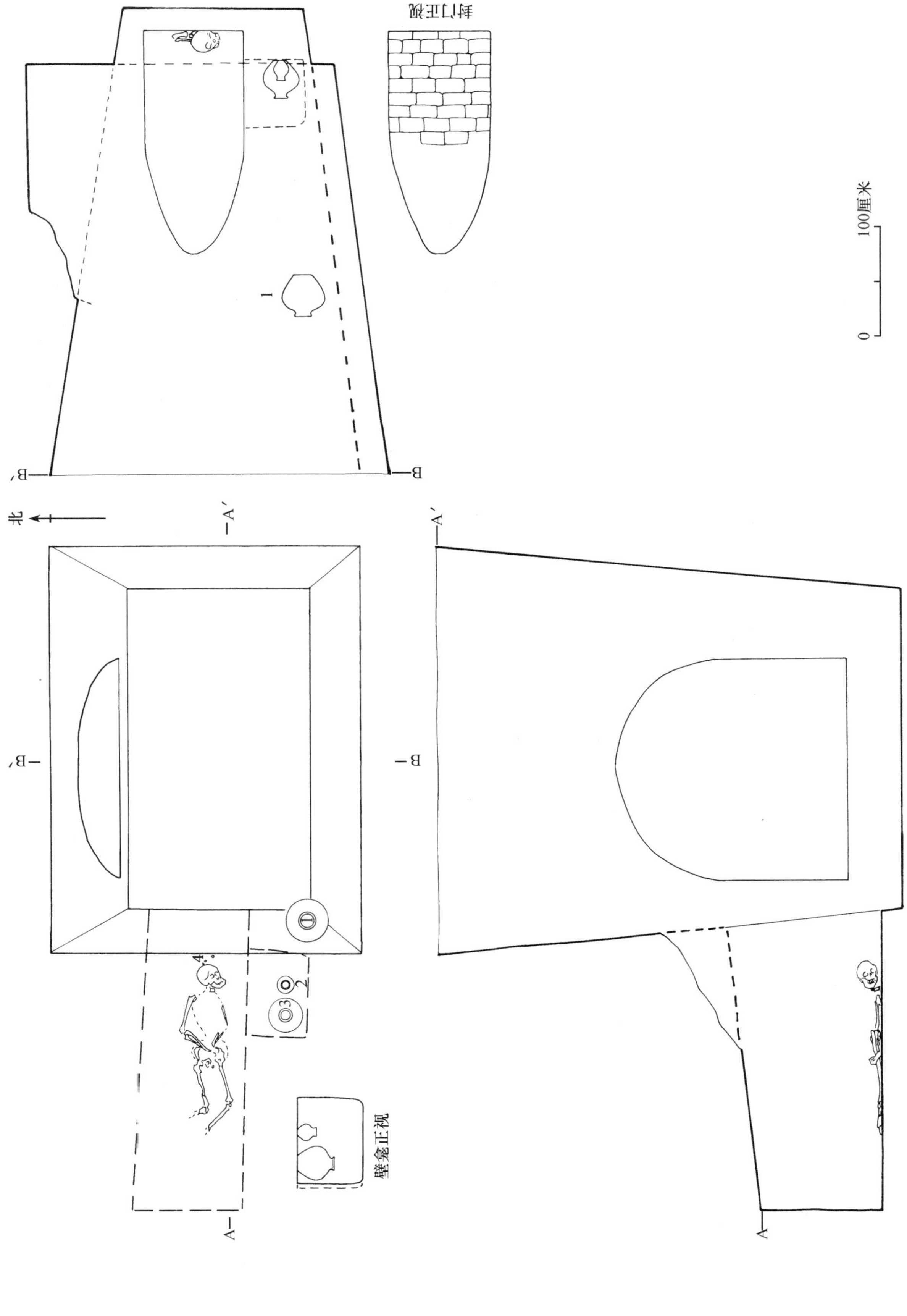

图一一九　M109平、剖面图
1、2. 陶罐　3. 陶缶　4. 料珠

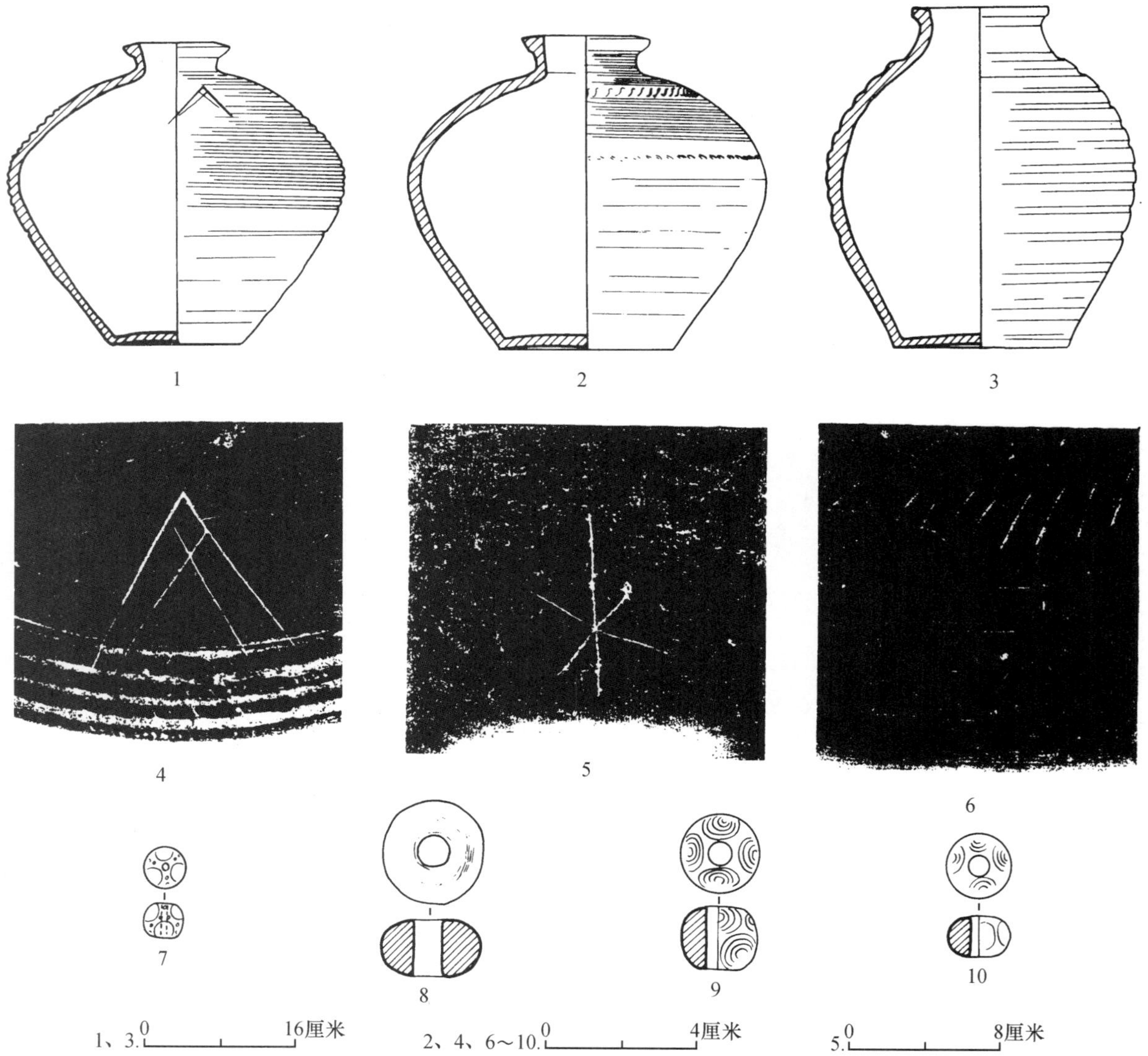

图一二〇　M109出土器物及刻划纹拓片

1. 陶缶（M109：3）　2、3. 陶罐（M109：1、M109：2）　4～6. 陶缶刻划纹拓片（M109：3-1、M109：3-2、M109：3-3）
7～10. 料珠（M109：4-1、M109：4-2、M109：4-3、M109：4-4）

M112

1. 墓葬形制

位于发掘区西部偏东，西邻M106。方向360°，由竖穴墓道和土洞墓室两部分组成，南北向，墓道在北，墓室在南（图一二一）。

墓道　平面呈长方形，竖穴土坑，口大底小，开口长2.1、宽1.6、开口距地表1.5、距墓道底2米。墓道底长1.9、宽1米。南北两壁收分0.1米，东、西两壁收分0.3米。

封门　墓室口未见封门痕迹。

墓室　位于墓道南壁，拱顶土洞。平面呈梯形，北宽0.9、南宽1、进深3.2米，高1～1.2米。墓

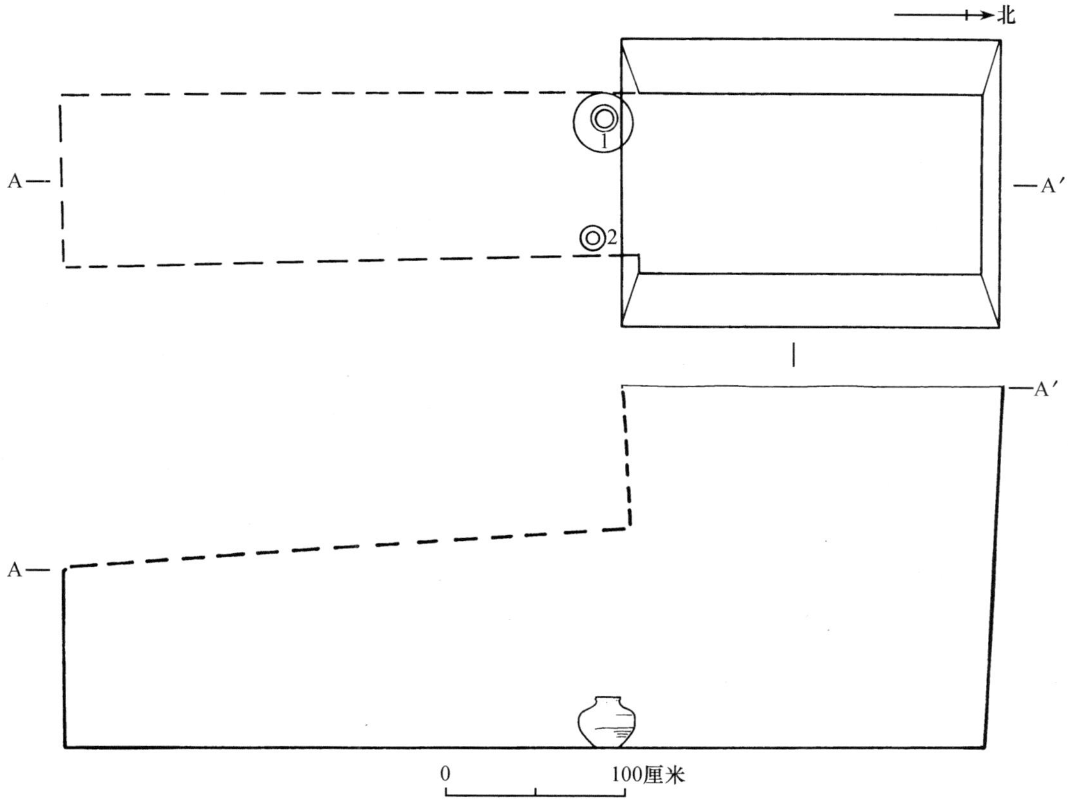

图一二一　M112平、剖面图
1、2. 陶罐

室口部见2件陶器。

葬具葬式　墓室内无明显遗迹，葬式、葬具不详。

2. 随葬器物

共2件。均为陶罐。

陶罐　2件。标本M112∶2，泥质灰陶。口、颈残损，平肩鼓腹，平底。壁较厚。残高4.9、腹径5.7、底径3.2厘米（图一二二，1、3、4）。标本M112∶1，泥质灰陶，修复完整。斜沿尖唇，直口略侈，短束颈，斜广肩，鼓腹，下腹斜内收，平底。肩部饰有数道暗弦纹。肩部刻画有符号“╮ ╭”“╮╮ ╭”。通高31.8、口径8.4、腹径34.1、底径15.7厘米（图一二二，2）。

M113

1. 墓葬形制

位于发掘区西部偏东，东邻M102，南邻M114，方向180°，由竖穴墓道和土洞墓室两部分组成，南北向，墓道在南，墓室在北（图一二三）。

墓道　平面呈长方形，竖穴土坑，口大底小，东西长3.2、宽2.2、开口距地表1.3、距墓道底2.8

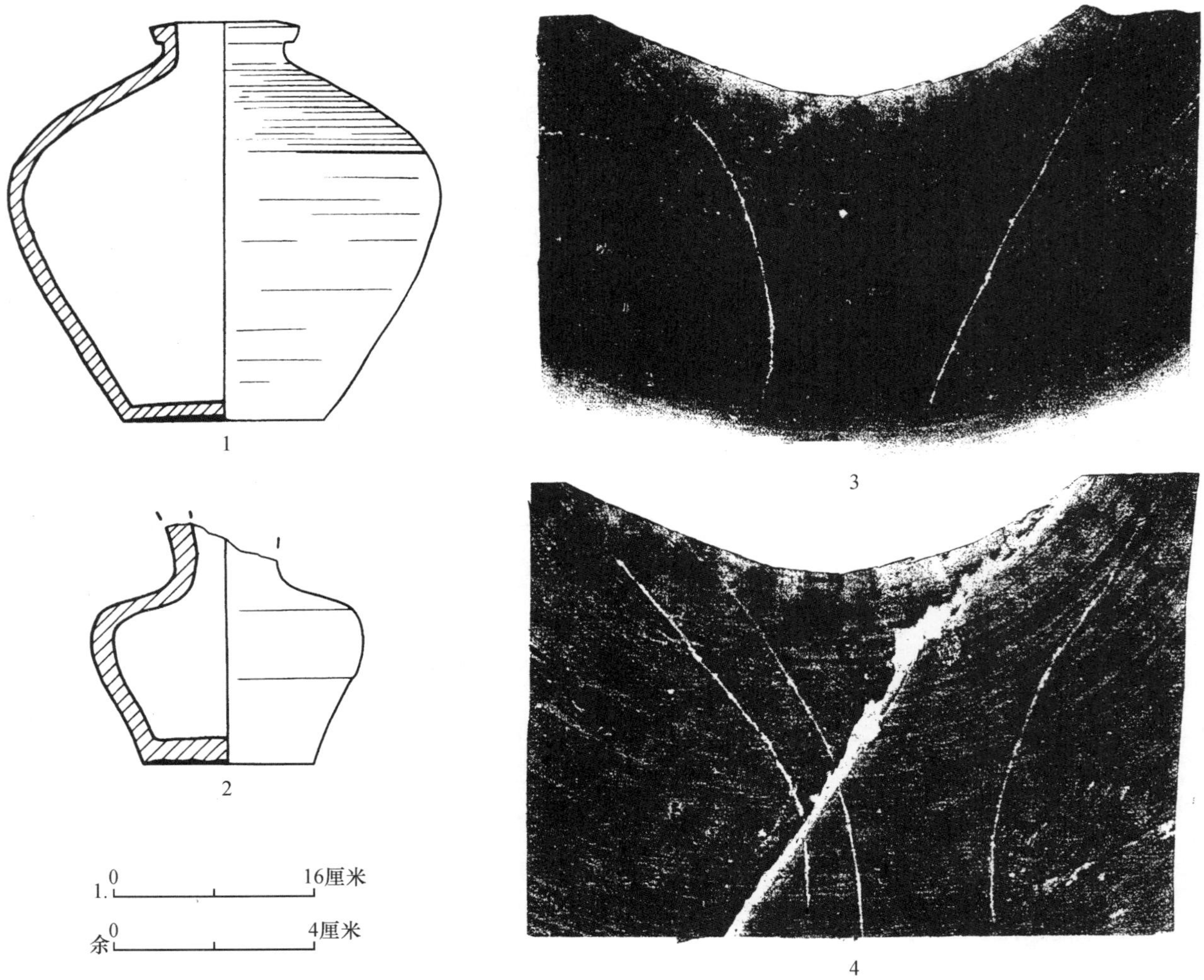

图一二二　M112出土器物及刻划纹拓片

1、2. 陶罐（M112：1、M112：2）　3、4. 陶罐刻划纹拓片（M112：1）

米。墓道底长2.9、宽1.8米。

封门　墓室口部未见有封门痕迹。

墓室　位于墓道北壁，拱顶土洞。平面长方形，长1.9、进深1、高1.2米。墓室底高出墓道0.1米。

葬具、葬式　隐约可见棺灰痕，长方形，长1.4、宽0.7米。葬式难辨。

2. 随葬器物

墓道、墓室未见有出土器物。

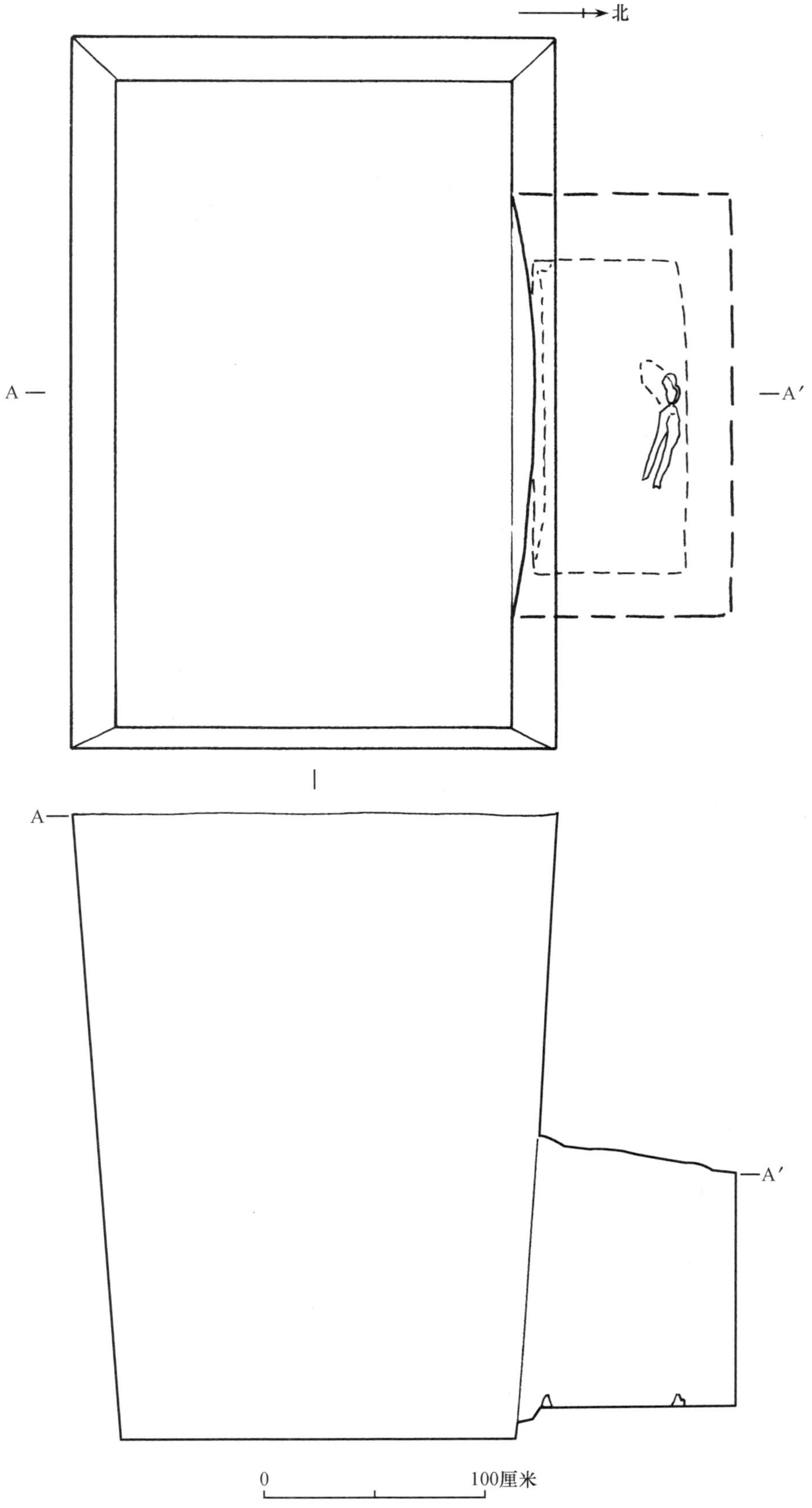

图一二三　M113平、剖面图

M114

1. 墓葬形制

位于发掘区西部偏东，东邻M103，南邻M132。方向185°，由竖穴墓道和土洞墓室两部分组成，南北向，墓道在南，墓室在北（图一二四）。

墓道　平面呈长方形，竖穴土坑，口大底小，东西长2.78、宽2、开口距地表1.4、距道墓底2.7米。墓道底长2.38、宽1.48米。东、西两壁收分0.2、南北两壁收分为0.32米。

封门　墓室口未见有封门痕迹。

墓室　位于墓道北壁，拱顶土洞。平面呈长方形，东西长1.9、进深1.4、墓室残高1.1米。墓室口部坍塌。

葬具葬式　棺灰痕明显，长方形，长1.7、宽0.78米。骨架位于棺灰痕西北部，头向西，仰身屈肢。

2. 随葬器物

墓室、墓道未见出土器物。

M116

1. 墓葬形制

位于发掘区中部偏西，东邻M142，南邻M160。方向180°，由竖穴墓道和土洞墓室两部分组成，南北向，墓道在南，墓室在北（图一二五）。

墓道　平面呈长方形，竖穴土坑，口大底小，东西长2.6、宽1.8、开口距地表1.4、距墓道底3.6米。墓道底长1.8、宽1.1米。东西两壁收分为0.4、南北两壁收分为0.35米。

封门　墓室口部未见有封门痕迹。

墓室　位于墓道北壁，拱顶土洞。平面长方形，东西长1.6、进深1.1、残高1.1米。墓室口部坍塌。

葬具、葬式　墓室北壁下有明显棺灰痕迹，长方形，长1.4、宽0.6米。骨架可辨头向西，侧身屈肢，双膝向南弯曲。

2. 随葬器物

墓道、墓室未见有出土器物。

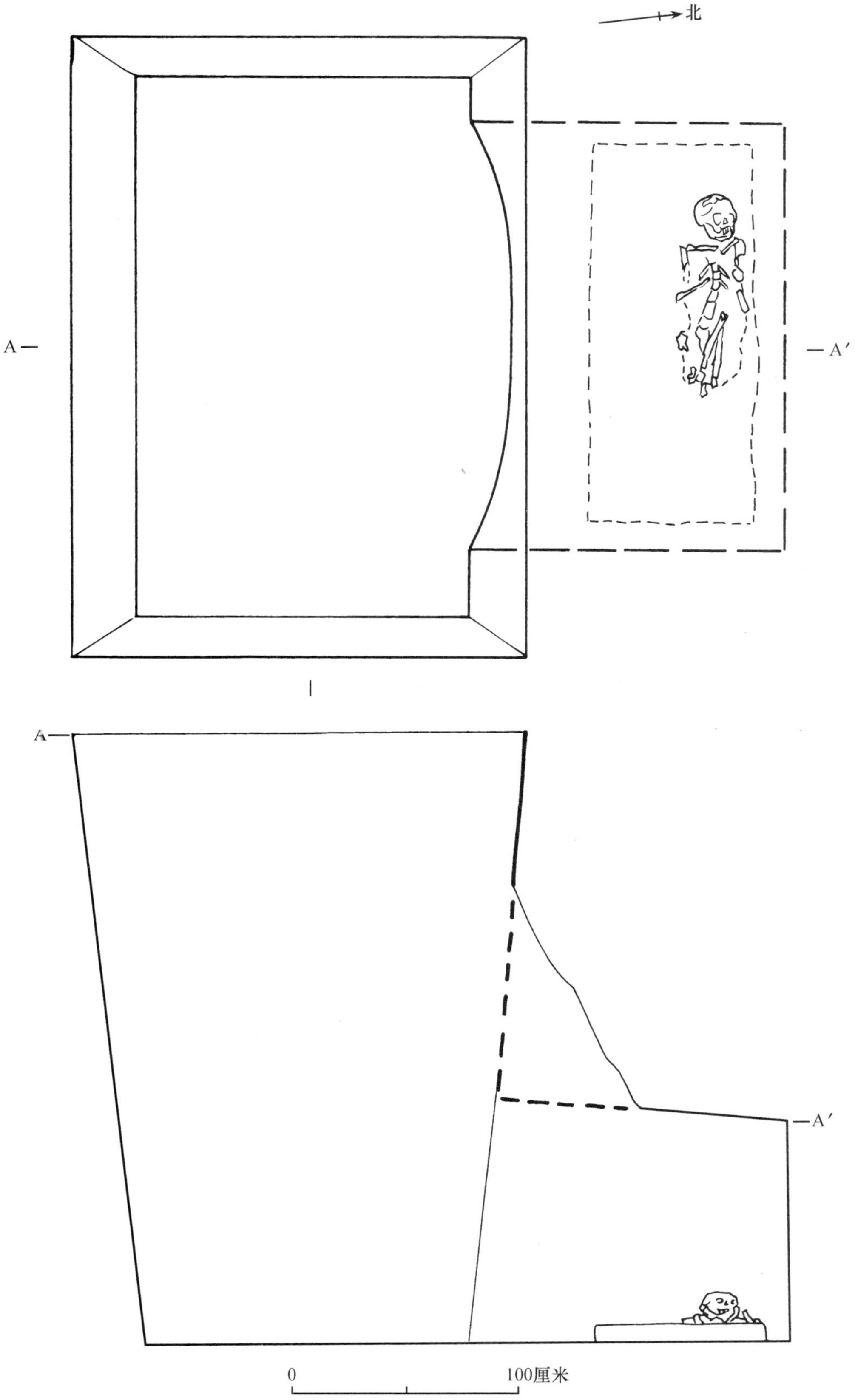

图一二四　M114平、剖面图

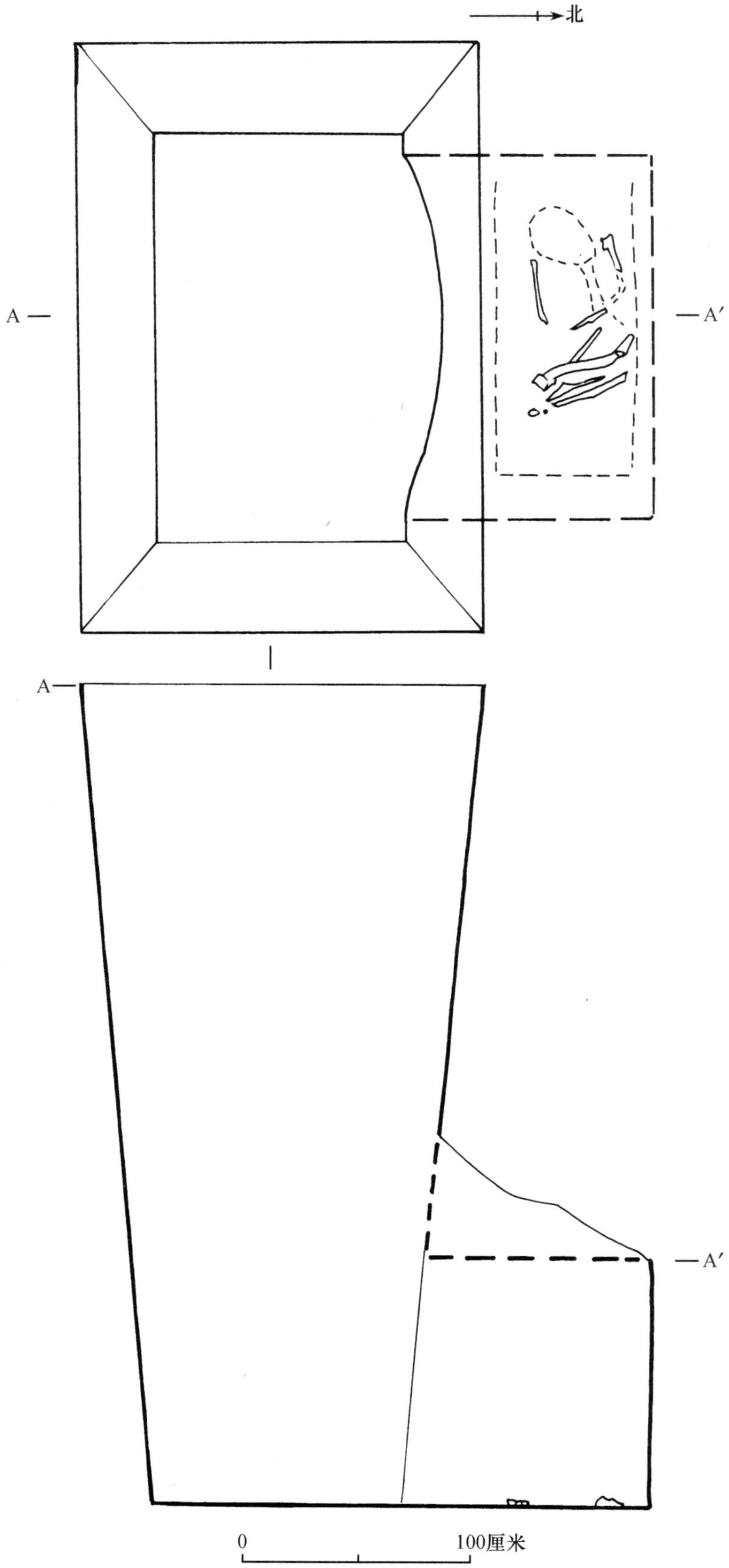

图一二五　M116平、剖面图

M117

1. 墓葬形制

位于发掘区西部偏东，南邻M119，东邻M114。方向180°，由竖穴墓道和土洞墓室两部分组成，南北向，墓道在南，墓室在北。墓道西壁和墓室西端被M115（唐墓）斜坡墓道打破（图一二六）。

墓道　平面呈长方形，竖穴土坑，口大底小，残长2、宽2、开口距地表1.4、距墓底2.1米。墓道底长1.76、宽1.6米。北壁收分1.6、南壁收分2.6、东壁收分2.5米。

封门　墓室口部未见封门痕迹。

墓室　位于墓道北壁，平顶土洞。平面呈长方形，残长1.3、进深1、高1.3米。墓室口部坍塌。

葬具葬式　棺灰长方形，长1.18、宽0.5米。骨架紧贴棺灰北壁，保存较好，侧身屈肢，头向西，面向北，右上肢屈于腹部，左上肢折于胸前，下肢向上弯曲。

2. 随葬器物

墓道、墓室未见有出土器物。

M118

1. 墓葬形制

位于发掘区西部偏东，东邻M117，方向190°。由竖穴墓道和土洞墓室两部分组成，南北向，墓道在南，墓室在北。该墓墓室上部被晚期墓墓道打破（图一二七）。

墓道　平面呈长方形，竖穴土坑，口大底小，东西长3.4、宽2.3、开口距墓底2.4米。墓道底长3、宽1.8米。东西两壁收分0.2、南北两壁收分0.3米。

封门　墓室口部未见封门痕迹。

墓室　位于北壁，平顶土洞，平面呈长方形，东西长2.1、进深1.1、高1.1米。

葬具葬式　棺灰痕明显，长方形，残长1.2、宽0.8米。骨架朽坏难辨，葬式不详。

2. 随葬器物

墓道、墓室未见有出土器物。

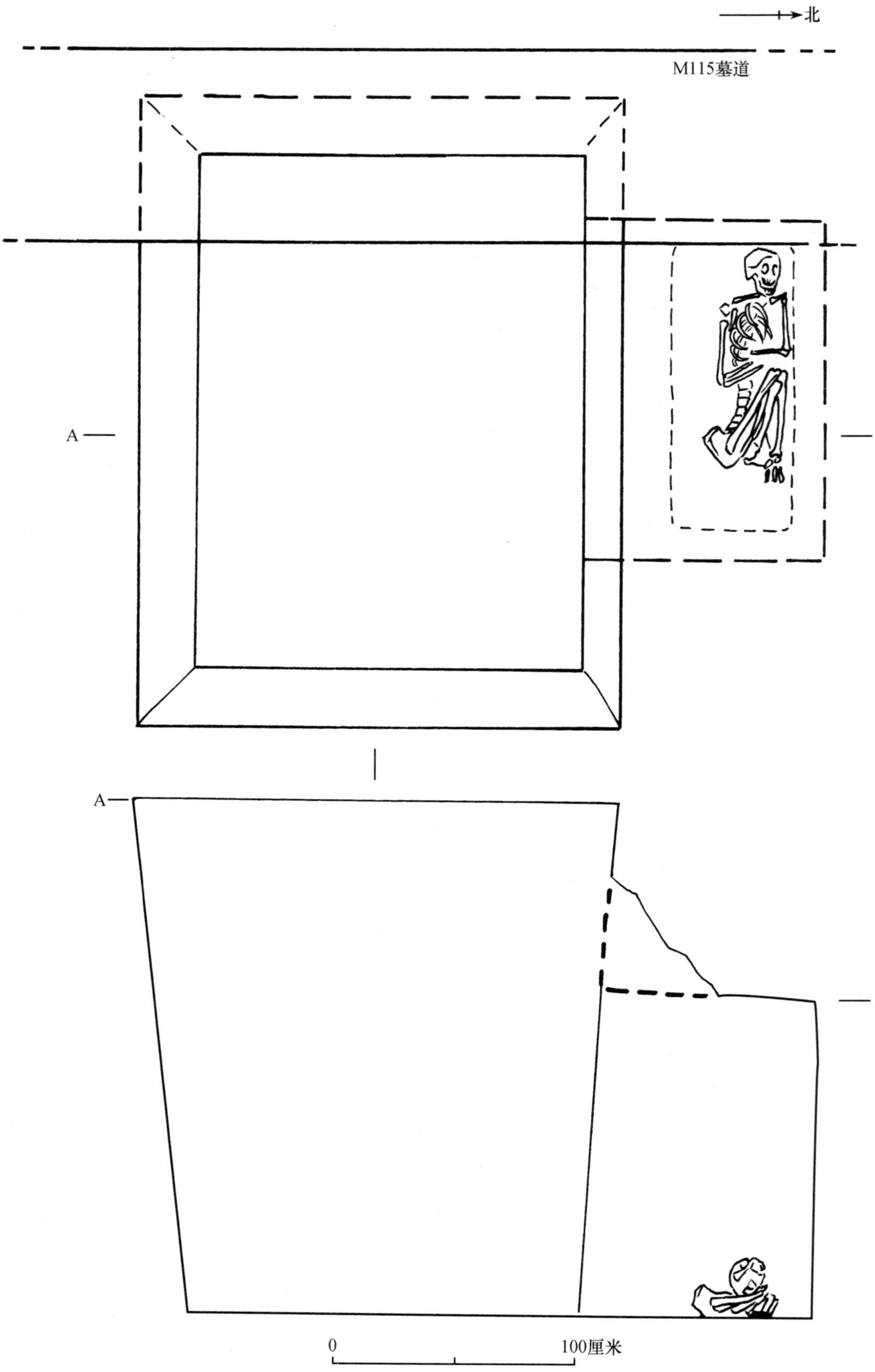

图一二六　M117平、剖面图

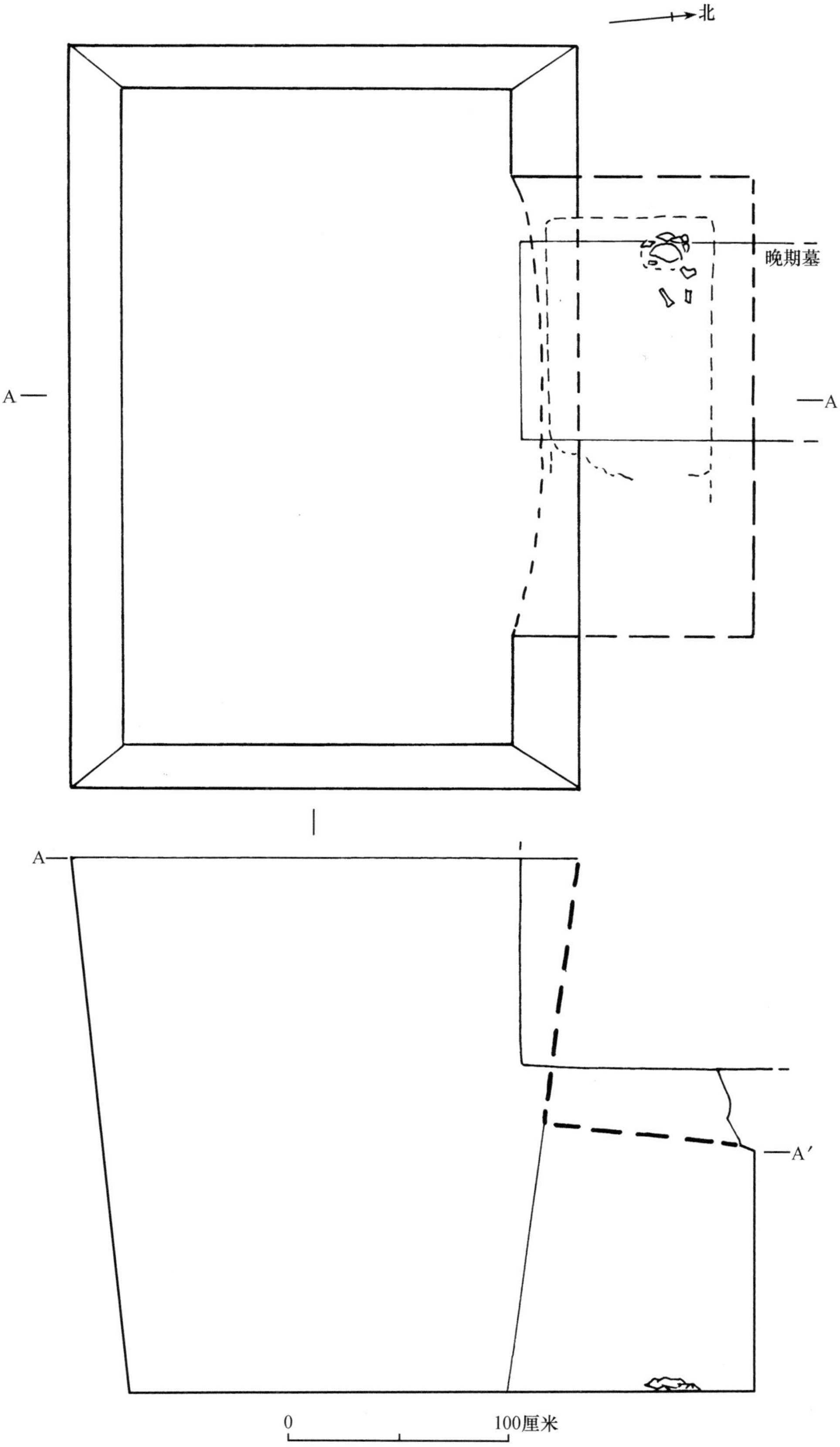

图一二七　M118平、剖面图

M119

1. 墓葬形制

位于发掘区西部偏东，北邻M117，东邻M132。方向270°，长方形竖穴土圹墓（图一二八）。

墓道、墓室　口大底小，平面呈长方形，开口长2、宽1.4、距地表1.4米，距墓室底1.4米。无二层台。墓室底长1.6、宽1米。四壁收分均为0.2米。墓室底部见1副骨架和2件随葬器物。

葬具、葬式　墓室底部见骨架，葬具不详。骨架保存较完整，侧身屈肢，头向西，面向南，下肢向南弯曲。骨架背部发现1件带钩，头部发现1件石片，用途不详。

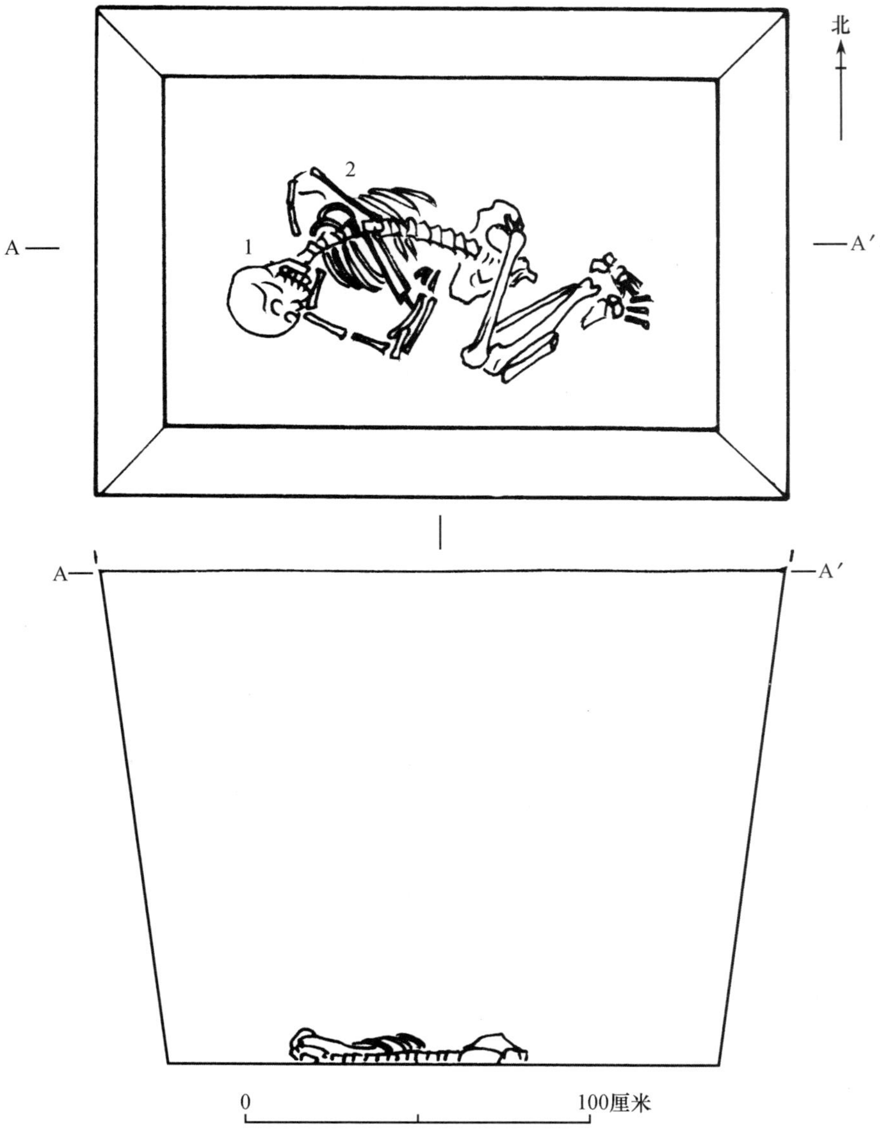

图一二八　M119平、剖面图

1. 石片　2. 铜带钩

2. 随葬器物

共2件，铜带钩1件，石片1件。

铜带钩　1件。标本M119：2，铜质，基本完整，表面轻微锈蚀。钩首兽头状，面较窄，颈细长，钩背弯曲，腹、尾较宽，圆扣形钩纽较大，近尾部，纽柱短粗。通长6.7、腹宽1.2、纽高0.67、纽径1.3厘米（图一二九，1）。

石片　1件。标本M119：1，残。不规则，两面平整较光滑。通体灰白色，夹杂墨绿色斑点。残长3.1、残宽2.2、厚0.8厘米（图一二九，2）。

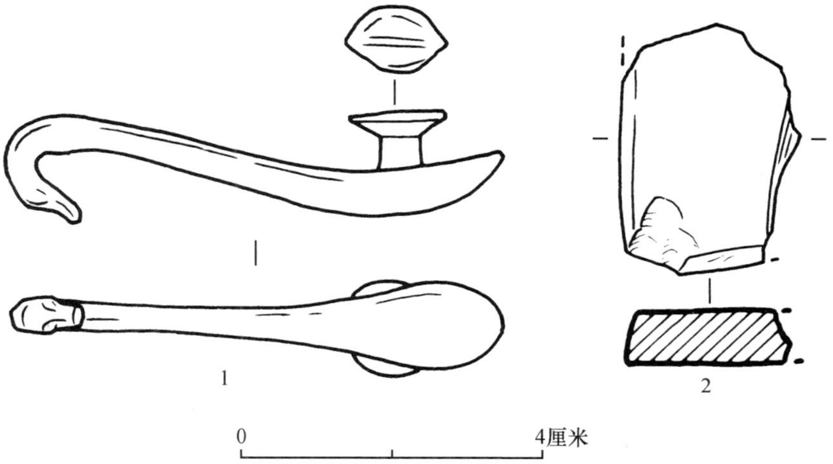

图一二九　M119出土器物

1. 铜带钩（M119：2）　2. 石片（M119：1）

M120

1. 墓葬形制

位于发掘区西部偏北，东邻M113。方向180°，由竖穴墓道和土洞墓室两部分组成，南北向，墓道在南，墓室在北。该墓上口被一现代墓葬打破，破坏严重（图一三〇）。

墓道　平面呈长方形，竖穴土坑，口大底小，残长2.4、残宽2.2、开口距地表1.6、距墓底2.4米。因开口部被打破严重，具体尺寸不详。

封门　墓室口部未见封门痕迹。

墓室　位于墓道北壁，平顶土洞。平面呈长方形，东西长2、进深1.3、高1.15米。墓室底部高出墓道0.2米。

葬具葬式　墓室内葬具、骨架保存较差，葬具、葬式不详。

2. 随葬器物

墓道、墓室未见有出土器物。

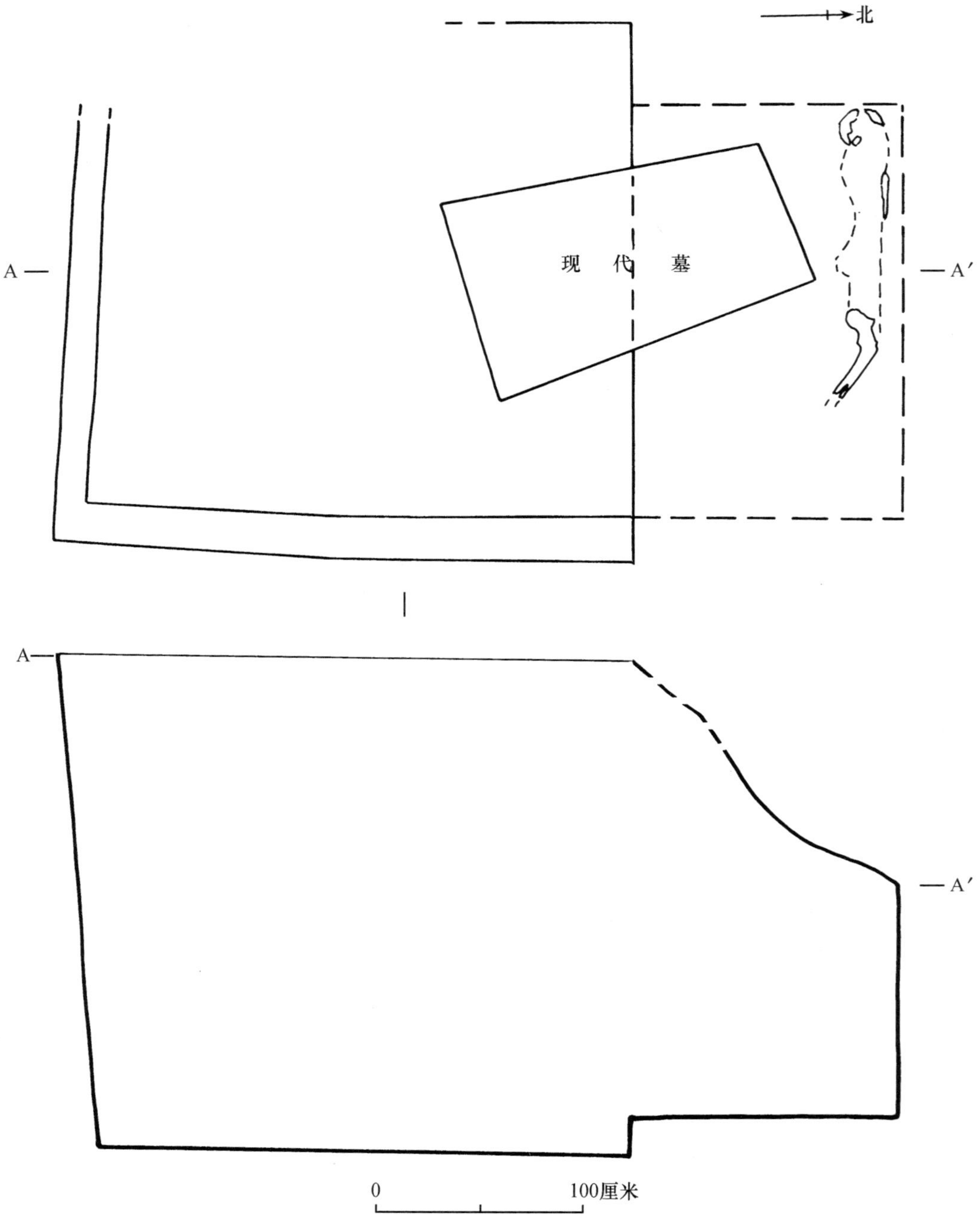

图一三〇　M120平、剖面图

M121

1. 墓葬形制

位于发掘区西部偏东，北邻M141，南邻M106。方向265°，由竖穴墓道和土洞墓室两部分组成，东西向，墓道在西，墓室在东（图一三一）。

墓道　平面呈长方形，竖穴土坑，口大底小，长3.82、宽2.6、开口距地表1.4、距墓道底4.2

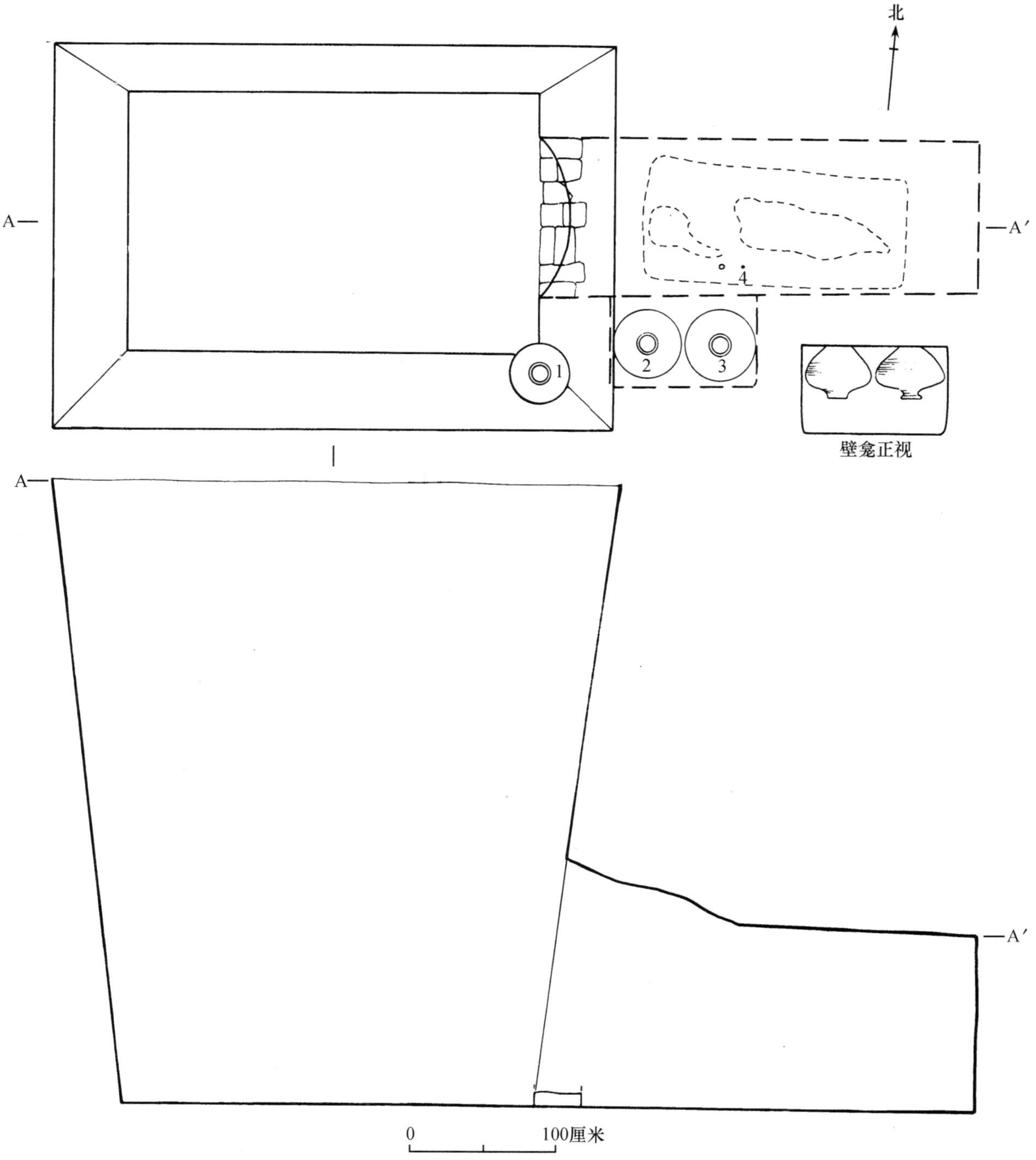

图一三一　M121平、剖面图

1、2. 陶罐　3. 陶缶　4. 料珠

米。墓道底长2.9、宽1.78米。东、南、西三壁收分0.5米，北壁收分0.3米。

封门　土坯封门，残存1层，高约0.1、长1.08、厚0.32米。

墓室　位于墓道东壁，拱顶土洞。平面呈长方形，进深3、宽1.05、高1.2～1.68米。墓室西南角有一小龛，宽1、进深0.6、高0.6米，龛内置2件陶器。

葬具葬式　棺灰痕明显，约长方形，长1.8、宽0.8米。骨架痕不明显，葬式不详。

2. 随葬器物

共4件，陶罐2件，陶缶1件，料珠1对。

陶罐　2件。泥质灰陶，基本完整。标本M121：1，方唇斜沿，侈口，短束颈，广斜肩微鼓，鼓腹，下腹斜内收，平底。肩腹多见暗弦纹。通高25.5、口径8.2、腹径27.6、底径13.4厘米（图一三二，1）。标本M121：2，方唇斜沿，直口略侈，短束颈，溜肩较鼓，圆鼓腹，下腹弧内收，大平底内凹。肩部饰暗弦纹。口沿刻划有符号“| |”，肩部刻划有“卜”字样。通高33.5、口径9.1、腹径37.3、底径18.7厘米（图一三二，2、4、7）。

陶缶　1件。标本M121：3，泥质灰陶，基本完整。尖唇斜沿，直口略侈，短束颈，广斜肩，腹微扁，下腹斜内收，平底。肩部饰暗弦纹、腹部有两道锥刺纹和部分斜绳纹。通高33、口径8.6、腹径39.4、底径17.6厘米（图一三二，3）。

料珠　一对。完整，均为扁圆形，素面，形制大小近似。标本M121：4-1，上下略平，中有

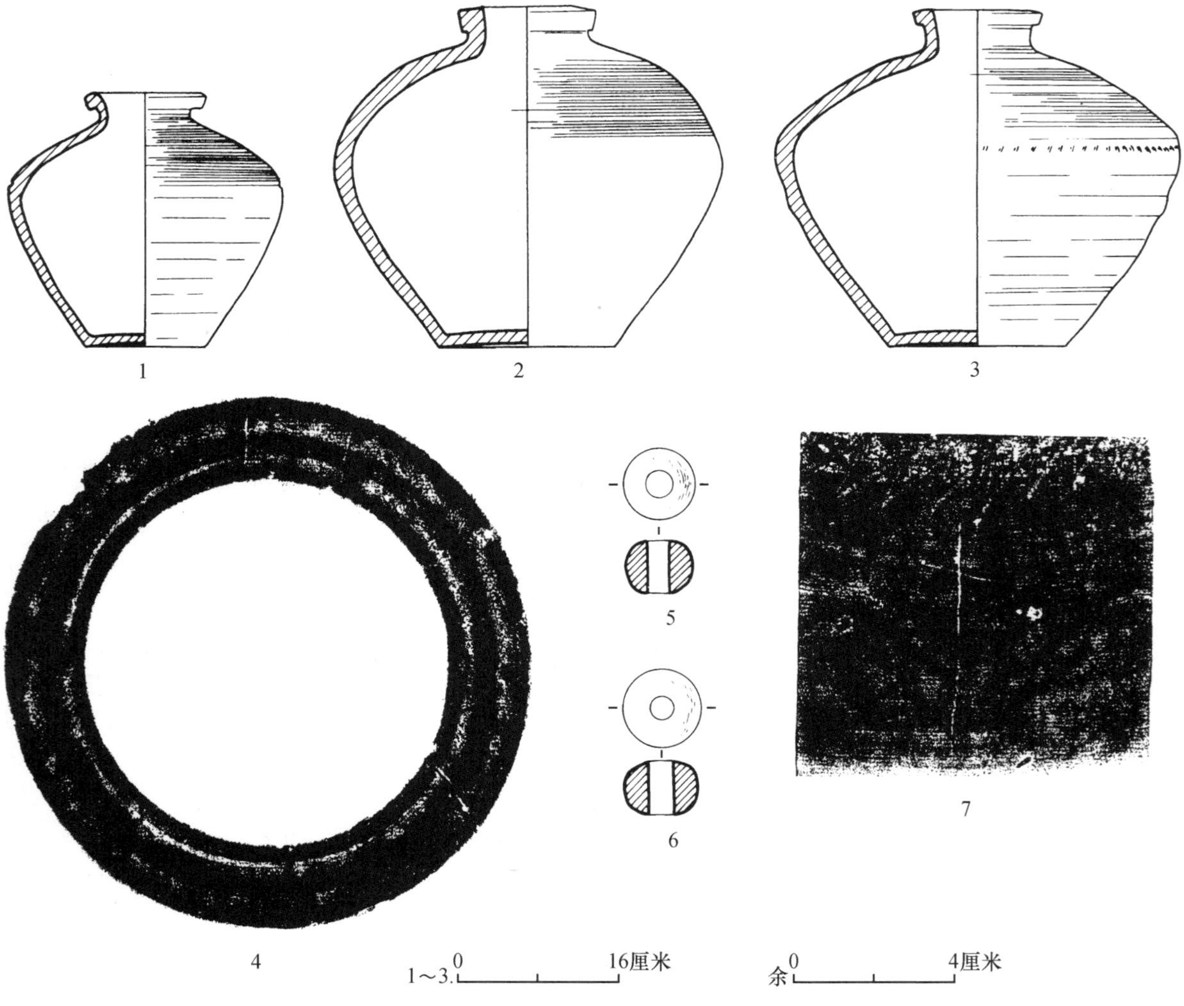

图一三二　M121出土器物及纹饰拓片

1、2. 陶罐（M121：1、M121：2）　3. 陶缶（M121：3）　4、7. 陶罐纹饰拓片（M121：2-1、M121：2-2）
5、6. 料珠（M121：4-1、M121：4-2）

穿孔，底色灰白泛兰。径1.7、厚1.2、孔径0.5厘米（图一三二，5）。标本M121：4-2，径1.9、厚1.2、孔径0 7厘米（图一三二，6）。

M123

1. 墓葬形制

位于发掘区西部偏南，西邻M129，北邻M246。方向105°，由竖穴墓道和土洞墓室两部分组成，东西向，墓道在东，墓室在西。该墓墓道西南部打破M124（图一三三）。

墓道　平面呈长方形，竖穴土坑，口大底小，残长2.3、残宽1.7、开口距地表1.3、距墓道底2.2米。

封门　墓室口未见封门痕迹。

墓室　位于墓道西壁，平顶土洞。平面呈长方形，东西长1.1、进深1.6、高1.2米。墓室口部坍塌。

葬具葬式　棺灰痕明显，长方形，长1.25、宽0.7米。棺灰内见1副骨架，保存较好，头北面东，侧身屈肢，左上肢折于腹部，右上肢曲于胸前，下肢向北弯曲。

2. 随葬器物

墓道、墓室未见有出土器物。

M124

1. 墓葬形制

位于发掘区西部偏南，西邻M129，北邻M246。方向270°，由竖穴墓道和土洞墓室两部分组成，东西向，墓道在西，墓室在东（图一三四）。

墓道　平面呈长方形，竖穴土坑，口大底小，墓道上口被M123打破，残长3.3、残宽2.4、开口距地表1.3、距墓道底2.84米。墓道底长2.6、宽1.7米。

封门　未见封门痕迹。

墓室　位于墓道东壁，拱顶土洞。平面呈长方形，上口被M123墓底打破。进深3.2、宽0.86～0.9、高1米，墓室底高出墓道0.2米。南北两壁靠近墓道处各有一小龛，南壁龛进深0.36、宽0.68、高0.6米，内置1件陶缶；北壁龛进深0.82、宽0.68、高0.6米，内置石砚、铅环、玉环、玉带钩等。墓室口部置陶鼎、铜镜等。

葬具葬式　棺灰痕迹明显，长方形，长2.42、宽0.66米。见1副骨架，残缺不全，可辨仰身直肢，头向西，下肢自然下垂。棺内发现铜带钩及铜钱。

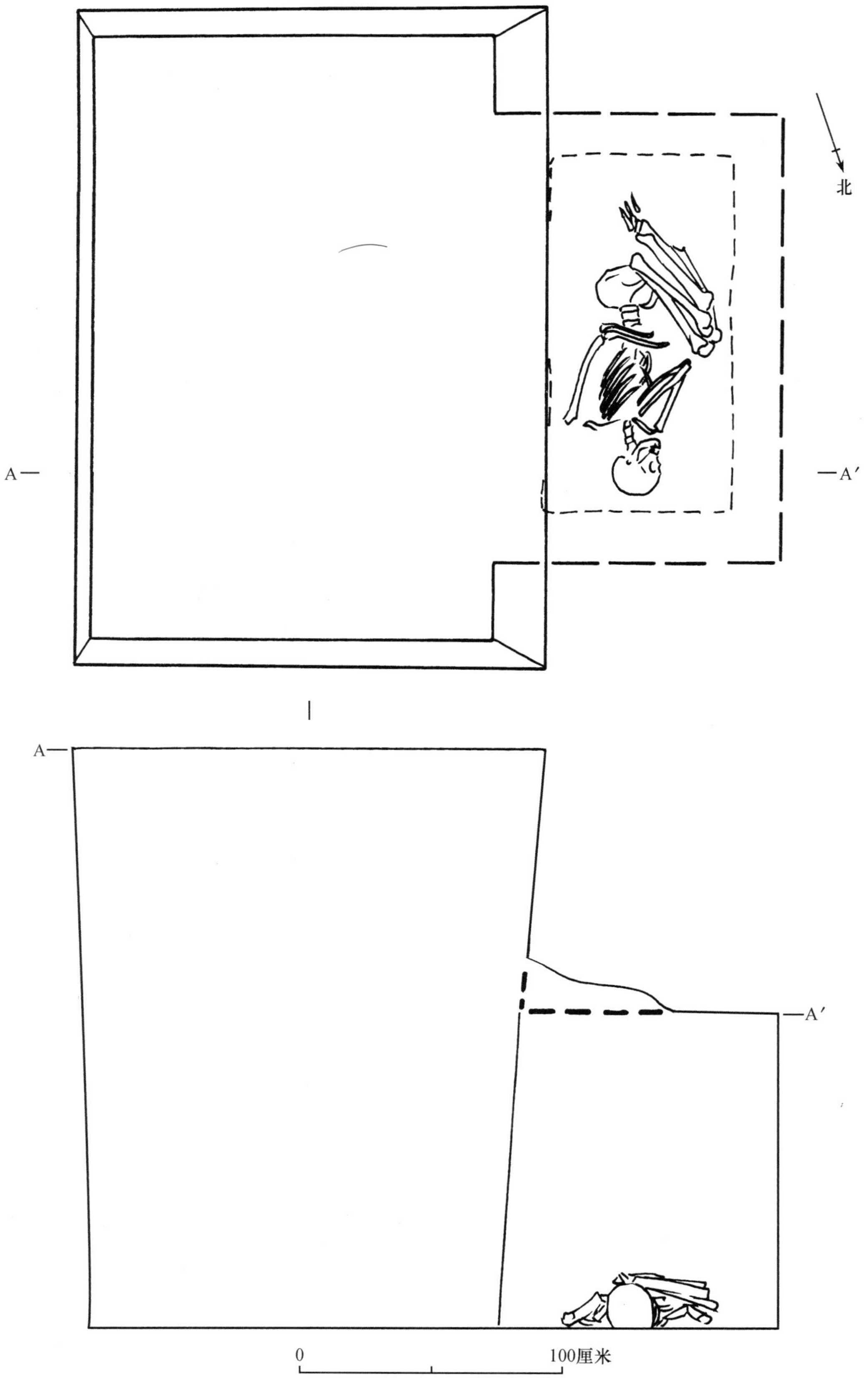

图一三三　M123平、剖面图

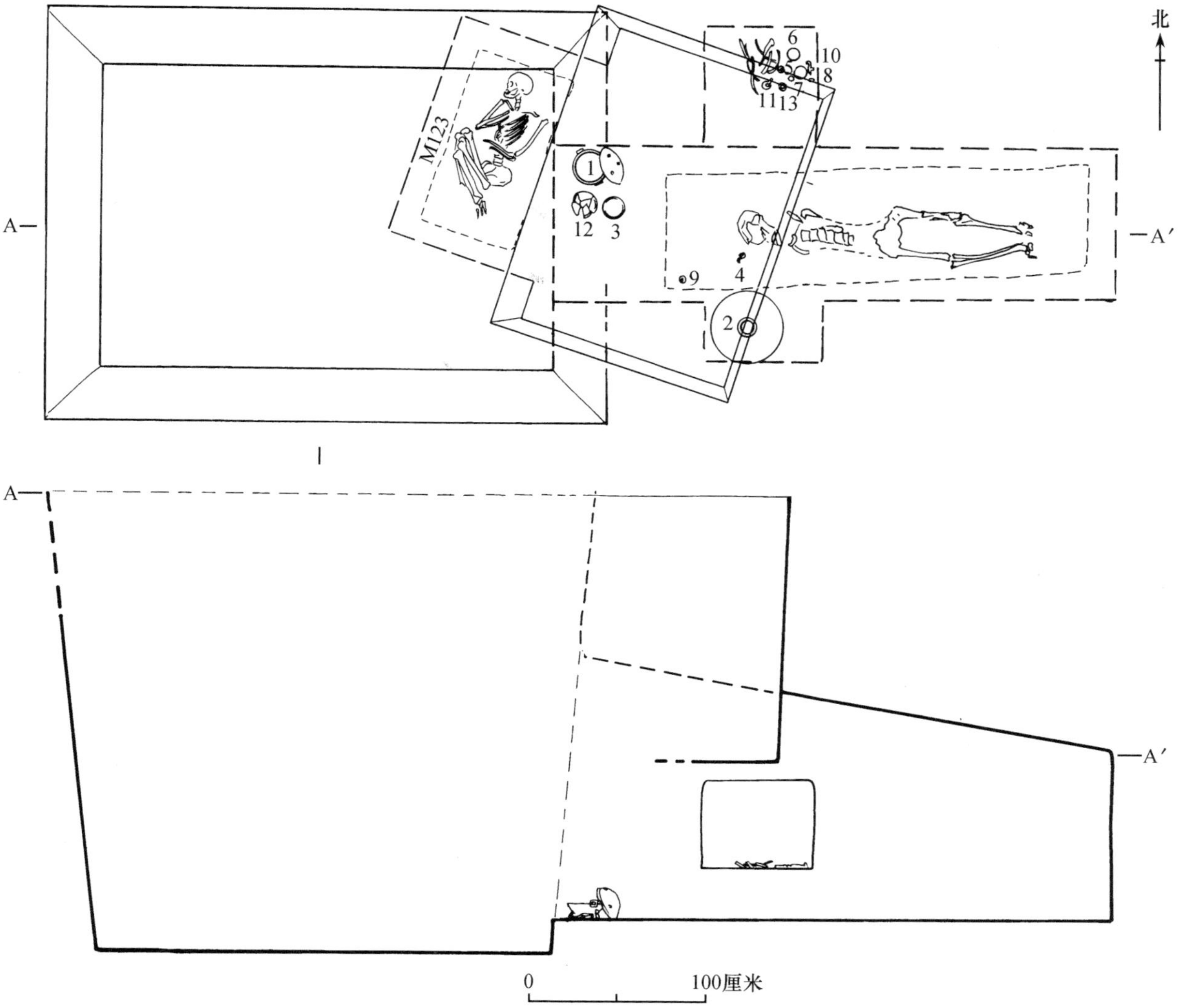

图一三四　M124平、剖面图

1. 陶鼎　2. 陶罐　3. 铜镜　4. 铜带钩　5. 石砚　6. 铅环　7. 玉环　8、11. 铜片　9. 铜钱　10. 玉带钩　12. 陶器盖　13. 铁器

2. 随葬器物

共15件，陶鼎1件、陶器盖1件、陶罐1件，铜镜1件、铜带钩1件、铜钱1枚及铜片2件，铅环1件，铁器3件，玉环1件、玉带钩1件，砚台1套。

陶鼎　1件。标本M124：1，泥质灰陶，完整。盖方唇，浅折腹，扁棱状纽。器身方唇，子母口，直腹，圜底，双附耳外撇，蹄形足。盖上见压印暗同心圆弦纹及波折锯齿纹，腹部数圈凸弦纹。通高15、口径13.2、腹径16、腹深7.6、足高5.4厘米（图一三五，6）。

陶器盖　1件。标本M124：12，泥质灰陶，完整。覆钵形盖，方唇，浅折腹。素面。应为陶盒盖。口径13.6、高3、壁厚1厘米（图一三五，2）。

陶罐　1件。标本M124：2，泥质灰陶，修复完整。尖唇斜沿，直口略侈，束颈，广斜肩，上腹较直，下腹斜内收，平底。肩部见数道暗弦纹。肩部戳印“咸里休器”。通高32.9、口径8.8、腹径39.2、底径18.6厘米（图一三五，1；图一三六，1、3～5）。

图一三五　M124出土器物

1. 陶罐（M124：2）　2. 陶器盖（M124：12）　3. 铜镜（M124：3）　4. 铜带钩（M124：4）　5. 石砚（M124：5）　6. 陶鼎（M124：1）　7、8. 铜片（M124：8、M124：11）　9. 玉环（M124：7）　10、11、14. 铁器（M124：13-1、M124：13-2、M124：13-3）　12. 玉带钩（M124：10）　13. 铅环（M124：6）

铜镜　1面。标本M124：3，铜质，基本完整，表面轻微锈蚀。镜面平，背饰两圈凸弦纹，桥形弦纹纽，中有穿孔，无座。径7.5、纽高0.35、边厚0.12厘米（图一三五，3；图一三六，2；图版四一，1）。

铜带钩　1件。标本M124：4，铜质，基本完整，表面轻微锈蚀。钩首兽头形，颈短粗，腹较宽，背平，短纽柱，圆扣形纽。通长4.8、腹宽1.8、纽高0.85、纽径1.6厘米（图一三五，4）。

铜钱　1枚。标本M124：9，铜质，表面锈蚀。外廓圆形，方形穿孔。周边较为规整。“半两”字模糊，笔画粗细不一。铸造孔位于上部。径2.8、穿0.8、重3.3克（图一三六，6）。

铜片　2件。铜质，表面锈蚀。标本M124：8，残片约长方形，背略弧。用途不详。残长1.8、宽1.3、厚0.23厘米（图一三五，7）。标本M124：11，扁平铜片，一端圆弧状，上有穿孔，另一端直边。较完整。通高2.8、宽1.3、厚0.6、重15.45克（图一三五，8）。

铅环　1件。标本M124：6，铅质，基本完整。扁圆形，环较粗，表面轻微锈蚀。外径3.15、内径2.1、环宽0.4、厚0.4厘米（图一三五，13）。

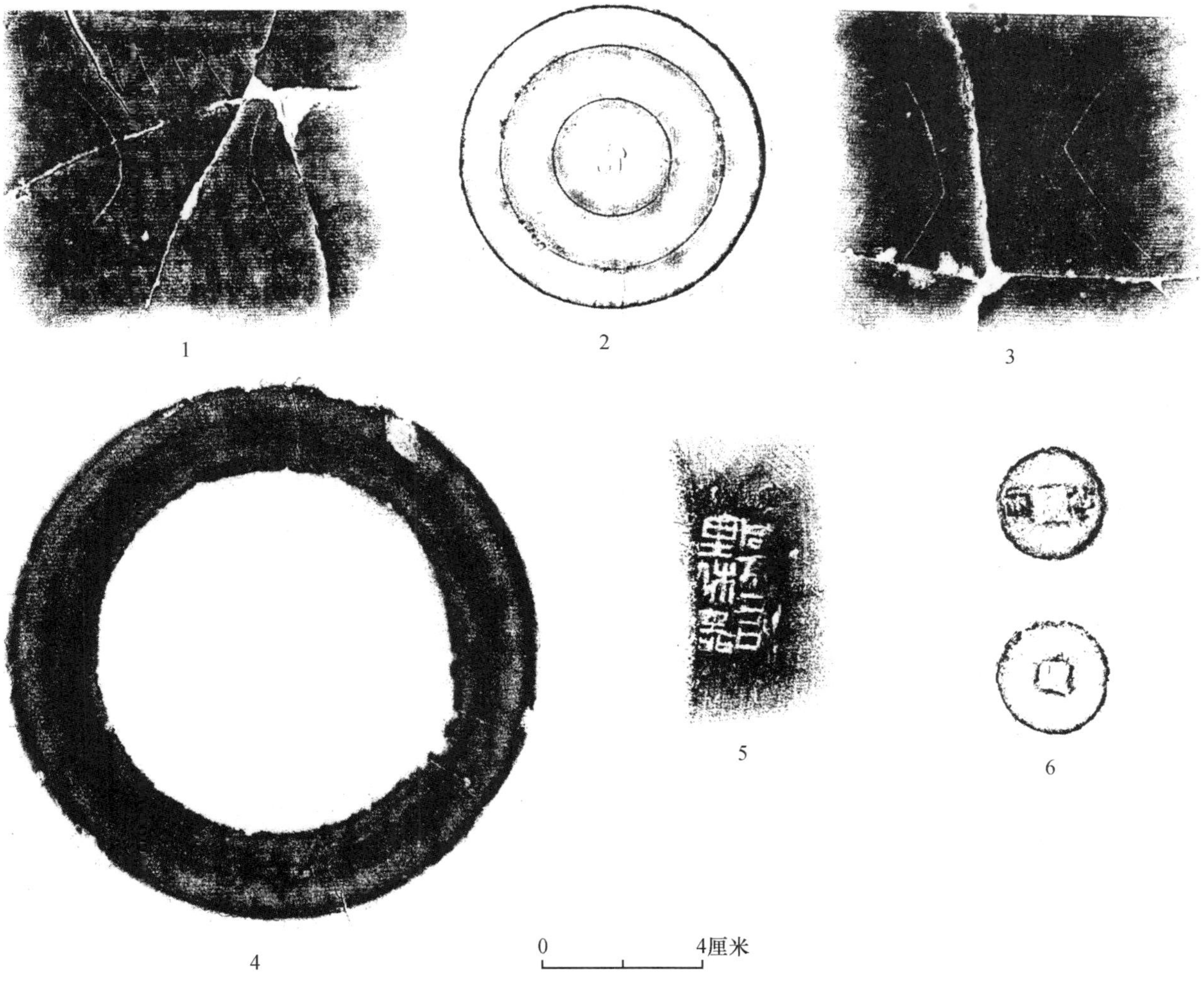

图一三六　M124出土器物及刻划纹拓片

1、3～5. 陶罐刻划、戳印纹拓片（M124：2-3、M124：2-2、M124：2-1、M124：2）　2. 铜镜拓片（M124：3）　6. 铜钱拓片（M124：9）

铁器　3件。铁质，表面严重锈蚀。铁环两件，形制近似。标本M124∶13-1、标本M124∶13-2，标本M124∶13-1外径5、内径3.1、环宽0.9厘米（图一三五，10、11）。铁匕一件，标本M124∶13-3，顶为圆环，下为长扁刃部。残长9、刃宽1.9、环径3.7厘米（图一三五，14）。

玉环　1件。标本M124∶7，玉石质，完整。圆形，中空。表面光滑，手感细腻。通体墨绿色。外径3.42、孔径1.82、环宽0.8、厚0.6厘米（图一三五，9）。

玉带钩　1件。标本M124∶10，玉石质，完整。钩首兽头状，有角，曲颈，背腹较直，方形纽扣，纽柱近中部。线条简单，宽窄一致。通体翠绿色。通长7.8、腹宽1.7、纽高0.9、纽径1.2～1.4厘米（图一三五，12；图版三五，1）。

石砚　1套。标本M124∶5，紫青色细砂石质，基本完整。圆形，由砚台和砚子组成。台较大，呈圆饼状，正、背面平整。砚子柱形，上小下大。砚台四周有一周凹弦痕。通高3.7、台径7.1、厚1.6、砚子径2～2.6、厚2.1厘米（图一三五，5）。

M126

1. 墓葬形制

位于发掘区西部偏北，东邻M127，南邻M122。方向165°，由竖穴墓道和土洞墓室两部分组成，南北向，墓道在南，墓室北（图一三七）。

墓道　平面呈长方形，竖穴土坑，口大底小，东西长2.4、宽1.5、开口距地表1.2、距墓道底0.9米。墓道底长2.2、宽1.3米。四壁收分均为0.1米。

封门　墓室口部未见有封门痕迹。

墓室　位于墓道北壁，拱顶土洞。平面呈梯形，进深0.8、东西长1.89～2.3、残高0.9米。墓室口部坍塌。

葬具葬式　葬具不清。骨架保存较好，仰身直肢，头向西，面向北，一上肢残缺不全，一上肢置于下腹部。

2. 随葬器物

墓道、墓室未见有出土器物。

M127

1. 墓葬形制

位于发掘区西部偏北，南邻M134，西邻M126。方向180°，由竖穴墓道和土洞墓室两部分组成，南北向，墓道在南，墓室在北（图一三八）。

墓道　平面呈长方形，竖穴土坑，口大底小，东西长3、宽2、开口距地表1.1、距墓道底2.7

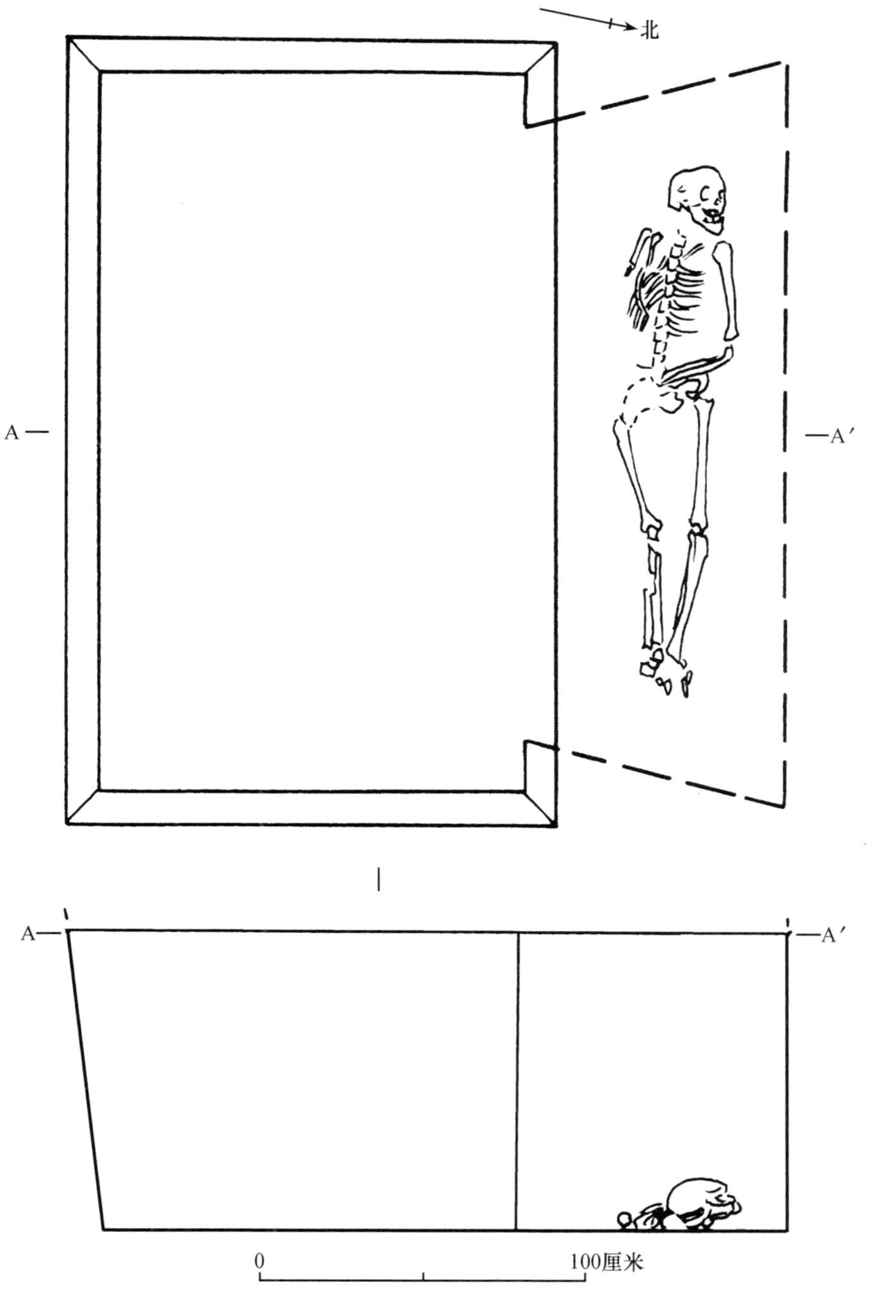

图一三七　M126平、剖面图

米。墓道底长2.1、宽1.6米。东西两壁收分为0.45米，南北两壁收分为0.2米。

封门　墓室口未见有封门痕迹。

墓室　位于墓道北壁，拱顶土洞。平面呈长方形，东西长1.8、进深1、高1.1米。墓室口部坍塌。

葬具葬式　葬具不清。骨架紧靠墓室北壁，保存较差，可辨侧身屈肢，头东面北，下肢蜷曲。

2. 随葬器物

墓道、墓室未见有出土器物。

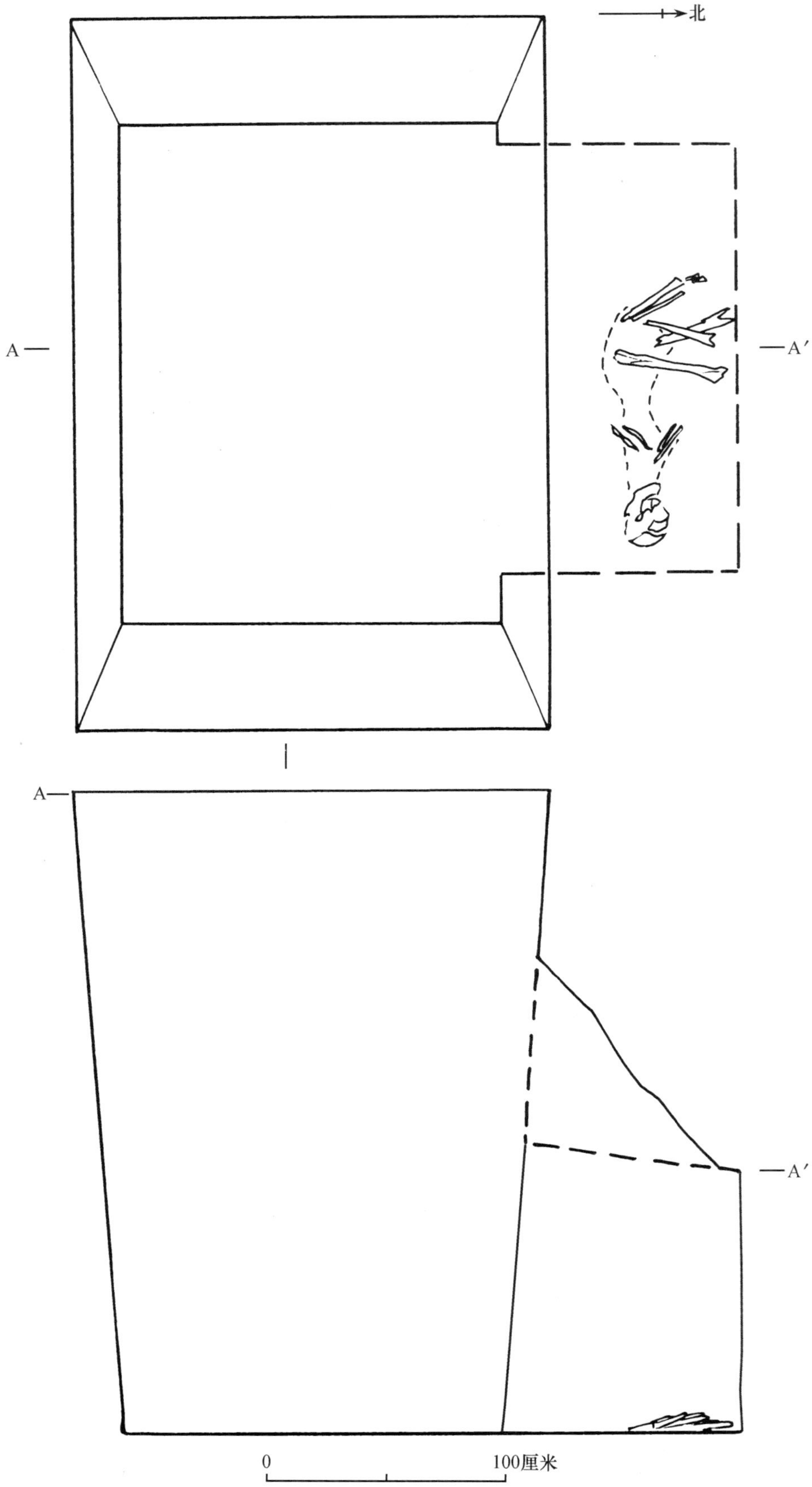

图一三八　M127平、剖面图

M128

1. 墓葬形制

位于发掘区西部偏南，东邻M139，北邻M135。方向90°，由竖穴墓道和土洞墓室两部分组成，东西向，墓道在东，墓室在西（图一三九）。

墓道　平面呈长方形，竖穴土坑，口大底小，南北长3.76、宽2.6、开口距地表1.4、距墓道底2.2米。墓道底长3.27、宽2.1米。四壁收分为0.24～0.26米。

封门　墓室口未见封门痕迹。

墓室　位于墓道西壁，拱顶土洞，进深1.2、宽0.92、高1.1米，墓室底高出墓道0.2米。墓室顶部坍塌。

葬具葬式　葬具不详。骨架紧靠墓室南壁，保存较差，可辨葬式为侧身屈肢，头西，下肢蜷曲。尾骨处见1件带钩。

2. 随葬器物

铜带钩　1件。标本M128：1，表面轻微锈蚀。钩首兽头形，轮廓清楚，刻划精细。细长颈，宽扁腹，钩背弯曲较大，尾扁平。椭圆形钩纽近中部，纽柱粗短。体表见3条弦纹。通体银白色。通长10.4、腹宽1.2、纽高0.7、纽径1.4厘米（图一四〇；图版三八，1）。

M129

1. 墓葬形制

位于发掘区西部偏南，西邻M123、M124。方向0°，由竖穴墓道和土洞墓室两部分组成，南北向，墓道在北，墓室在南（图一四一）。

墓道　竖穴土坑，口大底小。长3.26、宽3.2、开口距地表1.3、距墓道底2.6米。墓底长2.9、宽2米。东西两壁收分0.6米，北壁垂直下落。

墓室　位于墓道南壁，折向东部。平面长方形，进深2.9、宽2.8、高2.6米。

葬具、葬式　棺灰痕迹明显，梯形，长1.84、宽0.7～0.9米。骨架仅存零星骨片，葬式不详。

2. 随葬器物

共2件，陶鼎1件，铜带钩1件。

陶鼎　1件。标本M129：2，泥质灰陶，修复完整。器盖，方唇折腹，弧形顶，扁棱状盖纽。器身，圆唇子母敛口，直腹，圜底，方形附耳外撇，蹄形足较高。通高15.4、口径13、腹径18.9、腹深7.2、足高6.2厘米（图一四二，1）。

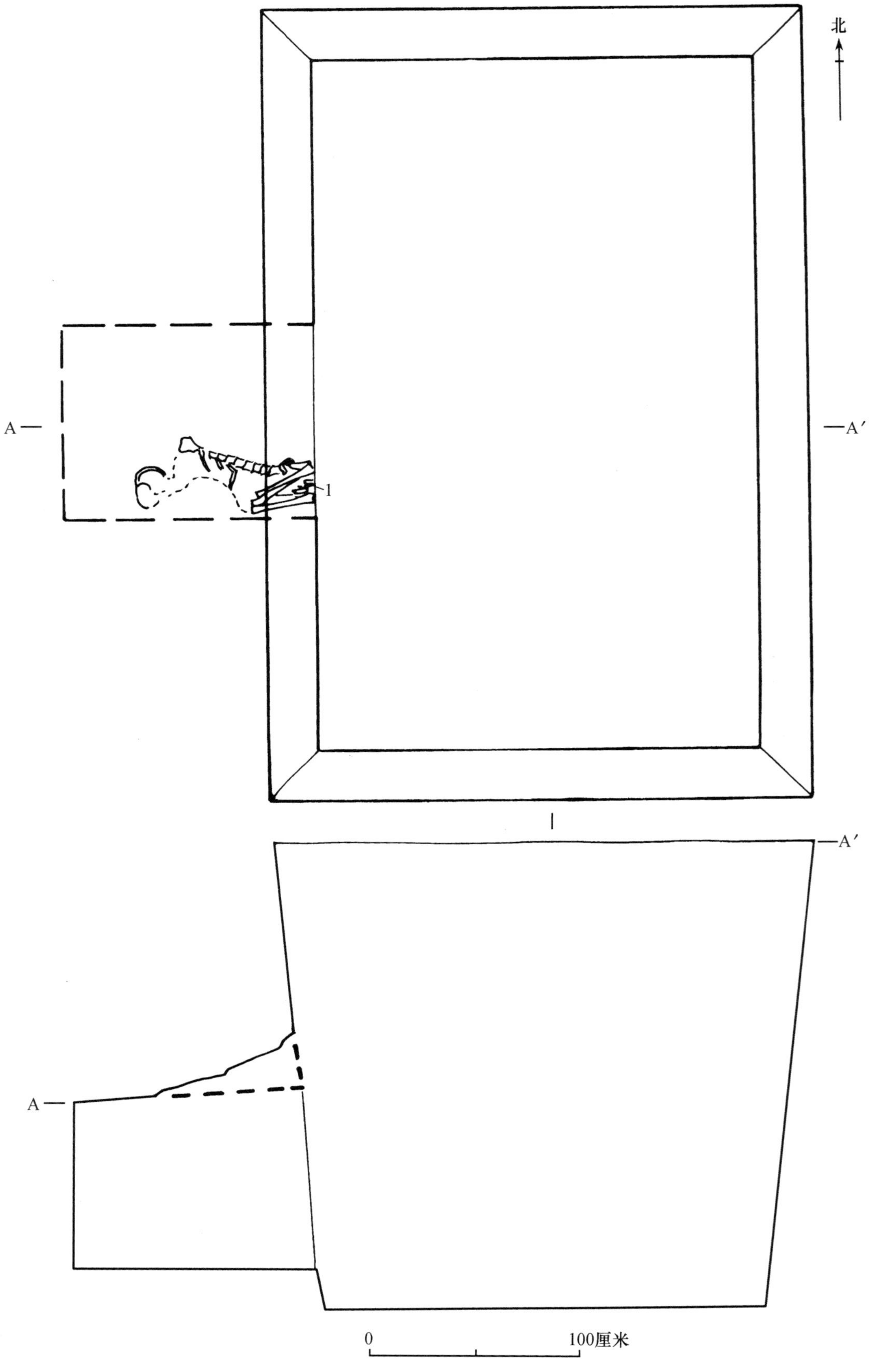

图一三九　M128平、剖面图
1. 铜带钩

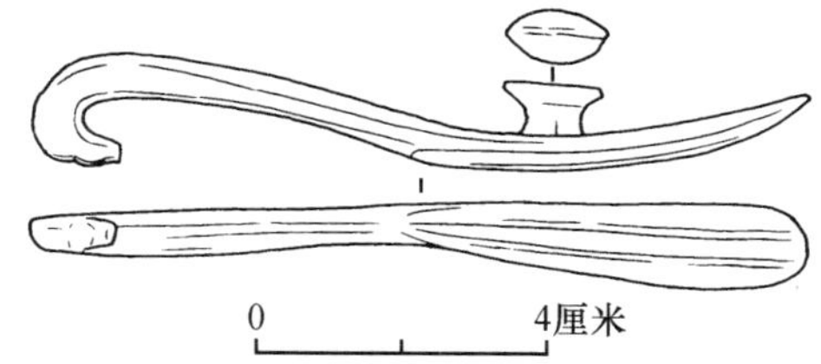

图一四〇　M128出土铜带钩（M128：1）

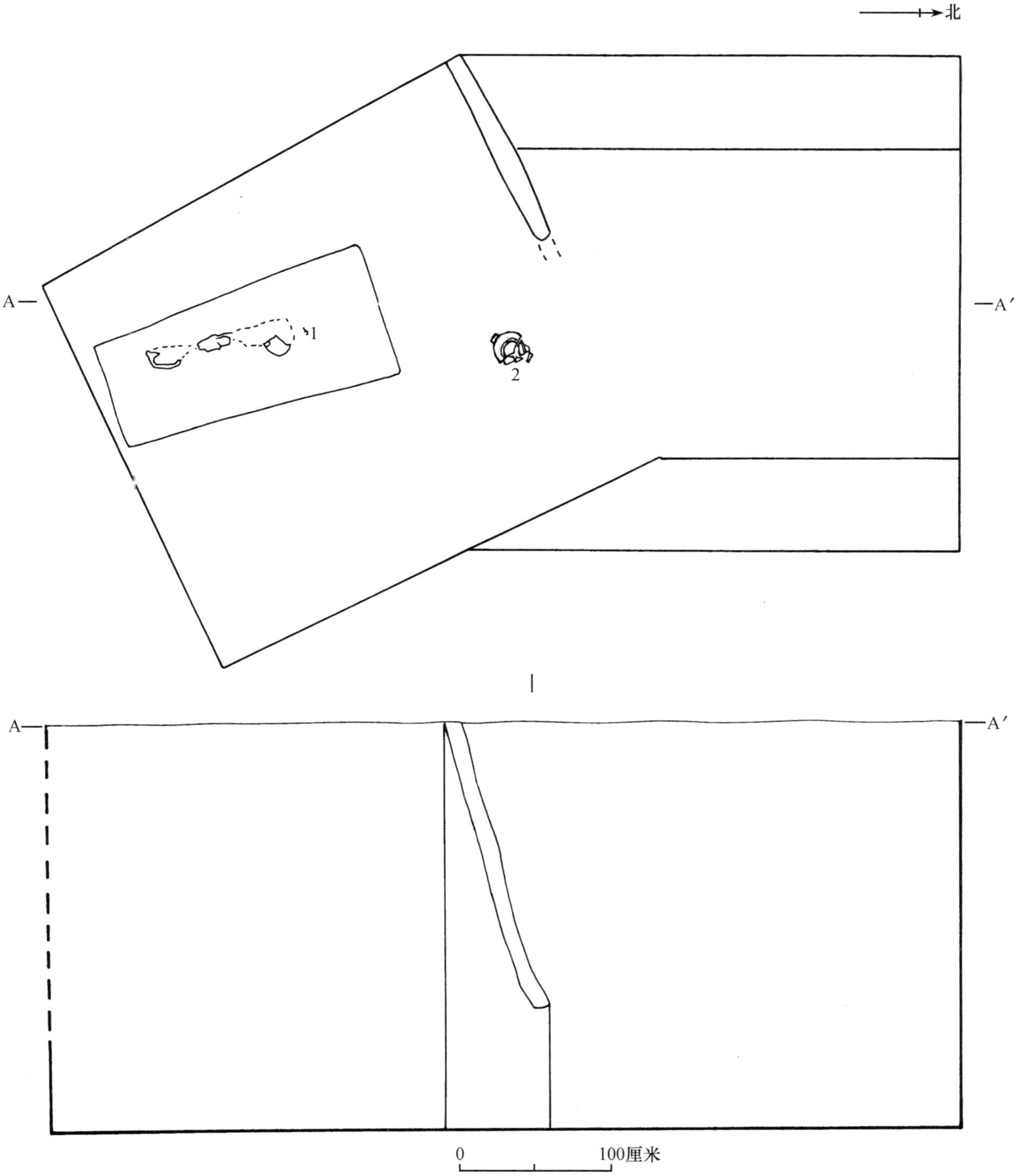

图一四一　M129平、剖面图

1. 铜带钩　2. 陶鼎

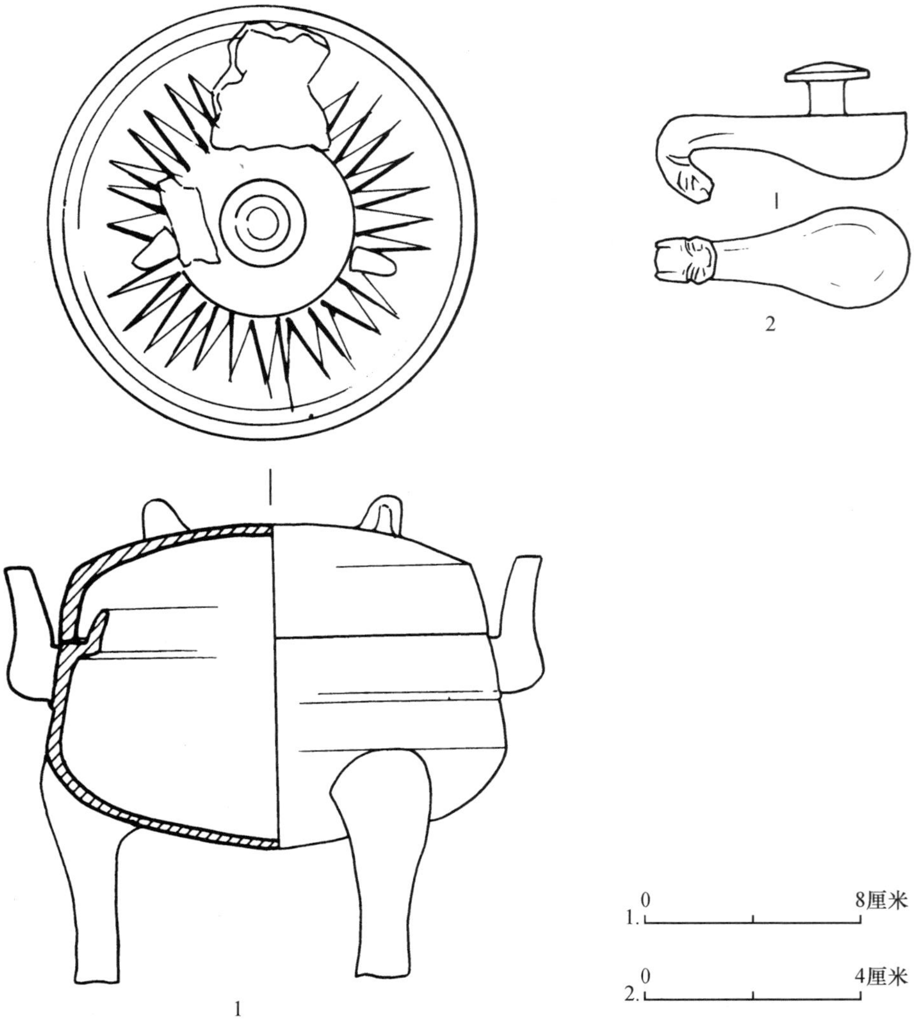

图一四二　M129出土器物
1. 陶鼎（M129：2）　2. 铜带钩（M129：1）

铜带钩　1件。标本M129：1，基本完整，表面轻微锈蚀。体较短，钩面较宽。钩首兽头形，有角，面部刻划精细。粗颈，宽腹，短尾。钩背较平，圆扣形钩纽较大，近中部，纽柱短粗。通长4.6、腹宽1.8、纽高0.7、纽径1.4厘米（图一四二，2）。

M130

1. 墓葬形制

位于发掘区西部，东邻M136，南邻M135。方向180°，由竖穴墓道和土洞墓室两部分组成，南北向，墓道在南，墓室北（图一四三）。

墓道　平面呈长方形，竖穴土坑，口大底小，东西长2.9、宽1.75、开口距地表1.3、距墓道底2.7米。墓道底长1.85、宽0.9米。距墓道开口2.2米处有一平面“凹”形二层台，二层台高0.5米，东

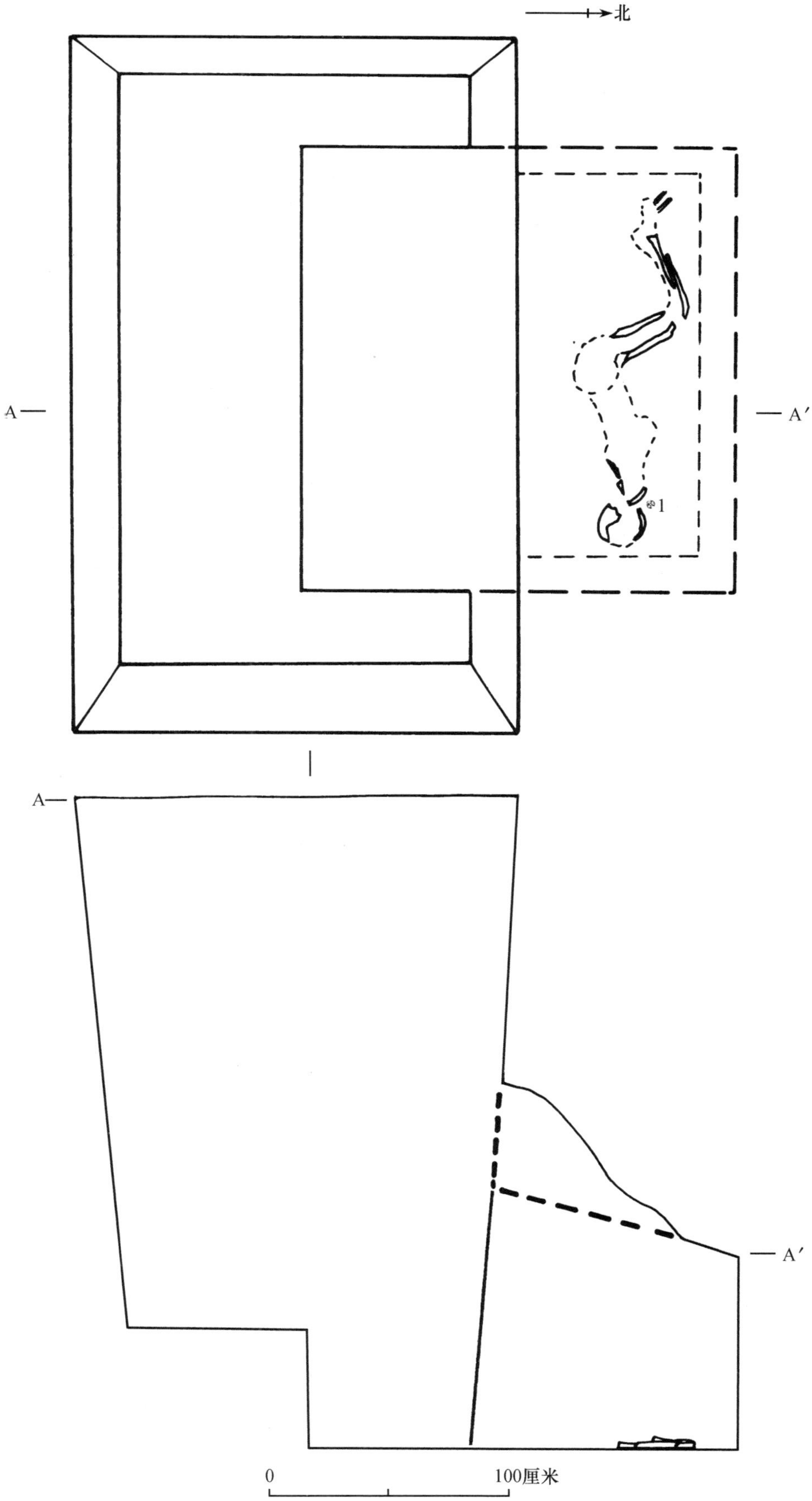

图一四三　M130平、剖面图

1. 铅币

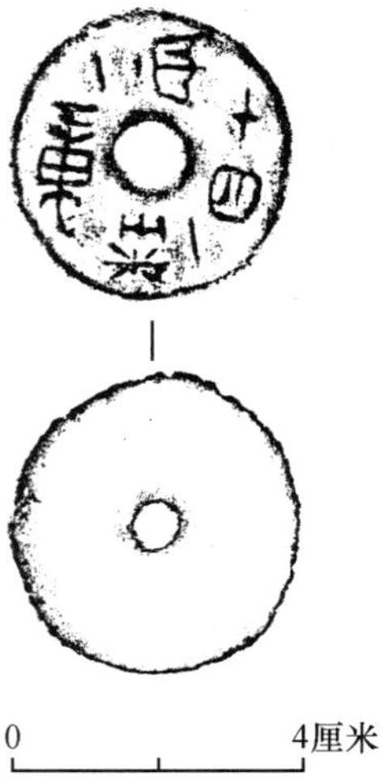
图一四四　M130出土铅币拓片（M130：1）

西长2.45、两侧最宽1.46、中部宽0.75米。墓道东壁到二层台收分0.3米，南、西、北壁到二层台收分约0.2米。

封门　墓室口部未见有封门痕迹。

墓室　位于墓道北壁，拱顶土洞。平面呈长方形，东西长1.85、进深0.9、高0.8米。墓室口部坍塌。

葬具葬式　棺灰痕迹明显，长方形，长1.6、宽0.82米。棺痕内见1副骨架，保存较差，可辨侧身屈肢，头东。在墓室西部出土有1枚铅币。

2. 随葬器物

铅币　1枚。标本M130：1，基本完整。钱径较大，中部圆形穿孔较小，周边较薄不规整，字体清晰，可辨“重珠四十两”。钱径4、孔径0.7、厚0.3厘米（图一四四，图版四三，2）。

M132

1. 墓葬形制

位于发掘区西部偏东，北邻M114，南邻M133。方向180°，由竖穴墓道和土洞墓室两部分组成，南北向，墓道在南，墓室北（图一四五）。

墓道　竖穴土坑，平面呈长方形，东西长2.9、宽2、开口距地表1.3、距墓道底3米。墓道底长1.9、宽2米。距墓道开口2.5米处有二层台，位于东西两壁下，二层台高、宽均为0.5米。

封门　墓室口部有封门槽，长2.3、宽0.2、0.15米。封门材质不详。

墓室　位于墓道北壁，平顶土洞。平面呈长方形，东西长1.9、进深1.2、高1米。墓室底部低于墓道0.1米。墓室口部坍塌。

葬具葬式　棺灰痕迹明显，位于墓室北壁偏东处，长方形，长1.28、宽0.6米。内见1副骨架，可辨为侧身屈肢，头西，下肢向南弯曲。

2. 随葬器物

墓道、墓室未见有出土器物。

M133

1. 墓葬形制

位于发掘区西部偏东，东邻M107，北邻M132。方向180°，由竖穴墓道和土洞墓室两部分组成，南北向，墓道在南，墓室北（图一四六）。

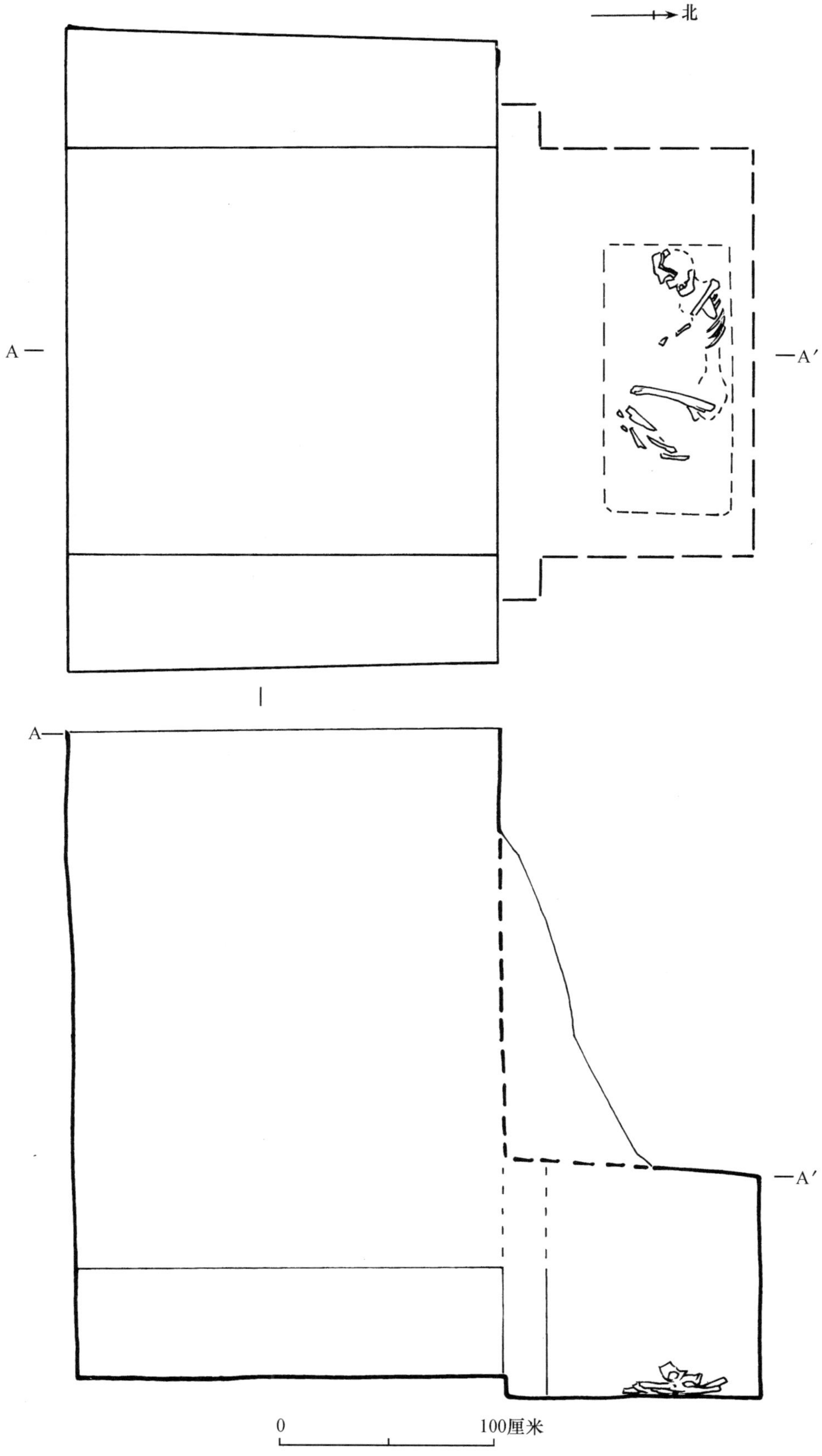

图一四五　M132平、剖面图

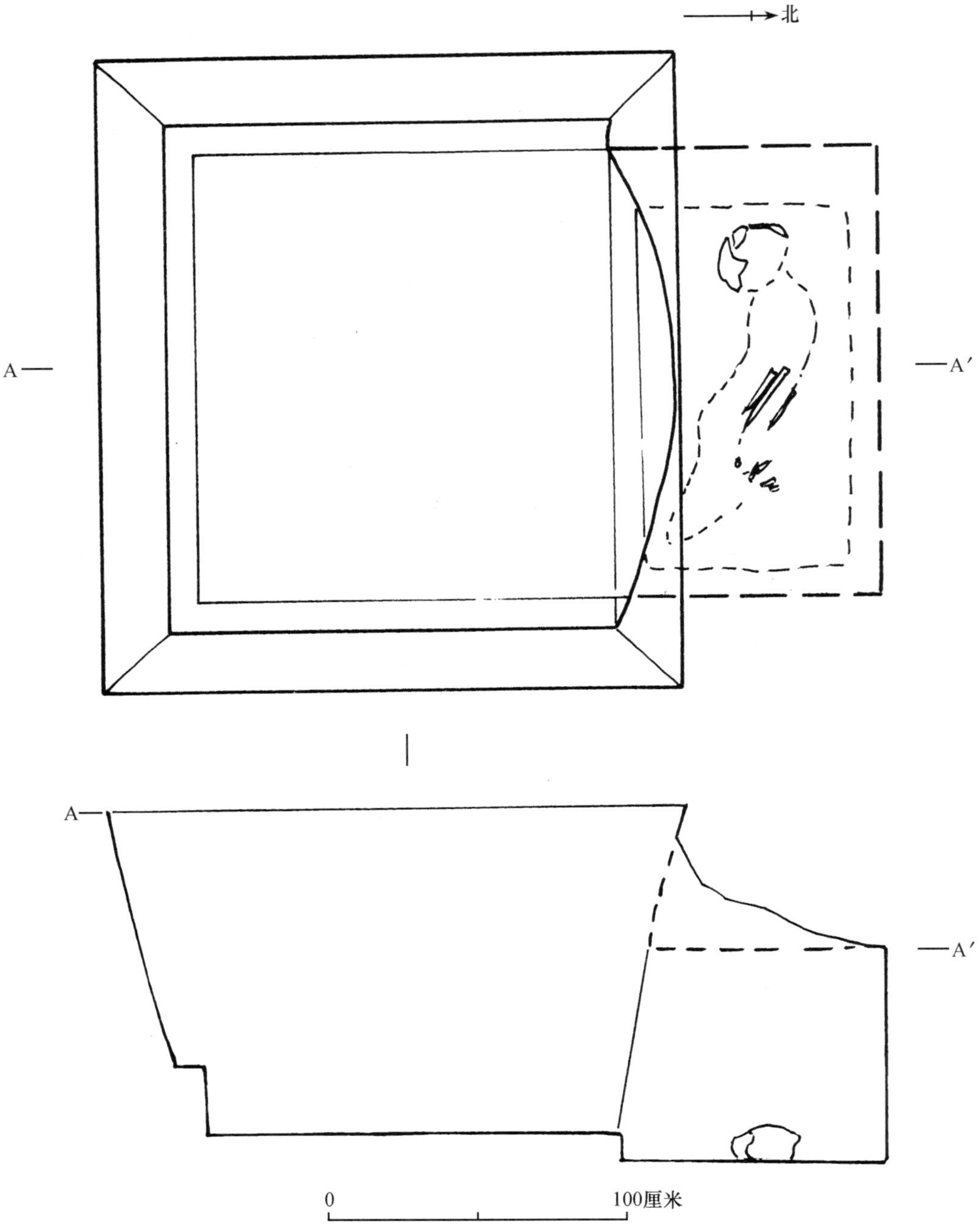

图一四六　M133平、剖面图

墓道　平面呈长方形，竖穴土坑，口大底小，长2.1、宽1.97、开口距地表1.3、距墓道底1.1米。墓道底长1.5、宽1.4米。距墓道开口0.88米处，东、南、西三壁有二层台，二层台高0.22、宽0.1米。东、南、西三壁到二层台收分为0.2、北壁到墓底收分0.2米。

封门　墓室口部未见有封门痕迹。

墓室　位于墓道北壁，平顶土洞。平面呈长方形，长1.5、进深0.9、高0.7米。墓室底部低于墓道0.1米。墓室口部坍塌。

葬具、葬式　棺灰痕迹明显，长方形，长1.2、宽0.7米。内见1副骨架，保存较差，可辨为侧身屈肢，头西。

2. 随葬器物

墓道、墓室内未见有出土器物。

M134

1. 墓葬形制

位于发掘区西部偏北，北邻M127。方向180°，由竖穴墓道和土洞墓室两部分组成，南北向，墓道在南，墓室北。该墓墓道西壁和墓室西壁被M122打破（图一四七）。

墓道 竖穴土坑，口大底小。平面长方形，东西长2.8、宽1.85、开口距地表1.3、距墓道底2.2米。墓道底长2.4、宽1.5米。

封门 墓室口部未见封门痕迹。

墓室 位于墓道北壁，拱顶土洞。平面长方形，东西长1.8、进深1、高1.1米。

葬具葬式 棺灰痕迹明显，长方形，长1.4、宽0.66米。内见1副骨架，保存较好，侧身屈肢，头向东，下肢向北弯曲。

2. 随葬器物

墓道、墓室内未见有出土器物。

M135

1. 墓葬形制

位于发掘区西部西南，北邻M130，南邻M128。方向170°，由竖穴墓道和土洞墓室两部分组成，南北向，墓道在南，墓室北（图一四八）。

墓道 平面呈长方形，竖穴土坑，口大底小，东西长3.1、宽2.16、开口距地表1、距墓道底2.4米。墓道底长2.5、宽1.6米。四壁收分0.3米。

封门 墓室口部未见封门痕迹。

墓室 位于墓道北壁，平顶土洞。东西长1.66、进深1.4、高1米。墓室底高出墓道0.1米。墓室口部坍塌。

葬具葬式 葬具不详。室内骨架保存不佳，可辨葬式为屈肢葬，头西，双膝西北弯曲。墓室内出土铁带钩1件。

2. 随葬器物

铁带钩 1件。标本M135：1，表面锈蚀严重，残。钩首兽头状，长颈，细长腹，钩背稍弯曲，无纽柱、纽扣。通长15.7、腹宽2.2厘米（图一四九）。

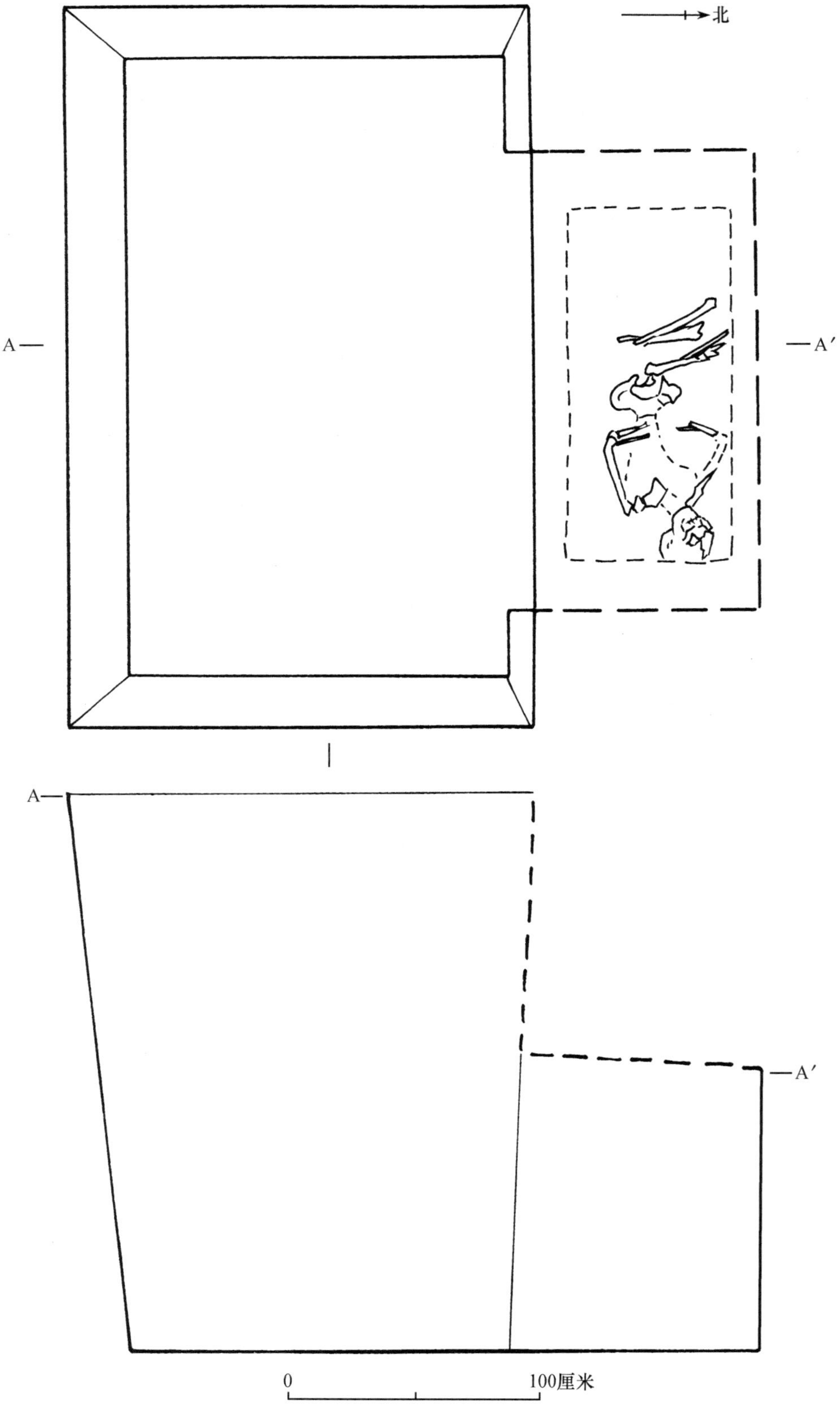

图一四七　M134平、剖面图

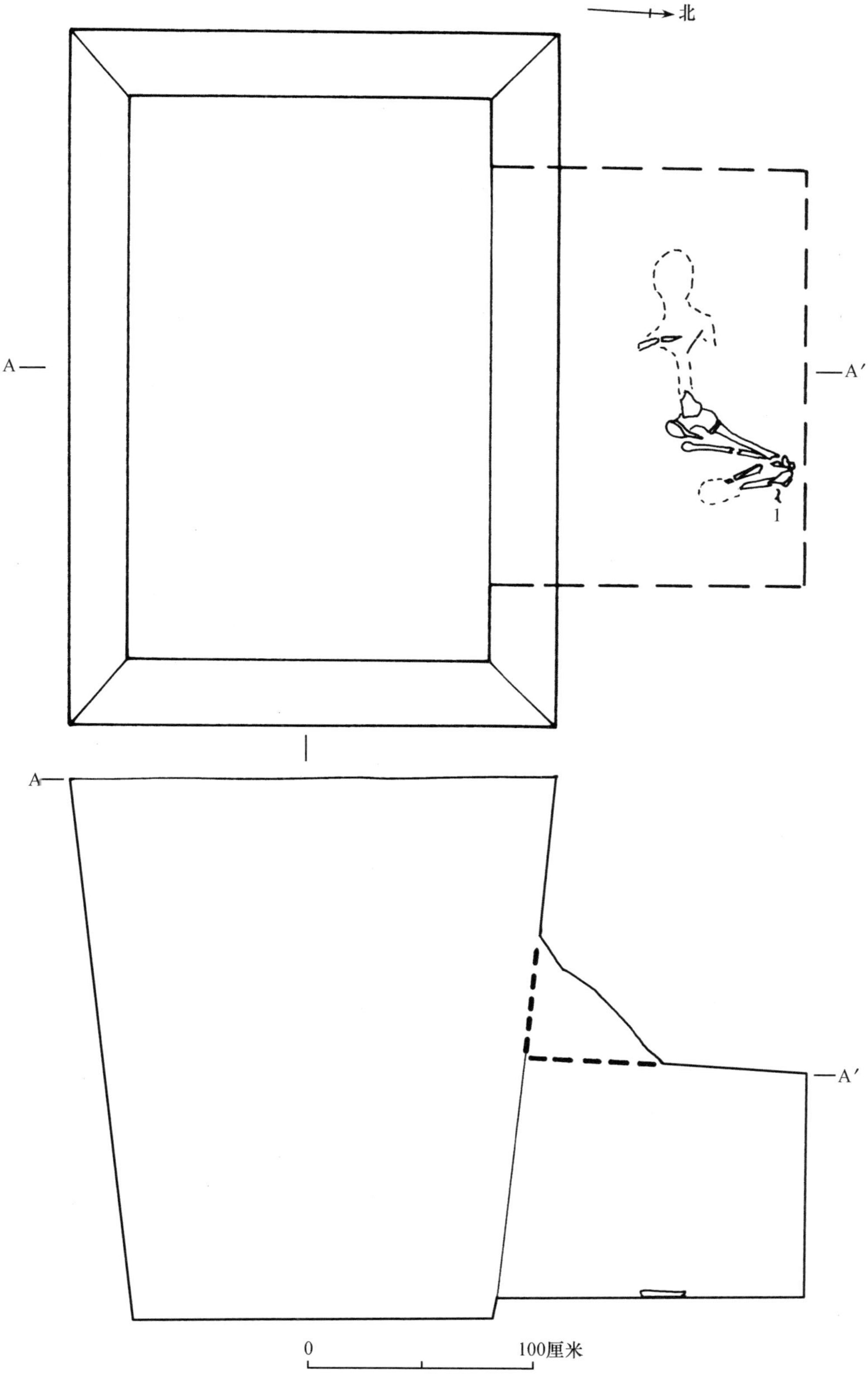

图一四八　M135平、剖面图

1. 铁带钩

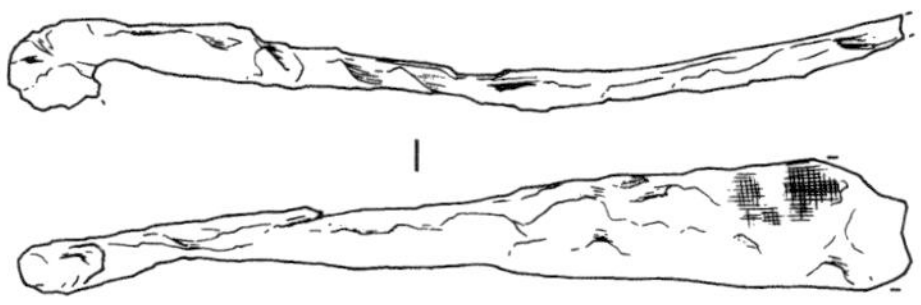

图一四九　M135出土铁带钩（M135：1）

M136

1. 墓葬形制

位于发掘区西部，西邻M130，东邻M151。方向0°，由竖穴墓道和土洞墓室两部分组成，南北向，墓道在北，墓室在南（图一五〇）。

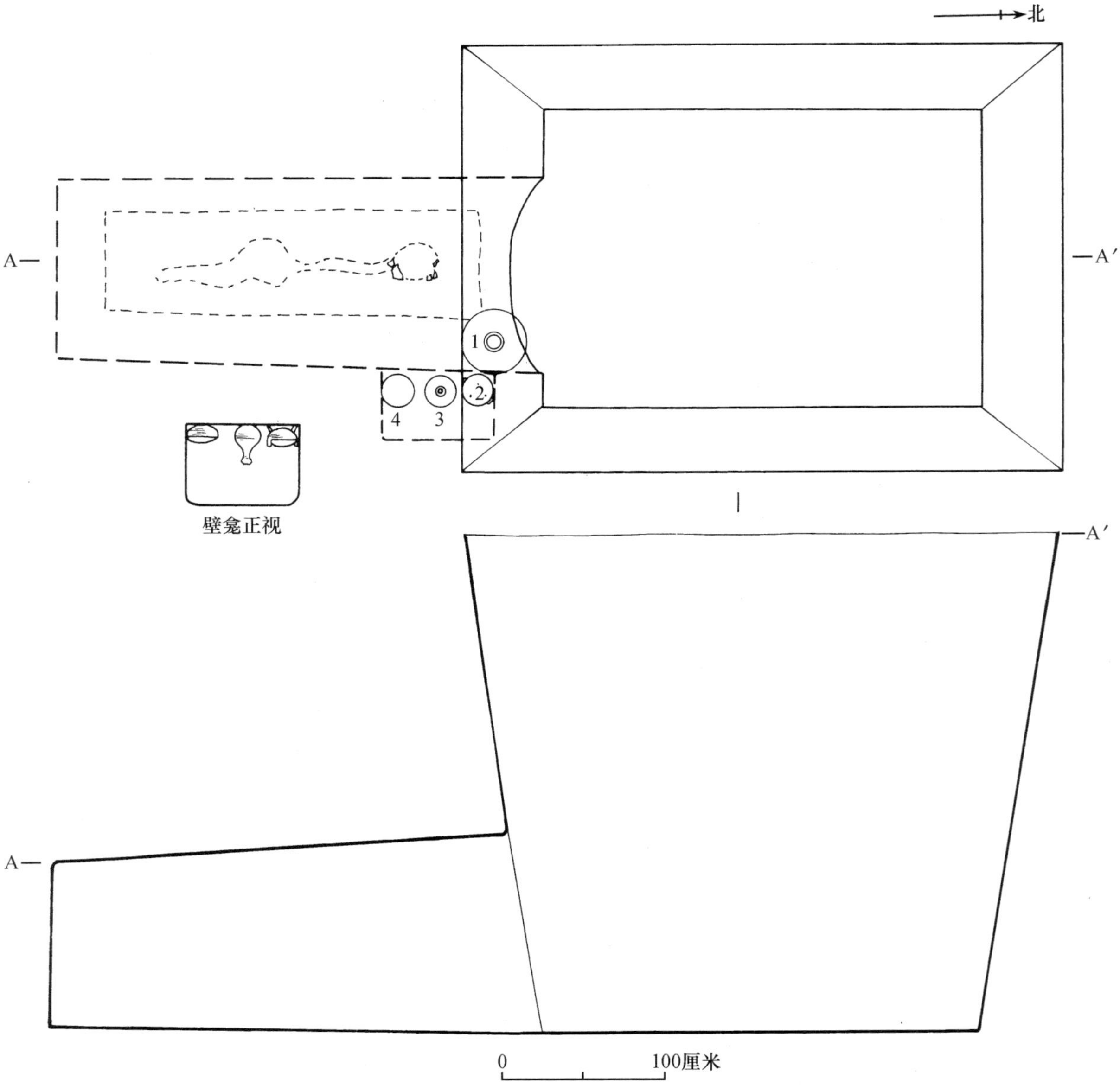

图一五〇　M136平、剖面图

1. 陶罐　2. 陶鼎　3. 陶蒜头壶　4. 陶盒

墓道 竖穴土坑，口大底小。平面呈长方形，长3.7、宽2.6米、开口距地表1.3、距墓道底3米。墓道底长2.7、宽1.8米。南、北两壁收分0.5米，东、西两壁收分0.4米。

墓室 位于墓道南壁，拱顶土洞。平面呈梯形，北宽1.1、南宽1.2、进深3、高1～1.2米。墓室口东壁有一方形小龛，进深0.44、宽0.7、高0.3米，内置陶鼎、陶盒、陶壶，龛外有1件陶罐。

葬具葬式 棺灰痕明显，长方形，长2.3、宽0.6米。内见1副骨架，可辨为直肢葬，头向北。

2. 随葬器物

共4件。陶鼎1件、陶盒1件、陶蒜头壶、陶罐1件（图版二三，1）。

陶鼎 1件。标本M136：2，泥质灰陶，完整。盖方唇，浅折腹，扁棱状盖组。器身，方唇，子母敛口，浅腹，尖圜底，方形附耳外撇，蹄足较高。盖顶见同心暗弦纹和波折锯齿纹。器身中腹见一道凸棱纹。通高14.8、口径13.9、腹径18.3、腹深7.1、足高5.7厘米（图一五一，3）。

陶盒 1件。标本M136：4，泥质灰陶，完整。盖方唇，折腹，圈足捉手。器身，方唇，子母敛口，上腹外撇，下腹内凹，平底。盖顶、器身见暗弦纹。通高12.3、口径14.1、腹径17.8、腹深6.9、足高0.7、底径8.1厘米（图一五一，4）。

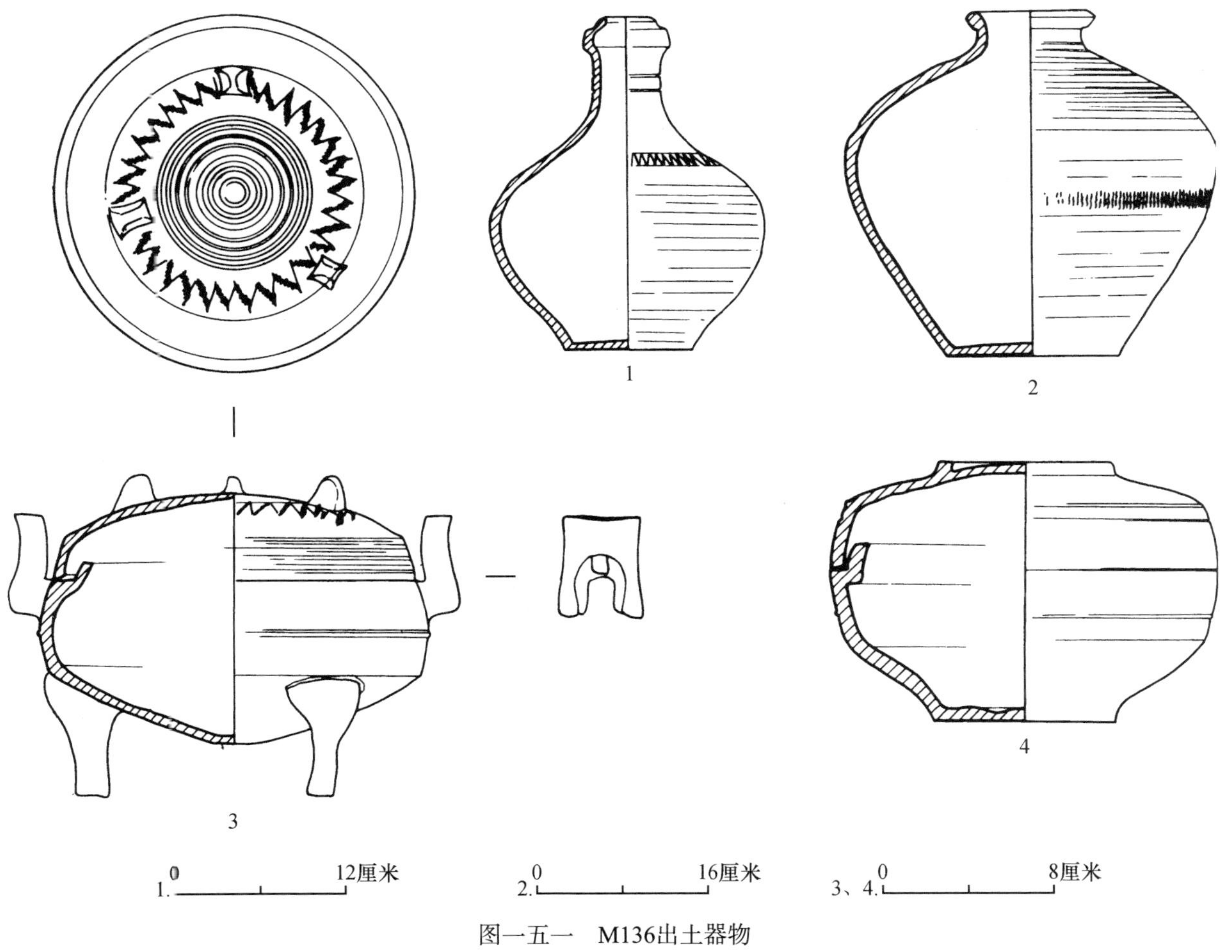

图一五一 M136出土器物

1. 陶蒜头壶（M136：3） 2. 陶罐（M136：1） 3. 陶鼎（M136：2） 4. 陶盒（M136：4）

图一五二　M136陶罐口沿拓片（M136：1）

陶蒜头壶　1件。标本M136：3，泥质灰陶，完整。口部蒜头形，粗长颈，溜肩鼓腹，平底。蒜头下部饰一圈凸弦纹，颈、肩部见暗弦纹和波折状锯齿纹。通高24.3、口径2.8、蒜头径6、腹径18.7、底径8.9厘米（图一五一，1）。

陶罐　1件。标本M136：1，泥质灰陶，修复完整。尖唇斜沿，侈口，束颈，广斜圆肩，鼓腹，下腹内收，平底。肩部见暗弦纹，腹部有细绳纹带。口沿部被"|"刻划均分为八份。通高32.2、口径9.3、腹径33.7、底径15.2厘米（图一五一，2；图一五二）。

M137

1. 墓葬形制

位于发掘区西部，北邻M122。方向270°，由竖穴墓道和土洞墓室两部分组成，东西向，墓道在西，墓室在东（图一五三）。

墓道　平面呈长方形，竖穴土坑，口大底小，口长3.2、宽2.4、开口距地表1.3、距墓道底3.2米。墓道底长2.9、宽2米。东、西两壁收分0.14米，南、北两壁收分0.2米。墓道东南角见6件编钟和数件贝饰、骨饰。该墓道打破M147。

封门　墓室口未见封门痕迹。

墓室　位于墓道东壁，拱顶土洞。平面呈长方形，进深2.6、宽0.9、高1～1.4米。墓室南壁西南角有一小龛，长0.8、进深0.7、高0.8米，内置陶鼎、陶盒、陶蒜头壶、陶罐和骨残片。

葬具、葬式　葬具不清。骨架保存较差，可辨为屈肢葬，头向西。

2. 随葬器物

共8件，陶鼎、陶盒、陶蒜头壶各1件，陶罐2件，铜带钩1件、编钟1套（6件），贝饰1件（12个），骨饰1件（8个）。

陶鼎　1件。标本M137：4，泥质灰陶，修复完整。盖方唇，折腹，弧形顶，扁棱盖纽。器身方唇，子母敛口，直腹较深，圜底较平。两方形附耳外撇，蹄足较矮。盖顶见同心暗弦纹和波折锯齿纹。器身见一周凸棱与数道弦纹。通高14.2、口径12.7、腹径16.4、腹深7.8、足高4.4厘米（图一五四，1）。

陶盒　1件。标本M137：6，泥质灰陶，盖修复完整。盖方唇，弧腹，圈足捉手。器身，方唇，子母敛口，上腹外撇，下腹斜直内收，平底。盖顶见同心暗弦纹及波折状锯齿纹，器身见多道暗弦纹。通高12.4、口径13.9、腹径16.6、腹深7.2厘米（图一五四，3）。

陶蒜头壶　1件。标本M137：5，泥质灰陶，完整。口部蒜头形，长颈，斜肩，腹较扁，平底。颈部见一圈凸棱纹，颈、肩、腹部可见数道暗弦纹。通高22.1、口径2.9、蒜头径5、腹径18.4、底径6.8厘米（图一五四，2）。

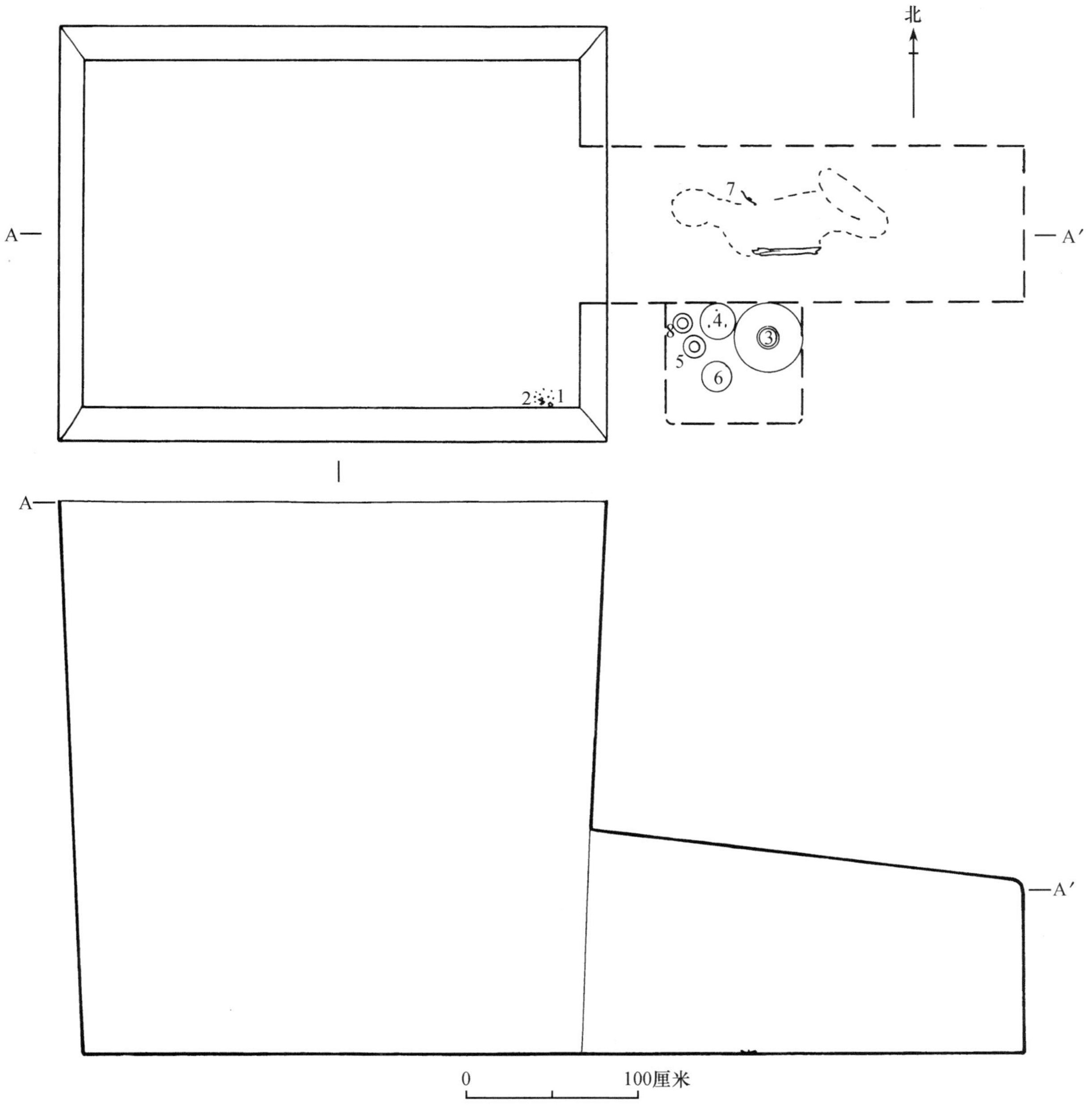

图一五三 M137平、剖面图

1. 编钟 2. 骨饰、贝饰 3、8. 陶罐 4. 陶鼎 5. 陶蒜头壶 6. 陶盒 7. 铜带钩

陶罐 2件。标本M137：8，泥质灰陶，完整。方圆唇，斜沿侈口，短束颈，斜肩，上腹较直，下腹斜收，平底。通体素面。通高13.9、口径6.2、腹径13.9、底径7.3厘米（图一五四，4）。标本M137：3，泥质灰陶，基本完整。尖唇斜沿，侈口束颈，广斜肩，扁折腹，下腹较高斜内收，大平底。肩部见暗弦纹和波折状锯齿纹，中腹见一周锥刺纹，下腹有竖绳纹。通高34.1、口径9、腹径38.4、底径17.2厘米（图一五四，5）。

铜带钩 1件。钩首残。标本M137：7，体型细长，钩体较窄，背弯曲，圆扣形钩纽近中部，纽柱较短。残长10.6、腹径0.9、纽高0.9、纽径1.5厘米（图一五四，6）。

编钟 1套（6件）。铜质，铸造，均有不同程度残损。纽桥形，器身扁圆中空，内有悬舌。可

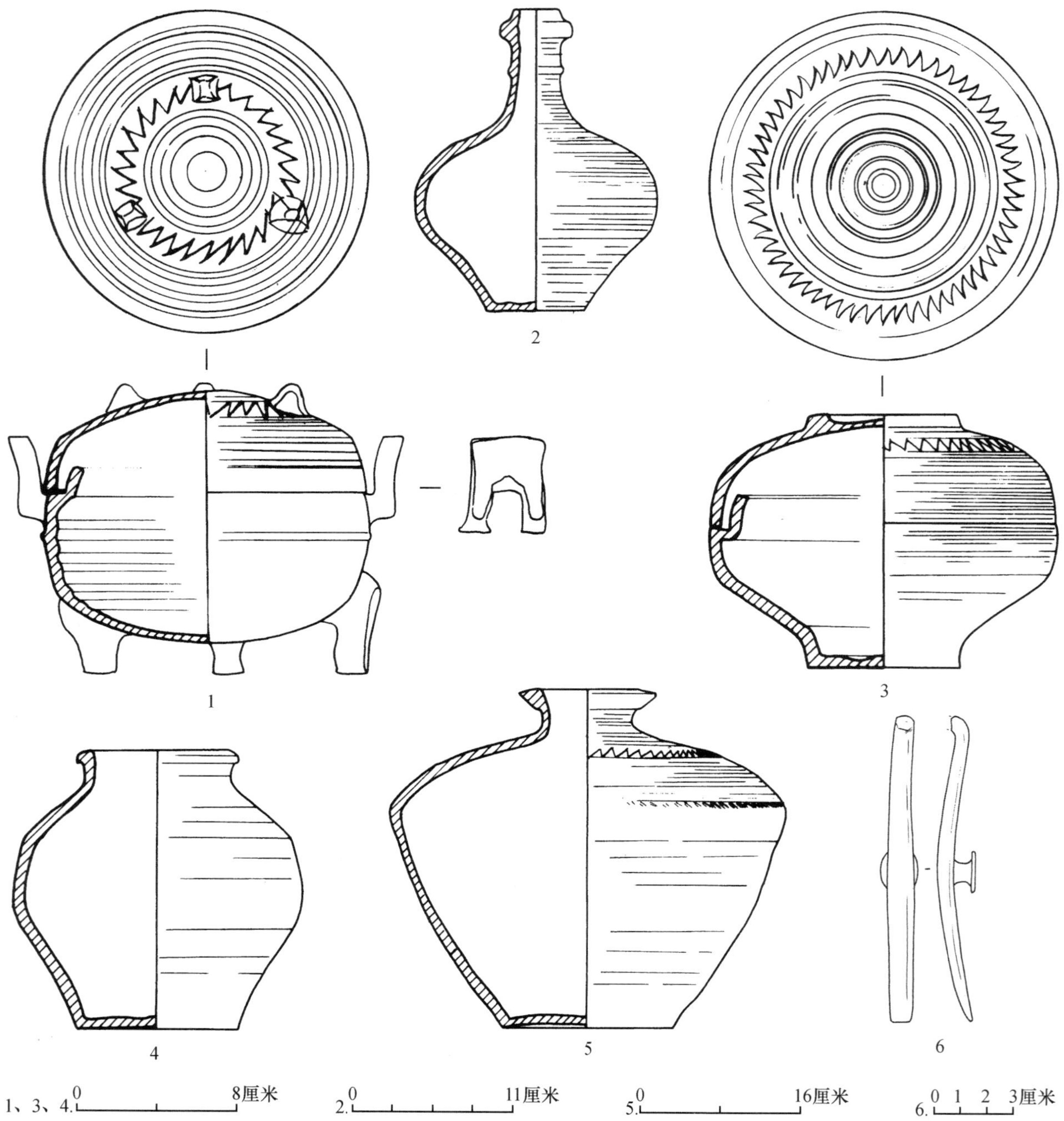

图一五四　M137出土器物

1. 陶鼎（M137：4）　2. 陶蒜头壶（M137：5）　3. 陶盒（M137：6）　4、5. 陶罐（M137：8、M137：3）　6. 铜带钩（M137：7）

分A、B二型。

A型　3件。剖面梯形，上下近乎等宽，顶部起脊不明显，形制、大小相似。正、背两面均有两条形镂孔。编号分别为M137：1-1、M137：1-2、M137：1-3。M137：1-1，通高3.7、纽高0.9、上宽2、下宽2.4、悬舌长1.6～1.8厘米（图一五五，1～3）。

B型　3件。形体较小，剖面梯形，上大下小差别显著，底边燕尾状。外表竖条纹。编号分别为M137：1-4、M137：1-5、M137：1-6。M137：1-4，通高2.4、纽高0.6、上宽1、下宽1.8厘米（图

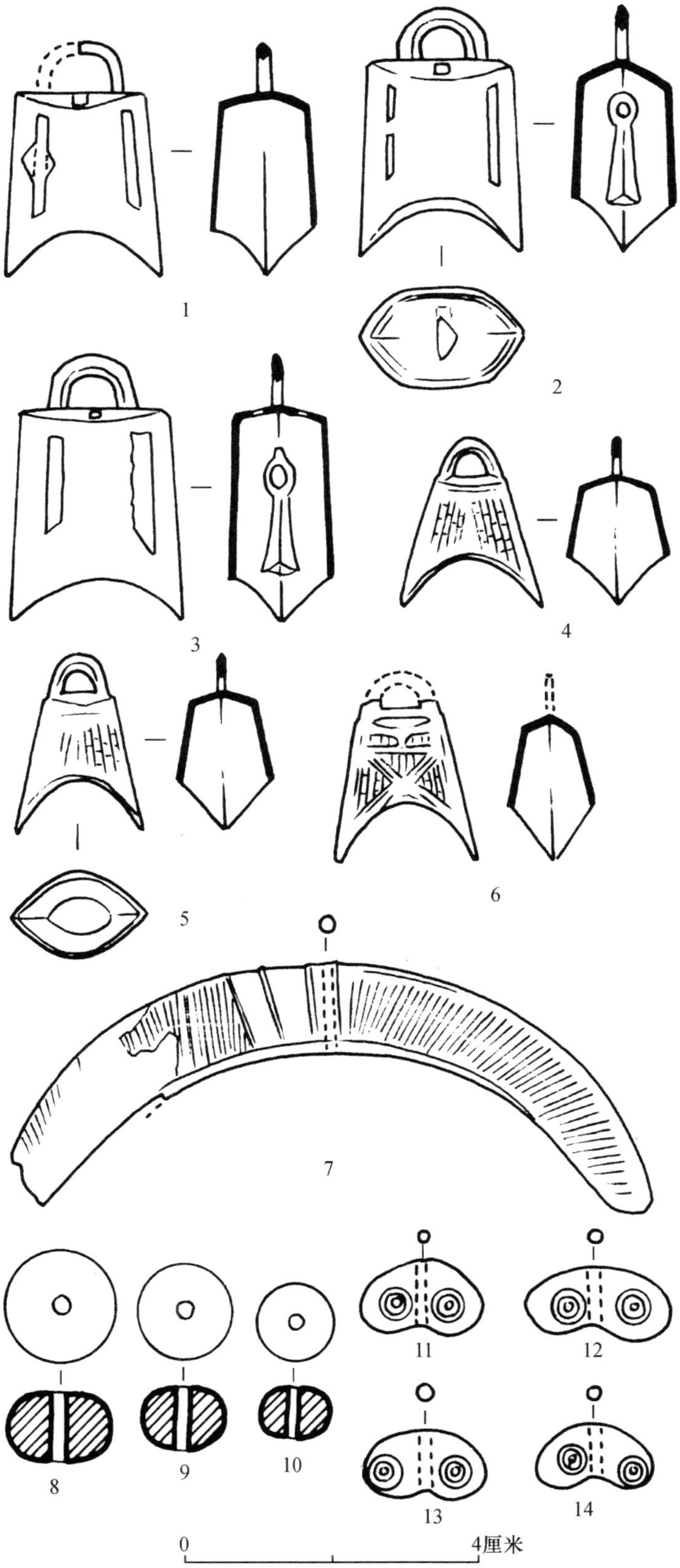

图一五五　M137出土器物

1～6. 编钟（M137：1-1、M137：1-2、M137：1-3、M137：1-4、M137：1-5、M137：1-6）　7、11～14. 骨饰（M137：2-1、M137：2-5、M137：2-6、M137：2-7、M137：2-8）　8～10. 贝饰（M137：2-2、M137：2-3、M137：2-4）

一五五，4～6）。

贝饰　1件（12个），完整4个，8个残。均为扁平圆形，中有穿孔。表面灰白色，质脆易碎。形制、大小、颜色相似。标本M137：2-2，径1.4、高0.8、孔径0.2厘米（图一五五，8）。标本M137：2-3，径1.2、高0.9、孔径0.2厘米（图一五五，9）。标本M137：2-4，径1.1、高0.7、孔径0.2厘米（图一五五，10）。

骨饰　1件（8个），月牙形1个、扁桃心形7个。标本M137：2-1，修复而成。月牙形，中部平滑，有穿孔。器表见细密的凹弦纹。残长9.4、中宽1.3、孔径0.2、厚0.4厘米（图一五五，7）。桃心形，完整7个。外形似扁桃，中有穿孔，两面各刻同心圆纹。形制、大小相似。标本M137：2-5、M137：2-6、M137：2-7 、M137：2-8，最长1.6、中宽0.9、厚0.3厘米（图一五五，11～14）。

M138

1. 墓葬形制

位于发掘区西部西北，北邻M126，东邻M122。方向90°，由竖穴墓道和土洞墓室两部分组成，东西向，墓道在东，墓室在西（图一五六）。

墓道　平面呈长方形，竖穴土坑，口大底小，口长2.5、宽2、开口距地表1.1、距墓道底2.3米。墓道底长1.7、宽1.4米。东、西两壁收分0.3米，南、北两壁收分0.4米。

封门　墓室口未见封门痕迹。

墓室　位于墓道西壁偏北，拱顶土洞。平面呈长方形，进深2.8、宽0.76、高1.2～1.4米。墓室北壁东北角有一小龛，长0.8、进深0.6、高0.7米，龛内见陶鼎、陶盒、陶蒜头壶、陶缶4件陶器。

葬具、葬式　葬具不清。骨架保存较差，可辨为屈肢葬，头向东。

2. 随葬器物

共5件，陶鼎、陶盒、陶蒜头壶、陶罐各1件（图版二四，1），铜带钩1件。

陶鼎　1件。标本M138：4，泥质灰陶，基本完整。盖方唇，圆折腹，顶少平，扁棱盖纽。器身，方唇，子母敛口，上腹内凹，下腹斜内收，圜底，两附耳外撇，蹄足较短。盖顶见同心暗弦纹和波折锯齿纹，器中腹见一折棱。通高15.4、口径12.6、腹径17.5、腹深8.2、足高5.5厘米（图一五七，1）。

陶盒　1件。标本M138：5，泥质灰陶，完整。盖方唇，浅折腹，圈足捉手。器身方唇，子母敛口，上腹稍内凹，下腹弧收，假圈足，平底。盖顶见同心暗弦纹。通高12.2、口径14、腹径17.4、腹深8.6、底径8.2、足高0.5厘米（图一五七，2）。

陶蒜头壶　1件。标本M138：3，泥质灰陶，基本完整。口部蒜头形，敛口，细颈，溜肩，扁鼓腹，下腹内收，平底。颈、肩、腹多见暗弦纹。通高23.4、口径2.6、蒜头径5.4、腹径18.7、底径9.1厘米（图一五七，4）。

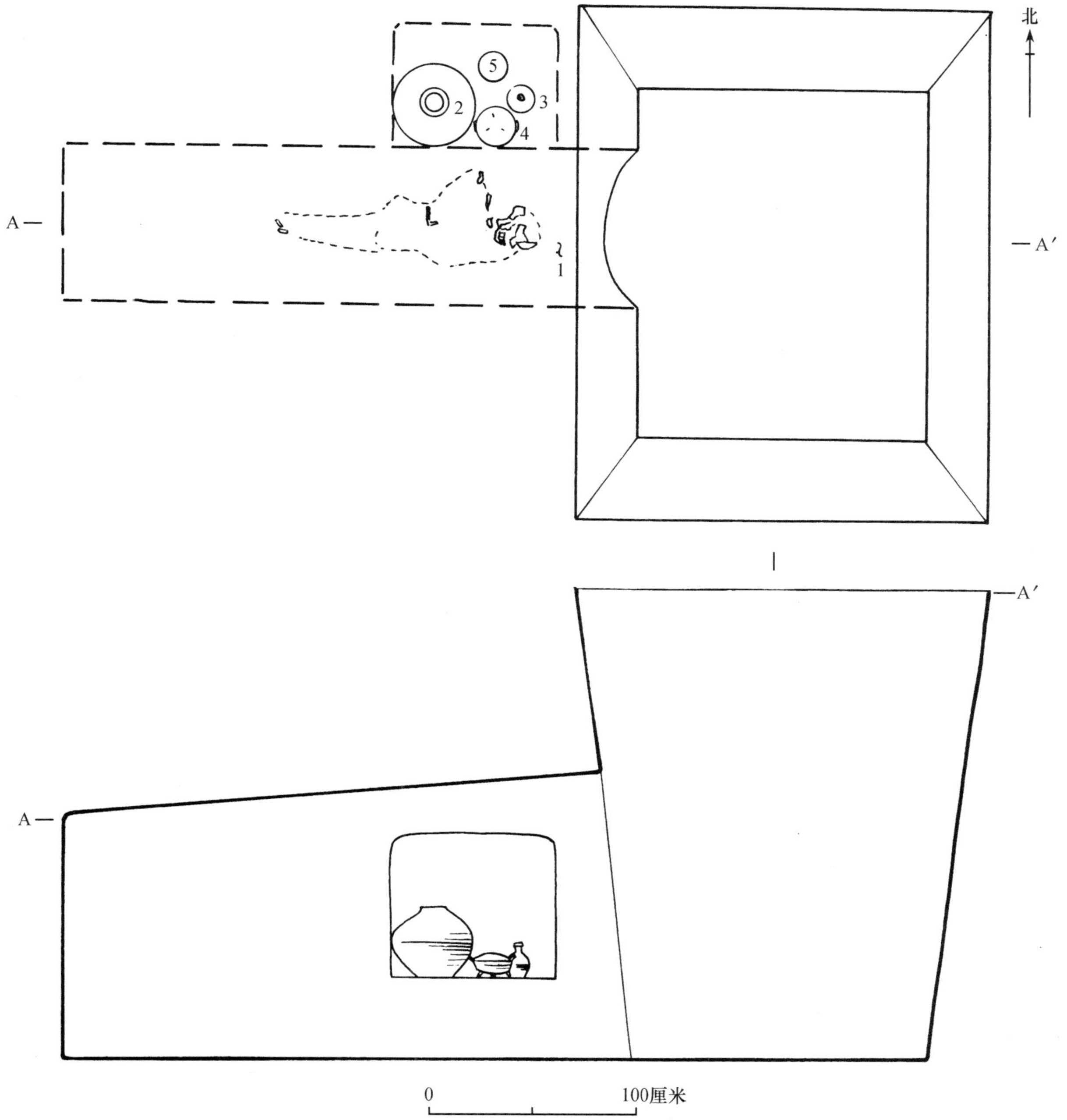

图一五六　M138平、剖面图

1. 铜带钩　2. 陶罐　3. 陶蒜头壶　4. 陶鼎　5. 陶盒

陶罐　1件。标本M138：2，泥质灰陶，修复完整。尖唇平沿，侈口束颈，斜广肩，上折腹，下腹长内收，平底。肩部见波折状锯齿纹和数道暗弦纹，腹部饰有竖绳纹带。肩部刻划“×”“十”纹。通高34.1、口径9、腹径38.4、底径17.2厘米（图一五七，5；图一五八）。

铜带钩　1件。标本M138：1，完整。体较短，钩身较宽。钩首兽头状，有角；钩背直平，纽近中部，圆形纽扣较大，纽柱短粗；钩尾圆润饱满，似水滴状。纽柱上见有一圈纤维状物体，推测为当时系带所留。通长4.8、腹径1.6、纽高0.96、纽径1.62厘米（图一五七，3）。

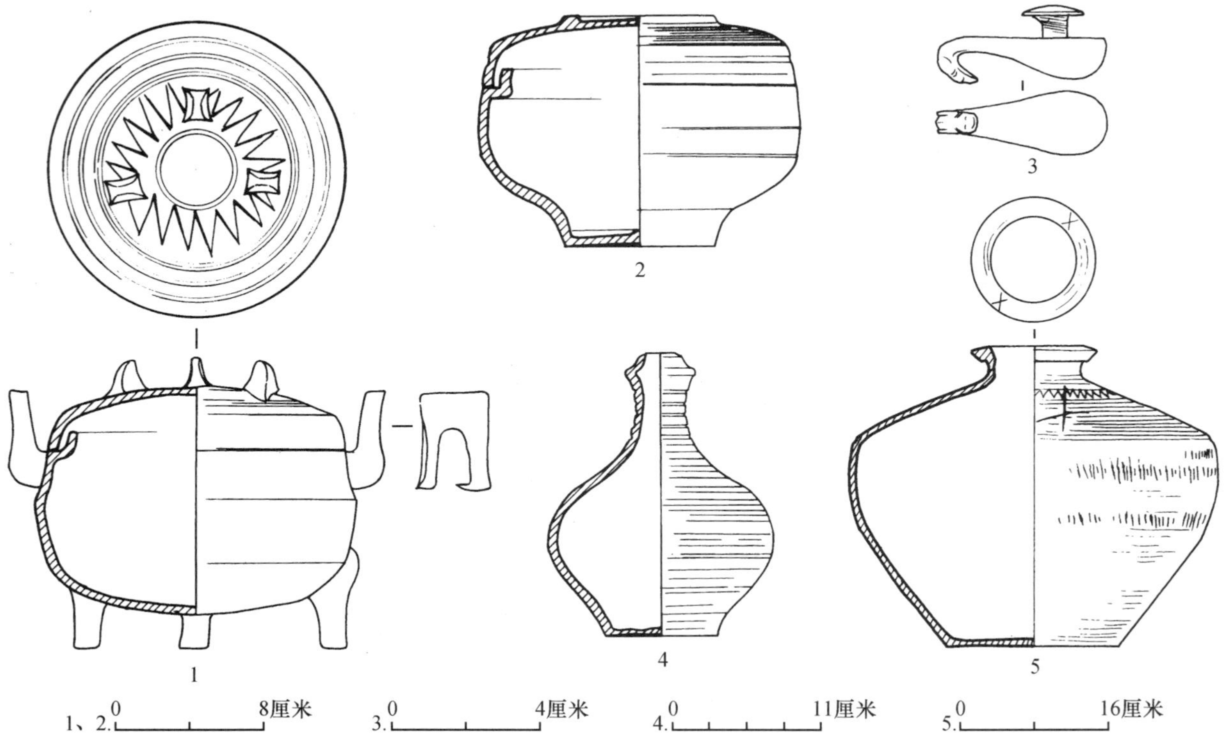

图一五七　M138出土器物

1. 陶鼎（M138：4）　2. 陶盒（M138：5）　3. 铜带钩（M138：1）　4. 陶蒜头壶（M138：3）　5. 陶罐（M138：2）

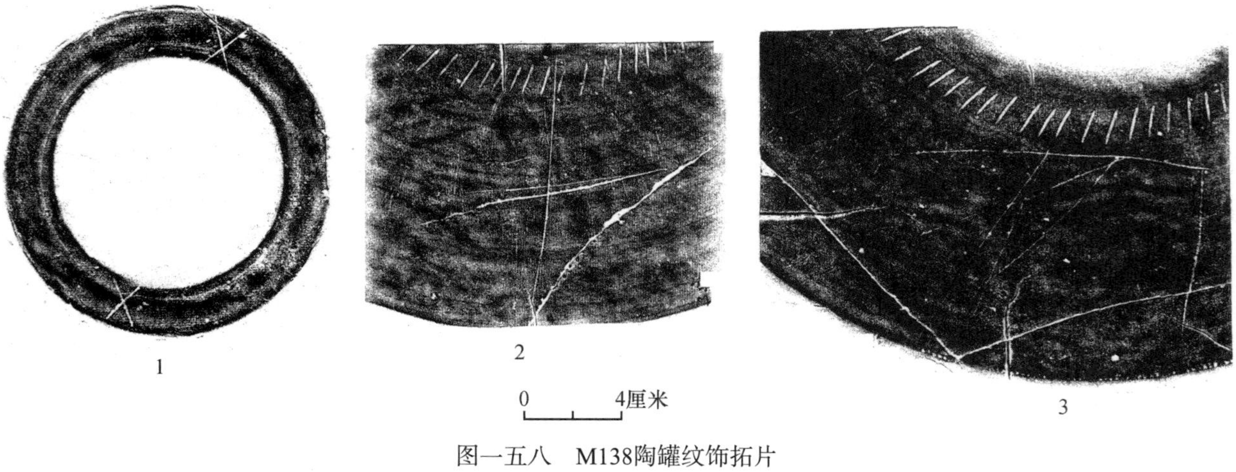

图一五八　M138陶罐纹饰拓片

1. 口沿（M138：2-1）　2、3.（M138：2-2、M138：2-3）

M139

1. 墓葬形制

位于发掘区西部西南，西邻M128，北邻M153。方向270°，由竖穴墓道和土洞墓室两部分组成，东西向，墓道在西，墓室在东。该墓北边墓道和墓室被M150墓道打破（图一五九）。

墓道　平面呈长方形，竖穴土坑，口大底小，残长3.1、宽2.2、开口距地表1.3、距墓道底3.2

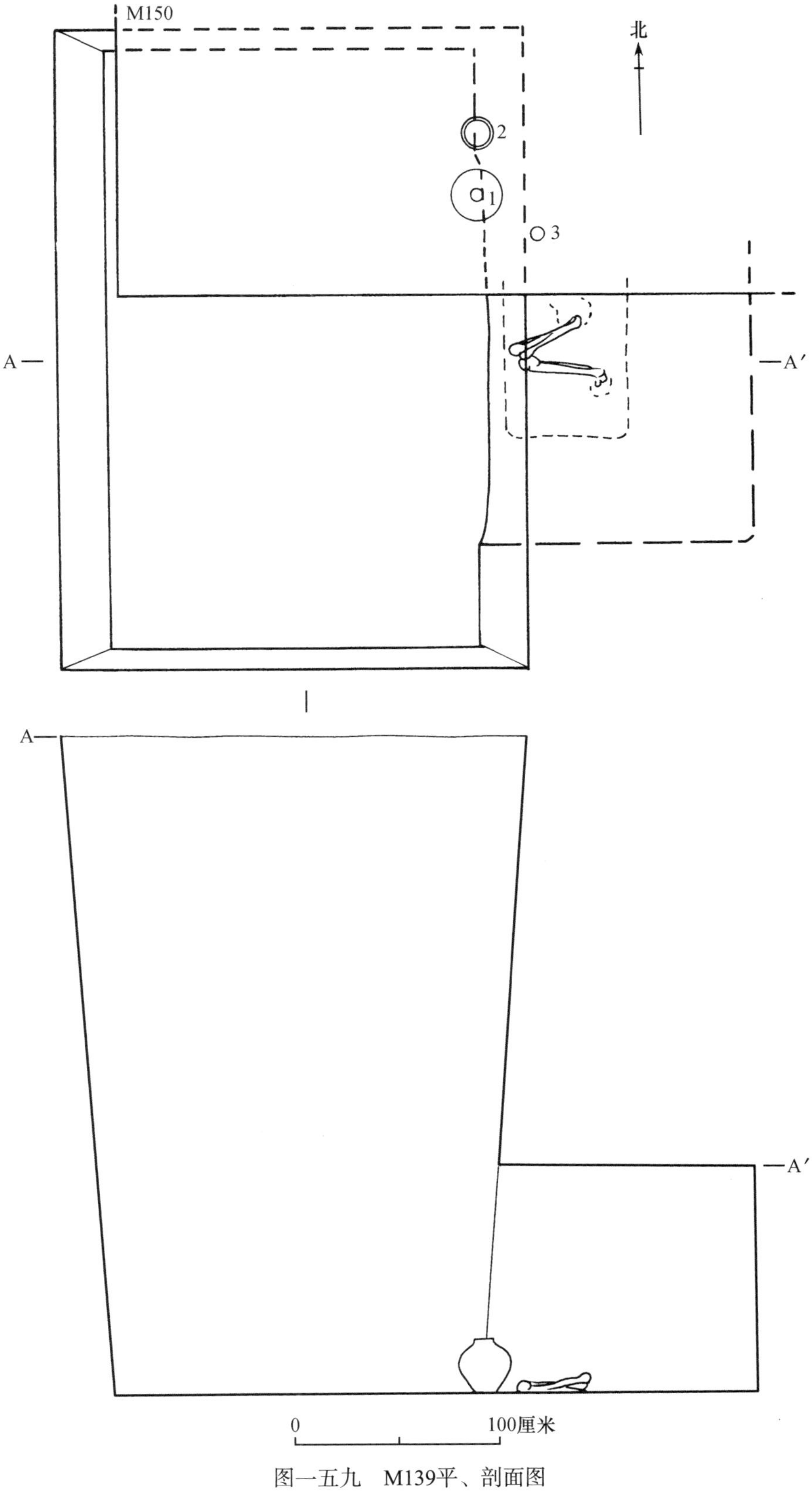

图一五九　M139平、剖面图
1. 陶缶　2. 陶鼎　3.陶镜

米。墓道底长2.9、宽1.8米。东、西两壁收分0.14米，南、北两壁收分0.1米。

封门　墓室口未见封门痕迹。

墓室　位于墓道东壁，平顶土洞。平面呈长方形，进深1.24、残宽1.3、高1.1米。

葬具葬式　葬具不清。骨架被扰乱，应为屈肢葬，头向北。

2. 随葬器物

共3件，陶鼎、陶缶各1件，铜镜1件。

陶鼎　1件。标本M139：2，泥质灰陶，盖残。盖方唇，浅弧腹，顶稍平，扁棱状盖纽。器身方唇，子母敛口，腹深直，圜底较平。两方形附耳外撇，三蹄足短粗。盖顶见同心暗弦纹和波折锯齿纹。通高14.2、口径13、腹径15.7、腹深7.8、足高4.2厘米（图一六〇，1）。

陶缶　1件。标本M139：1，泥质灰陶，完整。方唇侈口，斜沿束颈，溜肩长鼓腹，下腹斜内收，平底。肩部见暗弦纹、肩腹部饰凸棱纹、凹弦纹和竖绳纹。通高25.1、口径7.7、腹径25.2、底径9.9厘米（图一六〇，3）。

铜镜　1面。标本M139：3，残。镜面平，镜背边缘较厚。桥形纽，中有穿孔。镜背饰二弦纹。直径7.2、沿厚0.16、肉厚0.1、纽高0.4厘米（图一六〇，2、4）。

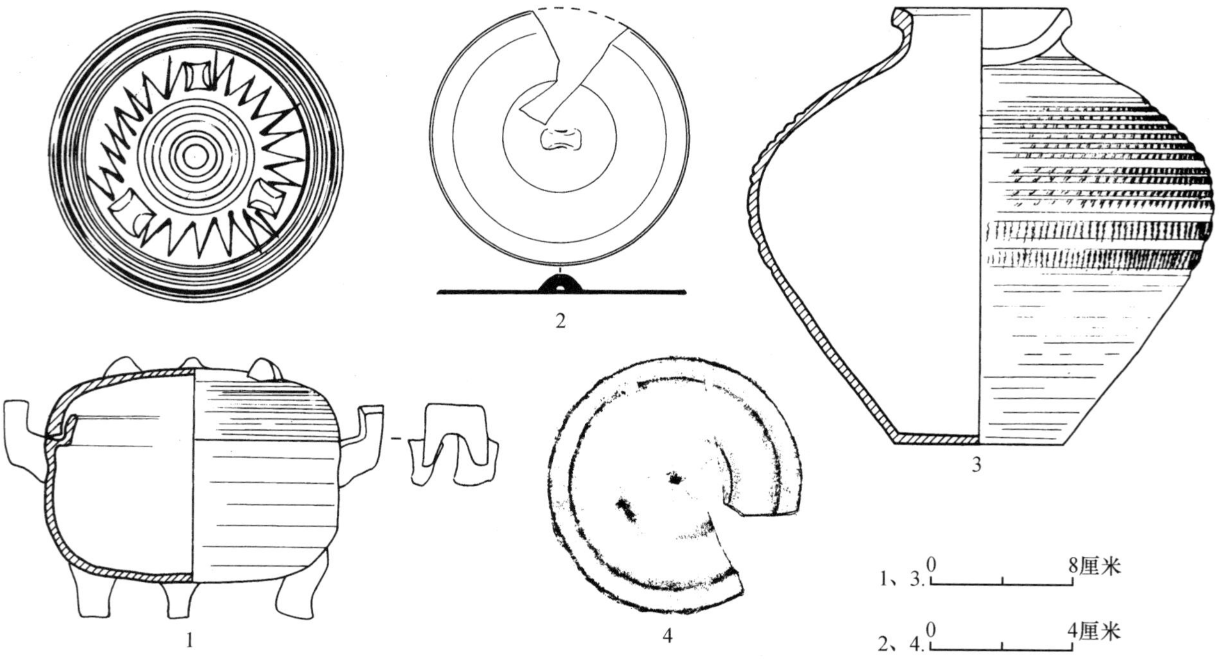

图一六〇　M139出土器物及铜镜拓片

1. 陶鼎（M139：2）　2. 铜镜（M139：3）　3. 陶缶（M139：1）　4. 铜镜拓片（M139：3）

M141

1. 墓葬形制

位于发掘区西部偏东，北邻M107，南邻M121。方向180°，由竖穴墓道和土洞墓室两部分组成，南北向，墓道在南，墓室在北（图一六一）。

墓道　平面呈长方形，竖穴土坑，口大底小，东西长2.95、宽1.9、开口距地表2、距墓道底3.7米。墓道底长2.4、宽1.4米。东壁收分为0.35米，西壁收分为0.2米，南壁收分为0.4米，北壁收分为0.1米。

封门　墓室口部未见有封门痕迹。

墓室　位于墓道北壁，平顶土洞，墓室东西长1.8、进深1.2、残高1.1米。墓室口部坍塌。

葬具葬式　棺灰痕明显。平面呈长方形，长1.3、宽0.6米。棺灰骨架保存较差，可辨葬式为屈肢葬，头向西。

2. 随葬器物

墓道、墓室内未见随葬器物。

M142

1. 墓葬形制

位于发掘区中部偏西，西邻M116。方向90°，由竖穴墓道和土洞墓室两部分组成，东西向，墓道在东，墓室在西（图一六二）。

墓道　竖穴土坑，口大底小。平面呈长方形，口长3.6、宽2.6、开口距地表2、距墓道底2.8米。底长2.8、宽1.4米。东、西两壁收分0.4米，南、北两壁收分0.6米。

封门　墓室口未见封门痕迹。

墓室　位于墓道西壁，拱顶土洞。平面呈长方形，进深2.7、宽1、残高1.06米。墓室底高出墓道0.14米。

葬具葬式　葬具不详。墓室中部见1副骨架，保存较差，可辨葬式屈肢葬，头向东，双膝向南弯曲。

2. 随葬器物

共2件，陶鼎、陶缶各1件。

陶鼎　1件。标本M142：1，泥质灰陶，一足残。盖方唇，折腹，尖顶，扁棱状盖纽。器身尖唇，子母敛口，上腹内凹，下腹向外斜内收，圜底。方形附耳外撇，三蹄足。盖顶见同心暗弦

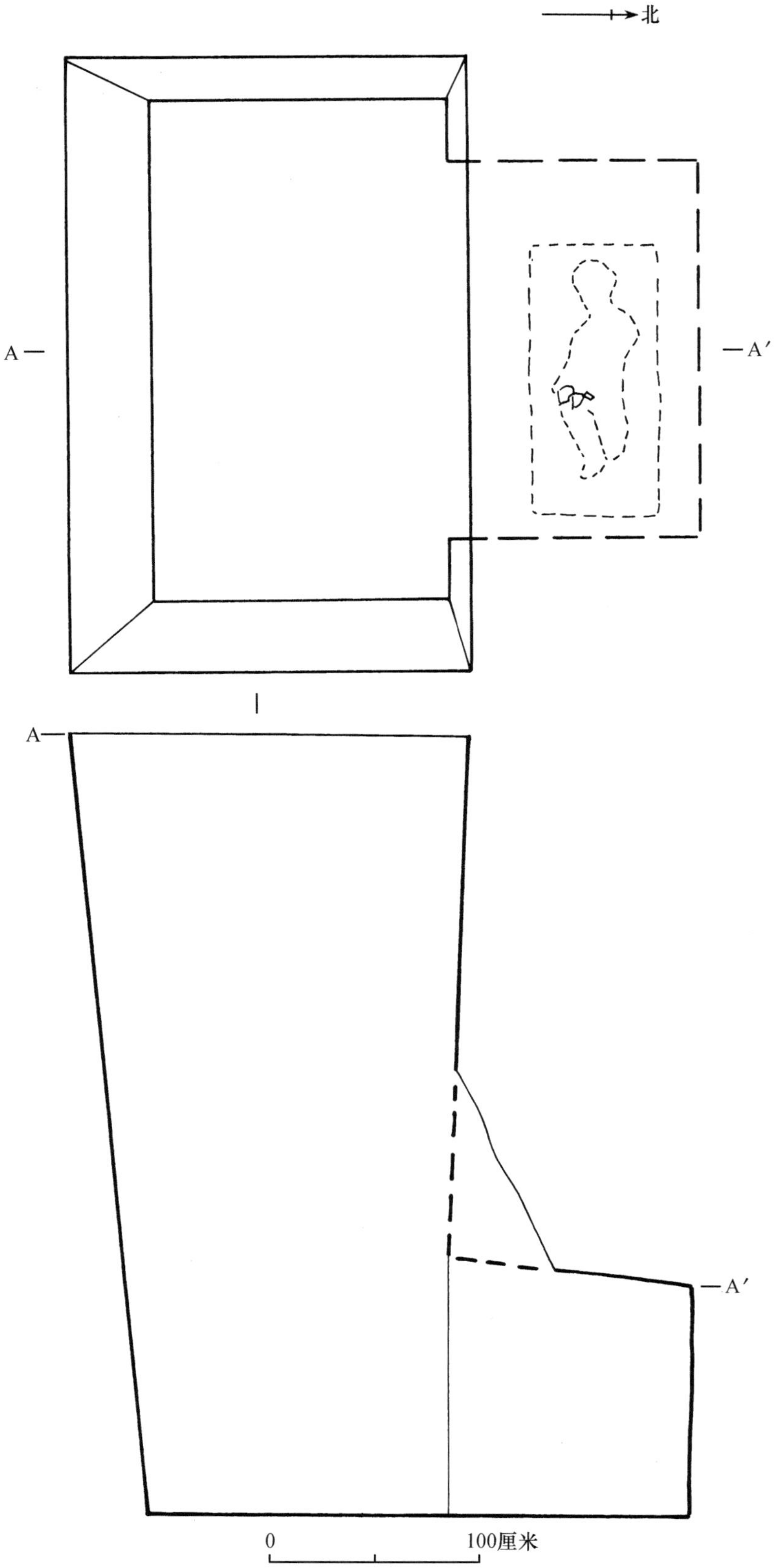

图一六一　M141平、剖面图

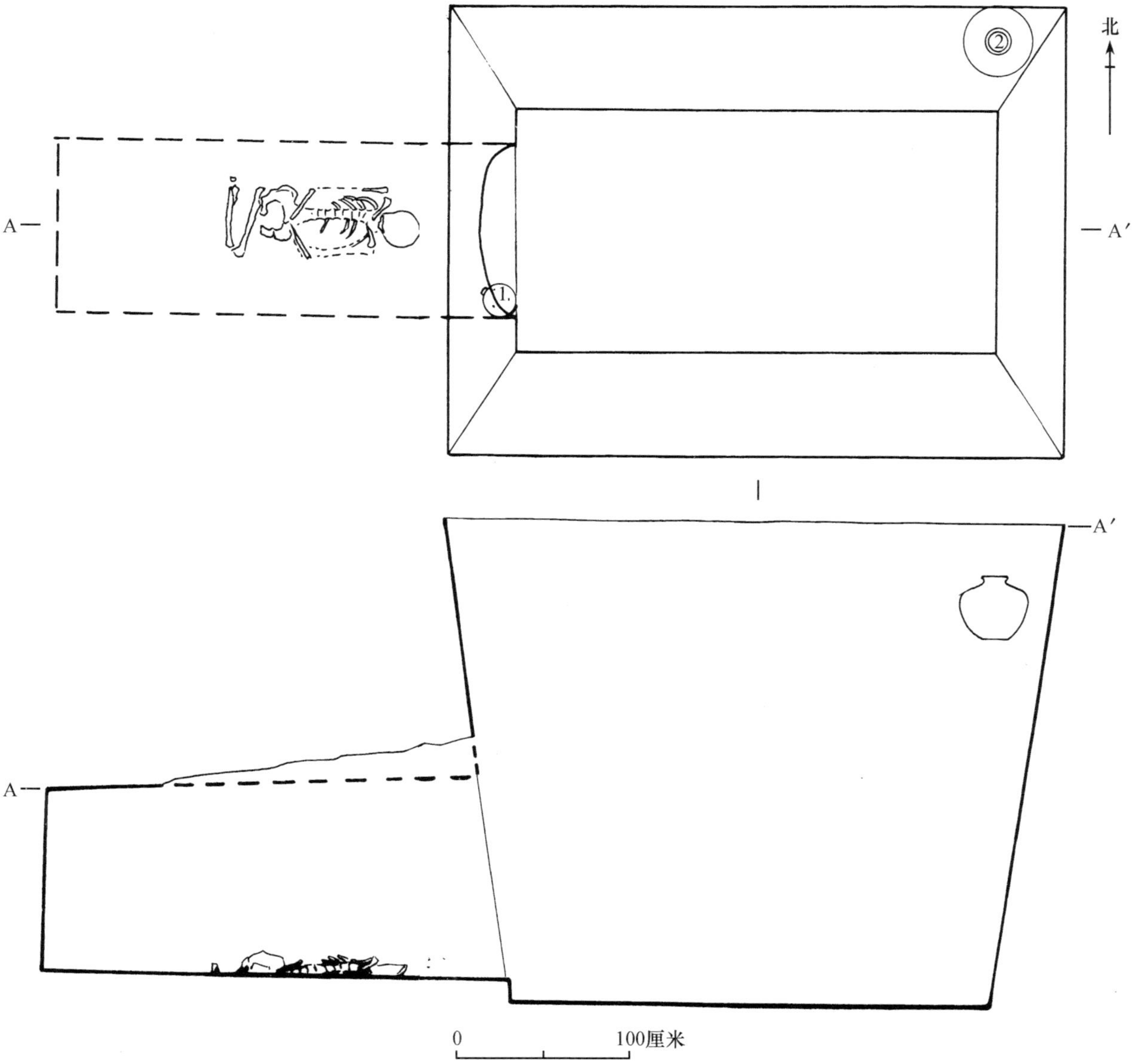

图一六二　M142平、剖面图

1. 陶鼎　2. 陶缶

纹和波折锯齿纹，器身中腹有一周凸弦纹。通高14.9、口径13.1、腹径16.8、腹深8.2、足高5.7厘米（图一六三，1）。

陶缶　1件。标本M142：2，泥质灰陶，基本完整。方唇，平沿直口，短颈，广斜肩，折腹，下腹斜内收，平底。肩、腹部见数道暗弦纹。通高29.5、口径9.3、腹径32.3、底径14.4厘米（图一六三，2）。

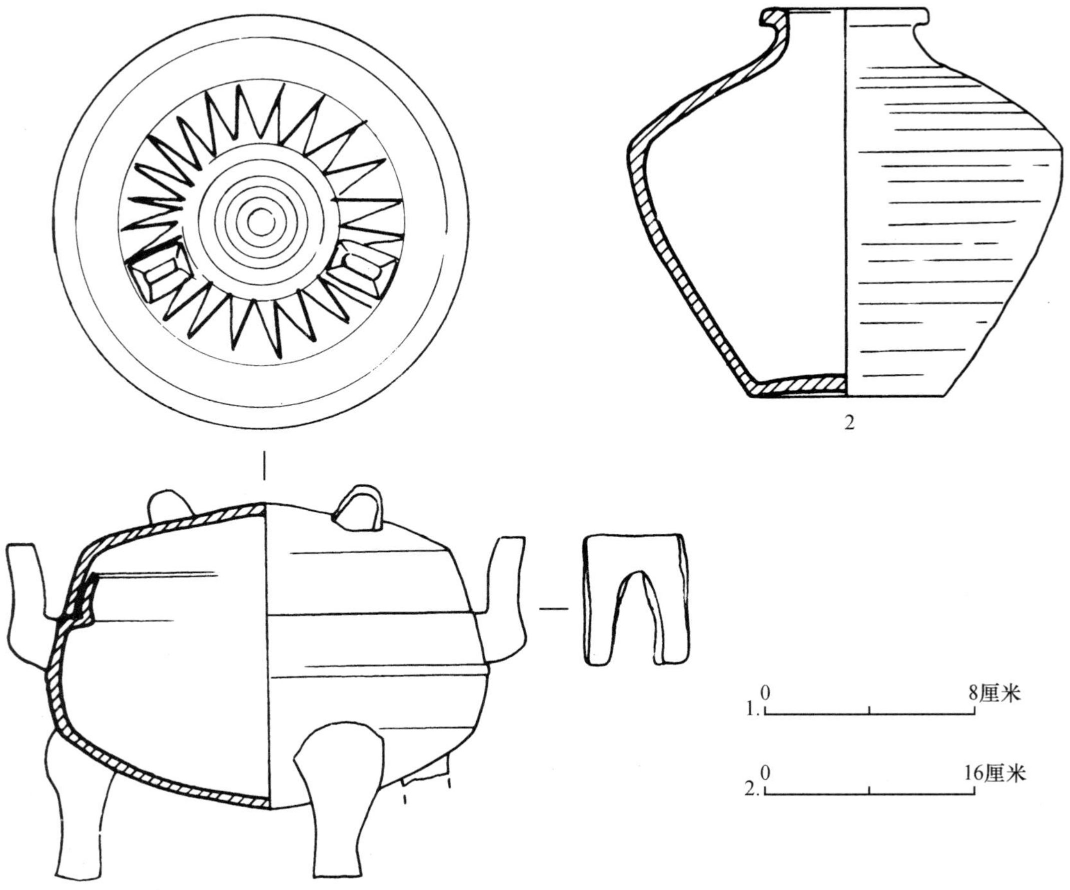

图一六三　M142出土器物
1. 陶鼎（M142：1）　2. 陶缶（M142：2）

M143

1. 墓葬形制

位于发掘区中部偏南，东邻M195，南邻M191。方向270°，由竖穴墓道和土洞墓室两部分组成，东西向，墓道在西，墓室在东。墓道北壁和墓室口部北壁被M233墓道打破（图一六四）。

墓道　平面呈长方形，竖穴土坑，口大底小，口部残长3.9、宽2.5、开口距地表1.4、距墓道底1.8米。墓道底长3.3、宽1.5米。东、西两壁收分0.3米，南北两壁收分0.5米。

封门　墓室口未见封门痕迹。

墓室　位于墓道东壁，拱顶土洞。平面呈长方形，进深2.6、宽1、残高1.2米。墓室口部西北角有一小龛，进深0.4、残宽0.6、残高0.5米，龛内见1件陶缶。龛外墓室口见陶鼎、陶壶、陶盒。

葬具葬式　未见葬具痕迹。骨架保存不佳，可辨葬式为直肢葬，头向西，下肢自然下垂。

2. 随葬器物

共4件，陶鼎、陶盒、陶壶、陶罐各1件（图版二四，2）。

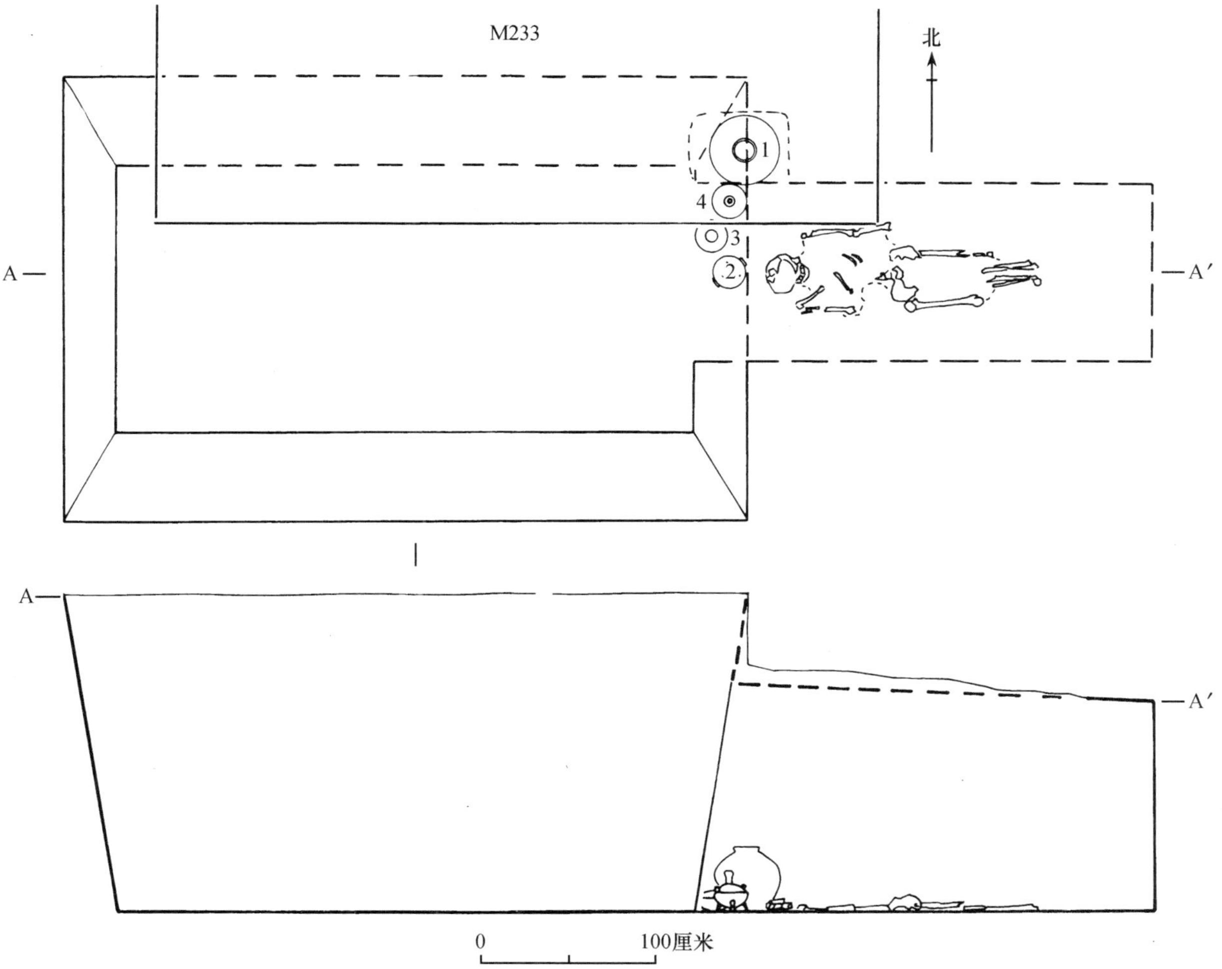

图一六四　M143平、剖面图
1. 陶鼎　2. 陶盒　3. 陶壶　4. 陶罐

陶鼎　1件。标本M143：1，泥质灰陶，三足残。盖方唇，圆折腹，扁棱状盖纽。器身方唇，子母敛口，上腹内凹，斜腹外撇斜内收，圜底。方形附耳外撇，蹄形足残。盖顶见同心暗弦纹和波折锯齿纹。残高13.3、口径13、腹径17.8、腹深8、足残高1.3厘米（图一六五，1）。

陶盒　1件。标本M143：2，泥质灰陶，基本完整。盖方唇，折腹，圈足捉手。器身圆唇，子母敛口，上腹稍外撇，下腹内凹斜收，平底，假圈足。盖顶见暗弦纹，腹部饰两道凹弦纹。通高12.7、口径13.8、腹径17.4、腹深7.2、底径7.9、足高0.3厘米（图一六五，4）。

陶壶　1件。标本M143：3，泥质灰陶，基本完整。盖子母敛口，顶部弧形。器身尖圆唇，侈口，长颈，溜肩，上腹较直，下腹斜内收，平底。颈部饰三道凹弦纹、肩腹部见数道暗弦纹。通高23.6、口径6.4、腹径17.6、底径9.1厘米（图一六五，3）。

陶罐　1件。标本M143：4，泥质灰陶，基本完整。尖唇斜沿，直口，短颈，广肩，扁鼓腹，下腹长内收，平底。肩部见暗弦纹。腹下部戳印有“咸亭□□器”。通高33.6、口径8.9、腹径38、底径18.6厘米（图一六五，2）。

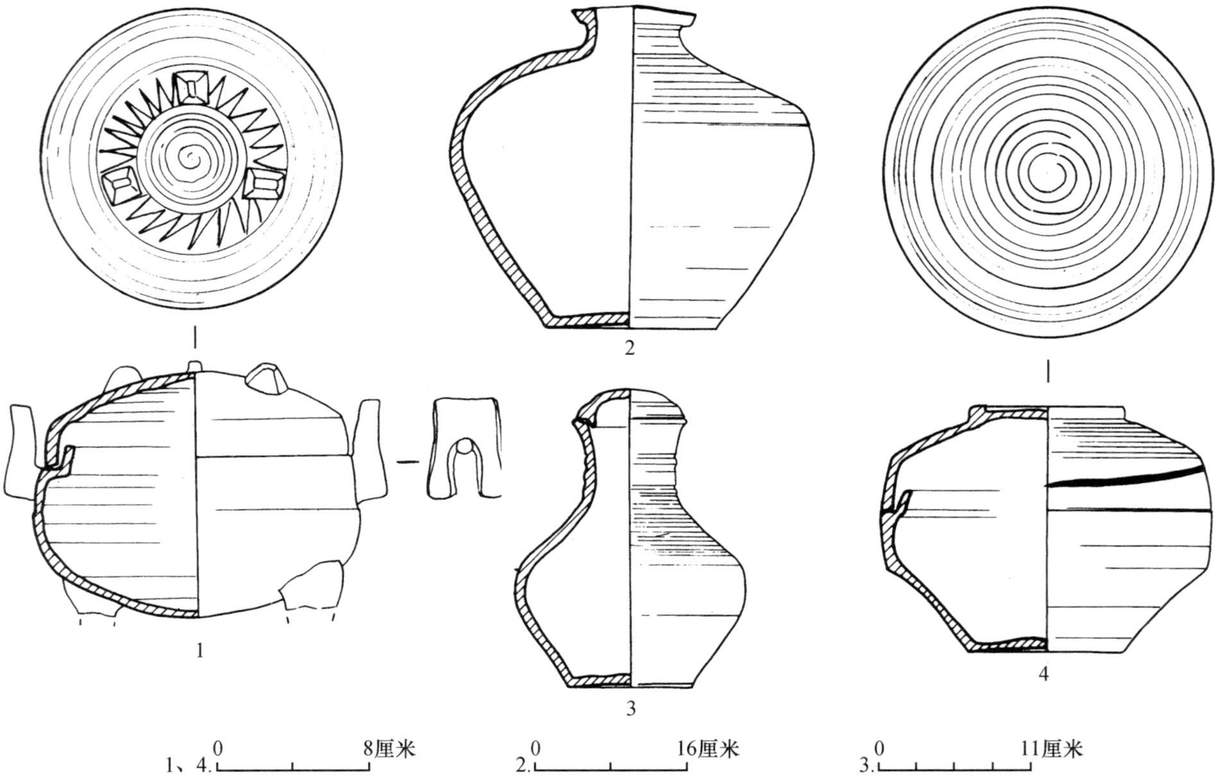

图一六五　M143出土器物

1. 陶鼎（M143：1）　2. 陶罐（M143：4）　3. 陶壶（M143：3）　4. 陶盒（M143：2）

M144

1. 墓葬形制

位于发掘区中部偏西，北邻M157、M189，东邻M154。方向275°，由竖穴墓道和土洞墓室两部分组成，东西向，墓道在西，墓室在东（图一六六）。

墓道　竖穴土坑，口大底小。平面呈长方形，长3.7、宽2.3、开口距地表1.7、距墓道底2.6米。墓道底长2.9、宽1.5米。四壁收分0.4米。

封门　墓室口未见封门痕迹。

墓室　位于墓道东壁，拱顶土洞。平面呈长方形，进深3.1、宽0.9、残高1米。墓室底高出墓道0.1米。墓室口部发现大量随葬器物。

葬具葬式　棺灰痕迹明显，长方形，长1.48、宽0.64米。骨架保存不佳，可辨为屈肢葬，头向西。

2. 随葬器物

共8件，陶鼎、陶盒、陶蒜头壶、陶盆、陶熏各1件、陶罐2件，铁带钩1件。

陶鼎　1件。标本M144：2，泥质灰陶，修复完整。盖方唇折腹，弧顶，扁棱状盖纽。器身圆

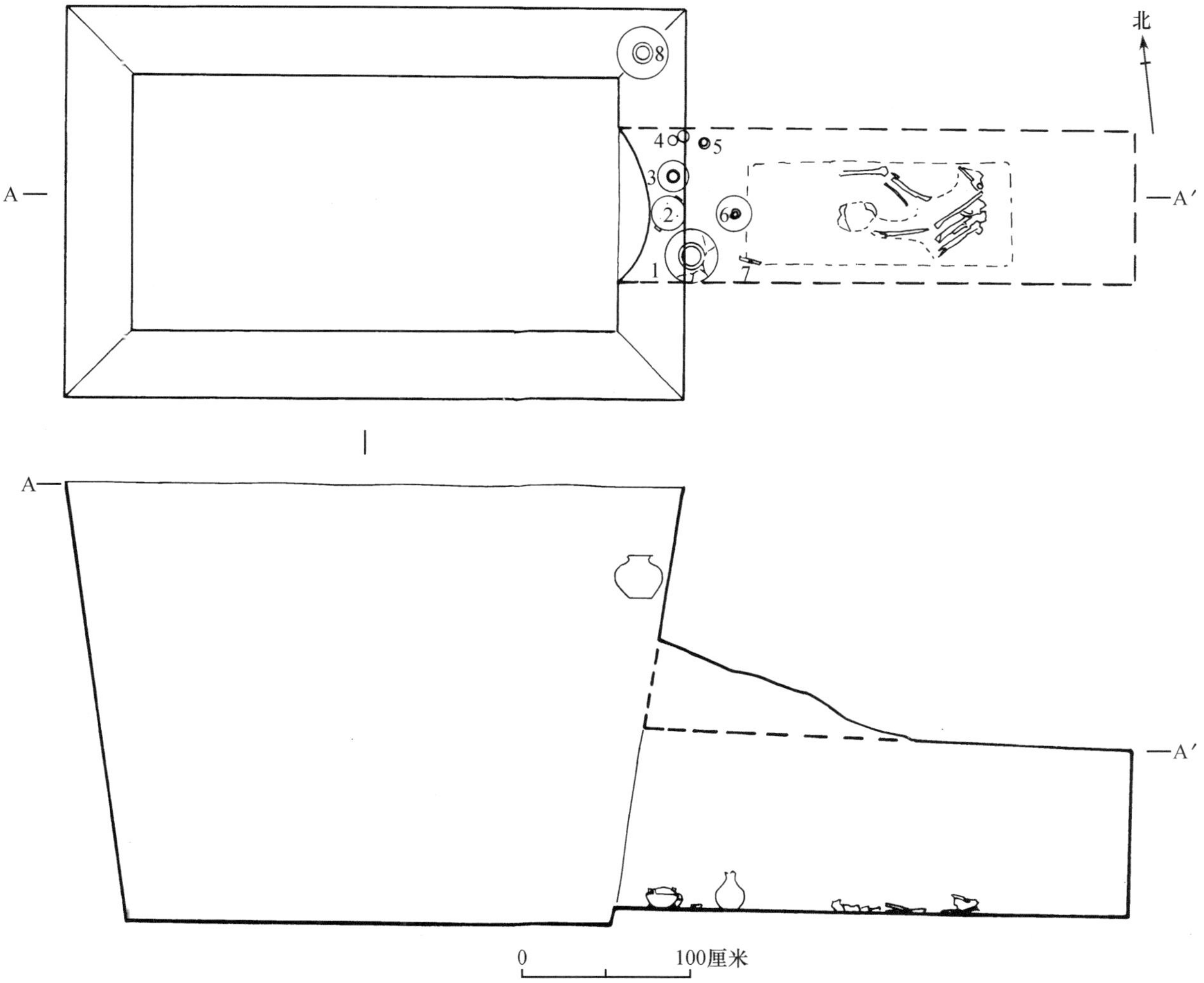

图一六六　M144平、剖面图

1、8. 陶罐　2. 陶鼎　3. 陶盒　4. 陶熏　5. 陶盆　6. 陶蒜头壶　7. 铁带钩

唇，子母敛口，上腹内凹，下腹外撇圆收，尖圜底。两方形附耳外撇，蹄足。顶见同心暗弦纹和波折锯齿纹。通高13.9、口径13.3、腹径18、腹深7.2、足高4.8厘米（图一六七，2）。

陶盒　1件。标本M144：3，泥质灰陶，基本完整。盖方唇，折腹，圈足形捉手。器身尖唇，子母敛口，上腹外撇，下腹斜直内，平底。顶见同心暗弦纹。通高12.8、口径14、腹径17.6、腹深7、底径8厘米（图一六七，7）。

陶蒜头壶　1件。标本M144：6，泥质灰陶，口沿残缺。口部蒜头形，细颈，斜肩，上腹较直，下腹斜内收，平底。颈、肩见数道暗弦纹。通高21、口径2.6、蒜头径5.5、腹径18.2、底径8.3厘米（图一六七，5）。

陶盆　1件。标本M144：5，泥质灰陶，完整，应为明器。方唇，直口，腹上部较直，下部斜直内收，平底。通高3.2、腹径7、底径2.8厘米（图一六七，4）。

陶熏　1件。标本M144：4，泥质灰陶，完整。盖方唇，深折腹，平顶，中部见3小孔。器身方唇，子母敛口，上腹外撇，下腹斜收，底有四小乳头形足。通高6.9、腹径5.1、口径4、腹深3.5、

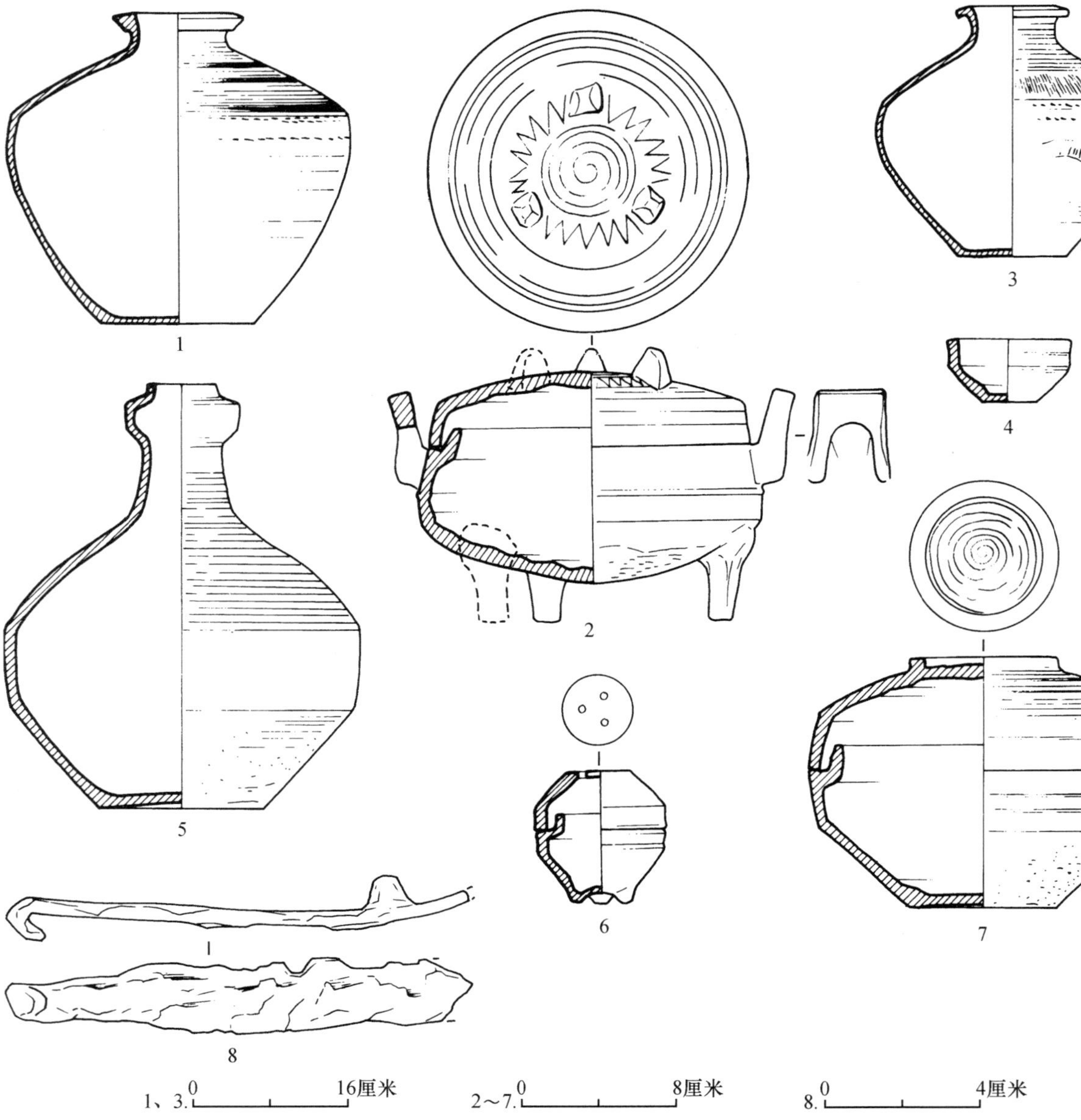

图一六七　M144出土器物

1、3. 陶罐（M144：8、M144：1）　2. 陶鼎（M144：2）　4. 陶盆（M144：5）　5. 陶蒜头壶（M144：6）　6. 陶熏（M144：4）　7. 陶盒（M144：3）　8. 铁带钩（M144：7）

足高0.5厘米（图一六七，6）。

陶罐　2件。泥质灰陶，修复完整。标本M144：1，方唇斜沿，侈口，束颈，广斜肩，上腹圆鼓，下腹斜内收，平底。颈、肩部见暗弦纹，肩、下腹饰竖绳纹、上腹饰一道锥刺纹。通高25.5、口径8.5、腹径28、底径11.6厘米（图一六七，3）。标本M144：8，尖唇斜沿，侈口，束颈，广斜肩，折腹，下腹斜内收，平底。颈、肩、上腹部见多道暗弦纹，腹部饰两圈锥刺纹。通高31.5、口径9、腹径34.8、底径15.8厘米（图一六七，1）。

铁带钩　1件。标本M144：7，钩尾稍残。钩头兽首形，颈腹宽扁，钩背较直，纽近尾部，纽柱较粗，无扣。残长12.8、腹宽2、纽残高0.8厘米（图一六七，8）。

M145

1. 墓葬形制

位于发掘区中部偏西，西邻M146，东邻M199。方向180°，由竖穴墓道和土洞墓室两部分组成，南北向，墓道在南，墓室在北。墓道东南角和大部分南壁被M152墓道打破（图一六八）。

墓道　竖穴土坑，口大底小。平面长方形，长3.1、宽1.86、开口距地表1.9、距墓道底2.6米。墓道底长2.8、宽1.56米。四壁收分0.14米。

封门　墓室口未见封门痕迹。

墓室　位于墓道北壁，拱顶土洞。平面长方形，进深1、宽1.82、残高0.9米。

葬具葬式　棺灰痕迹明显，长方形，长1.48、宽0.64米。内见1副骨架，保存较好，仰身屈肢，头向西。

2. 随葬器物

共3件，陶豆2件，铜带钩1件。

陶豆　2件。泥质灰陶，完整。标本M145：2-1，尖唇，深腹，上腹外撇，下腹圆折内收。粗豆柄，喇叭形座。通高6.5、盘径13、盘深3.6、底径7厘米（图一六九，1）。标本M145：2-2，豆盘残。浅腹，豆柄高粗。通高6、盘径11.2、深2.2、底径7.4厘米（图一六九，3）。

铜带钩　1件。标本M145：1，基本完整。琵琶状，体型短小。钩首鸭嘴形，颈弯曲，腹较宽厚，圆弧形尖尾，钩背弯曲较小，钩纽近尾部，圆扣形纽较大，纽柱短粗。通长3.5、腹宽1.3、纽高0.8、纽径1.26厘米（图一六九，2）。

M146

1. 墓葬形制

位于发掘区中部偏西，东邻M145。方向270°，由竖穴墓道和土洞墓室两部分组成，东西向，墓道在西，墓室东（图一七〇）。

墓道　平面呈长方形，竖穴土坑，口大底小，南北长3.4、宽2.7、开口距地表1.7、距墓道底4米。墓道底长2.6、宽2米。东壁收分0.3米，南壁、西壁和北壁收分均为0.4米。

封门　墓室口部未见封门痕迹。

墓室　位于墓道东壁，拱顶土洞。墓室南北长1.54、进深1、残高1.1米。墓室口部坍塌。

葬具葬式　不详。

2. 随葬器物

墓室、墓道内无出土器物。

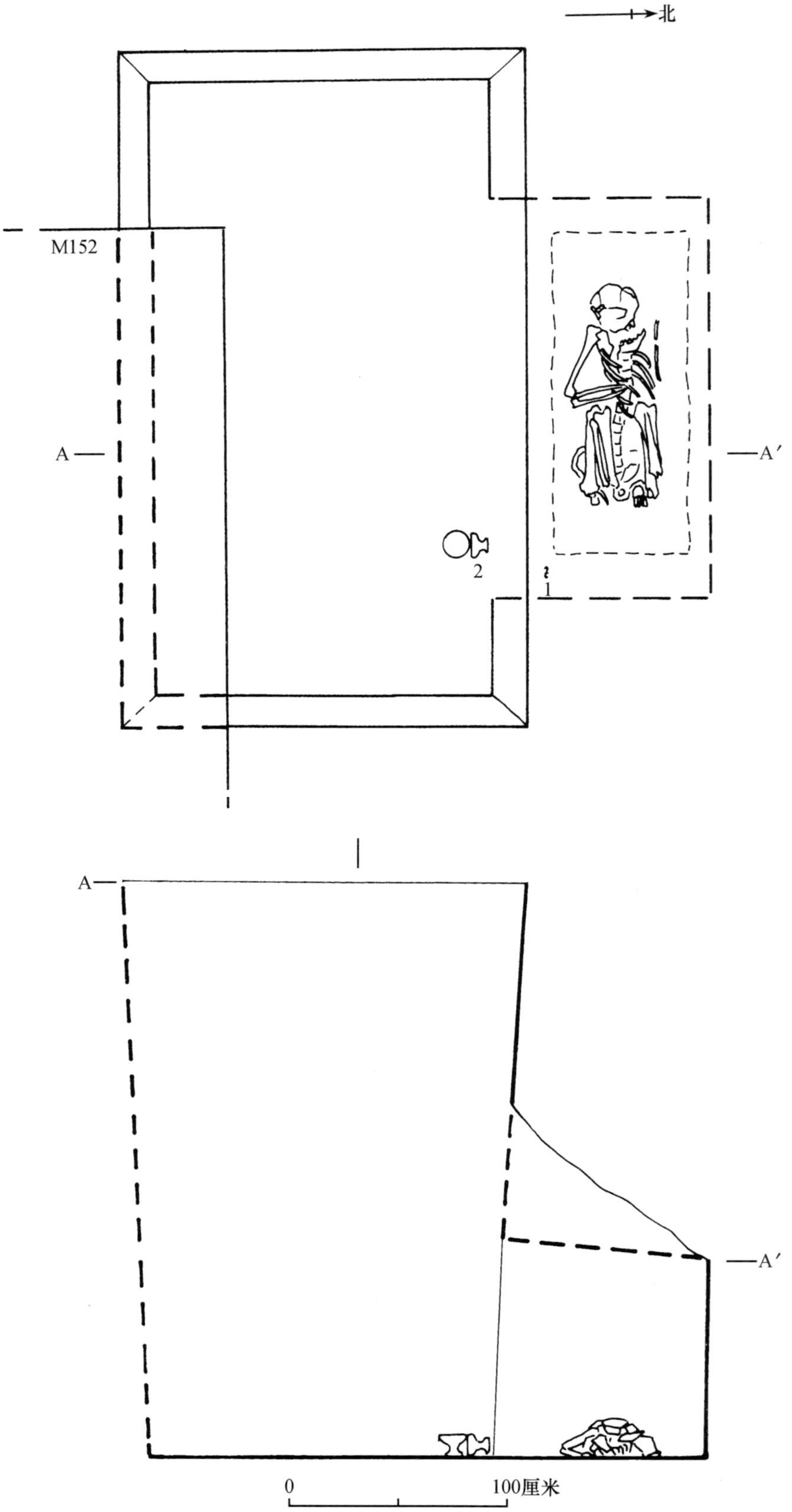

图一六八　M145平、剖面图

1. 铜带钩　2. 陶豆

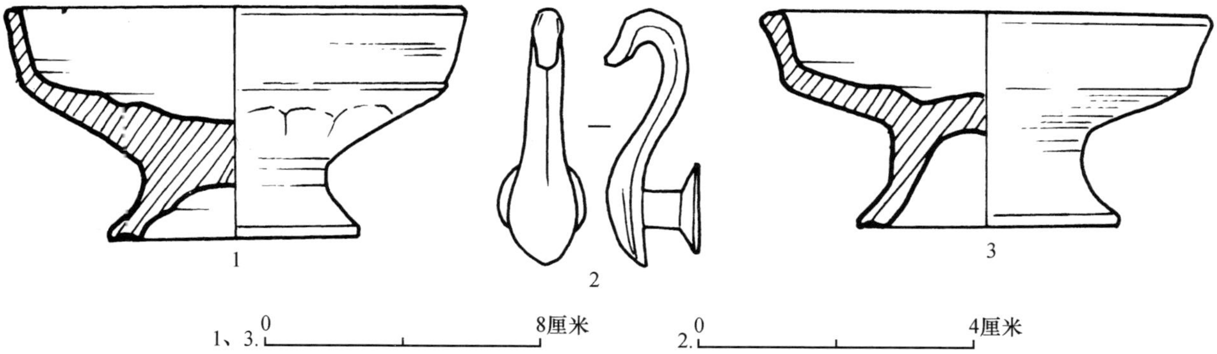

图一六九　M145出土器物

1、3. 陶豆（M145：2-1、M145：2-2）　2. 铜带钩（M145：1）

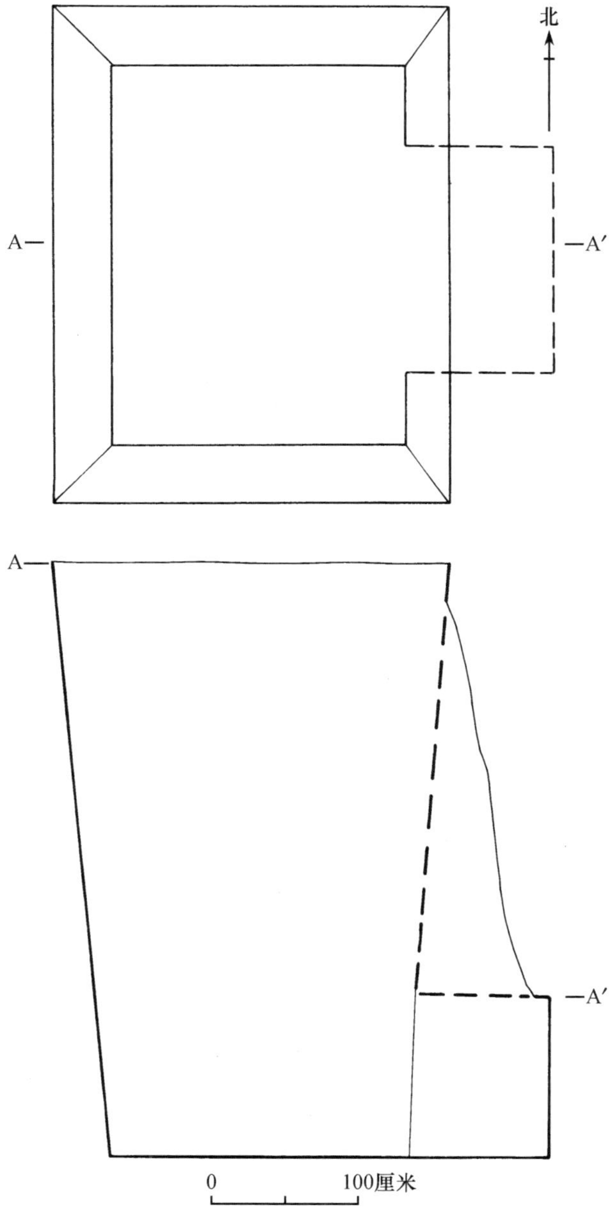

图一七〇　M146平、剖面图

M147

1. 墓葬形制

位于发掘区最西部，北邻M138。方向90°，由竖穴墓道和土洞墓室两部分组成，东西向，墓道在东，墓室在西。墓道北壁二层台以上被M137墓道打破（图一七一）。

墓道　平面呈长方形，竖穴土坑，口大底小，长3.9、宽3.5、开口距地表1.3、距墓道底3.1米。墓道底长3.2、宽1.5米。南壁二层台高0.9、东西长3.3、宽0.8米。

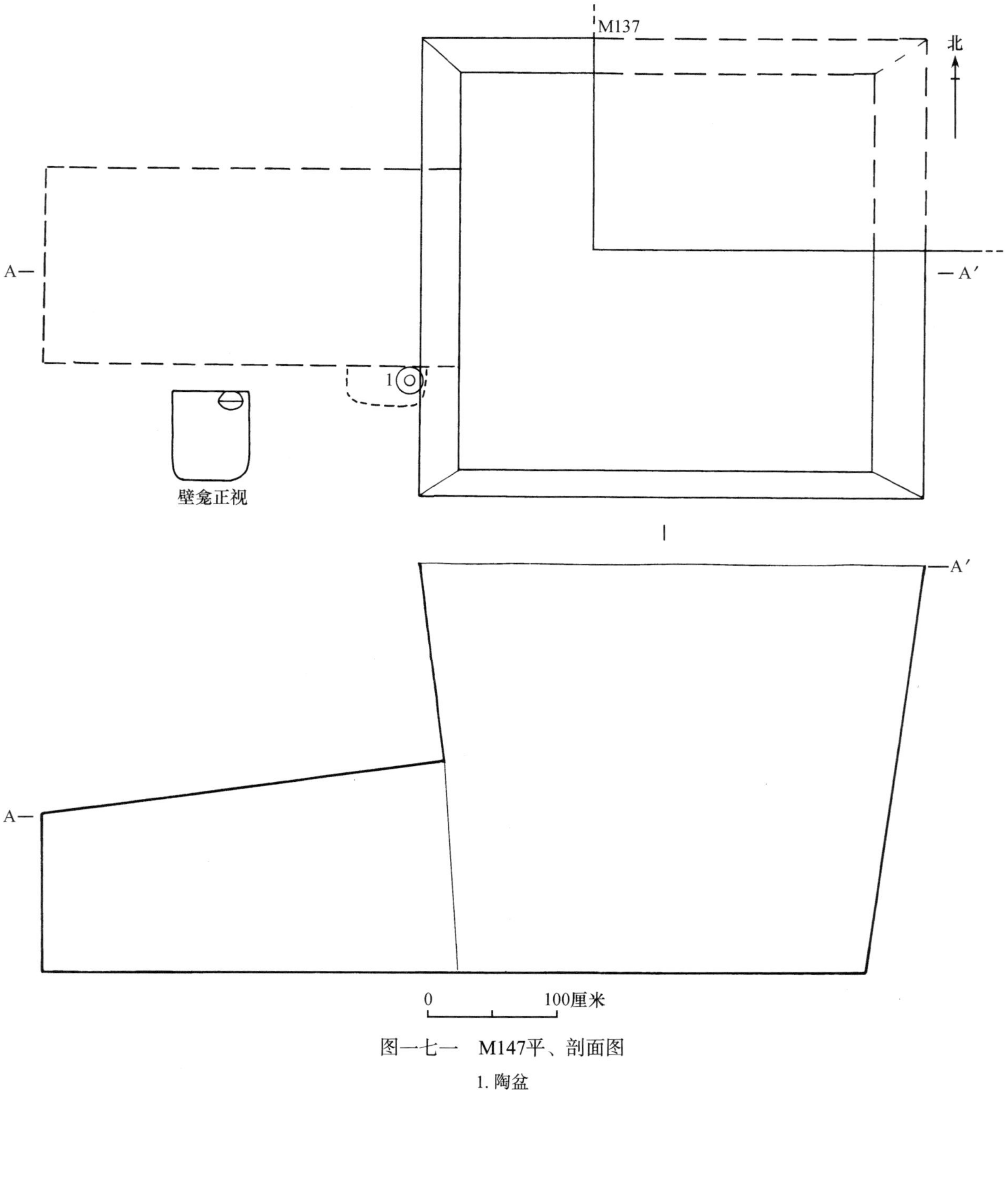

图一七一　M147平、剖面图

1. 陶盆

封门　墓室口未见封门痕迹。

墓室　位于墓道西壁，拱顶土洞。平面呈长方形，进深3.2、宽1.5、高1.2～1.6米。南壁东南角有一方形小龛，进深0.6、宽0.6、高0.7米，龛内见1件陶盆。

葬具葬式　不详。

2. 随葬器物

陶盆　1件。标本M147：1，泥质灰陶，修复完整。圆唇卷沿，上腹外撇，下腹斜直内收，平底稍内凹。腹上部饰竖向绳纹，中部戳印“咸亭□里□□”。盆内壁见数圈暗弦纹。通高10、腹径24.8、口径27.6、底径15.2厘米（图一七二）。

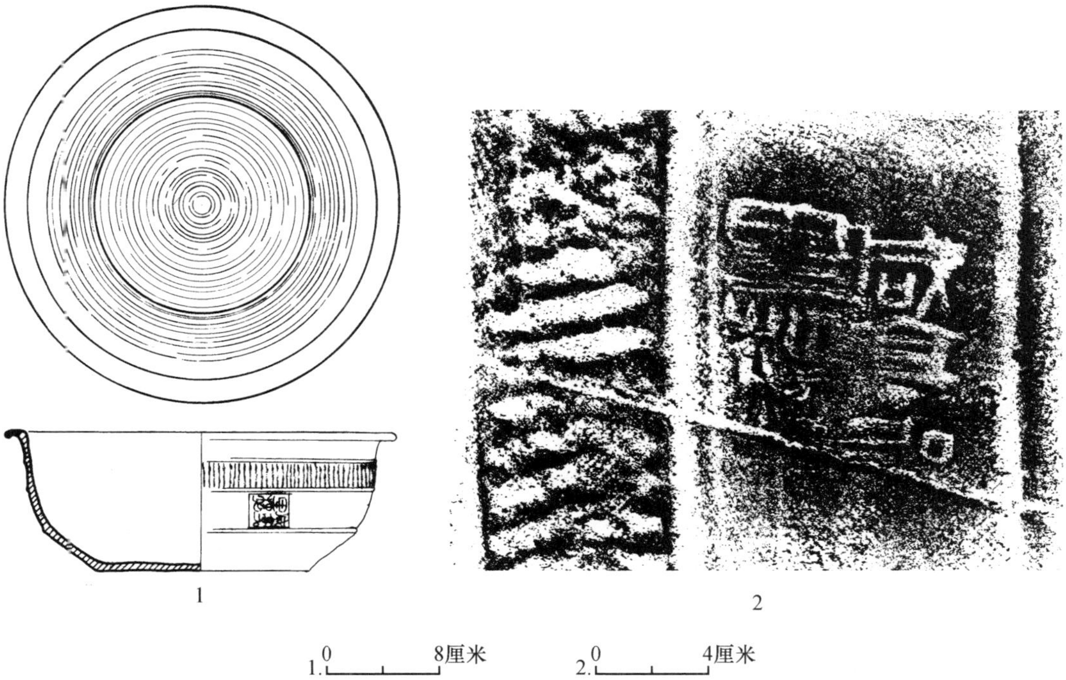

图一七二　M147出土器物及戳印纹拓片

1. 陶盆（M147：1）　2. 陶盆戳印纹拓片

M148

1. 墓葬形制

位于发掘区最西北，东邻M126。方向180°，由竖穴墓道和土洞墓室两部分组成，南北向，墓道在南，墓室北（图一七三）。

墓道　平面呈长方形，竖穴土坑，口大底小，东西残长2.9、宽2.1米。开口距地表1.3、距墓道底2.5米。四壁垂直下落。墓道底部残存“L”形二层台，宽0.46、高0.7米。墓道东南部被一汉代砖室墓打破。

封门　墓室口部未见封门痕迹。

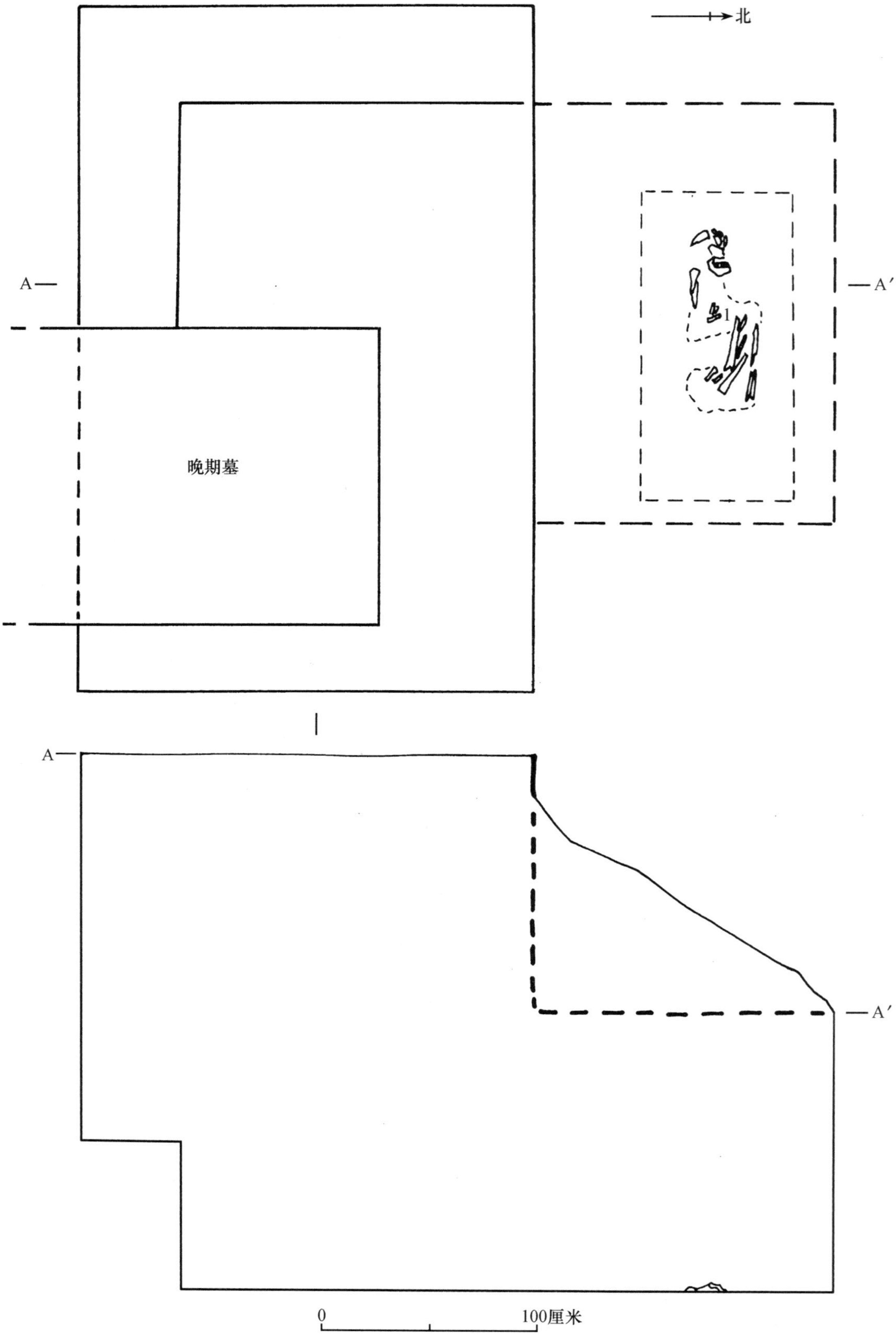

图一七三　M148平、剖面图

1. 石料残片

墓室　位于墓道北壁，拱顶土洞。东西长1.96、进深1.4、残高1.3米。

葬具葬式　棺灰痕迹明显，长方形，长1.44、宽0.72米。内置1副骨架，保存欠佳。可辨为侧身屈肢葬，头向西。在头骨北部见1件石料片。

2. 随葬器物

石料片　1件。标本M148：1，残。大体呈三角形，两面平整，一边较直。用途不详。残长2、厚0.7厘米（图一七四）。

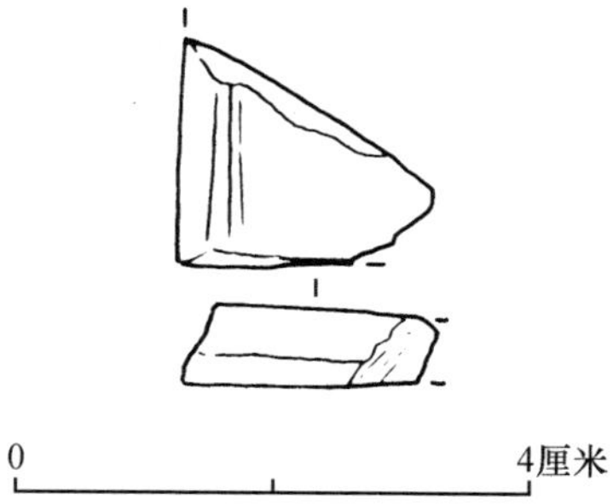

图一七四　M148出土石料残片（M148：1）

M150

1. 墓葬形制

位于发掘区西部，西邻M128，北邻M163。方向90°，由竖穴墓道和土洞墓室两部分组成，东西向，墓道在东，墓室居西（图一七五）。

墓道　竖穴土坑，平面长方形。东西长3、宽2、开口距地表1.4米，距墓道底4.4米。四壁收分均为0.3米。该墓道打破M139。

封门　墓室口部未见封门痕迹。

墓室　位于墓道西壁，平顶土洞。平面梯形，进深2.6、宽1～1.2、高1.3米。墓室底高出墓道0.3米。

葬具、葬式　墓室内仅见少量骨架碎片，葬具、葬式不详。

2. 随葬器物

墓道、墓室未见有随葬器物。

M151

1. 墓葬形制

位于发掘区西部，西邻M136，东邻M244。方向180°，由竖穴墓道和土洞墓室两部分组成，南北向，墓道在南，墓室居北（图一七六）。

墓道　竖穴土坑，平面长方形。东西长2.6、宽1.2、开口距地表1.4米，距墓道底2.6米。四壁垂直于墓底。

封门　墓室口部未见封门痕迹。

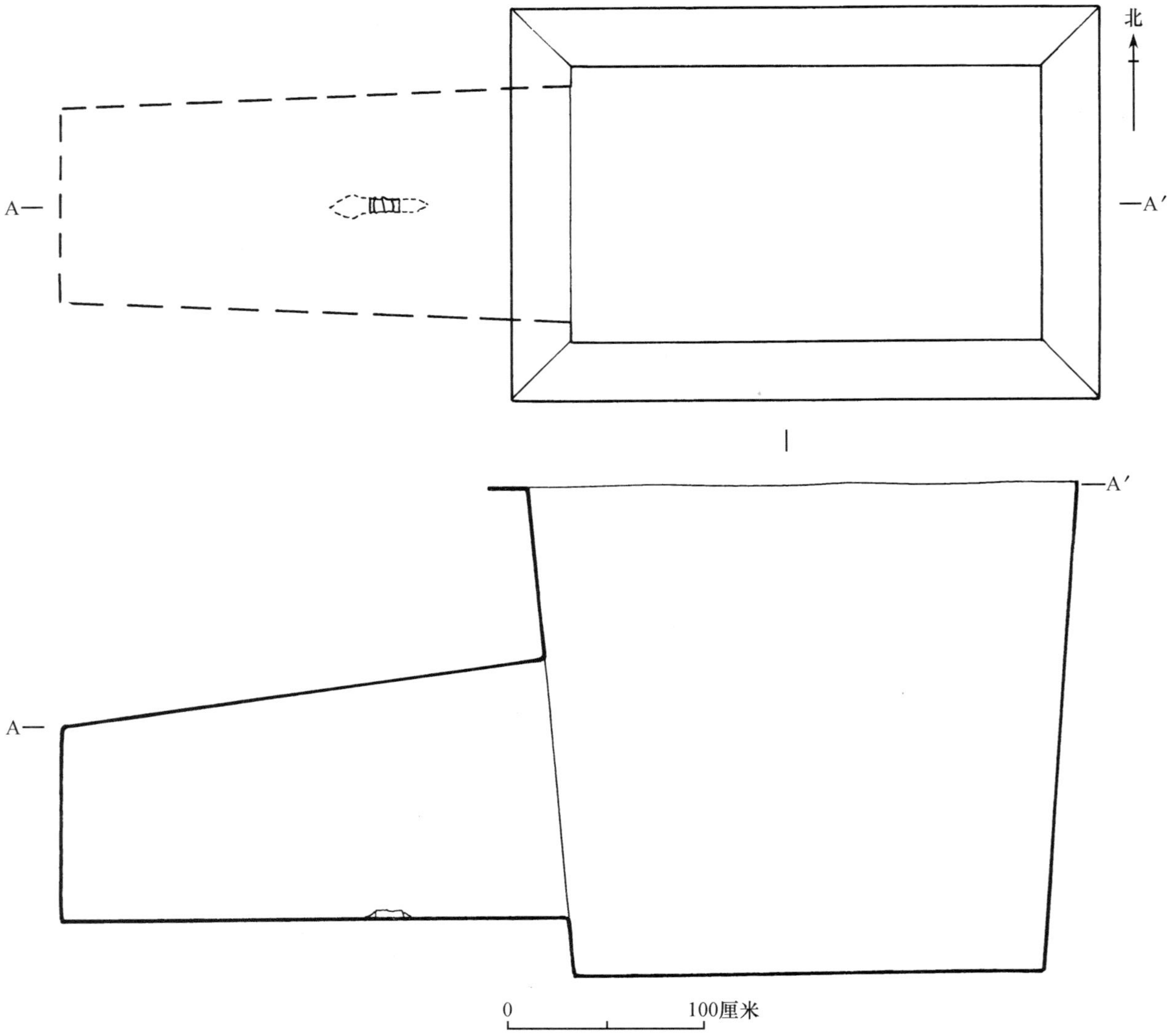

图一七五　M150平、剖面图

墓室　位于墓道北壁，平顶土洞。平面长方形，东西长2、进深1、残高0.95米。墓室口部已坍塌。墓室底高出墓道0.15米。

葬具葬式　棺灰痕迹明显，长方形，长1.54、宽0.6米。内见1副骨架，保存不佳。可辨头向西，屈肢。

2. 随葬器物

墓道、墓室未见有随葬器物。

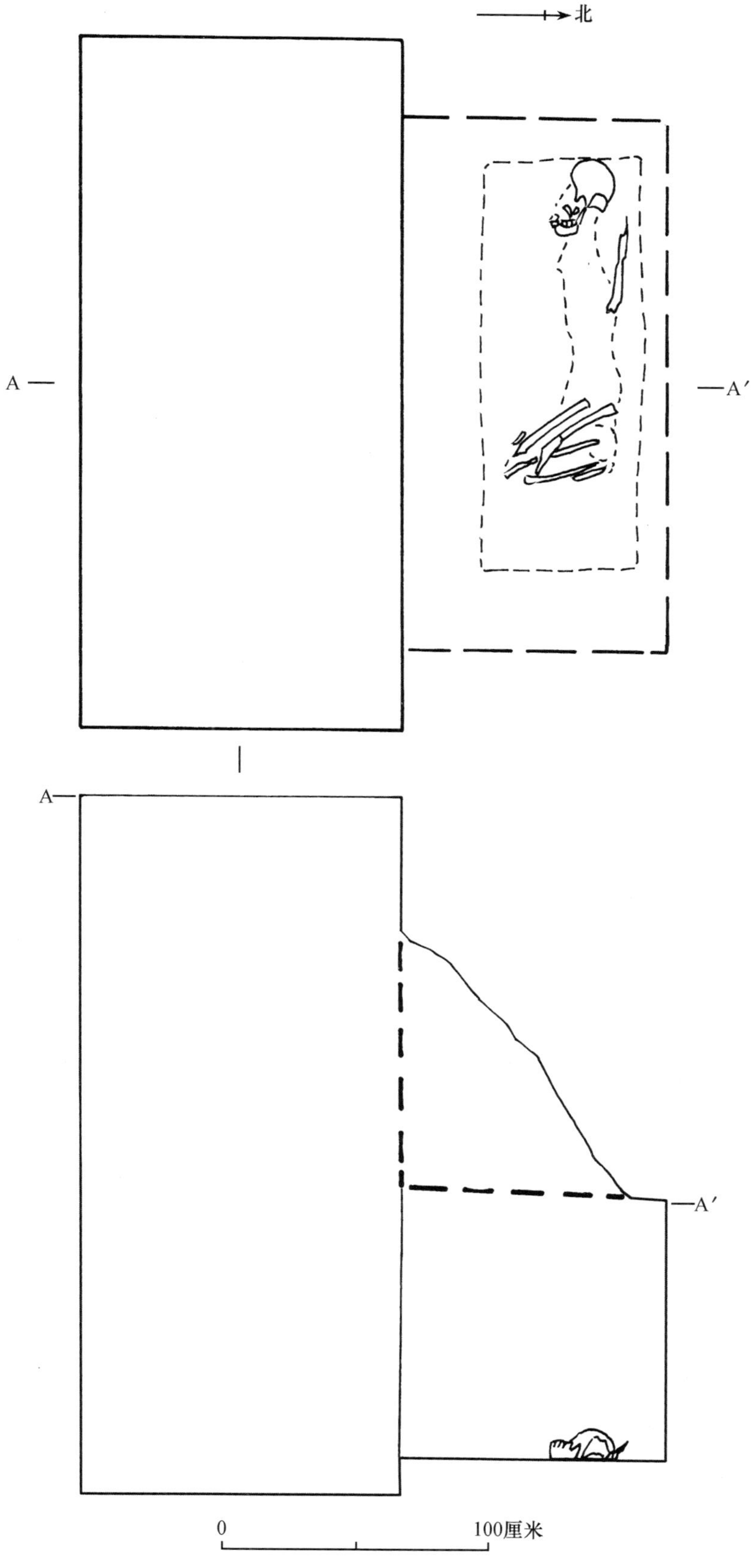

图一七六　M151平、剖面图

M152

1. 墓葬形制

位于发掘区中部偏西，西邻M146，东邻M199。方向273°，由竖穴墓道和土洞墓室两部分组成，东西向，墓道在西，墓室在东。该墓墓道打破M145墓道（图一七七）。

墓道　竖穴土坑，口大底小。平面呈长方形，底部呈梯形，口长2.66、宽1.5、开口距地表1.9、距墓道底2.5米。墓道底长1.76、宽0.8～0.96米。

封门　墓室口未见封门痕迹。

墓室　位于墓道东壁，拱顶土洞。平面呈长方形，进深1.1、宽0.7～0.8、残高1.3米。墓室口部见陶罐、陶缶。

葬具葬式　葬具、葬式不详。

2. 随葬器物

共3件，陶罐、陶缶各1件（图版二五，1），铜钱1枚（半两）。

陶罐　1件。标本M152：2，泥质灰陶，口沿残。圆唇，凹沿，长颈，溜肩，长鼓腹，下腹弧斜内收，平底。肩、腹部饰竖绳纹和数道凹弦纹，腹下部见刮削痕。肩部有一方形戳印，模糊不清。通高24.9、口径8.8、腹径23.2、底径11.2厘米（图一七八，2、5）。

陶缶　1件。标本M152：1，泥质灰陶，完整。尖唇斜沿，直口，束颈，平折沿，圆肩深腹，下腹内收，平底。肩部饰波折锯齿纹，腹部饰两道锥刺纹和竖绳纹。口沿部刻划“/ \”纹，肩部刻画“八”纹样。通高35.7、口径8.9、腹径39.2、底径19.6厘米（图一七八，1、3）。

铜钱　1枚。标本M152：3，基本完整，表面轻微锈蚀。圆形方孔，径较大，穿孔方正，周边不规整，铸造孔位于上部。字纹较宽，笔画粗细不均。“两”字上横短，“从”字竖较长；“半”字上笔方折呈“L”状。钱径2.4、孔径0.84～0.8、厚0.1厘米，重4.5克（图一七八，4）。

M153

1. 墓葬形制

位于发掘区西部西南，北邻M151，南邻M150。方向90°，由竖穴墓道和土洞墓室两部分组成，东西向，墓道在东，墓室在西（图一七九）。

墓道　平面呈长方形，竖穴土坑，口大底小，口长4、宽3.1、开口距地表1.4、距墓道底2.02米。墓道底长3.3、宽2.2米。东西两壁收分0.34米，南北两壁收分0.44米。

封门　墓室口未见封门痕迹。

墓室　位于墓道西壁，拱顶土洞。平面呈梯形，进深3、宽1.1～1.2、残高0.9米。北壁东北角

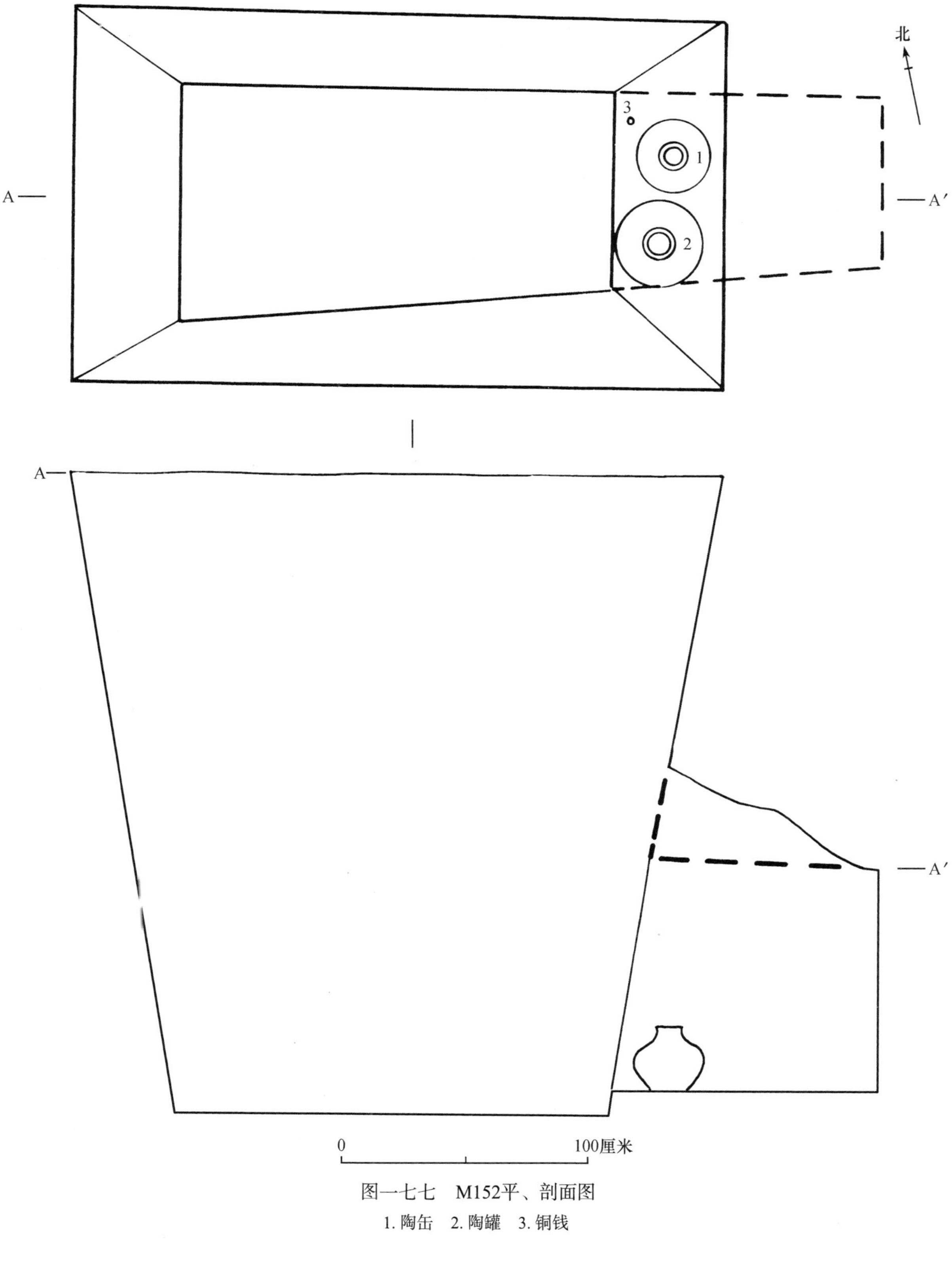

图一七七　M152平、剖面图
1. 陶缶　2. 陶罐　3. 铜钱

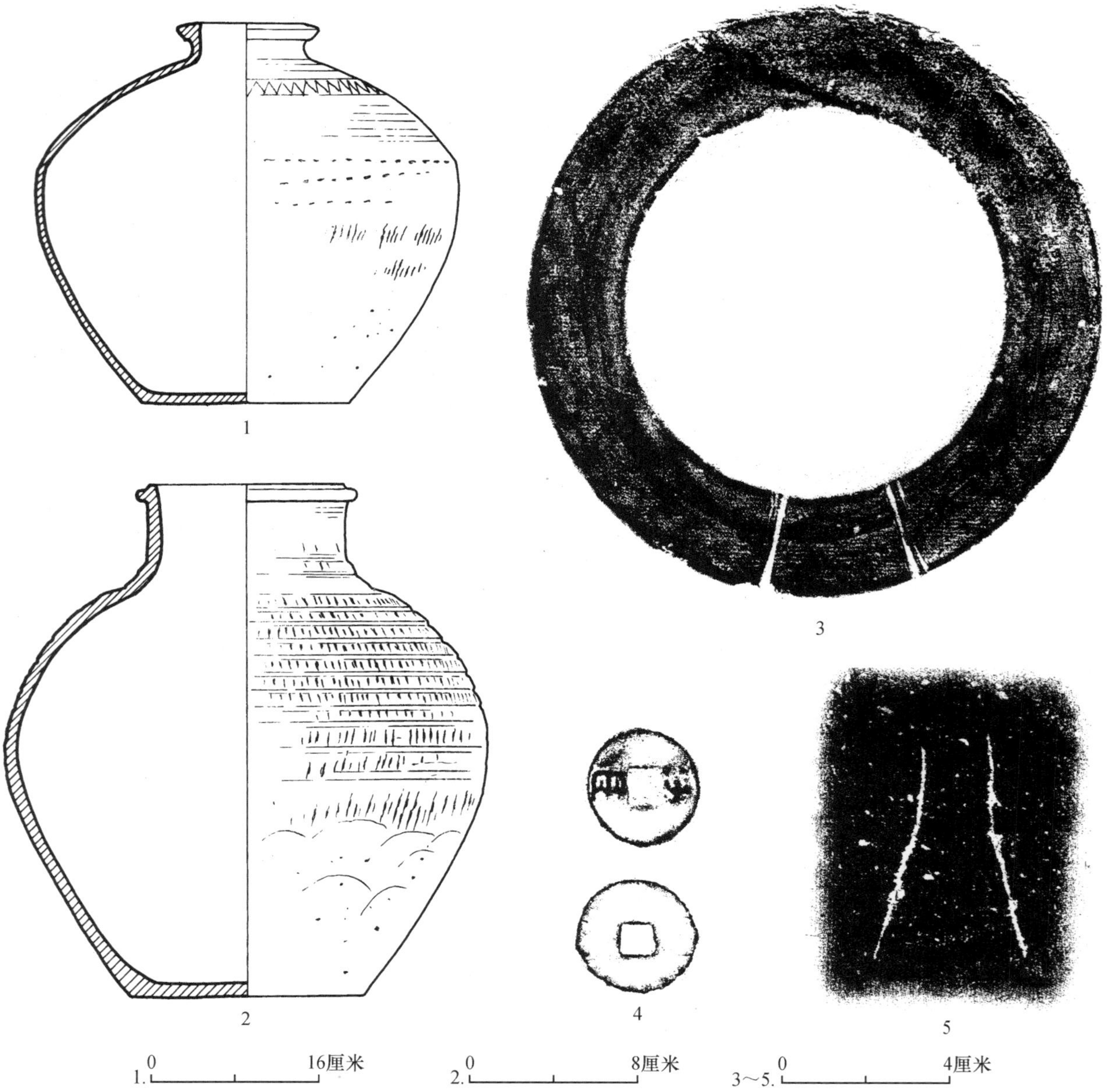

图一七八　M152出土器物及纹饰拓片

1. 陶缶（M152：1）　2. 陶罐（M152：2）　3. 陶缶口沿拓片（M152：1）　4. 铜钱拓片（M152：3）　5. 陶罐刻划纹拓片（M152：2）

有一长方形小龛，进深0.4、宽0.8、高0.6米，龛内见陶鼎、陶盒残片。墓室高出墓道0.14米。

葬具葬式　葬具不详。骨架保存不佳，可辨屈肢葬，骨架东南见铜带钩1件、铜铺首1件。

2. 随葬器物

共4件，陶鼎、陶盒各1件，铜带钩、铜铺首各1件。

陶鼎　1件。标本M153：3，泥质灰陶，修复完整。盖方唇，弧腹，尖圆顶，三扁棱状纽。器身尖圆唇，子母敛口，上腹内凹，下腹圆折圆收，圜底。两方形附耳外撇。盖顶见同心暗弦纹，中腹饰一道凸棱纹。通高17.5、口径13.7、腹径18.2、腹深9.9、足高7.5厘米（图一八〇，1）。

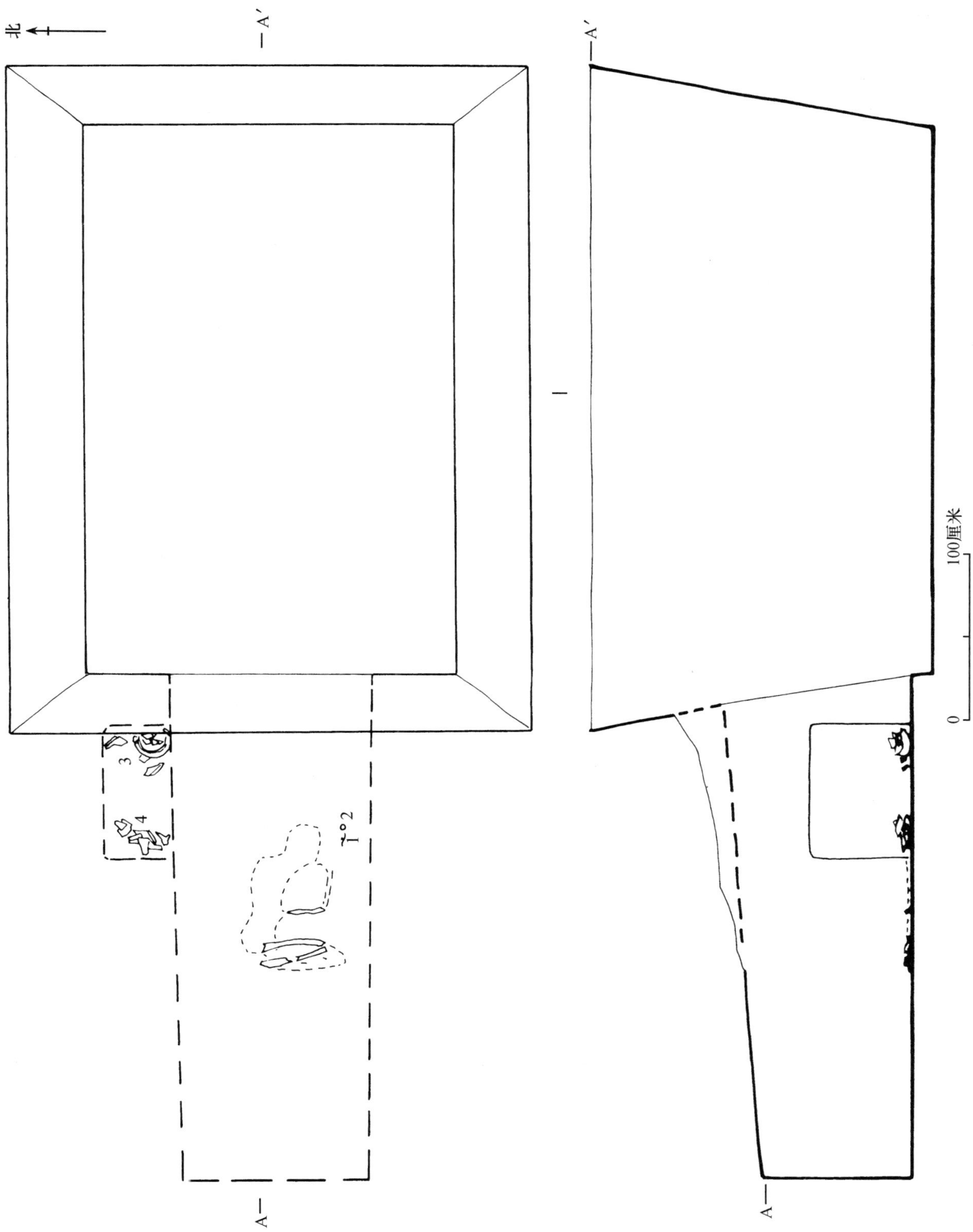

图一七九　M153平、剖面图
1. 铜带钩　2. 铜铺首　3. 陶鼎　4. 陶盒

陶盒　1件。标本M153：4，泥质灰陶，修复完整。盖方唇，圆折腹，圈足形捉手。器身　圆唇，子母敛口，上腹外撇，下腹斜收，圈足底。通体可见暗弦纹，盖、腹部饰两道凹弦纹。通高16.4、口径15.7、腹径20.2、腹深9、底径9、足高0.6厘米（图一八〇，2）。

铜带钩　1件。标本M153：1，表面轻微锈蚀。整体立鸟状，颈呈“S”形，尾宽于胸腹。钩背弯曲较小，纽近尾部偏中，圆形纽扣较大，纽柱较长。胸、腹见两道凹弦纹。通长6.4、腹宽1.6、纽高1.03、纽径1.4厘米（图一八〇，4；图版三八，2）。

铜铺首　1件。标本M153：2，稍残。兽面扁圆，圆眼，长鼻，大嘴，圆角，立耳。大嘴衔住一圆形铜环。背面有一圆扣形钩纽，纽柱细长。兽左耳、左角缺失，面部纹饰精细。面残长2、面宽2.8、环径2、环宽0.2～0.3厘米（图一八〇，3）。

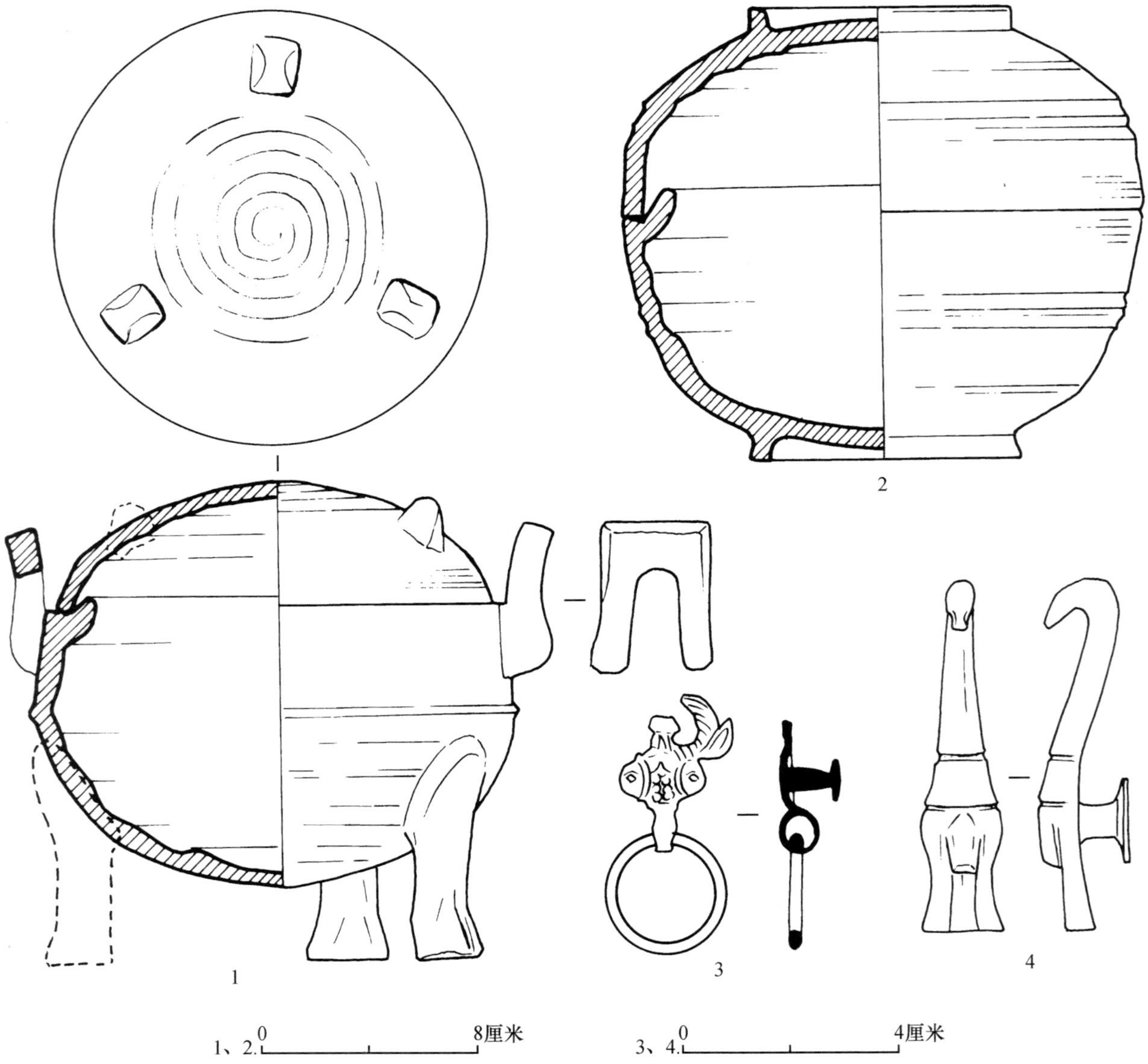

图一八〇　M153出土器物

1. 陶鼎（M153：3）　2. 陶盒（M153：4）　3. 铜铺首（M153：2）　4. 铜带钩（M153：1）

M154

1. 墓葬形制

位于发掘区中部西南，西邻M144，东邻M159。方向185°，由竖穴墓道和土洞墓室两部分组成，南北向，墓道在南，墓室北（图一八一）。

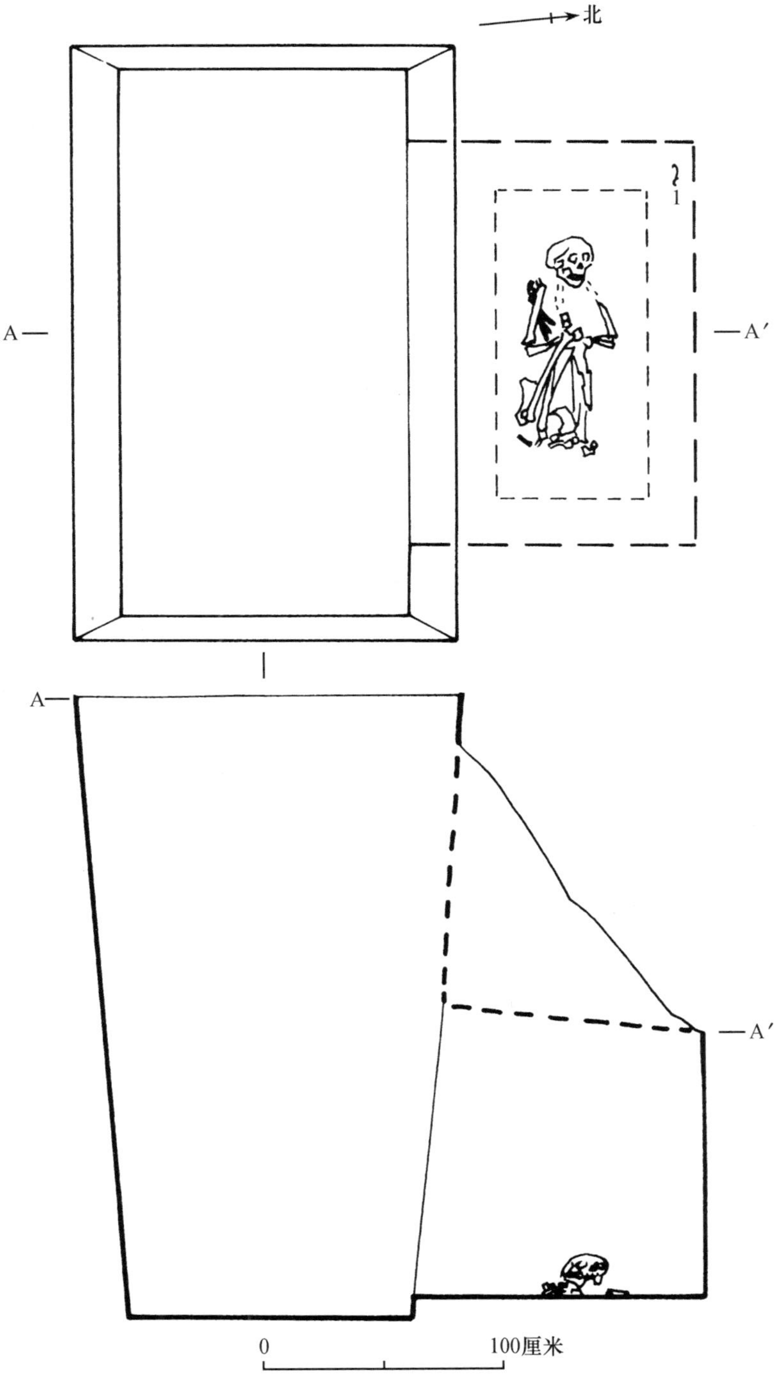

图一八一　M154平、剖面图
1. 铁带钩

墓道　平面呈长方形，竖穴土坑，口大底小，东西长2.5、宽1.6、开口距地表1.6、距墓道底2.6米。墓道底长2.3、宽1.2米。南北两壁收分0.2米，东西两壁收分0.1米。

封门　墓室口部未见封门痕迹。

墓室　位于墓道北壁，拱顶土洞。东西长1.7、进深1.2、残高1.1米。墓室底高出墓道0.1米。墓室口部坍塌。

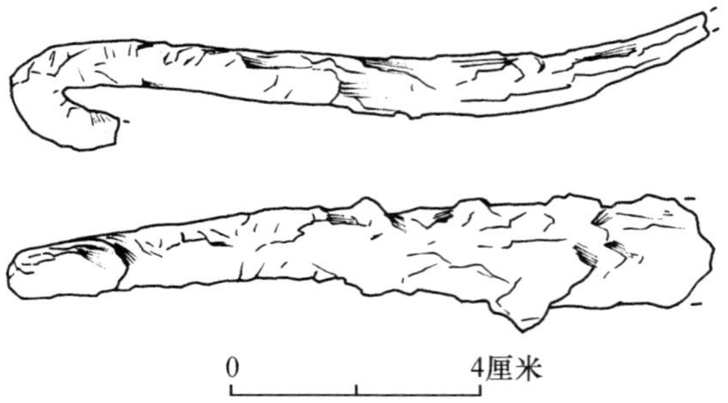

图一八二　M154出土铁带钩（M154：1）

葬具葬式　棺灰痕迹明显，长方形，长1.3、宽0.6米。内置1副骨架，保存较好，仰身屈肢，头西面上。在墓室西北角出土铁带钩1件。

2. 随葬器物

铁带钩　1件。标本M154：1，残，表面锈蚀严重。钩体较长，颈“S”形，颈、腹窄长，背弯曲较小，钩尾扁平，纽不详。通长11.4、腹宽1.8厘米（图一八二）。

M155

1. 墓葬形制

位于发掘区中部偏北，东邻M177，北邻M182。方向270°，由竖穴墓道和土洞墓室两部分组成，东西向，墓道在西，墓室居东（图一八三；图版一三，1）。

墓道　竖穴土坑，口大底小。平面长方形，南北长3、宽2.3、开口距地表1.5、距墓道底3.1米。墓道底长1.7、宽1.9米。距开口2.6米处有两个熟土二层台，分别位于墓道南北两壁，高为0.5、北台宽0.55、南台宽0.45米。南北两壁收分0.15米，东西两壁收分0.2米。

封门　墓室口部未见有封门痕迹。

墓室　位于墓室东壁，拱顶土洞。东西长1.7、进深1.2、残高1.2米。墓室口部坍塌。

葬具葬式　棺灰痕迹明显，长方形，长1.34、宽0.6米。棺内见1副骨架，保存较好，侧身屈肢葬，双膝向西弯曲，头向西，面向上。骨架左边出铁带钩1件。

2. 随葬器物

铁带钩　1件。标本M155：1，残，表面锈蚀严重。钩首残，颈“S”形，上腹残尾部扁圆，圆形扣纽近尾部，纽柱短粗。残长4.6、腹宽1.9、纽高0.7厘米（图一八四）。

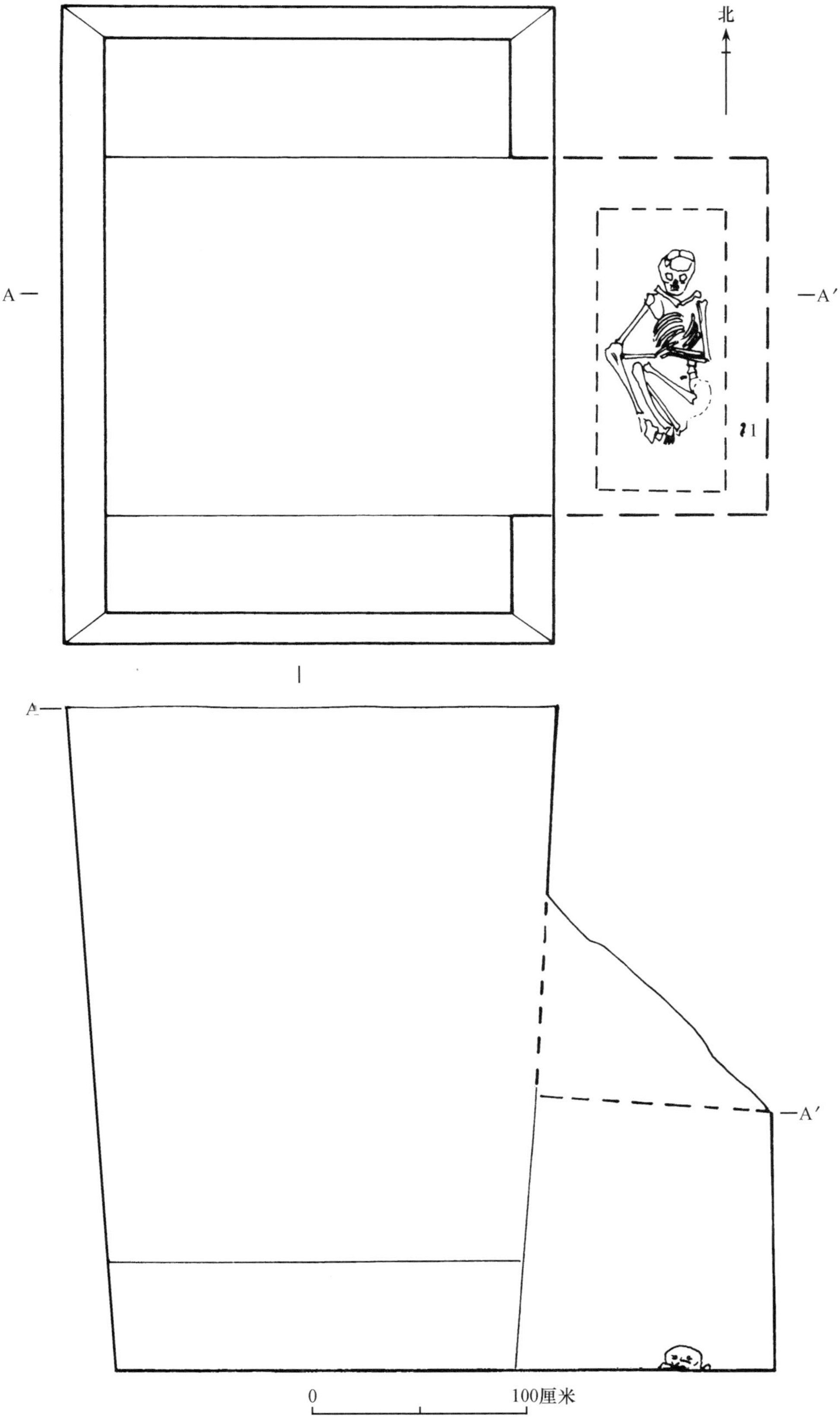

图一八三　M155平、剖面图
1. 铁带钩

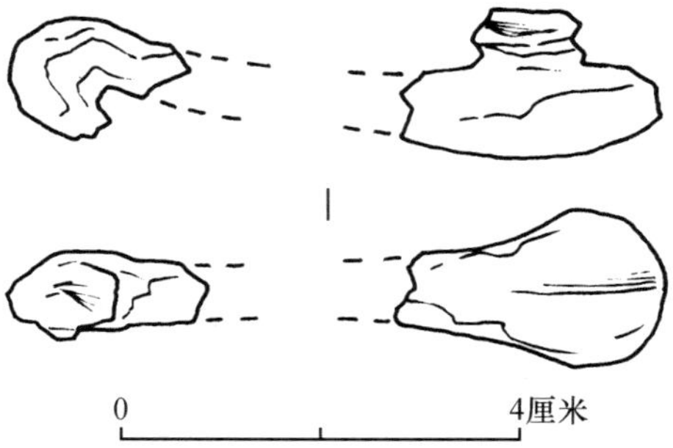

图一八四　M155出土铁带钩（M155：1）

M156

1. 墓葬形制

位于发掘区中部偏北，南邻M165。方向180°，由竖穴墓道和土洞墓室两部分组成，南北向，墓道在南，墓室在北（图一八五）。

墓道　平面呈长方形，竖穴土坑，口大底小，口长2.2、宽1.7、开口距地表1.6、距墓道底2.4米。墓道西半部及墓室口部西壁被M172墓道打破。墓道底长1.6、宽1.1米。南壁收分0.32米，北壁收分0.24米，东、西两壁收分0.3米。墓道东南角出土陶缶、陶罐各1件。

封门　墓室口未见封门痕迹。

墓室　位于墓道北壁，拱顶土洞。平面呈长方形，进深0.8、宽1.6、残高1.2米。墓室口部坍塌。

葬具葬式　葬具不详。墓室内见1副骨架，保存不佳，可辨屈肢葬，头东。头骨旁出土铜带钩1件。

2. 随葬器物

共3件，陶罐、陶缶、铜带钩各1件。

陶罐　1件。标本M156：3，泥质灰陶，基本完整。尖唇平折沿，侈口，短束颈，斜折肩，上腹较直，下腹斜内收，平底。肩部见数道暗弦纹，上腹饰一道锥刺纹和一圈凹弦纹。通高24.2、口径8.5、腹径26.4、底径12.2厘米（图一八六，1）。

陶缶　1件。标本M156：2，泥质灰陶，基本完整。尖唇直平折沿，束颈，斜肩鼓腹，下腹内收，平底。肩部见暗弦纹，腹底部戳印有“咸亭□里□器”。通高33.4、口径8.6、腹径36.1、底径15.7厘米（图一八六，2、3）。

铜带钩　1件。标本M156：1，表面锈蚀。琵琶状，体短小。钩首兽头形，较窄，颈“S”形，钩背较直，圆弧状尖尾，纽近尾部，纽柱短粗，圆形扣纽残。通长4.2、腹宽1.2、纽高0.55、纽径0.8厘米（图一八六，4）。

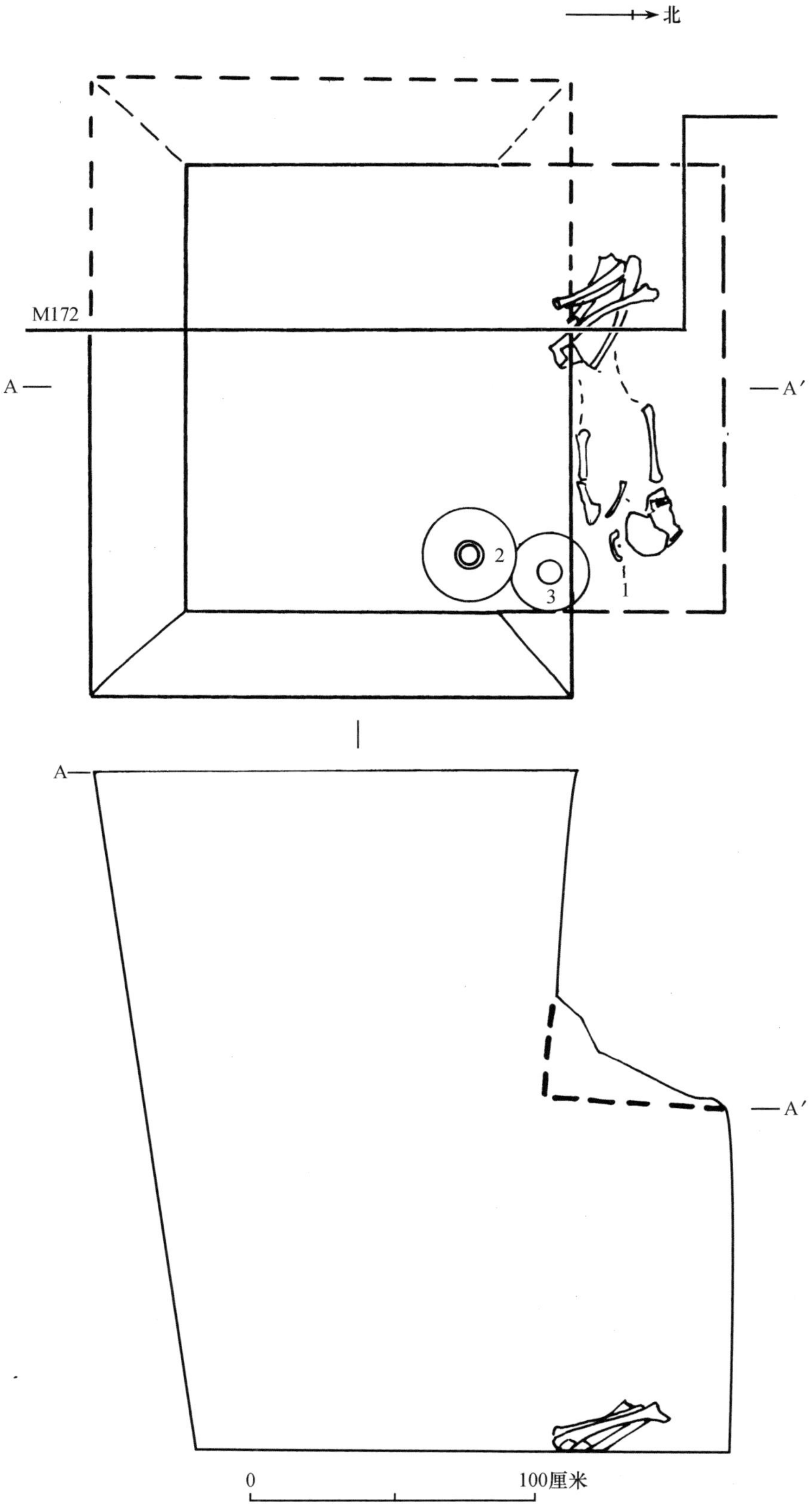

图一八五　M156平、剖面图

1. 铜带钩　2. 陶缶　3. 陶罐

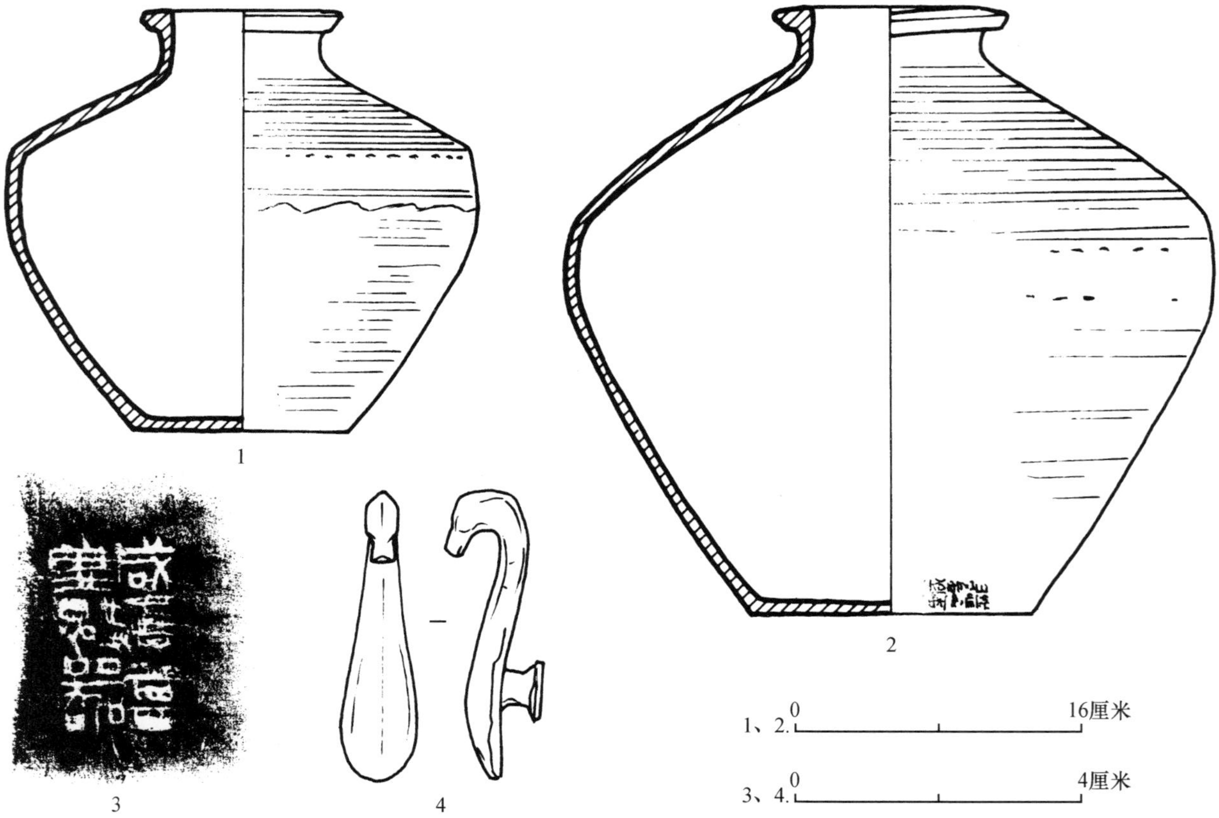

图一八六　M156出土器物及戳印纹拓片

1. 陶罐（M156：3）　2. 陶缶（M156：2）　3. 陶缶戳印纹拓片（M156：2）　4. 铜带钩（M156：1）

M157

1. 墓葬形制

位于发掘区中部偏西，南邻M144，东邻M189。方向180°，由竖穴墓道和土洞墓室两部分组成，南北向，墓道在南，墓室北（图一八七）。

墓道　竖穴土坑，口大底小。平面长方形，东西长3、宽2、开口距地表1.6、距墓道底3.4。墓道底长2.4、宽1.4米。四壁收分均为0.3米。

封门　墓室口部未见封门痕迹。

墓室　位于墓道北壁，拱顶土洞。平面长方形，东西长1.6、进深1.2、残高1米。墓室口部坍塌。

葬具、葬式　葬具不详。室内仅见骨架残迹，可辨仰身屈肢葬，头向西。

2. 随葬器物

铜带钩　1件。标本M157：1，表面轻微锈蚀。琵琶状，体短小。钩首残，细长颈，窄腹，圆弧状尾，钩背弯曲，纽近尾部，纽柱较长，圆形纽扣内凹。正面腹部有左右对称的细小八字纹。通长4.2、腹宽0.8、纽高0.9、纽径1.1厘米（图一八八）。

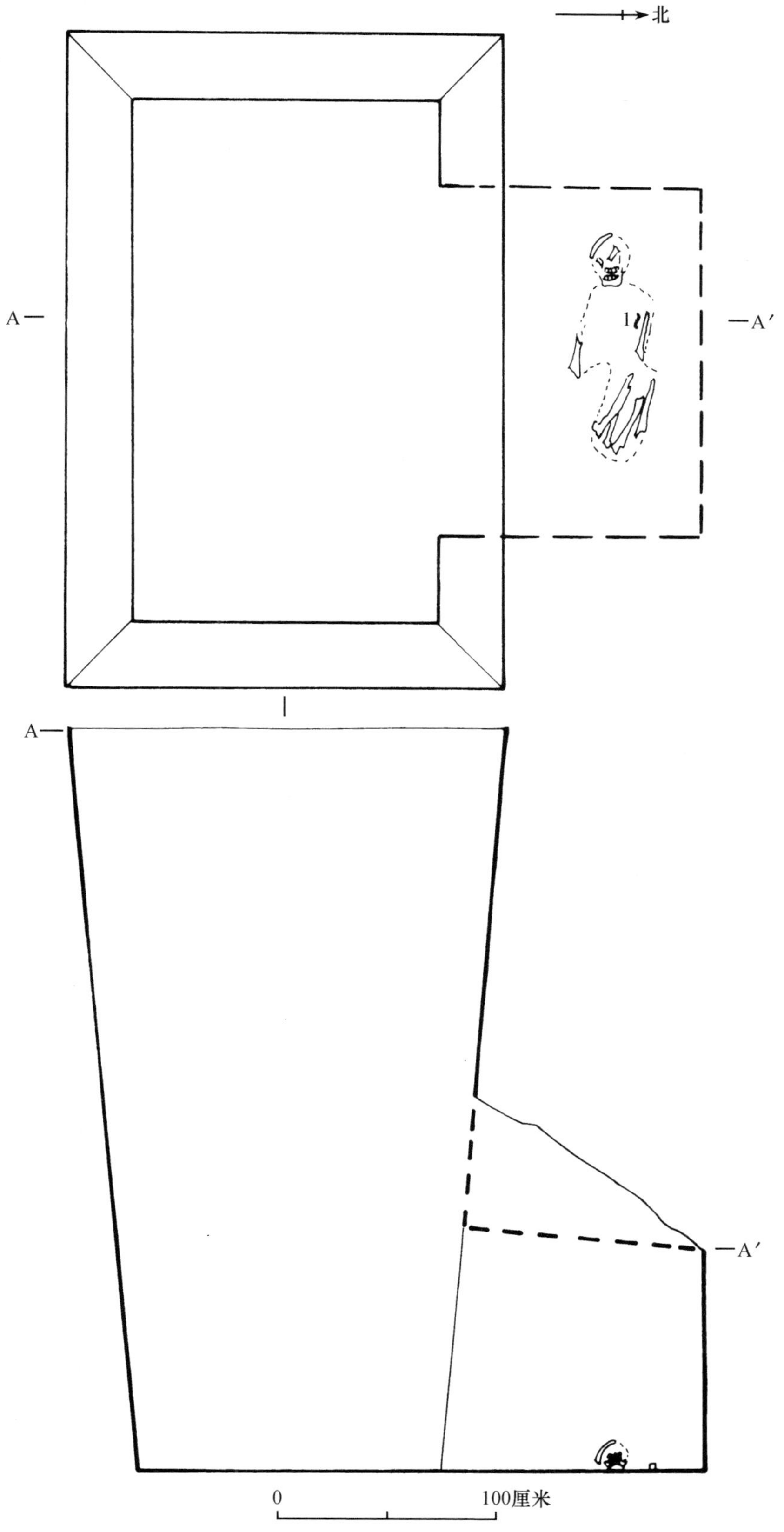

图一八七　M157平、剖面图
1. 铜带钩

M158

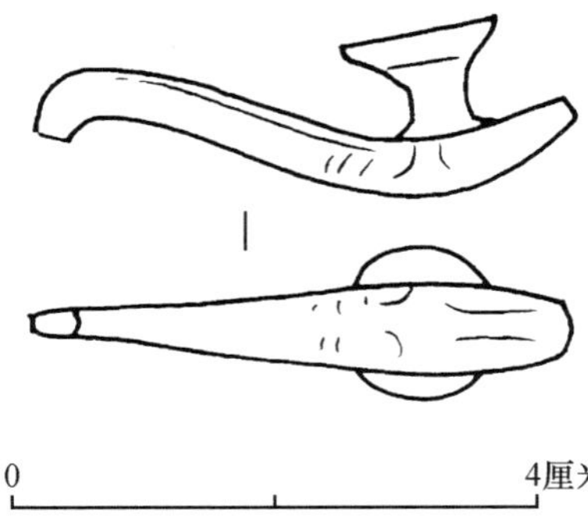

图一八八　M157出土铜带钩
（M157：1）

1. 墓葬形制

位于发掘区西部偏东，北邻M105，东邻M106。方向130°，由竖穴墓道和土洞墓室两部分组成，东西向，墓道在东，墓室居西（图一八九；图版一三，2）。

墓道　竖穴土坑，口大底小。平面呈长方形，长2.8、宽1.8、开口距地表1.5、距墓道底2.5米。墓道底长1.8、宽1.4米。距开口2米处有两个生土二层台，分别位于墓道南北两壁，垂直于墓底，高0.5、北台宽0.28、南台宽0.3米。四壁到二层台收分均为0.2米。

封门　墓室口部未见有封门痕迹。

墓室　位于墓道西壁，拱顶土洞。平面呈长方形，长1.8、进深1.1、残高0.9米。墓室口部坍塌。

葬具葬式　葬具不详。骨架保存较好，仰身屈肢葬，头北面上，上、下肢叠屈于胸前。头骨旁出土铁带钩1件。

2. 随葬器物

铁带钩　1件，表面锈蚀严重，残。标本M158：1，体较长。钩首残，细长颈，腹、尾近椭圆，背弯曲较少，纽近中部，尖状扣纽。残长11.5、腹宽2.1、纽高0.9厘米（图一九〇）。

M159

1. 墓葬形制

位于发掘区中部偏西，西邻M154，东邻M221。方向180°，由竖穴墓道和土洞墓室两部分组成，南北向，墓道在南，墓室居北（图一九一）。

墓道　平面呈长方形，竖穴土坑，口大底小，东西长3.1、宽2.3、开口距地表1.6、距墓道底2.8米。墓道底长2.78、宽2.08米。四壁收分均为0.11米。

封门　墓室口部未见封门痕迹。

墓室　位于墓道北壁，拱顶土洞。平面呈梯形，进深1.38、北长2.2、南长1.6、高1.3米。墓室高出墓道0.1米。墓室口部坍塌。

葬具、葬式　棺灰痕迹明显，长方形，长1.36、宽0.68米。棺内骨架保存欠佳，可辨葬式为屈肢葬，头向西。墓室北壁下出土铁带钩1件。

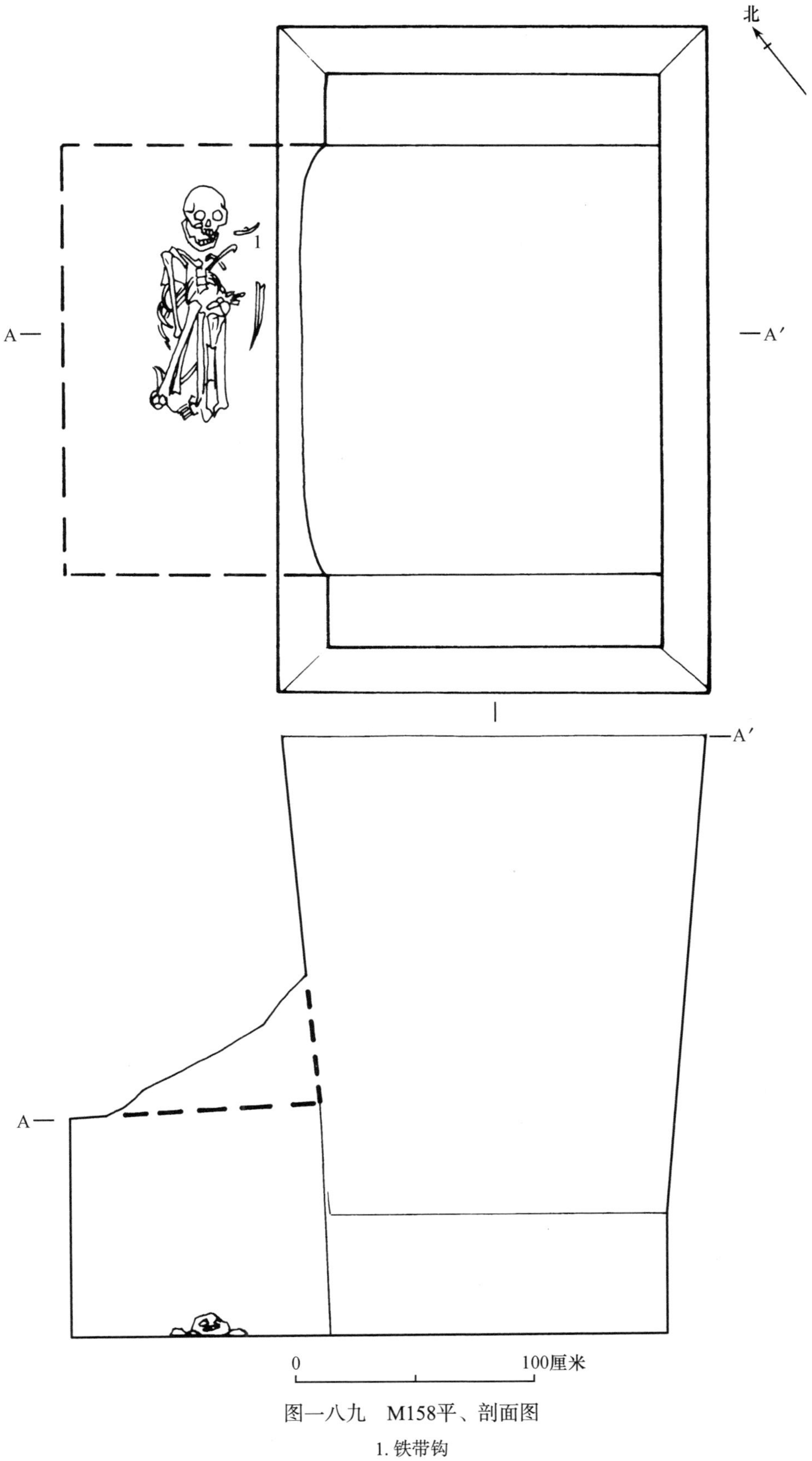

图一八九　M158平、剖面图
1. 铁带钩

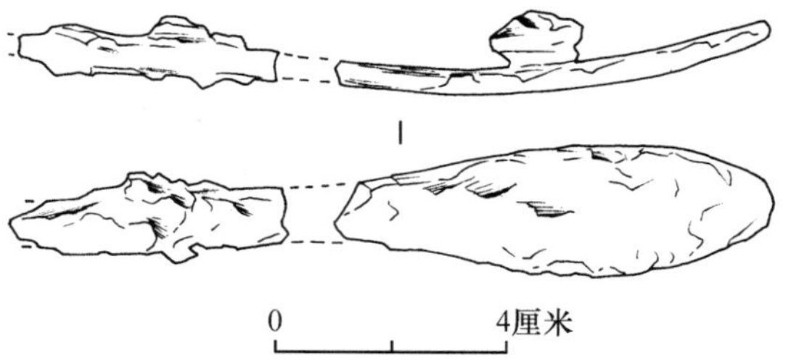

图一九〇　M158出土铁带钩（M158：1）

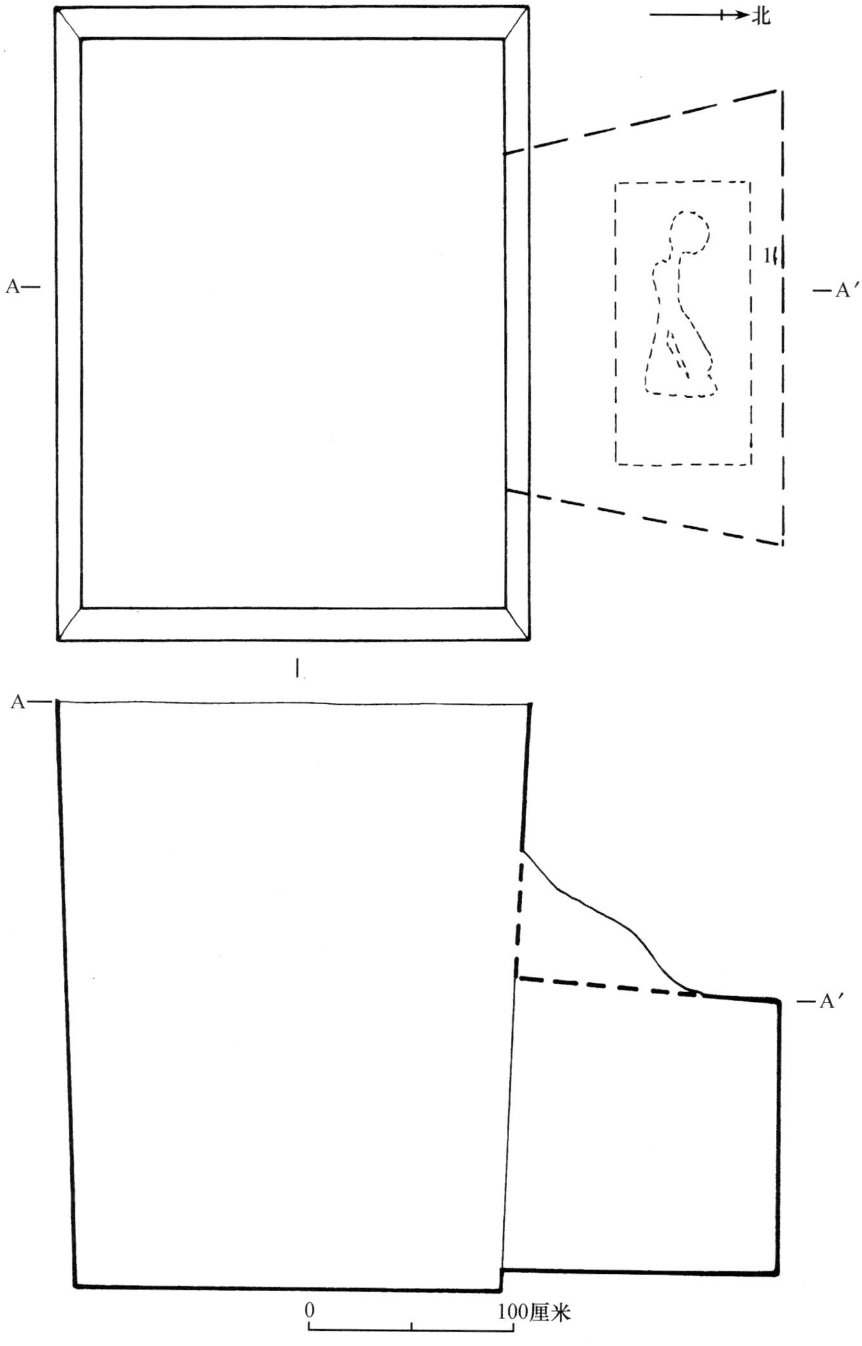

图一九一　M159平、剖面图

1. 铁带钩

2. 随葬器物

铁带钩　1件。标本M159：1，表面锈蚀严重，残甚。体宽扁，钩背弯曲较大。残长5.3、腹宽1.3厘米（图一九二）。

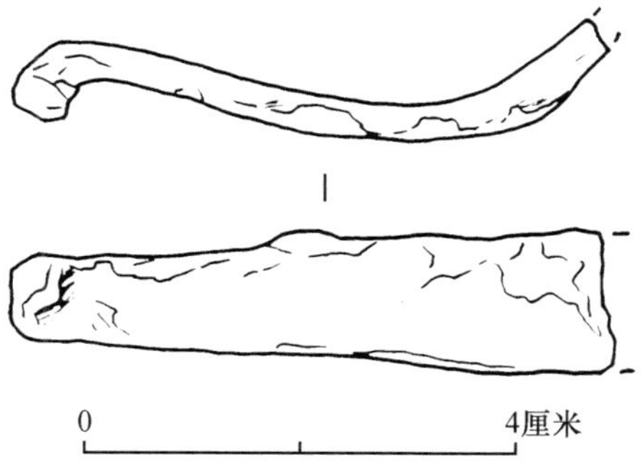

图一九二　M159出土铁带钩（M159：1）

M160

1. 墓葬形制

位于发掘区中部最西，北邻M116，南邻M202。方向270°，由竖穴墓道和土洞墓室两部分组成，东西向，墓道在西，墓室居东（图一九三）。

墓道　平面呈长方形，竖穴土坑，口大底小，长2.5、宽1.6、开口距地表1.7、距墓道底2.4米。墓道底长1.9、宽1.1米。四壁收分均为0.2米。

封门　墓室口部未见封门痕迹。

墓室　位于墓道东壁，拱顶土洞。平面长方形，进深1.06、宽1.35、残高1.1米。墓室口部坍塌。

葬具、葬式　墓室内仅见少量骨架碎片，葬具、葬式不详。

2. 随葬器物

墓道、墓室未见有随葬器物。

M161

1. 墓葬形制

位于发掘区中部偏东，北邻M181，南邻M203。方向180°，由竖穴墓道和土洞墓室两部分组成，南北向，墓道在南，墓室居北（图一九四；图版一四，1）。

墓道　平面呈长方形，竖穴土坑，口大底小。东西长2.3、宽1.66、开口距地表1.4、距墓道底2

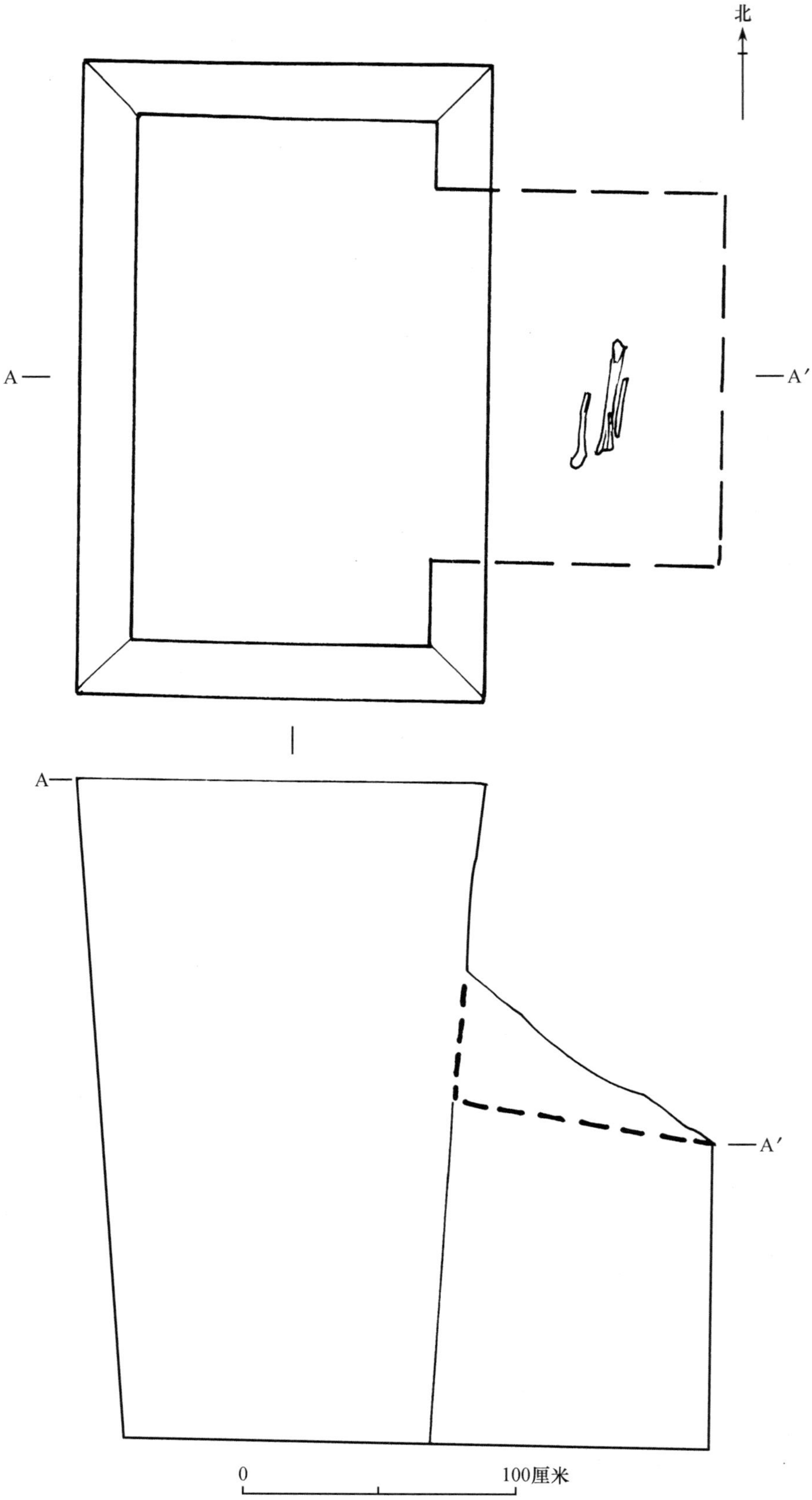

图一九三　M160平、剖面图

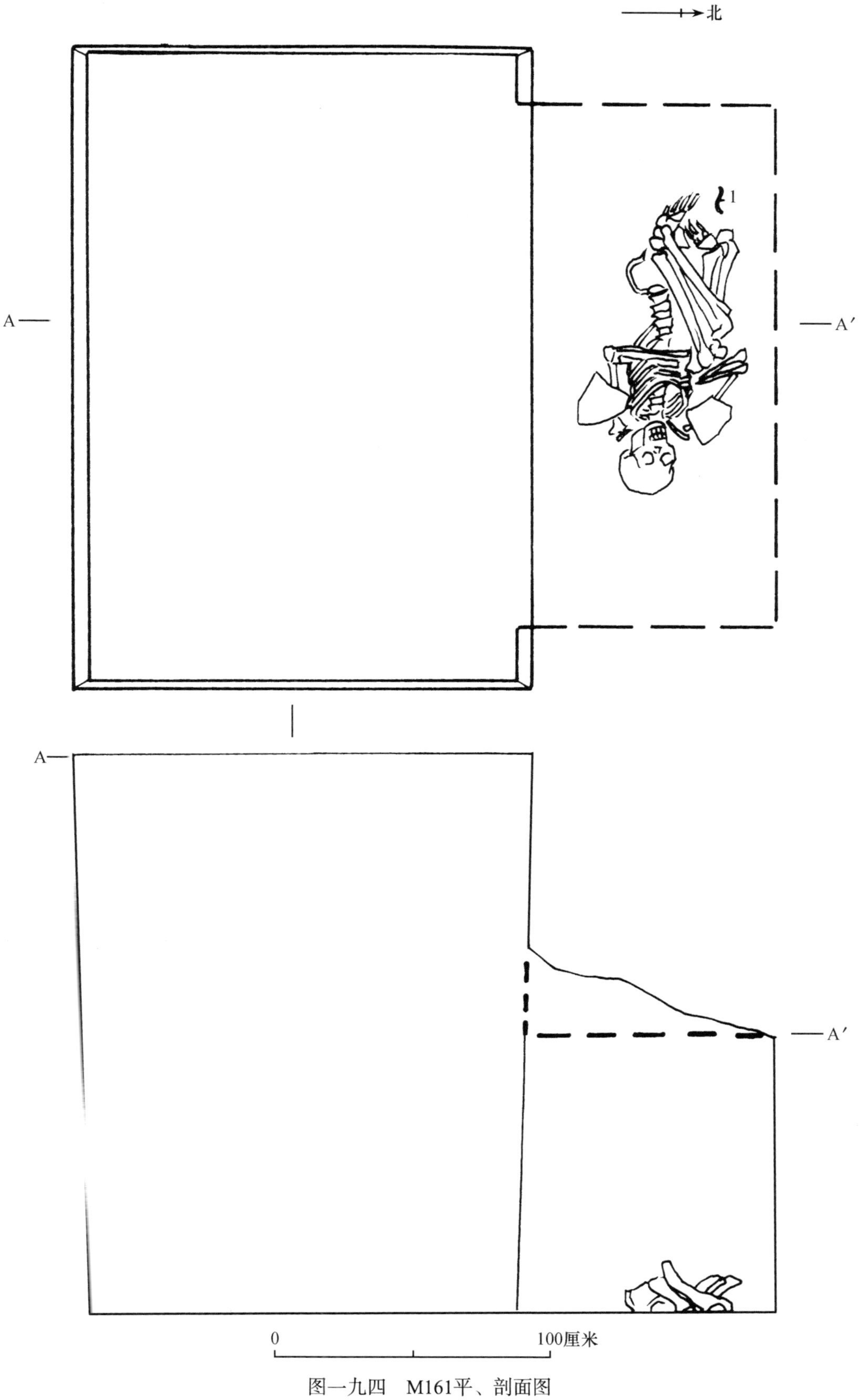

图一九四　M161平、剖面图

1. 铁带钩

米。墓道底长2.28、宽1.58米。东西两壁收分均为0.04米，南北壁收分0.01米。

封门　墓室口未见封门痕迹。

墓室　位于墓道北壁，拱顶土洞。平面呈长方形，进深0.95、宽1.88、残高1米。墓室口部坍塌。

葬具葬式　葬具不详。墓室内见1副骨架，保存较好，仰身屈肢，头东面上，上肢交于胸前，下肢叠压于腹部。骨架肩部各有几块陶缶残片，足部见1件铁带钩。

2. 随葬器物

共2件，陶缶残片及铁带钩1件。

陶缶残片　残缺未能修复完整。

铁带钩　1件。表面锈蚀严重。标本M161：1，钩首似兽面形，颈细长，宽扁腹、尾，钩纽残。通长7.7、腹宽1.8厘米（图一九五）。

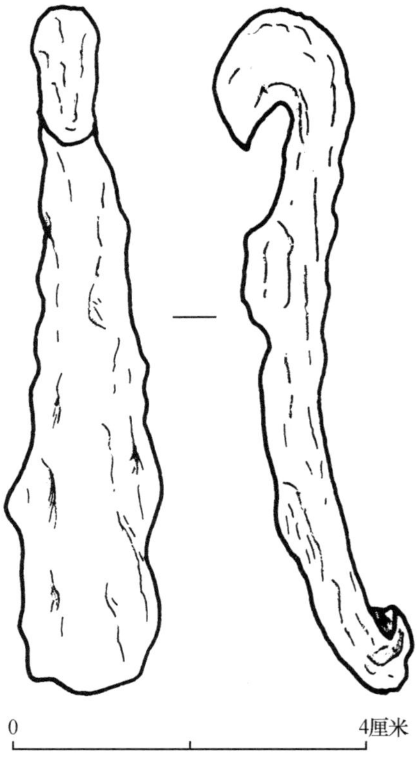

图一九五　M161出土铁带钩（M161：1）

M162

1. 墓葬形制

位于发掘区中部偏南，北邻M221，南邻M163。方向180°，由竖穴墓道和土洞墓室两部分组成，南北向，墓道在南，墓室居北（图一九六）。

墓道　竖穴土坑，四壁垂直至墓道底。平面长方形，东西长2.3、宽1.55、开口距地表1.3、距墓道底1.5米。

封门　墓室口部未见封门痕迹。

墓室　位于墓道北壁，平顶土洞。平面长方形，东西长1.62、进深0.8、高1米。墓室底高出墓道0.1米。

葬具葬式　葬具不详。墓室内见1副骨架，下肢不完整。可辨葬式为仰身，头西，面上。

2. 随葬器物

墓道、墓室未见有随葬器物。

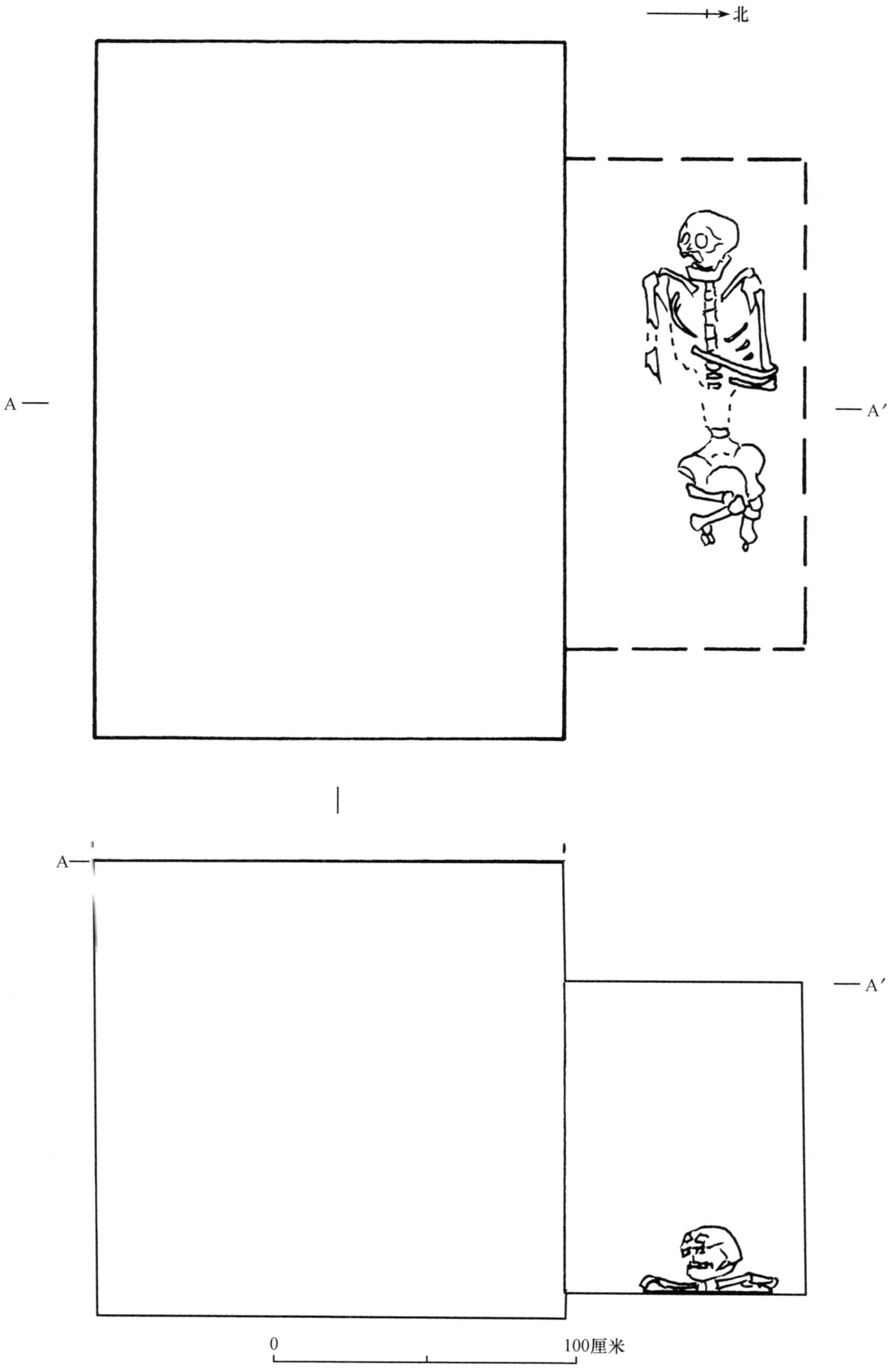

图一九六　M162平、剖面图

M163

1. 墓葬形制

位于发掘区中部偏南，西邻M162。方向290°，由竖穴墓道和土洞墓室两部分组成，东西向，墓道在西，墓室居东（图一九七）。

墓道　竖穴土坑，口大底小。平面呈长方形，长3.4、宽2.2、开口距地表1.8、距墓道底1.8米。墓道底长2.8、宽1.5米。四壁收分0.3米。

封门　墓室口未见封门痕迹。

墓室　位于墓道东壁，拱顶土洞。平面呈长方形，进深2.8、宽1.02、残高0.94米。墓室底高出墓道0.06米。

葬具葬式　葬具、葬式不详。墓室内靠南壁有1件陶罐。

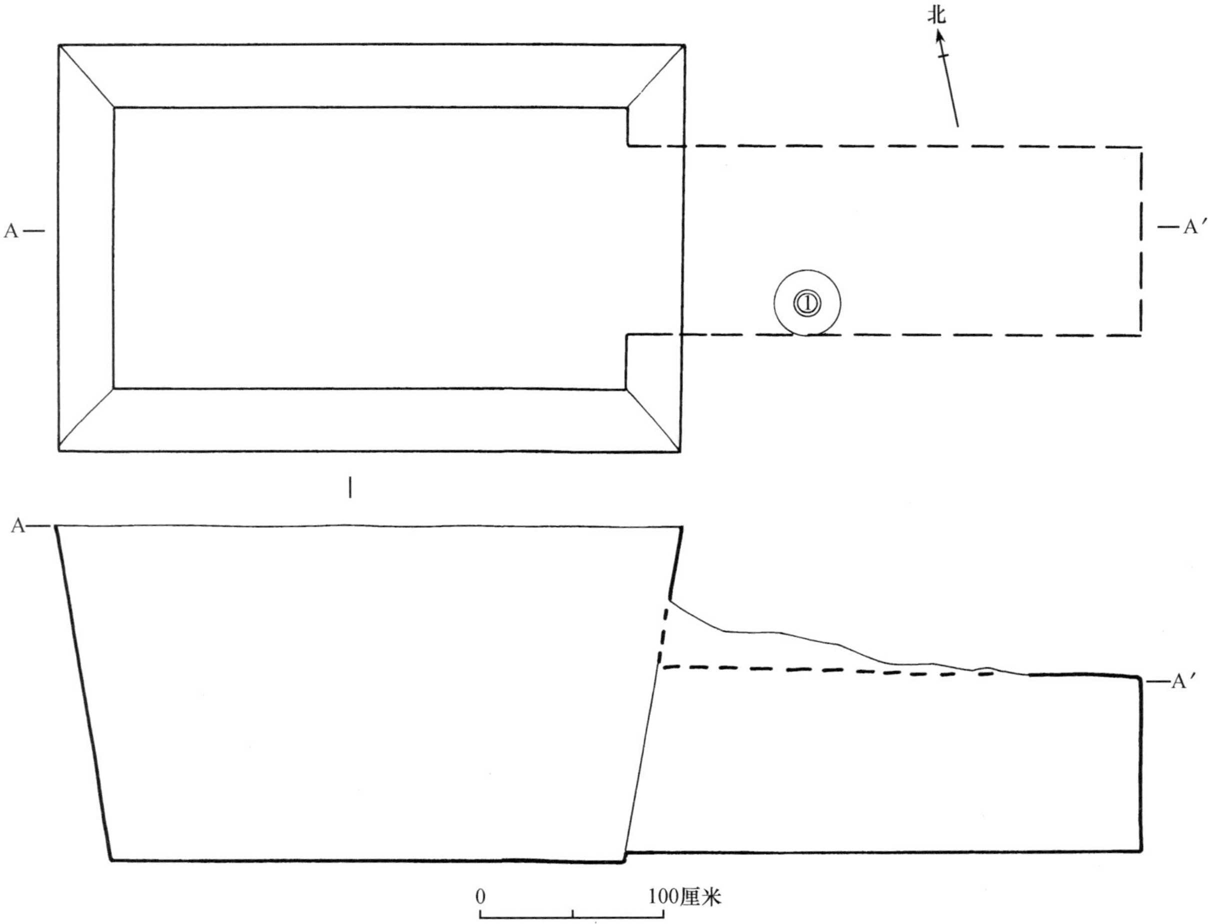

图一九七　M163平、剖面图

1. 陶罐

2. 随葬器物

陶罐　1件。标本M163：1，泥质灰陶，基本完整。尖唇斜沿，侈口，束颈，斜肩鼓腹，上腹圆折，下腹斜内收，平底。肩部见暗弦纹、波折锯齿纹及刻划“∏”纹样，腹部饰一道凹弦纹和绳纹。通高30、口径9.2、腹径33.6、底径15.2厘米（图一九八）。

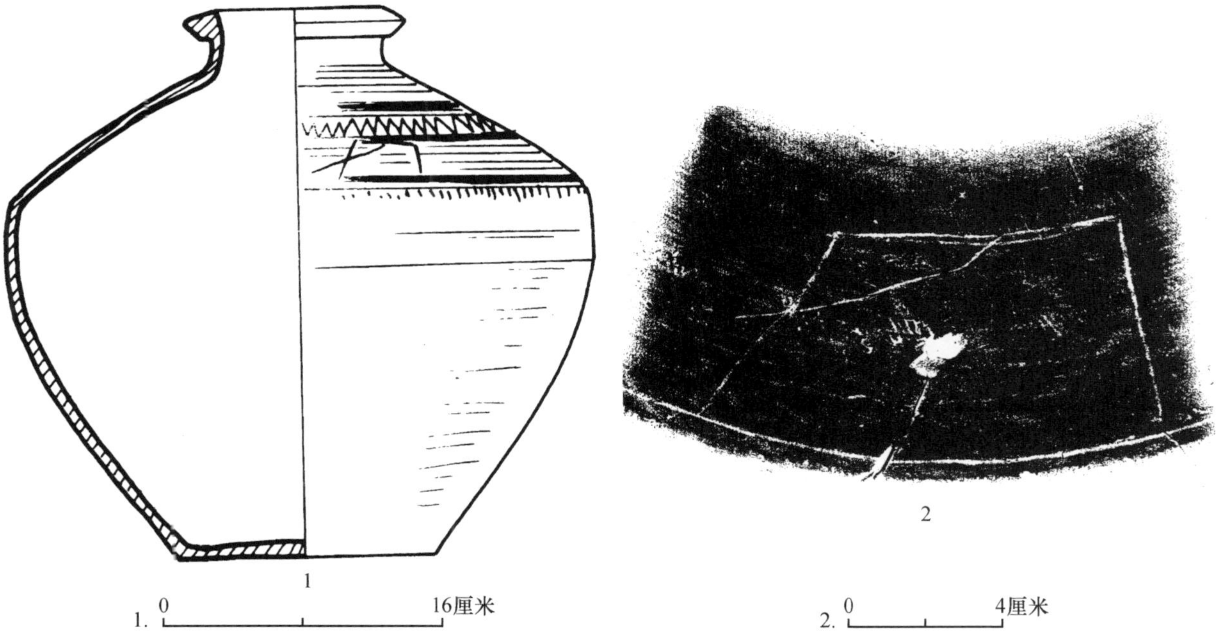

图一九八　M163出土器物及纹饰拓片
1. 陶罐（M163：1）　2. 陶罐纹饰拓片（M163：1）

M164

1. 墓葬形制

位于发掘区中部偏东，北邻M188，东邻M174。方向110°，由竖穴墓道和土洞墓室两部分组成，东西向，墓道在东，墓室居西（图一九九）。

墓道　平面呈长方形，竖穴土坑，口大底小。长2.24、宽1.14、开口距地表1.3、距墓道底1.3米。墓道底长1.8、宽0.84米。东南北三壁收分0.14米，西壁收分0.28米。墓道西端被M169打破。

封门　墓室口未见封门痕迹。

墓室　位于墓道西壁，拱顶土洞。平面呈长方形，进深1.6、宽0.74、高0.8～0.94米。墓室口部出土陶罐1件。

葬具葬式　葬具不详。墓室内骨架零乱，可辨屈肢葬，头向东。

2. 随葬器物

陶罐　1件。标本M164：1，泥质灰陶，修复完整。尖唇斜沿，束颈，斜肩鼓腹，下腹内收，平底内凹。肩部见暗弦纹和波折锯齿纹，腹部饰绳纹，底部戳印“咸亭□里□器”。通高32.9、口径8.1、腹径37.8、底径18.2厘米（图二〇〇）。

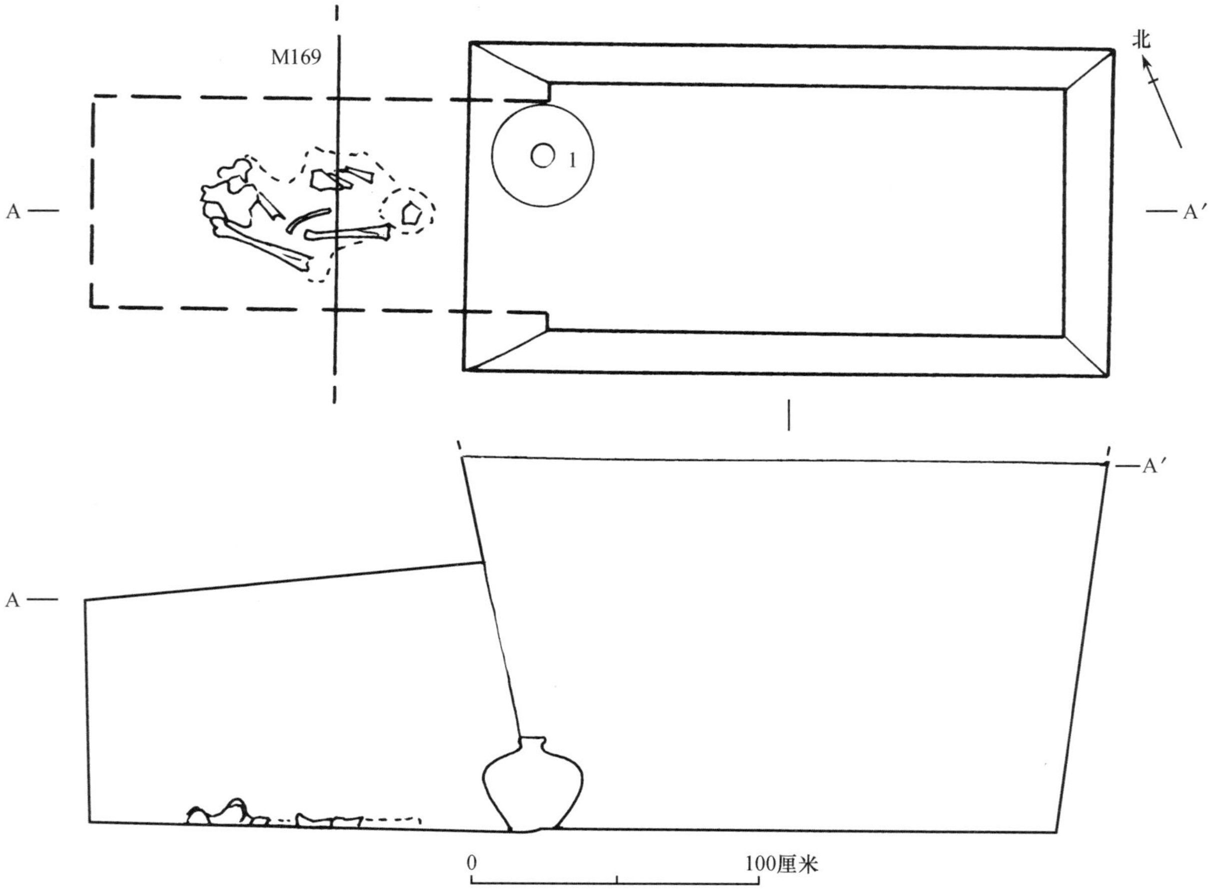

图一九九　M164平、剖面图
1. 陶罐

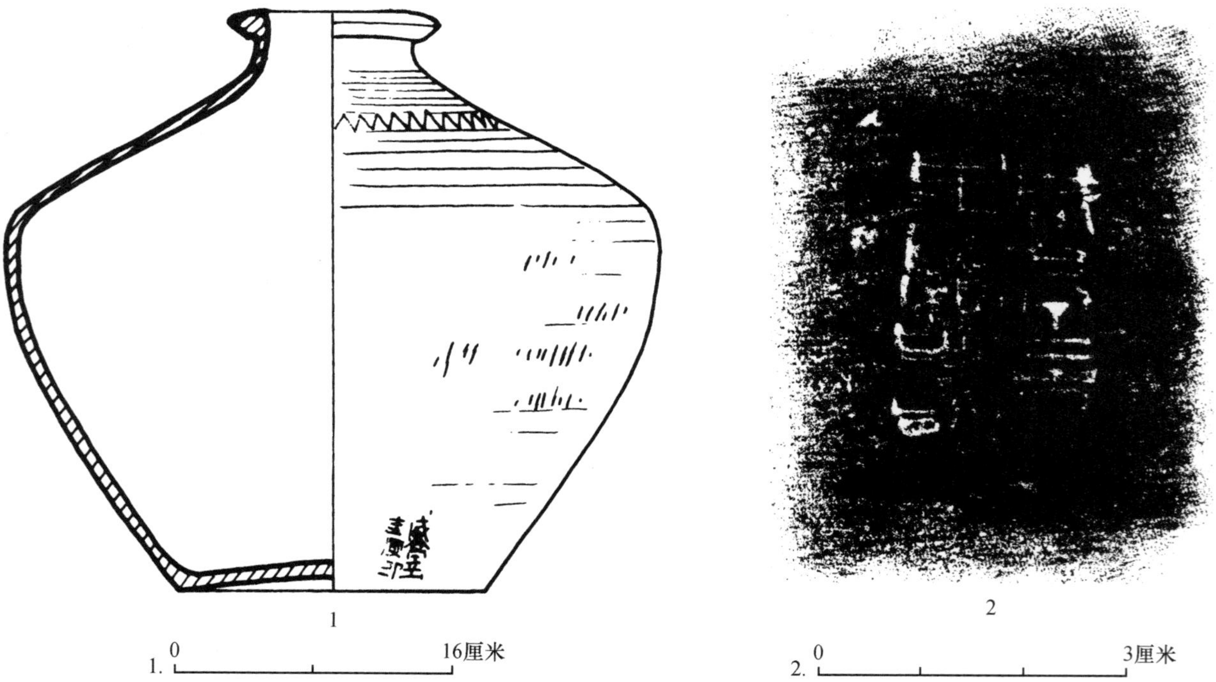

图二〇〇　M164出土器物及戳印纹拓片
1. 陶罐（M164：1）　2. 陶罐戳印纹拓片（M164：1）

M165

1. 墓葬形制

位于发掘区中部偏东，西邻M210，东邻M176。方向180°，由竖穴墓道和土洞墓室组成，南北向，墓道在南，墓室在北（图二〇一；图版一四，2）。

墓道　平面呈长方形，竖穴土坑，口大底小，东西长3、宽2.2、开口距地表1.4、距墓道底3.2米。墓道底东西长2.5、宽1.8 米。墓道南北两壁收分0.2米，东西两壁收分0.25米。

封门　墓室口未封门痕迹。

墓室　位于墓道北壁，平顶土洞。平面呈梯形，进深1.2、宽1.6～1.7、残高1.1米。墓室口部坍塌。

葬具葬式　棺灰痕明显，长方形，长1.3、宽0.6米。棺灰内见1副骨架，保存较差。可辨葬式为侧身屈肢，头向西，上肢交于胸前，下肢交叠于腹前，双膝向南弯曲。

2. 随葬器物

墓道、墓室内未见随葬器物。

M167

1. 墓葬形制

位于发掘区中部东北，南邻M170，东北临M193。方向255°，由竖穴墓道和土洞墓室两部分组成，东西向，墓道在西，墓室居东。该墓道打破M171（图二〇二）。

墓道　平面呈长方形，竖穴土坑，口大底小，口长3.84、残宽2.4、开口距地表1.4、距墓道底2.6米。墓道底长3.2、残宽2.6米。南壁收分0.12米，西壁收分0.4米。

封门　墓室口未见封门痕迹。

墓室　位于墓道东壁，拱顶土洞。平面呈长方形，进深1.7、宽1、残高1米。墓室口坍塌高2米。墓室南壁中部出土陶罐1件。

葬具葬式　葬具不详。墓室内见1副零乱骨架，可辨头向西。

2. 随葬器物

陶罐　1件。标本M167：1，泥质灰陶，修复完整。尖唇斜沿，直口束颈，斜肩鼓腹，上腹圆折，下腹斜内收。平底。肩部见数道暗弦纹，下腹饰绳纹带。通高31.5、口径9.1、腹径35.2、底径16.6厘米（图二〇三）。

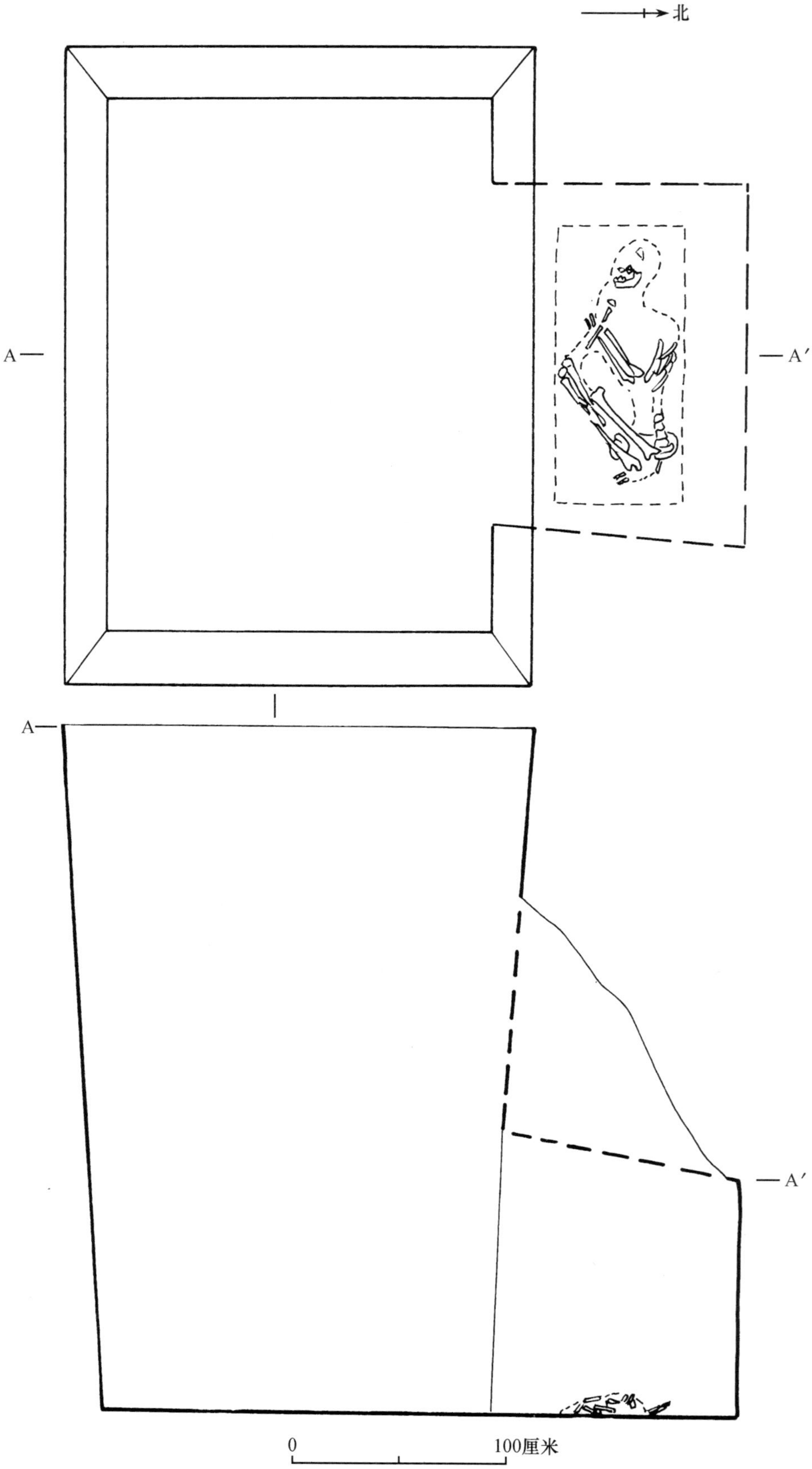

图二〇一　M165平、剖面图

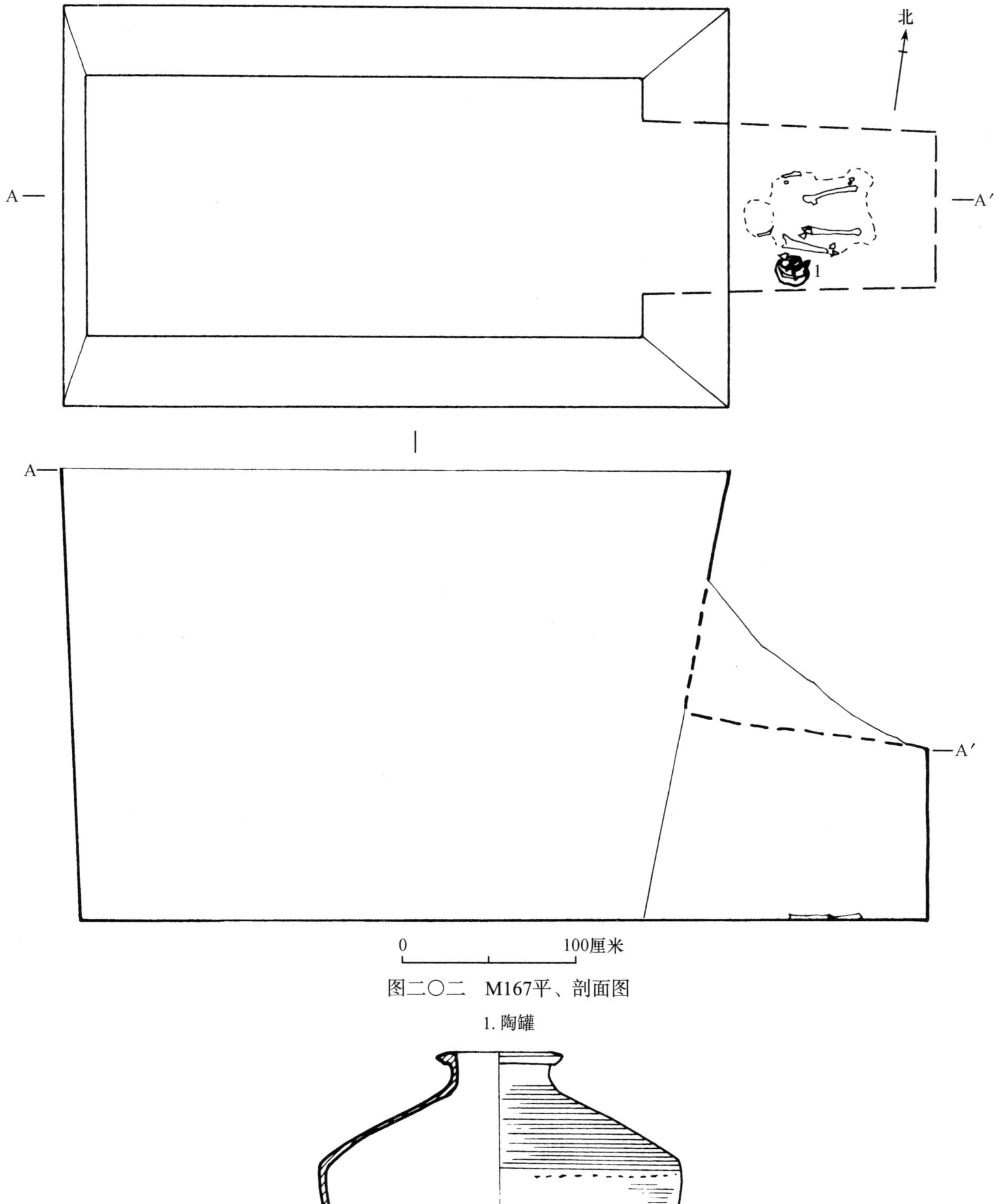

图二〇二　M167平、剖面图

1. 陶罐

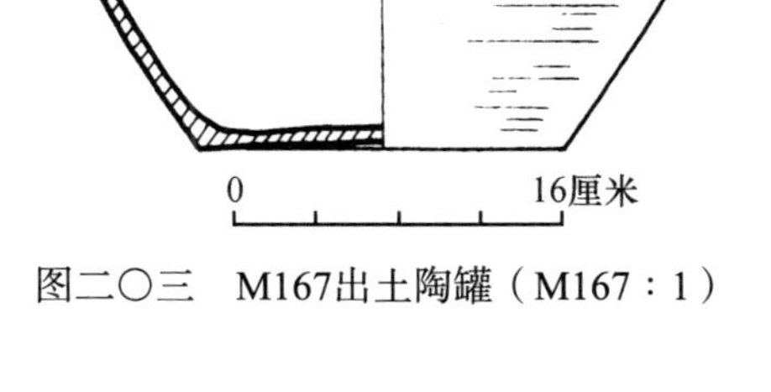

图二〇三　M167出土陶罐（M167：1）

M168

1. 墓葬形制

位于发掘区东部，西邻M237。方向175°。由竖穴墓道和土洞墓室两部分组成，南北向，墓道在南，墓室居北（图二〇四）。

墓道　平面呈长方形，竖穴土坑，口大底小，口长4.1、宽2.7、开口距地表1.3、距墓道底4.6米。墓道底长3.5、宽2.1米。

封门　墓室口见有封门痕迹。

墓室　位于北壁，拱顶土洞。平面呈长方形，进深1.4、宽2米，残高1.1米。墓室东北角有一方形小龛，进深0.3、宽0.4、高0.5米，内置陶釜一件。墓室口坍塌。

葬具葬式　葬具、葬式不详。

2. 随葬器物

共4件，陶釜1件，铜带钩1件，铁斧1件，石夯1件。

陶釜　1件。标本M168：4，夹砂灰陶，基本完整。方唇，侈口，束颈，溜肩较凸，鼓腹，尖圜底。上腹饰竖绳纹带，下腹、底饰斜绳纹。通高11.6、口径12.6、腹径17.4厘米（图二〇五，4）。

铜带钩　1件。标本M168：3，表面轻微锈蚀。钩首似鸭头，长颈"S"形，腹尾稍宽，背弯曲，纽柱短粗，扁圆形扣纽。钩腹见一道凸脊。通长5.2、腹宽0.9、纽高0.8、纽径1.5厘米（图二〇五，2）。

铁斧　1件。标本M168：2，表面锈蚀严重。上窄下宽，上半部竖直，下半部略呈梯形，刃部较宽。上部侧面有銎孔。通高14.3、上宽6、下宽11.4、銎孔长5、宽1.2厘米（图二〇五，1）。

石夯　1件。标本M168：1，通体近似圆柱形，两端较平。上部略粗，顶有一孔。表面朽蚀严重。高20.3、径13.4、孔径5.2、孔深5.4厘米（图二〇五，3）。

M169

1. 墓葬形制

位于发掘区中部，北邻M194，东邻M164。方向210°，由竖穴墓道和土洞墓室两部分组成，南北向，墓道在南，墓室居北（图二〇六；图版一五，1）。

墓道　平面呈长方形，竖穴土坑，口底同大，东西长2.2、宽1.3、开口距地表1.28、距墓道底1.6米。墓道四壁垂直于墓底。

封门　墓室口部未见封门痕迹。

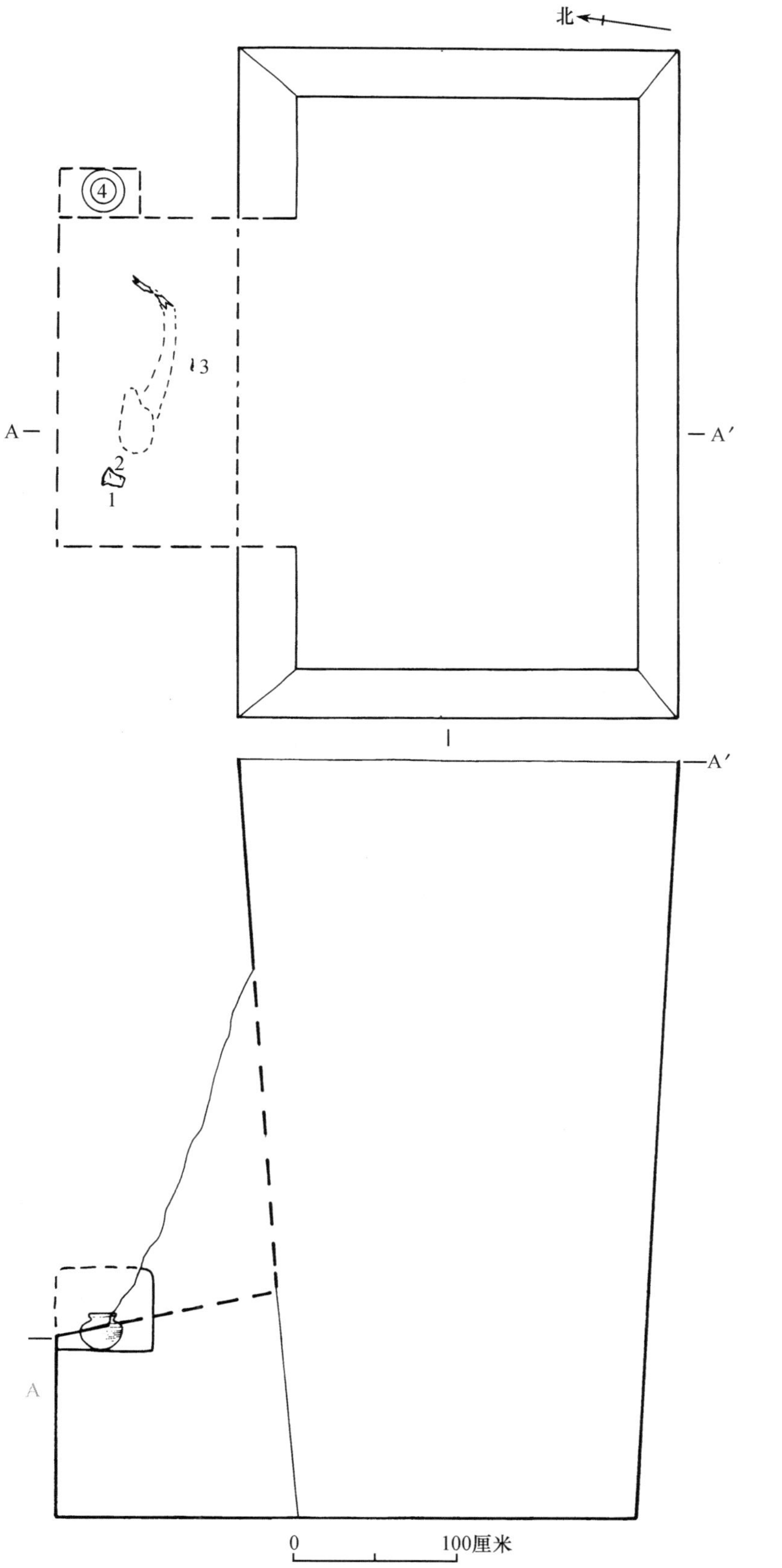

图二〇四　M168平、剖面图
1. 石夯　2. 铁斧　3. 铜带钩　4. 陶釜

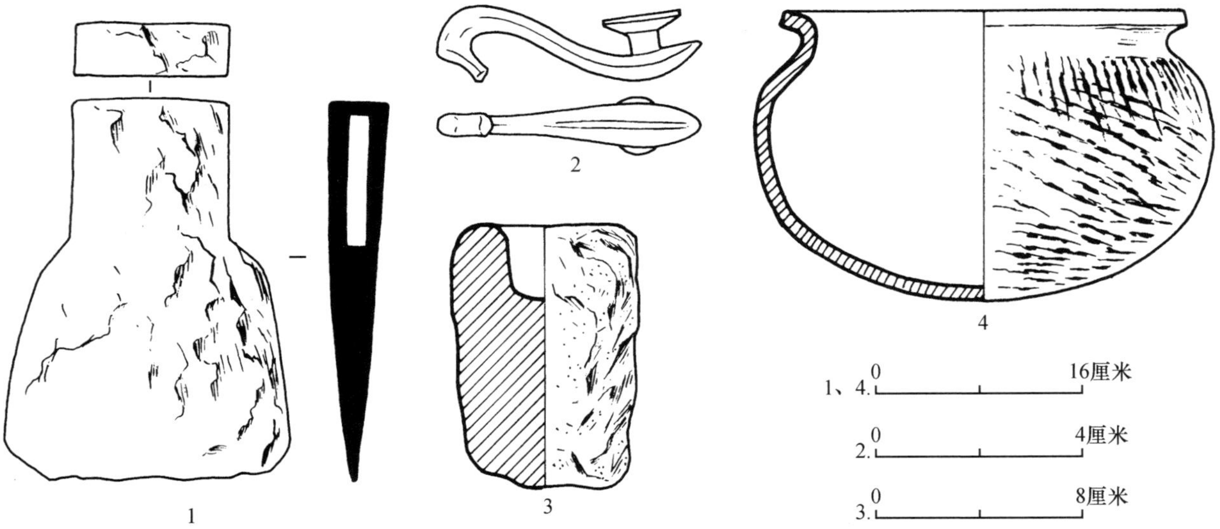

图二〇五　M168出土器物

1. 铁斧（M168：2）　2. 铜带钩（M168：3）　3. 石夯（M168：1）　4. 陶釜（M168：4）

墓室　位于墓道北壁，拱顶土洞。平面呈梯形，北长1.8、南长1.6、进深0.8、残高0.9米。墓室口部坍塌。

葬具葬式　葬具不详。骨架零乱，发现铜带钩1件、煤精石1件。

2. 随葬器物

共2件，铜带钩1件，煤精石1件。

铜带钩　1件。标本M169：1，表面轻微锈蚀。钩首兽头形，细长颈，腹较宽，圆弧状尾，钩背较平，纽近尾部，扁圆形扣纽较大，从腹部视之，为鸟之双翼，纽柱短粗。腹部饰有左右对称半圆形纹饰。通长4.65、腹宽1.2、纽高0.9、纽径1.3厘米（图二〇七，1）。

煤精石　1件。标本M169：2，残。八棱柱状，通体黑色。残长2.7、径长0.6厘米（图二〇七，2）。

M170

1. 墓葬形制

位于发掘区中部偏东，北邻M167，南邻M179。方向170°，由竖穴墓道和土洞墓室组成，南北向，墓道在南，墓室在北（图二〇八）。

墓道　平面呈不规则形，竖穴土坑，口大底小。东西长2.8、西宽1.9、东宽2、开口距地表1.6、距墓道底3.7米。墓道底亦不规则，东西长2.2～2.4、南北宽1.5米。西壁收分为0.2米，北壁收分为0.2～0.1米，东壁收分为0.4～0.2米，南壁收分为0.4～0.2米。

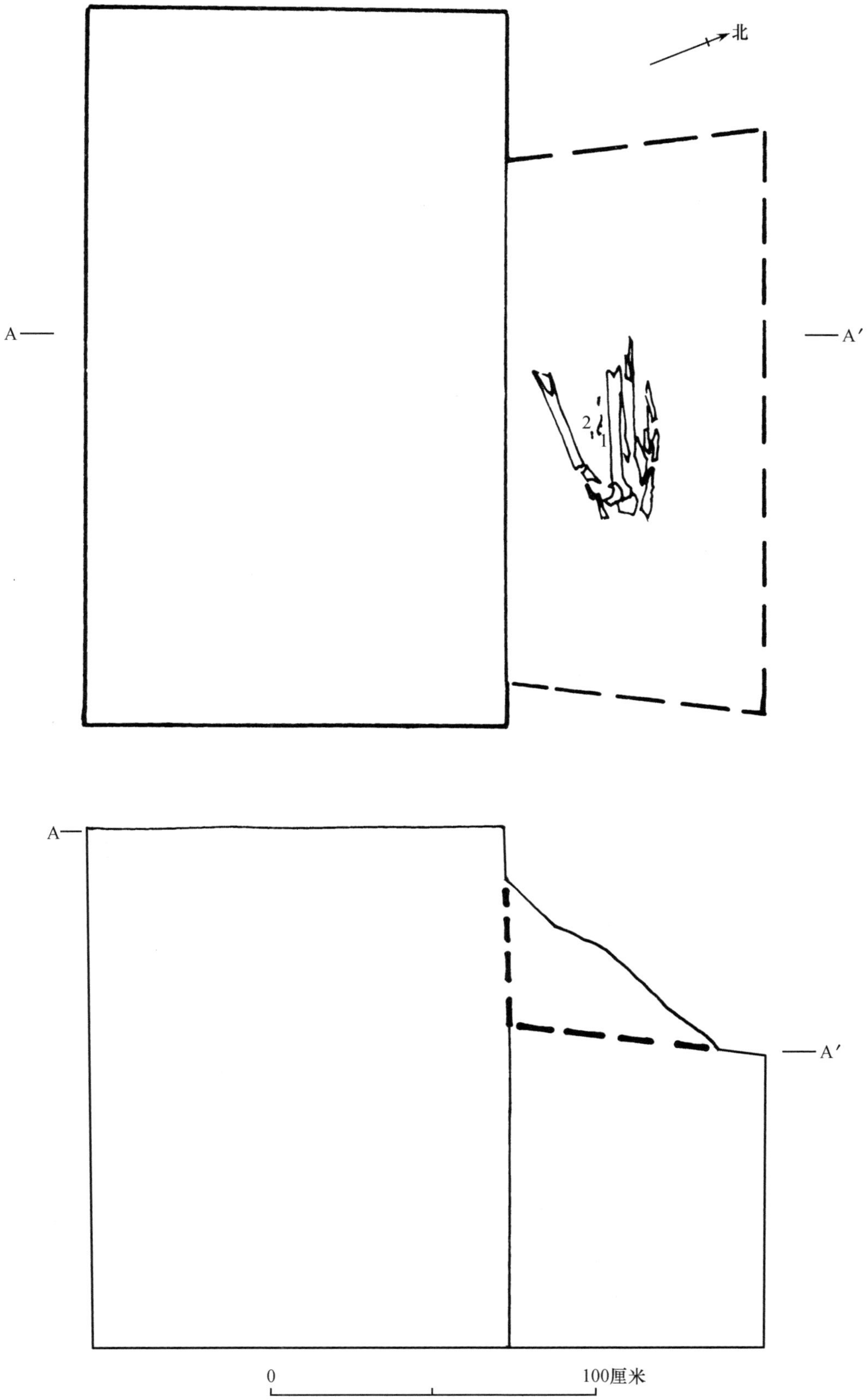

图二〇六　M169平、剖面图
1. 铜带钩　2. 煤精石

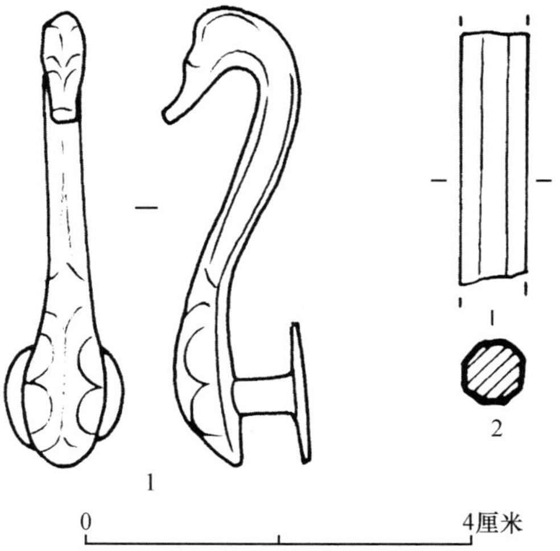

图二〇七　M169出土器物

1. 铜带钩（M169：1）　2. 煤精石（M169：2）

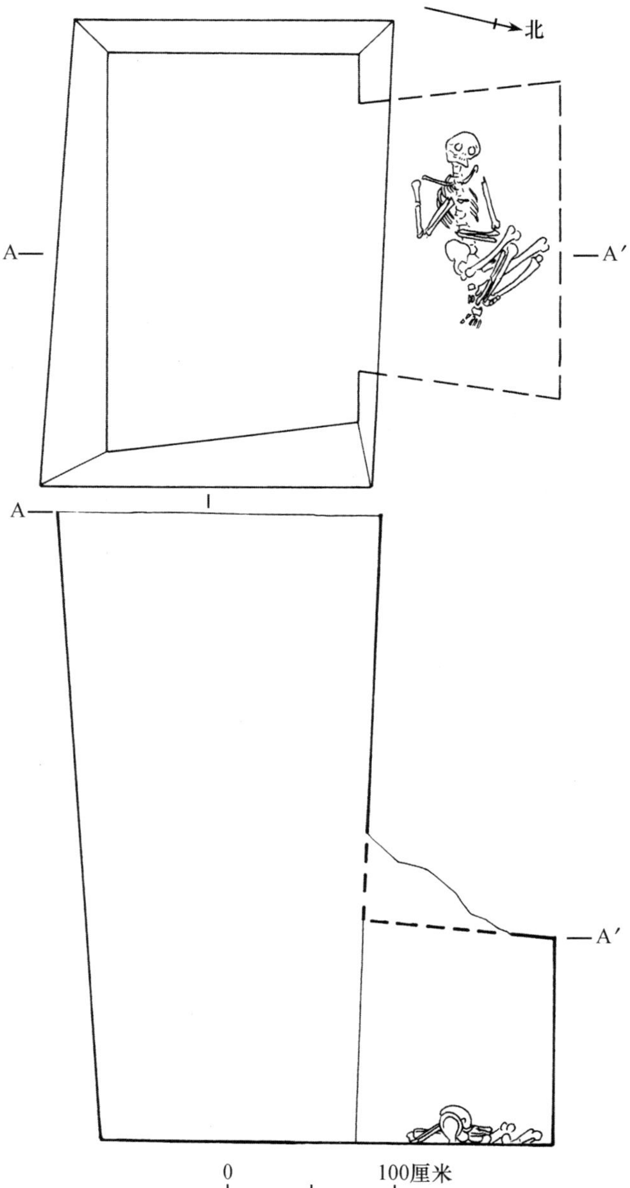

图二〇八　M170平、剖面图

封门　墓室口未见封门痕迹。

墓室　位于墓道北壁，拱顶土洞，南窄北宽平面呈梯形，墓室南壁长1.6米，北壁长1.9米，进深1米。

葬具葬式　葬具不详。墓室内见1副骨架，保存较好，仰身屈肢，头西面上，右上肢屈于胸前，左上肢折于腹部。下肢交叠双膝向北弯曲。

2. 随葬器物

墓道、墓室内未见有随葬器物。

M171

1. 墓葬形制

位于发掘区中部，南邻M170，东邻M193。方向265°，由竖穴墓道和土洞墓室两部分组成，东西向，墓道在西，墓室居东。该墓被M167打破。南半部分被晚期破坏（图二〇九）。

墓道　平面呈长方形，竖穴土坑，口大底小，残长2.3、宽2、开口距地表1.4、距墓道底2.7米。墓道底残长27、残宽20米。北壁收分0.15米，西壁收分0.15米。

封门　墓室口未见封门痕迹。

墓室　位于墓道东壁，拱顶土洞。平面呈长方形，进深1.7、宽2.1、高1.3米。

葬具葬式　葬具、葬式不详。墓室内见零乱残缺骨架。骨架南发现陶器残片。

2. 随葬器物

陶罐　1件。标本M171：1，泥质灰陶，残。尖唇斜沿，侈口束颈，斜广肩，鼓腹，上腹圆折，下腹斜内收，平底。肩部见波折锯齿纹、暗弦纹，腹部饰绳纹。肩部有戳印，模糊不清，可辨“亭□□”。通高31.5、口径8.8、腹径34.8、底径16.7厘米（图二一〇）。

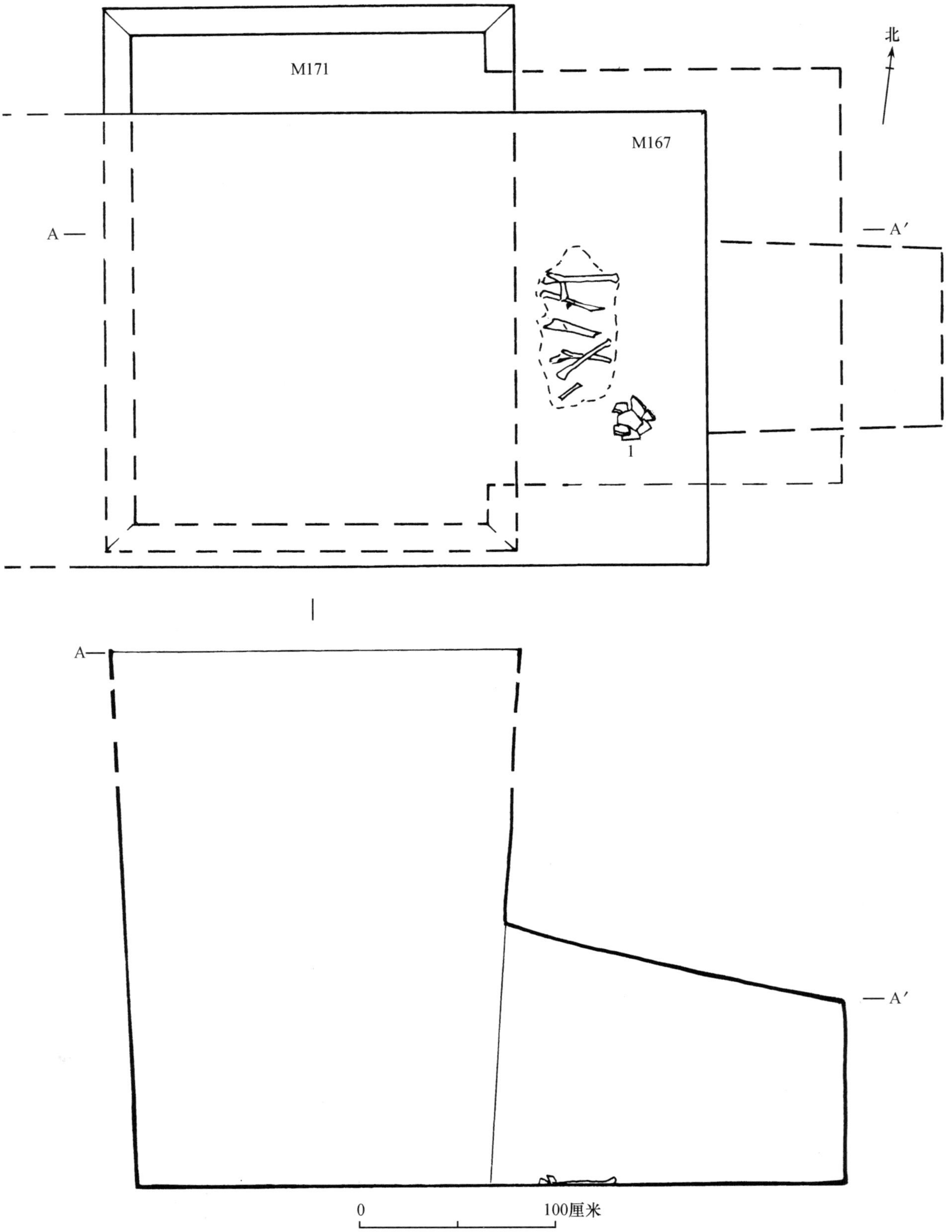

图二〇九　M171平、剖面图
1. 陶罐

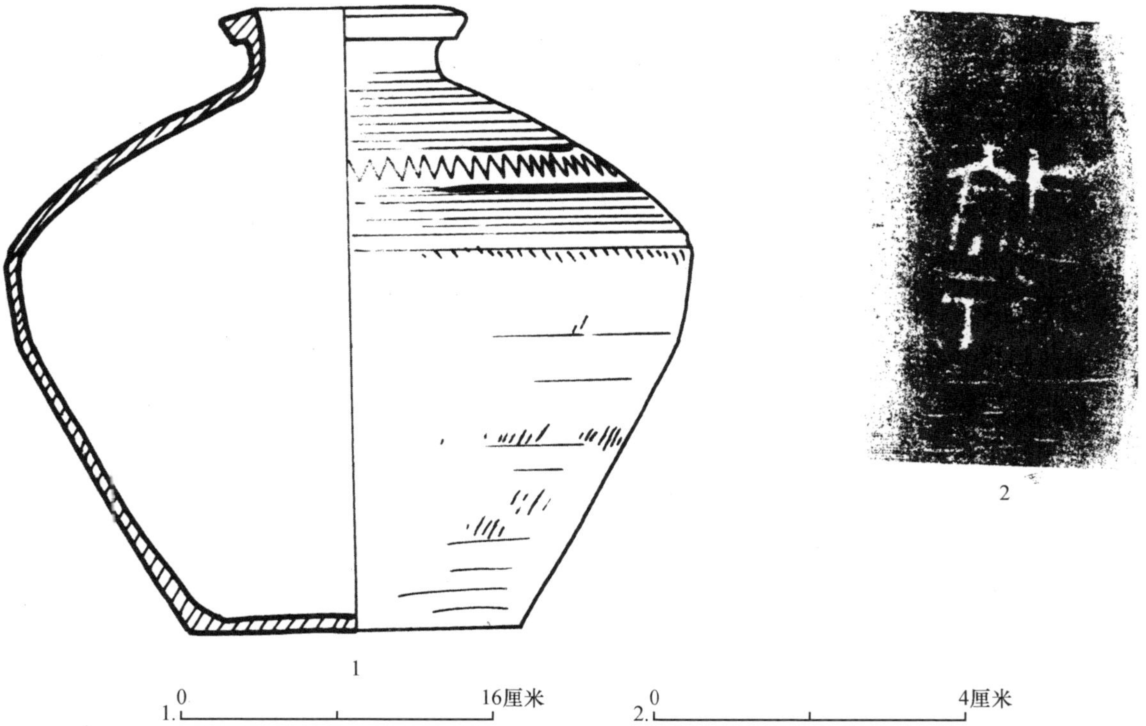

图二一〇　M171出土器物及戳印纹拓片

1. 陶罐（M171：1）　2. 陶罐戳印纹拓片（M171：1）

M172

1. 墓葬形制

位于发掘区中部偏东，西邻M177，南邻M210。方向180°，由竖穴墓道和土洞墓室两部分组成，南北向，墓道在南，墓室居北（图二一一）。

墓道　竖穴土坑，口大底小。平面呈长方形，南北长3.5、宽2.6、开口距地表1.6、距墓道底1.8米。墓道底南北长2.8、宽2米。南北两壁收分0.35米，东西两壁收分0.3米。墓道东半部打破M156墓道。

封门　墓室口未见封门痕迹。

墓室　位于墓道北壁，拱顶土洞。平面呈长方形，进深3、宽1.1、残高1米。墓室口坍塌。

葬具葬式　葬具不详。仅存骨架痕迹，推测为直肢葬。骨痕旁出土铜带钩1件。墓室口部靠西壁处见陶缶1件。

2. 随葬器物

共2件，陶缶1件，铜带钩1件。

陶缶　1件。标本M172：2，泥质灰陶，修复完整。尖唇平沿，侈口束颈，斜肩，上腹较扁，下腹斜内收，平底。通高34、腹径40、口径13.6、底径18.4厘米（图二一二，1）。

铜带钩　1件。标本M172：1，表面轻微锈蚀。钩首扁平，颈“S”形，腹、尾长窄，钩背弯曲，纽近中部，扁圆形扣纽较大，纽柱短粗。通长6.7、腹宽0.8、纽高0.7、纽径1.5厘米（图二一二，2）。

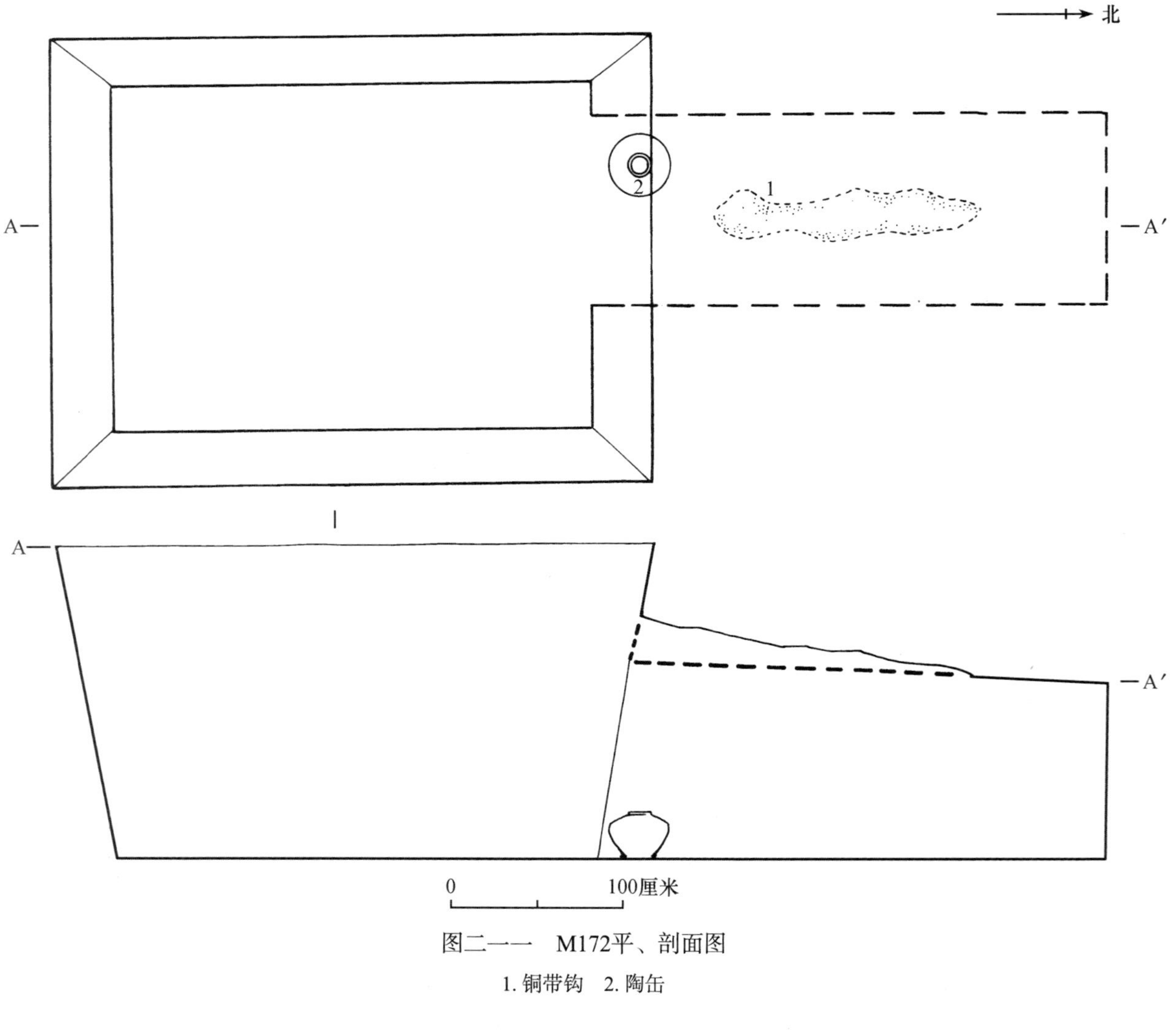

图二一一　M172平、剖面图

1. 铜带钩　2. 陶缶

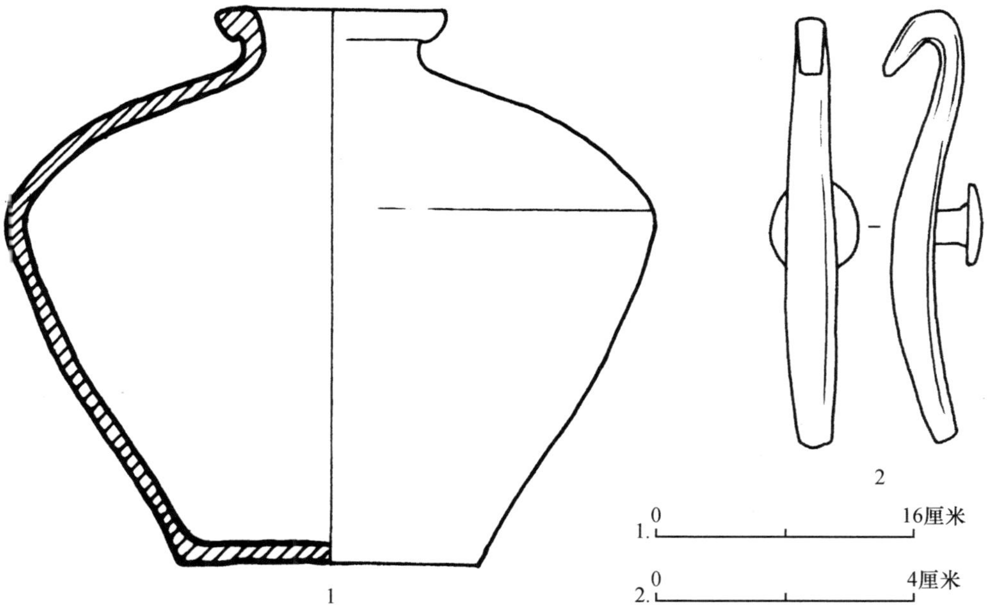

图二一二　M172出土器物

1. 陶缶（M172：2）　2. 铜带钩（M172：1）

M173

1. 墓葬形制

位于发掘区中部偏东，南邻M190。方向170°，由竖穴墓道和土洞墓室两部分组成，南北向，墓道在南，墓室居北（图二一三）。

墓道　平面呈长方形，竖穴土坑，口大底小，东西长2.8、宽2、开口距地表1.4、距墓道底3.4米。墓道底长2、宽1.5米。东西两壁收分均为0.4米，南北壁收分0.25米。

封门　墓室口未见封门痕迹。

墓室　位于墓道北壁，拱顶土洞。平面呈长方形，进深1.2、宽1.4、高1.56米。墓室底高出墓道0.04米。

葬具葬式　葬具不详。墓室见1副骨架，保存较差，可辨葬式为屈肢，头向东。骨架腹部发现1件铜带钩，下肢附近发现1件铜环。

2. 随葬器物

共2件，铜带钩1件、铜环1件。

铜带钩　1件。标本M173：2，表面轻微锈蚀。体型较小。钩首残，长颈“S”形，腹部突变宽，半圆形尾。钩背较直，纽近尾部，扁圆形扣纽较小，纽柱短粗。通长5.9、腹宽2.1、纽高0.5、纽径1厘米（图二一四，1）。

铜环　1件。标本M173：1，表面轻微锈蚀。圆形，径较粗。直径2.8、环宽0.4、内径2厘米（图二一四，2）。

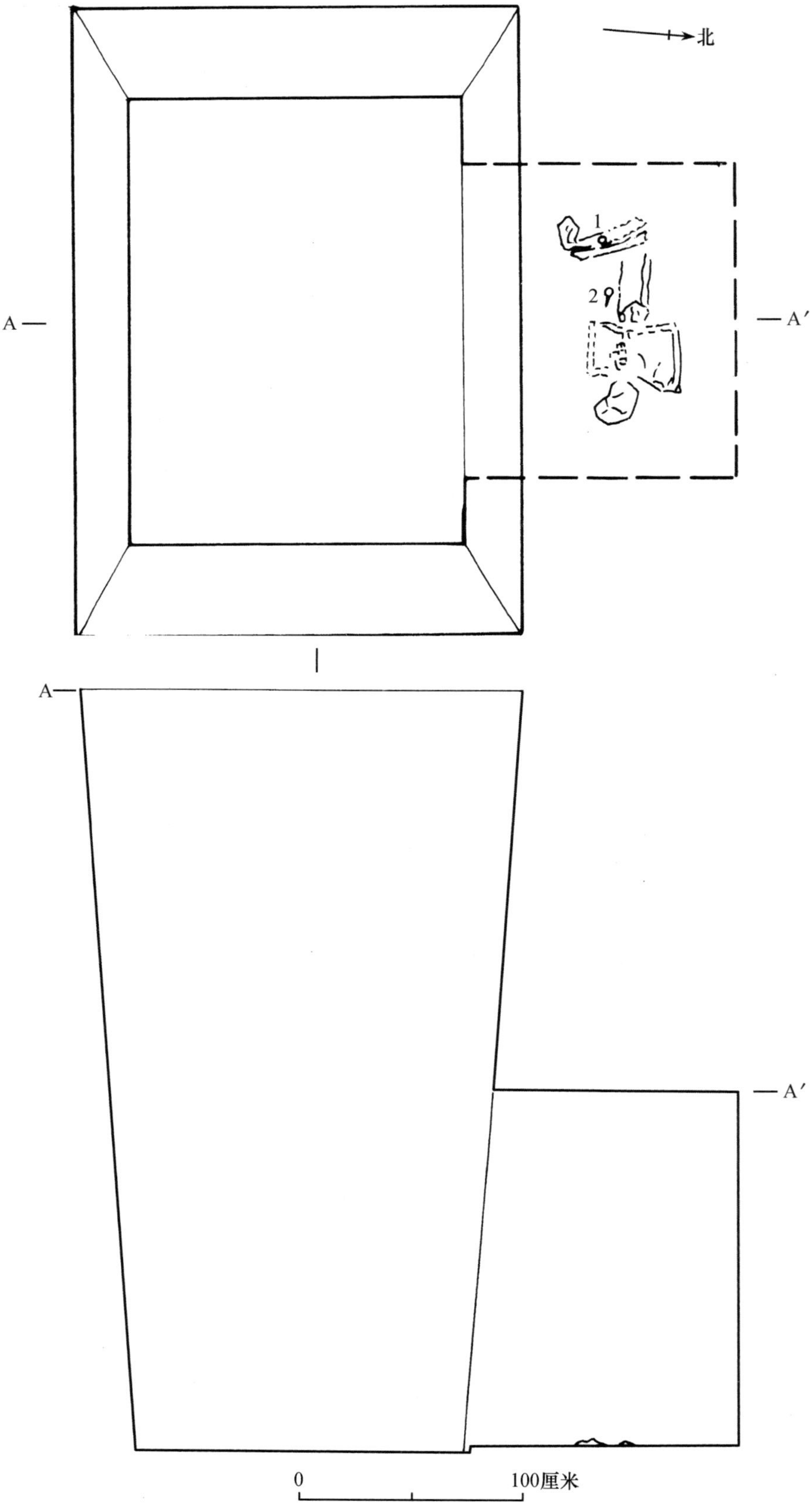

图二一三　M173平、剖面图

1. 铜环　2. 铜带钩

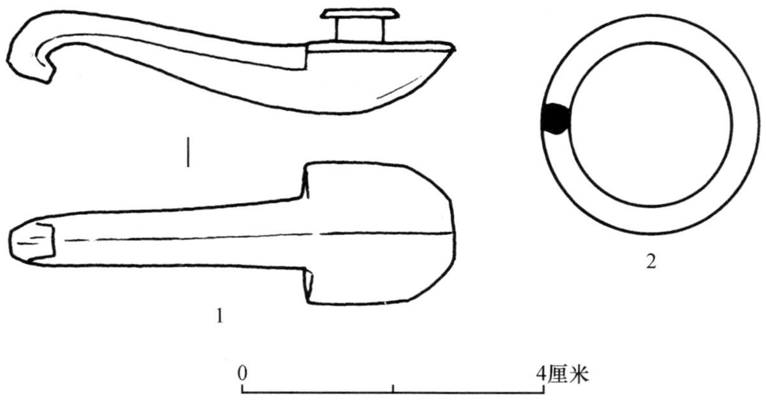

图二一四　M173出土器物

1. 铜带钩（M173：2）　2. 铜环（M173：1）

M174

1. 墓葬形制

位于发掘区中部偏东，北邻M179，西邻M164。方向180°，由竖穴墓道和土洞墓室两部分组成，南北向，墓道在南，墓室居北（图二一五）。

墓道　竖穴土坑，口大底小。平面长方形，东西长2、宽1.8、开口距地表1.4、距墓道底2米。墓道底长1 92、宽1.46米。东西两壁收分均为0.24米，南北壁收分0.17米。

封门　墓室口未见封门痕迹。

墓室　位于墓道北壁，拱顶土洞。平面呈长方形，进深1、东西长1.54、高1米。墓室底高出墓道0.2米。墓室口部坍塌。

葬具葬式　葬具不详。墓室内见1副骨架，保存较好，仰身屈肢，头向西，上肢交叠环抱于胸前，双膝向北弯曲。在骨架头部左侧发现1件铁带钩。

2. 随葬器物

铁带钩　1件。标本M174：1，表面锈蚀严重。颈弯曲，体细长，纽近中部，方形扣纽，纽柱短窄。通长14.7、腹宽0.9、纽高0.6、纽径1.3～0.7厘米（图二一六）。

M175

1. 墓葬形制

位于发掘区中部偏东，北邻M196。方向270°，由竖穴墓道和土洞墓室两部分组成，东西向，墓道在西，墓室居东（图二一七）。

墓道　竖穴土坑，口大底小。平面长方形，长3.1、宽2.4、开口距地表1.4、距墓道底2.4米。墓

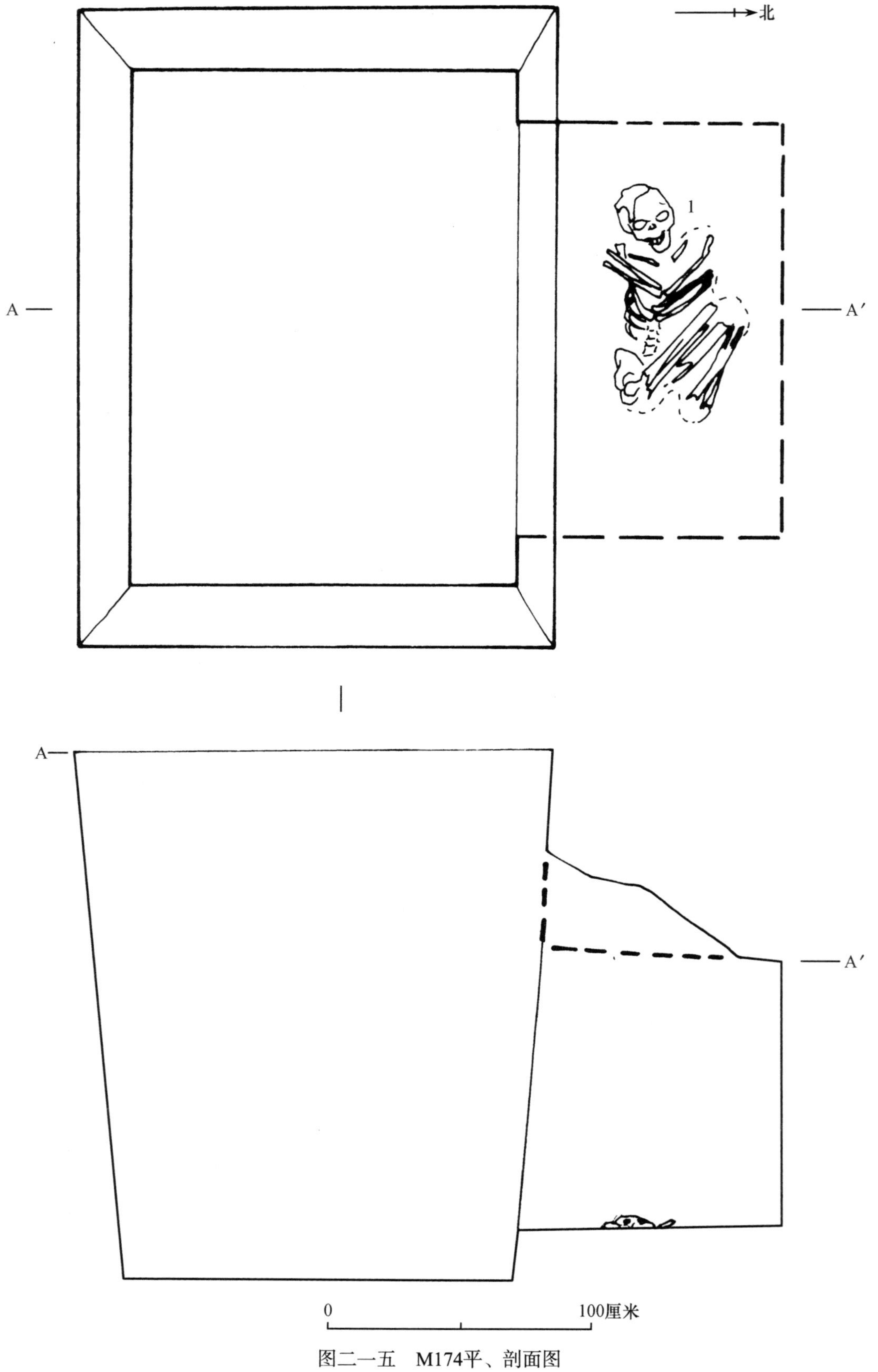

图二一五　M174平、剖面图
1. 铁带钩

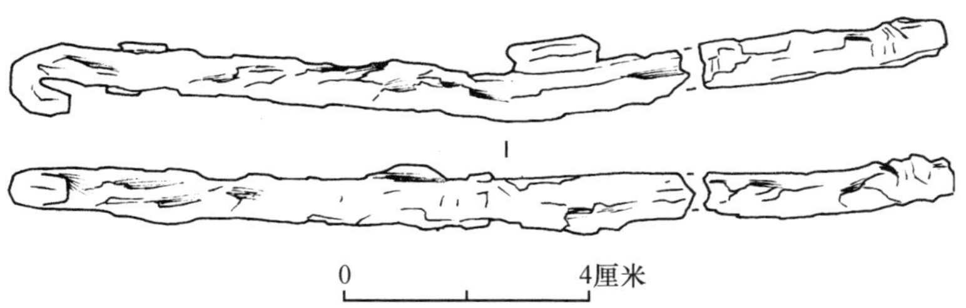

图二一六　M174出土铁带钩（M174：1）

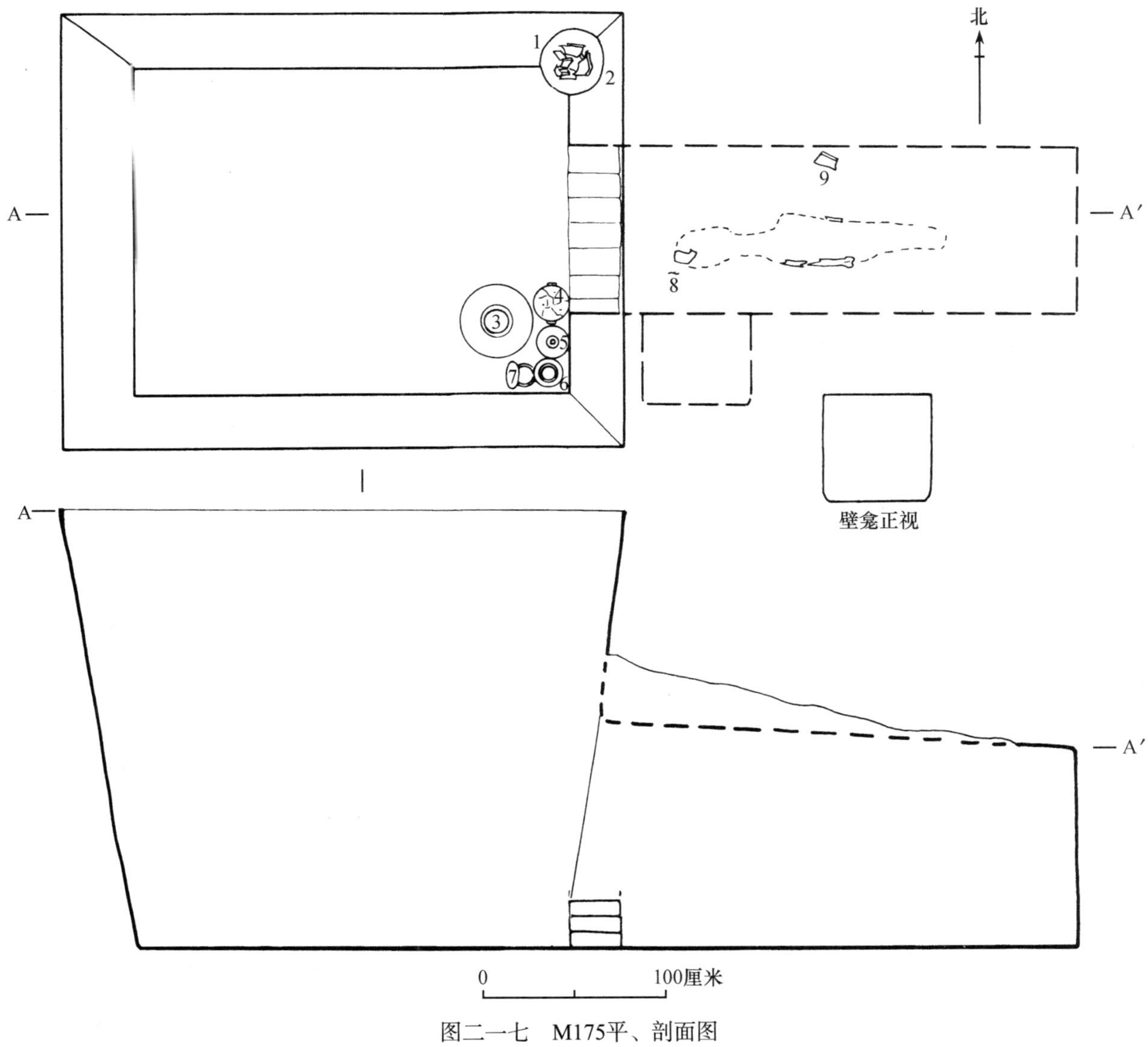

图二一七　M175平、剖面图

1、6. 陶罐　2. 陶盒盖　3. 陶罐　4. 陶鼎　5. 陶蒜头壶　7. 陶盒　8. 铜带钩　9. 铁锸道底长2.4、宽1.8米。北壁收分0.32米，西壁收分0.4米。墓道东南角发现随葬陶器。

封门　墓室口土坯封门，残存3层，长0.92、宽0.28、高0.26米。

墓室　位于墓道东壁，拱顶土洞。平面呈长方形，进深2.8、宽0.92、残高1.1米。墓室西南角有一方形小龛，进深0.54、宽0.6、高0.6米。墓室口坍塌。

葬具葬式　葬具不详。墓室内发现1副零乱骨架。推测仰身直肢，头向西。骨架头部和左手附近发现铜带钩与铁插。

2. 随葬器物

共9件，陶鼎1件、陶盒1件、陶盒盖1件、陶蒜头壶1件、陶罐3件（图版二五，2），铜带钩1件，铁插1件。

陶鼎　1件。标本M175：4，泥质灰陶，盖缺失。器身方唇，子母敛口，上腹内凹，下腹圆收，圜底。两方形附耳外撇，蹄形足较低。腹部见一圈凸棱。腹内底戳印有“咸亭完里□器”。通高15.5、口径12.1、腹径17.3、腹深9.7、足高5.1厘米（图二一八，7；图二一九，6；图版三〇，2）。

陶盒　1件。标本M175：7，泥质灰陶，修复完整。盖方唇弧腹，圈足形捉手。器身方唇，子母敛口，上腹较直，下腹斜内收，平底，饼足。盖顶见同心暗弦纹，腹部饰一道凸棱。盖内和腹内底戳印“咸亭完里□器”。通高13.7、口径12.8、腹径16.2、腹深8.8、足高0.6厘米（图二一八，6；图二一九，2、4）。

陶盒盖　1件。标本M175：2，泥质灰陶。方唇弧腹，圈足形捉手。盖顶见同心暗弦纹。盖内戳印“咸亭完里□器”。通高7、口径12.8厘米（图二一八，8；图二一九，3）。

陶蒜头壶　1件。标本M175：5，泥质灰陶，基本完整。口部蒜头型，粗颈，溜肩鼓腹，上腹较直，下腹斜收，平底。颈、肩、腹部见数道暗弦纹和波折锯齿纹。下腹底部戳印“咸亭完里臼器”。通高20.3、口径2.8、腹径16.7、底径8厘米（图二一八，5；图二一九，7）。

陶罐　3件。泥质灰陶，基本完整。标本M175：1，双唇大直口，短颈，斜肩鼓腹，上腹较直，下腹内收，平底。腹部饰两道锥刺纹，下腹可见绳纹。通高24.7、口径16.9、腹径33.8、底径15.9厘米（图二一八，1）。标本M175：3，尖唇平沿，直口束颈，广肩鼓腹，上腹较直，下腹内收，平底。口沿、颈、肩部见暗弦纹和波折锯齿纹；肩部刻画“昌”字，字体以红色颜料填充；下腹底部戳印有“咸亭□里□器”。通高33.1、口径9、腹径38.3、底径18.7厘米（图二一八，3；图二一九，1、5）。标本M175：6，方唇侈口，短颈，圆肩、圆腹，下腹斜内收，平底。肩部见暗弦纹，腹部见竖绳纹和数道凹弦纹。通体漆黑有光泽。通高25.3、口径8.4、腹径25.9、底径12.6厘米（图二一八，4）。

铜带钩　1件。标本M175：8，表面轻微锈蚀。体型较小。上为兽头形，口中衔一钩。直背，圆形扣纽较大，纽柱细短。通长3.3、腹宽2、纽高0.6、纽径1.6厘米（图二一八，9）。

铁锸　1件。标本M175：9，锈蚀严重，顶部稍残。体宽扁，中空，銎孔窄长。平刃。銎孔中见残留木质。上宽14、下宽14.5、高7.8、銎孔长12.5、宽0.9厘米（图二一八，2）。

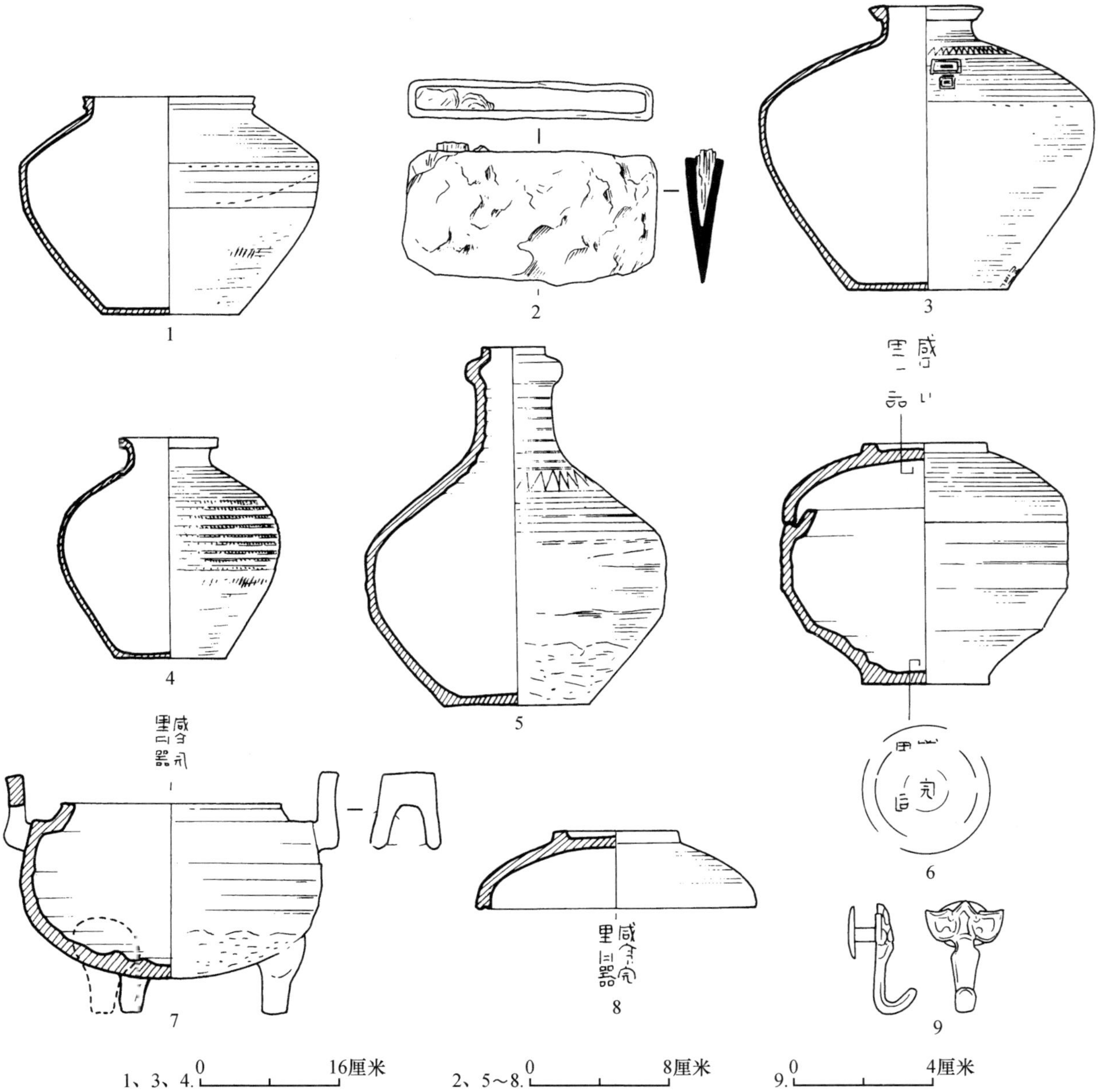

图二一八　M175出土器物

1、3、4. 陶罐（M175：1、M175：3、M175：6）　2. 铁锸（M175：9）　5. 陶蒜头壶（M175：5）　6. 陶盒（M175：7）　7. 陶鼎（M175：4）　8. 陶盒盖（M175：2）　9. 铜带钩（M175：8）

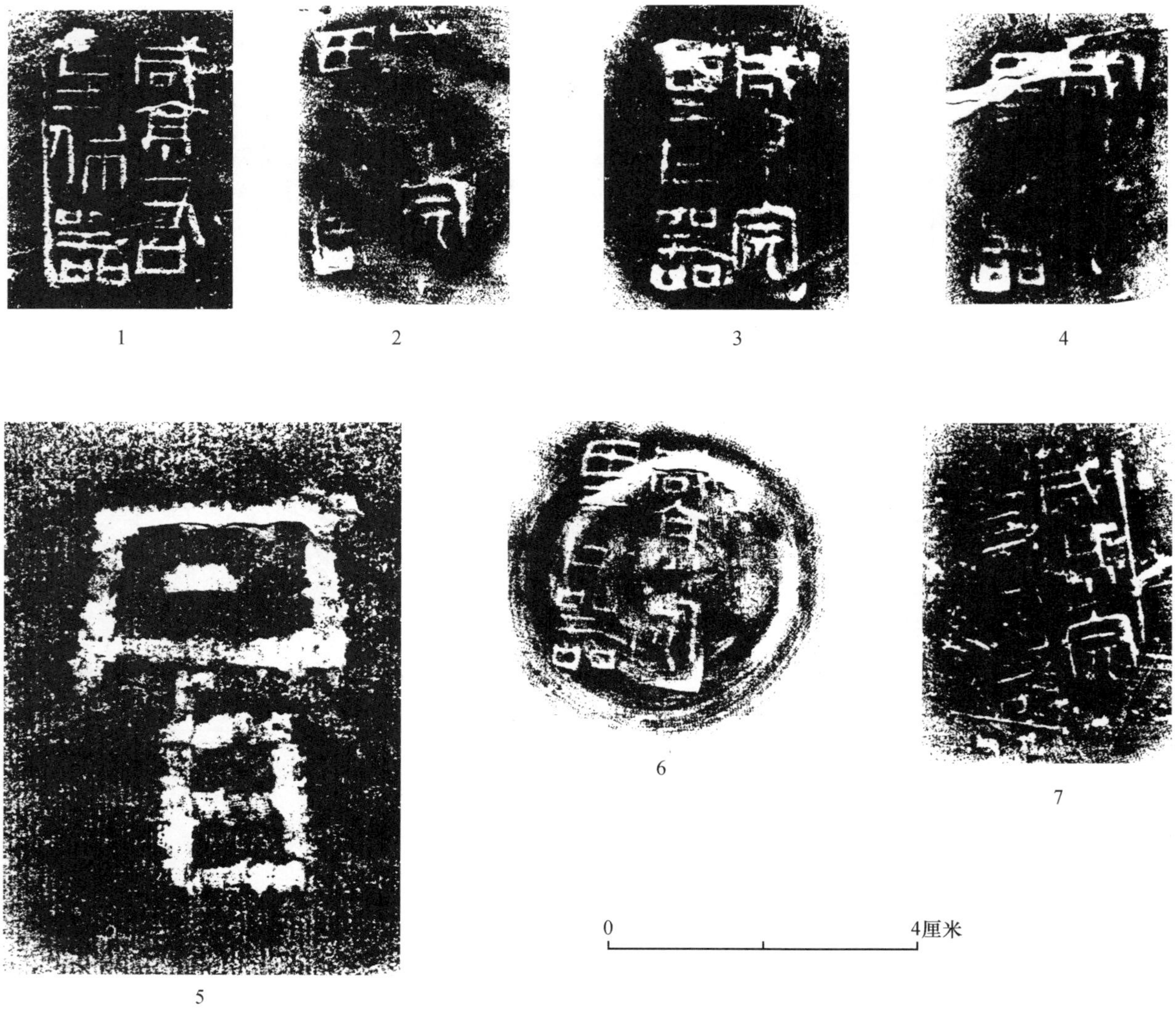

图二一九　M175出土器物文字拓片
1、5. 陶罐拓片（M175：3-2、M175：3-1）　2、4. 陶盒拓片（M175：7-2、M175：7-1）　3. 陶盒盖拓片（M175：2）
6. 陶鼎拓片（M175：4）　7. 陶蒜头壶拓片（M175：5）

M176

1. 墓葬形制

位于发掘区中部偏东，西邻M165，南邻M181。方向180°，由竖穴墓道和土洞墓室组成，南北向，墓道在南，墓室居北（图二二〇；图版一五，2）。

墓道　平面长方形，竖穴土坑，口大底小，东西长3、宽2、开口距地表1.4、距墓道底2.6米。墓道底东西长2.6、宽1.6米。四壁收分均为0.2米。

封门　墓室口未见封门痕迹。

墓室　位于墓道北壁，拱顶土洞。平面呈长方形，东西长1.9、进深1.3、残高1.1米。墓室低于墓道0.16米。墓室口坍塌。

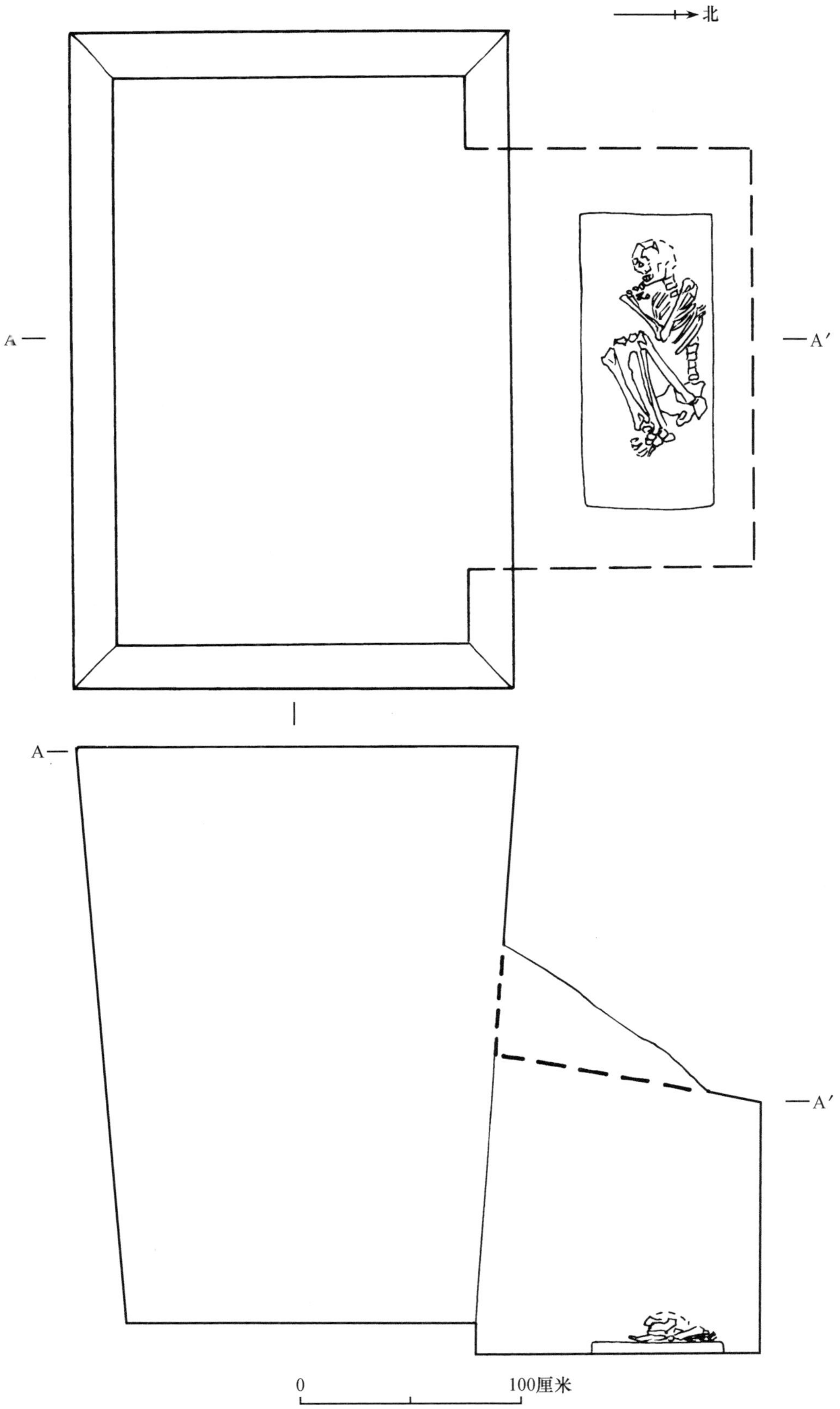

图二二〇　M176平、剖面图

葬具葬式　棺灰痕明显，长方形，长1.34、宽0.6、厚0.06米。内见1副骨架，保存较好，侧身屈肢，头西面南，上肢屈于胸前，下肢交叠双膝向南弯曲。

2. 随葬器物

墓道、墓室内未见有随葬器物。

M177

1. 墓葬形制

位于发掘区中部偏北，北邻M183，东邻M172。方向180°，由竖穴墓道和土洞墓室两部分组成，南北向，墓道在南，墓室居北（图二二一）。

墓道　平面呈长方形，竖穴土坑，口大底小，口长3、宽2.6、开口距地表1.7米，距墓底3.1米。墓底长2.36、宽1.4米。南北两壁收分0.31米，东西两壁收分0.6米。

封门　墓室口未见封门痕迹。

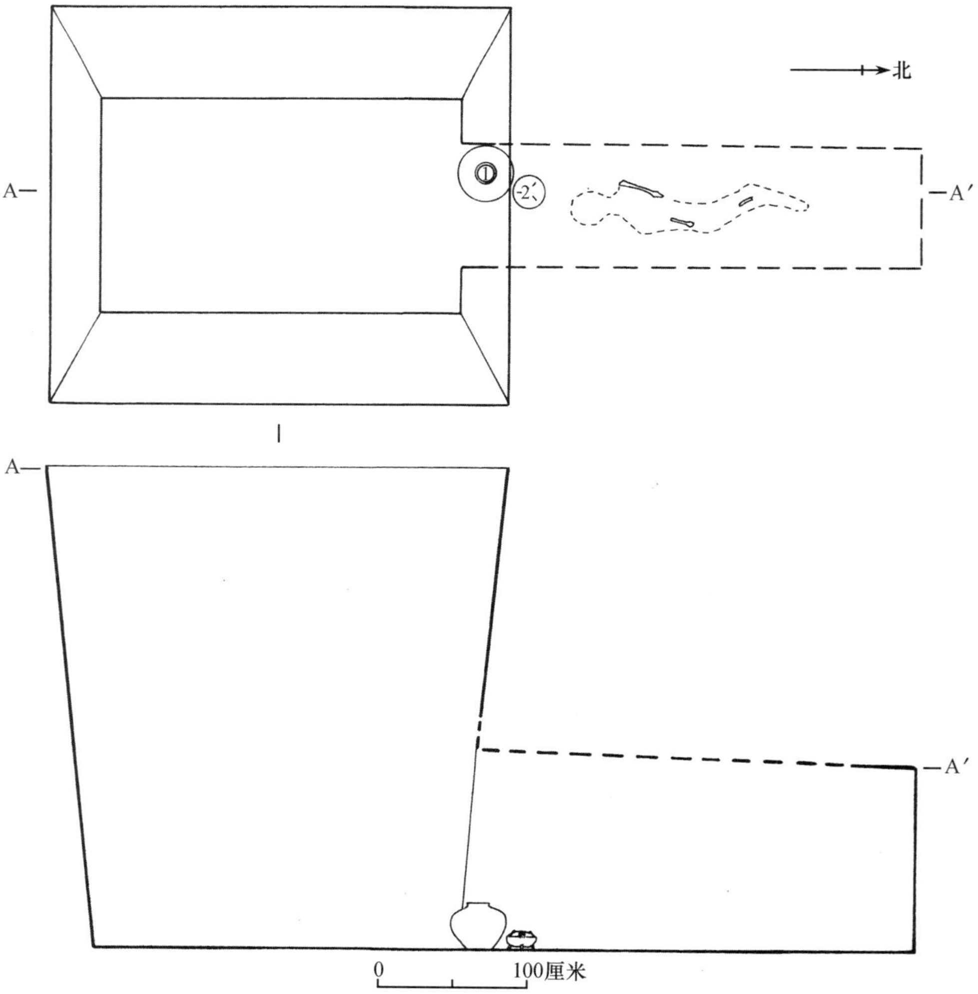

图二二一　M177平、剖面图

1. 陶罐　2. 陶鼎

墓室　位于墓道北壁，拱顶土洞。平面呈长方形，进深2.7、宽0.8、残高1.2米。墓室口发现2件随葬陶器。墓室口坍塌。

葬具葬式　葬具不详。墓室内1副骨架，保存较差。可辨葬式头向南。

2. 随葬器物

共2件，陶鼎、陶罐各1件。

陶鼎　1件。标本M177：2，泥质灰陶，基本完整。盖方唇，圆折腹，扁棱状盖纽。器身方唇，子母敛口，上腹较直，下腹圆收，圜底。两方形附耳外撇，蹄形足。盖顶见同心暗弦纹和波折锯齿纹，中腹饰有一道凸弦纹。通高15.6、口径13.6、腹径18、腹深8.1、足高5.5厘米（图二二二，1）。

陶罐　1件。标本M177：1，泥质灰陶，口沿残。尖唇平沿，侈口束颈，圆肩鼓腹，上腹较

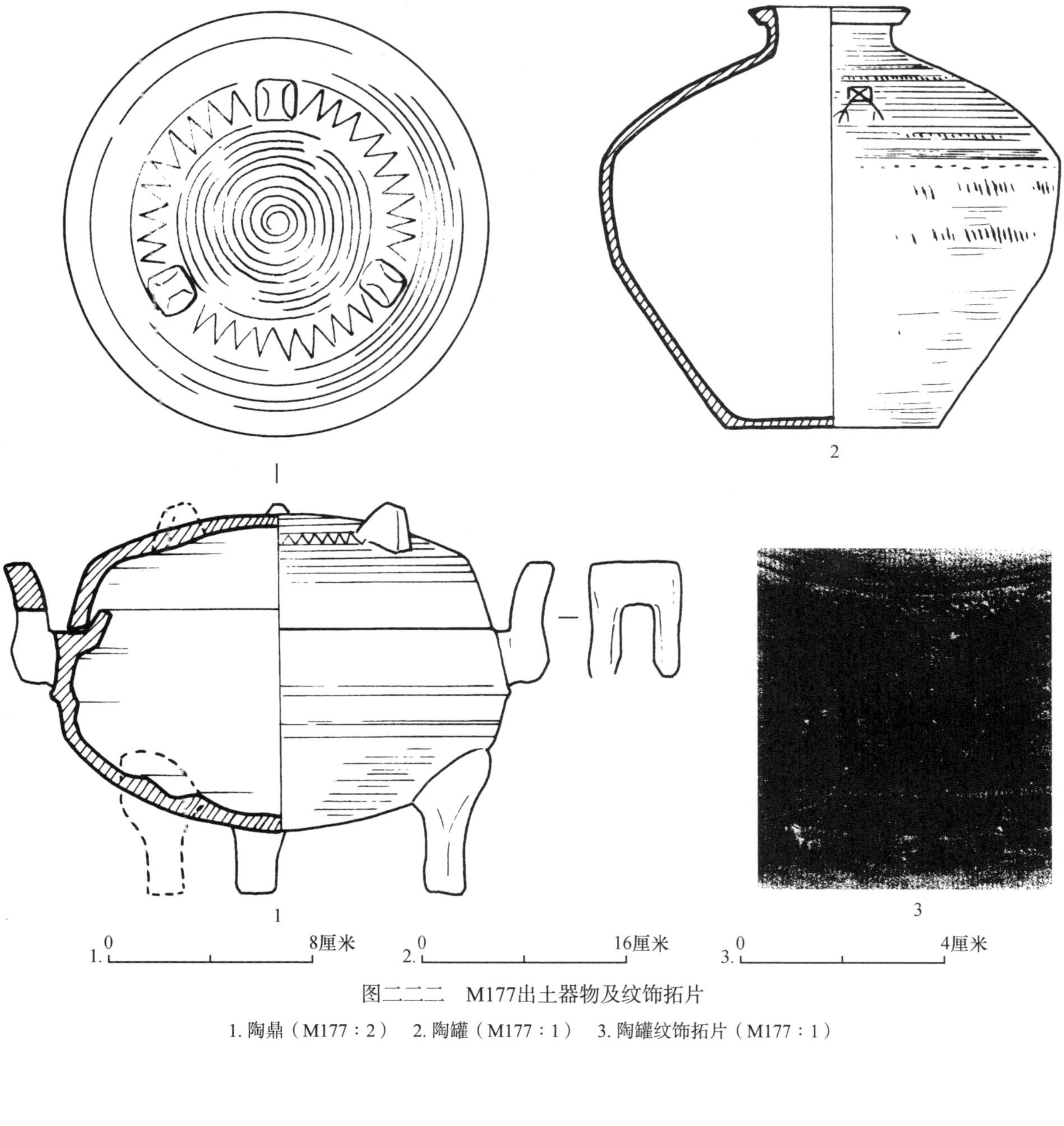

图二二二　M177出土器物及纹饰拓片

1. 陶鼎（M177：2）　2. 陶罐（M177：1）　3. 陶罐纹饰拓片（M177：1）

直，下腹斜内收，平底。肩、颈、腹见暗弦纹、竖绳纹。肩部刻画符号不可识。通高33.8、口径9.2、腹径35.6、底径17.2厘米（图二二二，2、3）。

M178

1. 墓葬形制

位于发掘区中部最东，东邻生产路。方向176°，由竖穴墓道和土洞墓室两部分组成，南北向，墓道在南，墓室居北。该墓墓道打破M192（图二二三）。

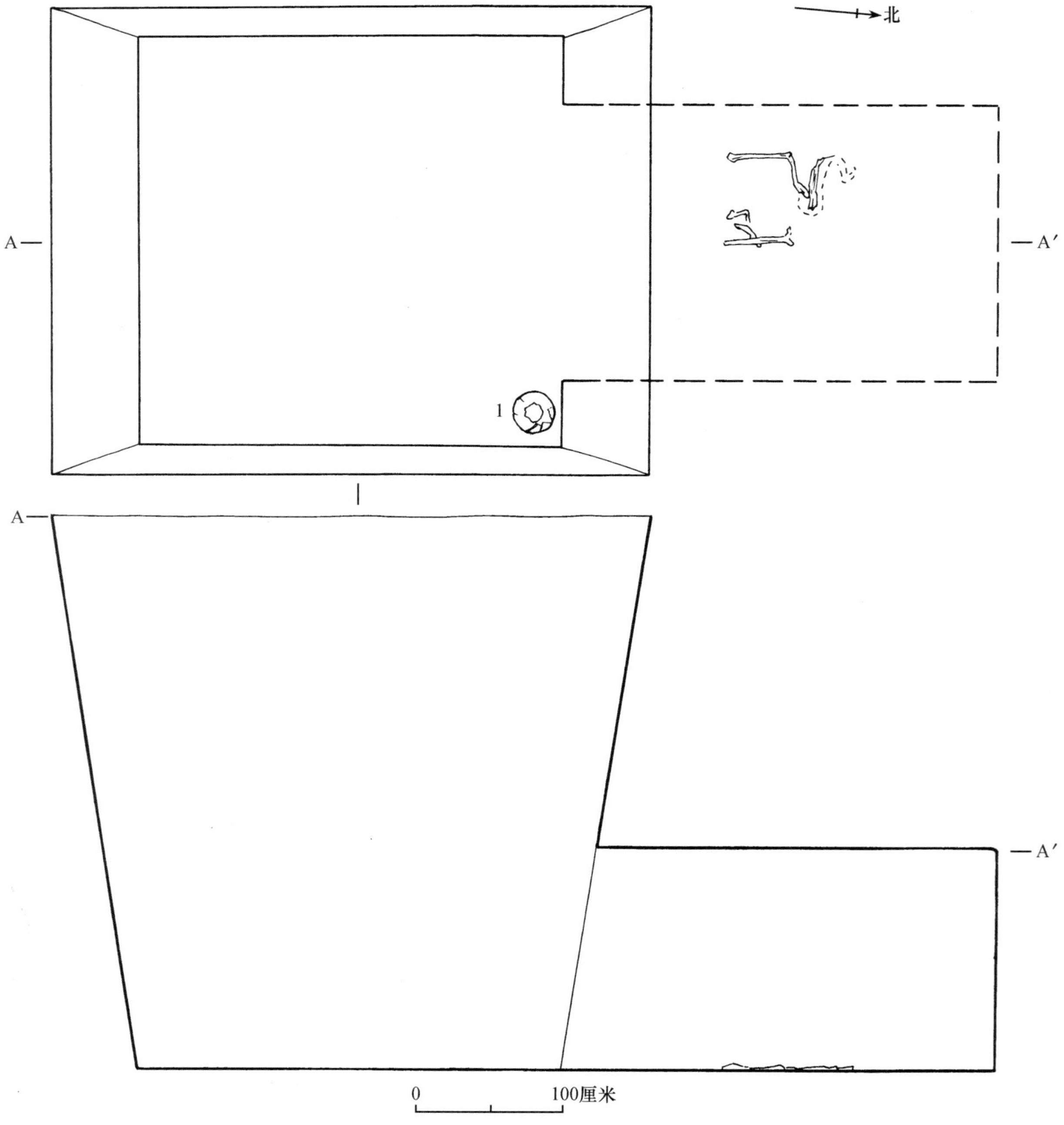

图二二三　M178平、剖面图

1. 陶罐

墓道 平面呈长方形，竖穴土坑，口大底小，口长4.1、宽3.2、开口距地表1.4、距墓道底3.74米。墓道底长2.9、宽2.8米。南北两壁收分0.6米，东西两壁收分0.2米。东南角出土陶罐1件。

封门 墓室口未见封门痕迹。

墓室 位于墓道北壁，拱顶土洞，平面呈长方形，进深3、宽1.9、高1.5米。

葬具葬式 葬具、葬式不详。

2. 随葬器物

陶罐 1件。标本M178：1，泥质灰陶，口、颈及腹部残。斜肩折腹，下腹内收，平底。肩部见数道暗弦纹。残高22、腹径27.8、底径13.5厘米（图二二四）。

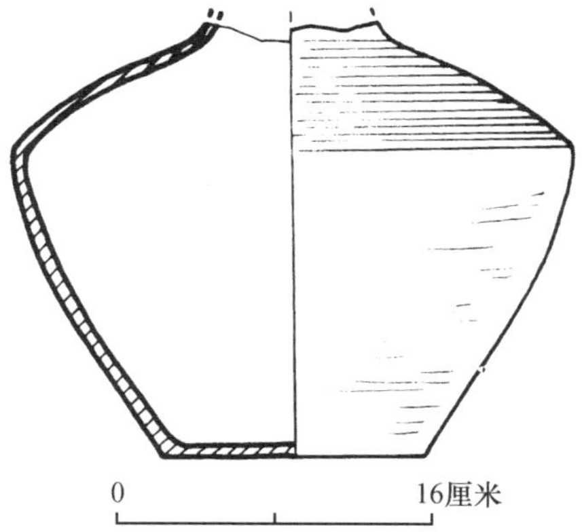

图二二四 M178出土陶罐（M178：1）

M179

1. 墓葬形制

位于发掘区中部偏东，北邻M170，南邻M174。方向175°，由竖穴墓道和土洞墓室两部分组成，南北向，墓道在南，墓室居北（图二二五）。

墓道 平面呈长方形，竖穴土坑，口大底小，东西长2.7、宽2.2、开口距地表1.4、距墓道底2.4米。墓道底长2.4、宽1.8米。南北两壁收分为0.2米，东西两壁收分为0.15米。

封门 墓室口未见封门痕迹。

墓室 位于墓道北壁，平顶土洞。平面呈长方形，进深1、宽2.4、高 1.6米。

葬具葬式 棺灰痕明显，平面长方形，长1.98、宽0.8米。棺灰内见1副骨架，保存较好，仰身屈肢，头西面上，上肢交于腹部，下肢似半跪状，双膝向南弯曲。

2. 随葬器物

墓道、墓室内未见随葬器物。

M181

1. 墓葬形制

位于发掘区中部，北邻M165，南邻M161。方向275°，由竖穴墓道和土洞墓室两部分组成，东西向，墓道在西，墓室居东（图二二六）。

墓道 平面呈长方形，竖穴土坑，口大底小，东西长2.85、宽2.07、开口距地表1.3、距墓道底2米。墓道底长2.16、宽1.5米。墓道南、北壁收分0.23米，东、西壁收分0.37米。

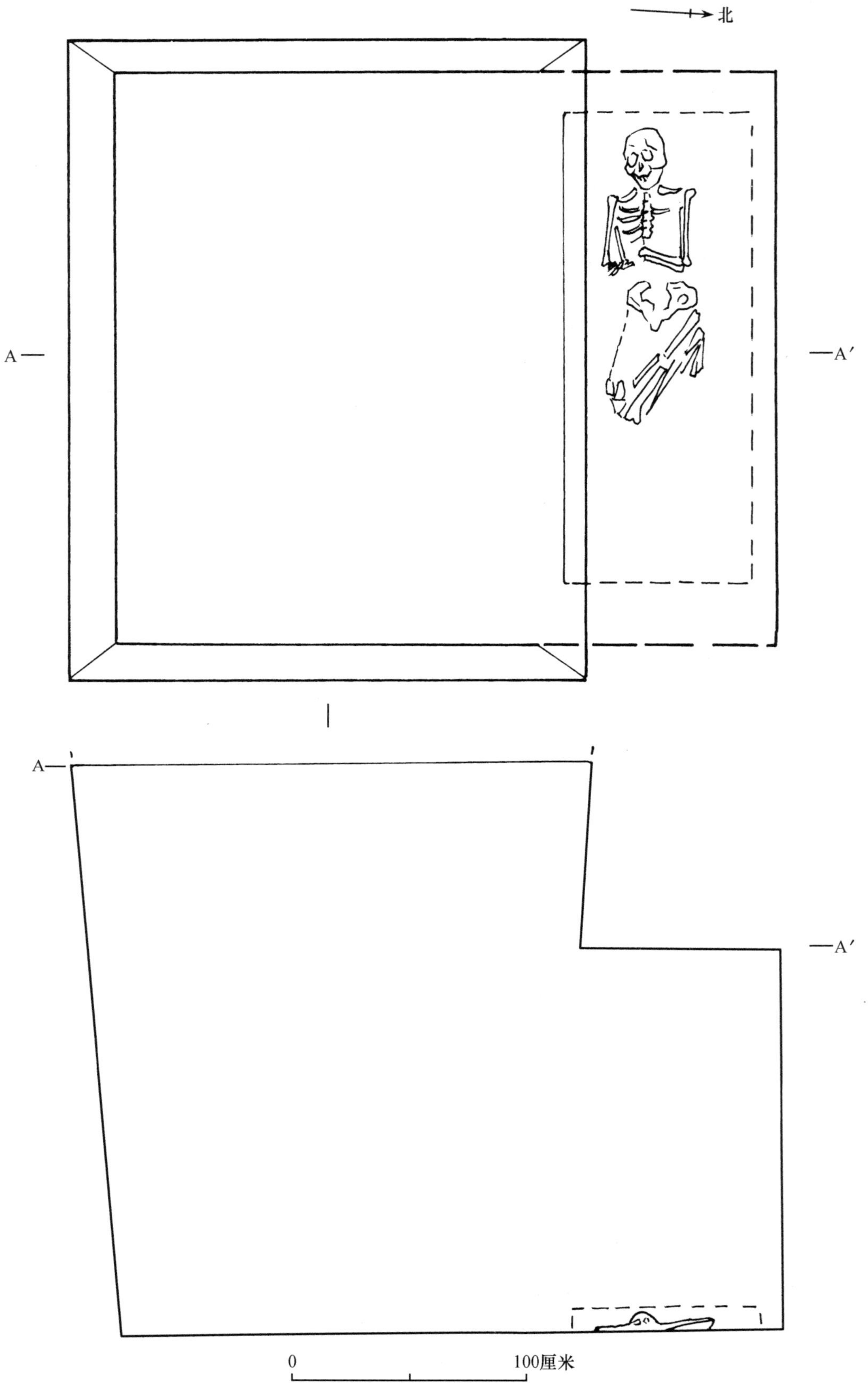

图二二五　M179平、剖面图

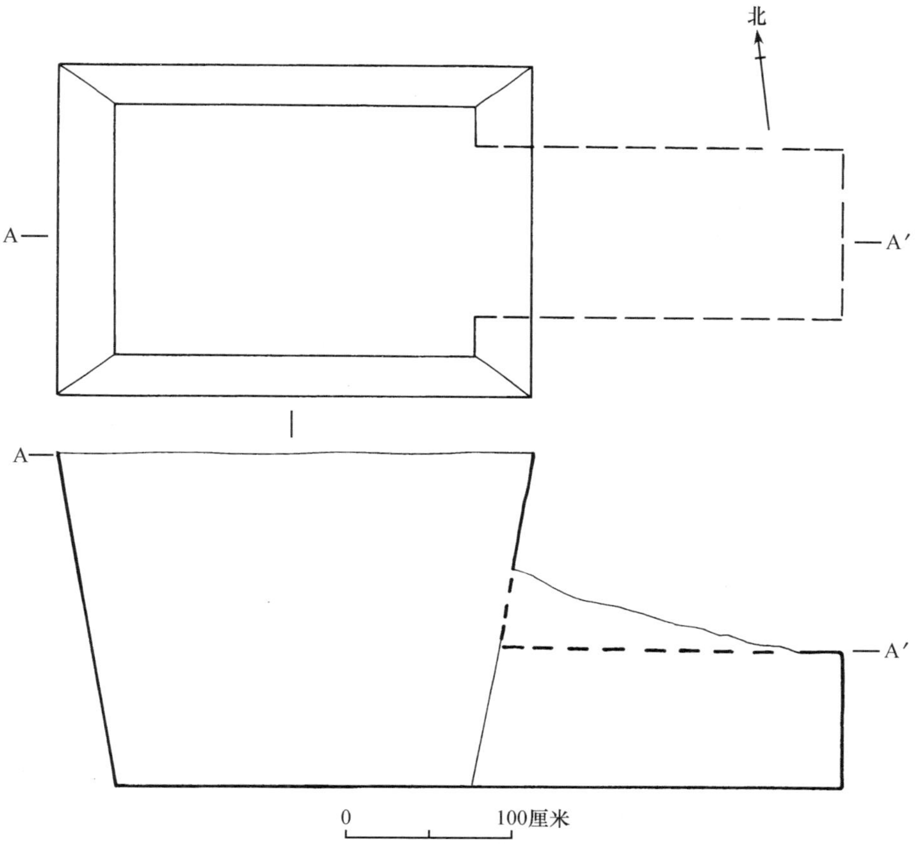

图二二六　M181平、剖面图

封门　墓室口部未见封门痕迹。

墓室 位于墓道东壁，拱顶土洞。平面呈长方形，进深2.2、宽1.02、残高0.8米。墓室口部坍塌。

葬具葬式　葬具葬式不详。

2. 随葬器物

墓道、墓室未见随葬器物。

M182

1. 墓葬形制

位于发掘区中部偏北，南邻M155。方向170°，由竖穴墓道和土洞墓室两部分组成，南北向，墓道在南，墓室居北（图二二七）。

墓道　平面呈长方形，竖穴土坑，口大底小，东西长3.2、宽2.2、开口距地表1.4、距墓道底3.2米。墓道底长2.7、宽2米。东西两壁收分为0.25米，南北两壁收分为0.1米。

封门　墓室口未见封门痕迹。

墓室　位于墓道北壁，平顶土洞。平面呈长方形，进深0.9、长1.8、高1.1米。

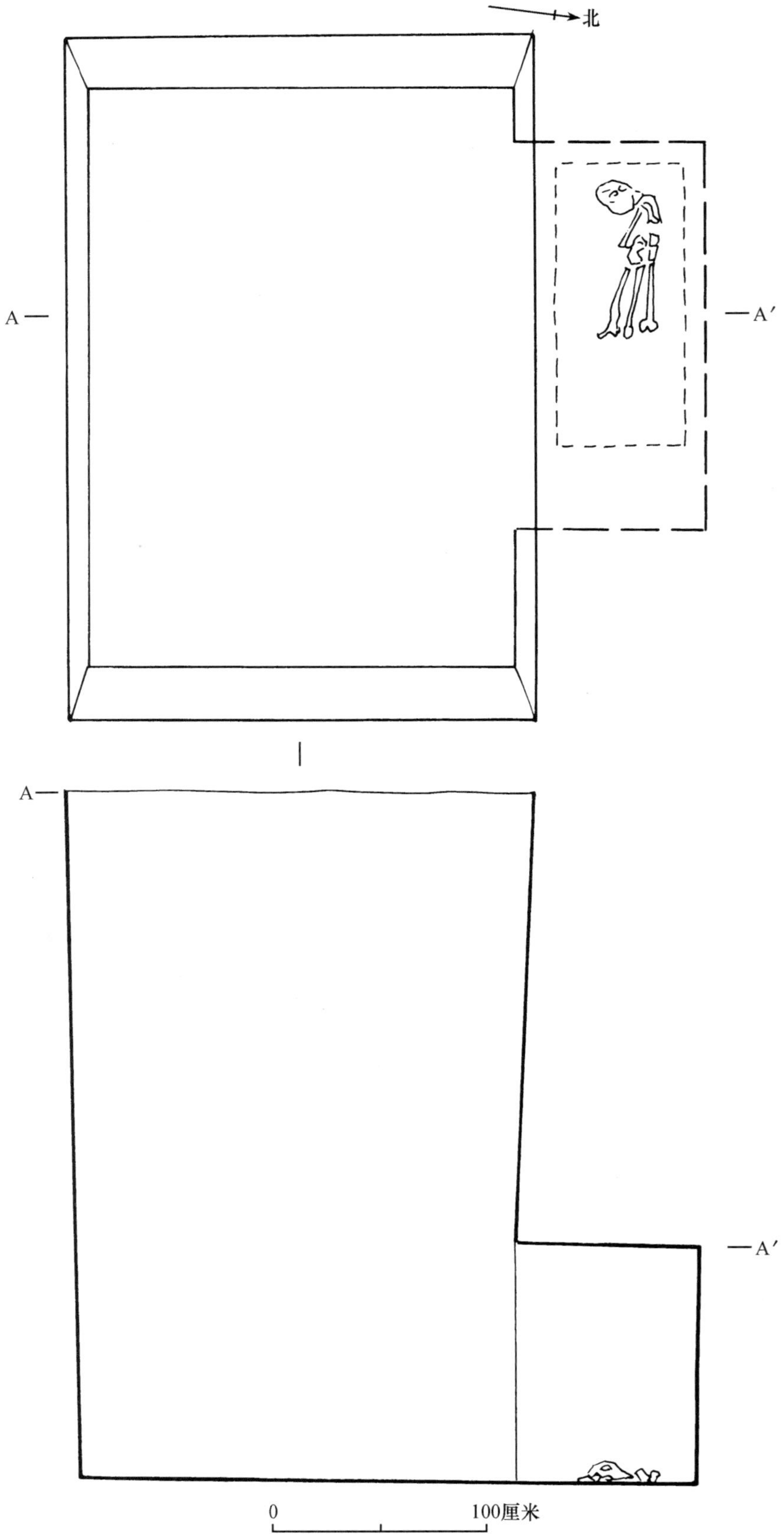

图二二七　M182平、剖面图

葬具葬式　棺灰痕明显，长方形，长1.3、宽0.6米。棺内见1副骨架，保存较差。可辨葬式为屈肢，头向西。

2. 随葬器物

墓道、墓室未见有随葬器物。

M183

1. 墓葬形制

位于发掘区中部最北，西南邻M182，南邻M177。方向260°，由竖穴墓道和土洞墓室两部分组成，东西向，墓道在西，墓室居东（图二二八）。

墓道　平面呈长方形，竖穴土坑，口大底小，口长3.36、宽2.3、开口距地表1.4、距墓道底2.7米，墓道底长2.42、宽1.7米。

墓室　位于墓道东壁，拱顶土洞。平面呈长方形，进深2.3、宽1.1、墓室高1.3米。

葬具葬式　葬具不详。墓室内见1副零乱骨架，可辨葬式为仰身屈肢，头向西。墓室口见2件陶缶，骨架周围见陶鼎、陶盒、铜带钩。

2. 随葬器物

共6件，陶鼎1件、陶盒1件、陶罐2件、陶三足盒1件，铜带钩1件。

陶鼎　1件。标本M183：3，泥质灰陶，盖残。盖方唇，圆折腹，扁棱状盖纽。器身尖唇，子母敛口，上腹内凹，下腹折收，圜底。两方形附耳外撇，矮小蹄足。盖顶见同心暗弦纹和波折状锯齿纹，下腹部饰两道凸弦纹。盖内戳印“咸亭完里器”。通高14.9、口径12.6、腹径16.9、腹深8、足高4.9厘米（图二二九，4；图二三〇，3）。

陶盒　1件。标本M183：5，泥质灰陶，基本完整。盖方唇，圆折腹，圈足形捉手。器身尖唇，子母敛口，深腹，上腹较直，下腹内收，平底，饼足。盖顶见暗弦纹，腹部见数道凸弦纹。盖内及盒内底戳印有“咸亭完里曰器”。通高12.4、口径11.2、腹径16.9、腹深8.1、底径6.9、足高0.6厘米（图二二九，3；图二三〇，1、4）。

陶罐　2件。泥质灰陶，修复完整。标本M183：1，尖圆唇斜沿，束颈，广肩深腹，上腹圆折，下腹斜内收，平底。颈肩部见暗弦纹，下腹饰绳纹。腹底戳印“咸亭□里□器”字样。通高27.7、口径9.9、腹径28.2、底径11.2厘米（图二二九，1；图二三〇，5）。标本M183：2，尖圆唇斜沿，侈口束颈，溜肩鼓腹，下腹较长斜收，平底。肩部可见暗弦纹，腹部饰竖绳纹和数道凹弦纹。通高29.5、口径9、腹径31、底径14.6厘米（图二二九，2）。

陶三足盒　1件。标本M183：6，泥质灰陶，应为明器。盖方唇，折腹，平底。器身方唇，子母敛口，深腹，上腹较直，下腹斜内收，底有三足。盖戳印“咸亭□喜”，盒体戳印有“亭陽

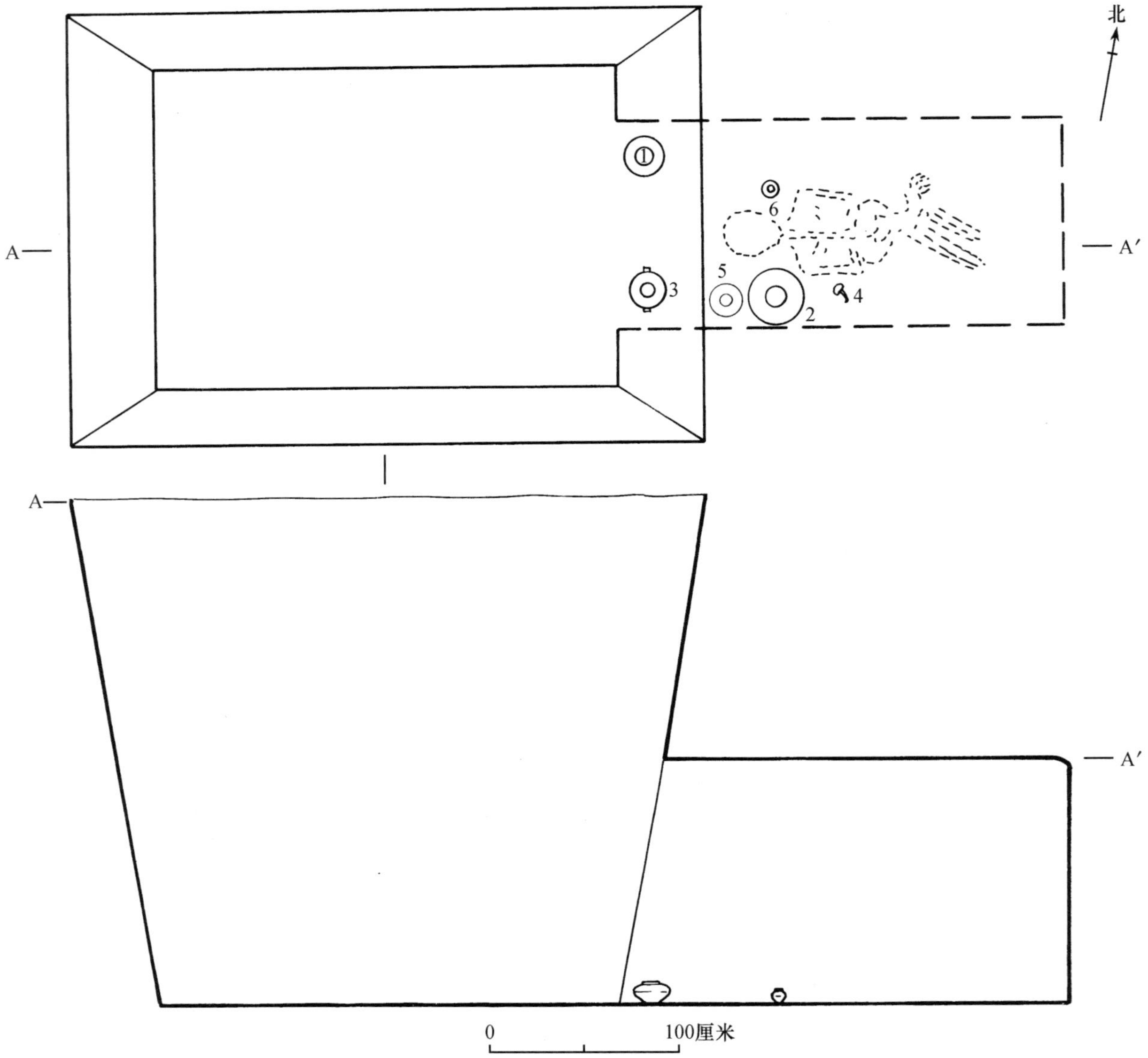

图二二八　M183平、剖面图
1、2. 陶罐　3. 陶鼎　4. 铜带钩　5. 陶盒　6. 陶三足盒

喜器”。通高7.3、口径4、腹径6.6、腹深3、足高0.4厘米（图二二九，5；图二三〇，2、6；图版三一，2）。

铜带钩　1件。标本M183∶4，表面轻微锈蚀。钩首、颈细长，腹凸宽，如鸟之双翼，钩背较平，纽近尾部，圆形扣纽较大，正视如鸟尾，纽柱短粗。残长4.8、腹宽3、纽高0.6、纽径1.6厘米（图二二九，6；图版三九，1）。

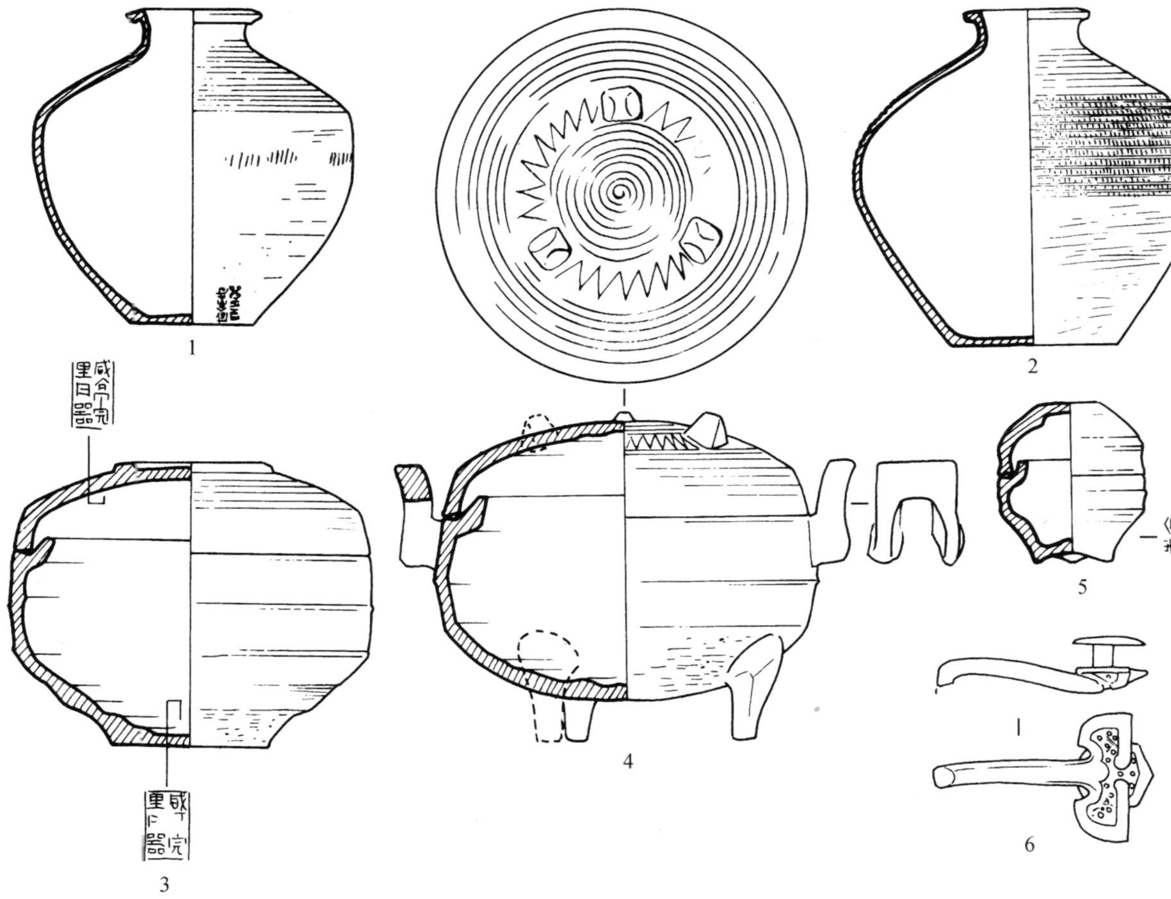

1、2、4. 0　16厘米　3、5. 0　8厘米　6. 0　4厘米

图二二九　M183出土器物

1、2. 陶罐（M183：1、M183：2）　3. 陶盒（M183：5）　4. 陶鼎（M183：3）　5. 陶三足盒（M183：6）　6. 铜带钩（M183：4）

M184

1. 墓葬形制

位于发掘区东部，北邻M237。方向270°，由竖穴墓道和土洞墓室两部分组成，东西向，墓道在西，墓室在东（图二三一）。

墓道　平面呈梯形，竖穴土坑，口大底小。长2.9、西宽1.7、东宽2.2、开口距地表1.4、距墓道底2.2米。墓道底长2.4、西宽1.2、东宽1.7米。四壁收分为0.24～0.28米。该墓墓道打破M185墓道和墓室。

墓室　位于墓道东壁，拱顶土洞。平面呈长方形，进深2.87、宽1、高1.2米。墓道后端见2件陶器。

葬具葬式　葬具不详。墓室内见零乱骨架，腐朽严重，仰身直肢，头向西。

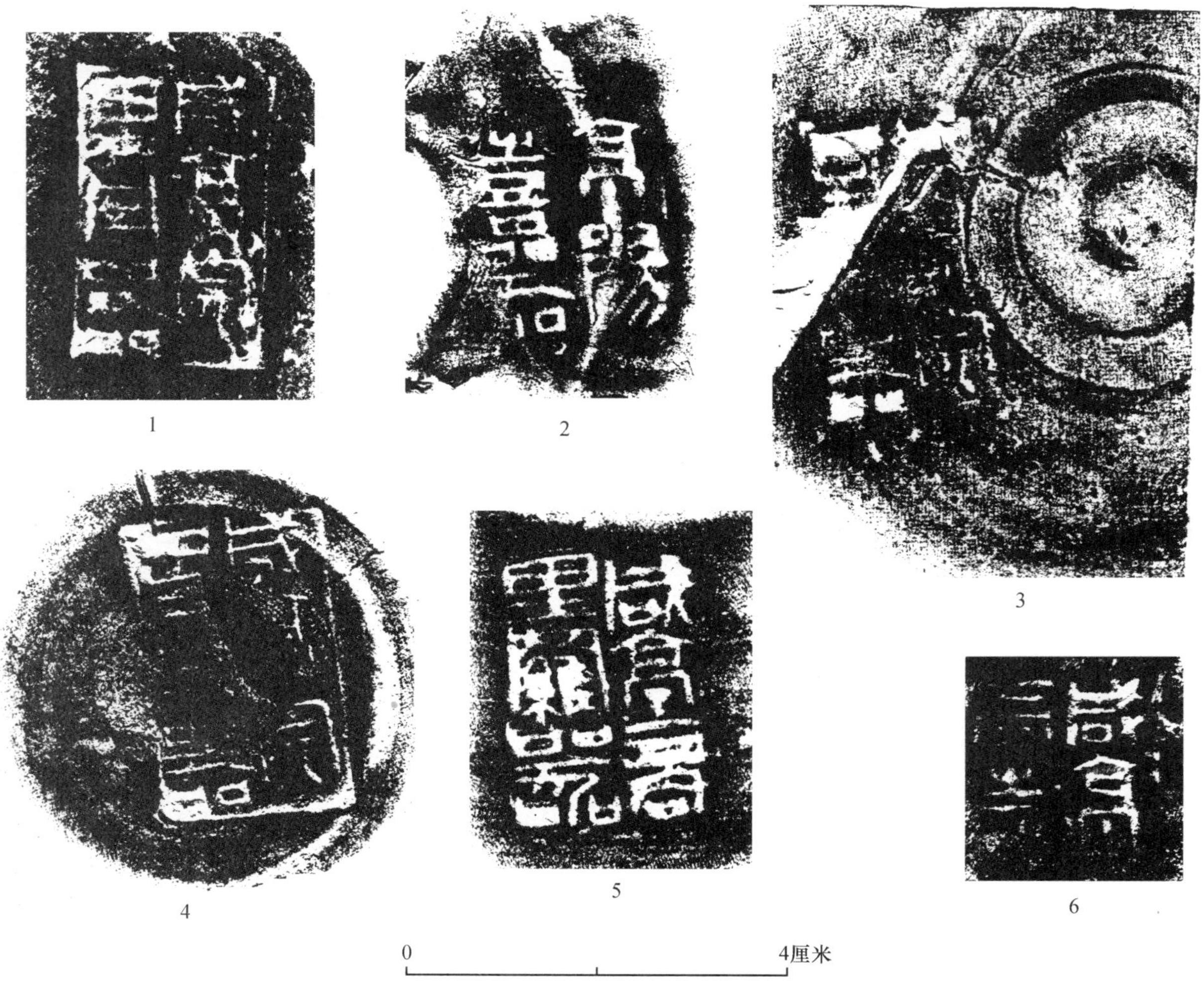

图二三〇　M183出土器物文字拓片

1、4. 陶盒拓片（M183：5-1、M183：5-2）　2、6. 陶三足盒拓片（M183：6-2、M183：6-1）　3. 陶鼎拓片（M183：3）　5. 陶罐拓片（M183：1）

2. 随葬器物

共2件，陶釜形罐、陶缶各1件。

陶釜形罐　1件。标本M184：2，泥质灰陶，修复完整。方唇，侈口，直颈，圆肩圆鼓腹，平底稍内凹。肩腹部见数道凹弦纹，下腹、底部饰绳纹。通高23.9、口径13.8、腹径23.3、底径8.3厘米（图二三二，2）。

陶缶　1件。标本M184：1，泥质灰陶，修复完整。尖唇平沿，侈口束颈，广肩折腹，下腹斜内收，平底。肩部见数圈暗弦纹，腹最大径处饰一圈锥刺纹。下腹底部戳印有“亭□里□器”字样。通高31.6、口径11.8、腹径35.2、底径12.8厘米（图二三二，1、3）。

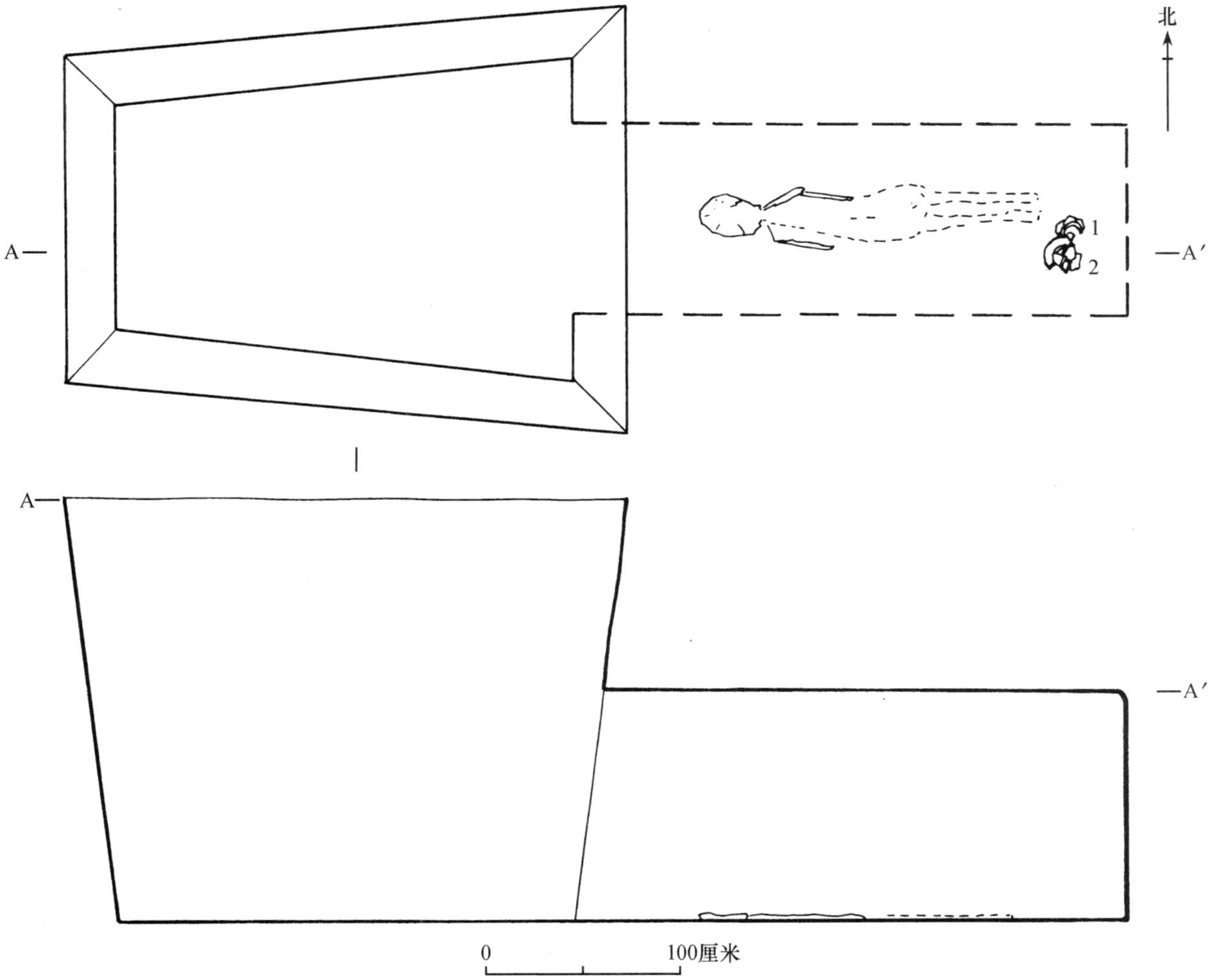

图二三一　M184平、剖面图
1. 陶罐　2. 陶釜形罐

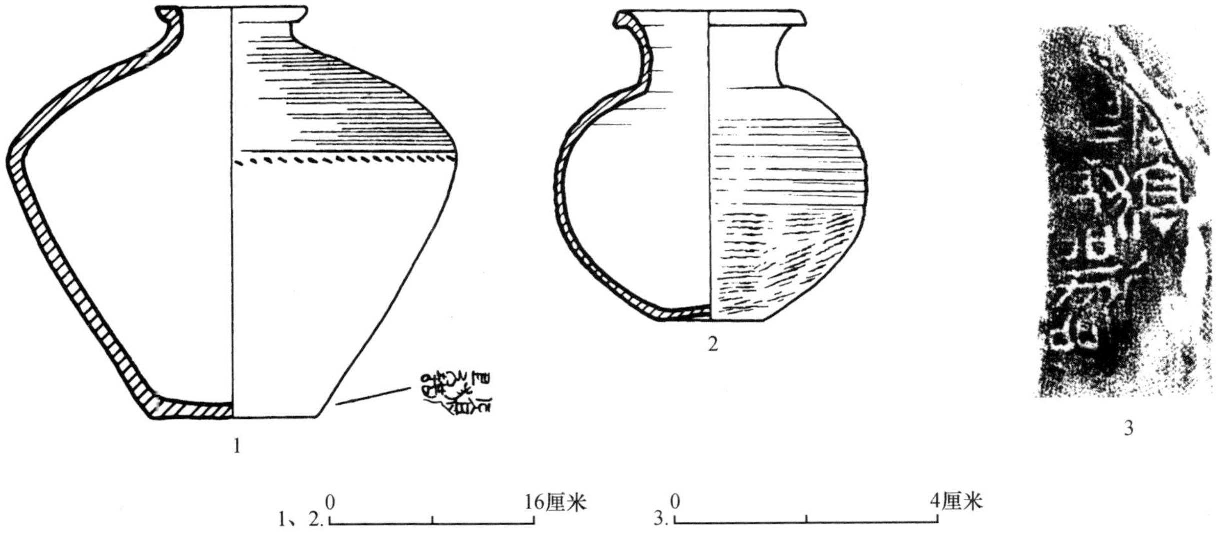

图二三二　M184出土器物及文字拓片
1. 陶缶（M184：1）　2. 陶釜形罐（M184：2）　3. 陶缶文字拓片（M184：1）

M185

1. 墓葬形制

位于发掘区东部，北邻M237。方向150°，由竖穴墓道和土洞墓室两部分组成，南北向，墓道在南，墓室居北。该墓墓道墓室被M184墓道打破（图二三三）。

墓道　平面呈梯形，竖穴土坑，口大底小，南壁东西长2.7、北壁东西长2.1、宽1.7、开口距地表1.4、距墓道底2.4米。墓道底南壁东西长2.24、北壁长1.7、宽1.3米。四壁收分为0.2米。

封门　墓室口部未见有封门痕迹。

墓室　位于墓道北壁，平顶土洞。平面呈梯形，进深1.5、宽1.6～1.8、高1.6米。

葬具葬式　棺灰痕明显，平面呈长方形，长1.28、宽0.6米。内见1副骨架，仰身屈肢，头向西，上肢交于腹部，下肢弯曲。

2. 随葬器物

墓道、墓室未见有随葬器物。

M186

1. 墓葬形制

位于发掘区中部偏东，东邻M173，西南邻M176。方向165°，由竖穴墓道和土洞墓室两部分组成，南北向，墓道在南，墓室居北（图二三四）。

墓道　平面呈长方形，竖穴土坑，口大底小，东西长2.8、宽2.2、开口距地表1.4、距墓道底3.3米。墓道底长2.4、宽2米。东西两壁收分0.2米，南北两壁收分0.1米。

封门　墓室口未见封门痕迹。

墓室　位于墓道北壁，平顶土洞，平面呈长方形，进深1.3、长2.2、高1米。

葬具葬式　木棺，棺灰痕明显，长方形，长1.6、宽0.6米。其内骨架保存较差。仰身屈肢，头向西，面向上。

2. 随葬器物

墓道、墓室未见有随葬器物。

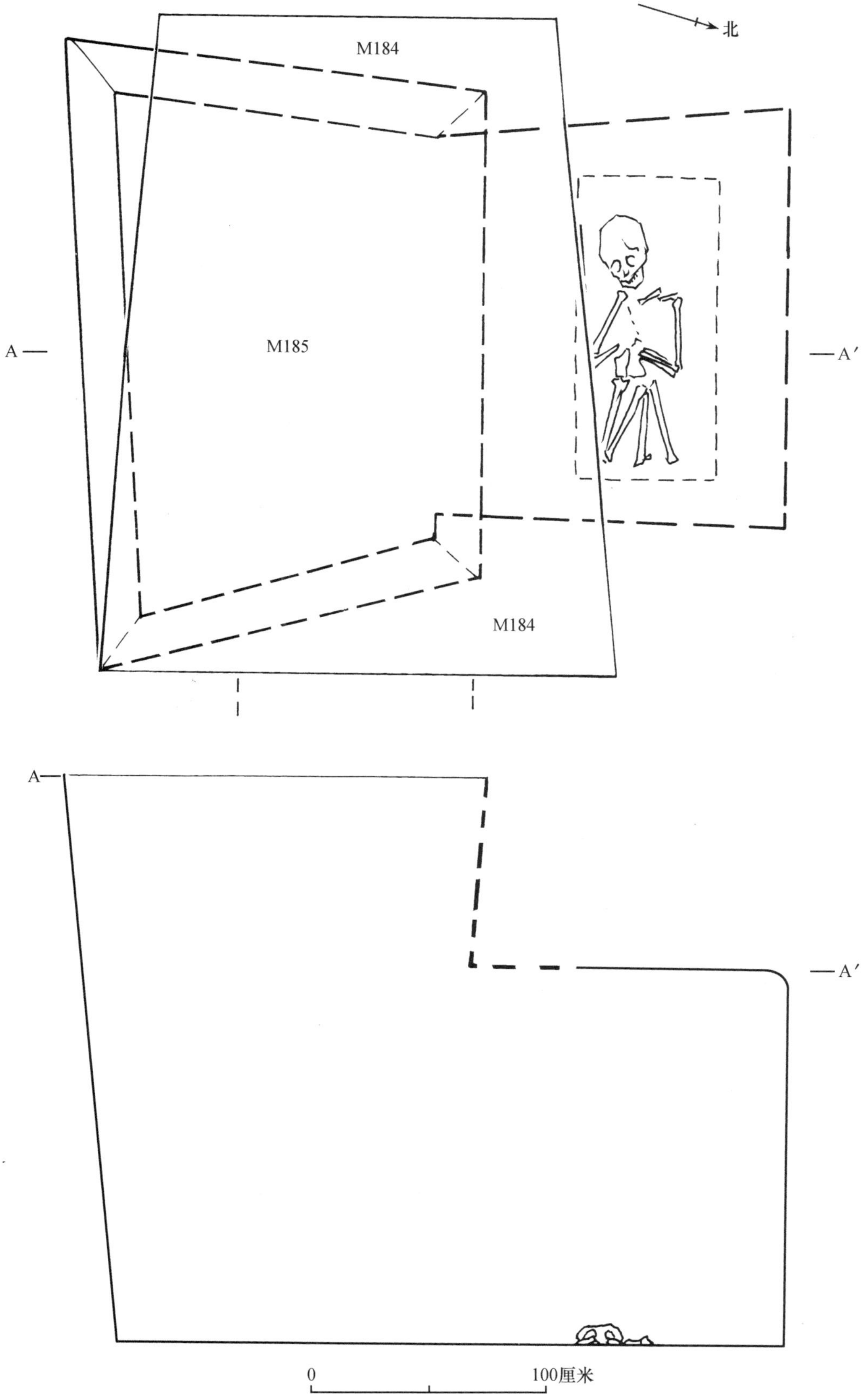

图二三三　M185平、剖面图

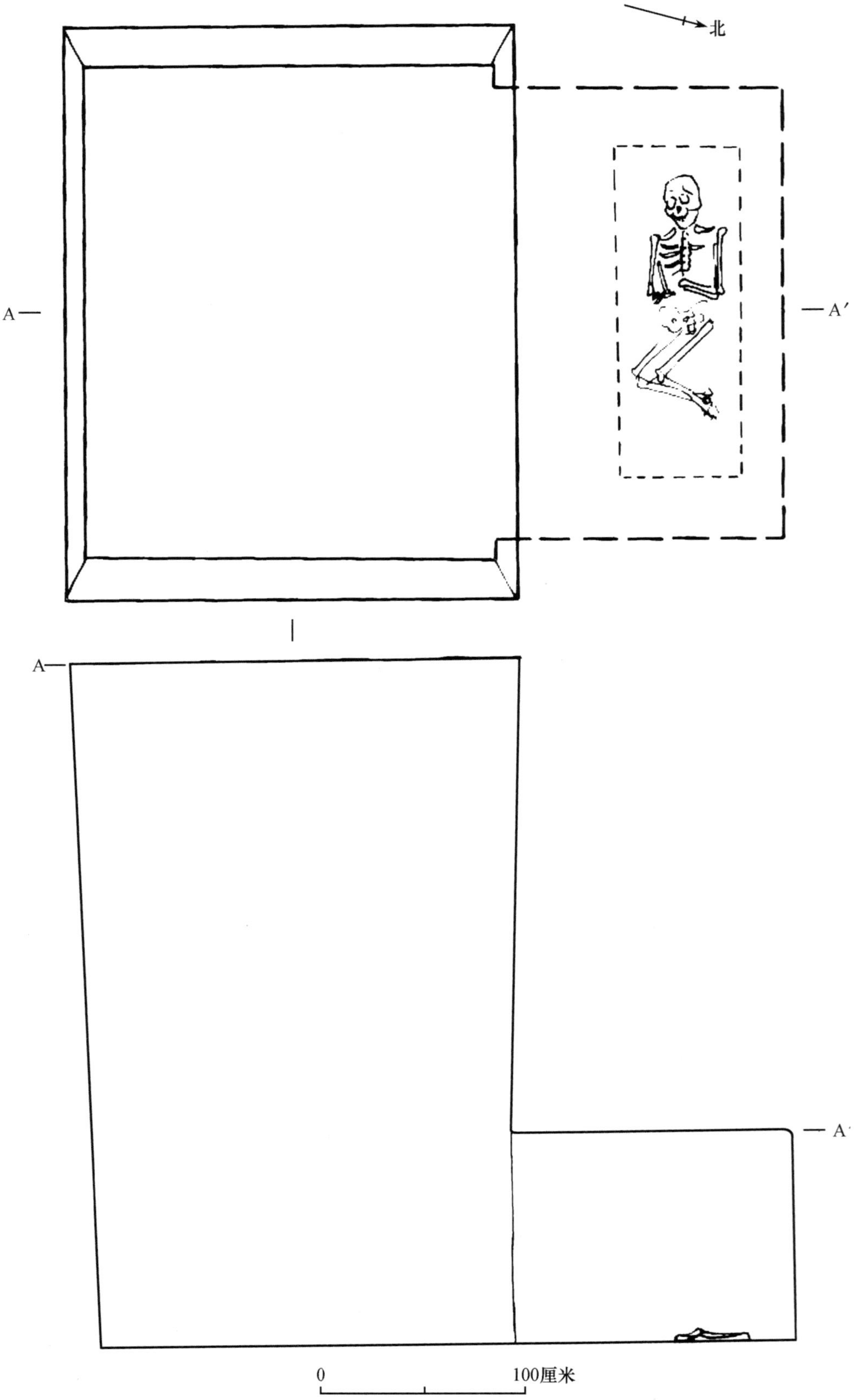

图二三四　M186平、剖面图

M187

1. 墓葬形制

位于发掘区中部偏东，东邻M204。方向165°，由竖穴墓道和土洞墓室两部分组成，南北向，墓道在南，墓室居北。该墓东部被M175打破（图二三五）。

墓道　平面呈长方形，竖穴土坑，口大底小，东西长2.9、宽1.9、开口距地表1.4、距墓底3.3米。墓道底长2.5、宽1.6米。东、西两壁收分0.2米，南、北两壁收分0.15米。

封门　墓室口未见封门痕迹。

墓室　位于墓道北壁，拱顶土洞，平面呈梯形，进深1.2、宽1.7～1.9、高1.1～1.6米。

葬具葬式　葬具不详。墓室内见1副骨架，保存较差，可辨葬式为仰身屈肢，头向西。

2. 随葬器物

墓道、墓室未见随葬器物。

M188

1. 墓葬形制

位于发掘区中部偏东，北邻M170，东邻M179。方向240°，由竖穴墓道和土洞墓室两部分组成，东西向，墓道在西，墓室居东（图二三六）。

墓道　平面呈长方形，竖穴土坑，口大底小，口长2.5、宽1.6、开口距地表1.4、距墓道底2.6米。墓道底长2.3、宽1.4米。四壁收分均为0.1米。

封门　墓室口未见封门痕迹。

墓室　位于墓道东壁，平顶土洞，平面呈长方形，进深1.1、南北长2、高1.6米。

葬具葬式　葬具不详。墓室内见1副骨架，保存较好，仰身屈肢，头西面上双膝向西弯曲。胯骨处发现1件铁带钩。

2. 随葬器物

铁带钩　1件。标本M188：1，表面锈蚀严重。钩首内弯，颈、腹、尾细长，钩纽锈蚀。残长8、腹宽0.7、纽高0.4厘米（图二三七）。

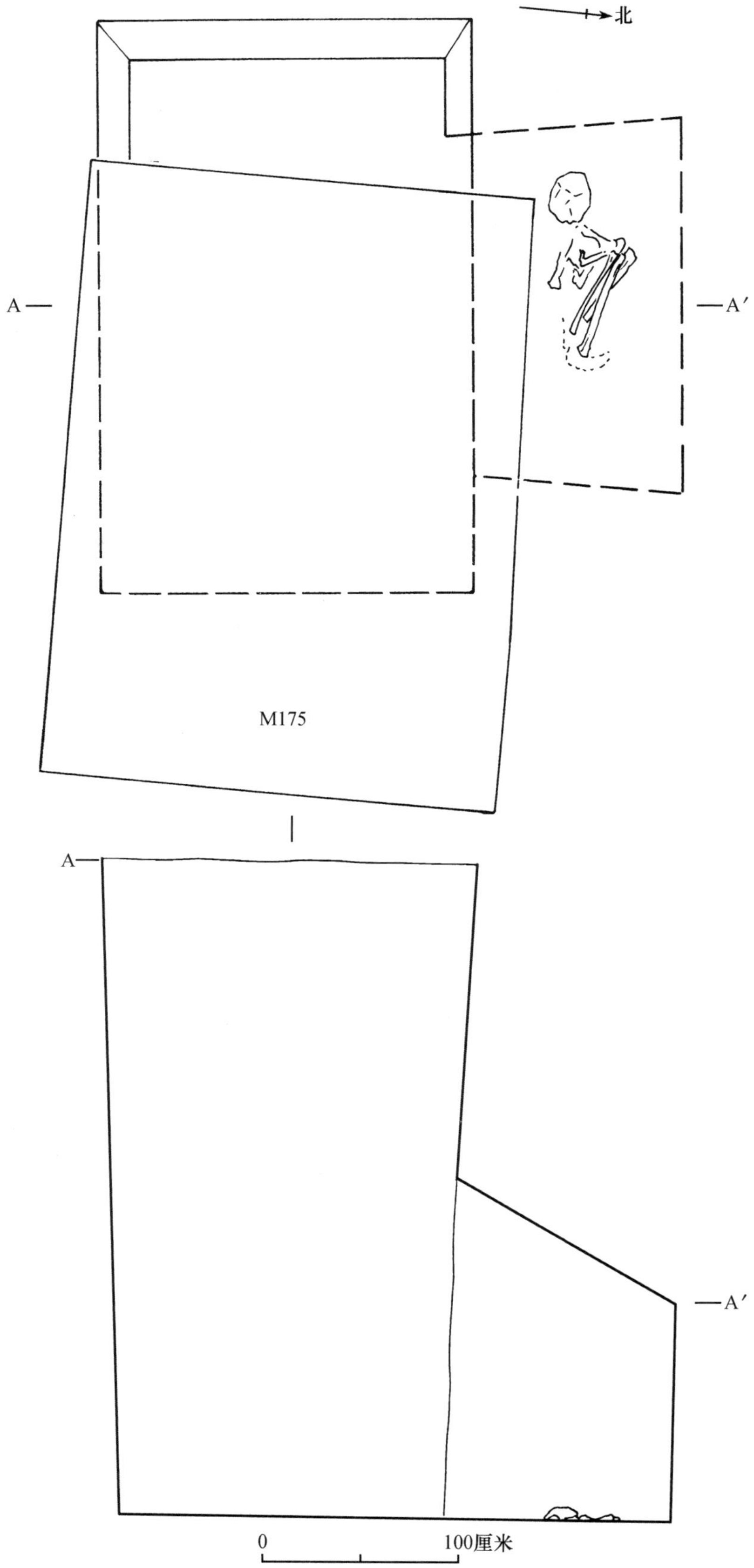

图二三五　M187平、剖面图

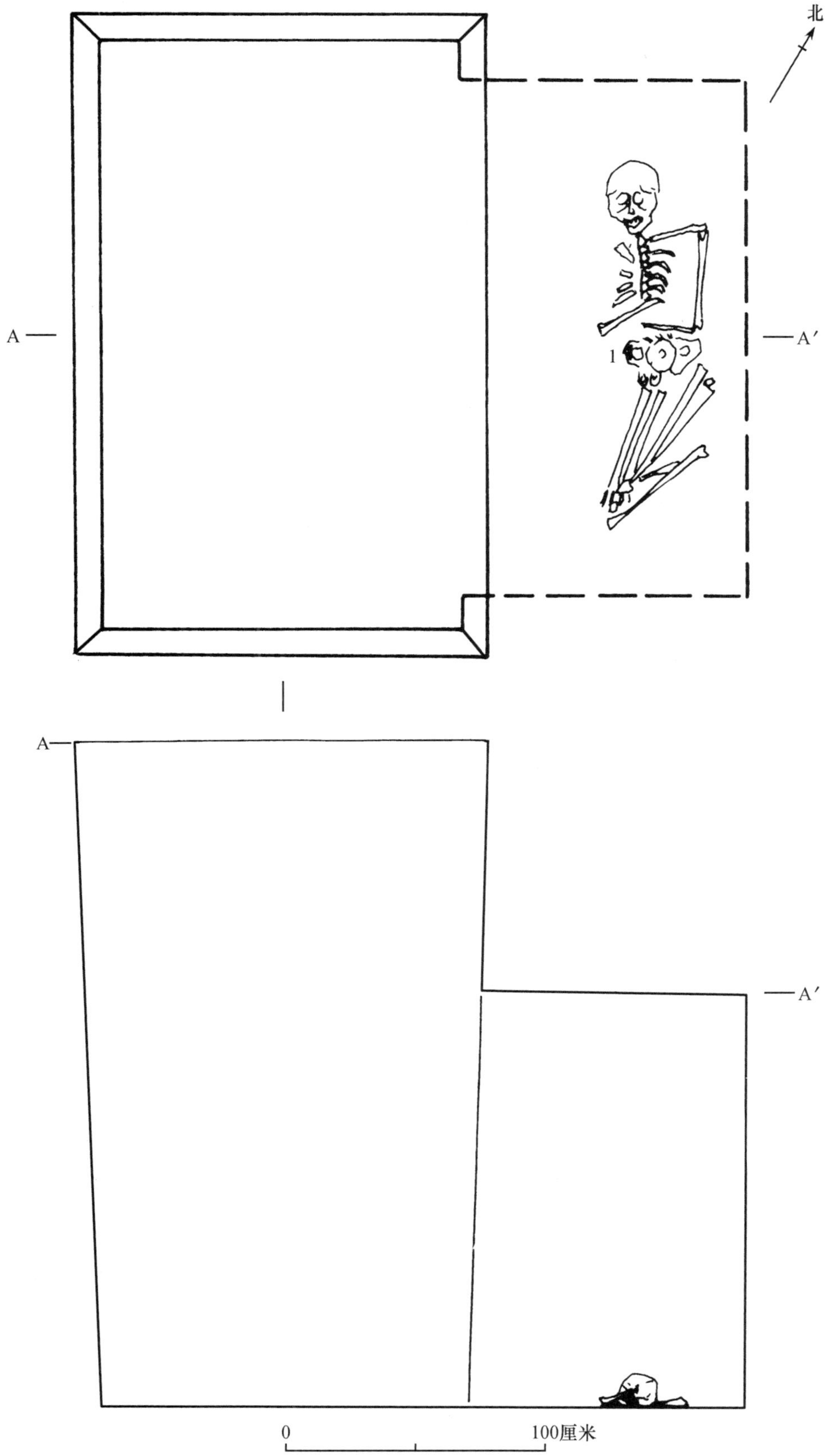

图二三六　M188平、剖面图

1. 铁带钩

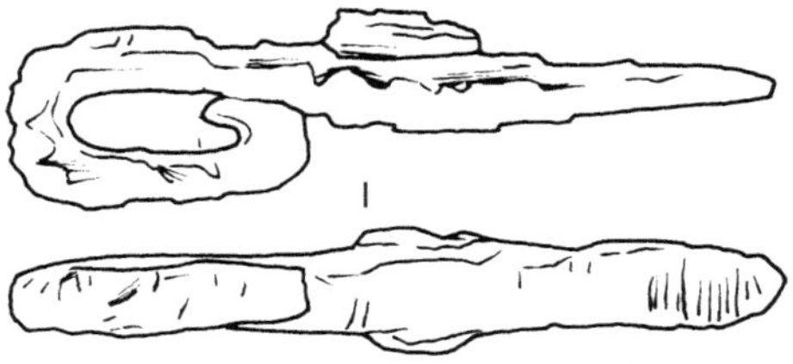

图二三七　M188出土铁带钩（M188：1）

M189

1. 墓葬形制

位于发掘区中部偏西，西邻M157，南邻M144。方向255°，由竖穴墓道和土洞墓室两部分组成，东西向，墓道在西，墓室居东（图二三八）。

墓道　平面呈长方形，竖穴土坑，口大底小，口长4.1、宽3.7、开口距地表1.4、距墓道底3.76米。墓道底长3、宽1.8米。西壁收分0.5米，东壁收分0.6米，北壁收分0.8米。南壁距开口下0.7米处有二层台，宽0.5米。

封门　墓室口未见封门痕迹。

墓室　位于墓道东壁，拱顶土洞。平面呈长方形，进深3.1、宽1、残高1米。墓室西南角有一方形小龛，进深0.7、长0.8、高0.7米，内置2件随葬陶器。墓道东北开口线下1.4米发现1件陶缶，墓室口部有1件带钩。墓室口坍塌。

葬具葬式　葬具、葬式不详。

2. 随葬器物

共4件，陶罐1件、陶缶2件，铜带钩1件。

陶罐　1件。标本M189：4，泥质灰陶，基本完整。尖唇侈口，短束颈，斜肩较鼓，上腹较直，下腹斜内收，平底。肩部可见暗弦纹，腹部饰细绳纹，下腹戳印有“咸亭□里□器”。通高21.4、口径6.8、腹径23.2、底径11.1厘米（图二三九，3；图二四〇，2）。

陶缶　2件。泥质灰陶，修复完整。标本M189：1，尖唇斜沿，侈口束颈，广肩鼓腹，上腹圆折，下腹斜收，平底。口沿、颈、肩见暗弦纹，肩部饰有一圈波折锯齿纹，腹部饰一圈锥刺纹。口沿部刻画有两个“五”符号，肩部戳印“咸亭新里□器”字样。通高34、口径9.1、腹径38.3、底径17.3厘米（图二三九，1；图二四〇，3、5）。标本M189：3，尖唇斜沿，敛口束颈，广肩鼓腹，上腹圆折，下腹斜内收，平底。口沿、肩、腹部见暗弦纹，肩部饰波折锯齿纹、刻画有“丰”字样，颈肩戳印“咸亭□□□”。通高37、口径9.8、腹径39.3、底径19.3厘米（图二三九，2；图二四〇，1、4）。

铜带钩　1件。标本M189：2，表面轻微锈蚀。钩首兽头形，颈曲折，细长腹，宽尖尾，

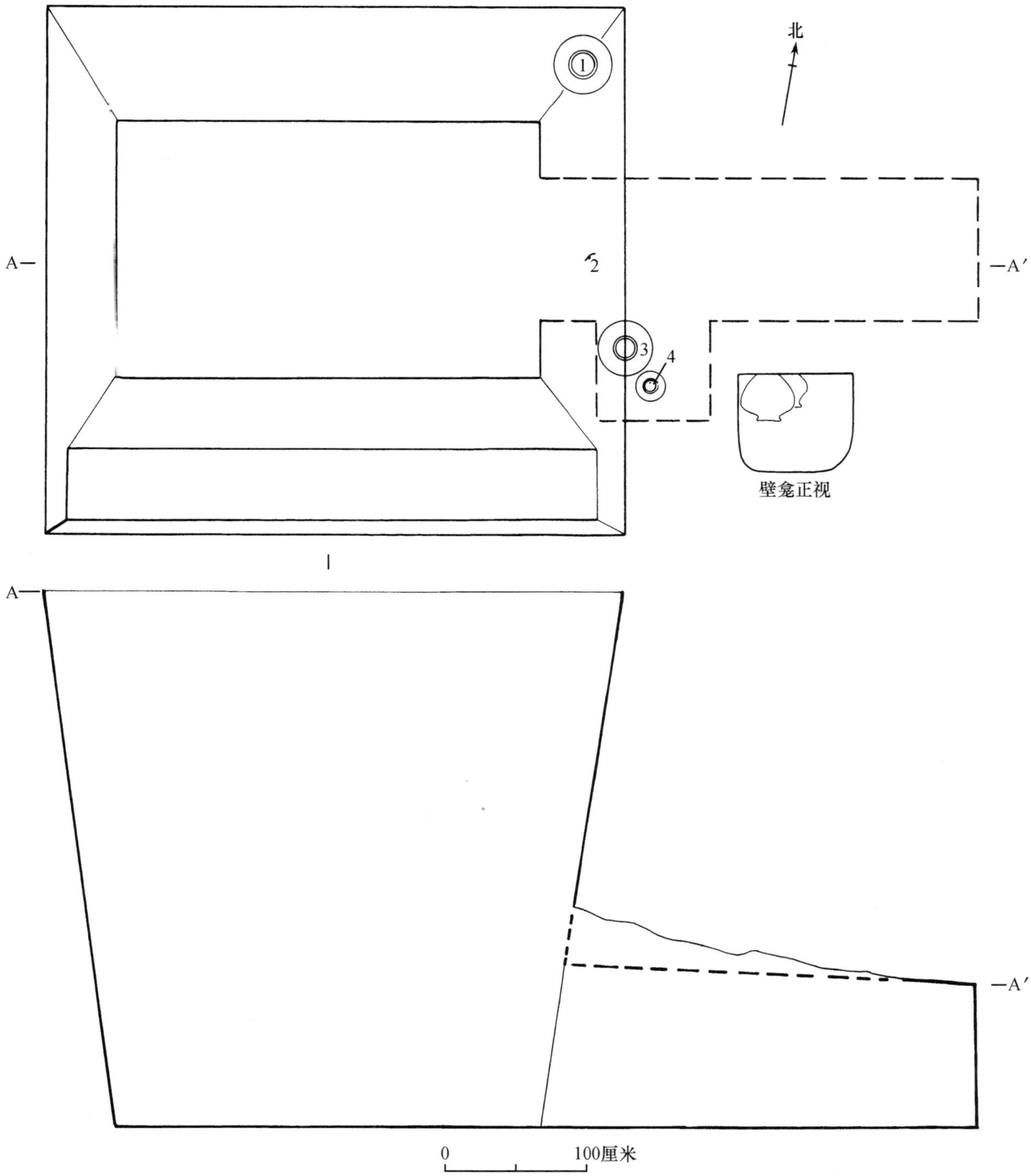

图二三八 M189平、剖面图

1、3. 陶缶 2. 铜带钩 4. 陶罐

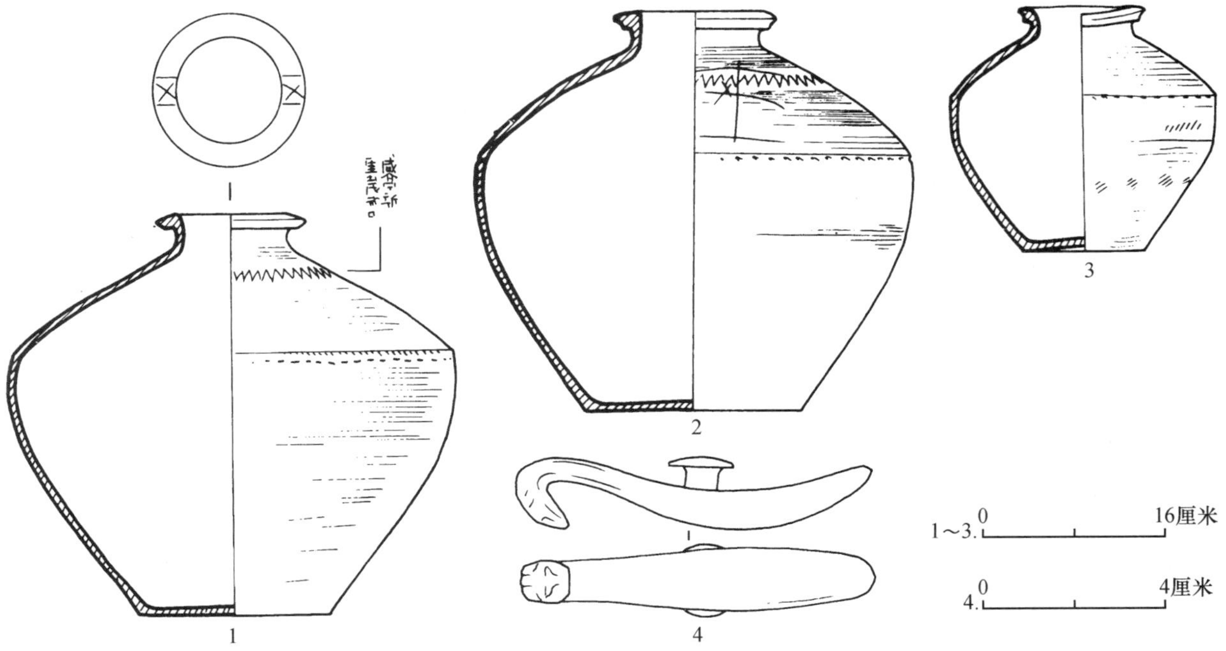

图二三九　M189出土器物

1、2. 陶缶（M189∶1、M189∶3）　3. 陶罐（M189∶4）　4. 铜带钩（M189∶2）

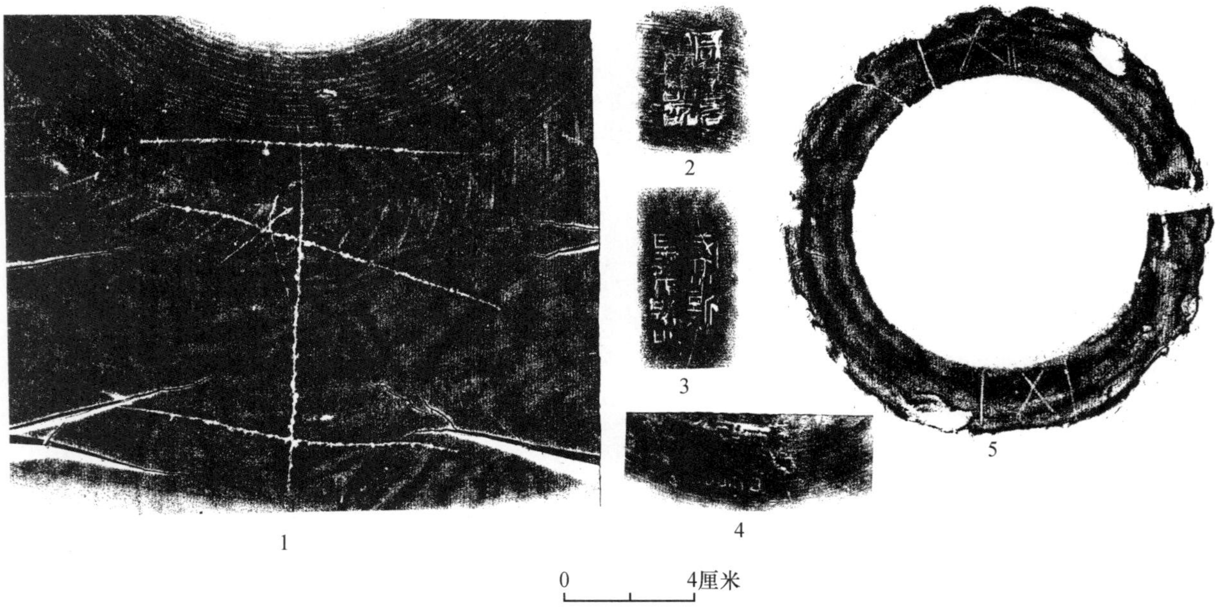

图二四〇　M189出土器物纹饰、文字拓片

1、3～5. 陶缶拓片（M189∶3-1、M189∶1-2、M189∶3-2、M189∶1-1）　2. 陶罐拓片（M189∶4）

钩背弯曲，纽近中部，圆形扣纽较小，纽柱短粗。通长8、腹宽1.4、纽高0.7、纽径1.4厘米（图二三九，4）。

M190

1. 墓葬形制

位于发掘区中部偏东，西邻M186，南邻M173。方向175°，由竖穴墓道和土洞墓室两部分组成，南北向，墓道在南，墓室居北（图二四一）。

墓道 平面呈长方形，竖穴土坑，口大底小，东西长2.8、宽2.2、开口距地表1.4、距墓道底3.5米。墓道底长2.4、宽1.7米。东、西两壁收分0.2米，南北两壁收分0.25米。

封门 墓室口未见封门痕迹。

墓室 位于墓道北壁，平顶土洞。平面呈长方形，东西长1.9、进深1.2、残高0.9米。墓室口部坍塌。

葬具葬式 葬具不详。墓室见1副骨架，保存较好，侧身屈肢，头向西，面向北，双膝向北弯曲。

2. 随葬器物

墓道、墓室未见有随葬器物。

M191

1. 墓葬形制

位于发掘区中部偏南，东邻M198。方向180°，由竖穴墓道和土洞墓室两部分组成，南北向，墓道在南，墓室居北。该墓打破M206墓道（图二四二）。

墓道 平面呈长方形，竖穴土坑，口大底小，东西长2.8、宽2、开口距地表1.4、距墓道底3.2米。距开口2.8米处，东西两壁有二层台，两个二层台形制相同，长1.54、宽0.4米。墓道底长1.8、宽1.5米。东西两壁到二层台收分均为0.1米，南壁到墓道底收分为0.3米，北壁到墓道底收分为0.2米。

封门 墓室口未见封门痕迹。

墓室 位于墓道北壁，拱顶土洞。平面呈长方形，进深1.1、东西长1.8、残高1.3米。墓室口部坍塌。

葬具葬式 棺灰痕明显，棺灰痕在墓室中略呈东南—西北方向。平面呈长方形，长1.4、宽0.6米。棺内见1副骨架，保存较差，可辨葬式为仰身屈肢，头向西。

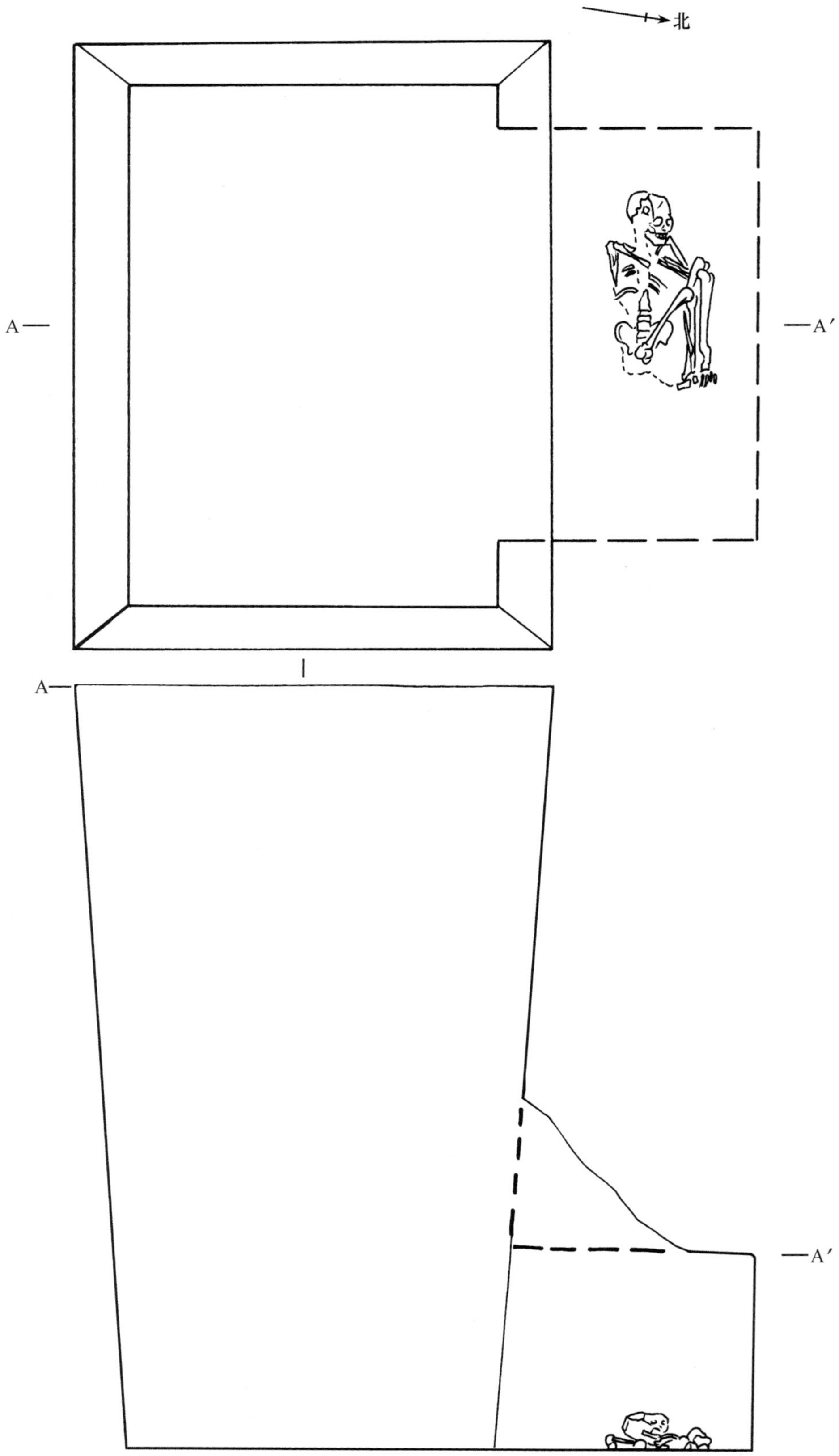

图二四一　M190平、剖面图

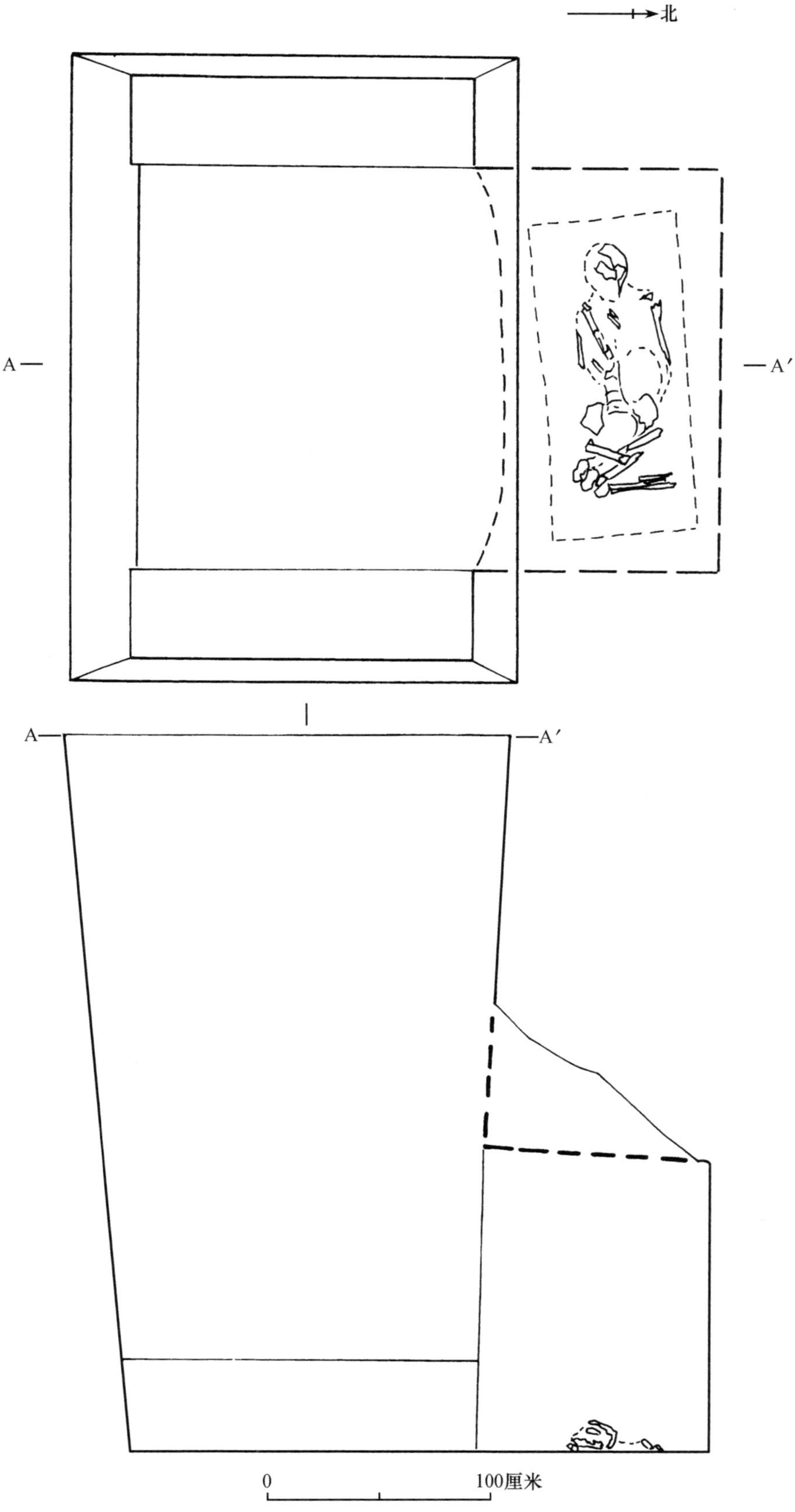

图二四二　M191平、剖面图

2. 随葬器物

墓道、墓室未见有随葬器物。

M192

1. 墓葬形制

位于发掘区中部最东，东邻生产路。方向170°，由竖穴墓道和土洞墓室两部分组成，南北向，墓道在南，墓室居北（图二四三）。

墓道　平面呈长方形，竖穴土坑，口大底小，口长2.3、宽2.2、开口距地表1.4、距墓道底2.5米，墓道底长1.7、宽1.6米。四壁收分均为0.3米。

封门　墓室口未见封门痕迹。

墓室　位于墓道北壁，平顶土洞。平面呈长方形，长1.7、进深1、高1.4米。

葬具葬式　葬具不详。墓室内见1副骨架，保存较好。仰身屈肢，头西面上。

2. 随葬器物

墓道、墓室未见有随葬器物。

M193

1. 墓葬形制

位于发掘区中部东北，北邻M207、M213。方向275°，由竖穴墓道和土洞墓室两部分组成，东西向，墓道在西，墓室居东（图二四四）。

墓道　平面呈长方形，竖穴土坑，口大底小，口长4.6、宽3.5、开口距地表1.6、距墓道底3.7米。墓道底长2.9、宽1.9米。东、西两壁收分0.86米，南北两壁收分0.8米。

墓室　位于墓道东壁，拱顶土洞。平面呈长方形，进深2.8、宽1.3、残高1米。墓室西南角有一方形小龛，进深0.8、宽0.6、高0.6米。内置6件随葬陶器。墓室口坍塌。

葬具葬式　葬具朽坏不详，零星骨残片和骨灰痕迹可辨，仰身直肢，头向西。头部南边置有4件随葬器物。

2. 随葬器物

共13件，陶鼎1件、陶盒1件、陶蒜头壶1件、陶罐1件、陶豆2件，铜带钩1件、铜编钟4件、铜耳环1对，铜环铁刀1把。

陶鼎　1件。标本M193：2，泥质灰陶，完整。盖方唇，圆折腹，弧顶，扁棱状盖纽。器

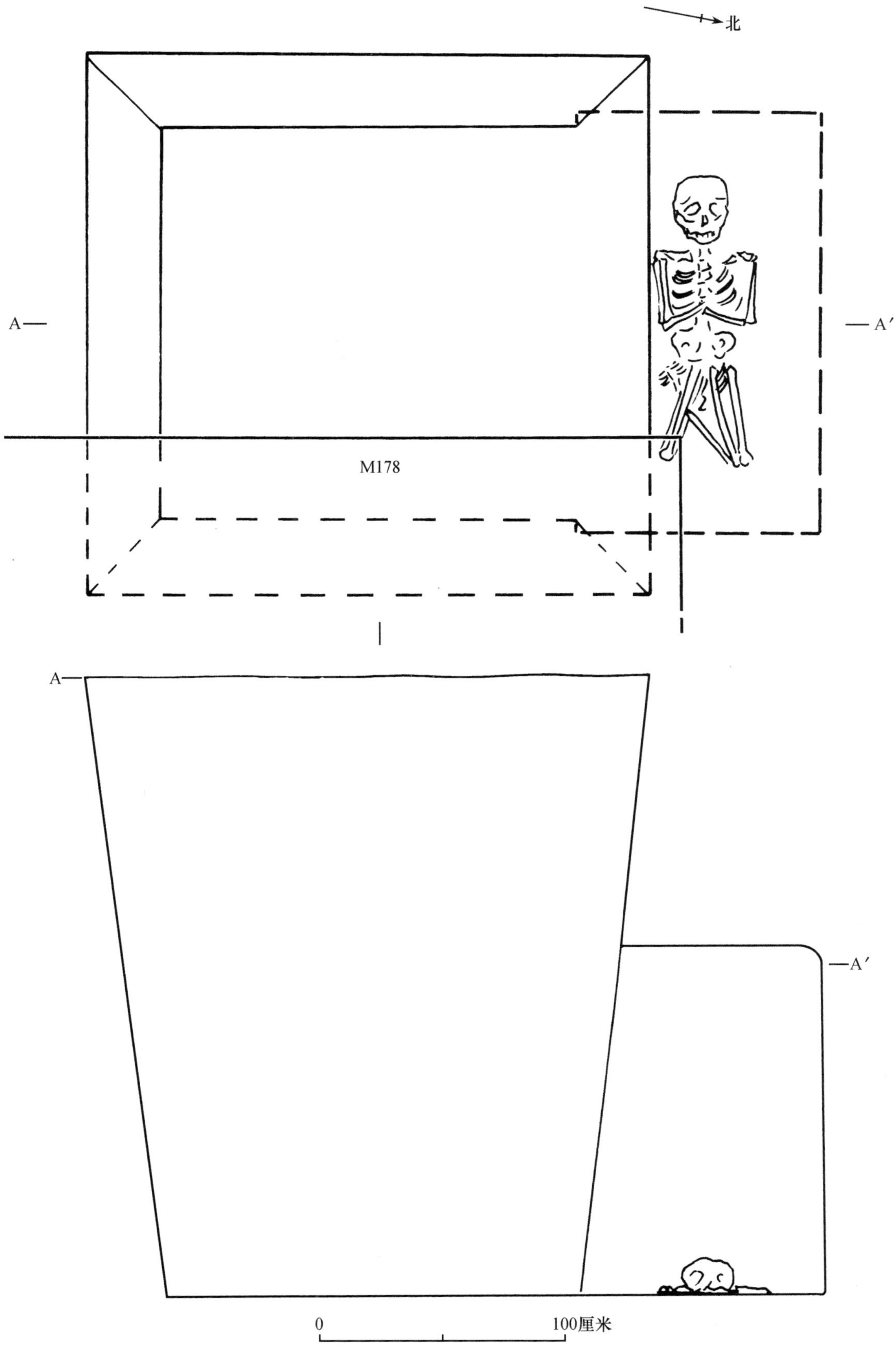

图二四三　M192平、剖面图

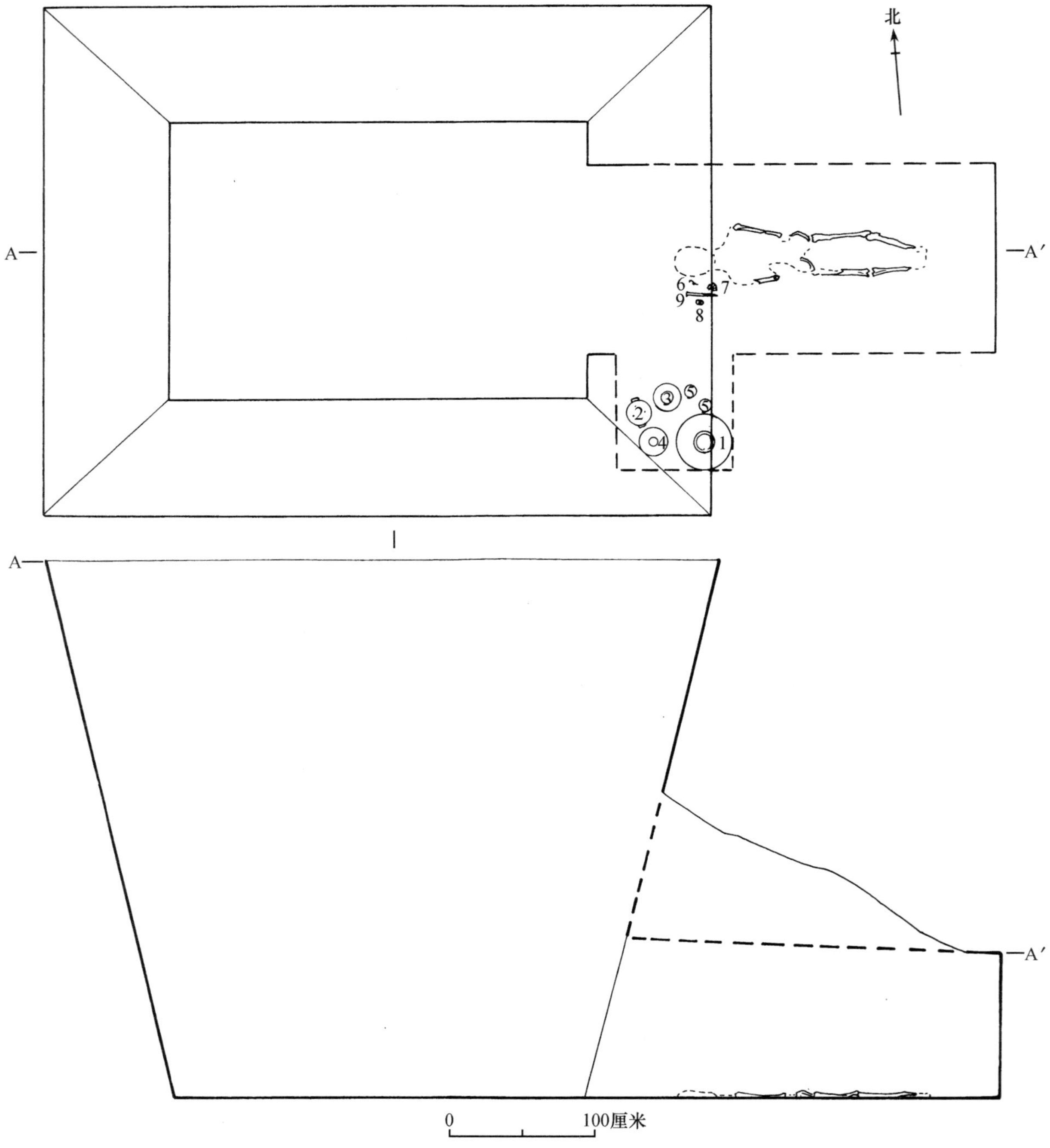

图二四四　M193平、剖面图

1. 陶罐　2. 陶鼎　3. 陶盒　4. 陶蒜头壶　5. 陶豆　6. 铜带钩　7. 铜编钟　8. 铜耳环　9. 铜环铁刀

身方唇，子母敛口，上腹内凹，下腹圆折内收，圜底。两方形附耳外撇，蹄足。盖顶见同心暗弦纹和波折锯齿纹，腹部饰一圈凸弦纹。通高14.6、口径13、腹径17、腹深8、足高5.4厘米（图二四五，5）。

陶盒　1件。标本M193：3，泥质灰陶，完整。盖方唇，圆折浅腹，圈足形捉手。器身尖唇，子母敛口，深腹，上腹外撇，下腹斜内收，平底，饼足。盖顶饰同心暗弦纹和波折锯齿纹，腹饰两周凸弦纹。通高13.3、口径14.7、腹径17.8、腹深8.1、底径8.8、足高0.6厘米（图二四五，3）。

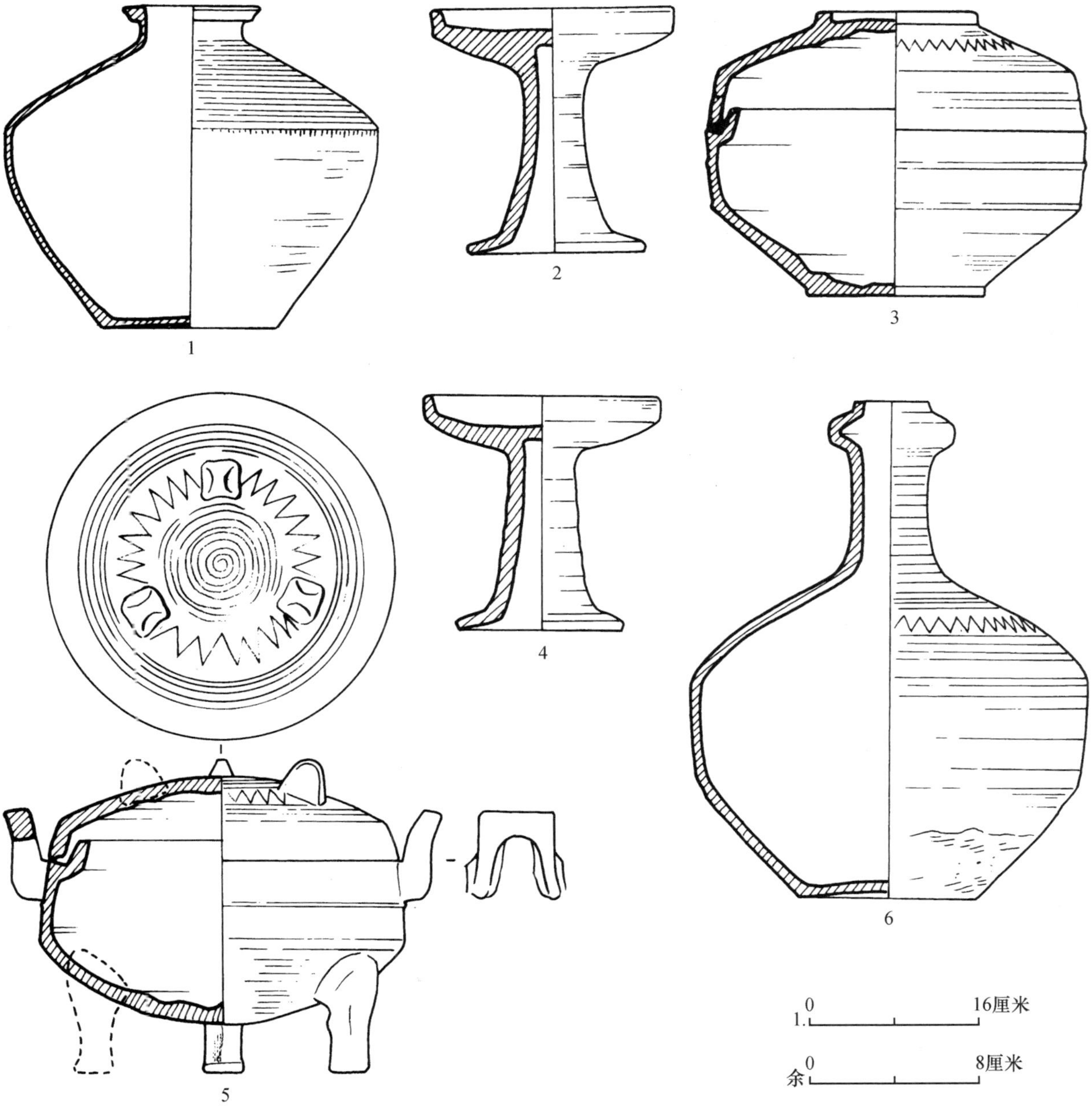

图二四五　M193出土器物

1. 陶罐（M193：1）　2、4. 陶豆（M193：5-1、M193：5-2）　3. 陶盒（M193：3）　5. 陶鼎（M193：2）
6. 陶蒜头壶（M193：4）

陶蒜头壶　1件。标本M193：4，泥质灰陶，完整。口部蒜头形，长颈，溜肩鼓腹，上腹较直，下腹斜内收，平底微凹。颈、肩、腹部见暗弦纹和一圈波折锯齿纹。通高23.2、口径2.6、蒜头径6.2、腹径18.7、底径8.4厘米（图二四五，6）。

陶罐　1件。标本M193：1，泥质灰陶，口沿残。尖唇平沿，侈口束颈，广斜肩，鼓腹，上腹圆折，下腹斜内收，平底。口沿、肩、腹部见暗弦纹，腹部饰间断竖绳纹。通高30.6、口径8.8、腹径35.4、底径16.6厘米（图二四五，1）。

陶豆　2件。泥质灰陶，两件大小形制近似，底座均残。标本M193：5-1，豆柄较细。通高

11、口径10.6、盘深1、底径6.2厘米（图二四五，2）。标本M193：5-2，豆盘方唇敞口，浅折腹，盘壁内斜，豆柄细高，中空，喇叭状底座。通高10.5、口径10.7、盘深1.4、底径6.6厘米（图二四五，4）。

铜带钩　1件。标本M193：6，表面轻微锈蚀。钩首兽头形，嘴、眼、鼻、耳刻划细致。长颈，凸腹较宽，背弯曲，尾近椭圆形。纽近中部，圆形扣纽较大，纽柱短粗。通长7.5、腹宽1.3、纽高0.6、纽径1.6厘米（图二四六，8）。

铜编钟　4件。2件完整，2件悬舌缺失（图二四六，1、4）。表面轻微锈蚀。四件形制相近。钟正面“风”字形，顶部起脊，纽方形或桥形，底边弧形内凹，开口平面椭圆形。外表纹饰有差异。标本M193：7-2，方形纽，腹内无悬舌。外表正、背两面梯形边框内底纹为斜格，其上为兽面纹。通高4.2、纽高1、上宽2.4、下宽3.6厘米（图二四六，2；图版四〇，2）。标本M193：7-4，桥形纽，腹内有悬舌。外表正、背两面梯形边框内为谷纹。通高5.46、纽高1、上宽3、下宽4.4厘米（图二四六，5）。

铜耳环　1对。标本M193：8-1，表面轻微锈蚀。两者大小、形制相近。扁平圆环状，环上有铜材被扭转后形成的纹饰。外径4.3、内径3.3、环宽0.5厘米（图二四六，3、6）。

铜环铁刀　1件。标本M193：9，刀身残断。刀柄后有一铜环，扁圆状，下接铁质刀柄、刀身。刀身外为木质刀鞘，可见黄底红色彩绘。刀残长14厘米、宽1.6、环径1.6～2.7，内径1.7、环宽0.5厘米（图二四六，7）。

M194

1. 墓葬形制

位于发掘区中部偏东，南邻M169，西邻M179。方向255°，由竖穴墓道和土洞墓室两部分组成，东西向，墓道在西，墓室居东。该墓墓道被M203墓道东壁打破（图二四七）。

墓道　平面呈长方形，竖穴土坑，口大底小，南北长2.6、宽1.8、开口距地表1.4、距墓道底2.5米，墓道底长2.4、宽1.6米。四壁收分0.1米。

封门　墓室口未见封门痕迹。

墓室　位于墓道东壁，拱顶土洞。平面呈长方形，进深1.1、宽1.6、残高0.9米。墓室口部坍塌。

葬具葬式　棺灰痕明显，平面长方形，靠墓室南壁，长1.2、宽0.6米。棺灰内置1副骨架，保存较好，侧身屈肢，头向北，上肢环抱膝盖，下肢向上弯曲。

2. 随葬器物

墓道、墓室未见有随葬器物。

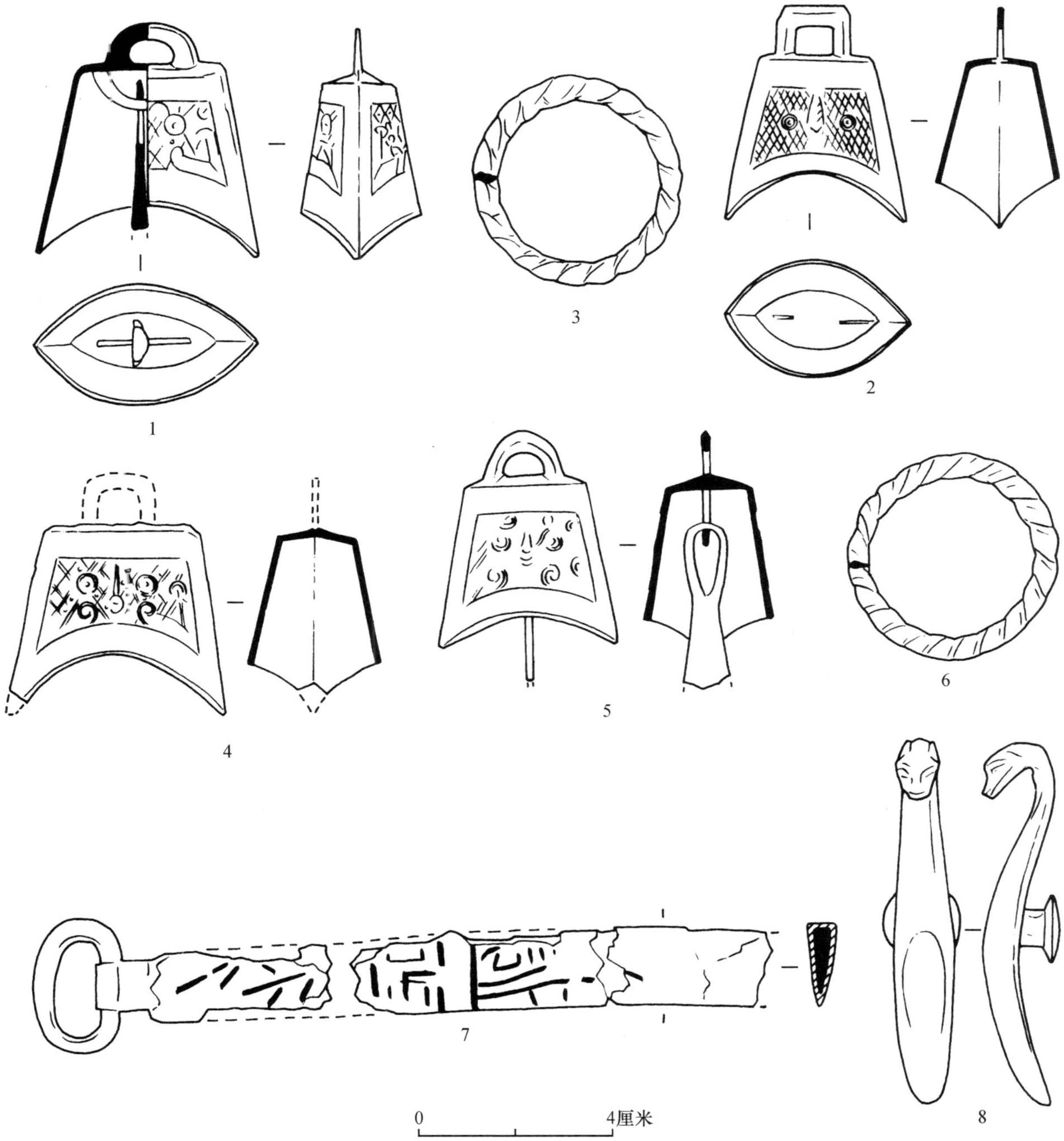

图二四六　M193出土器物

1、2、4、5　铜编钟（M193：7-1、M193：7-2、M193：7-3、M193：7-4）　3、6. 铜耳环（M193：8-1、M193：8-2）
7. 铜环铁刀（M193：9）　8. 铜带钩（M193：6）

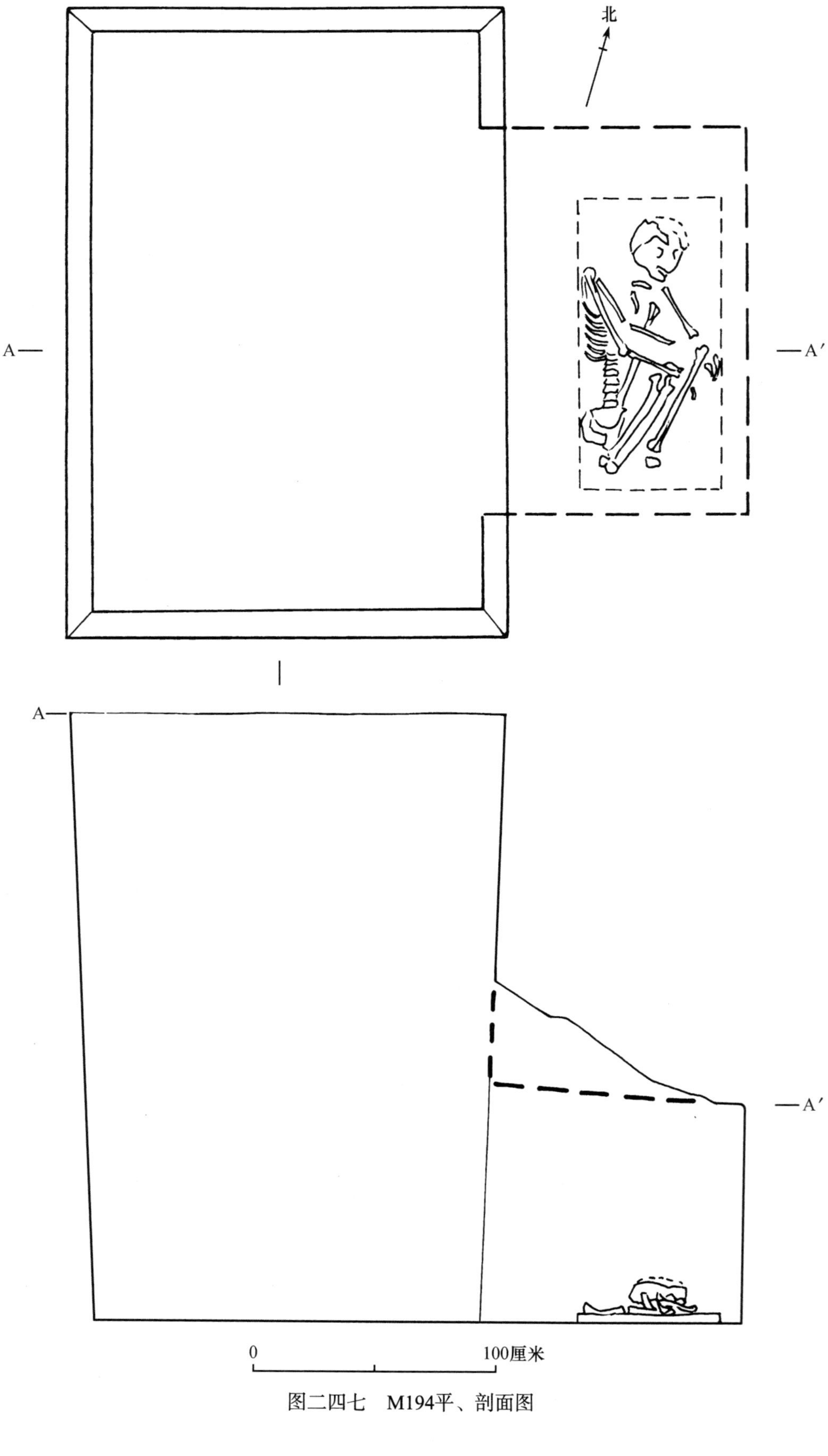

图二四七　M194平、剖面图

M195

1. 墓葬形制

位于发掘区中部东南，南邻M214。方向180°，由竖穴墓道和土洞墓室两部分组成，南北向，墓道在南，墓室居北（图二四八）。

墓道　平面呈长方形，竖穴土坑，口大底小，东西长3、宽2、开口距地表1.6、距墓道底2.45米，墓道底长2.3、宽1.6米。东、西两壁收分0.35米，南、北两壁收分0.2米。

封门　墓室口未见封门痕迹。

墓室　位于墓道北壁，平顶土洞。平面长方形，进深1.3、东西长1.8、残高1.2米。墓室口部坍塌。

葬具葬式　葬具不详。墓室中部见1副骨架，保存较差，可辨葬式为为侧身屈肢，头向西，上肢交于胸前，双膝向南弯曲。

2. 随葬器物

墓道、墓室未见有随葬器物。

M196

1. 墓葬形制

位于发掘区中部东部，南邻M175。方向300°，由竖穴墓道和土洞墓室两部分组成，东西向，墓道在西，墓室居东（图二四九）。

墓道　平面呈长方形，竖穴土坑，口大底小，南北长2.5、宽1.8、开口距地表1.4、距墓道底3.1米，墓道底长2.1、宽1.4米。四壁均收分0.2米。

封门　墓室口未见封门痕迹。

墓室　位于墓道东壁，拱顶土洞。平面呈长方形，进深0.92、宽1.5、残高1.1米。墓室口部坍塌。

葬具葬式　葬具不详。墓室内见1副骨架，保存较好，侧身屈肢，头向北面东，一手屈于腹部，一手折于胸前，下肢向东弯曲。骨架胸前发现1件带钩。

2. 随葬器物

铁带钩　1件。标本M196：1，锈蚀严重，残成3段。细棒形，弯曲。残长13、宽1.2厘米（图二五〇）。

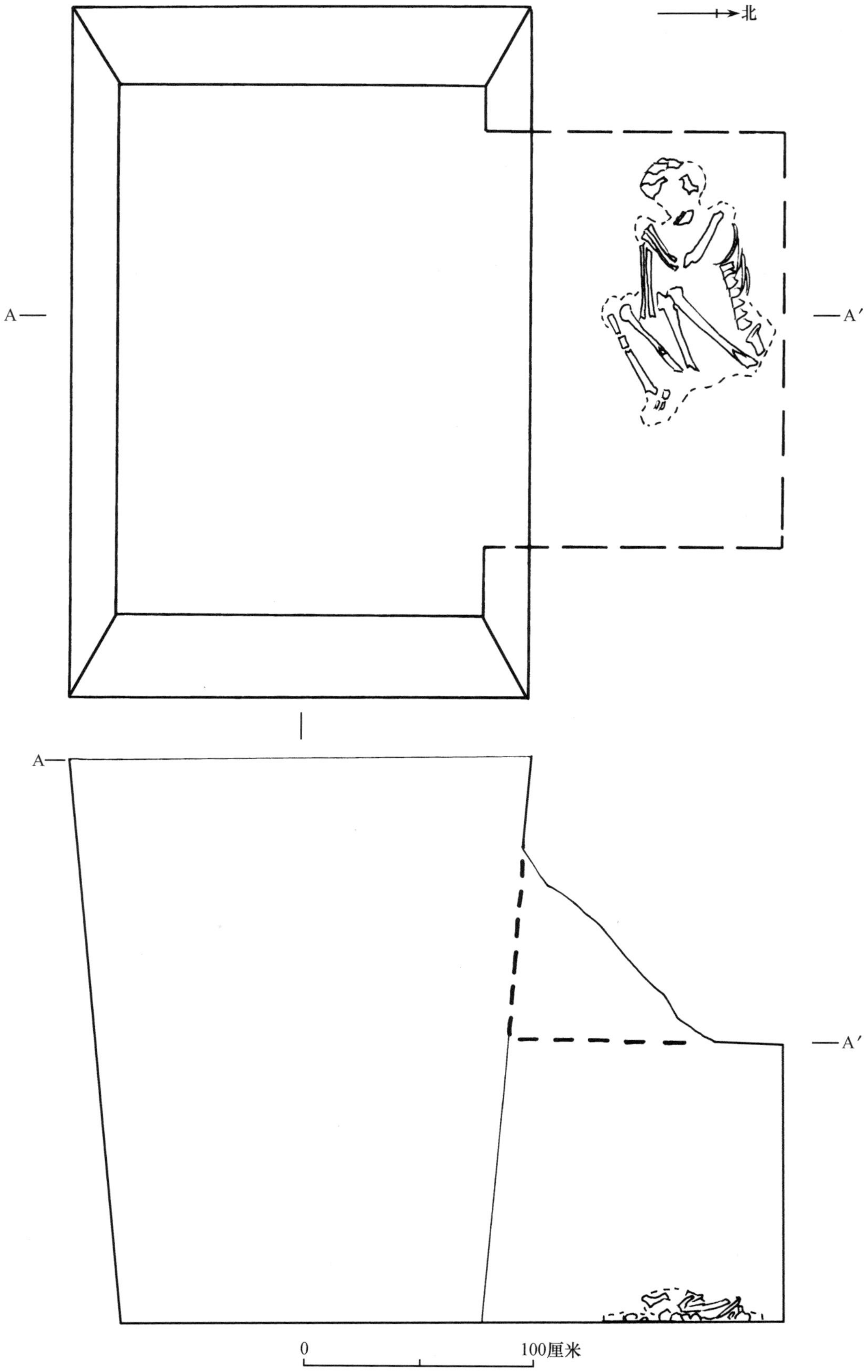

图二四八　M195平、剖面图

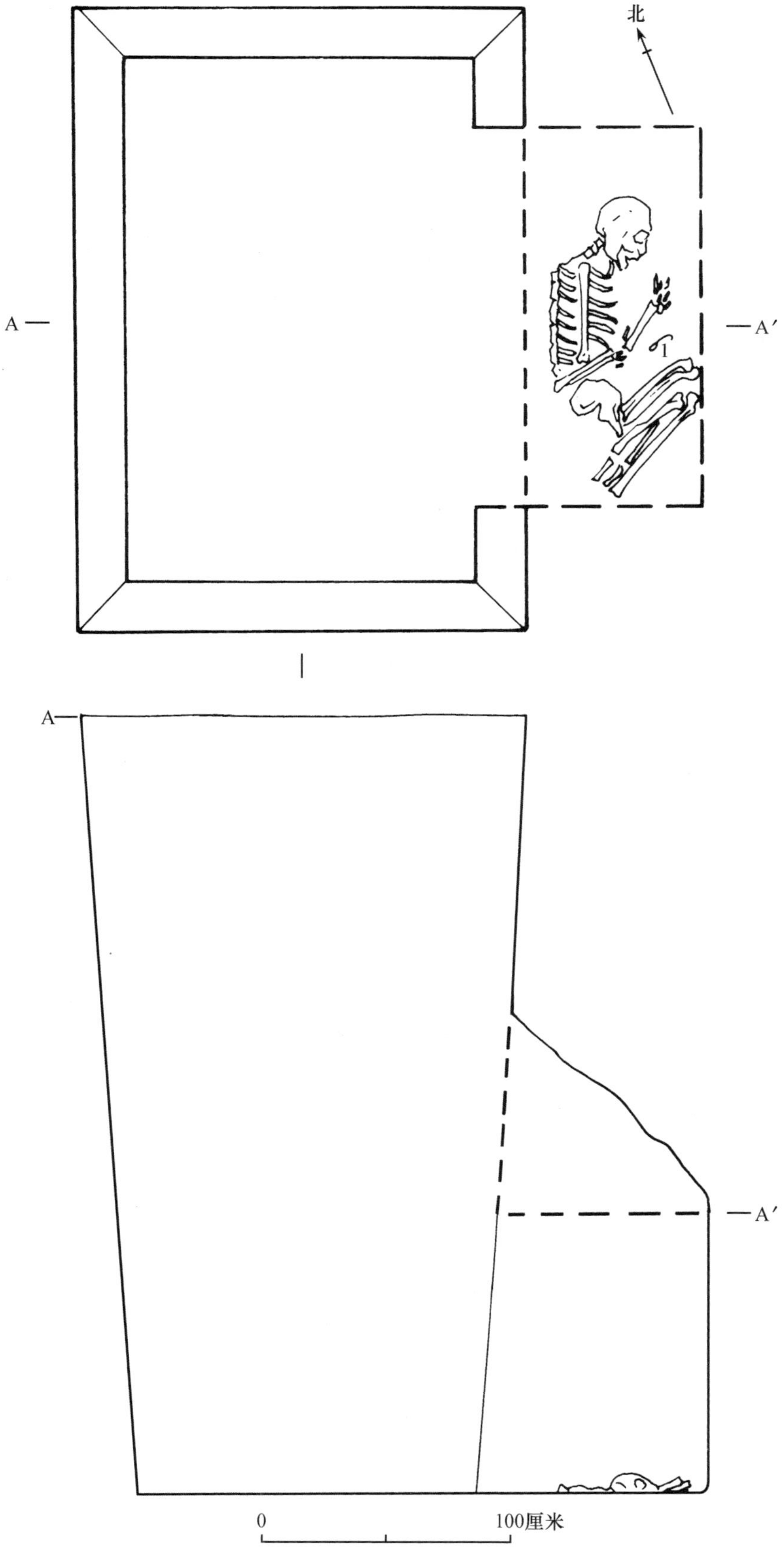

图二四九　M196平、剖面图
1. 铁带钩

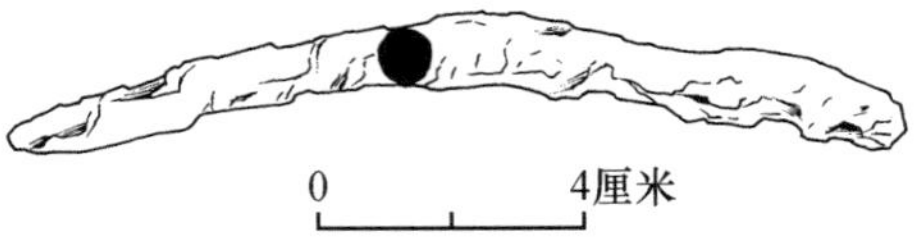

图二五〇　M196出土铁带钩（M196：1）

M197

1. 墓葬形制

位于发掘区中部，西邻M217。方向345°，由竖穴墓道和土洞墓室两部分组成，南北向，墓道在南，墓室居北（图二五一；图版一六，1）。

墓道　平面呈长方形，竖穴土坑，口大底小，东西长2.4、宽1.9、开口距地表1.3、距墓道底4米，墓道底长1.8、宽1.1米。东、西两壁收分0.3米，南、北两壁收分0.4米。

封门　墓室口未见封门痕迹。

墓室　位于墓道南壁，拱顶土洞。平面呈梯形，进深1.1～1.2、宽1.6、残高1米。墓室口部坍塌。

葬具葬式　棺灰痕明显，呈长方形，长1.4、宽0.6米。棺灰内见1副骨架，保存较差，可辨葬式为仰身屈肢，头向东。头骨处有3件器物。

2. 随葬器物

共5件，铁带钩1件、铁饰3件，小白石1块。

铁带钩　1件。标本M197：1，锈蚀严重，残成2段。曲颈，细长腹，方形纽。残长8.8、腹宽1、纽高0.6厘米（图二五二，2）。

铁饰　3件。锈蚀严重，残。皆为不同形状薄片，推测当为帽饰。标本M197：2-1似瓦形，外表见数道条状凹弦纹。残长16.4、宽7.6厘米（图二五二，1）。标本M197：2-2，侧剖呈“U”形。残长8.2、残宽5.1厘米（图二五二，3）。标本M197：2-3，上端较直，下端略向内弯曲。残长7.6、残宽4.2厘米（图二五二，5）。

小白石　1块。标本M197：3，残。大体呈三椎体。通体白色有光泽。高0.7、残宽1.9厘米（图二五二，4）。

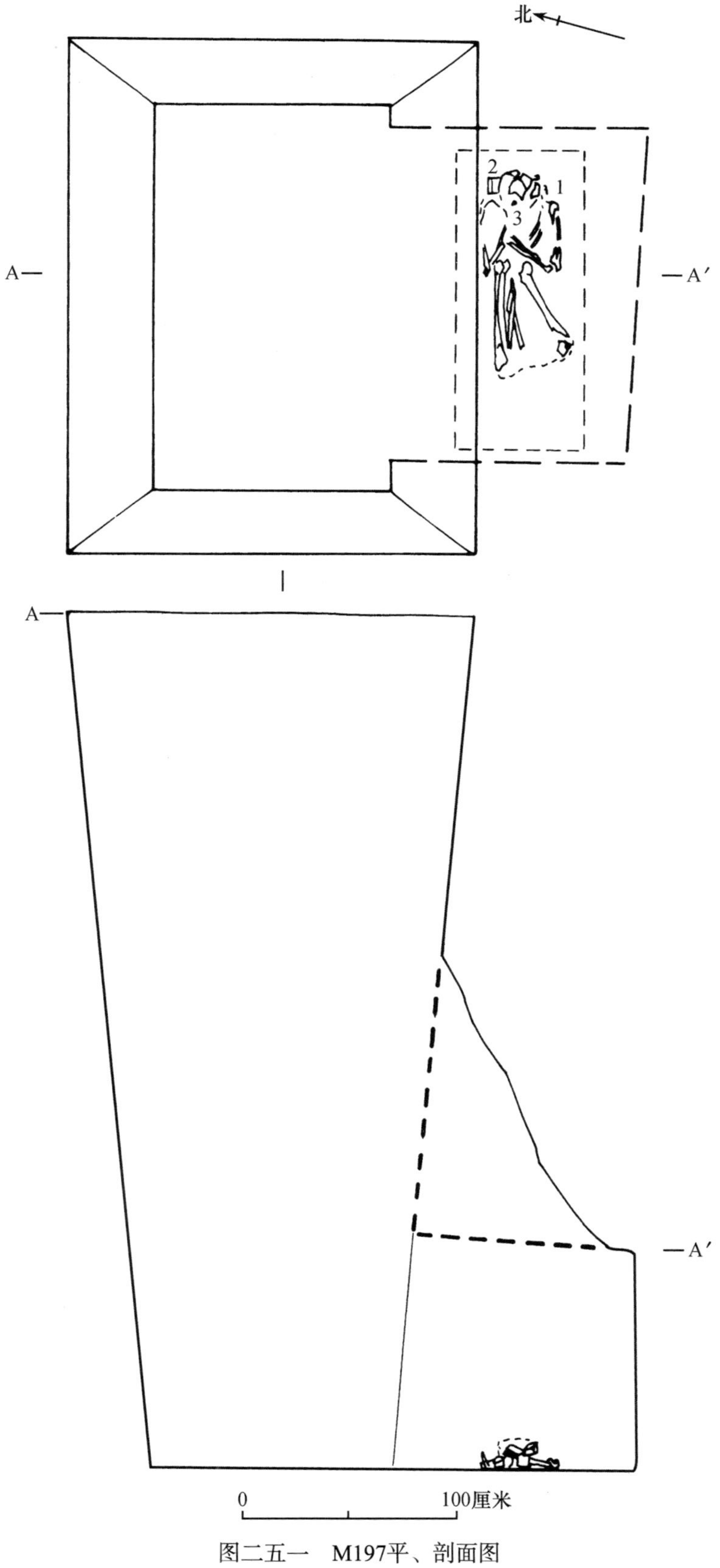

图二五一　M197平、剖面图

1. 铁带钩　2. 铁饰　3. 小白石

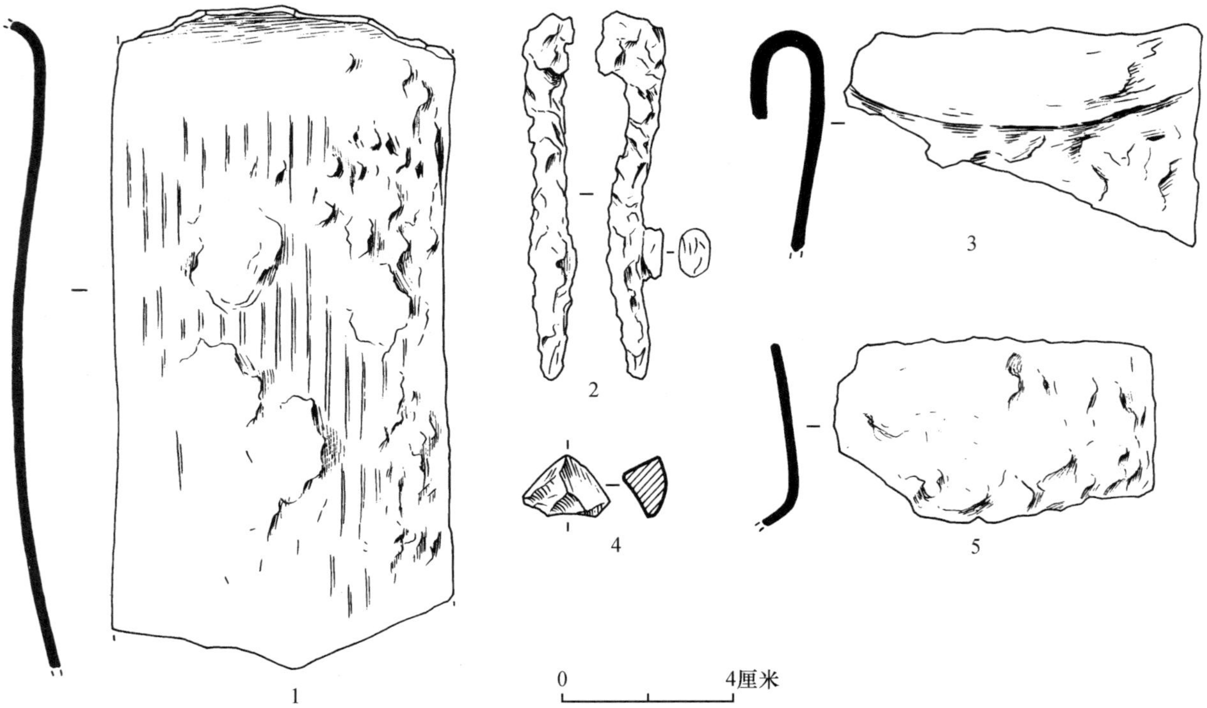

图二五二　M197出土器物

1、3、5. 铁饰（M197：2-1、M197：2-2、M197：2-3）　2. 铁带钩（M197：1）　4. 小白石（M197：3）

M198

1. 墓葬形制

位于发掘区中部，西邻M191，东邻M217。方向270°，由竖穴墓道和土洞墓室两部分组成，东西向，墓道在西，墓室居东（图二五三）。

墓道　平面呈长方形，竖穴土坑，口大底小，长4.8、宽3.5、开口距地表1.3、距道墓底3.4米，墓道底长3.2、宽1.8米。墓道西壁收分0.7米，北壁收分0.8米，东、南两壁收分0.9米。墓室高出墓道0.1米。

封门　墓室口未见封门痕迹。

墓室　位于墓道东壁，拱顶土洞。平面呈长方形，进深3、宽1.1、残高1.1米。墓室口坍塌。墓室口部发现4件随葬陶器。

葬具葬式　葬具不详。墓室内发现零星骨架，可辨葬式为直肢葬，头向西。

2. 随葬器物

共5件，陶鼎1件、陶盒1件、陶壶1件、陶缶1件（图版二六，1），铜带钩1件。

陶鼎　1件。标本M198：1，泥质灰陶，盖残。盖方唇，圆折腹，扁棱状纽。器身方唇，子母敛口，深腹，上腹内凹，下腹圆收，圜底。方形附耳外撇，蹄足。盖顶见暗弦纹和波折锯齿纹，腹

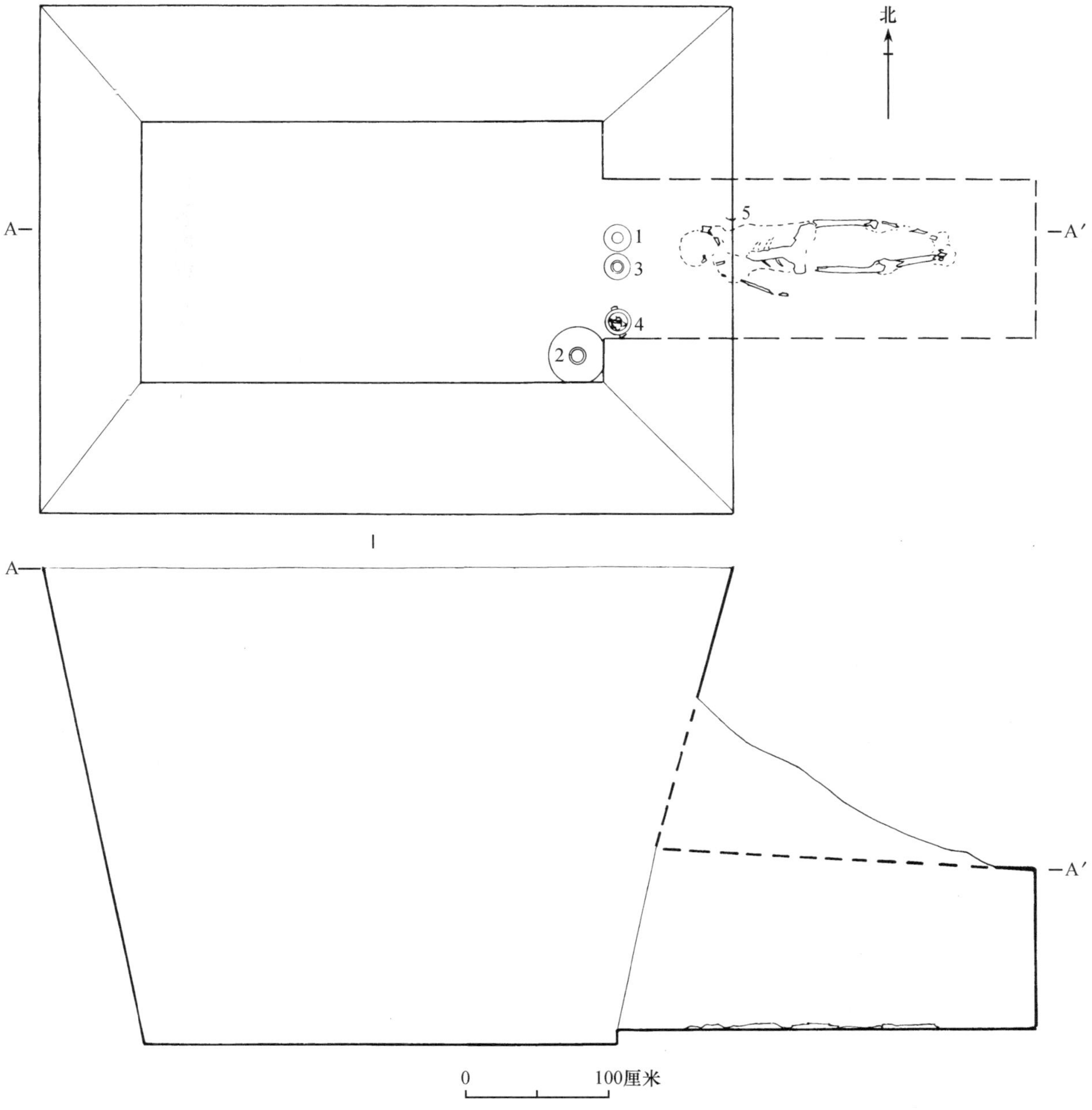

图二五三　M198平、剖面图

1. 陶鼎　2. 陶缶　3. 陶壶　4. 陶盒　5. 铜带钩

部饰一圈凸弦纹。通高13.9、口径11.6、腹径16.3、腹深8.5、足高5厘米（图二五四，4）。

陶盒　1件。标本M198：4，泥质灰陶，修复完整。盖方唇，圆腹，圈足形捉手。器身方唇，子母敛口，深腹，上腹直，下腹内收，平底斜内凹。盖顶见同心暗弦纹，上腹部饰3道凸弦纹。通高12.8、口径12.4、腹径15.9、腹深8、底径7.4厘米（图二五四，3）。

陶壶　1件。标本M198：3，泥质灰陶。盖，顶弧形。器身方唇侈口，长颈，斜肩，鼓腹，上腹直，下腹斜内收，平底微凹。颈部饰两道凸棱纹、上腹饰两道凹弦纹，肩部可见暗弦纹。通高22.1、口径5、腹径17、底径9.1厘米（图二五四，2）。

陶缶　1件。标本M198：2，泥质灰陶，基本完整。尖唇斜沿，侈口束颈，广斜肩，鼓腹，上

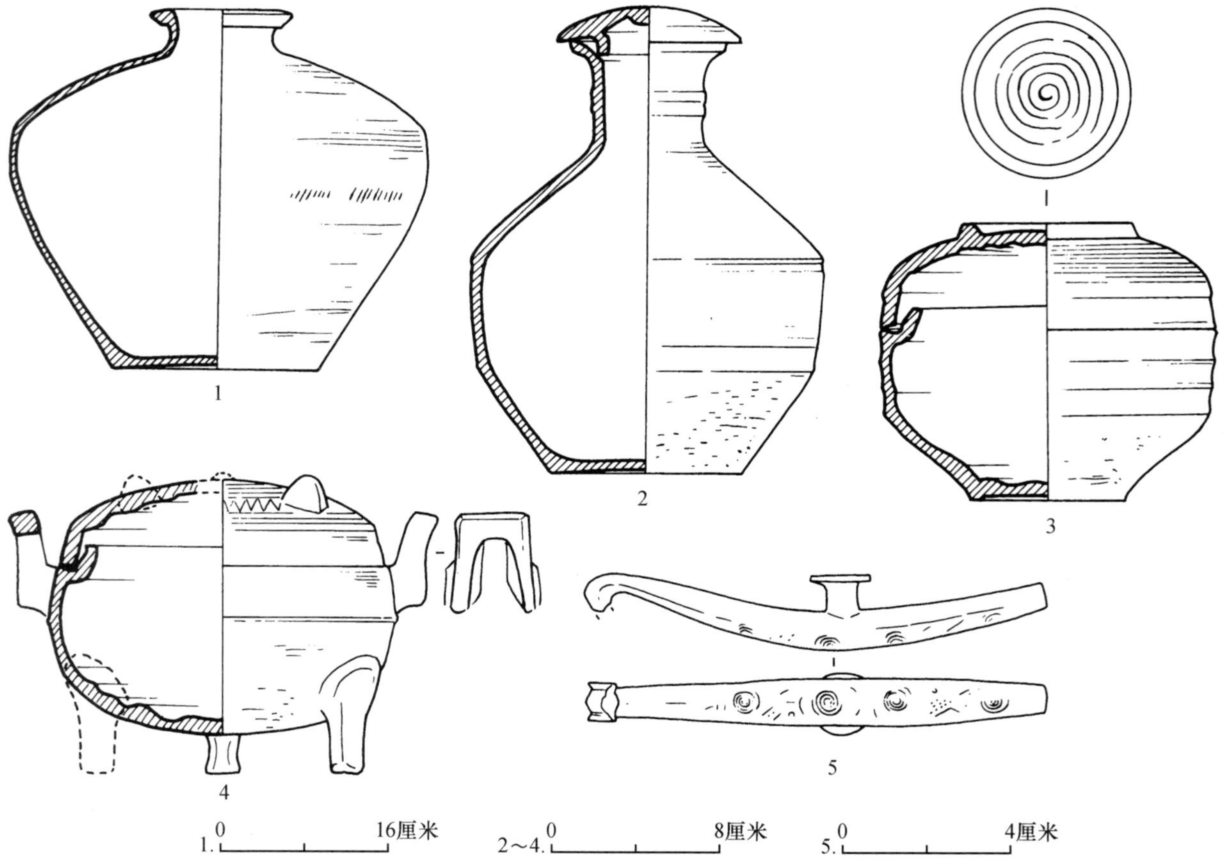

图二五四　M198出土器物

1. 陶缶（M198：2）　2. 陶壶（M198：3）　3. 陶盒（M198：4）　4. 陶鼎（M198：1）　5. 铜带钩（M198：5）

腹圆折，下腹斜内收，平底。肩部见暗弦纹，腹部饰绳纹。通高33、口径9.8、腹径39.6、底径19.9厘米（图二五四，1）。

铜带钩　1件。标本M198：5，表面轻微锈蚀，钩首残。通体细长，呈棒状。曲颈，细长腹，方形尾。背部弯曲，纽近中部，圆形扣纽较小，纽柱短粗。正面刻划卷云、同心圆纹饰。残长11、腹宽1.2、纽高0.8、纽径1.3厘米（图二五四，5）。

M199

1. 墓葬形制

位于发掘区中部偏西，南邻M230，西邻M145。方向182°，由竖穴墓道和土洞墓室两部分组成，南北向，墓道在南，墓室居北（图二五五）。

墓道　平面呈长方形，竖穴土坑，口大底小，东西长3、宽2.2、开口距地表1.4、距墓道底2.8米，墓道底长2.6、宽1.8米。东西两壁收分0.1米，南北两壁收分0.2米。

封门　墓室口未见封土痕迹。

墓室　位于墓道北壁，平顶土洞。平面呈长方形，进深1.2、宽2.2、高1.5米。

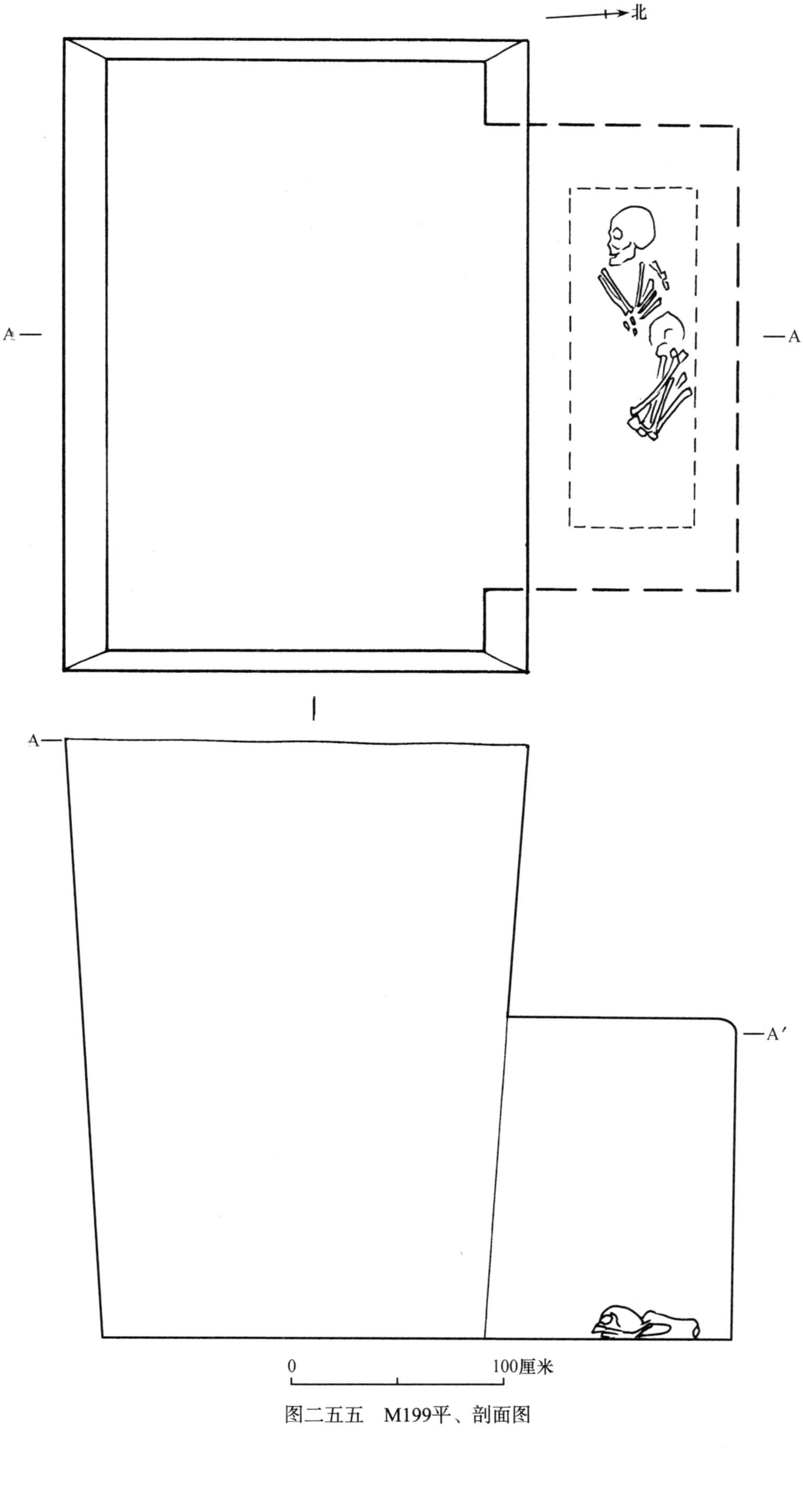

图二五五　M199平、剖面图

葬具葬式　棺灰痕明显，平面呈长方形，长1.6、宽0.6米。棺灰内见1副骨架，保存较差，可辨葬式为侧身屈肢，头向西，上肢屈于胸前，双膝向南弯曲。

2. 随葬器物

墓道、墓室未见有随葬器物。

M200

1. 墓葬形制

位于发掘区中部偏北，西邻M183。方向165°，由竖穴墓道和土洞墓室两部分组成，南北向，墓道在南，墓室居北（图二五六）。

墓道　平面呈长方形，竖穴土坑，口大底小，东西长2.3、宽1.8、开口距地表1.4、距墓道底2.5米。墓道底长2.3、宽1.5米。东西两壁垂直于墓底，南、北两壁收分0.15米。

封门　墓室口未见封门痕迹。

墓室 位于墓道北壁，拱顶土洞。平面呈长方形，进深1.1、宽1.7、残高0.9米。墓室口部坍塌。

葬具葬式　棺灰痕明显，大体呈长方形，残长1.4、宽0.7米。棺灰见1副骨架，保存较好，仰身屈肢，头向西，面向上，上肢交于胸前。

2. 随葬器物

墓道、墓室未见有随葬器物。

M201

1. 墓葬形制

位于发掘区中部，西邻M199，东邻M208。方向90°，长方形竖穴土坑墓，东西向（图二五七）。

墓道、墓室　平面呈长方形，东西长1.9、宽1、开口距地表1.4、距二层台0.8米，墓道底部壁有生土二层台，三壁垂直于墓底，高0.1、宽0.1米。墓室底长1.8、宽0.8米。

葬具葬式　葬具不详。骨架保存较差，推断头向东，应为仰身屈肢。

2. 随葬器物

墓道、墓室未见有随葬器物。

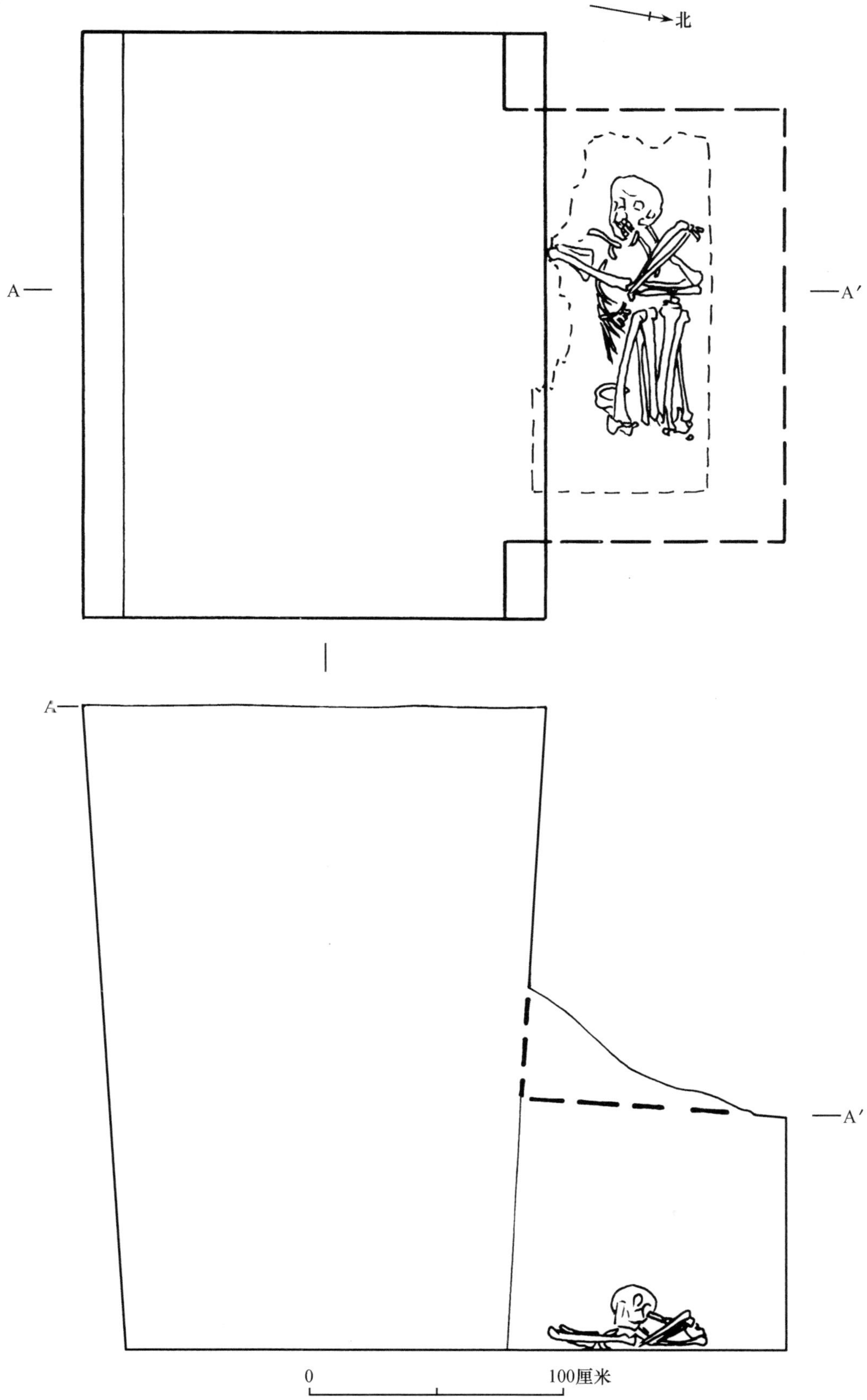

图二五六　M200平、剖面图

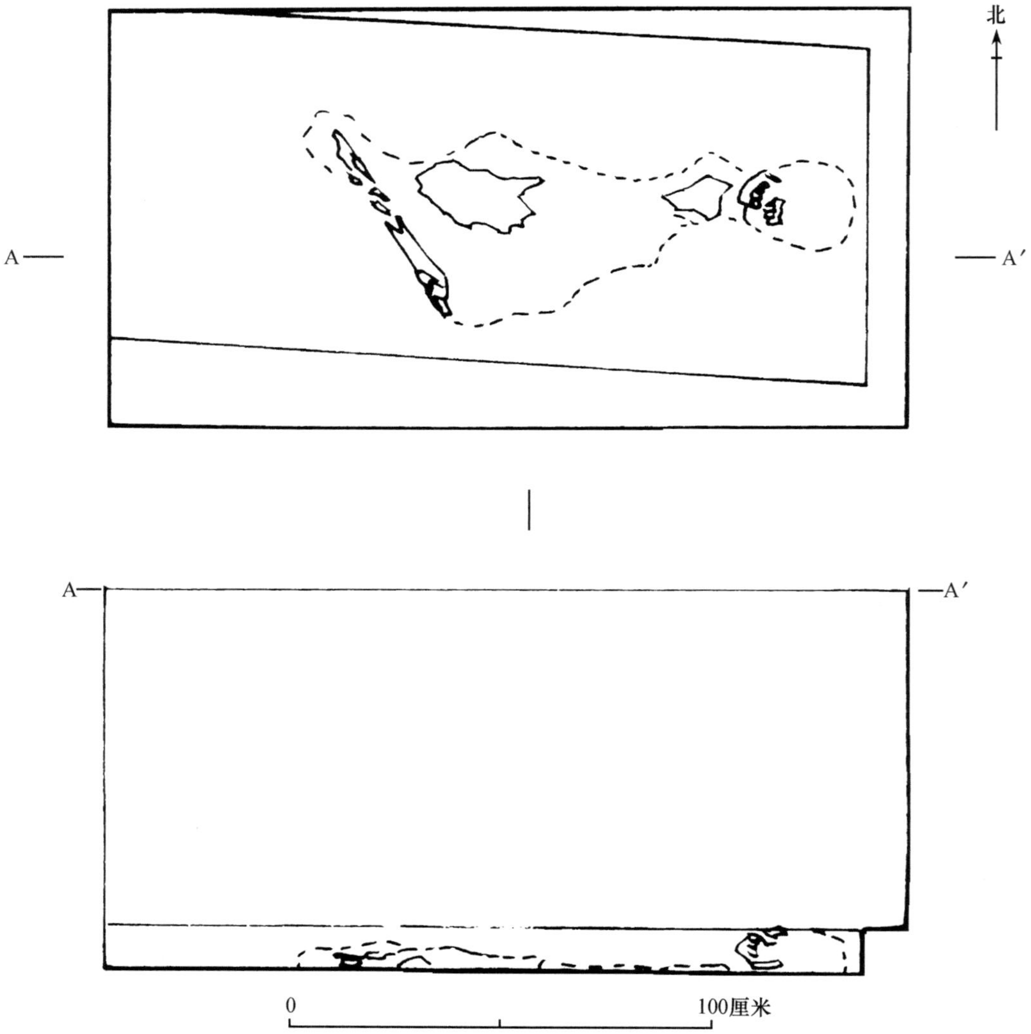

图二五七　M201平、剖面图

M202

1. 墓葬形制

位于发掘区中部偏西，北邻M160，东南邻M224。方向180°，由竖穴墓道和土洞墓室两部分组成，南北向，墓道在南，墓室居北（图二五八）。

墓道　平面呈长方形，竖穴土坑，口大底小，东西长2.7、宽2、开口距地表1.4、距墓道底3.4米，墓底长2.1、宽1.4米。四壁收分均为0.3米。

封门　墓室口未见封门痕迹。

墓室　位于墓室北壁，拱顶土洞。平面呈梯形，进深1.3、宽1.7～2.1、残高1.1米。墓室口部坍塌。

葬具葬式　葬具不详。墓室中部见1副骨架，保存较好，侧身屈肢，头向西，面向南，上肢屈于胸前，双膝向南弯曲。

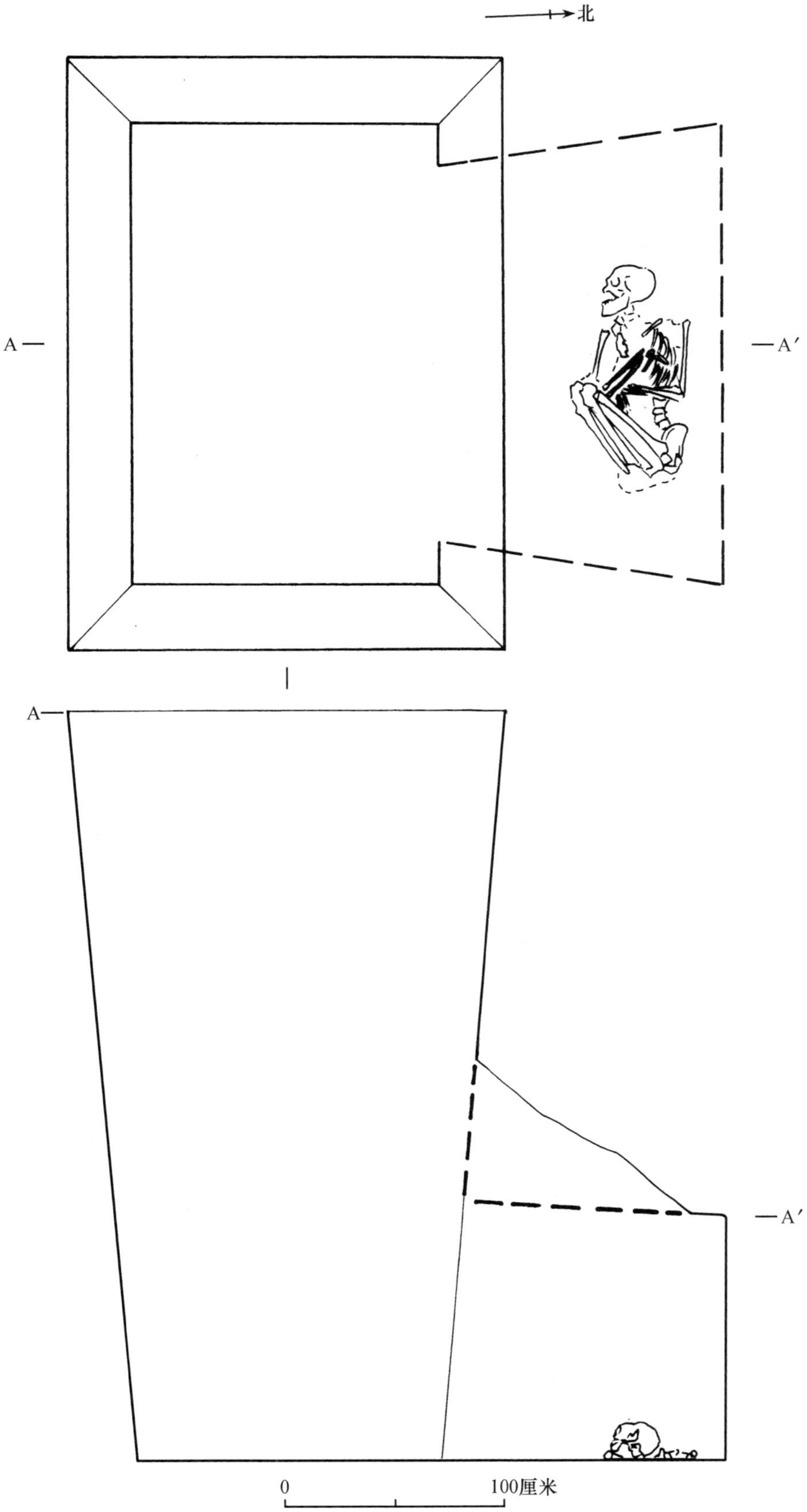

图二五八　M202平、剖面图

2. 随葬器物

墓道、墓室未见有随葬器物。

M203

1. 墓葬形制

位于发掘区中部中间，北邻M161。方向100°，由竖穴墓道和土洞墓室两部分组成，东西向，墓道在东，墓室居西（图二五九）。

墓道　竖穴土坑，口大底小。平面呈长方形，长3.4、宽2.54、开口距地表1.2、距墓道底2.8米，墓道底长2.25、宽1.26米。墓道东、西两壁收分0.56米，南、北两壁收分0.62米。墓道东壁被M194打破。墓道南北两壁靠墓室口部各有拱顶小龛，两龛均低于墓道底0.18米，南龛进深0.8、宽0.56、高0.6米，内置陶罐、陶壶与3件明器。北龛进深0.56、宽0.57、高0.6米，内置有1件陶罐和1件陶盆。

封门　墓室口部未见封土封门痕迹。

墓室　位于墓道西壁，拱顶土洞。平面呈长方形，进深2.5、宽0.86、高1.5米。墓室口坍塌。

葬具葬式　葬具、葬式不详。

2. 随葬器物

共8件，陶壶1件、陶罐2件、陶盆1件、小陶壶1件、小陶釜1件、小陶甑1件、小陶盆1件（图版二六，2）。

陶壶　1件。标本M203：3，泥质灰陶，修复完整。盖顶弧形。器身方圆唇，侈口，长颈，斜肩鼓腹，上腹较直，下腹斜内收，平底。颈肩见暗弦纹，颈饰数道凸弦纹，上腹饰两道凹弦纹。通高25.6、口径6.2、腹径18、底径8.8厘米（图二六〇，3、9）。

陶罐　2件。泥质灰陶，基本完整。标本M203：1，双唇卷沿，大口短颈，鼓肩鼓腹，下腹内收，大平底。腹最大径较高。肩、腹部饰细竖绳纹和数道篦点纹。通高32.9、口径21.8、腹径4.7、底径21.7厘米（图二六〇，1）。标本M203：2　双唇平沿，大口短颈，斜肩折腹，上腹斜直，下腹内收，大平底。肩部见两道波折锯齿纹和数道暗弦纹，上腹饰凹弦纹、锥刺纹，下腹为间断绳纹。通高31.7、口径19.4、腹径42.6、底径20.9厘米（图二六〇，2）。

陶盆　1件。标本M203：6，泥质灰陶，修复完整。尖唇平折沿，敞口，上腹外撇，下腹内收，平底。盆内、外壁见暗弦纹，外壁上腹饰一圈凸弦纹、下腹饰竖绳纹。内底有一方形戳印，文字不可辨识。通高11.9、口径28.9、腹径25、腹深10.9、底径13厘米（图二六〇，8）。

小陶壶　1件。标本M203：5，明器。方唇直口，直颈，溜肩鼓腹，下腹斜收，平底。肩部饰台棱纹。通高5.4、腹径5.6、口径4.5、底径2.8厘米（图二六〇，4）。

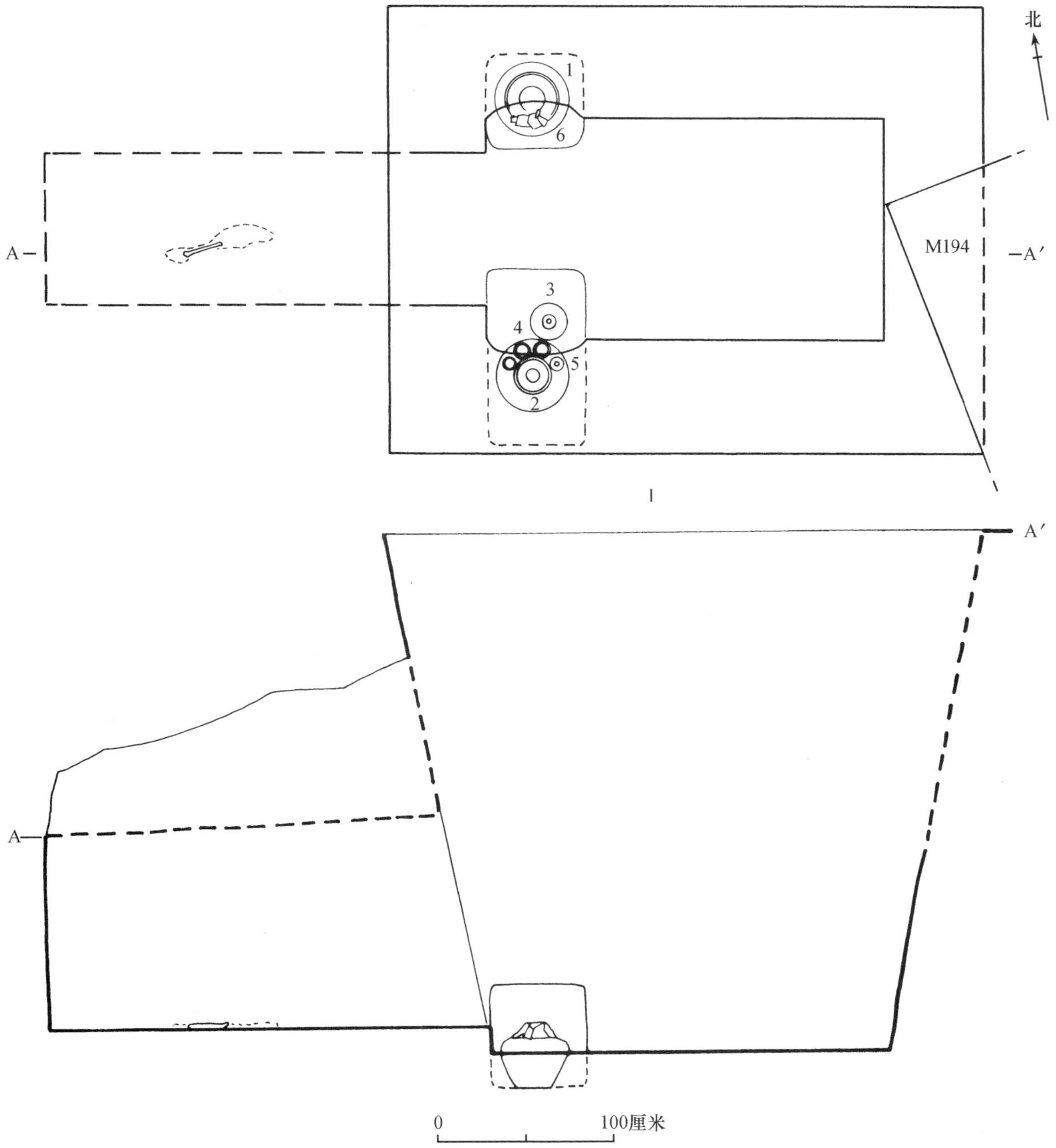

图二五九　M203平、剖面图

1、2. 陶罐　3. 陶壶　4. 小陶盅　5. 小陶壶　6. 陶盆

小陶甑　1件。标本M203：4-1，明器。直口，腹较深，上腹较直，下腹斜内收，平底，底部有4小孔。通高2.9、口径5.3、底径3.3厘米（图二六〇，7）。

小陶盆　1件。标本M203：4-2，明器。圆唇侈口，腹较深，上腹较直，下腹斜内收，平底。通高3.2、口径5.1、底径2.1厘米（图二六〇，6）。

小陶釜　1件。标本M203：4-3，明器。尖唇侈口，束颈，鼓腹，上腹较直，下腹斜收，三足较小。通高4.6、口径4.2、腹径6、足高0.3厘米（图二六〇，5）。

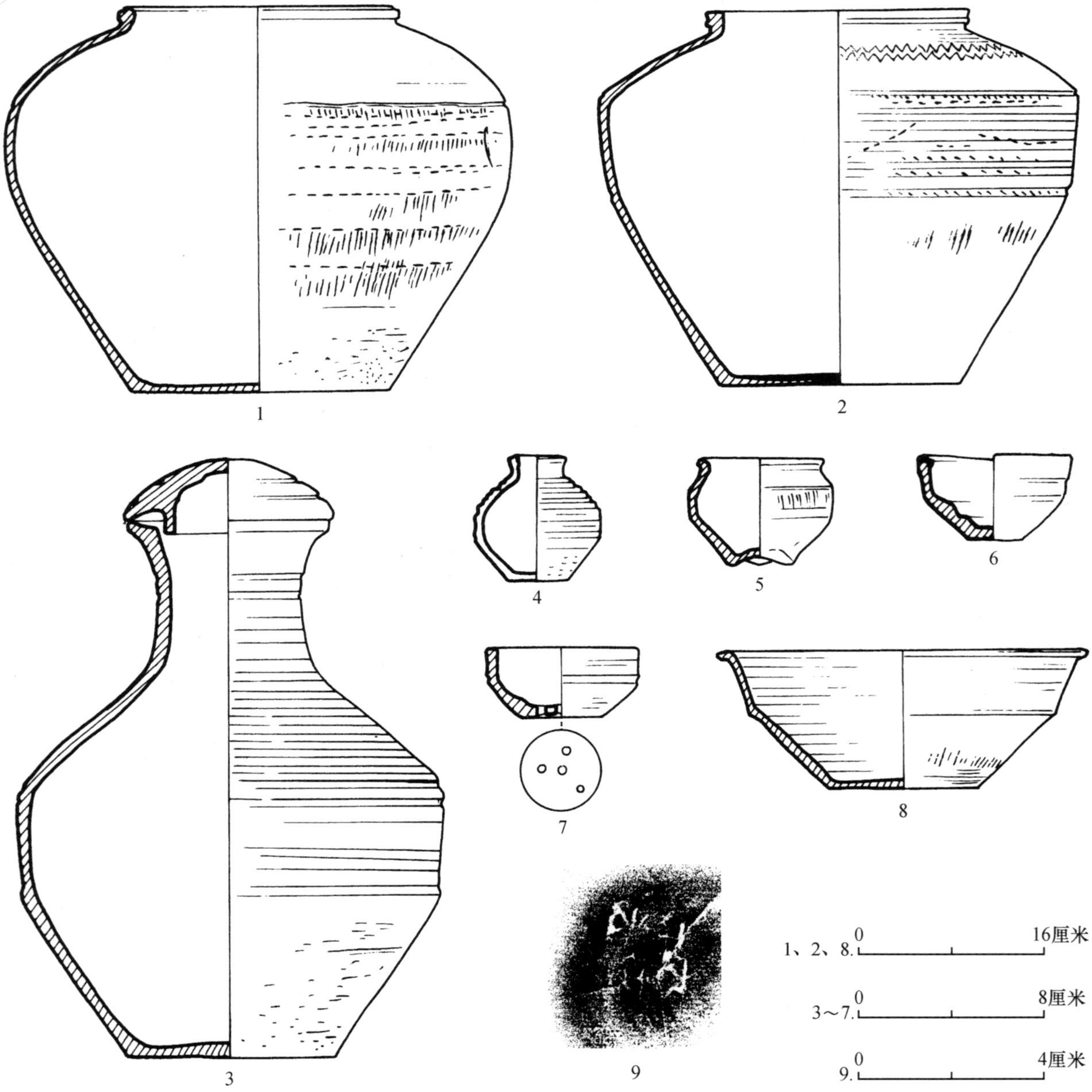

图二六〇　M203出土器物及文字拓片

1、2. 陶罐（M203：1、M203：2）　3. 陶壶（M203：3）　4. 小陶壶（M203：5）　5～7. 小陶釜、小陶盆、小陶甑（M203：4-3、M203：4-2、M203：4-1）　8. 陶盆（M203：6）　9. 陶壶文字拓片（M203：3）

M204

1. 墓葬形制

位于发掘区中部东南，北邻M175。方向250°，由竖穴墓道和土洞墓室两部分组成，东西向，墓道在西，墓室居东（图二六一）。

墓道　平面呈长方形，竖穴土坑，口大底小，口长3.1、宽2.32、开口距地表1.4、距墓道底2.4

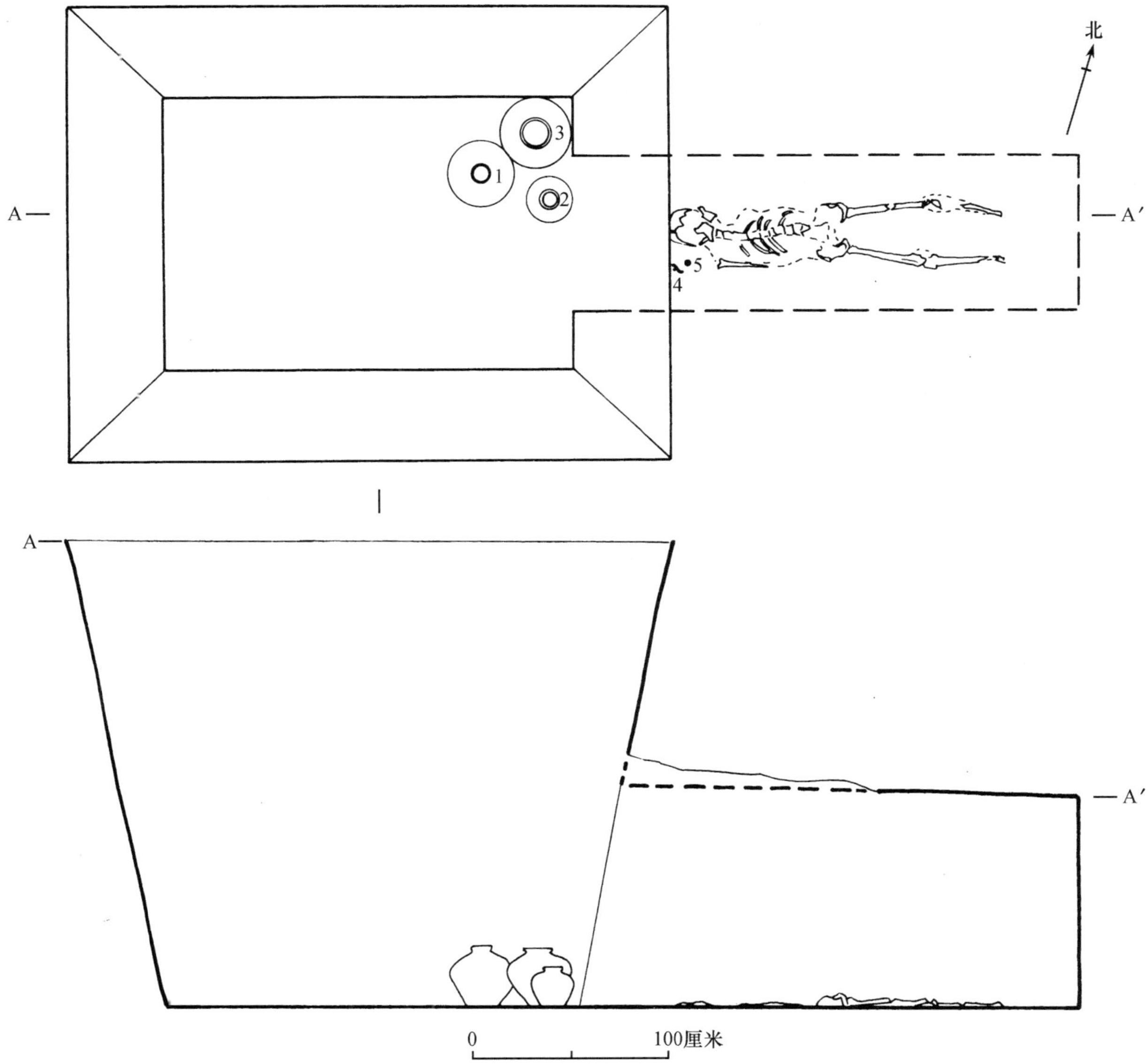

图二六一　M204平、剖面图

1. 陶罐　2、3. 陶缶　4. 铜带钩　5. 铁刀环

米，墓道底长2.1、宽1.4米。墓道四壁收分0.5米。

封门　未发现封门痕迹。

墓室　位于墓道东壁，拱顶土洞。平面呈长方形，进深2.6、宽0.8、残高1.1米。墓室口坍塌。墓道东北角置有三件随葬陶器。

葬具葬式　葬具不详。骨架保存较好，仰身直肢，头向西。骨架头部南侧见2件随葬器物。

2. 随葬器物

共5件，陶罐1件、陶缶2件（图版二七，1），铜带钩1件、铁刀环1件。

陶罐　1件。标本M204：1，泥质灰陶，基本完整。方唇平沿，直口短颈，圆肩鼓腹，下腹内收，平底。肩部饰细斜绳纹和一道较宽凹弦纹。肩部刻画“李”字。通高22.2、口径8.8、腹径

23.2、底径11厘米（图二六二，3）。

陶缶　2件。泥质灰陶，修复完整。标本M204：2，尖唇平沿，侈口束颈，斜广肩鼓腹，上腹圆折，下腹斜内收，平底。口沿部刻画有两道竖线，肩部见暗弦纹和波折状锯齿纹，腹部饰篦点纹。通高32、口径9、腹径37.8、底径17.6厘米（图二六二，2；图二六三，1、5）。标本M204：3，尖唇平沿，侈口束颈，广斜肩鼓腹，上腹圆折，下腹斜内收，大平底。肩部见暗弦纹，腹饰竖绳纹、锥刺纹。肩部压印2个暗纹“井”字，戳印“杜市”文样。通高34.9、口径9.2、腹径40.2、底径19.2厘米（图二六二，1；图二六三，2～4）。

铜带钩　1件。标本M204：4，表面轻微锈蚀。钩首兽头形，曲颈，细长腹，弧形尾。纽近尾部，圆形扣纽较小，纽柱短粗。腹部凸出。通长7.2、腹宽1、纽高0.6、纽径1.4厘米（图二六二，5）。

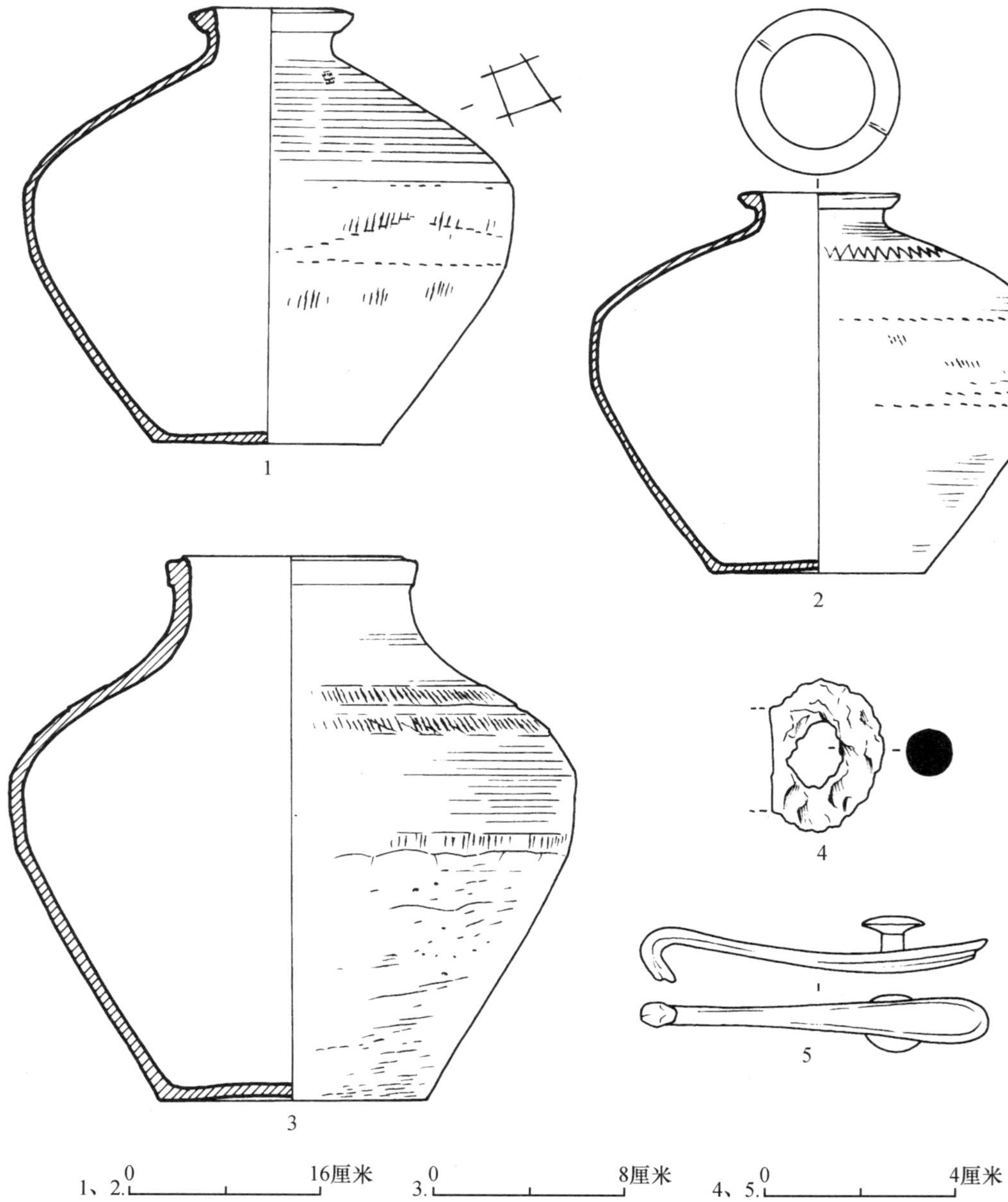

图二六二　M204出土器物

1、2. 陶缶（M204：3、M204：2）　3. 陶罐（M204：1）　4. 铁刀环（M204：5）　5. 铜带钩（M204：4）

图二六三　M204出土器物纹饰拓片

1、5. M204：2　2～4. M204：3

铁刀环　1件。标本M204：5，当为铁刀之柄首，锈蚀严重。环状。直径3.2、内径1.4厘米（图二六二，4）。

M205

1. 墓葬形制

位于发掘区中部西南，西邻M224，东邻M212。方向90°，由竖穴墓道和土洞墓室两部分组成，东西向，墓道在东，墓室居西（图二六四）。

墓道　平面呈长方形，竖穴土坑，口大底小，长3、宽1.82、开口距地表1.6、距墓道底1.7米，墓道底长2.6、宽1.5米。墓道东西两壁收分0.2米，南北两壁收分0.16米。墓道南壁靠墓室口部有一

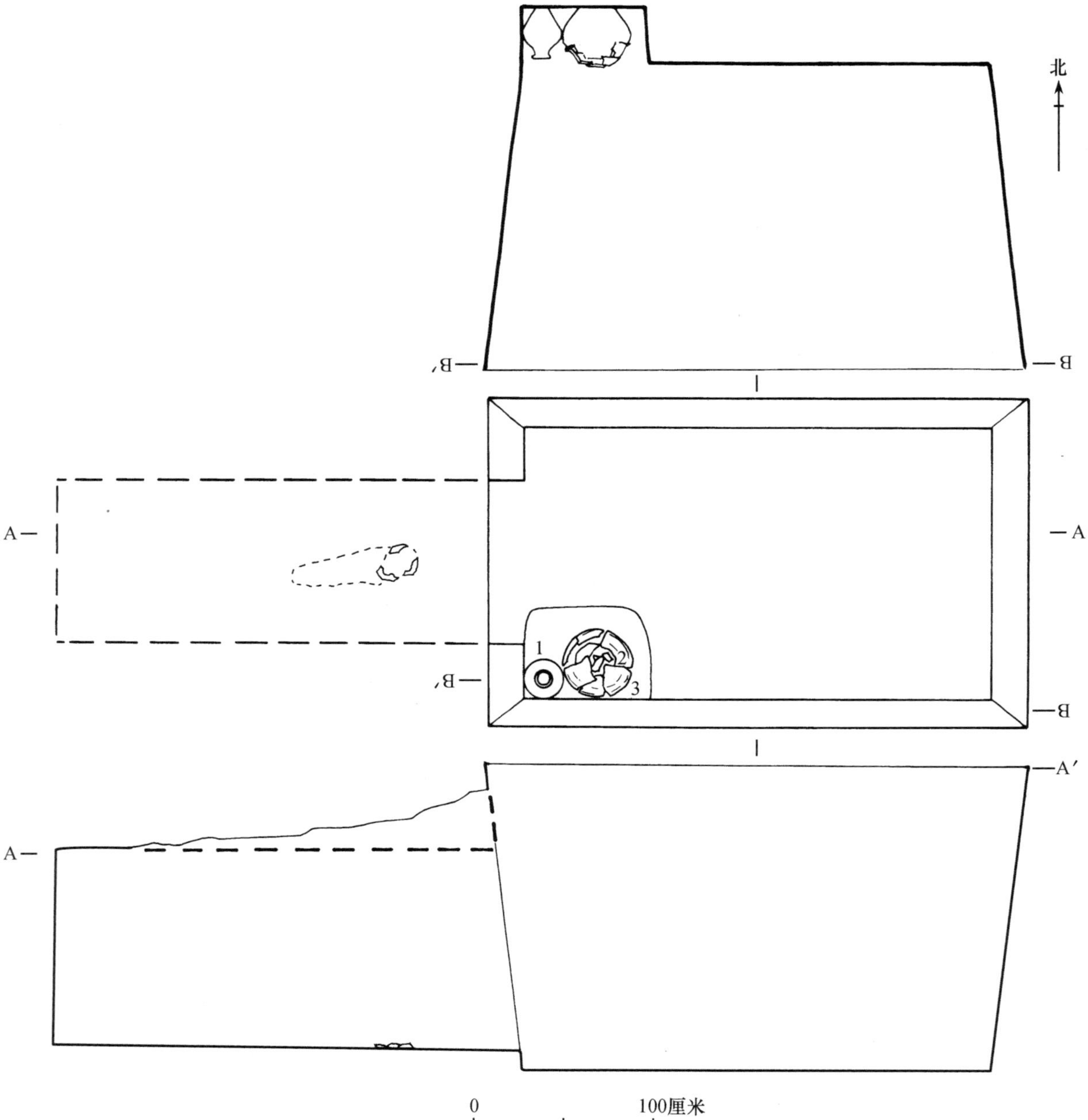

图二六四　M205平、剖面图

1、3. 陶罐　2. 陶盆

方形小坑，低于墓道0.3米，内置3件陶器。墓室底高于墓道0.1米。

封门　墓室口部未见封门痕迹。

墓室　位于墓道西壁，拱顶土洞。平面呈长方形，进深2.6、宽0.9、残高1.1米。墓室口部坍塌。

葬具葬式　葬具、葬式不详。

2. 随葬器物

共3件，陶罐2件、陶盆1件。

陶罐　2件。泥质灰陶，基本完整。标本M205：1，尖唇斜沿，侈口束颈，圆肩鼓腹，下腹斜收，平底。肩部见暗弦纹，肩、腹部饰细绳纹和数道凹弦纹。肩部刻画有“中”字样，下腹戳印“咸□間□□□”。通高24、口径8.7、腹径23.3、底径11.3厘米（图二六五，1；图二六六，1、2）。标本M205：3，方唇大口，直颈，广肩折腹，上腹较直，下腹内收，平底。肩部饰一圈波折状锯齿纹，腹部饰两道篦点纹。下腹底戳印“咸亭□□□”。通高23.8、口径16.7、腹径33.2、底径16.7厘米（图二六五，2；图二六六，3）。

陶盆　1件。标本M205：2，泥质灰陶，修复完整。尖唇宽沿，上腹较直，下腹内折收，平底。内壁见暗弦纹，外壁中腹饰一道凸弦纹，内底戳印“咸亭□里□器”。通高15.5、口径33、腹径31、腹深15.7、底径15.2厘米（图二六五，3；图二六六，4）。

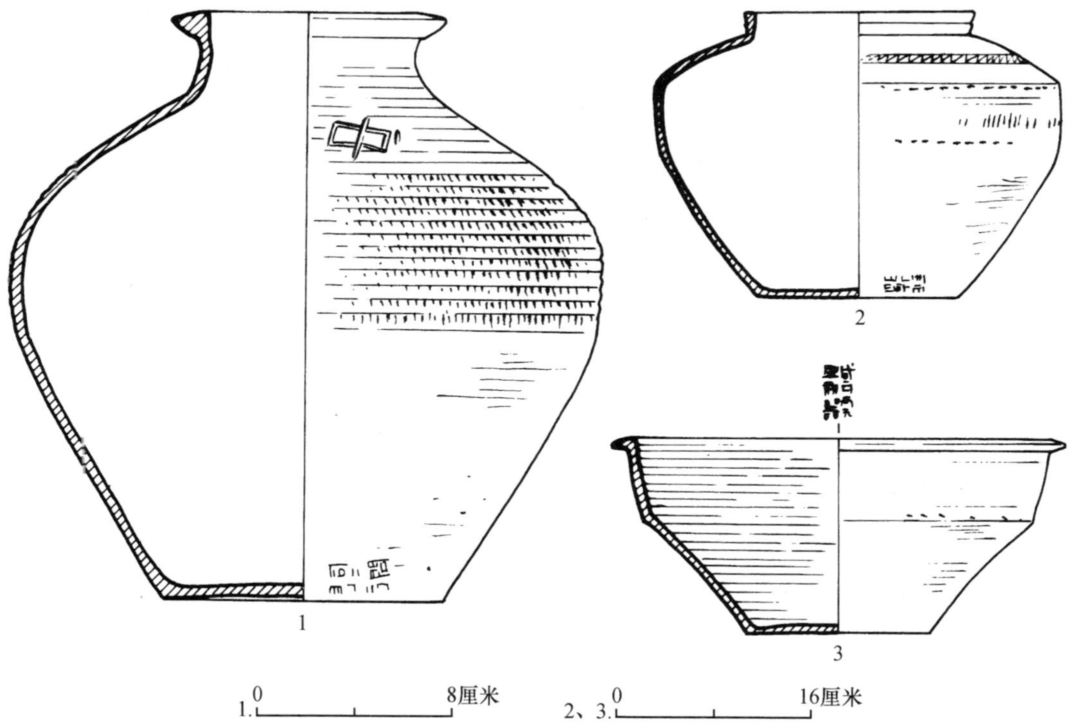

图二六五　M205出土器物

1、2. 陶罐（M205：1、M205：3）　3. 陶盆（M205：2）

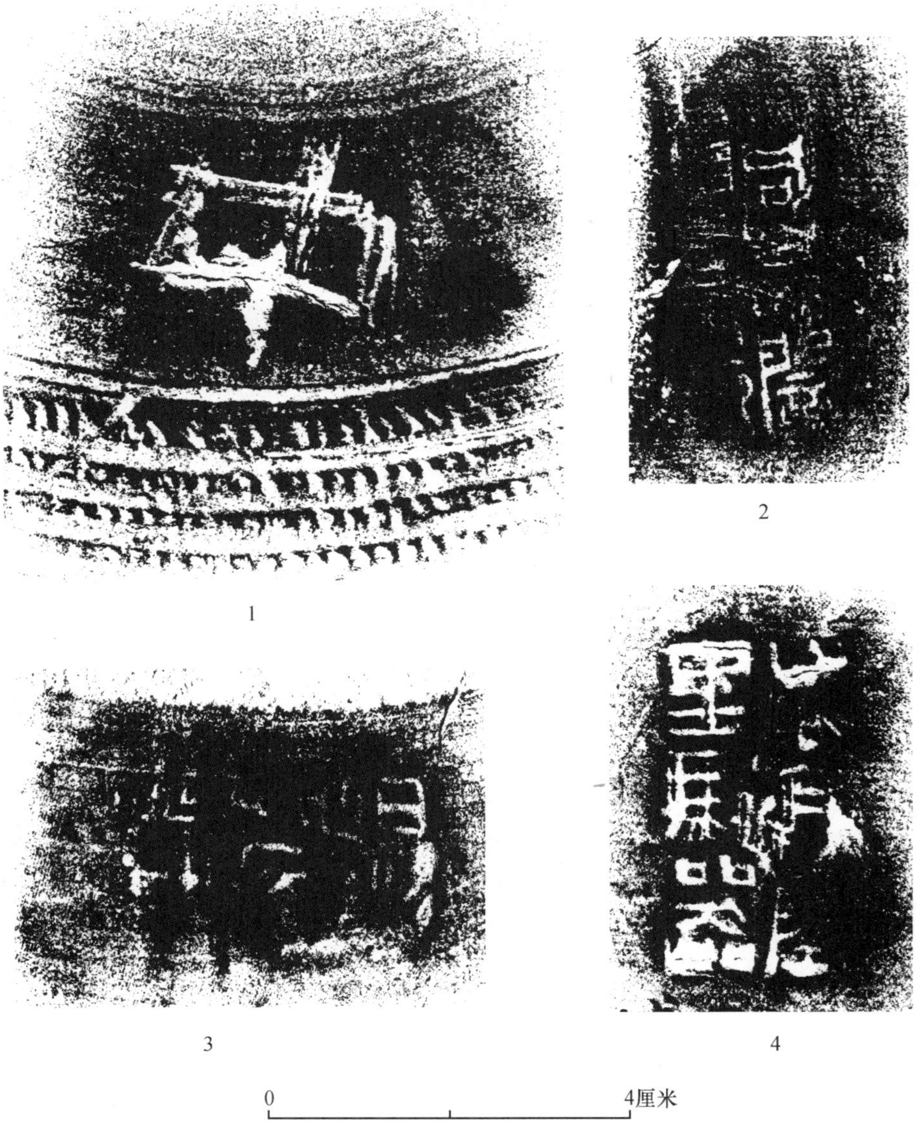

图二六六　M205出土器物纹饰、文字拓片

1～3. 陶罐（M205：1-1、M205：1-2、M205：3）　4. 陶盆（M205：2）

M206

1. 墓葬形制

位于发掘区中部偏南，东邻M198。方向270°，由竖穴墓道和土洞墓室两部分组成，东西向，墓道在西，墓室居东（图二六七）。

墓道　平面呈长方形，竖穴土坑，口大底小，长2.5、宽1.3、开口距地表1.4、距墓道底1.3米，墓道底长2.3、宽1.1米。墓道四壁收分0.1米。该墓墓道和墓室北壁部分被M191墓道打破。

封门　墓室未发现封门痕迹。

墓室　位于墓道东壁，拱顶土洞。平面呈长方形，墓室东半部被后期破坏。进深残长1、宽0.9、墓室高1.1米。墓室南壁出土陶罐1件。

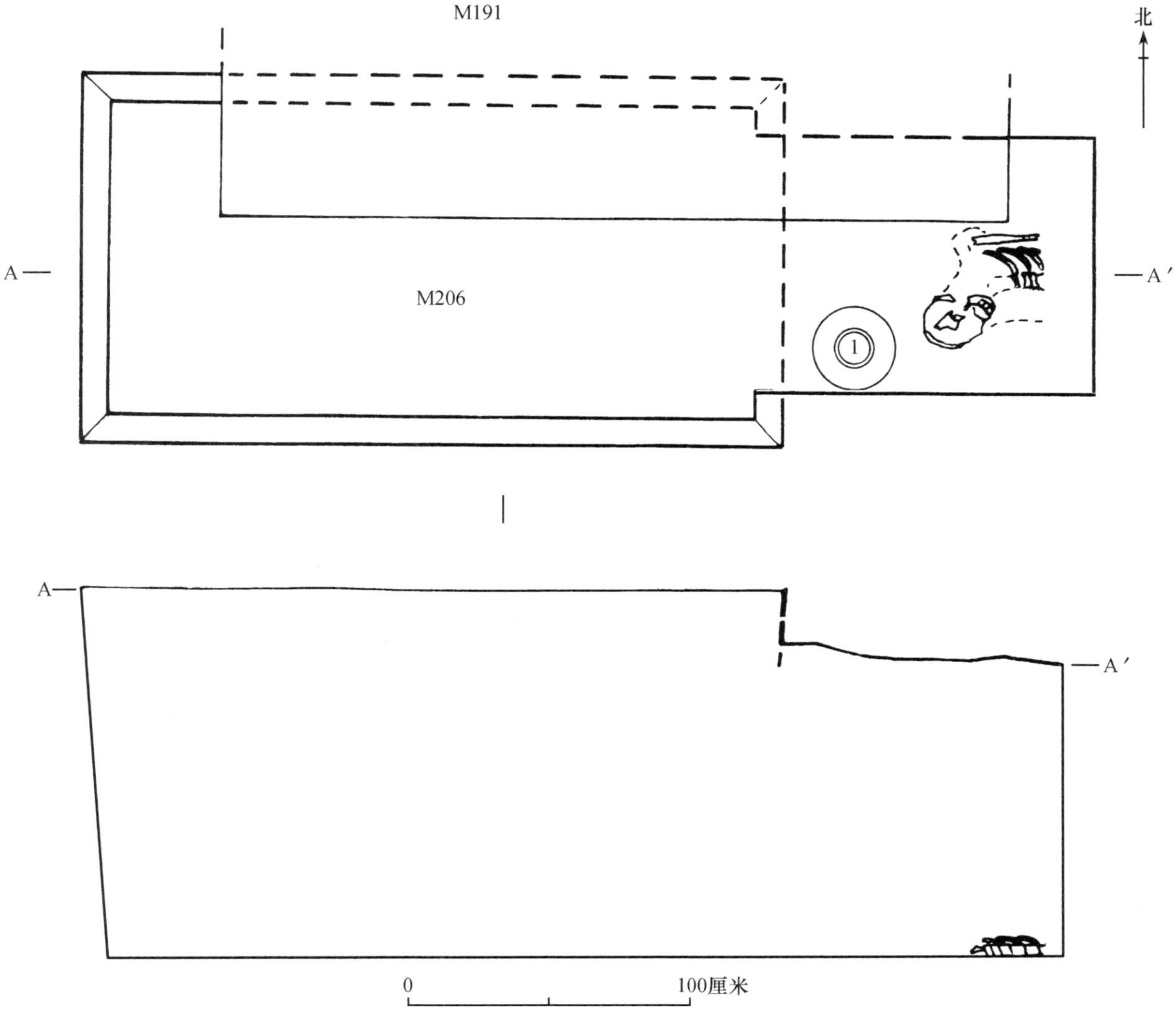

图二六七　M206平、剖面图
1. 陶罐

封门　墓室口未见封门痕迹。

葬具葬式　葬具、葬式不详。墓室口见陶罐1件。

2. 随葬器物

陶罐　1件。标本M206：1，泥质灰陶。尖唇平沿，侈口短颈，溜肩鼓腹，下腹内收，平底。肩部见数道暗弦纹，下腹部饰竖绳纹。通高21.6、口径8.2、腹径23.9、底径11.9厘米（图二六八）。

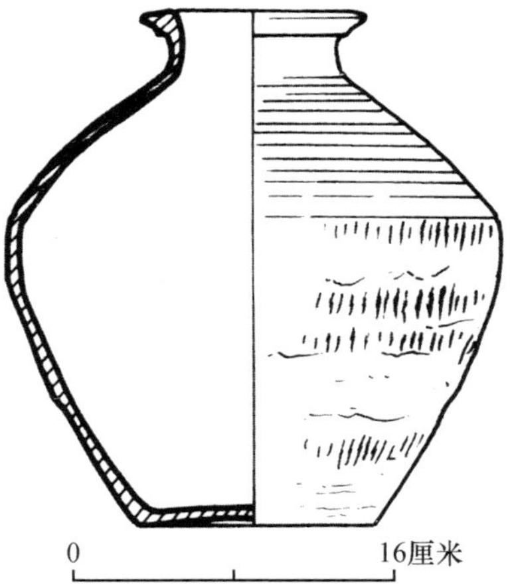

图二六八　M206出土陶罐（M206：1）

M207

1. 墓葬形制

位于发掘区中部东北，南邻M193。方向180° ，由竖穴墓道和土洞墓室两部分组成，南北向，墓道在南，墓室居北（图二六九）。

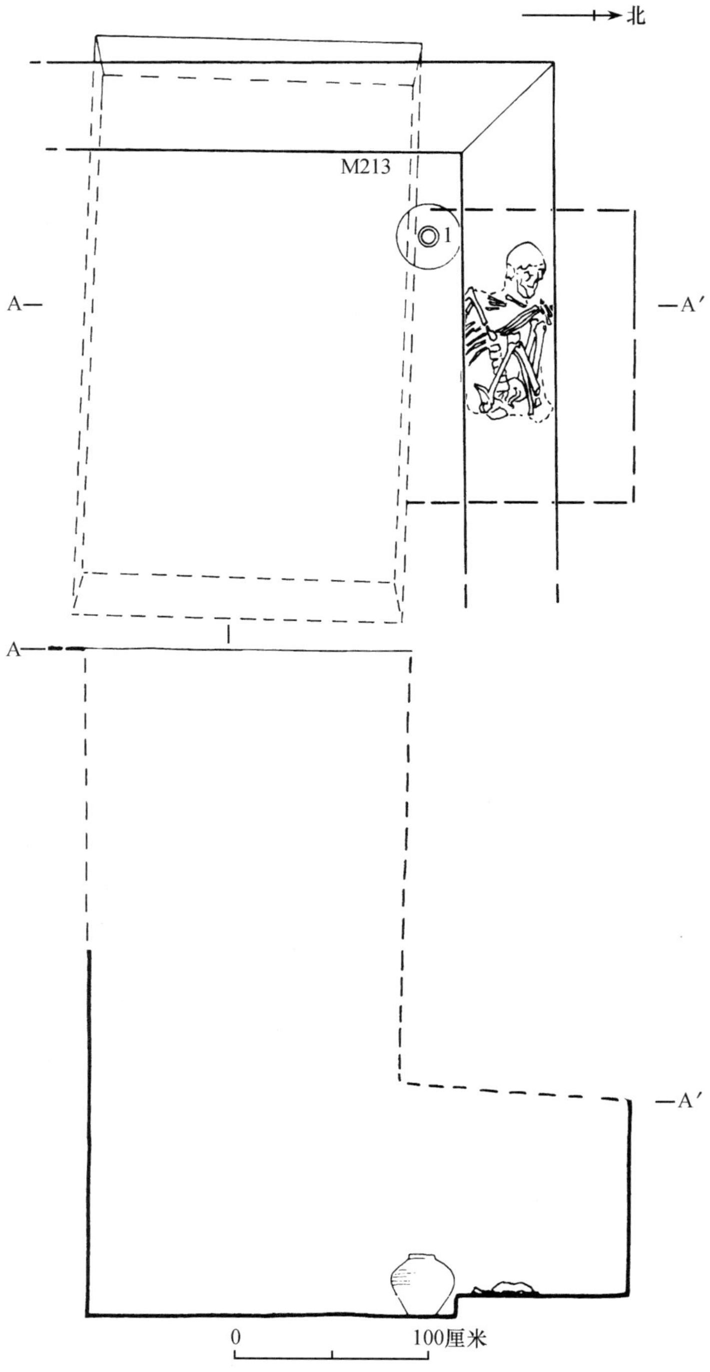

图二六九　M207平、剖面图
1. 陶罐

墓道　墓道被M213破坏，残长2.9、宽1.6、深3.8米。

封门　墓室口未见封门痕迹。

墓室　位于墓道北壁，拱顶土洞。平面呈长方形，进深0.9、宽1.5、残高1.04米。墓道东北角发现一件随葬陶器。墓室高于墓道0.1米。墓室口发现陶罐1件。

葬具葬式　葬具不详。骨架保存较好，侧身屈肢，头向西。

2. 随葬器物

陶罐　1件。标本M207：1，泥质灰陶，完整。侈口折沿，尖唇束颈，溜肩鼓腹，下腹内收，平底。肩腹部饰有竖绳纹和数道凹弦纹，腹部饰有两圈锁状篦点纹。通高33.1、口径9.9、腹径33.8、底径16.2厘米（图二七〇）。

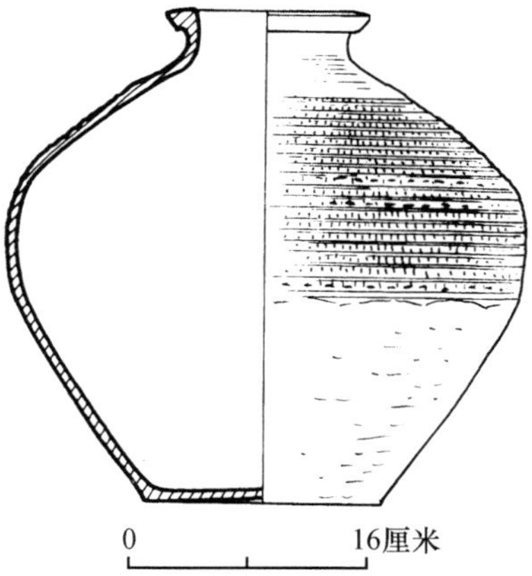

图二七〇　M207出土陶罐
（M207：1）

M208

1. 墓葬形制

位于发掘区中部中间，西邻M201，南邻M209。方向190°，由竖穴墓道和土洞墓室两部分组成，南北向，墓道在南，墓室居北（图二七一）。

墓道　平面呈长方形，竖穴土坑，口大底小，东西长3.2、宽2.5、开口距地表1.4、距墓道底3.4米，墓道底长2.8、宽2.1米。四壁收分均为0.2米。

封门　墓室口未见封门痕迹。

墓室　位于墓道北壁，拱顶土洞。平面呈长方形，进深1.2、东西长1.8、高1.1米。墓室口部坍塌。

葬具葬式　棺灰痕明显，大体呈长方形，棺灰不完整，残长1.4、宽0.6米。棺灰内见1副骨架，保存较差，仰身屈肢，头向东。

2. 随葬器物

墓道、墓室未见有随葬器物。

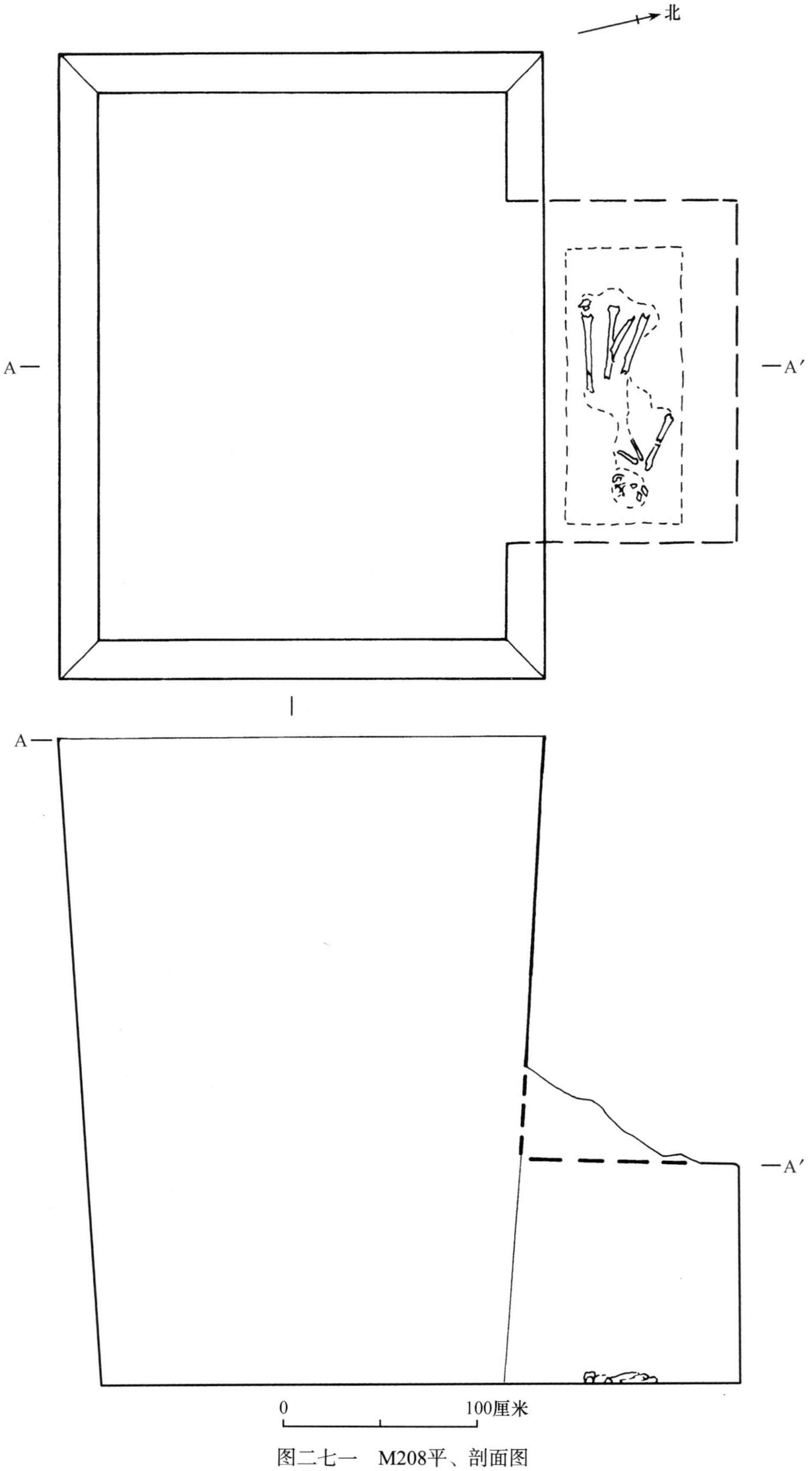

图二七一　M208平、剖面图

M209

1. 墓葬形制

位于发掘区中部中间，北邻M208，东邻M210。方向285°，由竖穴墓道和土洞墓室两部分组成，东西向，墓道在西，墓室居东（图二七二）。

墓道　平面呈长方形，竖穴土坑，口大底小，长4、宽2、开口距地表1.4、距墓道底2米，墓道底长3.1、宽1.3米。墓道南北两壁收分0.36米，东西两壁收分0.4米。墓室底高于墓道0.1米。

封门　墓室口未见封门痕迹。

墓室　位于墓道东壁，拱顶土洞，平面呈长方形，进深2.1、宽0.9、残高0.9米。墓室口坍塌。墓室西南角有一小龛，进深0.5、宽0.4、高0.4米。龛内置有1件陶器。

葬具葬式　葬具不详。残存骨架凌乱，葬式不详。

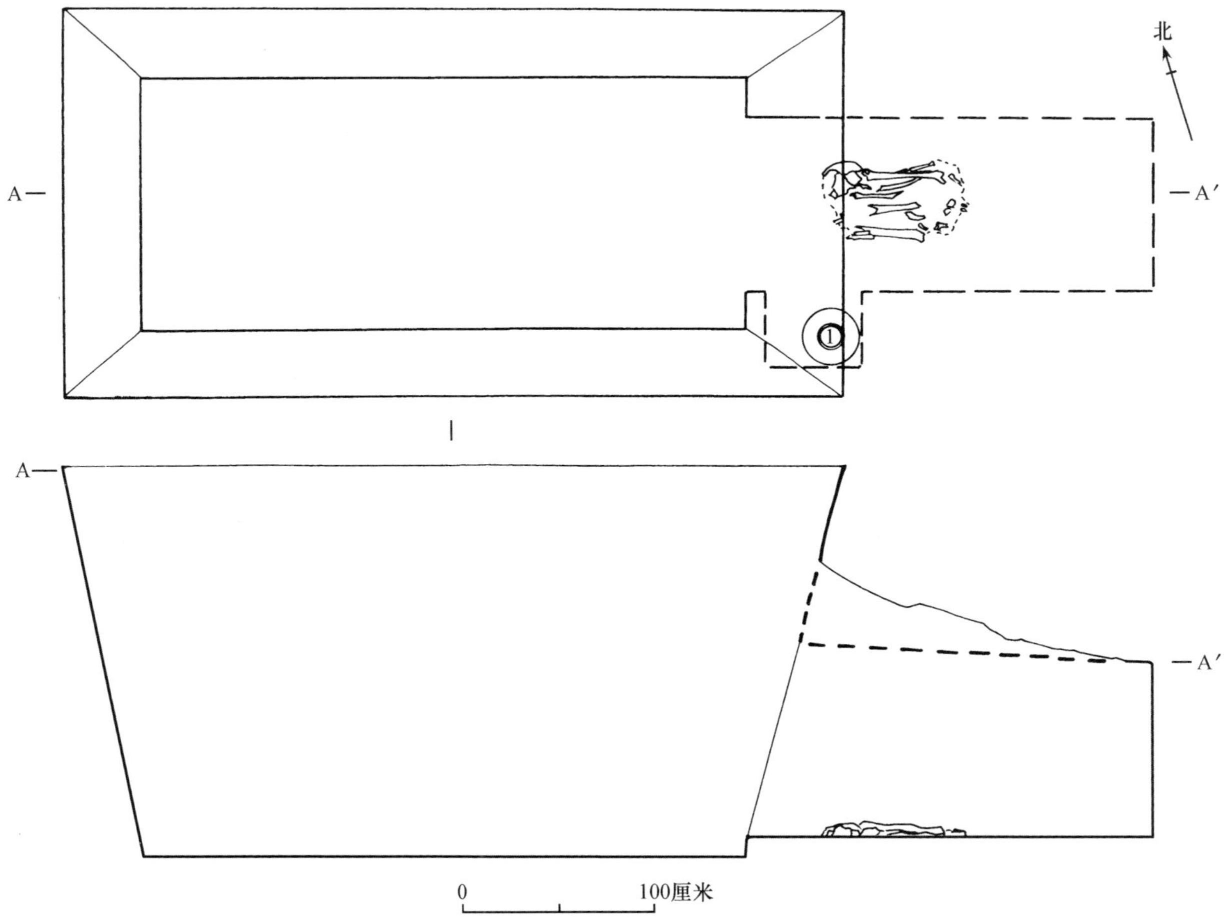

图二七二　M209平、剖面图

1. 陶罐

2. 随葬器物

陶罐　1件。标本M209：1，泥质灰陶 。方唇卷沿，侈口短颈，广肩鼓腹，下腹内收，平底。颈、肩部见数道暗弦纹，上腹饰一道锥刺纹，下腹饰竖绳纹。底部戳印“咸亭□□□器”。通高26.2、口径7.8、腹径26.4、底径11.9厘米（图二七三）。

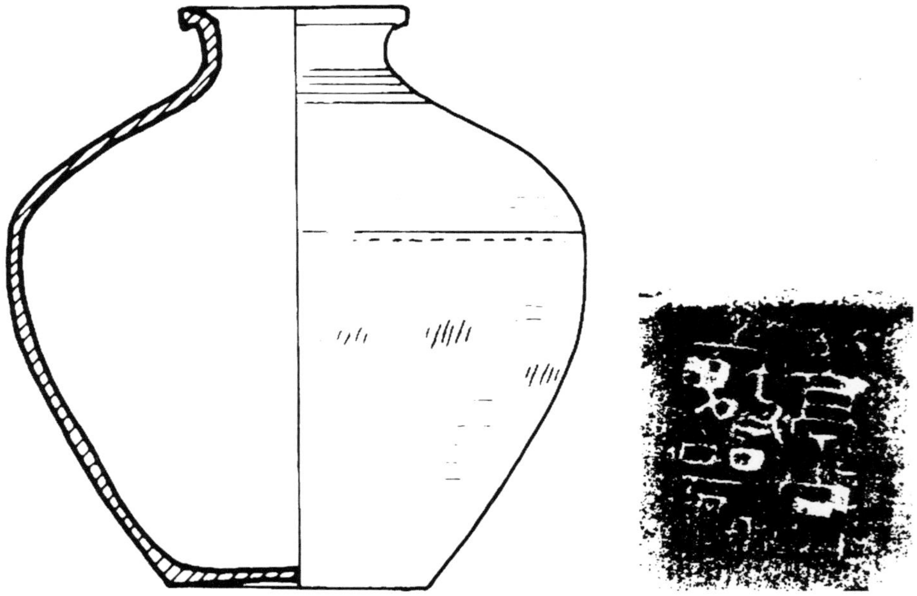

图二七三　M209出土器物及文字拓片

1. 陶罐（M209：1）　2. 陶罐文字拓片（M209：1）

M210

1. 墓葬形制

位于发掘区中部中间，西邻M209，东邻M165。方向273°，由竖穴墓道和土洞墓室两部分组成，东西向，墓道在西，墓室居东（图二七四）。

墓道　平面呈长方形，竖穴土坑，口大底小，东西长2.7、宽1.6、开口距地表1.2、距墓道底2.2米，墓道底东西长2.5、宽1.1米。墓道南北两壁收分0.25米，东西两壁收分0.1米。

封门　墓室口部未见封门痕迹。

墓室　位于墓道东壁，拱顶土洞。平面呈长方形，进深2.3、宽0.8、残高1米。墓室口坍塌。

葬具葬式　葬具不详。骨架零乱，推测仰身屈肢葬。

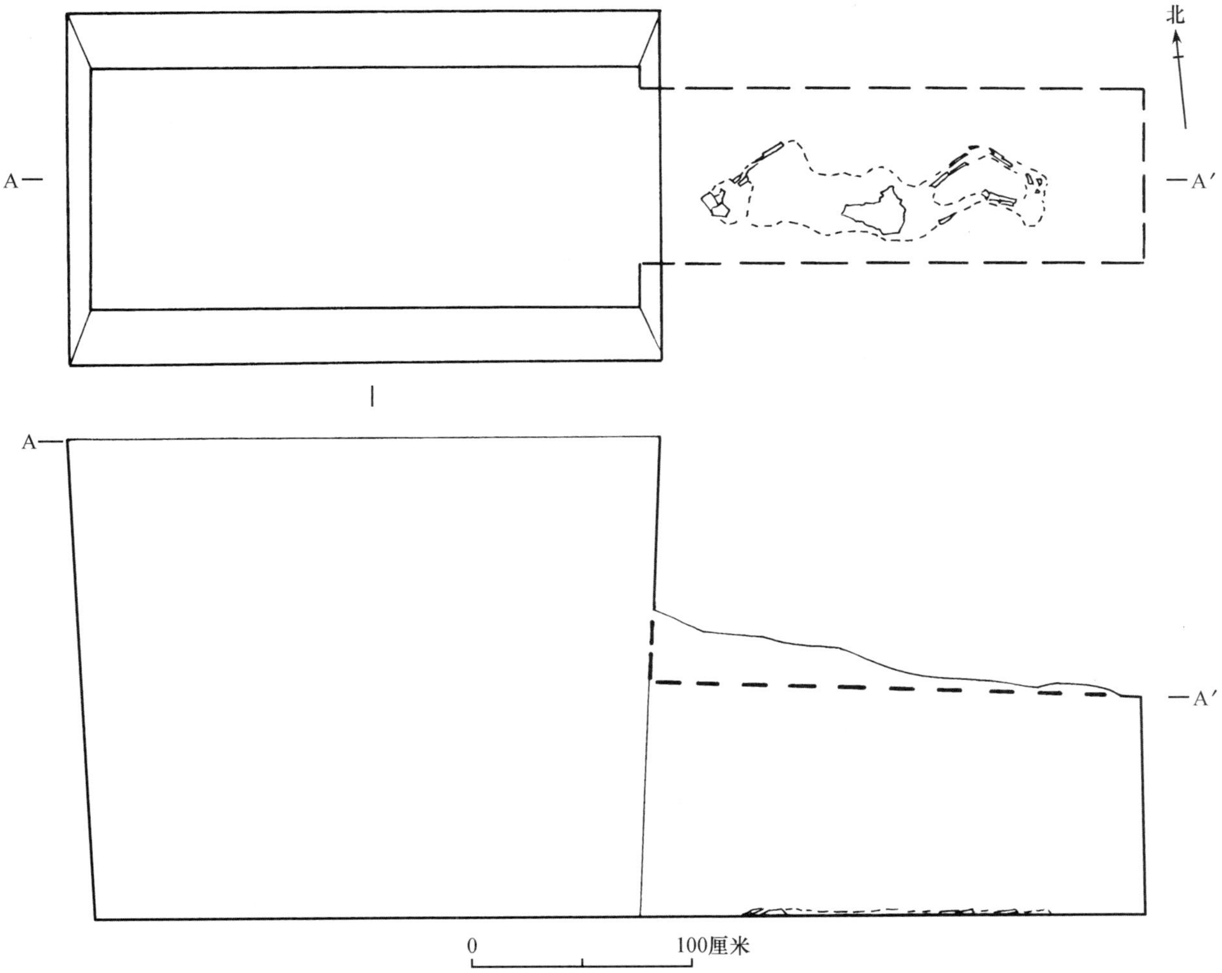

图二七四　M210平、剖面图

2. 随葬器物

墓道、墓室未见有随葬器物。

M211

1. 墓葬形制

位于发掘区中部西南，南邻M212。方向155°，由竖穴墓道和土洞墓室两部分组成，南北向，墓道在南，墓室居北（图二七五）。

墓道　竖穴土坑，上小下大。平面呈长方形，东西长2.9、宽2.2、开口距地表1.4、距墓道底3.7米，墓道底长3.1、最宽2.4米。

封门　墓室口部未见封门痕迹。

墓室　位于墓道北壁，平顶土洞。平面呈长方形，进深1.1、东西长1.84、残高1.2米。墓室口部坍塌。

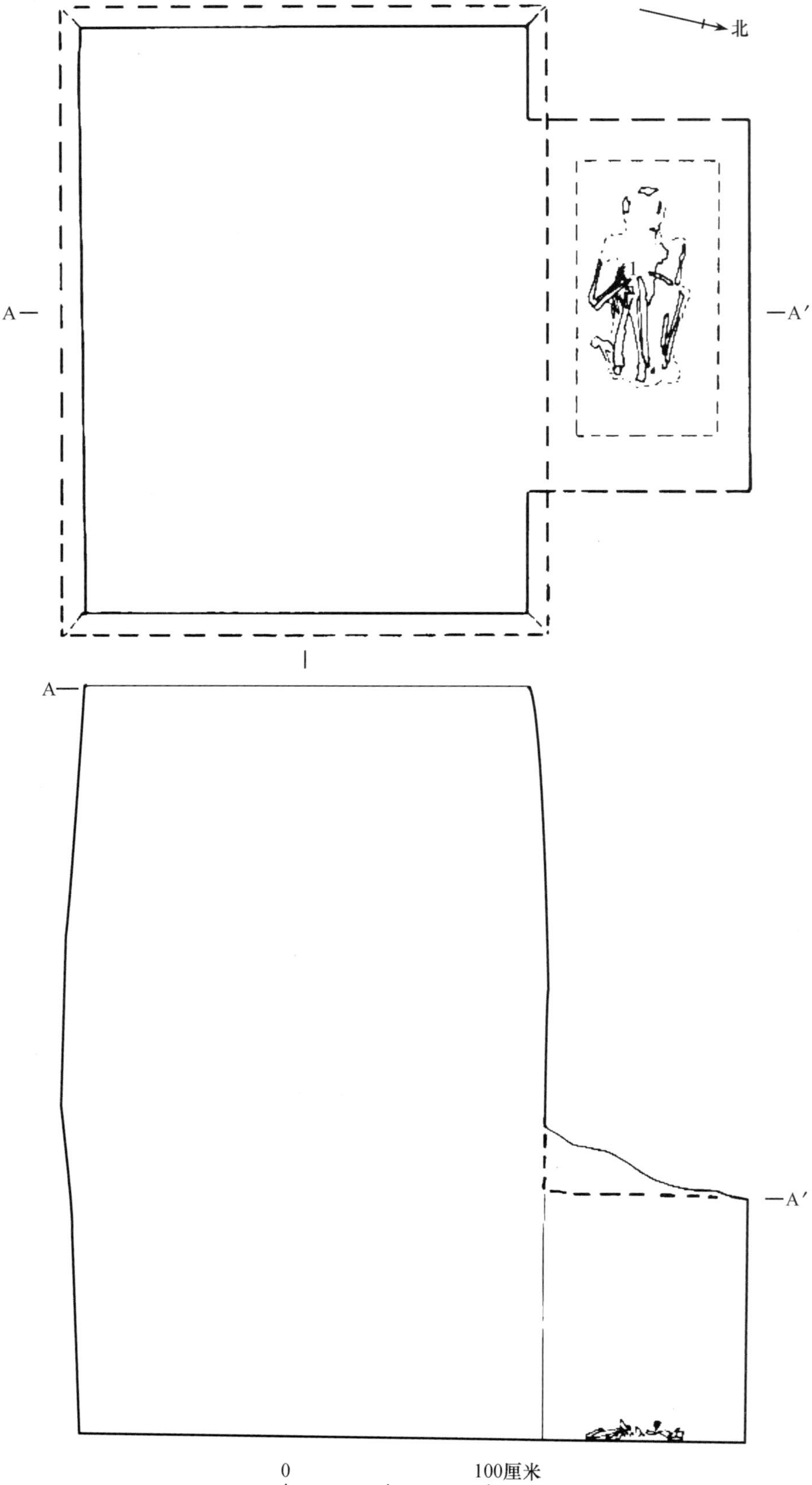

图二七五　M211平、剖面图
1. 铁带钩

葬具葬式　棺灰明显，平面呈长方形，长1.36、宽0.7米。棺木灰内见1副骨架，保存较差，为仰身屈肢，头向西，上肢折于胸前。胸部出土铁带钩1件。

2. 随葬器物

铁带钩　1件。标本M211：1，残成3段。短棒状。头部残缺，表面腐朽严重。残长10.5、宽0.8 厘米（图二七六）。

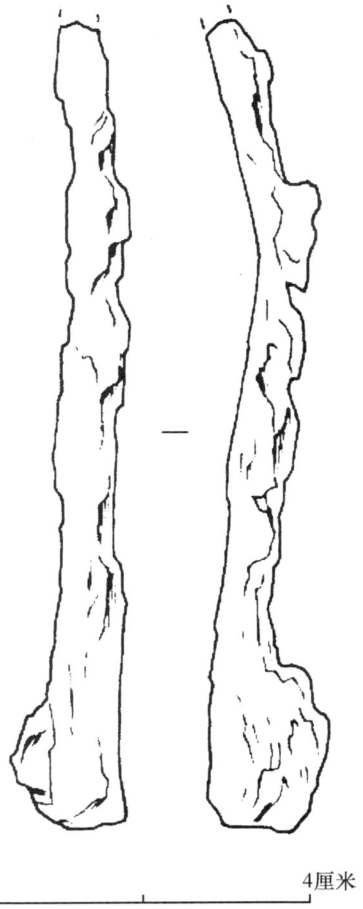

图二七六　M211出土铁带钩
（M211：1）

M212

1. 墓葬形制

位于发掘区中部西南，西邻M205，北邻M211。方向270°，由竖穴墓道和土洞墓室两部分组成，东西向，墓道在西，墓室居东（图二七七；图版一六，2）。

墓道　平面呈长方形，竖穴土坑，口大底小，长3、宽2、开口距地表1.5、距墓道底2米。墓道底长2.2、宽1.2米。墓道南北两壁收分0.36米，东西两壁收分0.4米。该墓道上口被M222墓道打破。

封门　墓室口部未见封门痕迹。

墓室　位于墓道东壁，拱顶土洞。平面呈长方形，进深2.7、宽0.9米、残高1.1米。墓室口坍塌。墓室口有一近椭圆形小坑，低于墓道0.24、长径0.64、短径0.47、深0.34米，内置有3件陶器。墓室底高出墓道0.1米。

葬具葬式　葬具不清。骨架零乱，应为仰身直肢葬，头向西。头部北侧发现1枚铜钱。

2. 随葬器物

共4件，陶罐2件、陶盆1件，铜钱1枚。

陶罐　2件。泥质灰陶，修复完整。标本M212：2，尖唇斜沿，侈口束颈，斜肩鼓腹，下腹斜内收，平底。颈肩见暗弦纹，腹部可见竖绳纹和凹弦纹；腹底戳印文字难以识读。通高30.9、口径8.6、腹径33.7、底径15.5厘米（图二七八，2、5）。标本M212：3，尖唇斜沿，侈口束颈，斜肩折腹，下腹斜内收，平底。颈肩见暗弦纹，腹部可见竖绳纹和凹弦纹；腹底戳印“咸□□□器”。通高25.8、口径8.2、腹径26.6、底径10.8厘米（图二七八，3、6）。

陶盆　1件。标本M212：1，泥质灰陶，修复完整。尖唇折沿，深腹，上腹短直，下腹斜直内收，平底。上腹见两道凸弦纹。通高9.7、口径22、腹径21.6、腹深8.9、底径8.7厘米（图二七八，1）。

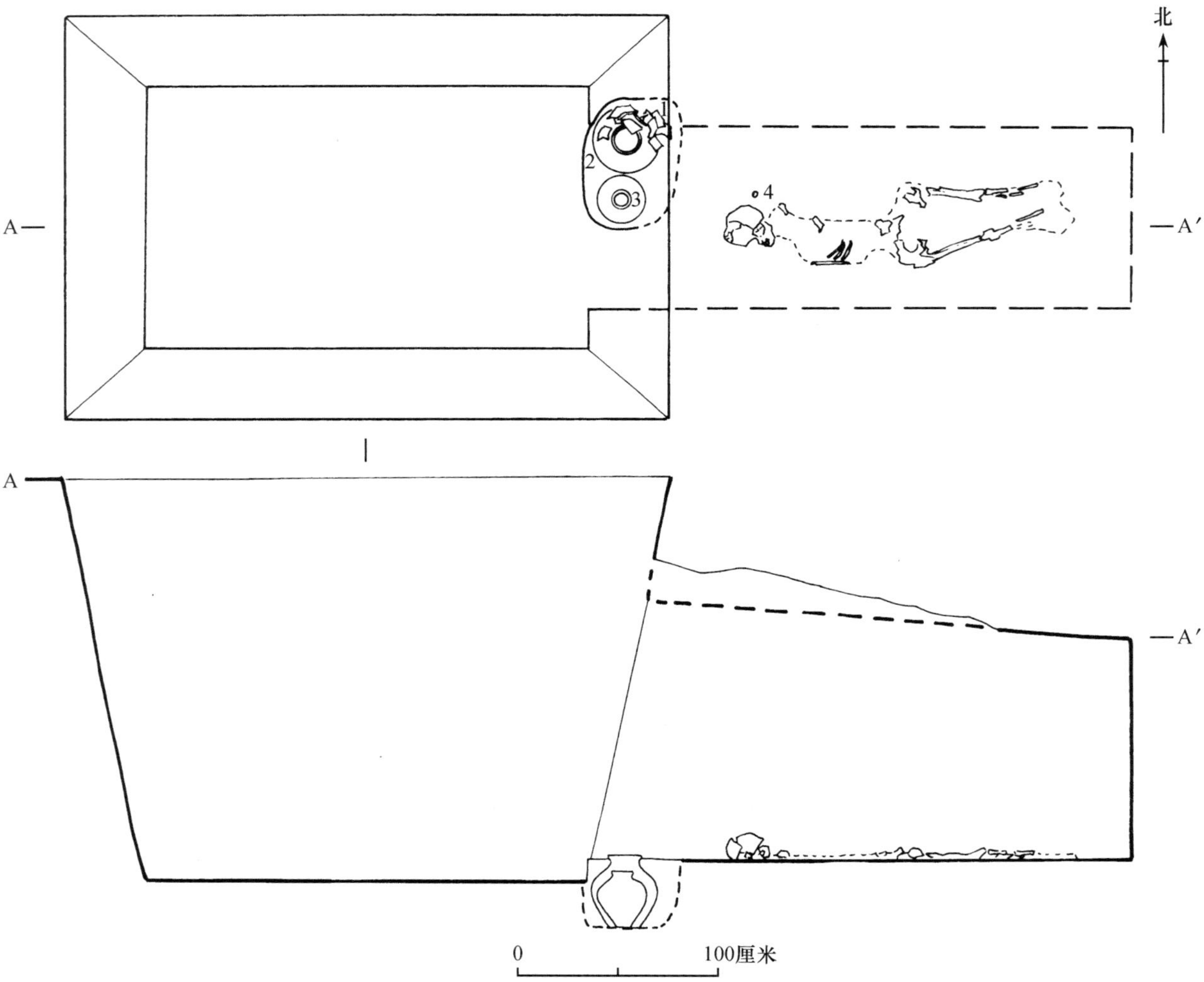

图二七七　M212平、剖面图
1. 陶盆　2、3. 陶罐　4. 铜钱

铜钱　1枚。标本M212：4，基本完整，表面部分锈蚀。圆形方孔，周边不规整，铸造孔位于上部。字纹宽大，笔画粗细不均。“半”字上划方折呈“L”状，“两”字上横模糊且短，“从”字竖划较长。钱径2.6、穿径0.9～1.1、厚0.08～0.1厘米，重4.46克（图二七八，4）。

M213

1. 墓葬形制

位于发掘区中部东北，南邻M193。方向270°，由竖穴墓道和土洞墓室两部分组成，东西向，墓道在西，墓室居东（图二七九）。

墓道　平面呈长方形，竖穴土坑，口大底小，长3.8、宽3.4、开口距地表1.4、距墓道底3.4米，墓道底长2.9、宽1.6米。墓道西、北、东三壁收分0.5米。墓道南壁开口有二层台，宽0.7米。该墓墓道打破M207。

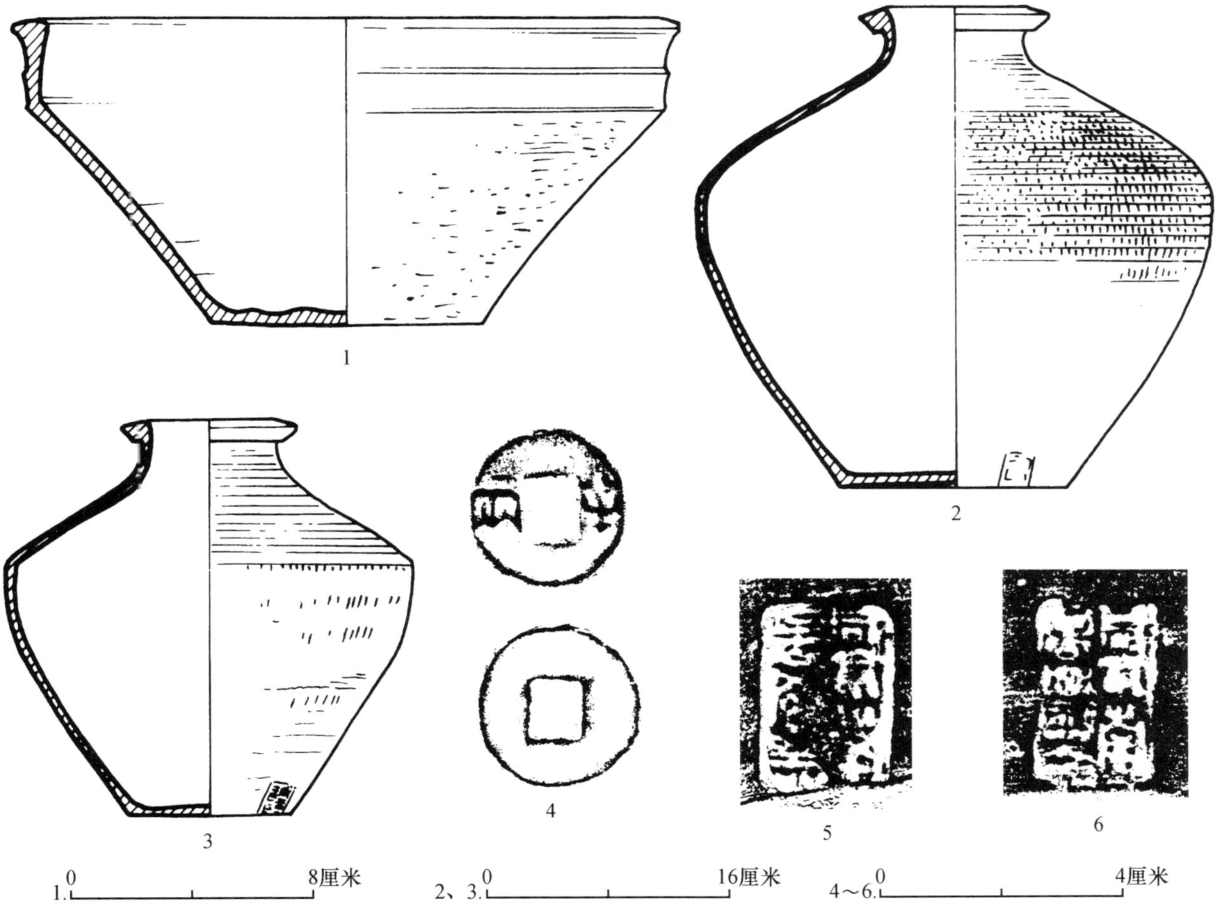

图二七八　M212出土器物及文字拓片

1. 陶盆（M212：1）　2、3. 陶罐（M212：2、M212：3）　4. 铜钱拓片（M212：4）　5、6. 陶罐文字拓片（M212：2、M212：3）

封门　墓室口未见封门痕迹。

墓室　位于墓道东壁，拱顶土洞。平面呈长方形，进深3、宽1、残高1.3米。墓室口坍塌。西北角有一方形小龛，进深0.7、长1.2、高1.1米。内置4件陶器。

葬具葬式　葬具不详。骨架保存较好，侧身屈肢，头向西，双手放于胸前，双膝向南弯曲。

2. 随葬器物

共4件，陶鼎1件、陶盒1件、陶蒜头壶1件、陶罐1件。

陶鼎　1件。标本M213：2，泥质灰陶，修复完整。盖方唇，圆折腹，弧顶，扁棱状盖纽。器身尖唇，子母敛口，深腹，上腹内凹，下腹折收，圜底。两方形附耳外撇，蹄足。盖顶见同心暗弦纹和波折锯齿纹，中腹有二道凸弦纹纹。通高15、口径12.2、腹径16.8、腹深8.2、足高4.5厘米（图二八〇，1）。

陶盒　1件。标本M213：4，泥质灰陶，基本完整。盖方唇，弧腹，圈足形捉手。器身方唇，子母敛口，深腹，上腹内凹，下腹斜直收，平底。盖顶见暗弦纹，腹部有一道凸弦纹。通高12.3、口径11.7、腹径16、腹深7.7、底径8.1厘米（图二八〇，2）。

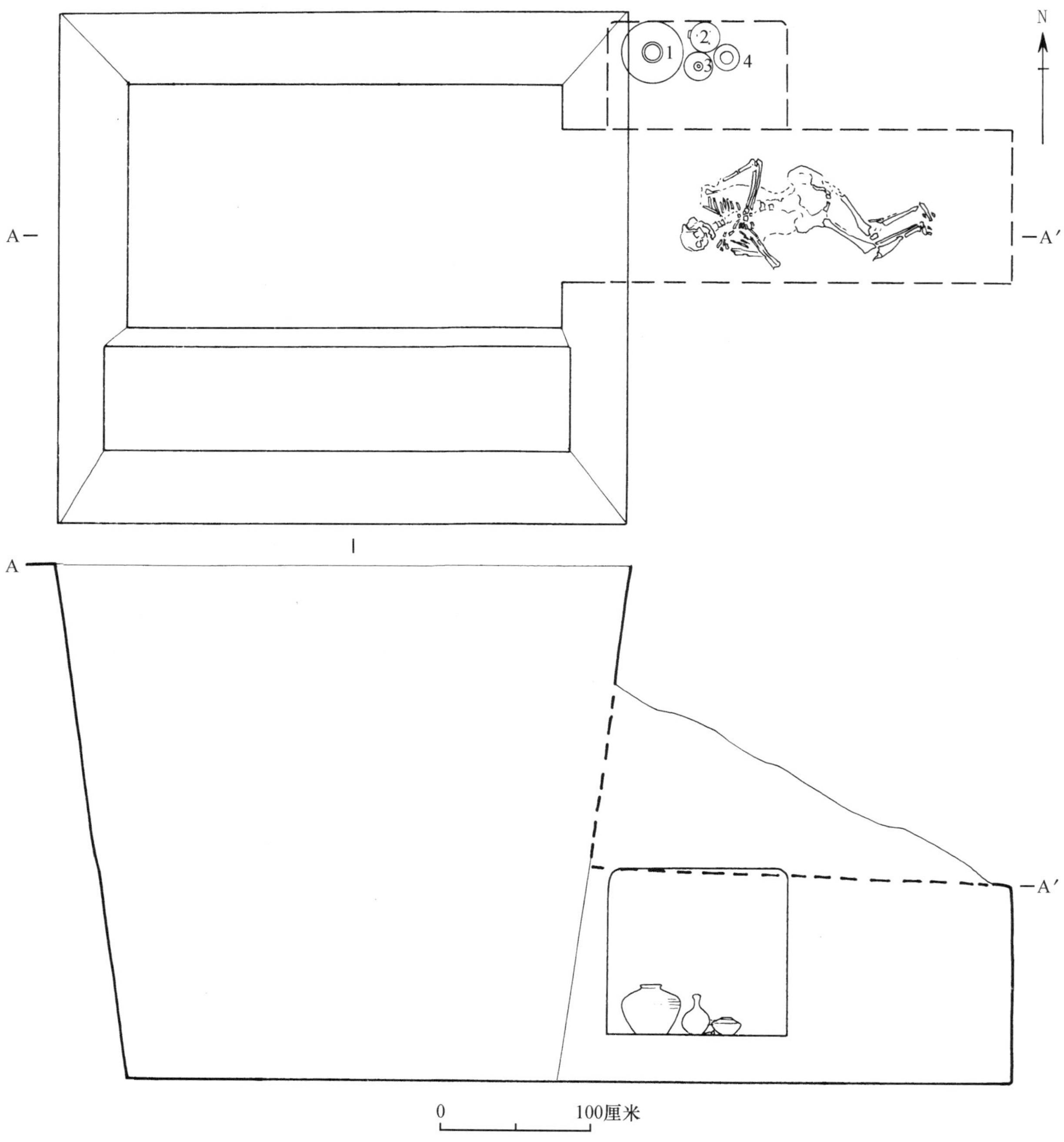

图二七九　M213平、剖面图

1. 陶罐　2. 陶鼎　3. 陶蒜头壶　4. 陶盒

陶蒜头壶　1件。标本M213：3，泥质灰陶，完整。口部蒜头形，长颈，斜肩鼓腹，上腹较直，下腹斜内收，平底微凹。颈、肩腹部见暗弦纹，肩部有一圈波折锯齿纹，中腹饰两道弦纹。通高20.8、口径3.1、腹径17.3、底径9.2厘米（图二八〇，3）。

陶罐　1件。标本M213：1，泥质灰陶，修复完整。方唇侈斜沿，短颈，斜广肩鼓腹，上腹较直，下腹斜内收，平底。肩部见较宽暗弦纹和波折锯齿纹，腹部饰篦点纹、竖绳纹，下腹底戳印“咸陽亭□”字样。通高23.3、口径8.6、腹径24.8、底径12.4厘米（图二八〇，4、5）。

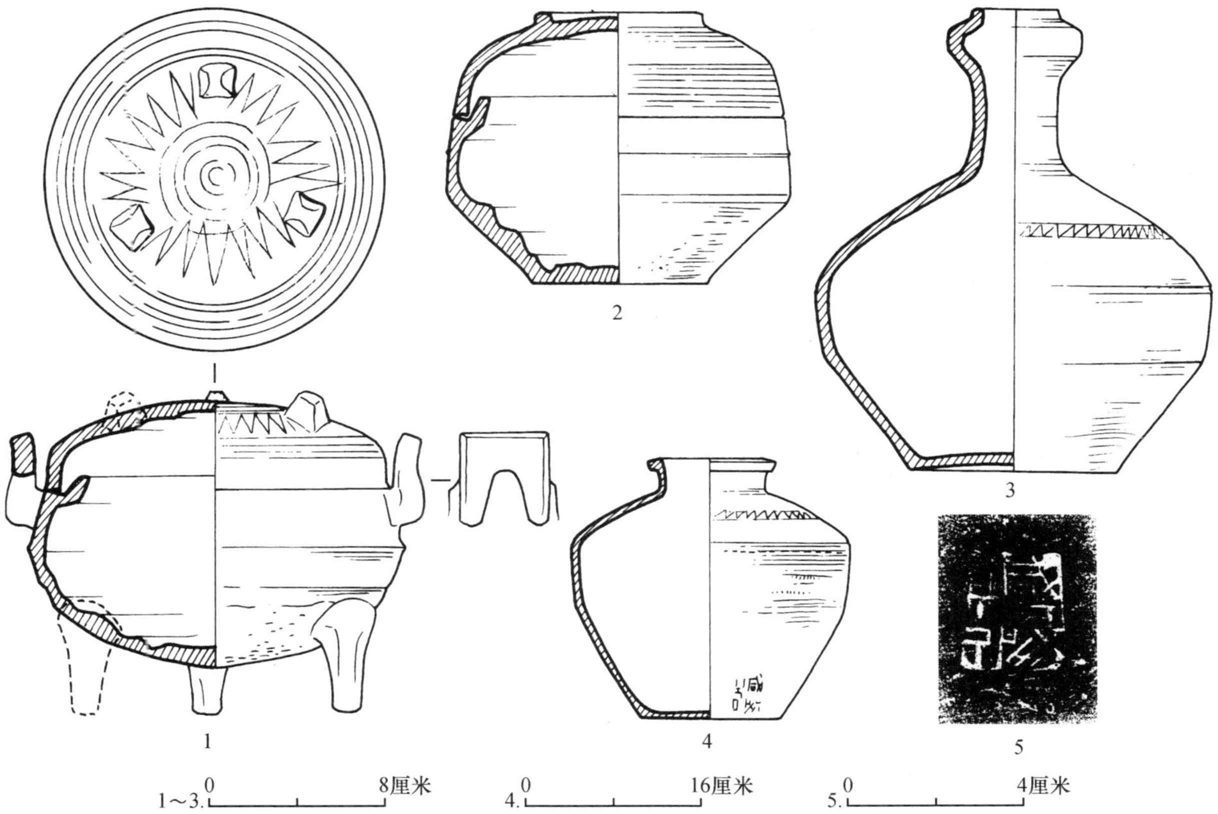

图二八〇　M213出土器物及文字拓片

1. 陶鼎（M213：2）　2. 陶盒（M213：4）　3. 陶蒜头壶（M213：1）　4. 陶罐（M213：1）　5. 陶罐文字拓片（M213：1）

M214

1. 墓葬形制

位于发掘区中部西南，北邻M195。方向80°，由竖穴墓道和土洞墓室两部分组成，东西向，墓道在东，墓室居西（图二八一）。

墓道　平面呈长方形，竖穴土坑，口大底小，长4.6、宽3.75、开口距地表1.75、距墓底4.65米，墓道底长2.75、宽1.5米。墓道西、北、东三壁收分1米。墓道南壁开口有二层台，宽0.25米。

封门　墓室口未见封门痕迹。

墓室　位于墓道西壁，拱顶土洞。平面呈长方形，进深3、宽0.65、残高1米。墓室口坍塌。墓室底高出墓道0.5米。墓室东南角有一方形小龛，进深0.4、宽0.28、高0.8米，内置4件陶器。墓道西壁两角处各置1件陶罐。

葬具葬式　墓室内遗迹凌乱，骨架保存较差，葬具、葬式不详。

2. 随葬器物

共7件，陶鼎1件、陶蒜头壶1件、陶罐3件、陶釜1件，铁锸1件。

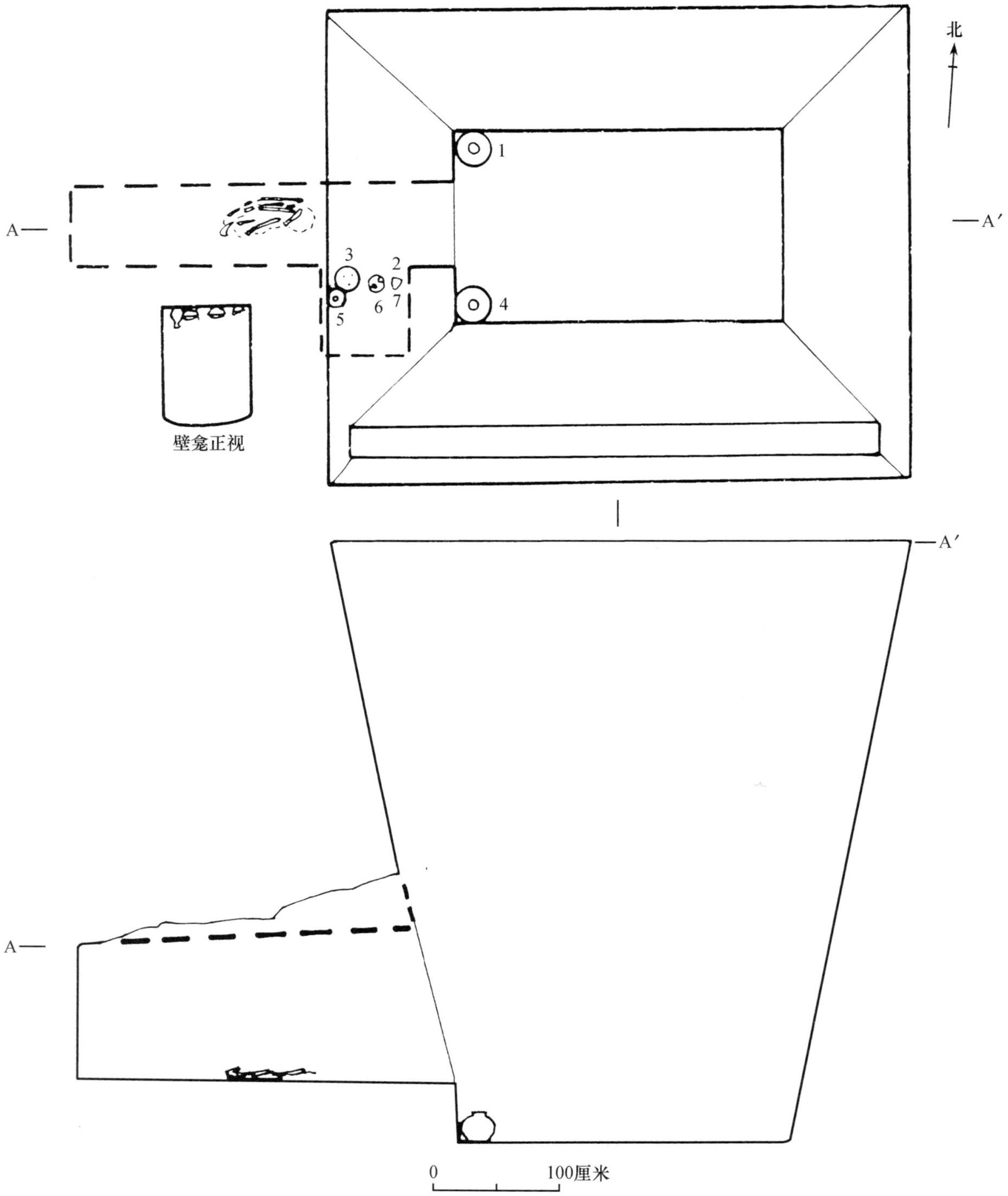

图二八一　M214平、剖面图

1、2、4. 陶罐　3. 陶鼎　5. 陶蒜头壶　6. 陶釜　7. 铁锸

陶鼎　1件。标本M214∶3，泥质灰陶，修复完整。盖方唇，圆折腹，弧顶，扁棱状纽。器身方唇，子母敛口，深腹，上腹内凹，下腹折收，圜底。两方形附耳肥厚，蹄足。盖顶见同心暗弦纹和波折锯齿纹，中腹饰两道弦纹。盖内部有一戳印“咸亭完里曰器”。通高15.4、口径13.1、腹径17.3、腹深8.6、足高5.5厘米（图二八二，4；图二八三，3）。

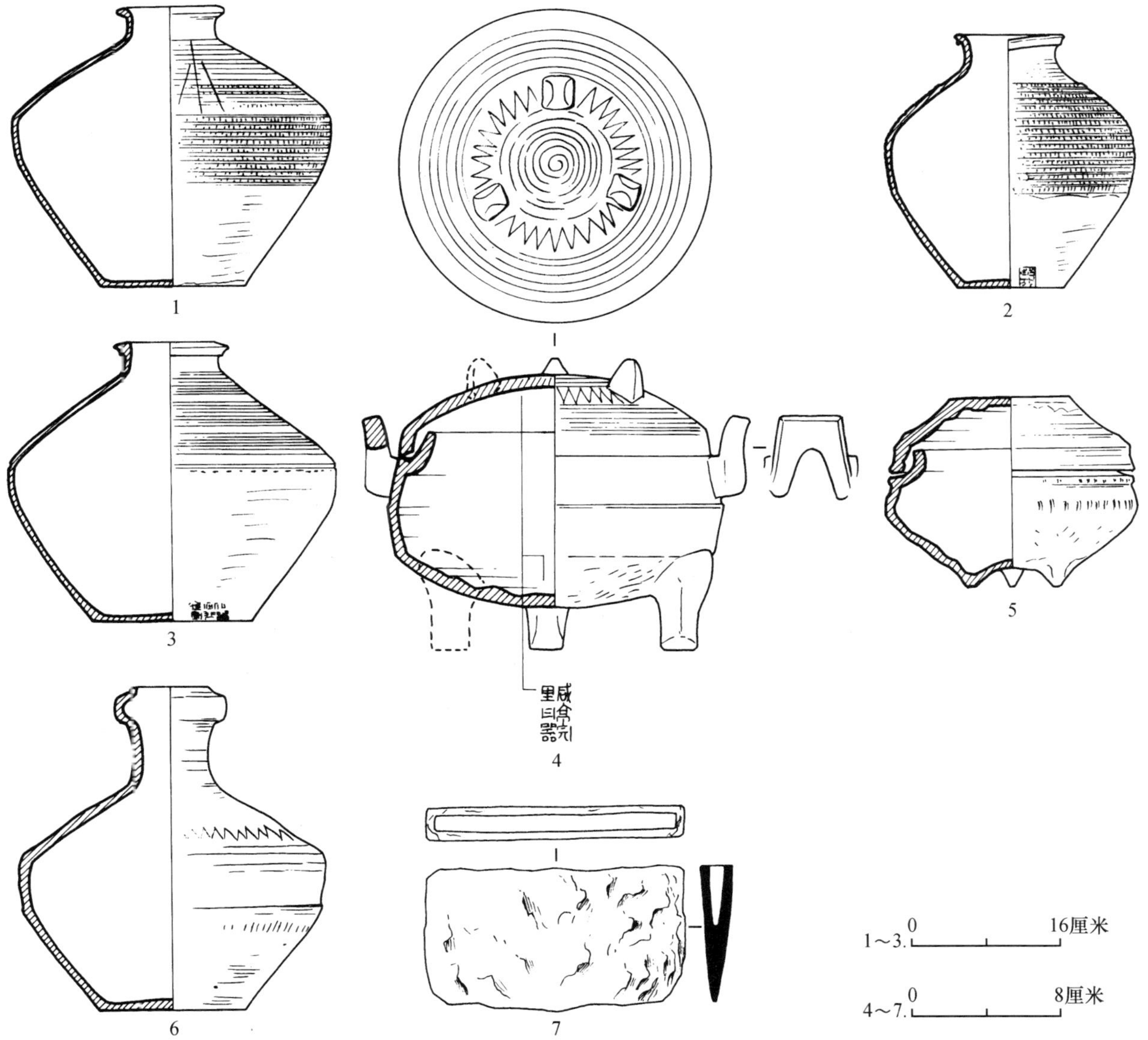

图二八二　M214出土器物

1～3. 陶罐（M214：1、M214：2、M 214：4）　4. 陶鼎（M214：3）　5. 陶釜（M214：6）　6. 陶蒜头壶（M214：5）　7. 铁锸（M214：7）

陶蒜头壶　1件。标本M214：5，泥质灰陶，完整。口部蒜头形，长颈，斜肩折腹，上腹短直，下腹斜直收，平底。颈、肩可见暗弦纹、波折锯齿纹，下腹饰竖绳纹及一圈凹弦纹。通高17.1、口径3.7、蒜头径5.7、腹径16.2、底径8.3厘米（图二八二，6）。

陶罐　3件。泥质灰陶。标本M214：1　尖唇斜沿，侈口束颈，广斜肩折腹，下腹斜内收，大平底。肩部见暗弦纹，腹部饰竖绳纹和数道凹弦纹。肩部刻画四个称爪状“Ψ”纹饰，肩部戳印“咸陽亭□”字样。通高30、口径8.3、腹径34.1、底径15.3厘米（图二八二，1；图二八三，1）。标本M214：2，方唇侈口，短颈，圆肩长鼓腹，下腹斜内收，平底。颈、肩见暗弦纹，肩腹部饰竖绳纹和数道凹弦纹，下腹底戳印“咸亭完里曰器”。通高26.8、口径8、腹径26.5、底径11.4厘米（图二八二，2；图二八三，2；图版三二，1）。标本M214：4，尖唇斜沿，侈口束颈，广斜肩鼓

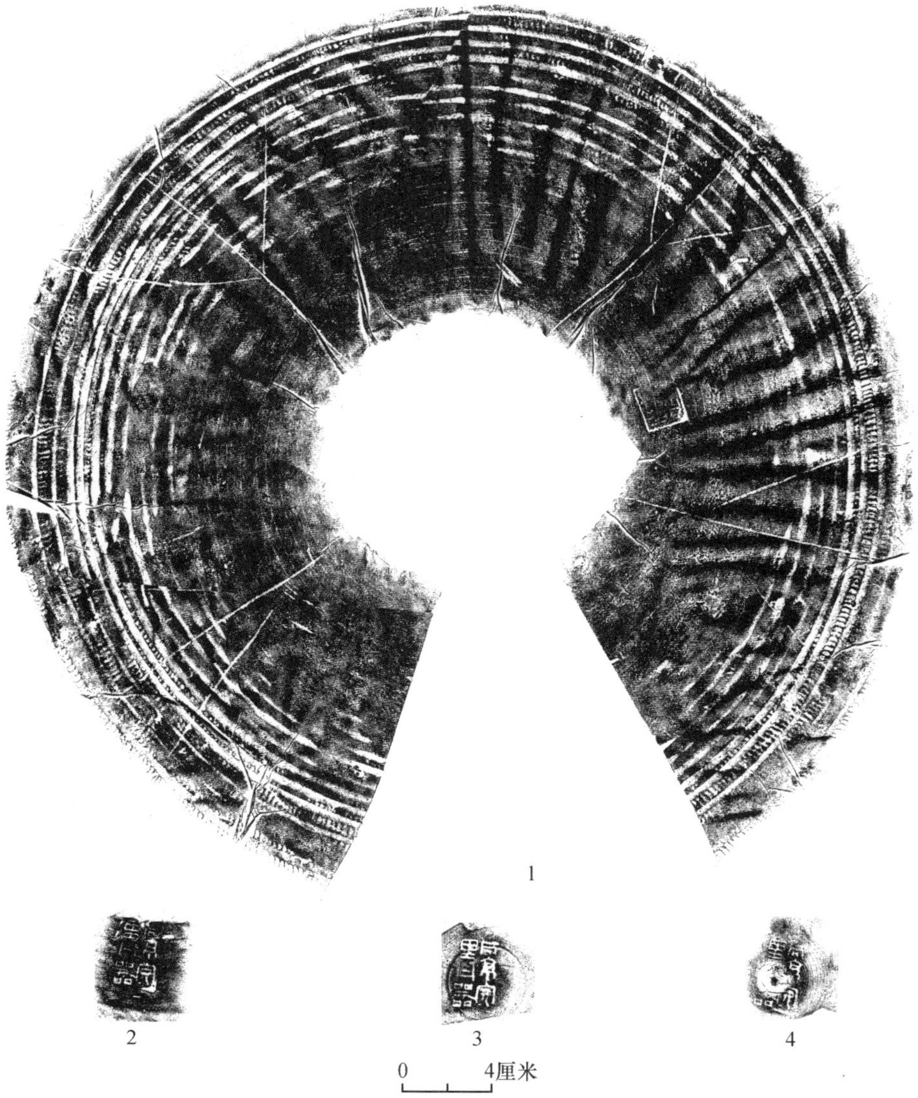

图二八三　M214出土器物纹饰、文字拓片

1、2、4. 陶罐（M214：1、M214：2、M214：4）　3. 陶鼎（M214：3）

腹，下腹斜内收，大平底。肩部见暗弦纹，中腹饰一凸弦纹和一圈锥刺纹，下腹底戳印“咸亭□里□器”。通高29.9、口径8.1、腹径34.9、底径17.5厘米（图二八二，3；图二八三，4）。

陶釜　1件。标本M214：6，泥质灰陶。盖稍残。盖方唇，敞口，上腹外撇，下腹斜直收，平顶。器身方唇，子母侈口，深腹，上腹内凹，下腹斜内收，底有三乳头状足。盖顶见按压弦纹，腹部饰压印短竖弦纹。通高10.5、口径9.6、腹径13.2、腹深6.1、足高1.4厘米（图二八二，5）。

铁锸　1件。标本M214：7，锈蚀严重，刃部稍残。大体方形，顶部宽厚，銎孔较大，刃部尖薄。銎孔内有锈土。上宽14.2、刃宽13.8、高7.5、銎孔长13、宽0.8厘米（图二八二，7）。

M215

1. 墓葬形制

位于发掘区中部偏南，北邻M187，东邻M214。方向170°，由竖穴墓道和土洞墓室两部分组成，南北向，墓道在南，墓室居北（图二八四；图版一七，1）。

墓道　竖穴土坑，口大底小。平面呈长方形，东西长2.02、宽1.7、开口距地表1.4、距墓道底4.9米，墓道底长1.8、宽1.3米。墓道东西两壁收分0.5米，南北两壁收分0.16米。

封门　墓室口部未见封门痕迹。

墓室　位于墓道北壁，拱顶土洞。平面呈长方形，东西长1.6、宽1米，进深0.88、墓室口坍塌，现高2.1米，墓室残高1.1米。

葬具葬式　葬具不详。腐朽严重，仅存部分骨架，东西向，仰身屈肢葬，头向西，面向不详。

2. 随葬器物

墓道、墓室未见随葬器物。

M216

1. 墓葬形制

位于发掘区中部偏南，北邻M162，东邻M218。方向170°，由竖穴墓道和土洞墓室两部分组成，南北向，墓道在南，墓室居北（图二八五；图版一七，2）。

墓道　平面呈长方形，竖穴土坑，口大底小，东西长2.2、宽1.6、开口距地表1.2、距墓道底2米，墓道底长1.8、宽1.3米。墓道东西两壁收分0.2米，南北两壁收分0.15米。

封门　墓室口部未见封门痕迹。

墓室　位于墓道北壁，拱顶土洞。平面呈长方形，东西长1.5、进深0.8、残高1米。墓室口坍塌。

葬具葬式　葬具不详。墓室中部见1副骨架，保存较好，侧身屈肢，头向西，面向南，上肢屈于胸前，双膝向南弯曲。

2. 随葬器物

墓道、墓室未见随葬器物。

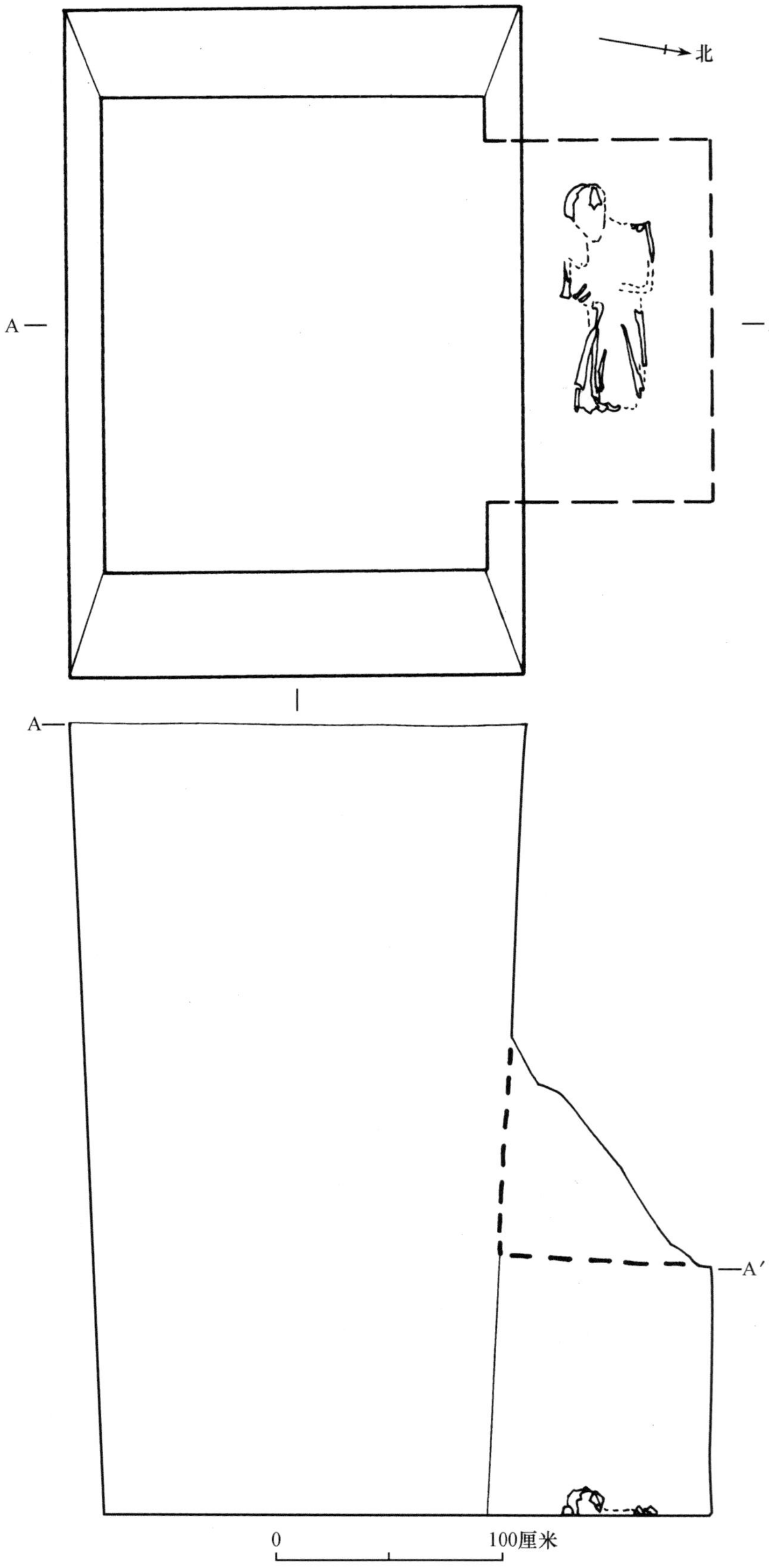

图二八四　M215平、剖面图

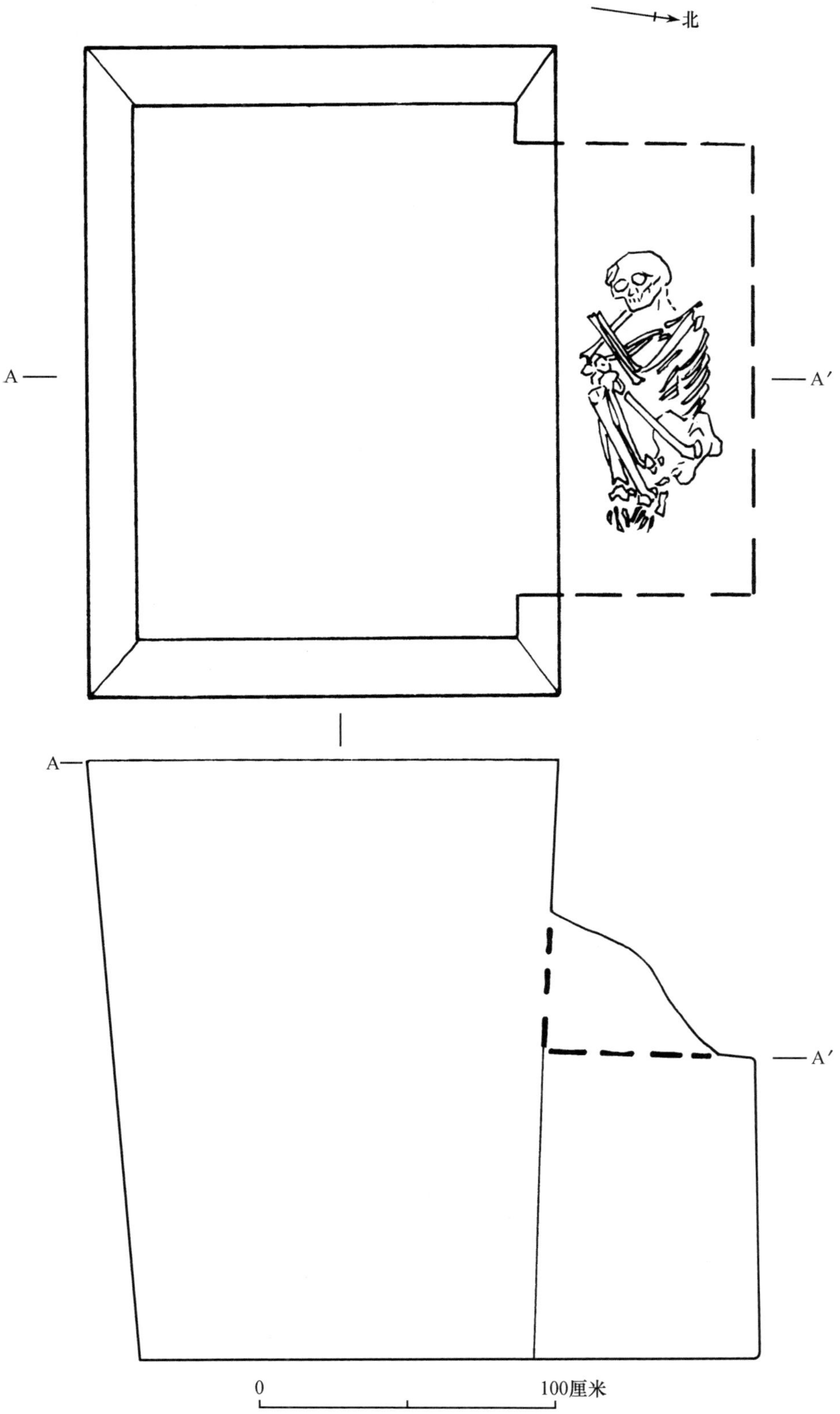

图二八五　M216平、剖面图

M217

1. 墓葬形制

位于发掘区中部偏南，西邻M198，东邻M197。方向185°，由竖穴墓道和土洞墓室两部分组成，南北向，墓道在南，墓室居北（图二八六）。

墓道　平面呈长方形，竖穴土坑，口大底小，东西长2.7、宽1.75、开口距地表1.4、距墓道底2.36米，墓道底长2.32、宽1.27米。东、西两壁收分0.19米，南北两壁收分0.24米。

封门　墓室口部未见封门痕迹。

墓室　位于墓道北壁，拱顶土洞。平面呈长方形，进深1.1、东西长1.62、残高0.97米。墓室口坍塌。

葬具葬式　棺灰痕迹明显，平面呈长方形，长1.34、宽0.62米。棺灰内见1副骨架，保存较好，仰身屈肢，头西，上肢折于腹部，双膝向南弯曲。胸部见1件带钩，头骨口部见石块残片。

2. 随葬器物

共3件，铁带钩1件，石块残片2件。

铁带钩　1件。标本M217：1，表面锈蚀严重。大体呈“S”状。曲颈，细长腹，弧形尾内弯，未见纽。通长6、腹宽1.4厘米（图二八七，3）。

石块残片　2件。标本M217：2-1，薄片状，均为头骨口内所出。大体梯形，可见一残穿孔。通体青色。长2.2、宽1.7、厚0.5厘米（图二八七，1）。标本M217：2-2，不规则，色偏白。残长1.8、宽0.5、厚0.37厘米（图二八七，2）。

M218

1. 墓葬形制

位于发掘区中部，北邻M163，西邻M216。方向170°，由竖穴墓道和土洞墓室两部分组成，南北向，墓道在南，墓室居北（图二八八）。

墓道　平面呈长方形，竖穴土坑，口大底小，东西长2.8、宽1.9、开口距地表1.4、距墓道底3.5米，墓道底长1.9、宽1.2米。东、西两壁收分0.45米，南、北两壁收分0.35米。

封门　墓室口部未见封门痕迹。

墓室　位于墓道北壁，拱顶土洞。平面呈长方形，进深1.2、东西长1.7、残高1.1米。墓室口坍塌。

葬具葬式　棺灰痕迹明显，棺灰紧贴墓室北壁，平面呈长方形，长1.3、宽0.6米。棺灰内见1副骨架，保存较好，仰身屈肢，头向西，面向上，上肢折于胸前，下肢弯曲于胸前。

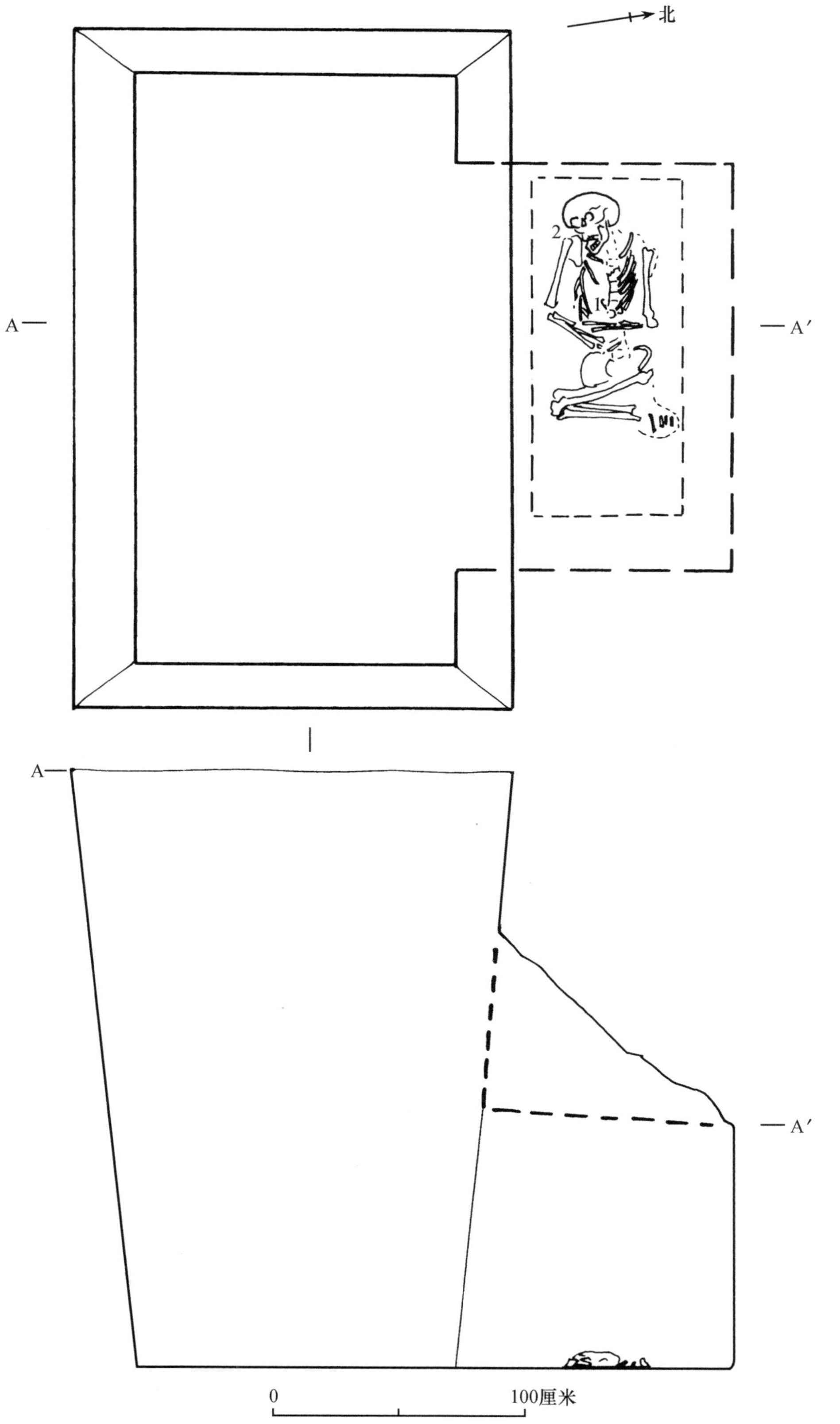

图二八六　M217平、剖面图
1. 铁带钩　2. 石块残片

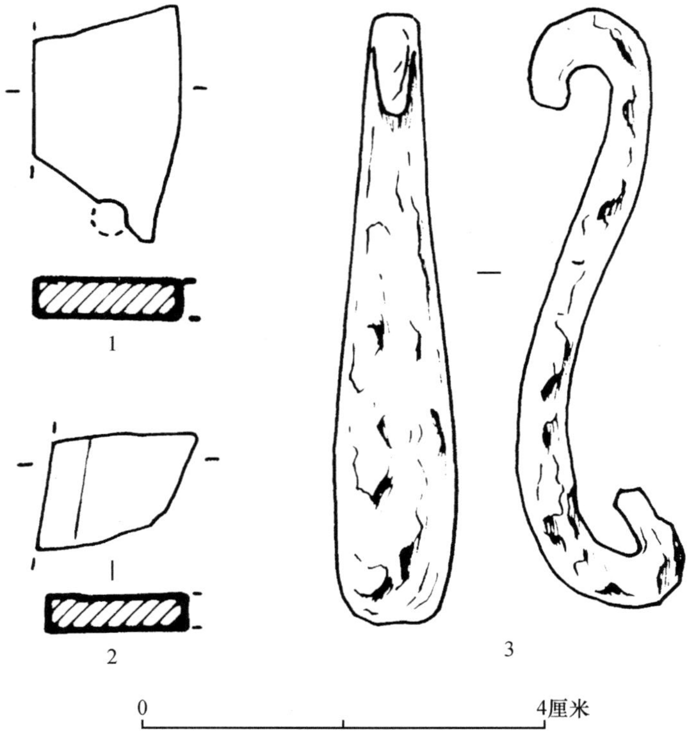

图二八七　M217出土器物

1、2. 石块残片（M217：2-1、M217：2-2）　3. 铁带钩（M217：1）

2. 随葬器物

墓道、墓室未见有随葬器物。

M219

1. 墓葬形制

位于发掘区中部，北邻M225，南邻M221。方向280°，由竖穴墓道和土洞墓室两部分组成，东西向，墓道在西，墓室居东（图二八九）。

墓道　平面呈长方形，竖穴土坑，口大底小，长4、宽2.7、开口距地表1.4、距墓道底3.3米，墓道底长2.9、宽1.52米。墓道四壁收分0.58米。

封门　墓室口部未见封门痕迹。

墓室　位于墓道东壁，拱顶土洞。平面呈长方形，进深3、宽1.1、高1.4米。墓室口坍塌。墓室西南角有一方形小龛，进深0.52、长0.8、高0.8米，内置1件陶缶。墓室口部置有4件陶器。

葬具葬式　葬具不详。骨架保存较差，推断为仰身直肢，头向西。墓室中部见3件随葬器物。

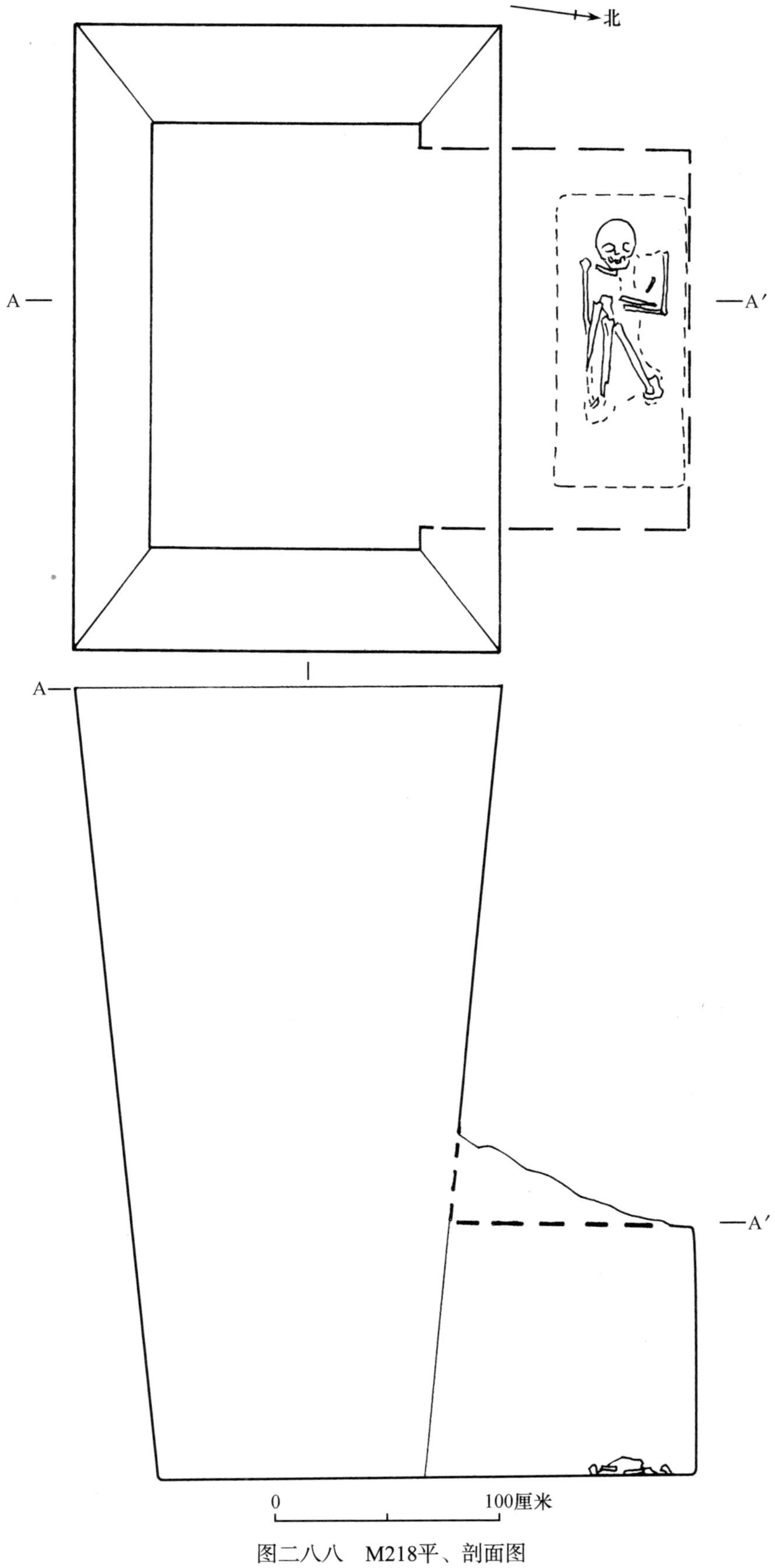

图二八八　M218平、剖面图

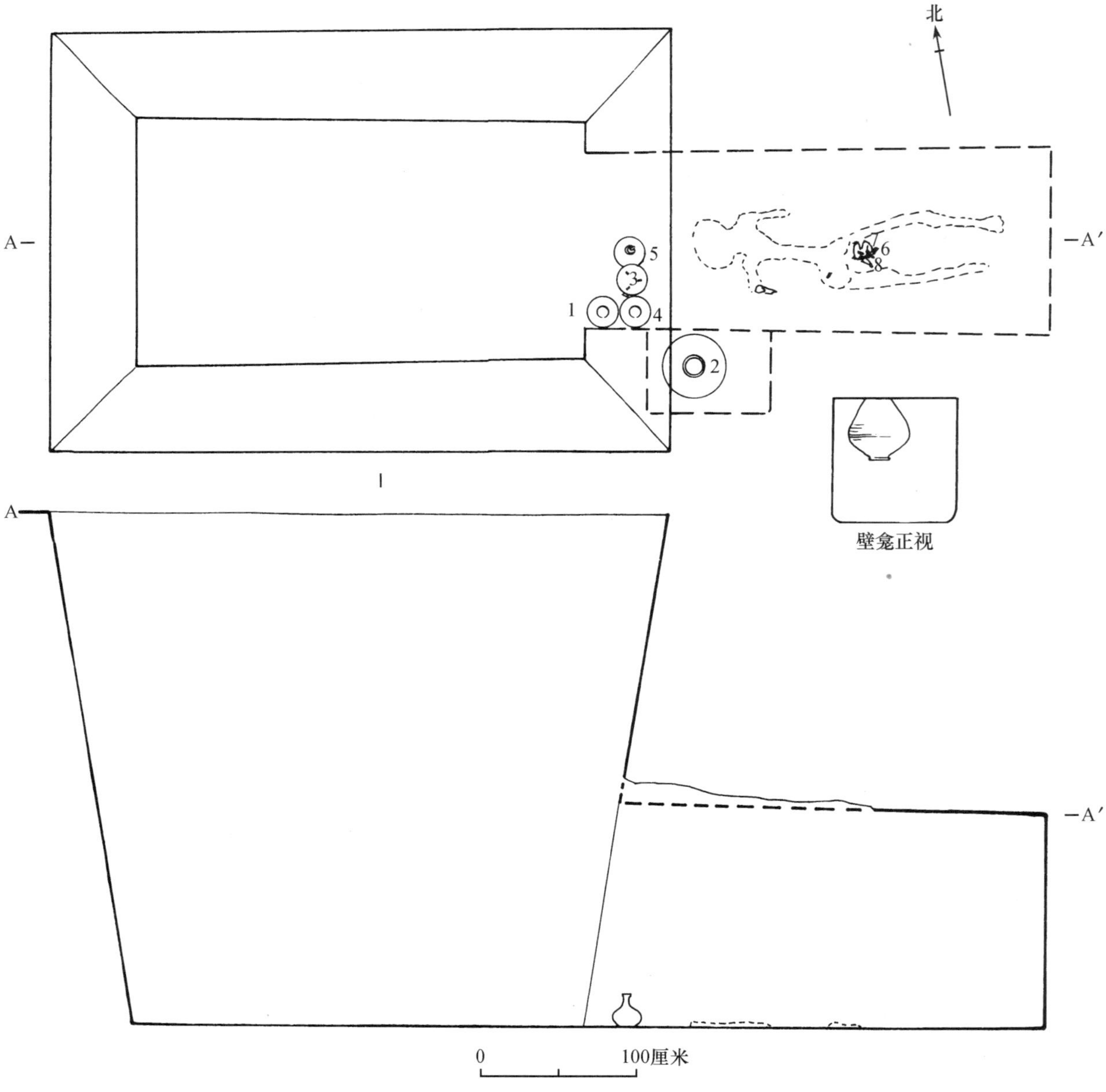

图二八九　M219平、剖面图

1. 陶罐　2. 陶缶　3. 陶鼎　4. 陶盒　5. 陶蒜头壶　6. 铜印　7. 铜镜　8. 铁刀

2. 随葬器物

共8件，陶鼎、陶盒、陶蒜头壶、陶罐、陶缶各1件，铜印1枚、铜镜1面，铁刀1件。

陶鼎　1件。标本M219：3，泥质灰陶，一足缺失。敛口斜沿，深腹，圜底，模制蹄足较高，方形附耳肥厚。弧形盖，子口，手制三扁棱状盖纽。盖上饰有同心暗弦纹和波折状锯齿纹。腹部饰有一道凸棱纹。盖内壁和鼎内底戳印有“咸亭完里曰器”。通高15.1、口径11.6、腹径17.7、腹深8.3、足高5.5厘米（图二九〇，1；图二九一，4、5）。

陶盒　1件。标本M219：4，泥质灰陶，修复完整。盖方唇，弧腹，圈足形捉手。器身尖唇，子母敛口，深腹，上腹内凹，下腹内收，饼足，平底。盖顶见暗弦纹，腹部饰有数道凸弦纹。盖内

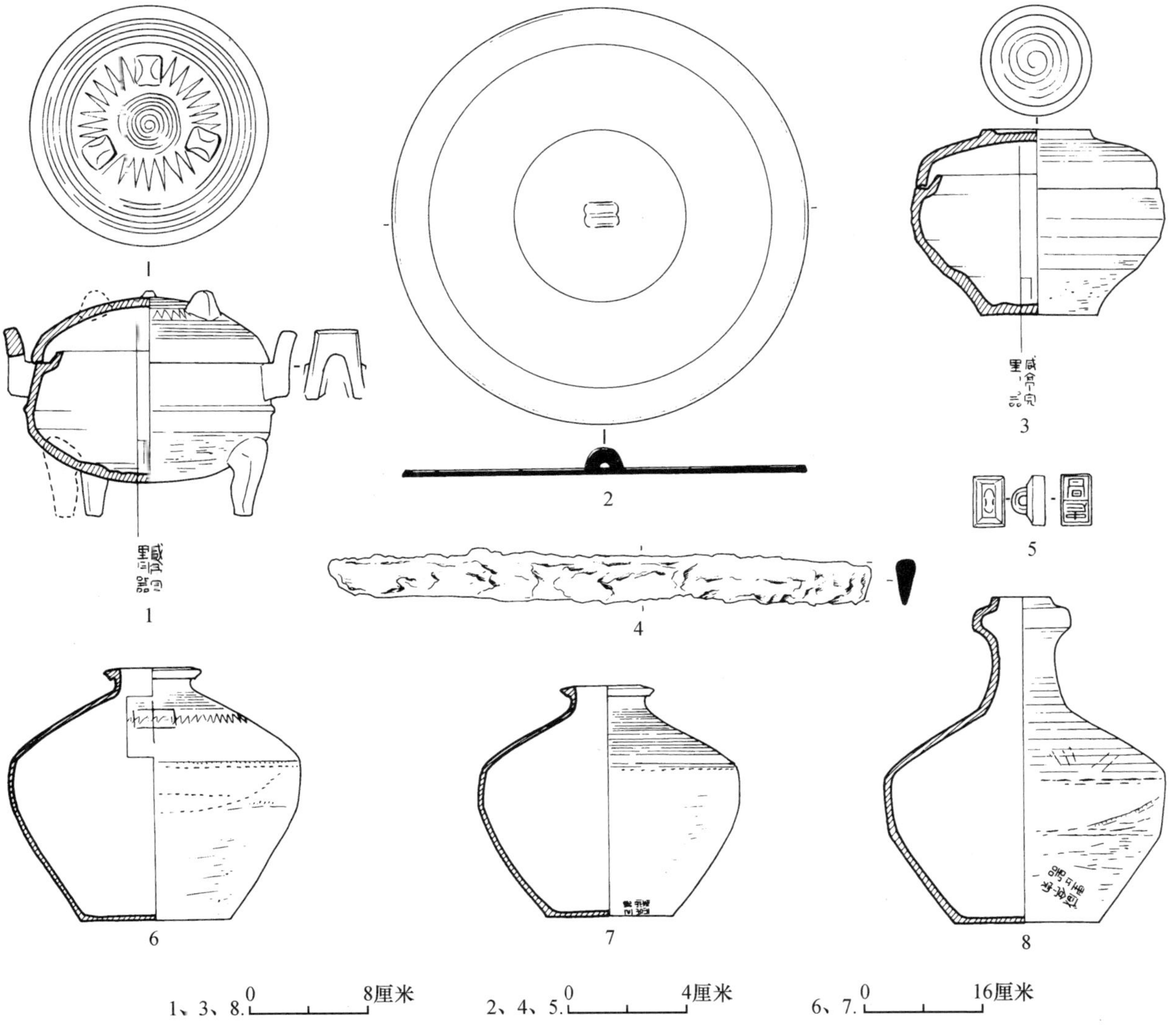

图二九〇　M219出土器物

1. 陶鼎（M219　3）　2. 铜镜（M219：7）　3. 陶盒（M219：4）　4. 铁刀（M219：8）　5. 铜印（M219：6）　6. 陶缶（M219：2）　7. 陶罐（M219：1）　8. 陶蒜头壶（M219：5）

壁和盒内底戳印“咸亭完里曰器”。通高12.3、口径12.5、腹径16.4、腹深7.7、底径7.9、足高0.5厘米（图二九〇，3）。

陶蒜头壶　1件。标本M219：5，泥质灰陶，修复完整。口部蒜头形，长颈，溜肩鼓腹，上腹较直，下腹斜内收，平底。颈、肩部见暗弦纹，腹部刻划一道凹弦纹；下腹有两枚方形戳印“咸亭完里□器”。通高22.2、口径3.5、蒜头径6.4、腹径18.5、底径9.8厘米（图二九〇，8；图二九一，6）。

陶罐　1件。标本M219：1，泥质灰陶，完整。尖唇斜沿，侈口束颈，广斜肩鼓腹，下腹斜内收，大平底。肩部见暗弦纹，中腹饰凸弦纹和一圈锥刺纹，下腹底戳印“咸亭□里□器”。通高31、口径8.2、腹径3、底径17.2厘米（图二九〇，7；图二九一，3）

陶缶　1件。标本M219：2，泥质灰陶，完整。肩部见暗弦纹和波折状、锯齿纹，上腹饰竖绳纹和两道锥刺纹。肩部刻画有“中”“ フ”纹样。通高33.2、口径9、腹径38.7、底径19.8厘米（图二九〇，6；图二九一，2、7）。

铜镜　1面。标本M219：7，残。弦纹镜，镜面平，镜背边缘略厚。弦纹桥形纽，中有穿孔，无座。半径6.9、沿厚0.22、肉厚0.1、纽高0.5厘米（图二九〇，2；图二九一，1）。

铁刀　1件。标本M219：8，表面锈蚀，残。仅存刀身部分。较窄，单面刃，弧形尖，直背。外有木剑鞘痕。残长18.3、刀身宽1.5、刀背厚0.7厘米（图二九〇，4）。

铜印　1枚。标本M219：6，轻微锈蚀。印体方形，环形纽，方形纽座，文篆刻“史昌”两字，字迹清晰，有边框。通高1.3、纽高0.5、印面长1.65、宽1厘米（图二九〇，5；图版四一，2）。

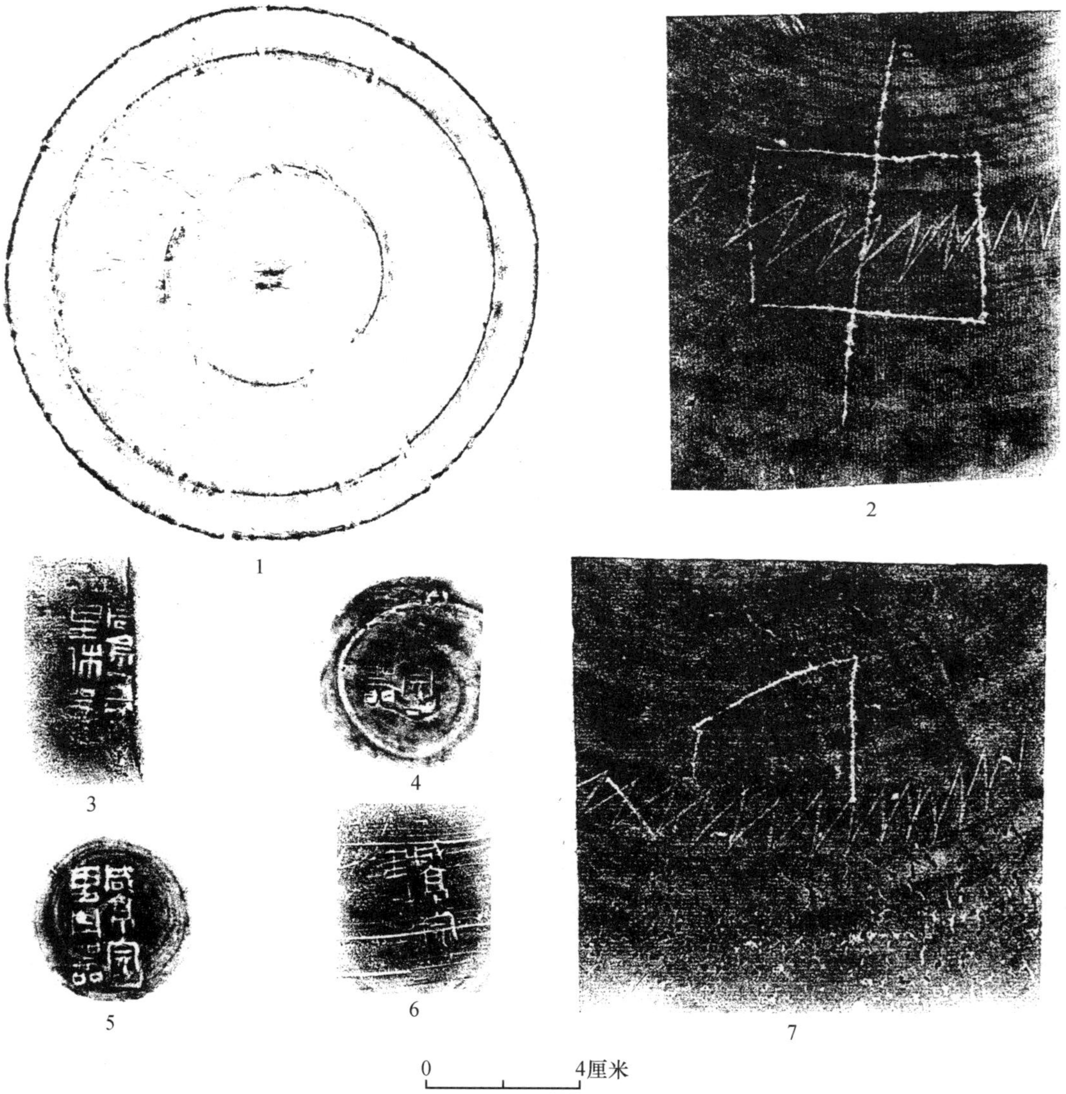

图二九一　M219出土器物纹饰、文字拓片

1. 铜镜（M219：7）　2、7. 陶缶（M219：2）　3. 陶罐（M219：1）　4、5. 陶鼎（M219：3-2、M219：3-1）　6. 陶蒜头壶（M219：5）

M220

1. 墓葬形制

位于发掘区东部，西邻生产路，东邻M237。方向80°，由竖穴墓道和土洞墓室两部分组成，东西向，墓道在东，墓室西（图二九二；图版一八，1）。

墓道　平面呈长方形，竖穴土坑，口大底小，长3.22、宽2.2、开口距地表1.3、距墓道底2.56米，墓道底长2.3、宽1.7米。东西两壁收分0.36米，南北两壁收分0.26米。

封门　墓室口部未见封门痕迹。

墓室　位于墓道西壁，拱顶土洞。平面呈长方形，进深2.4、宽1.24、残高1.06米。墓室口坍塌。墓室东北角有一方形小龛，进深0.36、长0.36、高0.4米，内置1件陶器缶。

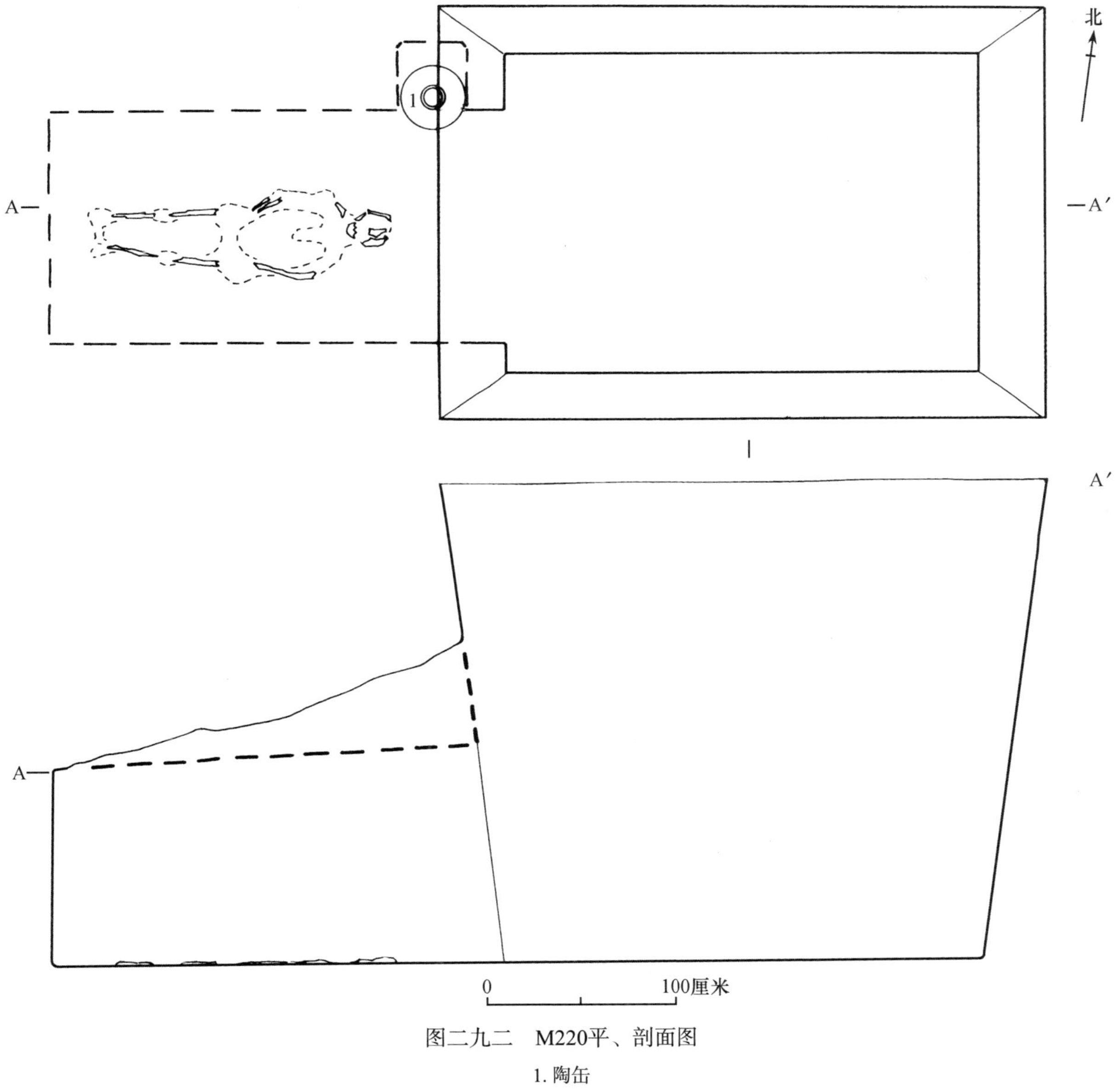

图二九二　M220平、剖面图

1. 陶缶

葬具葬式　葬具不详。骨架保存不佳，由痕迹推断仰身直肢，头向东。

2. 随葬器物

陶缶　1件。标本M220：1，泥质灰陶，基本完整。尖唇斜沿，侈口束颈，广斜肩折腹，下腹斜直内收，平底。肩部见暗弦纹，下腹饰绳纹。通高35.1、口径10、腹径38.7、底径17.4厘米（图二九三）。

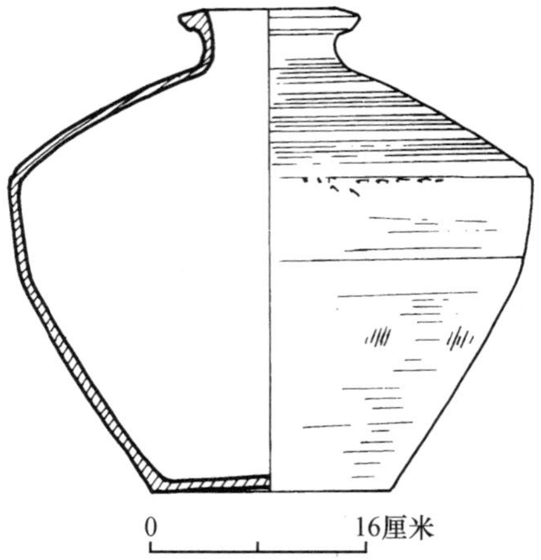

图二九三　M220出土陶缶（M220：1）

M221

1. 墓葬形制

位于发掘区中部中间，西邻M159。方向275°，由竖穴墓道和土洞墓室两部分组成，东西向，墓道在西，墓室居东（图二九四）。

墓道　平面呈长方形，竖穴土坑，口大底小，口长3.8、宽2.8、开口距地表1.4、距墓道底3.6米，墓道底长2.8、宽1.3米。南北两壁收分0.76米，东西两壁收分0.5米。该墓墓道打破M226墓室上口。

封门　墓室口未见封门痕迹。

墓室　位于墓道东壁，拱顶土洞。平面呈长方形，进深3、宽1、高1.1米。墓室口坍塌。墓室西北角有一方形小龛，进深0.7、宽1、高0.8米，内置4件陶器。

葬具葬式　葬具、葬式不清。

2. 随葬器物

共4件，陶罐3件、陶缶1件。

陶罐　3件，泥质褐陶。标本M221：1，完整。尖唇平沿，直口束颈，广斜肩折腹，上腹较直，下腹斜内收，平底。肩部见暗弦纹和波折锯齿纹，腹部饰两道道锥刺纹。通高34.1、口径8.7、腹径37.2、底径18厘米（图二九五，1）。标本M221：2，修复完整。方唇侈口，束颈，溜肩长鼓腹，下腹内收，平底微凹。腹饰一道凸棱纹与数道短弦纹。通高17.4、口径6.8、腹径15.9、底径7.7厘米（图二九五，2）。标本M221：4，完整。尖唇斜沿，直口束颈，广斜肩鼓腹，下腹斜内收，平底。口沿、肩部见暗弦纹，腹部有一圈篦点纹。下腹底部戳印“咸亭□里□器”。通高30.8、口径9、腹径34.5、底径16.6厘米（图二九五，3、4）。

陶缶　1件。标本M221：3，泥质灰陶，基本完整。侈口，腹部圆鼓。肩部见暗弦纹和波折锯齿纹，中腹饰一道锥刺纹。通高33.5、口径8.5、腹径37.2、底径17.9厘米（图二九五，5）。

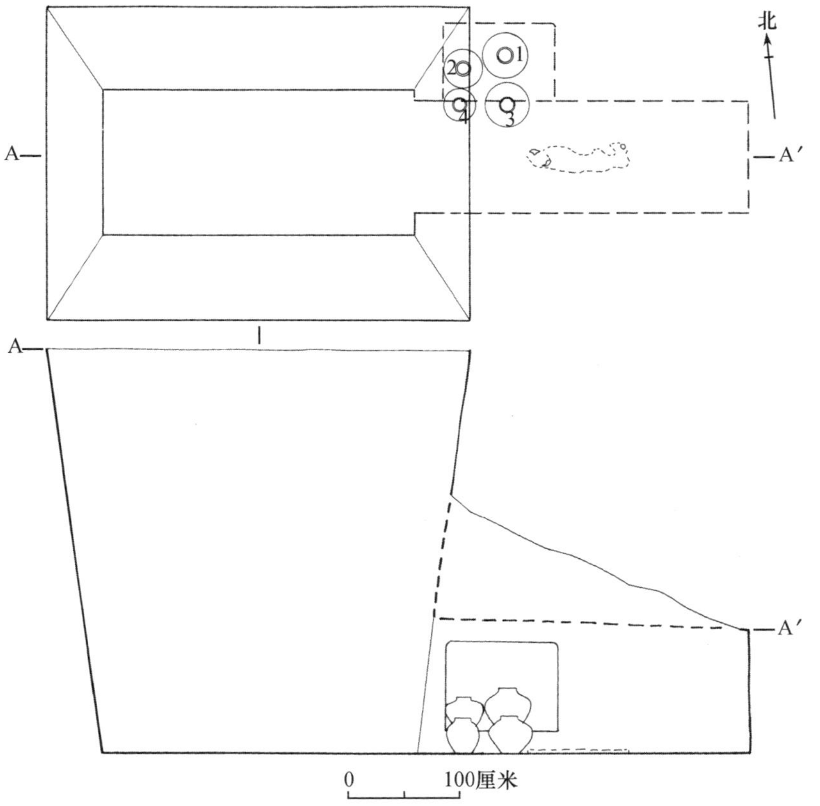

图二九四　M221平、剖面图

1、2、4. 陶罐　3. 陶缶

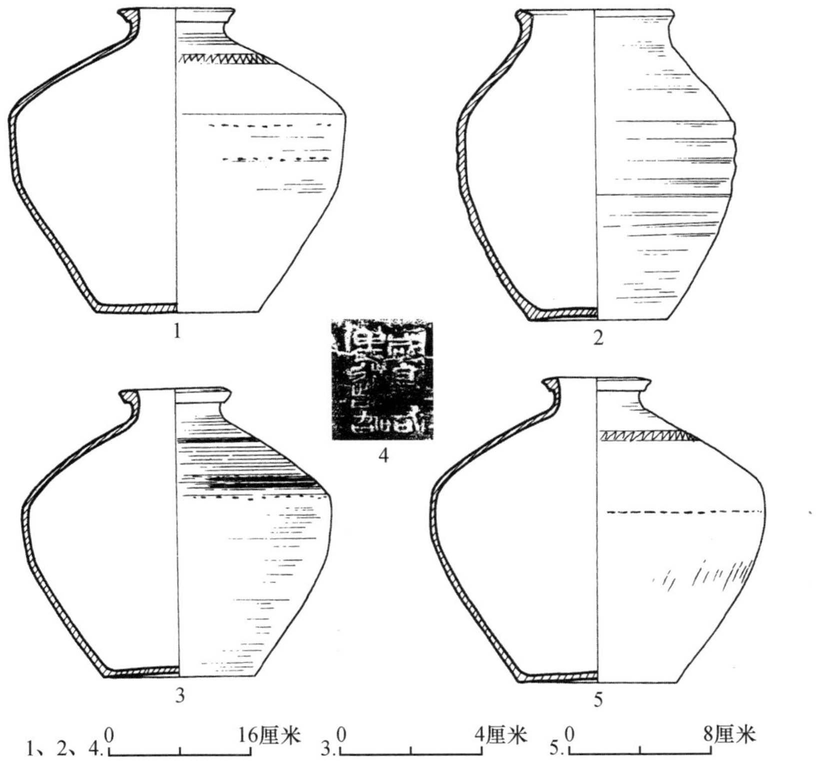

图二九五　M221出土器物及文字拓片

1～3. 陶罐（M221：1、M221：2、M221：4）　4. 陶罐文字拓片（M221：4）　5. 陶缶（M221：3）

M222

1. 墓葬形制

位于发掘区中部西南，西邻M223，东邻M216。方向180°，由竖穴墓道和土洞墓室两部分组成，南北向，墓道在南，墓室居北（图二九六）。

墓道　平面呈长方形，竖穴土坑，口小下底大，东西长3.1、宽1.9、开口距地表1.6、距墓道底3米，墓底长3.2、宽2.1米。四壁扩分0.1米。出土有陶豆1件。该墓道上口被M212打破。

封门　墓室口未见封门痕迹。

墓室　位于墓道北壁，拱顶土洞。平面呈长方形，进深1、宽2、残高0.8米。墓室底高出墓道0.1米。墓室口坍塌。

葬具葬式　棺灰痕迹明显，呈长方形，长1.44、宽0.6米。骨架保存较好，侧身屈肢，头向西，双手放于胸前，双膝向北弯曲。墓室东南角、棺灰西南角和骨架肱骨旁各置有1件随葬器物。

2. 随葬器物

共4件，陶豆1件，铜管饰1件，铁器残件1件，骨器1件。

陶豆　1件。标本M222：1，夹砂灰陶，基本完整。豆盘敞口，壁外斜，浅腹，平底；柱状豆柄较短，喇叭状底座中空。通高6.4、口径12.9、盘深2、底径7.6厘米（图二九七，4）。

骨器　1件。标本M222：4，残。镰刀形，中空管状，下残。横长7、竖长12.7、最宽3.6 厘米（图二九七，1）。

铜管饰　1件。标本M222：2，表面部分锈蚀。扁圆形，中空，粗端有两小孔。管内壁见有细纤维，应为木质结构所留。通长5.5、粗端径长2、厚0.1、细端径长1.2、厚0.2厘米（图二九七，3）。

铁器残件　1件。标本M222：3，锈蚀严重，不知为何物。残长4.1、高1.7、宽3厘米（图二九七，2）。

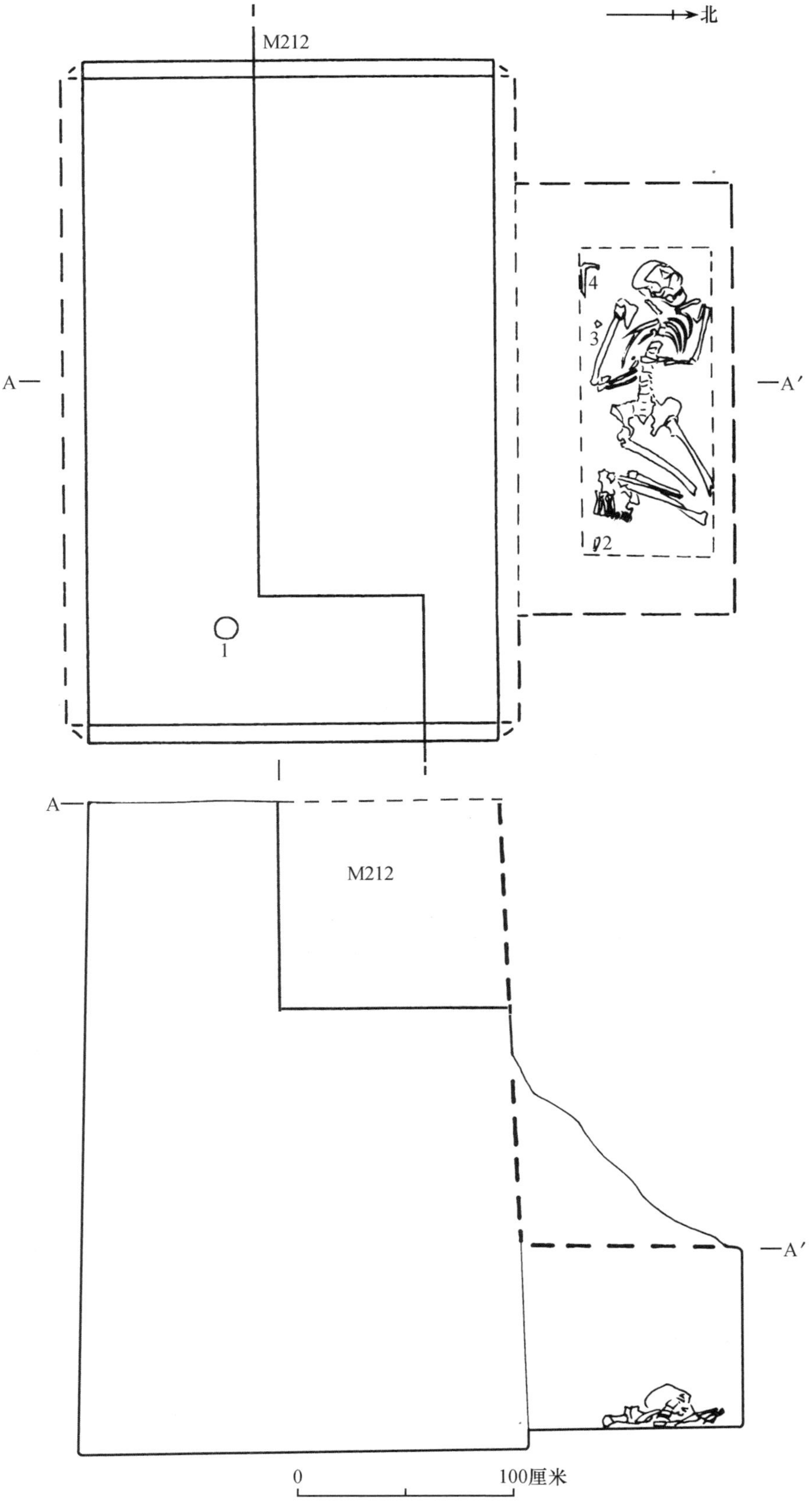

图二九六　M222平、剖面图

1. 陶豆　2. 铜管饰　3. 铁器残件　4. 骨器

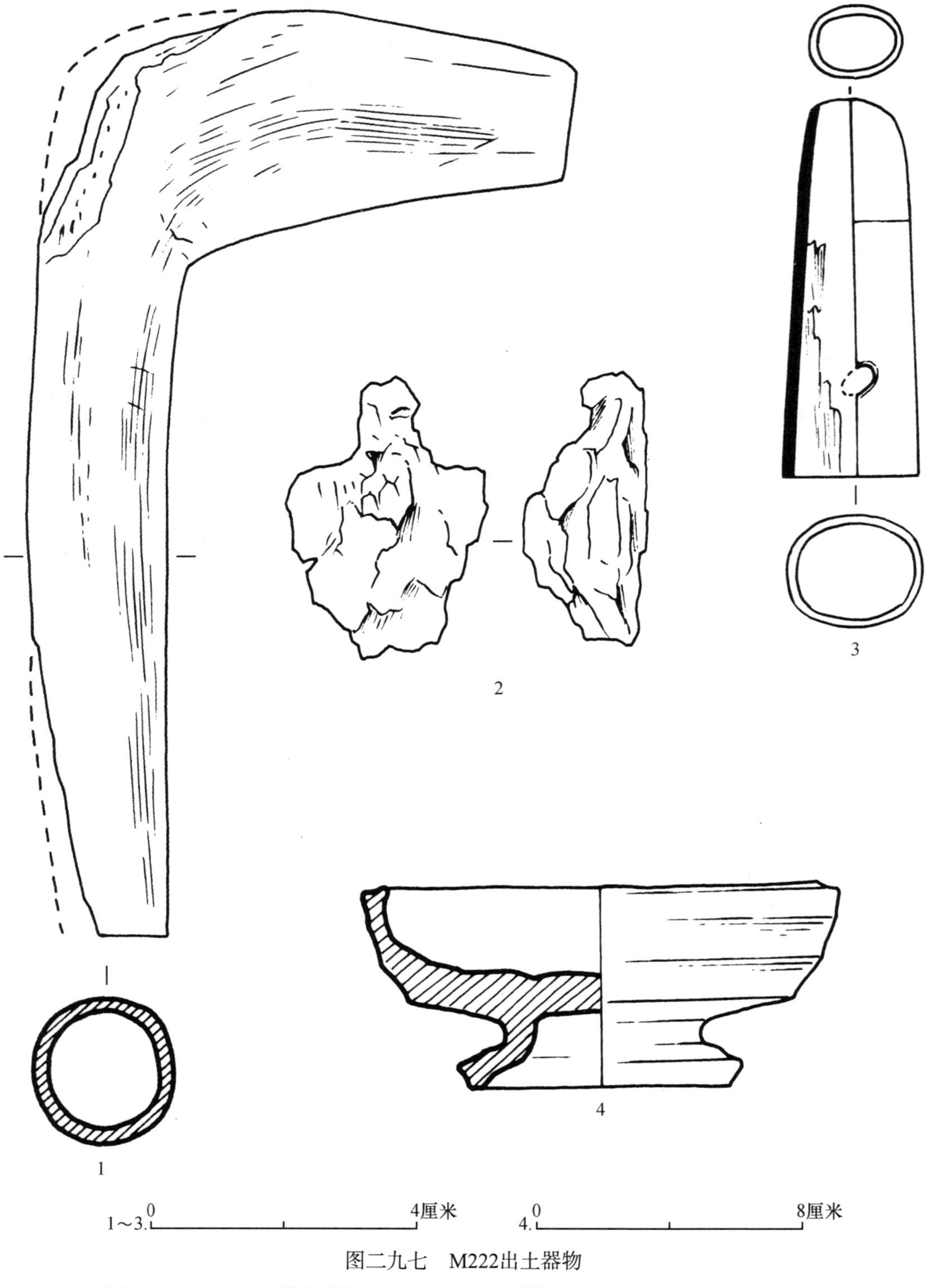

图二九七　M222出土器物

1. 骨器（M222：4）　2. 铁器残件（M222：3）　3. 铜管饰（M222：2）　4. 陶豆（M222：1）

M223

1. 墓葬形制

位于发掘区中部西南，北邻M205。方向265°，由竖穴墓道和土洞墓室两部分组成，东西向，墓道在西，墓室居东（图二九八）。

墓道　平面呈长方形，竖穴土坑，口大底小，东西长2.9、宽1.8、开口距地表1.6、距墓道底2.1米，墓道底长2.3、宽1.3米。南、北两壁收分0.3米，东、西两壁收分0.25米。

封门　墓室口部未见有封门痕迹。

墓室　位于墓道东壁，拱顶土洞，平面呈长方形，进深2.5、宽0.85、残高1米。墓室底高出墓道0.1米。墓室口坍塌。

葬具葬式　葬具不详。墓室中仅存部分骨架，保存较差，葬式不详。墓室口部见4件随葬器物。

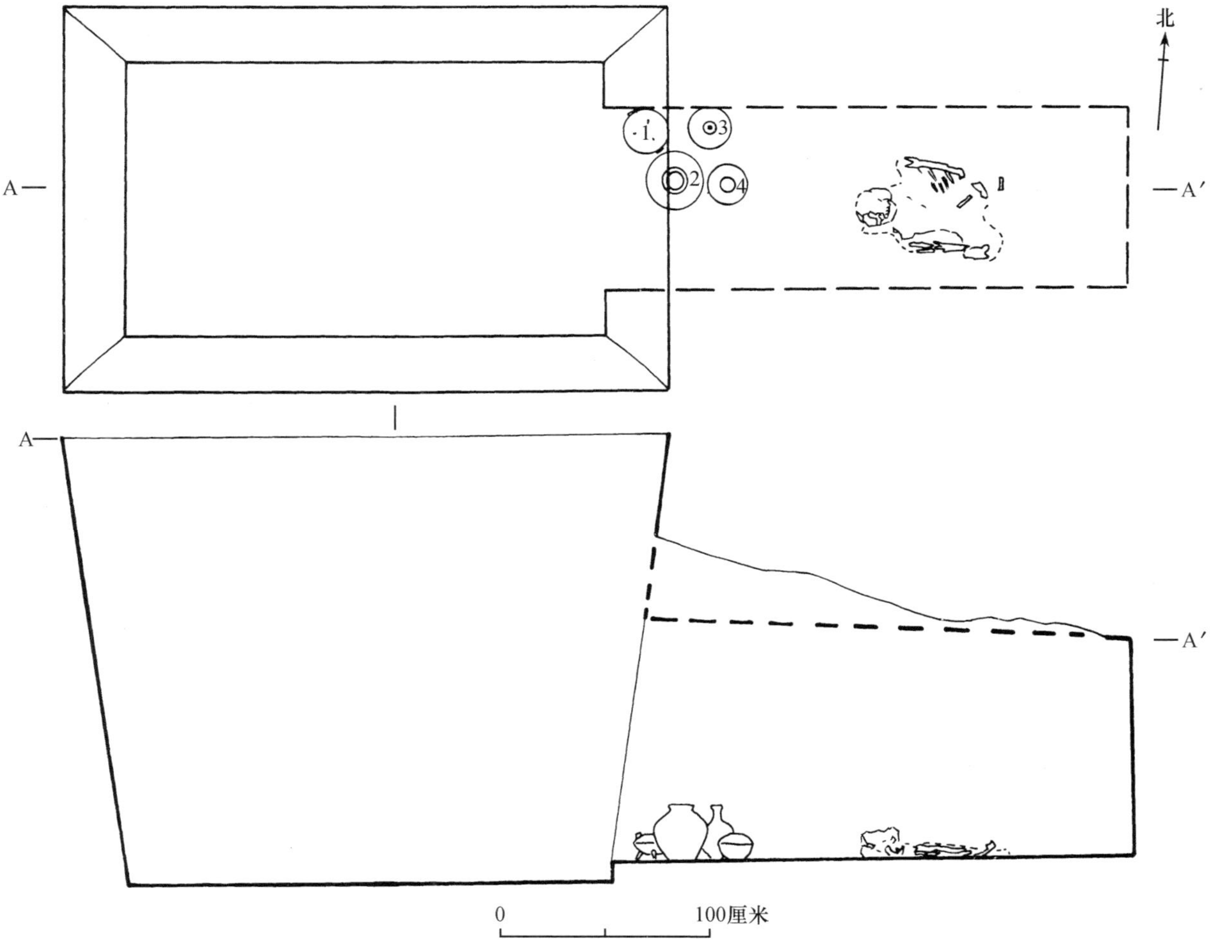

图二九八　M223平、剖面图

1. 陶鼎　2. 陶罐　3. 陶蒜头壶　4. 陶盒

2. 随葬器物

共4件，陶鼎1件、陶盒1件、陶蒜头壶1件、陶罐1件。

陶鼎　1件。标本M223：1，泥质灰陶，基本完整。盖方唇，浅腹，弧顶，扁棱状纽。器身方唇，子母敛口，深腹，上腹内凹，下腹外撇圆收，圜底。两方形附耳外撇，蹄足。盖顶见同心暗弦纹和波折锯齿纹，中腹饰两道凸弦纹。通高14.9、口径12、腹径17.2、腹深8.7、足高5.5厘米（图二九九，4）。

陶盒　1件。标本M223：4，泥质灰陶，基本完整。盖方唇，浅腹，圈足形捉手。器身方唇，子母敛口，上腹较直，下腹斜收，饼足。盖顶见有同心暗弦纹，腹饰两道凸弦纹。通高10.6、口径12.7、腹径16.2、腹深7.6、底径8.6、足高0.8厘米（图二九九，5）。

陶蒜头壶　1件。标本M223：3，泥质灰陶，完整。口部蒜头形，长颈，溜肩鼓腹，上腹较直，下腹斜内收，平底。颈、肩见暗弦纹和波折锯齿纹，腹饰两道凸弦纹。通高21、口径2.6、腹径17.8、底径10厘米（图二九九，3）。

陶罐　1件。标本M223：2，泥质灰陶，完整。尖唇斜沿，侈口束颈，斜广肩鼓腹，上腹较直，下腹内收，大平底。颈、肩部见暗弦纹和波折状齿纹，肩部刻画有一“回”字。通高35.3、口径9.5、腹径38.7、底径19.2厘米（图二九九，1、2）。

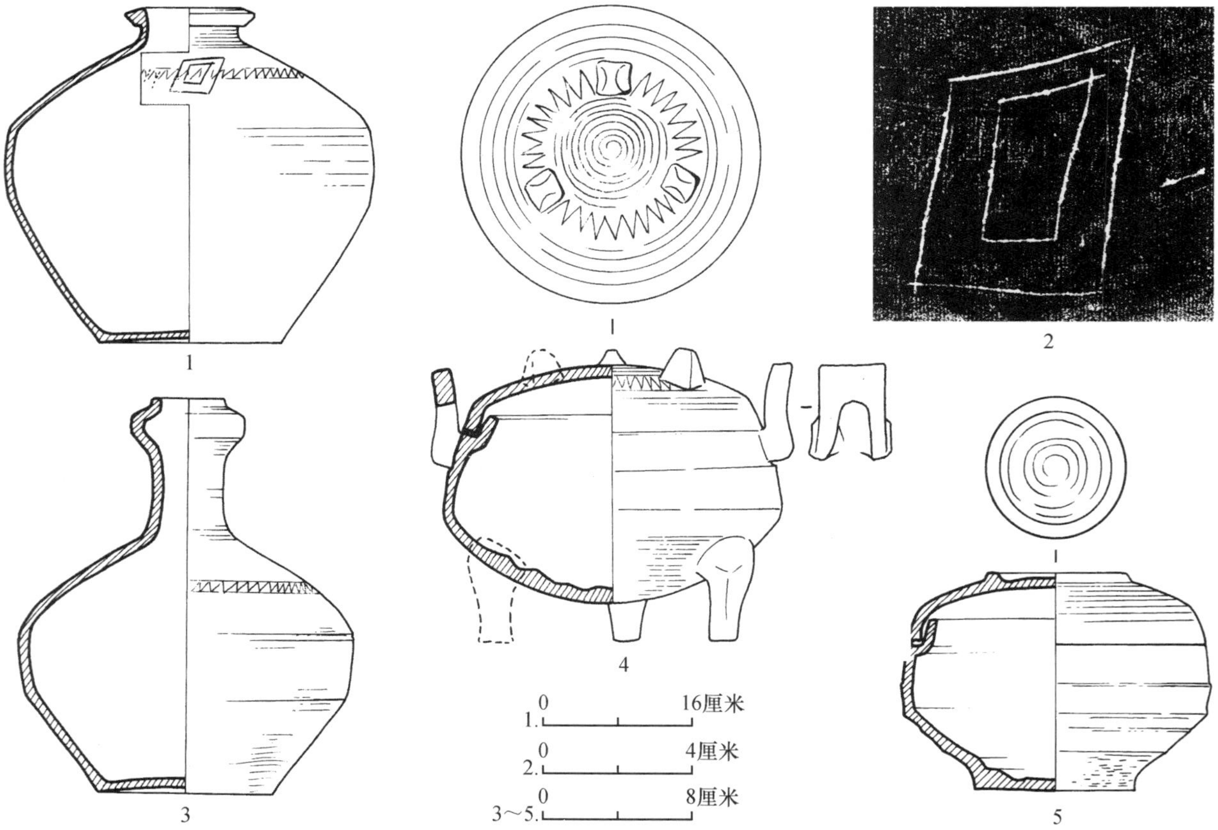

图二九九　M223出土器物及刻划纹拓片

1. 陶罐（M223：2）　2. 陶罐刻划纹拓片（M223：2）　3. 陶蒜头壶（M223：3）　4. 陶鼎（M223：1）　5. 陶盒（M223：4）

M224

1. 墓葬形制

位于发掘区中部西南，东邻M205。方向280°，长方形竖穴土圹墓，东西向（图三〇〇）。

墓道、墓室　开口平面略呈梯形，东西长5.5、宽4.2、距地表1.4、距二层台2.7米。生土二层台高1.6米，宽0.6～0.7米，四壁至二层台收分0.5米。墓室底长2.64、宽1.3米。

葬具葬式　棺灰痕迹明显，呈梯形，长2.1、西宽0.6、东宽0.8米，棺内骨架保存不佳。骨架旁发现一带钩。

2. 随葬器物

铜带钩　1件。标本M224：1，表面轻微锈蚀，钩首残。琵琶状。曲颈，长腹，腹下部最宽，圆弧形尾。钩背弯曲，纽近中部，圆形扣纽较大，纽柱短粗。残长6.5、腹宽1.8、纽高1、纽径1.6厘米（图三〇一）。

M225

1. 墓葬形制

位于发掘区中部中间，西邻M230，南邻M219。方向95°，由竖穴墓道和土洞墓室两部分组成，东西向，墓道在东，墓室居西（图三〇二）。

墓道　平面呈梯形，竖穴土坑，口大底小，口长2.7、宽2.3～2.7、开口距地表1.4、距墓道底2.5米，墓道底长2.2、宽1.4～1.6米。墓道南壁收分0.5米，墓道东壁收分0.3米，北壁收分为0.22～0.5米。该墓墓室被南晚期墓葬M228打破。

封门　墓室口见土坯封门痕迹。共5层，封门残长0.8、宽0.3、高0.5米。土坯残长0.4、宽0.26、厚0.1米。

墓室　位于墓道西壁，拱顶土洞，被晚期墓打破严重，现存进深0.6、宽1.1、墓室口坍塌现高1.7米。墓室口发现6件器物。

葬具葬式　葬具葬式不详。

2. 随葬器物

共6件，陶鼎1件、陶盒1件、陶蒜头壶1件、陶缶2件（图版二七，2），铁豆1件。

陶鼎　1件。标本M225：3，泥质灰陶，残。无盖。器身方唇，子母敛口，深腹，腹较直，圜底。方形附耳外撇，蹄足。腹部饰两道凸弦纹。残高10.6、口径13.3、腹径16.6、腹深7.5、足高5.5厘米（图三〇三，3）。

陶盒　1件。标本M225：4，泥质灰陶，修复完整。盖方唇，深腹，平底圈足形捉手。器身

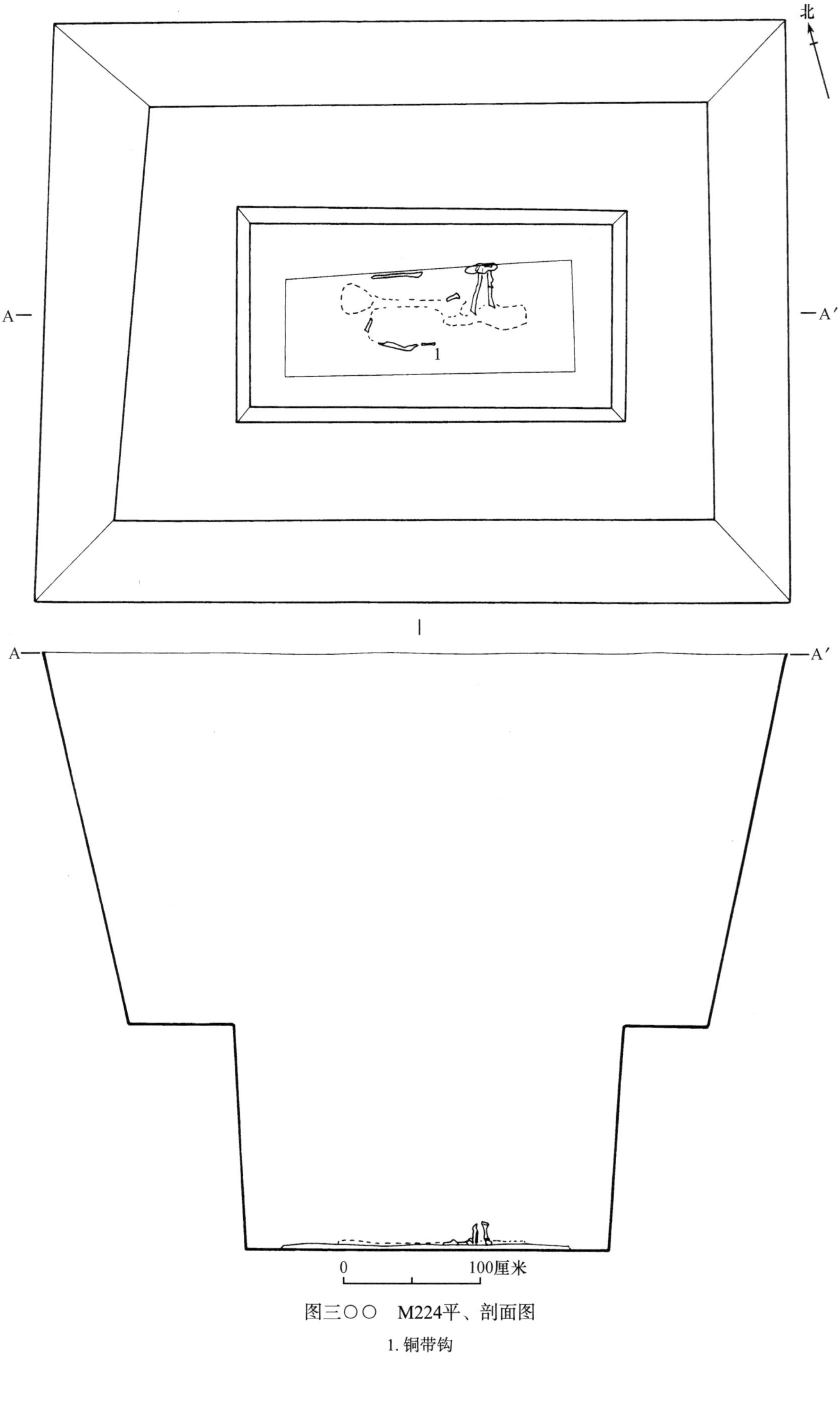

图三〇〇　M224平、剖面图

1. 铜带钩

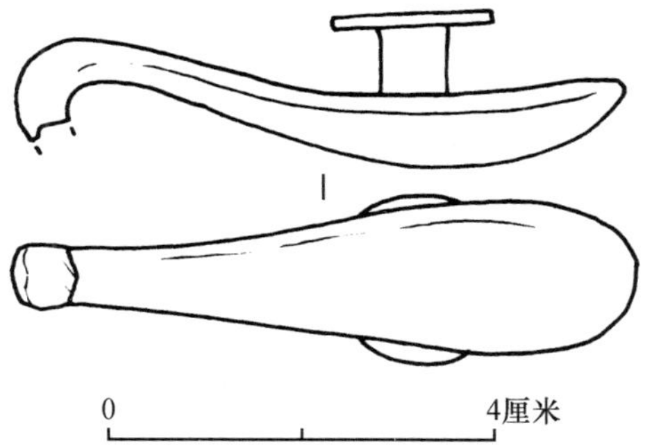

图三〇一　M224出土器物（M224：1）

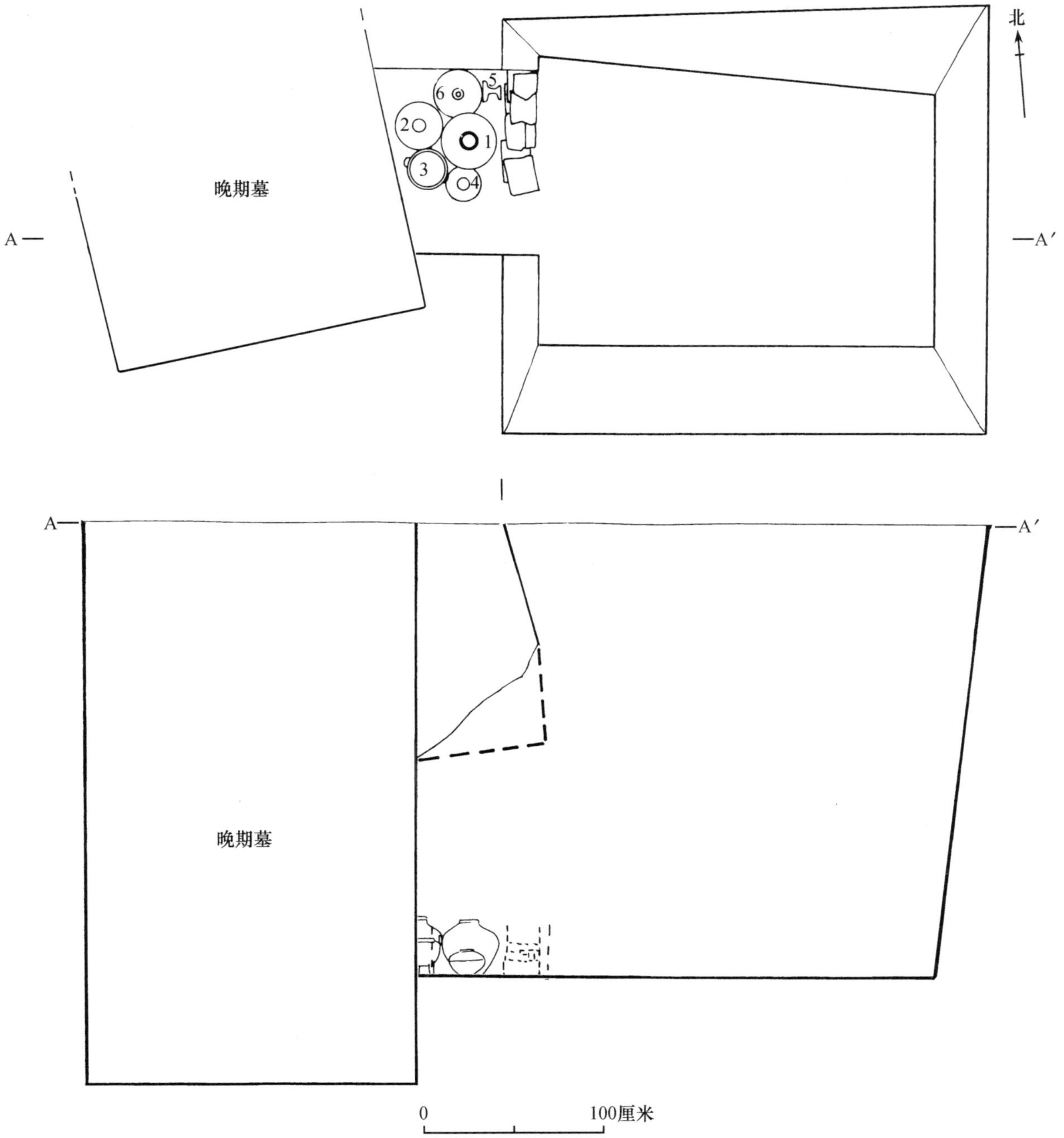

图三〇二　M225平、剖面图

1、2. 陶缶　3. 陶鼎　4. 陶盒　5. 铁豆　6. 陶蒜头壶方唇，子母敛口，深腹，上腹较直，下腹斜内收，平底。盖顶见暗弦纹，腹部饰数道凸弦纹。高8.6、口径13.8、腹径17、腹深8.2、底径7.7厘米（图三〇三，1）。

陶蒜头壶　1件。标本M225：6，泥质灰陶，完整。口部蒜头形，细颈较短，溜肩圆鼓腹，上腹较直，下腹斜收，平底。颈、肩部见暗弦纹和一圈波折锯齿纹。通高21.2、口径1.8、蒜头径6、腹径16.9、底径7.8厘米（图三〇三，5）。

陶缶　2件。泥质灰陶，修复完整。两件形制相似。标本M225：1，尖唇斜沿，直口束颈，斜广肩，圆鼓腹，下腹斜收，平底。口沿、肩部见暗弦纹，下腹饰间断绳纹纹。通高31、口径8.7、腹径35.5、底径16.4厘米（图三〇三，4；图三〇四）。标本M225：2，通高31.2、口径8、腹径34.7、底径16.9厘米（图三〇三，6）。

铁豆　1件。标本M225：5，表面锈蚀。方唇，敞口，浅腹，细柄中部凸起，底座部分残。残高8、盘径10.5、盘深1.2厘米（图三〇三，2）。

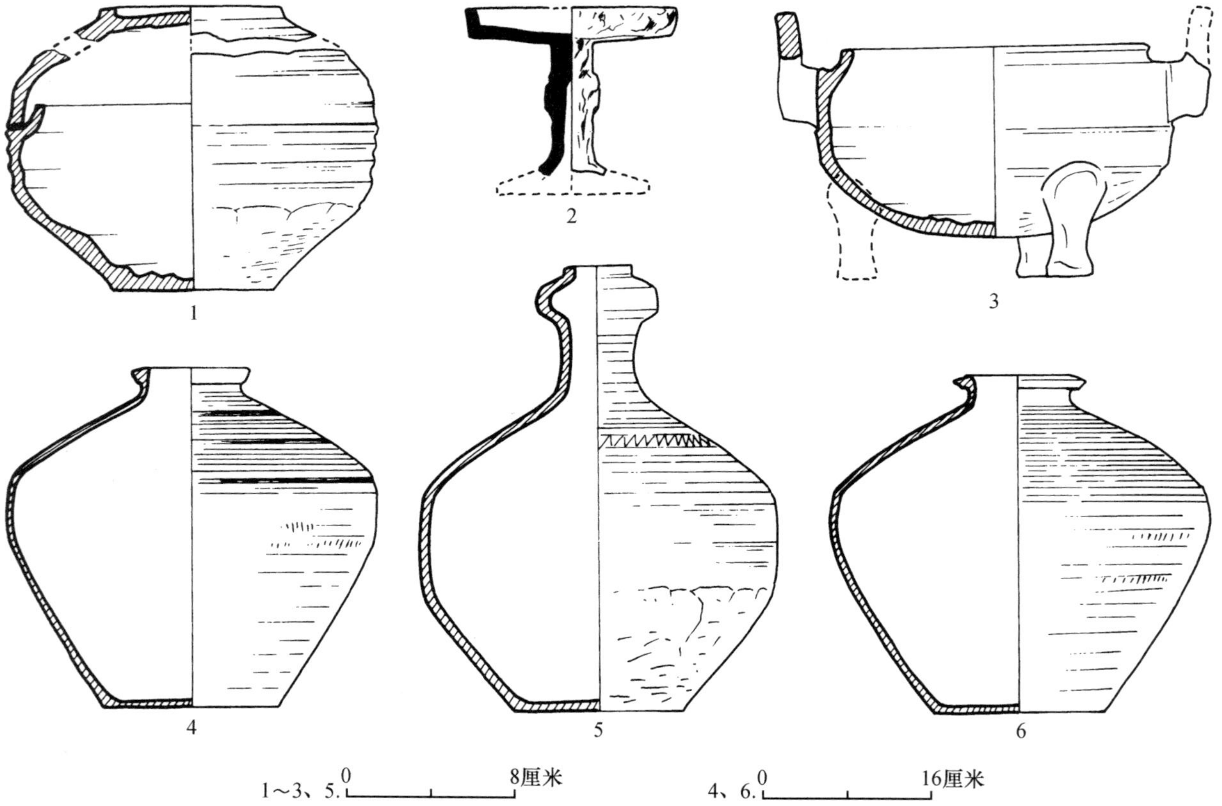

图三〇三　M225出土器物

1. 陶盒（M225：4）　2. 铁豆（M225：5）　3. 陶鼎（M225：3）　4、6. 陶缶（M225：1、M225：2）　5. 陶蒜头壶（M225：6）

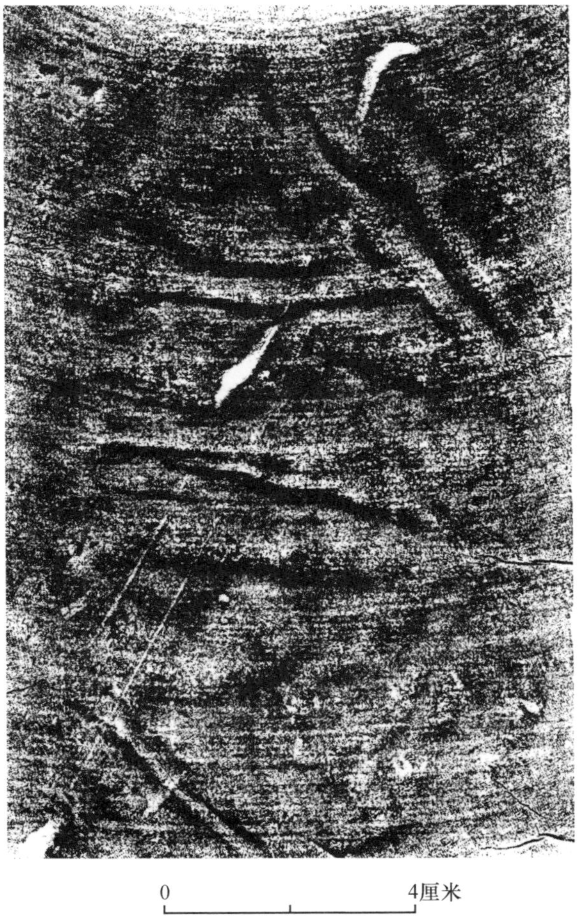

图三〇四　M225出土陶缶纹饰拓片（M225：1）

M226

1. 墓葬形制

位于发掘区中部中间，东邻M219，方向15°，应为长方形竖穴土圹墓，南北向。该墓南半部被M221墓道严重打破，具体形制不详（图三〇五）。

墓道、墓室　开口平面呈长方形。开口东西长1.35米，南北残长1.4米，开口距地表1.3米，距二层台0.55米，距墓底0.75米。墓底东西北三壁有生土二层台，二层台高0.2米，北台宽0.28米，东西台宽均为0.25米。墓底中部置有1副骨架。

封门　未见封门痕迹。

葬具葬式　葬具不详。打破关系严重，骨架下半部凌乱，为仰身屈肢，头向北，上肢自然下垂。在骨架腿骨东侧置有1件随葬陶罐。

2. 随葬器物

单耳罐　1件。标本M226：1，泥质灰陶，耳部残缺。方口直沿，短直颈，短斜肩，鼓腹，平

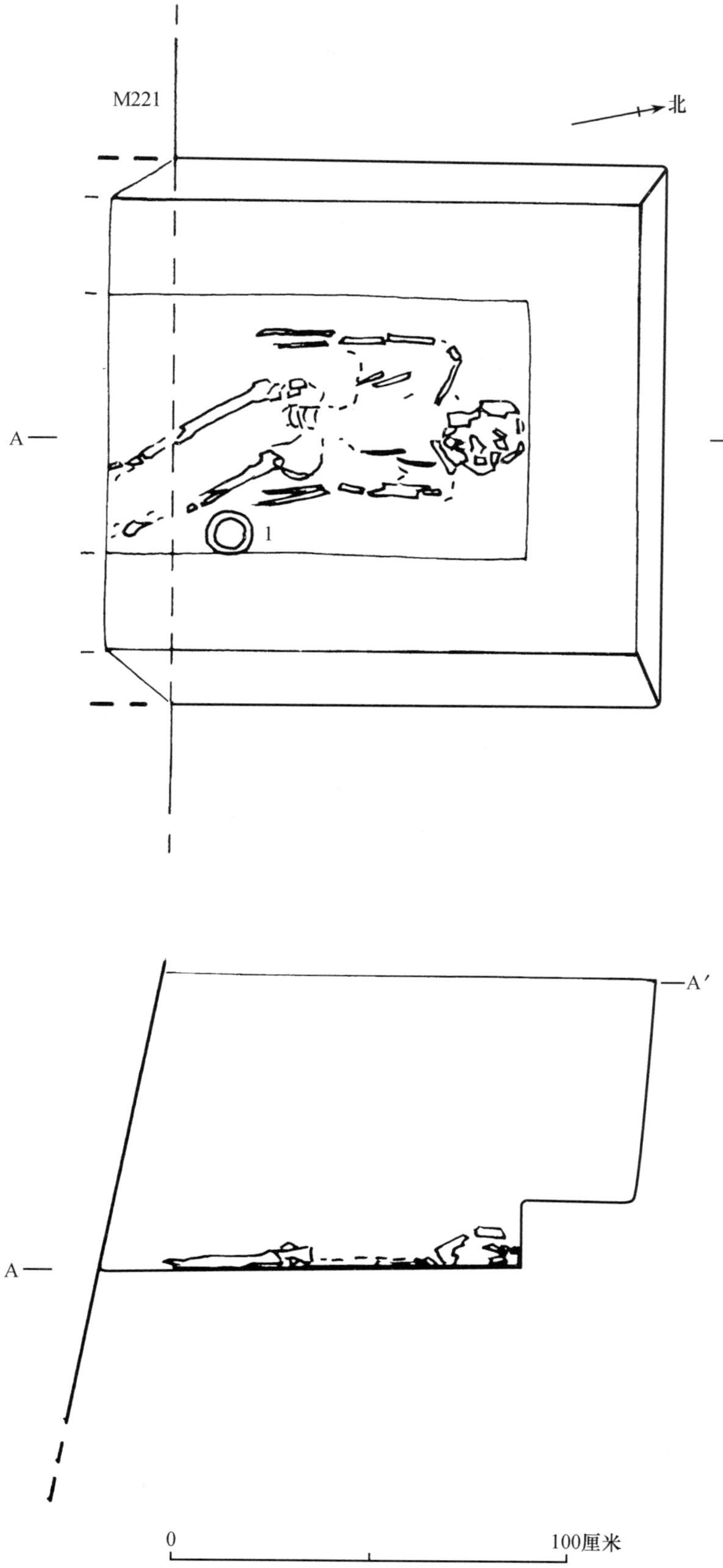

图三〇五　M226平、剖面图

1. 单耳罐

底，单耳，素面。通高7.8、口径4、腹径5、底径2.5厘米（图三〇六）。

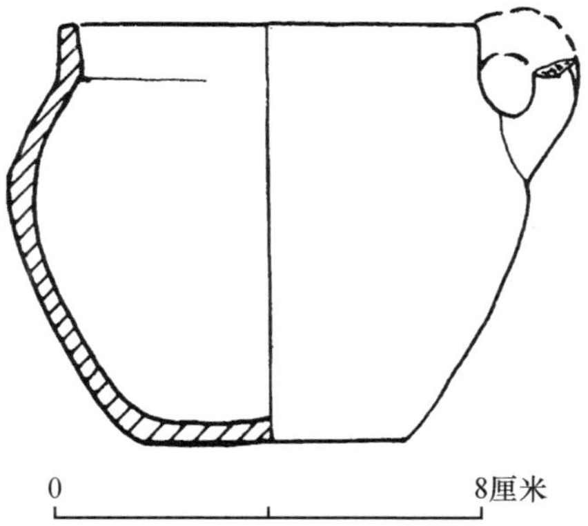

图三〇六　M226出土单耳罐（M226：1）

M229

1. 墓葬形制

位于发掘区中部偏南，北邻M218，南邻M231。方向270°，长方形竖穴土坑墓，东西向（图三〇七）。

墓道、墓室　墓道平面长方形，开口长3.72、宽2.6、开口距地表1.4、距二层台3.6、距墓室底4.4米。墓道四壁收分约0.4米，底部南、北壁下有二层台，宽0.4、0.8米，垂直于墓底。墓室底长3、宽1.74米。二层台上有5根棚木痕迹，长约1.74、宽0.1米，贴西壁向东依次排开，间隔约为0.6米，最东边棚木距东壁约0.1米。墓室西南角处有2件陶器。

葬具葬式　木棺，棺灰痕迹明显，靠近墓底东壁，呈长方形，长2.25、宽0.6米。骨架保存不佳，推断头向西，仰身屈肢，骨架南有1件带钩。

2. 随葬器物

共3件，陶罐1件，铜镜1面、铜带钩1件。

陶罐　1件。标本M229：1，泥质灰陶，完整。尖唇斜沿，侈口束颈，斜肩折鼓，下腹内收，平底。肩部见暗弦纹，上腹饰两圈锥刺纹和一圈篦点纹，下腹饰绳纹。口沿部刻划有两个“\ | /”纹饰相对称。通高34.4、口径9.5、腹径38.2、底径18.3厘米（图三〇八，2、4、6）。

铜镜　1面。标本M229：3，表面轻微锈蚀，基本完整。弦纹镜，镜面平，镜背边缘较厚，三弦纽，无座。径长9.5、沿厚0.2、纽高0.5厘米（图三〇八，1、3）。

铜带钩　1件。标本M229：2，表面轻微锈蚀。兔状。钩首兽头形，曲颈，长腹，尾部饰一卧兔，面向前，四肢下卧，钩背较平，纽近尾部，圆形扣纽较大，纽柱较短。通长4.2、腹宽1.8、纽高0.9、纽径1.9厘米（图三〇八，5）。

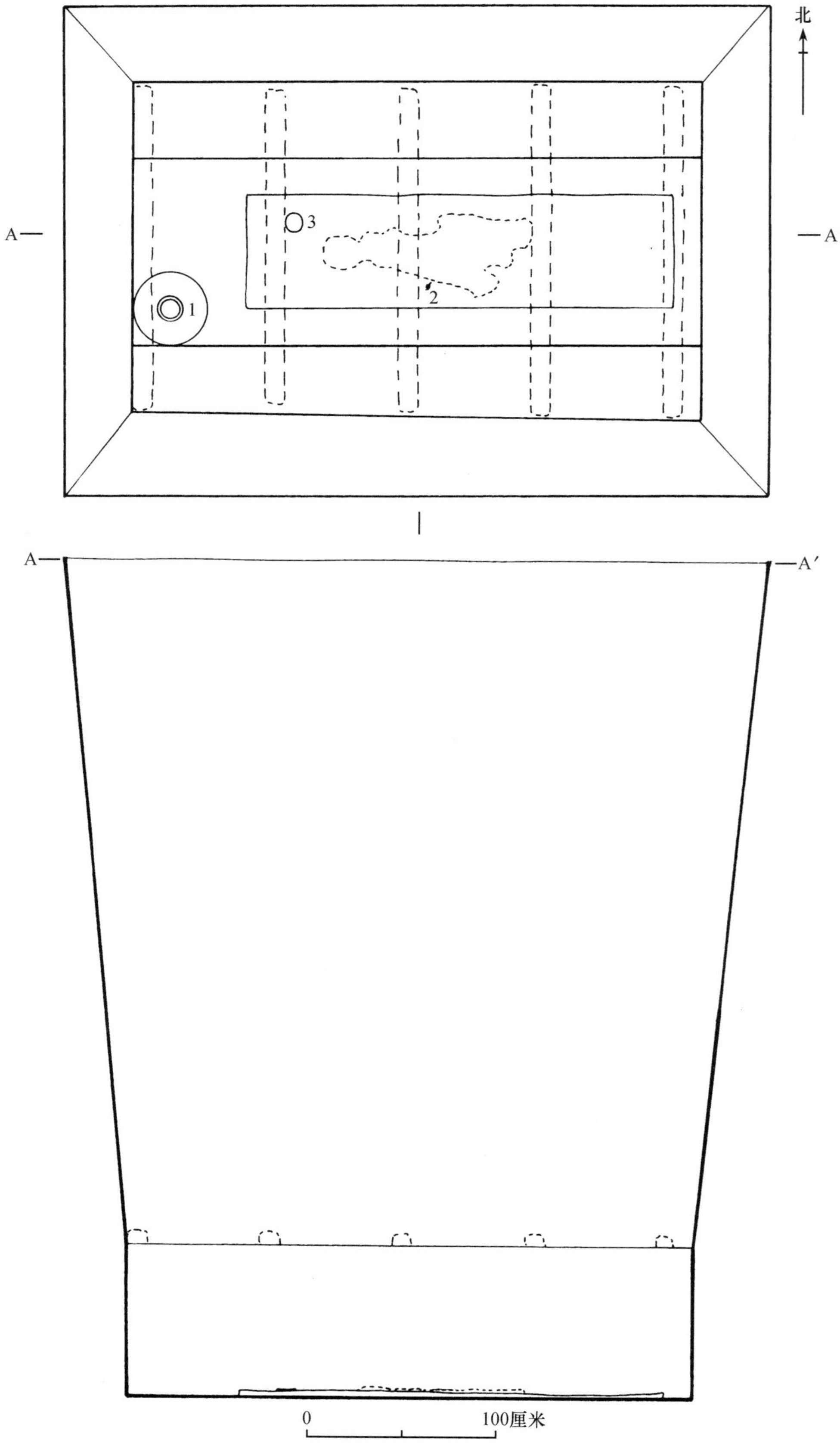

图三〇七　M229平、剖面图

1. 陶罐　2. 铜带钩　3. 铜镜

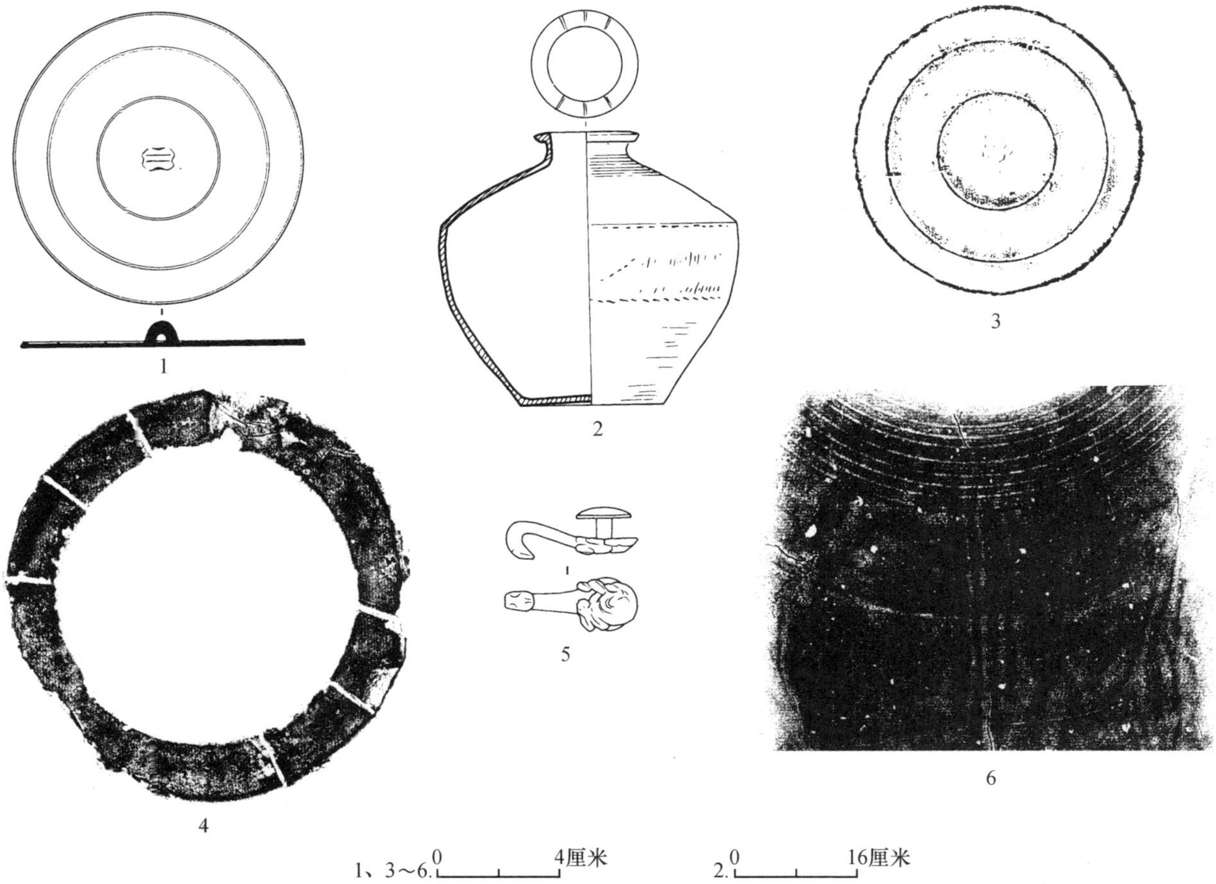

图三〇八　M229出土器物及纹饰拓片

1. 铜镜（M229：3）　2. 陶罐（M229：1）　3. 铜镜拓本（M229：3）　4、6. 陶罐纹饰拓片（M229：1-1、M229：1-2）　5. 铜带钩（M229：2）

M230

1. 墓葬形制

位于发掘区中部，北邻M199，南邻M159。方向135°，由竖穴墓道和土洞墓室两部分组成，南北向，墓道在南，墓室居北（图三〇九）。

墓道　平面呈长方形，竖穴土坑，口大底小，东西长2.35、宽1.98、开口距地表1.6、距墓道底2.9米，墓道底长2.3、宽1.6米。东、西两壁收分0.02～0.03米，南、北两壁收分0.19米。

封门　墓室口未见封门痕迹。

墓室　位于墓道北壁，拱顶土洞。平面呈长方形，进深1、东西长1.7、残高1.3米。墓室底高出墓道0.3米。墓室口坍塌。

葬具葬式　棺灰痕迹明显，呈长方形，长1.4、宽0.6米。骨架保存较好，仰身屈肢，头向西，双手置于胸前，双膝向北弯曲。

2. 随葬器物

墓道、墓室未见有随葬器物。

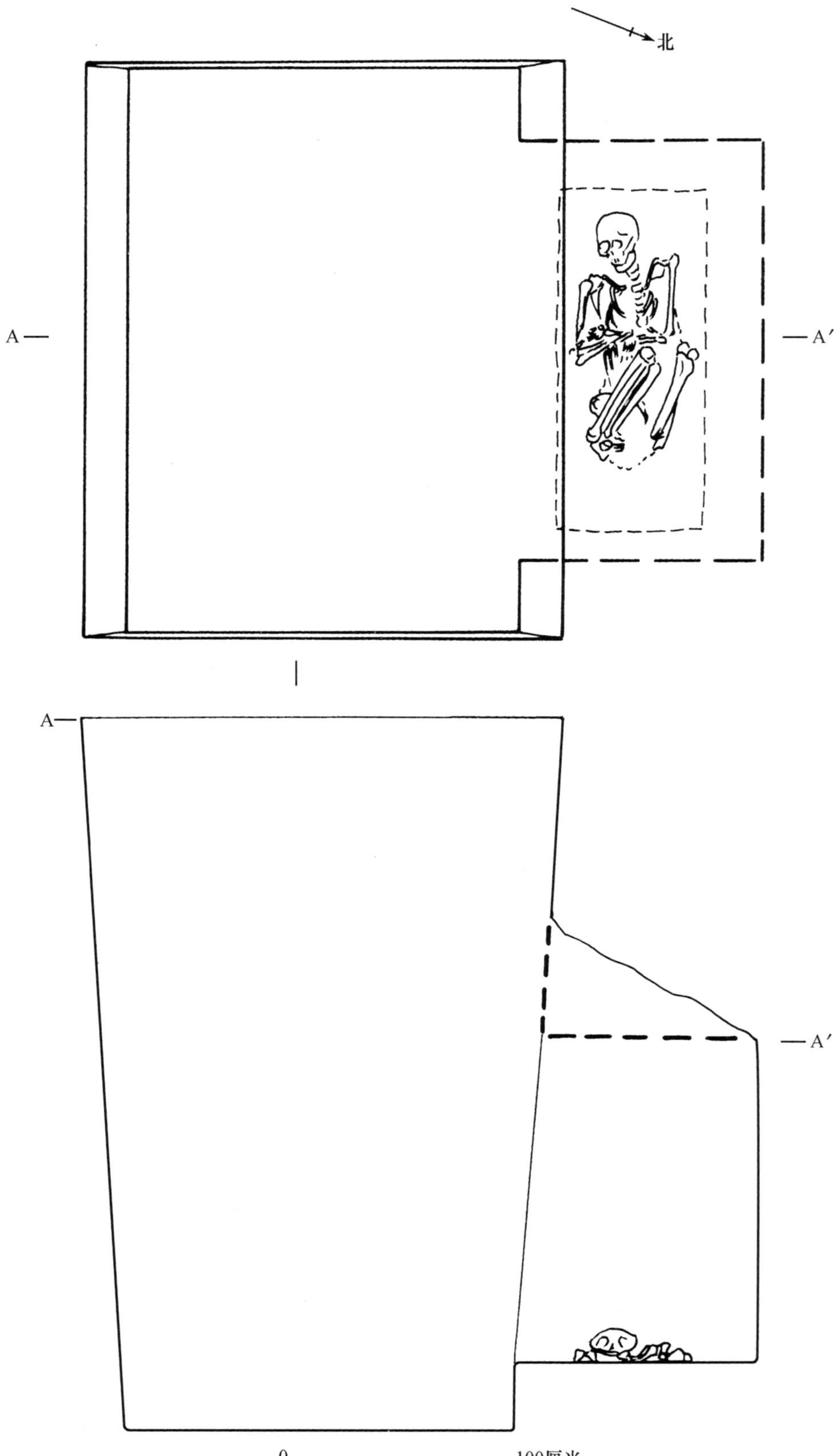

图三〇九　M230平、剖面图

M231

1. 墓葬形制

位于发掘区中部偏南，北邻M229，南邻M233。方向285°，由竖穴墓道和土洞墓室两部分组成，东西向，墓道在西，墓室在东（图三一〇）。

墓道　平面呈长方形，竖穴土坑，口大底小，口长3.5、宽2.4、开口距地表1.4、距墓道底3.2米，墓道底长2.5、宽1.2米。墓道东西两壁收分0.5米，南北两壁收分0.6米。

封门　墓室口部未见封门痕迹。

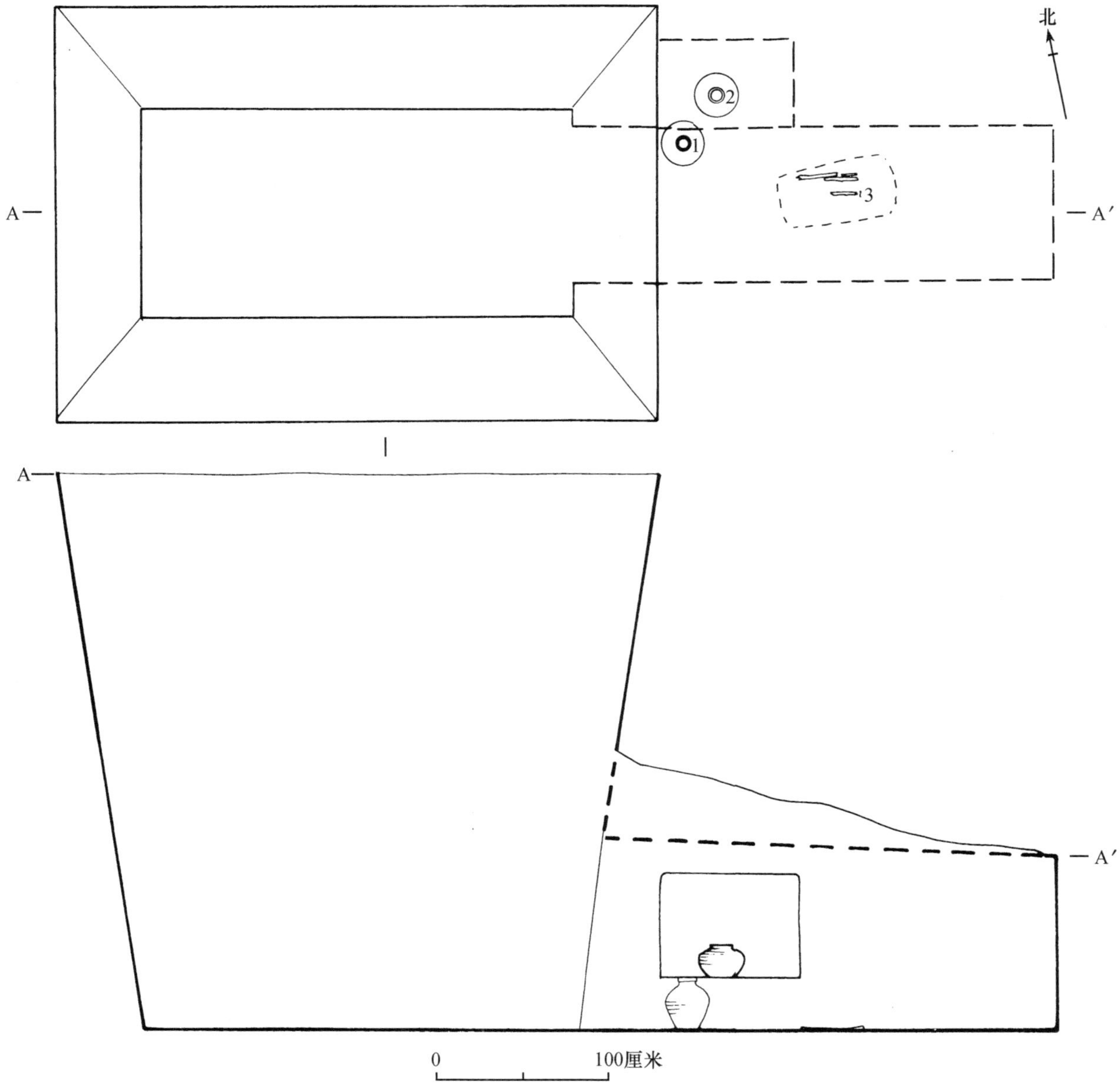

图三一〇　M231平、剖面图

1、2. 陶罐　3. 铜带钩

墓室　位于墓道东壁，拱顶土洞。平面呈长方形，进深2.8、宽0.8、残高1米。墓室西北角有一方形小龛，进深0.5、长0.8、高0.6，内置2件随葬陶器和部分动物骨骼。墓室口坍塌。

葬具葬式　葬具、葬式不详。仅有几块零散骨头，旁有带钩1件。

2. 随葬器物

共3件，陶罐2件（图版二八，2），铜带钩1件。

陶罐　2件。泥质灰陶，完整。标本M231∶1，双唇侈口，束颈溜肩，鼓腹，下腹内收，底稍内凹。肩饰数道凹弦纹，腹饰凹弦纹与竖绳纹。通高31.2、口径8.5、腹径32.1、底径17.6厘米（图三一一，1）。标本M231∶2，尖唇斜沿，侈口短直颈，长斜肩折腹，下腹斜收，底稍内凹。肩部饰有暗弦纹，两圈较宽；腹部可见竖绳纹。通高26.9、口径8.7、腹径26.9、底径12.8厘米（图三一一，3）。

铜带钩　1件。标本M231∶3，表面轻微锈蚀。钩首兽头形，短曲颈，腹、尾短宽，尾为波浪形。纽近钩尾，圆形扣纽较大，纽柱较短。通长2.4、腹宽1.6、纽高0.7、纽径1.7厘米（图三一一，2）。

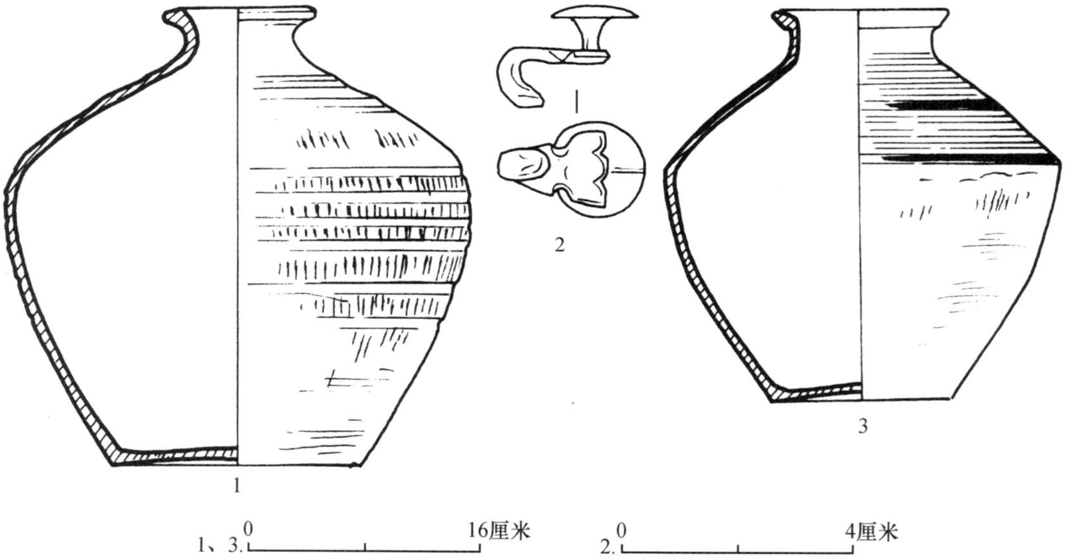

图三一一　M231出土器物

1、3. 陶罐（M231∶1、M231∶2）　2. 铜带钩（M231∶3）

M233

1. 墓葬形制

位于发掘区中部偏南，北邻M231，南邻M143。方向270°，由竖穴墓道和土洞墓室两部分组成，东西向，墓道在西，墓室居东（图三一二）。

墓道　平面呈长方形，竖穴土坑，口大底小，开口长3.53、宽1.74、开口距地表1.4、距墓道底

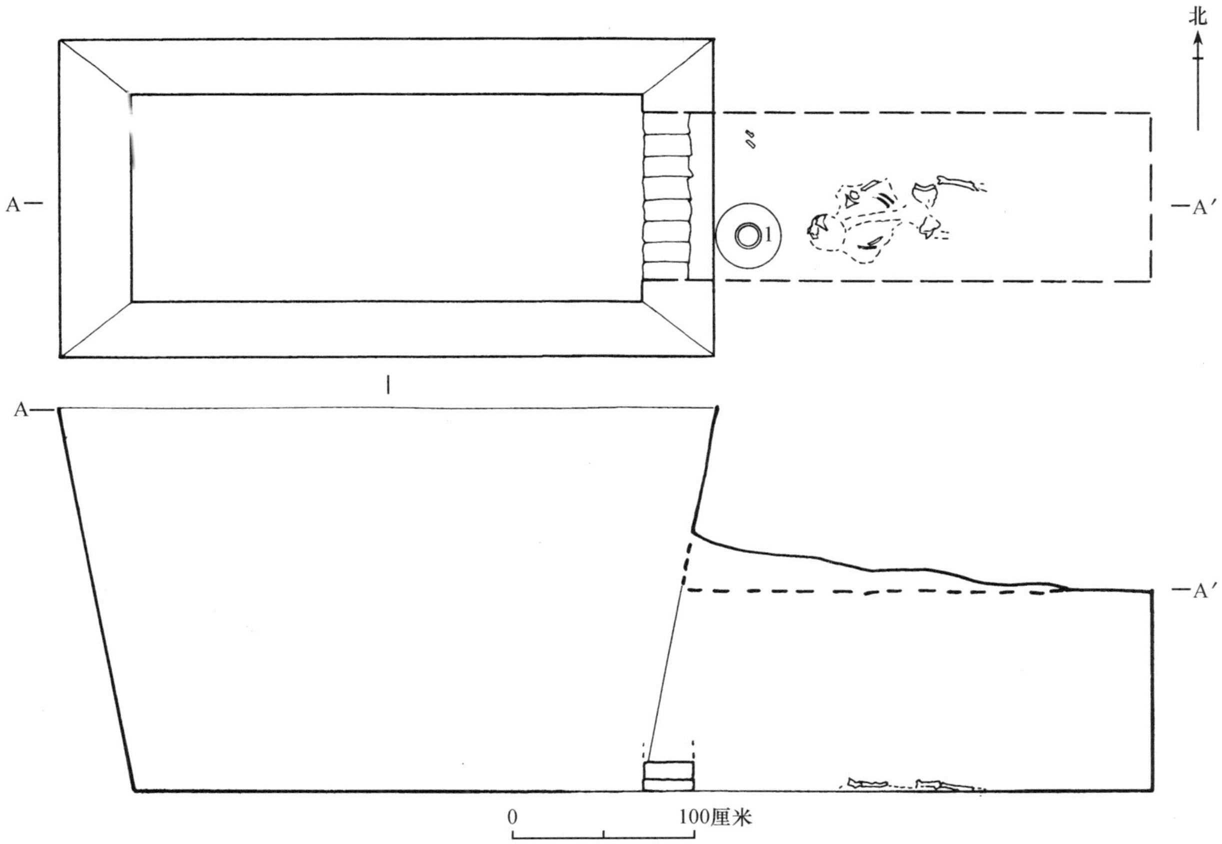

图三一二　M233平、剖面图

1. 陶罐

2.1米，墓道底长2.8、宽1.14米。南北两壁收分0.3米，东西两壁收分0.4米。墓道南壁被M143打破。

封门　墓室口部有土坯封门痕迹，共2层，错缝砌成，长0.9、宽0.3、高0.4米。

墓室　位于墓道东壁，拱顶土洞。平面呈长方形，进深2.8、宽0.92、残高1.1米。墓室口坍塌。

葬具葬式　葬具不详。由骨架判断，头向西。头部上方有1件陶罐。

2. 随葬器物

陶罐　1件。标本M233：1，泥质灰陶，完整。尖唇斜沿，侈口束颈，斜肩鼓腹，上腹圆折，下腹内收，大平底。饰有一圈凹弦纹。肩部见暗弦纹和波折锯齿纹，腹部见短弦纹。肩部刻画有“#”符号。通高35、口径9、腹径38.5、底径18.5厘米（图三一三）。

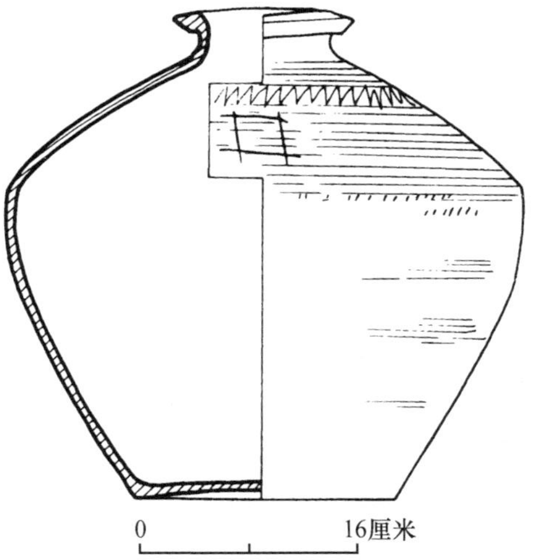

图三一三　M233出土陶罐（M233：1）

M234

1. 墓葬形制

位于发掘区东部偏东，东邻M235。方向340°，长方形竖穴土坑墓，南北向（图三一四）。

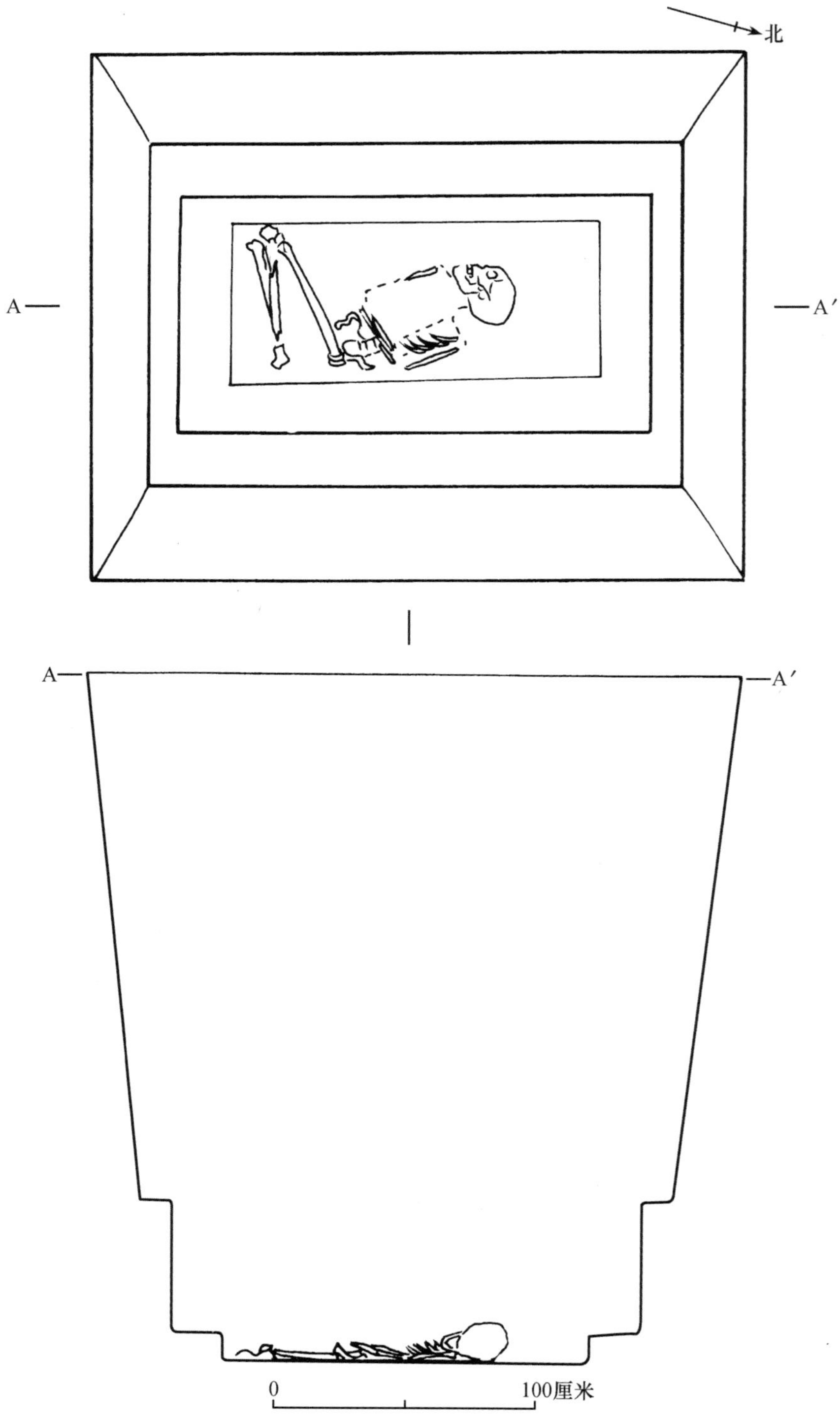

图三一四　M234平、剖面图

墓道、墓室　开口南北长2.5、宽2、开口距地表1.4、距二层台2、距墓室底2.6米，墓道底有生土二层台，东西台宽0.2、南北台宽0.1、高0.5米。东西两壁到二层台收分为0.35米，南北两壁到二层台收分为0.25米。墓室长1.8、宽0.9米。墓室底有一长方形浅坑，长1.48、宽0.64米，低墓室0.1米。

葬具葬式　葬具不详。墓室中部见1副骨架，保存不佳，推测为侧身屈肢葬，头向北。

2. 随葬器物

未见有随葬器物。

M235

1. 墓葬形制

位于发掘区东部偏东，西邻M234。方向360°。该墓被晚期严重破坏，仅存墓室，开口、墓道不详（图三一五）。

墓室　长方形，墓室口位于北端，残长1.7、宽0.9、残深0.4、上口距地表2.2米。

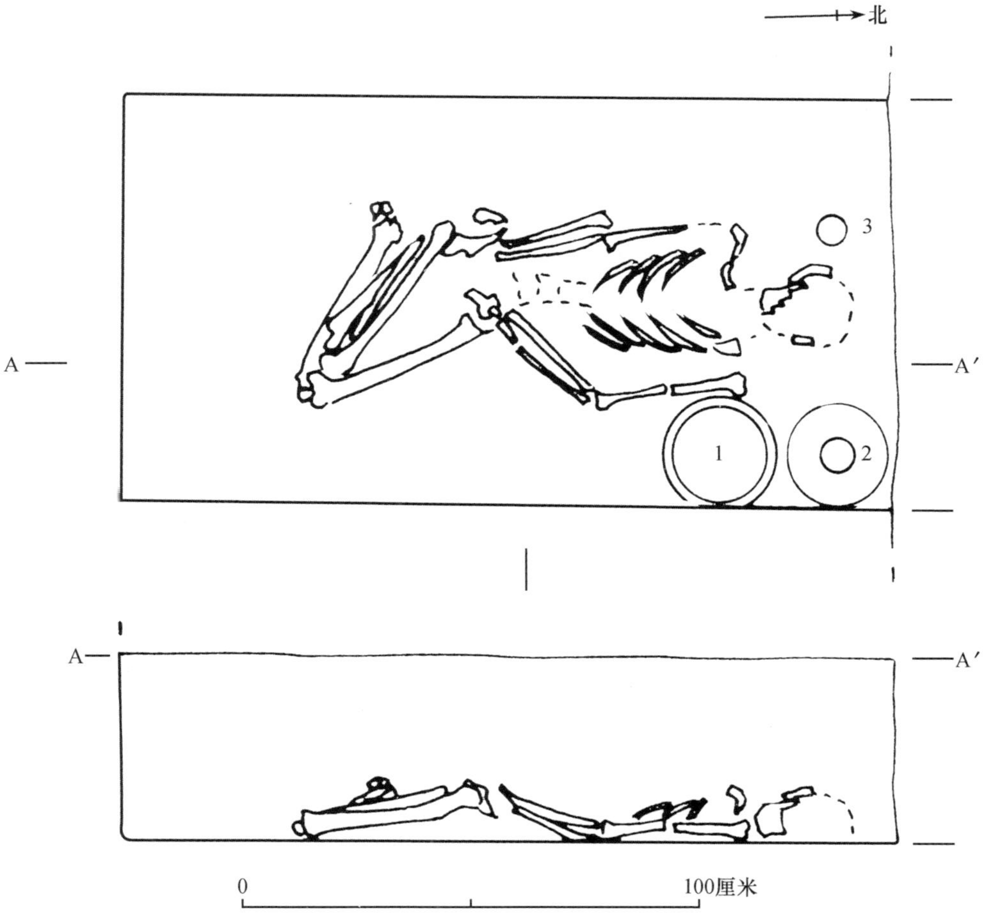

图三一五　M235平、剖面图

1. 陶盆　2. 陶罐　3. 铜镜

葬具葬式　葬具不详。骨架保存较好，仰身屈肢，头向北。墓室内部见3件随葬器物。

2. 随葬器物

共3件，陶罐1件、陶盆1件，铜镜1面。

陶罐　1件。标本M235：2，泥质灰陶，修复完整。尖唇平沿，侈口直颈，平肩鼓腹，上腹较直，下腹内收，平底。口沿、肩部见暗弦纹，腹部饰两道刻划凹弦纹，下腹饰竖绳纹。通高22.5、口径8.6、腹径25.4、底径12厘米（图三一六，2）。

陶盆　1件。标本M235：1，泥质灰陶，基本完整。尖唇宽平沿，深腹，上腹外撇折收，下腹斜直，平底。口沿及内壁见暗弦纹，上腹饰四道凸弦纹。下腹饰竖绳纹。通高9.3、口径18.9、腹径21、腹深9、底径9.2厘米（图三一六，4）。

铜镜　1面。标本M235：3，残。弦纹镜　镜面平，边缘较厚，桥形纽，无座。镜背饰二弦纹，纽中有一凹弦纹。径长7.7、沿厚0.15、纽高0.45厘米（图三一六，1、3）。

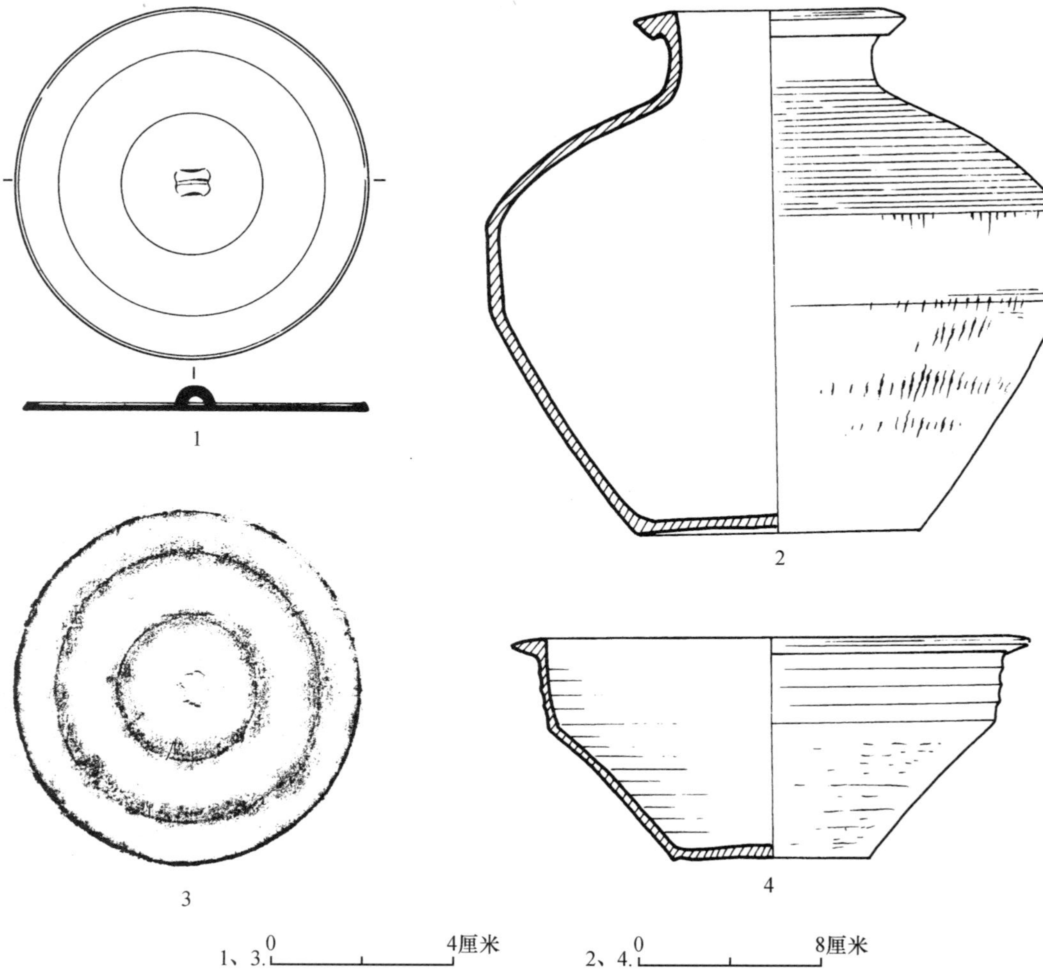

图三一六　M235出土器物及铜镜拓片

1. 铜镜（M235：3）　2. 陶罐（M235：2）　3. 铜镜拓片（M235：3）　4. 陶盆（M235：1）

M236

1. 墓葬形制

位于发掘区东部偏东，北邻M235。方向170°，由竖穴墓道和土洞墓室两部分组成，南北向，墓道在南，墓室居北（图三一七）。

墓道　平面呈长方形，竖穴土坑，口大底小，东西长3.3、宽2.1、开口距地表1.4、距墓道底3.2米，墓道底长2.5、宽1.8米。东西两壁收分0.4米，南北两壁收分0.2米。

封门　墓室口未见封门痕迹。

墓室　位于墓道北壁，拱顶土洞。平面呈长方形，进深1.1、东西长1.65、残高1.1米。墓室口坍塌。

葬具葬式　棺灰痕迹明显，呈长方形，靠墓室东北角，长1.2、宽0.7米。骨架保存较好，侧身屈肢，头向西，双手屈于胸前，双膝向北弯曲。

2. 随葬器物

墓道、墓室未见有随葬器物。

M237

1. 墓葬形制

位于发掘区东部中间，南邻M185、M184。方向350°，由竖穴墓道和土洞墓室两部分组成，南北向，墓道在北，墓室居南（图三一八）。

墓道　竖穴土坑，口大底小。上口平面呈长方形，长3.6、宽2.5、开口距地表1.9、距墓道底2.6米，墓道底长2.76、宽1.5～1.8米。南壁收分0.4米，北壁收分0.44米，西壁收分为0.3～0.4米，东壁收分为0.4～0.54米。西南角口出土1件陶器。

封门　墓室口部未见封门痕迹。

墓室　位于墓道南壁，拱顶土洞。平面呈梯形，进深2.62、北宽0.88～1、墓室口坍塌，残高1.2米。墓室底高出墓道0.1米。

葬具葬式　葬具不详。骨架保存不佳，推断为仰身直肢，头向北，双手置于胸前。

2. 随葬器物

陶罐　1件。标本M237：1，泥质灰陶，修复完整。尖唇斜沿，侈口束颈，圆肩鼓腹，下腹内收，平底。肩部见暗弦纹，腹部饰竖绳纹和数道凹弦纹。下腹底部戳印“咸亭南里□器”。通高27.5、口径8.5、腹径27.7、底径11.3厘米（图三一九）。

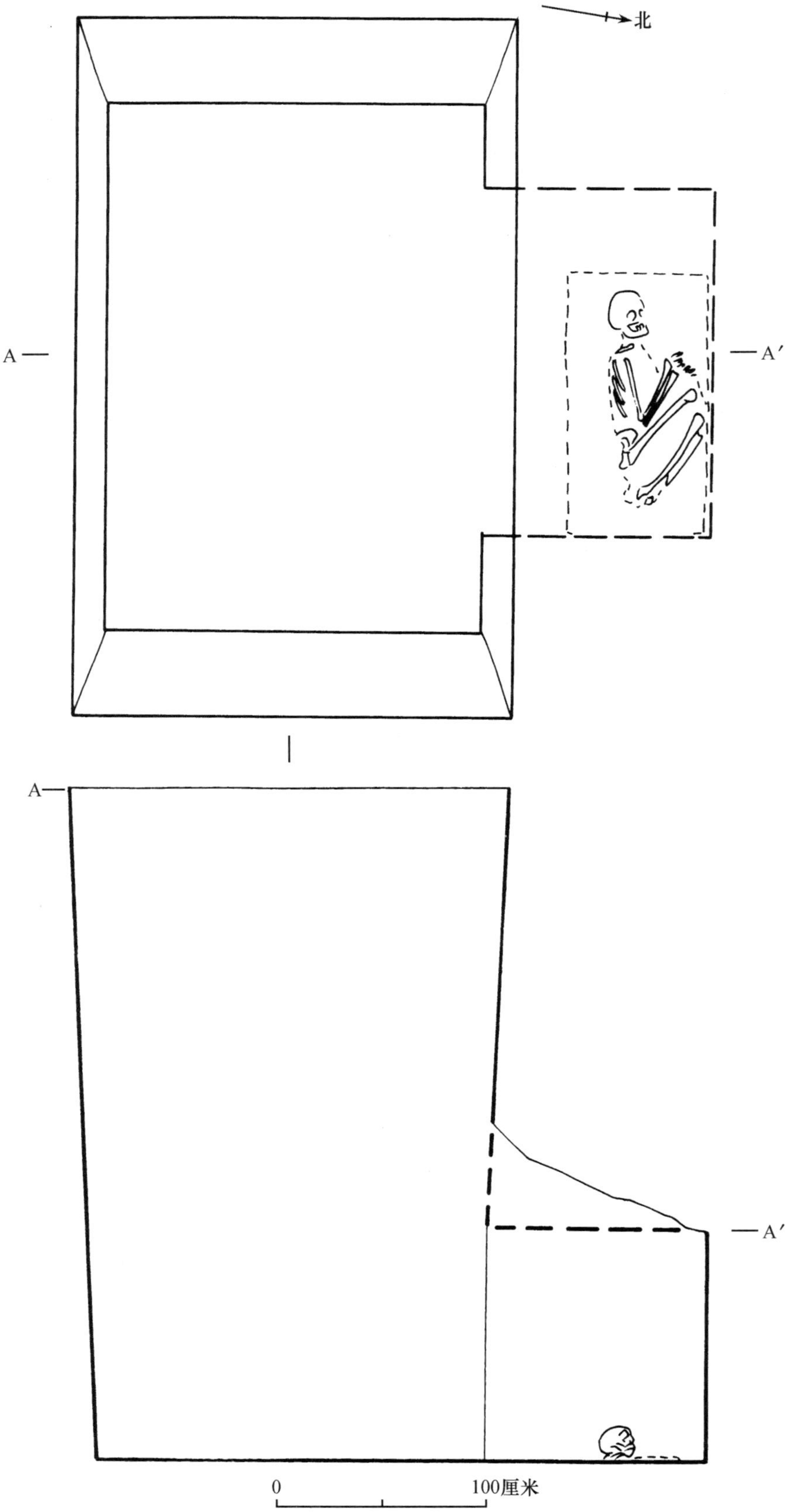

图三一七　M236平、剖面图

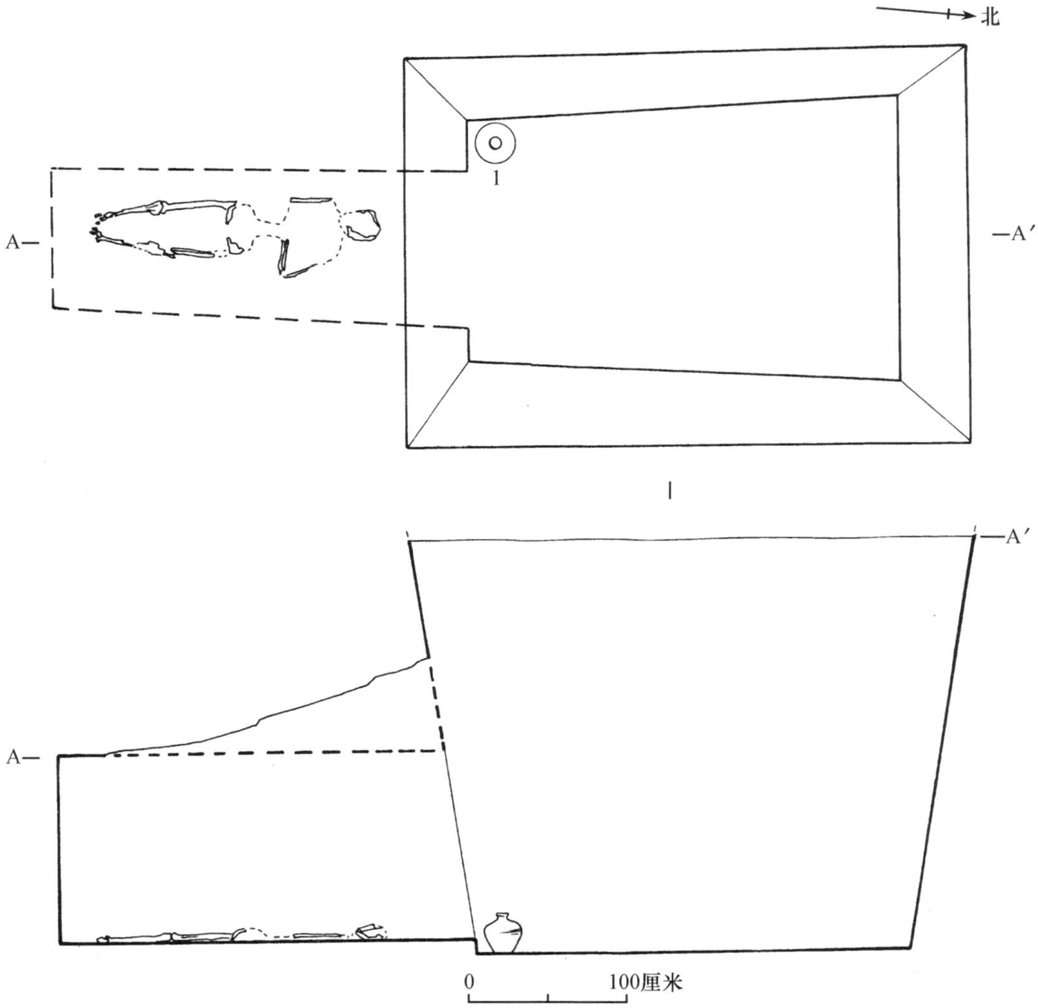

图三一八　M237平、剖面图

1. 陶罐

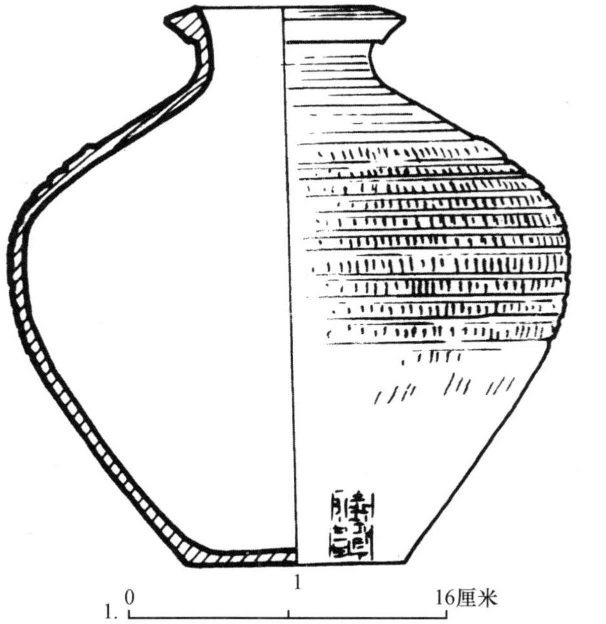

图三一九　M237出土陶罐及文字拓片

1. 陶罐（M237：1）　2. 陶罐文字拓片（M237：1）

M238

1. 墓葬形制

位于发掘区东部，南邻M234。方向185°，由竖穴墓道和土洞墓室两部分组成，南北向，墓道在南，墓室居北。该墓被晚期墓葬打破（图三二〇）。

墓道　竖穴土坑，口大底小。平面形略呈梯形，长2.6～2.7、宽1.85、开口距地表1.9、距墓道底1.3米，墓道底长2.3～2.4、宽1.6米。东西两壁收分0.1～0.15米，南北两壁收分0.1米。墓室底低于墓道0.2米。

封门　墓室口未见封门痕迹。

墓室　位于墓道北壁，拱顶土洞。平面呈梯形，进深1.2、长1.7～1.9、残高米。北壁和西壁各有1方形小龛，北壁龛内置1件陶釜。

葬具葬式　不详。

2. 随葬器物

陶釜　1件。标本M238：1，夹砂灰陶，完整。方圆唇，侈口束颈，圆肩圆腹，圜底。腹上部饰竖向绳纹，下腹饰压印方格纹。通高13.6、腹径19.8、口径14.8、壁厚0.4厘米（图三二一）。

M239

1. 墓葬形制

位于发掘区西部偏南，北邻M240。方向285°，由竖穴墓道和土洞墓室两部分组成，东西向，墓道在西，墓室居东（图三二二）。

墓道　平面呈梯形，竖穴土坑，口大底小，东西长2.8、宽2.1～2.3、开口距地表0.5、距墓底1.9米，墓道底长2.4、宽1.7～1.8米。北壁收分为0.1米，南壁收分为0.2～0.35米，东西两壁收分均为0.2米。西壁和北壁上有脚窝，进深0.15、宽0.18、高0.2米。墓道西南角有一处直径为0.6米的椭圆形盗洞。

封门　墓室口部未见有封门痕迹。

墓室　位于墓道东壁，拱顶土洞。平面梯形，进深2.7、宽1.02～1.28、高1.3米。

葬具葬式　棺灰痕明显，平面近长方形，长1.9、宽0.7米，板灰厚为3厘米。棺灰内有1副骨架，保存较好，仰身屈肢，头向西，上肢曲于胸前，双膝向向北弯曲。

2. 随葬器物

墓道、墓室未见有随葬器物。

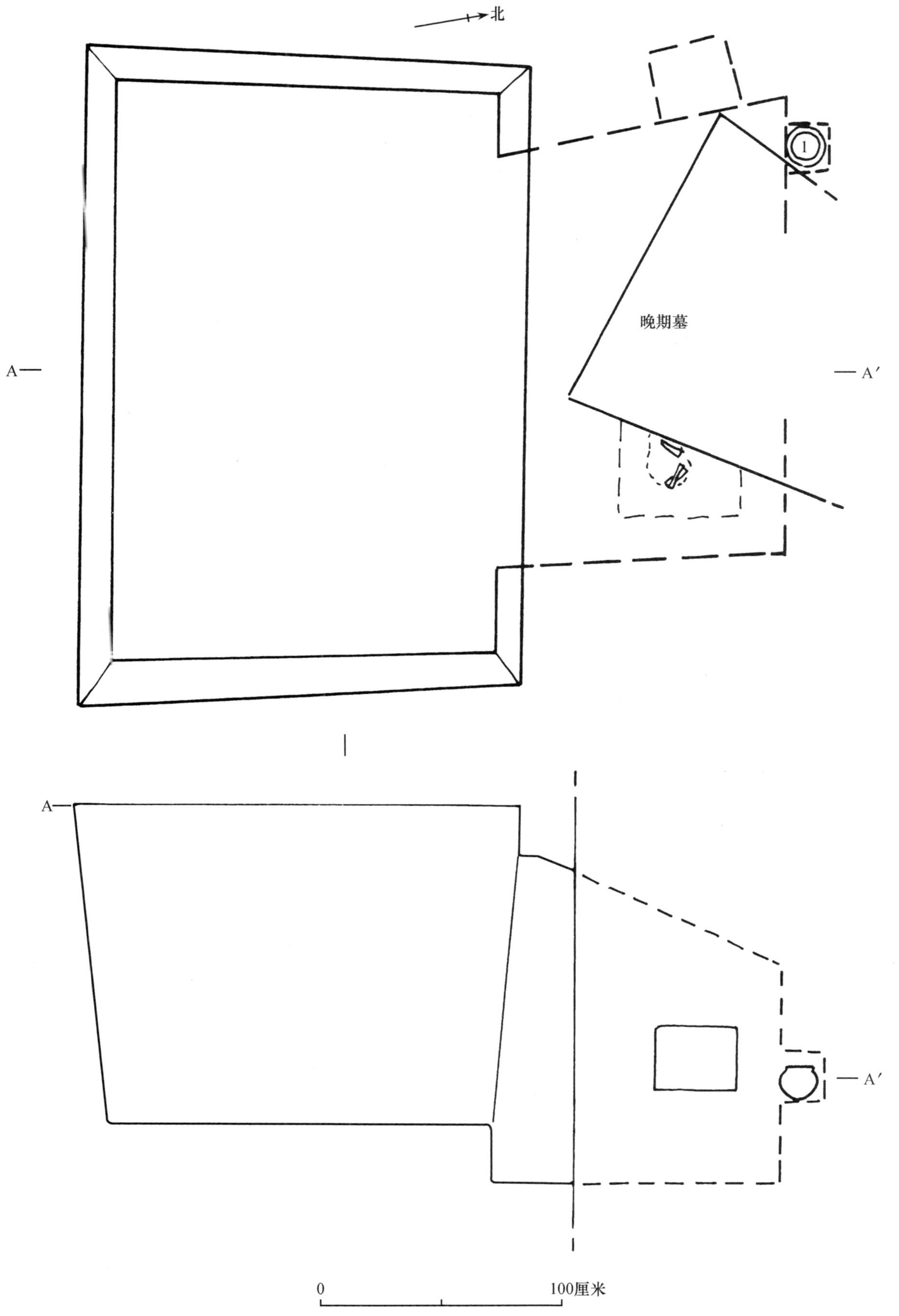

图三二〇　M238平、剖面图

1. 陶釜

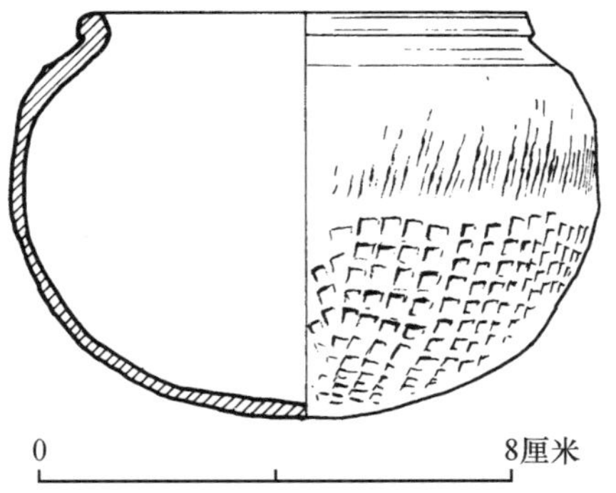

图三二一　M238出土陶釜（M238：1）

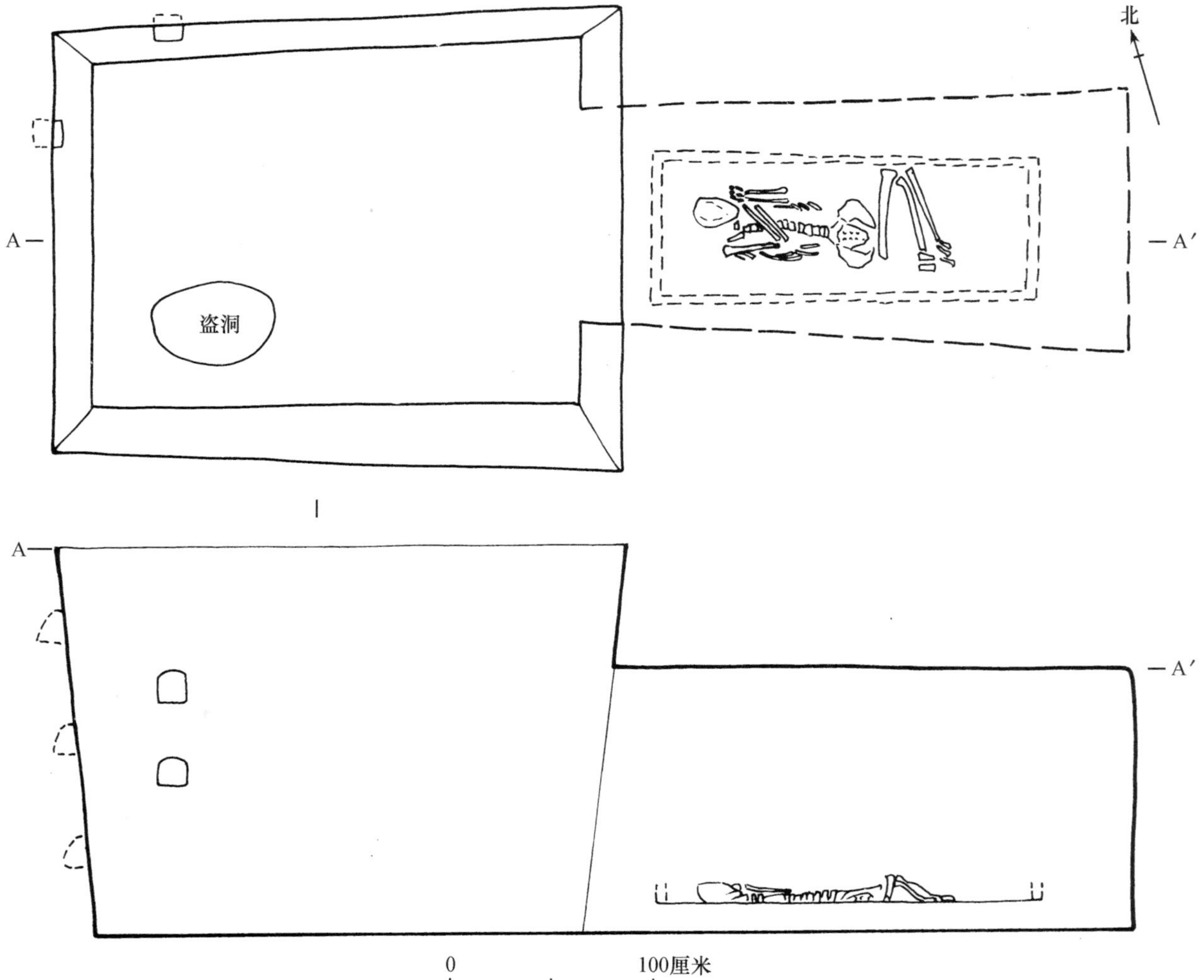

图三二二　M239平、剖面图

M240

1. 墓葬形制

位于发掘区西部偏东，南邻M239。方向180°，由竖穴墓道和土洞墓室两部分组成，南北向，墓道在南，墓室居北（图三二三）。

墓道　竖穴土坑，平面长方形。东西长2.65、宽1.8、开口距地表0.6、距墓道底3米。四壁垂直于墓道底。

封门　墓室口部未见有封门痕迹。

墓室　位于墓道北壁，拱顶土洞。平面呈长方形，进深1.1、宽1.75、高0.9～1.2米。

葬具葬式　棺灰痕明显，平面梯形。长1.4、宽0.55～0.6米，棺灰痕3～4厘米。棺灰内有1副骨架，保存较好，仰身屈肢，头向西，上肢屈于胸前，双膝向南弯曲。

2. 随葬器物

墓道、墓室未见有随葬器物。

M241

1. 墓葬形制

位于发掘区西部偏西，西邻M244，北邻M247。方向265°，由竖穴墓道和土洞墓室两部分组成，东西向，墓道在西，墓室居东（图三二四）。

墓道　竖穴土坑，口大底小。平面呈长方形，东西长3.2、宽2.2、开口距地表0.65、距墓道底3.35米。墓道底长2.5、宽1.4米。南北两壁收分0.4米，东西两壁收分0.35米。西壁和南壁上有脚窝，进深0.18、宽0.2、高0.2米。

封门　土坯封门，长1、宽0.18、高0.9米。

墓室　位于墓道东壁，平顶土洞。平面呈长方形，进深3、宽1～1.28、高0.9米。墓室高出墓道0.1米。

葬具葬式　棺灰痕明显，平面长方形，长2、宽0.6米。棺灰内有1副骨架，保存较好，屈肢，头向西，双膝向南弯曲。墓室口部有4件陶器，头骨处有1件带钩。

2. 随葬器物

共5件，陶鼎1件、陶盒1件、陶蒜头壶1件、陶甑1件，铜带钩1件。

陶鼎　1件。标本M241：1，泥质灰陶。盖方唇，圆折腹，弧顶，扁棱形纽。器身方唇，子母敛口，上腹内凹，下腹折收，圜底。附耳微外撇，蹄形足。盖顶见暗压同心圆弦纹及波折锯齿

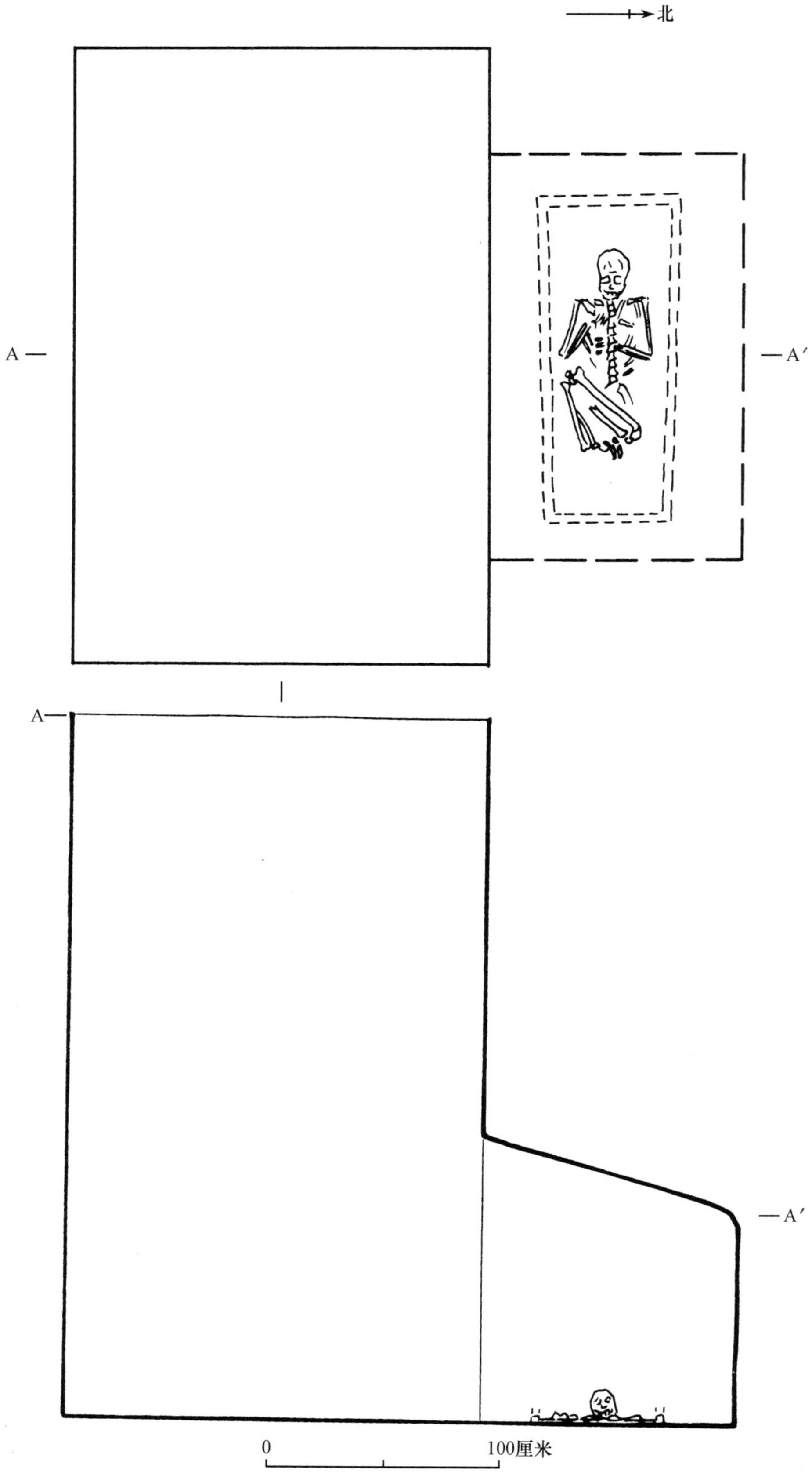

图三二三　M240平、剖面图

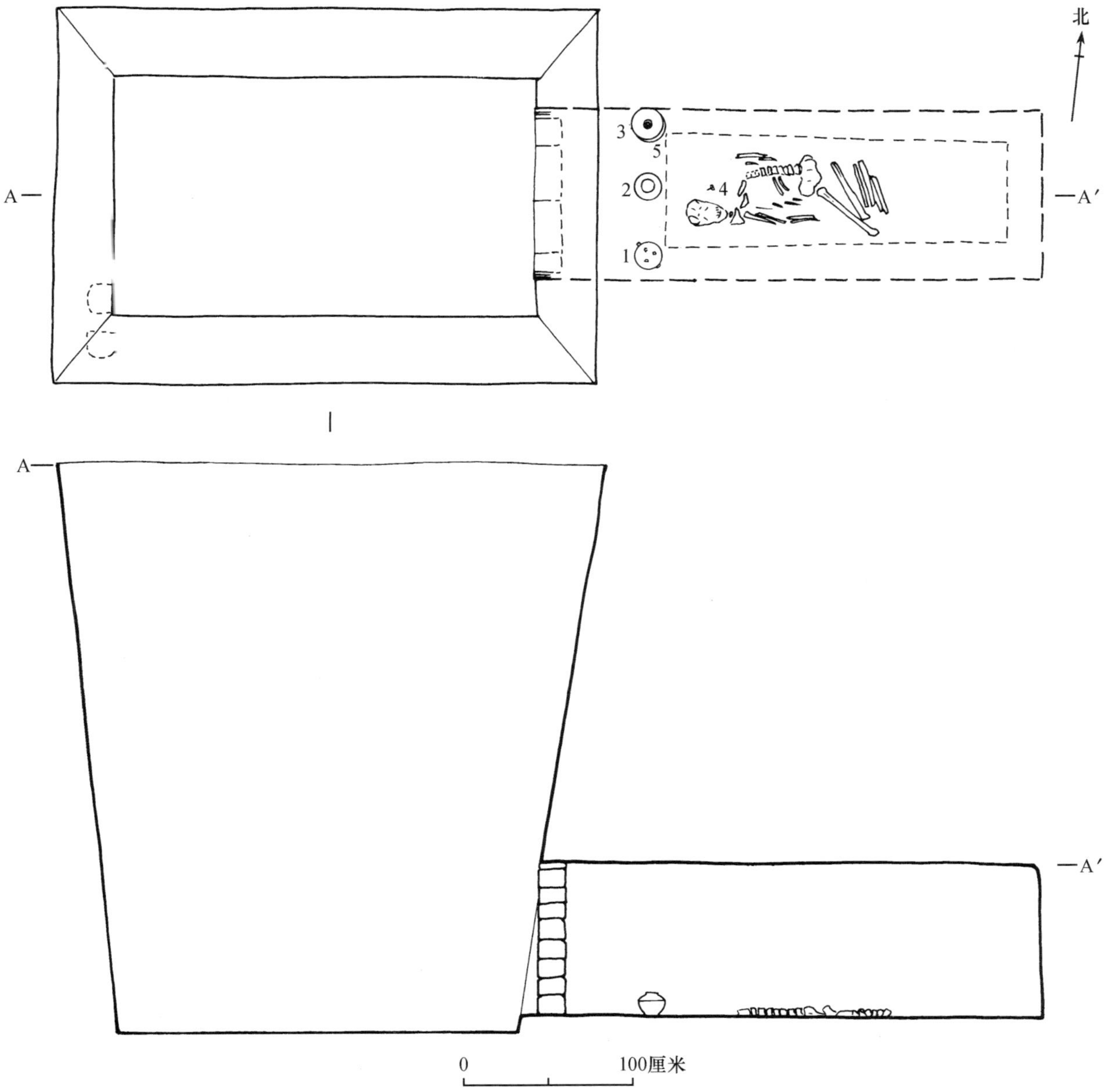

图三二四　M241平、剖面图

1. 陶鼎　2. 陶盒　3. 陶蒜头壶　4. 铜带钩　5. 陶甑

纹，腹部见数道凸弦纹。通高15.8、口径13.5、腹径18、腹深8.6、足高5.4厘米。（图三二五，1；图三二六，5）

陶盒　1件。标本M241：2，泥质灰陶，完整。盖方唇，弧腹平顶，圈足形捉手。器身方唇，子母敛口，深腹，上腹较直，下腹斜收，平底。盖顶见同心圆暗纹及锯齿纹，腹壁有数道凸弦纹。盒底部戳印"咸□□□器"。通高13.8、口径13、腹径17.5、腹深8.7、底径10.1厘米（图三二五，2；图三二六，1、4）。

陶蒜头壶　1件。标本M241：3，泥质灰陶，完整。口部蒜头形，长颈，广斜肩，深腹，上腹外撇，下腹斜直内收，小平底。颈、肩、腹部见凹弦纹，下腹底戳印"咸□□□器"。通高20、口

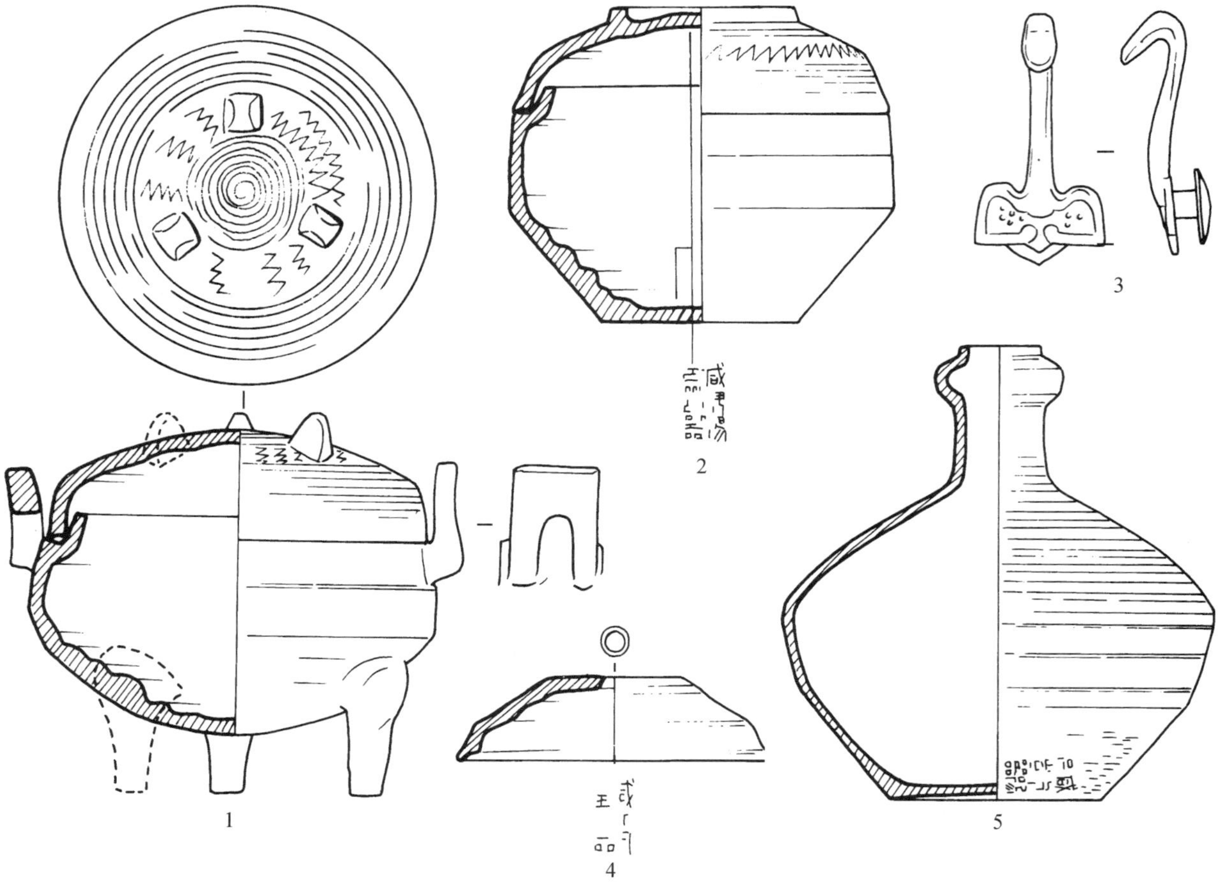

1、2、4、5. 0　8厘米　3. 0　4厘米

图三二五　M241出土器物

1. 陶鼎（M241∶1）　2. 陶盒（M241∶2）　3. 铜带钩（M241∶4）　4. 陶甑（M241∶5）　5. 陶蒜头壶（M241∶3）

径2.8、蒜头径5.7、腹径19.4、底径10厘米（图三二五，5；图三二六，2）。

陶甑　1件。标本M241∶5，泥质灰陶。尖唇敞口，上腹外撇，下腹斜直内收，底部有一小孔，孔旁戳印有“咸□□王□器”。口径13、底径6、盖高3.8厘米（图三二五，4；图三二六，3）。

铜带钩　1件。标本M241∶4，表面轻微锈蚀。飞鸟状。钩首鸭嘴形，长曲颈，腹凸宽，双翅张开，钩背较平，纽置尾部，纽柱短粗，圆形扣纽较大，从腹部视为鸟尾。残长4.8、腹宽3、纽高0.6、纽径1.6厘米（图三二五，3）。

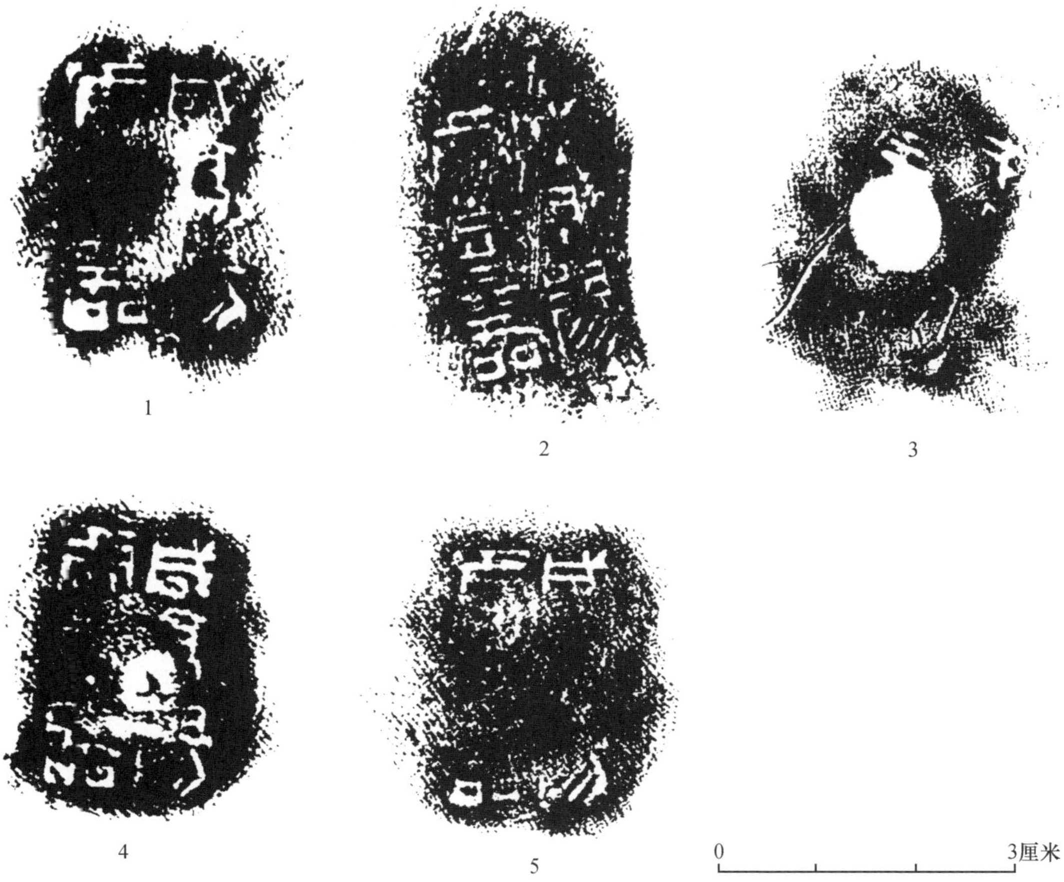

图三二六　M241出土器物文字拓片

1. 陶盒盖（M241：2）　2. 陶蒜头壶（M241：3）　3. 陶甑（M241：5）　4. 陶盒（M241：2）　5. 陶鼎盖（M241：1）

M242

1. 墓葬形制

位于发掘区西部偏南，西邻M243。方向340°，由竖穴墓道和土洞墓室两部分组成，南北向，墓道在北，墓室居南（图三二七）。

墓道　竖穴土坑，口大底小，上口平面长方形，口长4、宽3、开口距地表0.6、距墓道底3.7米，墓道底长2.8、宽1.6米。南北两壁收分0.6米，东西两壁收分0.7米。

封门　墓室口未发现封门痕迹。

墓室　位于墓道南壁，拱顶土洞。平面长方形，进深3、宽1.3、残高1.5米西北角有一方形小龛，进深0.54、长0.8、高0.52米，内有4件随葬器物。墓室口坍塌。

葬具葬式　棺灰痕迹明显，呈长方形，长2、宽0.8～0.7米，内有1副骨架，保存较好，头向北，仰身屈肢，双手置于胯骨，双膝向东蜷缩。

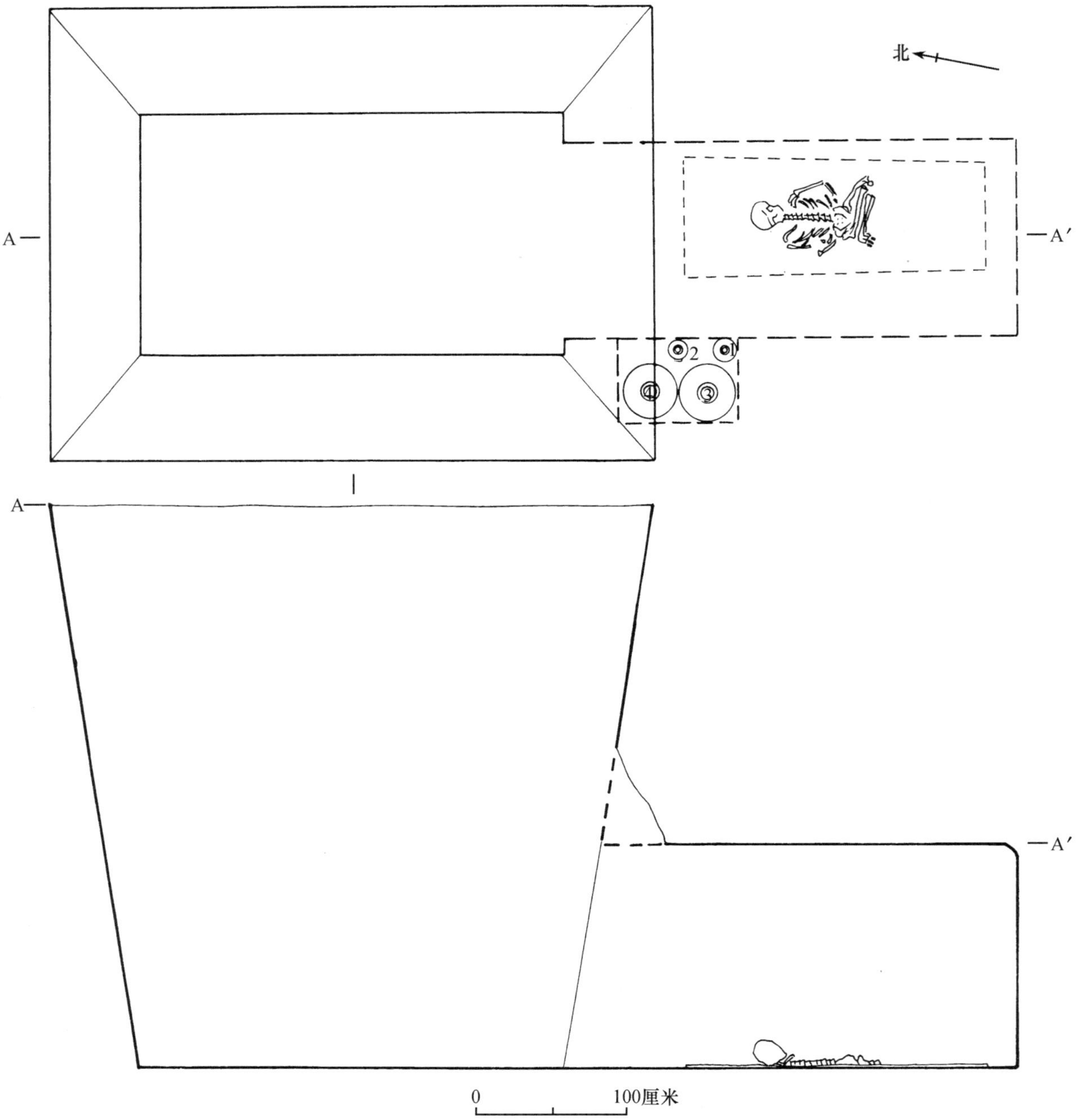

图三二七　M242平、剖面图
1. 陶盒　2. 陶鼎　3. 陶缶　4. 陶罐

2. 随葬器物

共4件，陶鼎1件、陶盒1件、陶罐1件、陶缶1件。

陶鼎　1件。标本M242：2，泥质灰陶。盖方唇，弧腹弧顶，三扁棱状纽。器身方唇，子母敛口，深腹，上腹内凹，下腹折收，圜底。附耳外撇，蹄形足。盖顶见暗同心圆弦纹及波折锯齿纹，腹中部折棱明显。通高 14.8、口径 13、腹径15.8、腹深8.8、足高4厘米（图三二八，1）。

陶盒　1件。标本M242：1，泥质灰陶，完整。盖覆钵形，弧壁，圈足形捉手。器身方唇，子母敛口，深腹，下腹圆折内收，平底。盖顶见弦纹，腹饰凹弦纹。盖顶里面戳印“咸亭完里□器”。通高 13.2、腹径 16.8、腹深 8.8、底径 7.8厘米（图三二八，4；图三二九，2）。

陶罐　1件。标本M242：4，泥质灰陶。尖唇斜沿，侈口束颈，圆肩圆鼓腹，下腹斜收，平底。肩部见暗弦纹和波折锯齿纹，腹部饰两道篦点纹，下腹饰竖绳纹。下腹底戳印“咸亭當□□器”。通高34.2、口径8.7、腹径36.8、底径19厘米（图三二八，2；图三二九，3）。

陶缶　1件。标本M242：3，泥质灰陶。尖唇斜沿，直口，束颈，平折沿，圆肩深腹，下腹内收，平底。肩部饰波折锯齿纹，腹部饰两道锥刺纹和竖绳纹。下腹底戳印“咸亭當至印器”。通高33.5、口径8.5、腹径37.3、底径17.1厘米（图三二八，3；图三二九，1）。

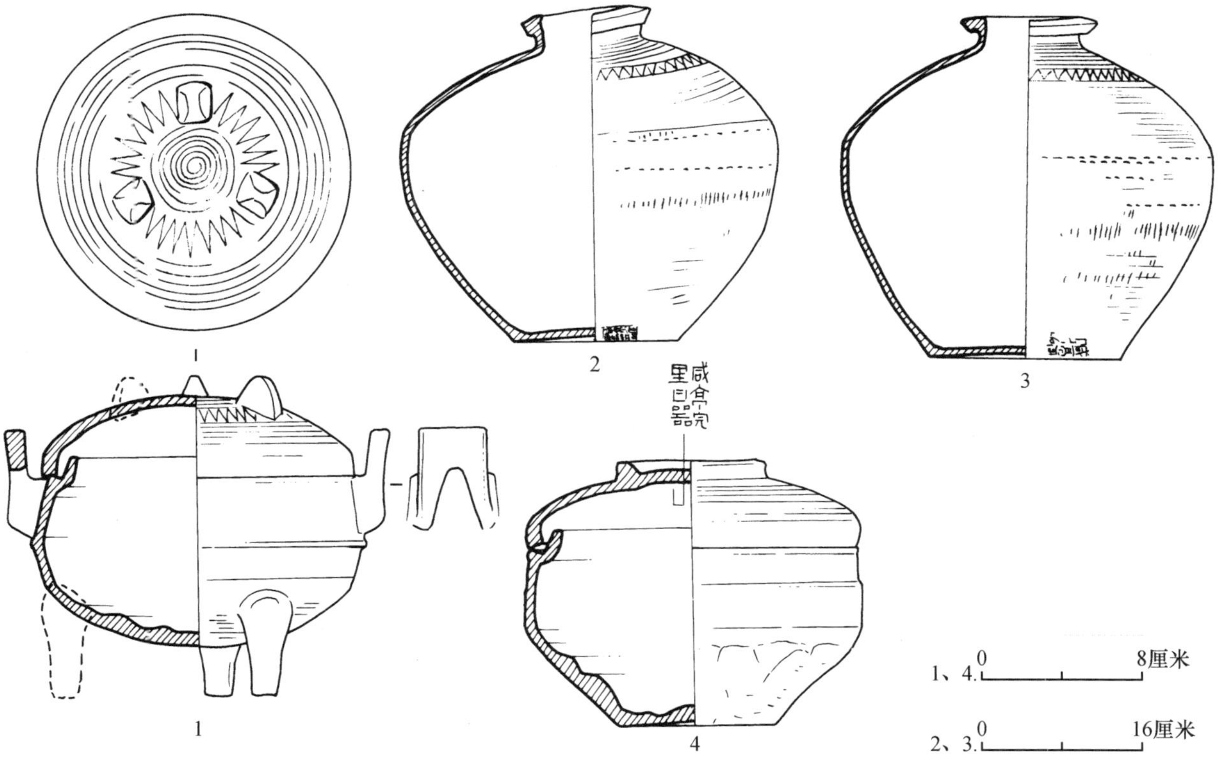

图三二八　M242出土器物

1. 陶鼎（M242：2）　2. 陶罐（M242：4）　3. 陶缶（M242：3）　4. 陶盒（M242：1）

M243

1. 墓葬形制

位于发掘区西部西南，东邻M242。方向5°，由竖穴墓道和土洞墓室两部分组成，南北向，墓道在北，墓室居南。该墓被晚期墓葬M245打破（图三三〇）。

墓道　上口平面呈长方形，竖穴土坑，口大底小，南北长2.8、宽2、开口距地表0.6、距墓道底2.3米，墓道底长2.2、宽1.4米。四壁收分均为0.3米。

封门　墓室口部未见有封门痕迹。

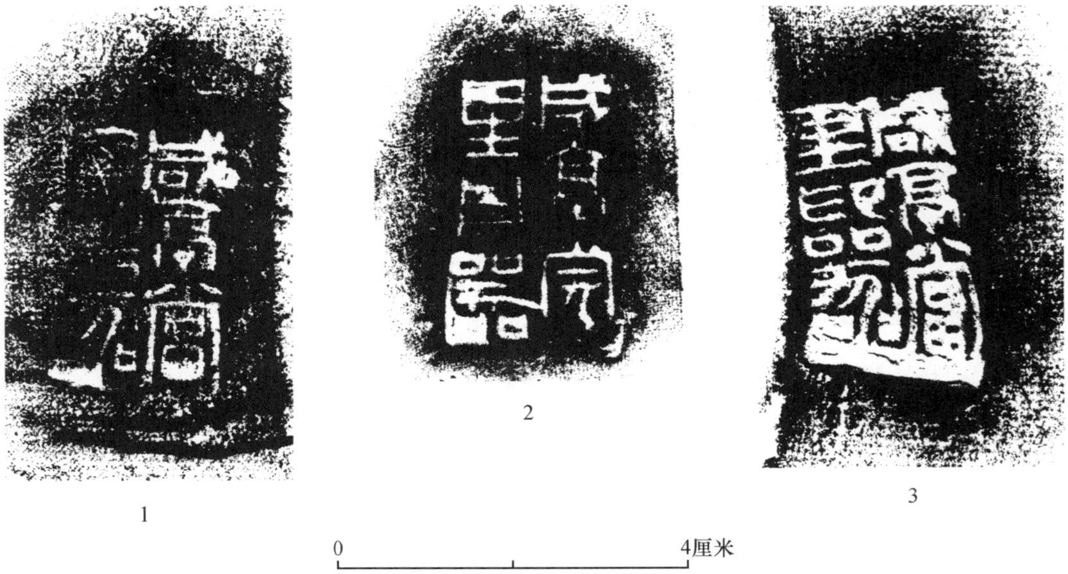

图三二九　M242出土器物文字拓片
1. 陶缶（M242：3）　2. 陶盒（M242：1）　3. 陶罐（M242：4）

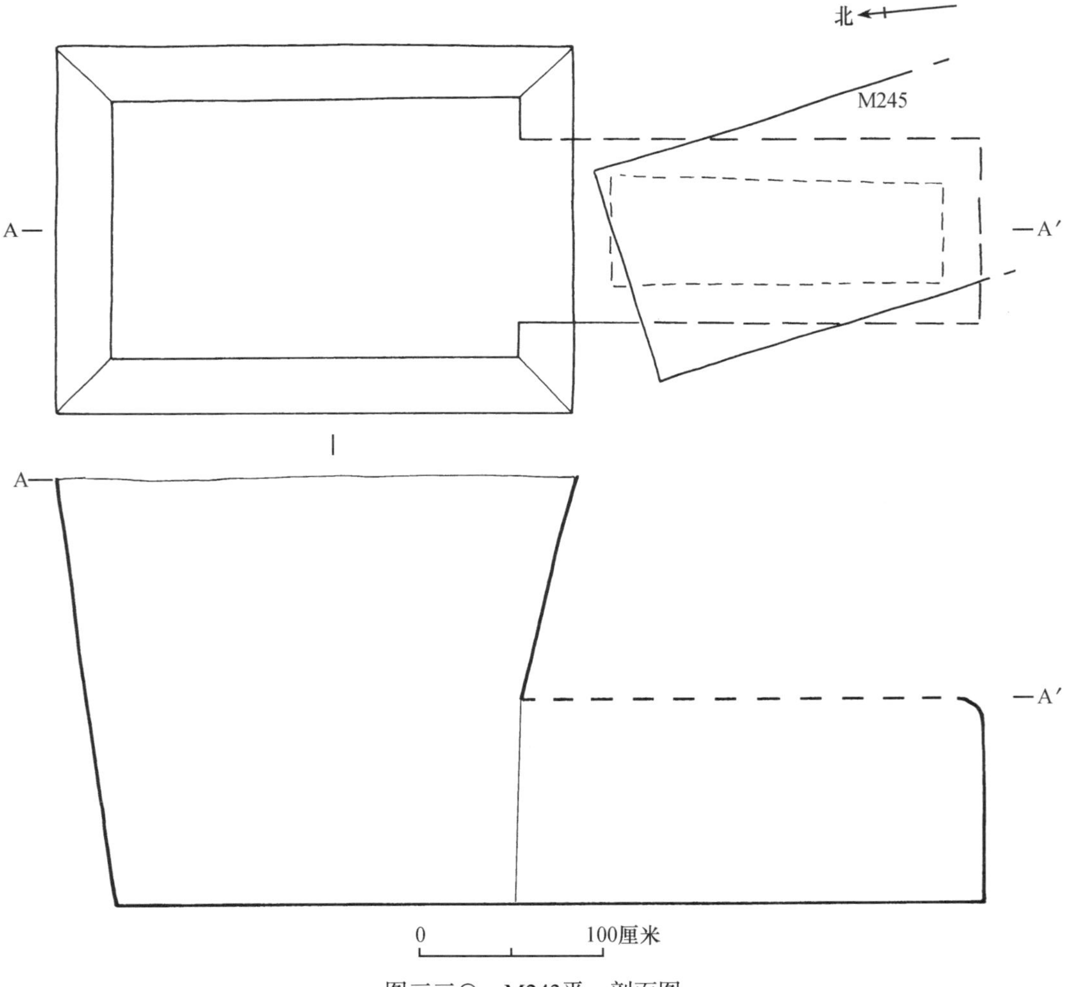

图三三〇　M243平、剖面图

墓室　位于墓道南壁，平顶土洞。平面呈长方形，进深2.5、宽1、高1.1米。该墓墓室上半部被M245墓室打破。

葬具葬式　棺灰痕迹明显，呈长方形，长1.8、宽0.6米，厚2厘米。骨架保存不佳，葬式不详。

2. 随葬器物

墓道、墓室未见有随葬器物。

M244

1. 墓葬形制

位于发掘区西部偏西，西邻M151，东邻M241。方向275°，由竖穴墓道和土洞墓室两部分组成，南北向，墓道在南，墓室居北（图三三一）。

墓道　四壁垂直于墓底，平面长方形，东西长2.4、南北长2.6、开口距地表0.6，距墓道底2.6米。

封门　墓室口部未见封门痕迹。

墓室　位于墓道北壁，拱顶土洞。平面梯形，进深0.7~0.8、宽1.8、高1~1.2米。

葬具葬式　葬具、葬式不详。

2. 随葬器物

墓道、墓室未见随葬器物。

M246

1. 墓葬形制

位于发掘区西部南部，西邻M242，东邻M158。方向180°，由竖穴墓道和土洞墓室两部分组成，南北向，墓道在南，墓室居北（图三三二）。

墓道　平面呈长方形，竖穴土坑，口大底小，东西长3、宽2、开口距地表0.6、距墓道底3.6、墓道底长2.2、宽1.6米。南、北两壁收分0.2米，东、西壁收分0.4米。

封门　墓室口部未见有封门痕迹。

墓室　位于墓道北壁，平顶土洞。平面呈长方形，进深1、宽2、高1.2米。

葬具葬式　棺灰痕明显，平面长方形。长1.5、宽0.55米。棺灰内有1副骨架，保存较差，侧身屈肢，头向东。

2. 随葬器物

墓道、墓室未见有随葬器物。

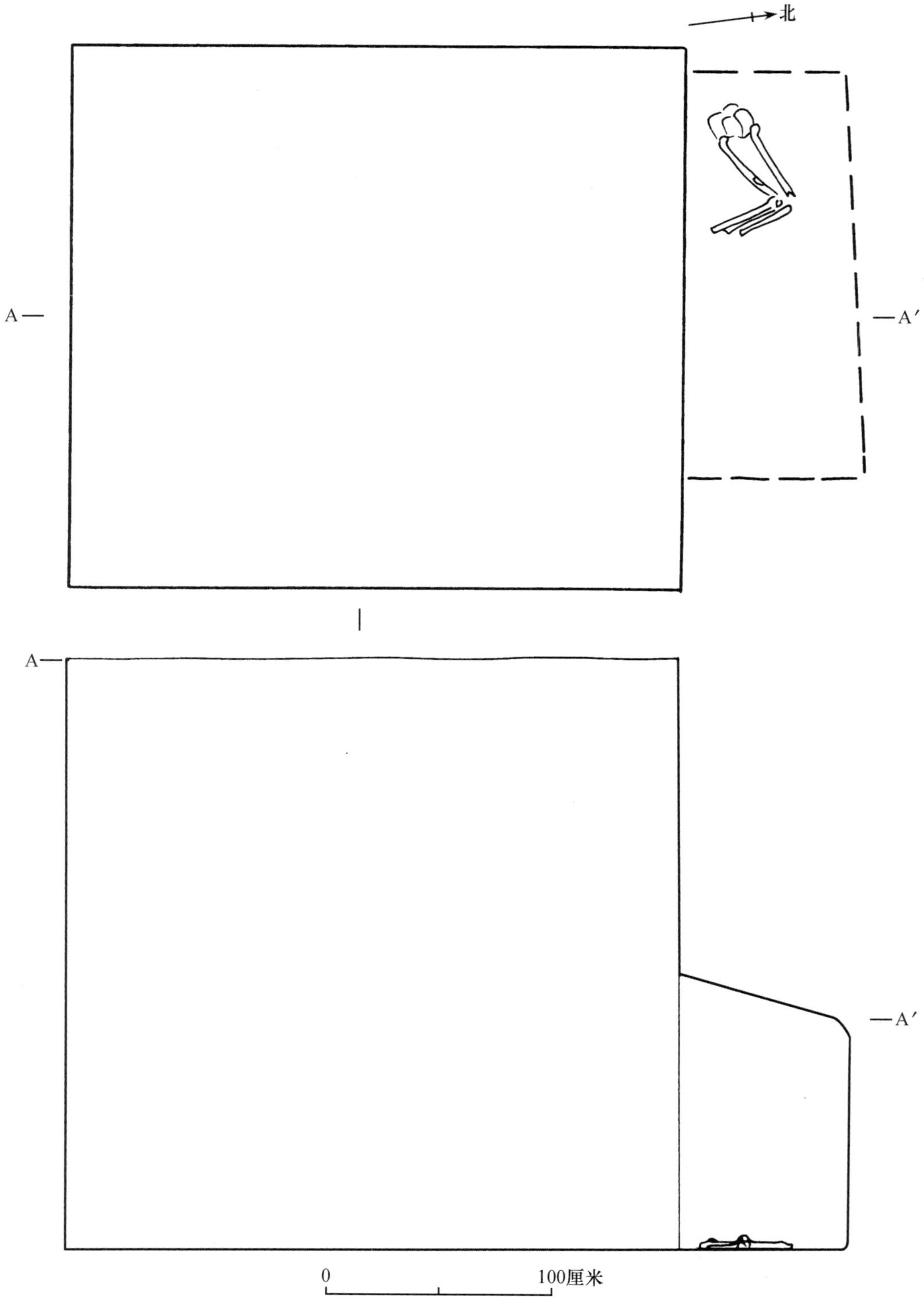

图三三一　M244平、剖面图

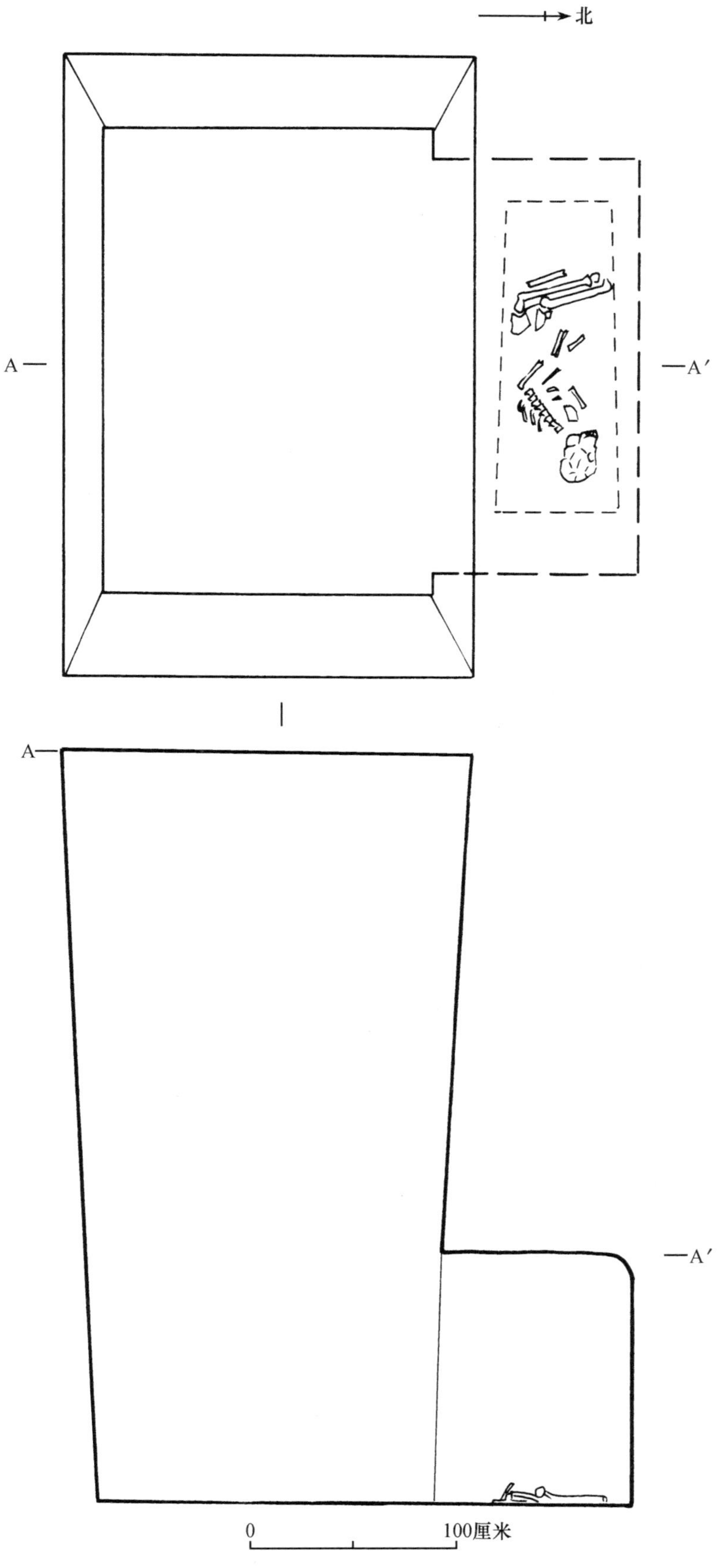

图三三二　M246平、剖面图

M247

1. 墓葬形制

位于发掘区西部中间，南邻M241。方向175°，由竖穴墓道和土洞墓室两部分组成，南北向，墓道在南，墓室居北（图三三三）。

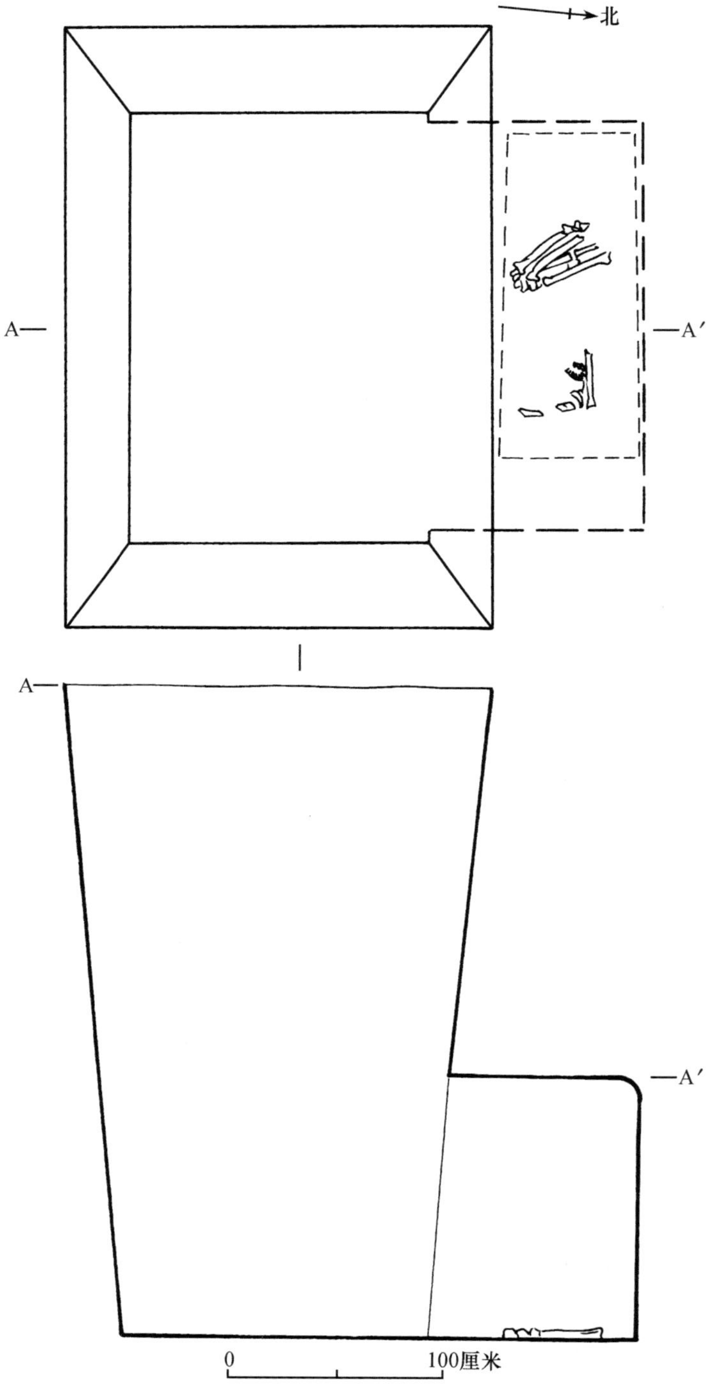

图三三三　M247平、剖面图

墓道　平面呈长方形，竖穴土坑，口大底小，口长2.8、宽2、开口距地表0.6、距墓道底3、墓道底长2、宽1.4米。南、北两壁收分0.3米，东西两壁收分0.4米。

封门　墓室口部未见封门痕迹。

墓室　位于墓道北壁，平顶土洞。平面呈长方形，进深1、宽1.9、高1.2米。

葬具葬式　棺灰痕明显，呈长方形，长1.5、宽0.65米，内有1副骨架，保存较差，葬式不详。

2. 随葬器物

墓道、墓室未见随葬器物。

第三章　西耳村、尹王村秦墓研究

本章首先分别对西耳村秦墓、尹王村秦墓的墓葬形制、随葬器物进行类型学研究，然后结合墓葬分组，推测其年代，最后分析西耳村、尹王村秦墓所见的西戎文化因素。

类型学研究时，我们的思路是对两个墓地的材料按照统一标准分别进行，然后再合起来。按照本书的章节安排，考虑的不仅是两个墓地的材料，更重要的是还要有利于整合咸阳周边所有秦墓资料。做完初步研究后发现西耳村秦墓墓葬数量少，出土器物不多，年代偏晚；反之尹王村秦墓数量大，器物多，年代也早。如果两个墓地的材料合起来做类型学叙述，反映不出来单独分期过程；按照一个标准分开叙述，就会存在西耳村秦墓缺少比较早的一些类型，但是能反映出两个墓地材料单独的类型学研究过程，同时避免了考古学中常见的同一本书中A材料的二期相当于B材料三期的问题，也有利于两个墓地资料与咸阳周边所有秦墓资料的整合。类型学研究本来就是一个见仁见智的工作，包含较多的主观性看法。鉴于此，我们决定采用后者，所以在第一节西耳村秦墓研究中会出现的某些型式的缺乏。

第一节　西耳村秦墓墓葬形制、葬具葬式与随葬器物类型学研究

一、墓葬形制

西耳村52座秦墓按照形制结构的不同，可以分为竖穴土坑墓、偏洞室墓、直线洞室墓三类。其中竖穴土坑墓14座，偏洞室墓6座，直线洞室墓32座。统一按有无二层台分A、B型，按墓道口底大小、墓室有无壁龛分为Ⅰ、Ⅱ、Ⅲ式。

1. 竖穴土坑墓

14座。

A型Ⅱ式：3座，竖穴土坑，平面长方形，均无二层台。墓道口大底小，墓室无壁龛。分别为M19A、M34、M46。M19A为东西向，M34为南北向，M46不详。

B型　11座，竖穴土坑，平面长方形，方向多为东西向，均有二层台。

Ⅱ式：10座，墓道口大底小，墓室无壁龛。分别为M3、M4、M6、M10、M11、M16、M30、M31、M41、M62。

Ⅲ式：1座，墓道口大底小、墓室有壁龛。为M42。

2. 偏洞室墓

6座，即墓室中线与墓道中线平行。

A型　6座，竖穴土坑，平面长方形，方向多为南北向，均无二层台。

Ⅱ式：4座，墓道口大底小，墓室无壁龛。分别为M22、M24、M35、M38。

Ⅲ式：2座，墓道口大底小，墓室有壁龛。分别为M5、M13。

3. 直线洞室墓

32座，即墓室与墓道处于一条直线上。

A型　27座，竖穴土坑，平面长方形，方向多为东西向，均无二层台。

Ⅱ式：19座，墓道口大底小，墓室无壁龛。分别为M1、M8、M9、M14、M20、M21、M25、M26、M27、M29、M32、M33、M39、M53、M63、M65、M67、M68、M69。

Ⅲ式：8座，墓道口大底小、墓室有壁龛。分别为M7、M12、M15、M44、M49、M55、M58、M59。

B型　5座，竖穴土坑，平面长方形，方向多为东西向，均有二层台。

Ⅱ式：4座，墓道口大底小，墓室无壁龛。分别为M2、M17、M36、M43。

Ⅲ式：1座，墓道口大底小、墓室有壁龛。为M19B。

二、葬具葬式

西耳村52座秦墓中葬具清晰者46座，其中一棺一椁者4座，占8.69%（占葬具清晰者比例，下同）；简化棺椁者2座，占4.34%；单棺者45座，占97.8%；瓮棺葬2座，占4.34%。4座一棺一椁墓葬皆为竖穴土坑结构，2座简化棺椁也为竖穴土坑结构。两座瓮棺葬一座为竖穴土坑结构，一座为偏洞室结构。

52座秦墓中，葬式清晰者39座。头向西、西北向者31座，占79.4%（占葬式清晰者比例，下同）；头向东者8座，占20.5%。直肢葬9座（占葬式清晰者比例，下同），占23%；屈肢葬30座，占77%。

偏洞室墓中2座可见封门遗迹，直线洞室墓中8座可见封门遗迹。

三、陶　器

西耳村52座秦墓共出土实用陶器56件，陶鼎6件、陶盒5件、陶壶12件、陶缶6件、陶罐15件、陶豆4件、陶盆2件、陶瓮2件、陶釜1件、陶囷1件、陶鬲1件、陶三耳杯1件（表一）。

陶鼎　6件。

根据鼎腹形状、足部、顶纽差异可分A、B二型。

A型　5件。鼎腹剖面梯形，下腹外撇，蹄形足，扁棱状纽。再根据一鼎耳与足是否位于上下一条直线上，分Aa、Ab两个亚型。由此再进一步划分Ⅰ式、Ⅱ式，Ⅰ式腹部宽扁，较浅；Ⅱ式腹部变高深，圜底趋平。

Aa型　4件。鼎耳不在一条直线上。

Aa型Ⅰ式：1件。标本M65：8，覆钵形盖，弧顶，折壁，浅腹。三扁棱状均匀分布，顶上见压印暗弦纹和波折状锯齿纹。器身敛口，斜沿，上腹较直，附两方形外撇耳，下腹较浅，圜底，蹄足。腹部见一周凸棱纹。通高15、口径13.5、腹径16.5、腹深8、足高3.5厘米（图三三四，1）。

Aa型Ⅱ式：3件。标本M42：1，钵形盖，平顶，圆折浅腹，扁棱纽。盖上见暗弦纹和波折状锯齿纹。器身子母敛口，深腹，上腹较斜直，附两方形外撇耳，圆底，蹄足。腹部饰一圈凸棱纹。通高18、口径15、腹径18、腹深9、足高7厘米（图三三四，2）。标本M42：2形制与标本M42：1大体一致。体型较高深。通高18.5、口径14.7、腹径19.2、腹深9.3、足高6.7厘米（图三三四，3）。标本M15：5，体较宽扁。钵形盖，平顶弧腹，方唇，三扁棱盖纽均匀分布。盖顶见同心缠绕暗弦纹。器身圆唇敛口，上腹外斜，双附耳微外撇，深腹，圜底，蹄形足较高。鼎身有一戳印纹，可识读为“咸□”。通高17.5、口径16、腹径19、腹深8.5、足高5厘米（图三三四，4）。

Ab型　1件。有一鼎耳、足上下位于一条直线上。

Ab型Ⅰ式：1件。标本M7：7，鼎体宽扁。钵形盖，弧顶圆折腹，顶上3扁棱状纽均匀分布，外饰同心缠绕弦纹和波折锯齿暗纹。器身方唇敛口，直上腹附外撇双耳，下腹较浅，圜底，蹄足。腹部饰两周凹弦纹。通高15.5、口径14、腹径17、腹深7、足高3厘米（图三三四，5）。

B型　1件。鼎直腹，扁棱“L”形纽。

B型Ⅰ式：1件。标本M30：2，覆钵形盖，平顶，弧壁，浅腹，扁棱“L”形纽。盖见凹弦纹。器身方唇，直口，直上腹，附两方形外撇耳，下腹斜收，圜底，蹄足外凹。通高18、口径18、腹径20.5、腹深9.5、足高6厘米（图三三四，6）。

陶盒　5件。根据腹部与足部差异分A、B二型。

A型　3件。折腹，饼足。

A型Ⅰ式：1件。腹较宽，下腹斜收较缓。标本M5：14，覆碗形盖，圈足捉手，弧壁，浅腹。盒身，尖圆唇，敛口直深腹，上腹短直，下腹内收，平底。器周身饰数道凸弦纹。通高15.5、口径18、腹径20、腹深9、底径8厘米（图三三四，7）。

A型Ⅱ式：2件。腹部变深，下腹斜收较急。标本M7：9，碗形盖，方唇，斜折腹，圈足形捉手。盖身饰同心旋转暗弦纹。器身敛口，直上腹，下腹内收，假圈足，平底内凹。腹部见两周凸弦纹。通高13.5、口径15、腹径18、底径8厘米（图三三四，8）。标本M65：3，覆碗形盖，方唇，弧壁，圈足形捉手。外见按压缠绕弦纹及两周凸弦纹。器身直口，平沿，子母扣，上腹较直，下腹斜内收，假圈足，平底内凹。器身见两周凸弦纹。通高11.5、口径14、腹径16、腹深6.6、足高0.3、底径6.5厘米（图三三四，9）。

B型　2件。弧腹，圈足。

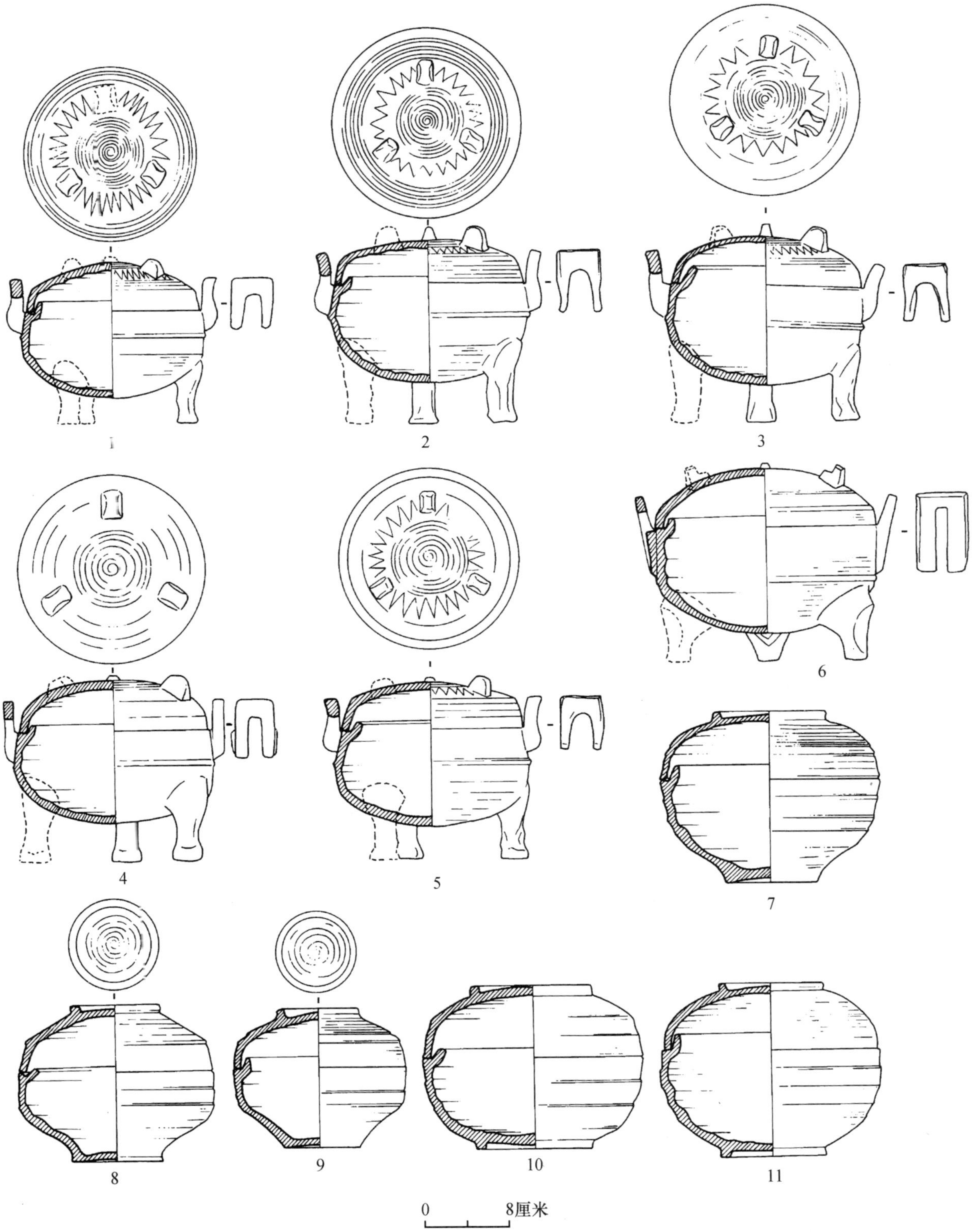

图三三四　西耳村陶鼎、陶盒型式图

1. Aa型Ⅰ式鼎（M65：8）　2～4. Aa型Ⅱ式鼎（M42：1、M42：2、M15：5）　5. Ab型Ⅰ式鼎（M7：7）　6. B型Ⅰ式鼎（M30：2）　7. A型Ⅰ式盒（M5：14）　8、9. A型Ⅱ式盒（M7：9、M65：3）　10、11. B型盒（M19A：7、M30：4）

标本M19A：7，碗形盖，方唇，折腹，斜壁，圈足形捉手。盖上可见暗弦纹。器身圆唇，敛口，直沿，弧腹，平底，圈足。腹部见数道凸弦纹。通高15.5、口径17、腹径20、腹深9、底径8.5厘米（图三三四，10）。标本M30：4，碗形盖，方唇，弧壁，浅腹，圈足形捉手。盖上可见暗弦纹。器身方唇，敛口，深腹，圈足平底。腹部饰有两道较凸弦纹。通高15.5、口径17.5、腹径20、腹深9.5、足高0.5厘米（图三三四，11）。

陶壶　12件。其中长颈壶8件、蒜头壶1件、细颈壶1件、茧形壶1件、异形壶1件。

长颈壶根据口部、腹部、底部的不同分为几个亚型。

Aa型　2件。假圈足壶，敞口，长颈，弧腹，假圈足较高。按腹部形态分二式。Ⅰ式腹部细长；Ⅱ式腹部较扁。

Aa型Ⅰ式：1件。标本M1：1，尖圆唇，侈口斜沿，长颈，溜肩，鼓腹较长，假圈足较高，底内凹。颈部饰两圈凹弦纹，肩、腹部饰数道凸弦纹。口径10.5、腹径16、底径9.5、通高26厘米（图三三五，1）。

Aa型Ⅱ式：1件。标本M15：6，尖圆唇，侈口，长颈，溜肩，扁鼓腹，下腹内收，平底，假圈足较高。颈部见两周凹弦纹，肩腹部见3周凸棱纹。通高24、口径10.5、腹径17、底径9.5厘米（图三三五，2）。

Ab型　3件，折腹壶。敞口，长颈，折腹，平底。按颈肩形态分二式。Ⅰ式细长颈溜肩；Ⅱ式粗直颈斜肩。

Ab型Ⅰ式：2件。标本M7：3，弧形盖，子口。器身圆唇侈口，细长颈，溜肩，圆鼓腹，下腹斜直，平底。器身饰4周凸棱纹。通高25、口径9、腹径16.5、底径8厘米（图三三五，3）。标本M5：12，细长颈，溜肩，上腹较直，下腹斜内收，底内凹。颈部饰4周较宽凸弦纹，肩腹部饰有数周凹弦纹。残高25、腹径17、底径8厘米（图三三五，5）。

Ab型Ⅱ式：1件。标本M19B：1，平顶盖，斜腹。器身斜方唇，侈口，粗直颈，斜肩，上腹较直，下部斜直内收，平底。颈部见几周凸弦纹，腹下部见两道凹弦纹。通高25、口径11.2、腹径16.6、底径7.8厘米（图三三五，4）。

Ac型　2件。敞口，长颈，弧腹，平底。Ⅰ式颈中部较细；Ⅱ式颈部较直。

Ac型Ⅰ式：1件。标本M29：1，方唇，斜沿，侈口，溜肩，长鼓腹，平底。腹部见3周凹弦纹。通高22、口径9.5、腹径14、底径8.5厘米（图三三五，6）。

Ac型Ⅱ式：1件。标本M27：1，方唇侈口，双唇，长颈，斜肩，长鼓腹，平底。颈、肩、腹部见数周3道凹弦纹。通高22、口径10、腹径16、底径8厘米（图三三五，7）。

Ad型　1件。圈足壶　盘口，长颈，弧腹，圈足底。

标本M30：3，覆钵形盖，平顶，弧腹，子母口。器身方唇，侈口，平沿，束颈，溜肩，鼓腹，下腹内收，平底圈足。肩、腹部见3周凸弦纹，凸弦纹之间为波浪状锯齿纹。通高28.5、口径12、腹径20、底径11.5、足高1.5厘米（图三三五，8）。

蒜头壶　1件。

标本M7：6，圆唇直口，蒜头部较大，细长颈，溜肩，腹部较扁，鼓腹，平底。器身见数道弦

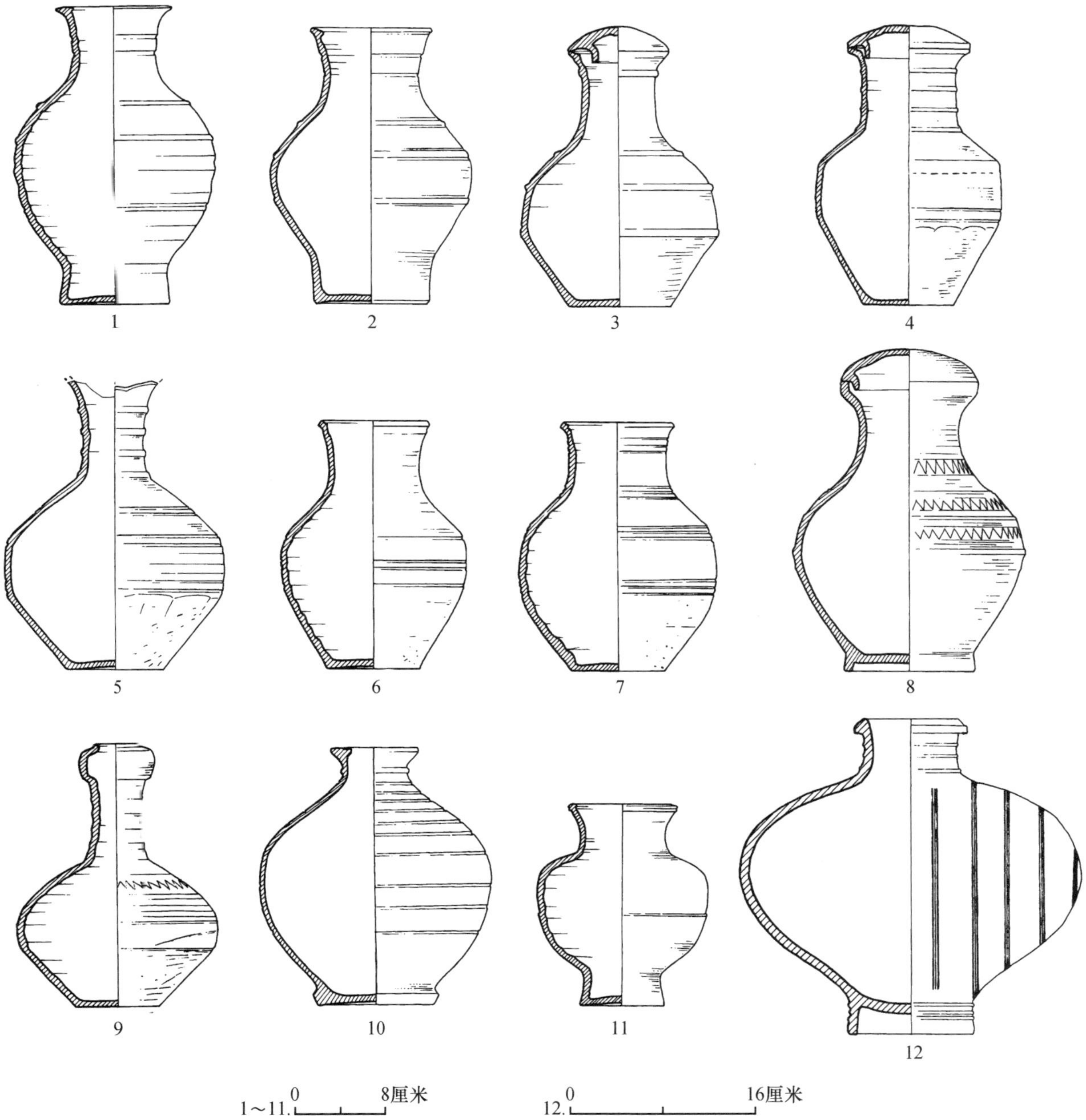

图三三五　西耳村陶壶型式图

1. Aa型Ⅰ式壶（M1：1）　2. Aa型Ⅱ式壶（M15：6）　3. Ab型Ⅰ式壶（M7：3）　4、5. Ab型Ⅱ式壶（M19B：1、M5：12）　6. Ac型Ⅰ式壶（M29：1）　7. Ac型Ⅱ式壶（M27：1）　8. Ad型壶（M30：3）　9. 蒜头壶（M7：6）　10. 细颈壶（M19B：2）　11. 异形壶（M31：1）　12. 茧形壶（M31：2）

纹，肩部有一周波折纹。通高23、口径3.5、腹径18、底径7.5厘米（图三三五，9）。

细颈壶　1件。

标本M19B：2，尖圆唇，平沿内凹，短束颈，斜肩，圆鼓腹，假圆足较低。颈、腹部见数圈凹弦纹。通高23.6、口径7.2、腹径20.4、底径10.2厘米（图三三五，10）。

茧形壶　1件。

标本M31：2，方唇，斜沿，侈口，束颈，蛋形身，高圈足。颈部见三周凸弦纹，器身、足数周凹弦纹。通高28.2、口径8.4、长腹径29.6、底径11.4、足高1.8厘米（图三三五，12）。

异形壶　1件。

标本M31：1，斜沿，侈口，束颈，平肩，横鼓腹，假圈足较高，平底内凹。腹中见一周凸弦纹。通高18、口径10.5、腹径16.5、底径8、足高0.3厘米（图三三五，11）。

陶缶　6件。以形态变化分为三式。Ⅰ式腹部圆弧；Ⅱ式腹式升高且稍折；Ⅲ式扁折腹。

Ⅰ式：3件。标本M55：6，修复完整。斜方唇，圆折沿，短束颈，广肩，折腹，上腹较直，下腹内收，平底。肩部饰暗弦纹，见刻画一“米”字符。通高31、口径12、腹径35、底径17厘米（图三三六，1）。标本M7：8，尖圆唇，平折沿，侈口，短束颈，斜肩圆折腹，下腹斜直内收，平底内凹。肩部见压印暗弦纹。通高30、口径12、腹径35、底径16.5厘米（图三三六，2）。标本M58：3，尖圆唇，平折沿，侈口，短束颈，斜广肩，下腹斜收，平底。肩部饰数圈凹弦纹和一圈波锯齿纹，腹部见一圈篦点纹。肩部刻画有两个陶文，“昌”字较大笔画粗壮；“[illegible]”字笔画较细。通高34、口径12.5、腹径37、底径18厘米（图三三六，3）。

Ⅱ式：1件。标本M42：3，尖圆唇，斜沿，侈口，束颈，斜肩，折鼓腹，下腹内收，平底。肩部饰数圈暗弦纹，腹部饰竖绳纹带。通高36、口径12、腹径40、底径17厘米（图三三六，4）。

Ⅲ式：2件。标本M55：3，修复完整尖圆唇，斜折沿，短束颈，广肩，折腹，下腹内收，平底。肩部饰锯齿纹、腹部一圈篦点纹、下腹见绳纹。通高33、口径12.8、腹径37.8、底径16.8厘米（图三三六，5）。标本M65：7，尖圆唇，斜沿，侈口，短束颈，斜广肩，扁折腹，下腹斜内收，较深，大平底。肩部见数圈暗弦纹，腹部饰锥刺纹与细绳纹。通高34、口径13.6、腹径41.6、底径17.6厘米（图三三六，6）。

陶罐　15件。按腹部形态分为二型。

A型　6件，小口折腹罐。按形态变化分三式。Ⅰ式上腹直而宽；Ⅱ式上腹变窄；Ⅲ式腹部窄长。

A型Ⅰ式：3件。标本M32：1、标本M69：1、标本M55：4。标本M55：4，修复完整。尖圆唇，平折沿，侈口，短束颈，斜广肩，上腹较直，下腹斜收，平底。肩部饰一圈锯齿纹、下腹竖绳纹。通高35、口径13、腹径40、底径18.5厘米（图三三六，7）。

A型Ⅱ式：2件。标本M59：7。标本M65：6，尖圆唇，斜沿，侈口，短束颈，斜广肩，折腹，下腹斜内收，大平底。肩部见一刻画“柬”字。肩部见宽弦纹，下腹见细绳纹。通高32、口径12.8、腹径36.8、底径18.4厘米（图三三六，8）。

A型Ⅲ式：1件。标本M33：1，尖圆唇，斜沿，侈口，短束颈，斜肩，折腹，下腹斜内收，平底。肩部见数圈暗弦纹，下腹见竖绳纹，肩部刻画有两个箭头状纹饰。通高28、口径12、腹径26、底径11厘米（图三三六，9）。

B型　3件，小口弧腹罐。以形态变化分三式。Ⅰ式圆鼓腹；Ⅱ式腹部扁鼓，下腹急斜收；Ⅲ式下部较长，斜收较缓。

B型Ⅰ式：1件。标本M58：4，方唇，侈口，短束颈，圆肩，鼓腹，下腹斜收，平底。肩部饰数圈暗弦纹，肩、腹部有竖绳纹和数圈凹弦纹。通高24.5、口径10.5、腹径25、底径11厘米

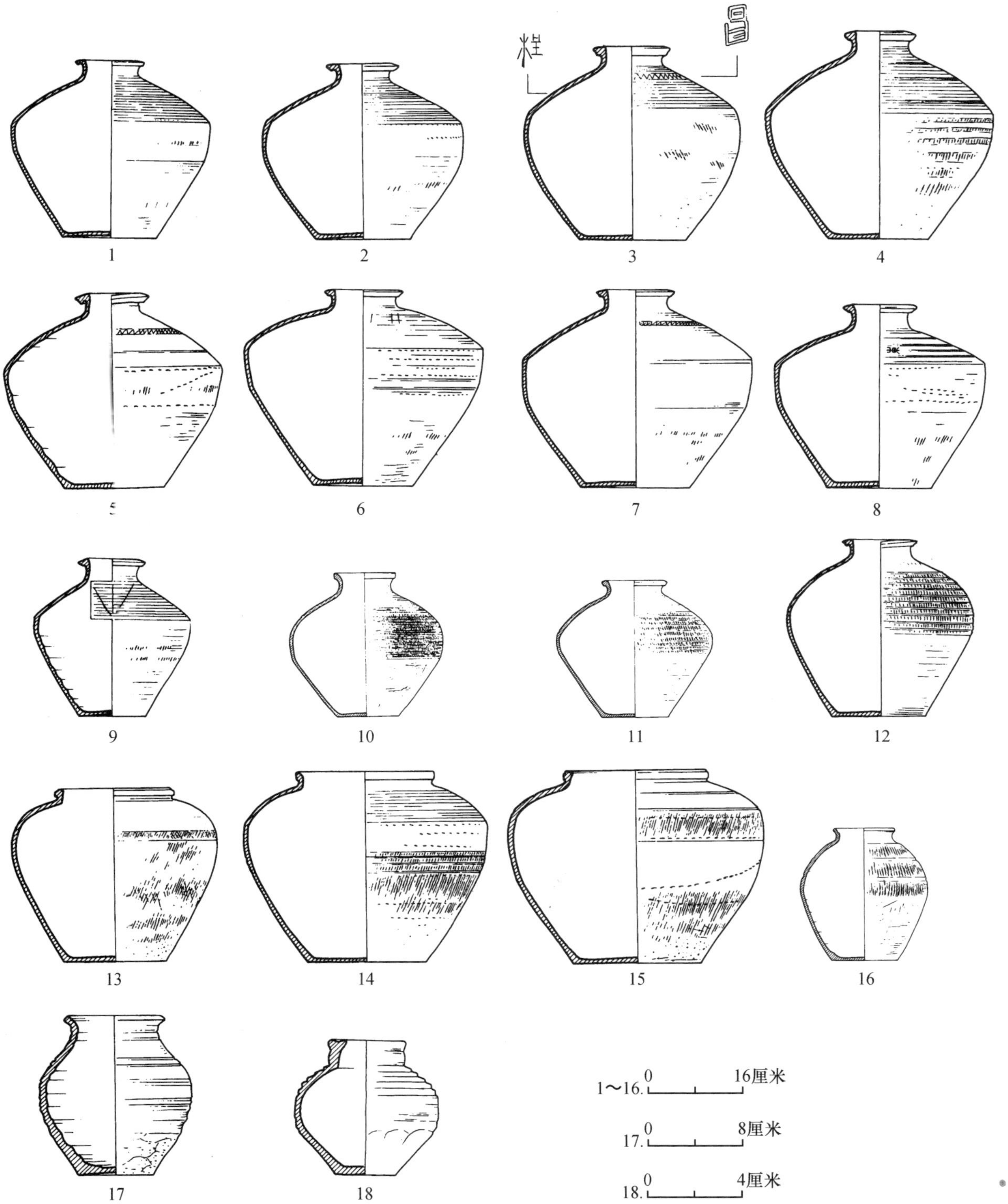

图三三六　西耳村陶缶、陶罐型式图

1～3. Ⅰ式缶（M55：6、M7：8、M58：3）　4. Ⅱ式缶（M42：3）　5、6. Ⅲ式缶（M55：3、M65：7）　7. A型Ⅰ式罐（M55：4）　8. A型Ⅱ式罐（M65：6）　9. A型Ⅲ式罐（M33：1）　10. B型Ⅰ式罐（M58：4）　11、12. B型Ⅱ式罐（M13：1、M55：5）　13. Ⅰ式大口罐（M19A：6）　14、15. Ⅱ式大口罐（M33：3、M5：11）　16. A型壶形罐（M44：1）　17. B型壶形罐（M44：2）　18. 直口罐（M19A：1）

（图三三六，10）。

B型Ⅱ式：2件。标本M13：1，斜方唇，侈口，短束颈，溜肩，圆鼓腹，下腹斜内收，平底。肩腹部饰竖绳纹与凹弦纹。通高21、口径9.5、腹径24、底径11.5厘米（图三三六，11）。标本M55：5，基本完整。尖唇，斜沿，侈口，束颈，圆肩圆鼓腹，下腹内收，平底。肩、腹部见数周竖绳纹与凹弦纹组成纹饰带。通高30、口径13、腹径31、底径15厘米（图三三六，12）。

大口罐 3件。以形态变化分二式。Ⅰ式器形突长；Ⅱ式器形宽扁。

Ⅰ式：1件。标本M19A：6，方唇，卷沿，短束颈，圆广肩，上腹较鼓，下腹斜内收，平底。腹部饰有竖绳纹。高30、口径21、腹径35、底径18厘米（图三三六，13）。

Ⅱ式：2件。标本M33：3，圆唇，侈口，短颈，广圆肩，折鼓腹，腹最大径较高，下腹内收，大平底。腹部见细竖绳纹和凹弦纹。通高33、口径24、腹径40、底径21厘米（图三三六，14）。标本M5：11，圆唇外卷，敛口，宽肩，上腹圆鼓，下腹斜内收，平底。肩部饰一道、腹部两道凹弦纹，腹部凹弦纹中间及下腹饰斜向细绳纹。通高33.6、口径24、腹径44、底径22.4厘米（图三三六，15）。

壶形罐 2件。

A型 1件。

标本M44：1，圆唇，侈口，束颈，圆肩，长鼓腹，下腹内收，平底。肩、腹部饰3周竖绳纹带和两周凹弦纹。通高23、口径11、腹径20、底径11厘米（图三三六，16）。

B型 1件。

标本M44：2，圆唇，侈口，束颈，圆肩，鼓腹，下腹内收，平底。颈、肩、腹部见数道凹弦纹，下腹有一周凸弦纹。通高13、口径8.5、腹径12、底径6.5厘米（图三三六，17）。

直口罐 1件。

标本M19A：1，双圆唇，直颈，鼓肩，上腹较直，下腹内收，平底。器身见数道凸弦纹，下腹有明显刀削痕。通高6.1、口径3.4、腹径6.4、底径2.6厘米（图三三六，18）。

陶豆 4件。依据形态可分为二式。Ⅰ式豆盘较浅，柄较长；Ⅱ式豆盘较深，柄较粗。

Ⅰ式：2件。标本M68：1。标本M55：8，方唇，直口，折腹，豆盘较浅，柄较长，中粗，喇叭状底座。通高11、盘径11.5、底径8.8厘米（图三三七，6）。

Ⅱ式：2件。标本M65：9。标本M59：6，尖圆唇，浅折腹，喇叭状豆柄中空。通高9、口径10.5、盘深1.3、柄高5.5厘米（图三三七，7）。

陶盆 2件。

A型 1件。

标本M49：2，尖唇，侈口，窄沿，折腹外折，下腹斜收，平底。下腹见数道凹弦纹。通高11、口径26、腹深10.5、底径8.5厘米（图三三七，4）。

B型 1件。

标本M42：7，尖圆唇，窄沿，侈口，折腹，小平底。上腹部饰两道瓦楞纹。通高9、口径21.5、腹深8、底径10厘米（图三三七，5）。

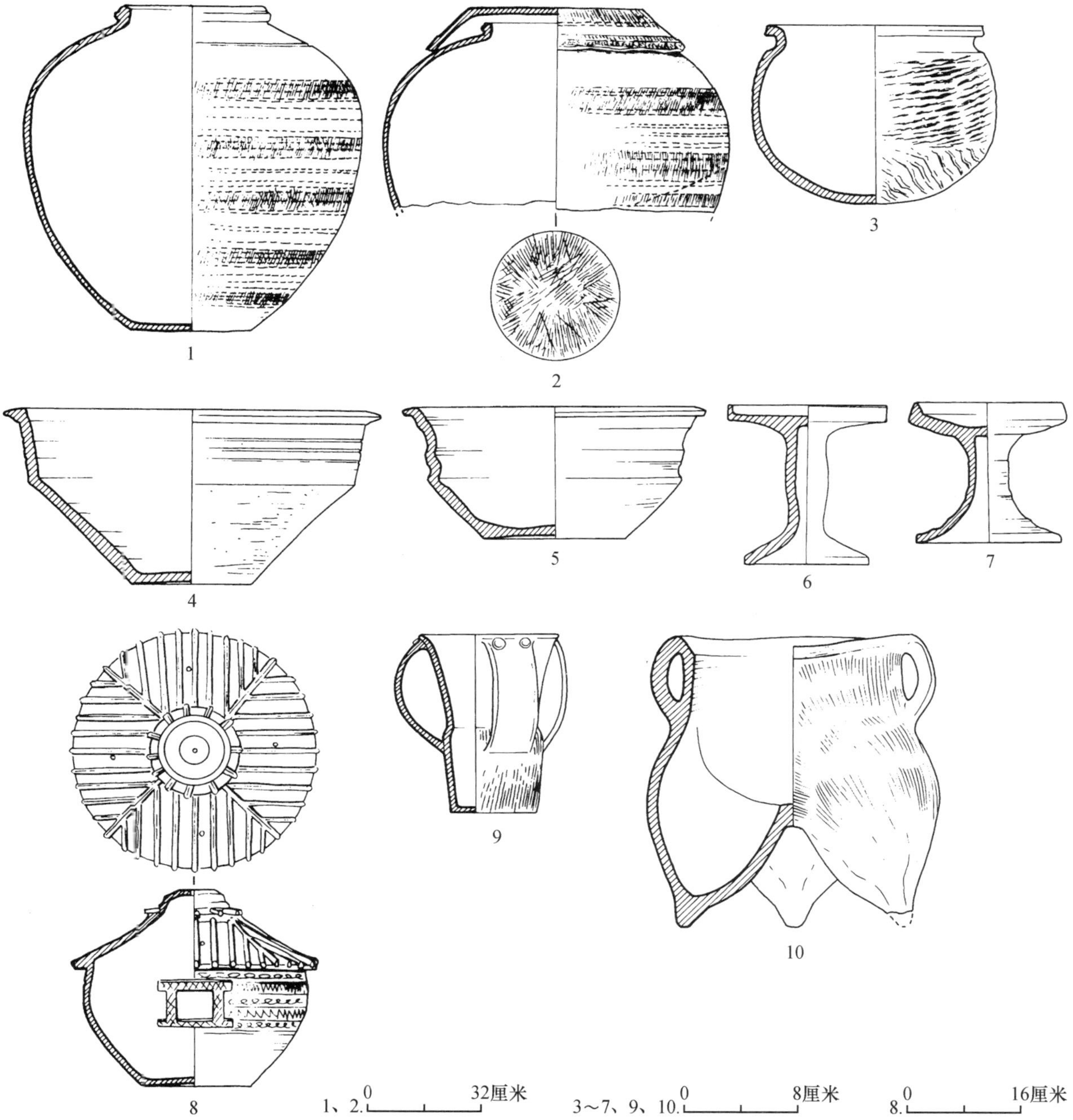

图三三七　西耳村陶瓮、陶盆、陶豆、陶釜、陶囷、陶鬲型式图

1、2. 陶瓮（M22：1、M19A：8）　3. 陶釜（M13：2）　4. A型陶盆（M49：2）　5. B型陶盆（M42：7）　6. Ⅰ式陶豆（M55：8）　7. Ⅱ式陶豆（M59：6）　8. 陶囷（M58：5）　9. 陶三耳杯（M15：7）　10. 陶鬲（M33：2）

陶瓮　2件。

标本M22：1，方唇内凹，侈口。短束颈，圆广肩，圆鼓腹较大，下腹弧内收，平底。肩部见一圈凹弦纹，腹部见五段绳纹及锥刺纹。翁棺高90、腹径100、口径40厘米（图三三七，1）。标本M19A：8，方圆唇，侈口，短颈，圆广肩，圆鼓腹较大。口沿上为盖，疑似陶瓮底部。平底，壁斜下，见残断痕迹。瓮腹部饰几周绳纹与锥刺纹，与盖上纹饰相似。盖底内面见饰不规则绳纹。残高50、口径40、腹径96、盖底径48、最宽72厘米（图三三七，2）。

陶釜　1件。

标本M13：2，夹砂灰陶，基本完整。方唇，侈口，短颈，凸肩，深腹，圜底。腹部饰斜绳纹，底部饰有篮纹。通高12、口径15、腹径16、腹深10厘米（图三三七，3）。

陶囷　1件。

标本M58：5，泥质灰陶，完整。带瓦棱圆形顶，中央圆孔覆以碗形盖，上腹较直，下腹斜内收，平底内凹。腹上部紧贴檐下开工字形仓门，门壁上饰交叉斜线纹。器身饰几道云纹和锯齿纹。通高28、腹最大径35、底径16厘米（图三三七，8）。

陶鬲　1件。

标本M33：2，夹砂红陶，基本完整。圆唇外卷，内斜沿，直肩，下接3袋足，足尖较圆。颈附两桥耳，通体可见细绳纹，袋足、裆部可见烟炱痕。通高19、口径15、足高9厘米（图三三七，10）。

陶三耳杯　1件。

标本M15：7，泥质灰陶，修复完整。圆唇，侈口，颈斜直，肩外撇，腹斜直内收，平底。3条宽扁条附耳围绕器身均匀分布，附耳顶部见两小乳钉。肩、腹饰斜绳纹。通高12、口径9.5、底径6厘米（图三三七，9）。

表一　西耳村秦墓出土陶器形式演变表

分期	陶鼎			陶盒	
	Aa型	Ab型	B型	A型	B型
第一期					
第二期	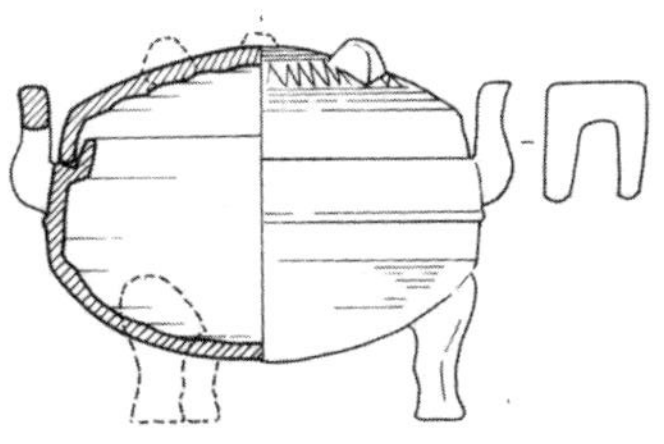 Ⅰ式M65：8	 Ⅰ式M7：7		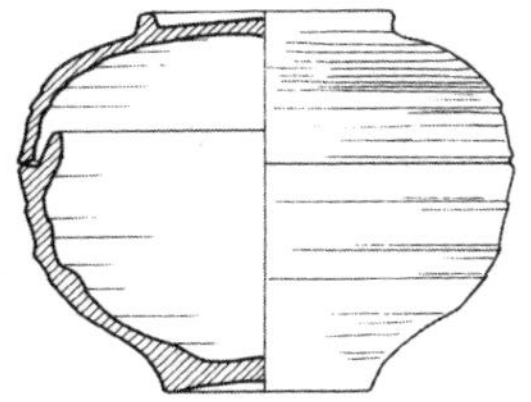 Ⅰ式M5：14	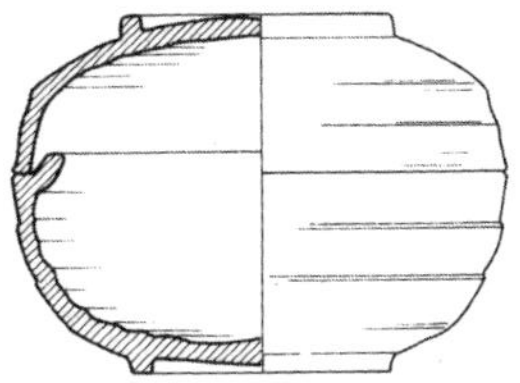 M19A：7
第三期	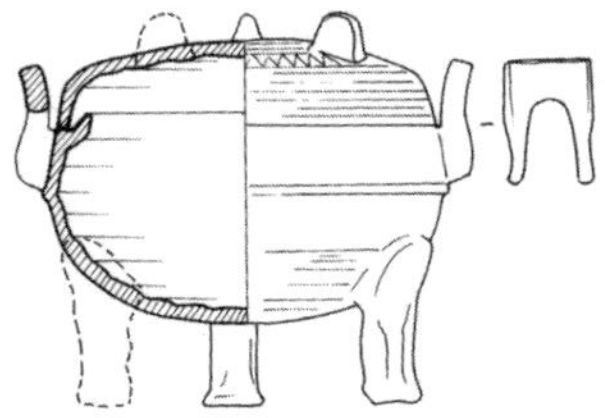 Ⅱ式M42：1		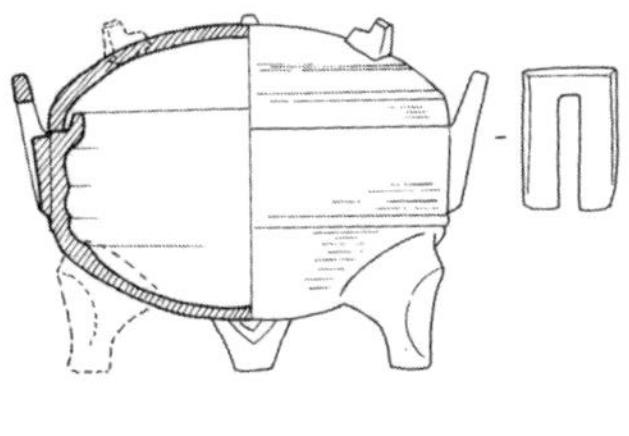 Ⅰ式M30：2	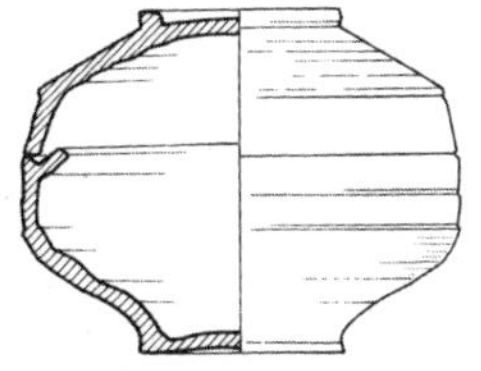 Ⅱ式M7：9	

续表

分期	陶壶							
	长颈壶				蒜头壶	细颈壶	茧形壶	异形壶
	Aa型	Ab型	Ac型	Ad型				
第一期								
第二期	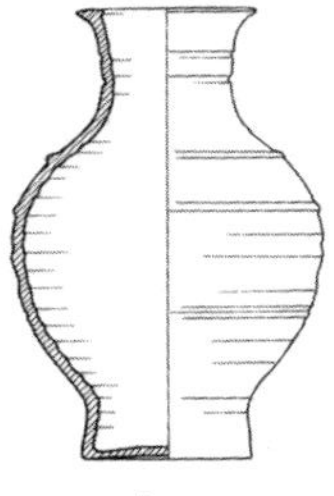 Ⅰ式M1：1	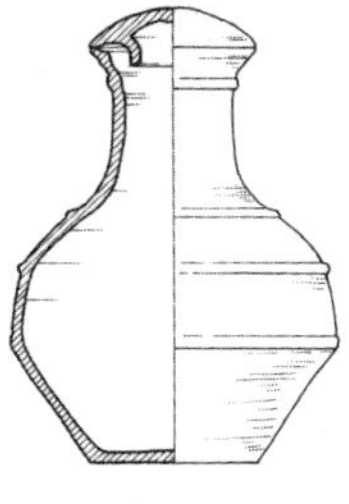 Ⅰ式M7：3	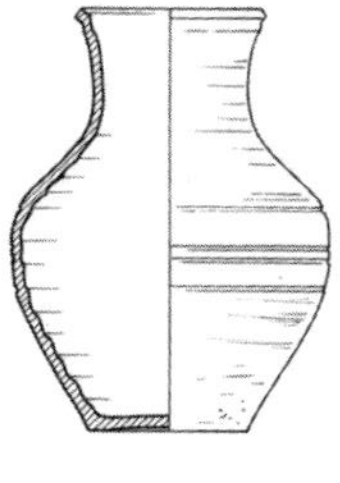 Ⅰ式M29：1	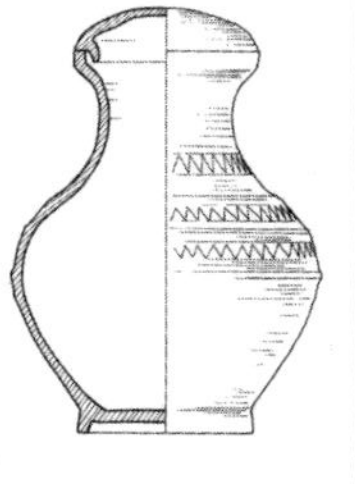 M30：3				
第三期	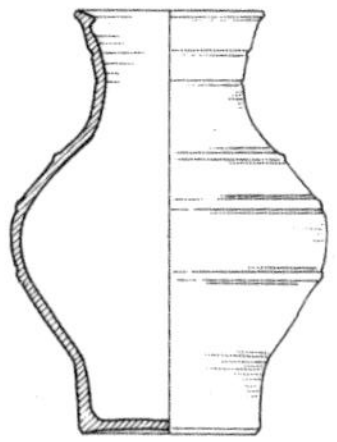 Ⅱ式M15：6	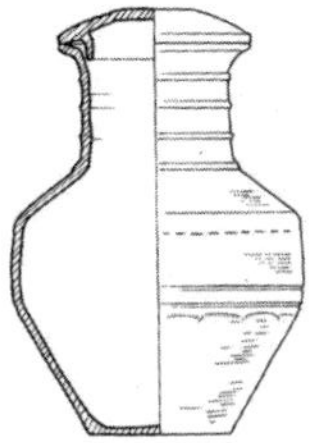 Ⅱ式M19B：1	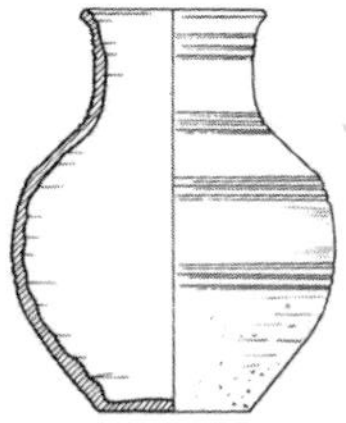 Ⅱ式M27：1		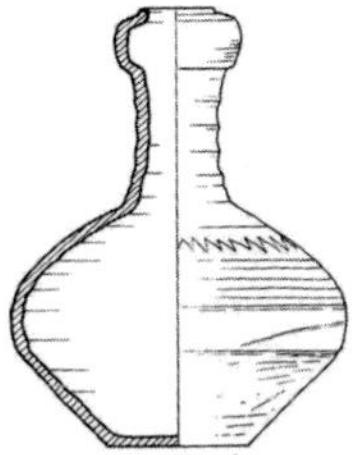 M7：6	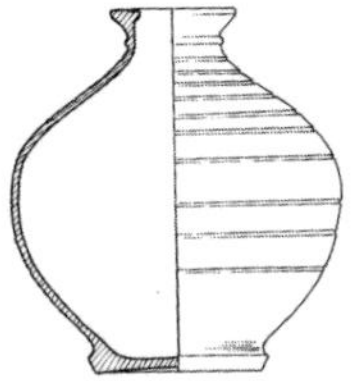 M19B：2	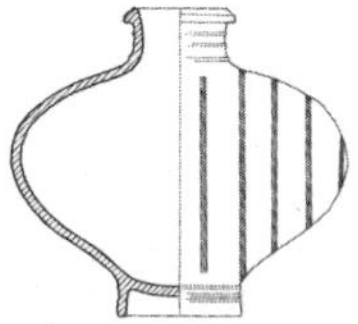 M31：2	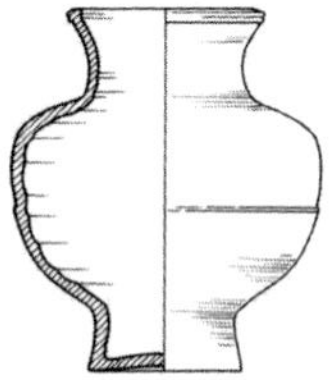 M31：1

续表

分期	陶缶	陶罐					
		A型（小口折腹罐）	B型（小口弧腹罐）	（大口罐）	A型壶形罐	B型壶形罐	直口罐
第一期	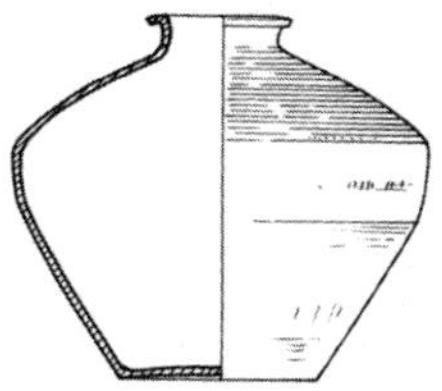 Ⅰ式 M55：6	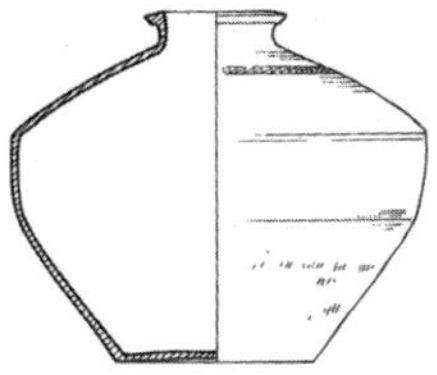 Ⅰ式M55：4					
第二期	 Ⅱ式M42：3	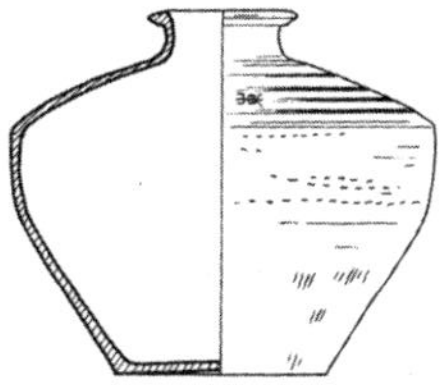 Ⅰ式M65：6	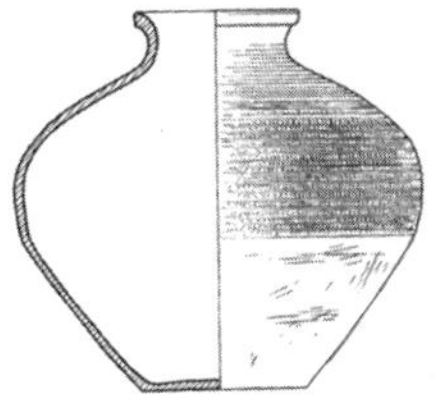 Ⅰ式M58：4	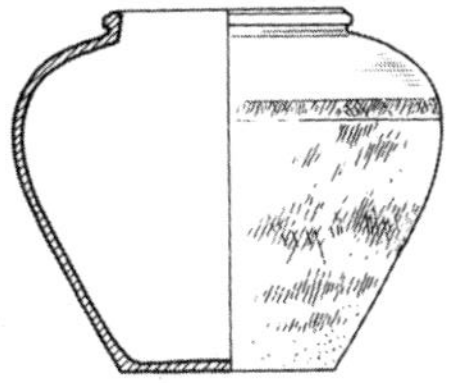 Ⅰ式M19A：6	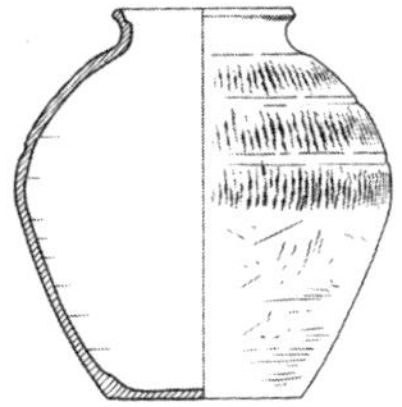 M44：1	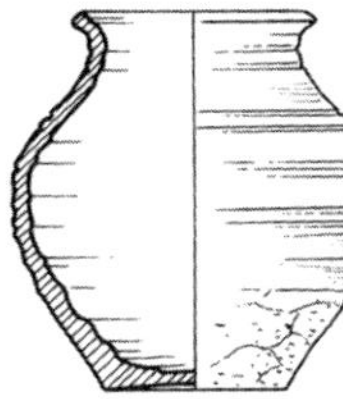 M44：2	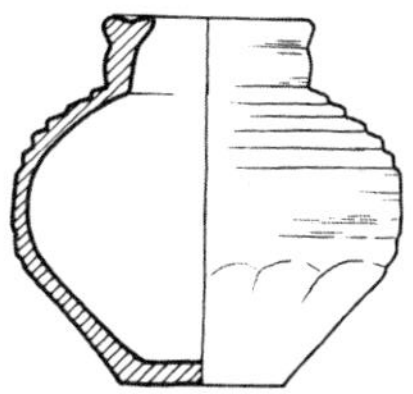 M19A：1
第三期	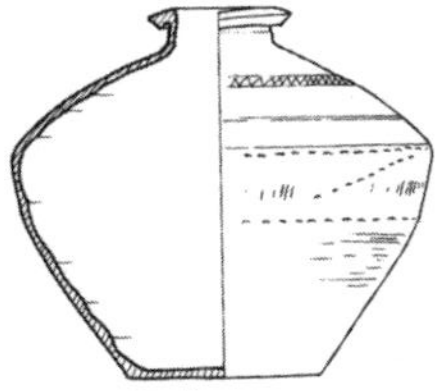 Ⅲ式 M55：3	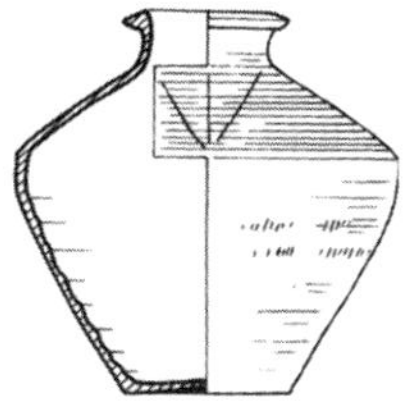 Ⅲ式M33：1	 Ⅱ式M13：1	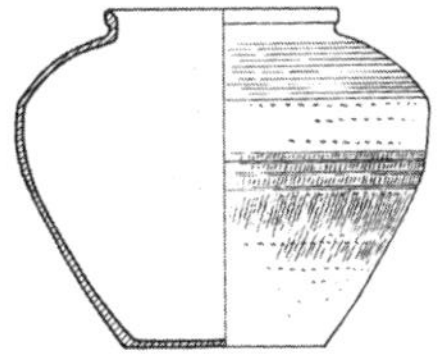 Ⅱ式M33：3			

续表

分期	陶豆	陶盆	陶釜	陶鬲	陶箘	陶三耳杯	陶瓮
第一期				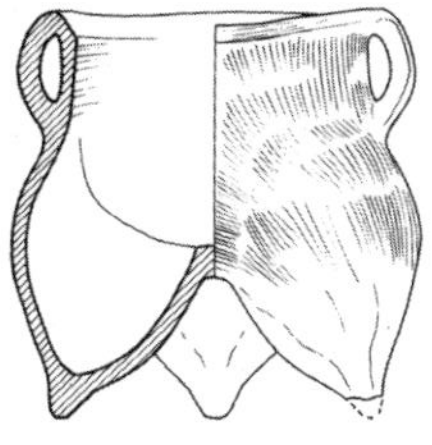 M33：2		 M15：7	
第二期	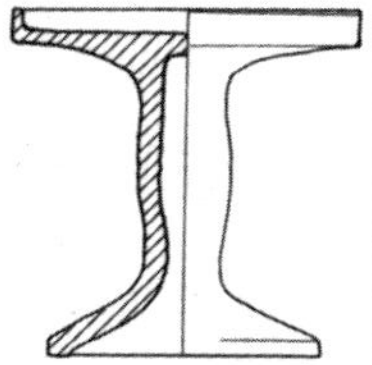 Ⅰ式 M55：8	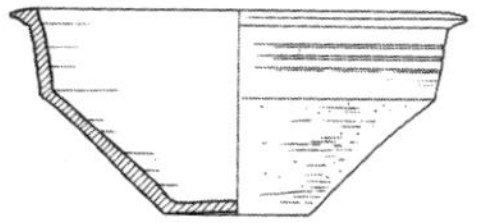 Ⅰ式 M49：2	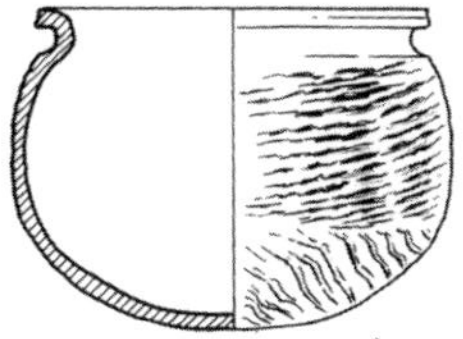 M13：2				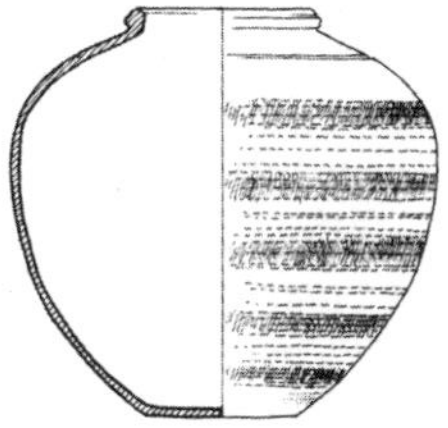 M22：1
第三期	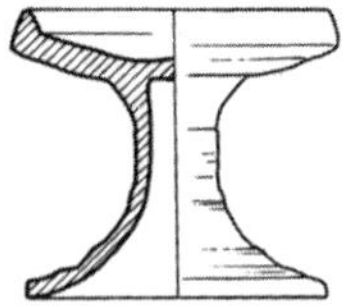 Ⅱ式M59：6	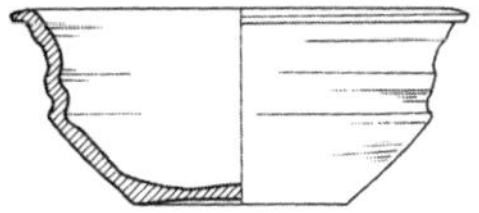 Ⅱ式 M42：7			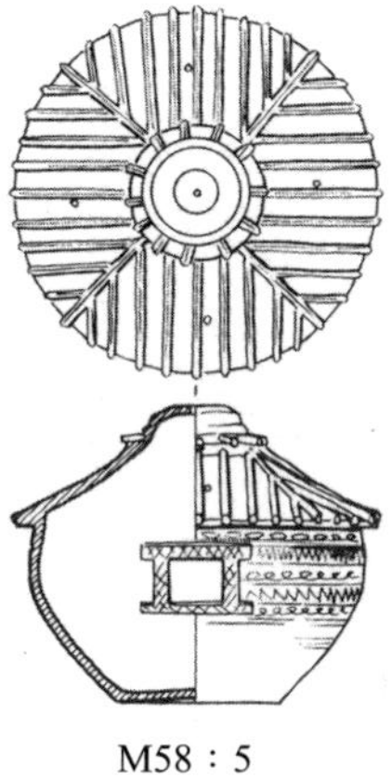 M58：5		

四、铜镜、铜带钩、铜钱

西耳村秦墓出土铜镜3面；铜带钩17件；半两铜钱27枚。

铜镜　3面，皆为弦纹镜。标本M17：1。

标本M2：1，圆形，圆座桥形纽，三角形缘较厚，镜面平。镜背饰一周弦纹，龟裂状残损。径长9.7、纽高2、厚0.2厘米（图三三八，1）。标本M3：1，圆形，圆座桥形纽，尖缘较厚。镜背一弦纹，镜面平。径长9.4、纽高0.3、缘厚0.2、肉厚0.13厘米（图三三八，2）。

铜带钩　17件。标本M5：1、标本M14：1，残缺甚多，不参与类型学研究。

琵琶形　8件。

A型　5件，器表无纹饰。标本M39：1、标本M16：1、标本M16：2。

标本M62：1，表面轻微锈蚀，基本完整。琵琶状。钩首兽头状，眼睛凸出，身较长，尾宽大。纽近中部，圆扣形纽较大，纽柱短粗。通长9.4、腹宽1.6、纽径1.2、纽高0.6厘米（图三三八，3）。标本M35：1，表面轻微锈蚀，基本完整，布满黄褐色锈和部分铜绿。琵琶状，体短小，钩首兽头状，钩腹较宽，尾尖圆，纽近尾部偏中，圆扣形纽较大，纽柱短粗。钩面四周又一圈细小凹弦纹。通长5.2、腹宽1.3、纽高0.6、纽径1.2厘米（图三三八，4）。

B型　3件，体表有镶嵌银饰。标本M5：3头部残缺。

标本M19B：6，表面轻微锈蚀，基本完整。钩首兽头状，兽琵琶形。背弯曲，面较宽，圆弧状尾，纽近中部，圆扣形纽较大，纽柱较长。钩腹以银错“H”与“◇”重叠纹饰，中部由点状饰填充。钩首部也有错银纹饰。通长7.8、腹宽1.6、纽高1、纽径1.4厘米（图三三八，5）。标本M38：4，琵琶状，钩首鸭头回首状，身较短，圆弧形尖尾较宽。纽近尾部，圆扣形纽较大，纽柱细长。钩面左右4个半圆内有点装饰。通长4.6、腹宽1.1、纽高0.8、纽径1.2厘米（图三三八，6）。

曲棒形　2件，表面素无纹饰。

标本M2：2，钩首兽头状，吻部较尖。钩体细长，面较窄，背弯曲，圆扣形纽，纽柱较粗。通长17.5、腹宽1.1、纽径1.65、纽高1.1厘米（图三三八，8）。标本M65：1，细棒状，纽近中部，圆扣形纽较大，纽柱较短。残长9.2、腹宽1、纽径1.3、纽高0.5厘米（图三三八，7）。

水禽形　4件。其中鸭形3件，鹅形1件。

鸭形　3件。

标本M6：1，钩首残，身细长较直，圆弧形钩尾突变宽，两侧伸出见凸弦纹，似为钩身缠绕而成。圆形纽，纽柱短粗。残长4.3、腹宽1.6、纽高0.7、纽径1.3厘米（图三三八，9）。标本M41：2，体型较小，钩身细长，圆弧形钩尾突变大，左右饰两圈台棱似缠绕而成。纽近尾部，圆扣形纽较大，纽柱较短。残长3.7、腹宽1.6、纽径1.5、纽高0.7厘米（图三三八，10）。

鹅形　1件。

标本M55：1，钩首兽头状，细身较直，尾似花瓣状，纽近尾端，圆扣形纽较小，纽柱较短，纽面外凸。通长3.7、腹宽1.3、纽径0.9、纽高0.7厘米（图三三八，12）。

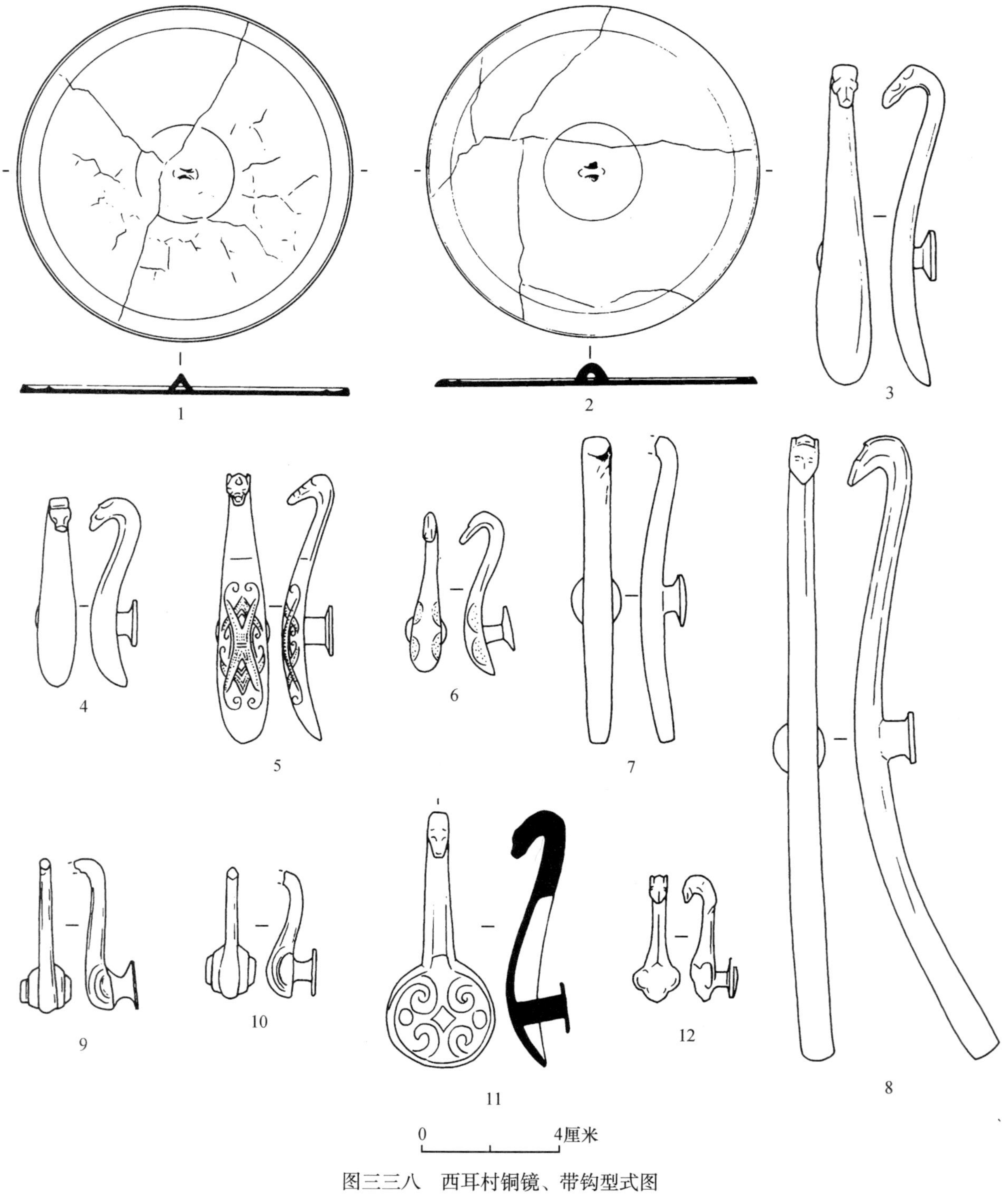

图三三八　西耳村铜镜、带钩型式图

1、2. 弦纹铜镜（M2：1、M3：1）　3、4. A型琵琶形带钩（M62：1、M35：1）　5、6. B型琵琶形带钩（M19B：6、M38：4）　7、8. 曲棒形带钩（M65：1、M2：2）　9、10. 鸭形带钩（M6：1、M41：2）　11. 耜形带钩（M30：1）　12. 鹅形带钩（M55：1）

粗形　1件。

标本M30：1，剖面粗形。兽头形钩首，钩身细长，尾圆形，上饰外卷云纹、中菱纹饰。圆扣形纽较大，纽柱较长。通长7.4、腹宽3.4、纽径1.85、纽高1.2厘米（图三三八，11）。

半两铜钱　27枚。为M19A、M59所出。

M59出土铜钱24枚，M19A出土铜钱3枚，保存完整。在文中依钱径大小、文字差异分为四型。

A型　10枚。边郭较窄，钱形较规范，穿孔为方孔。钱径较小。“半两”字体较瘦长，“半”字上部方折，下横较长；“两”字上横略短，内呈“人”。标本M59：4-7、8、18、21，钱径2.4～2.5、穿径0.7～0.8厘米（图三三九，1～4）。

B型　9枚。边郭较窄，钱形较规范，穿孔为方孔。“半两”字体较大，“半”字上部方折，下横较长，“两”字上横较长，内呈“人”形。标本M19A：4-3，标本M59：2、5、13，钱径2.7～2.8、穿径0.7～0.8厘米（图三三九，5～8）。

C型　7枚。边郭较窄，钱形较规范，穿孔为方孔。钱径、穿径最大。“半两”字体较大，“半”字上部方折，下横较短，“两”字上横较短，内呈“人”形。标本M19A：4-1、标本M59：4-10～12，钱径3～3.1、穿径0.9～1厘米（图三三九，9～11）。

D型　1枚。钱文较方，两字中“人”字较长。标本M19A：4-2，钱径3、穿径0.7、厚0.1厘米，重3.2克（图三三九，12）。

第二节　尹王村秦墓墓葬形制、葬具葬式与出土器物类型学研究

一、墓葬形制

尹王村134座秦墓除一座形制不详，其余按照形制结构的不同，可以分为竖穴土坑墓、偏洞室墓、直线洞室墓三类。其中竖穴土坑墓7座，偏洞室墓74座，直线洞室墓52座。按有无二层台分A、B二型，安墓道口底大小、墓室有无壁龛分为Ⅰ、Ⅱ、Ⅲ式。

1. 竖穴墓土坑墓

7座。

A型　3座，竖穴土坑，平面长方形，方向多为东西向，均无二层台。

Ⅰ式：1座，墓道口小底大或口底同大，无壁龛。为M101。

Ⅱ式：2座，墓道口大底小，墓室无壁龛。分别为M119、M226。

B型　4座，竖穴土坑，平面长方形，方向多为东西向，均有二层台。

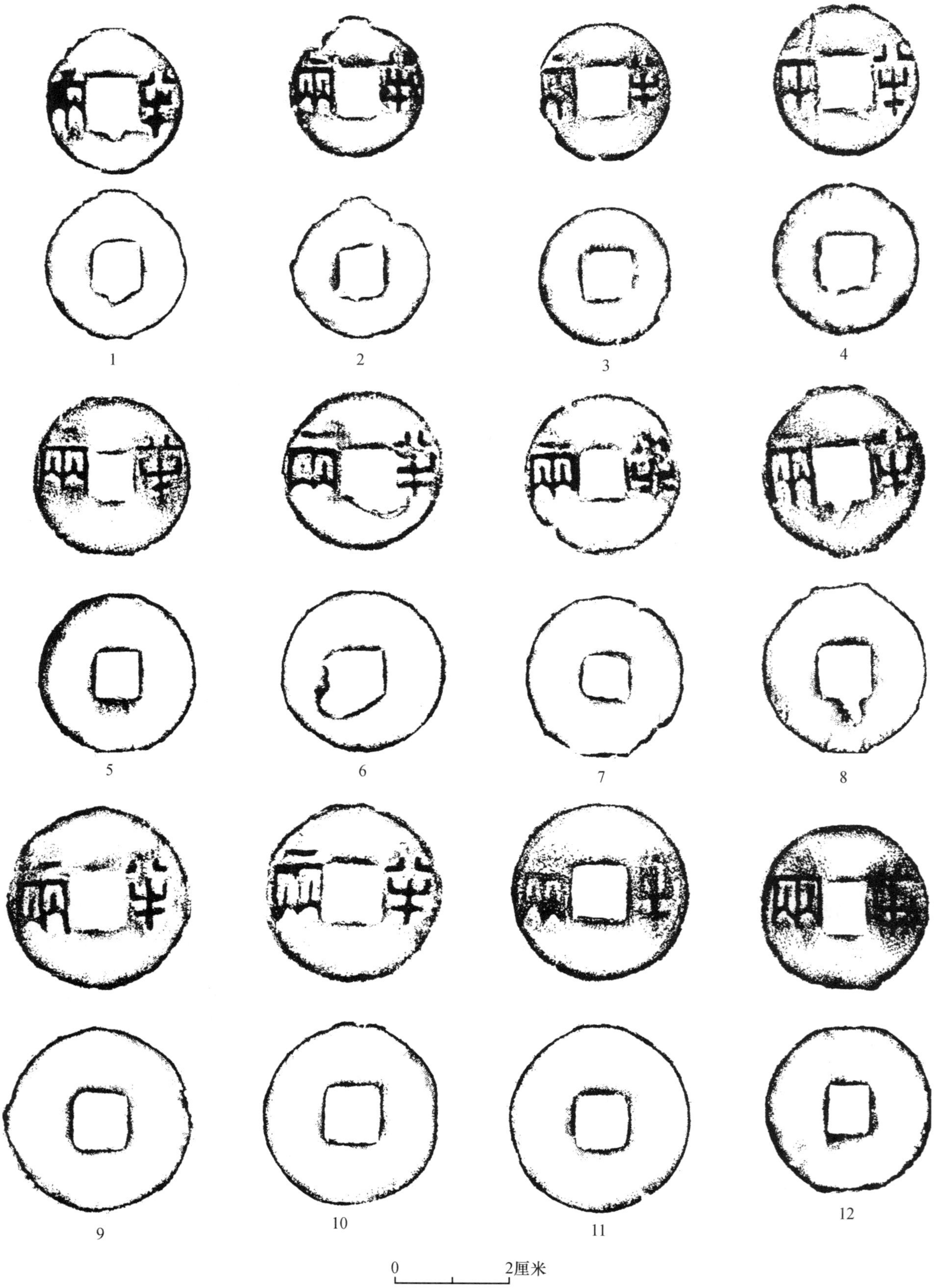

图三三九　西耳村铜钱型式图

1～4. A型（M59：4-7、M59：4-8、M59：4-18、M59：4-21）　5～8. B型（M19A：4-3、M59：4-2、M59：4-5、M59：4-13）　9～11. C型（M59：4-10、M59：4-11、M59：4-12）　12. D型（M19A：4-2）

Ⅰ式：1座，墓道口小底大或口底同大，无壁龛。为M201。

Ⅱ式：3座，墓道口大底小，墓室无壁龛。分别为M224、M229、M234。

2. 偏洞室墓

74座，即墓室中线与墓道中线平行。

A型　66座，竖穴土坑，平面长方形，方向多为南北向，均无二层台。

Ⅰ式：5座，墓道口小底大或口底同大，无壁龛。分别为M222、M151、M162、M169、M240。

Ⅱ式：59座，墓道口大底小，墓室无壁龛。分别为M102、M105、M106、M107、M108、M113、M114、M116、M117、M118、M120、M123、M126、M127、M128、M134、M135、M139、M141、M145、M146、M154、M156、M157、M159、M160、M161、M165、M170、M171、M173、M174、M176、M179、M182、M185、M186、M187、M188、M190、M192、M194、M195、M196、M197、M199、M200、M202、M207、M208、M211、M215、M216、M217、M218、M230、M236、M246、M247。

Ⅲ式：2座，墓道口大底小、墓室有壁龛。分别为M168、M238。

B型　8座，竖穴土坑，平面长方形，方向多为南北向，均有二层台。

Ⅱ式：7座，墓道口大底小，墓室无壁龛。分别为M130、M132、M133、M148、M155、M158、M191。

Ⅲ式：1座，墓道口大底小、墓室有壁龛。M175。

3. 直线洞室墓

52座，即墓室与墓道处于一条直线上。

A型　48座，竖穴土坑，平面长方形，方向多为东西向，均无二层台。

Ⅱ式：27座，墓道口大底小，墓室无壁龛。分别为M112、M129、M142、M144、M150、M152、M163、M164、M167、M172、M177、M178、M181、M183、M184、M198、M204、M206、M210、M223、M225、M233、M237、M239、M241、M243、M244。

Ⅲ式：21座，墓道口大底小、墓室有壁龛。分别为M1、M8、M103、M109、M121、M124、M136、M137、M138、M143、M153、M193、M203、M205、M209、M212、M219、M220、M221、M231、M242。

B型Ⅲ式：4座，竖穴土坑，平面长方形，方向多为东西向，均有二层台。墓道口大底小、墓室有壁龛。分别为M147、M189、M213、M214。

二、葬具葬式

尹王村134座秦墓中葬具清晰者57座，其中一棺一椁者0座，占0%（占葬具清晰者比例，下同）；简化棺椁者0座，占0%；单棺者56座，占98.2%；瓮棺葬1座，占1.8%；134座秦墓中葬式清晰者93座，头向西、西北向者75座，占80.6%（占葬式清晰者比例，下同）；头向南向者1座，占1.1%；头向东者17座，占18.3%。直肢葬14座，占15%；曲肢葬79座，占85%。

偏洞室墓中2座可见封门遗迹，直线洞室墓中8座可见封门遗迹。

三、陶　　器

尹王村134座秦墓共出土实用陶器153件，陶鼎23件、陶盒16件、陶壶16件、陶缶20件、陶罐58件、陶豆6件、陶盆7件、陶鋬1件、陶釜3件、陶鬲1件、陶瓮2件（表二）。

陶鼎　23件。M225：3，残缺甚多，不参与类型的研究。

根据鼎腹形状、足部、顶纽差异可分A、B、C三型。

A型　17件。鼎腹剖面梯形，下腹外撇，蹄形足，扁棱状纽。根据一鼎耳与足是否位于上下一条直线上，分Aa、Ab两个亚型。又根据腹部形态分为四式，其中Ⅰ式腹部宽扁，较浅；Ⅱ式腹部变高深，圜底趋平；Ⅲ式腹部高深；Ⅳ式腹部进一步变深，底稍尖。

Aa型　鼎耳、足不在一条直线上。

Aa型Ⅰ式：1件。标本M136：2，盖方唇，浅折腹，扁棱状盖纽。器身方唇，子母敛口，浅腹，尖圜底，方形附耳外撇，蹄足较高。盖顶见同心暗弦纹和波折锯齿纹。器身中腹见一道凸棱纹。通高14.8、口径13.9、腹径18.3、腹深7.1、足高5.7厘米（图三四〇，1）。

Aa型Ⅱ式：3件。标本M193：5。标本M223：1，盖方唇，浅腹，弧顶，扁棱状纽。器身方唇，子母敛口，深腹，上腹内凹，下腹外撇圆收，圜底。两方形附耳外撇，蹄足。盖顶见同心暗弦纹和波折锯齿纹，中腹饰两道凸弦纹。通高14.9、口径12、腹径17.2、腹深8.7、足高5.5厘米（图三四〇，3）。标本M213：2，盖方唇，圆折腹，弧顶，扁棱状盖纽。器身尖唇，子母敛口，深腹，上腹内凹，下腹折收，圜底。两方形附耳外撇，蹄足。盖顶见同心暗弦纹和波折锯齿纹，中腹有二道凸弦纹。通高15、口径12.2、腹径16.8、腹深8.2、足高4.5厘米（图三四〇，4）。

AaⅢ式：6件。标本M143：1、标本M214：3、标本M219：7、标本M241：1。标本M177：2，盖方唇，圆折腹，扁棱状盖纽。器身方唇，子母敛口，上腹较直，下腹圆收，圜底。两方形附耳外撇，蹄形足。盖顶见同心暗弦纹和波折锯齿纹，中腹饰有一道凸弦纹。通高15.6、口径13.6、腹径18、腹深8.1、足高5.5厘米（图三四〇，5）。标本M142：1，盖方唇，折腹，尖顶，扁棱状盖纽。器身尖唇，子母敛口，上腹内凹，下腹向外斜内收，圜底。方形附耳外撇，三蹄足。盖顶见同心暗弦纹和波折锯齿纹，器身中腹有一周凸弦纹。通高14.9、口径13.1、腹径16.8、腹深8.2、足高5.7厘米（图三四〇，6）。

AaⅣ式：4件。标本M175：4、标本M198：1。标本M242：2，盖方唇，弧腹弧顶，三扁棱状纽。器身方唇，子母敛口，深腹，上腹内凹，下腹折收，圜底。附耳外撇，蹄形足。盖顶见暗同心圆弦纹及波折锯齿纹，腹中部折棱明显。通高14.8、口径13、腹径15.8、腹深8.8、足高4厘米（图三四〇，8）。标本M183：3，盖方唇，圆折腹，扁棱状盖纽。器身尖唇，子母敛口，上腹内凹，下腹折收，圜底。两方形附耳外撇，矮小蹄足。盖顶见同心暗弦纹和波折状锯齿纹，下腹部饰两道凸弦纹。盖内戳印“咸亭完里器”。通高14.9、口径12.6、腹径16.9、腹深8、足高4.9厘米（图三四〇，9）。

Ab型　有一鼎耳，足上下位于一条直线上。

Ab型Ⅰ式：1件。标本M144：2，盖方唇折腹，弧顶，扁棱状盖纽。器身圆唇，子母敛口，上腹内凹，下腹外撇圆收，尖圜底。两方形附耳外撇，蹄足。顶见同心暗弦纹和波折锯齿纹。通高13.9、口径13.3、腹径18、腹深7.2、足高4.8厘米（图三四〇，2）。

AbⅢ式：1件。标本M124：1，盖方唇，浅折腹，扁棱状纽。器身方唇，子母口，直腹，圜底，双附耳外撇。蹄形足。盖上见压印暗同心圆弦纹及波折锯齿纹，腹部数圈凸弦纹。通高15、口径13.2、腹径16、腹深7.6、足高5.4厘米（图三四〇，7）。

AbⅣ式：1件。标本M8：1，盖方唇，圆折腹，平顶。器身尖唇，敛口，平沿，上腹较直，下腹圆收平底，双附耳外撇。马蹄状足，短粗。盖顶扁棱三角形纽，居中分布；盖上饰压印同心圆弦纹及锯齿纹。腹外见数道弦纹。通高16、口径14、腹径17.8、腹深9.8、足高5厘米（图三四〇，10）。

B型　3件。直腹鼎。腹部较直，腹底较平，近方形，蹄形足，扁棱状纽。标本M138：4。标本M139：2，盖方唇，浅弧腹，顶稍平，扁棱状盖纽。器身方唇，子母敛口，腹深直，圜底较平。两方形附耳外撇，三蹄足短粗。盖顶见同心暗弦纹和波折锯齿纹。通高14.2、口径13、腹径15.7、腹深7.8、足高4.2厘米（图三四〇，11）。标本M137：4，盖方唇，折腹，弧形顶，扁棱盖纽。器身方唇，子母敛口，直腹较深，圜底较平。两方形附耳外撇，蹄足较矮。盖顶见同心暗弦纹和波折锯齿纹。器身见一周凸棱与数道弦纹。通高14.2、口径12.7、腹径16.4、腹深7.8、足高4.4厘米（图三四〇，12）。

C型　1件。球形鼎腹部近球形，蹄形足，扁棱状纽。标本M153：3，盖方唇，弧腹，尖圆顶，三扁棱状纽。器身尖圆唇，子母敛口，上腹内凹，下腹圆折圆收，圜底。两方形附耳外撇。盖顶见同心暗弦纹，中腹饰一道凸棱纹。通高17.5、口径13.7、腹径18.2、腹深9.9、足高7.5厘米（图三四〇，13）。

D型　1件。腹部剖面梯形，腹下部外撇，蹄形足较高，中空扁棱状纽。标本M129：2，器盖，方唇折腹，弧形顶，扁棱状盖纽。器身圆唇，子母敛口，直腹，圜底，方形附耳外撇，蹄形足较高。通高15.4、口径13、腹径18.9、腹深7.2、足高6.2厘米（图三四〇，14）。

陶盒　16件。

根据腹部形状、足、盖差异可分A、B二型。

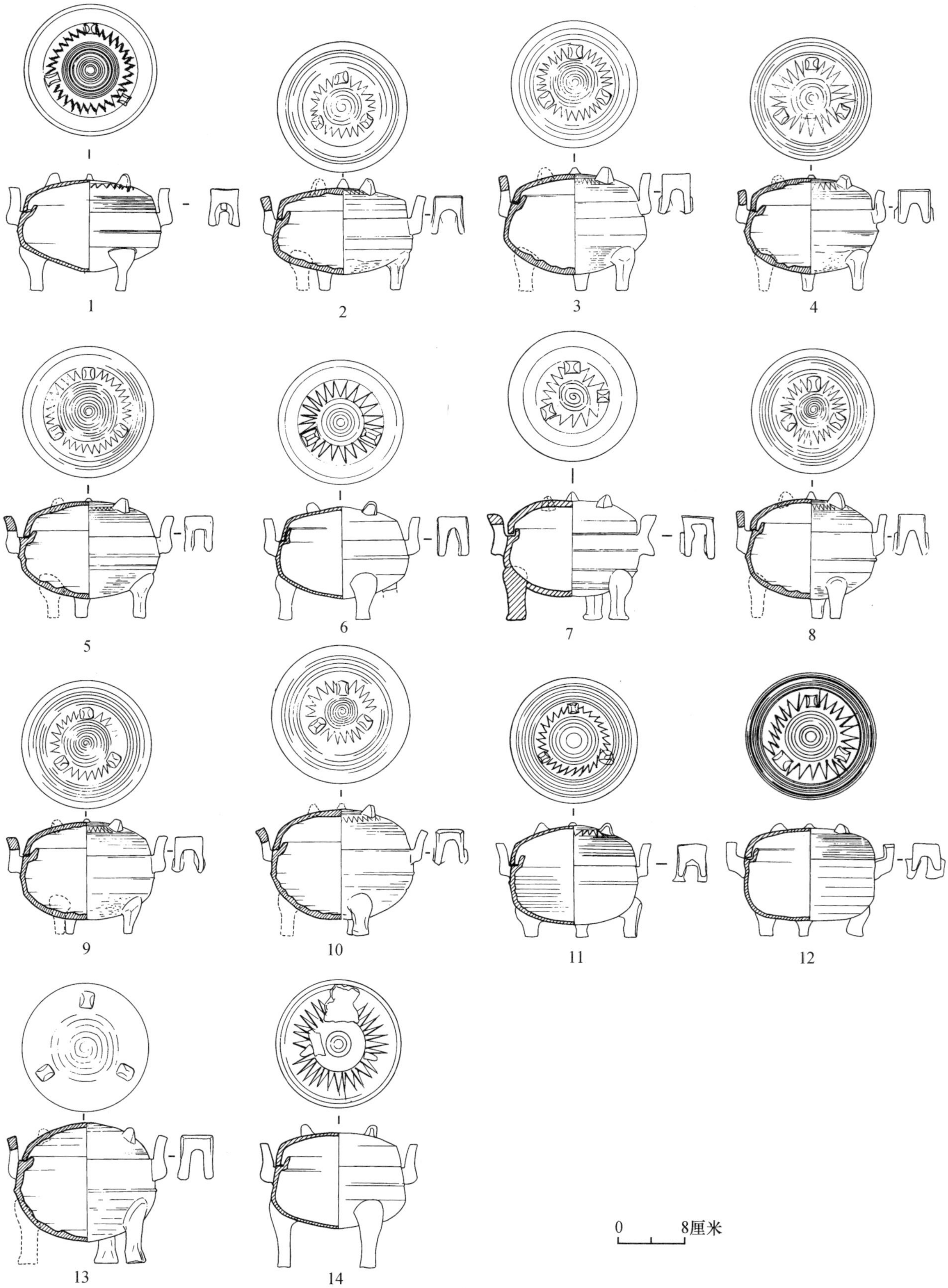

图三四〇　尹王村陶鼎型式图

1. Aa型Ⅰ式（M136：2）　2. Ab型Ⅰ式（M144：2）　3、4. Aa型Ⅱ式（M223：1、M213：2）　5、6. Aa型Ⅲ式（M177：2、M142：1）　7. Ab型Ⅲ式（M124：1）　8、9. Aa型Ⅳ式（M242：2、M183：3）　10. Ab型Ⅳ式（M8：1）　11、12. B型（M139：2、M137：4）　13. C型（M153：3）　14. D型（M129：2）

A型　15件。折腹，假圈足。

依据腹、足等变化可分为三式。Ⅰ式折腹较浅，饼足较大；Ⅱ式折腹变深；Ⅲ式腹部更深，饼足变小。

A型Ⅰ式：2件。标本M144：3，盖方唇，折腹，圈足形捉手。器身尖唇，子母敛口，上腹外撇，下腹斜直，平底。顶见同心暗弦纹。通高12.8、口径14、腹径17.6、腹深7、底径8厘米（图三四一，1）。标本M136：4，盖方唇，折腹，圈足形捉手。器身方唇，子母敛口，上腹外撇，下腹内凹，平底。盖顶、器身见暗弦纹。通高12.3、口径14.1、腹径17.8、腹深6.9、足高0.7、底径8.1厘米（图三四一，2）。

A型Ⅱ式：6件。标本M213：2、标本M241：2、标本M242：4。标本M225：4，盖方唇，深腹，平底圈足形捉手。器身方唇，子母敛口，深腹，上腹较直，下腹斜内收，平底。盖顶见暗弦纹，腹部饰数道凸弦纹。高8.6、口径13.8、腹径17、腹深8.2、底径7.7厘米（图三四一，3）。标本M198：4，盖方唇，圆腹，圈足形捉手。器身方唇，子母敛口，深腹，上腹直，下腹内收，平底斜内凹。盖顶见同心暗弦纹，上腹部饰3道凸弦纹。通高12.8、口径12.4、腹径15.9、腹深8、底径7.4厘米（图三四一，4）。标本M193：3，盖方唇，圆折浅腹，圈足形捉手。器身尖唇，子母敛口，深腹，上腹外撇，下腹斜内收，平底，饼足。盖顶饰同心暗弦纹和波折锯齿纹，腹饰两周凸弦纹。通高13.3、口径14.7、腹径17.8、腹深8.1、底径8.8、足高0.6厘米（图三四一，5）。

A型Ⅲ式：7件。标本M8：2、标本M183：5、标本M219：4、标本M223：4。标本M137：6，盖方唇，弧腹，圈足形捉手。器身方唇，子母敛口，上腹外撇，下腹斜直内收，平底。盖顶见同心暗弦纹及波折状锯齿纹，器身见多道暗弦纹。通高12.4、口径13.9、腹径16.6、腹深7.2厘米（图三四一，6）。标本M175：7，盖方唇弧腹，圈足形捉手。器身方唇，子母敛口，上腹较直，下腹斜内收，平底，饼足。盖顶见同心暗弦纹，腹部饰一道凸棱。盖内和腹内底戳印“咸亭完里□器”。通高13.7、口径12.8、腹径16.2、腹深8.8、足高0.6厘米（图三四一，7）。标本M138：5，盖方唇，浅折腹，圈足形捉手。器身方唇，子母敛口，上腹稍内凹，下腹弧收，假圈足，平底。盖顶见同心暗弦纹。通高12.2、口径14、腹径17.4、腹深8.6、底径8.2、足高0.5厘米（图三四一，8）。

B型　1件。弧腹，圈足。标本M153：4，泥质灰陶，修复完整。盖方唇，圆折腹，圈足形捉手。器身圆唇，子母敛口，上腹外撇，下腹斜收，圈足。通体可见暗弦纹，盖、腹部饰两道凹弦纹。通高16.4、口径15.7、腹径20.2、腹深9、底径9、足高0.6厘米（图三四一，9）。

陶壶　16件。长颈壶3件、蒜头壶13件。

长颈壶　3件。

A型　2件。长颈，折腹，平底。依据形态变化分二式。Ⅰ式上腹较宽；Ⅱ式上腹变窄。

A型Ⅰ式：1件。标本M198：3，盖顶弧形。器身方唇侈口，长颈，斜肩，鼓腹，上腹直，下腹斜内收，平底微凹。颈部饰两道凸棱纹、上腹饰两道凹弦纹，肩部可见暗弦纹。通高22.1、口径5、腹径17、底径9.1厘米（图三四二，1）。

A型Ⅱ式：1件。标本M203：3，盖顶弧形。器身方圆唇，侈口，长颈，斜肩鼓腹，上腹较直，下腹斜内收，平底。颈肩见暗弦纹，颈饰数道凸弦纹，上腹饰两道凹弦纹。通高25.6、口径6.2、腹径18、底径8.8厘米（图三四二，2）。

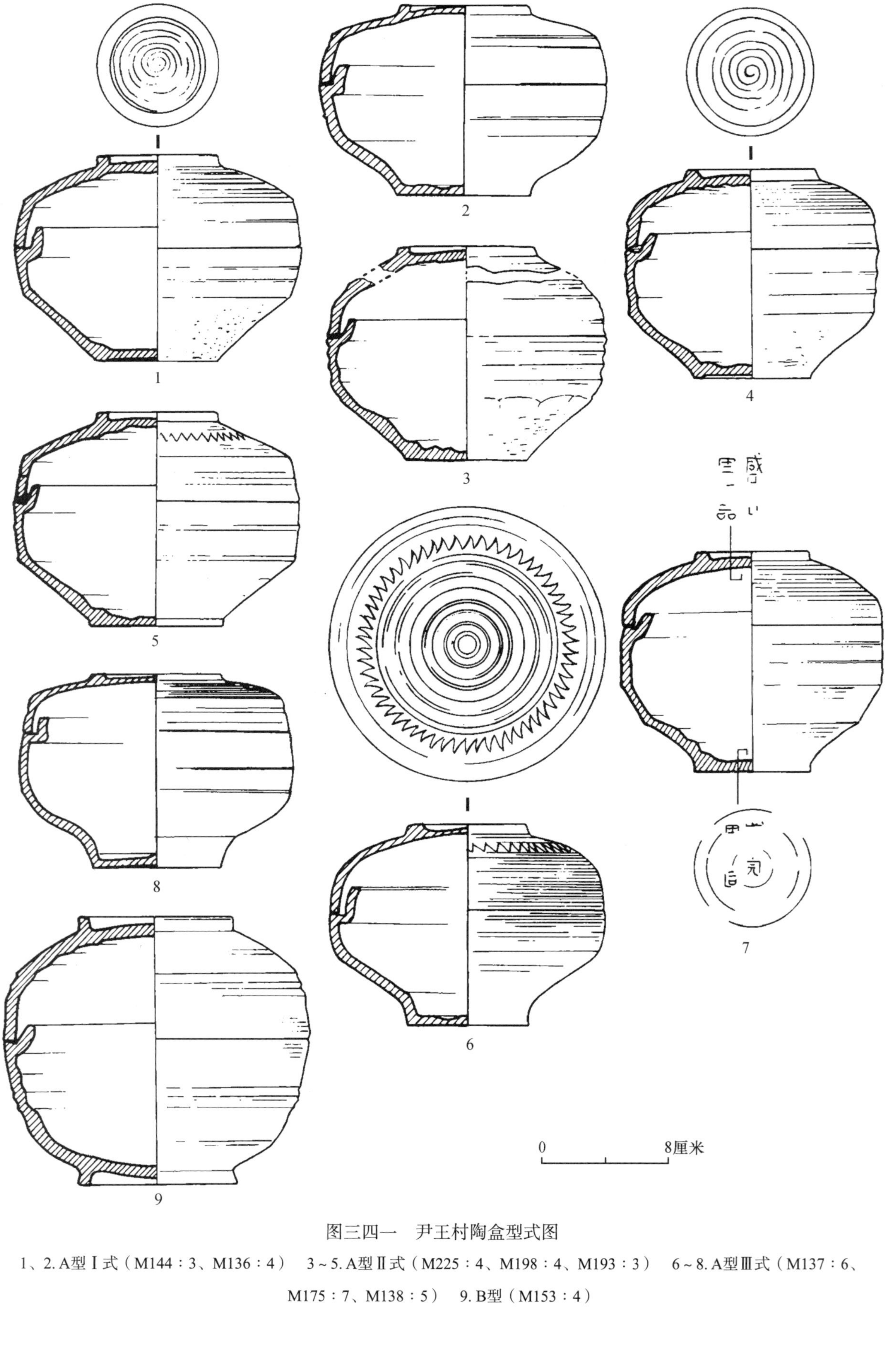

图三四一　尹王村陶盒型式图

1、2. A型Ⅰ式（M144∶3、M136∶4）　3～5. A型Ⅱ式（M225∶4、M198∶4、M193∶3）　6～8. A型Ⅲ式（M137∶6、M175∶7、M138∶5）　9. B型（M153∶4）

B型　1件。长颈，弧腹，平底。标本M143：3，盖子母敛口，顶部弧形。器身尖圆唇，侈口，长颈，溜肩，上腹较直，下腹斜内收，平底。颈部饰三道凹弦纹、肩腹部见数道暗弦纹。通高23.6、口径6.4、腹径17.6、底径9.1厘米（图三四二，3）。

蒜头壶　13件。

A型　9件。细颈，折腹，平底。依据形态变化分三式。Ⅰ式上腹较长；Ⅱ式上腹变短；Ⅲ式器形底矮，上腹更短。

A型Ⅰ式：3件。细长颈，斜肩，上腹较直，下腹斜收，平底。标本M193：4，口部蒜头形，长颈，溜肩鼓腹，上腹较直，下腹斜内收，平底微凹。颈、肩、腹部见暗弦纹和一圈波折锯齿纹。通高23.2、口径2.6、蒜头径6.2、腹径18.7、底径8.4厘米（图三四二，4）。标本M225：6，口部蒜头形，细颈较短，溜肩圆鼓腹，上腹较直，下腹斜收，平底。颈、肩部见暗弦纹和一圈波折锯齿纹。通高21.2、口径1.8、蒜头径6、腹径16.9、底径7.8厘米（图三四二，5）。标本M144：6，口部蒜头形，细颈，斜肩，上腹较直，下腹斜内收，平底。颈、肩见数道暗弦纹。通高21、口径2.6、蒜头径5.5、腹径18.2、底径8.3厘米（图三四二，6）。

A型Ⅱ式：3件。细长颈，斜肩，上腹斜下，下腹斜收，平底。标本M223：3，口部蒜头形，长颈，溜肩鼓腹，上腹较直，下腹斜内收，平底。颈、肩见暗弦纹和波折锯齿纹，腹饰两道凸弦纹。通高21、口径2.6、腹径17.8、底径10厘米（图三四二，7）。标本M213：1，口部蒜头形，长颈，斜肩鼓腹，上腹较直，下腹斜内收，平底微凹。颈、肩腹部见暗弦纹，肩部有一圈波折锯齿纹，中腹饰两道弦纹。通高20.8、口径3.1、腹径17.3、底径9.2厘米（图三四二，8）。标本M219：5，口部蒜头形，长颈，溜肩鼓腹，上腹较直，下腹斜内收，平底。颈、肩部见暗弦纹，腹部刻划一道凹弦纹；下腹有两枚方形戳印“咸亭完里□器”。通高22.2、口径3.5、蒜头径6.4、腹径18.5、底径9.8厘米（图三四二，9）。

A型Ⅲ式：3件。标本M175：5。标本M241：3，口部蒜头形，长颈，广斜肩，深腹，上腹外撇，下腹斜直内收，小平底。颈、肩、腹部见凹弦纹，下腹底戳印“咸□□□器”。通高20、口径2.8、蒜头径5.7、腹径19.4、底径10厘米（图三四二，10）。标本M214：5，口部蒜头形，长颈，斜肩折腹，上腹短直，下腹斜直收，平底。颈、肩可见暗弦纹、波折锯齿纹，下腹饰竖绳纹及一圈凹弦纹。通高17.1、口径3.7、蒜头径5.7、腹径16.2、底径8.3厘米（图三四二，11）。

B型　4件。细颈，弧腹，平底。依据形态变化分二式。Ⅰ式长鼓腹；Ⅱ式腹部宽扁。

B型Ⅰ式：2件。长颈，溜肩，弧腹，平底。标本M136：3，口部蒜头形，粗长颈，溜肩鼓腹，平底。蒜头下部饰一圈凸弦纹，颈、肩部见暗弦纹和波折状锯齿纹。通高24.3、口径2.8、蒜头径6、腹径18.7、底径8.9厘米（图三四二，12）。标本M138：3，口部蒜头形，敛口，细颈，溜肩，扁鼓腹，下腹内收，平底。颈、肩、腹多见暗弦纹。通高23.4、口径2.6、蒜头径5.4、腹径18.7、底径9.1厘米（图三四二，13）。

B型Ⅱ式：2件。细颈，斜肩，扁弧腹，平底。标本M137：5，口部蒜头形，长颈，斜肩，腹较扁，平底。颈部见一圈凸棱纹，颈、肩、腹部可见数道暗弦纹。通高22.1、口径2.9、蒜头径5、腹径18.4、底径6.8厘米（图三四二，14）。标本M8：3，口部蒜头形，颈较粗，斜广肩，上腹圆鼓，下腹斜内收，大平底。颈、肩部见数道弦纹，腹部见两周绳纹。通高21、腹径18.6、底径

图三四二 尹王村长颈壶、蒜头壶型式图

1. A型Ⅰ式长颈壶（M198：3） 2. A型Ⅱ式长颈壶（M203：3） 3. B型长颈壶（M143：3） 4~6. A型Ⅰ式蒜头壶（M193：4、M225：6、M144：6） 7~9. A型Ⅱ式蒜头壶（M223：3、M213：1、M219：5） 10、11. A型Ⅲ式蒜头壶（M241：3、M214：5） 12、13. B型Ⅰ式蒜头壶（M136：3、M138：3） 14、15. B型Ⅱ式蒜头壶（M137：5、M8：3）

9.6厘米（图三四二，15）。

陶缶　20件。依据形态变化分三式。Ⅰ式肩部圆鼓；Ⅱ式肩腹稍折；Ⅲ式肩腹扁折。

Ⅰ式：4件。标本M103：2、标本M109：3、标本M242：3。标本M152：1，尖唇斜沿，直口，束颈，平折沿，圆肩深腹，下腹内收，平底。肩部饰波折锯齿纹，腹部饰两道锥刺纹和竖绳纹。口沿部刻划“/ \”纹，肩部刻画“八”纹样。通高35.7、口径8.9、腹径39.2、底径19.6厘米（图三四三，1）。标本M109：3，尖唇斜沿，侈口短颈，斜肩较广，鼓腹，下腹圆收，小平底。肩、腹部见多道凹弦纹。肩部刻划有符“父”字。通高32.4、口径8.7、腹径34.8、底径13.6厘米（图三四三，2）。

Ⅱ式：8件。标本M189：1、标本M198：2、标本M219：2、标本M220：1、标本M221：1、标本M225：1。标本M189：3，尖唇斜沿，敛口束颈，广肩鼓腹，上腹圆折，下腹斜内收，平底。口沿、肩、腹部见暗弦纹，肩部饰波折锯齿纹、刻画有“丰”字样，颈肩戳印“咸亭□□□”。通高37、口径9.8、腹径39.3、底径19.3厘米（图三四三，3）。标本M225：2，尖唇斜沿，直口束颈，斜广肩，圆鼓腹，下腹斜收，平底。口沿、肩部见暗弦纹，下腹饰间断绳纹。通高31.2、口径8、腹径34.7、底径16.9厘米（图三四三，4）。

Ⅲ式：4件。标本M139：1、标本M204：1。标本M204：2，尖唇平沿，侈口束颈，斜广肩鼓腹，上腹圆折，下腹斜内收，平底。口沿部刻画有两道竖线，肩部见暗弦纹和波折状锯齿纹，腹部饰篦点纹。通高32、口径9、腹径37.8、底径17.6厘米（图三四三，5）。标本M156：2，尖唇直平折沿，束颈，斜肩鼓腹，下腹内收，平底。肩部见暗弦纹，腹底部戳印有“咸亭□里□器”。通高33.4、口径8.6、腹径36.1、底径15.7厘米（图三四三，6）。

Ⅳ式：4件。标本M142：2。标本M121：3，尖唇斜沿，直口略侈，短束颈，广斜肩，腹微扁，下腹斜内收，平底。肩部饰暗弦纹、腹部有两道锥刺纹和部分斜绳纹。通高33、口径8.6、腹径39.4、底径17.6厘米（图三四三，7）。标本M172：2，尖唇平沿，侈口束颈，斜肩，上腹较扁，下腹斜内收，平底。通高34、腹径40、口径13.6、底径18.4厘米（图三四三，8）。标本M184：1，尖唇平沿，侈口束颈，广肩折腹，下腹斜内收，平底。肩部见数圈暗弦纹，腹最大径处饰一圈锥刺纹。下腹底部戳印有“□亭□里□器”字样。通高31.6、口径11.8、腹径35.2、底径12.8厘米（图三四三，9）。

陶罐　48件。

A型　20件。小口折腹罐。

Aa型　23件。体形较高。

Aa型Ⅰ式：10件。标本M138：2、标本M171：1、标本M189：4、标本M193：1、标本M221：1、标本M223：2、标本M229：1。标本M219：1，尖唇斜沿，侈口束颈，广斜肩鼓腹，下腹斜内收，大平底。肩部见暗弦纹，中腹饰凸弦纹和一圈锥刺纹，下腹底戳印“咸亭□里木器”。通高31、口径8.2、腹径30、底径17.2厘米（图三四四，1）。标本M177：1，尖唇平沿，侈口束颈，圆肩鼓腹，上腹较直，下腹斜内收，平底。肩、颈、腹见暗弦纹、竖绳纹。肩部刻画符号不可识。通高33.8、口径9.2、腹径35.6、底径17.2厘米（图三四四，2）。标本M144：8，尖唇斜沿，侈

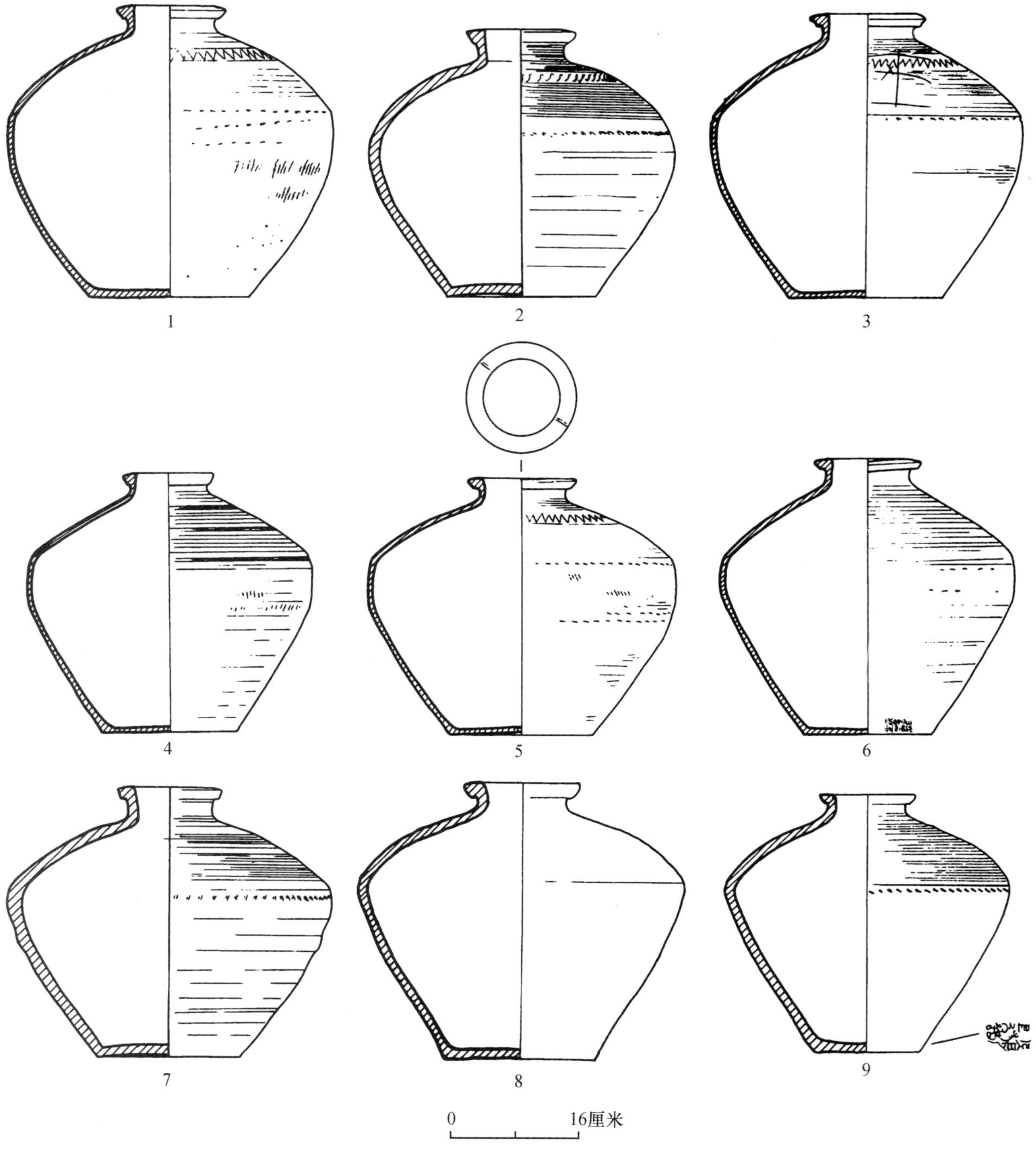

图三四三　尹王村陶缶型式图

1、2. Ⅰ式（M152∶1、M109∶3）　3、4. Ⅱ式（M189∶3、M225∶2）　5、6. Ⅲ式（M204∶2、M156∶2）　7～9. Ⅳ式（M121∶3、M172∶2、M184∶1）

口，束颈，广斜肩，折腹，下腹斜内收，平底。颈、肩、上腹部见多道暗弦纹，腹部饰两圈锥刺纹。通高31.5、口径9、腹径34.8、底径15.8厘米（图三四四，3）。

Aa型Ⅱ式：6件。标本M212∶3、标本M213∶3、标本M214∶4、标本M221∶4。标本M214∶1，尖唇斜沿，侈口束颈，广斜肩折腹，下腹斜内收，大平底。肩部见暗弦纹，腹部饰竖绳纹和数道凹弦纹。肩部刻画四个呈爪状“Ψ”纹饰，肩部戳印“咸陽亭□”字样。通高30、口径8.3、腹径34.1、底径15.3厘米（图三四四，5）。标本M156：3，尖唇平折沿，侈口，短束颈，斜折肩，上腹较直，下腹斜内收，平底。肩部见数道暗弦纹，上腹饰一道锥刺纹和一圈凹弦纹。通高24.2、口径8.5、腹径26.4、底径12.2厘米（图三四四，6）。

Aa型Ⅲ式：4件。标本M163：1、标本M167：1、标本M233：1。标本M175：3，尖唇平沿，直口束颈，广肩鼓腹，上腹较直，下腹内收，平底。口沿、颈、肩部见暗弦纹和波折锯齿纹；肩部刻画“昌”字，字体以红色颜料填充；下腹底部戳印有“咸亭□里□器”。通高33.1、口径9、腹径38.3、底径18.7厘米（图三四四，7）。

Aa型Ⅳ式：3件。标本M178：1。标本M164：1，尖唇斜沿，束颈，斜肩鼓腹，下腹内收，平底。肩部见暗弦纹和波折锯齿纹，腹部饰绳纹，底部戳印“咸亭□里□器”。通高32.9、口径8.1、腹径37.8、底径18.2厘米（图三四四，8）。标本M137：3，尖唇斜沿，侈口束颈，广斜肩，扁折腹，下腹较高斜内收，大平底。肩部见暗弦纹和波折状锯齿纹，中腹见一周锥刺纹，下腹有竖绳纹。通高34.1、口径9、腹径38.4、底径17.2厘米（图三四四，9）。

Ab型　3件。体形较扁，颈较粗。依据形态分二式。Ⅰ式上腹圆折；Ⅱ式上腹扁折。

Ab型Ⅰ式：1件。标本M235：2，尖唇平沿，侈口直颈，平肩鼓腹，上腹较直，下腹内收，平底。口沿、肩部见暗弦纹，腹部饰两道刻划凹弦纹，下腹饰竖绳纹。通高22.5、口径8.6、腹径25.4、底径12厘米（图三四四，10）。

Ab型Ⅱ式：2件。标本M231：1。标本M213：1，方唇侈斜沿，短颈，斜广肩鼓腹，上腹较直，下腹斜内收，平底。肩部见较宽暗弦纹和波折锯齿纹，腹部饰篦点纹、竖绳纹，下腹底戳印“咸陽亭□”字样。通高23.3、口径8.6、腹径24.8、底径12.4厘米（图三四四，11）。

B型　22件。小口弧腹罐。

依据颈肩及纹饰差异分为Ba、Bb两个亚型。

Ba型　12件。小口、短颈、弧腹、平底，外表多为弦纹。依据形态变化分四式。Ⅰ式颈肩圆而高；Ⅱ式颈肩圆而稍低；Ⅲ式颈肩稍扁；Ⅳ式颈肩变扁。

Ba型Ⅰ式：2件。标本M136：1，尖唇斜沿，侈口，束颈，广斜圆肩，鼓腹，下腹内收，平底。肩部见暗弦纹，腹部有细绳纹带。口沿部被“|”刻划均分为八份。通高32.2、口径9.3、腹径33.7、底径15.2厘米（图三四四，12）。标本M112：1，斜沿尖唇，直口略侈，短束颈，斜广肩，鼓腹，下腹斜内收，平底。肩部饰有数道暗弦纹。肩部刻画有符号“╲　╭”“╲　╲　╭”。通高31.8、口径8.4、腹径34.1、底径15.7厘米（图三四四，13）。

Ba型Ⅱ式：4件。标本M144：1、标本M206：1。标本M121：1，方唇斜沿，侈口，短束颈，广斜肩微鼓，鼓腹，下腹斜内收，平底。肩腹多见暗弦纹。通高25.5、口径8.2、腹径27.6、底径13.4厘米（图三四四，14）。标本M209：1，方唇卷沿，侈口短颈，广肩鼓腹，下腹内收，平底。颈、肩部见数道暗弦纹，上腹饰一道锥刺纹，下腹饰竖绳纹。底部戳印“咸亭□□□器”。通高26.2、口径7.8、腹径26.4、底径11.9厘米（图三四四，15）。

Ba型Ⅲ式：4件。标本M109：1、标本M152：2。标本M121：2，方唇斜沿，直口略侈，短

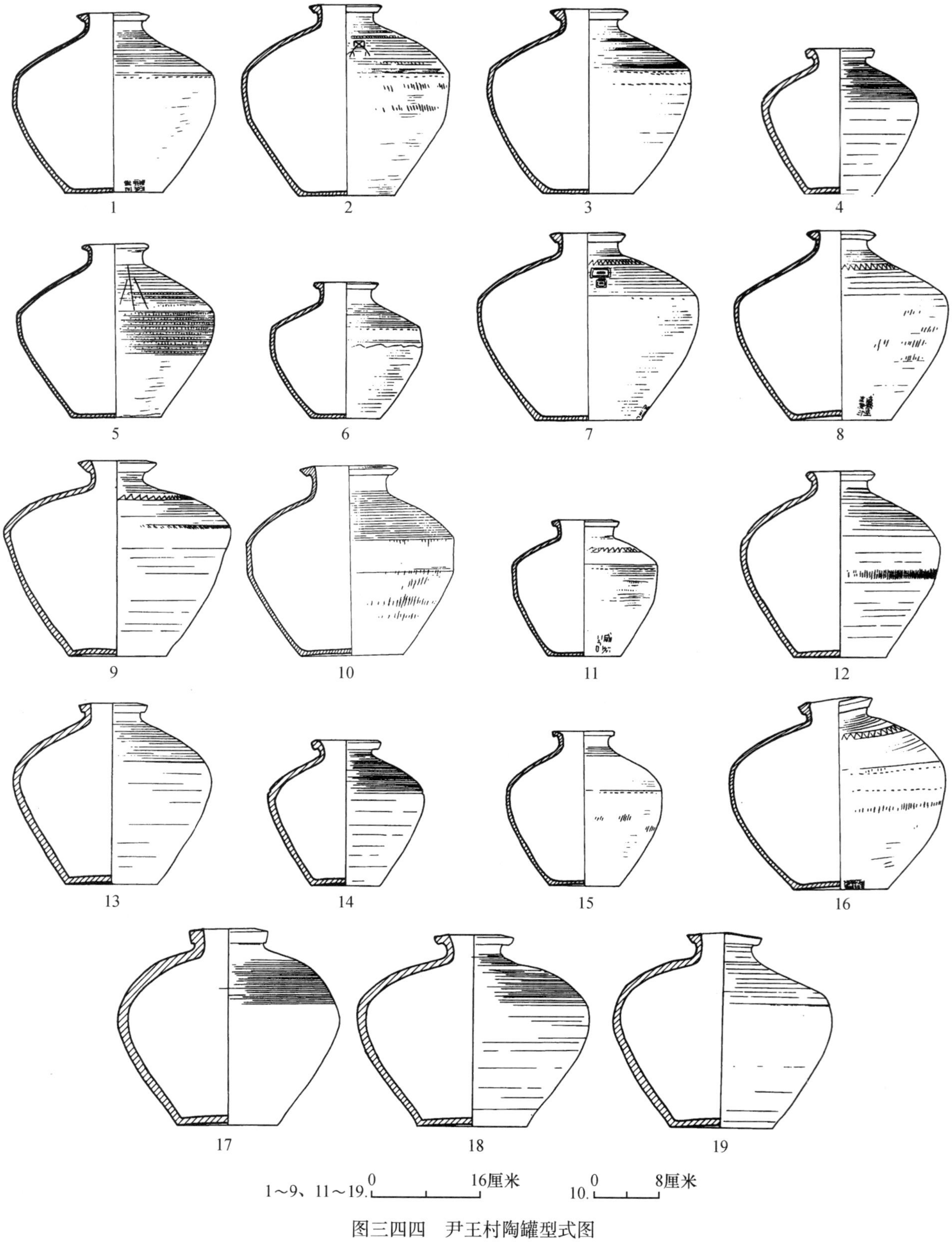

1～9、11～19. 0　16厘米　　10. 0　8厘米

图三四四　尹王村陶罐型式图

1～3. Aa型Ⅰ式（M219：1、M177：1、M144：8）　4～6. Aa型Ⅱ式（M121：1、M214：1、M156：3）　7. Aa型Ⅲ式（M175：3）　8、9. Aa型Ⅳ式（M164：1、M137：3）　10. Ab型Ⅰ式（M235：2）　11. Ab型Ⅱ式（M213：1）　12、13. Ba型Ⅰ式（M136：1、M112：1）　14、15. Ba型Ⅱ式（M121：1、M209：1）　16、17. Ba型Ⅲ式（M242：4、M121：2）　18、19. Ba型Ⅳ式（M124：2、M143：4）

束颈，溜肩较鼓，圆鼓腹，下腹弧内收，大平底内凹。肩部饰暗弦纹。口沿刻划有符号“| |”，肩部刻划有“卜”字样。通高33.5、口径9.1、腹径37.3、底径18.7厘米（图三四四，17）。标本M242：4，尖唇斜沿，侈口束颈，圆肩圆鼓腹，下腹斜收，平底。肩部见暗弦纹和波折锯齿纹，腹部饰两道篦点纹，下腹饰竖绳纹。稍扁，通高33.5、口径8.5、腹径37.3、底径17.1厘米（图三四四，16）。

Ba型Ⅳ式：2件。标本M124：2，尖唇斜沿，直口略侈，束颈，广斜肩，上腹较直，下腹斜内收，平底。肩部见数道暗弦纹。肩部戳印“咸里休器”。通高32.9、口径8.8、腹径39.2、底径18.6厘米（图三四四，18）。标本M143：4，尖唇斜沿，直口，短颈，广肩，扁鼓腹，下腹长内收，平底。肩部见暗弦纹。腹下部戳印有“咸亭□□器”。通高33.6、口径8.9、腹径38、底径18.6厘米（图三四四，19）。

Bb型　10件。短颈、弧腹、平底。外表饰多道锥刺纹、绳纹、弦纹。依据形态变化可分四式。Ⅰ式上腹圆鼓；Ⅱ式上腹较高，下腹斜收较缓；Ⅲ式肩颈位置下移；Ⅳ式上腹偏扁。

Bb型Ⅰ式：2件。标本M214：2，方唇侈口，短颈，圆肩长鼓腹，下腹斜内收，平底。颈、肩见暗弦纹，肩腹部饰竖绳纹和数道凹弦纹，下腹底戳印“咸亭完里曰器”。通高26.8、口径8、腹径26.5、底径11.4厘米（图三四五，1）。标本M205：1，尖唇斜沿，侈口束颈，圆肩鼓腹，下腹斜收，平底。肩部见暗弦纹，肩、腹部饰细绳纹和数道凹弦纹。肩部刻画有“中”字样，下腹戳印“咸□□□□□”。通高24、口径8.7、腹径23.3、底径11.3厘米（图三四五，2）。

Bb型Ⅱ式：5件。标本M175：6、标本M207：1、标本M212：2、标本M231：1。标本M183：1，尖圆唇斜沿，束颈，广肩深腹，上腹圆折，下腹斜内收，平底。颈肩部见暗弦纹，下腹饰绳纹。腹底戳印“咸亭□里□器”字样。通高27.7、口径9.9、腹径28.2、底径11.2厘米（图三四五，3）。

Bb型Ⅲ式：2件。标本M8：4，方唇，宽平沿，侈口，短颈，斜肩，圆鼓腹，下腹斜内收，平底。肩、腹部见竖绳纹和数道凹弦纹及一刻画“中”字。高23.3、腹径28.9、底径11.6厘米（图三四五，4）。标本M237：1，尖唇斜沿，侈口束颈，圆肩鼓腹，下腹内收，平底。肩部见暗弦纹，腹部饰竖绳纹和数道凹弦纹。下腹底部戳印“咸亭南□□器”。通高27.5、口径8.5、腹径27.7、底径11.3厘米（图三四五，5）。

Bb型Ⅳ式：1件。标本M204：1，方唇平沿，直口短颈，圆肩鼓腹，下腹内收，平底。肩部饰细斜绳纹和一道较宽凹弦纹。肩部刻画“李”字。通高22.2、口径8.8、腹径23.2、底径11厘米（图三四五，6）。

大口罐　4件。

A型　3件。折腹。依据形态变化分二式。Ⅰ式颈肩位置较高；Ⅱ式颈肩位置变低。

A型Ⅰ式：1件。标本M203：2，双唇平沿，大口短颈，斜肩折腹，上腹斜直，下腹内收，大平底。肩部见两道波折锯齿纹和数道暗弦纹，上腹饰凹弦纹、锥刺纹，下腹为间断绳纹。通高31.7、口径19.4、腹径42.6、底径20.9厘米（图三四五，7）。

A型Ⅱ式：2件。标本M205：3。标本M175：1，双唇大直口，短颈，斜肩鼓腹，上腹较直，下腹内收，平底。腹部饰两道锥刺纹，下腹可见绳纹。通高24.7、口径16.9、腹径33.8、底径15.9厘米（图三四五，8）。

B型　1件。弧腹。标本M203：1，双唇卷沿，大口短颈，鼓肩鼓腹，下腹内收，大平底。腹最大径较高。肩、腹部饰细竖绳纹和数道篦点纹。通高32.9、口径21.8、腹径40.7、底径21.7厘米（图三四五，9）。

壶形罐　3件。

标本M221：2，方唇侈口，束颈，溜肩长鼓腹，下腹内收，平底微凹。腹饰一道凸棱纹与数道短弦纹。通高17.4、口径6.8、腹径15.9、底径7.7厘米（图三四五，10）。标本M109：2，方唇侈口，短颈，圆肩，长鼓腹，下腹弧内收，平底。肩腹部见数圈凹弦纹。通高17.7、口径5.4、腹径16.2、底径9.3厘米（图三四五，11）。标本M137：8，方圆唇，斜沿侈口，短束颈，斜肩，上腹较直，下腹斜收，平底。通体素面。通高13.9、口径6.2、腹径13.9、底径7.3厘米（图三四五，12）。

单耳罐　1件。

标本M226：1，泥质灰陶，残。方口直沿，短直颈，短斜肩，鼓腹，平底，单耳，素面。通高7.8、口径4、腹径5、底径2.5厘米（图三四五，13）。

釜形罐　1件。

标本M184：2，方唇，侈口，直颈，圆肩圆鼓腹，平底稍内凹。肩腹部见数道凹弦纹，下腹、底部饰绳纹。通高23.9、口径13.8、腹径23.3、底径8.3厘米（图三四五，14）。

异形罐　1件。

标本M152：2，圆唇，凹沿，长颈，溜肩，长鼓腹，下腹弧斜内收，平底。肩、腹部饰竖绳纹和数道凹弦纹，腹下部见刮削痕。肩部有一方形戳印，模糊不清。通高24.9、口径8.8、腹径23.2、底径11.2厘米（图三四五，15）。

陶豆　6件。依据形体大小分二型。

A型　3件。形体较高。依据豆柄粗细分二式。Ⅰ式豆柄细高；Ⅱ式豆柄较粗。

A型Ⅰ式：2件。标本M193：5-1，豆盘方唇敞口，浅折腹，盘壁内斜，豆柄细高，中空，喇叭状底座。豆柄较细。通高11、口径10.6、盘深1、底径6.2厘米（图三四六，1）。标本M193：5-2，豆盘方唇敞口，浅折腹，盘壁内斜，豆柄细高，中空，喇叭状底座。通高10.5、口径10.7、盘深1.4、底径6.6厘米（图三四六，2）。

A型Ⅱ式：1件。标本M8：5，灯盘，尖圆唇，敞口，折腹，平底。竹节状柄短粗，底部喇叭状，中空。通高7.9、盘径10.5、盘深1.4、底径7.8厘米（图三四六，3）。

B型　3件。形体较矮。依据腹深浅、柄高低分为二式。Ⅰ式腹较浅，柄较细；Ⅱ式腹变深，柄低矮。

B型Ⅰ式：2件。标本M145：2-2。标本M145：2-1，尖唇，深腹，上腹外撇，下腹圆折内收。粗豆柄，喇叭形座。通高6.5、盘径13、盘深3.6、底径7厘米（图三四六，4）。

B型Ⅱ式：1件。标本M222：1，豆盘敞口，壁外斜，浅腹，平底；柱状豆柄较短，喇叭状底座中空。通高6.4、口径12.9、盘深2、底径7.6厘米（图三四六，5）。

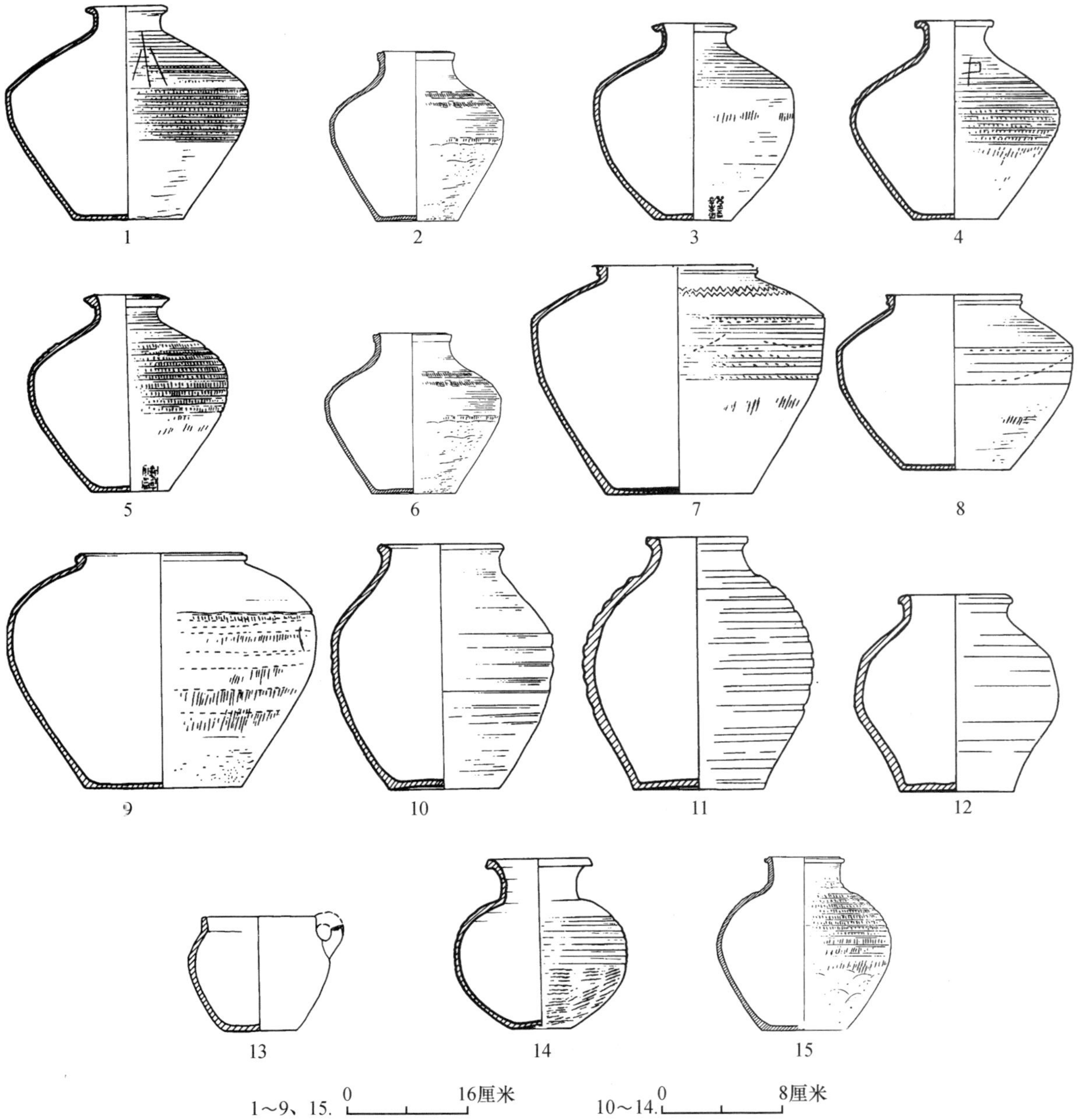

图三四五　尹王村陶罐型式图

1、2. Bb型Ⅰ式罐（M214：2、M205：1）　3. Bb型Ⅱ式罐（M183：1）　4、5. Bb型Ⅲ式罐（M8：4、M237：1）　6. Bb型Ⅳ式罐（M204：1）　7. A型Ⅰ式大口罐（M203：2）　8. A型Ⅱ式大口罐（M175：1）　9. B型大口罐（M203：1）　10～12. 壶形罐（M221：2、M109：2、M137：8）　13. 单耳罐（M226：1）　14. 釜形罐（M184：2）　15. 异形罐（M152：2）

陶盆　7件。依据形态差异分为二型。

A型　6件。大侈口，深折腹。依据口沿、腹部变化分四式。Ⅰ式尖平唇，下腹较深；Ⅱ式腹部变深；Ⅲ式尖圆唇，下腹圆折；Ⅳ式腹部圆折，变深。

A型Ⅰ式：3件。标本M205：2。标本M203：6，尖唇平折沿，敞口，上腹外撇，下腹内收，平底。盆内、外壁见暗弦纹，外壁上腹饰一圈凸弦纹、下腹饰竖绳纹。内底有一方形戳印，文字不可辨识。通高11.9、口径28.9、腹径25、腹深10.9、底径13厘米（图三四六，6）。标本M235：1，尖唇宽平沿，深腹，上腹外撇折收，下腹斜直，平底。口沿及内壁见暗弦纹，上腹饰四道凸弦纹。下腹饰竖绳纹。通高9.3、口径18.9、腹径21、腹深9、底径9.2厘米（图三四六，7）。

A型Ⅱ式：1件。标本M212：1，尖唇折沿，深腹，上腹短直，下腹斜直内收，平底。上腹见两道凸弦纹。通高9.7、口径22、腹径21.6、腹深8.9、底径8.7厘米（图三四六，8）。

A型Ⅲ式：1件。标本M101：2，尖圆唇，斜沿侈口，深腹。上腹略内收，中腹外凸，下腹斜内收，平底微内凹。上腹饰两周凹棱纹，中腹饰一周凸棱。口径21.3、腹深9.1、底径7.9、通高9.5厘米（图三四六，9）。

A型Ⅳ式：1件。标本M105：1，圆唇，宽斜沿，侈口，束颈，上腹微鼓，下腹斜直内收，凹底。腹部饰斜绳纹。口径23.1、沿宽0.9、腹深11.4、底径11.9、通高12.1厘米（图三四六，11）。

B型　1件。卷沿，下腹较浅。标本M147：1，圆唇卷沿，上腹外撇，下腹斜直内收，平底稍内凹。腹上部饰竖向绳纹，中部戳印“咸亭□里□□”。盆内壁见数圈暗弦纹。通高10、腹径24.8、口径27.6、底径15.2厘米（图三四六，10）。

陶釜　3件。依据形态与纹饰的差别分二型。

A型　2件。束颈凸肩，全身饰绳纹。依据肩部、底部差异分为二式。Ⅰ式凸肩，圆底；Ⅱ式凸肩较缓，尖底。

A型Ⅰ式：1件。标本M168：4，方唇，侈口，束颈，溜肩较凸，鼓腹，尖圜底。上腹饰竖绳纹带，下腹、底饰斜绳纹。通高11.6、口径12.6、腹径17.4厘米（图三四六，12）。

A型Ⅱ式：1件。标本M105：2，尖圆唇，敛口，短束颈，圆鼓腹，尖圜底。腹部及下底饰致密斜绳纹。通体可见烟炱痕。口径15.3、腹径19.2、腹深10.9、通高11.1厘米（图三四六，13）。

B型　1件。束颈圆肩，底饰方格纹。标本M238：1，方圆唇，侈口束颈，圆肩圆腹，圜底。腹上部饰竖向绳纹，下腹饰压印方格纹。通高13.6、腹径19.8、口径14.8、壁厚0.4厘米（图三四六，14）。

陶鍪　1件。

标本M8：7，斜沿，侈口，短束颈，上腹圆鼓，下腹圜收。肩部见断耳痕，下腹及底部见方格纹。口径8.4、高9、腹径12、壁厚4厘米（图三四六，15）。

陶鬲　1件。

标本M101：3，子母敛口，束颈，圆肩直腹，袋足钝圆，裆底较平。腹上半部饰斜错粗绳纹，下半部及足、裆部饰压印方格纹。口径29.6、腹径43.2、足高0.6、壁厚0.6、通高28.8厘米（图三四六，16）。

陶瓮　1件。

泥质灰陶。残。标本M101：4，泥质灰陶，残。圆唇，侈口，短颈，鼓腹，下腹圆弧内收。颈部饰一圈锥刺纹，腹部饰七道宽度不一交叉细绳纹。口径0.34、腹径0.98、底径0.4、通高1米（图三四六，17）。

表二 尹王村秦墓出土陶器形式演变图

分期	陶鼎 Aa型	陶鼎 Ab型	陶鼎 B型（直腹）	陶鼎 C型（球型腹）	陶鼎 D型（梯形腹）	陶盒 A型	陶盒 B型
第一期	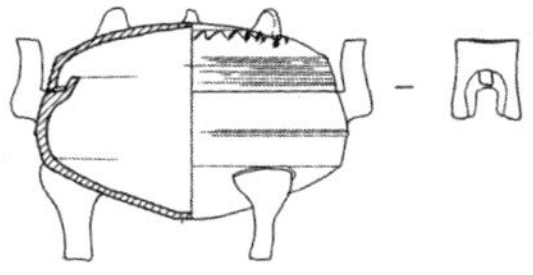 Ⅰ式M136：2	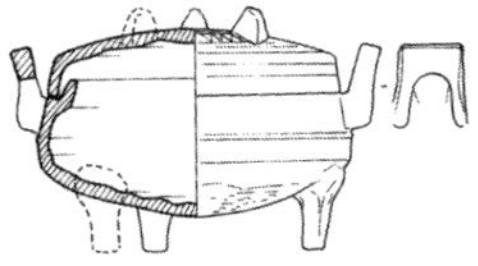 Ⅰ式M144：2				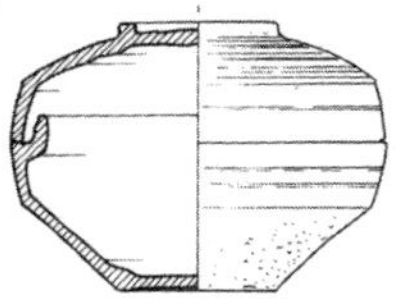 Ⅰ式M144：3	
第二期	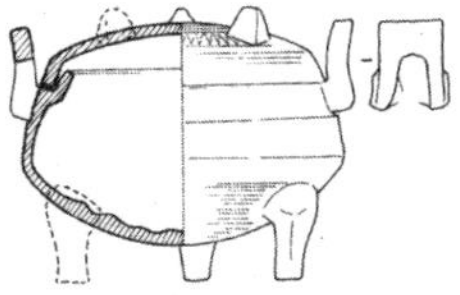 Ⅱ式M223：1		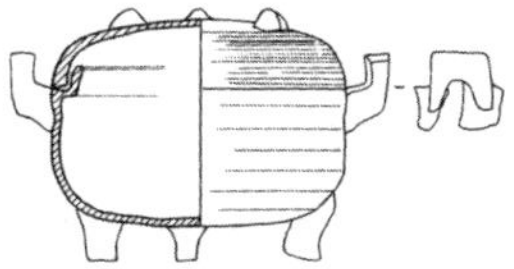 M139：2	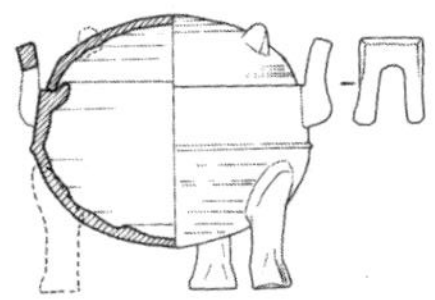 M153：3	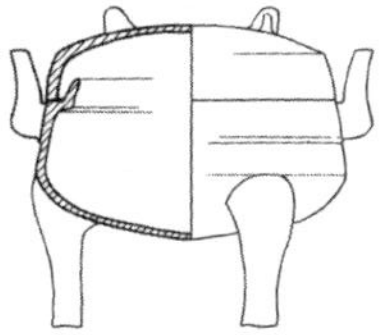 M129：2	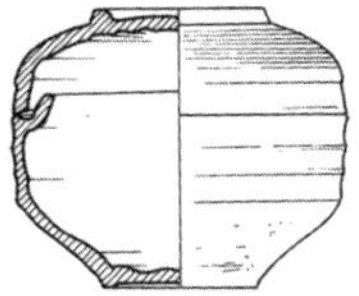 Ⅱ式M198：4	
第三期	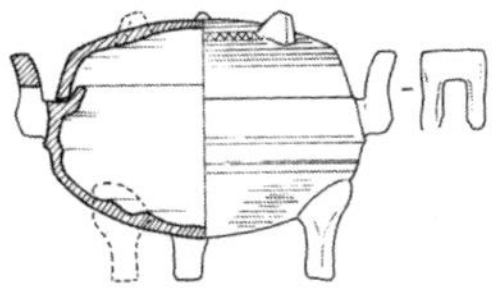 Ⅲ式M177：2	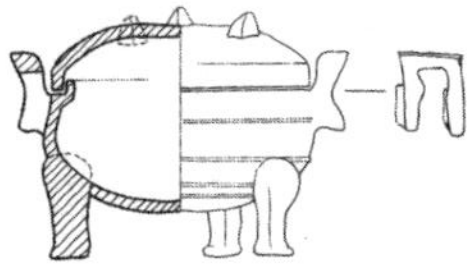 Ⅲ式M124：1				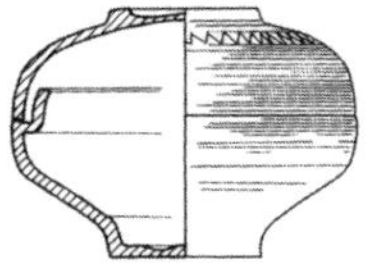 Ⅲ式M137：6	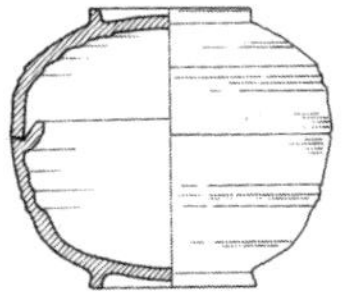 M153：4
第三期	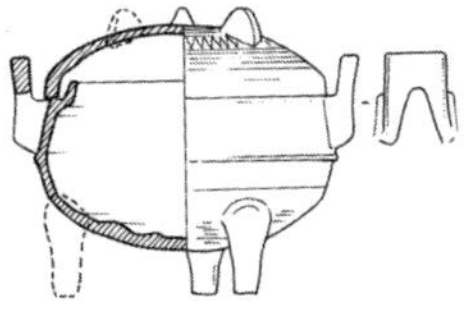 Ⅳ式M242：2	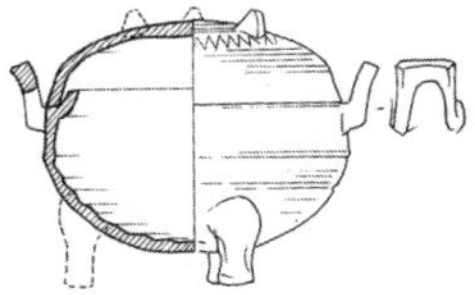 Ⅳ式M8：1					

续表

分期	陶壶				陶缶	陶罐	
	A型长颈壶	B型长颈壶	A型蒜头壶	B型蒜头壶		Aa型（小口折腹罐）	Ab型（小口折腹罐）
第一期	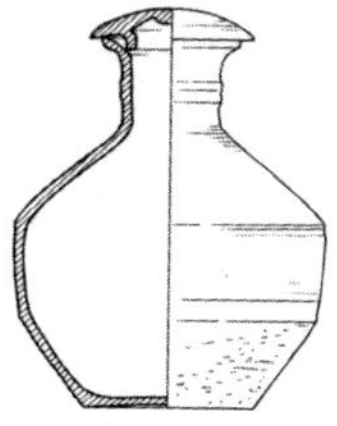 Ⅰ式M198：3		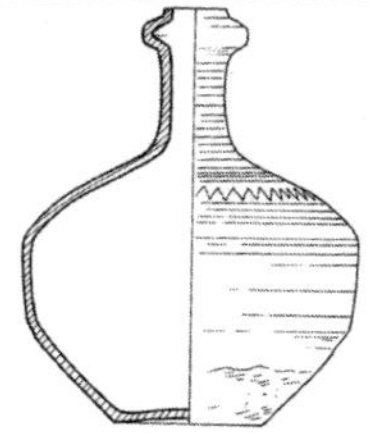 Ⅰ式M193：4		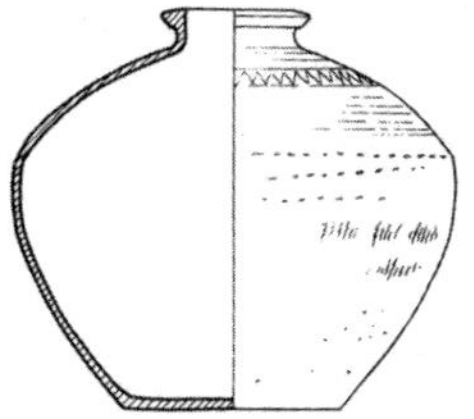 Ⅰ式M152：1	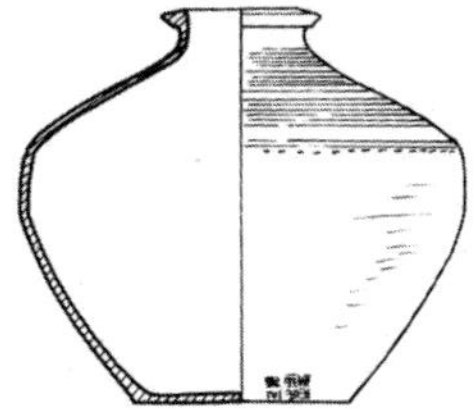 Ⅰ式M219：1	
第二期	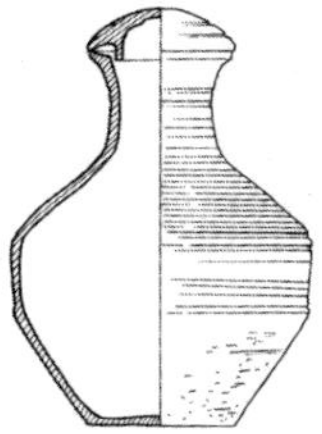 Ⅱ式M203：3	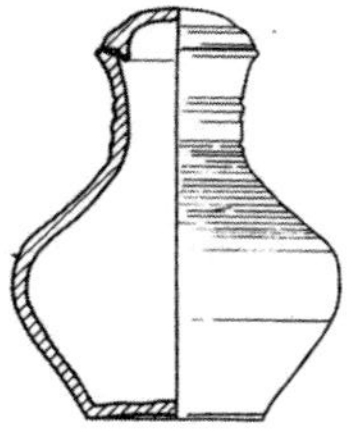 M143：3	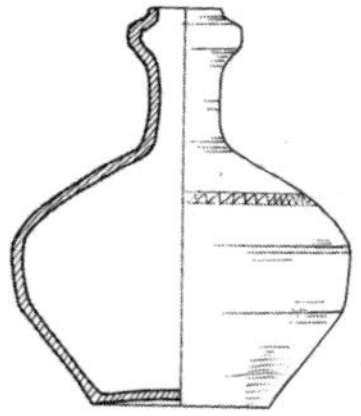 Ⅱ式M223：3	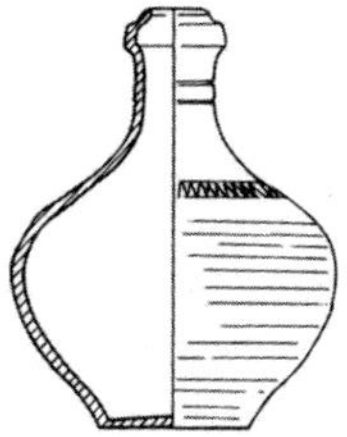 Ⅰ式M136：3	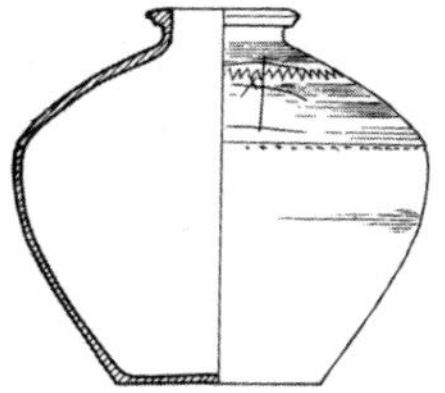 Ⅱ式M189：3	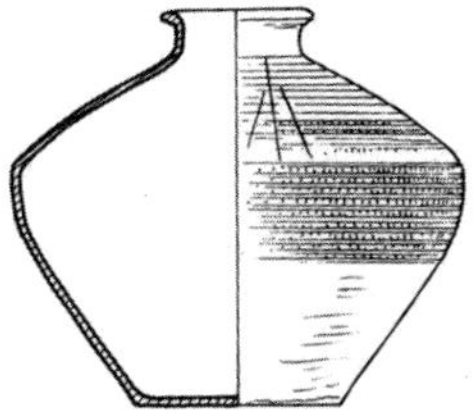 Ⅱ式M214：1	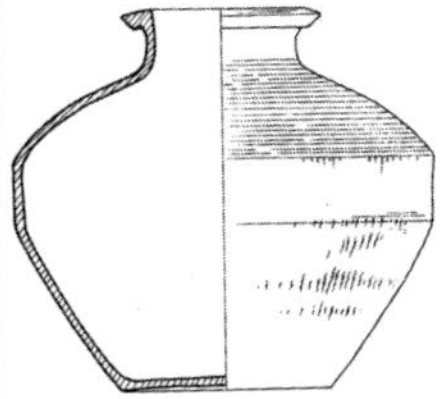 Ⅰ式M235：2
第三期			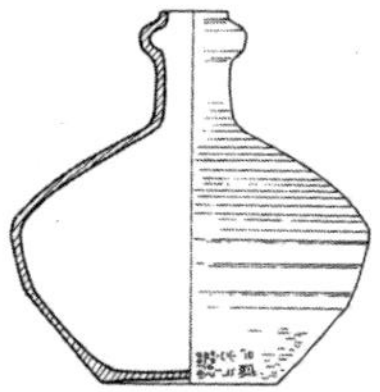 Ⅲ式M241：3	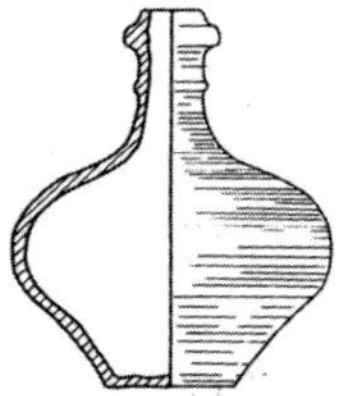 Ⅱ式M137：5	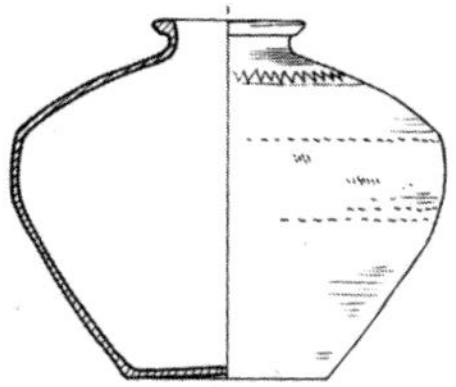 Ⅲ式M204：2	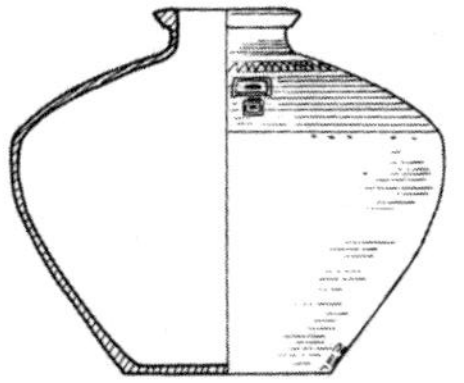 Ⅲ式M175：3	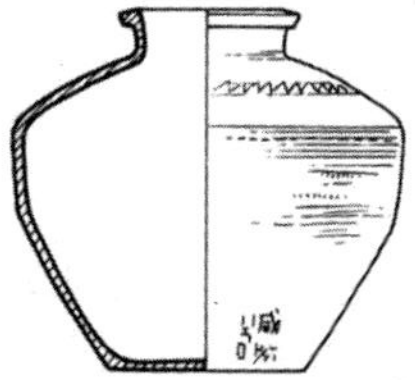 Ⅱ式M213：1
					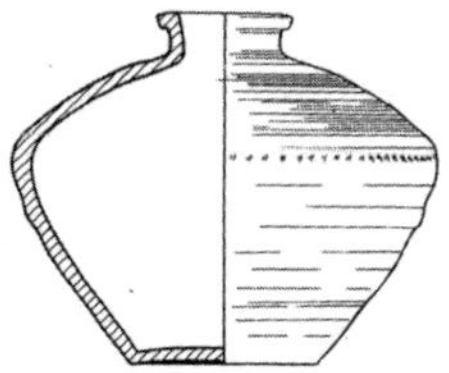 Ⅳ式M121：3	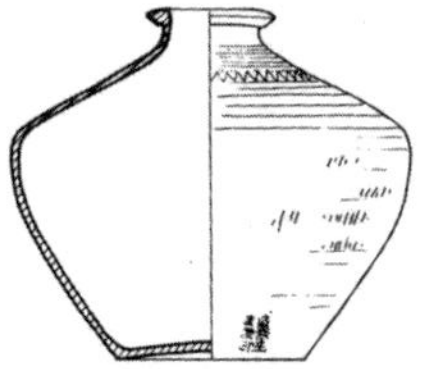 Ⅳ式M164：1	

续表

分期	陶罐						
	Ba型（小口弧腹罐）	Bb型（小口弧腹罐）	A型大口罐	B型大口罐	壶形罐	单耳罐	釜形罐
第一期	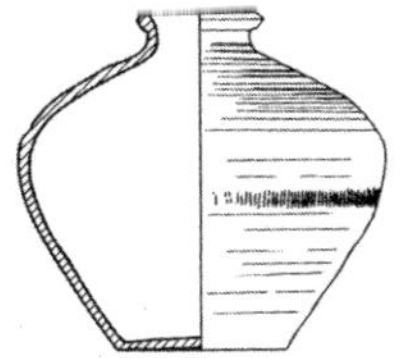 Ⅰ式M136：1	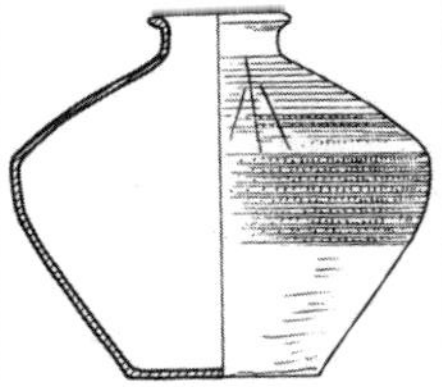 Ⅰ式M214：2	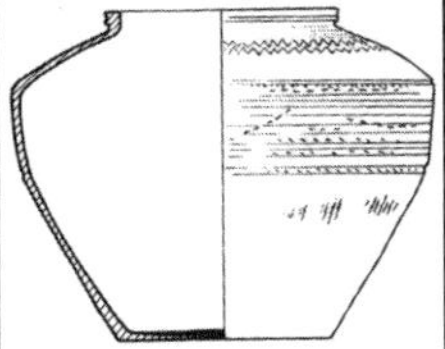 Ⅰ式M203：2			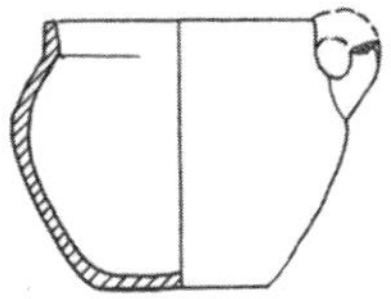 M226：1	
第二期	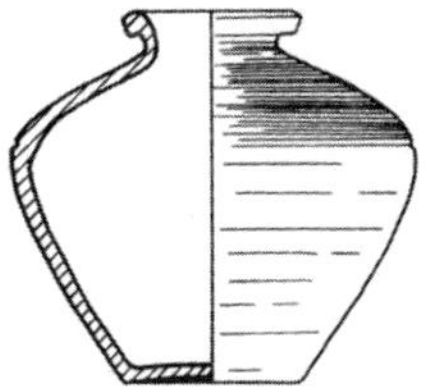 Ⅱ式M121：1	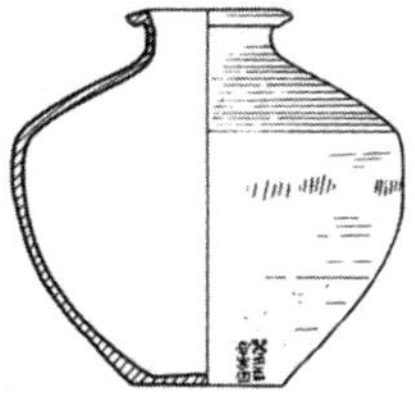 Ⅱ式M183：1	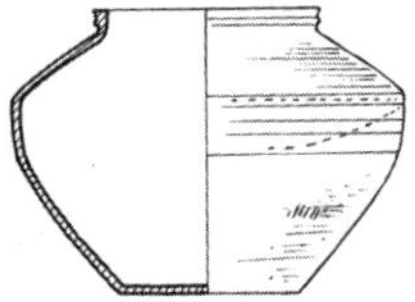 Ⅱ式M175：1	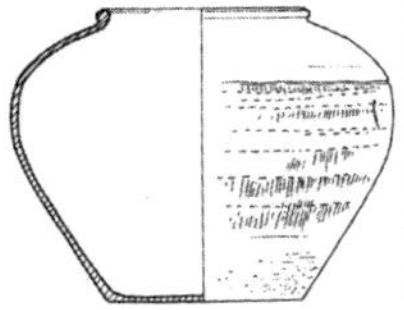 M203：1	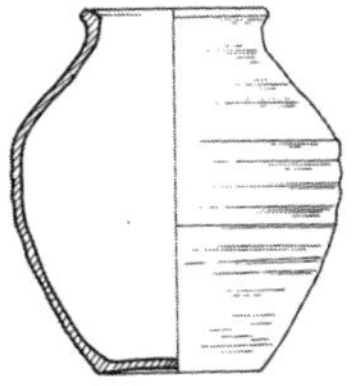 M221：2		
第三期	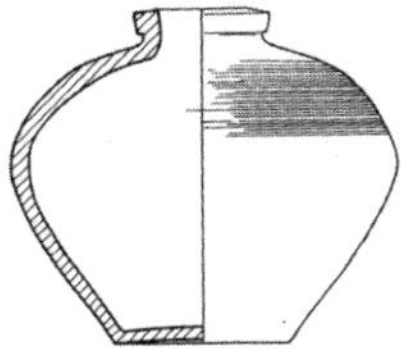 Ⅲ式M121：2	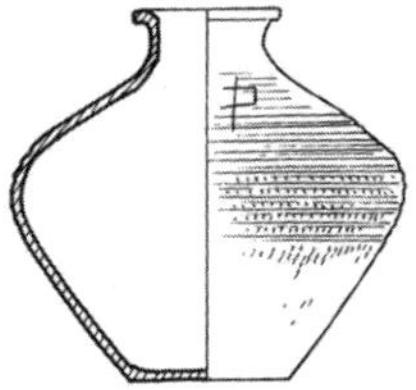 Ⅲ式M8：4					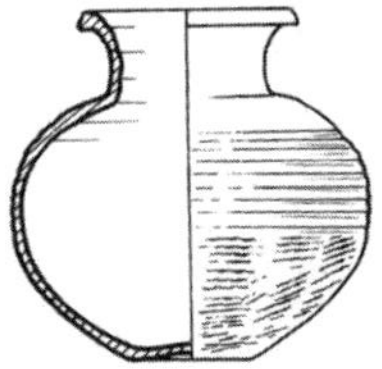 M184：2
	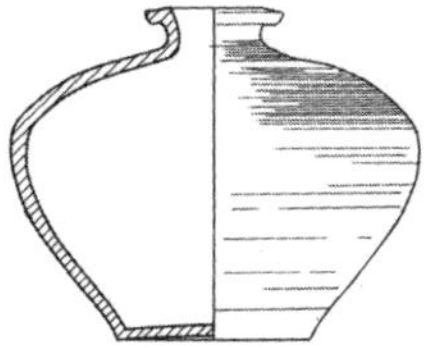 Ⅳ式M124：2	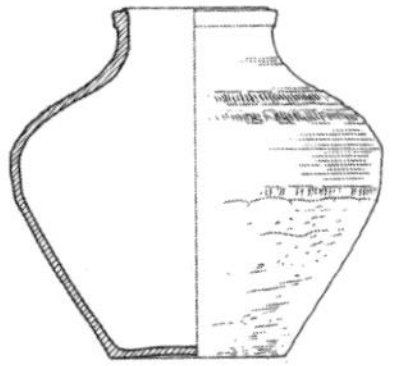 Ⅳ式M204：1					

续表

分期	陶豆 A型	陶豆 B型	陶盆 A型	陶盆 B型	陶釜 A型	陶釜 B型	陶鬲
第一期							
第二期	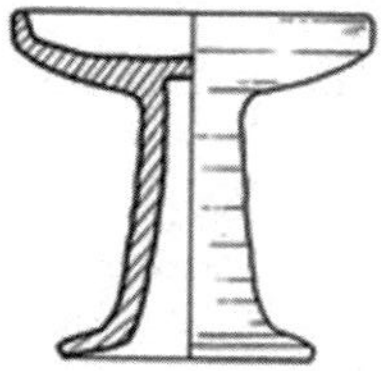 Ⅰ式M193：5-2	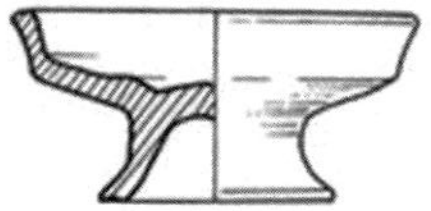 Ⅰ式M145：2-1	 Ⅰ式M203：6  Ⅱ式M212：1	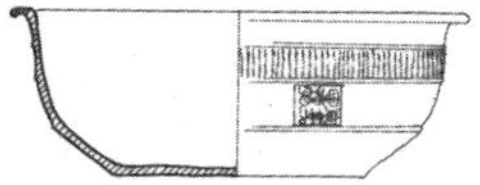 M147：1	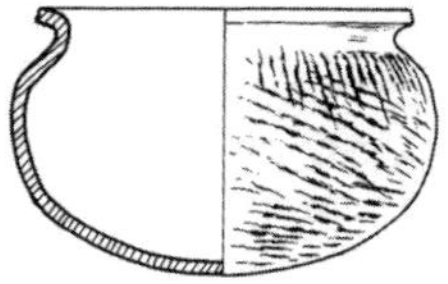 Ⅰ式M168：4		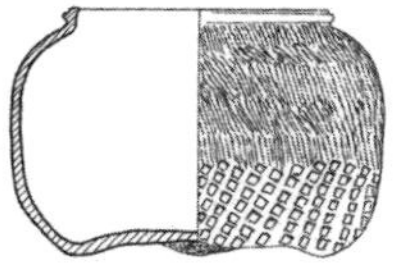 M101：3
第三期	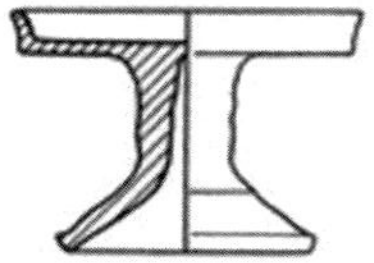 Ⅱ式M8：5	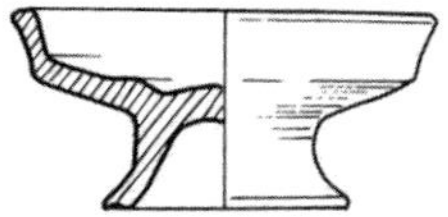 Ⅱ式M222：1	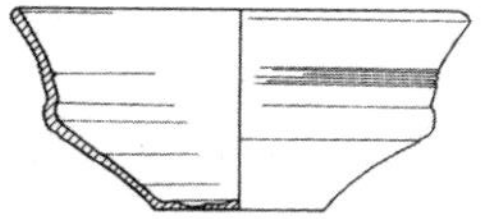 Ⅲ式M101：2 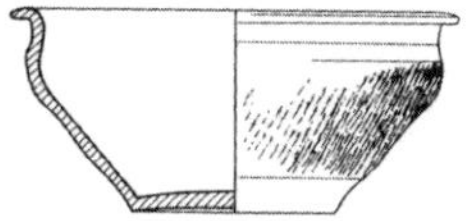 Ⅳ式M105：1		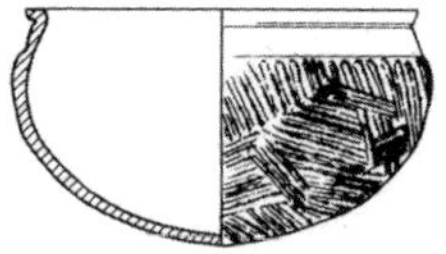 Ⅱ式M105：2	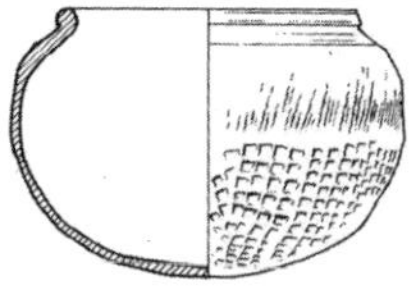 M238：1	

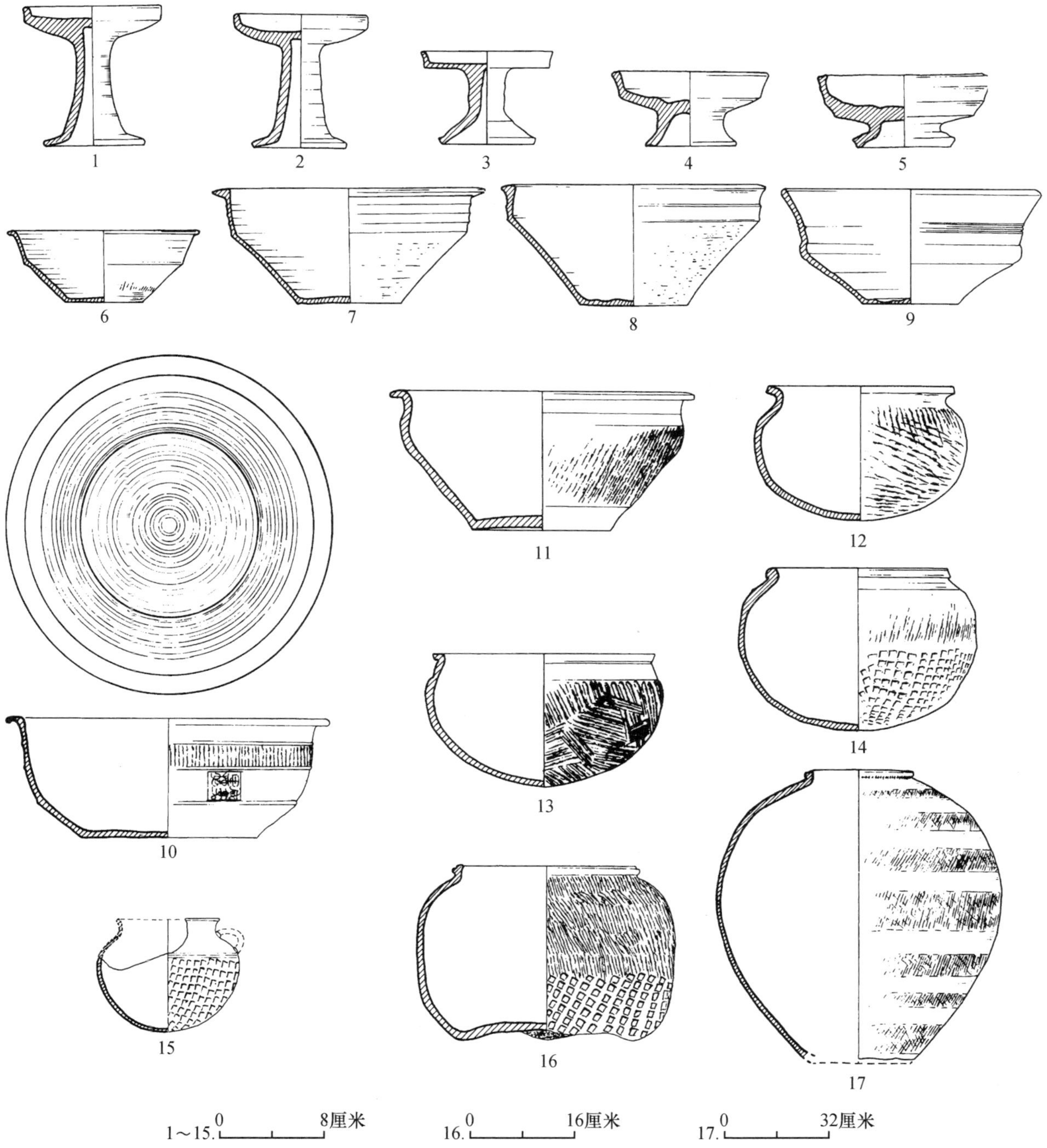

图三四六　尹王村陶豆、陶盆、陶釜等型式图

1、2. A型Ⅰ式陶豆（M193：5-1、M193：5-2）　3. A型Ⅱ式陶豆（M8：5）　4. B型Ⅰ式陶豆（M145：2-1）　5. B型Ⅱ式陶豆（M222：1）　6、7. A型Ⅰ式陶盆（M203：6、M235：1）　8. A型Ⅱ式陶盆（M212：1）　9. A型Ⅲ式陶盆（M101：2）　10. B型陶盆（M147：1）　11. A型Ⅳ式陶盆（M105：1）　12. A型Ⅰ式陶釜（M168：4）　13. A型Ⅱ式陶釜（M105：2）　14. B型陶釜（M238：1）　15. 陶鍪（M8：7）　16. 陶鬲（M101：3）　17. 陶瓮（M101：4）

四、铜镜、铜带钩、铜钱

尹王村秦墓出土铜镜5面、铜带钩26件、半两铜钱3枚，重珠十四两铅币一枚，玉带钩一件（M124：10）。

铜镜　5面，皆为弦纹镜。形状纹饰雷同。

标本M124：3、标本M229：3。标本M219：7，弦纹镜，镜面平，镜背边缘略厚。弦纹桥形纽，中有穿孔，无座。半径6.9、沿厚0.22、肉厚0.1、纽高0.5厘米（图三四七，1）。标本M235：3，弦纹镜镜面平，边缘较厚，桥形纽，无座。镜背饰二弦纹，纽中有一凹弦纹。径长7.7、沿厚0.15、纽高0.45厘米（图三四七，2）。标本M139：3，镜面平，镜背边缘较厚。桥形纽，中有穿孔。镜背饰二弦纹。直径7.2、沿厚0.16、肉厚0.1、纽高0.4厘米（图三四七，3）。

铜带钩　26件。（玉带钩1件，标本M124：10）

琵琶形　16件。形似琵琶。

A型　8件。体细长。依据纹饰有无分为二式。Ⅰ式素面；Ⅱ式有简单纹饰。

Aa型　5件。素面。标本M172：1、标本M189：2、标本M204：4。标本M193：6，钩首兽头形，嘴、眼、鼻、耳刻划细致。长颈，凸腹较宽，背弯曲，尾近椭圆形。纽近中部，圆形扣纽较大，纽柱短粗。通长7.5、腹宽1.3、纽高0.6、纽径1.6厘米（图三四七，4）。标本M128：1，钩首兽头形，轮廓清楚，刻划精细。细长颈，宽扁腹，钩背弯曲较大，尾扁平。椭圆形钩纽近中部，纽柱粗短。体表见3条弦纹。通体银白色。通长10.4、腹宽1.2、纽高0.7、纽径1.4厘米（图三四七，5）。

Ab型　3件。有简单纹饰。标本M169：1，钩首兽头形，细长颈，腹较宽，圆弧状尾，钩背较平，纽近尾部，扁圆形扣纽较大，从腹部视之，为鸟之双翼，纽柱短粗。腹部饰有左右对称半圆形纹饰。通长4.65、腹宽1.2、纽高0.9、纽径1.3厘米（图三四七，6）。标本M157：1，琵琶状，体短小。钩首残，细长颈，窄腹，圆弧状尾，钩背弯曲，纽近尾部，纽柱较长，圆形纽扣内凹。正面腹部有左右对称的细小八字纹。通长4.2、腹宽0.8、纽高0.9、纽径1.1厘米（图三四七，7）。

B型　8件。体矮胖。标本M108：1、标本M129：1、标本M138：1、标本M168：3、标本M224：1。标本M145：1，琵琶状，体型短小。钩首鸭嘴形，颈弯曲，腹较宽厚，圆弧形尖尾，钩背弯曲较小，钩纽近尾部，圆扣形纽较大，纽柱短粗。通长3.5、腹宽1.3、纽高0.8、纽径1.26厘米（图三四七，8）。标本M156：1，琵琶状，体短小。钩首兽头形，较窄，颈“S”形，钩背较直，圆弧状尖尾，纽近尾部，纽柱短粗，圆形扣纽残。通长4.2、腹宽1.2、纽高0.55、纽径0.8厘米。标本M124：4，钩首兽头形，颈短粗，腹较宽，背平，短纽柱，圆扣形纽。通长4.8、腹宽1.8、纽高0.85、纽径1.6厘米（图三四七，9）。

曲棒形　2件。

标本M137：7，体型细长，钩体较窄，背弯曲，圆扣形钩纽近中部，纽柱较短。残长10.6、腹径0.9、纽高0.9、纽径1.5厘米（图三四七，10）。标本M198：5，通体细长，呈棒状。曲颈，细长

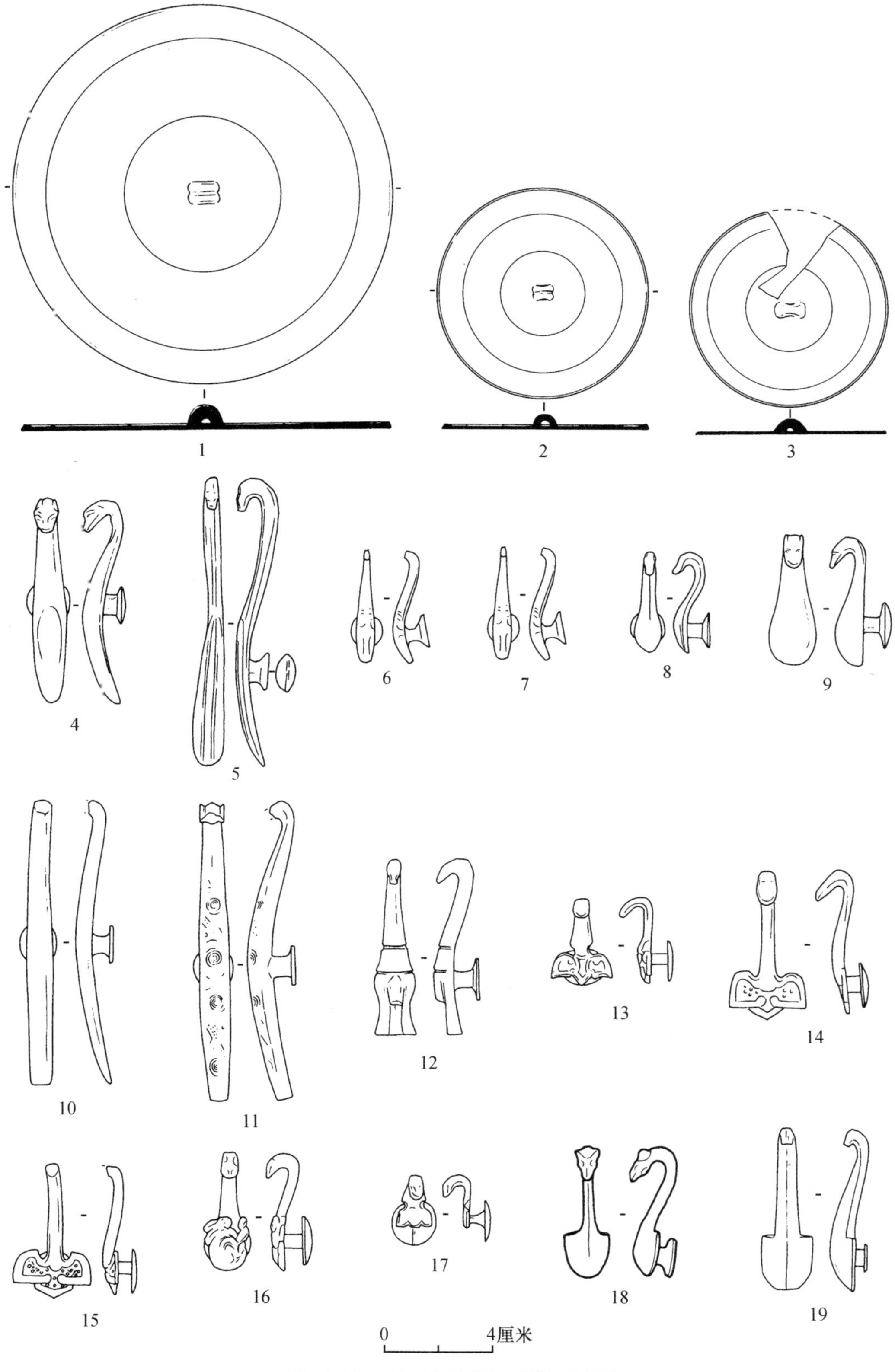

图三四七　尹王村铜镜、带钩型式图

1～3. 弦纹铜镜（M219：7、M235：3、M139：3）　4、5. 琵琶Aa型带钩（M193：6、M128：1）　6、7. 琵琶Ab型带钩（M169：1、M157：1）　8、9. 琵琶B型带钩（M145：1、M124：4）　10、11. 曲棒形带钩（M137：7、M198：5）　12. 企鹅形带钩（M153：1）　13～15. 展翅形带钩（M175：8、M241：4、M183：4）　16、17. 兽形带钩（M229：2、M231：3）　18、19. 耜形带钩（M101：1、M173：2）

腹，方形尾。背部弯曲，纽近中部，圆形扣纽较小，纽柱短粗。正面刻划卷云、同心圆纹饰。残长11、腹宽1.2、纽高0.8、纽径1.3厘米（图三四七，11）。

企鹅形　1件。

标本M153：1，整体企鹅状，颈呈“S”形，尾宽于胸腹。钩背弯曲较小，纽近尾部偏中，圆形纽扣较大，纽柱较长。胸、腹见两道凹弦文。通长6.4、腹宽1.6、纽高1.03、纽径1.4厘米（图三四七，12）。

展翅形　3件。

标本M175：8，体型较小。钩首似兽头，长颈，腹部为展开的双翅，背部纽柱细短。通长3.3、腹宽2、纽高0.6、纽径1.6厘米（图三四七，13）。标本M241：4，钩首鸭嘴形，长曲颈，腹凸宽，双翅张开，钩背较平，纽置尾部，纽柱短粗，圆形扣纽较大，从腹部视为鸟尾。残长4.8、腹宽3、纽高0.6、纽径1.6厘米（图三四七，14）。标本M183：4，钩首、颈细长，腹凸宽，如鸟之双翼，钩背较平，纽近尾部，圆形扣纽较大，正视如鸟尾，纽柱短粗。残长4.8、腹宽3、纽高0.6、纽径1.6厘米（图三四七，15）。

兽形　2件。

标本M229：2，钩首兽头形，曲颈，长腹，尾部装饰卧兔，面向前，双耳竖立，四肢下卧。钩背较平，纽近尾部，圆形扣纽较大，纽柱较短。通长4.2、腹宽1.8、纽高0.9、纽径1.9厘米（图三四七，16）。标本M231：3，钩首兽头形，短曲颈，腹、尾短宽，尾为波浪形。纽近钩尾，圆形扣纽较大，纽柱较短。通长2.4、腹宽1.6、纽高0.7、纽径1.7厘米（图三四七，17）。

耜形　2件。

标本M101：1，钩首兽面形，顶有角，长颈宽腹，腹身半圆形。圆扣钩纽，纽柱短粗。素面无纹饰。腹宽1.6、纽高1.5、通长4.5厘米（图三四七，18）。标本M173：2，体型较小。钩首残，长颈“S”形，腹部突变宽，半圆形尾。钩背较直，纽近尾部，扁圆形扣纽较小，纽柱短粗。通长5.9、腹宽2.1、纽高0.5、纽径1厘米（图三四七，19）。

半两铜钱　3枚。

根据尺寸、文字等与西耳村秦墓铜钱比较，当全为A型。

A型　3枚。标本M152：3，圆形方孔，径较大，穿孔方正，周边不规整，铸造孔位于上部。字纹较宽，笔画粗细不均。“两”字上横短，“从”字竖较长；“半”字上笔方折呈“L”状。钱径2.4、孔径0.84～0.8、厚0.1厘米，重4.5克（图三四八，1）。标本M212：4，圆形方孔，周边不规整，铸造孔位于上部。字纹宽大，笔画粗细不均。“半”字上划方折呈“L”状，“两”字上横模糊且短，“从”字竖划较长。钱径2.6、穿径0.9～1.1、厚0.08～0.1厘米，重4.46克（图三四八，2）。标本M8：6，圆形，周边稍残，钱径较小，方形穿孔较大。“半”字上部为八字形，下横笔较短；“两”字上横右偏。径2.5、孔径0.9～1.02厘米（图三四八，3）。

一珠重一两十四铅币　1枚。

标本M130：1，钱径较大，中部圆形穿孔较小，周边较薄不规整，字体清晰，可辨“一珠重一两十四”。钱径4、孔径0.7、厚0.15厘米，重6.25克（图三四八，4）。有人认为两横杠为分隔符，应读为“珠重四十两”。

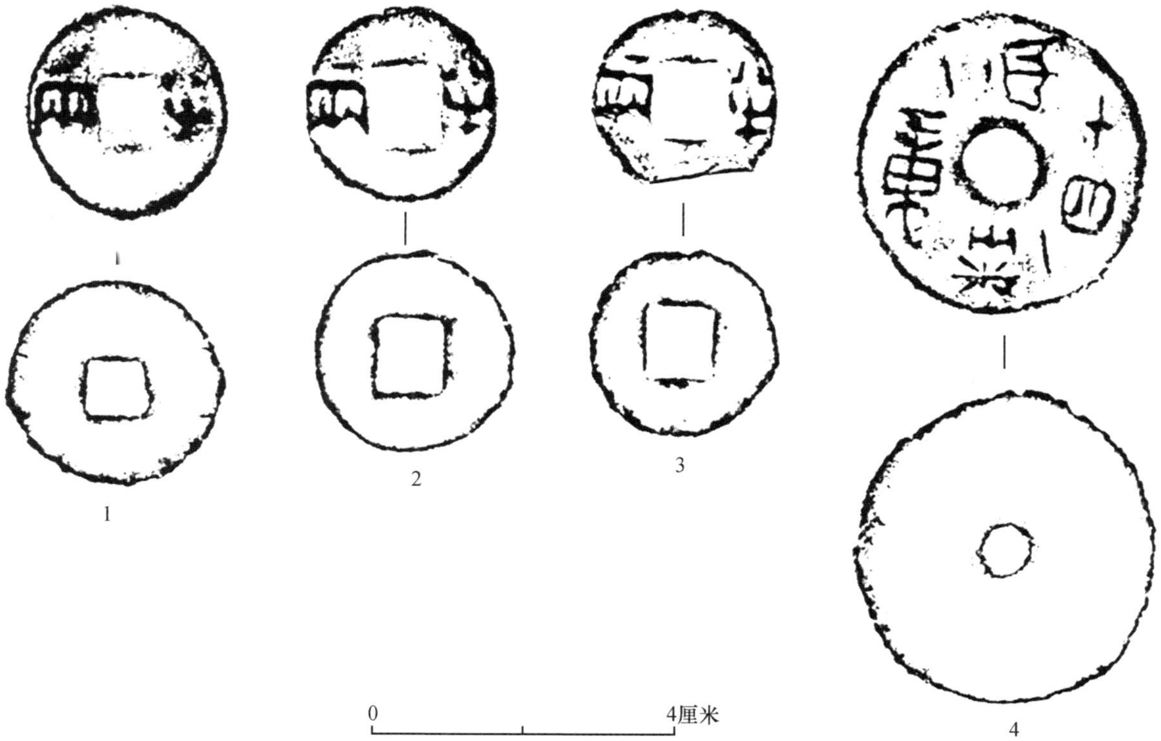

图三四八　尹王村铜钱型式图

1～3. 半两铜钱（M152：3、M212：4、M8：6）　4. 重珠四十两铅币（M130：1）

第三节　西耳村、尹王村秦墓年代推定

一、墓葬分类、分组

西耳村秦墓有两组打破关系分别为M19A打破M19B、M69打破M67，详见表三。但是不能提供有效的陶器早晚关系。

出土的铜镜也全为桥形纽弦纹镜，不能标识准确年代。M19A、M59所出土半两铜钱，尽管可以分为四型，但是缺乏秦始皇统一以后统一货币所铸造的“重如其文”半两12铢重约8.5克的钱币。所以从铜镜、钱币等方面不能有效判断墓葬年代。但是我们可以知道的是M19A、M59年代当在秦惠文王初行钱之后，即公元前336年之后。

表三　西耳村秦墓打破关系

序号	打破关系	墓葬编号	墓葬形制	出土器物	备注
1	M19A打破M19B	M19A	竖穴土坑墓	陶罐、陶盆，铜镜、铜钱，骨塞，泥珠	
		M19B	直线洞室墓	陶壶，铜管饰、铜带钩，铁器，玉饰	
2	M69打破M67	M69	直线洞室墓	陶缶	
		M67	直线洞室墓	无	

尹王村发掘秦墓134座秦墓发现打破关系15组，详见表四。15组打破关系中第三组M233打破M143中共存的是陶缶，第六组M172打破M156中共存陶缶，第八组M167打破M171中共存陶罐、陶缶，第14组M213打破M207中共存陶罐。所能提供的都是陶缶、陶罐的早晚关系，与以前所获得的认识无多大差异。

尹王村秦墓出土半两铜钱3枚，钱径2.4～2.6厘米，穿径0.8～1厘米，重4.5克左右，当属于西耳村铜钱的A型。另外还有一枚“一珠重一两十四”铅币，圆形圆孔。钱径4、孔径0.7厘米，重6.25克。一说为一铢，即一钱，一铢重一两。战国时一两约等于16克；十四应为铸造时间，当为秦惠文王14年（公元前326年）。一说十四为编号。因为有人考证此种钱为当时用以称量物品的砝码。

因此西耳村、尹王村秦墓的分类、分组主要参考咸阳及其周边秦墓研究取得的共识，根据墓道口部由小及大、壁龛的出现由无到有分类，然后再结合随葬器物形式的变化分组。首先依照墓葬形制的差异将西耳村、尹王村186座秦墓分为以下四类。

表四　尹王村秦墓打破关系

序号	打破关系	墓葬编号	墓葬形制	出土器物	备注
1	M123打破M124	M123	偏洞室	无	
		M124	直线洞室	陶鼎、陶器盖、陶罐，铜镜，铜带钩、铜钱、铜片，铁器，铅环，玉环、玉带钩，石砚	
2	M150打破M139	M150	直线洞室	无	
		M139	偏洞室	陶鼎、陶缶、陶镜	
3	M233打破M143	M233	直线洞室	陶罐	
		M143	直线洞室	陶鼎、陶盒、陶壶、陶罐	
4	M152打破M145	M152	直线洞室	陶罐、陶缶，铜钱	
		M145	偏洞室	陶豆，铜带钩	
5	M137打破M147	M137	直线洞室	陶鼎、陶盒、陶蒜头壶、陶罐，铜带钩、铜编钟，贝饰，骨饰	
		M147	直线洞室	陶盆	
6	M172打破M156	M172	直线洞室	陶缶，铜带钩	
		M156	偏洞室	陶罐、陶缶，铜带钩	
7	M169打破M164	M169	偏洞室	铜带钩，煤精石	
		M164	直线洞室	陶罐	
8	M167打破M171	M167	直线洞室	陶罐	
		M171	偏洞室墓	陶罐	
9	M184打破M185	M184	直线洞室	陶釜形罐、陶缶	
		M185	偏洞室	无	
10	M175打破M187	M175	偏洞室	陶鼎、陶盒、陶盒盖、陶蒜头壶、陶罐，铜带钩，铁锸	
		M187	偏洞室	无	
11	M178打破M192	M178	直线洞室	陶罐	
		M192	偏洞室	无	

续表

序号	打破关系	墓葬编号	墓葬形制	出土器物	备注
12	M194打破M203	M194	偏洞室	无	
		M203	直线洞室	陶盒、陶壶、陶罐、小陶釜、小陶甑	
13	M191打破M206	M191	偏洞室	无	
		M206	直线洞室	陶罐	
14	M213打破M207	M213	直线洞室	陶鼎、陶盒、陶蒜头壶、陶罐	
		M207	偏洞室	陶罐	
15	M212打破M222	M212	直线洞室	陶罐、陶盆，铜钱	
		M222	偏洞室	陶豆，铜管饰，铁器残块，骨器残件	

第一类墓葬主要特征是墓道形制口小底大。有墓葬1座，为尹王村A型Ⅰ式偏洞室墓M222。

第二类墓葬的主要特征是墓道口底等大。有墓葬6座，分别为尹王村A型Ⅰ式竖穴洞室墓M101、B型Ⅰ式竖穴洞室墓M201，A型Ⅰ式偏洞室墓M151、M162、M169、M240。

第三类墓葬的特征是墓道口大底小、墓室无壁龛。有墓葬138座，分别为尹王村竖穴土坑墓A型Ⅱ式M119、M226，B型Ⅱ式M224、M229、M234；偏洞室墓A型Ⅱ式M102、M105、M106、M107、M108、M113、M114、M116、M117、M118、M120、M123、M126、M127、M128、M134、M135、M139、M141、M145、M146、M154、M156、M157、M159、M160、M161、M165、M170、M171、M173、M174、M176、M179、M182、M185、M186、M187、M188、M190、M192、M194、M195、M196、M197、M199、M200、M202、M207、M208、M211、M215、M216、M217、M218、M230、M236、M246、M247，B型Ⅱ式M130、M132、M133、M148、M155、M158、M191；直线洞室墓A型Ⅱ式M112、M129、M142、M144、M150、M152、M163、M164、M167、M172、M177、M178、M181、M183、M184、M198、M204、M206、M210、M223、M225、M233、M237、M239、M241、M243、M244。西耳村竖穴土坑墓A型Ⅱ式3座M19A、M34、M46，B型Ⅱ式10座M3、M4、M6、M10、M11、M16、M30、M31、M41、M62；偏洞室A型Ⅱ式4座分别为M22、M24、M35、M38；直线洞室墓A型Ⅱ式19座分别为M1、M8、M9、M14、M20、M21、M25、M26、M27、M29、M32、M33、M39、M53、M63、M65、M67、M68、M69，偏洞室B型Ⅱ式4座分别为M2、M17、M36、M43。

第四类墓葬的特征是墓道口大底小、墓室有壁龛。有墓葬40座。分别为尹王村偏洞室墓A型Ⅲ式M168、M238，B型Ⅲ式M175；直线洞室墓A型Ⅲ式M1、M8、M103、M109、M121、M124、M136、M137、M138、M143、M153、M193、M203、M205、M209、M212、M219、M220、M221、M231、M242，B型Ⅲ式M147、M189、M213、M214。西耳村竖穴土坑墓B型Ⅲ式M42；偏洞室墓A型Ⅲ式M5、M13；直线洞室墓A型Ⅲ式M7、M12、M15、M44、M49、M55、M58、M59，B型Ⅲ式M19B。

结合出土陶器的类型学研究，四类墓葬可被分为若干小组（表五）。

第一类墓葬1座，尹王村M222出土B型Ⅰ式陶豆，只能分为第一类第一组。

第二类墓葬6座，出土陶器的有M101一座，出土尹王村B型陶盆、一件陶瓮、一件陶鬲，也只能分为第二类第一组。

第三类墓葬138座出土器物的75座。其中尹王村秦墓出土Aa型Ⅰ式鼎、Ab型Ⅰ式鼎、A型Ⅰ式盒、A型Ⅰ式壶、A型Ⅰ式蒜头壶、Ⅰ式陶缶、Aa型Ⅰ式陶罐、Ba型Ⅰ式陶罐、Bb型Ⅰ式陶罐、A型Ⅰ式大口罐器物的墓葬有M112、M144、M152、M171、M177、M198、M223、M225、M229，计9座为第一组；尹王村秦墓出土Aa型Ⅱ式陶鼎、A型Ⅱ式陶盒、A型Ⅱ式陶壶、A型Ⅱ式蒜头壶、B型Ⅰ式蒜头壶、Ⅱ式陶缶、Aa型Ⅱ式陶罐、Ab型Ⅰ陶罐、Ba型Ⅱ式陶罐、Bb型Ⅱ式陶罐、A型Ⅱ式大口罐器物的墓葬有M139、M144、M156、M183、M198、M206、M207、M223、M225、M241，计10座为第二组；西耳村秦墓出土Aa型Ⅰ式鼎、Ab型Ⅰ式鼎、A型Ⅰ式盒、Aa型Ⅰ式陶壶、Ab型Ⅰ式陶壶、Ac型Ⅰ式陶壶、Ⅱ式陶缶、A型Ⅱ式陶罐、B型Ⅰ式陶罐、C型Ⅰ式陶罐、Ⅰ式陶豆、Ⅰ式陶盆器物的墓葬有M1、M29、M65，计3座为第三组；尹王村秦墓出土Aa型Ⅲ式鼎、Ab型Ⅲ式鼎、A型Ⅲ式盒、A型Ⅲ式蒜头壶、B型Ⅱ式蒜头壶、Ⅲ式陶缶、Aa型Ⅲ式陶罐、Ab型Ⅱ陶罐、Ba型Ⅲ式陶罐、Bb型Ⅲ式陶罐、A型Ⅱ式大口罐、A型Ⅱ式、B型Ⅱ陶豆器物的墓葬有M142、M152、M156、M163、M167、M177、M183、M204、M223、M233、M237、M241，计12座为第四组；西耳村秦墓出土Aa型Ⅱ式鼎、B型Ⅰ式鼎、A型Ⅱ式盒、Aa型Ⅱ式陶壶、Ab型Ⅱ式陶壶、Ac型Ⅱ式陶壶、Ⅲ式陶缶、A型Ⅲ式陶罐、B型Ⅱ式陶罐、C型Ⅱ式陶罐、Ⅱ式陶豆、Ⅱ式陶盆器物的墓葬有M27、M30、M33、M65，计4座为第五组；尹王村秦墓出土Aa型Ⅳ式鼎、Ab型Ⅳ式鼎、Ⅳ式陶缶、Aa型Ⅳ式陶罐、Ba型Ⅳ陶罐、Bb型Ⅳ式陶罐器物的墓葬有M164、M172、M178、M183、M184、M198、M204，计7座为第六组。第四类40座墓葬中出土器物的有39座。其中尹王村秦墓出土Aa型Ⅰ式鼎、Ab型Ⅰ式鼎、A型Ⅰ式盒、A型Ⅰ式壶、A型Ⅰ式蒜头壶、Ⅰ式陶缶、Aa型Ⅰ式陶罐、Ba型Ⅰ式陶罐、Bb型Ⅰ式陶罐、A型Ⅰ式大口罐器物的墓葬有M109、M136、M175、M189、M193、M203、M205、M214、M219、M220、M221，计11座为第一组；西耳村秦墓出土Ⅰ式陶缶、A型Ⅰ式陶罐器物的墓葬有M7、M55、M58，计3座为第二组；尹王村秦墓出土Aa型Ⅱ式陶鼎、A型Ⅱ式陶盒、A型Ⅱ式陶壶、A型Ⅱ式蒜头壶、B型Ⅰ式蒜头壶、Ⅱ式陶缶、Aa型Ⅱ式陶罐、Ab型Ⅰ式陶罐、Ba型Ⅱ式陶罐、Bb型Ⅱ式陶罐、A型Ⅱ式大口罐器物的墓葬有M121、M136、M138、M175、M189、M193、M203、M205、M209、M212、M213、M214、M219、M221、M231、M242，计16座为第三组；西耳村秦墓出土Aa型Ⅰ式鼎、Ab型Ⅰ式鼎、A型Ⅰ式盒、Aa型Ⅰ式陶壶、Ab型Ⅰ式陶壶、Ac型Ⅰ式陶壶、Ⅱ式陶缶、A型Ⅱ式陶罐、B型Ⅰ式陶罐、C型Ⅰ式陶罐、Ⅰ式陶豆、Ⅰ式陶盆器物的墓葬有M5、M7、M42、M49、M55、M58，计6座为第四组；尹王村秦墓出土Aa型Ⅲ式鼎、Ab型Ⅲ式鼎、A型Ⅲ式盒、A型Ⅲ式蒜头壶、B型Ⅱ式蒜头壶、Ⅲ型式陶缶、Aa型Ⅲ式陶罐、Ab型Ⅱ陶罐、Ba型Ⅲ式陶罐、Bb型Ⅲ式陶罐、A型Ⅱ式陶豆、B型Ⅱ陶豆器物的墓葬有M8、M103、M109、M121、M124、M137、M138、M143、M175、M213、M214、M219、M242，计13座为第五组；西耳村秦墓出土Aa型Ⅱ式鼎、B型Ⅰ式鼎、A型Ⅱ式盒、Aa型Ⅱ式陶壶、Ab型Ⅱ式陶壶、Ac型Ⅱ式陶壶、Ⅲ式陶缶、A型Ⅲ式陶罐、B型Ⅱ式陶罐、C型Ⅱ式陶罐、Ⅱ式陶豆、Ⅱ式陶盆器物的墓葬有M7、M13、M15、M19B、M42、M55、M59，计7座为第六组；尹王村秦墓出土Aa型Ⅳ式鼎、Ab型Ⅳ式鼎、Ⅳ式陶缶、Aa型Ⅳ式陶罐、Ba型Ⅳ陶罐、Bb型Ⅳ式陶罐器物的墓葬有M8、M121、M124、M137、M143、M175、M242，计7座为第七组。

表五　墓葬分类、分组

类别	组别	墓葬编号	备注
第一类墓葬	第一组	尹M222	
第二类墓葬	第一组	尹M101	
第三类墓葬	第一组	M112、M144、M152、M171、M177、M198、M223、M225、M229	9座
	第二组	M139、M144、M156、M183、M198、M206、M207、M223、M225、M241	10座
	第三组	M1、M29、M65	3座
	第四组	M142、M152、M156、M163、M167、M177、M183、M204、M223、M233、M237、M241	12座
	第五组	M27、M30、M33、M65	4座
	第六组	M164、M172、M178、M183、M184、M198、M204	7座
第四类墓葬	第一组	M109、M136、M175、M189、M193、M203、M205、M214、M219、M220、M221	11座
	第二组	M7、M55、M58	3座
	第三组	M121、M136、M138、M175、M189、M193、M203、M205、M209、M212、M213、M214、M219、M221、M231、M242	16座
	第四组	M5、M7、M42、M49、M55、M58	6座
	第五组	M8、M103、M109、M121、M124、M137、M138、M143、M175、M213、M214、M219、M242	13座
	第六组	M7、M13、M15、M19B、M42、M55、M59	7座
	第七组	M8、M121、M124、M137、M143、M175、M242	7座

二、墓葬分段、分期与年代推定

根据咸阳周边秦墓的研究，我们分段如下（表六）：

第一段：包含包括第一类第一组，第二类第一组。

第二段：包括第三类第一组、第四类第一组、第二组。

第三段：包括第三类第四组、第五组，第四类第三组、第四组。

第四段：包括第三类第六组，第四类第五组、第六组。

第五段：包括第四类第七组。

再依据各段墓葬的特征，我们对四段墓葬分期如下。

第一期：包含第一段、第二段，相对年代为战国晚期早段，部分墓葬可能会早到战国中期晚段。

第二期：包括第三段，相对年代为战国晚期中段。

第三期：第四段、第五段，相对年代为战国晚期及秦统一。

表六　各段墓葬分期

第一期	第一段、第二段	战国晚期早段，部分到战国中期晚段	备注
第二期	第三段	战国晚期中段	
第三期	第四段、第五段	战国晚期晚段及秦统一	

第四节　西耳村、尹王村秦墓所见西戎文化因素

一、西耳村秦墓出土的铲足跟乳状袋足鬲

西耳村秦墓M33墓葬形制为直线洞室墓，墓道口大于底，葬具应为单棺，葬式为仰身屈肢，出土小口罐、大口罐、铲足跟乳状袋足鬲（图三四九）及两个陶珠。铲足跟乳状袋足鬲在此时期秦墓中偶见。《西安尤家庄秦墓》[①]报告中见一例，为1999年青海军区后勤部M2出土。青M2，形制亦为直线洞室墓，墓室带一小龛，葬式为侧身屈肢，随葬器物为小口罐与乳状袋足鬲，其时代被定为战国晚期晚段。《塔尔坡秦墓》[②]报告中见两例，分别为M23090：1与M26109：1。M23090形制为直线洞室墓，无二层台，墓室有龛，葬式为仰代被定为战国晚期晚段。M26109：1陶鬲虽然此处被看做是M23090：1的二式，但是与西M33：2、M33：99、M2：2差异较大。《任家咀秦墓》[③]报告中亦见两例，分别为M112：1与M91：1。M91葬式是仰身屈肢，头向北，随葬器物为异形陶罐、盆、瓮、铜带钩与乳状袋足鬲，形制为竖穴土坑墓，无二层台，有头箱，一棺一椁，葬式为侧身屈肢，头向西，随葬器物为陶盆、乳状袋足鬲，时代被定为春秋晚期。M112，形制为竖穴土坑墓，无二层台，有头箱，一棺一椁，葬式为侧身屈肢，头向西，随葬器物为陶盆、乳状袋足鬲，时代被定为战国中期。《陇县店子秦墓》[④]报告中最少见6例，分别为M23：1、M27：3、M48：2、M48：3、M50：1、M89：2、M97：1，时代全为统一秦。M23为竖穴土坑墓，单棺，侧身屈肢，出土陶鬲、铁削。M27竖穴土坑墓，单棺，仰身屈肢，乳状袋足陶鬲、陶壶；M48竖穴土坑墓，单棺，仰身直肢，小口圆肩罐、两件乳状袋足鬲；M50竖穴土坑墓，单棺，仰身屈肢，小口圆肩罐、乳状袋足陶鬲；M89竖穴土坑墓，单棺，仰身直肢，小口圆肩罐、乳状袋足陶鬲、陶纺轮；M97竖穴土坑墓，单棺，仰身屈肢，乳状袋足陶鬲。益尔秦墓墓地发现2件乳状袋足鬲，但是整个墓地出土器物未见铜陶礼器、仿铜陶礼器，整个墓地皆是屈肢葬。

以上几例出土乳状袋足鬲的墓葬如果按照滕铭予老师的四类墓葬分析法，都属于C类墓，出土器物未见仿铜陶礼器，也多为一棺墓。有些墓葬出土陶器仅为单件陶鬲，有的与秦式陶缶、陶罐、陶盆同出，说明已与秦人充分融合。其中最值得注意的是12例墓葬中10例墓主葬式是屈肢

① 陕西省考古研究院：《西安尤家庄秦墓》，陕西科学技术出版社，2008年，第109页。

② 咸阳市考古研究所：《塔尔坡秦墓》，三秦出版社，1998年，第122页。

③ 咸阳市文物考古研究所：《任家咀秦墓》，科学出版社，2005年，第157页。

④ 陕西省考古研究所：《陇县店子秦墓》，三秦出版社，1998年，第86、156页。

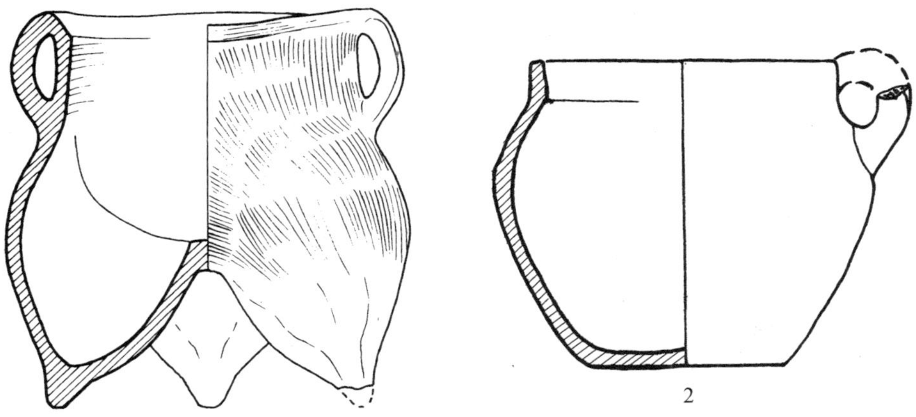

图三四九　西耳村和尹王村出土遗物
1. 乳状袋足鬲（M33：2）　2. 单耳罐（M226：1）

葬，两例是直肢葬。此类墓葬在整个墓地不出土仿铜陶礼器，可能反映了在族群生活中此类人社会地位较低。

铲足跟乳状袋足鬲被俞伟超先生称之为“戎式鬲”，并说秦人不断使用“戎式鬲”作风的陶鬲，至少暗示了秦人与戎人的长期密切关系。[①]张寅在《东周时期关中地区西戎遗存的初步研究》[②]中对乳状袋足鬲进行了类型学分析，并认为关中地区西戎遗存为甘肃东部东周西戎考古学文化的一个次生类型。从历史记载看秦人与西戎是征服与被征服的关系，所以在远离西戎本土的关中，他们被融合进了秦人的族群，只有少量存在，社会地位也比较低下。

二、尹王村秦墓出土单耳罐

尹王村M226墓葬形制为竖穴土坑，有二层台，头向15°，葬式似仰身直肢葬，被战国晚期墓葬M221打破，只出土此件单耳陶罐。此种陶罐在关中地区出土很少。《陇县店子秦墓》[③]报告也曾出土一件标本M93：1（图三五〇）。M93形制为竖穴墓，方向260°，葬式为仰身屈肢葬，也仅出土一件陶罐，墓葬时代为六期，推断为秦代。

在甘谷毛家坪遗址[④]B类遗存中，发现鬲棺葬8组，在文化层及墓葬中有分档大袋足鬲、双耳罐共存，鬲棺葬时代为战国早期。但是未发现单耳罐，宁夏彭堡于家庄墓地单耳罐（图三五一）、双耳罐并存。

查《宁夏彭堡于家庄墓地》[⑤]所报道20余座墓葬中，保存完整人骨的21座中，2座是儿童合葬，其余均是单人仰身直肢葬。竖穴土坑完整的有6座，竖穴土洞墓（直线形）4座、凸字形土洞

① 俞伟超：《古代“西戎”“羌”“胡”等考古学文化的归属问题的探讨》，《先秦两汉考古学论集》，文物出版社，1985年。

② 张寅：《东周时期关中地区西戎遗存的初步研究》，《考古与文物》2014年3期。

③ 陕西省考古研究院：《陇县店子秦墓》，三秦出版社，1998年，第109页。

④ 赵化成、宋涛：《甘肃甘谷毛家坪遗址发掘报告》，《考古学报》1987年3期。

⑤ 宁夏文物考古研究所：《宁夏彭堡于家庄墓地》，《考古学报》1995年1期。

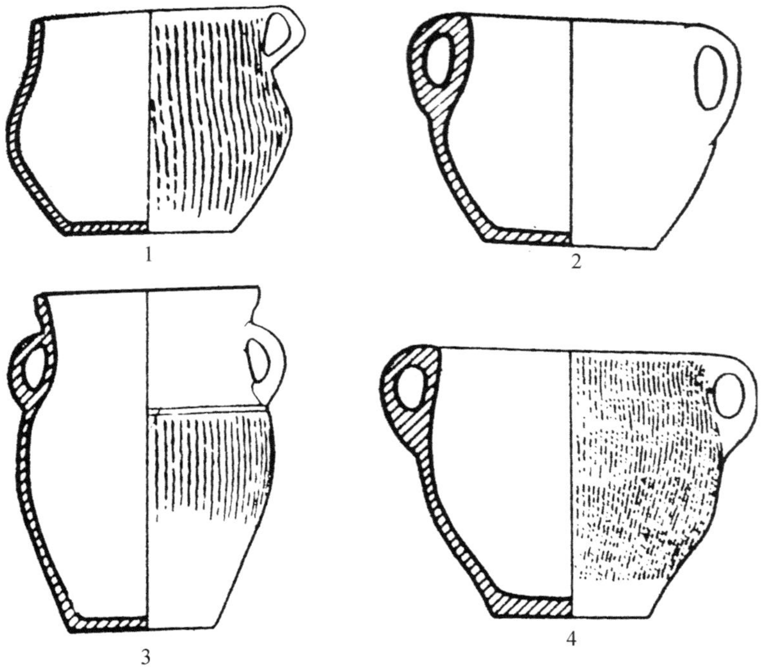

图三五〇　陇县店子秦墓出土双耳、单耳罐

1. 单耳罐（M93：1）　2～4. 双耳罐（M33：1、M91：2、M1：3）

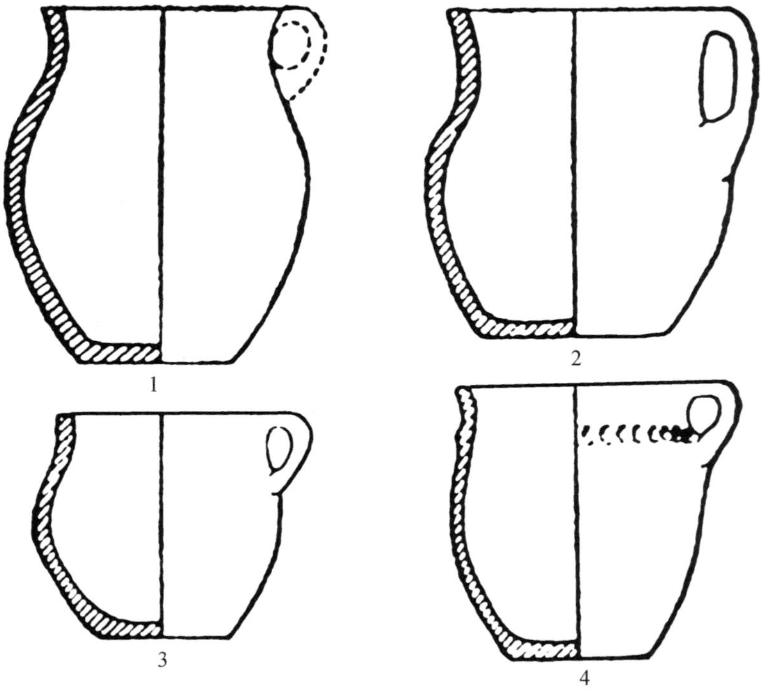

图三五一　宁夏彭堡于家庄墓地出土的陶单耳罐

1. M17：16　2. M2：19　3. M5：1　4. M10：2

墓（在墓道长边中间垂直开出墓室）7座、刀形偏洞室墓（在墓道一角开出一洞室）4座、凹字形土洞墓（竖穴墓道双洞室）1座，出土陶器7件，一件为双耳罐、其余为单耳罐。铜器673件，器形有剑、戈、刀、鹤嘴斧、釜、凿、锥、马衔、节约、管装饰、牌饰、泡饰、扣饰、车軎等，墓葬普遍殉葬完整的马、牛、羊头骨、颌骨或蹄骨。此批墓葬的年代春秋晚期战国早期，编者推测族属为西戎文化。

单月英把以陇山为中心的甘肃东南部和宁夏南部地区分为北文化带第一区。在论述北文化带春秋晚期至战国中期早段的考古学文化特征及人群构成时说北文化带出土物也基本属于兵器、马具和装饰品这三大类。在器物造型与装饰风格方面，乌恩曾指出中国北方的早期铁器时代文化同蒙古、外贝加尔、阿尔泰、图瓦地区同时期文化之间具有更多的相似之处，这些都说明北文化带在该阶段应属于欧亚草原早期铁器时代文化的一部分。居住人群应为诸戎，如义渠、乌氏等。[①]

关中秦墓中的双耳罐发现较多，有咸阳任家嘴秦墓、高陵益尔、华县东阳秦墓、陇县店子秦墓等（图三五二）。这些墓葬大多同出秦式器物，说明这些墓主已经采用秦人器物陪葬。但是也未见仿铜陶礼器，在秦墓分类中可以分为C类墓。乳状袋足鬲与双耳罐共存是西戎，双耳罐、单耳罐共存是义渠戎或乌氏戎。

① 单月英：《东周秦代中国北方地区考古学文化格局——兼论戎、狄、胡与华夏之间的互动》，《考古学报》2015年第3期。

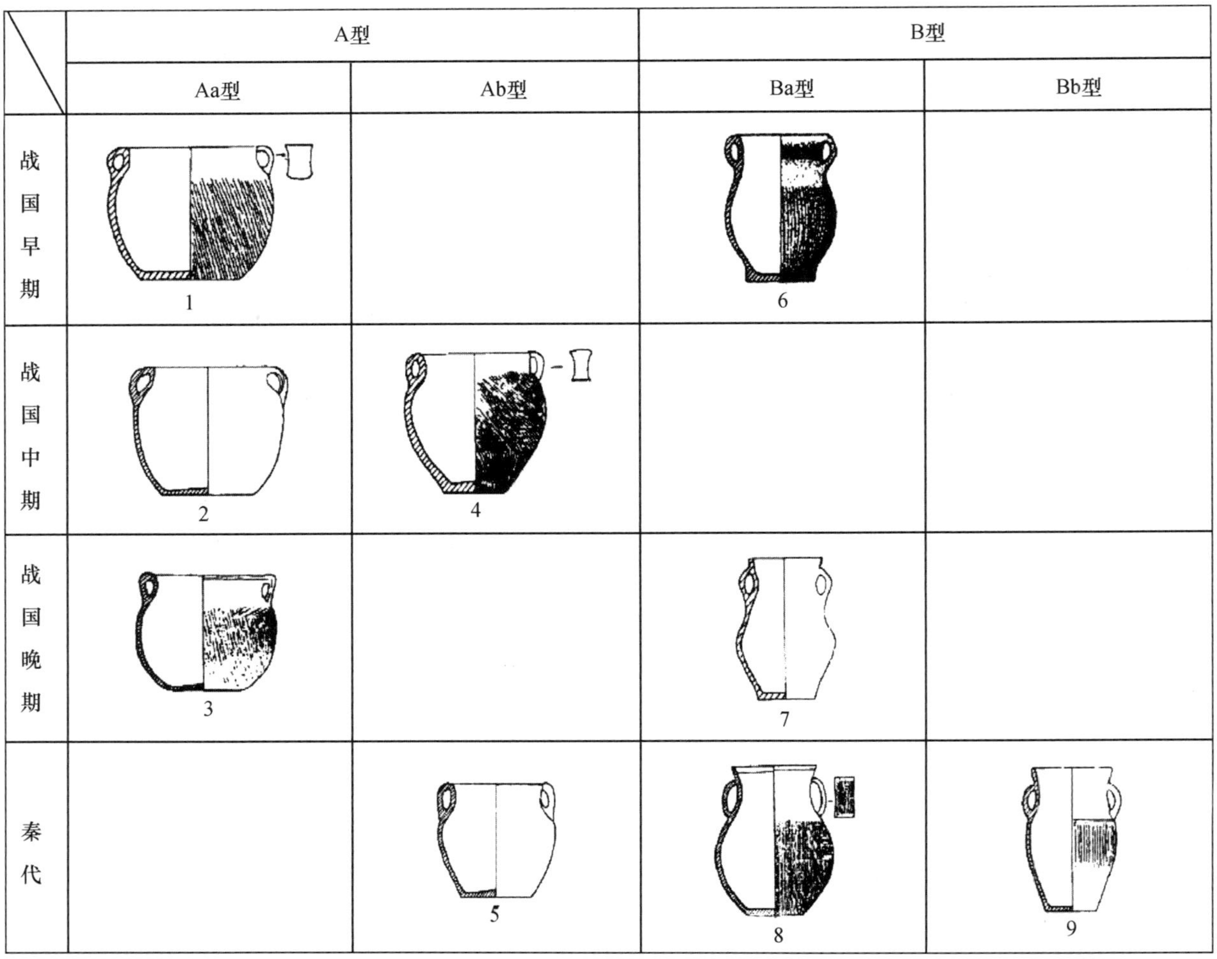

注：选自张寅：《东周时期关中地区西戎遗存的初步研究》，《考古与文物》，2014年3期。

图三五二　关中所出双耳罐分期图

1. Aa型Ⅰ式咸阳任家咀（M157∶1）　2. Aa型Ⅱ式华县东阳（M10∶3）　3. Aa型Ⅲ式高陵益尔（M49∶1）　4. Ab型Ⅰ式咸阳任家咀（M13∶2）　5. Ab型Ⅱ式华县东阳（M30∶1）　6. Ba型Ⅰ式陇县韦家庄（M15∶2）　7. Ba型Ⅱ式宝鸡李家崖　8. Ba型Ⅲ式凤翔高庄（M7∶7）　9. Bb型陇县店子秦墓（M91∶2）

下编　咸阳周边秦墓研究

第一章 概 述

第一节 秦都咸阳遗址的考古发现与研究

咸阳因位于九嵕山之南、渭水之北而得名，山南水北皆为阳，故名咸阳。从秦孝公十二年（公元前350年）令商鞅“筑冀阙”、徙都咸阳至汉高祖刘邦定都长安（公元前206年），咸阳作为秦都长达144年。正是在这里秦完成了对全国的统一，也正是在这里秦制定了一系列巩固统一的措施，以至于影响中国历史两千多年。因此咸阳城在秦的都城发展史乃至中国古代都城发展史上都具有非常重要的地位。

从历史记载分析，咸阳城的建设可大概分为三个时期。第一时期初创阶段，孝公、惠文王时期，咸阳核心区位于渭河以北。《史记》卷5《秦本纪》载“孝公十二年，作为咸阳，筑冀阙，秦徙都之”。《汉书·五行志》云“惠文王初都咸阳，广筑宫室，南临渭，北临泾”。惠文王“取岐雍巨材，新作宫室，南临渭，北逾泾[①]”。第二时期发展阶段，昭王后期、始皇帝前期。“秦于渭南有兴乐宫，渭北有咸阳宫，秦昭王欲通二宫之间，造横桥，长三百八十步[②]”形成了“渭水灌都以象天汉，横桥南渡以法牵牛”的壮观景观。其实在惠文王时期渭南部分亦有建设。《史记》卷6《秦始皇本纪》亦云“秦每破诸侯，写放其宫室，作于咸阳北坂上，南临渭，自雍门以东至泾渭，殿屋复道周阁相属，所得诸侯美人钟鼓，以充入之”。第三时期辉煌阶段，始皇帝后期。“三十五年……始皇以为咸阳人多，先王之宫廷小。吾闻周文王都沣，武王都镐，沣镐帝王之都也。乃营做朝宫渭南上林苑中，先做阿房前殿，东西五百步，南北五十丈，上可以坐万人，下可以建五丈旗[③]”。“自极庙道通骊山，做甘泉前殿，筑甬道，自咸阳属之”[④]。《三辅黄图》云“阿房宫亦名阿城，惠文王造，宫未成而亡，始皇广其宫，规恢三百余里，离宫别馆，弥山跨谷，辇道相属，阁道通骊山八十余里，表南山之颠以为阙，络樊川以为池”。可见其规模的恢弘。

四十年来经过几代考古工作者的努力，咸阳城的位置、规模范围、墓葬区等问题逐渐清晰起来。20世纪70年代刘庆柱先生认为据遗址调查及考古发掘出土的遗迹、遗物资料，并结合历史、地

---

① 陈直校正：《三辅黄图·序》，陕西人民出版社，1985年。

② 赵岐：《三辅旧事》，三秦出版社，2006年。

③ 《史记》卷6《秦始皇本纪》。

④ 《史记》卷6《秦始皇本纪》。

理文献研究，可将秦都咸阳城西界大体定于窑店公社的毛王沟附近，东界大体定于柏家嘴（若包括兰池及兰池宫遗址则应起于肖家村）；北由高干渠，南至草滩农场附近（秦代渭河北岸，现由于河道变迁而成为南岸）。都城东西6千米（若自肖家村算起则为7.5千米），南北7.5千米[①]。近些年徐为民先生认为目前咸阳城的范围可以确定为西起石桥乡的何家、杨村，东至红旗乡的柏家嘴东西长24千米。秦惠文王时期秦都咸阳已经不再局限于渭河以北，在渭河南岸修建了兴乐宫、信宫、诸庙、章台、上林苑等，成为都城的一部分。咸阳城横跨渭河两岸[②]。不同时期，人们对于城址涵盖内容的理解不同，所限定范围必然不同，加之秦都咸阳至今没有找到外郭城，甚至对于外郭城的有无都有极大的争议，所以咸阳城范围的讨论是正常的。本书下编拟从中小型墓葬分布的角度出发，向内压缩，逐条检索已经发现的考古遗存，或许对咸阳城的有无、范围的讨论提供新的思路。

历年来考古工作者在东至临潼区代王镇、西至兴平市阜寨乡、北至泾阳县城、南至长安区郭杜镇东西长66、南北宽42千米范围内发现了战国中晚期、秦以至于汉初的城墙、宫殿遗址、作坊、窖藏、道路、桥梁、离宫别馆、墓葬等遗迹，我们将从这些遗迹入手，从时间、空间、相关性等方面上分析那些遗迹与咸阳城有关，那些与咸阳城无关，去除不相关咸阳城的遗迹，从建城后墓葬空间分布及其变化的角度，对咸阳城的范围、变化提出看法。

1. 城址、城墙、宫殿遗迹

秦咸阳城遗址，位于咸阳市渭城区窑店镇一带，东至正阳镇柏家咀村，西至渭阳镇摆旗寨，北至高干渠，南至渭河，时代为战国至秦，现存面积约20平方千米。城址中部偏北钻探出周长约2747米的夯土墙基，平面略呈长方形，应为宫城城墙。宫城内外探明大中型建筑遗址33处。遗址皆为版筑夯土，密度坚实，夯层坚硬。从其残余的建筑结构及其遗存的大量砖瓦和富有装饰性的图案瓦当、龙凤纹空心砖显示均为秦咸阳城区的建筑遗址；大部分分布于窑店镇以北的塬上和塬坡。一至七号建筑遗址分布在13号公路以东至姬家道沟以西、东西约830余米的宫城范围内；柏家嘴有遗址6处，泾阳县余家堡有遗址1处；其他16处皆位于宫城外东、西、北三面。已发掘4处，均属战国时期遗存，应为咸阳宫的早期建筑[③]。

咸阳宫一号建筑遗址，位于牛羊沟西侧，与东侧的二号宫殿遗址东西对称分布。1974～1975年发掘。整体平面呈东西向凹字形，东西长177米，南北宽45米。遗址东侧被牛羊沟冲毁。环绕主体高台建筑有10室，其外还分布回廊及4处排水池。建筑墙壁原绘壁画。出土大量砖、瓦、陶水管和

① 刘庆柱：《秦都咸阳的几个问题初探》，《文物》1976年11期。

② 徐卫民：《秦汉都城研究》，三秦出版社，2012年。

③ 陕西省社会科学院考古研究所渭水队：《秦都咸阳故城遗址的调查和试掘》，《考古》1962年6期。国家文物局：《中国文物地图集陕西分册》（下），西安地图出版社，1998年，第347页。陕西省考古研究院：《秦都咸阳考古报告》，科学出版社，2004年，第10页。

铜、铁、陶类生活用具。报告编者认为该遗址营建于公元前350年之战国中期①。

咸阳宫二号建筑遗址，位于牛羊沟东侧，一号建筑遗址西北。1980年发掘约700平方米，为多层建筑。遗址东西长127米，南北宽32.8～45.5米。属于大型高台建筑，发现台上、台下宫室遗迹5处及围绕高台遗迹的回廊等。建筑内发现有壁画。出土大量空心砖、菱形圆角砖、板瓦、铜钱、兵器、车马具等。经对F1室中木炭取样^{14}C测定距今2380±70年②。

咸阳宫三号建筑遗址，位于二号建筑遗址东南73米，东北距一号建筑遗址仅10米，三者以回廊相通。基址高台平面呈长方形，长123米，南北宽60米。环绕高台的有屋宇、回廊及其附属建筑的台阶、窖藏、排水池等。墙壁上有壁画。出土大量砖、瓦、瓦当等建筑材料及铜带钩、铁环、陶罐等。1985年在三号宫殿遗址1室北门门槽底部木炭采样^{14}C测定距今2290±80年③。

咸阳宫宫墙遗址，位于窑店乡牛羊村至姬家道村。1960～1973年钻探。墙基为东北—西南长方形，钻探实测周长2747米，夯土厚0.1～4.6米。东墙位于姬家道沟南端，南起芦苇坑西缘，北至沟口稍北，复原长度为426米，方向为北偏东11度。墙基距地表0.8～1.1米，宽6～11米，夯土厚0.4～0.8米；南墙与东墙呈97度角西南延伸至13号公路，全长902米；西墙位于13号公路东侧，残长576米；北墙呈93度斜角东行至姬家道沟西断崖上，长843米；姬家沟西断崖上墙基距地表深1.5米，墙基宽5.5米，厚2米。墙基系挖槽构筑。勘探发现城门遗址两处、城壕遗迹两处。从墙基两侧较多战国的板瓦、筒瓦残片和少量鬲、釜、盆、罐等陶器残片推断，夯墙修筑于战国时期④。

兰池宫遗址（六至十三号遗址），与咸阳宫一号建筑遗址东西对峙，两者相距约3.5千米。发现宫殿基址6处，并暴露长6.5米的房屋居住面。堆积层中有细绳纹筒瓦、板瓦、云纹瓦当及铺地砖、龙凤纹和素面空心砖等。遗址内曾出土“兰池宫当”文字瓦当⑤。

望夷宫遗址（十四号宫殿遗址），位于泾阳县蒋刘乡余家堡村东北600米处的泾河南岸。南距秦都咸阳1号宫殿遗址约8千米，现存面积约10万平方米。遗址南部有一大型夯土基址，东西长98米，南北宽34米。采集有葵纹、云纹、素面瓦当，回纹、素面空心砖，回纹、太阳纹、素面方砖及

---

① 国家文物局：《中国文物地图集陕西分册》（下），西安地图出版社，1998年，第347页。秦都咸阳考古工作站：《秦都咸阳第一号宫殿建筑遗址简报》，《文物》1976年11期。陕西省考古研究所：《秦都咸阳考古报告》，科学出版社，2004年，第283页。

② 国家文物局：《中国文物地图集陕西分册》（下），西安地图出版社，1998年，第357页。陕西省考古研究所：《秦都咸阳考古报告》，科学出版社，2004年，第13页。

③ 国家文物局：《中国文物地图集陕西分册》（下），西安地图出版社，1998年，第347页。陕西省考古研究所：《秦都咸阳考古报告》，科学出版社，2004年，第450页。咸阳市文管会，《秦都咸阳第三号宫殿建筑遗址发掘简报》，《考古与文物》1980年2期。

④ 国家文物局：《中国文物地图集陕西分册》（下），西安地图出版社，1998年，第347页。陕西省考古研究所：《秦都咸阳考古报告》，科学出版社，2004年，第12页。

⑤ 国家文物局：《中国文物地图集陕西分册》（下），西安地图出版社，1998年，第348页。陕西省考古研究所：《秦都咸阳考古报告》，科学出版社，2004年，第14页。陈国英：《秦都咸阳考古工作三十年》，《考古与文物》1988年5、6期。

绳纹筒瓦、槽型板瓦等[①]。

阿房宫遗址，位于三桥镇南，东至沣惠支渠，南至和平村，西至长安区纪阳寨，遗址面积6平方千米。1956年以来多次调查，1974～1976年部分勘探、发掘。现存阿房宫前殿等夯土台基或基址19处。遗物以建筑材料为主，有方格纹、几何纹铺地砖和空心砖，绳纹板瓦、筒瓦和瓦当及陶水管道、陶弯头、陶井圈等。另出土有铜、陶等生活用具及货币等。2002年以来阿房宫遗址考古队对多处遗址进行了勘探与发掘，表明其时代大多在战国时期，除前殿遗址外其他与建于秦统一后的阿房宫遗址无涉[②]。

阿房宫前殿遗址，位于三桥镇赵家堡村、聚驾庄村西、大小古城村东南。东自赵家堡村、聚驾庄村，西至长安县古城村，目前仍保留东西长1200、南北宽410、高出地面7～9米的巨型夯土台基。经过勘探得知前殿的实际范围为东西长1270米，南北宽426米。台面南部略低，北部略高，一般高出地面约3米，最高处约12米。夯层整齐、清晰。在距地表1.2米处，发现大面积路土，厚3～5厘米，长770、宽50米，显示广场南有四条道路向南延伸。在前殿遗址东端约120米处发现一条长150、宽6米的道路，通向上天台遗址。前殿遗址内发现有烧灰、烧土、石基，并散布大量绳纹板瓦、筒瓦、葵花纹瓦当、陶水管道等。1979年出土青玉高足杯1件。2002年10月～2004年12月阿房宫遗址考古队勘探与发掘表明前殿只完成了夯土台基及其三面围墙的建筑[③]。

上天台遗址，位于三桥镇阿房宫村南侧，西南距前殿遗址约400米，现存平面略呈圆形的夯土台基，底部周长230米，高14.98米。经勘探其东、北、西三面皆有夯土基址，约东西长400米，南北宽110米，现存面积15820平方米。据调查在台基周围曾发现石柱础、下水管道、门址、甬道等遗迹。2005年4月至2006年12月，阿房宫考古队对其进行了勘探与发掘，表明该遗址（上林苑四号建筑遗址）是战国时代的高台建筑遗址，澄清了将四号建筑遗址作为"阿房宫上天台"的讹传[④]。

磁门石遗址，位于未央区三桥镇蔺高村西北500米，当时认定为阿房宫北阙门遗址。1958年调查时存在平面不规则夯筑高台，东西45米，南北15米，斜坡长73米，顶部直径12米。台周散布有条砖、绳纹板瓦等。阿房宫考古队2007年3月曾对该遗址进行了勘探与试掘，发现该遗址夯土台基南北长57.5米，东西宽48.3米，厚3.7米。上部建筑部分现存南北最长45米，东西最宽26.6米，高出地表1.5至2.4米。结论判断该遗址（上林苑六号建筑遗址）是一座高台宫殿建筑，而不是一座门址，

① 国家文物局：《中国文物地图集陕西分册》（下），西安地图出版社，1998年，第348页。陕西省考古研究所：《秦都咸阳考古报告》，科学出版社，2004年，第17页。

② 国家文物局：《中国文物地图集陕西分册》（下），西安地图出版社，1998年，第48页。社会科学院考古所、西安市文物保护考古研究院、西安市秦阿房宫遗址保管所：《阿房宫考古发现与研究》，文物出版社，2014年，第57页。

③ 国家文物局：《中国文物地图集陕西分册》（下），西安地图出版社，1998年，第48页。社会科学院考古所、西安市文物保护考古研究院、西安市秦阿房宫遗址保管所：《阿房宫考古发现与研究》，文物出版社，2014年，第61、74、115页。

④ 国家文物局：《中国文物地图集陕西分册》（下），西安地图出版社，1998年，第49页。社会科学院考古所、西安市文物保护考古研究院、西安市秦阿房宫遗址保管所：《阿房宫考古发现与研究》，文物出版社，2014年，第60、177页。

建筑时代比秦始皇统一后修建的阿房宫早，所以不属于阿房宫建筑[①]。

章台，位于汉长安城的未央宫前殿，未央宫前殿是在章台宫的基础上修建的。未央宫前殿南北长350米，东西宽200米。在前殿遗址的汉代建筑之下发现叠压的战国时期秦砖、瓦、瓦当的遗物，当为秦章台的建筑构件[②]。

兴乐宫，汉代的长乐宫是在秦兴乐宫基础上修建的。秦时兴乐宫地望当在汉长安城东南方。兴乐宫中有"鸿台"。秦"鸿台"毁于汉惠帝的火灾，出土的飞鸿图像与"延年"文字结合的瓦当，当是当年鸿台建筑的遗物[③]。

芷阳故城，位于临潼区韩峪乡油王村、洪庆堡村之间。战国—西汉，面积约3.4平方千米，暴露有长29米，残宽3米，残高0.2米的夯土台基，还发现铸钱及陶窑遗址。1982年试掘400余平方米，揭露出居址、陶窑、石子路面等。采集或出土陶器有盆、釜、罐、鬲、盘、豆、甑、盂等。陶罐上往往印有"芷""王""日利""河阳"等陶文；建筑材料有方砖、空心砖、筒瓦、板瓦、瓦当、圆形陶水管，铜器有洗、灯、釜、甑、镞、带钩等；铁器有臿、削、锛、镞，以及骨锥料珠、石料、泥范、铜骑士俑、"半两"、"五铢"钱等[④]。

丽邑、新丰故城，位于临潼区新丰镇沙河村南侧。时代秦汉。1987、1990年调查。

处于渭河南岸二级台地上，城址平面呈长方形，城址长600、宽670米。夯土厚8～12厘米。城墙夯土中含有秦代砖、瓦残片。城内发现建筑基址和街道遗址。采集有绳纹板瓦、筒瓦、云纹瓦当、半瓦当、砖、五角形陶水管道等[⑤]。

栎阳故城，位于阎良区武屯乡官庄、新义、东西党家、南丁、花刘、汤家村。时代战国—汉。1963、1980～1981年勘探、试掘。面积约4.2平方千米，城址呈长方形，城址东西长2500、南北宽1600米。夯土厚50～60厘米。发现西门址2座、角门址1座，钻探出城内道路13条。城内还发现夯筑基址7处。另有居住及作坊、水井等遗址15处。城东南、东北、西北为墓葬区。历年出土有铺地砖、空心砖、绳纹筒瓦、板瓦、云纹、葵纹、素面瓦当、圆形陶水管、陶碗、盂、罐、甑、壶、

---

① 国家文物局：《中国文物地图集陕西分册》（下），西安地图出版社，1998年，第62页。社会科学院考古所、西安市文物保护考古研究院、西安市秦阿房宫遗址保管所：《阿房宫考古发现与研究》，文物出版社，2014年，第182页。

② 王学理：《咸阳帝都记》，三秦出版社，1999年，第39页。徐卫民：《秦汉都城研究》，三秦出版社，2012年。

③ 王学理：《咸阳帝都记》，三秦出版社，1999年，第39页。徐卫民：《秦汉都城研究》，三秦出版社，2012年。

④ 陕西省考古研究所秦俑考古队、临潼县文物工作队：《秦芷阳制陶作坊遗址清理简报》，《考古与文物》1995年5期。张海云：《芷阳遗址调查简报》，《文博》1985年3期。国家文物局：《中国文物地图集陕西分册》（下），西安地图出版社，1998年，第75页。

⑤ 林泊：《陕西临潼汉新丰遗址调查》，《考古》1993年10期。国家文物局：《中国文物地图集陕西分册》（下），西安地图出版社，1998年，第76页。

缸、鬲、金饼、铜镜等[①]。

2. 作坊、窖藏遗迹

秦都咸阳窑址，集中分布在胡家沟、聂家沟、刘家沟、陈家沟、前排村、红旗村、柏家咀等地，分布范围东西约8千米。发现陶窑90座，其中战国窑址14座，出土有板瓦、筒瓦、瓦当、瓦坯、砖坯、陶盆、罐以及器托、支垫等窑具[②]。

聂家沟作坊遗址，位于窑店乡聂家沟村。在咸阳城宫殿区西侧，是一处制砖瓦、冶铜、铸铁的大型作坊遗址。发现陶窑4处，以及大量铁块、铁渣和黄绿色堆积层。出土铸造铜器的陶范残块多件[③]。

胡家沟作坊遗址，位于窑店乡胡家沟村。秦代。在宫殿区西侧，面积7936平方米，发现为宫廷烧制砖、瓦的陶窑29座，出土的部分残瓦上有"周""古"等表示官署生产标记的戳印。与此地相去不远的西北作坊内发现素面瓦当、绳纹瓦及烧结变形的龙凤纹空心砖残件[④]。

滩毛窑址，位于窑店乡滩毛村。秦代。在秦咸阳城西隅，面积不详。1960～1963年试掘，清理陶窑4座、窑穴6座，出土大量陶器和制陶工具。窑穴系长方形土坑，其内均堆放倒置陶器，计有盆、罐、钵、甑、镂孔深腹盆、鼎、盘、器盖、轮形器、纺轮等，许多陶器上有地名或工匠姓名的印文。同出土有陶拍、陶垫、陶印章、陶鸟头饰、筒瓦、板瓦、瓦当、秦半两、铜带钩、铜镞和石刀、骨珠等，100余件[⑤]。

西南沙坑窖藏，位于窑店乡长陵火车站西南。秦代。1982年发现，窖藏形制不详。出土铜器320余件，大部分残，计有车饰、兵器、建筑构件、生产工具、生活器皿、装饰品、半两钱以及铜人像1尊、秦二世皇帝铜诏版1件[⑥]。

南沙坑窖藏，位于窑店乡长陵车站南。秦代。1962年发现，窖藏形制不详。出土各类铜制品280余件、货币140枚。其中铜器有鉴、鼎、盒、提勺、三足架、带钩、铺首，兵器有弩机、镞、矛、游环、方策、衔、盖弓帽，货币等。还有秦始皇残铜诏版3块及印章、套管、"工"字形零

---

① 陕西省文管会：《秦汉栎阳城址初步勘探记》，《文物》1966年1期。中国社会科学院考古所栎阳发掘队：《秦汉栎阳城址勘探及试掘》，《考古学报》1985年3期。刘庆柱、李毓芳：《西汉十一陵》，陕西人民出版社，1987年。国家文物局：《中国文物地图集陕西分册》（下），西安地图出版社，1998年，第91页。

② 秦都咸阳考古站：《秦都咸阳古窑址调查与试掘简报》，《考古与文物》1986年3期。国家文物局：《中国文物地图集陕西分册》（下），西安地图出版社，1998年，第349页。

③ 陈国英：《秦都咸阳考古三十年》，《考古与文物》1988年5、6期。国家文物局：《中国文物地图集陕西分册》（下），西安地图出版社，1998年，第349页。

④ 陈国英：《秦都咸阳考古三十年》，《考古与文物》1988年5、6期。国家文物局：《中国文物地图集陕西分册》（下），西安地图出版社，1998年，第349页。

⑤ 陕西省博物馆、文管会勘探小组：《秦都咸阳古城遗址发现的窑址与铜器》，《考古》1974年1期。国家文物局：《中国文物地图集陕西分册》，西安地图出版社，1998年，第349页。

⑥ 陈国英：《秦都咸阳考古三十年文章名称》，《考古与文物》1988年5、6期。国家文物局：《中国文物地图集陕西分册》（下），西安地图出版社，1998年，第349页。

件、铜条等[①]。

北沙坑窖藏，位于窑店乡长陵车站北。秦代。1961年发现。窖藏形制不详。出土铜器、铁器共达500余千克。铜、铁器大多被烧熔变形。同出1块完整的秦始皇铜诏版，版作长方形[②]。

二道塬钱币窖藏，位于窑店乡窑店村北。秦代。1980年出土陶瓮1件，内有秦半两钱约25千克[③]。

油王铸钱遗址，位于临潼区韩峪乡油王村西南，芷阳故城内。战国—秦。面积不详，表面散布大量铜渣、铜料、骨料、石料、泥范、绳纹筒瓦、板瓦、陶釜、罐、盆等残片。1983年9月，在距地表1米处出土秦铜质半两钱母范1件。范平面长方形，长30厘米，宽10～10.2厘米，厚1.75～2厘米，范面浇道两侧各有半两钱模7枚[④]。

3. 道路、桥梁等遗迹

南北向大路，考古工作者在咸阳市窑店镇南的东龙村南150米处的渭河北岸，发现一条南北向道路，东西宽50米，路土厚0.3米，距地表深1.4米。该路是秦都咸阳遗址发现道路中最宽的，向渭河南延伸恰与汉长安城的横门相对，北为牛羊村东西的二道塬和半亩地，西起胡家沟、东至山家沟为秦都咸阳的宫殿区[⑤]。

中渭桥遗址，2012年在西安北郊汉长安城厨城门北面的河滩上发现数处大型木结构桥梁遗址。三座桥梁遗址皆位于西席村北，正对汉长安城北墙中间城门厨城门，被称为“厨城门桥”；一座位于高庙村北，正对汉长安城北墙洛城门，称为“洛城门桥”。现已发掘厨城门一号桥、三号桥及洛城门桥。“一号古桥”南北长约880、宽约16米，西北6800米左右为咸阳宫一号、二号宫殿遗址，根据碳十四的测年资料与出土现状，发掘者认为可能是文献所载的“中渭桥”。因为在横城门没有发现渭河桥遗址，而“一号古桥”的位置和规模最接近，因此“一号古桥”有可能就是历史上著名的“中渭桥”，或为横桥[⑥]。

沙河古桥遗址，沙河桥遗址位于咸阳市秦都区钓台镇资村西南的沙河河道，一号桥清理出木桥桩16排、112根，每排间距3～6米，已经露出的木桩高2米左右，直径为40厘米。桥南端最末一排

① 陕西省博物馆、文管所勘查小组：《秦都咸阳故城遗址发现的窑址和铜器》，《考古》1974年1期。陈国英：《秦都咸阳考古三十年》，《考古与文物》1988年5、6期。国家文物局：《中国文物地图集陕西分册》（下），西安地图出版社，1998年，第349页。

② 陈国英：《秦都咸阳考古三十年》，《考古与文物》1988年5、6期。国家文物局：《中国文物地图集陕西分册》（下），西安地图出版社，1998年，第347页。

③ 陈国英：《秦都咸阳考古三十年》，《考古与文物》1988年5、6期。国家文物局：《中国文物地图集陕西分册》（下），西安地图出版社，1998年，第349页。

④ 张海云：《陕西临潼油王村发现秦“半两”铜母范》，《中国钱币》1987年4期。国家文物局：《中国文物地图集陕西分册》（下），西安地图出版社，1998年，第75页。

⑤ 孙德润等：《渭河三桥初探》，《考古与文物》丛刊第三号，1983年。

⑥ 陕西省考古研究院、社科院考古所、西安市文物保护考古研究院：《西安市汉长安城北渭桥遗址》《考古》2015年7期。

桥桩内外共发现7块约700厘米×110厘米×7厘米的巨型铁板，重约2～3吨。二号桥在一号桥东300米处，发现5排41根木桩，排距8米左右，露出的木桩高2～3米，还发现9.54米方形大桥梁一根。两座桥均宽16米，据文献所载，根据当时河道的宽度推测，这座桥长约500米。在桥址附近出土变形夔纹瓦当、五角水道、素面半瓦当、绳纹筒瓦、板瓦等。碳同位素年代一号桥始建于战国末期或秦迁都咸阳不久。根据文献记载并结合实地考察，有专家认为古桥所在的现今沙河曾是古沣水的主河道，两座桥是秦汉时期首都咸阳和长安去往皇家园林上林苑和长杨宫、五柞宫、黄山宫及巴蜀等地跨渡沣水的古沣水桥遗址①。

4. 其他遗迹

黄家沟铜盉出土点，位于窑店乡黄家沟村。秦代。出土情况不详。1974年出土铜盉1件，腹、盖均饰弦纹，下腹刻“廖大”二字，器底刻“大官四斗”四字②。

路家坡金币出土点，位于窑店乡路家坡村。秦—战国。出土情况不详。1972年出土楚国金币8枚，枚重230～260克，其上均阳文“陈爰”方形印记③。

庞李遗址，位于正阳乡庞李村西北。秦代。面积约14万平方米。地表散布大量空心砖、绳纹板瓦、筒瓦等④。

史村遗址，位于韩家湾乡史村北60米，秦—汉。面积约4.2万平方米，暴露有灰层。地表散布大量绳纹板瓦、筒瓦、瓦当、铺地砖及灰陶罐、盆残片⑤。

马家台遗址，位于正阳乡马家台西南1千米。面积约1500平方米。1985年钻探、试掘。发现夯土房屋基址4座，残墙上绘有人物、仪仗、神怪、动物、植物等内容壁画。采集有龙凤纹空心砖、云纹瓦当、绳纹筒瓦、板瓦等⑥。

5. 墓葬遗迹

（详见第二节咸阳周边秦墓的分布与分区）。

① 段清波、吴春：《西渭桥地望考》，《考古与文物考》1991年4期。

② 陕西省博物馆：《咸阳市出土秦代铜盉》，《考古与文物》1989年6期。国家文物局：《中国文物地图集陕西分册》（下），西安地图出版社，1998年，第349页。

③ 咸阳市博物馆：《咸阳市近几年发现的一批秦汉遗物》，《考古》1973年3期。国家文物局：《中国文物地图集陕西分册》（下），西安地图出版社，1998年，第349页。

④ 国家文物局：《中国文物地图集陕西分册》（下），西安地图出版社，1998年，第349页。

⑤ 国家文物局：《中国文物地图集陕西分册》（下），西安地图出版社，1998年，第349页。

⑥ 国家文物局：《中国文物地图集陕西分册》（下），西安地图出版社，1998年，第347页。

第二节 咸阳周边秦墓的分布与分区

一、咸阳周边秦墓的分布

历年来，在北至泾阳县城，东至临潼区代王街道，南至长安区郭杜镇，西至兴平市田阜乡，东西长66、南北宽42千米范围内，经过发掘、勘探或施工过程中偶尔发现，证实存在秦墓的有以下地点（图三五三）。

1. 秦始皇陵

位于西安市临潼区骊山镇4千米。1974年以来对陵区和陵园进行全面的勘查，探明陵区总面积56.25平方千米，陵园面积2.04平方千米，有内外两重长方形的夯土城垣，陵冢位于内城南部。发掘了一号、二号、三号、铜车马、铠甲等陪葬坑。陵区出土遗物除各类兵器、陶俑外，陶器有瓮、罐、鼎、壶、甑、盆、钵等，铁器有锛、臿、铲、刀、削、锤以及钳等刑具，铜器有鼎、缶、甑、盘、镜、印章及半两钱等。1979年建立秦始皇兵马俑博物馆①。

2. 下和秦墓

位于临潼区骊山镇下和村，三号兵马俑坑西150米，面积约1000平方米。地面无封土，经钻探为一斜坡墓道"甲"字形土坑墓②。

3. 临潼上焦村秦墓

位于临潼区秦始皇陵东侧上焦村，陵园外城东侧300米，当是秦皇室陪葬墓。1977年共清理墓葬17座，均为"甲"字形墓，分为斜坡墓道方坑墓和斜坡墓道方坑土洞墓。随葬器物有金、银、铁、陶、玉、蚌、贝、骨、漆器及丝绸残迹等约200件。其中铜印上刻有"荣禄""阴嫚"等字，银蟾蜍上刻有"少府"二字。无法确定年代③。

4. 王俭秦墓

位于骊山镇王俭村。秦代。1986年4月清理。为小型土坑砖棺墓，棺内仅见孩童碎骨，无随葬品。所砌砖棺共用方砖两块，大、中型条砖18块和小型砖4块，砖面饰细绳纹。砖的质地、规格、

① 田静：《十年来秦始皇陵考古与秦文化研究综述》，《西安财经学院学报》2009年1期。国家文物局：《中国文物地图集陕西分册》（下），西安地图出版社，1998年，第82页。

② 国家文物局：《中国文物地图集陕西分册》（下），西安地图出版社，1998年，第82页。

③ 秦俑考古队：《临潼上焦村秦墓清理简报》，《考古与文物》1980年2期。国家文物局：《中国文物地图集陕西分册》（下），西安地图出版社，1998年，第82页。

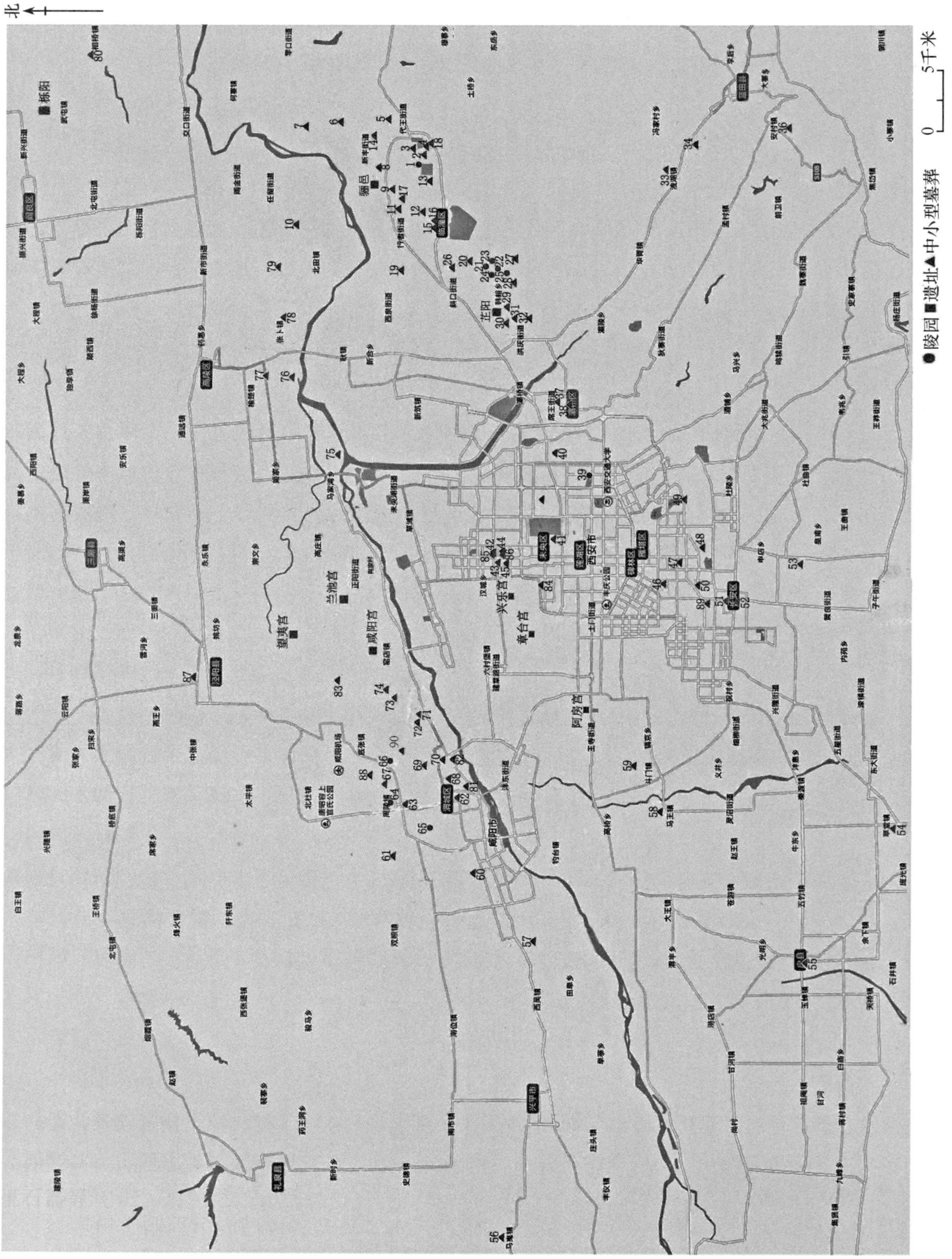

图三五二　咸阳周边秦墓分布图

纹饰与秦始皇陵园出土砖相同[①]。

5. 胡孟墓群

位于临潼区代王镇胡孟村。战国秦墓，面积约5200平方米。20世纪80年代暴露竖穴墓道土洞墓多座，出土陶罐、壶等[②]。

6. 周家沟墓群

位于临潼区新丰镇周家沟村。时代战国—汉、唐、明，面积约5万平方米，1987年暴露战国墓1座，汉墓5座，唐墓2座，明墓1座。战国墓为竖穴墓道偏洞室墓，出土蟠螭纹铜镜等[③]。

7. 新丰战国秦墓

位于临潼区新丰街道办事处屈家村东南、渭河南岸。2001年发掘清理400余座墓葬，其中大多数为秦墓，时代为战国晚期至统一秦。出土器物有鼎、壶、釜、罐、盆、器座、剑、带钩、铜镜、铜钱及青铜器等器物。2007年，考古工作者在西安市临潼区新丰街道办事处发掘594座小型秦墓，通过陶器类型学分析，594座墓葬分为战国中期晚段、战国晚期、战国末期至秦代、秦末汉初四段[④]。

8. 子婴墓

位于临潼区新丰镇刘家寨村。秦代，墓主为秦始皇孙，二世之侄。原墓封土呈圜丘形，底径约30米，高约10米，前有清乾隆年间陕西巡抚毕沅立“秦子婴墓”碑1通。封土及墓碑均毁于19世纪60年代[⑤]。

9. 柿园墓群

位于骊山镇柿园村。时代秦、汉，面积约75万平方米。20世纪80年代陆续暴露秦代土坑墓10余

① 秦始皇陵考古队：《秦俑博物馆西侧发现小型砖棺墓》，《文博》1987年1期。国家文物局：《中国文物地图集陕西分册》（下），西安地图出版社，1998年，第83页。

② 国家文物局：《中国文物地图集陕西分册》（下），西安地图出版社，1998年，第83页。

③ 赵康民：《临潼出土的彩绘陶俑》，《文博》1985年2期。陕西省考古研究所配合基建考古队：《陕西临潼骊山床单厂基建工地古墓葬清理简报》，《考古与文物》1989年5期。国家文物局：《中国文物地图集陕西分册》（下），西安地图出版社，1998年，第83页。

④ 孙伟刚：《临潼区新丰战国秦墓群》，《2008年中国考古学年鉴》，文物出版社，2009年。孙伟刚：《临潼新丰秦墓研究》，西北大学2010年硕士学位论文。

⑤ 参见明万历版《临潼县志》。国家文物局：《中国文物地图集陕西分册》（下），西安地图出版社，1998年，第83页。

座，汉代砖室墓1座。秦墓出土铜镞、短剑等[①]。

10. 周阎墓群

位于临潼区北田乡周阎村。时代为战国—汉、唐，面积约3500平方米，20世纪80年代暴露战国墓2座、汉、唐墓3座。战国墓为竖穴土坑墓，出土铜鼎等[②]。

11. 陈沟墓群

位于骊山镇陈沟村。秦代，面积约6400平方米。1988年探明竖穴土坑墓6座，均带壁龛。最大者长8米，宽4米，深4米[③]。

12. 郭庄墓群

位于骊山镇郭家庄子村。秦代，面积约4000平方米。历年暴露竖穴土坑墓多座，出土有陶罐、盆、壶等[④]。

13. 赵背户刑徒墓

位于秦始皇陵西侧赵背户村。时代为秦始皇二十六年～二世二年。1979～1980年发掘清理42座刑徒墓，出土器物202件，包括臿、锛、凿、镰、锄、刀、穿、残剑、铜器、铜钱、陶器、筒瓦、板瓦、瓦当等[⑤]。

14. 临潼清泉秦墓

位于西安临潼代王镇斜杨村清泉组。秦末汉初，该墓地处于新丰塬上，西南距秦始皇兵马俑坑约4千米，西北距新丰遗址约2千米。2010年9月发现一座战国秦墓该墓为长方形竖穴土圹砖椁墓，出土器物有陶钵、茧形壶[⑥]。

15. 镇东墓群

位于骊山镇街道。秦代，面积约5000平方米。20世纪80年代局部钻探，发现墓葬33座。清理6座，为竖穴土坑墓。部分墓用细绳纹砖砌筑棺室。出土陶罐及细绳纹砖、榫砖、瓦当、筒瓦等[⑦]。

① 国家文物局：《中国文物地图集陕西分册》（下），西安地图出版社，1998年，第83页。

② 国家文物局：《中国文物地图集陕西分册》（下），西安地图出版社，1998年，第83页。

③ 国家文物局：《中国文物地图集陕西分册》（下），西安地图出版社，1998年，第83页。

④ 国家文物局：《中国文物地图集陕西分册》（下），西安地图出版社，1998年，第83页。

⑤ 始皇陵秦俑坑考古发掘队：《秦始皇陵西侧赵背户村秦刑徒墓》，《文物》1982年3期，第1～10页。国家文物局：《中国文物地图集陕西分册》（下），西安地图出版社，1998年，第83页。

⑥ 秦始皇陵博物院；《西安临潼清泉秦墓清理简报》，《文物世界》2011年6期。

⑦ 国家文物局：《中国文物地图集陕西分册》（下），西安地图出版社，1998年，第83页。

16. 临潼县城东侧第一号秦墓

位于临潼区骊山镇东街。秦代，面积不详。1990年4月暴露竖穴土坑砖椁墓4座，墓砖分宽条、窄条、子母砖三种，前两种四面饰细绳纹，部分顶端有“左司高瓦”“左司涓瓦”“左司陉瓦”“左司疾”“大锂”等陶文。出土外饰粗绳纹、内饰麻点纹或布纹的筒瓦及云纹瓦当[①]。

17. 陈家沟遗址及墓葬

位于临潼区骊山镇陈家沟村。在五里沟河东岸台地上，面积约1.8万平方米。1980年发掘长方形灰坑、砂坑、陶窑及墓葬多座。出土铁器有臿、铧、锛、削及钳、桎等刑具，建筑材料有云纹瓦当、绳纹筒瓦、板瓦、菱形纹铺地砖，陶器有钵、甑、罐、釜等。一些砖瓦、陶器上有“芷”“寺水”等陶文。一说为秦始皇陵园的窑场遗址[②]。

18. 庞家沟遗址与墓群

位于临潼区骊山镇庞家沟村北200米。秦代，面积约6万平方米。文化层厚0.8～1.5米，勘探出灰坑、小型竖穴墓等。地表散布粗绳纹板瓦、筒瓦残片，采集有五角形陶水管、陶罐、陶瓮等[③]。

19. 白庙寨墓群

位于临潼区行者乡白庙寨村。时代战国—汉。原封土为覆斗形，底边长约60米，现底边残长7米，残高3米，封土南、北侧曾暴露实似夯土的墓道，长约30米，宽2.5米，夯层厚8厘米[④]。

20. 高坡墓群

位于临潼区斜口镇杨家村、高坡村。战国，面积约63万平方米，历年暴露土坑墓、土洞墓数十座，出土陶罐、瓮多件，数件陶罐上有“芷”字陶文[⑤]。

21. 秦东陵

位于临潼区韩峪乡西北部，秦芷阳东1.5千米的坂塬上。战国晚期的秦王陵区。东起三钟坡，西至韩峪河沟古道，北至武家堡，南至井深沟一带，总面积约24平方千米。表面现存鱼脊形、覆斗形封土10座。1986年钻探，发现4座陵园。每座陵园以人工隍壕或自然沟为界，与凤翔秦公陵类

① 临潼县博物馆、临潼县文管所：《临潼县东侧第一号秦墓清理简报》，《考古与文物》1993年1期。国家文物局：《中国文物地图集陕西分册》（下），西安地图出版社，1998年，第83页。

② 秦俑考古队：《临潼县陈家沟遗址调查简记》，《考古与文物》1985年1期。国家文物局：《中国文物地图集陕西分册》（下），西安地图出版社，1998年，第85页。

③ 国家文物局：《中国文物地图集陕西分册》（下），西安地图出版社，1998年，第80页。

④ 国家文物局：《中国文物地图集陕西分册》（下），西安地图出版社，1998年，第80页。

⑤ 国家文物局：《中国文物地图集陕西分册》（下），西安地图出版社，1998年，第80页。

似。4座陵园，共发现亚字形墓3座、中字形2座、甲字形墓5座。2013年考古人员在秦东陵二号陵园新发现了2座甲字形大墓和小型墓葬17座①。

22. 秦东陵一号陵园

位于临潼区韩峪乡范家村。陵园南至小峪沟，北到武家坡村南的无名沟，西界洞北村西的小峪河，东达范家村的人工壕沟，南北宽1800米，东西长4000米，总面积72万平方米。陵园内钻探出南北排列、相距40米的“亚”字形大墓两座、陪葬坑2座、陪葬墓区2处、地面建筑基址4处。陵园内出土有缶、瓮、盆、罐、壶、鼎、敦；铜器有盖弓帽、带钩、环、镜；其他有绳纹筒瓦、板瓦、瓦当、砖等②。

23. 秦东陵二号陵园

位于韩峪乡武家村，一号陵园东北方向约1500米。陵园范围东自北沟村，西到枣园村，南至三家村北无名沟，北达武家沟，东西长500米，南北宽 300米，总面积15万平方米。陵园四界利用自然沟壑并经人工修葺而成。陵园内钻探出“中”字形墓1座、“甲”字形墓3座。“中”字形墓西北200米处有陪葬坑及陪葬墓多座。出土有银、铜马构件、饰件及陶罐、陶鼎 、铁削、铜镜等③。

24. 秦东陵三号陵园

位于韩峪乡武家沟村北100米处，秦东陵1号陵园西北约1500米。陵园西、北两面利用天然沟壑为其兆沟，而东、南两面兆沟则为人工开凿。陵园东西长280米，南北宽 180米，面积48400平方米。陵园内发现中字形大墓1座（M7），东西方向，西墓道略长于东墓道；陪葬墓区1处，位于陵园东南，发现小型墓4座；建筑基址2处。主墓封土呈覆斗形，残高5米，地下结构呈“中”字形，由东、西墓道和墓室组成④。

25. 秦东陵四号陵园

位于临潼县韩峪乡东南的马斜村，小峪河南岸，东起马斜坡，西至染房村，南抵井深沟，北到小峪河南岸，东北距1号陵园2500米。陵园平面呈长方形，东西长约960米，南北宽约500米，面积480000平方米。四周构筑隍壕。钻探发现“亚”字形主墓1座、“甲”字形墓2座。出土陶壶、鼎、盂、敦等⑤。

① 国家文物局：《中国文物地图集陕西分册》（下），西安地图出版社，1998年，第80页。

② 陕西省考古研究所、临潼县文管会：《秦东陵第一号陵园勘查记》，《考古与文物》1987年4期。国家文物局：《中国文物地图集陕西分册》（下），西安地图出版社，1998年，第75页。

③ 陕西省考古研究所、临潼县文管会：《秦东陵第二号陵园调查钻探简报》，《考古与文物》1990年4期。国家文物局：《中国文物地图集陕西分册》（下），西安地图出版社，1998年，第80页。

④ 国家文物局：《中国文物地图集陕西分册》（下），西安地图出版社，1998年，第80页。

⑤ 陕西省考古研究所秦陵工作站：《秦东陵第四号陵园调查钻探简报》，《考古与文物》1993年3期。国家文物局：《中国文物地图集陕西分册》（下），西安地图出版社，1998年，第75页。

26. 刘庄墓群

位于临潼区斜口镇刘庄村，分布于骊山西北麓一较大的山前冲积扇面上。战国，面积约50万平方米。1987、1988年暴露及探明秦墓60余座。墓基本东西成行，排列有序。发掘5座，有两座为竖穴横室砖椁墓。共出土陶罐、鼎、壶、盒、盆、瓮、灶、釜、甑等16件。其中的灶为关中地区战国墓中首次发现，有三圆形火眼、一火门。同出细绳纹椁砖628块，墓砖及陶罐上多有“大火沈”“芷”“宫”“宫屯”等印记和刻文①。

27. 东岭墓群

位于临潼区韩峪乡东岭村。战国，面积约5000平方米。1973年暴露竖穴土坑墓6座，出土带钩、玉蝉等②。

28. 井深沟墓群

位于临潼区韩峪乡井深沟村。战国，面积约1万平方米。20世纪80年代暴露竖穴土坑墓多座，出土陶罐、陶盆、陶壶等③。

29. 洪庆秦墓

洪庆秦墓位于洪庆村，东临骊山。1955年发掘清理墓葬65座，其中秦墓2座。M118竖穴墓道，长条形洞穴墓室，葬具葬式不详，出土夹砂棕色篮纹陶釜1件、环柄刀1件；M86竖穴墓道洞室墓，墓室中部置1件大瓮，以盆覆盖口部，内有腐朽骨架1副，出土器物夹砂篮纹陶釜1件、陶盆1件、瓮棺1件④。

30. 刘家底秦墓

位于灞桥区洪庆镇刘家底村。存圆丘形封土1座，底径20余米，残高10米，夯土层厚7～10厘米，墓东北500米处暴露有大量乱葬人骨，出土大量铜镞及泥质灰陶陶罐残片。20世纪70年代曾暴露墓葬，出土有铜蒜头扁壶1件⑤。

① 陕西省考古研究所秦陵工作站：《陕西临潼刘庄战国秦墓地调查清理简报》，《考古与文物》1989年5期。国家文物局：《中国文物地图集陕西分册》（下），西安地图出版社，1998年，第80页。

② 国家文物局：《中国文物地图集陕西分册》（下），西安地图出版社，1998年，第81页。

③ 国家文物局：《中国文物地图集陕西分册》（下），西安地图出版社，1998年，第81页。

④ 陕西省文物管理委员会：《陕西长安洪庆村秦汉墓第二次发掘简记》，《考古》1959年12期。国家文物局：《中国文物地图集陕西分册》（下），西安地图出版社，1998年，第62页。

⑤ 国家文物局：《中国文物地图集陕西分册》（下），西安地图出版社，1998年，第62页。

31. 街子墓群

位于灞桥区洪庆镇街子村。秦—汉，面积不详，存覆斗形封土1座，边长30米，残高10米，夯层厚7～10厘米①。

32. 向阳公司秦墓

位于西安东郊洪庆塬西坡。2001～2002年7月发掘16座战国秦墓，时代为战国晚期。竖穴土坑和竖穴墓道洞室墓，葬具有一棺一椁和单棺两类，出土器物九百余件，有铜器、铁器、陶器、玉器、漆器等②。

33. 陕西蓝田泄湖战国墓

1986年在位于西安蓝田县泄湖镇东北黄土断崖上的泄湖遗址上部底层中发掘10余座战国墓。时代为战国中期到战国晚期，出土器物有陶盆、陶罐、陶釜、陶鬲、铜器、石器、玛瑙珠等器物③。

34. 十里铺遗址及墓葬

位于蓝田县泄湖镇十里铺村东南侧。战国，面积约4万平方米，文化层厚1.5米，暴露有灰坑及墓葬。采集有战国的泥质灰陶和夹砂灰、红陶片，纹饰多为绳纹，器形有鬲、豆、釜、罐、盆等④。

35. 新城墓群

位于蓝田县蓝关镇新城村。战国，面积不详。曾暴露竖穴土坑墓数座，出土陶豆、罐、鬲及三弦纽云纹铜镜⑤。

36. 代家寨墓群

位于蓝田县安村乡代家寨村。战国，面积约1.2万平方米，墓葬形制不详。地层内暴露有大量男性骨骼，并随葬有青铜戈或陶罐、鬲等。此地位于蓝关古道出口篑山下，可能为秦楚交战的古战场瘗埋阵亡将士之墓地⑥。

---

① 国家文物局：《中国文物地图集陕西分册》（下），西安地图出版社，1998年，第62页。

② 陕西省考古研究院：《2001年鉴》，2001年12月；《三秦都市报》，2002年1月31日。

③ 中国社会科学院考古研究所陕西六队：《陕西蓝田泄湖战国墓》，《考古》1988年12期。国家文物局：《中国文物地图集陕西分册》（下），西安地图出版社，1998年，第126页。

④ 国家文物局：《中国文物地图集陕西分册》（下），西安地图出版社，1998年，第123页。

⑤ 国家文物局：《中国文物地图集陕西分册》（下），西安地图出版社，1998年，第123页。

⑥ 国家文物局：《中国文物地图集陕西分册》（下），西安地图出版社，1998年，第123页。

37. 西安半坡战国秦墓

位于半坡仰韶文化遗址稍东的一片坡上，南北两端连接半坡村和堡子村。1954~1957年共清理战国秦墓112座，时代为春秋末到战国晚期，出土器物有陶器57件、铜器36件、铁器24件、玉器2件、石器5件、料珠2件、漆器2件①。

38. 联盟村战国墓

位于灞桥区纺织城街道联盟村。1956年及20世纪80~90年代初暴露或清理墓葬数百座。其中有战国墓，出土有茧形壶、罐、小口瓶等②。

39. 韩森寨战国陵园

位于新城区韩森寨村。秦庄襄王，原名异人，后改名子楚，公元前248~前247年在位。以吕不韦为相，伐韩、赵、魏，取成皋、荥阳等30余城。其墓俗称“韩森冢”，圆丘形封土，底径140余米，高约22米，有残损。2011年底考古工作者对“韩森冢”周边约8万平方米区域进行了考古勘探和物探等调查工作，发现“亚”字形大墓1座陪葬坑2座。“亚”字形大墓由封土，方形墓圹、斜坡墓道和壁龛组成，全墓东西146.9、南北119.2米，墓葬形制与秦东陵中主墓的形制结构较为相近，尤其与四号陵园的主墓几乎完全相同，推测“韩森冢”应为战国秦王陵级墓葬，推测为孝文王墓③。

40. 十里铺战国墓

位于灞桥区十里铺乡十里铺村。1955年3月清理长方形竖穴土坑墓。墓室长3.22米，宽2.82米，葬式为屈肢葬。出土器物有陶鬲、陶壶、铜刀、铁环及玉琀等④。

41. 联志秦墓

位于新城区联志村。1971年暴露秦墓1座，出土玉质男俑、女俑、玉璋、虎、兽纹璜、璜、璧等⑤。

---

① 金学山：《西安半坡战国墓葬》，《考古学报》1957年3期。国家文物局：《中国文物地图集陕西分册》（下），西安地图出版社，1998年，第2页。

② 国家文物局：《中国文物地图集陕西分册》（下），西安地图出版社，1998年，第61页。

③ 西安市文物保护考古研究院：《西安东郊韩森冢考古调查简报》，《考古与文物》2015年2期。国家文物局：《中国文物地图集陕西分册》（下），西安地图出版社，1998年，第11页。

④ 国家文物局：《中国文物地图集陕西分册》（下），西安地图出版社，1998年，第62页。

⑤ 国家文物局：《中国文物地图集陕西分册》（下），西安地图出版社，1998年，第11页。

42. 翁家村秦墓

位于西安市北郊翁家村东西安明珠花园住宅小区工地，2001年发掘战国至秦代墓葬14座，出土器物有陶罐、陶鼎、陶盒、陶壶、铜璜、铜编钟、铜带钩、铜印、铜铃、铜饰、骨器、骨环、料珠等器物。位于西安北郊翁家村南，尤家庄村西，陕西省交通学校新区，西距汉长安城约2千米。1998～1999年发掘秦墓至秦代的墓葬47座，出土器物有陶鼎、陶盒、陶壶、陶盂、陶罐、陶缶、陶瓮、陶鬲、铜带钩、铜泡钉、铜镜、铜灯等器物①。

43. 北康村秦墓

位于西安市北郊北康村北西安乐百氏食品有限公司工地，1999～2000年发掘战国至秦代墓葬34座，出土器物有陶鼎、陶盒、陶罐、陶盆、陶壶、陶灯、陶灶、玉环、玉饼、玉璧、铜带钩、骨棋子、料珠、蚌壳等器物。位于西安市北郊北康村北陕西中财印务公司，2000年发掘战国秦墓15座，出土器物有陶鼎、陶盒、陶钵、陶罐、陶壶、陶瓦当、玉器、玉璧、铜带钩、铜钱、漆器、铁灯等器物②。

44. 尤家庄秦墓

陕西省考古研究所北郊考古队在尤家庄村附近12处考古工地发掘战国秦至秦统一时期的小型墓葬197座。具体分布在尤家庄村南的青海军区后勤部、纬四小区、豪盛花园、福临门公司、西北有色金属研究院，村东南的陕西省壹号公寓、进出口公司，村北的明珠花园、万花园，村东北的中山房地产公司，村西的向阳丰田公司以及西南的大基公司。出土器物463件，陶器314件有鼎、盒、壶、鬲、杯、熏炉、釜、盂、缶、罐、瓮、钵、灶、灯等，铜器73件有铜镜、带钩、铜鼎、铜壶、铜鍪、铜勺、铜印、铜剑、铜器座、铜扳手、铜镦、铜扣等，铁器10件有剑、刀、铁带钩等，其他有骨管形饰、骨牌、骨串饰、蚌壳、蚌串饰、玉带钩、玉璧、玉剑摽、玉龙饰、玉塞、玉凿、佩饰、串饰、残玉块、石球、料珠饰、料耳塞、“半两”铜钱等③。

45. 凤城三路秦墓

位于西安北郊尤家庄村南50米，凤城三路西安文景苑住宅小区工地内，2001年发掘秦墓13座，出土器物有陶鼎、陶盒、陶壶、陶罐、陶盂、铜带钩、铜镜、等器物④。

① 陕西省考古研究所：《西安北郊秦墓》，三秦出版社，2006年。

② 陕西省考古研究所：《西安北郊秦墓》，三秦出版社，2006年。

③ 陕西省考古研究院，《西安尤家庄秦墓》，陕西科学技术出版社，2008年。

④ 陕西省考古研究所：《西安北郊秦墓》，三秦出版社，2006年。

46. 西安南郊山门口战国秦墓

位于西安南郊山门口村电子城205工地，1988年共清理战国秦墓11座，时代为战国晚期，出土器物有陶盆、陶罐、陶盂、陶甑、陶鸭蛋壶、铜带钩等①。

47. 潘家庄秦墓

位于西安市南郊电视塔西丈八东路南，2003年清理墓葬200多座，时代为战国到宋元。出土器物有陶鼎、陶蒜头壶、陶釜、陶罐、陶甑、陶缶、陶灶、陶夜壶、铜带钩、铁削等器物②。

48. 东三爻战国墓

位于雁塔区长延堡街道东三爻村。20世纪70～80年代暴露战国、汉、唐墓数座。战国墓出土铜钫高45厘米，最大腹径23厘米，通体饰6道弦纹及变形蟠虺四方连续纹，上腹四面各有一铺首衔环，盖上有4个卷曲纽③。

49. 秦二世胡亥墓

位于雁塔区曲江乡曲江池村，为省文物保护单位。胡亥（公元前230～前207年）墓圆丘形封土，底径25米，高6米，墓前有砖碑楼，内嵌清乾隆年间陕西巡抚毕沅书“秦二世皇帝陵”碑1通。碑阴刊周新命撰《夜役说》。墓地尚有石兽1对④。

50. 杜城墓群

雁塔区山门口街道杜城村。时代西周—战国，面积约2万平方米。原来有圆丘形封土1座，底径10米，高约4米，今已夷平。1984～1986年暴露土坑墓多座，出土有铜刀、斧、带饰、月形器及陶鬲、陶罐等⑤。

51. 茅坡光华胶鞋厂秦墓

位于西安市长安区韦曲镇茅坡村东北，时代为从春秋晚期到秦代。1989～1990年共清理秦墓91座，出土器物有陶鼎、陶蒜头壶、陶双耳壶、陶盆、陶罐、陶钵、陶囷、陶盒、陶釜、陶鬲、陶喇

① 王久刚：《西安南郊山门口战国墓》，《考古与文物》1994年1期。

② 西安市文物保护考古研究所：《西安南郊秦墓》，陕西人民出版社，2004年，第439页。

③ 王长启：《西安市文物中心收藏战国秦汉时期的青铜器》，《考古与文物》1994年4期。国家文物局：《中国文物地图集陕西分册》（下），西安地图出版社，1998年，第37页。

④ 参见《咸宁县志》、国家文物局：《中国文物地图集陕西分册》（下），西安地图出版社，1998年，第37页。

⑤ 国家文物局：《中国文物地图集陕西分册》（下），西安地图出版社，1998年，第37页。

叭口罐、铜带钩、铜钱、铜璜、料珠等器物[①]。

52. 茅坡邮电学院秦墓

位于西安市长安区郭杜镇茅坡村东北处，时代战国晚期到秦统一。2001年发掘162座战国秦墓，出土器物以陶器为主有陶罐、陶壶、陶甑、陶瓮、陶盆、陶釜、陶钵、陶盒等器物[②]。

53. 神禾塬战国秦陵园遗址

位于长安县秦岭北麓，滈河北岸神禾塬上的财经学院新区内。陵园南北长550米，东西宽310米，由兆沟、城墙围绕"亚"字形大墓组成独立陵园，分为南、北两区，设有五门。"亚"字形大墓墓圹位于陵园中心，墓圹东西总长约140、南北宽约110米。陵园内北区大墓周围分布13个陪葬坑，出土20多组大型的"茧形壶"、刻有"五十九年"文字的铜器、两个"六马一车"等，茧形壶、盆、釜等陶器具有明显战国晚期特征，墓主当为秦始皇祖母夏太后陵[③]。

54. 宋村墓群

位于户县草堂镇宋村。春秋，面积不详。1957年清理竖穴土坑墓、车马坑各1座。车马坑内约埋3～4车和12匹马。出土铜器有鼎、壶、盘、匜及铜管、马衔等，陶器有罐、鬲、豆等，其他有玉器、骨器、石器及蚌器等[④]。

55. 南关墓群

位于户县甘亭镇（原城关公社、城关镇，1984年更名为甘亭镇）南关村。春秋，面积不详。1974年暴露土坑墓1座，出土铜鼎、匜、盘、壶及车马器等。1982年在该墓南50米处清理竖穴土坑墓1座，墓室口残长3.75、宽3～3.4、残深1.55米，出土铜器有七鼎、壶、盘、匜、车马器等，还出土玉璧、玉饰、石圭、石戈、石蝉、骨管、陶串珠等多件[⑤]。

---

① 西安市文物保护考古研究所：《西安南郊秦墓》，陕西人民出版社，2004年，第11页。

② 西安市文物保护考古研究所：《西安南郊秦墓》，陕西人民出版社，2004年，第167页。

③ 陕西省考古研究院：《陕西长安神禾塬战国秦陵园遗址田野考古新收获》，《考古与文物》2008年5期。丁岩：《神禾塬战国秦陵园主人试探》，《考古与文物》2009年4期。丁岩：《长安战国神禾塬战国秦陵园年代述考》，《考古与文物》2010年2期。

④ 陕西省文管会秦墓发掘组：《陕西户县宋村春秋秦墓发掘简报》，《文物》1975年10期。国家文物局：《中国文物地图集陕西分册》（下），西安地图出版社，1998年，第143页。

⑤ 曹发展：《陕西户县南关春秋秦墓清理记》，《文博》1982年2期。国家文物局：《中国文物地图集陕西分册》（下），西安地图出版社，1998年，第143页。

56. 黄山宫遗址及墓葬

位于兴平县田阜乡候村西北侧。秦—汉，面积约60万平方米，暴露有夯层、陶水管道、窑址、墓葬等，历年出土秦汉时期的绳纹筒瓦、板瓦、虎纹空心砖、铺地砖、“长生无极”瓦当、各类云纹瓦当及圆形、五角形陶水管道、铁器等①。

57. 宗家庄墓群

位于秦都区渭滨乡宗家庄村。约战国—汉。俗称“陈良冢”，1958年调查。封土呈覆斗形，底边残长17米，残宽15米，残高6米②。

58. 长安客省庄战国秦墓

位于长安客省庄村西、北，发掘东周墓71座，时代为战国早期或早到春秋晚期，出土器物有铜剑、铜刀、铜鱼钩、铜带钩、铜鼎、铜盘等铜器，陶器有陶鬲、陶鼎、陶盂、陶豆、陶盆、陶罐、陶壶等，瓮棺、石器、骨器等③。

59. 花园村北秦墓

位于长安县斗门乡花园村。时代战国。1983年暴露秦人竖穴土坑墓，发现屈肢葬骨架1具，死者口含贝，手、足腕部亦置贝。出土陶器等④。

60. 魏家泉墓群

位于咸阳市秦都区古渡乡魏家泉村。战国—汉。1985年调查。分布于三地，总面积约3平方千米。地面有圆丘形封土10座，今均夷平。1972年暴露战国土坑墓、车马坑各1座。出土有铜车马饰、铜环等⑤。

61. 东石墓群

位于渭城区周陵乡东石村。战国—汉。1958年调查，面积约5万平方米，有圆丘形封土3座，底径残长75～80米，高约25米⑥。

---

① 孙铁山：《黄山宫考》，《文博》1999年1期。张海云：《黄山宫遗址出土罕见踏步砖》，《考古与文物》2005年5期。孙铁山：《瓦当分期研究至管见》，《秦文华论丛第十辑》，三秦出版社，2003年。国家文物局：《中国文物地图集陕西分册》（下），西安地图出版社，1998年，第455页。

② 国家文物局：《中国文物地图集陕西分册》（下），西安地图出版社，1998年，第8367页。

③ 中国社科院考古研究所：《沣西发掘报告》，文物出版社，1963年。

④ 国家文物局：《中国文物地图集陕西分册》（下），西安地图出版社，1998年，第103页。

⑤ 国家文物局：《中国文物地图集陕西分册》（下），西安地图出版社，1998年，第367页。

⑥ 国家文物局：《中国文物地图集陕西分册》（下），西安地图出版社，1998年，第351页。

62. 塔尔坡秦墓

位于咸阳市区东郊渭河第二阶台地上的渭阳乡塔尔坡村东北侧、李家堡村北边。南距咸铜铁路约1千米。战国晚期至秦代。发掘墓葬381座，按其结构的不同可分为竖穴墓和洞室墓两类。葬式分为直肢葬和屈肢葬。出土器物1374件，其中陶器662件，分为生活实用器和明器两类；铜器319件分为礼器、兵器、实用生活器、车马杂器、钱币、印章等；铁器125件，有带钩、削、剑、镦、镰、插、残铁器等；玉器、石器等151件，质地有玉石、玛瑙、水晶、绿松石、煤精等[①]。

63. 陵照墓群

位于周陵乡陵照村。秦—汉，面积不详。1989～1990年发掘小型竖穴墓道土洞墓和斜坡墓道土洞墓共11座，出土陶鼎、盒、钫、罐、缶、灶、囷、铁釜、铲、削及铜镜、铜饰、“五铢”、“货泉”钱等[②]。

64. 周陵（秦武悼王永陵）

位于咸阳市渭城区周陵乡周陵村。传为周文王、周武王陵，封土均为覆斗形，前各有清代陕西巡抚毕沅误立的陵碑。经勘探陵园平面长方形，南北长960、东西宽630米。封土四周皆有围沟环绕，围沟内现存亚字形大墓2座。经考证，“周文王陵”应为秦惠王“公陵”，“周武王陵”应为秦悼武王“永陵”。据梁云研究墓主当为秦武悼王永陵[③]。

65. 严家沟秦陵（秦惠文王公陵）

位于渭城区周陵镇严家沟村北，西汉成帝延陵东北。墓前有清代陕西巡抚毕沅所立周恭王陵碑及后来所立班婕妤墓碑。经勘探围沟平面呈南北向长方形，长994、宽650米，其南界可能被成帝延陵东司马道或平整土地所破坏。现存亚字形墓葬2座。在西围沟内侧，由北往南分布3处建筑遗址，南北长230、东西宽100米，遗址内发现不少绳纹瓦片。据梁云研究墓主当为秦惠文王公陵[④]。

66. 司家庄秦陵（秦孝文王寿陵）

位于咸阳市渭城区周陵镇司家庄村，陵园略呈南北向长方形，有三道围沟环绕而成，外围沟南

---

① 咸阳市文物考古研究所：《塔尔坡秦墓》，三秦出版社，1998年。

② 马志军、孙铁山：《咸阳机场陵照导航台基建工地秦汉墓葬清理简报》，《考古与文物》1992年2期。国家文物局：《中国文物地图集陕西分册》（下），西安地图出版社，1998年，第351页。

③ 咸阳市文物考古研究所：《西汉帝陵钻探调查报告》，文物出版社，2010年，第160页。焦南峰等：《秦人的十大陵区》，《文物》2014年12期。梁云：《战国秦陵研究》，《古代文明通讯》（总第58期），2013年。国家文物：《中国文物地图集陕西分册》（下），西安地图出版社，1998年，第350页。

④ 咸阳市文物考古研究所：《西汉帝陵钻探调查报告》，文物出版社，2010年，第160页。焦南峰等：《秦人的十大陵区》，《文物》2014年12期。梁云：《战国秦陵研究》，《古代文明通讯》（总第58期），2013年。

北长1285米，东西宽1038米。内有亚字形大墓一座，甲字形大墓一座。据梁云研究墓主当为秦孝文王寿陵[①]。

67. 贺家村秦墓

位于周陵镇何家村北，东南距秦咸阳城遗址直线距离10千米，西距两座“周陵”1.7千米。陕西省考古研究院于2012年9月至2013年2月发掘163座保存完整的战国秦墓。主要以小型墓葬为主，大部分为竖穴墓道直线洞室墓。一些墓葬中还出土了包括鼎、盒、壶和釜、盆、罐等常见的陶器，部分陶器上还戳印有文字，可见有“咸□里□”“咸亭□里□”等，据推测，这批墓地应与咸阳城居民有关。而在其中一座墓中，墓主人髌骨和骶骨嵌有箭镞，专家推断应死于箭伤，也可能是为国家服兵役的平民。墓葬的年代为战国晚期偏晚至秦代，墓葬主人的身份应属于平民阶层[②]。

68. 西耳村秦墓

位于咸阳市渭城区西耳村东，时代为战国晚期。2005年发掘秦墓52座，出土器物有陶鼎、陶盒、陶罐、陶缶、陶仓、陶茧形壶、陶壶、瓮棺、铜带钩、铜镜、料珠等器物[③]。

69. 尹王村秦墓

位于咸阳市渭城区尹王村西，时代为战国中晚期。2006～2007年发掘战国秦墓134座，出土器物有陶鼎、陶盒、陶罐、陶缶、陶壶、铜带钩、铜镜、铜编钟、骨器、料珠等器物[④]。

70. 任家咀墓群

位于渭阳乡任家咀村。时代春秋、战国、秦、汉，面积约20万平方米。1984年清理战国殉人墓1座，出土铜鼎、钫、壶、陶囷、陶圭及石圭等。1990～1991年发掘春秋至汉墓285座，春秋墓24座，战国至秦墓219座。出土有陶鼎、壶、盘、盂、鬲、豆、罐、釜、茧形壶、盒、蒜头壶、仓以及铜器、玉器等[⑤]。

71. 店上墓群

位于窑店乡店上村，在秦咸阳城外西部，黄家沟墓群南约2千米。时代秦、汉，面积不详。20世纪70 年代暴露洞室墓及土坑墓多座，大部分为秦墓，少部分为汉墓。出土有陶长颈蒜头壶、长

---

① 梁云：《战国秦陵研究》，《古代文明通讯》（总第58期），2013年。焦南峰等：《秦人的十大陵区》，《文物》2014年12期。

② 《中国文化报》2013年10月7日。

③ 本书第二章。

④ 本书第三章。

⑤ 咸阳市文物考古研究所：《任家咀秦墓》，科学出版社，2005年。岳起、谢高文：《任家咀秦墓主要收获》，《咸阳师范学院学报》2006年3期。

颈壶、锺、罐等[①]。

72. 长陵站遗址及墓葬

位于秦咸阳城西隅，分布范围以长陵车站为中心，东起西龙村，西至摆旗村，南到渭河北岸，北至咸铜公路北侧，面积约7平方千米。1959～1982年多次调查并发掘，发现百余口水井、多处地下排水道以及墓葬、陶窑、灰坑等。水井均为圆筒形，井内出土少量云纹瓦当、筒瓦、板瓦残片、砖块、陶盆、铁器、牲畜骨骼残块等。墓葬出土陶瓮、陶鬲、板瓦等。其中大量陶器上有“咸”“敬事”“咸里角”“咸亭”等文字[②]。

73. 咸阳黄家沟战国秦墓

位于窑店镇鸭沟村与烟王村之间。时代为战国中期至统一秦。在秦都咸阳以西约3.8千米，东起窑店镇毛王村、西至石桥乡摆旗寨，东西长4千米，南北宽3千米的范围内，是秦都咸阳目前发现的一处规模巨大的平民墓葬区，与长陵制陶作坊区南北相对。黄家沟秦墓当属此范围之内。1971年在毛王村北塬曾出土铁制镣铐等刑具，推测为刑徒墓地。1975至1984年，先后四次在此区域清理中小型墓葬125座。墓葬形制分为土圹竖穴墓与竖井墓道洞室墓两种。出土铜鼎、铜壶、铜戈、陶鼎、陶盒、陶壶、陶缶、陶釜、陶茧形壶、陶蒜头壶等。陶器戳印陶文多与1.7千米以南制陶作坊区陶器陶文相同，编者推测墓主可能为南边制陶作坊的普通陶工[③]。

74. 路家坡墓群

位于窑店乡路家坡村，在秦咸阳城外西北隅上，黄家沟墓群东约1千米。时代为秦代，面积不详。1972年发现土坑墓及瓮棺葬多座，出土有陶瓮、陶罐、铜镜、秦半两钱等[④]。

75. 高陵县益尔秦墓

位于高陵县泾渭镇东营村东南100米处，南临渭河，东距泾渭分明处7千米。

时代为春秋晚期至战国晚期前段。2002年发掘秦人墓葬51座，出土器物180件，有陶鬲、陶盂、陶罐、陶壶、陶釜、铜削、铁带钩等器物[⑤]。

---

① 国家文物：《中国文物地图集陕西分册》（下），西安地图出版社，1998年，第349页。

② 咸阳秦都考古工作站：《咸阳长陵车站一带考古调查》，《考古与文物》1985年3期。陈国英：《秦都咸阳工作三十年》，《考古与文物》1988年5、6期。陕西省考古研究所：《秦都咸阳考古报告》，科学出版社，2004年，第21页。

③ 陕西省考古研究所：《秦都咸阳考古报告》，科学出版社，2004年，第575页。秦都咸阳考古队：《黄家沟战国秦墓发掘简报》，《考古与文物》1982年6期。

④ 咸阳市博物馆：《咸阳附近发现的一批秦汉遗物》，《考古》1973年3期。国家文物：《中国文物地图集陕西分册》（下），西安地图出版社，1998年，第349页。

⑤ 陕西省考古研究所：《陕西高陵县益尔秦墓发掘简报》，《考古与文物》2003年6期。

76. 上马渡战国墓

位于高陵县榆楚乡上马渡村奉政塬上。时代为战国。1990年暴露竖穴土坑墓，出土铜提梁卣、铜匜各1件①。

77. 坡底战国墓

位于高陵县榆楚乡坡底村。1989年暴露，墓葬形制不详。出土铜扁壶1件，残高19厘米，宽29.5厘米②。

78. 高陵张卜战国秦墓

位于高陵县张卜乡张卜村东北，时代为战国中期、晚期。2000年发掘墓葬14座，出土器物76件，出土陶鼎、陶盆、陶盒、陶壶、陶釜、陶罐、陶甑、铜带钩、铜镜、铜环、铁削等器物③。

79. 白龙沟墓群

位于临潼区新市乡白龙沟村。时代为战国—汉、唐，面积约2.5万平方米。近年暴露墓葬数十座，其中战国、秦、汉墓分为土坑墓和竖穴墓道土洞墓两种，出土陶茧形壶、陶罐等④。

80. 北河墓群

位于临潼区相桥镇北河村。时代为战国、汉，面积约8万平方米。历年暴露战国墓2座、秦墓7座、汉墓9座。形制为土坑墓或砖室墓，出土陶茧形壶、盆、秦半两钱、铁釜等⑤。

81. 关中监狱秦墓

位于咸阳市渭城区渭城镇碱滩村。钻探发现古墓260余座。咸阳市考古研究所于2010年5月11日对其进行大规模的发掘，共发掘古墓310座，出土文物700余件（组）。其中战国秦墓278座。分布密集，排列有序，其中竖穴墓40座，洞室墓236座，瓮棺2座。出土器物种类有陶、铁、玉、泥、漆、水晶、煤精等。陶器有鼎、盒、壶、罐、釜、盆为主。具有秦文化特征的有陶茧形壶、陶蒜头壶。小件器物有铜带钩、铜镜、印章、料珠等⑥。

---

① 国家文物：《中国文物地图集陕西分册》（下），西安地图出版社，1998年，第137页。

② 国家文物：《中国文物地图集陕西分册》（下），西安地图出版社，1998年，第137页。

③ 陕西省考古研究所：《高陵县张卜秦汉唐墓》，三秦出版社，2004年。

④ 国家文物：《中国文物地图集陕西分册》（下），西安地图出版社，1998年，第81页。

⑤ 国家文物：《中国文物地图集陕西分册》（下），西安地图出版社，1998年，第81页。

⑥ 刘卫鹏：《关中监狱战国秦墓群发掘概况》，《秦汉研究》2012年第00期。

82. 白起墓

位置在咸阳城东郊，渭河北岸任家咀，秦时此地称杜邮。白起（？～公元前257年），一称公孙起，郿（今陕西眉县）人。秦国名将。佐秦昭王攻伐六国，连续夺得韩、赵、魏、楚地，功封武安君。1970年中国人民解放军三五三零工厂在施工时，曾发现公之墓道，出土兵器、佩剑等文物数件，现存咸阳博物馆。白起墓呈圆形，底部直径19米，墓高8米，1982年，白起墓被陕西省人民政府列为文物保护单位①。

83. 白庙墓群

白庙墓地是近都的一处葬地，南去秦冀阙宫廷遗址仅有2200米。20世纪90年代，因盗墓和取土暴露出秦墓多座，因未作探查，范围不清②。

84. 大白杨秦墓

1985年6月，陕西省考古研究所在西安市未央区大白杨村砖厂清理45座墓葬，其中秦墓一座，编号M16，形制为竖穴土坑，该墓呈正东西向，长方形竖穴土坑，口大底小，有生土二层台及大小八个壁龛。墓上口长4.8、宽3.1、底长4.16、宽2.04、深2.96米。出土陶豆、陶罐等③。

85. 翁家村刑徒墓地

据《光明日报》报道2000年西安市文物保护考古所在西安秦都咸阳渭河南岸宫殿区遗址以东约2000米处，发掘了300多座战国秦汉墓葬，其中包含7座秦代刑徒墓，墓葬形制均为竖穴土坑墓，一般长2、宽1米左右，7座墓中最多的葬有7人，最少的2人，共发掘出31具尸骨，这些尸骨有的平放，有的叠压，可以看出大都是扔进墓坑去的。清理中还发现，31具尸骨中有的头部被击打过，有的没有脚趾，有的腓骨骨折，有的身首异处，显系被杀戮后埋葬，有的俯身作挣扎状，显系活埋，个别的手、足、颈还戴有铁制刑具。墓主很可能就是修建咸阳渭南宫殿的苦役、刑徒，当然也不排除战俘的可能性④。

86. 尤家庄20号战国墓

1996年8月西安市文物考古研究所在尤家庄村东西安电信局第二长途通信大楼发掘战国秦汉墓葬200余座，其中20号墓保存完好，出土陶鼎，铜盆、铜带钩、错银带钩、铜灯等铜器，还有少量玉石器等⑤。

---

① 国家文物：《中国文物地图集陕西分册》（下），西安地图出版社，1998年，第351页。

② 王学理；《咸阳帝都记》，三秦出版社，1999年，第265页。

③ 陕西省考古研究所：《考古与文物》1987年2期。

④ 2008年8月29日《日光明日报》。

⑤ 西安市文物考古研究所：《西安北郊尤家庄20号战国墓发掘简报》，《文物》2004年1期。

87. 宝丰寺战国墓

2002年，咸阳文物考古研究所配合211省道泾淳路的建设，在泾阳县宝丰寺段发掘24座战国秦墓，墓葬形制为竖穴土坑和洞室墓，两者数量相当。竖穴土坑墓大多有二层台，部分有小龛，洞室墓均为直线型洞室墓。两座墓内有木棺痕迹。保存较好的骨架均为仰身直肢葬，以头向西为多。随葬品以实用器为主，出土了一些较为典型的秦代器物，墓中出土有篆楷结合的刻划文字“利常氏史女”等。时代大多为战国晚期①。

88. 咸阳机场战国秦墓

2010年11月下旬，陕西省考古研究院在咸阳机场附近大石头村发掘20余座战国秦墓。形制有竖穴土坑墓、洞室墓两种，墓葬形制相比以往咸阳周边发掘秦墓较大。在一座长5、宽3米竖穴土坑墓的小龛里发现铜锺、铜鼎、漆器等文物。其中铜鼎中发现狗骨头汤。从墓葬形制和出土器物分析确定为战国时较高级别的秦墓，推测应为距离300米左右的元圣周公墓的陪葬墓。出土陶器见“咸蒲里奇”戳印文②。

89. 西安南郊曹家堡秦墓

2013年西安市文物保护考古研究院在长安区曹家堡村南发掘9座秦墓。其中7座为竖穴土圹墓，1座为竖穴墓道偏洞室墓，1座为竖穴墓道直线洞室墓。直线洞室墓因盗扰严重未见葬具、人骨、随葬器物。其余8座墓葬葬具为木棺，7座葬式清楚者均为屈肢葬。这批墓葬出土器物很少，有陶鬲6件、玉料1件。墓葬时代8座应为战国中期，1座为战国晚期至汉初期③。

90. 坡刘墓地

2010年在咸阳市渭城区渭城镇坡刘村发现一批战国墓葬，随后有几次发掘，材料未见正式报道。据新华网2011年11月28日报道首次发掘108座战国秦墓，主要有竖穴土坑墓、竖穴墓道洞室墓两种，洞室墓有单室和双室，出土文物741件（组），陶器444件、铜器136件、铁器45件和玉器45件。在2座墓中出土有2件铜鼎和1件铜壶，5座墓中出土有1件铜鼎，发掘者认为时代应为战国晚期至秦统一，墓地主为秦人贵族。

---

① 陈秋歌、赵旭阳：《陕西咸阳发掘战国秦墓》，《中国文物报》2002年1月25日第003版。

② 朱羿、庞博：《西安考古发现2400年前的“骨头汤”》，《中国社会科学报》2010年12月14日第005版。刘代运队长告知。

③ 张小丽、刘汉兴：《西安南郊曹家堡清理九座秦墓》，《中国文物报》2013年7月19日第008版。

二、咸阳周边秦墓分区

《史记》卷5《秦本纪》载“孝公十二年，作为咸阳，筑翼阙，秦徙都之”。孝公十二年即公元前350年，咸阳开始作为秦的都城，有意识地在咸阳空间布局上设计墓葬区的位置，也只能从此开始，所以探讨咸阳周边秦墓的分布，在时间上首先必须要明确的是秦墓是咸阳作为秦都以后的秦墓，亦即其时代应该晚于公元前350年。一般考古学上将战国时期分为战国早期（公元前453至前350年）、战国中期（公元前350至前275年）、战国晚期（公元前274至前221年）三段。按理咸阳周边秦墓研究所要考察的秦墓当属于战国中期、晚期及秦代，但是考虑到没有纪年材料，在考古类型学上推定的墓葬年代可能存在误差，所以战国早期晚段秦墓也在考察之列。我们也收集了咸阳附近春秋秦墓（南关墓群55）、战国早期秦墓的资料，并在咸阳周边秦墓分布图上标注出来，一是个别墓地时代延续，不好区分不同时代墓葬的位置，其二也可以考察咸阳作为秦都之前与作为秦都之后墓地在空间布局上的差异。但是不在咸阳周边秦墓研究范围之内。

1. 咸阳周边秦墓的范围

在咸阳周边秦墓分布图上标注出来的墓葬，尽管绝对位于秦都咸阳城周边，但是有些墓葬可能与咸阳城关系不会很密切，而是与所在地的城址、宫殿、道路等相关。比如渭北墓区的候村遗址与墓葬（56），位于咸阳城西南15千米，该遗址主体当为西汉黄山宫，但是出土战国秦的瓦当等材料，研究者认为可以早到战国时期。徐卫民先生研究了相关材料（沿渭河向西连接兴平、武功、杨凌，距离渭水1～2.5千米，每隔7.5～10千米便有一个遗址区，共发现六处，遗址上发现过饕餮纹、虎纹、等秦汉皇家级别使用的空心砖、瓦当等，还发现龙纹空心砖[①]）后认为此处应位于渭河北岸秦汉宫殿遗址群，是秦时咸阳通往雍城进行宗庙祭祀的必经之路[②]。因此候村遗址与墓葬（56）不能作为咸阳城相关墓葬，但是与从咸阳向西通往雍城的道路相关，所以在分区上纳入陵西墓区。陵西墓区的宗家庄墓群（57）、东石墓群（60）、魏家泉墓群（61）、还有北河墓群（80）等，缺乏详细的发掘资料。北河墓群（80），位于临潼区相桥镇北河村，距离咸阳宫遗址约51千米，包含秦墓7座，形制为土坑和砖室墓，出土茧形壶、盆、半两钱，为中小型墓葬，时代接近咸阳城时期，但是位置距离栎阳城遗址较近，作为咸阳城的一般居民不会埋葬如此遥远，墓主为栎阳城居民是合适的。研究者认为位于马家湾镇东营村的益尔秦墓（75），还有其西新纬公司秦墓，二者应属于同一墓地，均处在秦弋阳县的范围内。但是从位置上考虑也应纳入咸阳周边秦墓的研究范围。

灞东墓区的蓝田洩湖战国墓（33）、十里铺遗址及墓葬（34）、新城墓葬（35），三处位于洩湖镇及蓝田县城附近的战国墓葬及遗址，墓葬为中小型，位于咸阳城遗址东南约43千米，当与秦献公六年（公元前379）秦始置蓝田县、献公十七年（公元前368）封其子向为“蓝田君”等活动有关。

---

① 《陕西发现六处秦汉滨渭建筑遗址区》，《光明日报》1988年8月19日。

② 徐卫民：《秦汉都城研究》，三秦出版社，2012年。

位于蓝田县安村乡代家寨村的代家寨墓葬（36），时代为战国，面积1.2万平方米，发现大量男性骨骼，并随葬青铜戈、陶罐、陶鬲等，地处蓝关古道边，可能与秦惠王十三年（公元前312）楚怀王发兵攻秦的战争有关。新丰发现的墓葬当与戏邑古城有关，所以不应归入咸阳周边秦墓的研究范围。

城南墓区最远的是长安陵区（53），推测为秦始皇祖母夏太后的陵园；城西最远的是户县草堂镇春秋秦墓（54）、户县南关春秋秦墓（55），都是出土众多青铜器的大墓，时代远在春秋早期；研究者推测草堂镇春秋秦墓（54）应是秦国一位卿大夫，户县南关七鼎墓主是鄠国之侯。

基于以上原因咸阳周边秦墓研究范围基本限定在西南郊陵区、东南郊陵区、南郊陵区以内，北边不超过池阳宫遗址，西北包含马家湾墓区，城西包含马王斗门墓区。

2. 咸阳周边秦墓分区

按照距离、自然界限等咸阳周边秦墓大体可以分为以下五区：

（1）渭北墓区：渭北西墓区包含白庙墓地，鸭沟、店上墓区，任家咀、塔尔坡区，毕陌陵区；渭北东墓区马家湾墓区，榆楚张卜墓区。

（2）城东墓区：包含尤家庄墓区、韩森寨陵园、半坡墓区。

（3）灞东墓区：包含芷阳墓区、芷阳陵区、始皇陵区、始皇陵墓区、新丰墓区。

（4）城南墓区：包含南郊墓区、长安陵区。

（5）城西墓区：包含马王斗门墓区。

第二章 陵园、陵墓

秦都咸阳以来所营建的王公陵墓，是中国最早具有大型封土标志的王公级别的坟冢，秦汉以来的历代王朝一直给予“重视”[①]。依据目前的资料，在秦都咸阳的西北、东侧以及南侧等区域，依次存在着咸阳原、芷阳、骊山、神禾原秦陵等秦的公王帝及夫人的陵区（墓）。

但是，这些在当年或者随后很长一段时间内墓主都还明确的它们，随着时间的推移和社会的变迁，以及文献的散轶或者记载的模糊，早在宋代就已经变得不知所葬，或者有着张冠李戴情形。

20世纪初，已有学者对咸阳原上及临潼等处大型秦陵进行了调查[②]，但是对都咸阳以来秦陵的现代意义的考古工作，却开始于20世纪60年代[③]。自1974年秦兵马俑坑的发现后，始皇帝陵的相关工作才得以迅速展开，并延续至今[④]。随后的1986年，考古勘探发现了芷阳秦陵[⑤]。20世纪初，咸阳原数座秦陵得以考古确认，掀起秦陵研究的又一新热潮[⑥]。值得注意的是，2004～2008年发现与发掘的神禾原秦陵[⑦]，与咸阳原秦陵的确认具有同样深远的影响和极高的学术价值。另外，2014年最新勘探发现西安东郊韩森寨大墓，具有战国晚期秦陵的时代特征[⑧]，这一资料又给秦陵研究领域提出了新课题（图三五四）。

---

① 焦南峰：《秦汉帝王陵封土研究的新认识》，《文物》2012年12期。

② 20世纪初，日本学者关野贞、足立喜六等外国汉学家先后对包括秦始皇陵在内的西安附近的古代建筑、陵墓进行过初步的调查；30年代至40年代，以我国学者为主的“西京筹委会”“陕西考古会”“西北史地考察团”和“教育部西京艺术文物考察团”也开展了调查工作。严格地讲，此阶段的工作还算不上是现代科学意义上的考古调查。

③ 陕西省文物管理委员会、临潼县文化馆：《秦始皇陵调查简报》，《考古》1962年8期。

④ 始皇陵秦俑坑考古队：《临潼县秦俑坑试掘第一号简报》，《文物》1975年11期。

⑤ 陕西省考古研究所、临潼县文管会：《秦东陵一号陵园勘查记》，《考古与文物》1987年4期。张海云：《芷阳遗址调查简报》，《文博》1985年3期。

⑥ 刘卫鹏、岳起：《咸阳原上“秦陵”的发现和确认》，《文物》2008年4期。

陕西省考古研究院、咸阳市文物考古研究所：《“周王陵”考古调查、勘探简报》，《考古与文物》2011年1期。

⑦ 张天恩、侯宁彬、丁岩：《陕西长安发现战国秦陵园遗址》，《中国文物报》2006年1月25日第一版。陕西省考古研究所：《西安战国秦陵园遗址田野发掘新收获》，《考古与文物》2008年5期。

⑧ 西安市文物保护考古研究院：《西安东郊韩森寨考古调查简报》，《考古与文物》2015年2期。

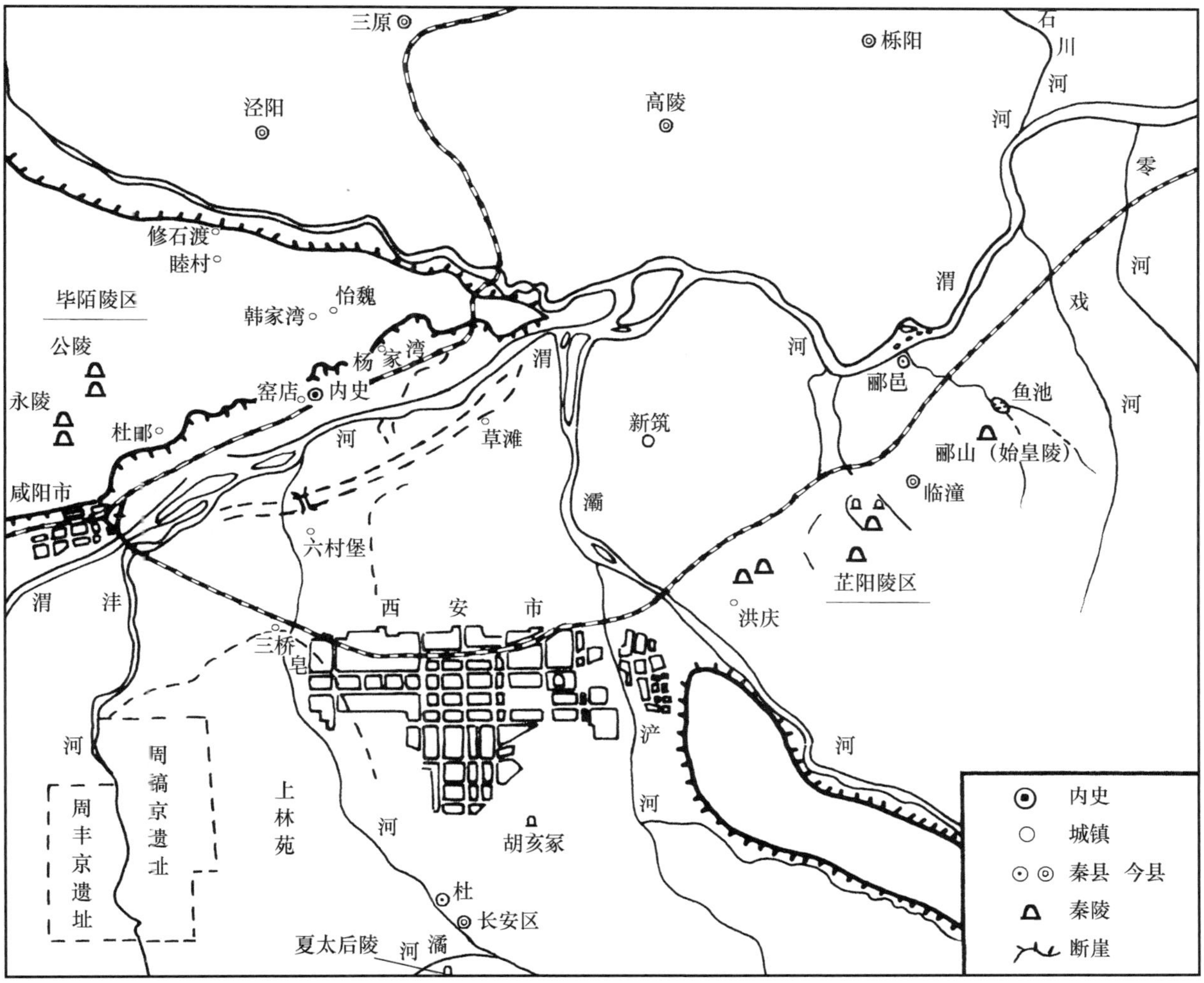

图三五四　秦都咸阳时秦陵位置示意图

第一节　陵园的考古发现

一、咸阳原陵区

秦咸阳西郊区域的秦陵，早期的历史文献曾经有较明确的记载，到了宋代才开始有些混淆不清。清代陕西的巡抚毕沅，继续宋人的错误，在曾经明确为秦陵的、位于周陵镇中学的两座大冢（即2006年勘探确认的咸阳原Ⅱ号陵园）前树碑，称为“周王陵”。阎文孺依据文献，1980年发表文章再次确认该两座陵墓是秦陵的事实[①]，由此揭开咸阳原秦陵新一轮的辨识讨论。随后的关于此两座陵墓的认识，大都是以这篇文章为基点。

进入21世纪以来，有关咸阳原上秦陵的辨识研究工作，由前期运用文献记载资料为主要手段，进而到采用考古勘探方法获取资料给予前期的辨识结果以更为科学的支持，甚至还有更为丰富的新

① 阎文孺：《“周陵”为秦陵辨》，《考古与文物》1980年2期。

发现。

陕西省考古研究院、咸阳市文物考古研究所，在咸阳原上考古调查、勘探确认了三座秦公陵园，包括严家沟（Ⅰ号陵园）、周陵镇（Ⅱ号陵园）①、司家庄（Ⅳ号陵）②。这些系列性的考古新发现，揭开了咸阳原秦陵研究的新篇章（图三五五）。

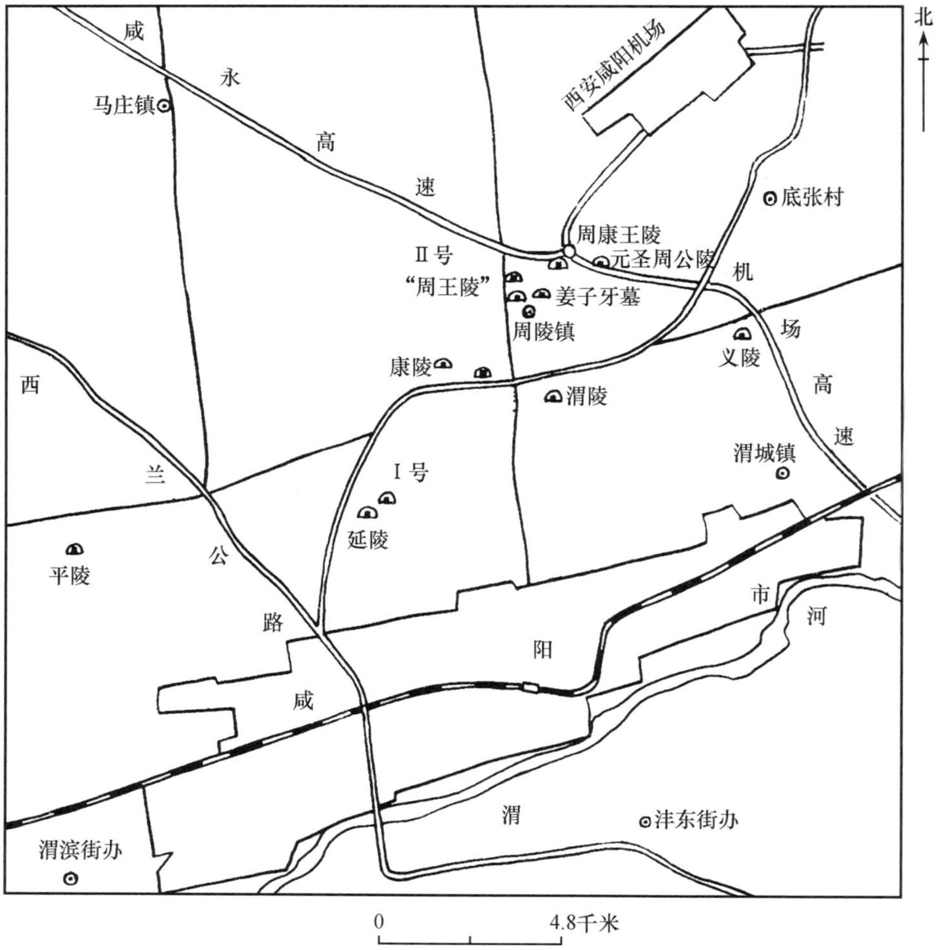

图三五五　咸阳原秦陵位置示意图

研究者从这些陵墓周围出土的遗物、亚字形大墓及封土、陵园的布局结构、陵园内所呈现的夫妇并穴合葬模式、陵墓的从葬坑，以及陵园内的陪（祔）葬墓等数个方面，揭示其具有战国秦的时代特征，确定它们应该属于战国秦时期的遗存。

咸阳原Ⅰ号陵园，位于严家沟村北，平面呈南北向的长方形，南偏东6°～9°，南北长约994（据东兆沟长度）、东西宽约650米（据北兆沟长度），由南、北两陵、兆沟、建筑基址、“中”字形墓葬等部分组成。两座陵墓形制均为亚字形，南边陵墓的封土大部分被平掉，现仅余2～5米高

① 刘卫鹏、岳起：《咸阳塬上“秦陵”的发现和确认》，《文物》2008年4期。陕西省考古研究院、咸阳市文物考古研究所、周陵文物管理所：《咸阳“周王陵”考古调查、勘探简报》，《考古与文物》2011年1期。

② 咸阳市文物考古研究所：《西汉帝陵钻探调查报告》，文物出版社，2010年，第134页。又，焦南峰、孙伟刚：《秦人的十大陵区》，《文物》2014年6期。

的平台，北边陵墓的覆斗形封土保存较好，现高14.8米①（图三五六）。

Ⅱ号陵园，平面亦呈南北向的长方形，方向170°，南北长833、东西宽528米，由南、北两陵、内外双重围墙、双重兆沟、外藏坑、建筑遗址、小型墓葬等部分组成。以内围墙、内兆沟为界可将陵园分为内、外陵园，内围墙之内为内陵园，内兆沟与外围墙之间为外陵园。两座陵墓封土均为覆斗状，墓葬形制均为亚字形，南部陵墓封土现存高度14米，北部陵墓封土现存高度17.5米②（图三五七）。

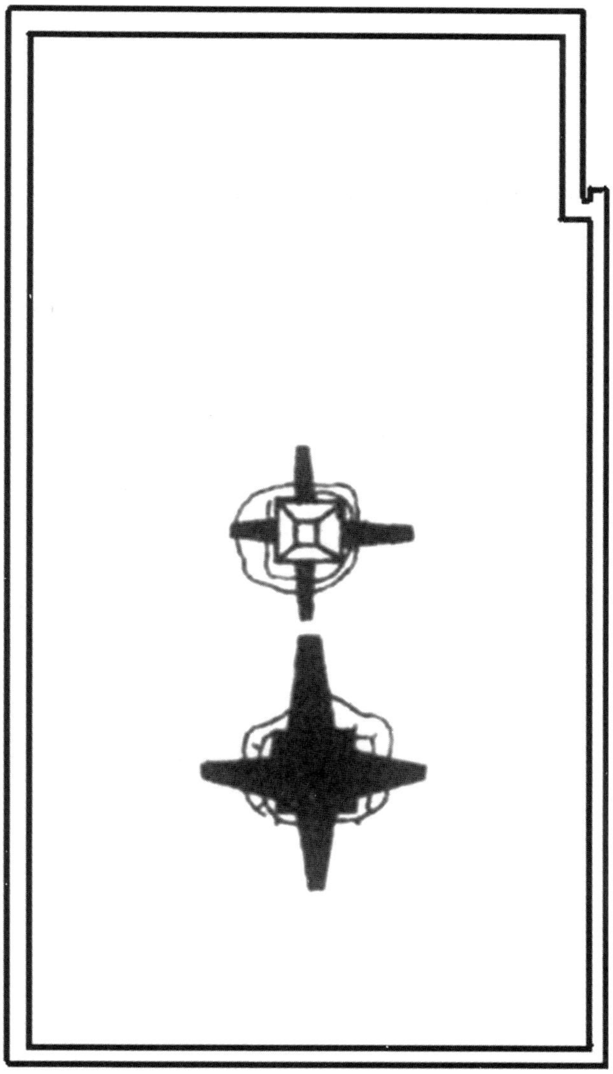

图三五六　咸阳原秦Ⅰ号陵园

Ⅳ号陵园，位于司家庄附近。由三道围沟围绕而成。司家庄秦陵位于陕西省咸阳市渭城区周陵镇司家庄村北，南距汉哀帝义陵封土约1200米，世传其为汉哀帝大司马董贤之墓。陵园由三道围沟围绕而成。第一道围沟之内的区域为内陵园，南北长约560、东西宽536米；第二道围沟位于第一道围沟之外，其平面南北长663、东西宽约631米；第三道围沟平面呈南北向长方形，南北长1285、东西宽1038米。三道围沟的北、东、南三面与墓道对应处均断开形成通道。主陵一座，居内陵园中部，现存封土平面、剖面均不规则，底部东西长80、南北宽63米，高约15米。墓葬形制为“亚”字形，四面各有一条墓道。墓道长41～52、宽约24～56米；墓室东西长90.7、南北宽85.6米，中部深约23米。“甲”字形大墓位于主陵北侧，无封土，坐西面东，通长94米，墓道位于墓室东部，长65、宽约3.6～13.4米，墓室长约30.5、宽约22米，中部深18米。发现陪葬坑6座，其中主陵周围4座，甲字形大墓南侧2座。均为竖穴长方形，长10.8～114米。建筑遗址发现5处，分别位于内陵园东部、西南部、西部。小型墓葬发现较多，除了主陵园内，三

① 刘卫鹏、岳起：《咸阳塬上“秦陵”的发现和确认》，《文物》2008年4期。在陵园结构的叙述中，《咸阳塬上“秦陵”的发现和确认》使用了“围沟”一词，而《咸阳“周王陵”考古调查、勘探简报》（见上文）使用了“壕沟”一词，笔者统一为传统文献上的“兆沟”一词。

② 陕西省考古研究院、咸阳市文物考古研究所、周陵文物管理所：《咸阳“周王陵”考古调查、勘探简报》，《考古与文物》2011年1期。另外，Ⅲ号陵墓为一组两座东向的中字形大墓，在Ⅱ号陵园“周陵”东侧偏北区域，没有发现陵匽设施，故本处讨论不予涉及。

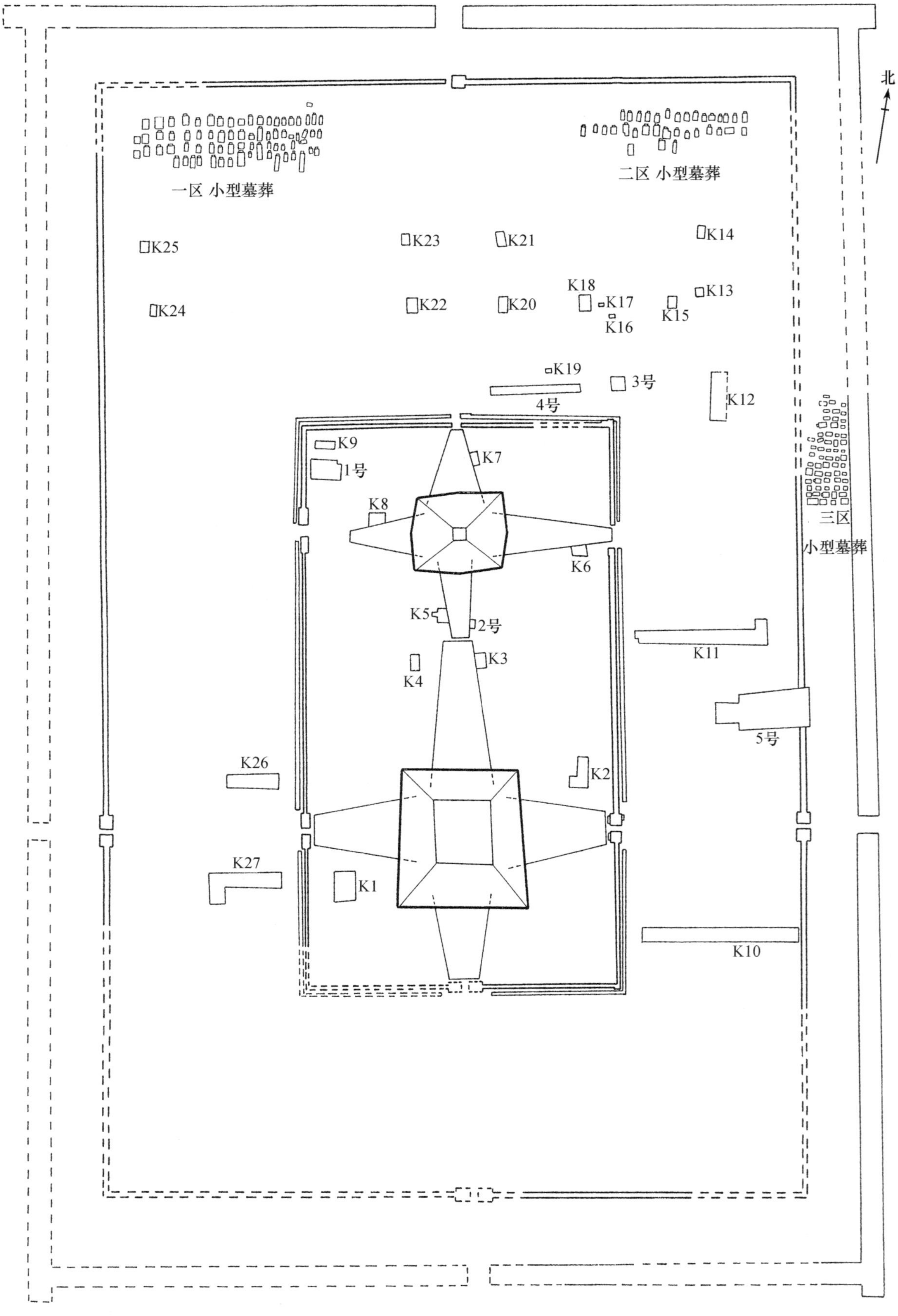

图三五七　咸阳原秦Ⅱ号陵园

道围沟之间，在陵园东南部也发现了大片小型墓葬”[①]。

关于咸阳原数座秦陵墓主所属，多位学者主要围绕一、二号陵园孰为公陵、孰为永陵，撰文讨论，很是热烈（表七）。但是距离共识，还有较长的路要走。

表七　1980年代以来关于咸阳原战国秦陵的讨论

陵墓位置与研究观点	Ⅰ号陵（成帝后妃陵，严家沟陵）	Ⅱ号陵，Ⅰ号陵东北3800米处（周王陵）	四号陵（司家庄陵）	备注
阎文儒1980		秦王墓		《考古与文物》1980年2期
刘庆柱等1987		秦惠文王夫妇合葬陵墓		《西汉十一陵》第106、155页
王学理1999	子傒墓	公陵	永陵	《文博》2012年4期
徐卫民2000		惠文王、悼武王陵		《秦都城研究》第187～189页
刘卫鹏等2008	公陵	永陵	秦陵	《文物》2008年4期
焦南峰等2011	公陵	永陵		《考古与文物》2011年1期
丁岩2012	永陵	公陵		《考古与文物》2015年2期

关于严家沟一号陵园墓主的讨论，目前有三种观点，一种认为是秦惠文王的“公陵”，另一种认为是秦武王的“永陵”，第三种观点认为是孝文王的公子子傒。

位于周陵镇中学附近的Ⅱ号陵园（“周王陵”），一些学者推测可能是秦惠文王的“公陵”，另一些学者认为是秦武王的“永陵”。

位于贺家村的三号陵，个别学者讨论涉及，认为墓主是秦王公以下的高等级贵族，是为秦陵的陪葬墓。

位于司家庄的四号陵园，学者讨论涉及，认为是秦孝文王的寿陵。但是，目前披露的勘探简报材料认为，司家庄秦陵园具有比前述一号、二号陵园时代较早的形制特点。如此，则可推测该陵园墓主不是孝文王，而是早于惠文王的某位王公。即墓主为秦孝公，则是又一种可能。

在讨论这几座秦陵的文章中，学者们主要依据的基本文献资料即是《史记》所及注释等相关的几条文献。

如，其一，《史记·秦始皇本纪》“（惠文王）享国二十七年。葬公陵。”条下注引：正义括地志云：“秦惠文王陵在雍州咸阳县西北一十四里。”

其二，《史记·秦始皇本纪》，“悼武王享国四年，葬永陵。”条下注解为：集解徐广曰：“皇甫谧曰葬毕，今按陵西毕陌。”正义括地志云：“秦悼武王陵在雍州咸阳县西十里，俗名周武王陵，非也。”

本文倾向认为，一号陵园是永陵，即武王夫妇同茔遗穴的合葬陵园；二号陵园是公陵，即惠文

① 焦南峰、孙伟刚：《秦人的十大陵区》，《文物》2014年6期。又，咸阳市文物考古研究所：《西汉帝陵钻探调查报告》，文物出版社，2010年，第134页。一座封土呈覆斗形大墓，底边东西长80、南北宽63米，高13.4米。四面各有一条墓道，东墓道长60、宽38～46米，西墓道长36、宽27～40米，南墓道长60、宽35～42米，北墓道长58米，宽35～50米。在东墓道偏南发现一个宽5、长11米的陪葬坑。从这座墓葬的形制和规模，尤其是四条墓道的设置来看，其时代可能不属于西汉，有可能是一座战国秦陵。

王夫妇同茔遗穴的合葬陵园①。

新近的考古调查与勘探资料，在上述讨论中起到了很重要的作用。但是，由于相关文献记载的模糊性以及考古资料的薄弱，涉及陵园墓主的讨论，都还没有突破性的进展，特别是有关三号、四号陵墓的讨论还很不充分。

二、芷阳东陵

文献明确记载葬在芷阳东陵的秦公王帝，有"昭襄王、悼太子、庄襄王、宣太后、唐太后"等，但具体位置随着岁月的长久而被湮没，直到现代考古工作展开后，才渐为世人所知。

（1）昭襄王，武王异母弟，惠文王庶子，葬茝（芷）阳［据《史记·秦本纪》"立（武王）异母弟，是为昭襄王"］。

（2）悼太子，昭襄王太子，归葬芷阳（据《史记·秦本纪》"四十年，悼太子死魏，归葬芷阳"）。

（3）庄襄王，孝文王中子，立为太子，葬茝（芷）阳（据《史记·吕不韦列》"太子子楚代立，是为庄襄王"）。

（4）（昭襄王）母宣太后，四十二年（前265年），安国君为太子。十月，宣太后薨，葬芷阳骊山（据《史记·秦本纪》）。

（5）"唐太后，昭襄王的妃子，孝文王的生母，五十六年秋，昭襄王卒，子孝文王立……尊唐八子为唐太后，而合其葬于先王。"既然是合葬，唐太后就应该葬在昭襄王陵墓所在芷阳东陵区域（据《史记·秦本纪》）。

在秦始皇兵马俑的考古发掘期间，根据附近村民一条偶然的线索，凭借职业的敏锐感觉，相关人员随即前往临潼斜峪进行相关的考古勘探工作，最终发现并确认了芷阳东陵的所在，即处于临潼斜峪的一片台塬田地间。

经过20世纪80年代以及新近几年的勘探调查工作，在芷阳东陵区域，先后确认了战国秦陵园四座（图三五八；表八）。

一号陵园，"是由东边的人工壕沟与南、北、西三面的自然壕沟组成"，东隍壕"南北走向"，"通长1800米"，"南、北、西三面均借用天然沟道，亦可能经过人工整修。"内有亚字形陵墓两座②（图三五九）。

2013年报道了一号陵园勘探的新收获。该陵园的具体范围，是以陵园壕沟为标志。平面呈南北向长方形，南北长1180米，东西宽695米，陵园面积82.423万平方米，合1236.34亩。勘探结果显示秦芷阳东陵"一号陵园"既具有凤翔雍城秦公陵园有壕沟无陵墙的陵园特点，也有秦统一后直至汉代帝陵南北向长方形的形制特征。秦东陵"一号陵园"在布局上，两个"亚"字形墓居中，小型

① 丁岩：《咸阳原两座秦陵园主人之蠡测》，《考古与文物》2015年2期。

② 陕西省考古研究所、临潼县文管会：《秦东陵第一号陵园勘查记》，《考古与文物》1987年4期。

表八　芷阳东陵陵园略表

		陵园（南北×东西）	围沟	大墓		封土	从、陪葬		建筑
				形制	墓室面积		墓	坑	
芷阳东陵	Ⅰ号	1180米×695米，82万平方米（2013）	#	2座亚字形	58米×57米，3306平方米	残高2米~4米	#	#	#
	Ⅱ号	500米×300米，15万平方米	#	1座中字形	27.5米×23米，632.5平方米	残高10米	#	#	#
	Ⅲ号	280米×180米，5万平方米	#	1座中字形		残高5米	#		#
	Ⅳ号	960米×500米，48万平方米	#	1座亚字形	56.5米×55米，3107.5平方米	不见，且地表塌陷	#		#

注：参考王学理《咸阳帝都记》。#表示该陵园存在这一遗迹要素。

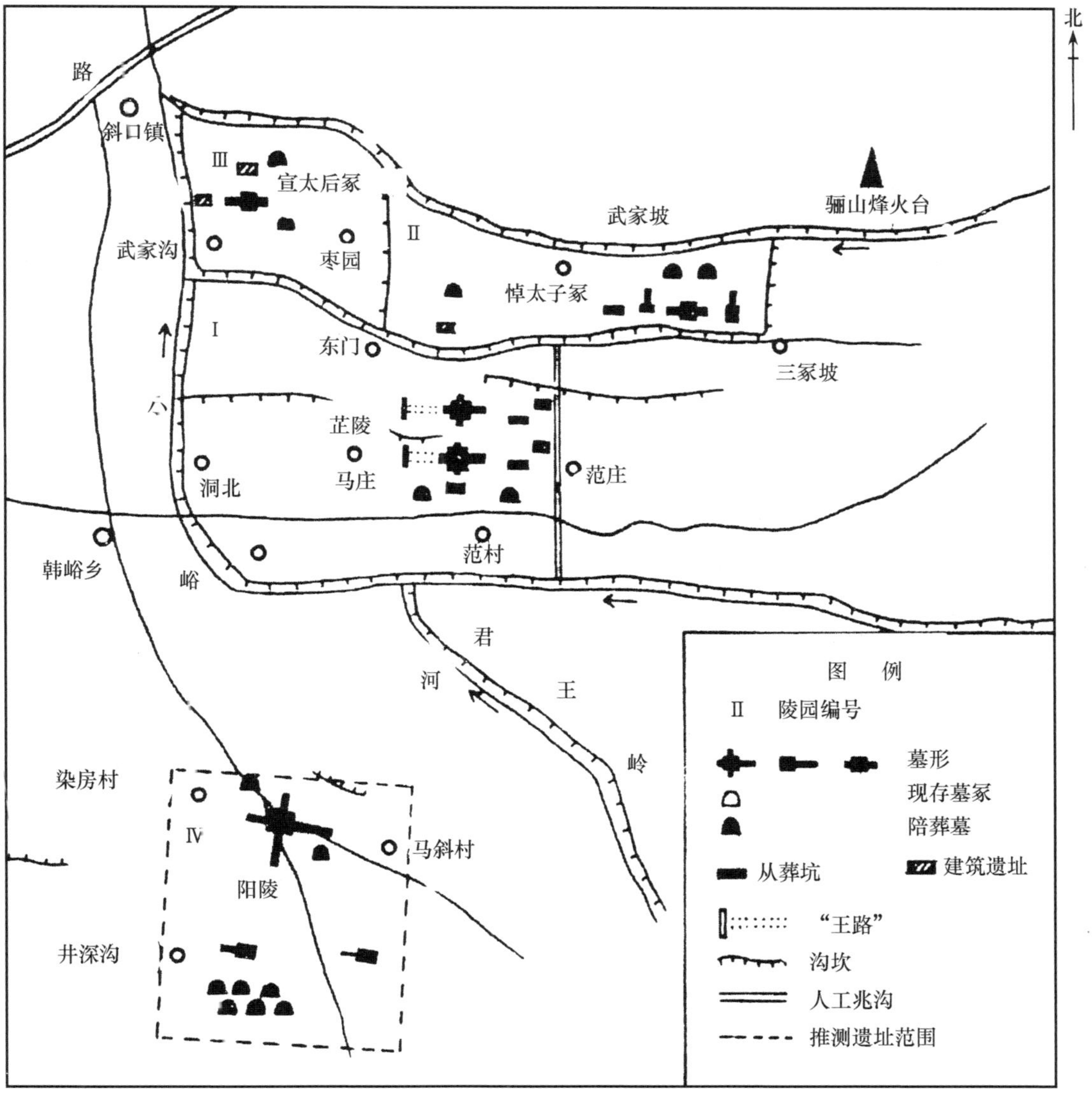

图三五八　芷阳秦陵分布示意图

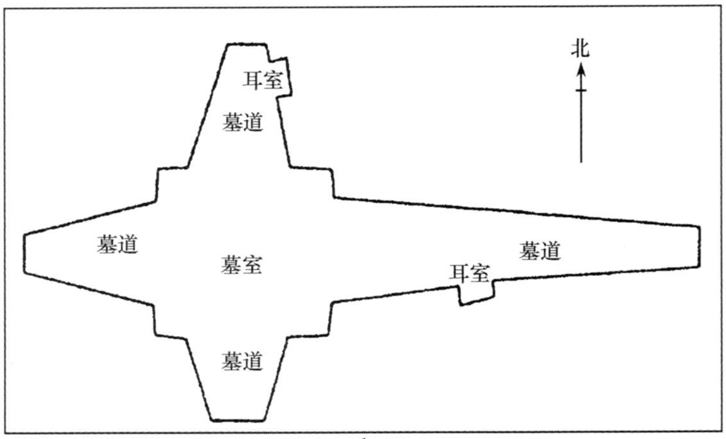

1

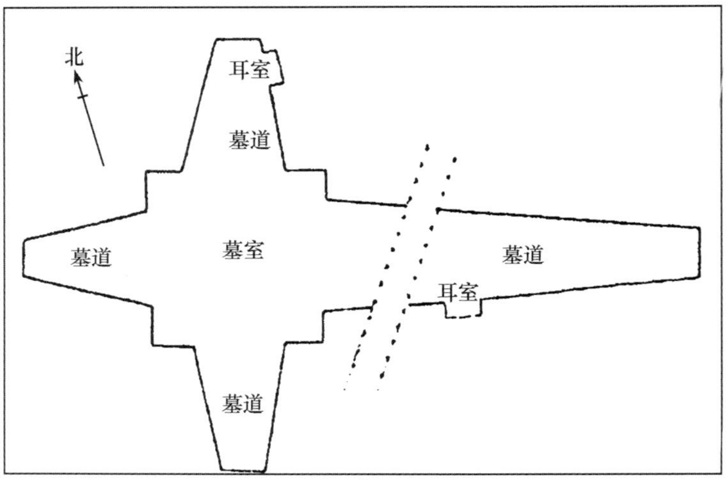

2

图三五九　芷阳一号陵园亚字形大墓

1. M1平面钻探图

2. M2平面钻探图

陪葬墓分布于陵园壕沟内周围，陪葬坑除分布于主墓道夹角处外，大型陪葬坑分布于主墓的东西方向，而建筑基址基本分布于主墓的南北方向（据2013年01月06日《西安日报》）。

二号陵园，位于芷阳一号陵园东北三华里处，以四周自然壕沟加以修葺而成为四界兆沟，陵园东西长500、南北宽300米，总面积15万平方米。陵园内主要有中字形大墓一座，甲字形大墓三座，还有陪葬坑、陪葬墓等①（图三六〇）。

三号陵园，东南距一号陵园1500米，陵园西、北两面利用天然沟壑作为兆沟，而东、西两面的兆沟则是人工开凿的，东西长280、南北宽180米，面积约4.84万平方米。陵园内有中字形大墓，封土残高5米。另外，陵园内还有陪葬墓和建筑基址遗迹②。

① 陕西省考古研究所、临潼县文物管理委员会：《秦东陵第二号陵园调查钻探简报》，《考古与文物》1990年4期。

② 王学理：《咸阳帝都记》，三秦出版社，1999年，第228、229页。

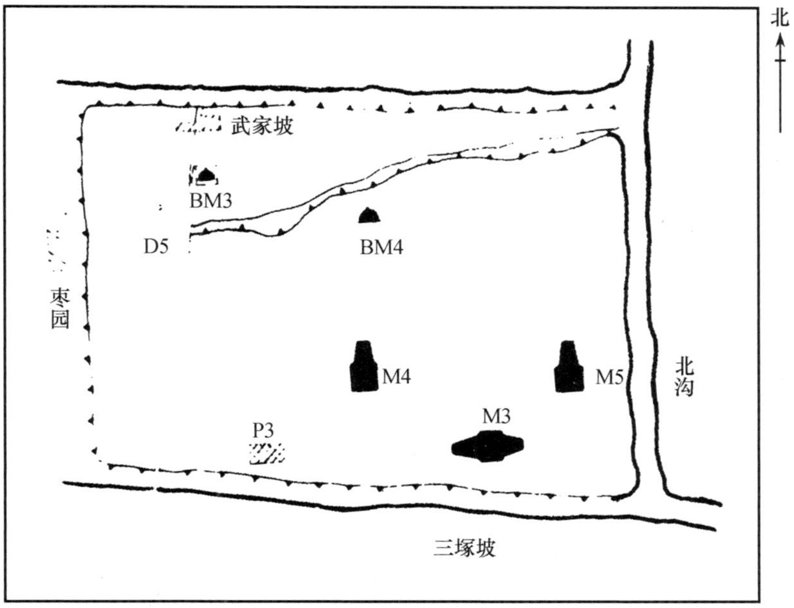

图三六〇　芷阳二号陵园示意图

四号陵园，“四周构筑隍壕，其中除北面为造陵时开辟外，东、西、南三面均是利用了原来的自然沟壑。陵园范围的平面，状似东西向的长方形，东西长960、南北宽500米，面积48万平方米。”“人工构筑的北道，仅留有东西残长的16.5米一段，壕宽1.5、深2.5米，隍壕的壁面用天然石块筑砌”。陵园内发现亚字形陵墓一座①。

根据勘探资料，在大多研究者认为芷阳东陵区域存在四座陵园的基础上，焦南峰研究员认为一号、四号属秦王级别的陵园无疑，二号和三号非陵园而是前两者的祔葬墓园②。就目前的文献和考古资料而言，这一认识可能更接近历史事实。

学界关于芷阳东陵的确认、时代等基本性的认识，已经趋于一致，但在陵墓（墓园）与墓主的对应问题上，却有诸多不同的几种观点（表九）。一次较系统的探讨文章发表在2000年③。2010年冬天的一次盗墓行径的侦破，为再次确认芷阳东陵一号陵园内大墓墓主提供了重要线索。有学者据此认定，芷阳东陵内M1的墓主，应该是秦昭襄王④。借此新资料，学界再次推进了芷阳东陵区域内陵园布局的认识。

藉2011年新发布的信息，研究认为“一号陵园2座亚字形大墓为昭襄王和其太后的合葬陵园，南侧大墓为昭襄王之陵，北侧大墓为昭襄王之王后陵；二号陵园‘中’字形大墓为悼太子之墓，另外三座‘甲’字形大墓为太子嫔妃之墓；三号陵园‘中’字形大墓为唐太后之陵墓所在；四号陵园

① 陕西省考古研究所秦陵工作站：《秦东陵第四号陵园调查钻探简报》，《考古与文物》1993年3期。

② 焦南峰：《秦陵的形制特点及其演变》，《一统天下：秦始皇帝的永恒国度——国际学术研讨会论文集》，香港历史博物馆，2012年。

③ 赵化成：《秦东陵刍议》，《考古与文物》2000年3期。

④ 王辉、尹夏清、王宏：《八年相邦薛君、丞相殳漆豆考》，《考古与文物》2011年2期。

为宣太后之骊山陵园”[①]。在目前的资料条件下，该认识应该较为契合历史，我们倾向同意。

明确记载处于芷阳东陵庄襄王的陵墓以及文献没有记载的帝太后的陵墓，目前还都没有着落。

表九　关于秦东陵芷阳大墓墓主的讨论

陵园		陵园要素	观点				
			程学华 年份	尚志儒 年份	张海云* 王学理1999	赵化成 2000	王辉** 孙卫岗2011
芷阳东陵	Ⅰ号	2座亚字形	M1，昭襄王 唐太后 M2，孝文王 华阳太后	M1，孝文王 华阳太后 M2，庄襄王 帝太后	昭襄王 唐太后	庄襄王 帝太后	M1，昭襄王 M2，太后
	Ⅱ号	1座中字形	悼太子	宣太后	悼太子	悼太子	悼太子
	Ⅲ号	1座中字形	宣太后	悼太子	宣太后	宣太后	唐太后
	Ⅳ号	1座亚字形	庄襄王 帝太后	昭襄王 唐太后	庄襄王 帝太后	昭襄王 唐太后	宣太后

*王学理先生与张海云女士的观点在该芷阳四个陵园墓主的认识上基本相同。

**王辉、尹夏清等认为一号陵园内的M1墓主为昭襄王。

三、长安陵区

二十一世纪第一个十年，对于秦陵研究领域来说，是丰收的十年。在咸阳原的多处秦陵（墓）勘探发现、确认之前的2004年，陕西省考古研究院发掘了长安区的神禾原秦陵园遗址。

神禾原秦陵园，平面呈长方形，外兆沟而内墙垣，南北长550、东西宽310米，面积达17万平方米。位于南部的东—西向隔墙，将陵园分为南、北两区。北区是以“亚”字形大墓为中心，周绕13个从葬坑的陵墓区；在大墓的南、北两侧各有一条排水沟。南区主要以大型建筑基址和灰坑为主，应该是管理区域。陵园布局完整、规格很高，时代约为战国晚期，应属于秦帝、王或后妃的级别。尽管大墓被盗，但出土的随葬品还算丰富，器类方面有金银器、青铜器、铁器、玉器、陶器、建筑砖瓦、骨器以及较多的陶文、青铜铭文等[②]。

陵园设墙垣、兆沟各一周，南北为长、东西为宽，南、北两门有阙，从布局上来看，陵园应该是南—北向[③]。亚字形大墓，东墓道最长，与其他秦陵大墓东墓道最长的情形一样，墓向当也一致，同为东向（图三六一）。

发掘者依据陵园布局、随葬器物的时代特征和文字信息，推测该陵园主人可能就是文献记载的

① 孙伟刚：《新发现秦漆器及秦东陵相关问题探讨》，《人类文化遗产保护（5）》，西安交通大学出版社，2011年。

② 张天恩、侯宁彬、丁岩：《陕西长安发现战国秦陵园遗址》，《中国文物报》2006年1月25日第1版。陕西省考古研究所：《西安战国秦陵园遗址田野发掘新收获》，《考古与文物》2008年5期。

③ 如果从与秦都咸阳的相对位置以及神禾原南高北低的具体地势看，陵园应该是坐南朝北。

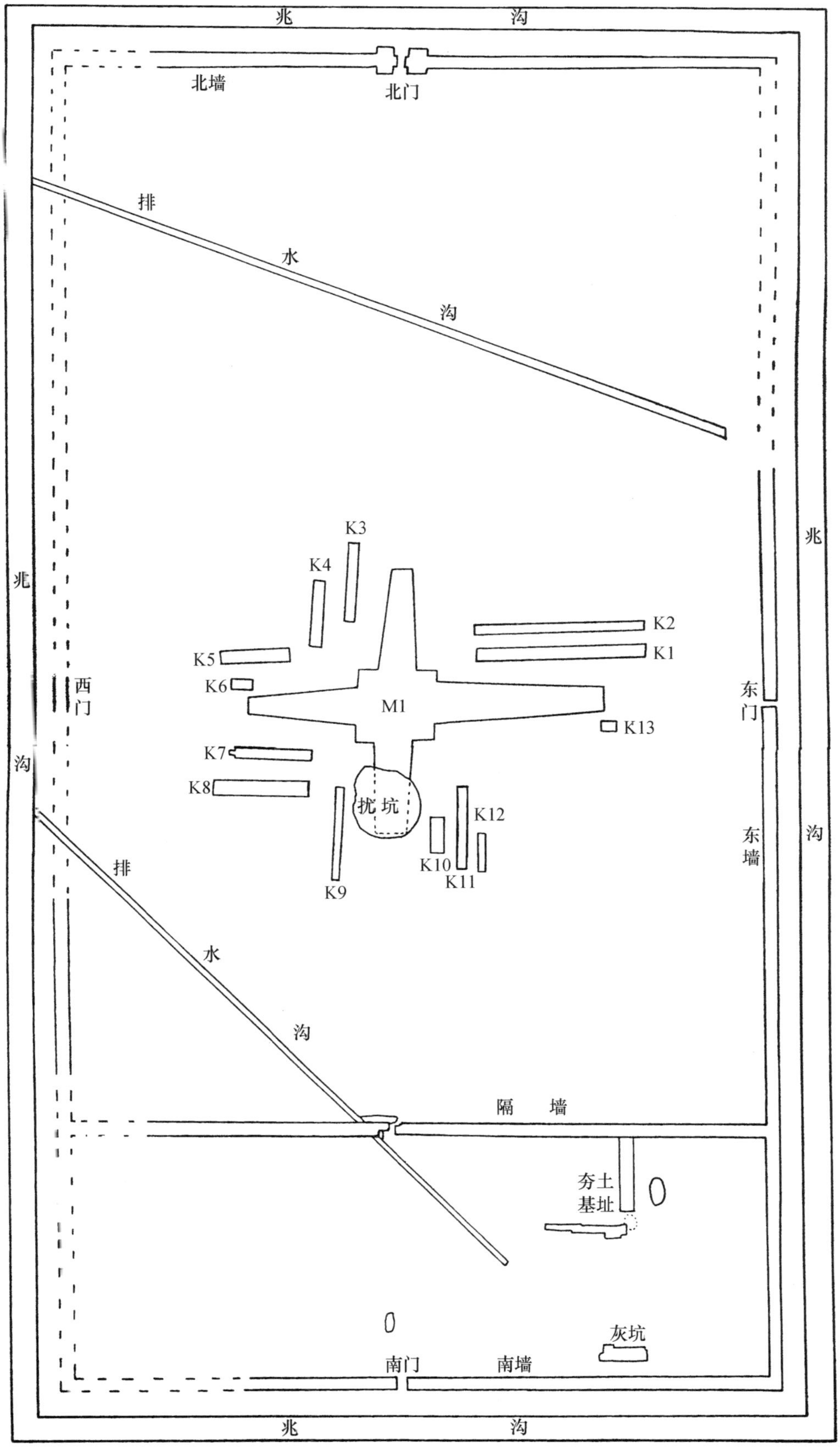

图三六一　神禾原战国秦陵园示意图

战国时期“别葬杜东”的秦始皇祖母——夏太后。陵园的发掘资料俟一报道，立刻引起学界的热切关注，多位学者随即撰文参加讨论，多数学者认同这一认识[①]。也有学者提出了另外的推测意见，有“秦二世说”和“汉惠帝张皇后说”等[②]。

神禾原秦陵的发现与确认，对秦陵的研究在多个方面有所推进，包括都咸阳以来秦陵陵区的布局、秦陵园的规制变化以及秦王夫人的葬制等（后文详述）。

四、始皇帝陵

秦始皇帝陵在历代文献中有较明确的记载，1974年偶然发现兵马俑后，学界很“自然地”认为其属始皇帝陵的一部分，从而开启了始皇帝陵研究的新纪元。

近代关于秦始皇帝陵最先的认识，仅仅局限于其规模巨大的封土，其他信息则凭借《史记》的有关记载，而以帝陵坟冢为核心的墓葬形制、陵园布局、从葬坑内涵、陪葬墓辨识以及陵区界域确认等，在持续四十多年的考古研究工作中，才逐渐了解到它们的轮廓，大多内容目前仍旧处于探索阶段。

秦始皇帝陵园呈重垣结构布局的南北向长方形。陵园核心是高大的坟冢封土，封土以外是呈南北向长方形的内城和外城。内城东西向和南北向的夯土墙隔成三个小城。封土周围有排列密集、数量众多的从葬坑，包括已经发掘的铜车马坑、文官俑、铠甲坑、百戏俑坑在内的陪葬坑遍布南城，西北部为建筑遗址区，东北小城内为陪葬墓区和一些建筑遗址[③]。

在陵园之外很大的区域内，间或分布于与秦始皇陵有关的大量陪（从）葬坑、建筑遗址等。其中的从葬内容非常丰富，有兵马俑坑、马厩坑、铠甲坑、珍禽异兽坑等，从葬坑的结构也有多种类型，其中的兵马俑一号坑、二号坑、三号坑最为著名，亦可作为代表（图三六二）。

学界一般认为，在始皇帝陵园之外东西长约7千米，南北宽约8千米，总面积达56.25平方千米的广阔区域，都属于陵区的范围。有学者认为，秦始皇帝陵园区域早在规划的时候，就以自然沟道或人工设施等作为区域的界限。秦始皇陵园区域与始皇陵园区域外附近存在有秦遗存的区域，应该是两个概念[④]。

① 王学理：《二世未解大墓谜，主人还是夏太后》，《陕西历史博物馆馆刊》2008年15辑。

② 韩伟：《揭开长安神禾原大墓主人之谜》，《陕西历史博物馆馆刊》14辑，2007年。段清波：《关于神禾原大墓墓主及相关问题的讨论》，《考古与文物》2009年4期。

③ 袁仲一：《秦始皇陵兵马俑研究》，文物出版社，1990年。张占民：《秦陵之谜新探》，陕西人民美术出版社，1998年。陕西省考古研究所等：《秦始皇帝陵园考古报告》（1999），科学出版社，2000年。陕西省考古研究院、秦始皇兵马俑博物馆：《秦始皇帝陵园考古报告》（2001～2003），文物出版社，2007年。

④ 朱思红：《秦始皇陵园范围新探索》，《考古与文物》2006年3期。

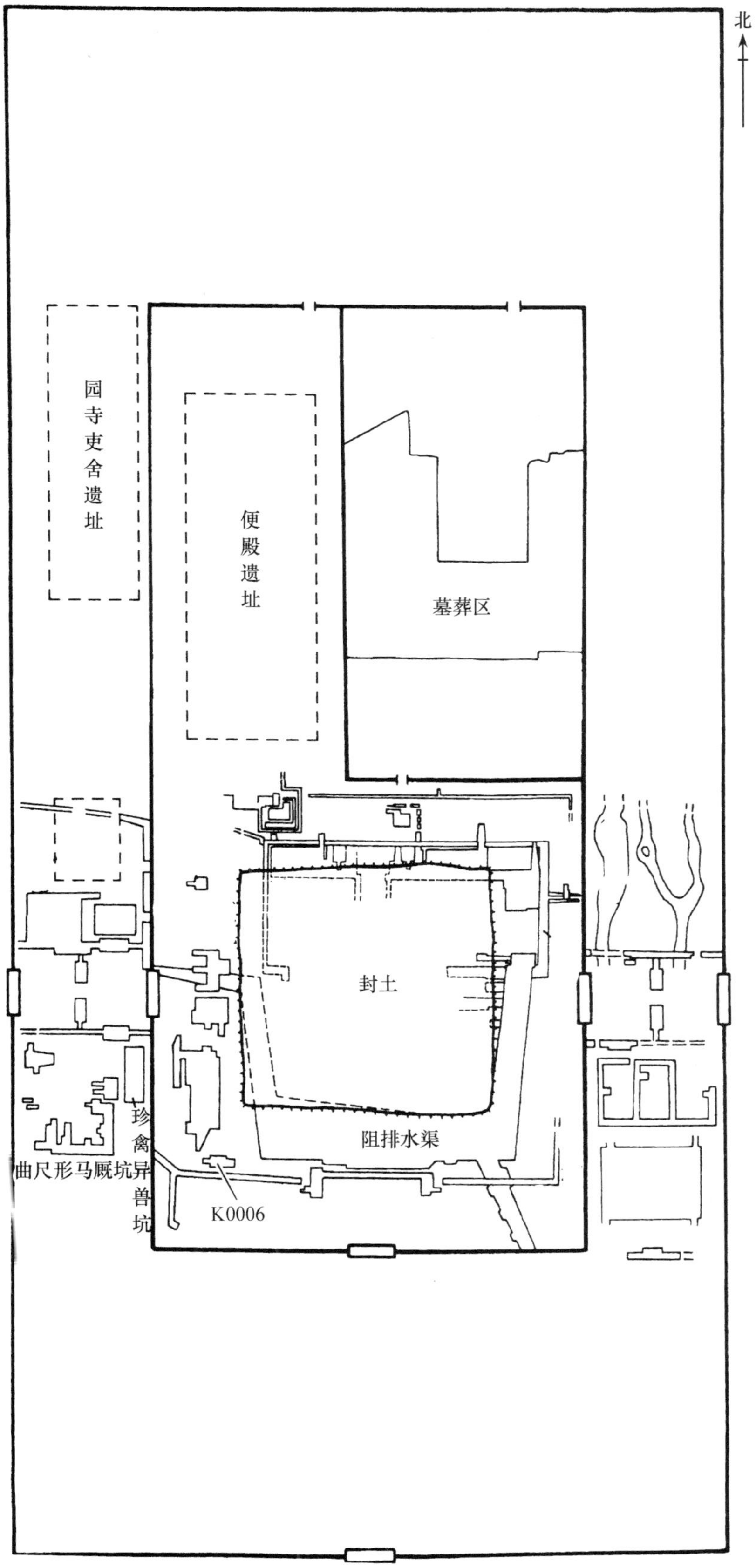

图三六二 秦始皇陵园示意图

第二节　陵园及其陵墓规制

秦人都咸阳以来，在咸阳畿内先后为数代秦公王帝设置了多处陵园，也随之形成三大陵区，分别为渭水北岸的咸阳原陵区，渭水南岸两个陵区，一是浐灞之东的芷阳东陵区，一是浐灞之西的长安陵区。

依据前述最新的资料和研究成果，咸阳原陵区内有惠文王陵园（公陵，即“周陵”）、武王陵园（永陵，即严家沟陵园）、司家庄陵园以及两座中字形大墓构成的一组墓地（贺家村大墓）。芷阳东陵陵区有昭襄王陵园（芷阳一号陵园）、宣太后陵园（芷阳四号陵园）、唐太后墓（芷阳）、悼太子墓，和骊山北麓的始皇帝陵，以及还未探寻到庄襄王陵园（及帝太后陵墓，尚不知地点）。长安陵区有夏太后陵原（神禾原陵园）、韩森寨秦陵以及文献记载葬于曲江畔也未寻定的秦二世墓（园）。本章节就都咸阳以来秦陵园选址、形制、陵墓方向、夫人陵墓规制等方面问题，进行初步的探讨。

一、陵园的选址[①]

战国中晚期都咸阳之后，在渭河北岸的咸阳原上新设咸阳原陵区，是秦人“陵随都迁”传统的明确表现。随着王朝的延续、王位的传递，在都城咸阳未有迁移的情况下，秦人又在咸阳东侧的渭河南岸新置芷阳陵区和长安陵区。

秦人都咸阳期间在王位者或者帝位者依次为孝公、惠文王、武王、昭襄王、孝文王、庄襄王、始皇帝、秦二世等，这些公、王、帝的世系传承与死葬陵地，《史记·秦本纪》《史记·秦始皇本纪》等多有记载（表一〇）。

（1）孝公，献公子，葬弟圉。

（2）惠文王，孝公太子，葬公陵。

（3）武王，惠文王太子，葬永陵。

（4）昭襄王，武王异母弟，惠文王庶子，葬茝（芷）阳。

（5）悼太子，昭襄王太子，归葬芷阳。

（6）孝文王，昭襄王庶子，立为太子，悼太子异母弟，葬寿陵。

（7）庄襄王，孝文王中子，立为太子，葬茝（芷）阳。

（8）始皇帝，庄襄王太子，葬骊山。

（9）秦二世，始皇帝少子，诈立太子以袭位，葬宜春。

① 本部分研究主要依托：丁岩《西汉帝陵选址与血统传承因素》，《汉代西域考古与汉文化》，科学出版社，2014年。

表一〇　惠文王及以下诸身份和陵墓选址略表

秦王帝身份与陵墓	咸阳原陵区	芷阳陵区	宜春
	太子	太子/庶子	太子
惠文王，公陵	♣		
武王，永陵	♣		
昭襄王，葬芷阳		⊕	
悼太子，葬芷阳		♣	
孝文王，寿陵	♣由庶子立太子		
庄襄王，葬芷阳		♣由庶子立太子	
始皇帝，葬骊山		♣	
二世，葬宜春			♣

♣ 表示由太子身份即位或具有太子身份。⊕ 表示由非太子身份即位。

文献记载孝公所埋葬的“弟圉”位于何处，目前还没有确定的线索。而根据近些年咸阳原考古勘探的工作成果，基本可以确认埋葬在咸阳原陵区的有惠文王、武王[①]。另外，有学者还推测孝文王寿陵也应该处于咸阳原[②]。

关于芷阳东陵区域大墓所属的秦王、帝或太子，目前的资料显示应该有昭襄王、悼太子、庄襄王、始皇帝等。在长安陵区，在神禾原有夏太后陵园、韩森寨有佚名秦陵、曲江南畔的宜春则有葬秦二世[③]，详见秦都咸阳时秦陵位置示意图（图三五四）。

迁都咸阳后所设立的咸阳陵区，如果不是秦孝公最先埋葬在此[④]，那应该就是惠文王，从而惠文王就是该陵区的肇始者，他的陵墓“公陵”也相应成为祖陵。惠文王，是孝公的太子，继位孝公

① 刘卫鹏、岳起：《咸阳塬上“秦陵”的发现和确认》，《文物》2008年4期。焦南峰、杨武站、曹龙、王东：《咸阳“周王陵”为战国秦陵补证》，《考古与文物》2011年1期。丁岩：《咸阳原两座秦陵园主人之蠡测》，《考古与文物》2015年2期。关于咸阳原陵区所发现陵园的主人，目前还有不同认识，但不影响本文此处的讨论。

② 刘卫鹏：《秦孝文王寿陵位置蠡测》，《秦俑博物馆开馆三十周年秦俑学会第七届年会国际学术研讨会论文集》，三秦出版社，2010年，第228～235页。本文认同孝文王葬在咸阳原上，但不同意其陵墓是“西汉末代的王皇后陵”的观点。王学理《咸阳原秦陵的定位》，《文博》2012年4期。本文不同意该文关于孝文王陵墓所在的推断。

③ 王学理：《咸阳帝都记·都下陵墓》，三秦出版社，1999年，第260页。

④ 依据：刘卫鹏、岳起：《咸阳塬上“秦陵”的发现和确认》，《文物》2008年4期。在位于咸阳周陵镇“周王陵”东北区域所发现的一组中字形大墓，其身份应该是秦的某高级贵族夫妇。目前还没有研究者对这组中字形大墓的确切身份做出深入研究。本文初步推测，该墓主也有可能是秦孝公夫妇。孝公迁都咸阳，十二年后去世，此时间段内大概可以做到承袭“陵随都迁”的故事，但是这一推测尚无其他资料支撑。本文还注意到，《水经注·渭水》“白渠又东支渠出焉，东南迳高陵县故城北。白渠又东迳秦孝公陵北，又东南迳居陵城北，莲芍城南，又东注金氏陵……’。其中关于秦孝公陵在栎阳的记述，不支持孝公陵在咸阳的推测。

之后若干年升格秦王，考古勘探发现“公陵”是以“亚字形”大墓为核心的陵园，即咸阳原“周陵”（二号陵园），此后的秦王、帝的陵墓经考古确认大都为“亚字形”形制大墓。悼武王，惠文王的太子，继位四年后绝髌而死，无子，其陵名为“永陵”，目前认为即是咸阳原严家沟陵墓，详见咸阳原秦Ⅰ号陵园（图三五六）①。

昭襄王是惠文王庶子、武王异母兄弟，不具太子身份，武王卒后即位。文献明确记载其“葬芷阳”。昭襄王陵在新设的芷阳陵区，它应是芷阳陵区的祖陵。昭襄王陵没有进入咸阳陵区，一则因为他没有太子身份，二则因为异母兄弟武王“永陵”已在咸阳陵区。

悼太子，未即王位而早卒，其父即昭襄王。文献记载悼太子“归葬芷阳”，据“归葬”二字推测，襄昭王陵此时也已被视作祖陵，从而所在的芷阳陵区也被视为悼太子的祖茔。就嫡系传承而言，悼太子以太子身份埋葬在芷阳陵区，应是名副其实。

孝文王，悼太子异母兄弟，继悼太子之后被立为太子，作为昭襄王的又一嫡系传承者，孝文王是以太子身份登基王位，前述推测他的“寿陵”可能处于咸阳原陵区，其没有进入以其父昭王的陵墓为祖陵的芷阳陵区，原因就是异母兄弟——悼太子的陵墓已在芷阳陵区。故此，作为昭襄王再立的太子，孝文王陵墓就没有进入芷阳陵区，而葬在咸阳祖茔陵区或他处。其与昭襄王陵墓不在咸阳陵区的原因一样：具有太子身份兄弟的陵墓已处于先父陵墓所在的陵区。

庄襄王，孝文王中子，因为王后华阳夫人没有儿子，庄襄王才设法得以成为其养子，并被立为太子，随后顺此继承王位。庄襄王之际，芷阳陵区已成为昭襄王这一支系的祖茔，证据之一就是此前已被“悼太子”视作祖茔。庄襄王将陵墓设置在芷阳陵区的原因大约有两条，其一，身份是太子，其二，他就是昭襄王这一支系的嫡系传承者。

具有太子身份的始皇帝“葬骊山”，其陵墓处于骊山北麓。《史记·秦本纪》记载昭襄王之母宣太后“葬芷阳骊山”，地处骊山西麓。另外，同样是记载葬“芷阳”的还有庄襄王，他的陵墓在骊山西麓，又被后世称作“见子陵”。几相比较，始皇帝陵也应在芷阳陵区范围之内。始皇帝陵距离先王陵墓稍远以及规模宏大的原因，大约只能归于芷阳陵区的具体环境和他千古一帝的气魄。

昭襄王之前确切埋葬在咸阳原陵区的有惠文王、武王，均是太子出身。昭襄王既不具有太子身份，又因异母兄弟陵墓已在咸阳原陵区，从而另葬他处——新设芷阳陵区。在芷阳陵区，昭襄王陵被视作祖陵，随后葬入该陵区的悼太子、庄襄王、始皇帝，都具有太子身份，表明他们都是昭襄王的嫡系传承者。这些王系血统的嫡系传承变化，与陵区传承变迁的对应关系，应该能够从中梳理出当时王陵选址过程中所遵循的一些礼制。

秦的陵随都移传统，应该是大的变化脉络，但是，在都城咸阳没有迁移的情况下，秦又设芷阳陵区，这就呈现出：如果王位更替中王室嫡系血统没有改变，也就是以太子身份继承了先王王位，那么该王的陵墓就依旧在先王陵墓所在的陵区；如果王位更替中王室嫡系血统改变了，也就是以非太子身份继承了王位，或者，同辈的先王（或者先太子）陵墓已经设置在父王所在的陵区，那么该王陵就离开先王陵墓所在陵区而另择他处。

都城不移而陵区新迁的情形，都咸阳的秦人不是孤例，汉承秦制，都长安后西汉的帝王陵区也

① 丁岩：《咸阳原两座秦陵园主人之蠡测》，《考古与文物》2015年2期。

存在着类似变迁：没有以太子身份继位汉文帝、汉宣帝，他们的霸陵、杜陵就远离咸阳原汉陵区而另设在渭河南岸（图三六三）。

如此，战国中晚期秦王、帝的陵墓选址，存在即位之际是否具有太子身份因素，即嫡传血统因素的影响，这也是西汉帝陵选址的嫡系血统传承因素的最近来源。

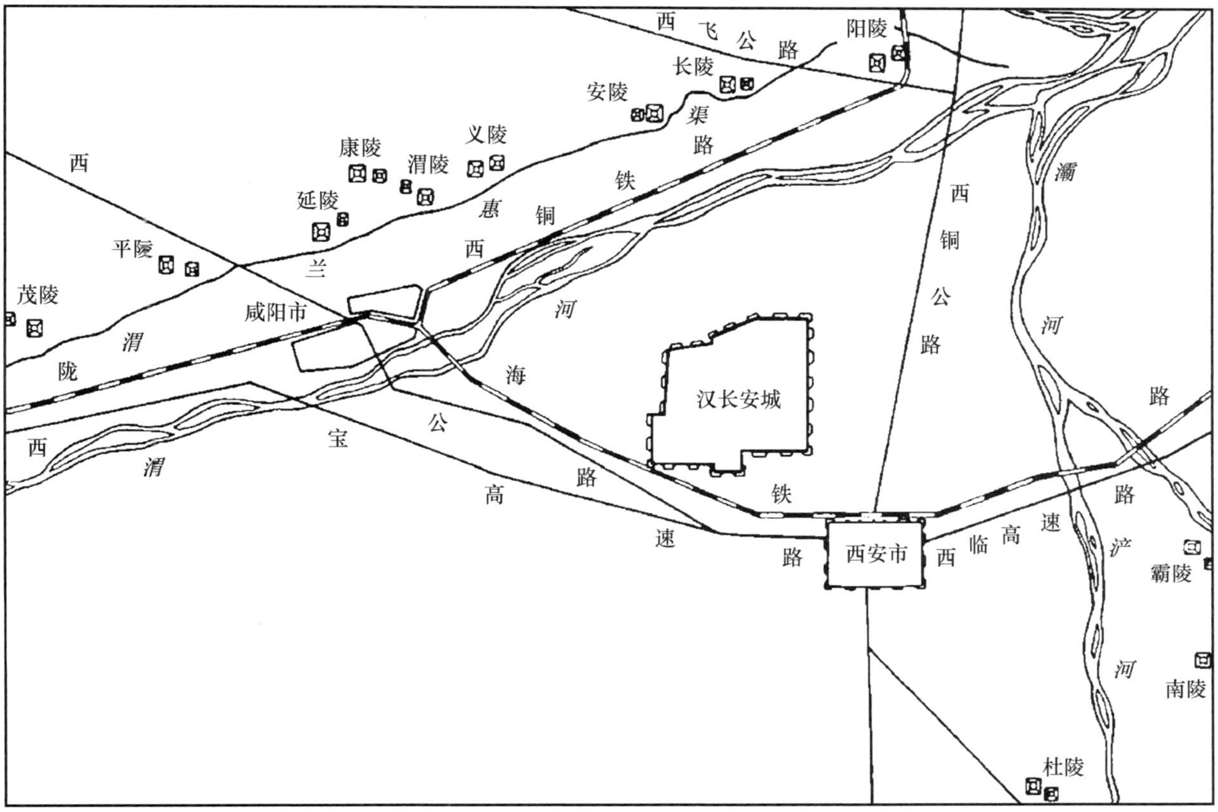

图三六三　西汉十一陵分布示意图

二、陵园及陵墓的形制

考古资料显示，都咸阳以来的自惠文王至秦始皇时期的几处秦陵园（表五～表七），在陵园结构、陵墓形制、陵墓方向等方面，个体不仅具有自身特点，整体也表现出时代特征，这即是时代变迁的表现，也是中国汉代以来帝陵陵墓制度的发展基础。

1. 陵园形制

咸阳原三座秦陵均兆沟，其中两座有垣墙（图三五六、图三五七）；芷阳的四座陵园是均有兆沟[①]；神禾原陵园有墙垣、兆沟；秦始皇骊山陵园有内、外两重墙垣，而不见兆沟[②]（图三六一、

① 朱思红：《秦始皇陵园范围新探索》，《考古与文物》2006年3期。该文章就古代人们利用自然沟道等作为秦陵园区域的界限等方面作出了一定的研究。

② 将秦始皇骊山陵园与其年代前、后年代接近的帝王陵园作比较研究时，应该考虑到骊山陵园的特殊性和例外性的特点，因为作为千古一帝的秦始皇，他的骊山陵园的形式和内容，多有空前绝后的唯一性和承前启后的开创性。这样的认识可能有利于我们理解西汉帝王陵园对骊山陵园的形式和内容的扬弃。

图三六二）。

咸阳原秦陵园、芷阳秦陵园、神禾原秦陵园、韩森寨陵园、始皇骊山陵园，这数座陵园时代明确、资料信息确切，平面形状大都呈长方形的[①]，或者南北为宽、东西为长，或者南北为长、东西为宽；陵园以兆沟或垣墙为界域，有一重、双重或者三重的形式，其布局，呈现“口”字形、“回”字形、“吕”字形等。陵园的核心是为陵墓，周围设置从葬坑、陪葬墓，建筑基址等附属设施[②]。资料显示，在这数座陵园中，秦始皇帝陵园的规模最大，布局最复杂，内涵最丰富，是秦陵发展的最高潮。依据各陵园所处地势以及与都城咸阳的相对关系，陵园的方向多呈南北向，或者朝南，如咸阳原Ⅰ号、Ⅱ号陵园；或者朝北。无论陵园方向如何，陵墓的方向却始终不变，都呈东向（表一一）。

表一一　战国秦帝后（部分）陵园形式特点略表

类别		陵园形式	边长（南北×东西）（米）	面积（平方米）	墙垣	兆沟	备注
咸阳原陵区	Ⅰ号	长方形	994×650	约64万	两重	一重	
	Ⅱ号	长方形	960×630	60万	两重	两重	
	Ⅲ号						?
	Ⅳ号	长方形				三重	?
芷阳陵区	Ⅰ号	长方形	1180×695	82万		一重	昭襄王
	Ⅱ号	长方形	300×500	15万		#	悼太子
	Ⅲ号	长方形	180×280	5万		#	唐太后
	Ⅳ号	长方形	500×960	48万		一重	宣太后
长安陵区	神禾原陵园	长方形	550×310	17万	一重	一重	夏太后
	韩森寨陵园						?
丽山园		长方形	2185×971	212万	两重		秦始皇

#代表该栏目内容存在。

① 战国时期陵园形式记载最明确的当属中山王䑀陵园，该陵园形式亦是南—北为宽，东—西为长。见，河北省文物研究所：《䑀墓——战国中山国国王之墓》，第105页图。文物出版社，1995年。傅熹年：《战国中山王䑀墓出土的〈兆域图〉及陵园规制的研究》，《考古学报》1980年1期。

② 参考陕西省考古研究所、临潼县文管会：《秦东陵第一号陵园勘查记》，《考古与文物》1987年4期。陕西省考古研究所、临潼县文物管理委员会：《秦东陵第二号陵园调查钻探简报》，《考古与文物》1990年4期。陕西省考古研究所秦陵工作站：《秦东陵第四号陵园调查钻探简报》，《考古与文物》1993年3期。王学理：《咸阳帝都记》，三秦出版社，1999年，第四章，都下陵墓。

2. 陵墓形制

考古发现的都咸阳以来秦的几处陵园内的核心陵墓，有亚字形和中字形两种，墓主不是秦王秦公，就是王后、太后或者太子。就单座陵园而言，其内的核心——陵墓有四种形式，有一座亚字形大墓，如芷阳东陵四号陵园、神禾原战国秦陵园、始皇帝陵园；或者两座亚字形大墓，如咸阳原一号陵园、芷阳东陵一号陵园；或者一座亚字形大墓和一座甲字形大墓，如咸阳原四号陵园（司家庄秦陵陵园[①]），或者仅一座中字形大墓，如，芷阳东陵二号、三号陵园。

如果陵园内是两座亚字形大墓，或者一座亚字形大墓和一座中字形大墓，则是秦王与王后的合葬模式，如咸阳原一号陵园就合葬着秦武王与王后，咸阳原四号陵园就合葬着一位秦王与其王后。

勘探资料和发掘资料表明，秦陵为竖穴土圹状，口大底小，墓壁一般设有一周或者两周台阶，墓室平面为长、宽差别不大的长方形；在墓室的四端或者东、西两端中部，还设墓道，整体形成“亚”字形或者“中”字形。这些陵墓的东墓道一般最长，就作为墓葬“东向”的标志。

自秦公陵以来，陵墓从不树不封发展到墓上设有高大的封土，依据焦南峰研究员最近的研究，大墓封土应该是方形覆斗形状。

依据陵园、陵墓及从葬坑、祔葬、陪葬、礼制建筑等多个方面的变化，有学者将都咸阳以来秦陵园形制的发展分为两个阶段，前一阶段从惠文王至庄襄王时期，“由‘集中公墓制’到‘独立陵园制’的探索转型期”，后一阶段即始皇帝陵时期，“由‘集中公墓制 ’到‘独立陵园制’的制度升华，成为中国历史上第一座帝国陵园”[②]。

3. 陵墓的方向[③]

秦人高等级贵族的陵区多有考古发现，部分已经考古发掘。资料揭示，从秦人受封西陲后至秦亡约八百年间，秦的侯、公，王、帝等高级别人士的大型陵墓道东向的特征，一直顽强存在。如，礼县大堡子山[④]、凤翔雍城[⑤]、咸阳原、芷阳东陵、长安神禾原战国秦陵以及为世瞩目的秦始皇帝陵等，这些墓地、陵园内核心的甲字形、中字形或亚字形等形制的大型墓葬，大都[⑥]表现为“坐西朝东”的布局模式（表一二）。

---

① 焦南峰、孙伟刚：《秦陵的十个陵区》，《文物》2014年6期。

② 焦南峰：《秦陵的形制特点及其演变》，《一统天下：秦始皇帝的永恒国度——国际学术研讨会论文集》，香港历史博物馆，2012年。

③ 本部分研究主要依托：丁岩：《先秦两汉帝陵墓向问题初探》，《华夏考古》2014年1期。

④ 戴春阳：《礼县大堡子山秦公墓地及有关问题》，《文物》2000年5期。

⑤ 陕西省考古研究院秦汉考古研究部：《陕西秦汉考古五十年综述》，《考古与文物》2008年6期。又见，韩伟、程学华：《秦陵概论》，《考古学研究》，三秦出版社，1993年。陕西省雍城考古队：《秦都雍城钻探试掘简报》，《考古与文物》1985年2期。雍城第十四号陵园内的中字形墓葬为南北向，是为例外。

⑥ 唯雍城十四号陵园例外。

表一二　秦汉大型墓葬的墓向情况简表

时代	级别或墓主	形制	墓葬方向	地域	备注
秦	秦公（2座）	中字形	坐西朝东	礼县	《礼县大堡子山秦公墓地及有关问题》，《文物》2000年5期
	秦公（20座）	中字形		凤翔	《陕西秦汉考古五十年综述》，《考古与文物》2008年6期
	秦惠文王及夫人（2座）	亚字形		咸阳	《咸阳塬上“秦陵”的发现和确认》，《文物》2008年3期
	秦武王及夫人（2座）	亚字形		咸阳	永陵，同上
	秦王、夫人及太子（5座）	亚字形 中字形		灞桥	芷阳陵，《咸阳帝都记》，三秦出版社，1999年
	夏太后	亚字形		长安	《陕西长安发现战国秦陵园遗址》，《中国文物报》2006年1月25日
	秦始皇帝	亚字形		临潼	《秦始皇帝陵园考古报告》（2001～2003），文物出版社，2007年
西汉	西汉帝王（11座）	亚字形		咸阳、西安	《陕西秦汉考古五十年综述》，《考古与文物》2008年6期。《西汉帝陵钻探调查报告》，文物出版社，2010年

秦陵墓向朝向的一致性，在中国历史上这是孤例，还是存在着某种规律？

秦帝国灭掉东周诸国而建立，但秦陵的东向，与之前的商周帝王陵墓的主墓道南向的情形①，却又不同，原因大概是秦人自身的历史源远流长。秦人墓葬东向的传统在长时间段内一脉相传，在周代保持，代替周人政权之后还依旧保持着自己的传统，并没有转承周王陵墓的墓向。

秦帝国被推翻后，秦的制度却被随之而建的西汉政权继承下来，这大约就是史家所说的“汉承秦制”。从甘肃天水到关中的秦公王帝以及西汉的帝、后陵墓，绝大多数墓葬的东墓道为主墓道，也是陵墓的方向，形成“坐西朝东”的布局模式。

在西汉帝陵中，汉景帝阳陵的考古发掘研究工作最多，目前它的结构布局最为清楚。该帝陵为亚字形，坐西朝东，四侧各有一条墓道，东墓道长69、南墓道长17、西墓道长21、北墓道长23.1米。后陵形制亦为亚字形，坐西朝东。东、南、西、北各有一条墓道，东墓道最长、最宽（图三六四）。

另外，经过考古勘探研究，发现西汉中期汉宣帝杜陵的东墓道是主墓道，也是东向。其他的汉陵也有着一定程度的考古勘探研究，根据相关的勘察和发掘资料②，有学者总结（依山为陵的汉文帝霸陵除外），“西汉帝陵、后陵均为亚字形，坐西面东，东、南、西、北四条墓道以东墓道为主墓道”③。

① 包括（夏）、商、周的先秦帝陵墓墓向均为“坐北朝南”。丁岩：《先秦两汉帝陵墓向问题初探》，第一部分，《华夏考古》2014年1期。

② 咸阳市文物考古研究所：《西汉帝陵钻探调查报告》，文物出版社，2010年。

③ 陕西省考古研究院秦汉考古研究部：《陕西秦汉考古五十年综述》《考古与文物》2008年6期。又见，焦南峰：《西汉帝陵考古发掘研究的历史与收获》，《西部考古》（第一辑），科学出版社，2006年。

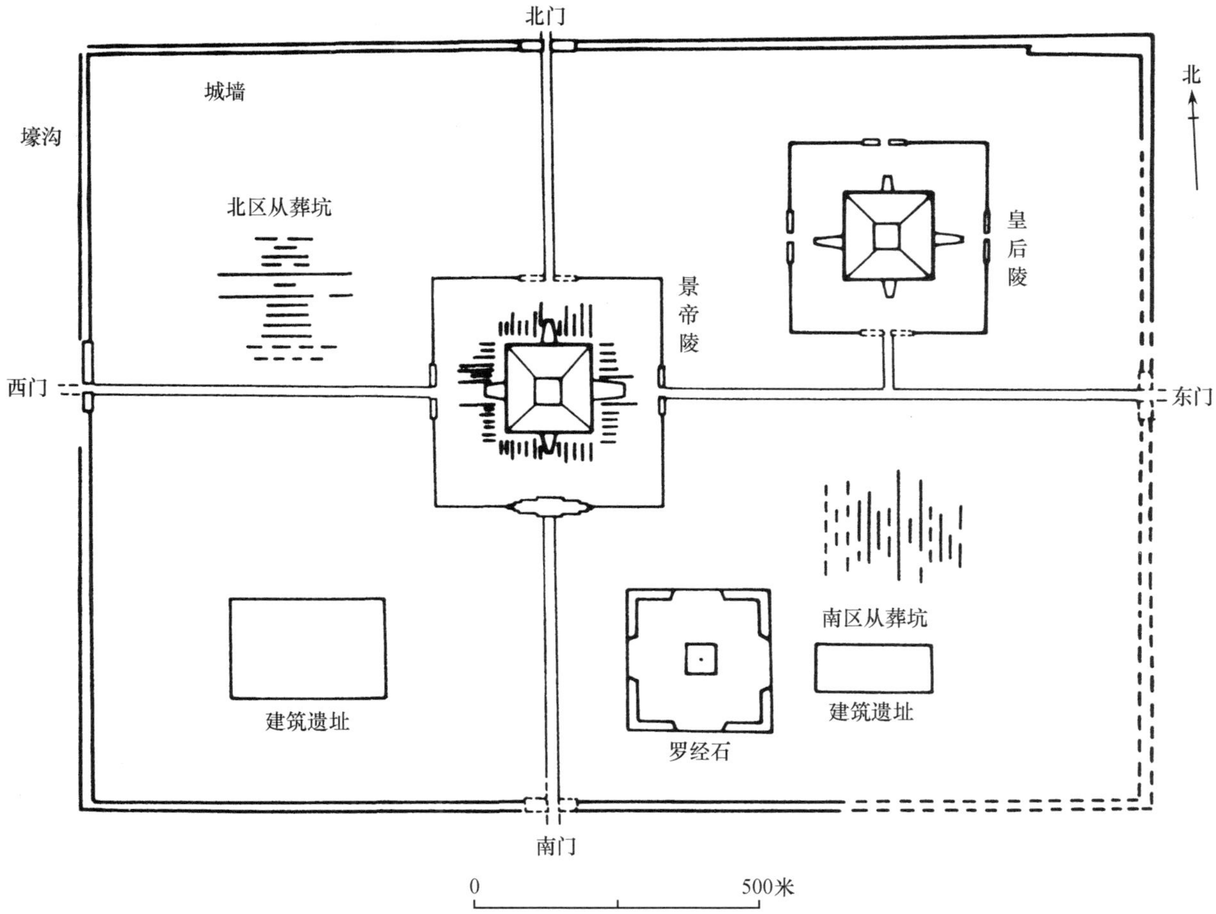

图三六四　汉阳陵陵园示意图

（采自《考古》2007年第11期）

西汉帝后陵墓主墓道的方向与秦陵方向一致，推测应该就是西汉承袭秦代制度的表现之一。西汉推翻了秦政权，也承袭了秦帝陵墓布局的基本特征。[①]这是后话，本文仅予以提及。

秦的王公帝后陵墓墓向数百年中一直朝东的特征，作为秦人文化中一个方面或者一个因素，对商周至两汉时期的社会变迁，乃至对于中国社会数千年的文化传统等的研究，都是有重要意义的。

第三节　夫人的葬制[②]

本文所言的夫人是为泛称，指秦侯、公、王、帝等的配偶，包括夫人、王后、妃子及被尊的太后等。这些夫人总数当以百计，现有文献对她们的名字与生平少有记载，有关的死葬也是记载不多。

---

① 刘士莪、马振智：《秦国陵寝制度对西汉帝陵的影响》，《文博》1990年5期。另还需注意，因为刘邦的楚国身份，西汉帝陵东向的特征，在多大程度上也吸收了楚人墓葬东向特征的文化因素，值得进一步考虑。

② 本部分主要依托：丁岩：《秦王之夫人陵墓规制初论》，《文博》2012年5期。丁岩：《秦王后的合葬与妃子的祔葬—以咸阳原战国秦陵园为主》，《咸阳师范学院学报》2014年1期。

一、王后的合葬与太后的别葬

从秦迁都咸阳之际的惠文王开始，文献对秦夫人的生平及埋葬事宜才稍后较多的一些记载①。明确于史书的有惠文王之王后及妃子宣太后，武王后，昭襄王之妃子唐太后，孝文王之华阳太后及妃子夏太后，庄襄王之帝太后等。本文以都咸阳以来有关秦夫人的考古发现，为秦王夫人陵墓制度的研究抛砖引玉。

惠文后，惠文王的王后，是秦王夫人死葬事件中记载较早的一位。据《史记・秦本纪》的记载“（昭襄王）二年，彗星见。庶长壮与大臣、诸侯、公子为逆，皆诛，及惠文后皆不得良死。集解徐广曰：‘迎妇于楚者。’”但《史记・穰侯传》记载与此稍有不同，“武王母号曰惠文后，先武王死。”但是，关于惠文后的葬地，文献没有涉及。

宣太后，惠文王的妃子，是昭襄王的生母。以子少，她曾长期把持朝政，权重位贵。《史记・穰侯传》，“昭王母故号为芈八子，及昭王即位，芈八子号为宣太后。宣太后非武王母。武王母号曰惠文后，先武王死。”文献还记载，宣太后死之前竟要以魏丑夫殉葬，后未果，也为奇事之一。又，《史记・秦本纪》，“（昭襄王）母宣太后，四十二年（公元前265年），安国君为太子。十月，宣太后薨，葬芷阳骊山。”据此，宣太后葬就应该在秦东陵芷阳。

武王后，武王的王后，是魏国之女，武王死后，在政治争斗中被迫回到母家魏国。《史记・秦本纪》记载，“武王取魏女为后，无子。”又，“（昭襄王）二年……悼武王后出归魏。”该事件在《史记・魏世家》也有记载，“（哀王）十四年，秦来归武王后。”但是，文献没有记述她死的地点与时间，也没有涉及她的墓葬所在。

唐太后，昭襄王的妃子，孝文王的生母，生平故事失载，文献只是记述她与昭襄王合葬。《秦本纪》，“五十六年秋，昭襄王卒，子孝文王立。……尊唐八子为唐太后，而合其葬于先王。”

关于唐太后的卒年没有明确的信息，推测其应该早于昭襄王的卒年。唐太后既然与昭襄王合葬，那么就应该埋葬在昭襄王陵墓所在的芷阳陵地。

夏太后，孝文王的妃子，原称夏姬，是庄襄王的生母，也即秦始皇的祖母，庄襄王元年（公元前249年），被尊为夏太后。据《史记・始皇本纪》，“秦王立一年，薨，谥为孝文王。太子子楚代立，是为庄襄王。庄襄王所母华阳后为华阳太后，真母夏姬尊以为夏太后。”她从此成为秦国最为高贵者之一的太后。据《史记・吕不韦列传》记载，“始皇七年（公元前240年），庄襄王母夏太后薨。孝文王后曰华阳太后，与孝文王会葬寿陵。夏太后子庄襄王葬芷阳，故夏太后独别葬杜东，曰‘东望吾子，西望吾夫。后百年，旁当有万家邑。’”可知夏太后去世之前就已定在“杜东”设自己的墓地。另外，从行文语气上推测，华阳太后与孝文王合葬的事宜已经确定，故此才有夏太后自己选择“独别葬”。

华阳后，孝文王的王后，楚人，无子，以夏姬的儿子异人（子楚）为子，也就是后来即位的庄

① 王蘧常，《秦史》，上海古籍出版社，2000年。该书后妃传中对穆公夫人的生平多有梳理。

襄王。《史记·始皇本纪》记载，“十七年（公元前230年）……华阳太后卒”，又据《史记·吕不韦列传》“孝文王后曰华阳太后，与孝文王会葬寿陵”，可以推知华阳太后葬在寿陵。前文已述，寿陵的地点何处目前还在探索中。

帝太后，庄襄王的王后，秦始皇的生母，赵人，在嬴政即位之后被尊为王太后，始皇称帝后号其为帝太后。文献关于帝太后的死葬有较为清楚的记载，《史记·始皇本纪》，“十九年……始皇帝母太后崩。”又《史记·吕不韦传》“始皇十九年（公元前228年），太后薨，谥为帝太后，与庄襄王会葬茝阳。”由此，始皇十九年，帝太后与庄襄王合葬于芷阳陵地。

文献简略记述了战国晚期秦的数位夫人的死葬之事，而多年以来的考古工作成果，也基本印证了文献的有关记载，同时也补充了部分的不足。

截至目前，秦迁都咸阳之前的秦王夫人陵墓还没有确切发现①，而迁都咸阳以来的数座秦王陵园内，有亚字形、中字形或者甲字形等高级别的大型墓葬、四周设有兆沟或者以及墙垣，将之与文献记载相比对，结合此前商周以及此后汉代帝王陵墓的研究成果，推测它们中一些陵墓主人应该就是秦王的王后或者太后。

2001～2004年在咸阳原上发现的2座秦陵园，它们南北为长、东西为宽，时代确定在战国秦，初步认为是公陵和永陵②（表一三）。

其中的Ⅱ号陵园，曾经名为“周王陵”，面积约60万平方米，推测是“公陵”，陵园内南北排列的2座亚字形大墓，位于南部的形制较大的应为惠文王陵，位于北部的形制较小的应为武王魏后陵（图三五七）。

文献记载自惠文王开始秦的国君即以“王”称，以亚字形大墓级别埋葬惠文王和王后也正符合这样的时代背景。前文所引《史记·穰侯传》记载，“武王母号曰惠文后，先武王死。”另，《史记·秦本纪》又记惠文后“不得良死”。从目前的考古勘探资料推测，无论惠文后死的情况怎样，她还是使用了只有王、后级别的人才可以享用的亚字形大墓。

勘探确认的Ⅰ号陵园，即严家沟陵园，面积约64万平方米，推测是“永陵”，陵园内南北排列2座亚字形大墓，位于南部的形制较大的应为武王陵，位于北部的形制较小的应为武王后陵（图三五六）。

武王后，魏国人，《史记·秦本纪》记载“（昭襄王）二年……悼武王后出归魏。”从永陵陵园内存在两座亚字形大墓的情况分析，尽管武王后“出归魏”了，可是不论她是否死在魏国，最

① 田亚岐、徐卫民：《雍城秦公陵园诸公墓主考释》，《秦汉研究》（第二辑），三秦出版社，2007年。该文指出：“秦君葬制，不像同时的诸侯国那样如山西曲沃北赵晋侯墓地，夫、妇两个一组异穴并葬，而秦陵并无妇人并列祔葬于君夫墓的葬制，已被西陲、雍城的葬埋实迹所证实，关于秦公夫人的葬制研究，目前还是空白，没有一个可以确指的秦公王后墓。”

② 刘卫鹏、岳起：《咸阳塬上“秦陵”的发现和确认》，《文物》2008年3期。刘卫鹏、张红玲：《咸阳秦“公陵”“永陵”的建制》，《秦文化论丛》（第十五辑），三秦出版社，2008年。该文针对该两座陵园从建制方面进行了系统论述。关于两座陵园主人讨论，笔者持不同意见，见丁岩：《咸阳原两座秦陵园主人之蠡测》，《考古与文物》2015年2期。

后还是回到秦国并与夫君秦王同茔并穴合葬，这应该都是当时礼制的反映。前有惠文后享用亚字形大墓的故事，那么稍后的武王后享用亚字形大墓规格埋葬，也在情理之中。

表一三　咸阳原秦王陵

陵园		墓名	面积（平方米）	陵墓规格	墓主
严家庄秦陵	Ⅰ	永陵	60万	2座亚字形	悼武王及夫人
周陵镇秦陵	Ⅱ	公陵	约64万	2座亚字形	惠文王及夫人

注：参见丁岩《咸阳原两座秦陵园主人之蠡测》，《考古与文物》2015年2期。

前文已叙述，学者们对临潼芷阳东陵区域内陵园主人归属的讨论很是热烈（表七），但多倾向推测有两座亚字形大墓的Ⅰ号陵园，属于秦王和王后的合葬陵园，即为昭襄王及其王后的合葬陵园，或者庄襄王、帝太后的合葬陵园；如此，文献记载葬于芷阳的三位太后，其中的唐太后（更可能是悼太子之母，而非唐太后）、帝太后享用的是亚字形大墓。有一座亚字形大墓的四号陵园，属于宣太后。

处于长安陵区的神禾原战国秦陵园，内设带十三个从葬坑的一座亚字形大墓，推测墓主是孝文王的妃子、秦始皇的祖母——夏太后[①]。

在秦人的发展史上，亚字形大墓应该是秦君称王之后的表现之一。根据目前的考古发现，可以基本确定，惠文王公陵当是秦人最早使用最高规格的亚字形大墓，并且夫妇并穴合葬同一陵园，从而惠文后也就是最早使用最高规格的亚字形大墓埋葬的秦王后。战国中晚期的几位王后、太后享用的亚字形级别或者中字形大墓，应该就是她们身份的象征。

二、埋葬制度

战国中晚期惠文王以来秦的王后、太后的死葬或者陵墓制度，对秦以后中国的墓葬制度的演变，也有着重要的影响。

王后与秦王并穴合葬于同一陵园，在都咸阳之际出现，是秦国礼制文化的发展以及社会发展的表现之一。

在秦都雍及以前，秦公多是埋葬在某一陵园之中，他们夫人的墓葬至今还没有发现或者确认[②]。已发现的战国中晚期秦王与王后采用同茔并穴的合葬模式，表明夫妇合葬模式[③]已由关东区

① 丁岩：《神禾原战国秦陵园主人初探》，《考古与文物》2009年4期。

② 戴春阳著文认为大堡子上的M1、M2为秦公夫妇并穴合葬墓，是为例外。但是多位学者持有不同意见。见戴春阳：《礼县大堡子山秦公墓地及有关问题》，《文物》2000年5期。祝中熹，《礼县大堡子山秦陵墓主再探》，《文物》2004年8期。张天恩，《试说秦西山陵区的相关问题》，《考古与文物》2003年3期。

③ 韩国河：《试论汉晋时期合葬礼俗的渊源及发展》，《考古》1999年10期。另，该文章中引用关于雍城陵区的资料，认为4号陵园和8号陵园内的核心墓葬为夫妇并穴合葬模式。最近有学者提出了新认识，见田亚岐、徐卫民：《雍城秦公陵园诸公墓主考释》，《秦汉研究》（第二辑），三秦出版社，2007年。笔者意见近同。

域的王、公级别影响到了秦国的王公级别。秦王、王后并穴合葬的这种新情况，大概就是随着秦的势力向东推进导致东风西渐而形成的，因为秦国有着重用他国人士、汲取关东文化的良好传统。在中国陵墓制度发展史上，战国中晚期秦王的陵墓制度的变化，正是由集中公墓制度向独立陵园制度过渡的主要阶段的表现[①]。秦惠文王之际一改春秋以至战国早期秦国国君夫妇不同茔（园）合葬的传统，而采用关东诸国国君夫妇同茔合葬的模式，是秦人社会发展的标志之一。

秦王与王后或者太后享用亚字形大墓，是战国中晚期秦国政治地位提升的表现。

大概到惠文王之际，秦国的国力有着很大的发展、国土也有更多的扩展，秦王的想法因此也有所改变。《秦史稿》记述：自魏、齐称王后，秦惠文王也十分羡慕“王”这个称号，由于扩展了土地，称‘王”的欲望更加迫切了。公元前325年（秦惠文王十三年），在秦相张仪的怂恿下，惠文王也正式自称为“王”。[②]《史记·秦本纪》则简要记载，“（惠文君）四年，天子致文武胙。齐、魏为王。……十三年四月戊午，魏君为王，韩亦为王。十四年，更为元年。”

考古勘探资料揭示出，大约从惠文王之际秦的君王才开始享用最高级别的亚字形大墓。之前秦国没有出现亚字形大墓，大概不是秦国人力、财力或者技术能力达不到，最有可能的原因应是秦国恪守商周以来礼仪文化的传统：亚字形大墓是“帝、王”级别的国君才可以使用的。反言之，在惠文王之前，秦国国君的政治地位还没有达到“帝、王”级别。毋庸置疑，随着秦的君王地位的升格，秦王后的级别也随之提升，王后同秦王一同享用亚字形大墓，这是秦人社会中具有时代意义的重大事件。

惠文后以来，王后们的陵墓形式已经形成了一定的制度。

战国中期以来的惠文后、武王后、昭王后、夏太后均享用了亚字形大墓，且前三位与夫君秦王并穴合葬在同一陵园（表一四），已经得到考古工作的基本确认，表明此时的秦王后享用亚字形大墓形制，当是秦国的礼仪制度。据此还可推测到，尽管华阳夫人、帝太后等的陵墓，还未发现所在，但是依据目前的资料，她们也应该享用亚字形级别的大墓。值得指出的是，始皇帝的王后，文献中一点儿线索也没有，始皇帝陵区域也未发现确切的信息。

也有数位非王后但被尊为太后的妃子与先王合葬。如唐太后，她在儿子孝文王继王位之后身份地位即刻升格成为太后，并“合其葬于先王”[③]。当然，这还需深入探讨“合其葬于先王”的确切含义，以及唐太后可能享用的墓葬形式与级别。

由妃子被尊为太后的事件在夏太后身上也发生了。庄襄王继位后的重要事件之一就是尊夏姬为夏太后。据文献推测，孝文王的寿陵陵园里可能已设置华阳太后的陵墓，而作为曾经妃子的夏太后于是选择了“独别葬”。关于宣太后的墓葬形式，目前最新的认识是，她使用了亚字形的墓葬[④]（孙伟刚，2011年）。从她生前的显赫地位，也可略见一斑。

① 赵化成：《从商州“集中公墓制”到秦汉“独立陵园制”的演化轨迹》，《文物》2006年7期。

② 林剑明：《秦史稿·秦世系表》，中国人民大学出版社，2009年，第192页。

③ 推测唐太后可能就是孝文王的生母，否则无法理解孝文王即位之初就尊其为太后。

④ 孙伟刚：《新发现秦漆器及秦东陵相关问题探讨》，《人类文化遗产保护》（5），西安交通大学出版社，2011年。

秦之后起的西汉一朝，所恪守的帝、后同茔异穴合葬的礼制，应该就是汉承秦制的一个重要表现。而战国中晚期秦太后“独别葬”的模式，在西汉帝王太后或者夫人的埋葬形式上也有表现，如汉高祖的妃子——文帝的母亲薄太后，就葬在渭河之南的南陵，汉武帝的夫人昭帝的母亲——钩弋夫人远葬在淳化境内的云陵[①]。

表一四　战国秦王后、太后卒葬简况

国君	王后/太后	尊为太后	卒年	葬地	文献记载	考古发现
惠文王	王后			公陵		亚字形大墓
		宣太后	昭襄王四十二年，公元前265	芷阳骊山	葬芷阳骊山	亚字形
武王	王后			永陵		亚字形大墓
昭王		唐太后	公元前250年？	芷阳	合其葬于先王	中字大墓
孝文王		夏太后	始皇七年，公元前240	杜东	独别葬	亚字形大墓
	华阳太后		始皇十七年，公元前230	寿陵	合葬寿陵	
庄襄王	帝太后		始皇十九年，公元前228	芷阳	合葬	

注：参见丁岩：《秦王之夫人陵墓规制初论》，《文博》2012年5期。

三、妃子的祔葬

秦王的妃子地位远逊于王后，个别妃子因“母以子贵”而被尊为太后，绝大多数妃子的死葬文献少之又少，她们的死葬情况又是如何呢？咸阳原上这两座战国秦陵园内陪（祔）葬墓的发现[②]，也为相关的探讨提供了重要线索。

在咸阳原Ⅰ号陵园内的东北部，勘探发现的一座呈南北向的“中”字形墓葬，全长85米，墓室为长方形，其中南墓道长38米，北墓道长18米，这座“中”字形墓葬被认为是大型陵墓的陪（祔）葬墓[③]。从该墓葬的形制、规模、墓道方向以及与陵园内大型陵墓的相对位置关系等方面分析，这一认识应该是合乎历史事实的。

在咸阳原Ⅱ号陵园内，勘探“发现小型墓葬168座，集中分布在三个区，Ⅰ区位于外陵园西北部，Ⅱ区位于外陵园东北部，Ⅲ区位于东侧外围墙、外兆沟之间，各区的墓葬排列较有规律”。简报还认为，“陵园中发现的三区168座小型墓葬形制为竖穴墓和竖穴洞室墓两种，而这两种墓葬均

① 刘庆柱、李毓芳：《西汉十一陵》，陕西人民出版社，1987年，第131～136页。

② 在《咸阳塬上“秦陵”的发现和确认》及《咸阳“周王陵”考古调查、勘探简报》中，将在该两座陵园内发现的中、小型墓葬称为“陪葬墓”。陪葬，简而言之，一般是指帝王在自己的陵园之外的附近规划出一定区域，赏赐给该朝的功臣权贵以设墓埋葬，这种主要以主臣隶属关系为纽带的墓葬布局方式是为陪葬。而本文认为，在该两座陵园内所发现的中、小型墓葬中至少一部分是作为祔葬的秦王家人眷属的墓葬。鉴于此，为既尊重考古勘探的发现又表明笔者的认识，本文引用时均作为“陪（祔）葬墓”。

③ 刘卫鹏、岳起：《咸阳塬上“秦陵”的发现和确认》，《文物》2008年4期。

为战国晚期秦人的典型墓葬形制”。[①]就这些墓葬，研究认为“‘周王陵’陪（袝）葬墓的形制、布局、规模与西汉帝陵的陪葬墓有较大差异，与咸阳塔尔坡墓地相似，时代应为战国晚期。[②]”这一认识是准确的。

这些小型墓葬处于墓园内不同的方位，墓葬的方向也不同，但是它们的排列方式有一个明显的特征：绝大多数墓葬的方向朝着墓园中心的王、后陵墓，在墓园北部的墓葬，其大多数的方向是南北向，在墓园东部的墓葬，其大多数的方向是东西向。这些小型墓葬都处于陵园的内部，而且时代又一致，表明小型墓与大型陵墓应该具有密切的关系。

秦墓的特点之一就是绝大多数墓葬的方向为东西向[③]，而在咸阳原Ⅱ号陵园内的这些小型秦墓有东西向的，也有南北向的，呈现出的是向心状分布的特征。结合秦、汉陵墓布局的发现与认识[④]，就此进一步推测，这些小型墓葬应该是该陵园内大型陵墓的陪（袝）葬墓。

就目前的考古材料而言，在秦的高等级陵园内设置中、小型墓葬作为陪（袝）葬墓的做法，咸阳原秦陵园可能是时代较早的。

咸阳原Ⅰ号陵园内“中”字形墓墓主以及Ⅱ号陵园内小型墓葬墓主，与各自陵园内大型陵墓墓主（秦王）具有怎么样的关系？

考古资料与以往研究表明，在时代较早的雍城秦陵园内的14座陵园中，只发现中字形秦公级别的墓葬和数量不等的车马坑等，而没有其他墓葬[⑤]。研究认为该时期秦公夫人、秦国宗室贵族、军功大臣等，如果不是以从死从葬的身份葬于秦公大墓之内，就有可能葬于兆沟以外的这些中小型墓中[⑥]。

而时代晚于咸阳原秦陵的芷阳陵区内，其多座陵园内设有陪（袝）葬墓[⑦]，包括时代更晚的秦

① 陕西省考古研究院、咸阳市文物考古研究所、周陵文物管理所：《咸阳“周王陵”考古调查、勘探简报》，《考古与文物》2011年1期。在此辑录简报有关小型墓葬的资料，以说明规律的所在：Ⅰ区小型墓73座，东西向排列，南北共4行。除2座东西向墓外，其余均为南北向。Ⅱ区小型墓现存34座，东西向排列，南北共3行，除M90为东西向外，其余均为南北向。Ⅲ区小型墓现存墓葬61座，南北向排列，东西共5列。除3座为南北向墓外，其余均为东西向。

② 焦南峰、杨武站、曹龙、王东：《咸阳“周王陵”为战国秦陵补证》，《考古与文物》2011年1期。

③ 滕铭予：《关中秦墓研究》，《考古学报》1992年3期。

④ 张仲立、丁岩、朱艳玲：《西安凤栖原西汉墓地田野考古发掘收获》，《考古与文物》2009年5期。张仲立、丁岩、朱艳玲：《西安凤栖原西汉家族墓地》，《中国文物报》，2010年4月16日。另外，从另外角度也可论述该小型墓“显然不是汉陵的陪葬墓，也不是大型汉墓的袝葬墓”，见：焦南峰、杨武站、曹龙、王东：《咸阳“周王陵”为战国秦陵补证》，《考古与文物》2011年1期。

⑤ 田亚岐，徐卫民：《雍城秦公陵园诸公墓主考识》，《秦汉研究》（第二辑），三秦出版社，2007年。韩伟，焦南峰：《秦都雍城考古发掘研究综述》，《考古与文物》1988年5、6期。

⑥ 田亚岐，耿庆刚，袁文君：《雍城秦公陵园2009年考古勘探新发现》，《2009年中国重要考古发现》，文物出版社，2010年。关于雍城陵园内一号、六号陵园内的情况，均参考该篇文章。

⑦ 王学理：《咸阳帝都记》，三秦出版社，1999年，第221页，图4-5芷阳陵区平面示意图。

始皇帝陵园，其内甚至规划出了专门的陪葬区域[①]。目前在始皇帝陵园东北区域内勘探出的43座墓葬中，就有41座墓葬的墓道朝向处于核心位置的始皇帝陵[②]。有专家研究认为始皇帝陵东北区域的这些墓葬是属于从葬性质的后宫妃子的葬墓[③]。

从雍城到咸阳原、芷阳东陵，这数处秦陵园布局模式的发展脉络来看，咸阳原两座陵园内的王后之外的葬墓，应该有着祔葬性质。这样的认识似乎也适合该时期陵园布局变化的逻辑发展：秦陵园设置祔葬墓，从设于墓园之外，到设置于墓园之内，从墓园之内多个区域的祔葬，到规划出专门的区域，这些布局的变化表明，秦陵园布局模式是在继承中发展，也是随着社会发展而发展[④]。

有研究者已关注到西汉帝陵陪葬墓的起源，也从多方面进行了论述[⑤]。考古资料显示，在西汉帝陵陵园之外不仅设有陪葬墓，在陵园内也设有陪（祔）葬墓。例如，在武帝茂陵陵园的内、外就均设置有陪葬墓[⑥]。初步认为茂陵陵园内"二号墓园与其东侧的8座墓葬墓主，可能皆为汉武帝的高级嫔妃墓葬。"[⑦]在茂陵陵园内设置陪（祔）葬墓的布局规划理念，应该有着秦陵园规划布局的影子。可以推测，这一模式在西汉时代包括武帝茂陵帝在内的多座帝王陵园内都有存在。

咸阳原Ⅰ号、Ⅱ号陵园内均有祔葬的情况，与秦始皇陵园内东北区域可能是后宫妃子的墓葬，以及茂陵陵园内的"二号墓园与其东侧的8座墓葬墓主，可能皆为汉武帝的高级嫔妃墓葬"等材料比较之后，初步推测认为咸阳原上战国秦陵园内处于祔葬地位的中、小型墓葬的墓主，应该就是陵园内大型陵墓墓主——秦王的家人眷属，主要应该包括秦王的妃子们[⑧]。

一般认为，合葬涉及的主要是夫妇二人，而祔葬涉及的主要是家庭或者家族人员。都雍城时期的秦公夫人如果不是以殉葬的形式埋葬在秦公墓圹之内，就是埋葬在秦公陵园之外（前引）；夫人们的社会地位随着秦国、秦王政治地位的提升而提升，以及社会文明程度的发展，到都咸阳时期，作为秦王主要家人眷属之一的王后，其陵墓就设置进陵园区域内，并与夫君秦王实行并穴而葬的埋葬方式——合葬。

被尊为太后从而其地位急剧提高的几位妃子——宣太后、唐太后、夏太后，她们的陵墓级别和

---

① 关于陵园内陪葬墓的简述，参考：陕西省考古研究院、秦始皇兵马俑博物馆：《秦始皇帝陵园考古报告1999》，科学出版社，2000年，第25、26页。

② 陕西省考古研究院、秦始皇兵马俑博物馆：《秦始皇帝陵园考古报告2001～2003》，文物出版社，2007年，第4页，图2A，秦始皇帝陵陵园遗迹分布图。

③ 袁仲一：《秦始皇陵考古发现与研究》，陕西人民出版社，2002年，第311页。

④ 秦人的从葬出现与停止就是显著的表现，这大约也应该涉及墓园的布局变化。

⑤ 马永嬴：《试论西汉帝陵的陪葬墓》，《考古与文物》2004年汉唐考古，增刊。焦南峰：《西汉帝陵的夫人葬制》，《考古》2014年1期。

⑥ 陕西省考古研究院、咸阳市文物考古研究所，《汉武帝茂陵考古调查与勘探简报》，《考古与文物》2011年2期。

⑦ 马永嬴：《汉武帝茂陵陵园布局的几点认识》，《考古与文物》2011年2期。

⑧ 从家庭成员组合来看，战国中晚期以来秦汉帝、王的家庭成员仅仅包括王后和众多妃子，而不包括成年子女。因为皇（王）子定要组建新家或者外封属国、公主必须出嫁他姓，均不在帝王家庭成员之列。看来，应该只有王后和妃子们陪伴她们的帝王长眠，也唯有王后和妃子们能够进入帝王陵园内作为祔葬。

规模堪比王后陵墓，只是没有与夫君并穴同园合葬，应属于“别葬”之属。

都咸阳之后，王后、太后之外的秦王妃子们的墓葬设置在夫君陵园之内，只是处于次要的位置，可称为“祔葬”。

第三章　中小型秦墓

在本书下编第一章第二节已经提到按照地理位置、自然界限、分布规律等，咸阳周边秦墓大体可以分为以下五区。

（1）渭北墓区，渭北西墓区包括黄家沟、店上墓区，任家咀、塔尔坡区，毕陌陵区；渭北东墓区包含马家湾墓区、榆楚张卜墓区。

（2）城东墓区，包含尤家庄墓区、韩森寨陵园、半坡墓区。

（3）灞东墓区，包含芷阳墓区、芷阳陵区、始皇陵区、始皇陵墓区、新丰墓区。

（4）城南墓区，包含南郊墓区、长安陵区。

（5）城西墓区，包含马王斗门墓区。

下来我们根据发掘资料，依次讨论各个墓区的中小型秦墓资料。陶器演变规律见表一五。

第一节　渭 北 墓 区

渭北墓区，处渭河北部，分布于咸阳城的东西两侧，故可被分为渭北东墓区、渭北西墓区。

一、渭北西墓区

该墓区是目前咸阳城郊发掘最多的墓葬区，发掘数量当在1000座以上，发表资料最多，亦可分为黄家沟、店上墓区，任家咀、塔尔坡墓区。

1. 黄家沟、店上墓区

黄家沟、店上墓区，是距离咸阳宫遗址最近的墓区，包含白庙村墓群（83）、店上墓群（71）、长陵车站墓葬（72）、黄家沟墓群（73）、路家坡墓群（74）5处墓地。

白庙墓地（83），王学理先生在《咸阳帝都记》①说白庙墓地（83）是近都的一处墓地，南去秦翼阙宫廷仅有2200多米。20世纪90年代因盗墓与取土暴露秦墓多座。按照目前地图测算白庙墓地东南距咸阳宫墙西北角约2.2千米，南距路家坡墓地（74）约1千米。遗憾的是内涵、范围、年代不清楚。

---

① 王学理：《咸阳帝都记》，三秦出版社，1999年，第265页。

路家坡墓群（74），依据《咸阳附近发现的一批秦汉遗物》[①]《中国文物地图集陕西分册》[②]提供的信息，位于窑店乡路家坡村北1千米的一处台地东侧，在咸阳宫墙西北角外2.1千米处，黄家沟墓群东约1千米。1972年发现楚国"陈媛"金币，在东南两面各一米左右，发现秦半两铜钱、战国素面铜镜、大口小底陶瓮、小口折肩小底罐、椭圆形粗绳纹小瓮棺两具，瓮棺内尚有小孩遗骨。在周围地面及附近的断崖上，还可以看到暴露的人骨，但无棺椁痕迹。当时清理了一个秦代的瓮棺葬。从目前所有发现秦墓的资料看，路家坡墓群（74）是距离咸阳宫墙最近，时代上也属于咸阳城时期。

长陵车站墓葬（72），根据《秦都咸阳考古报告》[③]位置在长陵车站和滩毛村附近，分别为长陵车站T33内63XYCLM1、长陵车站T30内63XYCLM2、长陵车站T31内63XYCLM3、长陵车站北沙坑82XYCLM5，长兴大队北沙坑82XYCLM8-M10、长兴二队以南渭河岸81XYCLM6、长兴二队沙坑81XYCLM3、长兴二队沙壕83XYCLM5，滩毛村东南渭水河岸89XYCLM1，店上村南沙坑82XYCLM4，石桥乡冶家台村南沙坑内81XYCLM1、M2，为小孩墓葬，葬具有两陶鬲拼合、陶瓮口部覆盖陶盆、瓦槽口部覆盖板瓦、陶盆口部覆盖板瓦、两陶瓮口部扣合、瓦罐、板瓦、陶釜，除了82XYCLM4，均无随葬物。其附近的作坊遗址创建于战国中期，废弃于秦末，墓葬当与其同时。王学理先生在《咸阳帝都记》[④]说，童墓多见于秦都西南隅的手工业作坊区。这些墓葬都做长方形竖穴土圹或方形土圹，大小不一，一般长1米左右，宽0.5米，墓向不定，多为东西向。认为因为未成年而夭折，是不能葬入家族墓地的。……而是沿袭埋葬在父母居地附近的古老习俗。

店上墓群（71），在长陵车站墓葬（72）包含店上村南沙坑82XYCLM4童墓。《咸阳帝都记》[⑤]第四章都下陵墓第五节平民墓地里提到店上墓群时说，20世纪70年代暴露土坑墓与洞室墓多座，出土有蒜头壶、长颈壶、鐘、罐等陶器及陶鱼饰，与滩毛村窑址出土器物相同。未经探测与发掘，分布范围不详。《中国文物地图集陕西分册》[⑥]提供信息为位于窑店乡店上村，当在秦咸阳城外西南部，黄家沟墓群东南约2千米。20世纪70年代暴露洞室墓及土坑墓多座，大部分为秦墓，少部分为汉墓。出土器物有陶长颈蒜头壶、长颈壶、锺、罐等。由此看来店上村附近除了童墓之外当有成年人墓葬，王学理先生说与滩毛村窑址出土器物相同，或与滩毛村窑址时代相同。分布在制陶作坊区或者距离制陶作坊区很近，又在咸阳宫墙西南角西南3.6千米的位置，墓主或许为滩毛村窑址的窑工，但需要进一步分离出作为工匠墓的器物证据。

黄家沟墓群，位于窑店镇鸭沟村与烟王村之间。1975至1984年，先后四次在此区域，清理中小型墓葬125座，墓葬统计数字包含《咸阳市黄家沟战国墓发掘简报》[⑦]中的48座，《秦都咸阳考古报

---

① 咸阳市博物馆：《咸阳附近发现的一批秦汉遗物》，《考古》1973年3期。

② 国家文物局：《中国文物地图集陕西分册》（下），西安地图出版社，1998年，第349页。

③ 陕西省考古研究所：《秦都咸阳考古报告》，科学出版社，2004年，第199页。

④ 王学理：《咸阳帝都记》，三秦出版社，1999年，第265页。

⑤ 王学理：《咸阳帝都记》，三秦出版社，1999年，第265页。

⑥ 国家文物局：《中国文物地图集陕西分册》（下），西安地图出版社，1998年，第349页。

⑦ 秦咸阳考古队：《咸阳市黄家沟战国墓发掘简报》，《考古与文物》，1982年6期。

告》[①]把此批墓葬分为黄家沟Ⅰ区墓葬。总数125座中，竖穴墓44座，占35.2%，皆为口大于底，部分带腰坑、壁龛；直线形洞室墓73座，占秦墓总数58.4%；偏洞室墓8座，占秦墓总数6.4%。单棺者107座，一棺一椁者3座，两棺2座，三棺1座，瓮棺1座，无棺4座，不明者7座。仰身直肢59座，仰身屈肢22座，侧身屈肢30座。墓葬方向清晰者112座，东西向61座，占墓向总数54.5%；南北向19座，占墓向总数17%；东南西北向14座，占墓向总数12.5%；东北西南18座，占墓向总数16%。Ⅰ区出土陶器69件，鼎4件、豆2件、细颈壶6件、蒜头壶1件、茧形壶3件、盒5件、罐34件、釜2件、单耳釜2件、盆4件、纺轮2件。铜器41件，鼎2件、壶2件、勺1件皆出土于M43，镜6件、带钩25件、印章2枚、削1件。铁器17件，能辨识者有环手削1件、带钩1件、铜印纽金珠2件。玛瑙珠1枚、玉器24块（件），多是壁环碎块，能辨识者有玉龙2件、环2件。料器9枚。石器，17件，多为球珠饰件。有一石印阴刻王夸。骨器12件，鼻塞、骨饰、骨珠等6件，长条器6件，为一骨料分成两半，两端舌形，制作光滑，长者27.6、短者13.8厘米。漆盒21件。Ⅱ区出土陶器189件，鼎11件、盒10件、长颈壶4件、茧形壶3件、蒜头壶5件、缶39件、罐69件、釜7件、盆4件、豆4件、钵3件、甑2件、盘1件、注水器1件、纺轮2件等。铜器有铜戈1件、铜镦3件等。墓葬时代战国中期至统一秦[②]。

黄家沟战国秦墓（73），店上墓群为秦咸阳宫墙西面最大、位置最近的墓葬区。黄家沟战墓群西距秦都咸阳约3.8千米，东起窑店镇毛王村、西至石桥乡摆旗寨，东西长4、南北宽3千米，面积约12平方千米，与长陵制陶作坊区南北相对，最近距离约2千米，秦咸阳宫考古报告编者认为可能为制陶作坊区陶工的墓地[③]。1971年在毛王村北塬曾出土铁制镣铐、等刑具，推测为刑徒墓地[④]。路家坡墓群（74），清理的当是童墓，出土了楚国“陈媛”金币[⑤]。长陵车站墓群、店上墓群也应当包含不少童墓[⑥]。看来，该墓区的墓主可以分为工匠、夭折的儿童、刑徒等。但是黄家沟墓群里还出土有一件铜戈，墓主推测还有其他人群。墓葬时代始于战国中期，终于秦统一。按照墓地与咸阳宫殿遗址位置进一步考察，如果秦都咸阳有外郭城的话，那么城墙当在毛王村、鸭沟村、黄家沟墓葬群以东。

2. 任家咀、塔尔坡墓区

任家咀、塔尔坡墓区包括塔尔坡墓群（62）、陵照墓群（63）、贺家村墓群（67）、西耳村墓群（68）、尹王村墓群（69）、任家嘴墓群（70）、关中监狱墓群（81）、白起墓（82）。

塔尔坡秦墓（62），位于咸阳市渭阳乡塔尔坡村东北侧、李家堡村北边，南距咸铜铁路约1千米。发掘秦墓381座，其中竖穴墓葬100座，占墓葬总数26.25%；洞室墓281座，占墓葬总

① 陕西省考古研究所：《秦都咸阳考古报告》，科学出版社，2004年，第575页。

② 秦咸阳考古队：《咸阳市黄家沟战国墓发掘简报》，《考古与文物》1982年6期。陕西省考古研究所：《秦都咸阳考古报告》，科学出版社，2004年，第575页。

③ 陕西省考古研究所：《秦都咸阳考古报告》，科学出版社，2004年，第575页。

④ 陕西省考古研究所：《秦都咸阳考古报告》，科学出版社，2004年，第575页。

⑤ 咸阳市博物馆：《咸阳附近发现的一批秦汉遗物》，《考古》1973年3期。

⑥ 陕西省社会科学院考古研究所渭水队：《秦都咸阳故城遗址的调查与发掘》，《考古》1962年6期。

数73.75%；直线洞室墓215座，占洞室墓葬总数76.51%；平行线洞室墓66座，占洞室墓葬总数23.49%。有葬具墓葬379座，瓮棺葬9座，370座为木质葬具，其中一椁一棺43座，一棺墓327座。直肢葬45座，占墓葬总数11.1%，屈肢葬268座，占墓葬总73.04%，其余葬式不清。出土陶器662件，实用生活器577件，有鼎、盒、壶、罐、釜、盆、钵、盂、瓮、缶、鬲、盘、豆、杯、鍪、锉、釉陶小罐、纺轮、饼、拍、璧、半球形器、球、珠等24种；明器87件，有骑马俑、甗、壶、罐、盆、甑、缶。铜器319件，鼎、壶、勺6件，戈1件、镞3件，殳、镦、鐏8件；实用生活器有镜、带钩、削207件，车马杂器、钱币、印章59件。铁器125件，有带钩、削、剑、鐝、镰、锸、残铁器等。玉器、石器等151件，其中玉璧6件、环29件、饼21件等。料器、骨器、杂器117件。时代为战国晚期至秦代①。

陵照墓群（63），位于周陵乡陵照村南1千米，1989～1990年修建陵照导航台时发现，发掘11座秦汉墓，M6、M8竖穴墓道洞室墓，出土陶盒、陶缶、陶瓮等，被推测为统一秦②。

贺家村秦墓（67），位于周陵镇何家村北，东南距秦咸阳城遗址直线距离10千米，西距两座"周陵"1.7千米。资料未发表。发掘秦墓163座，多为直线洞室墓，出土鼎、盒、壶和釜、盆、罐等常见的陶器，部分陶器上戳印有文字，可见有"咸□里□""咸亭□里□"等，据推测这批墓地应与咸阳城居民有关。一座墓墓主髌骨和骶骨有箭镞，专家推断应死于箭伤，也可能是为国家服兵役的平民。墓葬的年代为战国晚期偏晚至秦代，墓葬主人的身份应属于平民阶层③。

西耳村秦墓（68），位于咸阳市渭城区西耳村东，2005年发掘秦墓52座。竖穴土坑墓14座，偏洞室墓6座，直线洞室墓32座。西耳村52座秦墓中葬具清晰者46座，其中一棺一椁4座，占8.69%（占葬具清晰者比例，下同）；简化棺椁者2座，占4.34%；单棺者45座，占97.8%；瓮棺葬2座，占4.34%；4座一棺一椁墓葬皆为竖穴土坑结构，2座简化棺椁也为竖穴土坑结构。两座瓮棺葬一座为竖穴土坑结构，一座为偏洞室结构。52座秦墓中，葬式清楚者39座。头向西、西北向者31座，占79.4%（占葬式清晰者比例，下同），头向东者8座，占20.5%；直肢葬9座23%，屈肢葬30座，占76.9%。出土实用陶器55件，鼎6件、盒5件、壶12件、缶6件、罐14件、豆4件、盆2件、瓮2件、釜1件、囷1件、鬲1件、三耳杯1件。铜器46件，铜镜3面、带钩16件、半两钱27枚。时代为战国晚期④。

尹王村秦墓（69），位于咸阳市渭城区尹王村西。2006年至2007年发掘战国秦墓134座。其中竖穴土坑墓7座，偏洞室墓74座，直线洞室墓52座。134座秦墓中葬具清晰者57座，单棺者56座，占98.2%；瓮棺葬1座，占1.75%；134座秦墓中葬式清晰者93座，头向西、西北向者75座，占80.6%（占葬式清晰者比例，下同），头向南向者1座，占1.07%，头向东者17座，占18.2%；直肢葬14座，占15%，屈肢葬79座，占84.9%；出土陶器153件，鼎23件、盒16件、壶16件、缶15件、罐64件、豆6件、盆7件、釜3件、鬲1件、瓮2件。出土铜器34件，镜5面、带钩26件、半两钱3枚，重珠

① 咸阳市文物考古研究所：《塔尔坡秦墓》，三秦出版社，1998年。

② 马志军、孙铁山：《咸阳机场陵照导航台基建工地秦汉墓葬清理简报》，《考古与文物》1992年2期。

③ 《中国文化报》2013年10月7日。

④ 本书第二章。

四十两铅币1枚。时代为战国中晚期[①]。

任家咀墓群（70），位于渭阳乡任家咀村西南。1990～1991年发掘242座秦墓。竖穴墓231座（其中8座为瓮棺葬），占墓葬总数的95.5%，洞室墓11座（直线洞室墓10座，平行线洞室墓1座）占墓葬总数的4.5%。葬具清晰者230座，木质葬具222座，占葬具清晰者总数96.5%；其中双椁一棺41座，一椁双棺1座，一椁一棺墓151座，一棺墓29座。瓮棺葬8座，占葬具清晰者总数3.5%，葬具不清晰者墓葬12座。屈肢葬186座，占墓葬总数76.86%，直肢葬8座，占墓葬总数3.31%；葬式不清48座，占墓葬总数19.83%。出土陶器621件，实用生活器547件，鼎35件、盒15件、壶47件、罐111件、釜19件、盆95件、钵13件、盂18件、缶10件、鬲86件、甗8件、盘7件、豆22件、簋25件、匜9件、囷26件、纺轮1件；明器74件。铜器169件，鼎3件、剑1件、戈2件、镞17件、镜2件、印章1枚、带饰32件、带钩39件、环手削刀24件等。玉器26件，璧5件、环7件、璜1件、圭13件等。时代为春秋、战国至秦统一[②]。

关中监狱秦墓（81），位于咸阳市渭城区渭城镇碱滩村，发掘战国秦墓278座。竖穴墓40座，直线洞室墓86座，平行线洞室墓150座。一椁一棺墓2座，其余绝大多数为单棺，瓮棺葬2座。葬式以屈肢葬为主，38座为直肢葬。出土文物700余件（组），陶器以鼎、盒、壶、罐、釜、盆为主[③]。

白起墓（82），位于渭城区任家咀村东北，解放军三五三零厂内。1970年，曾发现兵器、佩剑等文物数件，现存咸阳博物馆[④]。该墓西南距任家嘴秦墓600米左右，目前考古材料不能确定为白起墓，但是当是秦墓，并且出土兵器。

塔尔坡秦墓，位置处于塔尔坡、李家堡、西耳村三村的交界处。西耳村秦墓、尹王村秦墓两者实际距离不过1千米，关中监狱秦墓处于两者之间。任家咀秦墓位于任家咀村紧西南，白起墓位于尹王村与任家咀村之间。经过地图测量，塔尔坡秦墓、任家咀秦墓、西耳村秦墓、尹王村秦墓、关中监狱秦墓、白起墓分布于东西长1.7、南北宽1.3千米，约2.21平方千米范围内。如果把在此区域内已经发掘的墓葬加起来，数量超过1000座。贺家村秦墓、陵照秦墓处于其北部，更接近陵区，但是皆处于东距秦都宫殿区西墙半径10千米范围内。

该墓区发掘资料中任家咀秦墓包含春秋、战国早期墓葬，时代至秦统一，其他墓葬全部属于咸阳城存续时期埋入无疑。在出土陶器上多见戳印文字“咸□里□”“咸亭□里□”等，虽不能直接说明墓主全部为秦都咸阳的居民，但起码居住地距离咸阳城不远，并且随葬器物在城内生产。此区墓葬随葬品与同期距咸阳城最近的黄家沟、店上墓区无多大差异。值得关注的是塔尔坡秦墓出土戈1件、镞3件，任家嘴秦墓出土剑1件、戈2件、镞17件，白起墓出土兵器、佩剑，贺家村秦墓中一座墓主髌骨和骶骨有箭镞，这些或与战争有关的器物的出现比黄家沟、店上墓区频繁。

---

① 本书第三章。

② 咸阳市文物考古研究所：《任家咀秦墓》，科学出版社，2005年。岳起、谢高文：《任家咀秦墓主要收获》，《咸阳师范学院学报》2006年3期。

③ 刘卫鹏：《关中监狱战国秦墓群发掘概况》，《秦汉研究》（第六辑），陕西人民出版社，2012年。

④ 国家文物：《中国文物地图集陕西分册》（下），西安地图出版社，1998年，第351页。

二、渭北东墓区

渭北东墓区距离秦都咸阳较远，当属秦弋阳县。目前发掘资料不多，亦可分为马家湾墓区、榆楚张卜墓区。

1. 马家湾墓区

马家湾墓葬区，西距秦都咸阳宫东城墙14.2千米，西距兰池宫遗址约10.7千米。发掘资料有益尔秦墓（75）、新纬秦墓。新纬秦墓资料未发表。

高陵县益尔秦墓（75），位于高陵县泾渭镇东营村东南100米处，南临渭河。2002年发掘秦人墓葬51座。竖穴墓46座，直线洞室墓5座。葬具清晰者45座，两椁一棺2座，一椁一棺27座，单棺16座。葬式均为单人屈肢葬，仰身屈肢葬37座，侧身屈肢葬14座。出土器物205件（组），陶器125件，鬲32件、盂32件、罐34件、壶9件、釜3件、囷3件、豆3件、甑1件。铜器24件，剑1件、戈一件、镞1件、削1件、带钩10件。铁环6件。玉璧2件、玉璜2件。石圭1件、石球2件、石饼1件，泥人俑1件、泥牛1件、泥马1件、泥蛇1件、泥鸟2件、泥质牛拉车1件等。时代为春秋晚期至战国晚期前段[①]。

2. 榆楚张卜墓区

榆楚张卜墓区位于马家湾墓区之西，西距兰池宫遗址约18千米。包含上马渡战国墓（76）、坡底战国墓（77）、高陵张卜战国秦墓（78）、白龙沟墓群（79）。

上马渡战国墓（76）、坡底战国墓（77）、白龙沟墓群（79）因出土铜提梁卣、铜匜、铜扁壶、陶茧形壶等被发现，但是资料不详，同时远离秦都咸阳城，以高陵张卜秦墓资料较为详细。

高陵张卜战国秦墓（78），位于高陵县张卜乡张卜村东北，2000年发掘墓葬14座。竖穴墓8座，直线洞室墓5座，偏洞室墓1座。直肢葬2座，屈肢葬5座。出土器物76件，陶器55件，罐21件、盆8件、壶5件、钵5件、盒5件、釜4件、鼎3件、甑3件、鬲1件。铜器8件，带钩2件、印章2枚，镜2件、鼎1件、环1件。铁削1件。时代为战国中期、晚期[②]。

从时代上观察马家湾墓区益尔秦墓有春秋晚期、战国早期墓葬，说明在咸阳城修建之前该墓地已经存在。编者推测墓地墓主当是平民阶层。M38出土折断的剑与戈，或是行伍出身。值得注意的是此次发掘所有墓葬全为屈肢葬以及在报道材料中出土陶器中未见戳印咸里亭之类陶文。高陵张卜战国秦墓的时代为战国中期、晚期，数量只有14座，但是葬式却有2座直肢葬，也出土了陶器13件，陶鼎3件、陶壶5件、陶盒5件。铜器2件，铜鼎1件、铜壶1件。与益儿秦墓差别较大。在报道材料中出土陶器上也未见“咸里亭”戳印陶文。

---

① 陕西省考古所：《陕西高陵县益尔秦墓发掘简报》，《考古与文物》2003年6期。

② 陕西省考古研究所：《高陵县张卜秦汉唐墓》，三秦出版社，2004年。

三、渭北墓区出土陶器组合与典型器物

1. 渭北西区

黄家沟、店上墓区，黄家沟（Ⅰ、Ⅱ区）墓葬器物组合大体为鼎、盒、缶，鼎、盒、壶、罐，鼎、盒、壶、豆，缶、罐，单耳釜、罐，茧形壶、罐，壶、釜，壶、釜、盆等①。长陵车站墓葬葬具组合为两陶鬲拼合，陶瓮口部覆盖陶盆，瓦槽口部覆盖板瓦，陶盆口部覆盖板瓦，两陶瓮口部扣合瓦罐、板瓦、陶釜等②。该墓区出土典型器物是路家坡墓群出土的楚国“陈媛”金币③。

塔尔坡、任家嘴墓区，塔尔坡秦墓仿铜陶礼器墓陶器组合为鼎、有盖盒、壶，鼎、有盖盒、壶、罐，或加上盆、瓮、盂、鬲、缶的一种或几种，或在基本组合中缺壶或盒，鼎不单独出现。日用陶器墓组合是釜、无盖盒、壶形罐，釜、盒，釜、壶，釜、罐，釜、盆（盂、钵），在上加有盖盒、瓮、盆、钵、盂、鬲的一种或几种；有的组合不出釜，有的仅出单件陶器。出土典型器物为M28057的彩绘骑马俑④。任家咀秦墓仿铜陶礼器墓组合分为两种：第一种，鼎（A）、簋、囷、甗、有耳壶为基本组合，有的伴出盆（盂）、罐、豆、鬲、盘、匜的一种或一种以上，有的只出其中一两种。第二种，鼎（B）、无耳壶、盒为基本组合，伴出釜、豆、罐、盆，有的只出两种。日用陶器墓的基本组合有三种：第一种，鬲、盆（盂、钵）为基本组合，有的伴出豆、囷、甗、盘、壶，有的只出其中两种。第二种，釜、盆（盂）、罐为基本组合，有的伴出盒、甗、瓮、壶。第三种，盆（盂、钵）、罐为基本组合，有的伴出豆、瓮。出土典型器物有三足罐、三足釜、三足钵。西耳村秦墓、尹王村秦墓、贺家村秦墓、陵照墓群、关中监狱秦墓陶器组合接近塔尔坡秦墓组合（图三六五）。

2. 渭北东区

马家湾益尔秦墓陶器组合以鬲（釜）、盂、罐为主，出釜的墓葬则无鬲，加壶、豆等。仿铜陶礼器仅有少量的壶、豆，象征身份地位的鼎、簋之类的礼器没有发现。15座墓葬中出土泥质彩绘动物俑、人俑、牛拉车等是其特色。

高陵张卜秦墓的M40出土铜鼎、铜壶、陶盆、陶罐、陶钵，其他陶器组合有鼎、盒、壶、盆、罐、钵，鼎、盒、壶、甑、釜、盆、罐，鼎、壶、罐，盒、壶、釜、甑、钵、盆、罐，壶、釜、罐，釜、罐，鬲、甑，钵，罐。出土典型器物为M36：2陶鬲。

---

① 秦咸阳考古队：《咸阳市黄家沟战国墓发掘简报》，《考古与文物》1982年6期。陕西省考古研究所：《秦都咸阳考古报告》，科学出版社，2004年，第575页。

② 陕西省考古研究所：《秦都咸阳考古报告》，科学出版社，2004年，第199页。

③ 咸阳市博物馆：《咸阳附近发现的一批秦汉遗物》，《考古》1973年3期。

④ 咸阳市文物考古研究所；《塔尔坡秦墓》，三秦出版社，1998年。

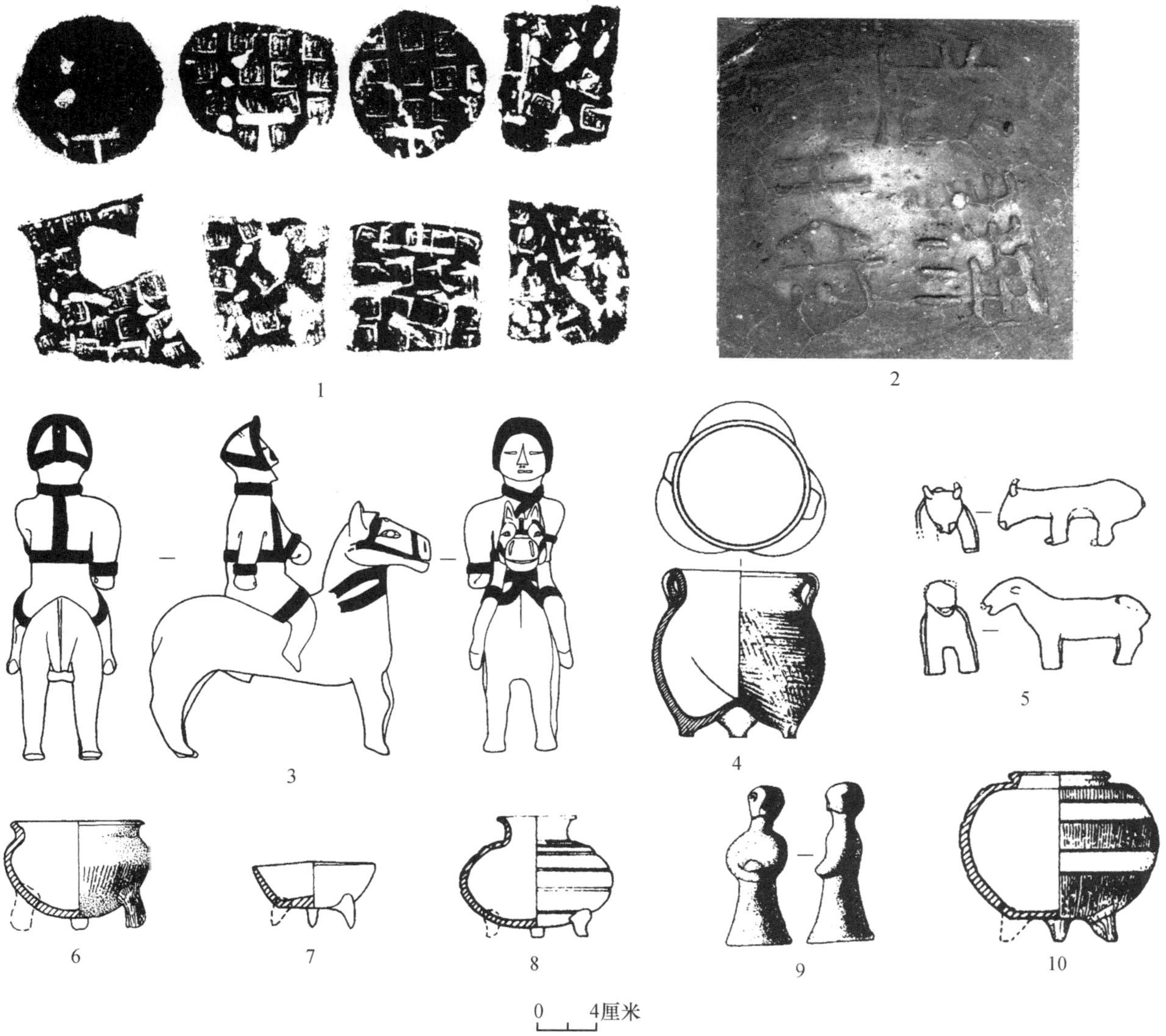

图三六五　渭北墓区出土部分器物

1. 路家坡墓群“陈爰”金币拓片　2. 咸阳机场大石头村秦墓陶文拓片　3. 塔尔坡秦墓M28057彩绘俑　4. 高陵张卜秦汉墓陶鬲（M36：2）　5. 高陵县益尔公司秦墓泥牛（M65：7）、泥马（M10：6A）　6～8. 任家咀秦墓三足釜（M70：4）、三足钵（M77：2）、三足罐（M229：2）　9. 高陵县益尔公司秦墓泥俑（M10：5）　10. 任家咀秦墓三足罐（M196：4）

四、小　　结

渭北西区是目前考古发掘最多的区域，发掘秦墓1000座以上，其中包含距离咸阳宫遗址最近的路家坡墓群、店上墓群，最近距离咸阳宫西墙2.1千米。店上墓群墓主当为儿童，路家坡墓群也有童墓，出土楚国“陈媛”金币最为著名。白庙墓群距离咸阳宫墙西北角2.4千米，但是内涵不清。黄家沟秦墓墓主被推测是其南部的作坊区工匠，但是其墓葬出土器物及其组合与任家嘴、塔尔坡墓区咸阳城同期墓葬无明显差异。任家嘴、塔尔坡墓区处于咸阳宫西墙10千米范围内，除任家嘴秦墓外其他墓葬年代绝大多数为战国晚期。塔尔坡秦墓出土典型器物为M28057的彩绘骑马俑，任家嘴出土典型器物为三足罐、三足釜、三足钵①。渭北西墓区包含A类墓、B类墓、C类墓、D类墓。

渭北东区墓葬数量较少，同时距离咸阳宫遗址、兰池宫遗址距离在10千米以上。马家湾益尔秦墓皆为屈肢葬，出土以鬲（釜）、盂、罐为主，出釜的墓葬则无鬲，加壶、豆等，象征身份地位的鼎、簋之类的礼器没有发现。但是51座墓葬中15座墓葬中出土泥质彩绘动物俑、人俑、牛拉车等。其中缺乏A类墓，包含少量B类墓。高陵张卜秦墓陶器组合有鼎、盒、壶、盆、罐、钵，鼎、盒、壶、甑、釜、盆、罐，鼎、壶、罐，盒、壶、釜、甑、钵、盆、罐，壶、釜、罐，釜、罐，鬲、甑，钵，罐，包含A类墓。与渭北西区最大的差别是根据报道材料，出土陶器中未见咸、亭、里等戳印文。与其距离秦都咸阳较远，属秦弋阳县有关。渭北东墓区、渭北西墓区都有早于咸阳城的墓葬。

第二节　城东墓区

城东墓区处渭河之南、灞河之西、咸阳城之东，最近距兴乐宫遗址3.4千米，最远15.5千米。包含尤家庄墓区、韩森寨陵园、半坡墓区。

一、尤家庄墓区

尤家庄墓区包括翁家村秦墓（42）、北康村秦墓（43）、凤城三路秦墓（45）、尤家庄秦墓（44）、刑徒墓地（85）、尤家庄20号战国墓（86）等。

联志村秦墓（41）位于西安北郊新城区联志村。《中国文物地图集陕西分册》②记录是1971年暴露秦墓1座，出土玉质男俑、女俑、玉璋、虎、兽纹璜、璜、璧等。根据出土玉器的种类，被推测可能为遗址出土，有的专家甚至认为是西汉武帝时期的祭祀遗址③。出土玉器见《玉器》④因此在这里仅作简要说明。

翁家庄秦墓（42）、北康村秦墓（43）、凤城三路秦墓（43）根据《西安北郊秦墓》⑤西安北郊未央区翁家村东西安明珠花园住宅小区、翁家村南陕西省交通学校新区，北康村北西安乐百氏食品有限公司、陕西中财印务公司，尤家庄村南凤城三路西安文景苑住宅小区等发掘秦墓123座。其中竖穴土圹墓有33座，占墓葬总数的26.8%，竖穴墓道土洞墓有87座，占墓葬总数的70.7%，瓮棺葬2座，占墓葬总数的1.6%，斜坡墓道土洞墓1座，占墓葬总数的0.8%。葬具清晰者90座，一棺一椁4

① 咸阳市文物考古研究所：《任家咀秦墓》，科学出版社，2005年。岳起、刘卫鹏：《任家咀秦墓主要收获》，《咸阳师范学院学报》2006年3期。

② 国家文物局：《中国文物地图集陕西分册》（下），西安地图出版社，1998年，第11页。

③ 梁云：《对鸾亭山祭祀遗址的初步认识》，《中国历史文物》2005年5期。

④ 西安是文物管理委员会：《玉器》，陕西旅游出版社，1992年，第44～46页。

⑤ 陕西省考古研究所：《西安北郊秦墓》，三秦出版社，2006年。

座，占葬具清晰者4.4%；单棺84座，占葬具清晰者93.3%；瓮棺2座，占葬具清晰者2.2%；123座秦墓均为单人葬，62座骨骼保存较好，直肢葬22座，占35.5%；屈肢葬38座，占61.2%。123座秦墓有随葬器物的98座，占墓葬总数的79.7%，共出土器物485件，按质地分为陶器、铜器、铁器、石器、玉器、水晶器、料器、骨器以及贝、蚌器等。陶器296件，鼎44件、盒39件、壶38件、罐73件、缶22件、瓮14件、盂14件、盆10件、甑1件、灶3件、鬲1件、釜5件、鍪2件、灯8件、钵6件、纺轮4件、器盖3件、模具25件。铜器96件，鍪1件、釜1件、盘1件、盆1件、匜1件、灯1件、镜10面、带钩13件、印章3枚、鐏1件、纽钟2件、铃16件，半两钱币45枚等。铁器22件，剑2件、削刀6件、灯2件、铺首1件、璜2件、臿3件、锛1件、凿1件、铗2件等。玉器8件，玉璧3件、玉环1件、饼形饰1件、剑格1件等。石器9件，璜1件、圆形佩饰1件、砚2件、鼻塞2件、砺石2件等。时代为战国晚期前段至秦末汉初。

尤家庄秦墓（44）根据《西安尤家庄秦墓》[①]在尤家庄村南的青海军区后勤部、纬四小区、豪盛花园、福临门公司、西北有色金属研究院，村东南的陕西省壹号公寓、进出口公司，村北的明珠花园、万花园小区，村东北的中山房地产公司，村西的向阳丰田公司以及西南的大基公司12处考古工地发掘秦墓197座。除2座残损无法分型外195座墓葬中竖穴土坑墓77座，占墓葬总数的39%，偏洞室墓4座，占墓葬总数的2%，直线形洞室墓114座，占墓葬总数的59%；葬具清晰者65座，其中简化木椁2座，占葬具清晰者3%；单棺61座，占葬具清晰者94%；瓮棺葬2座，占葬具清晰者3%；葬式清晰者116座，直肢葬39座，占葬式清晰者的33.6%；屈肢葬58座，占葬式清晰者的50%。乱葬19座，占葬式清晰者的16.4%。197座有随葬品的119座，共出土器物463件。陶器15种314件，分别为鼎43件、盒56件、壶37件、罐69件、釜20件、盂17件、缶39件、鬲1件、杯1件、熏炉1件、瓮7件、钵6件、灶7件、灯9件、响器1件。铜器73件，分别为剑1件、鼎1件、壶1件、鍪2件、勺1件、镜16面、带钩25件、印章1件、环7件、器座2件、扳手1件、鐓1件、扣1件、铃10件、“S”形饰3件。铁器10件，有剑1件、刀2件、带钩1件。玉器27件，带钩2件、璧5件、剑镖2件、龙饰1件、凿1件等；骨器有骨管形饰1件、骨牌14块、骨串饰4件。蚌串饰2件。“半两”钱币9枚。时代为战国中期偏晚至西汉早期早段。

翁家村刑徒墓地（85），据《光明日报》报道2000年初西安市文物保护考古所在西安市秦都咸阳渭河南岸宫殿区遗址以东约2000米处，发掘了300多座战国秦汉墓葬，其中包含7座秦代刑徒墓，墓葬形制均为竖穴土坑墓，一般长2、宽1米左右，7座墓中最多的葬有7人，最少的2人，共发掘出31具尸骨，这些尸骨有的平放，有的叠压。清理中还发现31具尸骨中有的头部被击打过，有的没有脚趾，有的腓骨骨折，有的身首异处，显系被杀戮后埋葬，有的俯身作挣扎状，显系活埋，个别的手、足、颈还戴有铁制刑具。墓主很可能就是修建咸阳渭南宫殿的苦役、刑徒，当然也不排除战俘的可能性[②]。未见详细发掘资料，据了解地处翁家村东明珠花园附近。

尤家庄20号战国墓（86），1996年8月在尤家庄村西安电信局第二长途通信大楼发掘战国秦汉

① 陕西省考古研究院，《西安尤家庄秦墓》，陕西科学技术出版社，2008年。

② 2008年8月29《光明日报》。

墓葬200余座，其中M20形制为竖穴土坑，东西长4.8、南北宽3.6、距地表深16米，有两层二层台，葬具为一棺一椁，葬式为侧身屈肢，出土铜鼎4件、铜盆2件、铜灯2件、铜镜1面、银带钩1件、玉环、玉璧等器物多件。时代为战国晚期。根据出土文字等推测墓主为在秦的楚人，属于士阶层①。

二、半坡墓区

半坡墓区包含西安半坡战国秦墓（37）、联盟村战国墓（38）、十里铺战国墓（40）。

西安半坡战国秦墓（37），根据《西安半坡战国墓葬》②位于浐河东半坡村和堡子村，清理发掘古墓240座，战国墓葬112座。竖穴土坑墓11座，占墓葬总数的9.8%；洞室墓101座，占墓葬总数90.2%。葬具皆为单棺，未发现木椁。直肢葬5座，占墓葬总数的4.5%；屈肢葬104座，占墓葬总数的92.9%。有随葬器物墓63座，共出土陶器57件，鬲4件、釜14件、盂10件、壶17件、罐8件、盒2件、甑1件。铜器36件，有杖头1件、镜5件、带钩19件、铃4件、印4件、环1件、璜形饰1件、圆条形小铜器1件。铁器24件，带钩21件、锄1件、板片1件、鉴1件。其他有玉饰1件、玉珠1颗、石璧1件、石环2件、石质角柱物3件、料珠2件。春秋末至战国早期墓葬2座；其余大多为战国晚期。

联盟村战国墓（38）、十里铺战国墓（40）分别位于灞桥区纺织城街道联盟村、十里铺乡十里铺村③。推测有秦墓无疑，但是资料不详，无法判断具体年代。

三、陶器组合与出土典型器物

尤家庄墓区，翁家庄秦墓（42）、北康村秦墓（43）、凤城三路秦墓（45）仿铜陶礼器墓组合有以下几种：第一，以鼎、盒、壶（或细颈壶、蒜头壶）为基本组合，或在此基础上加罐、盂、缶、瓮、盆、釜、鬲、灯、灶等的一种或几种。第二，以鼎、盒、罐为基本组合，或加上盂、盆、瓮或盆、缶、瓮。第三，以鼎、罐、盂为基本组合，加上缶、钵或瓮。第四，以鼎、壶（或蒜头壶）、罐组合。第五，以鼎、盒为基本组合，加上钵或瓮。第六，以鼎、罐（壶形罐）为基本组合，或加上缶、瓮、钵。第七，鼎、壶（长颈壶）组合。第八，鼎、缶组合；日用陶器墓组合有以下几种：第一，以罐、盆为基本组合，或加上瓮、盂、甑、釜的一种或两种。第二，以罐、缶为基本组合，或加上灯、灶或釜、灶。第三，以盒、壶（蒜头壶）为基本组合，或加上盆、瓮。第四，以罐、釜为基本组合，或加上盂。第五，盒、罐、盆、釜、瓮加明器壶、甗组合。第六，罐、盂、鍪、瓮组合。第七，盒、缶组合。第八，缶、灯组合。第九，壶、罐组合。第十，壶、钵组合。出土典型器物为5件人物、动物纹饰陶模具及羊头纹铜带钩④（图三六六）。

尤家庄秦墓（44），仿铜陶礼器组合有以下几种：第一，以鼎、罐、灯或缶或盂为组合。第

---

① 西安市文物考古研究所：《西安北郊尤家庄20号战国墓发掘简报》，《文物》2004年1期。

② 金学山：《西安半坡战国墓葬》，《考古学报》1957年3期。

③ 国家文物局：《中国文物地图集陕西分册》（下），西安地图出版社，1998年，第61、62页。

④ 陕西省考古研究所：《西安北郊秦墓》，三秦出版社，2006年。

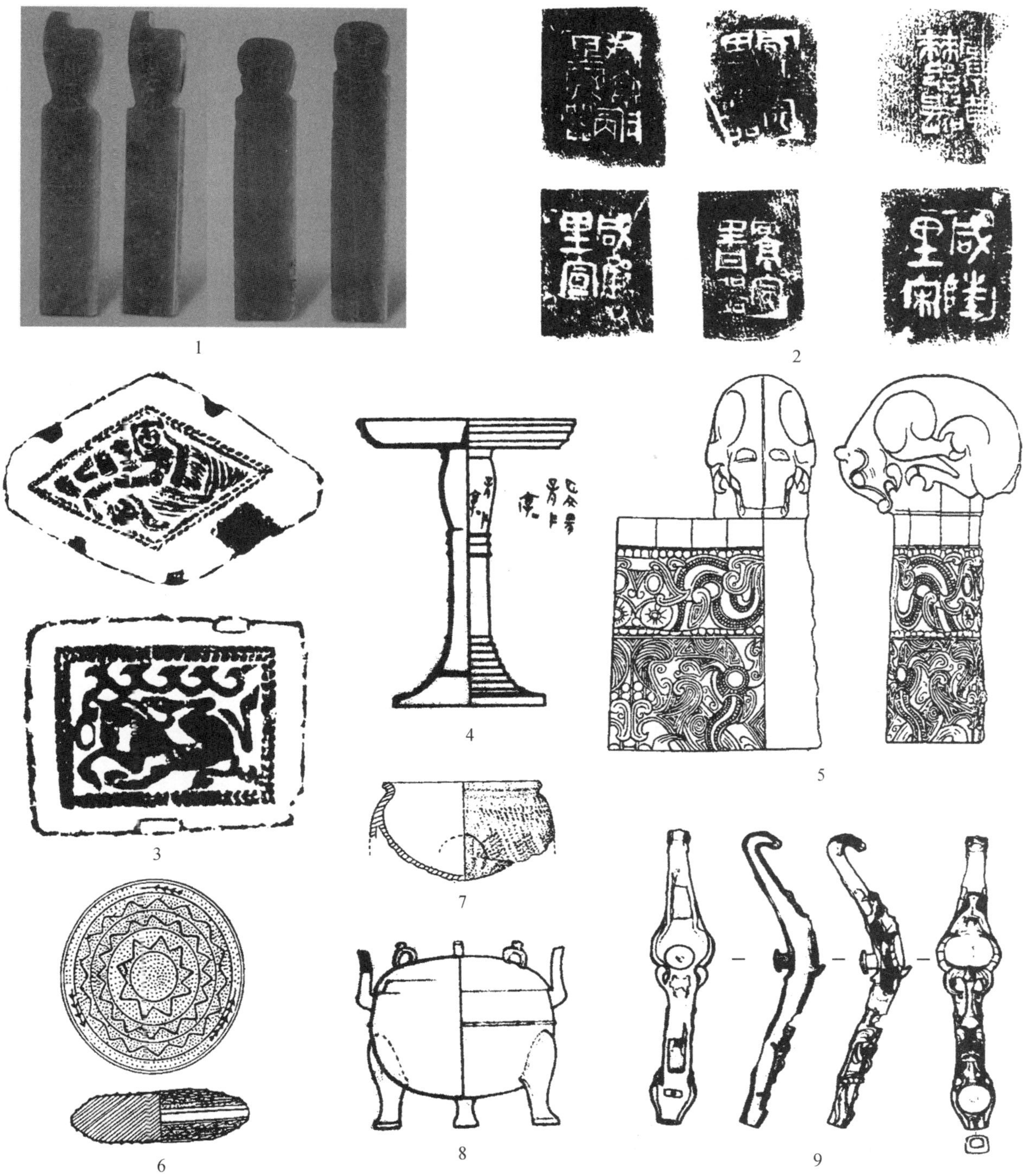

图三六六　城东墓区出土部分器物及陶文

1. 联志村秦墓出土的玉器　2. 尤家庄秦墓的陶文拓片　3. 西安北郊秦墓出土的人物纹、动物纹陶模（99乐百氏M34：15、M34：13）　4. 尤家庄20号秦墓出土的陶灯（M20：10）　5～7. 西安半坡秦墓出土的铜杖頭、陶饼、铜釜（M24：1、M2：2、M53：2）　8、9. 尤家庄20号秦墓出土的铜鼎、鎏金镶玉铜带钩（M20：4、M20：6）

二，以鼎、盒、壶为基本组合，或外加罐、釜、瓮、盂、缶等。第三，以鼎、盒、蒜头壶、缶或罐为基本组合，有的外加灯、釜、钵。第四，以鼎、盒、蒜头壶、灶为基本组合。第五，以鼎、盒、缶、灶为基本组合。第六，鼎、壶组合。第七，鼎、盒、罐或缶为基本组合，有的外加钵、灯。日用陶器墓组合有以下几种：第一，以釜和罐为基本组合，或外加盂、钵、茧形壶。第二，釜、盂组合。第三，釜、钵组合。第四，釜、盒为基本组合，或外加罐、钵、壶、杯、瓮、盂等。第五，釜、壶组合。第六，罐、盂组合。第七，缶、灶、灯或罐组合。第八，罐、盒、壶或瓮组合。第九，罐、鬲组合。第十，缶、蒜头壶或灯或盒组合。第十一，灶、罐组合。第十二，盒、蒜头壶、灶为基本组合，或外加罐①。

尤家庄20号战国墓（86）铜器组合为4鼎、2盆、2豆②。

西安半坡战国秦墓（37）器物组合有釜、壶，盂、壶，釜、盂，釜、罐，釜、盂、罐，鬲、盂，盒、壶，鬲、甑、盂、罐8种③。

四、小　　结

从目前发表资料看城东区除了西安半坡有2座春秋末期至战国早期外，其他墓地有少量战国中期墓葬，绝大多数时代为战国晚期至秦。尤家庄墓区墓葬可分为A、B、C、D四类，半坡墓区无A类墓。两者在器物组合上也差别较大，同时半坡墓区报道材料中未见戳印“咸亭里”等文字，也未见戳印“芷阳”等文字。半坡墓区器物组合、戳印文字与渭北马家湾墓区相近。

尤家庄墓区距离秦兴乐宫遗址最近的是陕西中财印务公司秦墓、凤城三路西安文景苑住宅小区秦墓，大约相距3.4千米。西安乐百氏食品有限公司秦墓距离兴乐宫遗址约3.6千米，M34出土了5件带有北方匈奴文化因素的人物纹、动物纹饰陶模与1件羊头纹铜带钩。编者推测墓主族属为秦人，应该为有一定身份的铸铜工匠④。尤家庄20号战国墓，距离兴乐宫遗址约4.5千米，根据出土铜器、文字等推测墓主为在秦的楚人，属于士阶层⑤明珠花园19座乱葬墓，距离兴乐宫遗址约4.3千米，因接近与翁家村东发现的带有镣铐的刑徒墓，也被定性为刑徒墓⑥。

第三节　灞东墓区

灞东墓区处渭河之南、灞河之东，位于东距秦兴乐宫遗址约20至39千米区间之内，芷阳县城居其西，骊邑居其东。包含芷阳墓区、芷阳陵区、始皇陵墓区、始皇陵区、新丰墓区。

① 陕西省考古研究院，《西安尤家庄秦墓》陕西科学技术出版社，2008年。

② 西安市文物考古研究所：《西安北郊尤家庄20号战国墓发掘简报》，《文物》2004年1期。

③ 金学山：《西安半坡战国墓葬》，《考古学报》1957年3期。

④ 陕西省考古研究所：《西安北郊秦墓》，三秦出版社，2006年，第363页。

⑤ 西安市文物考古研究所：《西安北郊尤家庄20号战国墓发掘简报》，《文物》2004年1期。

⑥ 陕西省考古研究院，《西安尤家庄秦墓》，陕西科学技术出版社，2008年，第311页。

一、芷阳墓区

洪庆秦墓（29）、刘家底秦墓（30）、街子秦墓（31）、向阳公司秦墓（32）处芷阳城遗址南部或西南，距芷阳城遗址较近，当属芷阳墓区。高坡秦墓（20）、刘庄墓群（26）在芷阳陵区西北，远离芷阳城遗址，但是出土器物陶器戳印“芷”等文字，暂时放入芷阳墓区。东岭秦墓（27）、井深沟秦墓（28），位于芷阳城遗址东南，距芷阳四号陵园较近，或许与其有关。

洪庆秦墓（29），根据《陕西长安洪庆村秦汉墓第二次发掘简记》[①]洪庆秦墓位于洪庆村，东临骊山，与华清宫相连。1955年发掘清理墓葬65座，其中秦墓2座。M118竖穴墓道，长条形洞穴墓室，葬具葬式不详，出土夹砂棕色篮纹陶釜1件、环柄刀1件；M86竖穴墓道洞室墓，墓室中部置一大瓮，以盆覆盖口部，内有腐朽骨架1副，出土夹砂篮纹陶釜1件、陶盆1件、瓮棺1件。时代当在战国。

向阳公司秦墓（32），位于西安东郊洪庆原西坡。2001～2002年7月发掘秦汉墓葬300余座，其中包含多座围沟墓，出土器物九百余件，有铜器、铁器、陶器、玉器、漆器等。秦墓形制有竖穴土坑和竖穴墓道洞室墓，葬具有一棺一椁和单棺两类，墓地时代为战国晚期至汉初[②]。

刘庄墓群（26），根据《陕西临潼刘庄战国秦墓地调查清理简报》[③]1987、1988年暴露及探明秦墓60余座，清理5座。竖穴墓道土洞墓3座，葬式不详，陪葬器物M1为鼎、壶、盒、罐；M2为罐、盆、瓮；M18为壶、盆、罐、瓮。竖穴墓道横圹砖筑椁室墓2座，葬具为砖椁木棺。木棺已朽，葬式不详。陪葬器物23件，陶鼎1件、陶壶4件、陶盒1件、陶釜3件、陶罐8件、陶瓮2件、陶灶1件、陶熏1件。器物上有“芷”陶文5件、“栎”陶文1件、“木麗”陶文1件、“宫屯”156件，同出细绳纹椁砖628块多有刻文。编者认为该地区划隶属秦内史芷阳东区辖地。时代为战国晚期，下限年代为秦统一前。

高坡墓群（20），位于临潼区斜口镇杨家村、高坡村。面积约63万平方米，历年暴露土坑墓、土洞墓数十座，出土陶罐、瓮多件，数件陶罐上有“芷”字陶文。时代推测为战国[④]。

刘家底村秦墓（30），曾出土铜蒜头扁壶，当有秦墓；东岭墓群（27）、井深沟墓群（28）、街子墓群（31）资料不详，年代未知。

---

① 陕西省文物管理委员会：《陕西长安洪庆村秦汉墓第二次发掘简记》，《考古》1959年12期。

② 《西安东郊惊现秦汉古墓群墓主为一屈肢葬女性（图）》，《三秦都市报》2002年1月31日。《西安市东郊发现罕见秦汉墓葬群出土文物近千件》，中国新闻网2002年3月16日。

③ 陕西省考古研究所秦陵工作站：《陕西临潼刘庄战国秦墓地调查清理简报》，《考古与文物》1989年5期。

④ 国家文物局：《中国文物地图集陕西分册》（下），西安地图出版社，1998年，第80页。

二、始皇陵墓区

始皇陵墓区包含分布于始皇陵园内外的中小型秦墓，应包括下和秦墓（2）、临潼上焦村秦墓（3）、王俭秦墓（4）、胡孟秦墓（5）、周家沟墓群（6）、子婴墓（8）、柿园秦墓（9）、陈沟秦墓（11）、郭庄秦墓（12）、临潼赵背户村刑徒墓（13）、临潼清泉秦墓（14）、镇东墓群（15）、临潼县城东侧第一号秦墓（16）、陈家沟遗址及墓群（17）、庞家沟遗址及墓群（18）15处（图三六七）。

临潼上焦村秦墓（3），根据《临潼上焦村秦墓清理简报》①1976年10月在秦始皇陵东侧上焦村，西距秦始皇陵园西外墙350米处勘探出墓葬17座，至1977年1月发掘清理墓葬8座。墓葬形制均为带斜坡墓道的甲字形墓，斜坡墓道土圹墓2座，斜坡墓道土圹洞室墓6座，葬具均为一棺一椁，墓室内或椁室内均有头厢、脚厢、边厢。7座墓葬骨架身首异处，1座为直肢葬，七具骨架除了M17墓主为20左右的女子外，其余年龄均在30岁左右。随葬器物200多件，金箔条4件、银蟾蜍1件、铜器42件，有柱茎圆首铜剑1件、标枪头1件、铁铤铜镞14件、铜镜1件、印章2枚等，铁灯1件、玉璜1件、骨器9件、陶器42件。编者认为此批墓葬是秦始皇陵墓的陪葬墓，主人可能是秦始皇的宗亲或大臣。

王俭秦墓（4），根据《秦俑博物馆西侧发现小型砖棺墓》②秦俑博物馆西南新住宅区发现一座小型砖棺墓，砖棺东宽西窄，棺底仅存零碎小骨，无任何随葬器物。根据其形制较小估计葬者可能是一小孩。整个棺室是用几种不同规格的细绳纹青砖砌垒而成，其中一块方砖背面有粗条纹、方格纹图案。砖棺共用方砖两块、大条砖九块、中型条砖九块、小条砖四块，砖块同秦俑坑以及秦始皇陵园历年来出土的秦砖规格、纹饰、质地完全相同，是典型的秦砖。推测砖棺墓为秦代。

周家沟墓群（6），根据《陕西临潼骊山床单厂基建工地古墓葬清理简报》③位于临潼县新丰镇周家沟村西南约80米，发现墓葬69座，战国墓1座，形制为长方形竖穴偏洞室，葬具为木棺，葬式不清，随葬蟠螭纹铜镜一面。

子婴墓（8），位于临潼区新丰镇刘家寨村。推测墓主为秦始皇孙，二世之侄。原墓封土呈圜丘形，底径约30米，高约10米，前有清乾隆年间陕西巡抚毕沅立“秦子婴墓”碑1通。封土及墓碑均毁于20世纪60年代④，后来赵康民先生经过考古工作认为一直被讹为秦子婴墓的实为追谥奉天皇帝，号墓为陵的唐靖德太子之墓⑤。2003年秦始皇陵园外城西垣外侧约500米村探出36座古墓，其中6座初步认定为秦墓。有1座为中字形大墓，另5座为甲字形墓。中字形大墓为南北向，南北长约109

① 秦俑考古队：《临潼上焦村秦墓清理简报》，《考古与文物》1980年2期。

② 秦始皇陵考古队：《秦俑博物馆西侧发现小型砖棺墓》，《文博》1987年1期。

③ 陕西省考古研究所配合基建考古队：《陕西临潼骊山床单厂基建工地古墓葬清理简报》，《考古与文物》1989年5期。

④ 参见明万历版《临潼县志》；国家文物局：《中国文物地图集陕西分册》（下），西安地图出版社，1998年，第82页。

⑤ 赵康民：《秦子婴墓之讹》《考古与文物》1983年5期。

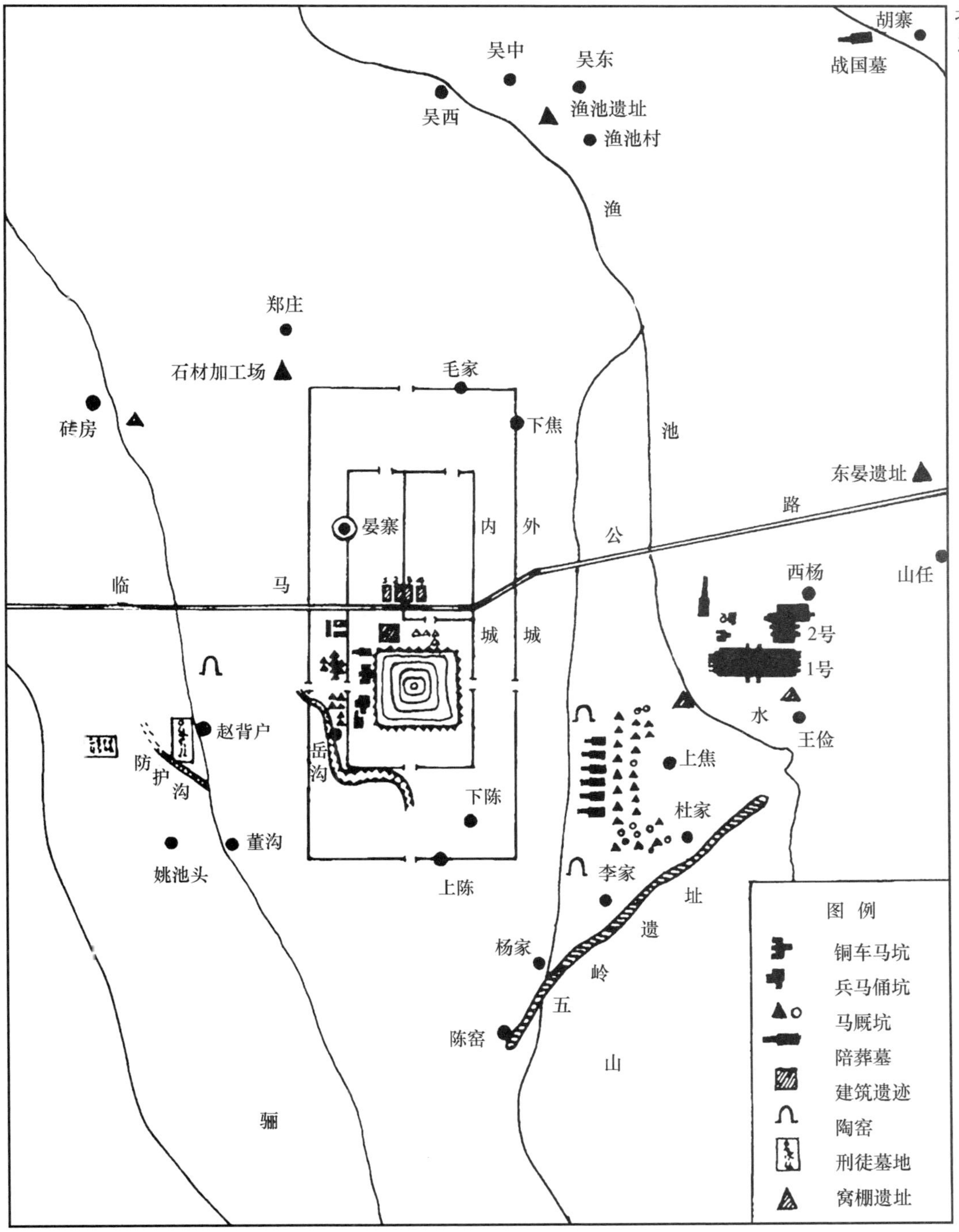

图三六七　始皇陵园附近秦墓的分布

米，东西宽26米，深约15.5米。有专家推测中字形大墓为子婴墓①。

临潼赵背户村秦刑徒墓（13），根据《秦始皇陵西侧赵背户村秦刑徒墓》②在骊山北麓赵背户村东距秦始皇陵封土1.5千米处，初步探出墓葬114座，清理42座，除10座为晚期墓葬外，其余皆是

① 《秦皇陵西墓葬发掘申请被否决 疑为末代皇帝子婴墓》，华商网2012年2月26日。

② 始皇陵秦俑坑考古发掘队：《秦始皇陵西侧赵背户村秦刑徒墓》，《文物》1982年3期，第1～11页。

秦代刑徒墓。墓葬形制为竖穴土坑，仅M2有粗绳纹板瓦砌筑的长方形瓦棺，其余各墓均无葬具。一座墓坑内埋有多具尸骨，有平放的，有叠压的，侧身屈肢葬68具，俯身屈肢葬10具，仰身屈肢葬15具，仰身直肢葬4具。出土器物202件，铁器61件，臿24件、锛3件、錾4件、凿2件、镰2件、锄2件、穿5件、刀2件、残剑1件。铜器44件，铜饰件1件、半两钱43枚。陶钵4件、陶罐1件、陶瓮1件、筒瓦（残）68件、板瓦（残）47件、瓦当4件、花纹砖3块、罐形瓦当祖范1件。其中印记和瓦志刻文两种27件。时代为秦始皇二十六年至二世二年。

临潼清泉秦墓（14），根据《西安临潼清泉秦墓清理简报》①位于临潼区代王镇斜杨村清泉组，南距骊山约5千米，西南距秦始皇兵马俑坑约4千米。墓口距地表残深60厘米，竖穴土圹墓，葬具为一椁一棺。墓室四周砌砖，构筑成简单的椁。葬式为仰身直肢葬。随葬品有陶钵和茧形壶。初步断定其时代为秦末汉初。

临潼县城东侧第一号秦墓（16），根据《临潼县东侧第一号秦墓清理简报》②1990年临潼县东街发现小型砖砌竖穴墓4座，为长方形砖砌竖穴墓，未发现木质棺椁。一墓葬一人，仰身屈肢葬1座，其余葬式不详，未见随葬器物。现场发现筒瓦7件、卯砖2块、云纹瓦当3件；共出土砖167块，刻印陶文92块，文字为“左司高瓦”“左司涓瓦”“左司瓦”“左司陉瓦”“左司疢”“大锂”等。

镇东墓群（15），位于骊山镇街道。面积约5000平方米，20世纪80年代局部钻探发现墓葬33座。清理6座，为竖穴土坑墓。部分墓用细绳纹砖砌筑棺室。出土陶罐及细绳纹砖、榫砖、瓦当、筒瓦等。时代为秦代③。

陈家沟遗址及墓群（17），根据《临潼县陈家沟遗址调查简记》④陈家沟位于临潼县城东，钻探出墓葬12座、灰坑11座、陶窑3座。竖穴墓8座，3座有壁龛；M8在墓室中间有一生土隔梁，把墓室为东西部分。出土器物有铁质、陶质两类；铁质有生产工具与刑具，分别为臿9件、镰1件、锛1件、削2件、钳2件、铧1件、小方铲1件、桎等。建筑材料有圆瓦当40件、半瓦当38件、粗绳纹板瓦和细绳纹筒瓦残片2件、花砖残块2件。刻文、印记有“寺水”“芷”等。编者推测此地当属修建秦始皇陵园的窑场之一。

庞家沟遗址及墓群（18），位于临潼区骊山镇庞家沟村北200米，面积约6万平方米。文化层厚0.8～1.5米，勘探出灰坑、小型竖穴墓等。地表散布粗绳纹板瓦、筒瓦残片，采集有五角形陶水管、陶罐、陶瓮等。时代为秦代⑤。

临潼下和秦墓（3）、胡孟秦墓（5）、柿园秦墓（9）、陈沟秦墓（11）、郭庄秦墓（12）缺乏详细资料。

① 秦始皇陵博物院：《西安临潼清泉秦墓清理简报》，《文物世界》2011年6期。

② 临潼县博物馆、临潼县文管所：《临潼县东侧第一号秦墓清理简报》，《考古与文物》1993年1期。

③ 国家文物局：《中国文物地图集陕西分册》（下），西安地图出版社，1998年，第83页。

④ 秦俑考古队：《临潼县陈家沟遗址调查简记》，《考古与文物》1985年1期。

⑤ 国家文物局：《中国文物地图集陕西分册》（下），西安地图出版社，1998年，第83页。

三、新丰墓地

新丰战国秦墓（7），根据《临潼新丰秦墓研究》[①]位于西安市临潼区新丰街道办事处屈家村东南、涓河南岸的二级台地，西南距新丰街道办事处3.6千米、距秦始皇帝陵6千米。发掘古墓723座，其中秦墓594座。竖穴土坑墓52座，占墓葬总数的8.8%；偏洞室墓129座，占墓葬总数，21.7%；直线洞室墓413座；占墓葬总数的69.5%；葬具不明175座，占墓葬总数的29.5%，一棺一椁21座，占葬具清晰者5.1%；单棺389座，占葬具清晰者92.9%。葬式不明165座，1座为单棺洞室双人合葬，屈肢葬397座，占葬式清晰的92.8%，直肢葬32座，占葬式清晰的7.5%，594座墓葬有随葬器物的墓葬434座，随葬器物有陶器、青铜器、铁器、玉器、骨器等。陶器有1603件，鼎190件、盒54件、壶64件、细颈壶148件、茧形壶9件、蒜头壶6件、鬲3件、囷2件、敞口罐4件、双耳罐10件、小口罐113件、大口罐233件、缶37件、钵15件、釜258件、盆247件、豆5件、盂14件、甑191件等。铜器70件，鼎10余件、壶10余件、钱50余枚。出土陶器上共发现陶文63个，除了一件为“杜市”外，其他皆为“戏”“戏市”。时代为战国中晚期至秦末。

四、陶器组合与出土典型器物

芷阳墓区洪庆秦墓（29），出土器物组合是釜、盆[②]。刘庄墓群（26）器物组合为鼎、壶、盒、罐，罐、盆、瓮，壶、盆、罐、瓮，典型出土器物是陶熏、陶灶[③]（图三六八）。

始皇陵墓区15处墓葬，出土器物大多为劳动工具或建筑材料，只有临潼清泉秦墓（14）可以看出器物组合为陶壶、陶钵[④]。该墓区最大特色刑徒墓、砖椁墓及上焦村、砖房村的斜坡墓道方圹墓、斜坡墓道方圹墓洞室墓、亚字形墓。

新丰墓区新丰战国秦墓（7），器物组合有以下几种：第一，鼎、壶、豆、盒等陶礼器配以盆、甑、大口罐、小口罐、釜等。第二，鼎、壶、盆、甑、罐、釜、缶、钵、盂等。第三，鼎或壶、盒、盆、甑、罐、釜。第四，鼎、盆、甑、小口罐、大口罐、釜、钵、缶。第五，壶和盆、甑、罐、釜、缶、钵中的一件或多件组成。第六，盒、盆、甑、罐、釜。第七，盒、盆、罐、釜[⑤]。

① 孙伟刚：《临潼新丰秦墓研究》，西北大学2010年硕士学位论文。

② 陕西省文物管理委员会：《陕西长安洪庆村秦汉墓第二次发掘简记》，《考古》1959年12期。

③ 陕西省考古研究所秦陵工作站：《陕西临潼刘庄战国秦墓地调查清理简报》，《考古与文物》1989年5期。

④ 秦始皇陵博物院：《西安临潼清泉秦墓清理简报》，《文物世界》2011年6期。

⑤ 孙伟刚：《临潼新丰秦墓研究》，西北大学2010年硕士学位论文。

图三六八　灞东墓区出土部分器物及陶文

1. 新丰秦墓的陶文拓片　2. 临潼县赵背户秦刑徒墓的罐形瓦当模范　3. 临潼县刘庄战略墓的陶文拓片　4. 临潼县城东第一号秦墓的筒瓦、铆砖　5. 临潼县城东第一号秦墓的陶文拓片　6. 临潼县陈家沟秦墓的陶文拓片

五、小　　结

从现有资料看芷阳墓葬区秦墓的时代多在战国晚期，或延续至汉初。洪庆秦墓发现C类墓；向阳公司秦墓或有A类墓；刘庄秦墓有B类墓。刘庄、高坡秦墓出土多件刻文为“芷”器物。刘庄秦墓包含砖椁墓。

始皇陵墓区墓葬时代比较集中，多为秦代，墓地出土铁质劳动工具、砖瓦建筑材料比较多，刻文印记多为瓦文墓志、官属名与人名。墓主除了级别较高的始皇帝宗亲或大臣之外，多为刑徒、工匠，所以C类、D类墓较多。墓葬特色是砖椁。

新丰秦墓时代为战国中晚期至秦末，包含A、B、C、D四类墓。由于出土陶器上发现多件“戏”“戏市”陶文，作者推测戏水西岸当有“戏邑”存在。

第四节 城南墓区

一、城南墓区

城南墓区地处兴乐宫、章台宫遗址以南，最近距兴乐宫遗址约2.6千米，最远约17千米。包含南郊墓区、长安陵区。长安陵区有神禾塬战国秦陵园（夏太后陵）、秦二世陵墓。

南郊墓区有西安南郊北山门口战国秦墓（46）、潘家庄秦墓（47）、东三爻战国墓（48）、杜城墓群（50）、茅坡光华胶鞋厂秦墓（51）、茅坡邮电学院秦墓（52）、大白杨秦墓（84）等。杜城墓群（50）未见详细资料。

大白杨秦墓（84），1985年6月，陕西省考古研究所在西安市未央区大白杨村砖厂清理45座墓葬，其中秦墓一座，编号M16，形制为竖穴土坑，该墓呈正东西向，长方形竖穴土坑，口大底小，有生土二层台及大小八个壁龛。墓上口长4.8、宽3.1、底长4.16、宽2.04、深2.96米。出土陶豆5件、陶缶8件等。时代为战国晚期至秦①。

西安南郊北山门口战国秦墓（46），根据《西安南郊北山门口战国墓》②西安市南郊北山门口村电子城205工地在基建中探出11座秦墓。均为竖穴墓道偏洞室墓，绝大部分墓都有木棺朽痕，9座为屈肢葬，2座为仰身直肢葬。随葬器物有陶釜3件、陶鬲1件、陶盂2件、陶甑1件、陶壶4件、陶罐1件。铜带钩9件。石璧1件、白色小石块3块。时代为战国晚期。

潘家庄秦墓（47），根据《西安南郊秦墓》③位于西安市南郊潘家庄村，发掘清理墓葬200多座，62座为秦墓。竖穴土圹墓3座，占墓葬总数的4.84%；竖穴墓道直线洞室墓59座，占墓葬总数的95.16%。葬具不详6座，占墓葬总数的9.7%；一棺55座，占葬具清晰的98.2%；一棺一椁1座，占葬具清晰的1.8%。葬式可辨的34座，占墓葬总数的54.8%；直肢葬25座，占葬式清晰的73.5%；屈肢7座，占葬式清晰的20.6%。62座墓出土陶器29种547件，占随葬品总数的76.93%。分别为鼎50件、盒51件、蒜头壶43件、细颈壶4件、茧形壶2件、长颈壶带盖1件、釜7件、鍪40件、钵51件、甑34件、陶盆34件、陶盂10件、罐97件、灶13件、瓮7件、灯6件、囷2件、房形仓1件、熏炉1件、响铃1件、纺轮1件、陶球3件、陶鱼2件。铜器共18种92件，占随葬品总数的12.94%，分别为鼎2件、甑1件、壶1件、勺2件、盆5件、鍪4件、铃5件、镜16面、带钩14件、镦2件、剑1件、印8枚、盖纽5件、环首刀4件、“半两”钱8枚。铁器共7种30件，占随葬品总数的4.22%，分别为铁灯11件、铁削8件、铁臿2件、铁斧1件、铁锄1件、铁杈1件。玉、石、料、杂器共7种13件，加上残玉片共18件，占随葬品总数的2.53%，分别为玉环4件、玉剑首2件、玉剑格3件、玉剑镖3件、玉饰1件；石凿1件、石片1件、石球1件；串珠7件；金币1件；骨块饰8件、骨管1件、煤精体1件；蚌壳1件。潘家庄出土器

---

① 陕西省考古研究所：《考古与文物》1987年2期。

② 王久刚：《西安南郊北山门口战国墓》，《考古与文物》1994年1期。

③ 西安市文物保护考古研究所：《西安南郊秦墓》，陕西人民出版社，2004年，第11页。

物见“杜亭”“杜市”“咸亭完里丹器”。时代战国晚期至西汉初期。

东三爻战国墓（48），根据《西安市文物中心收藏战国秦汉时期的青铜器》《中国文物地图集陕西分册》①位于雁塔区长延堡街道东三爻村。20世纪70～80年代暴露战国、汉、唐墓数座。战国墓出土蟠虺纹四环方壶，高45、口边长13.5、最大腹径边长23厘米。方形体，直方口微撇，鼓腹，高方圈足，有盖。口、腹、足通体有六道凸宽弦纹，颈饰下垂蕉叶纹，其余部分通装饰变形蟠虺四方连续纹，上腹四面各有铺首衔环，环上加饰尖云纹三朵。盖为方形，上有四个卷曲纽，覆置可做高足盘使用。

茅坡光华胶鞋厂秦墓（51），根据《西安南郊秦墓》②茅坡光华胶鞋厂共发掘秦墓93座，形制可辨者89座，竖穴土坑墓30座，占墓葬总数的32.2%；偏洞室墓33座，占墓葬总数的35.5%；直线洞室墓26座，占墓葬总数的28%。69座葬式清晰，屈肢葬58座，占葬式清晰者84.1%；直肢葬11座，占葬式清晰的16%；竖穴土坑墓的葬具大多使用一棺一椁，洞室墓使用一棺，随葬器物中陶器有钫5件、簋4件、盘1件、壶12件、蒜头壶10件、鼎20件、盒19件、鬲8件、釜14件、鍪5件、喇叭口罐5件、小口罐7件、大口罐18件、双耳罐1件、双孔罐2件、缶10件、瓮7件、盆11件、小盆4件、盂16件、钵19件、带孔钵10件、甑4件、囷3件、灶1件、纺轮2件、丸1件。铜器有剑1件、削1件、镞1件、环2件、璜5件、带钩14件、镜2面、钱币6枚。铁器有刀1件、削2件、带钩7件。玉、石、料、杂器有玉石片2片、玉塞1件、料珠9枚。骨器有骨镞4件。光华胶鞋厂出土陶器刻文为“杜市”“杜亭”“武南”。时代从春秋晚期一直延续到秦代。

茅坡邮电学院秦墓（52），根据《西安南郊秦墓》③位于西安市长安区郭杜镇茅坡村邮电学院内，西北距秦阿房宫遗址14千米。发掘古墓200余座，战国秦墓162座。竖穴土坑墓3座，占墓葬总数的1.9%；竖穴墓道偏洞式墓3座，占墓葬总数的1.9%；竖穴土坑双室墓2座，占墓葬总数的1.2%；直线式土洞墓154座，占墓葬总数的95%。葬具不详4座，占墓葬总数的2.5%；一棺一椁3座，占葬具清晰的1.9%；单棺154座，占葬具清晰的97.5%；翁棺葬1座，占葬具清晰的0.6%。直肢葬16座，占葬式清晰的11.3%；屈肢葬124座，占葬式清晰的88%。出土器物共计877件，陶器560件，鼎14件、盒28件、壶47件、罐119件、瓮14件、缶3件、釜127件、鍪1件、折腹盆41件、钵85件、盂23件、甑46件、灶1件、俑8件、球3件。铜器119件，有盉1件、镜12件、铜带钩30件、兵器17件等。铁器共47件，有鼎1件、璜6件、带钩18件、削18件、锥2件、农具2件。玉器共31件，环16件、饼5件、带钩2件、口含1件、塞4件、管饰1件、佩饰残片1件、圈1件。石器共10件，环2件、塞3件、器柄5件。煤精器共12件，均为塞。骨器共16件，管3件、骨塞1件、器柄6件、桥形饰3件、骨梳1件等；料器4件。时代为战国晚期至统一。

---

① 王长启：《西安市文物中心收藏战国秦汉时期的青铜器》，《考古与文物》1994年4期。国家文物局：《中国文物地图集陕西分册》（下），西安地图出版社，1998年，第37页。

② 西安市文物保护考古研究所：《西安南郊秦墓》，陕西人民出版社，2004年，第11页。

③ 西安市文物保护考古研究所：《西安南郊秦墓》，陕西人民出版社，2004年，第11页。

二、陶器组合与出土典型器物

西安南郊山门口战国秦墓（46）器物组合当为釜、鬲、盂、壶。

潘家庄秦墓（47）器物组合为有以下几种：第一，以鼎、盒、蒜头壶（或壶）为主要组合的仿铜陶礼器，配以鍪（或釜）、钵（或甑）、罐（或缶）为主要组合的日用陶器，少数有盆。第二，以鼎、盒、蒜头壶（或壶）为主要组合的仿铜陶礼器，配以灶、钵（或甑）、罐（或缶）为主要组合的日用陶器。第三，以鼎、盒、蒜头壶（或壶）为主要组合的仿铜陶礼器，配以鍪（或釜）、灶、罐（或缶）。第四，鼎、盒、壶；钵（甑）、罐（或缶）、盆。第五，鼎、盒、壶；钵、缶。第六，鼎、盒；钵、罐。第七，鼎、蒜头壶；钵（甑）、罐（或缶）。第八，鼎、蒜头壶（茧形壶）；鍪（釜）、钵（甑）、罐。第九，鼎；罐、缶、鍪、盆。第十，盒；有的加以罐。第十一，蒜头壶；鍪，有的加一缶。第十二，只出日用陶器缶、盆、罐等。第十三，出土铜礼器。典型器物有"杜亭""杜市"类陶文[①]（图三六九）。

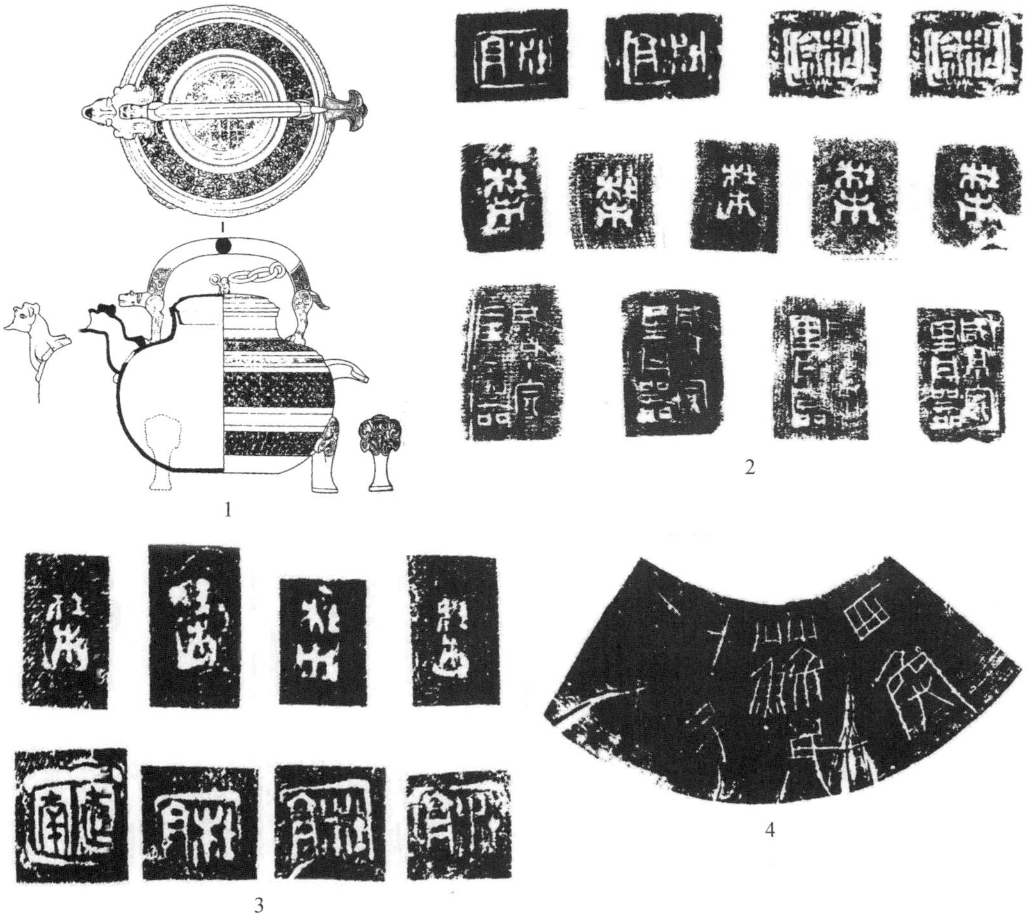

图三六九　城南墓区出土部分器物及陶文

1. 西安南郊秦墓茅坡邮电学院铜盉（M43：1）　2. 西安南郊秦墓潘家庄秦墓的陶文拓片　3、4. 西安南郊秦墓茅坡光华胶鞋厂的陶文

① 西安市文物保护考古研究所：《西安南郊秦墓》，陕西人民出版社，2004年，第11页。

茅坡光华胶鞋厂秦墓（51），仿铜陶礼器组合为两种：第一，以鼎、壶（包括蒜头壶）或鼎为基本组合，外加罐（包括小口大罐、缶、大口罐和瓮等）、釜、甑等器形。第二，以鼎、盒、壶（包括蒜头壶）为基本组合，外加其他一些器型。日用陶器组合有三种：第一，以鬲、盂为基本组合。第二，以釜、盂为基本组合。第三，以釜、盒、壶为基本组合。典型器物有陶钫、陶簋、喇叭口罐、陶囷[①]。

茅坡邮电学院秦墓（52），器物组合为仿铜陶礼器以鼎、盒、壶（蒜头壶、壶形罐）为基本组合，个别基本组合中缺盒或壶。配以日用陶器钵、钵形甑、盆、盆形甑、釜、小口大罐、小口小罐、瓮、缶、灶器物中的一种或几种。日用陶器是为釜、壶形罐、钵基本组合。缺少壶形罐的墓一般都有壶，缺少钵的墓一般都有盆、盂。典型器物有单耳鍪[②]。

三、小　结

城南墓区时代最早的是茅坡光华胶鞋厂秦墓，最早为春秋晚期，延续至秦代。其他墓地年代多为战国晚期。东三爻战国墓、潘家庄秦墓、大白杨秦墓当包含A类墓或者为A类墓，其墓地至少包含B类墓。大白杨秦墓（84）直线距离兴乐宫遗址约2.6千米，距离最近，墓葬最大，出土器物比较特殊，当与秦都咸阳城关系密切。潘家庄秦墓出土器物多见“杜亭”“杜市”类陶文，潘家庄、三爻村、郭杜附近秦墓当与秦杜县城有关。

第五节　城西墓区

一、城西墓区

地处渭河之南、秦都咸阳城西，最近距阿房宫遗址5.4千米，最远距阿房宫遗址8.8千米。包含马王、斗门墓区，主要资料有长安客省庄战国秦墓（58）、花园村北秦墓（59）。

长安客省庄战国秦墓（58）根据《沣西发掘报告》[③]在客省庄村北和村西发掘东周墓71座，墓圹不清3座，竖穴墓68座，占墓葬总数的95.8%。有木棺痕迹的44座，占墓葬总数的62%；14座无木质葬具，占墓葬总数的19.7%。48座东西向，23座南北向。65座葬式清晰，屈肢葬60座，占葬式清晰的92.3%；直肢葬5座，占葬式清晰的7.6%。随葬器物武器和工具类有铜剑1件、铜鱼钩2件、磨石

① 西安市文物保护考古研究所：《西安南郊秦墓》，陕西人民出版社，2004年，第11页。

② 西安市文物保护考古研究所：《西安南郊秦墓》，陕西人民出版社，2004年，第11页。

③ 中国社科院考古研究所：《沣西发掘报告》，文物出版社，1963年。

2件。青铜容器共11件有方甗1件、鼎2件、簋2件、方壶2件、盘1件、匜1件、鑑2件。陶器56件，有鬲17件、鼎1件、盂1件、盆17件、豆3件、罐7件、壶7件、仓模型1件。服饰和装饰物有带钩4件、带饰3件、璜1件、玦16件、圭16件、小玉、石饰物17件、骨管1件。时代战国早期或可早到春秋晚年。K140号墓，形制为竖穴土坑墓，葬式为仰身直肢葬，葬具不详，随葬器物有鄂尔多斯式长方形透雕铜饰2件、圆形透雕铜饰2件、金丝圈1件、铜环1件、铁刀1把和圆形带纽铁器1件，时代战国末期至西汉武帝以前。

花园村北秦墓（59），位于长安县斗门乡花园村。1983年暴露竖穴土坑墓，发现屈肢葬骨架1具，死者口含贝，手、足腕部亦置贝，出土陶器不详。时代战国①。

二、陶器组合与出土典型器物

长安客省庄战国秦墓（58），秦墓铜器组合当有鼎、簋、方壶等；陶器组合当以鬲、盆、豆、罐、壶为主（图三七〇）。

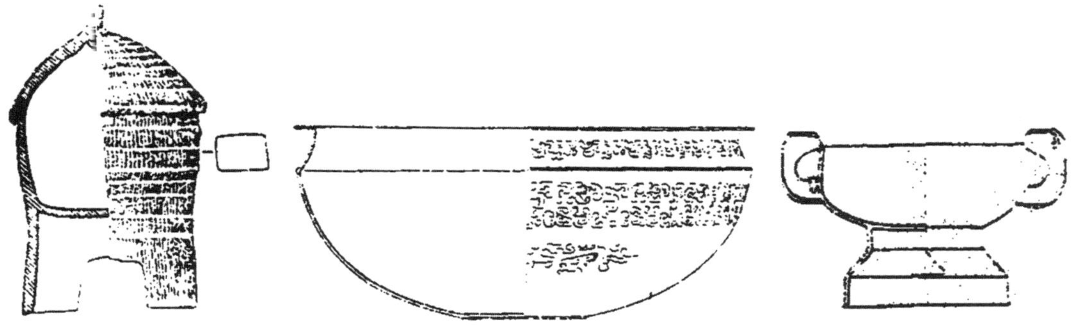

1　　2　　3

图三七〇　城西墓区出土部分器物

1～3. 沣西发掘报告客省庄秦墓陶仓模型、铜鑑、铜簋（K240：1、K202：9、K202：3）

三、小　　结

客省庄战国秦墓时代为战国早期，可以早到春秋晚期。毫无疑问其中包含A类、C类、D类墓，是在秦都咸阳建设之前就存在墓葬区。花园村秦墓，距离阿房宫遗址较近，但是缺乏详细资料，年代难以确定。

① 国家文物局：《中国文物地图集陕西分册》（下），西安地图出版社，1998年，第103页。

第六节 墓区时代特征与咸阳城关系

一、墓区的时代特征

咸阳城周边秦墓的渭北、城东、灞东、城南、城西五大墓区，从时代上观察渭北西墓区的任家嘴秦墓、渭北东墓区的益尔秦墓，城东墓区的半坡秦墓，灞东墓区的新丰秦墓，城南墓区的茅坡光华胶鞋厂秦墓，城西墓区的长安客省庄秦墓6处都包含春秋晚期至战国早期的墓葬资料，但是墓葬数量极少，表明在咸阳城建设之前这些地方就有墓地存在，附近就有不多人群居住。除了长安客省庄秦墓外，以上墓地明确延续到战国中期、晚期或秦统一，即咸阳城建设及使用时期。到了商鞅筑翼阙、“孝公十二年徙都之”后墓地数量、墓葬数量快速增加。

明确包含战国中期秦墓的有渭北西墓区的长陵车站秦墓、黄家沟墓群、尹王村秦墓、任家咀秦墓、渭北东墓区高陵张卜秦墓，城东墓区的尤家庄秦墓，灞东墓区的新丰秦墓，城南墓区的茅坡光华胶鞋厂秦墓、曹家堡秦墓9处。包括战国中期秦墓的应该还有芷阳墓区，但是目前并没有发现。

包含战国晚期秦墓的有渭北西墓区的长陵车站秦墓、店上墓群、黄家沟墓群、塔尔坡秦墓、任家嘴秦墓、贺家村秦墓、西耳村秦墓、尹王村秦墓、关中监狱秦墓、咸阳机场大石头村秦墓、泾阳宝峰寺秦墓，渭北东墓区的益尔秦墓、高陵张卜秦墓，城东墓区的翁家庄秦墓、北康村秦墓、凤城三路秦墓、尤家庄秦墓、尤家庄20号战国墓、半坡墓群，灞东墓区向阳公司秦墓、刘庄墓地、新丰墓地，城南墓区的大白杨秦墓、南郊山门口秦墓、潘家庄秦墓、茅坡光华胶鞋厂秦墓、茅坡邮电学院秦墓，城西墓区的长安客省庄秦墓，总计28处。

包含秦代或统一后的秦墓有渭北西区长陵车站秦墓、黄家沟秦墓、塔尔坡秦墓、陵照秦墓、贺家村秦墓、任家嘴秦墓，城东墓区翁家庄秦墓、北康村秦墓、凤城三路秦墓、尤家庄秦墓、翁家村刑徒墓地，灞东墓区向阳公司秦墓、临潼上焦村秦墓、王俭秦墓、临潼赵背户村秦刑徒墓、临潼清泉秦墓、临潼县城东侧第一号秦墓、镇东墓群、陈家沟遗址及墓群、庞家沟遗址及墓群、新丰墓地，城南墓区潘家庄秦墓、茅坡光华胶鞋厂秦墓、茅坡邮电学院秦墓24处。

从以上统计数字可以看出咸阳周边中小型秦墓墓地数量从春秋晚期至秦代的变化。春秋晚期至战国早期，即咸阳作为秦都（公元前350年）之前，时长超过130年，有6处墓地；建都后至秦统一，约130年，有30余处墓地；秦统一后，时长15年，有24处墓地。当然由于墓地有大小，不能全部反应每个时期的真实情况。同时考虑到分期年代的差异以及考古学对于墓葬分期的合理误差，统计数字只能反映出大概状况。

咸阳周边春秋晚期至战国早期的6处墓地，距离秦咸阳宫最近的是渭北西墓区的任家嘴秦墓，距离大约有10千米，其他5处距离咸阳宫宫墙的距离分别是渭北东墓区的马家湾益尔秦墓14.2、城东墓区半坡秦墓22.4、灞东新丰秦墓40、城南墓区茅坡光华胶鞋厂27.6、城西长安客省庄秦墓23.9千米。如果以上6处墓地年代无误，如果在距离秦咸阳宫遗址更近的地方没有大规模早于咸阳城的秦墓的话，是否可以说，在北至泾河、南至杜县南北长33千米，西至沣河、东至泾渭分明处或灞河、东西最少25千米，面积约825平方千米范围内，建城之前130年内此地居住人口较少。或许也是此地被选择建都的原因之一。

建城之后、统一之前，时长130年，经历了秦孝公、惠文王、武悼王、昭襄王、庄襄王、孝文王、至秦始皇帝25年（公元前222年），咸阳城周边有墓地30余处。其中战国中期墓地9处、晚期28处。按照战国秦墓的分期，战国中期结束基本为公元前275年（昭襄王三十二年）前后，那么是不是可以说在孝公、惠文王、昭襄王前期大约75年间墓地还较少，只有8处；到了昭襄王后期、始皇帝统一前约54年（昭襄王三十二年至始皇帝二十六年），有26处墓地。不同的分期有年代交叉，但是是否可以理解成咸阳城一期墓地、墓葬较少，二期大量增加。

统一后，大体经历了始皇帝、二世胡亥、子婴时期，时长约15年，有24处墓地，可以理解为咸阳城三期墓葬。墓地、墓葬增加更加迅速。

二、墓区与咸阳城关系

在整理咸阳周边秦墓的过程中，我们发现秦墓出土陶器刻文、印记较多，毫无疑问这些刻文、印记为墓葬研究提供了很多重要的信息。

渭北西墓区距离咸阳城最近的黄家沟、店上墓区秦墓出土陶器戳印文32件，有“咸阳□亭”“咸完里孔”“咸右里”等陶文。塔尔坡任家嘴墓区塔尔坡秦墓出土陶文有“咸阳巨□”“咸阳巨昌”“咸实里高”“咸蒲里奇”“咸屈里宣”“咸屈里队”“咸屈小有”“咸屈里致”“咸完里□”“咸□里□”“咸重成□”“咸商里若”等。任家咀秦墓陶文“咸亭完里□器”“咸亭商里□器”“咸□里□”“咸商里宣”。关中监狱战国秦墓陶文有“咸亭商里罗器”“咸里欣”“咸阳巨”“咸蒲里奇”等。西耳村秦墓、尹王村秦墓也出土多件“咸”“咸□□器”等。这些陶文的出土，至少说明这些器物购买于咸阳亭市或由咸阳某些私营作坊制造。加之埋葬地距离城市较近，有些墓主毫无疑问居住于咸阳城内。

城东墓区西安北郊秦墓陶文有“咸亭戎里□器”“咸亭当柳恚器”“咸亭黄□□器”“咸阳亭久”。尤家庄秦墓陶文有“咸□里□”或“咸里□□”“咸巨□□”“咸陆里宋”“咸□阳□”或“咸阳□□”“咸阳亭久”“咸亭完里□器”“咸□完里□器”“□亭完□丹器”“咸亭完里丹器”“咸亭当柳安器”“咸亭郦里□器”“咸完里□”“咸屈里段”。与渭北西区出土陶文比较，有多个共同的咸亭，购买的器物或许来自于一个市场，或许由一个市亭管理；也有多个完里器，如渭北西墓区的“咸完里孔”“咸完里□”“咸亭完里□器”，尤家庄墓区的“咸亭完里□器”“咸□完里□器”“咸亭完里丹器”，说明一个西北、一个东南位置相差10多千米的墓地购买的器物由一个里的不同手工业者制造。甚至在城南墓区的潘家庄秦墓也见“咸亭完里丹器”刻文，可见完里器的盛况。表明渭北西墓区城东尤家庄墓区与咸阳城的关系非常密切。相反渭北东墓区的益尔秦墓张卜秦墓城东墓区半坡墓群未见陶文，距离也相对较远，与咸阳城关系不如渭北西墓区、尤家庄墓区密切。

灞东的芷阳墓区，刘庄墓群出土器物上有“芷”字陶文5件、“栎”字陶文1件、“木麗”陶文1件、“宫屯”等陶文156件，细绳纹椁砖628块多有刻文。高坡墓群位于临潼区斜口镇杨家村、高坡村，面积约63万平方米，历年暴露土坑墓、土洞墓数十座，出土陶罐、瓮多件，数件陶罐上有“芷”字陶文。编者认为该地区划隶属秦内史芷阳东区辖地。出土的多个“芷”字陶文，说明一些墓主与芷阳城有关系；偶然出土的“栎”字、“木麗”字陶文，并且与出土“芷”字陶文的墓葬位于一个区域，至少表明几个城市之间的联系与往来。始皇陵墓区的临潼县城东侧第一号秦墓出土筒瓦7件、卯砖2块、云纹瓦当3件；出土砖167块，刻印陶文92块，文字为“左司高瓦”“左司涓瓦”“左司瓦”“左司陉瓦”“左司疢”“大锂”等，研究者认为为官署及工匠名。临潼赵背户村秦刑徒墓出土陶器印记和瓦志刻文两种27件，多为地名及人名；陈家沟遗址及墓群出土刻文、印记有“寺水”“芷”等。始皇陵区的墓葬多刻文、瓦志或说明了管理的官署机构名称及制作者人名，或者交代了墓主的来源地与人名。

灞东的新丰秦墓出土陶器上共发现陶文63个，除了一件为“杜市”外，其他皆为“戏”“戏市”，作者推测戏水西岸当有“戏邑”存在。也出土了“杜市”陶文的器物，说明有器物购买于杜县城。城南墓区的潘家庄秦墓出土器物见“杜亭”“杜市”“咸亭完里丹器”刻文。茅坡光华胶鞋厂出土陶器刻文有“杜市”“杜亭”“武南”等。被认为此地秦墓当与秦杜县有关。也有购买于咸阳城的“咸亭完里丹器”。

灞东的芷阳墓区、始皇陵墓区虽然未出土咸亭、咸等陶文，但是芷阳墓区、始皇陵墓区部分或者全部是由于芷阳陵区、始皇陵园而形成，而芷阳陵区葬主、始皇帝本人肯定是住在咸阳城的，所以灞东的芷阳陵墓区、始皇陵墓区也应该属于与咸阳城关系密切的区域。根据袁仲一先生的研究①说宫水是秦代烧造砖瓦的官署机构名称，省称宫，比如宫得、宫颇，后面一字为人名。寺水、左司也是中央官署。说明芷阳墓区、始皇陵墓区中的砖瓦等烧制是由中央官署机构管理的。那么出土咸字类陶文，比如“咸亭□□”的咸亭应该是咸阳市府管理机构，“咸里□”应是咸阳市内私人手工业者所为。以此类推“杜市”“杜亭”“戏市”应当是杜县城、戏城里的相应级别的管理机构。新丰秦墓应该与秦咸阳城关系不大，但是城南的杜城有人购买“咸亭完里丹器”。

三、渭北西墓区、城东尤家庄墓区、灞东芷阳陵墓去、始皇陵墓区墓主身份

渭北西墓区距离咸阳宫西墙最近2.1、最远10千米，是目前考古发掘最多的区域，发掘秦墓1000座以上。黄家沟、店上墓群中的店上墓群墓主当为儿童，路家坡墓群也有童墓，出土楚国“陈媛”金币最为著名。黄家沟秦墓墓主被推测是其南部的作坊区工匠，但是其墓葬出土器物及其组合与任家嘴、塔尔坡墓区咸阳城同期墓葬无明显差异。与灞东墓区的始皇陵周围工匠墓比较，更没有出土较多的生产工具。如果“仅从出土陶器上戳印‘咸屈里疊’‘咸完里木六’‘咸商里宣’和‘咸亭完里藏器’‘咸亭门言广器’等大都与其南面的长陵车站制陶作坊区域内的陶器文相同”②

① 袁仲一：《秦陵兵马俑的作者》，《文博》1986年4期。

② 陕西省考古研究所：《秦都咸阳考古报告》，科学出版社，2004年，第664页。

来判断，证据不足。因为作坊区生产的陶器是用来出售的，甚至要在咸亭里出售的，“咸亭完里藏器”“咸亭门言广器”就是证据。城内居民也可以买，甚至更远区域的人也可以购买，城南墓区的潘家庄秦墓出土“咸亭完里丹器”陶文可以说明。黄家沟秦墓的墓主因为距离咸阳城3～4千米，应当是城内居民，不排除葬入长陵车站作坊区工匠的可能。2014年陕西省考古研究院在鸭沟以北钻探出1000座以上秦墓，墓主当大部分为城内居民。任家嘴、塔尔坡墓区除任家咀秦墓外其他墓葬年代绝大多数为战国晚期，部分至统一秦，稍晚于黄家沟、店上墓区。或者是由于位置的远近，而产生了先后顺序。渭北西墓区包含A类墓、B类墓、C类墓、D类墓。墓主包含城区居民、工匠、儿童、刑徒等。

城东尤家庄墓区的西安乐百氏食品有限公司秦墓、陕西中财印务公司秦墓、凤城三路西安文景苑住宅小区秦墓，距离兴乐宫遗址约3.4～3.6千米。西安乐百氏食品有限公司秦墓M34出土了5件带有北方匈奴文化因素的人物纹、动物纹饰陶模与1件羊头纹铜带钩，墓主为有一定身份的铸铜工匠。尤家庄20号战国墓，距离兴乐宫遗址约4.5千米，墓主为在秦的楚人，属于士阶层。明珠花园19座乱葬墓，距离兴乐宫遗址约4.3千米，因接近与翁家村东发现的带有镣铐的刑徒墓，也被定性为刑徒墓。尤家庄墓区墓葬可分为A、B、C、D四类，墓主也当包括城内居民、工匠、刑徒等。

灞东墓区从现有资料看芷阳墓葬区秦墓的时代多在战国晚期，或延续至汉初。洪庆秦墓发现C类墓；向阳公司秦墓或有A类墓；刘庄秦墓有B类墓。刘庄、高坡秦墓出土多件刻文为“芷”器物。刘庄秦墓包含砖椁墓。始皇陵墓区墓葬时代比较集中，多为秦代，墓地出土铁质劳动工具、砖瓦建筑材料比较多，刻文印记多为瓦文墓志、官属名与人名。墓主除了级别较高的始皇帝宗亲或大臣之外，多为刑徒、工匠，所以C类、D类墓较多。墓葬特色是砖椁。

表一五　咸阳周边秦出土墓陶器变化表

<table>
<tr><th colspan="2" rowspan="2">分期</th><th colspan="2">陶鼎</th><th rowspan="2">陶簋</th><th rowspan="2">有耳壶</th><th colspan="2">陶豆</th><th rowspan="2">陶甗</th><th rowspan="2">茧形壶</th><th rowspan="2">备注</th></tr>
<tr><th>A型鼎</th><th>B型鼎</th><th>A型豆</th><th>B型豆</th></tr>
<tr><td rowspan="2">咸阳城一期</td><td>前段</td><td rowspan="2">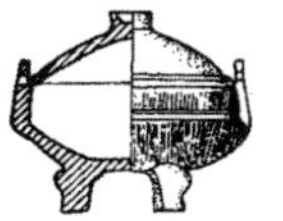
任家咀M131：4</td><td rowspan="2">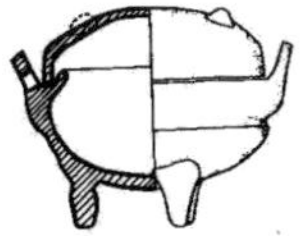
黄XYHJⅡM64：11</td><td rowspan="2">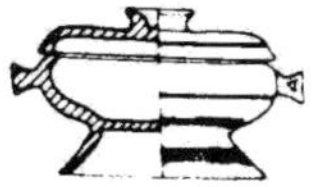
任家咀M36：1</td><td rowspan="2">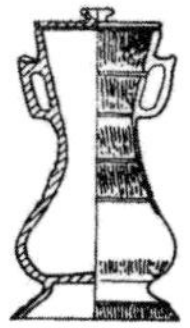
任家咀M36：7</td><td>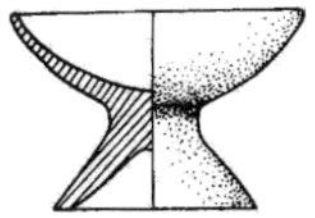
任家咀M94：4</td><td>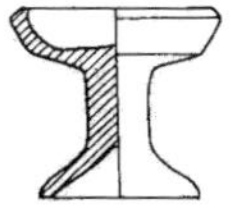
任家咀M48：2</td><td rowspan="2">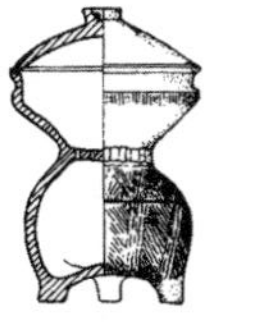
任家咀M131：7</td><td rowspan="2">
任家咀M128：2</td><td>战国中期前段</td></tr>
<tr><td>后段</td><td></td><td>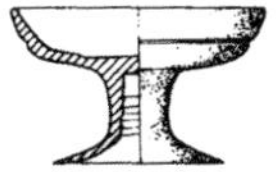
任家咀M35：14</td><td>战国中期后段</td></tr>
<tr><td rowspan="2">咸阳城二期</td><td>前段</td><td></td><td>
99乐百氏M23：2</td><td></td><td></td><td>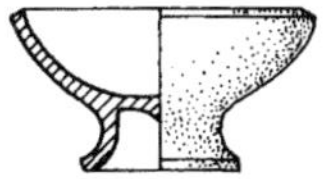
塔尔坡23180：2</td><td>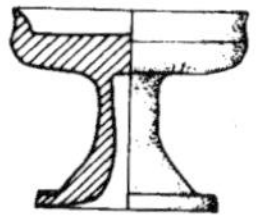
任家咀M275：2</td><td></td><td>
塔尔坡28203：1</td><td>战国晚期前段</td></tr>
<tr><td>后段</td><td></td><td>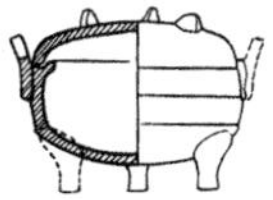
光华胶鞋厂M52：3</td><td></td><td></td><td>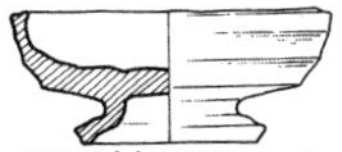
尹王村M222：1</td><td>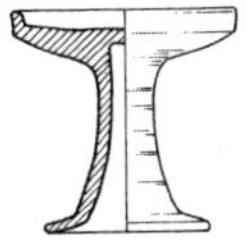
尹王村M193：5-2</td><td></td><td>
塔尔坡33170：5</td><td>战国晚期后段</td></tr>
<tr><td colspan="2">咸阳城三期</td><td></td><td>
邮电学院M97：4</td><td></td><td></td><td>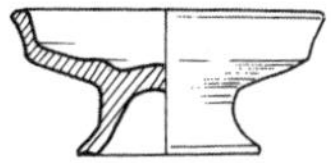
尹王村M145：2-1</td><td>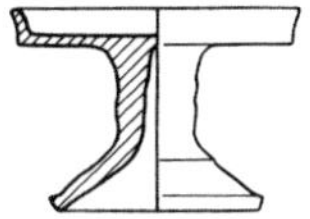
尹王村M8：5</td><td></td><td>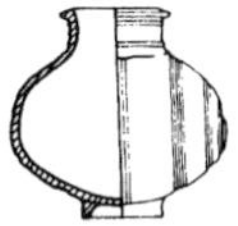
潘家庄M166：7</td><td>统一秦</td></tr>
</table>

续表

分期		陶釜		陶鬲		陶缶	蒜头壶	陶钵	陶盂	备注
		溜肩釜	凸肩釜	袋足鬲	锥足鬲					
咸阳城一期	前段	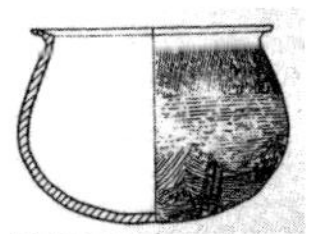 任家咀M225：8	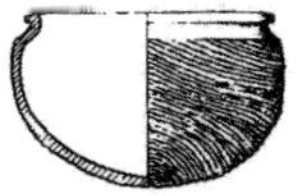 黄家沟XYHJIM31：5	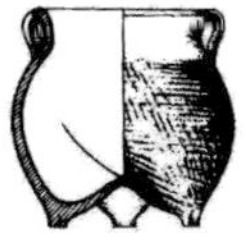 张卜秦墓M36：1	 任家咀M224：1				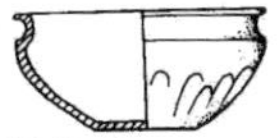 任家咀M79：2	战国中期前段
	后段	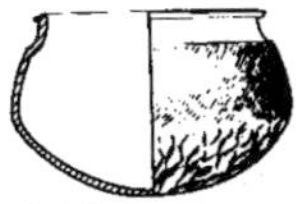 新丰M416：3	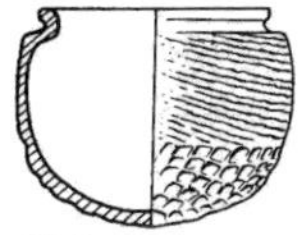 明珠3#M16：1	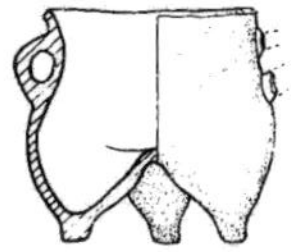 塔尔坡23090：1	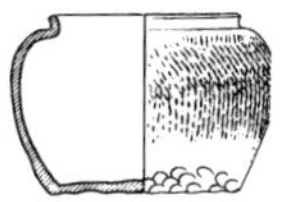 光华M10：1	 黄XYHJⅡM40：6			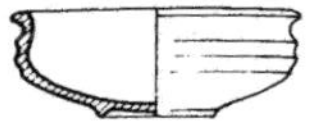 明珠11#M1：6	战国中期后段
咸阳城二期	前段	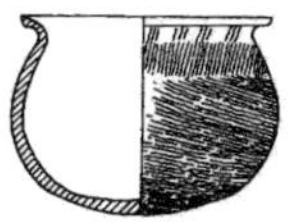 任家咀M98：1	 塔尔坡38309：4	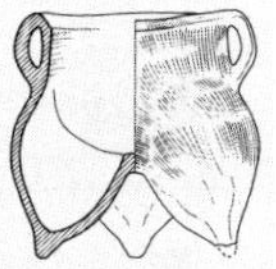 西耳村M33：2	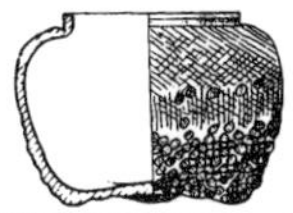 塔尔坡M34223：12	 98交校Ⅰ区M67：6	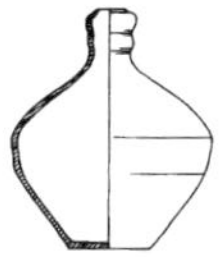 98交校Ⅰ区M67：1	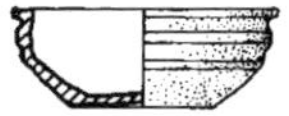 塔尔坡18040：10	 98交校Ⅰ区M23：1	战国晚期前段
	后段	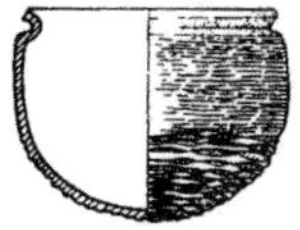 塔尔坡17396：4	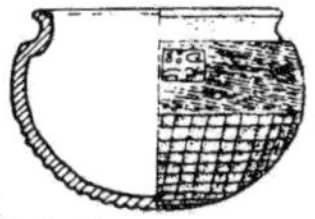 塔尔坡M24135：3	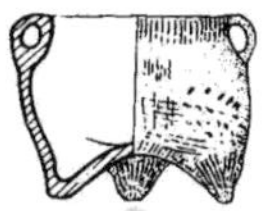 塔尔坡26109：1	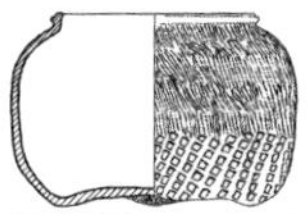 尹王村M101：3	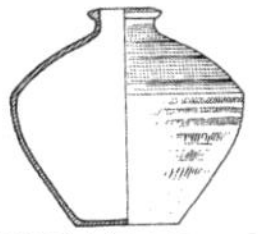 西耳村M42：3	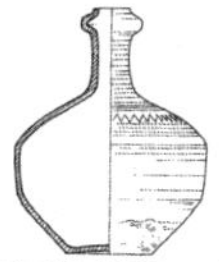 尹王M193：4	 邮电M86：1	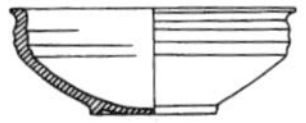 99乐百氏M34：6	战国晚期后段
咸阳城三期		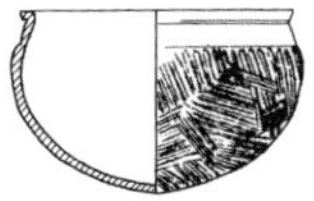 尹王村M5：2	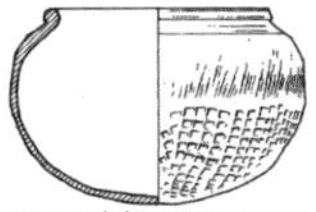 尹王村M238：1			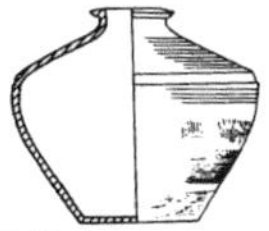 潘家庄M185：11	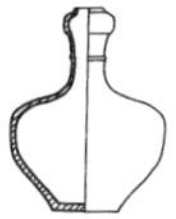 向阳M11：3	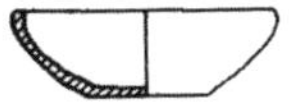 邮电M123：13	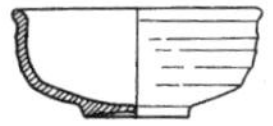 纬四6#M3：1	统一秦

续表

分期		陶盆	陶囷	陶瓮	喇叭罐	大口罐	小口罐	陶盒	细颈壶	备注
咸阳城一期	前段	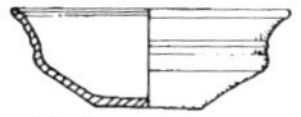 任家咀M6：3			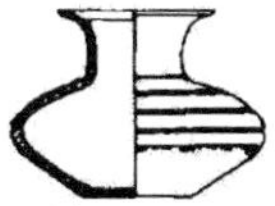 益尔M58：6	 任家咀M157：3		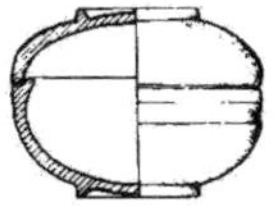 黄XYHJⅡM33：2	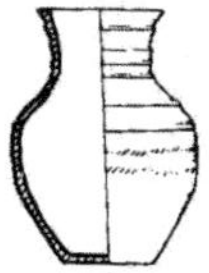 黄 XYHJⅡM59：1	战国中期前段
	后段	 新丰M332：1			 益尔M50：2	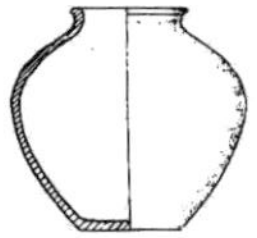 黄XYHJⅡM34：3		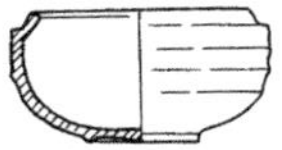 明珠6#M13：3		战国中期后段
咸阳城二期	前段	 塔尔坡35262：4		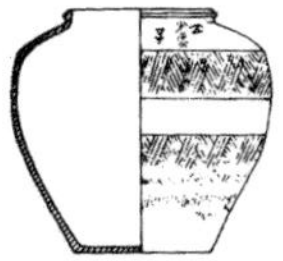 98交校Ⅰ区M20：5	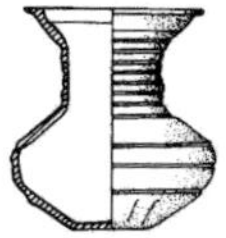 任家咀M94：6	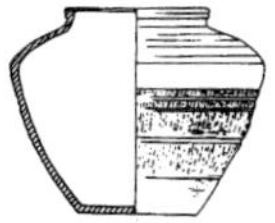 98交校Ⅰ区M23：5	 98交校Ⅰ区M23：3	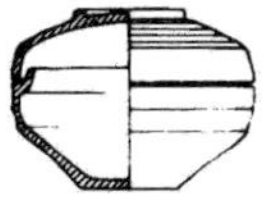 98交校Ⅰ区M67：5	 塔尔坡41345：5	战国晚期前段
	后段	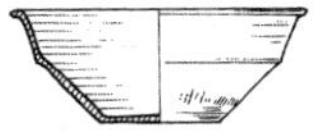 尹王M203：6		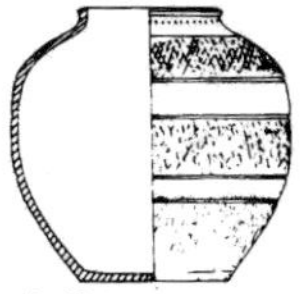 98交校Ⅲ区M44：8		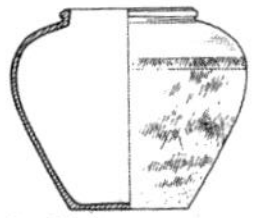 西耳村M19A：6	 99交校1区M141：7	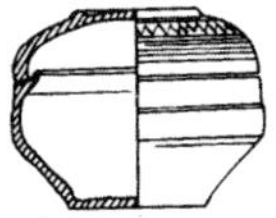 中材M53：6	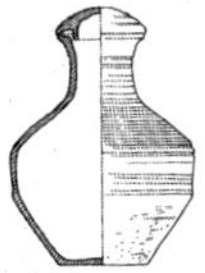 尹王村M203：3	战国晚期后段
咸阳城三期		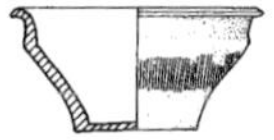 塔尔坡28024：2	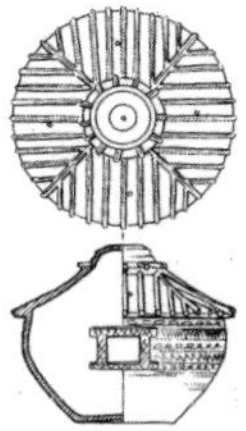 西耳村M58：5	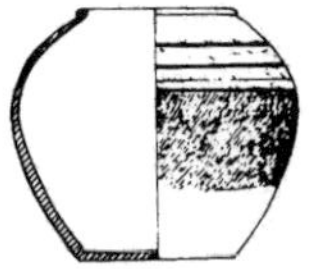 99乐百氏M39：1		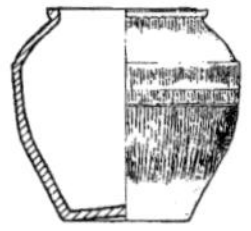 塔尔坡28022：2	 01明珠M22：1	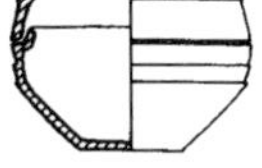 潘家庄M196：15	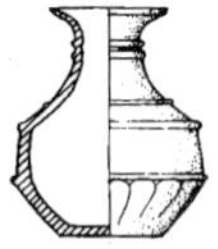 任家咀M251：5	统一秦

第四章　墓葬区变化与秦都咸阳扩张

第一节　墓葬区的变化

一、陵区变化

秦孝公都咸阳后，经历惠文王、悼武王、昭襄王、孝文王、庄襄王、始皇帝、二世皇帝六代144年，目前考古材料发现秦都咸阳西北毕陌陵区有周陵镇秦陵（“周王陵”64）、严家沟秦陵（65）、司家庄秦陵（65），咸阳南长安陵区有神禾塬战国秦陵（53）、二世胡亥墓（65），东南有韩森寨战国陵区（39）、芷阳陵区（21、22、23、24、25）、始皇帝陵（1），尽管对咸阳陵区、芷阳陵区的墓主、年代与及二世胡亥墓真假还有争议，但是公王陵墓的毕陌陵区、芷阳陵区、始皇帝陵分布大多认可；如果韩森寨陵园属于孝文王或庄襄王，长安区神禾塬陵园属于夏太后，那么咸阳北坂陵区为咸阳城一期；芷阳陵区为咸阳城二期；始皇陵与韩森寨陵园、神禾塬陵区为咸阳城三期。埋葬顺序应该是先一期，再二期、下来为三期。

二、中小型秦墓墓区变化

第六章第六节我们已经观察到都咸阳之后至统一时期咸阳周边中小型墓葬的分期问题。如果关于咸阳城中小型墓葬的三期说可以成立，那么各期墓葬分布情况如下。

第一期，孝公十二年至昭襄王三十二年（公元前350年～前275年），经孝公、惠文王、昭襄王前期时长约75年，墓地还较少，只有9处。中小型秦墓的墓地有长陵车站秦墓、黄家沟墓群、尹王村秦墓、任家咀秦墓、渭北东墓区高陵张卜秦墓，城东墓区的尤家庄秦墓，灞东墓区的新丰秦墓，城南墓区的茅坡光华胶鞋厂秦墓、曹家堡秦墓。9处墓地5处出土咸字类陶文，分别为长陵车站秦墓、黄家沟墓群、尹王村秦墓、任家嘴秦墓、尤家庄秦墓，前4个墓葬群位于于咸阳城西北郊，尤家庄墓群位于咸阳城东。

第二期，昭襄王三十二年至始皇帝二十五年（公元前275年～前222年），经昭襄王、孝文王、庄襄王、至秦始皇帝二十五年约54年，有28处墓地。中小型秦墓的墓地有长陵车站秦墓、店上墓群、黄家沟墓群、塔尔坡秦墓、任家嘴秦墓、贺家村秦墓、西耳村秦墓、尹王村秦墓、关中监狱秦墓、咸阳机场大石头村秦墓、泾阳宝峰寺秦墓，渭北东墓区的益尔秦墓、高陵张卜秦墓，城东墓区的翁家庄秦墓、北康村秦墓、凤城三路秦墓、尤家庄秦墓、尤家庄20号战国墓、半坡墓群，灞东墓区向阳公司秦墓、刘庄墓地、新丰墓地，城南墓区的大白杨秦墓、南郊山门口秦墓、潘家庄秦墓、茅坡光华胶鞋厂秦墓、茅坡邮电学院秦墓，城西墓区的长安客省庄秦墓。28处墓地出土咸字类陶文的有15处，出土杜字类陶文的3处，出土芷字类陶文1处，戏字类陶文的1处。15处出土咸字类陶文的墓地分别位于咸阳城西北的有10处，位于咸阳城东的4处，城南的1处。战国晚期灞东墓区较大墓地有刘庄秦墓、新丰秦墓。

第三期，始皇帝二十六年至子婴（公元前221年～前206年），经历了始皇帝、二世胡亥、子婴时期约15年，有24处墓地。中小型秦墓的墓地有渭北西区长陵车站秦墓、黄家沟秦墓、塔尔坡秦墓、陵照秦墓、贺家村秦墓、任家嘴秦墓，城东墓区翁家庄秦墓、北康村秦墓、风城三路秦墓、尤家庄秦墓、翁家村刑徒墓地，灞东墓区向阳公司秦墓、临潼上焦村秦墓、王俭秦墓、临潼赵背户村秦刑徒墓、临潼清泉秦墓、临潼县城东侧第一号秦墓、镇东墓群、陈家沟遗址及墓群、庞家沟遗址及墓群、新丰墓地，城南墓区潘家庄秦墓、茅坡光华胶鞋厂秦墓、茅坡邮电学院秦墓。咸阳城三期有24处墓地，灞东区有10处，增加迅速。

中小型墓葬区域的变化特点是一期墓葬集中于咸阳城西北，城东较少；二期集中于城西北，城东、灞东数量增加；三期灞东区迅速增加三分之一。咸阳周边秦墓分布表现出随着时间推移，从西北，转移到城东，再到灞东的趋势。

第二节　咸阳城的扩张

一、咸阳城的扩张历程

在本书第一章第一节已经提到从历史记载分析咸阳城的建设可大概分为三个时期。第一时期初创阶段，孝公、惠文王时期，咸阳核心区位于渭河以北。秦孝公十二年（公元前350年），“作为咸阳，筑冀阙，秦徙都之”；惠文王时（公元前337～前310年），咸阳的规模随着宫室的增多而扩大。《汉书·五行志》记：惠文王“广大宫室，南临渭，北临泾”。第二时期发展阶段，昭王后期、始皇帝前期。“秦于渭南有兴乐宫，渭北有咸阳宫，秦昭王欲通二宫之间，造横桥，长三百八十步①。”形成了“渭水贯都以象天汉，横桥南渡以法牵牛”的壮观景观。《史记》卷6《秦始皇本纪》亦云“秦每破诸侯，写放其宫室，作于咸阳北坂上，南临渭，自雍门以东至泾渭，殿屋复道周阁相属，所得诸侯美人钟鼓，以充入之。”第三时期辉煌阶段，始皇后期。“三十五年……始皇以为咸阳人多，先王之宫廷小。吾闻周文王都沣，武王都镐，丰镐帝王之都也。乃营做朝宫渭南上林苑中，先做阿房前殿，东西五百步，南北五十丈，上可以坐万人，下可以建五丈旗②。”“自极庙道通骊山，做甘泉前殿，筑甬道，自咸阳属之③。”《三铺黄图》云“阿房宫亦

① 《三铺旧事》。

② 《史记》卷6《秦始皇本纪》。

③ 《史记》卷6《秦始皇本纪》。

名阿城，惠文王造，宫未成而亡，始皇广其宫，规恢三百余里，离宫别馆，弥山跨谷，辇道相属，阁道通骊山八十余里，表南山之巅以为阙，络樊川以为池”。

从以上历史记载的咸阳城扩张分期来看，咸阳城的建设在孝公、惠文王时期先在北坂“南临渭，北临泾”，昭王时期跨越渭河以及始皇帝统一前“每破诸侯，写放其宫室，作于咸阳北坂上”，下来才有始皇三十五年渭南朝宫、阿房宫、甘泉前殿、离宫别馆等。结合中小型墓葬的变化，在北坂建设时期咸阳城平民墓地集中于咸阳城西北；昭王时期跨越渭河以及始皇帝统一前“每破诸侯，写放其宫室，作于咸阳北坂上”，咸阳城二期平民墓地集中于城西北，城东、灞东数量增加；始皇帝后期，咸阳城三期灞东区迅速增加三分之一。陵区的发展也随之有咸阳北坂陵区、芷阳陵区、始皇陵的变化。

二、咸阳城的四至及外郭城的有无

1960至1973年钻探出咸阳城宫城城墙，其位于窑店乡牛羊村至姬家道村，墙基为东北～西南长方形，钻探实测周长2747米，夯土厚0.1～4.6米。东墙位于姬家道沟南端，南起芦苇坑西缘，北至沟口稍北，复原长度为426米，方向为北偏东11度。墙基距地表0.8～1.1米，宽6～11米，夯土厚0.4～0.8米；南墙与东墙呈97度角西南延伸至13号公路，全长902米；西墙位于13号公路东侧，残长576米；北墙呈93度斜角东行至姬家道沟西断崖上，长843米；姬家沟西断崖上墙基距地表深1.5米，墙基宽5.5米，厚2米。墙基系挖槽构筑。勘探发现城门遗址两处、城壕遗迹两处。从墙基两侧较多战国的板瓦、筒瓦残片和少量鬲、釜、盆、罐等陶器残片推断，夯墙修筑于战国时期①。经过多年的讨论，基本得到了大家的认可。但是宫城城墙方向不正，偏差太多。关于咸阳城外郭城的有无及位置，20世纪争论很多，没有定论。

刘庆柱先生在20世纪80年代讨论咸阳城的几个问题时指出“据遗址调查及考古发掘出土的遗迹、遗物资料，并结合历史、地理文献研究，可将秦都咸阳城西界大体定于窑店公社的毛王沟附近，东界大体定于柏家嘴（若包括兰池及兰池宫遗址则应起于肖家村）；北由高干渠，南至草滩农场附近（秦代渭河北岸，现由于河道变迁而成为南岸）。都城东西6千米（若自肖家村算起则为7.5千米），南北7.5千米②。”

王学理先生一直坚持“秦都咸阳有范围而无轴线有宫城而无郭城更不存在跨渭的大城；在布局上，宫殿、寺府、手工业区、商业区、居民区及墓葬等古都要素均成散点交错型；政治中枢随时间进程转移，但中心建筑也处在未确定状态③。”

吕卓民先生认为有宫城而无郭城，但是北界在高干渠以南④。

① 国家文物局：《中国文物地图集陕西分册》（下），西安地图出版社，1998年，第347页。陕西省考古研究所：《秦都咸阳考古报告》，科学出版社，2004年，第12页。

② 刘庆柱：《秦都咸阳的几个问题初探》，《文物》1976年11期。

③ 王学理：《咸阳帝都记》，三秦出版社，1999年，第100页。

④ 吕卓民：《秦都咸阳若干问题研究》，《中国历史地理论丛》1994年4辑。

近些年徐为民先生提出咸阳城的范围可以确定为西起石桥乡的何家、杨村，东至红旗乡的柏家嘴东西长24千米。秦惠文王时期秦都咸阳已经不再局限于渭河以北，在渭河南岸修建了兴乐宫、信宫、诸庙、章台、上林苑等，成为都城的一部分。咸阳城横跨渭河两岸[①]。

以上观点都是在分析咸阳城手工业区、宫殿区及历史记载的基础上得出的，毫无疑问具有极强的说服力。但是未取得共识。

笔者在完成本书第一章时，系统梳理了秦都咸阳周边所发现、发掘的秦墓资料，并逐一标注在地图上，经过对咸阳周边秦墓的分布规律、四至、时代变化分析，提出假设秦都咸阳有外郭城的话，当在秦墓分布的最近四至之内，以下是咸阳城四界的分析。详见图三七一秦都咸阳外郭城蠡测图。

咸阳城西界，目前资料显示城西距咸阳宫遗址最近的是路家坡墓地，在毛王沟之西；依据《咸

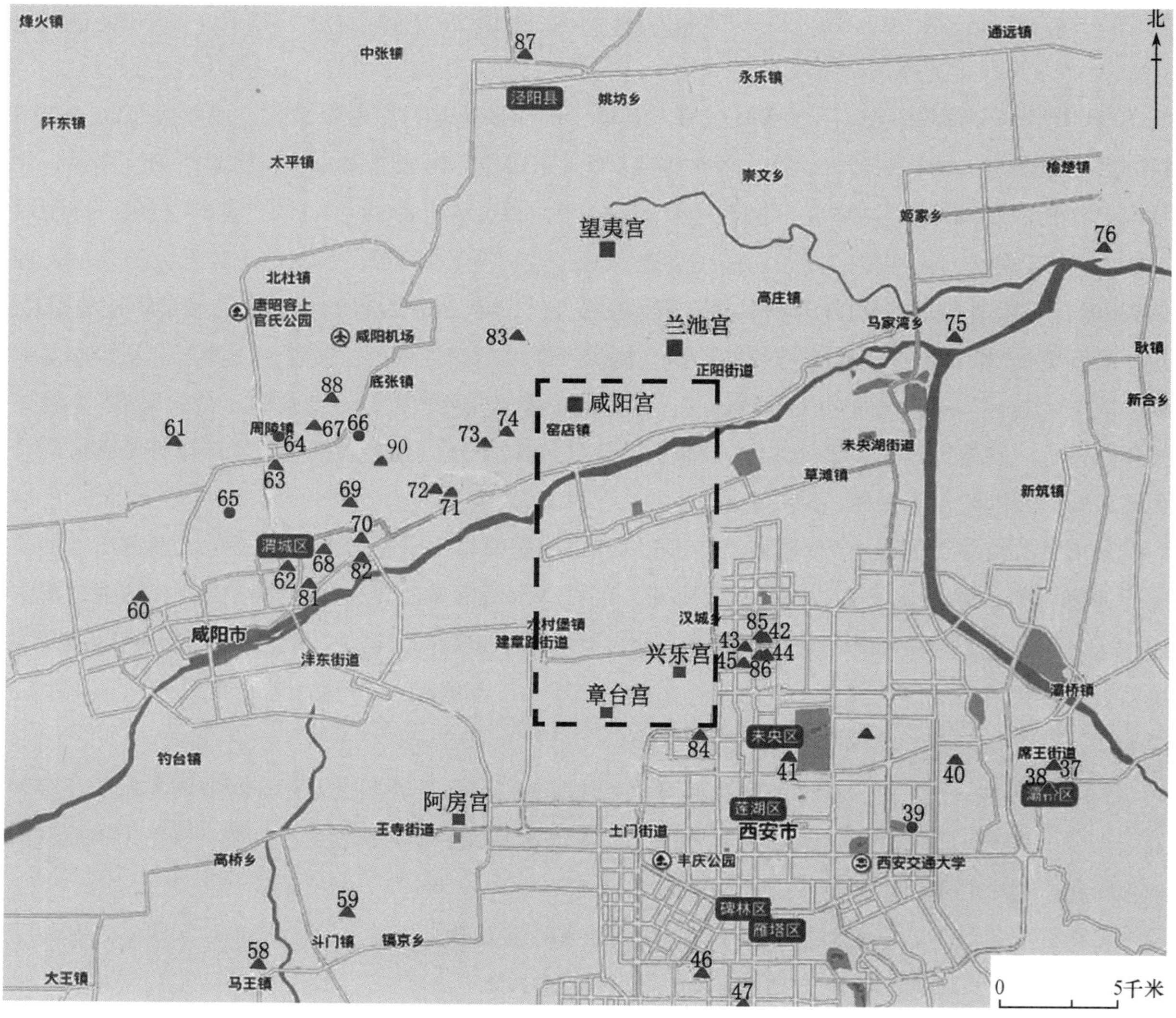

图三七一　秦都咸阳外郭城蠡测图

① 徐卫民：《秦汉都城研究》，三秦出版社，2012年。

阳附近发现的一批秦汉遗物》[①]《中国文物地图集陕西分册》[②]提供的信息，墓地位于窑店乡路家坡村北1千米的台地东侧，在咸阳宫墙西北角外2.1千米处，黄家沟墓群东约1千米。1972年发现楚国"陈爰"金币，在东南两面各一米左右，发现秦半两铜钱、战国素面铜镜、大口小底陶瓮、小口折肩小底罐及椭圆形粗绳纹小瓮棺两具，瓮棺内尚有小孩遗骨。在周围地面及附近的断崖上，还可以看到暴露的人骨，但无棺椁痕迹。当时清理了一座秦代瓮棺葬。因为发现半两铜钱，再结合器物观察，路家坡墓地早不过惠文王"初行钱"。其时代应属于咸阳城时期，所以咸阳城西界在毛王沟以东问题不大。

咸阳城东界，城东尤家庄墓区包括翁家村秦墓（42）、北康村秦墓（43）、凤城三路秦墓（45）、尤家庄秦墓（44）、刑徒墓地（85）、尤家庄20号战国墓（86）等（详细资料见本书第一章）。尤家主墓区距离秦兴乐宫遗址最近的是陕西中财印务公司秦墓、凤城三路西安文景苑住宅小区秦墓，大约相距3.4千米。西安乐百氏食品有限公司秦墓距离兴乐宫遗址约3.6千米，M34出土了5件带有北方匈奴文化因素的人物纹、动物纹饰陶模与1件羊头纹铜带钩。编者推测墓主族属是秦人，应该为有一定身份的铸铜工匠[③]。咸阳城东界当在陕西中财印务公司秦墓、凤城三路西安文景苑住宅小区秦墓以西。

咸阳城南界，城南墓区地处兴乐宫、章台宫遗址以南，最近距兴乐宫遗址约2.6千米，最远约17千米。包含南郊墓区、长安陵区。长安陵区有神禾塬战国秦陵园（夏太后陵）、秦二世陵墓。南郊墓区有西安南郊山门口战国秦墓（46）、潘家庄秦墓（47）、东三爻战国墓（48）、杜城墓群（50）、茅坡光华胶鞋厂秦墓（51）、茅坡邮电学院秦墓（52）、大白杨秦墓（84）等。最北为大白杨秦墓，大白杨秦墓以北即为汉长安城南墙。

咸阳城北界，咸阳宫正北、泾河以南只发现白庙墓地。王学理先生《咸阳帝都记》[④]说白庙墓地（83）是近都的一处墓地，南去秦翼阙宫廷仅有2200多米。20世纪90年代因盗墓与取土暴露秦墓多座。按照目前地图测算白庙墓地东南距咸阳宫墙西北角约2.2千米，南距路家坡墓地（74）约1.9千米。白庙墓地是秦墓，年代不清楚，但是正好位于高干渠以北。

当我们按照中小型秦墓分布提供的四至分析时，发现咸阳城东界南半部距离汉长安城东墙大约有1千米的距离，如果按照汉长安城东墙向北延伸，正好处于柏家嘴与肖家村之间；西界如果以毛王沟偏东向南延伸，穿过西龙村西，向下也基本位于汉长安城西墙附近。南界在大白杨秦墓之内，很明显是汉长安城南墙了。如果北界在白庙墓地下方，穿过高干渠向东延伸，则位于兰池宫下方。

如果按照以上想法，把四面连接起来，那么咸阳城的范围应该为南北长约14.6、东西宽约6.8千米。这样的四界符合刘庆柱先生的西界、东界、徐卫民先生的东界，也基本满足刘庆柱先生、吕卓民先生北界在高干渠以南观点，南界符合徐卫民先生的"在渭河南岸修建了兴乐宫、信宫、诸庙、章台、上林苑等，成为都城的一部分。咸阳城横跨渭河两岸。"

---

① 咸阳市博物馆：《咸阳附近发现的一批秦汉遗物》，《考古》1973年3期。

② 国家文物局：《中国文物地图集陕西分册》（下），西安地图出版社，1998年，第349页。

③ 陕西省考古研究所：《西安北郊秦墓》，三秦出版社，2006年，第363页。

④ 王学理：《咸阳帝都记》，三秦出版社，1999年，第265页。

在此范围外东南角2.7千米是联志村玉器出土点，或是祭祀地点。西南角外6千米是阿房宫遗址区；极庙（闫家寺）在其东6.2千米处。

咸阳宫城墙的南墙、北墙长902、843米，东墙、西墙宽426、576米[①]。长、宽比例（南北总长÷东西总宽）是1.74。“周王陵”外围墙长833、宽528米；内墙长422、宽236.5米；围沟南北长431.8、东西宽246.5米[②]。“周王陵”外围墙长宽比例是1.58，内墙长宽比例是1.78，围沟长宽比例1.75。芷阳一号陵园壕沟南北长1180、东西宽695米[③]。长宽比例1.7。芷阳三号陵园外壕沟东西长280、南北宽180米；严家沟秦陵外墙复原南北长1043、东西宽526米，内墙南北长473、东西宽236.5米[④]。芷阳三号陵外壕沟长宽比例是1.56，严家沟秦陵外墙长宽比例是1.98、内墙长宽比例是2。神禾塬战国秦陵结构是外沟内垣，南北长550、东西宽310米[⑤]。长宽比例是1.77。秦始皇陵外墙南北长2165、东西宽940米，内墙南北长1355、东西宽580米[⑥]。外墙长宽比例是2.3，内墙长宽比例是2.33。

咸阳城如果有外郭城的话，应当在所画直线左右，南北长约14.6、东西宽约6.8千米，总长度为约42千米，长宽比例是2.14。长宽比例接近秦始皇陵内外墙垣，或是始皇帝时期修建。

汉长安城沿用了秦都咸阳的渭河南部分，城内秦的遗迹与遗物也有很多发现，这是基本事实。但是秦都咸阳外郭城至今没有考古学证据，因此以上所说仍属蠡测。正在进行的西咸新区秦汉新城的开发，为揭开咸阳城的众多谜底提供了新的契机。

① 陕西省考古研究所：《秦都咸阳考古报告》，科学出版社，2004年，第12页。

② 陕西省考古研究院：《咸阳“周王”陵考古勘探、调查简报》，《考古与文物》2011年1期。

③ 《西部时报》2013年1月11日。

④ 焦南峰、孙伟刚、杜林渊：《秦人的十大陵区》，《文物》2014年6期。

⑤ 丁岩：《神禾塬战国秦陵主人初探》，《考古与文物》2009年4期。

⑥ 王学理：《咸阳帝都记》，三秦出版社，1999年，第237页。

附　　表

附表一　2005年西耳村秦墓统计表

<table>
<tr><th rowspan="2">序号</th><th rowspan="2">墓号</th><th rowspan="2">方向</th><th colspan="6">形制与结构</th><th rowspan="2">封门</th><th rowspan="2">葬具</th><th colspan="2">葬式葬姿</th><th rowspan="2">出土器物</th><th rowspan="2">保存状况</th><th rowspan="2">备注</th></tr>
<tr><th>墓向</th><th>墓道</th><th>甬道过洞</th><th>墓室形成</th><th>小龛耳室</th><th>二层台</th><th>葬姿</th><th>头向</th></tr>
<tr><td>1</td><td>M1</td><td>265°</td><td>东西</td><td>竖穴</td><td>无</td><td>土洞</td><td>南壁龛</td><td>无</td><td>无</td><td>木棺</td><td>仰身屈肢</td><td>西</td><td>陶壶，玉晗，蚌壳</td><td>扰乱</td><td></td></tr>
<tr><td>2</td><td>M2</td><td>85°</td><td>东西</td><td>竖穴</td><td>无</td><td>土洞</td><td>无</td><td>有</td><td>无</td><td>木棺</td><td>侧身屈肢</td><td>西</td><td>铜镜、铜带钩</td><td>扰乱</td><td></td></tr>
<tr><td>3</td><td>M3</td><td>285°</td><td>东西</td><td>竖穴</td><td>无</td><td>土圹</td><td>无</td><td>有</td><td>无</td><td>木棺</td><td>仰身屈肢</td><td>西</td><td>铜镜、铜带钩、铜环、铜蒂花、铜带扣、铜刀形器，铁器</td><td>扰乱</td><td></td></tr>
<tr><td>4</td><td>M4</td><td>250°</td><td>东西</td><td>竖穴</td><td>无</td><td>土圹</td><td>无</td><td>有</td><td>无</td><td>木棺</td><td>仰身屈肢</td><td>西</td><td>无</td><td>扰乱</td><td></td></tr>
<tr><td rowspan="2">5</td><td rowspan="2">M5</td><td rowspan="2">85°</td><td>东西</td><td>竖穴</td><td>无</td><td>土洞（北）</td><td>无</td><td>无</td><td>无</td><td>木棺</td><td>侧身屈肢</td><td>东</td><td>陶鼎、陶盒、陶壶、陶罐、铜镜、铜带钩、错银铜带钩、铜环首刀、兽头铜饰、铜珠，铁器残件，玉璧，石墨塞</td><td rowspan="2">扰乱</td><td rowspan="2">同侧双墓室</td></tr>
<tr><td>东西</td><td>竖穴</td><td>无</td><td>土洞（南）</td><td>南壁龛</td><td>无</td><td>无</td><td>木棺</td><td>仰身屈肢</td><td>西</td><td></td></tr>
<tr><td>6</td><td>M6</td><td>250°</td><td>东西</td><td>竖穴</td><td>无</td><td>土圹</td><td>无</td><td>有</td><td>无</td><td>木棺</td><td>仰身屈肢</td><td>西</td><td>铜带钩、铜纽钟，铁刀残块</td><td>扰乱</td><td></td></tr>
<tr><td rowspan="2">7</td><td rowspan="2">M7</td><td rowspan="2">93°</td><td>东西</td><td>竖穴</td><td>无</td><td>土洞（西）</td><td>南壁龛</td><td>无</td><td>无</td><td>木棺</td><td>屈肢</td><td>东</td><td rowspan="2">陶鼎、陶盒、陶长颈壶、陶蒜头壶、陶罐，铜带钩，料珠</td><td rowspan="2">扰乱</td><td rowspan="2">异侧双墓室</td></tr>
<tr><td>东西</td><td>竖穴</td><td>无</td><td>土洞（东）</td><td>无</td><td>无</td><td>无</td><td>木棺</td><td>不详</td><td>不详</td></tr>
<tr><td>8</td><td>M8</td><td>85°</td><td>东西</td><td>竖穴</td><td>无</td><td>土洞</td><td>无</td><td>无</td><td>无</td><td>木棺</td><td>不详</td><td>不详</td><td>无</td><td>扰乱</td><td></td></tr>
</table>

续表

序号	墓号	方向	形制与结构						封门	葬具	葬式葬姿		出土器物	保存状况	备注
			墓向	墓道	甬道过洞	墓室形成	小龛耳室	二层台			葬姿	头向			
9	M9	90°	东西	竖穴	无	土洞	无	无	无	木棺	不详	不详	石凿	扰乱	
10	M10	175°	南北	竖穴	无	土圹	无	有	无	木椁木棺	不详	南	无	盗乱	
11	M11	340°	南北	竖穴	无	土圹	无	无	无	木椁木棺	仰身直肢	北	无	扰乱	
12	M12	85°	东西	竖穴	无	土洞	南壁龛北壁龛	无	无	木棺	仰身直肢	东	石珠	扰乱	
13	M13	170°	南北	竖穴	无	土洞	北壁龛	无	无	木棺	侧身屈肢	西	陶盒、陶釜、陶罐，铁器残片	扰乱	上壁残缺、横向墓室
14	M14	255°	东西	竖穴	无	土洞	无	无	无	木棺	侧身屈肢	西	铜带钩，水晶石	扰乱	
15	M15	245°	东西	竖穴	无	土洞	南壁龛	无	无	木棺	仰身直肢	西	陶鼎、陶壶、陶三耳杯，铜卷云形饰、铜葫芦形饰、铜耳钣、铜方形管饰	扰乱	
16	M16	245°	东西	竖穴	无	土圹	无	有	无	木棺	仰身屈肢	西	铜带钩、铜鐓，铁器，玉璧	扰乱	
17	M17	70°	东西	竖穴	无	土洞	无	有	无	木棺	不详	不详	铜镜，石棒	扰乱	二层台西壁弧状
18	M19A	85°	东西	竖穴	无	土圹	无	无	无	瓮棺	仰身屈肢	东	陶瓮棺、陶盒、陶罐、陶直口罐，铜镜、铜钱，骨塞，泥珠	扰乱	打破M19B
19	M19B	85°	东西	竖穴	无	土洞	南壁龛	有	无	木棺	仰身屈肢	东	陶壶，铜带钩、铜管饰，铁器，玉饰	扰乱	被19A打破二层台西壁弧状
20	M20	80°	东西	竖穴	无	土洞	无	无	无	木棺	不详	东	陶纺轮	扰乱	

续表

序号	墓号	方向	形制与结构						封门	葬具	葬式葬姿		出土器物	保存状况	备注
			墓向	墓道	甬道过洞	墓室形成	小龛耳室	二层台			葬姿	头向			
21	M21	175°	南北	竖穴	无	土洞	无	无	木质封门	木棺	仰身屈肢	北	铜簪，料珠	扰乱	木质封门板已朽
22	M22	175°	南北	竖穴	无	土洞	无	无	无	瓮棺	不详	不详	陶瓮棺、棺盖、小陶壶、陶串珠	扰乱	
23	M24	170°	南北	竖穴	无	土洞	无	无	无	木棺	仰身屈肢	西	玉璧	扰乱	
24	M25	83°	东西	竖穴	无	土洞（西）	无	无	无	木棺	仰身屈肢	东	无	扰乱	同穴异侧墓室
			东西	竖穴	无	土洞（东）	无	无	无	木棺	仰身屈肢	西			
25	M26	170°	南北	竖穴	无	土洞	无	无	无	木棺	侧身屈肢	北	无	扰乱	
26	M27	170°	南北	竖穴	无	土洞	无	无	无	木棺	屈肢	北	陶壶	扰乱	
27	M29	175°	南北	竖穴	无	土洞	无	无	无	木棺	仰身屈肢	北	陶壶	扰乱	
28	M30	265°	东西	竖穴	无	土圹	无	有	无	木棺	仰身屈肢	西	陶鼎、陶盒、陶壶，铜带钩	扰乱	
29	M31	265°	东西	竖穴	无	土洞	无	有	无	木棺	侧身屈肢	西	陶茧形壶、陶壶	扰乱	
30	M32	85°	东西	竖穴	无	土洞	无	无	无	不详	不详	不详	陶罐	扰乱	
31	M33	265°	东西	竖穴	无	土洞	无	无	无	木棺	仰身屈肢	西	陶罐、陶鬲、陶珠	扰乱	
32	M34	345°	南北	竖穴	无	土圹	无	无	无	不详	不详	不详	无	扰乱	被M37打破
33	M35	180°	南北	竖穴	无	土洞	无	无	木质封门	木棺	侧身屈肢	西	铜带钩	扰乱	墓室横向木质封门板已朽

续表

序号	墓号	方向	形制与结构						封门	葬具	葬式葬姿		出土器物	保存状况	备注
			墓向	墓道	甬道过洞	墓室形成	小龛耳室	二层台			葬姿	头向			
34	M36	175°	南北	竖穴	无	土洞	无	有	有封门槽	木棺	仰身屈肢	北	无	扰乱	
35	M38	265°	东西	竖穴	无	土洞	无	无	木质封门	木棺	仰身屈肢	北	陶鬲，铜带钩，料塞，小扁石	扰乱	墓室横向有封门槽
36	M39	75°	东西	竖穴	无	土洞	无	无	无	木棺	仰身屈肢	西	铜带钩	扰乱	
37	M41	356°	南北	竖穴	无	土圹	无	有	无	棺椁简化	仰身屈肢	北	陶饼，铜带钩，石珠，鼻塞	扰乱	
38	M42	348°	南北	竖穴	无	土圹	无	有	无	棺椁简化	仰身直肢	北	陶鼎、陶缶、陶盆，铜盆，石器、蚌壳，料珠	扰乱	
39	M43	175°	南北	竖穴	无	土洞	无	无	无	木棺	仰身屈肢	北	无	扰乱	
40	M44	265°	东西	竖穴	无	土洞	北壁龛	无	有封门槽	木棺	不详	不详	陶罐	扰乱	
41	M46	90°	不详	竖穴	无	土圹	无	无	无	不详	不详	不详	无	扰乱	
42	M49	358°	南北	竖穴	无	土洞	东壁龛 西壁龛	无	木质封门	不详	不详	不详	陶鼎盖、陶盆	扰乱	
43	M53	275°	东西	竖穴	无	土洞	无	无	无	木棺	不详	不详	无	扰乱	
44	M55	355°	南北	竖穴	无	土洞	东壁龛 西壁龛	无	木质封门	木棺	仰身直肢	北	陶罐、陶缶、陶豆，铜带钩，玉饰	扰乱	
45	M58	85°	东西	竖穴	无	土洞	南壁龛	无	无	木棺	仰身直肢	东	陶罐、陶缶、陶囷，铜镜，铁削	扰乱	双墓室，北墓室为假墓室
46	M59	265°	东西	竖穴	无	土洞	南壁龛	无	无	木棺	仰身直肢	西	陶罐、陶豆，铜环、铜镜、铜钱，铁削	扰乱	

续表

序号	墓号	方向	形制与结构						封门	葬具	葬式葬姿		出土器物	保存状况	备注
			墓向	墓道	甬道过洞	墓室形成	小龛耳室	二层台			葬姿	头向			
47	M62	355°	南北	竖穴	无	土圹	无	有	无	不详	仰身直肢	北	铜带钩	扰乱	
48	M63	275°	东西	竖穴	无	土洞	无	无	无	不详	不详	不详	玉饰	扰乱	
49	M65	265°	东西	竖穴	无	土洞	无	无	无	木棺	仰身直肢	西	陶鼎、陶盒、陶罐、陶缶、陶豆，铜带钩，铁锛	扰乱	
50	M67	85°	东西	竖穴	无	土洞	无	无	无	木棺	仰身屈肢	东	无	扰乱	被M69打破
51	M68	265°	东西	竖穴	无	土洞	无	无	无	木棺	不详	不详	陶豆	扰乱	
52	M69	265°	东西	竖穴	无	土洞	无	无	无	不详	不详	不详	陶罐	扰乱	该墓打破M67

附表二　西耳村秦墓墓葬形制、葬具葬式与随葬器物类别统计表

分类			竖穴土坑墓		偏洞室墓		直线洞室墓		其他
	特点		编号	数量	编号	数量	编号	数量	
墓葬形制	墓道	口小底大		0座		0座		0座	
		口底等大		0座		0座		0座	
		口大底小	M3、M4、M6、M10、M11、M16、M19A、M30、M31、M34、M41、M42、M46、M62	14座	M5、M13、M22、M24、M35、M38	6座	M1、M2、M7、M8、M9、M12、M14、M15、M17、M19B、M20、M21、M25、M26、M27、M29、M32、M33、M36、M39、M43、M44、M49、M53、M55、M58、M59、M63、M65、M67、M68、M69	32座	M5、M7、M25（双墓室）
		有二层台	M3、M4、M6、M10、M11、M16、M30、M31、M41、M42、M62	11座		0座	M2、M17、M19B、M36、M43	5座	
	墓室	封门		0座	M35、M38、	2座	M21、M36、M44、M49、M55	5座	
		壁龛	M42	1座	M5、M13	2座	M7、M12、M15、M19B、M44、M49、M55、M58、M59	9座	
葬具葬式	葬式	屈肢	M3、M4、M6、M16、M19A、M30、M31、M41	8座	M5、M13、M24、M35、M38	5座	M1、M2、M7、M14、M19B、M21、M25、M26、M27、M29、M33、M36、M39、M43、M67	15座	
		直肢	M11、M42、M62	3座		0座	M12、M15、M55、M58、M59、M65	6座	
	葬具	单棺	M3、M4、M6、M16、M19A（瓮棺）、M30、M31、M62	8座	M5、M13、M22（瓮棺）、M24、M35、M38	6座	M1、M2、M7、M8、M9、M12、M13、M14、M15、M17、M19B、M20、M21、M24、M25、M26、M27、M29、M33、M36、M39、M43、M44、M53、M55、M58、M59、M65、M67、M68、M69	31座	M19A、M22（瓮棺）
		一棺一椁	M10、M11、M41、M42	4座		0座		0座	
		简化棺椁	M41、M42	2座		0座		0座	
随葬器物	陶器	陶礼器	M19A、M30、M31、M42	4座	M5	1座	M1、M7、M15、M19B、M27、M29、M65	7座	
		日用陶器	M41	1座	M22、M38	2座	M32、M33、M44、M49、M55、M58、M59、M68、M69	9座	
	铜器	铜镜、铜带钩	M3、M6、M16、M19A、M30、M41、M62	7座	M5、M35、M38	3座	M2、M7、M14、M17、M19B、M39、M55、M58、M59、M65	10座	
	工具		M16	1座	M5	1座	M9、M58、M59、M65	4座	

附表三　尹王村秦墓统计表

序号	墓号	方向	形制与结构						封门	葬具	葬式葬姿		出土器物	保存状况	备注
			墓向	墓道	甬道过洞	墓室形式	小龛耳室	二层台			葬姿	头向			
1	M1	265°	东西	竖穴	无	土洞	南壁龛	无	无	木棺	仰身直肢	西	铜管饰、铜带钩，料珠	扰乱	
2	M8	265°	东西	竖穴	无	土洞	北壁龛	无	土坯	不详	仰身屈肢	西	陶鼎、陶盒、陶蒜头壶、陶罐、陶豆、陶釜，铜钱，残瓦	扰乱	
3	M101	270°	东西	竖穴	无	土坑	无	无	无	瓮棺	不详	西	陶瓮棺、陶鬲、陶盆，铜带钩，料珠	扰乱	为二次葬
4	M102	185°	南北	竖穴	无	土洞	无	无	无	木棺	仰身屈肢	西	无	扰乱	
5	M103	95°	东西	竖穴	无	土洞	北壁龛	无	土坯	不详	侧身屈肢	东	陶缶、石窍塞		
6	M105	180°	南北	竖穴	无	土洞	无	无	无	木棺	仰身屈肢	西	陶盆、陶釜	扰乱	
7	M106	280°	东西	竖穴	无	土洞	无	无	无	木棺	不详	不详	无	扰乱	
8	M107	180°	南北	竖穴	无	土洞	无	无	无	木棺	仰身屈肢	西	无	扰乱	
9	M108	175°	南北	竖穴	无	土洞	无	无	无	木棺	仰身屈肢	西	铜带钩	扰乱	
10	M109	90°	东西	竖穴	无	土洞	南壁龛	无	土坯	不详	屈肢	东	陶罐、陶缶、料珠	扰乱	打破M125
11	M112	360°	南北	竖穴	无	土洞	无	无	无	不详	不详	不详	陶罐	扰乱	
12	M113	180°	南北	竖穴	无	土洞	无	无	无	木棺	不详	不详	无	扰乱	
13	M114	185°	南北	竖穴	无	土洞	无	无	无	木棺	仰身屈肢	西	无	扰乱	
14	M116	180°	南北	竖穴	无	土洞	无	无	无	木棺	侧身屈肢	西	无	扰乱	
15	M117	180°	南北	竖穴	无	土洞	无	无	无	木棺	侧身屈肢	西	无	扰乱	被M115墓道打破
16	M118	190°	南北	竖穴	无	土洞	无	无	无	木棺	不详	不详	无	扰乱	被晚期墓打破
17	M119	270°	东西	竖穴	无	土圹	无	无	无	不详	侧身屈肢	西	铜带钩，石片	扰乱	
18	M120	180°	南北	竖穴	无	土洞	无	无	无	不详	不详	不详	无	扰乱	被现代墓打破
19	M121	265°	东西	竖穴	无	土洞	南壁龛	无	土坯	木棺	不详	不详	陶罐、陶缶、料珠	扰乱	

续表

序号	墓号	方向	形制与结构						封门	葬具	葬式葬姿		出土器物	保存状况	备注
			墓向	墓道	甬道过洞	墓室形式	小龛耳室	二层台			葬姿	头向			
20	M123	105°	东西	竖穴	无	土洞	无	无	无	木棺	侧身屈肢	北	无	扰乱	打破M124墓道
21	M124	270°	东西	竖穴	无	土洞	南北各一壁龛	无	无	木棺	仰身直肢	西	陶鼎、陶器盖、陶罐，铜镜、铜带钩、铜钱、铜残片，铅环，铁器残片，玉环、玉带钩，石砚	扰乱	被M123打破
22	M126	165°	南北	竖穴	无	土洞	无	无	无	不详	仰身直肢	西	无	扰乱	
23	M127	180°	南北	竖穴	无	土洞	无	无	无	不详	侧身屈肢	东	无	扰乱	
24	M128	90°	东西	竖穴	无	土洞	无	无	无	不详	侧身屈肢	西	铜带钩	扰乱	
25	M129	0°	南北	竖穴	无	土洞	无	无	无	木棺	不详	不详	陶鼎、铜带钩	扰乱	
26	M130	180°	南北	竖穴	无	土洞	无	有	无	木棺	侧身屈肢	东	铅币	扰乱	
27	M132	180°	南北	竖穴	无	土洞	无	有	有封门槽	木棺	侧身屈肢	西	无	扰乱	两壁有二层台
28	M133	180°	南北	竖穴	无	土洞	无	有	无	木棺	侧身屈肢	西	无	扰乱	二层台
29	M134	180°	南北	竖穴	无	土洞	无	无	无	木棺	侧身屈肢	东	无	扰乱	被M122打破
30	M135	170°	南北	竖穴	无	土洞	无	无	无	不详	屈肢	西	铁带钩	扰乱	
31	M136	0°	南北	竖穴	无	土洞	东壁龛	无	无	木棺	直肢	北	陶鼎、陶盒、陶蒜头壶、陶罐	扰乱	
32	M137	270°	东西	竖穴	无	土洞	南壁龛	无	无	不详	屈肢	西	陶鼎、陶盒、陶蒜头壶、陶罐，铜带钩、铜编钟，贝饰、骨饰	扰乱	
33	M138	90°	东西	竖穴	无	土洞	北壁龛	无	无	不详	屈肢	东	陶鼎、陶盒、陶蒜头壶、陶罐，铜带钩	扰乱	
34	M139	270°	东西	竖穴	无	土洞	无	无	无	不详	屈肢	北	陶鼎、陶缶，铜镜	扰乱	被M150打破
35	M141	180°	南北	竖穴	无	土洞	无	无	无	木棺	屈肢	西	无	扰乱	

续表

序号	墓号	方向	形制与结构						封门	葬具	葬式葬姿		出土器物	保存状况	备注
			墓向	墓道	甬道过洞	墓室形式	小龛耳室	二层台			葬姿	头向			
36	M142	90°	东西	竖穴	无	土洞	无	无	无	不详	屈肢	东	陶鼎、陶缶	扰乱	
37	M143	270°	东西	竖穴	无	土洞	北壁龛	无	无	不详	直肢	西	陶鼎、陶盒、陶壶、陶罐	扰乱	被M233打破
38	M144	275°	东西	竖穴	无	土洞	无	无	无	木棺	屈肢	西	陶鼎、陶盒、陶蒜头壶、陶罐、陶盆，陶熏、铁带钩	扰乱	
39	M145	180°	南北	竖穴	无	土洞	无	无	无	木棺	仰身屈肢	西	陶豆，铜带钩	扰乱	被M152打破
40	M146	270°	东西	竖穴	无	土洞	无	无	无	不详	不详	不详	无	扰乱	
41	M147	90°	东西	竖穴	无	土洞	南壁龛	无	无	不详	不详	不详	陶盆	扰乱	被M137打破
42	M148	180°	南北	竖穴	无	土洞	无	有	无	木棺	侧身屈肢	西	石料片	扰乱	被汉代砖室墓打破
43	M150	90°	东西	竖穴	无	土洞	无	无	无	不详	不详	不详	无		
44	M151	180°	南北	竖穴	无	土洞	无	无	无	木棺	屈肢	西	无	扰乱	
45	M152	273°	东西	竖穴	无	土洞	无	无	无	不详	不详	不详	陶罐、陶缶，铜钱	扰乱	该墓打破M145
46	M153	90°	东西	竖穴	无	土洞	北壁龛	无	无	不详	屈肢	不详	陶鼎、陶盒，铜带钩、铜铺首	扰乱	
47	M154	185°	南北	竖穴	无	土洞	无	无	无	木棺	仰身屈肢	西	铁带钩	扰乱	
48	M155	270°	东西	竖穴	无	土洞	无	有	无	木棺	侧身屈肢	西	铁带钩	扰乱	熟土二层台
49	M156	180°	南北	竖穴	无	土洞	无	无	无	不详	屈肢	东	陶罐、陶缶，铜带钩	扰乱	被M172打破
50	M157	180°	南北	竖穴	无	土洞	无	无	无	不详	仰身屈肢	西	铜带钩	扰乱	
51	M158	130°	东西	竖穴	无	土洞	无	有	无	不详	仰身屈肢	北	铁带钩	扰乱	
52	M159	180°	南北	竖穴	无	土洞	无	无	无	木棺	屈肢	西	铁带钩	扰乱	

续表

序号	墓号	方向	形制与结构						封门	葬具	葬式葬姿		出土器物	保存状况	备注
			墓向	墓道	甬道过洞	墓室形式	小龛耳室	二层台			葬姿	头向			
53	M160	270°	东西	竖穴	无	土洞	无	无	无	不详	不详	不详	无	扰乱	
54	M161	180°	南北	竖穴	无	土洞	无	无	无	不详	仰身屈肢	东	铁带钩	扰乱	
55	M162	180°	南北	竖穴	无	土洞	无	无	无	不详	仰身	西	无	扰乱	
56	M163	290°	东西	竖穴	无	土洞	无	无	无	不详	不详	不详	陶罐	扰乱	
57	M164	110°	东西	竖穴	无	土洞	无	无	无	不详	屈肢	东	陶罐	扰乱	被M169打破
58	M165	180°	南北	竖穴	无	土洞	无	无	无	木棺	侧身屈肢	西	无	扰乱	
59	M167	255°	东西	竖穴	无	土洞	无	无	无	不详	不详	西	陶罐	扰乱	被M171打破
60	M168	175°	南北	竖穴	无	土洞	东壁龛	无	无	不详	不详	不详	陶釜，铜带钩，铁斧，石夯	扰乱	
61	M169	210°	南北	竖穴	无	土洞	无	无	无	不详	不详	不详	铜带钩，煤精石	扰乱	
62	M170	170°	南北	竖穴	无	土洞	无	无	无	不详	仰身屈肢	西	无	扰乱	
63	M171	265°	东西	竖穴	无	土洞	无	无	无	不详	不详	不详	陶罐	扰乱	被M167打破
64	M172	180°	南北	竖穴	无	土洞	无	无	无	不详	不详	不详	陶缶，铜带钩	扰乱	
65	M173	170°	南北	竖穴	无	土洞	无	无	无	不详	屈肢	东	铜带钩、铜环	扰乱	
66	M174	180°	南北	竖穴	无	土洞	无	无	无	不详	仰身屈肢	西	铁带钩	扰乱	
67	M175	270°	东西	竖穴	无	土洞	南壁龛	有	土坯封门	不详	仰身直肢	西	陶鼎、陶盒、陶盒盖、陶蒜头壶、陶罐，铜带钩，铁捅	扰乱	
68	M176	180°	南北	竖穴	无	土洞	无	无	无	木棺	侧身屈肢	西	无	扰乱	
69	M177	180°	南北	竖穴	无	土洞	无	无	无	不详	不详	南	陶鼎、陶罐	扰乱	

续表

序号	墓号	方向	形制与结构						封门	葬具	葬式葬姿		出土器物	保存状况	备注
			墓向	墓道	甬道过洞	墓室形式	小龛耳室	二层台			葬姿	头向			
70	M178	176°	南北	竖穴	无	土洞	无	无	无	不详	不详	不详	陶罐	扰乱	打破M192墓道
71	M179	175°	南北	竖穴	无	土洞	无	无	无	木棺	仰身屈肢	西	无	扰乱	
72	M181	275°	东西	竖穴	无	土洞	无	无	无	不详	不详	不详	无	扰乱	
73	M182	170°	南北	竖穴	无	土洞	无	无	无	木棺	屈肢	西	无	扰乱	
74	M183	260°	东西	竖穴	无	土洞	无	无	无	不详	仰身屈肢	西	陶鼎、陶盒、陶罐、陶三足盒，铜带钩	扰乱	
75	M184	270°	东西	竖穴	无	土洞	无	无	无	不详	仰身直肢	西	陶釜形罐、陶缶	扰乱	打破M185
76	M185	150°	南北	竖穴	无	土洞	无	无	无	木棺	仰身屈肢	西	无	扰乱	被M184打破
77	M186	165°	南北	竖穴	无	土洞	无	无	无	木棺	仰身屈肢	西	无	扰乱	
78	M187	165°	南北	竖穴	无	土洞	无	无	无	不详	仰身屈肢	西	无	扰乱	被M175打破
79	M188	240°	东西	竖穴	无	土洞	无	无	无	不详	仰身屈肢	西	铁带钩	扰乱	
80	M189	255°	东西	竖穴	无	土洞	南壁龛	有	无	不详	不详	不详	陶罐、陶缶，铜带钩	扰乱	南壁有二层台
81	M190	175°	南北	竖穴	无	土洞	无	无	无	不详	侧身屈肢	西	无	扰乱	
82	M191	180°	南北	竖穴	无	土洞	无	有	无	木棺	仰身屈肢	西	无	扰乱	打破M206墓道
83	M192	170°	南北	竖穴	无	土洞	无	无	无	不详	仰身屈肢	西	无	扰乱	被M178打破
84	M193	275°	东西	竖穴	无	土洞	南壁龛	无	无	不详	仰身直肢	西	陶鼎、陶盒、陶蒜头壶、陶罐、陶豆，铜带钩、铜编钟、铜耳环、铜环，铁刀	扰乱	

续表

序号	墓号	方向	形制与结构						封门	葬具	葬式葬姿		出土器物	保存状况	备注
			墓向	墓道	甬道过洞	墓室形式	小龛耳室	二层台			葬姿	头向			
85	M194	255°	东西	竖穴	无	土洞	无	无	无	木棺	侧身屈肢	北	无	扰乱	被203打破
86	M195	180°	南北	竖穴	无	土洞	无	无	无	不详	侧身屈肢	西	无	扰乱	
87	M196	300°	东西	竖穴	无	土洞	无	无	无	不详	侧身屈肢	北	铁带钩	扰乱	
88	M197	345°	南北	竖穴	无	土洞	无	无	无	木棺	仰身屈肢	东	铁带钩、铁饰，小白石	扰乱	
89	M198	270°	东西	竖穴	无	土洞	无	无	无	不详	直肢	西	陶鼎、陶盒、陶壶、陶缶，铜带钩	扰乱	
90	M199	182°	南北	竖穴	无	土洞	无	无	无	木棺	侧身屈肢	西	无	扰乱	
91	M200	165°	南北	竖穴	无	土洞	无	无	无	木棺	仰身屈肢	西	无	扰乱	
92	M201	90°	东西	竖穴	无	土圹	无	有	无	不详	仰身屈肢	东	无	扰乱	
93	M202	180°	南北	竖穴	无	土洞	无	无	无	不详	侧身屈肢	西	无	扰乱	
94	M203	100°	东西	竖穴	无	土洞	南北各一壁龛	无	无	不详	不详	不详	陶壶、陶罐、陶盆、小陶壶、小陶釜、小陶甑、小陶盆	扰乱	被M194打破
95	M204	250°	东西	竖穴	无	土洞	无	无	无	不详	仰身直肢	西	陶罐、陶缶，铜带钩，铁刀环	扰乱	
96	M205	90°	东西	竖穴	无	土洞	无	无	无	不详	不详	不详	陶罐、陶盆	扰乱	墓道底部的小坑
97	M206	270°	东西	竖穴	无	土洞	无	无	无	不详	不详	不详	陶罐	扰乱	被M191打破
98	M207	180°	南北	竖穴	无	土洞	无	无	无	不详	侧身屈肢	西	陶罐	扰乱	被M213打破

续表

序号	墓号	方向	形制与结构						封门	葬具	葬式葬姿		出土器物	保存状况	备注
			墓向	墓道	甬道过洞	墓室形式	小龛耳室	二层台			葬姿	头向			
99	M208	190°	南北	竖穴	无	土洞	无	无	无	木棺	仰身屈肢	东	无	扰乱	
100	M209	285°	东西	竖穴	无	土洞	南壁龛	无	无	不详	不详	不详	陶罐	扰乱	
101	M210	273°	东西	竖穴	无	土洞	无	无	无	不详	仰身屈肢	不详	无	扰乱	
102	M211	155°	南北	竖穴	无	土洞	无	无	无	木棺	仰身屈肢	西	铁带钩	扰乱	
103	M212	270°	东西	竖穴	无	土洞	北壁龛	无	无	不详	仰身直肢	西	陶罐、陶盆，铜钱	扰乱	被M222打破
104	M213	270°	东西	竖穴	无	土洞	北壁龛	有	无	不详	侧身屈肢	西	陶鼎、陶蒜头壶、陶盒、陶罐	扰乱	打破M207
105	M214	80°	东西	竖穴	无	土洞	南壁龛	有	无	不详	不详	不详	陶鼎、陶蒜头壶、陶罐、陶釜，铁捶	扰乱	
106	M215	170°	南北	竖穴	无	土洞	无	无	无	不详	仰身屈肢	西	无	扰乱	
107	M216	170°	南北	竖穴	无	土洞	无	无	无	不详	侧身屈肢	西	无	盗扰	
108	M217	185°	南北	竖穴	无	土洞	无	无	无	木棺	仰身屈肢	西	铁带钩，石块残片	扰乱	
109	M218	170°	南北	竖穴	无	土洞	无	无	无	木棺	仰身屈肢	西	无	扰乱	
110	M219	280°	东西	竖穴	无	土洞	南壁龛	无	无	不详	仰身直肢	西	陶鼎、陶盒、陶蒜头壶、陶罐、陶缶、铜印、铜镜，铁刀	扰乱	
111	M220	80°	东西	竖穴	无	土洞	北壁龛	无	无	不详	仰身直肢	东	陶缶	扰乱	
112	M221	275°	东西	竖穴	无	土洞	北壁龛	无	无	不详	不详	不详	陶罐、陶缶	扰乱	打破M226
113	M222	180°	南北	竖穴	无	土洞	无	无	无	木棺	侧身屈肢	西	陶豆，铜管饰，铁器残块，骨器	扰乱	打破M212

续表

序号	墓号	方向	形制与结构						封门	葬具	葬式葬姿		出土器物	保存状况	备注
			墓向	墓道	甬道过洞	墓室形式	小龛耳室	二层台			葬姿	头向			
114	M223	265°	东西	竖穴	无	土洞	无	无	无	不详	不详	不详	陶鼎、陶盒、陶蒜头壶、陶罐	扰乱	
115	M224	280°	东西	竖穴	无	土圹	无	有	无	木棺	不详	不详	铜带钩	扰乱	
116	M225	95°	东西	竖穴	无	土洞	无	无	土坯	不详	不详	不详	陶鼎、陶盒、陶蒜头壶、陶缶，铁豆	扰乱	被M228打破
117	M226	15°	南北	竖穴	无	土圹	无	土坯	无	不详	仰身屈肢	北	单耳罐	扰乱	被M221打破
118	M229	270°	东西	竖穴	无	土圹	无	有	无	木棺	仰身屈肢	西	陶罐，铜带钩、铜镜	扰乱	
119	M230	135°	南北	竖穴	无	土洞	无	无	无	木棺	仰身屈肢	西	无	扰乱	
120	M231	285°	东西	竖穴	无	土洞	北壁龛	无	无	不详	不详	不详	陶罐，铜带钩	扰乱	
121	M233	270°	东西	竖穴	无	土洞	无	无	土坯封门	不详	不详	西	陶罐	扰乱	被M143打破
122	M234	340°	南北	竖穴	无	土圹	无	有	无	不详	侧身屈肢	北	无	扰乱	
123	M235	360°	不详	不详	不详	不详	无	不详	不详	不详	仰身屈肢	北	陶罐、陶盆，铜镜	扰乱	被晚期墓打破
124	M236	170°	南北	竖穴	无	土洞	无	无	无	木棺	侧身屈肢	西	无	扰乱	
125	M237	350°	南北	竖穴	无	土洞	无	无	无	不详	仰身直肢	北	陶罐	扰乱	
126	M238	185°	南北	竖穴	无	土洞	北壁西壁各一龛	无	无	不详	不详	不详	陶釜	扰乱	被晚期墓打破
127	M239	285°	东西	竖穴	无	土洞	无	无	无	木棺	仰身屈肢	西	无	扰乱	

续表

序号	墓号	方向	形制与结构						封门	葬具	葬式葬姿		出土器物	保存状况	备注
			墓向	墓道	甬道过洞	墓室形式	小龛耳室	二层台			葬姿	头向			
128	M240	180°	南北	竖穴	无	土洞	无	无	无	木棺	仰身屈肢	西	无	扰乱	
129	M241	265°	南北	竖穴	无	土洞	无	无	土坯封门	木棺	屈肢	西	陶鼎、陶盒、陶蒜头壶、陶甑，铜带钩	扰乱	
130	M242	340°	南北	竖穴	无	土洞	西壁龛	无	无	木棺	仰身屈肢	北	陶盒、陶鼎、陶罐、陶缶	扰乱	
131	M243	5°	南北	竖穴	无	土洞	无	无	无	木棺	不详	不详	无	扰乱	被M245打破
132	M244	275°	南北	竖穴	无	土洞	无	无	无	不详	不详	不详	无	扰乱	
133	M246	180°	南北	竖穴	无	土洞	无	无	无	木棺	侧身屈肢	东	无	扰乱	
134	M247	175°	南北	竖穴	无	土洞	无	无	无	木棺	不详	不详	无	扰乱	

附表四　尹王村秦墓墓葬形制统计表

分类		特点	竖穴土坑墓 编号	竖穴土坑墓 数量	偏洞室墓 编号	偏洞室墓 数量	直线洞室墓 编号	直线洞室墓 数量	其他
墓葬形制	墓道	口小底大		0座	M222	1座		0座	
墓葬形制	墓道	口底等大	M101、M201	2座	M151、M162、M169、M240、M244	5座		0座	
墓葬形制	墓道	口大底小	M119、M224、M226、M229、M234	5座	M102、M105、M106、M107、M108、M113、M114、M116、M117、M118、M120、M123、M126、M127、M128、M130、M132、M133、M134、M135、M139、M141、M145、M146、M148、M154、M155、M156、M157、M158、M159、M160、M161、M165、M168、M170、M171、M173、M174、M175、M176、M179、M182、M185、M186、M187、M188、M190、M191、M192、M194、M195、M196、M197、M199、M200、M202、M207、M208、M211、M215、M216、M217、M218、M230、M236、M238、M246、M247	69座	M1、M8、M103、M109、M112、M121、M124、M129、M136、M137、M138、M142、M143、M144、M147、M150、M152、M153、M163、M164、M167、M172、M177、M178、M181、M183、M184、M189、M193、M198、M203、M204、M205、M206、M209、M210、M212、M213、M214、M219、M220、M221、M223、M225、M231、M233、M237、M239、M241、M242、M243	52座	
墓葬形制	墓道	二层台	M201、M224、M229、M234	4座	M130、M132、M133、M147、M148、M155、M158、M189、M191	9座	M213、M214	2座	
墓葬形制	墓室	封门		0座	M211、M132	2座	M8、M103、M109、M121、M175、M206、M233、M241、	8座	
墓葬形制	墓室	壁龛		0座	M168、M175、M238	3座	M1、M8、M103、M109、M121、M124、M136、M137、M138、M143、M147、M153、M189、M193、M203、M205、M209、M212、M213、M214、M219、M220、M221、M231、M242	25座	

附表五　尹王村秦墓墓葬形制、葬具葬式统计表

分类		竖穴土坑墓		偏洞室墓		直线洞室墓		其他
	特点	编号	数量	编号	数量	编号	数量	
葬具葬式	葬式：屈肢葬	M119、M201、M226、M229、M234	5座	M102、M105、M106、M107、M108、M114、M116、M117、M123、M127、M128、M130、M132、M133、M134、M135、M141、M145、M148、M151、M154、M155、M156、M157、M158、M159、M161、M162、M165、M170、M173、M174、M176、M179、M182、M185、M186、M187、M188、M190、M191、M192、M194、M195、M196、M197、M199、M200、M202、M207、M208、M211、M215、M216、M217、M218、M222、M230、M236、M240、M246	61座	M8、M103、M109、M137、M138、M142、M144、M153、M164、M177、M183、M210、M213、M235、M239、M241、M242	17座	
	葬式：直肢葬		0座	M126、M175	2座	M1、M124、M136、M143、M184、M193、M198、M204、M212、M219、M220、M233、M237	13座	
	葬具：单棺	M101（翁棺）、M119、M224、M226、M229	5座	M102、M105、M106、M107、M108、M113、M114、M116、M117、M118、M123、M130、M132、M133、M134、M141、M145、M148、M151、M154、M155、M159、M165、M176、M179、M182、M185、M186、M191、M194、M197、M199、M200、M208、M211、M217、M218、M222、M230、M236、M240、M246、M247	43座	M1、M109、M121、M124、M129、M136、M142、M144、M175、M233、M239、M241、M242、M243	14座	M101为翁棺
	葬具：一棺一椁		0座		0座		0座	
	葬具：简化棺椁		0座		0座		0座	

附表六　尹王村秦墓墓葬形式、出土器物统计表

分类			竖穴土坑墓		偏洞室墓		直线洞室墓		其他
	特点		编号	数量	编号	数量	编号	数量	
随葬器物	陶器	陶礼器		0座	M139、M175	2座	M8、M124、M129、M136、M137、M138、M142、M143、M144、M153、M177、M183、M193、M198、M203、M213、M214、M219、M223、M225、M241、M242	22座	
		日用陶器	M101、M226、M229	3座	M105、M145、M156、M168、M171、M207、M222、M238	8座	M103、M109、M112、M121、M147、M152、M163、M164、M167、M172、M177、M178、M184、M189、M204、M205、M206、M209、M212、M221、M231、M233、M237	23座	
	铜器	铜镜带钩	M101、M119、M224、M229	4座	M108、M128、M135、M139、M145、M154、M155、M156、M157、M158、M159、M161、M168、M169、M173、M174、M188、M196、M197、M211、M217、M222	22座	M1、M124、M129、M137、M138、M144、M153、M172、M175、M183、M189、M193、M198、M204、M219、M231、M241	17座	
	工具			0座	M168、M175	2座	M193、M204、M214、M219	4座	

附　　录

咸阳西耳村秦墓人骨研究

陈　靓　熊建雪
（西北大学文化遗产学院）

为了配合基本建设，陕西省考古研究院在咸阳市渭城区渭阳镇西耳村的西北部发掘了一批秦墓，年代确定为战国中晚期。所获人骨为研究先秦时期关中秦人的体质特征、健康状况提供了一份有价值的资料。稍显遗憾，人骨保存欠佳。共采集20例个体，保存在泾渭基地的库房中。2013年8月初，受主持发掘工作的肖健一委托，本人及一名研究生前往泾渭基地，整理了这批秦人骨骼资料。

一、骨骼的保存状况及性别、年龄特征的观察与判断

西耳村墓地分两个区域发掘，分别是渭城西路东段墓地和西铁北环线墓地，由于这两片墓地文化性质相同，年代同时，本文合并一处研究。渭城西路秦墓采集11例个体，西铁北环线秦墓采集9例个体，行文中以“渭城”和“西铁”简称。20例标本的性别、年龄判断主要依据中外学者在人体骨骼鉴定中常用的肉眼观察方法①。鉴于这批标本保存的部位不同，个别骨骼上反映性别、年龄特征的部分已破损或者朽蚀，因此无法做出判断。还有几例个体只能做出倾向性的推测，本文用（?）以示区别。

（1）渭城西路M110，上下颌牙齿全部保留。除第三臼齿外，所有恒齿全部出齐齿列。颅基底缝尚未开始愈合。无龋齿。为14～18岁的女性。

（2）渭城西路M169，保留有上颌右侧P1、C，左侧P1、P2，右侧M1、M2、M3及右侧I1、I2。齿冠磨去近半，齿质完全暴露，M1磨耗Ⅳ级。牙齿大。下肢骨残片可见骨壁很厚。为40岁左右的个体，可能是男性（？）。

（3）渭城西路M202，头骨挤压变形。面骨缺失。眉弓突度中等。额结节明显，额部平直。眶上缘锐薄。有眶上切迹存在。乳突中等，枕外隆突特显。左侧下颌残段上仅保存P1、P2的齿根部

① 邵象清：《人体测量手册》，上海辞书出版社，1984年。TIM. D. *Human Bone Manual*. Elsevier Academic Press，2005.

分。齿冠完全磨去。面部涂抹朱砂。为一例女性，年龄段应在中老年期。

（4）渭城西路M205，头骨残片少许，骨壁轻薄。下颌恒M1、M2出齐齿列。右侧恒P1、P2根尖孔闭合。年龄为12～14岁，性别不明。

（5）渭城西路M209，额骨、鼻骨、顶骨、颞骨残片少许。眉弓弱，眶上缘锐薄。颅内前囟点附近冠状缝和矢状缝尚未开始愈合。颅骨骨壁薄，骨轻。颧弓根部纤细。髁突窝浅。残断的左侧股骨骨干纤细，骨壁厚重。可能为青壮年女性（？）。

（6）渭城西路M212，头骨残片少许。额结节、顶结节显著。髁突窝浅且小。右侧股骨仅存骨干和股骨头部，股骨头关节面小。股骨骨干纤细，骨间嵴欠发达。骨壁薄，骨轻。可能为成年女性（？）。

（7）渭城西路M216，头骨残破成碎片。见有额骨、左右侧顶骨、颞骨、枕骨的残片及右侧下颌骨残段。眉弓弱，眶上缘锐薄，额结节明显。乳突小，乳突上嵴很弱。枕外隆突稍显。枕骨上项线发达，形成左侧宽13.5、右侧宽15毫米的骨嵴。下颌体低，枝纤细，下颌角大，髁突小。下颌右侧M1磨耗Ⅱ～Ⅲ级，仅颊侧近中齿质点暴露。M2磨耗Ⅲ级。P1向舌侧偏斜式磨耗严重，约1/2的齿质点暴露，颊侧近中、远中齿质点均磨出。

右侧髋骨残破，仅保留部分髂骨。坐骨大切迹宽而浅，耳状面小且弯曲。耳前沟很浅很窄。保留有C3～C6，椎孔部分残破。两块残破的腰椎由于椎体和椎弓部分残破，具体位置无法判断。

左侧肱骨骨干残缺，右侧肱骨头部残缺。肱骨头面积小，骨干部分纤细。右侧尺骨下端小头部分残破。右侧桡骨完整。左侧锁骨胸骨端残破。

左侧股骨下端残破。骨壁厚，骨松质致密，均匀，股骨骨干纤细，骨间嵴发育中等。股骨头小。为25～30岁的女性。

（8）渭城西路M222，头骨残成碎片，左右侧顶骨及部分枕骨以矢状缝和人字缝连接在一起。颅骨内矢状缝和人字缝已经完全愈合。头骨骨壁薄。残破眉弓发达。眶上缘圆钝。右侧M1磨耗Ⅴ级。乳突大，乳突上嵴发达。下颌体中等，下颌枝高。下颌角大。髁突大。

骶骨接近等边三角形，但是第一骶椎关节面大于整个底面的1/2。

左侧锁骨胸骨端残破。寰椎、枢椎保存完整。

左侧胫骨保存完整，上端关节面大，骨干粗壮。左右两侧股骨下端残破。骨干粗壮，骨间嵴呈唇样。股骨头面积大，为50岁左右的男性。

（9）渭城西路M230，股骨骨干粗壮，骨间嵴呈唇样，股骨头大，下端关节面大。骨壁厚，骨重。保留C1～C5，头骨经过复原后左侧颞骨残破，左侧顶骨、额骨及枕骨大孔残破。M1磨耗Ⅴ级。为一例50岁左右的男性。

（10）渭城西路M239，下颌右侧枝部残缺。下颌体高，枝宽中等。下颌保留左侧C～M2，右侧I1-M2。下颌左右侧M1磨耗Ⅳ～Ⅴ级。年龄约45岁，可能是男性（？）。

（11）渭城西路M242，下颌仅存左侧半段。下颌体低，枝纤细。左侧仅存C、P2，齿冠磨去大半，齿质完全暴露。右侧额骨、顶骨及两侧颞骨残缺，额结节明显。眶上缘锐薄。

左侧股骨基本完整，右侧股骨下端残破。骶骨呈等边三角形。第一骶椎上端关节面约占整个骶椎的1/3。左侧髋骨髂骨部分、右侧髋骨耻骨部分残破。耻骨联合部方形，耻骨下角大。耻骨支外翻明显。坐骨大切迹宽而浅，耳前沟宽且深，耳状面呈三角形，小且弯曲。髋臼小。耻骨联合面磨耗Ⅱ级，为51～60岁的女性。

（12）西铁北环M19，仅保存残破的上下颌骨，下颌左右侧M1磨耗Ⅲ～Ⅳ级。左侧股骨头保留，关节面大。骨干部分骨壁厚，骨重。可能为35～40岁的男性。

（13）西铁北环M24，头骨残片上右侧额结节显著。颅内冠状缝，矢状缝完全愈合。枕外隆突中等，乳突小。下颌保留体部和右侧枝部。体低，枝高，髁突小。下颌右侧M1磨耗Ⅴ级。

左侧髋骨髂翼部分残缺。右侧缺耻骨部。耻骨联合方形，下角大，下支纤细，外翻明显。坐骨大切迹宽而浅，耳状面小而弯曲。耳前沟宽且深。耻骨联合面磨耗Ⅱ级。为一例51～60岁的女性。

（14）西铁北环M26，右侧下颌枝残段一块。下颌角大，下颌枝纤细。右侧髋骨残块。坐骨大切迹从走向看宽而浅。耳状面小且弯曲。耳前沟宽。为一例青壮年女性。

（15）西铁北环M35，仅存胫骨、股骨残段。骨重，骨壁厚。左侧股骨头部骨干与骨骺尚未开始愈合。散落牙齿若干。下颌右侧M1磨耗Ⅰ级。门齿磨耗Ⅱ级。下肢骨骨干纤细。可能为一例17～19岁的女性（？）

（16）西铁北环M36，胫骨、股骨残块少许。骨壁厚，骨重。骨面光滑。为一例成年个体。可能为男性（？）。

（17）西铁北环M38，股骨骨干残片少许。骨面光滑。骨干纤细。骨间嵴不发达。保存下颌骨体部残段一块。体低，颏形尖形。下颌右侧M1磨耗Ⅳ级。为一例40岁左右的女性。

（18）西铁北环M41，骨被烧过。保存有左右侧肱骨头，股骨骨干残片，性别年龄不详，为一例成年个体。

（19）西铁北环M43，仅存股骨，胫骨残段少许。股骨头关节面大，股骨骨干粗壮，骨间嵴发达。宽度达11.5毫米。骨壁厚，骨重。为一例成年男性。

（20）西铁北环M55，左右侧残破髋骨上坐骨大切迹宽而浅，耳状面小且弯曲。耳前沟宽且深。下颌左侧枝部残，下颌体低，枝纤细。颏形圆形。髁突小。下颌左右侧M1磨耗Ⅱ～Ⅲ级。为25岁左右的女性。

以上20例标本的性别、年龄观察结果见表一。

表一　性别、年龄观察结果

人骨编号	年龄	性别	人骨编号	年龄	性别
渭城西路M110	14～18岁	女	渭城西路M242	51～60岁	女
渭城西路M169	40±岁	男	西铁北环M19	35～40岁	男
渭城西路M202	中老年	女	西铁北环M24	51～60岁	女
渭城西路M205	12～14岁	?	西铁北环M26	青壮年	女
渭城西路M209	青壮年	女	西铁北环M35	17～19岁	女?
渭城西路M212	成年	女	西铁北环M36	成年	男?
渭城西路M216	25～30岁	女	西铁北环M38	40±岁	女
渭城西路M222	50±岁	男	西铁北环M41	成年	?
渭城西路M230	50±岁	男	西铁北环M43	成年	男性
渭城西路M239	45±岁	男	西铁北环M55	20～25岁	女

所有标本中仅2例个体无法给出性别鉴定结果，鉴定率为90%。7例标本为男性，11例为女性。男女性比为0.64∶1。年龄段分布计有4例属于青年（接近青年）段，3例属于壮年段，7例步入中年段，2例进入老年段。7例男性中有2例仅能判断为成年，剩余5例均进入中年段。11例女性中有5例死亡年龄处于青壮年期，又一次印证了先秦时期生育是导致女性死亡的重要原因。

二、头骨的形态观察

西耳村秦墓头骨有3例保存相对较好，但仍有部分颅面骨缺损。其他残破的头骨上部分特征可以进行形态观察。观察的项目见于常用的人体测量手册①。

（1）头骨形状，从颅骨的顶面观察颅形的轮廓，渭城西路M110、M202、M230（图一）、西

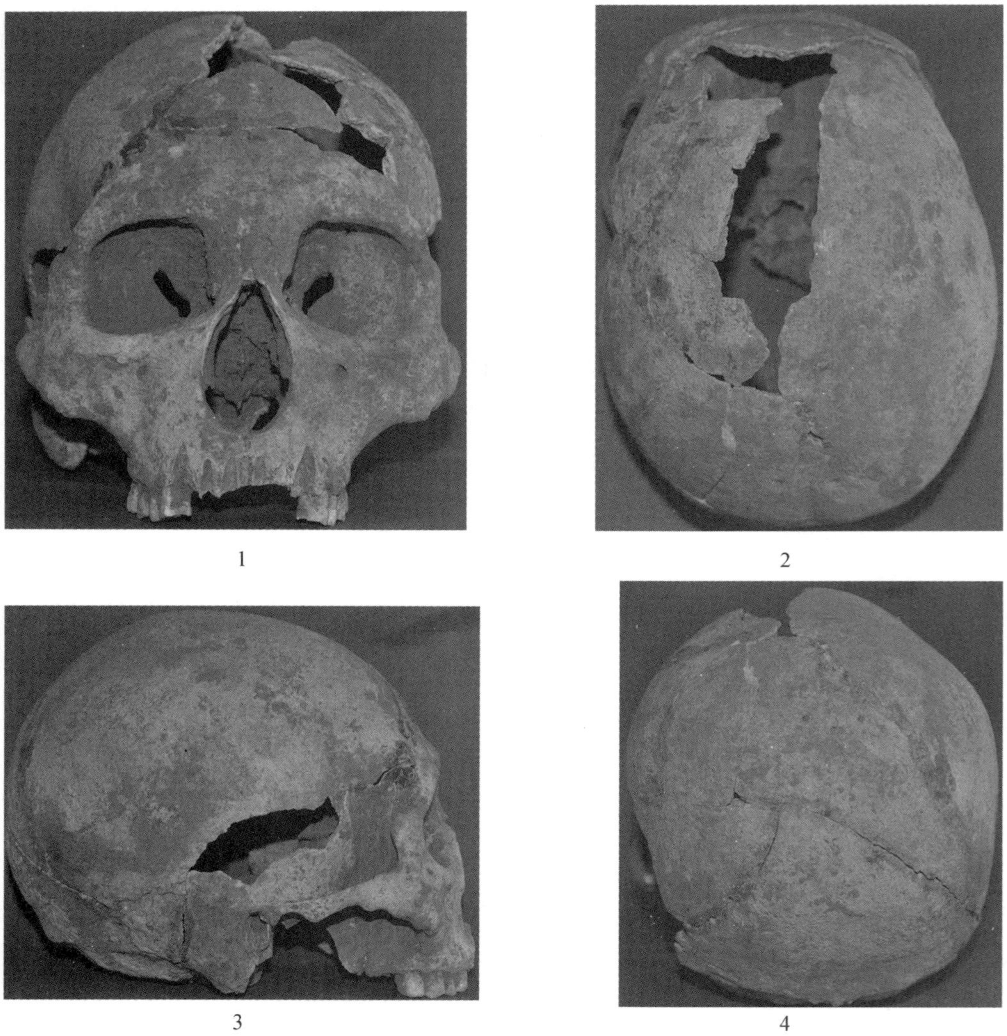

图一　渭城M230头骨

1. 渭城M230正面观　2. 渭城M230顶面观　3. 渭城M230侧面观　4. 渭城M230后面观

① 邵象清：《人体测量手册》，上海辞书出版社，1984年。

铁北环M55（图二）的颅形为卵圆形。M242的颅形为长椭圆形。显示这一人群的颅形是以中长颅为主。

1

2

3

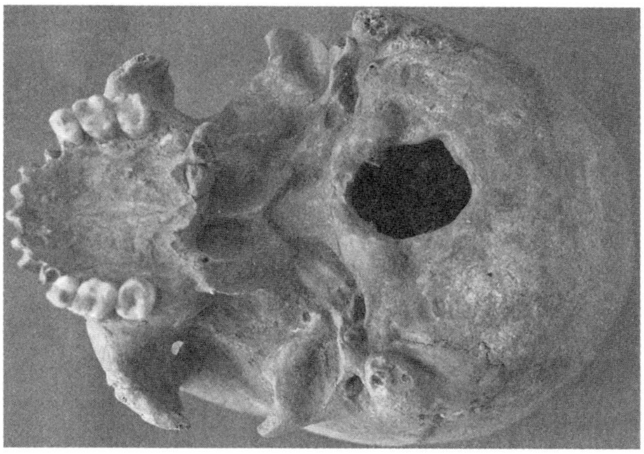

4

图二　西铁M55头骨

1. 西铁M55正面观　2. 西铁M55侧面观　3. 西铁M55后面观　4. 西铁M55底面观

（2）眉弓突度，渭城西路M110、M216、西铁北环M55的眉弓突度弱。渭城西路M242眉弓突度稍显。M209眉弓突度中等。M230眉弓中等。M222眉弓发达。前4例女性的眉弓发育程度从弱—中等，后两例男性的眉弓发育程度为中等和显著。

（3）眉间突度，渭城西路M110、M216、M242、M209、西铁北环M55共5例女性的眉间突度从不显到稍显，M230眉间突度稍显，M222中等。

（4）鼻根凹陷，此项目反映鼻骨与额骨相交处向后凹入的程度。可供观察该特征的标本有三例，M110和M230均无鼻根凹陷，西铁M55鼻根凹陷稍显。

（5）额坡度，即额骨从鼻骨根部向后倾斜的程度。渭城M110、M202、M242、西铁M55额部平直，渭城M230额部中等倾斜。

（6）矢状嵴，这是正中矢状缝上的显示的骨性隆起。渭城M110、M230及西铁M55无矢状嵴，M242前段矢状嵴明显。

（7）犬齿窝，为眶下孔稍下方的窝形结构。西铁M55和渭城M230犬齿窝浅，M110和M242犬齿窝深。

（8）眶形，渭城M110为斜椭圆形。M230为长方形眶。西铁M55为斜方形眶。三例标本内眶角和外眶角均较圆钝。

（9）额中缝，额骨自鼻根部向上延伸的一条骨缝。极少数数人终生保留此条骨缝。能够观察的4例标本中，M110、M230和西铁M55无额中缝，M202则保留完整的额中缝。

（10）鼻棘，M110和M230鼻棘不显。

（11）梨状孔形状，M110和西铁M55的梨状孔为心形，M230为梨形。

（12）梨状孔下缘形态，M110及西铁M55的梨状孔下缘为钝形，M230则是锐形。

（13）腭圆枕，上颌腭中缝两侧隆起的骨嵴，有条状、丘状、瘤状及不规则形。M110无腭圆枕，M230和西铁M55的腭圆枕呈嵴状。

（14）下颌圆枕，下颌体与颏孔相对的舌侧出现的骨性隆起。M110、M216、M222、M242及西铁M55无下颌圆枕，M230和M239则有很小的下颌圆枕，大小如芝麻。

（15）颏孔位置，M216颏孔在P2M1位。M222、M230及西铁M55的颏孔位于P2位。

（16）颧骨上颌骨下缘形态，M222颧骨既高且宽，右侧颧颌下缘转折处方折明显。M230、M110及西铁M55颧骨中等高宽，颧颌下缘转折处方折明显，M110的颧颌缘结节很发达。

（17）后枕部形状，指颅骨后部枕骨部分向后突出的形态特征。M110和M230枕部均有向后突起，不平坦。

（18）第三臼齿先天缺失，M216、M222下颌第三臼齿出齐齿列。西铁M55的第三臼齿即将萌出。M230第三臼齿终生未萌出。

由于采集的头骨标本太少，无法全面代表一个群体头骨的形态特征。但是仅从这几例能够观察的标本上看，仍旧显示出某些较为一致的倾向。如颅形以中长的卵圆颅为主，眉间突度发育弱，鼻根凹陷不见或很浅，额部发育相对丰满（多平直），矢状嵴不显，鼻棘发育弱，下颌圆枕无或很小，颧骨上颌骨下缘转折处方折明显，后枕部有向后的突起等特征。

三、头骨的测量特征及种族分析

保存稍好可以进行测量的头骨有渭城M110、M230和西铁M55共3例个体。另有几例残破头骨个别项目可以测量，一并获取了需要的数据。

（1）颅形测量：测量项目包括颅长（g-op）、颅宽（eu-eu）、颅高（ba-b）以及由此产生的指数，计有颅指数（8：1）、颅长高指数（17：1）、颅宽高指数（17：8）、垂直颅面指数（48：17）（表二）。

表二　颅形测量数值　　单位：毫米

测量项目及马丁号	渭城M110	渭城M230	渭城M242	西铁M55
1.颅长（g-op）	159	180	184.2	174.5
8.颅宽（eu-eu）	128	133	131	135
17.颅高（ba-b）	133	—	—	135
8：1颅指数	80.5	73.9	71.1	77.4
17：1颅长高指数	83.6	—	—	77.4
17：8颅宽高指数	103.9	—	—	100
48：17垂直颅面指数	50.8	—	—	48

表二中M230、M242的颅指数都在70～74.9之间，属于长颅型，西铁M55属于中颅型。渭城M110颅指数较大，在80～84.9之间，属于圆颅型，接近圆颅型的下限。颅长高指数和宽高指数M110和西铁M55可以获得，M230和M242由于枕骨大孔或者额骨残破，无法测得颅高值。M110和西铁M55的颅长高指数为83.6和77.4，显示为高颅型（75-X），颅宽高指数是103.9和100.0，属于狭颅型（98-X）。从垂直颅面指数看，M110和西铁M55分别为50.8和48，属于小（47.9～51.1）的范围①。M110系14～18岁的青年女性，女性头骨与男性相比，长宽高值及脑容量都会偏小，况且该标本年纪尚轻，还未充分发育。从颅长高、宽高指数看，该颅骨与短颅、低颅及阔颅的颅形存在本质的区别。由此我们推测西耳村秦人的颅形以长高狭为主是合理的。

（2）面形测量：面形测量所涉及的项目有上面高Ⅰ（n-pr，48）和上面高Ⅱ（n-sd，48）面宽（zy-zy，45），指数项目有上面指数（48：45）。可测量的有渭城M110和西铁M55，前者上面高Ⅰ和Ⅱ的值分别为64.2毫米和67.6毫米。后者pr点破损，上面高Ⅱ的值为64.8毫米。前者颧宽由于颧弓部分残缺，在复原的基础上测得的数据为126.4毫米，后者颧宽为125毫米。上面指数分别为53.48和51.84，属于中上面型。

（3）眶型测量：其特征主要以眶指数体现（表三）。渭城M230左侧眶指数Ⅰ（52：51）为71.75，右侧眶指数Ⅰ为70.67，属于低眶型。M110左侧眶指数Ⅰ为75.93，右侧眶指数Ⅰ为74.36，西铁M55左侧眶指数Ⅰ为72.33，右侧眶指数Ⅰ为73.86，同样属于低眶型。眶指数Ⅱ的结果显示只有M110的左侧眼眶属于偏低的中眶型，其余仍为低眶型。有理由推测西耳村秦墓头骨具有低眶倾向。

表三　眶型测量数值　　单位：毫米

测量项目及马丁号	渭城M110	渭城M230	西铁M55
51.眶宽（mf-ek）$_{左}$	43.2	44.6	44.1
51.眶宽（mf-ek）$_{右}$	43.3	45	44
51a.眶宽（d-ek）$_{左}$	39.2	40.5	40.8

① 韩康信：《中国西北地区古代居民种族研究》，复旦大学出版社，2005年，第20页，表1～7。

续表

测量项目及马丁号	渭城M110	渭城M230	西铁M55
51a.眶宽（d-ek）右	40.3	40.5	42
52.眶高左	32.8	32	31.9
52.眶高右	32.2	31.8	32.5
52：51眶指数Ⅰ左	75.93	71.75	72.33
52：51眶指数Ⅰ右	74.36	70.67	73.86
52：51a眶指数Ⅱ左	83.67	791	78.19
52：51a眶指数Ⅱ右	79.90	78.52	76.19
中眶间宽	53.7	—	59
鼻尖点到中眶间宽矢高	19.8	—	—

（4）鼻型测量：包括鼻指数及鼻根指数（表四）。M209保留了大部分鼻骨，鼻根指数为40。M230和M110的鼻根指数分别为33.3和25。西铁M55鼻根指数为33.3。能够计算鼻根指数的例数少，变异大，平均发育处于中等偏弱水平。M230和M110的鼻指数为47.7和49.4，属于中鼻型。M55的鼻指数为51.3，为阔鼻型。

表四　鼻型测量数值　　单位：毫米

测量项目及马丁号	渭城M110	渭城M209	渭城M230	西铁M55
54.鼻宽	24.8	—	25	24.1
55.鼻高（n-ns）	50.2	—	52.4	47
鼻骨最小宽（sc）	11.2	11.3	6	6
鼻骨最小高（ss）	2.8	4.52	2	2
54：55鼻指数	49.4	—	47.7	51.3
鼻根指数（ss：sc）	25	40	33.3	33.3
鼻骨角	20	—	—	—

（5）上面部、中面部水平突度测量：上面部水平突度由鼻颧指数体现，为鼻根点到两眶外缘宽的垂直高度与该宽度的比值（表五）。M230的n到fmo-fmo的矢高为15.8毫米，鼻颧指数是16.5，鼻颧角为145度。M110的矢高为19.4毫米，鼻颧指数是20，鼻颧角为137度。西铁M55的矢高为13.7毫米，鼻颧指数为14.4，鼻颧角是148度。从上面部水平突度看，西铁M55较之渭城M230更为扁平。渭城M110上面部突起程度中等。M110和M230具有中等水平的突起程度，且前者突起程度更明显。

表五　上面部、中面部水平突度测量数值　　　　　　　单位：毫米，角度

测量项目及马丁号	渭城M110	渭城M230	西铁M55
43（1）两眶内宽（fmo-fmo）	97.1	95.6	94.9
鼻根点到两眶内宽矢高	19.4	15.8	13.7
77鼻颧角	137	145	148
中面宽Ⅰ（zm-zm）	94	10.5.2	—
中面宽Ⅱ（zm1-zm1）	94.3	105	—
颧上颌高Ⅰ	27.8	27.5	—
颧上颌高Ⅱ	24.2	29.2	—
颧上颌角Ⅰ	119	125.2	—
颧上颌角Ⅱ	126.4	121.5	—

（6）面部矢状方向突度测量：这是通过在法兰克福平面上测量几个面角来估计的指标（表六），包括总面角（n-prFH∠）、鼻面角（n-nsFH∠）和上齿槽角（ns-prFH∠）。能够测得这三项指标的标本只有M110。她的总面角是80，属于中颌型，中面角83度，亦属中颌型，齿槽面角属于突颌型。

表六　面部矢状方向突度测量数值　　　　　　　单位：毫米，角度

测量项目及马丁号	M110
5颅基底长	98
40面基底长	90
72总面角	80
73鼻面角	83
74齿槽面角	75
32（1）额倾角	45
前囟角	40
32（5）额角	80
32额倾角	82

（7）颧骨的测量：完整保存颧骨的个体有渭城M230和西铁M55，前者左右侧的颧骨宽分别为25.8、26.5毫米，颧骨高值同为45.8毫米，处于中等高宽的范围内。后者左右侧的颧骨宽分别为23.6和24.0毫米，颧骨高值为43.1和41.6毫米，在中等偏低的范围。

从测量特征看，4例标本同样显示出某些较为一致的倾向。颅形以长颅、高颅和狭颅为主，面形属于中上面型，低眶，中（阔）鼻，鼻根隆起中等偏低。上面部在水平方向中等扁平，在矢状方向为中颌型。具有中等高宽的颧骨，颧骨上颌骨下缘转折处方折明显。有较明显的齿槽突颌现象。

综合西耳村人骨的形态观察和测量特征，他们在种族特征上显示出了蒙古人种的基本特征，在小的区域类型中他们与具有中颅、高颅、狭颅，中宽的额部，中等的鼻型，中等的眶型，中等的垂

直颅面比例，水平方向中等的面部扁平度，矢状方向的中颌，较为低矮的鼻根部的东亚类型最为相近。二者之间的差异则体现在作为男性的M230颅型偏长，眶型很低。原因可能有二，一是标本量太少，二是可能受到来自甘青地区长颅人群形态特征的影响所致。

四、肢骨的研究及身高的估计

1. 肢骨的研究

对于肢骨的粗壮程度的比较研究能够推测古代居民的生计方式。男女两性的劳动强度和分工是否存在差异也能在肢骨上体现。这项研究对探讨农业起源、人类与生存环境之间的相互关系也将有所裨益。

股骨中部横断面指数也被称为骨嵴指数，可以反映股骨嵴的发育程度。指数越大，表明个体的股骨嵴越发达。本文中2例男性个体的股骨嵴发育差别较大，M230和M222年龄相当，前者股骨嵴发育较弱，后者则较为强健。两例女性个体差别更大，M216股骨嵴发达程度超过两例男性，M242则较弱。西铁M55处于中等水平。由于个体数量太少，原因尚难探讨（表七）。

表七　股骨各项测量值及指数　　单位：毫米

项目	M230（L）	M230（R）	M222（L）	M222（R）	M216（R）	M242（L）	西铁M55（R）
最大长	430	434	—	—	416	403	370
全长	427	432.5	—	—	412	401	368
头周长	—	—	159	156	133	134	135
头纵径	—	—	49.5	49.8	42.6	42	43.2
头横径	—	—	47	47.5	42	41.8	41.7
体中部横径	31.7	30.2	33.7	30.7	25	27.8	21.8
体中部矢径	29	29.4	37.5	34	30.8	26.5	23.7
最大径	32	30.6	37.7	34	31	28	24.2
最小径	27.5	27.9	31.1	30.2	23.7	26.2	21.5
中部断面指数	91.48	97.43	111.27	110.75	123.2	95.32	108.71
粗壮指数	14.22	13.73	—	—	13.54	13.54	12.36

本文用于测量的肱骨仅3例，均为男性。从肱骨的粗壮指数看，3例标本相差不大，平均值为19.52，属于相对纤细的肱骨类型（表八）。

表八　肱骨各项测量值及指数　　单位：毫米

项目	M239（左侧）	M230（左侧）	M230（右侧）	平均值
最大长	325	298	304	309
头周长	45	42	43.5	43.5
体最小周长	63.5	58	59.5	60.3

续表

项目	M239（左侧）	M230（左侧）	M230（右侧）	平均值
体中部横径	21.2	18.5	20.3	20
体中部矢径	24	23	23.5	23.5
最大径	25	24.2	25	24.7
最小径	17.7	17.8	17	17.5
中部断面指数	70.8	73.55	68	70.78
粗壮指数	19.54	19.46	19.57	19.52

从胫骨指数看，2例属于中胫型，4例属于宽胫型。已有的研究表明，胫骨越扁平，该个体下肢的负荷越大，扁平的下肢骨适合附着强健有力的肌肉①。6例胫骨中属于女性的M216胫骨最扁平，结合其股骨嵴特别发达等特征，该个体日常活动量大于西耳村平均人群，包括部分男性成员（表九）。

表九　胫骨各项测量值及指数　　单位：毫米

项目	M222（L）	M239（R）	M230（L）	M230（R）	M216（R）	西铁M24（R）	西铁M55（R）
最大长	392	383	365.5	—	—	326	315
滋养孔矢径	41.4	44	37.8	40.5	39.4	32.5	29
滋养孔横径	30.6	29.3	29.2	31.2	25.2	23.3	21.5
中部矢径	37.2	36.7	32.9	—	—	26.5	22.5
中部横径	26	29.3	23	—	—	19.6	17.5
最小周长	91	87	82	—	81	70	61
胫骨指数	73.91	65.99	77.25	—	63.96	71.69	74.13
中横断面指数	69.89	79.84	69.91	—	—	73.96	81.4

2. 身高的推测

通过测量肢骨，特别是下肢骨的最大长，代入相应的公式，就可以推算出个体的身高，进而了解一个群体的营养状况。本文选用K. Pearson②、邵象清③和张继宗④的公式来推算M230、M222、M216、M242和M239墓主人的身高，结果见表一〇。

K. Pearson的公式为：

$$男性S=81.306+1.880F$$

$$S=78.664+2.376T$$

① 王明辉：《灵宝西坡墓地》，文物出版社，2010年，第115～177页，第三章，人骨综合研究。

② K. Pearson. Karl and Bell. Julia.《A study of the long bones of the English skeleton》，Cambridge University Press，London. 1917 转引自张君：《河南商丘潘庙古代人骨种系研究》，《考古求知集——96考古研究所中青年学术讨论会文集》，中国社会科学出版社，1997年，第486～498页。

③ 邵象清：《人体测量手册》，上海辞书出版社，1985年。

④ 张继宗：《中国汉族女性长骨推断身长的研究》，《人类学学报》2001年4期，第302～307页。

女性$S=72.844+1.945F$

$S=72.774+2.352T$

邵象清的中国汉族男性身高公式为：

男性$S=64.362+2.30F \pm 3.481$（左）

$S=85.339+2.22T \pm 3.874$（左）

$S=64.484+2.31F \pm 3.486$（右）

$S=83.310+2.28T \pm 3.813$（右）

张继宗的公式为：

女性$S=48.391+2.671F$（左）

$S=59.733+2.899T$（左）

$S=45.929+2.752F$（右）

$S=60.307+2.908T$（右）

公式中的F代表股骨（Femur），T代表胫骨（Tibia）。

表一〇　身高推算　　单位：毫米

	股骨最大长	胫骨最大长	K.Pearson公式		邵象清公式		张继宗公式	
			股骨	胫骨	股骨	胫骨	股骨	胫骨
M230左侧	430	365.5	162.15	165.51	163.26	166.48	—	—
M230右侧	434	—	162.9	—	164.74	—	—	—
M222左侧	—	392	—	171.8	—	172.36	—	—
M239右侧	—	383	—	169.66	—	170.63	—	—
M216右侧	416	—	153.76	—	—	—	160.45	—
M242左侧	403	—	151.23	—	—	—	1563	
西铁M55右	370	315	144.81	146.86	—	—	147.75	151.91
西铁M24右	—	326	—	149.45	—	—	—	155.11
男性平均值	166.95				女性平均值	151.74		

表一〇中所测3例男性的身高平均值为166.95厘米，4例女性身高平均值为151.74厘米。为了便于了解本文人群身高发育水平，笔者查找了先秦时期陕、晋、蒙等地人群身高数据，年代为先周到西周的陕西凤翔西村周组男性身高为165.52厘米，女性身高为155.95厘米[①]，年代为两周的山西侯马上马组男性身高为165.15厘米[②]，年代属于东周的内蒙古和林格尔新店子组男性为164.76厘米，女性为159.31厘米[③]。与之比较，西耳村男性身高大致处于中等偏高水平，女性身高则偏低。

---

① 韩伟等：《凤翔南指挥西村周墓人骨的测量与观察》，《考古与文物》1985年3期，第55～84页。

② 张全超、常娥：《内蒙古和林格尔县新店子墓地古代居民的肢骨研究》，《边疆考古研究》（第五辑），科学出版社，2007年，第278～287页。

③ 潘其风：《上马墓地出土人骨的初步研究》，《上马墓地》附录一，文物出版社，1994年，第398～483页。

五、口腔及其他病理的观察

1. 口腔疾病

渭城M222上颌右侧保留I1～M1，I2齿冠大部分磨去，C仅保存不足1/2齿冠，髓腔暴露。P1近中面齿颈处为龋齿，龋洞直径约3.8毫米。左侧保留P1、P2、M1。P2和M1为龋齿，M1齿冠从近中齿颈处开始腐蚀，蚀洞直径约9.5毫米。P1舌侧齿颈处有直径约5毫米的蚀洞。M2，M3齿槽窝完全闭合。所有牙齿患牙周病。下颌左侧保留C、P1、P2、M3。M1、M2齿槽窝完全闭合。右侧保留I2、C、P1、P2、M3，M1、M2齿槽窝完全闭合。右侧I2，左侧P1已穿髓。

渭城M230上颌左右侧I1、P1～M3保留，齿根暴露超过3.5毫米，患牙周病。下颌缺少左侧I1，左右侧M3，其余牙齿存在。I1、左右侧M3为死后脱落。下颌左侧M1为龋齿，龋洞在颊侧齿颈处。右侧M1为龋齿，龋洞在颊侧齿颈处。M2为龋齿，龋洞穿透髓腔，在远中面齿颈处。患牙周病（图三，1）。

西铁北环M24上颌保留右侧C、P1、P2，M2、M3为散落的牙齿。其中P1为龋齿，龋面在近中齿颈处，齿冠被腐蚀1/3。M2为龋齿，龋洞在颊侧齿颈处，齿颈被腐蚀1/3。M3为龋齿，龋洞在颊侧齿颈处，齿冠超过1/2及部分根部被腐蚀。

本文共观察83颗恒齿，9颗为龋齿，患龋率为10.84%。由于标本数量少，一些牙齿生前脱落，齿槽窝闭合，不能排除生前罹患龋齿的可能性，因此10.84%这一百分比可能被低估。

2. 其他疾病

渭城M216右侧股骨前面头下部有一长15.8、宽11.6毫米的缺损窝，左侧缺损窝长18.2、宽11.5毫米，本应光滑平整的骨表面形成了针眼大小的筛孔，形状呈倒三角形（图三，2）。右侧缺损窝接近椭圆形，中间被分隔成两部分，左侧为筛状孔，右侧平整。属于骨质溶解性损伤。M216右侧肱骨鹰嘴窝与冠突窝贯通，形成一个长5.2、宽4.6毫米的近圆形滑车孔。西铁M24残破的左侧肱骨下端鹰嘴窝与冠突窝之间亦有滑车孔存在。国外有学者统计滑车上孔的出现率女性明显高于男性①，本文发现的2例有滑车孔的标本同为女性。滑车上孔发生的原因有三，其一是返祖遗传说，其二是后天过伸说，其三是骨化紊乱说②。本文样本是一例女性，由于数量太少，形成滑车上孔的原因无法判断。

M222犬齿窝很深。窝内呈针孔样孔洞，可能与贫血有关（图三，3）。其股骨大小转子发达，第三转子形成。转子间线发达。

M242第4～5颈椎发生连桥，融合成一块（图三，4，5）。第三胸椎椎体下端前侧周缘生有骨

① Robert W. Mann，David R. Hunt. *Photographic Regional Atlas of Bone Disease*（*Third Edition*）. CHARLES C THOMAS. PUBLISHER，LTD，2005，126-128.

② 丁士海，阎克等：《关于肱骨滑车上孔的研究》，《解剖学研究》2000年2期，第83～87页。

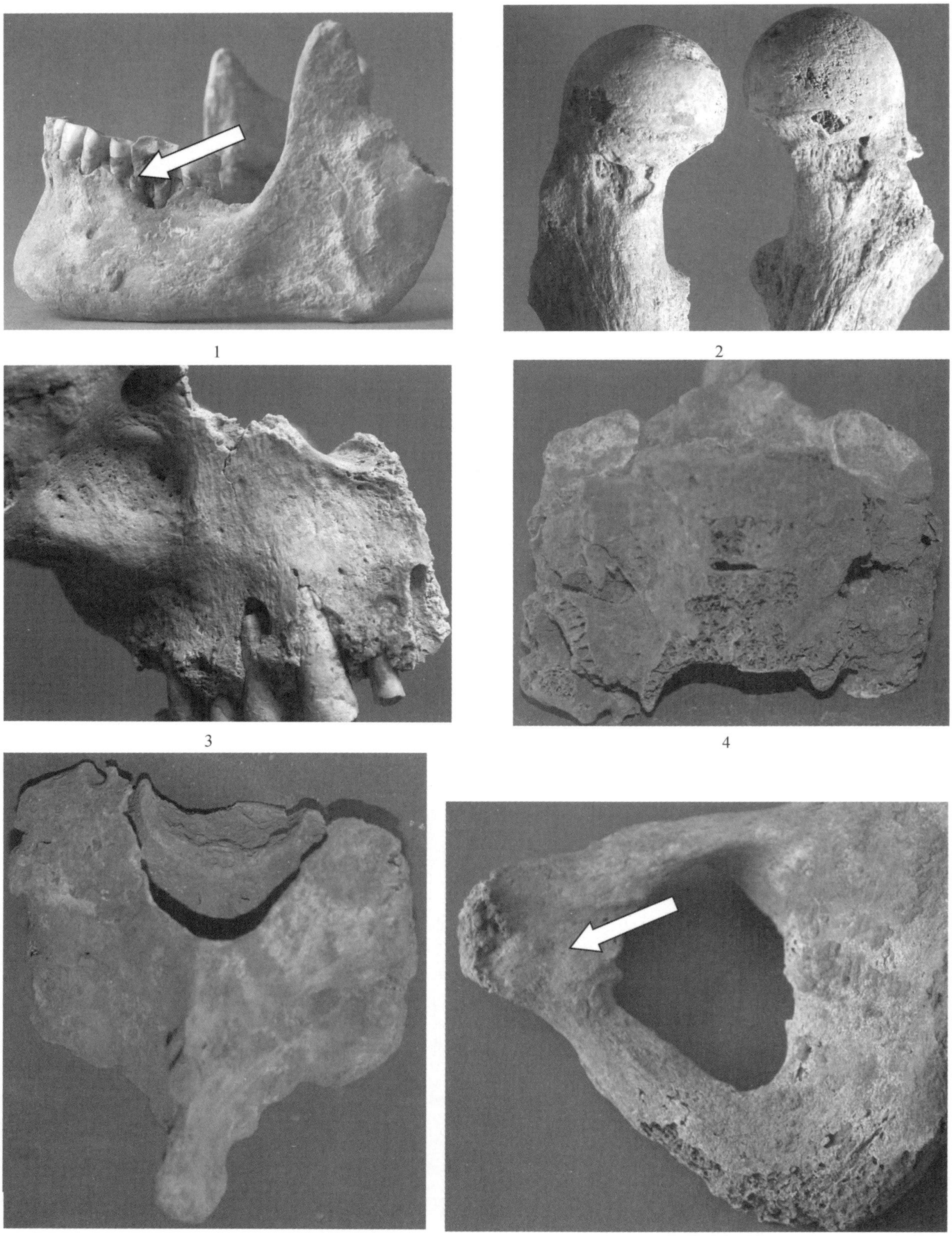

图三　渭城M216、M222、M230、M242部分骨骼

1. 渭城M230龋齿　2. 渭城M216股骨颈处骨质溶解性损伤　3. 渭城M222犬齿窝内筛孔　4. 渭城M242四、五项椎融合正面观　5. 渭城M242四、五颈椎融合后面观　6. 渭城M242耻骨联合背侧缘骨刺

刺。耻骨联合腹侧缘周围生成一小丛骨质赘生物（图三，6）。上述特征为退行性骨关节炎。右侧犬齿齿冠唇侧可见三条平行线，是牙釉质发育不全的一种表现。头骨上矢状缝两侧对称分布大如绿豆，小如针孔的筛孔，此症状与缺铁性贫血有关（图四，1）。

M230第五颈椎椎体周缘生有骨刺（图四，2）。西铁M24右侧髋骨髂翼前端遍布骨刺。骨质疏松，轻薄。

M110牙齿唇面有一条条环状生长线，亦为牙釉质发育不全的症状。

西铁M55右侧锁骨肩峰端锥结节发育显著。形成长16、宽9.8毫米的椭圆形结节（图四，3）。下颌髁突关节有一小窝，使得关节面向外侧倾斜（图四，4）。

从上述病理推测西耳村人群龋齿、牙釉质发育不全、贫血及退行性骨关节炎发病率较高，与定居的农业人群容易罹患的疾病特征相符。

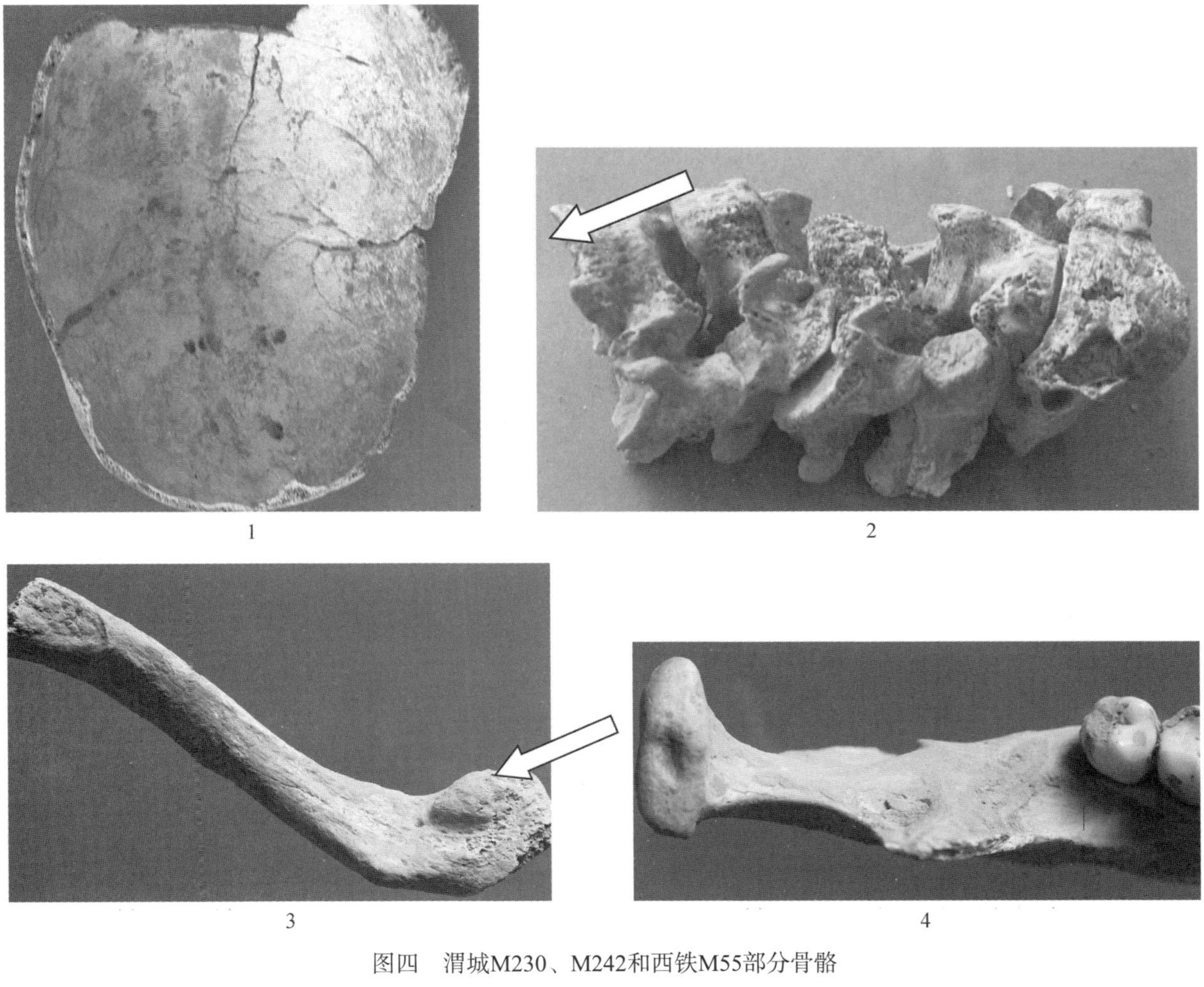

图四　渭城M230、M242和西铁M55部分骨骼

1. 渭城M242顶骨两侧筛孔　2. 渭城M230颈椎椎体周缘骨刺　3. 西铁M55锁骨肩峰显著的端锥状结节　4. 西铁M55髁突关节面上的窝

六、结　论

（1）本文共鉴定了20例出自咸阳地区战国秦墓的人骨材料，除2例由于保存骨骼体少，无法给出性别鉴定外，可鉴定的男性7例，女性11例。男女性比为0.64∶1。明确可鉴定年龄的13例个体平均死亡年龄为36岁。

（2）从形态观察特征看，这批人骨具有卵圆或椭圆形颅，弱的眉间突度，很浅的鼻根凹陷，平直的额部，无矢状嵴，弱的鼻棘，无或很小的下颌圆枕，明显的颧颌下缘转折，突起的后枕部等特征。结合测量数据，他们具有中颅、高颅、狭颅，中宽的额部，中等的鼻型，中等的眶型，中等的垂直颅面比例，水平方向中等的面部扁平度，矢状方向的中颌，较为低矮的鼻根部等颅面部测量特征。由此可知西耳村人群的种族特征最接近蒙古人种的东亚类型。

（3）肢骨的研究和身高的推算表明，西耳村秦人下肢骨的发育状况处于中等偏弱水平。该人群男性平均身高为166.95厘米，女性平均身高为151.74厘米。与相关先秦遗址人群比较，男性身高属于中等偏高状态，女性身高则偏低。

（4）从病理特征观察看，西耳村秦人龋齿、牙釉质发育不全、贫血及退行性骨关节炎发病率较高，符合定居农业人群容易罹患的疾病特征。

后　记

《咸阳东郊秦墓》考古报告是在2012年国家社科基金西部项目《咸阳周边秦墓研究》的基础上修改而成的。上编包括秦都咸阳西郊西耳村、尹王村中小型秦墓的发掘资料及其研究，下编涵盖咸阳周边发现、发掘的建筑遗址、公王陵墓、中小型秦墓墓葬资料的梳理、分期、研究等，最后依据墓葬分布提出了咸阳外郭城的有无、分布四至的蠡测。

上编第一章西耳村秦墓、第二章尹王村秦墓的发掘皆是由陕西省考古研究院、咸阳市文物保护考古研究所、渭城区文物局等单位组成考古队联合发掘的，领队是肖健一。参加西耳村秦墓发掘的有陕西省考古研究院技工有罗录会、李建锋、杨产量等；参加尹王村秦墓发掘的人员有陕西省考古研究院程根荣，咸阳市文物保护考古研究所陈秋歌，陕西省考古研究院技工靳拉田、张卫平、翟成周、雷磊、袁乐等。

上编第一章西耳村秦墓资料，第二章尹王村秦墓资料由肖健一，程根荣整理；第三章西耳村、尹王村秦墓研究，下编第三章中小型秦墓，第四章墓葬区变化与秦都咸阳扩张由肖健一执笔；下编第一章第一节秦都咸阳遗址的考古发现与研究由首都博物馆武望婷、西安市文物保护考古研究院宁琰收集整理；第二节咸阳周边秦墓的分布与分区由陕西省考古研究院肖健一、西安科技大学人文外语学院张小涓完成。下编第二章陵园、陵墓由丁岩执笔。西耳村、尹王村出土人骨由西北大学文化遗产学院陈靓教授、研究生熊建雪鉴定并编写报告。器物清洗、修复、制拓、文字资料输入肖玉丽、杨佐缘，器物、墓葬绘图刘君幸，线图扫描处理马平志。淳化县博物馆王谦、陕西省考古研究院技工郭强、杨智毅等参加了对本书资料的核对、校对。全部线图修改，下编第三章线图绘制，图版制作肖玉丽。

本书的最终完成，得益于参与工作的各位同仁、老师的辛勤劳作，得益于陕西省考古研究院领导的重视与关怀，得益于国家社科基金的支持！

失误在所难免，欢迎批评指正！

1. M2

2. M3

西耳村M2、M3

图版二

1. M4

2. M5

西耳村M4、M5

1. M11

2. M12

西耳村M11、M12

图版四

1. M13

2. M15

西耳村M13、M15

1. M16

2. M21

西耳村M16、M21

1. M22

2. M24

西耳村M22、M24

1. M25

2. M29

西耳村M25、M29

图版八

1. M30

2. M35

西耳村M30、M35

1. M38

2. M44

西耳村M38、M44

西耳村M41

西耳村M42

1. M101

2. M105

尹王村M101、M105

1. M155

2. M158

尹王村M155、M158

1. M161

2. M165

尹王村M161、M165

1. M169

2. M176

尹王村M169、M176

1. M197

2. M212

尹王村M197、M212

1. M215

2. M216

尹王村M215、M216

1. M220

2. M247

尹王村M220、M247

1. M13出土

2. M15出土

西耳村M13、M15出土陶器

1. M19A出土

2. M30出土

西耳村M19A、M30出土陶器

1. M31出土

2. M33出土

西耳村M31、M33出土陶器

图版二二

1. M58出土

2. M109出土

西耳村M58、M109出土陶器

1. M136出土

2. M137出土

尹王村M136、M137出土陶器

1. M138出土

2. M143出土

尹王村M138、M143出土陶器

1. M152出土

2. M175出土

尹王村M152、M175出土陶器

1. M198出土

2. M203出土

尹王村M198、M203出土陶器

1. M204出土

2. M225出土

尹王村M204、M225出土陶器

1. M227出土

2. M231出土

尹王村M227、M231出土陶器

1. 陶茧形壶（M31：2）

2. 陶鬲（M33：2）

西耳村出土的陶茧形壶和陶鬲

图版三〇

1. 陶囷（西耳村M58：5）

2. 陶文（尹王村M175：4）

西耳村出土的陶囷和尹王村发现的陶文

1. M183：5

2. M183：6

尹王村发现的陶文

图版三二

1. 陶文（M214：2）

2. 玉琀（M1：2）

尹王村发现的陶文和出土的玉琀

1. 玉璧（M16∶5）

2. 玉饰（M19B∶3）

西耳村出土的玉器

图版三四

1. 玉璧（西耳村M24：1）

2. 玉蝉（尹王村M110：1）

西耳村和尹王村出土的玉器

1. 玉带钩（尹王村M124：10）

2. 铜环（西耳村M3：3）

尹王村出土的玉带钩和西耳村出土的铜环

图版三六

1. M19B：6

2. M30：1

西耳村出土的铜带钩

1. 西耳村M62：1

2. 尹王村M108：1

西耳村和尹王村出土的铜带钩

1. M128：1

2. M153：1

尹王村出土的铜带钩

1. 铜带钩（尹王村M183：4）

2. 卷云形铜饰（西耳村M15：1）

尹王村出土的铜带钩和西耳村出土的卷云形铜饰

1. 铜纽钟（西耳村M6：2）

2. 铜编钟（尹王村M193：7）

西耳村出土的铜纽钟和尹王村出土的铜编钟

1. 铜镜（M124：3）

2. 铜印章（M219：6）

尹王村出土的铜镜和铜印章

1. M19A：4

2. M59：4-9

西耳村出土的铜钱

1. 西耳村M59：4-10

2. 尹王村M130：1

西耳村出土的铜钱和尹王村出土的铅币